Handbuch Angewandte Psychologie für Führungskräfte

Thomas Steiger
Eric Lippmann (Hrsg.)

Handbuch Angewandte Psychologie für Führungskräfte

Führungskompetenz und Führungswissen

4., vollständig überarbeitete Auflage

Mit 155 Abbildungen und 49 Cartoons von Ivan Steiger

Herausgeber
Dr. Thomas Steiger
Wannenstrasse 54
8610 Uster, Switzerland

Dr. Eric Lippmann
Institut für Angewandte Psychologie (IAP)
Merkurstr. 43
8032 Zürich, Switzerland

ISBN-13 978-3-642-34356-8   ISBN 978-3-642-34357-5 (eBook)
DOI 10.1007/978-3-642-34357-5

Die Deutsche Nationalbibliothek verzeichnet diese Publikation in der Deutschen Nationalbibliografie;
detaillierte bibliografische Daten sind im Internet über http://dnb.d-nb.de abrufbar.

Springer Medizin
© Springer-Verlag Berlin Heidelberg 1999, 2004, 2008, 2013

Dieses Werk ist urheberrechtlich geschützt. Die dadurch begründeten Rechte, insbesondere die der Übersetzung, des Nachdrucks, des Vortrags, der Entnahme von Abbildungen und Tabellen, der Funksendung, der Mikroverfilmung oder der Vervielfältigung auf anderen Wegen und der Speicherung in Datenverarbeitungsanlagen, bleiben, auch bei nur auszugsweiser Verwertung, vorbehalten. Eine Vervielfältigung dieses Werkes oder von Teilen dieses Werkes ist auch im Einzelfall nur in den Grenzen der gesetzlichen Bestimmungen des Urheberrechtsgesetzes der Bundesrepublik Deutschland vom 9. September 1965 in der jeweils geltenden Fassung zulässig. Sie ist grundsätzlich vergütungspflichtig. Zuwiderhandlungen unterliegen den Strafbestimmungen des Urheberrechtsgesetzes.

Produkthaftung: Für Angaben über Dosierungsanweisungen und Applikationsformen kann vom Verlag keine Gewähr übernommen werden. Derartige Angaben müssen vom jeweilgen Anwender im Einzelfall anhand anderer Literaturstellen auf ihre Richtigkeit überprüft werden.

Die Wiedergabe von Gebrauchsnamen, Warenbezeichnungen usw. in diesem Werk berechtigt auch ohne besondere Kennzeichnung nicht zu der Annahme, dass solche Namen im Sinne der Warenzeichen- und Markenschutzgesetzgebung als frei zu betrachten wären und daher von jedermann benutzt werden dürfen.

Planung: Joachim Coch, Heidelberg
Projektmanagement: Judith Danziger, Heidelberg
Lektorat: Traudel Lampel, Odenthal
Projektkoordination: Michael Barton, Heidelberg
Umschlaggestaltung: deblik Berlin
Fotonachweis Umschlag: © SVLuma / fotolia.de
Cartoons: Ivan Steiger
Satz: Fotosatz-Service Köhler GmbH – Reinhold Schöberl, Würzburg

Gedruckt auf säurefreiem und chlorfrei gebleichtem Papier

Springer Medizin ist Teil der Fachverlagsgruppe Springer Science+Business Media
www.springer.com

Vorwort zur 4. Auflage

Mit großer Freude legen wir Ihnen die inzwischen 4. Auflage des Handbuches vor. Dieses Buch ist mehr als das Ergebnis der Zusammenarbeit einer Gruppe von Autoren und Autorinnen. Es ist entstanden aus der 60-jährigen Geschichte der Ausbildung von Führungskräften an einem Institut, das sich der angewandten Psychologie verpflichtet fühlt. 1947 ist das »Vorgesetzten-Seminar« als eine einjährige berufsbegleitende Schulung von Führungskräften am Institut für Angewandte Psychologie (IAP) Zürich gegründet worden. Damals war das eine absolute Pionierleistung und unseres Wissens im wirtschaftlichen Bereich die einzige Führungskräfteausbildung in der Schweiz überhaupt. Vor 14 Jahren, beim Verfassen der 1. Auflage, war das »Vorgesetzten-Seminar« eine zweijährige berufsbegleitende Institution zur überbetrieblichen Entwicklung von Führungskräften.

Die 3. Auflage war das Ergebnis verschiedener Revisionen und Weiterentwicklungen dieses Führungscurriculums, welches sich heute als ein Weiterbildungs-Masterstudiengang in Leadership und Management präsentiert.

Die Teilnehmenden kommen aus allen Bereichen von Industrie, Gewerbe, Dienstleistung und Verwaltung sowie aus schulischen, sozialen und kirchlichen Organisationen. Weit über 5000 Teilnehmende haben sich bis heute am IAP Zürich in ihren Führungskompetenzen weiterqualifiziert. Heute beträgt der Frauenanteil fast 50 % – ein für Führungsausbildungen weit überdurchschnittlicher Wert.

Themen dieses Bildungsprogramms sind alle Fragen der Gestaltung struktureller, kultureller, motivationaler Rahmenbedingungen für die Leistungserbringung durch die Mitarbeitenden. Mit anderen Worten stehen alle Fragen der Gestaltung der Zusammenarbeit von Menschen in Organisationen im Zentrum des Interesses.

Die Autorinnen und Autoren sind mit wenigen Ausnahmen festangestellte, ehemalige bzw. freie Mitarbeitende des IAP Institutes für Angewandte Psychologie Zürich. Sie waren oder sind Dozenten und Dozentinnen im Studiengang am IAP oder sind auch in anderen Führungskräftequalifizierungen involviert. Wir danken unseren Autorinnen und Autoren, dass sie mit jeder Auflage immer wieder die Energie aufbringen, ihre Texte zu überarbeiten und auf den neuesten Stand zu bringen.

Auch die 4. Auflage durften wir wieder mit den Zeichnungen des bekannten Cartoonisten Ivan Steiger illustrieren. Ihm danken wir ganz herzlich, denn seine trefflichen Bilder verweisen mit einem Schmunzeln auf Kerngedanken unserer Texte.

Weiterer Dank gilt natürlich den vielen Kundinnen und Kunden des IAP wie auch allen Leserinnen und Lesern. Aus Ihrem Kreis kamen Anregungen, welche in die Überarbeitung einfließen konnten.

Besonderer Dank gebührt dem Projektleiter bei Springer, Herrn Joachim Coch. Er hat uns seit Beginn mit viel Verve bei der Entstehung dieses Werkes unterstützt.

Die bisherigen Auflagen haben schon viele Führungskräfte in ihrer Arbeit erfolgreich begleitet und unterstützt. Viele Rückmeldungen haben uns das bestätigt. Wir hoffen, dass auch diese aktualisierte 4. Auflage weiterhin für viele unserer Leser ein Wegweiser sein kann im variantenreichen Feld der Führung, welches sich weiterhin und zunehmend durch Komplexität und Dynamik auszeichnet.

Zürich, im Frühjahr 2013

Dr. Thomas Steiger
Prof. Dr. Eric Lippmann

Inhaltsverzeichnis Band I

Grundlagen des Führungsverständnisses

1 Menschenbilder 3
Brigitta Hug
1.1 Entstehung und Funktion von Menschenbildern 4
1.2 Menschenbilder wandeln sich 6
1.3 Menschenbilder in der Organisationslehre 6
Literatur 14

2 Organisationsverständnis 17
Thomas Steiger
2.1 Historische Entwicklung der Organisationsbetrachtung 18
2.2 Traditionelles Organisationsverständnis .. 21
2.3 Organisation als komplexes System 22
2.4 Organisation als soziotechnisches System . 24
Literatur 33

3 Das Rollenkonzept der Führung 35
Thomas Steiger
3.1 Phänomen Führung 36
3.2 Führungserfolg und Führungstheorien .. 37
3.2.1 Was ist Führungserfolg? 37
3.2.2 Entwicklungslinien der Führungsforschung 39
3.3 Führung als Ergebnis einer komplexen Begegnung von Persönlichkeit und Organisation: Das Rollenkonzept ... 46
3.3.1 Begriff der Rolle 46
3.3.2 Rollenübernahme 48
3.3.3 Rollenbezogene Konflikte 52
3.3.4 Rollendistanz, Rollenidentifikation und Gesundheit 52
3.3.5 Rolle als (soziotechnisches) System 53
3.3.6 Erfindung von Führung 56
3.3.7 Führungsaufgaben und Führungsrollen .. 56
Literatur 61

Die aktive Gestaltung der eigenen Führungsrolle

4 Psychologische Grundlagen für Führungskräfte 65
Moreno della Picca u. Mona Spisak
4.1 Einführung 66
4.2 Rahmenmodell: Führungsrolle in Beziehung 68
4.2.1 Einführung 68
4.2.2 Individuelle Ebene: Ich und meine Führungsrolle 68
4.2.3 Dyadische Ebene: Führungskraft und ihr Mitarbeiter 69
4.2.4 Ebene der Gruppe: Führungskraft und ihr Team 70
4.2.5 Ebene der Organisation: Führungskraft und Organisation 71
4.3 Ausgewählte Psychologische Grundlagen 73
4.3.1 Personenwahrnehmung und Urteilsbildung 73
4.3.2 Emotionen 82
4.3.3 Lernen – Lernpsychologische Grundlagen 87
4.3.4 Entwicklung in der Lebensspanne 91
4.3.5 Persönlichkeit 94
4.3.6 Verantwortung und Vertrauen 100
4.3.7 Komplexität – Spannungsfeld mit Widersprüchen 105
Literatur 111

5 Leistung und Verhalten beeinflussen . 113
Thomas Steiger
5.1 Führung als Einflussnahme 114
5.2 Strukturelle Maßnahmen 116
5.3 Instrumentelle Maßnahmen 117
5.4 Prozessuale, interaktionelle Maßnahmen 118
Literatur 120

6	**Führung der eigenen Person** 121		6.4	Entscheidungen herbeiführen 193
6.1	Mit den eigenen Ressourcen haushalten – persönliches Ressourcen-Management für Führungskräfte und die Mitarbeitenden .. 123			*Sieglind Chies u. Heinz Vetter*
	Hans Kernen u. Gerda Meier		6.4.1	Entscheidung als Wahl von Alternativen .. 194
			6.4.2	Entscheiden als Führungsaufgabe 195
6.1.1	Bedeutung von Arbeit und Leistung für die persönliche Entwicklung 124		6.4.3	Einzel- oder Gruppenentscheidungen? .. 197
6.1.2	Persönliche Gesundheit und Life-Balance im Kontext unserer verschiedenen »Lebenswelten« 126		6.4.4	Entscheiden als Teil eines Problemlösungsprozesses 198
			6.4.5	Intuitive und rationale Entscheidungen .. 199
6.1.3	Regulation von Belastung und Ressourcen als Schlüsselkompetenz 130		6.4.6	Entscheidungsmethoden 201
				Literatur 212
6.1.4	Einbezug der persönlichen und Umfeld-Ressourcen: Ressourcen-Modell und Ressourcen-Management 136		6.5	Präsentation und Rhetorik 213
				Iris Boneberg
			6.5.1	Vom Pferdefüttern und Präsentieren 213
6.1.5	Ausgewählte, spezifisch wirksame Ressourcen im betrieblichen Kontext 138		6.5.2	Eine Präsentation vorbereiten 214
			6.5.3	Mit Freude präsentieren 222
6.1.6	Ressourcenmanagement für Führungskräfte und die Mitarbeitenden – wirksame Ansatzpunkte 143		6.5.4	Visualisierung und Medieneinsatz 226
			6.5.5	Ausgewählte Aspekte der Rhetorik 231
				Literatur 235
6.1.7	Ausblick: Betriebliches Ressourcenmanagement – Beeinflussung der strukturellen, kulturellen und Teamfaktoren 145		**7**	**Gestaltung der Beziehung zu einzelnen Mitarbeitenden** 237
			7.1	Kommunikation 238
				Iris Boneberg
	Literatur 148		7.1.1	Kommunikationstheoretische Grundbegriffe 238
6.2	Persönliche Arbeitstechnik 149			
	Christoph Negri		7.1.2	Kommunikation und Wirklichkeitskonstruktionen 239
6.2.1	Persönliche Arbeitstechnik und ganzheitliches Selbstmanagement 150			
			7.1.3	Psychologisches Modell der zwischenmenschlichen Kommunikation 239
6.2.2	Persönliche Arbeitstechnik 152			
6.2.3	Lebenssinn und Ziele 152		7.1.4	Zwei Axiome der Kommunikation 244
6.2.4	Zielplanung und -findung 153		7.1.5	Nonverbale Kommunikation 246
6.2.5	Erfassung und Analyse des Ist-Zustandes der persönlichen Arbeitstechnik 154		7.1.6	Aspekte der kommunikativen Kompetenz 249
				Literatur 252
6.2.6	Planung 155		7.2	Storytelling 253
6.2.7	Prioritätensetzung 157			*Astrid Frielingsdorf*
6.2.8	Informationsbewältigung 159		7.2.1	Begriff Storytelling 254
6.2.9	Umgang mit E-Mails 160		7.2.2	Wert von Geschichten 254
	Literatur 162		7.2.3	Einsatzbereich von Storytelling 255
6.3	Systematisches Problemlösen 162		7.2.4	Kommunikation durch Geschichten 257
	Heinz Vetter, Sieglind Chies u. Carin Mussmann		7.2.5	Aufbau von Geschichten 259
6.3.1	Problemlösung mit Hilfe von Gruppen ... 163		7.2.6	Warum es sich lohnt, Geschichten zu erzählen 261
6.3.2	Was ist überhaupt ein Problem? 164			
6.3.3	Einfache, komplizierte und komplexe Problemsituationen 165			Literatur 264
			7.3	Gesprächsführung 264
6.3.4	Problemlösungszyklus 168			*Eric Lippmann*
6.3.5	Lösungsorientiert Probleme lösen 184		7.3.1	Bedeutung der Kommunikationsfähigkeit 265
	Literatur 192		7.3.2	Einflussfaktoren auf die Gesprächsführung 267
			7.3.3	Ablaufschema eines Führungsgesprächs 268

7.3.4	Gesprächspsychologische Grundsätze für Gespräche mit Mitarbeitern	274	
7.3.5	Führungsgespräche im Überblick	280	
	Literatur	285	
7.4	Feedback, Anerkennung und Kritik *Brigitta Hug*	286	
7.4.1	Feedback in Organisationen	287	
7.4.2	Feedback als Kommunikationsmittel	288	
7.4.3	Einsatz des Führungsinstrumentes »Anerkennung und Kritik«	291	
	Literatur	298	
8	**Gestaltung der Arbeit in und mit Gruppen**	**299**	
8.1	Arbeitsgruppen im Führungsprozess *Brigitta Hug*	301	
8.1.1	Formelle und informelle Gruppen	301	
8.1.2	Arbeitsgruppen im Führungsprozess	301	
8.1.3	Gruppe als Sozialisationsfeld	303	
8.1.4	Leistungsvorteile von Arbeitsgruppen	307	
8.1.5	Handlungsfelder der Führungsaufgaben in Arbeitsgruppen	309	
8.1.6	Gestaltung und Beeinflussung der Gruppenentwicklung	311	
	Literatur	314	
8.2	Wie funktionieren Arbeitsgruppen? *Brigitta Hug*	315	
8.2.1	Gruppe als soziales System	316	
8.2.2	Aus der Geschichte der Kleingruppenforschung	318	
8.2.3	Klassifizierung von Kleingruppen	319	
8.2.4	Gruppenstrukturen	322	
8.2.5	Gruppenprozesse	328	
8.2.6	Konsequenzen für die Führung und das Arbeiten in betrieblichen Gruppen	333	
8.2.7	Methodische Hilfestellungen für das Führen von betrieblichen Arbeitsgruppen	336	
8.2.8	Virtuelle Teams	342	
	Literatur	349	
8.3	Meetings moderieren und gestalten *Erich Fischer*	350	
8.3.1	Was ist ein Meeting?	350	
8.3.2	Moderator	351	
8.3.3	Vorbereiten von Meetings	356	
8.3.4	Start des Meetings	360	
8.3.5	Problembearbeitung	362	
8.3.6	Instrumente	365	
8.3.7	Guter Abschluss	371	
8.3.8	Vorsicht Stolpersteine	372	
	Literatur	375	
8.4	Kreativität und Kreativitätstechniken *Eric Lippmann u. André Angstmann*	376	
8.4.1	Begriff »Kreativität«	376	
8.4.2	Parameter der Kreativität	377	
8.4.3	Kreativitätstechniken	385	
	Literatur	397	
8.5	Gruppenarbeit nach den Regeln der Themenzentrierten Interaktion (TZI) *Thomas Steiger (bearbeitet nach Ruth Cohn)*	397	
8.5.1	Begriff des »living learning« (lebendiges Lernen)	398	
8.5.2	Drei grundlegende Axiome und zwei Postulate der TZI	400	
8.5.3	Neun Kommunikationsregeln der TZI	401	
8.5.4	Analyse des Gruppenprozesses	402	
	Literatur	403	

Anhang

Quellenverzeichnis 406

Kurzinformationen 408
Über die Herausgeber 408
Über die Autorinnen und Autoren 408
Über den Cartoonisten 415
Über das IAP Institut für Angewandte Psychologie . 415

Sachverzeichnis 417

> # Inhaltsverzeichnis Band II

Die Gestaltung von Rahmenbedingungen für die erfolgreiche Rollenübernahme der Mitarbeitenden

9 Beratung und Coaching im Einzel- und Gruppensetting 3
Eric Lippmann
9.1 Was ist Beratung? 4
9.1.1 Professionelle Beratung 5
9.1.2 Anlässe für Beratung 6
9.1.3 Experten-, Prozess- und Komplementärberatung 7
9.2 Ablauf und Design von Beratungsprojekten 8
9.3 Formen von Beratung 13
9.3.1 Unternehmensberatung, Organisationsberatung und -entwicklung 13
9.3.2 Supervision und Coaching 14
9.4 Suche und Auswahl von Beratern 19
9.5 Führungskraft als Coach? Möglichkeiten und Grenzen 21
Literatur 22

10 Organisation als Führungsaufgabe 25
Stephan Burla
10.1 Einführung 26
10.2 Organisationsinstrumente 28
10.2.1 Instrumente der Aufbauorganisation 28
10.2.2 Instrumente der Ablauforganisation 33
10.2.3 Projektorganisation 36
10.3 Prinzipien der Organisationsgestaltung 37
10.3.1 Formale Gestaltungsprinzipien 37
10.3.2 Organisationspsychologische Gestaltungsprinzipien: Soziotechnische Aufgabengestaltung 39
10.4 Methoden der Organisationsgestaltung 40
10.4.1 Prozessorientierte Methoden 41
10.4.2 Strukturorientierte Methoden 42
10.4.3 Organisationsentwicklung 43
10.5 Organisation zwischen Stabilität und Flexibilität 45
10.6 Folgerungen für die Führungspraxis 48
Literatur 50

11 Mitarbeitende gewinnen und entwickeln 51
11.1 Mitarbeitende gewinnen: Suche, Auswahl und Einführung 52
Hans-Peter Näf
11.1.1 Personalpolitik 52
11.1.2 Selektionsprozess 53
11.1.3 Anforderungs- und Bewerberprofil 56
11.1.4 Personalsuche und -werbung 59
11.1.5 Personalbeurteilung 60
11.1.6 Arbeitsvertragsgestaltung 77
11.1.7 Einführung neuer Mitarbeiter 79
11.1.8 Erfolgskontrolle 81
Literatur 84
11.2 Personalentwicklung als Führungsaufgabe 85
Astrid Hausherr Fischer
11.2.1 Begriff und Ziele der Personalentwicklung 85
11.2.2 Sind Führungskräfte für die Personalentwicklung verantwortlich? 86
11.2.3 Personalentwicklungsinstrumente 88
11.2.4 Einbindung der Personalentwicklung in den Zielvereinbarungsprozess 90
11.2.5 Personalentwicklung als arbeitsplatzbezogene Kompetenzerweiterung 93
11.2.6 Personalentwicklung als individuelle Laufbahnentwicklung 94
Literatur 95
11.3 Trennungsprozesse gestalten 96
Hannelore Aschenbrenner
11.3.1 Trennungsgründe und Ziele aus Unternehmenssicht 97
11.3.2 Trennungsprozess und -kultur 97
11.3.3 Professionelle Vorbereitung einer Trennung 99
11.3.4 Trennungsgespräch 101
11.3.5 Reaktionen der Betroffenen 102
11.3.6 Begleitung bis zum Austritt (Phase 4) 104
11.3.7 Verbleibende Mitarbeiter (Phase 5) 105
Literatur 106

12 Schaffung wissensmäßiger und emotionaler Voraussetzungen für die Zusammenarbeit ... 107

12.1 Informieren als Führungsaufgabe 108
Urs Alter

12.1.1 Information: ein existentielles Grundbedürfnis ... 108
12.1.2 Information: ein betriebswirtschaftliches Grundbedürfnis ... 110
12.1.3 Informieren ist zentrale Führungsaufgabe ... 110
12.1.4 Information oder Kommunikation? ... 112
12.1.5 Bringpflicht und Holschuld gilt für alle .. 113
12.1.6 Schlechte Informationstätigkeit beschädigt Vertrauen ... 114
12.1.7 Informationswege ... 115
12.1.8 Informationsmittel ... 116
12.1.9 Informieren in Krisensituationen ... 120
12.1.10 Zehn Grundregeln des Informierens ... 120
Literatur ... 122

12.2 Wissensmanagement und Lernen in Organisationen ... 123
Philipp Sacher

12.2.1 Führungsperson als Rollenträger des Lernens ... 124
12.2.2 Zum Schluss eine Sammlung methodischer Impulse ... 135
Literatur ... 144

12.3 Motivation ... 145
Hansjörg Künzli

12.3.1 Einleitung ... 145
12.3.2 Motivation und Motivieren ... 145
12.3.3 Rahmenmodell motivierten Handelns – Motivation als Produkt von Person und Situation ... 146
12.3.4 Intrinsische und extrinsische Motivation – Wege oder Ziele? ... 148
12.3.5 Führung und Motivation ... 149
Literatur ... 158

13 Fordern und Fördern ... 159

13.1 Delegation ... 160
Iris Boneberg

13.1.1 Dein Handeln sei von Dir bestimmt ... 160
13.1.2 Auftragserteilung und Delegation ... 161
13.1.3 Was kann, soll und muss ich delegieren und was nicht? ... 162
13.1.4 Prozess der Delegation ... 164
13.1.5 Es gibt so gute Gründe – Warum scheuen sich Führungskräfte zu delegieren? ... 168
Literatur ... 170

13.2 Führen mit Zielvereinbarung ... 171
Thomas Steiger

13.2.1 Ziele in Organisationen: Notwendigkeit und Illusion ... 172
13.2.2 Voraussetzungen und Prinzipien des Führens mit Zielvereinbarung ... 175
13.2.3 MbO als Führungskonzept und seine Umsetzung ... 180
13.2.4 Anforderungen an die Einführung von MbO ... 188
Literatur ... 190

13.3 Mitarbeitende beurteilen ... 192
Birgit Werkmann-Karcher

13.3.1 Grundlagen und Systematik der Mitarbeitendenbeurteilung ... 192
13.3.2 Kommunizieren der Beurteilung ... 207
Literatur ... 214

Das Management komplexer Führungssituationen

14 Projektmanagement ... 217
Heinz Vetter

14.1 Systemisches Verständnis von Projektmanagement ... 219
14.2 Was ist ein Projekt ... 219
14.2.1 Definitionen von Projekt ... 219
14.2.2 Merkmale eines Projekts ... 220
14.2.3 Projektarten – oder Projekt ist nicht gleich Projekt ... 220
14.3 Was ist Projektmanagement? ... 223
14.3.1 Definition von Projektmanagement ... 223
14.3.2 Was macht Projektmanagement aus? ... 223
14.3.3 Historische Entwicklung des Projektmanagements ... 224
14.4 Systemisches Projektmanagement ... 224
14.4.1 Zusammenhänge im Überblick ... 224
14.4.2 Projekt und Projektumfeld ... 228
14.4.3 Beziehung zum Auftraggeber ist essenziell ... 229

14.4.4	Klar vereinbarte Projektziele	231	15.2.6	Idealtypischer Ablauf von Veränderungsprozessen ... 280
14.4.5	Projektauftrag als Kernelement des Projektmanagements	232		Literatur ... 284
14.4.6	Geeignete Strukturen sind lebenswichtig für ein Projekt	234	15.3	Strategisches Denken und Planen ... 285 *Heinz Vetter u. Carin Mussmann*
14.4.7	Projektkultur – Stiefkind des Projektmanagements	237	15.3.1	Neue Strategien als Antwort auf Wandel 286
			15.3.2	Strategische Neuausrichtung – ein Fallbeispiel ... 286
14.4.8	Rollen und ihre Dynamik in Projekten	238	15.3.3	Was ist eine Strategie? ... 288
14.4.9	Schlüsselrolle des Projektleiters	240	15.3.4	Strategie und Vision ... 292
14.4.10	Rollen »Projektmitglieder« und die Projektgruppe	241	15.3.5	Strategieentwicklung als Problemlösungsprozess ... 295
14.4.11	Basisprozesse verwandeln Input in Output	242	15.3.6	Beispiele für analytische Vorgehensweisen ... 299
14.4.12	Projektplanung – mehr als eine Notwendigkeit	243	15.3.7	Kritik an der traditionellen strategischen Planung ... 301
14.4.13	Projektsteuerung – oder wie man das Projekt auf Kurs hält	245	15.3.8	Unterscheidung von strategischem Denken und strategischem Planen ... 302
14.4.14	Projektcontrolling – Grundlage für die Projektsteuerung	246	15.3.9	Strategieumsetzung als Veränderungsprozess ... 303
14.4.15	Methoden und Instrumente – äußerst wichtige Hilfsmittel	246	15.3.10	Rolle des mittleren und unteren Managements im Strategieprozess ... 308
14.4.16	Kommunikation, Information und Dokumentation – Blutkreislauf des Projektmanagements	247	15.3.11	Verschiedene Arten von Strategien ... 308
			15.3.12	Neuere Entwicklungen des strategischen Denkens ... 309
	Literatur	249	15.3.13	Strategisches Denken in Non-Profit-Organisationen ... 310
15	**Veränderungsmanagement**	**251**		Literatur ... 312
15.1	Psychologische Konsequenzen von Veränderungen	252	**16**	**Konfliktmanagement** ... **315** *Eric Lippmann*
	Thomas Steiger u. Brigitta Hug			
15.1.1	Selbstverständlichkeit des Wandels	252	16.1	Konflikte in Organisationen ... 316
15.1.2	Veränderung und Angst	255	16.2	Konfliktdefinitionen ... 317
15.1.3	Veränderungen in Organisationen	259	16.3	Funktionalität von Konflikten ... 318
	Literatur	267	16.4	Konfliktarten ... 319
15.2	Methoden der Gestaltung von Veränderungsprozessen	267	16.4.1	Klassifikation nach Ebenen ... 320
	Thomas Steiger		16.4.2	Klassifikation nach Konfliktgegenständen: »Issues« ... 325
15.2.1	Management von Veränderungsprozessen	268	16.4.3	Klassifikation nach der Äußerungsform 327
15.2.2	Ziele und Aufgaben des Veränderungsmanagements	269	16.5	Konflikteskalation ... 330
			16.5.1	Konflikteskalationsmechanismen ... 330
15.2.3	Methoden des Veränderungsmanagements	269	16.5.2	Eskalationsstufen ... 331
			16.6	Konfliktmanagement als Führungsaufgabe ... 334
15.2.4	Vorteile und Bedingungen partizipativer Veränderungsstrategien	277	16.6.1	Grundstrategien zur Lösung von Konflikten ... 334
15.2.5	Veränderungsmanagement setzt Projektmanagement voraus	279	16.6.2	Verhaltensmuster in Konfliktsituationen 339
			16.6.3	Harvard-Konzept ... 342

Inhaltsverzeichnis Band II

16.6.4	Mediation als spezifisches Verfahren des sachgerechten Verhandelns	353
	Literatur	357

17 Diversity Management 359
Nathalie Amstutz u. Catherine Müller

17.1	Diversität der Gesellschaft – Diversität der Organisation	360
17.1.1	Gesellschaftlich-demografische Entwicklung	360
17.1.2	Diversity Management	361
17.2	Diversity-Politik: Recht, Leitbild und Strategie	362
17.2.1	Rechtlicher Rahmen	362
17.2.2	Diversity-Policies der Organisationen	364
17.2.3	Wirtschaftliche Argumente für Diversity Management	365
17.3	Diversity Management: Methoden und Instrumente	368
17.3.1	Diversity Mainstreaming	368
17.3.2	Praxisinstrument Diversity-Controlling	369
17.3.3	Einzelne Schritte bei der Umsetzung des Diversity-Controlling	371
17.4	Diversity-Kompetenz: Führungskraft als Schlüsselperson	374
17.4.1	Führungs- und Diversitykompetenz: Wie stehen sie zueinander?	374
17.4.2	Diversity-Kompetenz: Wissen, Wollen, Können – und Dürfen	375
17.4.3	Psychologische Schlüsselkompetenzen im Diversity Management	377
	Literatur	380

18 Macht und Mikropolitik 381
Michael Zirkler

18.1	Konzepte der Macht	383
18.1.1	Einführung	383
18.1.2	Machtkonzepte nach Weber	384
18.1.3	Machtkonzepte nach Foucault	386
18.1.4	Machkonzepte nach Crozier und Friedberg	388
18.1.5	Bedeutung der Konzepte für die Praxis	391
18.2	Mikropolitik	392
18.2.1	Organisation und Politik	392
18.2.2	Ansatz von Neuberger	393
18.2.3	Strategie und Taktik	394
18.3	Umgang mit Macht	396
18.3.1	Phänomene der Macht	396
18.3.2	Produktivität von Machthandeln: Macht als Ressource	397
	Literatur	398

Anhang

Quellenverzeichnis	402
Kurzinformationen	404
Über die Herausgeber	404
Über die Autorinnen und Autoren	404
Über den Cartoonisten	411
Über das IAP Institut für Angewandte Psychologie	411
Sachverzeichnis	413

Autorenverzeichnis

Alter, Urs, Dr.
Kinkelstrasse 34, 8006 Zürich, Schweiz

Amstutz, Nathalie, Prof. Dr.
Hochschule für Wirtschaft Fachhochschule Nordwestschweiz, Riggenbacherstrasse 16, 4600 Olten, Schweiz

Angstmann, André
askg GmbH,
Leubergerstrasse 10,
8615 Wermatswil, Schweiz

Aschenbrenner, Hannelore
Val Sporz 7, 7078 Lenzerheide, Schweiz

Boneberg, Iris
Wildeggstr. 29, 9000 St. Gallen, Schweiz

Burla, Stephan, Dr.
burla management,
Spitalstrasse 40, 4056 Basel, Schweiz

Chies, Sieglind
Rieter Machine Works Ltd., Klosterstrasse 20, 8406 Winterthur, Schweiz

Fischer, Erich
CORES,
Change Management - Führungsentwicklung – Coaching,
Technikumstrasse 62,
8401 Winterthur, Schweiz

Frielingsdorf, Astrid
Im Trichtisal 7, 8053 Zürich, Schweiz

Hausherr Fischer, Astrid
Siemens Schweiz AG, Human Resources, Learning Campus, Freilagerstrasse 40
8047 Zürich, Schweiz

Hug, Brigitta, Dr.
Zollikerstrasse 193, 8008 Zürich, Schweiz

Kernen, Hans, Dr.
Kernen Resource Management AG, Bergstrasse 20,
8700 Küsnacht/Zürich, Schweiz

Künzli, Hansjörg
Zürcher Hochschule für Angewandte Wissenschaften (ZHAW), Minervastrasse 30, 8032 Zürich, Schweiz

Lippmann, Eric, Prof. Dr.
Institut für Angewandte Psychologie (IAP) Zürich, Merkurstrasse 43, 8032 Zürich, Schweiz

Meier, Gerda
Kernen Resource Management AG, Bergstrasse 20,
8700 Küsnacht/Zürich, Schweiz

Müller, Catherine
Organisationsberatung *move*, Kreuzenstrasse 33, 4500 Solothurn, Schweiz

Mussmann, Carin, Dr.
Organisationsberatung und Coaching,
Sillerwies 8a, 8053 Zürich, Schweiz

Näf, Hans-Peter, Dr.
Baumgartenweg 5,
8471 Rutschwil, Schweiz

Negri, Christoph
Institut für Angewandte Psychologie (IAP) Zürich, Merkurstrasse 43, 8032 Zürich, Schweiz

della Picca, Moreno
Sonnhalde 1, 8803 Rüschlikon, Schweiz

Sacher, Philipp, Prof.
Bildung und Beratung GmbH, Untere Kohliweidstrasse 35, 4656 Starrkirch-Wil, Schweiz

Spisak, Mona
Interdisziplinäre Beratergruppe Zürich IDBZ,
Tödistrasse 38, 8002 Zürich, Schweiz

Steiger, Thomas, Dr.
Wannenstrasse 54, 8610 Uster, Schweiz

Vetter, Heinz, Dr.
CORES, Change Management - Führungsentwicklung - Coaching, Technikumstrasse 62,
8401 Winterthur, Schweiz

Werkmann-Karcher, Birgit
Institut für Angewandte Psychologie (IAP) Zürich, Merkurstrasse 43, 8032 Zürich, Schweiz

Zirkler, Michael, Prof. Dr.
Zürcher Hochschule für Angewande Wissenschaften, Departement Angewandte Psychologie,
Minervastrasse 30, 8032 Zürich, Schweiz

Einleitung und Hinweise zur Arbeit mit diesem Buch

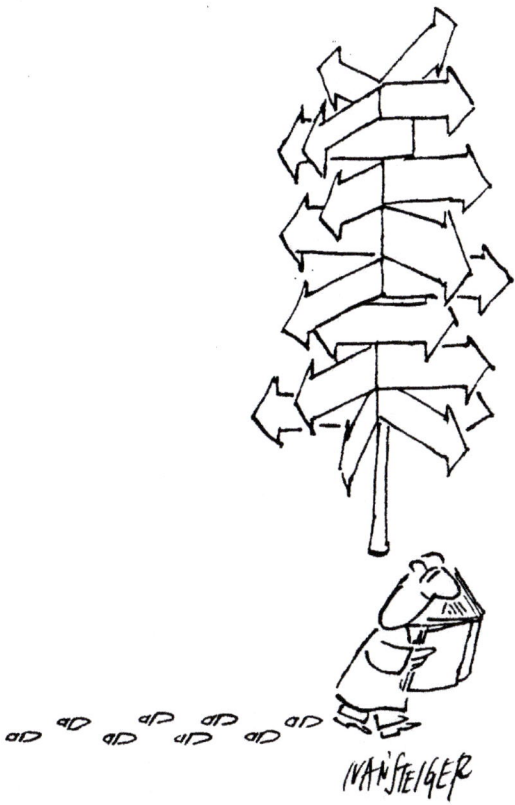

Es gibt keine »richtige« oder »falsche« Art von Führung, die sich Führungskräfte einmal aneignen können und die sie dann als erfolgreiche Vorgesetzte auszeichnet. Vielmehr gehen wir davon aus, dass Führungskräfte virtuos über eine große Vielfalt von Verhaltensweisen und Instrumentarien verfügen müssen, um der komplexen Vielfalt und der Dynamik der Organisationsrealität gewachsen zu sein. Der Umgang mit Unvorhersehbarem, mit unkontrollierbaren Einflüssen, mit Vielgestaltigem erfordert ein vielfältiges Handlungsrepertoire. Ein begrenzt ausgestatteter »Werkzeugkasten« dagegen verleitet zum Einsatz von unangemessenen Methoden. Wenn Führung nichts Vorgegebenes ist, dann entsteht sie also in einer bestimmten Situation, gestaltet von der damit betrauten Führungskraft. Sie gestaltet Führung, Wirkung und damit Wirklichkeit. Ansichten, Einstellungen, Werthaltungen der Führungskräfte – häufig unbewusstes, implizites »Wissen« – bestimmen deren Verhalten, d. h. sie schränken Verhalten ein. Dieses eingeschränkte Verhalten ermöglicht aber auch nur eingeschränkte Wirkungen, die natürlich wiederum die Tendenz haben, die Erwartungen der Führungskraft zu erfüllen. So wird

Vielfalt anstelle von »richtig« oder »falsch«

Führungskraft schafft Wirklichkeiten

sie in ihren Annahmen bestätigt und damit dazu verleitet, wieder ähnlich zu regieren. Hat z. B. eine Führungskraft Mühe, Aufgaben an Mitarbeiter zu delegieren (etwa aus Angst vor Machtverlust, zu wenig Vertrauen in Mitarbeiter usw.), so werden die Mitarbeiter nicht gefördert, selber mehr Verantwortung zu übernehmen. Falls dann bei einer Delegation tatsächlich etwas misslingen sollte, sieht sich die Führungskraft in ihrer Haltung bestätigt. Der Führungsalltag ist voll von solchen »sich selbst erfüllenden Prophezeiungen«, deren Existenz den Führungskräften zumeist verborgen bleibt. Die Fähigkeit, solche zumeist unbewusste Einstellungen und Haltungen aufzugeben bzw. neue nützlichere Spielmöglichkeiten und Verhaltensvariationen aufzunehmen, lässt sich mit dem Begriff Führungsintelligenz umschreiben. Führungsintelligenz bezeichnet in diesem Sinne die gelungene Verbindung von kognitiver mit emotionaler Intelligenz: die Fähigkeit, Einflüsse und Zusammenhänge zu sehen, gleichzeitig die zugehörigen Gefühle der eigenen Person und betroffener Dritter wahrzunehmen und diese Wahrnehmungen bewusst in das eigene Verhalten mit einzubeziehen.

Führungsintelligenz

Führungskräfte in unserer komplexen und dynamischen Welt müssen dabei unterstützt werden, ihre vielgestaltigen Führungswirklichkeiten intelligent zu erzeugen und zu gestalten.

Dieses Buch leistet einen Beitrag dazu. Es liefert zumindest eine große Vielfalt Theorien, Denkmuster, Hypothesen, Annahmen, Methoden, Instrumente, Tipps, die geeignet sind, eigene Denkmuster zu hinterfragen und Neues auszuprobieren. Praxisbezogene Vertiefungsfragen unterstützen den Transfer in den Führungsalltag. Gleichzeitig ergeben sich aus diesem Anspruch auch Beschränkungen: was das Buch nicht kann oder was es auch nicht will.

Anspruch dieses Buches

Im Gegensatz zu einem wissenschaftlichen Kompendium ist das Buch für Praktiker geschrieben, die sich mit anspruchsvollen Fragestellungen der Führung wissenschaftlich fundiert und kritisch auseinandersetzen, und sich in ihrem Führungshandeln anregen lassen wollen. Das Buch eignet sich hervorragend auch als Grundlage betrieblicher und überbetrieblicher Bildungsmaßnahmen, aus deren Kontext es entstanden ist. Die Literaturverweise sind bewusst den Bedürfnissen der praktizierenden Führungskraft angepasst und beschränken sich auf ein Minimum.

Autorenkollektiv mit vernetzter Perspektive

Eine Besonderheit dieser Publikation ist wohl der Umstand, dass sie größtenteils von einem Autorenkollektiv verfasst worden ist, das sich auf ein bestehendes und über Jahrzehnte weiterentwickeltes und bewährtes Bildungsprogramm für Führungskräfte bezieht. Das Resultat ist eine umfassende Textsammlung, die das Phänomen »Führung« aus verschiedenen Perspektiven beleuchtet und sich dabei aber immer wieder auf gemeinsame Grundlagen bzw. Grundanschauungen stützt. Die Texte stehen miteinander in einer engen Beziehung und sind miteinander vernetzt. Auch wenn die einzelne Perspektive in den Vordergrund tritt, so bleibt der Einzelaspekt mit dem Gesamtkontext verbunden und wird in dieser Weise dem komplexen Thema »Führung« erst gerecht.

Grundlagen des Führungsverständnisses

Diese gemeinsamen Grundlagen des Führungsverständnisses sind Gegenstand des ersten Abschnitts des vorliegenden Werkes. Ausgehend von der Frage, inwiefern zumeist unreflektierte, unbewusste Menschenbilder Führungsverhalten beeinflussen, beziehen sich spätere Überlegungen immer auf ein komplexes Menschenbild. Die kritische Würdigung herkömmlicher Vorstellungen von Organisationen führt zur Darstellung eines systemischen Organisationsverständnisses. Die Betrachtung von Entwicklungen auf dem Gebiet der Führungsforschung und -theorien mündet in die Formulierung eines komplexen Führungsverständnisses, des Rollenkonzepts der Führung. Alle weiteren Texte nehmen immer wieder Bezug auf diese Grundlagen.

Die Bezugnahme auf das Rollenkonzept bildet den roten Faden des gesamten Werks. Dabei kann man Führung als einen doppelten Vorgang der Rollengestaltung verstehen: die Gestaltung der eigenen Führungsrolle durch den Vorgesetzten selbst sowie die Gestaltung der Rahmenbedingungen für die erfolgreiche Rollenübernahme durch die Mitarbeitenden.

Rollenkonzept als roter Faden

Auf die aktive Gestaltung der eigenen Führungsrolle bezieht sich eine Reihe von Texten mit sehr unterschiedlichen Fragestellungen: Was sollte eine Führungskraft über Psychologie wissen? Wie geht eine Führungskraft mit ihren eigenen Ressourcen und denen der Mitarbeitenden um? Wie führt sie die eigene Person? Welche methodischen Ansätze könnten ihr dafür nützlich sein? Wie gelingt es einer Führungskraft, durch Kommunikation die Beziehung zu ihren Mitarbeitenden tragfähig zu gestalten? Was sind die Ansprüche, Möglichkeiten und Konzepte, Arbeit in und mit Gruppen zu gestalten?

Gestaltung der eigenen Führungsrolle

Der nächste Abschnitt des Buches fokussiert diejenigen Aspekte von Führung, die sich auf die Gestaltung der Rahmenbedingungen für die Rollen der Mitarbeitenden beziehen. Zuerst geht es um verschiedene Formen der Beratung, die den Prozess der Rollenübernahme professionell unterstützen. Im Weiteren betreffen alle Aspekte des Organisierens diese Rahmenbedingungen. Organisation wird so zu einer zentralen Führungsaufgabe. Die Auswahl der Mitarbeitenden sowie deren Förderung und Entwicklung sind kritische Faktoren für die erfolgreiche Rollenbesetzung. Die optimale Gestaltung von Trennungsprozessen ist nicht nur menschlich wichtig, sondern hat auch große Wirkung auf die in der Organisation verbleibenden Mitarbeitenden. Von ebenso großer Bedeutung ist es, wissensmäßige und emotionale Voraussetzungen für die Zusammenarbeit zu schaffen: Informieren, Wissen durchlässig machen, Lernchancen schaffen, Identifikation und Motivation ermöglichen. Unter dem Titel »Fordern und Fördern« befassen sich die nächsten Kapitel mit einigen klassischen und sehr sensiblen Führungsvorgängen: Delegieren, Führen mit Zielen sowie Beurteilen von Mitarbeitenden.

Gestaltung der Rahmenbedingungen für die Rollen der Mitarbeitenden

Einige wichtige Führungsaufgaben entziehen sich einer monografischen Darstellung, also der Hervorhebung einer einzelnen Erscheinung des Führungsprozesses; sie erfordern vielmehr eine ganzheitliche Wahrnehmung. Der letzte Hauptabschnitt des Buches befasst sich in diesem Sinne mit dem Management von komplexen Führungssituationen. Die Beschreibung und Umsetzung von Führung in diesen komplexen Situationen setzt einerseits alle weiter oben angesprochenen Betrachtungen voraus, integriert sie aber andererseits in eine Gesamtdarstellung. Die hier behandelten Situationen befassen sich mit dem Management von Projekten, der Gestaltung von Veränderungsprozessen in Organisationen und dem Umgang mit Konflikten als Führungsaufgabe. Dazu gehören auch neuere Gesichtspunkte des Managements, wie

Management komplexer Führungssituationen

das Bewältigen von Unterschieden in Organisationen (Diversität) und der Umgang mit Macht (Mikropolitik).

Hinweise für den Umgang mit diesem Buch

Wir haben schon darauf hingewiesen: Das Buch entstammt dem Kontext einer umfassenden Führungsausbildung und repräsentiert deshalb nur einen Teil eines didaktischen Gesamtpaketes. Dieser Teil repräsentiert vornehmlich wichtige Grundannahmen und den theoretischen Rahmen für das Verständnis von Führungsprozessen. Führungskompetenzen können allerdings nicht rein theoretisch angeeignet werden. Das veranlasst uns, unseren Lesern[1] einige Hinweise für den Umgang mit dieser Lektüre und ergänzende Maßnahmen vorzuschlagen, um den Transfer in die Praxis zu erleichtern.

- Die Grundlagentexte des ersten Hauptabschnittes sind fundamental und wichtig für die übrigen Kapitel. Wir empfehlen den Lesern dringend, diese Kapitel zuerst zu lesen. Vielleicht wird deren Wichtigkeit erst nach der weiterführenden Lektüre wirklich deutlich. Wir empfehlen deshalb, auf diese Basistexte immer wieder zurückzukommen: Sie sind gewissermaßen die Schlüssel zum Gesamttext.

Grundlagentexte zuerst lesen

- Die meisten Texte dieses Buches betonen einzelne Aspekte des Phänomens Führung und ermöglichen einen raschen Zugriff auf konkrete Fragestellungen zum jeweiligen Thema. Ein viel weiter gehender Nutzen erschließt sich allerdings, wenn die Vernetzung dieser Texte verfolgt wird. Wenn die Querbezüge in den Texten bewusst verfolgt und immer wieder hergestellt werden, zeichnen sich Muster, Analogien, Verwandtschaften von nützlichen Haltungen und wirkungsvollem Verhalten ab, die durch die Betrachtung aus den verschiedensten Perspektiven besser verinnerlicht werden können. Führungskompetenzen entstehen nicht durch die Zurkenntnisnahme rezeptartiger Hinweise, sondern durch das Verstehen und Verinnerlichen von Zusammenhängen und dem Anspruch, diese im Führungsalltag zu berücksichtigen.

erweiterter Nutzen durch Vernetzung der Texte

- Die meisten Texte schließen mit Vertiefungsfragen zum Thema. Wir empfehlen unseren Lesern die Nachbereitung der Lektüre, indem sie diese Fragen bearbeiten. Die meisten Fragen stellen einen Bezug her zur konkreten Führungsrealität des Lesers. Diese Fragen stellen also auch eine wichtige Möglichkeit des Transfers in die eigene Führungspraxis dar.

Vertiefungsfragen unterstützen Praxistransfer

- Das Erarbeiten bzw. das Lernen von stark haltungs- und verhaltensorientierten Fähigkeiten und Fertigkeiten ist grundsätzlich schwieriger und weniger effektiv, wenn es allein, d. h. vereinzelt vor sich geht. Deutlich ergiebiger ist jede Form des kollektiven Lernens. Wir empfehlen deshalb dringend, die Lektüre dieses Buches oder von Teilen davon mit geeigneten Maßnahmen des Lernens in Gruppen zu unterstützen. Hier einige Möglichkeiten:

kollektives Lernen in Gruppen

- Kapitelweise Austausch mit einem oder mehreren Partnern über das Verständnis des Textes und konkrete Anwendung auf konkrete Führungssituationen der Beteiligten.

---

[1] Der besseren Lesbarkeit wegen beschränken wir uns im Folgenden auf die männliche Form.

- Gründung einer »Qualitätsgruppe Führung« im Betrieb, die ausgewählte Vorhaben der Verbesserung der Führungsprozesse vor dem Hintergrund dieses Buches reflektiert und umsetzt.
- Für jede Form inner- oder überbetrieblich organisierter Bildungsmaßnahmen für Führungskräfte kann dieses Buch den theoretischen Rahmen abstecken, dokumentieren und als Basis für Vertiefung und Verarbeitung dienen ...
- Intervisionsgruppe Führung: Eine inner- oder überbetrieblich zusammengesetzte Gruppe bearbeitet Fälle aus der eigenen Führungspraxis. Die Gruppe berät dabei die fallgebende Person, indem sie die Anregungen dieses Buches verarbeitet. Als Vorbereitung auf die Fallbesprechung und hinsichtlich der Anwendung auf den Fall werden die betreffenden Kapitel kritisch gelesen. Intervision ist eine der leistungsfähigsten Möglichkeiten der Führungsentwicklung. In diesem Zusammenhang verweisen wir gerne auf das Buch von Lippmann (2004). Intervision. Kollegiales Coaching professionell gestalten. Dieses Buch gibt eine Fülle von Anregungen und Methoden für die Gestaltung von kollegialem Lernen.

Intervision: kollegiales Beraten

Wir wünschen unseren Lesern eine inspirierende Lektüre und dann eine erfolgreiche Umsetzung in ihrem Führungsalltag.

Grundlagen des Führungsverständnisses

1 Menschenbilder – 3

2 Organisationsverständnis – 17

3 Das Rollenkonzept der Führung – 35

1 Menschenbilder

Brigitta Hug

1.1 Entstehung und Funktion von Menschenbildern – 4

1.2 Menschenbilder wandeln sich – 6

1.3 Menschenbilder in der Organisationslehre – 6

Literatur – 14

AUF EINEN BLICK

Führen heißt, sich mit Menschen und den Beziehungen zwischen Menschen in Arbeitsorganisationen auseinanderzusetzen. Dabei berufen wir uns auf bewusste und unbewusste verallgemeinernde Vorstellungen über Menschen und die Hintergründe ihres Verhaltens. Diese gesellschaftlich geprägten und historisch wandelbaren Menschenbilder funktionieren im Alltag wie Orientierungsraster, die unsere Wahrnehmung strukturieren und unser Verhalten prägen.

1.1 Entstehung und Funktion von Menschenbildern

subjektive Wahrnehmung

Alle Menschen haben, wo immer sie sich gerade befinden, einen bestimmten Gesichtskreis: Was ihnen näher ist, nehmen sie schärfer wahr, in der Ferne verschwimmen die Konturen mehr und mehr. Um sich trotz dieser egozentrisch beschränkten Sichtweise in ihrer Umwelt orientieren und mit den Mitmenschen kommunizieren zu können, bedürfen Menschen bestimmter, möglichst unverrückbarer **Orientierungs- und Bezugsgrößen.** In menschlichen Gesellschaften und deren Subsystemen findet sich die Tendenz, für einigermaßen stabile Bedingungen der Orientierung für den Einzelnen zu sorgen. Es entwickeln und tradieren sich gesellschaftsimmanente Klassifikationssysteme, mit Hilfe derer sich bewegliche und fremde Größen, wie der Mensch eine ist, gewissermaßen künstlich fixieren lassen. Auf den ersten Blick scheint es befremdlich, dass der Mensch dem Menschen eine zumindest teilweise fremde, bewegliche Größe sei, die zu definieren ihm schwer falle. Sobald wir aber die schlichte und doch grundlegende Frage stellen »Was ist der Mensch?«, verdeutlicht sich: Menschliches Leben kann nicht angemessen oder gar abschließend oder objektiv beantwortet werden, analog zur Frage nach der Wahrheit. In allen Gesellschaften wird sie gestellt und mittels Meta-Erzählungen (beispielsweise wissenschaftliche Theorien, medizinische Forschungen, religiöse Vorstellungen, Alltagstheorien, Mythen, Märchen, Aberglaube und anderes mehr) umschrieben, und die »Antworten« ändern sich je

allgemeine Orientierungssysteme stabilisieren

1.1 · Entstehung und Funktion von Menschenbildern

nach historischer Epoche. Auch in der Psychologie, der Wissenschaft vom Menschen, ändern sich Modelle, Perspektiven und Kenntnisse mit dem gesellschaftlichen Wandel. Im Idealfall haben die Meta-Erzählungen den ganzen Menschen zum Gegenstand; sie beschreiben die Natur oder das Wesen des Menschen. Weil man Menschen nie eindeutig und abschließend als Ganzes definieren und bemessen kann, **funktionieren** die Meta-Erzählungen oder »Antworten« und Interpretationsschemen im Alltag wie **Orientierungssysteme**, indem sie die verschiedenen, **subjektiven Wahrnehmungen über das Wesen des Menschen bündeln**. Sie bestimmen, was als »menschlich« zu gelten habe, was zum Wesen des Menschen gehört; sie weisen Rollen und Verhaltensregeln zu; sie bestimmen, was als »Normalität« in Bezug auf den Menschen ins Blickfeld gerät oder als »Anormalität« ausgegrenzt wird, und sie **bewerten und urteilen** über das, was uns an Menschlichem im Alltag erscheint. In ihnen finden wir grundsätzliche und für die jeweiligen Gesellschaften allgemeingültige **Werthaltungen und Einstellungen**, die den Menschen im Alltag in ihrem Tun und Erleben Sinn stiften und Verhaltensregeln auferlegen (vgl. Devereux 1973, Eck 1993, Elias 1970).

Menschenbilder werden in Organisationen selten ausdiskutiert und meist sind sie den Mitarbeitenden bei der Arbeit gar nicht bewusst. Gleichwohl bilden sie die Basis und den Bezugsrahmen für Handlungen und Entscheidungen. Ausformuliert sind Menschenbilder in den Führungsgrundsätzen einer Organisation. Unausgesprochene Vorstellungen zeigen sich in der Organisation der Abläufe und in der Gestaltung von Aufgaben, insbesondere bei der Auftragserteilung und Delegation. Das Verhältnis zwischen den, in den Führungsgrundsätzen explizit gemachten, Menschenbildern und jenen, die den Alltag prägen, kann Ursache vielfältiger Spannungen und Konflikte im System sein. Für eine Führungskraft ist es darum wichtig, sich von Zeit zu Zeit gewahr zu werden, inwiefern die explizit formulierten Menschenbilder ihres Betriebes und von ihr selbst mit den konkret gelebten Kommunikationsabläufen und der Kooperation innerhalb ihrer Abteilung vergleichbar sind.

> **Definition**
> Unter dem Begriff Menschenbilder sammeln und analysieren die Humanwissenschaften allgemein gültige Vorstellungen oder Meta-Erzählungen über die sogenannte **Natur** des Menschen. Menschenbilder sind gebündelte Annahmen und Werthaltungen über das Wesen des Menschen, die in sozialen Gemeinschaften entstehen und sich als Versuche generieren, die **Natur des Menschen zu verstehen und ihr Sinn zu verleihen**. Diese Bilder prägen und formen die Wahrnehmung der einzelnen Mitglieder von Gesellschaften und Organisationen. Sie generieren allgemeine Werthaltungen über das, wie der Mensch sein soll und wie er sich zu verhalten habe. Diese Vorstellungen sind uns teilweise bewusst, teilweise tradieren sie sich durch den Prozess der Sozialisierung ohne unser bewusstes Nachdenken darüber, welche der Annahmen in diesen Bildern unseren Beobachtungen und Erfahrungen tatsächlich entsprechen. Die Bilder erheben
> ▼

Rollenzuschreibungen

Werte und Einstellungen

Definition: Menschenbilder

> den Anspruch auf Wahrheit, auch wenn diese im sozialen Leben kaum überprüfbar ist, weil Menschen verschieden sind und sich das menschliche Leben letztlich weder bestimmen noch ganz erfassen lässt.

1.2 Menschenbilder wandeln sich

sinnstiftende Funktion von Menschenbildern

Weil Menschenbilder Sinn stiften, wandeln sie sich – einhergehend mit technischen, ökonomischen, ökologischen und sozialen Veränderungen. Der Prozess verläuft aber nicht gleichzeitig und wirkt sich nicht für alle Menschen eines Systems gleichermaßen aus. Wird beispielsweise im Zuge der Globalisierung und Flexibilisierung des Arbeitsmarktes vom Mitarbeitenden erwartet, sein eigener Unternehmer im Unternehmen zu sein, orientieren sich jüngere Mitarbeiter eher an diesem Menschenbild als ältere. Oder wird in einem modernen Menschenbild von Mitarbeitenden unbedingte Loyalität und zeitlich unbegrenzter Einsatz verlangt, sind damit meist Männer und Frauen ohne Kinder gemeint. Im Unterschied zu den oben skizzierten Stammesgesellschaften leben wir heute in einer Gesellschaft, in der verschiedene Wertesysteme und dementsprechend unterschiedliche Menschenbilder gleichzeitig Gültigkeit haben, sich ergänzen oder konkurrieren und einem **steten Wandel** unterworfen sind. So kann sich der Automechaniker aus unserem Beispiel in seinem Alltag auf ein Menschenbild beziehen, das die Ehefrau und Mutter ans Haus bindet und dem Mann und Vater entsprechend Bewegungsfreiheit in der beruflichen Entwicklung gewährleistet; oder er kann die »Natur« oder das »Wesen« seiner Rolle als Vater so begreifen, dass er als Elternteil gleichwertig zuständig ist für die Pflege und Erziehung seiner Kinder. Entsprechend seiner verinnerlichten Menschenbilder und damit Wertesysteme in Bezug auf den Menschen (gemeint sind Mann und/oder Frau) wird er den Konflikt wahrnehmen und gestalten und/oder von ihm gestaltet werden. Sein Verhalten ist also nicht von vorherbestimmenden, leicht lenkbaren Größen abhängig und auch kein reiner Willensakt, sondern vielmehr ein Prozess ständiger Interaktionen zwischen ihm und seiner Umwelt, den Systemen, in denen er lebt. In diesem Prozess spielen Menschenbilder, d. h. die von ihm verinnerlichten Wertesysteme in Bezug auf das Wesen des Menschen eine wichtige Rolle. Je bewusster er sich der Bilder werden kann, die er in sich trägt, desto besser kann es ihm gelingen, die Konfliktfelder realitätsbezogen wahrzunehmen und entsprechend zu handeln.

Pluralität der Wertesysteme in westlichen Industriestaaten

Kenntnis über eigene Menschenbilder macht handlungsfähiger

1.3 Menschenbilder in der Organisationslehre

»complex man«

Wie eingangs beschrieben und am Beispiel des Automechanikers erläutert, orientiert man sich in der modernen Organisations- und Führungslehre sowie in der Betriebswirtschaftslehre hauptsächlich am Bild des **komplexen Menschen** (»complex man«), sei er weiblich oder männlich. Wissenschaftler sind sich darüber einig, dass Menschen nicht auf Typen reduzierbar sind, weil

sie erstens zu verschieden sind und sich zweitens im Laufe ihres Lebens verändern. Zwei Grundannahmen sind heute wegleitend:
1. Menschen haben die Möglichkeit eines eigenen Willens und legen darum Wert darauf, möglichst autonom handeln zu können. Über Zwang und Drohung sind sie kaum zu führen.
2. Menschen adaptieren sich an ihre Umwelt, indem sie diese beobachten, nach dem Grund der beobachteten Fakten fragen und Schlüsse aus den von ihnen wahrgenommenen Phänomenen ziehen, um schließlich zu agieren und zu reagieren.

Wie bereits der Blick in die Fremde am Beispiel der Jibaro trägt die folgende Rückschau in die Geschichte der Theorien dazu bei, sich über die eigenen Menschenbilder und Werthaltungen bewusster zu werden. Die Reihe der beschriebenen theoretischen Ansätze aus der Soziologie und der Managementwissenschaft ist keineswegs vollständig und folgt im Wesentlichen, wenn auch mit leichten Abweichungen, der ausführlichen Darstellung von Probst (1993, S. 431–447). Die wichtigsten Beiträge der wissenschaftlichen Theoriebildung sind dargelegt, stets mit dem Fokus auf die darin enthaltenen Menschenbilder. Vieles findet auf verschiedene Weise auch heute noch Ausdruck und Wirkung in der Managementpraxis, auch dies ist ein Grund, sich mit historisch Gewachsenem zu befassen.

Ansätze in der Organisationslehre

Klassischer Ansatz

Zu Beginn des 20. Jahrhunderts sind die Arbeiter einer Unternehmung in der Regel nicht fest angestellt. Sie werden tageweise verpflichtet und suchen jeden Morgen neu Arbeit vor den Toren der Fabriken. Um für ihren Unterhalt und dem der Familie sorgen zu können, müssen sie tatkräftig, gesund, folgsam und verlässlich sein in einem patriarchalischen System, von dem sie abhängen und das von ihnen abhängig ist. Die Industrie sucht ihren Gewinn zu maximieren und den Fortbestand zu sichern, indem sie mehr von den Angestellten und Arbeitern verlangt. Dementsprechend wird das Stücklohnsystem eingeführt: Um die Produktivität zu steigern, bezahlt man stückweise die effektive Leistung und glaubt, damit das dringendste Bedürfnis der Arbeiter zu befriedigen. In dieser direkten Konkurrenzsituation können ungenügende, schwache und kranke Arbeiter/innen sofort durch bessere ersetzt werden. Die Arbeitsweise des Menschen wird mit jener einer Maschine gleichgesetzt: Sie muss gut funktionieren, um möglichst effizient zu produzieren. Fließbandarbeit wird eingeführt, die Produktion wird standardisiert und die Arbeitsorganisation wird mehr und mehr zum Instrument in den Händen der Betriebsleitung. Als Vater dieser Betriebsorganisation gilt **Taylor** (1856–1915), ein Ingenieur, der sich zeitlebens als Praktiker versteht, auch wenn er 1893 die Midvale Steel Company in den USA verlässt, um sich der Entwicklung und Verbreitung seiner Theorien zu widmen. In dieser Firma durchläuft er alle Hierarchiestufen und entwickelt sein wissenschaftliches Prinzip und seine Doktrin der Aufgabenerfüllung und Arbeitsteilung. Für ihn gilt: Das Management registriert und klassifiziert die Kenntnisse und Fähigkeiten der Arbeiter und setzt sie in Gesetzmäßigkeiten um. Entsprechend wählt das Management die Arbeiter und bildet sie aus. Management und Arbeiter

Industrialisierung

Mensch als Maschine

Gesetzmäßigkeiten menschlichen Verhaltens

arbeiten eng zusammen und stellen sicher, dass die Verrichtungen optimal durchgeführt werden (vgl. den Film *Modern Times* von Chaplin).

Zur gleichen Zeit entwickelt der Franzose **Fayol** (1841–1925) seine Prinzipien über Führung. Er gliedert das Unternehmen in Funktionen, die er in zwei große Gruppen zusammenfasst:

zwei Funktionen von Unternehmen

— Ressourcen schaffende Funktionen wie Technik, Absatz und Finanzen,
— Betriebsmittel erhaltende Funktionen wie Rechnungsführung, Sicherheit und Administration.

Fayol hält fest, die anweisende Autorität muss stets im Betrieb anwesend sein, zumindest sollte sie vertreten sein. Er widmet sich der Verwaltung von Betrieben und stellt in diesem Feld wichtige Prinzipien auf, ähnlich wie Taylor für den Bereich der Produktivität oder Aufgabenerfüllung.

Verwaltungsprinzipien nach Fayol

Die wichtigsten Verwaltungsprinzipien für die Betriebsführung sind nach Fayol die folgenden. Die Bezeichnungen mögen sich gewandelt haben, die damit benannten Phänomene hingegen sind auch in modernen Unternehmen wirksam.

1. Arbeitsteilung,
2. Autorität und Verantwortung,
3. Disziplin,
4. Einheit der Leitung,
5. Unterordnung von Einzelinteressen unter das Gesamtinteresse,
6. zufriedenstellende Vergütung für das Unternehmen und die Angestellten,
7. Zentralisierung,
8. klare Autoritätshierarchie,
9. Ordnung (ein Platz für jeden und ein jeder an seinem Platz),
10. Gleichheit,
11. Firmentreue der Angestellten,
12. Initiative,
13. Corpsgeist.

Fayol versteht diese Prinzipien nicht als starre Regeln, sondern als ein, dem jeweiligen Betrieb anpassbares, Instrumentarium. Seine Überlegungen sind Ausgangspunkt für viele noch heute verwendete Hilfsmittel wie Organigramme, Stellenbeschreibungen und anderes mehr.

Weber (1864–1920), Begründer der Soziologie in Deutschland, gilt ebenso wie Fayol als einer der bedeutendsten Denker in der Organisationslehre. Ursprünglich Jurist und Nationalökonom interessieren ihn bereits während seines Studiums Handelsgesellschaften und Handelsrecht. Er untersucht die handlungsleitenden Interessen von gesellschaftlichen Gruppen wie Eliten oder Schichten und fragt, wie diese durchgesetzt und institutionalisiert werden. Sein Idealtypus der Organisation ist die Bürokratie, gekennzeichnet durch Ämter und Stellen, ausgerichtet auf Kompetenzen und Ausbildung. Für Weber sind Angestellte und Arbeiter »Amtsträger«, d. h. sie sind frei und nur im Rahmen ihrer Amtspflichten verantwortlich. Gleichzeitig sind sie einer strengen und homogenen Amtsdisziplin (keine Willkür) unterworfen. Außerdem sind sie in Hierarchien eingebunden, mit Kompetenzen ausgestattet

Bürokratie nach Weber

und aufgrund ihrer Qualifikationen eingestellt. Sie erhalten eine feste Entlohnung in Geldform und haben Anspruch auf eine Altersvorsorge. Ihre berufliche Laufbahn orientiert sich an der Betriebszugehörigkeit und ihren Verdiensten.

Die genannten drei Vertreter des klassischen Ansatzes gehen davon aus, dass der Mensch dem Unternehmen seine Arbeitskraft zur Verfügung stellt, wenn entsprechende **Vergütungsanreize** zur Verfügung gestellt werden (= »economic man«). Andere menschliche Bedürfnisse als wirtschaftliche oder ökonomisch bedingte kommen in ihren Vorstellungen über den Menschen nicht vor. Der Mensch ist zwar keine Maschine, aber **er funktioniert wie eine Maschine** und entsprechend muss der Betrieb so organisiert sein, damit die einzelnen Menschen an ihrem Platz optimal, einer Maschine ähnlich, funktionieren.

klassischer Ansatz

Dieses Menschenbild kapitalistischer wirtschaftswissenschaftlicher Theorie, der **homo oeconomicus**, lässt sich zurückverfolgen bis ins 18. Jahrhundert in ein vom Philosophen **Ludovici** (1704–1778) verfasstes Kaufmanns-Lexikon und in die Arbeiten von **Smith** (1723–1790), einem Klassiker unter den Ökonomen. Letzterer beschrieb in seinem Werk *Inquiry into the Nature and Causes of the Wealth of Nations* 1776 den Menschen mit einem natürlichen Hang zum Tauschen und Schachern und einem nicht zu umgehenden Egoismus, der ihn dazu bringt, in erster Linie für sich selbst zu sorgen.

»economic man« oder »homo oeconomicus«

Beziehungsorientierter Ansatz (oder Human-Relations-Bewegung)

Im Zuge des wirtschaftlichen Aufschwungs nach dem 1. Weltkrieg werden in den USA. durch die Gewerkschaften Streiks in der Arbeiterklasse durchgeführt, Forderungen an die Unternehmen gestellt und Rechte der Arbeitnehmenden durchgesetzt. Man verlangt, wohl auch wegen den nachhaltigen Entbehrungen und den unzähligen Toten, mehr Geld und Arbeitszeitverkürzungen. Der Krieg hat die Welt nachhaltig erschüttert. Man will nicht mehr nur leben, um zu arbeiten und zu sterben. Im Management wird der Arbeiter wie vor dem Krieg auf seine Rolle als Produktionsmittel im Unternehmen definiert und reduziert, auch wenn ihm auf Druck der Arbeitskämpfe mehr Ruhe, Lohn und Freizeit zugestanden wird. In dieser sozial bewegten Zeit überprüft 1924 in den USA ein wissenschaftliches Team von Psychologen unter der Leitung von Mayo die von Taylor entwickelten Theorien über Aufgabenerfüllung und Arbeitsteilung. Recherche und Analyse finden in der Western Electric Company statt. Die Wissenschaftler erforschen die Beziehungen zwischen den äußeren Arbeitsbedingungen und der Produktivität und stellen fest: Rationalisierungsmaßnahmen und die Einführung eines Leistungslohnes reichen nicht aus, um die Produktivität zu steigern. Darüber hinaus muss der Mensch in der Organisation als **soziales Wesen** wahrgenommen und sein **Bedürfnis** nach Anerkennung beachtet werden.

Aufschwung der Gewerkschaften

Arbeitsbedingungen und Produktivität

In dieser Richtung denken später Autoren wie Maslow (1954) mit seinem bekannten Modell der Bedürfnispyramide oder auch Herzberg (1959), der sich mit dem Thema Motivation auseinandersetzt (▶ Abschn. 12.3 Motivation).

Mensch als soziales Wesen mit Bedürfnissen

Maslow und Herzberg betrachten den Menschen weiterhin wie im klassischen Ansatz beschrieben als ein Wesen mit der **Fähigkeit zu Reaktionen**; sie weisen zusätzlich nach, dass die Arbeitsleistung von Mitarbeitern eng damit zusammenhängt, wie in den Betrieben durch die Führung auf die inneren Bedürfnisse der Arbeitnehmer eingegangen wird.

1960 verweist McGregor auf die fatale Abhängigkeit zwischen der Arbeitsleistung von Angestellten und dem Verhalten des Managements. Eng verknüpft damit ist der Mechanismus der »sich selbst erfüllenden Prophezeiung«, der mit impliziten Annahmen über die Wirklichkeit die Wirklichkeit selbst formt. Er wird in den Managementwissenschaften der 1990er-Jahre unter dem Begriff radikaler Konstruktivismus wieder aufgenommen und weitergeführt:

Führungspersonen konstruieren eigene Wirklichkeiten

> Die Führungswelt, also die Vorstellungen über Führung, wie sie sein soll, wo sie stattfindet und wie sie funktioniert, ist komplex. Sie entsteht im gemeinsamen Handeln der beteiligten Individuen. Eine Vielfalt unterschiedlicher individueller Sichtweisen fließt ins Kollektiv ein, das eine Kultur erschafft, die zur gemeinsamen wie auch individuellen Wirklichkeitsbewältigung dient und ständiger Anpassung unterworfen ist.
> (Burla et al. 1994, S. 25).

Für die Praxis der Führung lassen sich diese Erkenntnisse leicht umsetzen: Jedes Führungsverhalten hat Konsequenzen für die Handlungen der Mitarbeiter, und in der umgekehrten Richtung wirken die Mitarbeitenden auf ihre Führungspersonen. So werden wechselwirkend jene Verhaltensmuster und Einstellungen provoziert und produziert, die in der konkreten Situation im Spiel sind und von den Beteiligten erwartet werden. Basis der Erwartungen sind die bewussten und unbewussten Menschenbilder der interagierenden Personen.

Mensch in der Organisation muss optimal geführt sein

Für alle Modelle des **beziehungsorientierten Ansatzes** in der Managementwissenschaft gilt, auch wenn sie unterschiedliche Aspekte hervorheben und andere außer Acht lassen: sie gründen in einem Menschenbild, das dem Menschen neben den ökonomischen auch **soziale Bedürfnisse** zuerkennt (= »social man«). Die Organisation und die in ihr tätigen Menschen bleiben aber weiterhin im Bild der Organisation als »Maschine« mit den Menschen als in ihr funktionierenden Teile verhaftet. Weil der Mensch in diesem Denken **reagiert als soziales und/oder biologisches Wesen auf Anreize oder Versagungen**, die ihm durch und in der Organisation zur Verfügung gestellt werden. Entsprechend optimal muss der Mensch im Betrieb behandelt werden, nur so kann seine Leistung gesteigert werden.

Sowohl der klassische wie der beziehungsorientierte Ansatz wurden in der Folge vertieft und weiterentwickelt, eng verwoben mit dem sozialen und technischen Wandel in den Industrienationen.

Wichtige Modelle auf dem Weg zum systemischen Ansatz

Das Denken und Handeln der Menschen wird durch den 2. Weltkrieg entscheidend verändert: Wertvorstellungen zerbrechen angesichts von Auschwitz und Hiroshima; die Entwicklung der Technik, insbesondere auch der

Medien, stellt neue Bezüge zwischen den Individuen und der Welt her; Einsteins Relativitätstheorie verändert den Wahrheitsbegriff in der Wissenschaft. In der Wirtschaft sammelt sich das Vermögen nicht mehr nur in Familien, sondern in Unternehmen; ein allgemeiner Wohlstand führt zur Konsumgesellschaft, in der die Werte relativ werden. Dogmen werden gesucht, die allerdings oft eher auf Opportunismus beruhen. In dieser Zeit sucht auch die Organisationstheorie die aufkommende Unsicherheit zu beherrschen und neue Regeln zu schaffen. Zwar werden auch der klassische und der beziehungsorientierte Ansatz vertieft und weiter entwickelt, eng verwoben mit dem sozialen und technischen Wandel in den Industrienationen. Andererseits aber wird in den 70er-Jahren beinahe dogmatisch der Satz geprägt, es gäbe keine besseren oder schlechteren Organisationsformen, es seien nur nicht alle gleich effektiv. Alle bisherige Führungs- und Managementtheorien ließen sich über Bord werfen, weil **Umwelt und interne Bedingungen die Organisation bestimmten**, so behauptet es die aufkommende Kontingenztheorie. Dieser Ansatz setzt sich vor allem durch in Phasen der Entwicklung von Unternehmen, in denen Anpassungsfähigkeit der Organisation an Markt- und Umweltbedürfnisse wichtig ist. Begriffe wie Dezentralisierung, Divisionalisierung oder Ergebniskontrolle werden eingeführt. Das Menschenbild in diesem Denken wirkt rudimentär. Deutlich wird lediglich, dass sich der Mensch in Unternehmen und das Unternehmen der Umwelt gegenüber **adaptiv und flexibel** zu verhalten habe und den Veränderungen ausgeliefert ist.

Der Betriebswissenschaftler Simon hingegen spricht dem Menschen in den Unternehmen einen **bewussten freien Willen** zu. Simon definiert 1983 das eigentliche Problem der Unternehmensführung darin, wie man mehrere Ebenen und mehrere Zentren in eine **Entscheidungsstruktur** einpasst, von der die Handlung abhängt. In seinem Denken greift Simon auf den Ansatz von Barnard (1938) zurück, der aussagte, das Vorhandensein einer Organisation beruhe auf der **Kooperation seiner Mitglieder**, auf der Bereitschaft, am Leben einer Organisation teilzunehmen, und nicht auf einer naturgemäßen Unterwerfung und Anpassung an die Systemführung. Die einzelnen Menschen würden sich »ausrechnen« und entsprechend darüber entscheiden – in Abwägung der eigenen Vor- und Nachteile – inwiefern sie an einem System, in einer Organisation teilnehmen wollten oder nicht. So gesehen besteht die Aufgabe des Managers darin, den Mitarbeitern absichtsvolle, bewusste und **zielgerichtete Verhaltensanweisungen** zu erteilen, die bei den Unternehmensmitgliedern nach entsprechender Prüfung zu unterschiedlichen Entscheidungen führen. Des Weiteren hat der Manager die Aufgabe, die für den Entscheidungsprozess notwendigen Kommunikationsnetze aufzubauen und zu gewährleisten, und er muss die Unternehmensziele festlegen. In diesem Ansatz wird ein Menschenbild vertreten, in dem der Mensch in der Organisation über einen freien Willen verfügt. Simon vertritt die Auffassung, dass Angestellte, die man vor eine Entscheidung stellt, weder ausschließlich und systematisch ihre eigenen Interessen verfolgten, noch dass sie sich willenlos den Zielen und Anforderungen der Organisation unterwarfen. Voraussetzung für eine freie Entscheidung der Angestellten sei allerdings, dass die Mitglieder der Organisation ihr innerlich beitreten und ihre Ziele annehmen,

---

Marginalien:
- sozialer und technischer Wandel in den westlichen Industriestaaten
- Destabilisierung
- Bedeutung der Umwelt
- diffuses Menschenbild
- Mensch mit freiem Willen und Kooperationsbereitschaft
- Entscheidungsfähigkeit

wenn auch zuweilen in kritischer Distanz. Dieses Ziel kann weder durch eine Spezialisierung noch durch verstärkte Kontrolle erreicht werden. Hingegen müssten den Angestellten vollständige und ungefilterte Informationen zur Verfügung stehen. Dies sei aber laut Simon nur beschränkt möglich, da der einzelne Mitarbeiter und auch der Manager nur einen Bruchteil der Folgen erkennen könne, die sich aus seinen Handlungen ergeben. Zudem handele der Einzelne stets nur beschränkt rational. Ein Manager ist nach Simon jemand, der angesichts der Vielfältigkeit und Unvorhersagbarkeit der Geschehnisse in der Organisation und in ihrer Interaktion mit der Umwelt versucht, die Komplexität durch eine Entscheidung zu bewältigen. Diese **These der eingeschränkten Rationalität** gilt auch auf der Ebene der Mitarbeiter und verweist auf die Umwertung von Autorität in diesem Ansatz: Die Autorität soll **wichtige Informationen verbreiten und für die nötigen Übereinkünfte Anreize schaffen**; erzwungen werden kann die Konvergenz mit den Unternehmenszielen nicht.

führen heißt entscheiden

Der Mensch funktioniert in diesen Interaktionen nicht mehr wie eine Maschine oder wie ein Individuum, dessen Bedürfnisse hinreichend befriedigt werden müssen, damit er optimal leistet, sondern es wird ihm die **Möglichkeit des bewussten freien Willens** zugesprochen. Unternehmen werden in diesem Ansatz nur beschränkt als Systeme bewusster und rational/vernünftiger Interaktionen begriffen, da die Einzelnen aufgrund ihres eingeschränkten Wissensstandes irrational handeln müssen. Diese irrationalen Anteile Einzelner bündeln sich zu allgemeinen Strömungen in der Organisation und werden in der Managementtheorie allgemein als Widerstand oder Schattenanteil definiert, die die sogenannten vernünftigen Abläufe stören. In psychoanalytischen Theorieansätzen wiederum entwickeln sich unbewusste Prozesse nicht zwangsläufig aus Informationsdefiziten heraus, sondern sind allen menschlichen Systemen inhärent. Individuen sind in diesem theoretischen Modell aufgrund psychischer Mechanismen stets bis zu einem gewissen Grade dazu gezwungen, unangenehme und unerträgliche Gefühle und Impulse (beispielsweise Unsicherheiten, Ängste oder Aggressivität) zu verdrängen.

rational – irrational

bewusst – unbewusst

Systemischer Ansatz

Die beschriebenen Theorieansätze orientieren sich mehrheitlich an der westlichen Denktradition, die von Descartes im 17. Jahrhundert in seinem Werk *Discours de la méthode* begründet wurde: Ein Problem kann dann begriffen und bewältigt werden, **wenn man es in Einzelgrößen, in seine Komponenten und Faktoren zerteilt**, um die Ursachen des Problems zu entdecken und zu untersuchen. Dieses analytische Vorgehen hat sich in unserem Kulturkreis durchgesetzt und prägt unser Denken im Alltag und in den Wissenschaften. Die Forschung gliedert ihr Wissen in Einzeldisziplinen, in denen die Probleme wiederum mit der analytischen Methode analysiert und untersucht werden. Mit zunehmendem Wissensstand wurde in den letzten Jahrzehnten deutlich, dass viele Untersuchungen in Teildisziplinen vergleichbare Ergebnisse nachweisen. Gleichzeitig wird es schwieriger bis unmöglich, komplexe Probleme mit einer einzigen Disziplin zu untersuchen (vgl. Elias 1970). Diese Erkenntnis führt zunächst zur Entwicklung der Kybernetik, dem Versuch,

analytisches Denken

Kybernetik

1.3 · Menschenbilder in der Organisationslehre

die Ordnung, die Unordnung und die **Interaktionsdynamik zwischen den Teilen und dem Ganzen systematisch zu erfassen**. Die Physiker Heisenberg und Einstein beweisen mit ihren Arbeiten über die Unschärfe und die Relativität, dass das Ganze nicht in seinen Teilen begriffen noch durch sie erklärt werden kann. Sie weisen außerdem nach, dass der **Wahrnehmungsstandpunkt** der Forscher von entscheidender Bedeutung ist. »Natürliche« oder in der Sache selbst begründete und sogenannte objektive Erklärungen eines Problems werden somit ausgeschlossen. Der Mensch hat die Fähigkeit, weitgehend selbst über seine Wahrnehmung eines Problems zu entscheiden.

Das Beispiel des Automechanikers illustriert dieses Menschenbild: Ihm wird in der Beschreibung des Problems die Fähigkeit zuerkannt, selbst bis zu einem gewissen Grade bewusst entscheiden zu können, ob und wie er die Chance zur Weiterbildung als Problemstellung wahrnehmen will. Je nach Wahrnehmungsstandpunkt und Wissensstand wird er gewisse Aspekte der Situation in Relation zu anderen setzen, sich den sich daraus ergebenden Konflikten stellen – oder sie verdrängen – und bestenfalls rational/vernünftig entscheiden und handeln. Im systemischen Denken versteht man ein System immer auch in seinen Beziehungen zur Umwelt, die ihrerseits als etwas Dynamisches begriffen wird. Je nach Position des Beobachters nimmt er die Umwelt als günstigen oder negativen Einflussfaktor auf das System wahr. in günstigerer oder Beziehungen zu ungünstigerer Auswirkung auf das System.

Humane Organisationen werden in diesem Ansatz also weder als mechanische noch als biologische Einheiten definiert, sondern als vom Menschen **bewusst oder unbewusst gestaltete Systeme**, als soziotechnische oder soziale Gebilde. Darüber hinaus wird dem einzelnen Menschen die Fähigkeit zugesprochen, die **Strukturen und** den Prozess in Organisationen zu verändern, auch um seine **eigenen Ziele zu integrieren oder seine eigenen Bedürfnisse zu befriedigen**.

> **Definition**
> Der Mensch ist ein komplexes individuelles Wesen und verhält sich als Angehöriger von Organisationen oder Systemen zugleich als Gestalteter und Gestaltender. In der von ihm subjektiv wahrgenommenen Realität sucht er seine Bedürfnisse zu befriedigen, indem er reagiert und agiert. Die Realität, auch die organisatorische, ist also kein objektives Ganzes, sondern das Ergebnis vieler subjektiver Wahrnehmungen und Vorstellungen (vgl. Probst 1992, S. 391 ff.).

Dieses Menschenbild ist die Basis moderner Ansätze in den Managementwissenschaften. Untersuchungsgegenstand sind vermehrt die subjektiven Wahrnehmungen einzelner Führungskräfte, weil nachgewiesen werden kann, wie stark sich diese auf den Betrieb auswirken und die Produktivität beeinflussen. Motiv für diese Forschungen sind außerdem Globalisierungsvorgänge, Fusionen mehrerer Unternehmen, Migrationsprozesse und der damit verbundene kulturelle Wandel in den westlichen Industriegesell-

---

Marginalien: Relativität · subjektive Wahrnehmung · Organisation als gestaltetes System · »complex man« · Definition: systemische Sicht des Menschen · moderne Ansätze

schaften. Menschenbilder und Werthaltungen über die Unternehmung und über die darin tätigen Menschen werden recherchiert, Unternehmenskulturen diskutiert und in ihren Auswirkungen auf das Handeln analysiert.

ZUSAMMENFASSUNG

Wenn Menschenbilder sich unreflektiert durchsetzen, sei es in Unternehmen oder in Gesellschaften und Nationen, wird vergessen und verdrängt, dass Menschen sich selbst und andere nur beschränkt wahrnehmen und verstehen können. Wir neigen dazu, diese Unsicherheit oder Freiheit, je nach Einstellung, mit Vorurteilen und Typisierungen zu »bewältigen«. Weil Führungspersonen im System über die institutionelle Macht verfügen, ihre subjektiven Menschenbilder nach unten durchzusetzen und damit das Handeln der Mitarbeitenden maßgeblich beeinflussen, ist es wichtig, dass sie sich ihrer eigenen, subjektiv geprägten Vorstellungen über den Menschen bewusster werden. Erst dann ist es möglich und wahrscheinlich, den Mitarbeitern realitäts- und situationsgerechter begegnen zu können. So versteht sich die Arbeit an dem eigenen Menschenbild als Versuch, den Problemen in den Organisationen rationaler zu begegnen.

Literatur

Berger, P. & Luckmann, T. (1969). *Die gesellschaftliche Konstruktion der Wirklichkeit. Eine Theorie der Wissenssoziologie*. Frankfurt/M.: Fischer (1994).
Bourdieu, P. (1993). *Sozialer Sinn. Kritik der theoretischen Vernunft*. Frankfurt/M.: Suhrkamp.
Burla, Deroth, Frei & Müller (1994). *Die Erfindung von Führung*. Verlag der Fachvereine.
Devereux, G. (1973). *Angst und Methode in den Verhaltenswissenschaften*. München: Hanser.
Eck, C. D. (1993). *Anthropologische Grundlagen der Personalarbeit*. Unveröffentlichtes Manuskript, Zürich: IAP.
Elias, N. (1970). *Was ist Soziologie?* (7. Aufl. 1993). München: Juventa.
Fayol, H. (1956). *Principes généraux d'administration. Administration industrielle et générale*. Paris: Dunod.
Hasenböhler, R., Kieche, R. & Thommen, J.P. (1994). *Zukunftsorientierte Managementausbildung*. Zürich: Versus.
Kappel, E. (1992). Menschenbilder. In *Handwörterbuch des Personalwesens* (2. Aufl.). Stuttgart: Pöschel.
Mayo, E. (1933). *The human problems of an industrial civilization*. Boston: MacMillan.
Mayntz, R. (1971). Max Webers Idealtypen der Bürokratie und die Organisationssoziologie. In: Mayntz, R. (Hg.), *Bürokratische Organisation*. Köln: Kiepenheuer&Witsch, 27-34.
McGregor, M. (1960). *The human side of enterprise*. New York: McGraw-Hill.
Miles, R. (1991). *Rassismus. Einführung in die Geschichte und Theorie eines Begriffs*. Hamburg: Argument.
Müller, K. E. (1983). *Menschenbilder früherer Gesellschaften*. Frankfurt/M.: Campus.
Probst, G. J. P. (1992). *Organisation: Strukturen, Lenkungsinstrumente, Entwicklungsperspektiven*. Landsberg/Lech: mi.
Simon, H. A. (1983). *Administrative behaviour. A study of decision-making processes in administrative organizations* (5th ed.). New York.
Taylor, F. W. (1913). *Principles of scientific management*. New York, London: Harper.
Thommen, J. P. (1990). *Managementorientierte Betriebswirtschaftslehre*. Bern: Haupt.

Literatur

Ulich et al. (1983). *Führung und Organisation*. Bern: Schweizerische Volksbank, 1983. (Die Orientierung, Nr. 81).
Weber, M. (1985). *Wirtschaft und Gesellschaft: Grundriß der verstehenden Soziologie*. Tübingen: Mohr.
Weinert, A. B. (1987). Menschenbilder und Führung. In *Handwörterbuch der Führung*. Stuttgart: Pöschel.
Weinert, L. & Langer, A. (1995). Menschenbilder. Empirische Feldstudie unter den Führungskräften eines internationalen Energiekonzerns. In *Die Unternehmung 2*. Bern: Haupt.

2 Organisationsverständnis

Thomas Steiger

2.1 Historische Entwicklung der Organisationsbetrachtung – 18

2.2 Traditionelles Organisationsverständnis – 21

2.3 Organisation als komplexes System – 22

2.4 Organisation als soziotechnisches System – 24

Literatur – 33

AUF EINEN BLICK

> Jedes Handeln von Menschen beruht auf mehr oder weniger bewussten Vorstellungen über die Natur des Menschen, d. h. auf einem impliziten Menschenbild (▶ Kap. 1). Das Handeln von Führungskräften in Organisationen jeder Art ist darüber hinaus geprägt von expliziten oder unausgesprochenen Theorien, Vorstellungen, Grundannahmen und Bildern, die sie über Sinn, Zweck und Funktionsweise von Organisationen in unserer Gesellschaft haben. Um das Thema Führung kritisch zu reflektieren und zu lernen, wie die Wirksamkeit des eigenen Führungshandelns positiv verstärkt werden kann, ist es eine notwendige Voraussetzung, sich mit solchen Grundannahmen auseinanderzusetzen und ein explizites, nachvollziehbares, d. h. auch hinterfragbares Organisationsverständnis zu entwickeln. Dem hier vorgestellten Konzept liegt ein soziotechnisches, systemisches Organisationsverständnis zugrunde, dessen wichtigste Eigenschaften dargestellt werden. Dieses Grundverständnis soll dem Leser ermöglichen, die besprochenen Führungstheorien und -instrumente in ihrer praktischen Wirkung, in ihren Chancen, Grenzen und Risiken kritisch zu hinterfragen und zu beurteilen.

2.1 Historische Entwicklung der Organisationsbetrachtung

In der Vergangenheit haben die jeweils vorherrschenden Menschenbilder (▶ Kap. 1) die Organisationsverständnisse ihrer Zeit stark geprägt. In grober Zusammenfassung lassen sich drei stark unterschiedliche Perspektiven von Organisationen darstellen, welche sich seit der Mitte des 19. Jahrhunderts herausgebildet haben. Die jeweils neueren Organisationsperspektiven haben dabei interessanterweise die älteren nicht abgelöst. Diese existieren in den Köpfen – zumeist in nicht bewusst wahrgenommener Form – weiter und beeinflussen das Verhalten und Handeln heutiger Führungskräfte weiterhin. ◘ Tab. 2.1 zeigt die charakteristischen Organisationsprinzipien dieser drei Konzepte.

drei historische Perspektiven

Ökonomisch-rationale Perspektive

Die **ökonomisch-rationale Perspektive** hat sich im Verlauf der Industrialisierung durchgesetzt. Sie ist geprägt von der Idee der Machbarkeit. Die Organisation wird – analog einer komplizierten Maschine – durch perfekte Arbeitsteilung letztendlich als exakt und fehlerfrei steuerbar gesehen. Der Mensch ist Produktionsfaktor und wird auch so behandelt. Sein Einsatz wird wissenschaftlich im Sinne einer Minimierung der Kosten bei Maximierung des Leistungsergebnisses (d. h. eines Maximums an Effizienz) zentral geplant und durchgesetzt. Wichtigster Vertreter dieser Sichtweise ist Taylor (*Principles of scientific management*, 1913).

Idee der Machbarkeit

Organisation als steuerbare Maschine

Verhaltenswissenschaftliche Perspektive

Die **verhaltenswissenschaftliche Perspektive** rückt – durchaus als Gegenreaktion auf die rigide Anschauung des ökonomisch-rationalen Paradigmas

2.1 · Historische Entwicklung der Organisationsbetrachtung

Tab. 2.1. Perspektiven und Grundprinzipien historischer Organisationsverständnisse. (In Anlehnung an Probst, Gilbert J.B.; Organisation: Strukturen, Lenkungsinstrumente und Entwicklungsperspektiven. © 1992 verlag moderne industrie, 86895 Landsberg/Lech. www.redline-wirtschaft.de. Mit freundlicher Genehmigung des Verlages)

Perspektive	Ökonomisch-rational	Verhaltenswissenschaftlich	Systemisch
Entstehung	Seit Mitte 19. Jahrhundert	1920er-Jahre	1970er-Jahre
Zugrundeliegendes Menschenbild (▶ Kap. 1 »Menschenbild«	»economic man«	»social man«	»complex man«
Prinzipien der Organisation	– Rentabilität – Aufgabenbezogene Organisationsgestaltung – Effiziente Mittelverwendung – Wissenschaftlicher, betriebswirtschaftlicher Ansatz – Kostenüberwachung – Zentralisierte Autorität und Verantwortung – Disziplin – Begrenzte Leistungsspanne – Standardisierte Abläufe – Konzentration auf formale Aspekte – Maximierung	– Dezentralisierung der Machtbefugnisse – Selbstverwirklichung – Befriedigung persönlicher Bedürfnisse – Arbeit in der Gruppe – Partizipation und Motivation – Gutes Betriebsklima – Vertrauensfundierte Organisation – Übertragung von mehr Verantwortung – Konsens und Dialog – Betonung der informellen Aspekte	– »Überleben« durch Anpassung und Flexibilität – Effektivität (Nutzenoptimierung) – Umgang mit Komplexität – Selbstorganisation – Zentralisieren und Dezentralisieren – Das System beeinflusst die Umwelt, die Umwelt beeinflusst das System – Statt Ideallösung eine Varietät möglicher Verhaltensweisen – Ganzheitliche Problemstellung – Nutzung von Synergieeffekten – Information und Kommunikation als Regulierungsfaktor – Das Unternehmen als Netzwerk von Interaktionen
Zentrales Leitmotiv	Machbarkeit	Motivation	Selbstorganisation

– den Menschen in dem Sinne ins Zentrum der Betrachtung, als sie feststellt, dass Organisationen durch interagierende, d. h. zusammenarbeitende Menschen mit eigenen Autonomiebedürfnissen gebildet werden. Solche interagierende Menschen und Gruppen entwickeln eigene Verhaltensnormen und Selbstverständnisse.

Geführt wird deshalb eine Organisation nicht primär durch das Mittel der effizienten Arbeitsteilung, sondern vielmehr durch Schaffung geeigneter Bedingungen der Zusammenarbeit. Gemeint sind damit Normen, Regeln und Antriebe, die die Verhaltensweisen des einzelnen Organisationsmitgliedes in seiner Gruppe und das Verhalten ganzer Arbeitsgruppen im Sinne von übergeordneten Interessen und unter Wahrung der individuellen Autonomiebedürfnisse steuern. Zentrales Thema der Führung unter dieser Perspektive ist die Motivierung der Mitarbeiter. Auch hier ist das Organisationsverständnis durch die Idee der prinzipiellen Machbarkeit geprägt: Die durchdachte Organisation der Zusammenarbeit macht diese weitgehend steuerbar, plan-

Mensch rückt ins Zentrum der Betrachtung

Organisation als sozialer Verbund mit eigenem Charakter

zentrales Thema: Motivation

weitgehende Steuerbarkeit der Organisation

bar, d. h. prognostizierbar und kontrollierbar. Die Vertreter dieser Perspektive sind die große Zahl der Human-Relations-Theoretiker, eine wissenschaftliche Bewegung der 1930er- bis 1950er-Jahre, die durch Untersuchungen über die Arbeitszufriedenheit von Industriearbeitern in den USA inspiriert worden war. Diese Perspektive ist bis in die 1970er-Jahre von Motivationstheoretikern wie z. B. Maslow und Herzberg wissenschaftlich weiterentwickelt und vertieft worden.

Systemtheoretische Perspektive

Komplexität und Dynamik

Die **systemtheoretische Perspektive** erweitert die Sichtweisen der vorangegangenen Ansätze grundlegend.

Definition: System

> **Definition**
>
> Als »System« bezeichnen wir in unserem Zusammenhang jede Form menschlicher Zusammenarbeit, die auf eine gemeinsame Aufgabe ausgerichtet ist: Arbeits- oder Projektgruppen, Abteilungen, Bereiche, ganze Firmen etc. können als System erfasst, beobachtet und beschrieben werden. Jedes System besteht aus einem dynamischen Zusammenspiel von Teilen resp. Elementen, die ein unverwechselbares Ganzes bilden. In einem komplexen Zusammenspiel dieser Elemente verarbeitet jedes System Inputs aus seiner Umwelt in Outputs an seine Umwelt.

Organisation als lebender Organismus, als soziales System

Die Umwelt – verstanden als sämtliche Bedingungen, die außerhalb der beobachteten Organisation liegen – rückt ins Blickfeld der Managementwissenschaften. Das Unternehmen oder allgemein die Organisation erscheint als ein lebendiger Organismus, der von seiner Umwelt abhängig ist, d. h. beeinflusst wird und welcher gleichzeitig seine Umwelt selbst verändert. Sowohl die Umwelt wie auch die einzelne Organisation und ihre Subsysteme haben eine Eigendynamik, d. h. sie verändern sich auch von sich aus, ohne kausalen Anstoß, von außen. Das Verhalten von Organisationen ist also Resultat und Wirkung einer intensiven Vernetzung und damit komplex. Diese Perspektive nimmt Abschied von der Vorstellung der Planbarkeit, Kontrollierbarkeit, exakten Prognostizierbarkeit, also vom mechanistischen Weltbild der Machbarkeit. Führen von Organisationen (von Menschen) ist damit nur unter Bedingungen der Unsicherheit möglich. Dieser Umstand hat tief greifende Auswirkungen auf die Grundhaltung von Führungskräften und auf die Konstruktion und Handhabung von Führungsinstrumenten aller Art. Sprachliche Ausdrücke wie »die Situation im Griff haben«, Führungskräfte als »Macher«, »Beherrscher« verweisen auf alte Haltungen und Denkmuster, die mit der neueren systemischen Perspektive nicht mehr verträglich sind. Die hier vorgestellten Denkstöße basieren auf diesem systemischen Ansatz und wollen diesen verständlich und für die Praxis nutzbar machen.

Abschied von der Machbarkeit

Führen unter Bedingungen der Unsicherheit

2.2 Traditionelles Organisationsverständnis

Zur Verdeutlichung der Unterschiede zum systemischen Verständnis und zur klareren Abgrenzung werden hier zunächst eine traditionelle Organisationssicht und deren wichtigste Eigenschaften bildhaft entworfen.

Die Form der ◘ Abb. 2.1 bringt die starke Funktionalisierung durch Abgrenzung von Aufgaben- und Verantwortungsfeldern zum Ausdruck. Tatsächlich handelt es sich mehr um Abgrenzung als um ein Zusammenspiel, was sich in der Form von wenig durchlässigen horizontalen und vertikalen Strukturen manifestiert. Kommuniziert wird über die Umwege der Hierarchie (der Kontrolle). Nicht Vernetzung, sondern Spezialisierung ist dominierend. Die Organisationssicht ist **funktionalistisch** im Gegensatz zu **organisch**. Dem zugrunde liegt der mechanistische Glaube an die Möglichkeit, Organisationen exakt konstruieren zu können: Deren Verhalten ist im Sinne klarer Zielsetzung (**zielorientiert** im Gegensatz zu **wertorientiert**) planbar, steuerbar und vorhersehbar. Die Organisationssicht ist **mechanistisch** im Gegensatz zu **evolvierend**, sich entwickelnd. ◘ Abb. 2.1 stellt eine gewisse Selbstgenügsamkeit der Organisation dar. Bezüge zum Umfeld der Organisation fehlen. Tatsächlich ist in diesem traditionellen Organisationsverständnis nur ein sehr eingeschränktes Bewusstsein über die Interdependenzen mit der Außenwelt vorhanden. Dies war lange Zeit ja auch nicht nötig. Stark wachsende Märkte und ausreichende oder ersetzbare kostengünstige Ressourcen machten den Blick über die eigenen Organisationsgrenzen überflüssig. Das Organisationsverständnis ist **reduktionistisch, analytisch und statisch** im Gegensatz zu **vernetzt, Muster und Zusammenhänge erkennend und dynamisch**: es nimmt Komplexität nicht wahr.

Unsere Welt hat sich inzwischen zweifellos verändert. Moderne Technologie und Kommunikationsmittel haben de facto eine total vernetzte Welt geschaffen. Beweise für unerwartete und ungewollte Folgen unseres Handelns, also dafür, dass unser Handeln nicht nur kalkulierbare Folgen hat, brauchen wir heute nicht mehr zu suchen. Politisch, wirtschaftlich sowie ökologisch haben wir das »Steuerruder« der traditionellen Perspektive schon

Eigenschaften

Funktionalisierung durch Abgrenzung

Kontrolle statt Kommunikation

Spezialisierung statt Vernetzung

Zielorientierung

fehlende Umweltbezüge

traditionelles Organisationsverständnis ist überholt

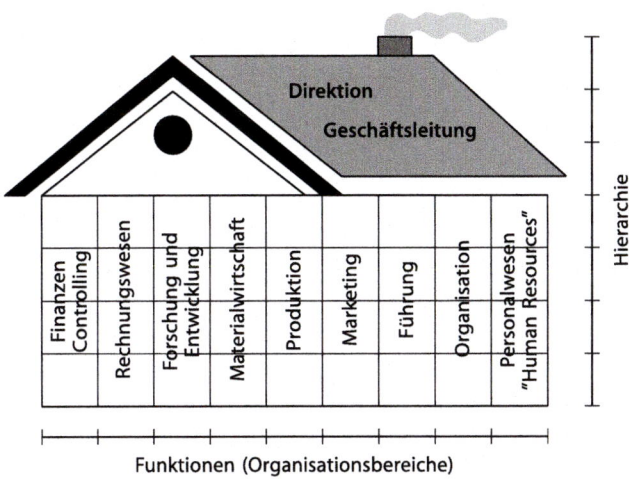

◘ **Abb. 2.1.** Organisation in funktionaler Betrachtung

2.3 Organisation als komplexes System

Abgrenzung »kompliziert« von »komplex«

Der Begriff der »Komplexität« ist am besten zu erfassen, indem man ihn abgrenzt vom »komplizierten« Sachverhalt. Kompliziert verwenden wir im Sinne von »schwer zu verstehen«: Es geht um schwierig darzustellende Sachverhalte, die im Grunde genommen allerdings klar und eindeutig sind. Ein Mathematikbuch beispielsweise, ein Superrechner der neuesten Generation oder eine nur noch mit Robotern bestückte und ansonsten menschenleere Fabrikhalle. Kompliziert ist also etwas, was zwar schwer zu durchschauen ist, von vielen Faktoren beeinflusst wird und viele andere Faktoren selbst beeinflusst, wo den schwierig zu verstehenden Abhängigkeiten aber eindeutige Gesetzmäßigkeiten zugrunde liegen.

technische Systeme sind kompliziert und prognostizierbar

Durch aufwendige Analyse, d. h. durch Zerlegung in Einzelaspekte, werden komplizierte Probleme lösbar. Insbesondere aber sind die einzelnen Elemente eines komplizierten Systems in ihrem Verhalten konstant. Elemente einer komplizierten Maschine verändern sich und damit die ganze Maschine

2.3 · Organisation als komplexes System

nicht von selbst. Jedes Mal, wenn wir die Maschine wieder einschalten, wirken die Teile wieder in derselben Art und Weise aufeinander ein und erzeugen ein prognostizierbares Verhalten der gesamten Maschine. **Technische Systeme** sind zwar kompliziert, aber sie sind **statisch** und deshalb **trivial**.

Im Gegensatz dazu sind **soziale Systeme** komplex und **dynamisch**. Komplexe Systeme zeichnen sich dadurch aus, dass ihre Elemente und ihre sie beeinflussenden Umwelten sich unabhängig vom System selbst verändern, also eine Eigendynamik haben. So entwickeln sich die Menschen in einer Arbeitsorganisation, einem Unternehmen zum Beispiel, auch unabhängig von der Aufgabe und den Beziehungen, die sie in diesem Unternehmen haben. Diese eigendynamischen Veränderungen beeinflussen aber das Verhalten der Organisation insgesamt. Gleichzeitig wirkt die Organisation mit ihren Arbeitsbedingungen aber auf die Menschen ein und verändert sie. Komplexe Systeme sind darüber hinaus auch durch eine sehr große Anzahl von Beziehungsverhältnissen zwischen den Systemelementen (den Menschen) und den Umwelten des Systems gekennzeichnet: Komplexe Systeme sind **vernetzt**. Die große Anzahl und Vielfalt von Eigenschaften und Wirkungsweisen dieser Beziehungen schränken die Übersicht und die Möglichkeit der Kontrolle drastisch ein: Komplexe Systeme sind **intransparent**. Die Dynamik, Vernetzung und Intransparenz verhindern die exakte Vorhersagbarkeit komplexer Systeme. Diese Systeme sind deshalb nicht trivial. Das Verhalten komplexer Systeme lässt sich – wenn überhaupt – nur mehr in Wahrscheinlichkeiten beschreiben.

Organisationen sind soziale und damit komplexe Systeme und haben also grundsätzlich andere Gesetzmäßigkeiten als technische (komplizierte) Systeme. Demzufolge müssen auch die Methoden der Steuerung solcher Systeme andere sein. Führen unter solchen Bedingungen bedeutet, mit Komplexität, d. h. mit dem Handeln und Entscheiden unter Unsicherheit, umgehen zu lernen. Als Grundlage dafür soll zunächst eine bildhafte Vorstellung eines zeitgemäßen Organisationsverständnisses entwickelt werden, das diesen Bedingungen der Komplexität gerecht wird.

> **Anmerkung für systemtheoretisch interessierte Leser:**
> Aus didaktischen Überlegungen arbeiten wir hier mit einer vereinfachten und anschaulichen Systemsicht. Diese scheint da und dort in Widerspruch mit der inzwischen wohl am weitesten entwickelten Theorie sozialer Systeme von Luhmann zu geraten. Insbesondere betrifft dies die in der Theorie Luhmans sehr abstrakte Vorstellung von sich ausschließlich nur aus Kommunikationen konstituierenden Systemen. Mit den Charakteristiken des systemischen Paradigmas und deren Konsequenzen für das Management von Organisationen sind unsere Vorstellungen allerdings kompatibel.

Marginalien:
- soziale Systeme sind komplex und nicht trivial
- Eigendynamik
- Interdependenzen und Vernetzung
- Intransparenz, keine exakte Vorsehbarkeit
- komplexe Systeme erfordern andere Methoden der Steuerung
- Hinweis zur Systemtheorie

2.4 Organisation als soziotechnisches System

Definition: Organisation

> **Definition**
> Mit **Organisation** bezeichnen wir jedes von Menschen getragene soziale System, welches auf ein Ziel, einen Zweck, eine Aufgabenerfüllung ausgerichtet ist, also sowohl private Unternehmen wie auch staatliche, soziale, karitative Institutionen, Vereine usw.

soziotechnisches System

Soziotechnisch nennen wir Systeme darum, weil in unserer hoch entwickelten Gesellschaft die technisch-betriebswirtschaftlich-strukturellen Aspekte in fast allen Organisationen und speziell aber in den industriellen Bereichen von enormer Bedeutung sind. Das heißt, es findet in solchen Organisationen eine symbiotische Verknüpfung von sozialen und technischen Systemen statt.

Die genannten Organisationen haben also Merkmale und Eigenschaften soziotechnischer Systeme, die wir im Folgenden näher beleuchten wollen. Die Begriffe »Organisation« und »(soziotechnisches) System« werden dabei synonym verwendet.

Existenzgrund und Aufgabe (»Primary Task«) von Systemen

Aufgabe der Organisation

Mit der **Ausrichtung auf eine Aufgabe** haben wir die erste wichtige Eigenschaft von soziotechnischen Systemen genannt. Organisationen stehen in einem Austauschverhältnis mit ihrer **Umwelt** (◘ Abb. 2.2). Sie existieren, weil ihre Umwelt ihnen dafür einen Grund bietet (**Existenzgrund**). Die Umwelt ist Abnehmer von dem, was die Organisation als **Output** in ihre Umwelt entlässt. Gleichzeitig stellt die Umwelt der Organisation Ressourcen als **Input** zur Verfügung, welche das System benötigt, um mittels **Transformationsprozessen** Output zu erzeugen.

Definition: Umwelt

> **Definition**
> Die Umwelt, oder treffender die **Systemumwelten**, verkörpern alle für das System bedeutsamen Rahmenbedingungen der Existenz. Bei einem Unternehmen sind das beispielsweise die Rohstoff-, Arbeits- und Absatz-
> ▼

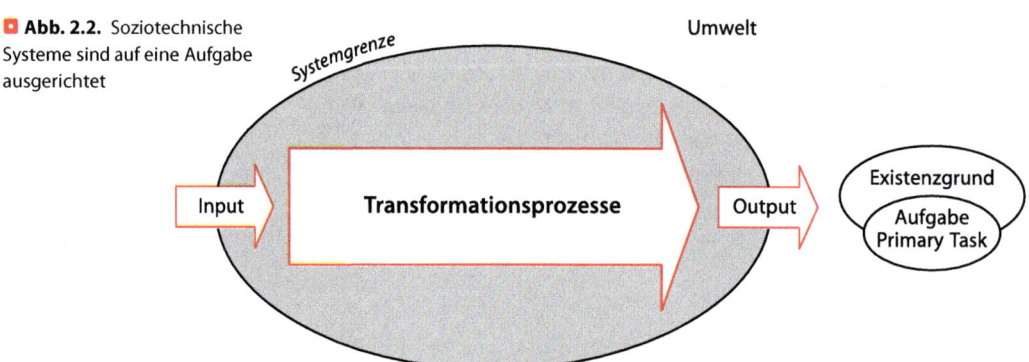

◘ **Abb. 2.2.** Soziotechnische Systeme sind auf eine Aufgabe ausgerichtet

2.4 · Organisation als soziotechnisches System

> märkte, verfügbares Know-how, die herrschende Rechtsprechung, der Fiskus, gesellschaftliche Werte und Normen. Anders ausgedrückt ist die nächsthöhere Systemebene für das betrachtete System immer »Umwelt«. Ist das betrachtete System beispielsweise eine Abteilung eines Unternehmens, so ist die Umwelt das ganze Unternehmen. Systeme sind also immer Teil oder Subsystem eines übergeordneten Suprasystems. Was als System jeweils betrachtet wird, hängt damit von der Beobachtungsperspektive ab. Es ist von besonderer Wichtigkeit für die Praxis der Arbeit in und an Systemen, sich über die eigene Beobachterposition im Klaren zu sein. Nur so ist es möglich, Grenzen und Reichweite der Interventions-Spielräume zu erkennen.

In der jeweiligen Umwelt liegt also der Grund für die Existenz eines Systems. Die Umwelt delegiert quasi eine **Aufgabe (Primary Task)** an das System. Sie tut das mindestens so lange, wie das System den Erwartungen der Umwelt gerecht wird.

Aufgabe (Primary Task)

> **Beispiel**
>
> Autohäuser haben ihren Existenzgrund in der Tatsache, dass der Privatverkehr mit Autos in unseren Breitengraden eine große Bedeutung hat, dass Autos Verschleißartikel sind und viele Betriebsmittel (Reifen, Schmierstoffe) verbrauchen. Daraus ergeben sich eine Reihe von Charakteristika der Hauptaufgabe (Primary Task) eines Autohauses: Verkauf und Reparatur von Fahrzeugen, Verkauf von Ersatzteilen sowie von Betriebsmitteln. Da heutzutage die Halter von Privatwagen nichts mehr mit der Fahrtüchtigkeit zu tun haben wollen und keine Minute auf ihr Fahrzeug verzichten können, gehört zu den Erwartungen der Umwelt an die Garagen auch die Bereitstellung eines umfassenden Services (Serviceorganisation, Ersatzwagen etc.). Daneben sind Ansprüche des Staates (Fahrzeugsicherheit, Abgaben, Abfallentsorgung) und des Versicherungswesens (betreffend Versicherungsschäden) zu beachten.

Beispiel Autohaus

> **Definition**
>
> Die Umwelt wird einem System so lange **Input** (Ressourcen) zur Verfügung stellen, als das System die Erwartungen mit seinem **Output** erfüllt. Die Begriffe Input und Output umfassen aus systemischer Perspektive nicht einfach Rohstoffe und fertige Produkte. Vielmehr ist damit die ganze Vielfalt aller materiellen und nichtmateriellen Faktoren gemeint, die in das System Eingang finden, bzw. das System verlassen. Dazu gehören also auch Werthaltungen, Abfall, Verschmutzung etc. (Treffender wären also Bezeichnungen wie »income« und »outcome«.)

Definition: Input und Output eines Systems

Systemidentität und Selbstorganisation

Wie entsteht die unverwechselbare Eigenart einer Organisation?

Durch das Erkennen des Existenzgrundes und der damit verbundenen Primary Task sowie der autonomen Möglichkeiten, die Transformationsprozesse zu steuern, erhält ein System seine **Identität**. Es verfügt über beobachtbare Grenzen gegenüber seiner Umwelt: Es grenzt sich ab. Dieser Vorgang ist äußerst komplex und von herausragender Bedeutung für das Verständnis von soziotechnischen Systemen.

> **Beispiel**
>
> **Beispiel Autohaus**
>
> Am einfachsten lässt sich das wieder an unserem Autohausbeispiel illustrieren. Der gelernte Automechaniker wird zum Jungunternehmer, nachdem er erkannt hat, dass in seinem rasch wachsenden Wohnort im Einzugsgebiet einer Großstadt eine auf dem Markt bedeutsame Automarke krass untervertreten ist. Nach einigen Vorabklärungen schließt er mit der Generalvertretung, mit einer Immobilienfirma und mit der Bank Vorverträge ab, die ihm die Gründung einer Aktiengesellschaft ermöglichen. In diesem Moment werden die Konturen des neuen Systems (des Unternehmens) deutlich: Als sichtbares Zeichen erhält das Autohaus einen Namen. Es ist benennbar geworden, und das so benannte Unternehmen wird sich beobachtbar von anderen Autohäusern unterscheiden. Dadurch, dass es sich von anderen unterscheidet, erhält das Autohaus auch seine Identität, mit allen positiven und negativen Auswirkungen. Es wird von der Umwelt (beispielsweise den Kunden oder den Banken), aber auch von der Inwelt (den Mitarbeitern) in ganz spezifischer Art und Weise wahrgenommen, was natürlich Folgen hat. Entweder werden Kunden angezogen und kaufen Autos, oder sie bleiben fern. Mitarbeiter arbeiten gerne und mit Engagement für das Unternehmen oder eben einfach, weil sie gerade keinen anderen Job haben.

Prinzip Selbstorganisation

Selbstgestaltung und Autonomie …

Das komplexe Phänomen, das dazu führt, dass entstehende und sich entwickelnde (evolvierende) Systeme sich unterschiedlich ausformen, mit anderen Worten eine eigene Gestalt annehmen, sich von anderen unterscheiden und damit eine Identität entwickeln können, hängt mit dem Prinzip der **Selbstorganisation** zusammen. Organisationen haben vom Moment ihrer Entstehung an die Fähigkeit, ihre Entwicklung innerhalb der von der Umwelt gesetzten Rahmenbedingungen autonom zu gestalten. In intensivem Austausch mit ihrer Umwelt und in Anpassung an die Veränderung der Umweltbedingungen nutzen Organisationen diese Fähigkeit zur Selbstgestaltung (Autopoiese) durch autonome Entwicklung von Strukturen, d. h. durch Selbstorganisation zur Sicherung ihres Überlebens.

> **Beispiel**
>
> **… am Beispiel Autohaus**
>
> Im Beispiel unseres neu gegründeten Autohauses heißt das, dass der frisch gebackene Unternehmer und seine Mitarbeiter vom Moment der Gründung an ihr ganzes Wissen, ihre ganzen Fähigkeiten dafür einsetzen werden, die Kundenwünsche bestmöglich zu erfüllen. In der Festlegung
> ▼

2.4 · Organisation als soziotechnisches System

der konkreten Vorstellungen davon, was diese Kundenwünsche sind, d.h. in der Formulierung konkreter Ziele und Aufgaben, sind diese Menschen sehr autonom. Natürlich gibt es allgemein gültige Vorstellungen in der Umwelt, was und wie ein Autohaus zu sein hat, Vorstellungen, über die kein Autohaus sich hinwegsetzen kann. Aber es bleiben unzählige verschiedene Wege, sie umzusetzen.

Aufgabenverständnis, Ziele und Strategien

Der erste autonome Akt eines neu entstandenen Systems, der sich in bestehenden Organisationen in Anpassung an jede Umweltveränderung immer wiederholen muss, ist also die Entwicklung einer eigenen, individuellen Vorstellung davon, wie der wahrgenommene Existenzgrund und die daraus abgeleitete Primary Task für das eigene System interpretiert werden soll (◘ Abb. 2.3).

Aufgabenverständnis als Interpretation des Existenzgrundes

Systeme sind dabei in der Möglichkeit eingeschränkt, Informationen aus der Umwelt aufzunehmen, und damit bei der Interpretation ihrer Primary Task behindert. Dies kommt daher, dass bestehende Verhaltensmuster und Strukturen die **Wahrnehmungsfähigkeit** des Systems bestimmen (Systeme sind strukturdeterminiert). Das System hört bildlich gesprochen nur die eigene Musik und spielt nur die eigene Melodie. Die Systemgrenze ist also nur teilweise durchlässig für Signale aus der Umwelt. Je besser und umfassender die **Wahrnehmung** der Eigenheiten und Veränderungen in der Umwelt, umso besser sind allerdings die Anpassungsfähigkeit und damit auch die Überlebenschancen von Organisationen. Die Wahrnehmungsfähigkeit von Organisationen und damit deren Lernfähigkeit ist ein sehr aktuelles Thema der Managementwissenschaften.

begrenzte Wahrnehmungsfähigkeit von Organisationen

> **Beispiel**
>
> In unserem Beispiel macht sich der Autohausbesitzer ein konkretes Bild seiner Kunden und der herrschenden Anforderungen an den Betrieb seines Unternehmens. Er entwickelt ein eigenes **Aufgabenverständnis**, d. h. individuelle Ziele und Strategien, um mit seinen Dienstleistungen die Bedürfnisse seiner (vielfältigen) Umwelt(en) zu treffen.

Beispiel Autohaus

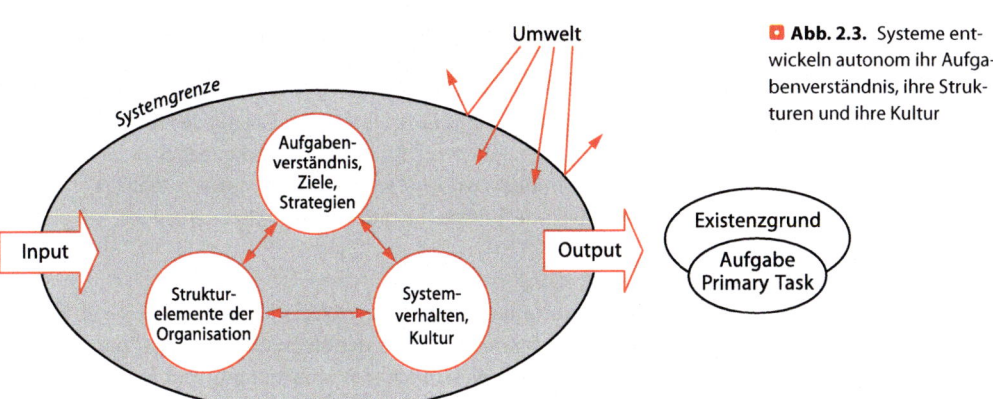

◘ **Abb. 2.3.** Systeme entwickeln autonom ihr Aufgabenverständnis, ihre Strukturen und ihre Kultur

Struktur

Strukturen zur Steuerung der Transformationsprozesse

Um das Aufgabenverständnis in Handlungen bzw. in einen Produktions- oder Dienstleistungsprozess umsetzen zu können, somit um die notwendigen Transformationsprozesse (◘ Abb. 2.2) zu steuern, ist schon in kleinsten Systemen eine Aufgabenteilung und eine entsprechende Ressourcenzuteilung sowie die Anwendung verschiedener technisch-organisatorischer Steuerungsinstrumente notwendig. Die Organisation muss sich organisieren, um produktiv zu werden. Es entstehen bewusst geschaffene (formale) sowie nicht willentlich gestaltete (informelle) Strukturen (► Kap. 10 »Organisation als Führungsaufgabe«, ► Kap. 8 »Die Gestaltung der Arbeit in und mit Gruppen« und ► Kap. 14–18 »Das Management komplexer Führungssituationen«.) Konkret geht es hier um Stellenbildung, -besetzung, Schaffung technischer Grundlagen, Gestaltung der Produktionsprozesse, Ausformung von Kommunikations-, Entscheidungs- und Kontrollsystemen (◘ Abb. 2.3).

Beispiel Autohaus

> **Beispiel**
>
> In unserem Autohaus werden Öffnungs- und Arbeitszeiten festgelegt, Aufgabenverteilung und Zuständigkeiten geregelt. Fähigkeiten, Kompetenzen und Verantwortlichkeiten werden zugeordnet und vieles mehr »organisiert«.

Kultur

Sowohl das Aufgabenverständnis, also die konkreten Ziele und Strategien der Organisation, als auch die herausgebildeten Strukturen beruhen auf Werthaltungen der beteiligten Menschen (welche nicht unabhängig sind von der Systemumwelt!). Das Aufgabenverständnis und die Strukturen beeinflussen ihrerseits das Verhalten des ganzen Systems nach innen und nach außen.

Definition: Organisationskultur

> **Definition**
>
> Die Gefühle und Einstellungen der Systemmitglieder, das Arbeits-, Leistungs- und Problemlösungsverhalten, geltende Spielregeln und Normen, das Führungsverhalten, das Organisationsklima bezeichnen wir als die System- bzw. **Organisationskultur**.

Beispiel Autohaus

> **Beispiel**
>
> In unserem Autohaus entwickelt sich ein bestimmtes Verständnis über die Qualität der Dienstleistung, die Art und Weise, wie mit den Kunden und innerhalb des Unternehmens, z. B. zwischen Mitarbeitenden und Führungskräften kommuniziert wird, wie informiert wird, wie Konflikte angegangen werden, wie gute Leistungen wertgeschätzt werden etc.

Zusammenhang von Aufgabe, Struktur und Kultur …

Organisationskultur entsteht in unserem Verständnis einerseits als Ergebnis des Aufgabenverständnisses und der strukturellen Gestaltung des Systems und ist gleichzeitig wesentlicher Bestimmungsgrund für die Art und Weise, wie das System seine Aufgabe interpretiert und welche gestalterischen

2.4 · Organisation als soziotechnisches System

Maßnahmen (Strukturen) es ergreift, um seine Aufgabe zu erfüllen. In komplexen Systemen lassen sich Ursache und Wirkung nicht mehr eindeutig trennen!

Die drei beschriebenen Aspekte eines soziotechnischen Systems, also Aufgabe, Struktur und Kultur sind derart miteinander verbunden, dass man auch sagen könnte, dass sie dreimal immer dasselbe, nämlich das ganze System beschreiben, dies aber jedes Mal aus einer anderen Perspektive: drei Seiten derselben Medaille. Jede betrachtete Seite hat dabei die zwei anderen zur Voraussetzung.

... die drei Seiten derselben Medaille

Rückkoppelung und Feedbacksysteme

Eine wichtige Eigenschaft soziotechnischer Systeme fehlt noch in unserer Einführung in das systemische Organisationsverständnis: Lebende Systeme haben grundsätzlich die Fähigkeit, Abweichungen zwischen Erwartetem oder Gewünschtem und dem, was ist, wahrzunehmen. Aufgrund dieser Informationen ist ein System in der Lage, unerwünschte Entwicklungen bzw. Veränderungen in der Umwelt zu entdecken und auch darauf zu reagieren. Es ist dies ein Regelvorgang, wie er analog auch schon in einfachen (trivialen) technischen Systemen vorkommt: Ein Thermometer liefert z. B. Informationen über die Raumtemperatur an die Heizungssteuerung, die die Brenneraktivität regelt und damit die Raumtemperatur auf einem gewünschten Niveau konstant hält. Der Brenner ist »rückgekoppelt« oder – mit dem englischen Fachwort ausgedrückt – er erhält über einen Sensor »Thermometer« ein **Feedback** vonseiten der Raumtemperatur über die Zweckmäßigkeit seiner Aktivität. Allerdings sind die »Sensoren«, d. h. das Wahrnehmungssystem eines soziotechnischen Systems außerordentlich vielfältig, vernetzt und im echten Sinne des Wortes komplex. Signale über die Qualität von Wirkungen der Systemaktivitäten werden in allen Subsystemen jeder Ebene empfangen, interpretiert und weitervermittelt (oder eben auch nicht, ▶ unten).

Fähigkeit, Unterschiede wahrzunehmen, ermöglicht Anpassung

Feedback

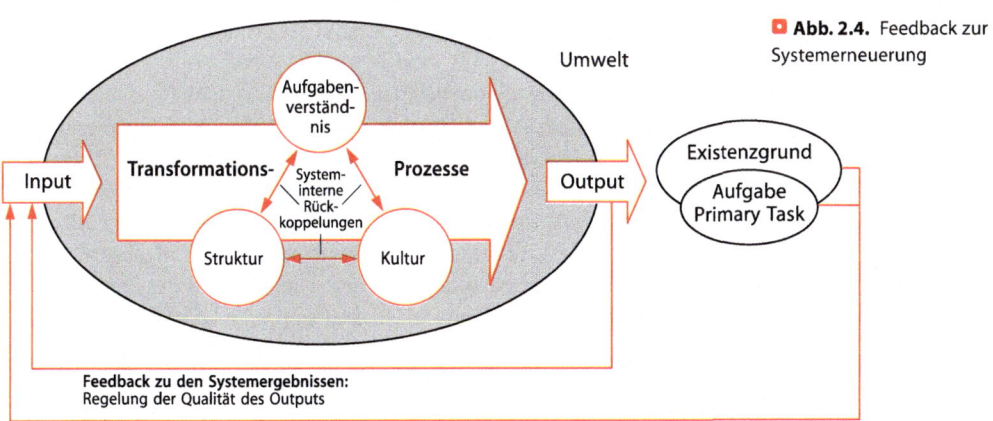

Abb. 2.4. Feedback zur Systemerneuerung

Soziotechnische Systeme sind rückgekoppelt. Feedback ermöglicht die Wahrnehmung von Abweichungen und damit Anpassungsvorgänge, d. h. Systemlernen.

Beispiel Autohaus

Anpassung an die Umweltbedürfnisse ...

> **Beispiel**
>
> Unser Autohausbesitzer und seine Angestellten müssen – um Kunden zu gewinnen und zu halten – beispielsweise in der Lage sein, Ansprüche und Wünsche, d. h. Veränderungen im Kundenverhalten, sowie Neuerungen im Bereich der Wartung und Reparatur zu erfassen und zu interpretieren. Damit wird das Autohaus als Organisation in der Lage sein, sich den immer schneller ändernden Erfordernissen anzupassen und damit zu überleben (◘ Abb. 2.4).

... und an innere Bedürfnisse des Systems

Es geht aber nicht nur um Signale aus der Umwelt, die wahrgenommen werden müssen. Auch Abweichungen von gewünschtem Verhalten innerhalb des Systems müssen erfasst und interpretiert werden, um mögliche Korrekturen in der Gestaltung des Zusammenspiels von Aufgabenverständnis, Strukturelementen und Kultur des Systems zu ermöglichen.

Beispiel Autohaus

> **Beispiel**
>
> Beispielsweise stellt unser Unternehmer zu seinem Leidwesen fest, dass seine Mitarbeiter die Kunden abschätzig behandeln (◘ Abb. 2.4: Feedback zur Qualität des Outputs). Er müsste wahrnehmen können, dass seine eigene fehlende Wertschätzung gegenüber seinen Mitarbeitern im scharfen Kontrast steht zu der von ihm von den Mitarbeitern verlangten Wertschätzung der Kunden (◘ Abb. 2.4: Systeminterne Rückkoppelung). Er hätte damit den Schlüssel in der Hand, die Dienstleistungsqualität seines Unternehmens zu verbessern. Sowohl er selbst, als auch das System als Ganzes hätten damit etwas gelernt.

Grenzen der Wahrnehmung von Systemen

An diesem Beispiel wird aber auch deutlich, wie wenig selbstverständlich es ist, dass ein soziales System das Prinzip der Rückkoppelung versteht und nutzen kann. Die Realität ist vielmehr, dass das Wahrnehmungsvermögen von Organisationen eingeschränkt ist (▶ Abschnitt »Aufgabenverständnis«).

Sicherstellung von Feedbackmechanismen als Führungsaufgabe

Eine wichtige Führungsaufgabe ist es, diese Wahrnehmungsfähigkeit und damit die Anpassungs- und Überlebensfähigkeit der den Führungskräften anvertrauten Organisationen, Abteilungen und Gruppen zu entwickeln und zu erhalten. Das Thema Feedback hat gerade darum für Vorgesetzte eine so große Bedeutung. Viele der im vorliegenden Buch besprochenen Führungs- und Organisationsinstrumente und konkreten Regeln im Umgang mit Gruppen schaffen die Voraussetzung, um differenzierte und in der Praxis griffige Feedbackmechanismen zu entwickeln und damit die Lernfähigkeit der von den Vorgesetzten geführten Systeme zu verbessern. Nicht zuletzt setzt genau hier die Rolle (der Existenzgrund!) des externen Beraters an. Seine unverstellte Sicht auf »das System« erlaubt ihm als externem Beobachter, Dinge und Zusammenhänge zu sehen und dem System mitzuteilen, die sonst als blinder Fleck verborgen blieben.

Rolle des externen Beraters

2.4 · Organisation als soziotechnisches System

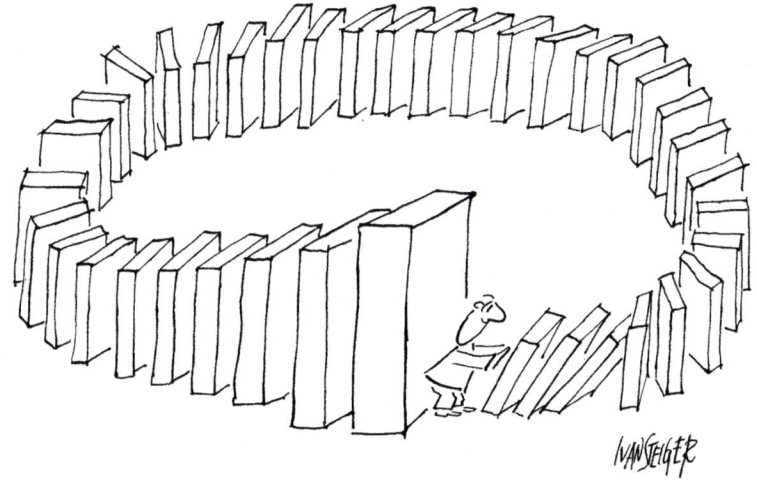

Komplexität und Dynamik prägen zunehmend die Rahmenbedingungen unseres Denkens und Handelns. Es gibt immer weniger Entscheidungsbereiche, in denen wir ohne Zeitdruck mit übersichtlichen Verhältnissen konfrontiert sind. Im Gegenteil, zunehmend sehen wir uns Situationen ausgesetzt, in denen wir über Abhängigkeiten, Einflussfaktoren und Auswirkungen unseres Handelns nur undeutlich Bescheid wissen: Wir sind gezwungen, unter **Bedingungen der Unsicherheit** zu entscheiden. Dies trifft generell zu für Aufgaben und Entscheidungen in Arbeitsorganisationen, also Unternehmen und Institutionen aller Art. Im Speziellen gilt das aber ganz ausgeprägt für Führungsaufgaben.

Traditionelle Vorstellungen über die Natur von Organisationen und ihre dahinter stehenden Werthaltungen sind nicht mehr in der Lage, Hilfestellungen für die Bewältigung von Komplexität und Unsicherheit zu leisten. Die Managementwissenschaften greifen deshalb immer häufiger auf Theorien über das Wesen von Organisationen zurück, die ihre Wurzeln in der Systemforschung haben. Wir sprechen deshalb von **systemischen Theorien**.

In ▶ Abschn. 2.3 und ▶ Abschn. 2.4 wurde ein solches systemisches Organisationsverständnis beschrieben. Weil in menschlichen Organisationen immer eine symbiotische Verbindung von sozialen und technischen Systemen stattfindet, bezeichnen wir Organisationen als **soziotechnische Systeme**.
Wichtige **Eigenschaften** solcher Systeme sind:
- Systeme sind **auf eine Aufgabe ausgerichtet**, sie haben einen in ihrer Umwelt liegenden Grund für ihre Existenz.
- Systeme entstehen spontan und organisieren sich selbst. Das heißt, sie verfügen über die Fähigkeit, sich im Rahmen der Umweltbedingungen autonom (selbstorganisierend) zu entwickeln.

▼

ZUSAMMENFASSUNG

Komplexität und Dynamik

Unsicherheit

systemische Theorien

Organisationsverständnis

Eigenschaften soziotechnischer Systeme

auf eine Aufgabe ausgerichtet

selbstorganisierend

Identität

- Systeme haben **Grenzen**, sie lassen sich in ihrer Umwelt beobachten und unterscheiden. Systeme haben damit eine unverwechselbare **Identität**, welche durch ihre Aufgabe und die autonome Art und Weise der Aufgabenerfüllung geprägt ist.
- Organisationen bzw. soziotechnische Systeme können aus drei Blickwinkeln betrachtet werden. Jeder der drei Aspekte beschreibt dasselbe, aber unter einer anderen Fragestellung.

Aufgabe
  - **Aufgabe**: Wie interpretiert die Organisation ihre Aufgabe bzw. den Auftrag ihrer Umwelt? Was entwickelt sie für ein Aufgabenverständnis, d. h. was für konkrete Ziele und Strategien gibt sie sich?

Struktur
  - **Struktur**: Mit welchen Instrumenten und Verfahren versucht die Organisation, ihre Ziele zu erreichen? Wie organisiert sich die Organisation?

Kultur
  - **Kultur**: Wie verhält sich das System, sowohl nach innen (z. B. gegenüber den Mitarbeitern) als auch nach außen (gegenüber der Umwelt, z. B. Kunden)? Welche Werthaltungen und Normen liegen dem Verhalten des Systems zugrunde? Wie ist das Betriebsklima, welche Gefühle herrschen im Betrieb vor?

Feedback

begrenzte Wahrnehmungsfähigkeit

- Systeme sind **rückgekoppelt**, d. h. sie können lernen. Systeme sind in der Lage, **Feedback** aufzunehmen und damit Korrekturen an ihrem Verhalten anzubringen. Allerdings sind Systeme in ihrer Wahrnehmungsfähigkeit auch begrenzt. Das bestehende Aufgabenverständnis, die aktuellen Strukturen der Organisation und die Organisationskultur haben die Tendenz, sich zu bewahren. Organisationen sind **strukturdeterminiert**, »sie hören nur ihre eigene Melodie« und haben deshalb blinde Flecken. Diese Tatsache beschränkt die Flexibilität und Anpassungsfähigkeit von Systemen.

FRAGEN ZUR VERTIEFUNG

1. Was ist der Existenzgrund Ihrer Organisation?
2. Wie würden Sie den Existenzgrund Ihres Verantwortungsbereiches umschreiben?
3. Davon ausgehend: Was ist die Primary Task des von Ihnen geführten Systems?
4. Was ist Ihr Aufgabenverständnis?
5. Ist es möglich, dass dieses Aufgabenverständnis mit der Primary Task nicht so recht harmonieren will? Das heißt: Gibt es aufgabenfremde Ziele in Ihrem Aufgabenverständnis?
6. Versuchen Sie, sich vom Grad der Selbstorganisation ein Bild zu machen, der Ihnen von Ihrer Umwelt (dem übergeordneten System) zugestanden wird: Wo sind Sie und Ihre Mitarbeiter weitgehend für die Qualität der Erbringung Ihrer Systemergebnisse verantwortlich?
7. Was tragen Sie zum spezifischen Aufgabenverständnis Ihres Arbeitsbereiches bei?

▼

8. Was sind konkrete Strukturen, die von Ihrem eigenen Willen (und eventuell demjenigen Ihrer Mitarbeiter) geprägt sind?
9. Was macht die spezifische Kultur Ihres Verantwortungsbereiches aus?
10. Wie prüfen Sie, ob Aufgabenverständnis, Strukturen und die Kultur Ihres Verantwortungsbereiches harmonieren, d. h. alle im Wesentlichen auf ein und dasselbe Ziel ausgerichtet sind?
11. Welche Praktiken und Hilfsmittel wenden Sie an, um sicherzustellen, dass Sie etwas über die Wirkungen Ihres Verantwortungsbereiches auf die Umwelt erfahren? Wie spüren Sie, dass in Ihrem Umfeld sich für Sie wesentliche Dinge ändern?
12. Entwickeln Sie praktische Vorstellungen über die Einrichtung von geeigneten Feedbackmechanismen, um solche Informationen für Ihre Führungs- und Leitungsaufgaben zur Verfügung zu haben.

Literatur

Baitsch, C. (1993). *Was bewegt Organisationen? Selbstorganisation aus psychologischer Sicht.* Frankfurt/Main: Campus.
Häfele, W. (Hrsg.) (2009). *OE-Prozesse initiieren und gestalten. Ein Handbuch für Führungskräfte, Berater/innen und Projektleiter/innen.* (2. Aufl.). Bern: Haupt.
Königswieser, R., Exner, A. (2008). *Systemische Intervention. Architekturen und Designs für Berater und Veränderungsmanager.* (9. Auflage). Stuttgart: Schäffer-Poeschel.
Neuberger, O. (2002). *Führen und führen lassen.* Stuttgart: Lucius & Lucius UTB.
Probst, G. J. B. (1992). *Organisation: Strukturen, Lenkungsinstrumente und Entwicklungsperspektiven.* Landsberg/Lech: verlag moderne industrie.
Rieckmann, H. (2007). *Managen und Führen am Rande des 3. Jahrhunderts: Praktisches, Theoretisches, Bedenkliches.* (4. Aufl.). Frankfurt/Main: Lang.
Steinkellner, P. (2007). *Systemische Intervention in der Mitarbeiterführung.* (2. Aufl.). Heidelberg: Carl-Auer-Systeme.
Taylor, F. W. (1913). *Principles of scientific management.* New York: Harper.

3 Das Rollenkonzept der Führung

Thomas Steiger

3.1 Phänomen Führung – 36

3.2 Führungserfolg und Führungstheorien – 37
3.2.1 Was ist Führungserfolg? – 37
3.2.2 Entwicklungslinien der Führungsforschung – 39

3.3 Führung als Ergebnis einer komplexen Begegnung von Persönlichkeit und Organisation: Das Rollenkonzept – 46
3.3.1 Begriff der Rolle – 46
3.3.2 Rollenübernahme – 48
3.3.3 Rollenbezogene Konflikte – 52
3.3.4 Rollendistanz, Rollenidentifikation und Gesundheit – 52
3.3.5 Rolle als (soziotechnisches) System – 53
3.3.6 Erfindung von Führung – 56
3.3.7 Führungsaufgaben und Führungsrollen – 56

Literatur – 61

> **AUF EINEN BLICK**
>
> Neben Menschenbildern und Organisationsverständnissen prägen bewusste oder unbewusste, implizite oder explizite **Führungsverständnisse** das Handeln von Führungskräften in Organisationen. Das Thema **Führung** bzw. die Frage nach Sinn, Zweck, Legitimation, Inhalt und Qualität der Führung hat die Menschheit schon immer und unablässig beschäftigt. Neben einem kurzen Blick auf wichtige Entwicklungsschritte bei wissenschaftlichen Führungstheorien konzentrieren wir uns auf ein systemisches Führungsverständnis, das unserer Einschätzung nach geeignete kognitive Grundlagen und anwendungsorientierte Denkmuster für die bessere Bewältigung von Komplexität und Dynamik im modernen Führungsalltag bereitstellt. Ausgehend von diesem Modell des Führungsverständnisses, dem **Rollenkonzept**, erläutert dieses Kapitel verschiedene zentrale Fragen bezüglich Funktion, Aufgaben und Rahmenbedingungen der Führungstätigkeit.

3.1 Phänomen Führung

Führung als Grundphänomen menschlicher Gemeinschaften

Führung ist ein Grundphänomen menschlicher Entwicklung. Es gibt kein soziales System, keine menschliche Gemeinschaft – Familien, Gruppen aller Art, Organisationen aller Art, Staaten – in denen Fragen der Führung, Vorherrschaft, Macht und Einfluss nicht von Bedeutung sind. Gerade weil menschliche Gemeinschaften so sensibel auf die mit Führung verbundenen Erscheinungen reagieren, ist das Thema häufig tabuisiert und mit Vorurteilen belastet. Das erschwert eine bewusste und realistische Auseinandersetzung damit. Das Phänomen »Führung« hat das Denken der Menschen und insbesondere der Philosophen, Feldherren, Theologen, Sozialwissenschaftler, Intellektuellen und »Väter« (die nach Geschlechtern differenzierte Betrachtung von »Führung« ist eine Erscheinung erst der allerjüngsten Geschichte) aller Art aber seit jeher beschäftigt. Es gibt gute Gründe, weshalb wir mit diesem Thema nie zu einem gesicherten Ende kommen werden – wie beispielsweise mit Formeln in der Mathematik oder Bau- und Bedienungsanleitungen von Maschinen.

Führung als komplexes Phänomen

Führung ist im strengen Sinne des Wortes ein komplexes Phänomen. Zu vielfältig sind die komplexen kulturellen und geschichtlichen Einflüsse auf diese Frage und zu dynamisch die psychischen Faktoren, welche den Führungsprozess, dessen Motive und Zielsetzungen sowie die Natur seiner Gefolgschaft gestalten, als dass wir damit definitiv zu Rande kommen könnten. Mit anderen Worten: Es wird nie gelingen, allgemeingültige Regeln zur Beherrschung von Führung zu formulieren. Die Grenzen der Machbarkeit (im Sinne von Konstruierbarkeit, geplanter Erzeugung) von Führung und Führungserfolg aufzuzeigen, ist unter anderem ein Anliegen dieses Buches. Angesichts dieser Begrenztheit ist es nötig, Wege aufzuzeigen, wie mit der Komplexität im Zusammenhang mit Führungsaufgaben umgegangen, d. h. gelebt werden kann. Wir können die Komplexität nicht auflösen, aber wir können Mittel und Wege aufzeigen, welche diese Komplexität zum Zwecke der Be-

Grenzen der Machbarkeit

wältigung reduzieren helfen, ohne die Wirklichkeit durch »schreckliche Vereinfachungen« zu versimpeln.

Mit Führungstheorien und darauf abgestützten Führungsmodellen versucht die Managementlehre (bzw. die sie befruchtenden Wissenschaften, insbesondere die Arbeits- und Organisationspsychologie, die Betriebswirtschaftslehre sowie die Soziologie) Orientierungshilfen zu geben. Diese Theorien und Modelle waren immer »Kinder ihrer Zeit«. Analog zur Veränderung der zugrundeliegenden Menschenbilder und Organisationsverständnisse (▶ Kap. 1 und 2) hat sich auch das Führungsverständnis gewandelt. Im Folgenden werden wichtige Entwicklungen von Führungstheorien im Sinne einer Abgrenzung von unserem eigenen Verständnis skizziert. Hauptsächlich geht es dann um die Entwicklung des Rollenkonzeptes, eines Modells der komplexen Begegnung von Organisation und Führungspersönlichkeit. Anhand dieses Modells lassen sich zentrale Aspekte eines zeitgemäßen systemischen Führungsverständnisses aufzeigen, welches zur Grundlage für die Reflexion des eigenen, individuellen Führungshandelns werden soll.

Führungstheorien als Orientierungshilfen

Rollenkonzept als Grundlage für die Reflexion des eigenen Führungshandelns

3.2 Führungserfolg und Führungstheorien

Führungstheoretisch bedeutsame Überlegungen haben schon die alten griechischen Denker (z. B. Platon 427–347 v. Chr.) angestellt. Von der Bibel über die Reflexionen von Machiavelli zur Kunst der Staatsführung im 16. Jahrhundert bis hin zu unseren aktuellen wissenschaftlichen Theorien hat das Interesse an Führungsmodellen und Anforderungsprofilen von Führungskräften nie nachgelassen. Im Zentrum der Überlegungen hat dabei vor allem die Frage nach den Voraussetzungen für Führungserfolg gestanden: Wie lässt sich effiziente Führung erzeugen? Wie kann, soll oder darf Macht bzw. Herrschaft ausgeübt werden? Oder etwas zeitgemäßer formuliert: Welches sind die optimalen Rahmenbedingungen, unter denen Führung eine gewünschte Wirkung entfalten kann?

Entwicklung und Erkenntnisinteresse der Führungsforschung

3.2.1 Was ist Führungserfolg?

Wenn eine Theorie Antworten darauf geben soll, welches die Bedingungen für erfolgreiches Führen sind, dann muss zunächst geklärt werden, was mit Führungserfolg gemeint ist. So vielfältig wie die weiter unten beschriebenen theoretischen Ansätze der Führungsforschung, so verschieden fallen auch die Definitionen von Führungserfolg aus. In Wissenschaft und Praxis lassen sich weit über 1.000 verwendete Kriterien finden (Neuberger 2002, S. 434). Neuberger bescheinigt der Führungsforschung in diesem Zusammenhang einen unglaublich leichtfertig-pragmatischen und unqualifizierten theoretisch-empirischen Zugang zur Klärung des eigentlichen Endproduktes des Führungsprozesses, des Führungserfolges. Wir beschränken uns hier auf die Wiedergabe einer Typologie solcher Kriterien, die die Unterschiedlichkeit der Betrachtungen veranschaulicht (◘ Tab. 3.1).

Vielfalt von Definitionen

Tab. 3.1. Kriterien des Führungserfolges. (Nach von Rosenstiel 2009, S. 5f.)

Bezugsrahmen	Kriterien des Führungserfolgs

Kriterien, die sich auf die **Person der Führungskraft** beziehen (zumeist Fremdbeurteilungen der Führungskraft durch Dritte)	— Ergebnisse psychologischer Eignungsuntersuchungen bezüglich:
	  – Fähigkeiten
	  – Interessen, Einstellungen, Verhalten
	  – Entwicklungspotential
	— Merkmale der beruflichen Entwicklung:
	  – Erreichte hierarchische Positionen in der Zeit
	  – Gehaltsentwicklung in der Zeit und Gehaltshöhe
	  – etc.

Kriterien, die sich auf die **geführte Gruppe** von Mitarbeitenden beziehen	— Kriterien bezüglich Quantität und Qualität der erbrachten Gruppenleistung:
	  – Produktions-, Verkaufszahlen,
	  – Reklamationszahlen,
	  – Patentanmeldungen etc.
	— Kriterien bezüglich Befindlichkeit der Geführten und der Qualität der Beziehungen:
	  – Arbeitszufriedenheit,
	  – Betriebsklima,
	  – Konflikthäufigkeit,
	  – Identifikation der Mitarbeiter mit dem Unternehmen etc.
	— Mischkriterien:
	  – Fluktuations- und Fehlzeitraten,
	  – Qualifikationsergebnisse der Gruppenmitglieder,
	  – Zahl und Qualität der Verbesserungsvorschläge etc.

Führungserfolg ist ein willkürlich verwendeter Begriff

Was den Erfolg von Führung auszeichnet, ist im Grunde genommen eine unternehmenspolitische Entscheidung. In der Praxis fehlen bewusste und ausdrückliche Festlegungen allerdings weitgehend. Sogar wenn Führungsgrundsätze existieren, werden sie für die Beurteilung der Führungskräfte kaum herangezogen. Andere Kriterien, häufig sehr pauschale, intuitive, theoretisch nicht fundierte und allein auf die Führungsperson bezogene Einschätzungen liegen häufiger vor. Eine solch einseitige Betrachtungsweise von Führungserfolg steht in unakzeptablem Widerspruch mit dem, was heute als Konsens in der Führungsforschung gelten darf:

Definition: Führung

> **Definition**
> » 1. Führen ist ein Gruppenphänomen (das die Interaktion zwischen zwei oder mehreren Personen einschließt);
> 2. Führung ist intentionale soziale Einflussnahme (wobei es wiederum Differenzen darüber gibt, wer in einer Gruppe auf wen Einfluss ausübt und wie dieser ausgeübt wird, u.a.m.);
> 3. Führung zielt darauf ab, durch Kommunikationsprozesse Ziele zu erreichen«
> (Weinert 1989, zit. nach von Rosenstiel 2009, S. 6)

Unser eigener, weiter unten besprochener, Ansatz eines Führungsverständnisses wird durch die Konkretisierung im Verlaufe der Darstellung schließlich

3.2.2 Entwicklungslinien der Führungsforschung

Vor allem seit Beginn des 20. Jahrhunderts haben sich die Bemühungen um eine sozialwissenschaftliche und empirisch abgestützte Führungsforschung stark intensiviert. Die Flut der Publikationen, die Vielfalt der theoretischen Ansätze und der Versuche nach empirischer Bestätigung lassen sich kaum mehr überblicken. Beim Versuch, in dieser Geschichte der Führungsforschung typische Grundmuster zu entdecken, also nach gemeinsamen Merkmalen der einzelnen Forschungsrichtungen zu suchen, lassen sich im Wesentlichen vier Entwicklungslinien herausstellen. Es sind viele Versuche unternommen worden, solche Grundstrukturen der Führungsforschung zu erkennen. Eine Auflistung solcher Versuche findet sich in Kieser et al. (1995, S. 775 f.). Die Ergebnisse sind zwar sehr unterschiedlich, es lassen sich aber doch innerhalb dieser Zusammenstellung wieder wesentliche Gemeinsamkeiten identifizieren, die die Heraushebung der nachfolgend besprochenen Forschungsrichtungen rechtfertigen. Die Darstellung der Unterschiede dieser Entwicklungslinien trägt zum Verständnis unseres eigenen Ansatzes bei.

Die Entwicklung dieser Forschungsansätze ist von einer systematischen Erweiterung der Perspektive geprägt: Von der Führungsperson, über ihr Ver-

Entwicklung der modernen Führungsforschung

vier Entwicklungslinien

systematischen Erweiterung der Perspektive

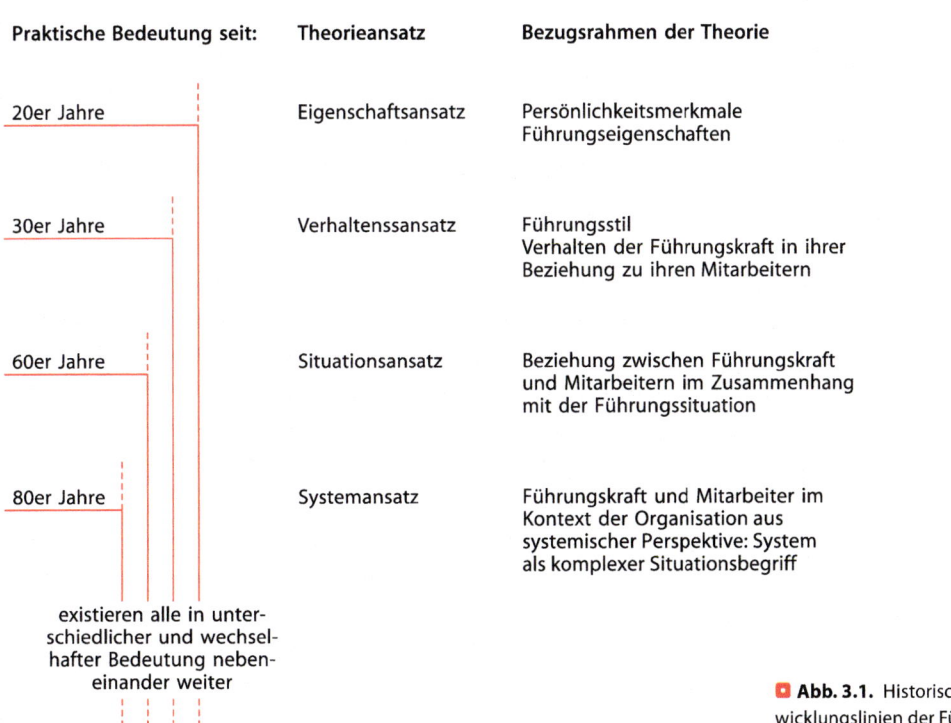

Abb. 3.1. Historische Entwicklungslinien der Führungsforschung

halten in Bezug auf die Mitarbeitenden, über den Einbezug der Situation, in welcher solches Führungsverhalten stattfindet, hin zur systemischen Betrachtung von Führung im komplexen organisationalen Kontext. Dabei hat aber keine der jeweils älteren Entwicklungslinien endgültig an Bedeutung verloren. Sowohl in der Forschung, vor allem aber in den Hinterköpfen von Managern und deren Ausbildern, als implizite oder explizite Alltagstheorien, haben die Konzepte – mit unterschiedlicher Bedeutung zwar, aber nachhaltig – überlebt.

veraltete Vorstellungen leben weiter

Eigenschaftsansatz

Auf den ersten Blick scheint es sehr plausibel, den Grund für erfolgreiches Führen in den Eigenschaften der Führungskraft zu suchen. In konkreten Alltagssituationen erleben wir als Geführte die Verhaltensweisen der Vorgesetzten sehr vordergründig und unmittelbar als angenehm oder störend und fühlen uns in unserem Wohlbefinden davon direkt betroffen. Die Gründe für diese Verhaltensweisen werden dabei sehr schnell in Charaktereigenschaften der Persönlichkeit der Führungskraft gesucht. Diese Eigenschaften selbst sind in der Realität aber nicht zu beobachten. Sie sind Konstrukte, die durch Abstraktion aus Verhaltensbeobachtungen gewonnen werden. Man kann nicht direkt beobachten, dass jemand beispielsweise über die Eigenschaft »Intelligenz« verfügt. Vielmehr wird beobachtet, dass jemand schnell, mühelos und fehlerfrei komplexe Probleme löst.

Eigenschaften der Führungskraft erklären Führungserfolg

Eigenschaften als Konstrukte von Verhaltensbeobachtungen

Definition: Eigenschaften

> **Definition**
>
> Eigenschaften werden (nach Neuberger 2002, S. 226) als Persönlichkeitsmerkmale aufgefasst, die
> 1. zeitlich stabil,
> 2. übersituativ (also nicht nur in einer einzigen Situation beobachtbar) und
> 3. universell (bei allen Menschen, wenngleich in je unterschiedlicher Ausprägung) vorhanden sind.
>
> Damit werden Eigenschaften vergleichbar und können mit Ergebnissen (hier »Führungserfolg«) in Verbindung gebracht werden.

Die »Eigenschaftstheorie der Führung« (darunter werden alle Ansätze der Führungsforschung subsumiert, die der Persönlichkeit des Führers ausschlaggebende Bedeutung beimessen, vgl. Neuberger 2002, S. 222 ff.) hat eine Reihe von Persönlichkeitsmerkmalen auf ihre Bedeutung für »Führungserfolg« hin untersucht. Einer von vielen Versuchen, Führungseigenschaften zu gruppieren, für die ein statistischer Zusammenhang mit »Führungserfolg« nachgewiesen werden konnte, ist der folgende:

Persönlichkeitsmerkmale

3.2 · Führungserfolg und Führungstheorien

Tab. 3.2. Persönlichkeitsmerkmale und ihre Bedeutung für Führungserfolg. (Nach von Rosenstiel 2009, S. 6f.)

Aspekt	Führungseigenschaften
Befähigung	Intelligenz, Wachsamkeit, verbale Gewandtheit, Originalität, Urteilskraft
Leistung	Schulleistung, Wissen, sportliche Leistung
Verantwortlichkeit	Zuverlässigkeit, Initiative, Ausdauer, Aggressivität, Selbstvertrauen, Wunsch, sich auszuzeichnen
Teilnahme	Aktivität, Soziabilität (Umgänglichkeit), Kooperationsbereitschaft, Anpassungsfähigkeit, Humor
Status	Position (sozial, ökonomisch), Popularität

Die Eigenschaftstheorie der Führung hat aufgrund einer Reihe von Schwächen ihre wissenschaftliche Bedeutung weitgehend eingebüßt. Die Annahme, dass **allein** die Charaktereigenschaften für Führungserfolg oder -misserfolg verantwortlich sind, ist überholt. Die wichtigsten Gründe dafür sind: Führungserfolg ist keiner monokausalen Erklärung zugänglich; Führung ist ein komplexer, von vielen Faktoren bestimmter Vorgang. Führungseigenschaften haben je nach Führungssituation eine andere Bedeutung für den Führungserfolg. Mit anderen Worten: Die Situation, in der Führung stattfindet, hat häufig großen Einfluss auf den Erfolg. Diese Kritik soll nun nicht zur Überinterpretation verleiten, Persönlichkeitseigenschaften hätten überhaupt keine Bedeutung für den Führungserfolg. Diese Bedeutung ist lediglich zu relativieren, wie wir im Verlaufe der Argumentation sehen werden. Nur von der Vorstellung, die Eigenschaften der Person **alleine** seien für deren Erfolg als Führungskraft entscheidend, muss Abstand genommen werden.

Kritik an der Eigenschaftstheorie

Relativierung der Bedeutung der Persönlichkeit

Verhaltensansatz

Der verhaltensorientierte Ansatz zur Erklärung von Führungserfolg hatte große Bedeutung in der Entwicklung der Führungsforschung und lebt auch heute noch in breiten Teilen der Managementliteratur und in den Köpfen der Führungskräfte weiter. Im Zentrum standen jetzt nicht mehr die Persönlichkeitseigenschaften der Führungskräfte, sondern die Frage nach typischem reproduzierbarem Verhalten, das günstig ist, um Führungserfolg zu bewirken. Man erforschte die Eignung von Verhaltens- oder Führungsstilen und konzentrierte sich auf die Frage: Welcher Führungsstil bringt die besten Resultate?

Verhalten und seine Bedeutung für Führungserfolg: Führungsstilforschung

Ein Grundmuster durchzieht die ganze Familie der führungsstilorientierten Forschungsansätze: In verschiedenen Differenzierungen orientieren sich alle an der Beobachtung zweier Kategorien von Führungsverhalten (nach Weinert 2004, S. 470).

Zwei Kategorien von Führungsverhalten

Zwei wichtige Vertreter dieser Forschungsrichtung werden hier zur Veranschaulichung zitiert: Zunächst Tannenbaum (1967) mit seinem »Kontinuum unterschiedlicher Führungsstile« und Blake und Mouton (1964) mit ihrem »Führungsstil-Gitter«.

Arbeits- und aufgabenzentriertes Verhalten	Personen- oder mitarbeiterzentriertes Verhalten
Die Beziehung der Führungskraft zu den Mitarbeitenden konzentriert sich in erster Linie darauf, zu organisieren, zu planen und zu koordinieren, um eine bestimmte Aufgabe zu lösen.	Die Aufmerksamkeit der Führungskraft konzentriert sich im Arbeitsprozess auf die Bedürfnisse und Erwartungen der Mitarbeitenden, wie z. B. Arbeitszufriedenheit, Entwicklungsmöglichkeiten etc.

Aufgaben- oder Mitarbeiterorientierung

Zwischen den beiden Extremen eines rein aufgabenbezogenen Führungsstils, der den Untergebenen keine Beteiligung an Entscheidungen zugesteht und deshalb als **autoritär** bezeichnet wird und einem Führungsstil, der dafür sorgt, dass Mitarbeitende ihre Ressourcen voll ausschöpfen können und ihnen die Entscheidungen weitgehend überlässt und deshalb als **partizipativ** bezeichnet wird, können eine Reihe von »Zwischenstilen« beschrieben werden. In diesem Modell (◘ Abb. 3.2) bedeutet mehr **Aufgabenorientierung** gleichzeitig weniger **Mitarbeiterorientierung**.

Aufgaben- und Mitarbeiterorientierung ergänzen sich

Im Verhaltensgitter nach Blake und Mouton (◘ Abb. 3.3) wird diese Eindimensionalität aufgegeben. Es wird unterstellt, dass Führungskräfte gleichzeitig aufgabenbezogen und mitarbeiterorientiert sein können, dass diese Verhaltensweisen sich also nicht ausschließen, sondern ergänzen.

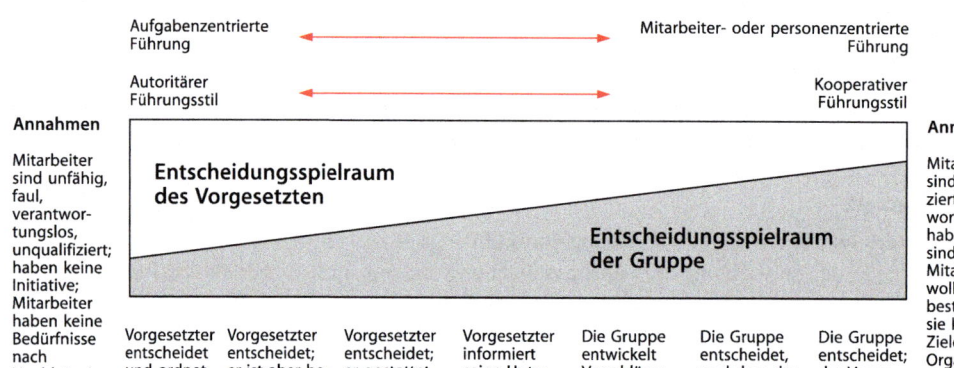

◘ **Abb. 3.2.** Kontinuum unterschiedlicher Führungsstile. (Führungsstile: nach Tannenbaum 1967, zit. nach Probst, Gilbert J. B. Organisation: Strukturen, Lenkungsinstrumente und Entwicklungsperspektiven. © 1992 verlag moderne industrie, 86895 Landsberg/Lech. www.redline-wirtschaft.de. Mit freundlicher Genehmigung des Verlages; Menschenbilder: zit. nach Weinert 2004, S. 470)

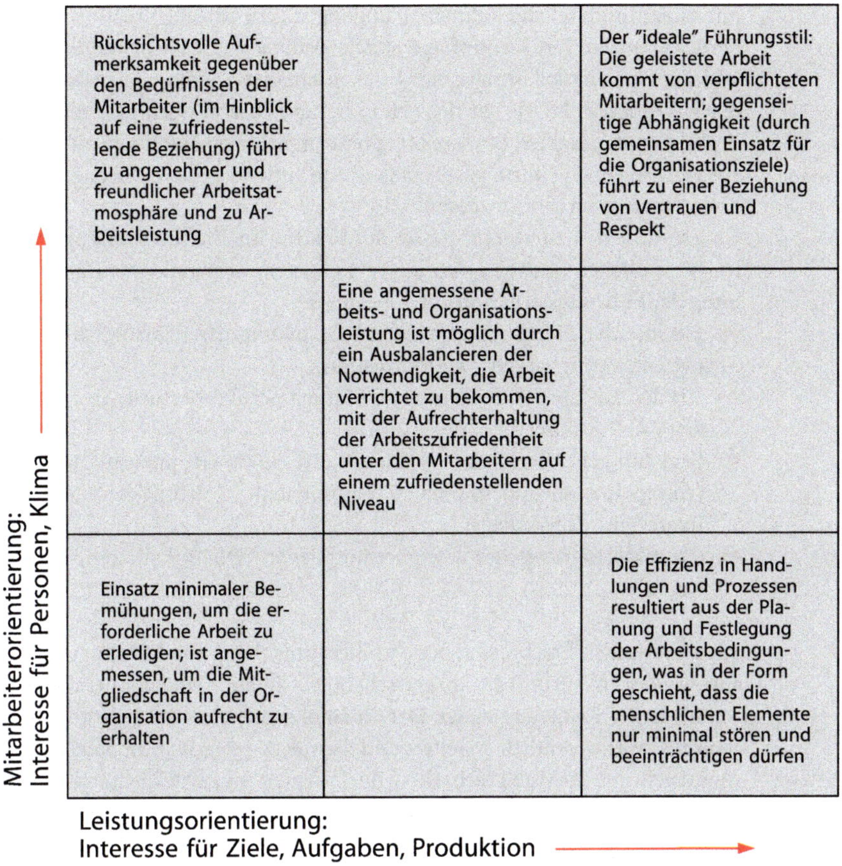

3.2 · Führungserfolg und Führungstheorien

Rücksichtsvolle Aufmerksamkeit gegenüber den Bedürfnissen der Mitarbeiter (im Hinblick auf eine zufriedenstellende Beziehung) führt zu angenehmer und freundlicher Arbeitsatmosphäre und zu Arbeitsleistung		Der "ideale" Führungsstil: Die geleistete Arbeit kommt von verpflichteten Mitarbeitern; gegenseitige Abhängigkeit (durch gemeinsamen Einsatz für die Organisationsziele) führt zu einer Beziehung von Vertrauen und Respekt
	Eine angemessene Arbeits- und Organisationsleistung ist möglich durch ein Ausbalancieren der Notwendigkeit, die Arbeit verrichtet zu bekommen, mit der Aufrechterhaltung der Arbeitszufriedenheit unter den Mitarbeitern auf einem zufriedenstellenden Niveau	
Einsatz minimaler Bemühungen, um die erforderliche Arbeit zu erledigen; ist angemessen, um die Mitgliedschaft in der Organisation aufrecht zu erhalten		Die Effizienz in Handlungen und Prozessen resultiert aus der Planung und Festlegung der Arbeitsbedingungen, was in der Form geschieht, dass die menschlichen Elemente nur minimal stören und beeinträchtigen dürfen

Mitarbeiterorientierung: Interesse für Personen, Klima ↑

Leistungsorientierung: Interesse für Ziele, Aufgaben, Produktion →

Abb. 3.3. Führungsstilgitter. (Blake & Mouton 1964, zit. nach Weinert 2004, S. 476)

Ergebnisse und Kritik

Die empirischen Versuche, Zusammenhänge zwischen diesen Führungsstilen mit »Führungserfolg« zu finden, lieferten durchweg keine brauchbaren Resultate. Die Gründe dafür liegen u. a. in der fehlenden Berücksichtigung der Führungssituation. Der Führungserfolg – wie auch immer gemessen – hängt von der konkreten Situation genauso ab, wie vom praktizierten Führungsstil. Oder: Je nach Situation kann ein anderer Führungsstil erfolgreich sein. Der wichtige Beitrag dieses Entwicklungsschritts der Führungstheorie liegt im Abschied von der Vorstellung des »richtigen« Führungsstils.

Situationsansatz

Berücksichtigung der Situation

Die Vertreter dieser Theoriengruppe versuchten, den im Verhaltensansatz fehlenden Bezug zur Führungssituation zu beheben. (Neben einer Reihe anderer wichtiger Exponenten ist Fiedler mit seiner Kontingenz-Theorie aus dem Jahre 1967 der prominenteste Vertreter; vgl. die übersichtliche Darstellung einiger wichtiger Theorien des Situationsansatzes von Schreyögg, **Führungstheorien – Situationstheorie** in Kieser et al. 1995, S. 994 ff.) Von den Situationstheoretikern wurden viele Überlegungen der Verhaltenstheoretiker bezüglich Führungserfolg und -stil übernommen. Sie versuchten im Grunde nur, einige unmittelbare Rahmenbedingungen der Führungssituation mit zu berücksichtigen. Die Grundfrage lautete demnach nur leicht modifiziert: Welcher Führungsstil bringt unter welchen situativen Bedingungen den besten Führungserfolg? Neben den schon bekannten und oben geschilderten Problemen der exakten Beschreibung und empirischen Messung von »Führungserfolg« und »Führungsstil« musste nun auch noch die »Führungssituation« angemessen erfasst werden.

Merkmale zur Beschreibung der Führungssituation

Es würde hier zu weit führen, diese Versuche im Einzelnen darzustellen. Im Wesentlichen beziehen sich die verwendeten **Merkmale zur Beschreibung der Führungssituation** auf Aspekte wie:
- Einfluss der Führungskraft auf die Gestaltung der Führungssituation (Macht, Verfügbarkeit von Information);
- Art der Aufgabe (Anforderungen, Klarheit, Strukturiertheit, Verfügbarkeit von Ressourcen);
- Beziehungen zwischen Führungskraft und Gruppenmitgliedern (Akzeptanz, Gruppenklima, Zusammenhalt, Leistungsbereitschaft, Interessen-/Konfliktlagen);
- Charakterisierung der Gruppenmitglieder (Qualifikationen, Motivation).

Ergebnisse und Kritik

Die empirischen Ergebnisse über den Zusammenhang von Führungserfolg, angewendetem -stil und der vorherrschenden -situation sind nur bescheiden – und starker Kritik ausgesetzt. Der Situationsansatz hat das Führungsverständnis zwar wesentlich erweitert und die viel zu einfachen Empfehlungen wenn nicht aus der Welt geschafft, so doch wenigstens zurückgedrängt. Aber dieser Ansatz bleibt ein deterministisches Kausalmodell von Ursache und Wirkung, das davon ausgeht, dass einer spezifischen Führungssituation ein optimaler Führungsstil zugehöre. Offenbar sind die Zusammenhänge zwischen Situation, Führung und Erfolg sehr viel weniger eng – bzw. es sind sehr viele verschiedene Verhaltensweisen mit verschiedenen Führungssituationen verträglich. Deshalb hat die Führungsstilforschung heute im Grunde nur noch eine historische Bedeutung. Den »richtigen« Führungsstil kann man aus heutiger Perspektive nicht mehr instrumentell bestimmen und einsetzen, um damit Führungserfolg zu erzeugen. Ein der Situation angemessener Führungsstil ist vielmehr **das Ergebnis** komplexer Voraussetzungen und Einflüsse, wie wir im Verlaufe dieser Argumentation noch deutlicher sehen werden.

Neuere Ansätze der Führungsforschung

Eine gute Zusammenfassung und kritische Würdigung neuerer – aber nicht systemtheoretischer – Ansätze der Führungsforschung gibt Winkler (2004).

Neuere Ansätze der Führungsforschung nach Winkler (2004)
- attributionstheoretischer Ansatz
- Idiosynkrasiekreditmodell der Führung
▼

3.2 · Führungserfolg und Führungstheorien

- Theorie der Führungsdyaden
- symbolische Führung
- neocharismatische und transformationale Führung
- Mikropolitik als führungstheoretischer Ansatz
- kooperative Führung
- psychodynamischer Führungsansatz
- Rollentheorie der Führung
- soziale Lerntheorie der Führung

Auf die Wiedergabe dieser neueren Theorien verzichten wir im Rahmen unserer Darstellung hier, weil sie wenig Neues zum Verständnis unserer eigenen Sichtweise beitragen.

Dies betrifft insbesondere das Konzept der transformationalen Führung (Bass und Avolio 1994), welches in neuerer Zeit häufig diskutiert wird. Die Ansätze im vorliegenden Handbuch integrieren diese Erkenntnisse weitgehend und verweisen in der praktischen Anwendung über diese hinaus. Winkler selbst verzichtet auf eine Darstellung von Ansätzen systemischer Führung.

transformationale Führung

Systemansatz

Alle bisher geschilderten Ansätze sind gekennzeichnet durch den Versuch, das Phänomen »Führungserfolg« anhand von methodisch zwar sehr anspruchsvollen Verfahren, aber im Grunde durch inhaltlich ebenso einfache Gesetzmäßigkeiten und einfache Abhängigkeiten zu erklären. Zugrunde liegt ein deterministisches, mechanistisches Weltbild. Neuere systemische Ansätze wollen dieses Paradigma (Denkmuster) der Machbarkeit von Führung über Bord werfen. Sie suchen nach Perspektiven, die die komplexe persönliche und die komplexe organisationale Bezugsebene sowie die daraus entstehenden Bedingungen für das Phänomen Führung mit in die Analysen und Überlegungen einbeziehen.

neues Paradigma, der Umgang mit Komplexität

Führung bedeutet unter solchen Gesichtspunkten nicht mehr das gezielte Erzeugen eines gewünschten Verhaltens bei den Mitarbeitern durch das Einsetzen von Führungsinstrumenten. Im Vordergrund steht vielmehr die Gestaltung optimaler Rahmenbedingungen, unter denen Mitarbeiter ihre Aufgaben selbstverantwortlich und selbstorganisierend wahrnehmen können.

Führung als Gestaltung von Rahmenbedingungen

Solch eine Grundhaltung nähert sich nun deutlich dem Führungsverständnis, wie es unseren Ausführungen zugrunde liegt. Die weiteren Darlegungen sind in diesem Sinne auch als Veranschaulichung eines systemtheoretischen Ansatzes der Führung zu verstehen. Wenn wir im Folgenden von »Organisation« im Sinne eines sozialen Systems bzw. eines Unternehmens, einer Institution, einer Abteilung oder einer Arbeitsgruppe sprechen, beziehen wir uns auf die in ▶ Kap. 2 »Organisationsverständnis« entwickelten Grundlagen.

Systemtheoretischer Ansatz der Führung

3.3 Führung als Ergebnis einer komplexen Begegnung von Persönlichkeit und Organisation: Das Rollenkonzept

Aufgaben und Inhalte der Führungstätigkeit

Die Frage, was Aufgaben und Inhalte der Führungstätigkeit seien, ist in der Managementliteratur im Wesentlichen auf zwei verschiedene Arten beantwortet worden (vgl. Staehle 1991, S. 13 ff.). Eine der beiden Sichtweisen ist die **analytische Betrachtung von Funktionen,** welche Führungskräfte wahrnehmen: Daraus entstanden ist der in unzähligen Varianten gehandelte Führungsregelkreis (◘ Abb. 3.4).

Führungsinstrumente

Viele Ausbildungen für Führungskräfte sind durch die Vermittlung von Instrumenten für die Erfüllung solcher theoretischer Funktionen geprägt. Führungskräfte allerdings, wenn sie ihre alltägliche Arbeit betrachten, erkennen sich wenig in diesen Funktionen. Ihre konkreten Tätigkeiten lassen sich durch diese analytischen Kategorien nur schlecht beschreiben. Ihr Erleben in der Arbeitswelt ist vielmehr geprägt von »Konflikte lösen«, »Umgang mit Widerständen«, »Umgang mit Informationen«. Mit anderen Worten: Die Führungskräfte von heute **kommunizieren** hauptsächlich.

Was beschäftigt Führungskräfte wirklich?

Kommunikation als Hauptaufgabe

Der zweite Ansatz erfasst deshalb das tatsächliche Handeln von Managern in ihrer konkreten Umgebung und versucht, dieses **Führungshandeln als Wahrnehmen und Ausüben von Rollen zu verstehen**.

Führungshandeln heißt Rollengestaltung

3.3.1 Begriff der Rolle

soziologische Rollentheorie

Dabei greift dieser Forschungsansatz auf die soziologische Rollentheorie zurück. (Der Rollenbegriff wird im Rahmen des Themenkomplexes »Arbeitsgruppen«, in ▶ Kap. 8.1 und 8.2, v. a. unter sozialpsychologischen Gesichts-

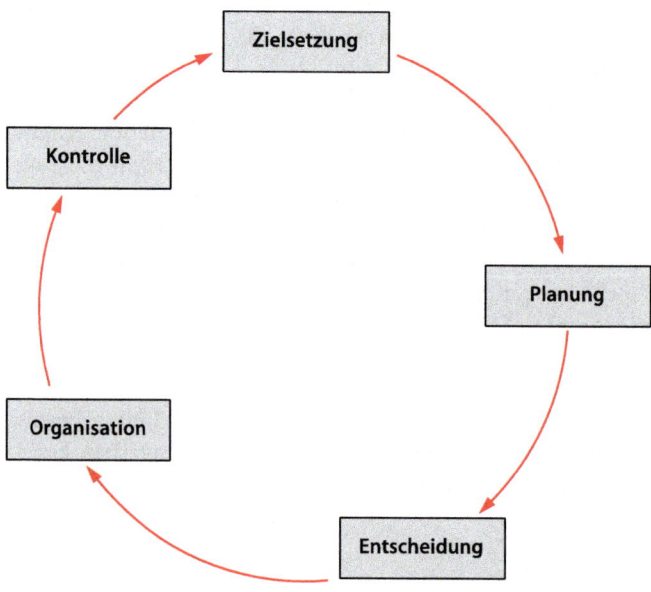

◘ Abb. 3.4. Führungsfunktionen

3.3 · Das Rollenkonzept

punkten noch weiter vertieft.) Die Rollentheorie hat sich bei der Beantwortung der Frage als nützlich erwiesen, wie Menschen den Ansprüchen der Gesellschaft, den Anforderungen von Organisationen oder Arbeitsgruppen gerecht werden, in denen sie tätig sind. Die soziologische Rollentheorie beschäftigt sich auch mit der Frage, wie Menschen die gegenseitigen Anpassungsprozesse zwischen »Individuum« und »Organisation« meistern.

Soziale Systeme neigen dazu, sich durch Aufgaben- und Machtteilung zu strukturieren: Es entstehen **Stellen**, und zwar zunächst unabhängig von den Menschen, die möglicherweise diese Stellen besetzen werden. Der Stelle ist normalerweise ein Platz in einer hierarchischen Rangfolge zugewiesen. Wir sprechen dann von einer **Position**, die mit bestimmten Kompetenzen verbunden ist. Jede Position ist mit einem bestimmten **Status** (Ansehen, Prestige als Ausdruck der Wertschätzung der übrigen Systemmitglieder) verbunden.

An das Verhalten des Positionsinhabers werden nun von »den Andern« des sozialen Systems (Vorgesetzte, Mitarbeiter, Kollegen, Kunden als **Rollensender**) ganz bestimmte Erwartungen geknüpft (◘ Abb. 3.5). Dieses Set oder diese Kombination von Erwartungen bezeichnen wir als **Rolle**. Jemand übt

Anpassungsprozesse zwischen »Individuum« und »Organisation«

Strukturbildung durch Aufgaben- und Machtteilung

Erwartungen sind die Substanz der Rolle

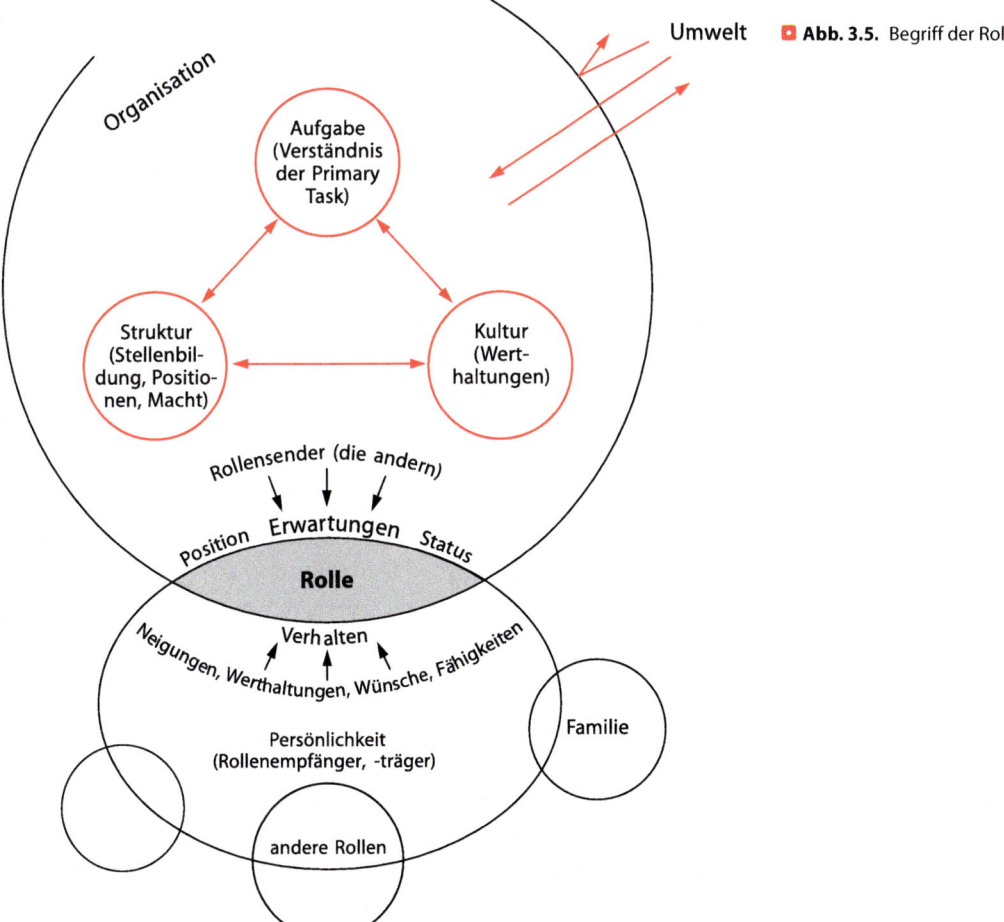

◘ **Abb. 3.5.** Begriff der Rolle

also eine Rolle aus, spielt eine Rolle, wird Rollenträger, indem er als **Rollenempfänger** den Ansprüchen bzw. Erwartungen anderer gerecht wird und sich den Erwartungen gemäß verhält. (Rollen sind in diesem Sinne immer komplementär, sie ergänzen sich, sind notwendiger Bestandteil einer anderen Rolle: Ohne Rollensender gibt es keine -empfänger und umgekehrt, ohne Mitarbeitende keine Vorgesetzten, ohne Kunden keinen Anbieter, ohne Patient keinen Arzt.)

Kritik am klassischen rollentheoretischen Ansatz

In dieser Definition ergibt sich Führungserfolg als Resultat einer optimalen Übereinstimmung der Erwartungen der Organisation an die Führungskraft mit dem konkreten Verhalten der Person. Diese Sichtweise ist nun aber erneut eine »schlimme Vereinfachung« des Phänomens Führung: Sie ist schlicht unrealistisch. Sie geht davon aus, dass sämtliche Rollenerwartungen, die für den Fortbestand der Organisation notwendig sind, bis ins letzte Detail bekannt sind, und dass es nur eine gültige Verhaltensweise gibt, diesen Erwartungen zu entsprechen. Demnach wäre Führungserfolg durch Auswahl und Entwicklung von Führungskräften »nach Maß« herstellbar. Dieser klassische rollentheoretische Ansatz ist so nicht in der Lage, die Komplexität der Interaktion von Personen und von Organisationen in ihrem jeweiligen Umfeld angemessen abzubilden und verlangt deshalb nach einer grundsätzlichen Erweiterung.

Berücksichtigung von Komplexität und Dynamik

In der Realität sind die Rollenerwartungen zum großen Teil weder explizit formuliert noch bewusst. Rollenerwartungen (◘ Abb. 3.5) entstammen der komplexen Dynamik und dem Spannungsfeld von Aufgabenverständnis, Struktur und Kultur der Organisation und werden übermittelt durch Personen, die ihrerseits Rollenträger sind und die nicht nur die Interessen der Organisation vertreten. Auch der Rollenträger hat seinerseits Erwartungen an die Besetzung der Rolle, hat eigene Werthaltungen, Wünsche und Vorstellungen, die sein Verhalten – auch unbewusst – bestimmen. Sein konkretes Verhalten kann diesen (formbaren) Rollenerwartungen mehr oder weniger entsprechen. Der Erfolg der Rolle resp. die Zufriedenheit aller Beteiligten ist

Führen als dynamischer Prozess des Aushandelns von Rollenerwartungen

also das Resultat eines gelungenen dynamischen Prozesses des Aushandelns (des Kommunizierens) von Rollenerwartungen. Oder anders ausgedrückt, ist Führungserfolg das Ergebnis eines gelungenen Ausgleichs zwischen den fordernden Erwartungen der Rollensender einerseits und dem Spielraum der Handlungs- und Gestaltungsfreiheiten des Rollenempfängers andererseits.

3.3.2 Rollenübernahme

Austausch- und Anpassungsprozess

Die Rollenübernahme ist demnach ein Austausch- und Anpassungsprozess zwischen der Organisation und dem Rollenempfänger, den wir im Folgenden detaillierter anschauen.

Person und Organisation in ihrer Verschränkung

Der obere Teil der ◘ Abb. 3.6 veranschaulicht nochmals den Begriff der Rolle: dargestellt als Verschränkung der Organisation (bzw. deren Bedürfnis nach Delegation von Aufgaben und den entsprechenden Erwartungen) mit der Person (bzw. deren Ansprüchen und Fähigkeiten). Dieses Bild entspricht quasi einer Wunsch- oder SOLL-Vorstellung, aber bringt nicht zum Ausdruck, welche Voraussetzungen gegeben sein müssen, um das Ziel, nämlich die erfolgreiche **Rollenübernahme**, zu ermöglichen.

3.3 · Das Rollenkonzept

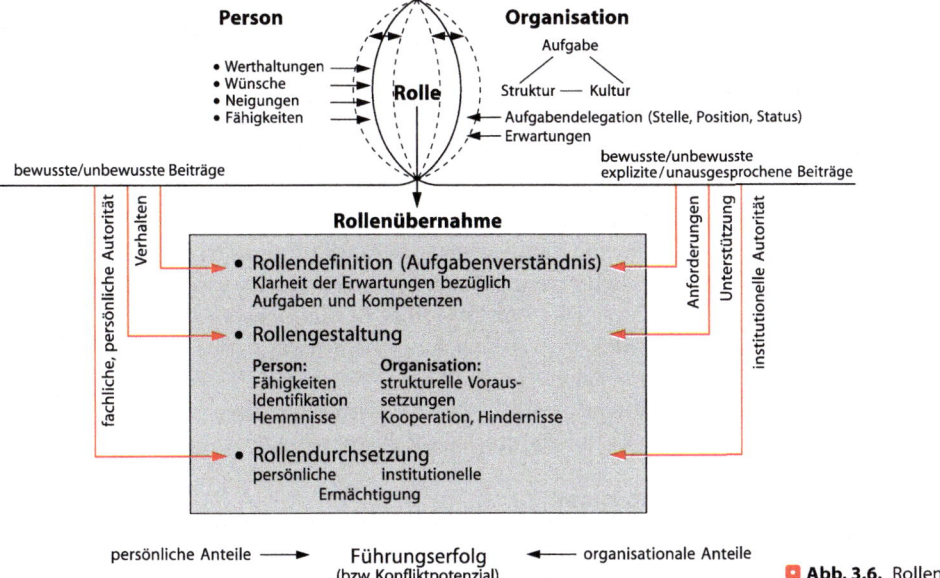

Abb. 3.6. Rollenübernahme

Die Voraussetzungen für eine erfolgreiche Rollenübernahme werden im unteren Teil von ◘ Abb. 3.6 dargestellt. Unter drei verschiedenen Gesichtspunkten muss eine Rollenübernahme betrachtet werden und vonseiten **beider** Beteiligter – der Organisation **und** der Person – müssen die notwendigen Beiträge erfolgen. Durch diesen **Prozess** wird eine Rolle permanent geschaffen, verändert, den Bedürfnissen angepasst. Die Rolle erhält so die Bedeutung von etwas Formbarem, Gestaltbarem, sie ist nicht mehr unabhängig von der Person und der Situation denkbar, sondern entsteht in ihrer Substanz erst durch den Austauschprozess der Rollenübernahme. Partner dieses Austausch- und Rollenverhandlungsprozesses sind die Rollenträger zum einen und andererseits die Organisation, deren Interessen üblicherweise durch die direkten Vorgesetzten vertreten werden. Wie noch deutlicher werden wird, ist in diesem Führungsverständnis das Rollenmanagement (nach unten die Rollen der Mitarbeiter und nach oben die Gestaltung der eigenen Rolle) **die** zentrale Führungsaufgabe. In diesem Punkt begründet sich die fundamentale Bedeutung des Rollenkonzeptes für die Ausbildung von Führungskräften.

Rollenübernahme als zweiseitiger Prozess

Rollenmanagement als zentrale Führungsaufgabe

Rollendefinition

Der Prozess der Rollendefinition meint die Schaffung von beidseitiger Klarheit bezüglich der **Erwartungen** (Aufgabenverständnis, Anforderungen an Handlungen und Haltungen) sowie der **Kompetenzen** (Entscheidungsbefugnisse). Selbst unter normalen Bedingungen von nicht ausgeprägter Komplexität ist es niemals möglich, im Rahmen einer Stellenbesetzung den neuen Mitarbeiter mit allen Facetten der Erwartungen, die an ihn gestellt werden, vertraut zu machen. Es wird in der Praxis sehr vieles offen gelassen – um dann (leider nur allzu selten) im Verlaufe der Aufgabenerfüllung Schritt für Schritt geklärt und bearbeitet zu werden. Erst recht kritisch und in der Praxis zu

Klärung von Erwartungen: Aufgaben und Kompetenzen

… unter komplexen Bedingungen

wenig beachtet wird dieser Gesichtspunkt der Rollenklärung dann, wenn es sich um komplexe Aufgaben handelt, also zum Beispiel um Führungsaufgaben. Erwartungen beziehen sich hier nicht nur auf sachliche Ziele und zugehörige Verhaltensweisen eines engen Aufgabenbereiches. Im Blickpunkt steht jetzt ein ganzes Aufgabengebiet, das durch verschiedene Rollen besetzt ist. Die Aufgabe des Vorgesetzten selbst ist Klärung und Steuerung aller dieser seinem Verantwortungsbereich zugeordneten Rollen. Sowohl die Inhalte, wie die Art und Weise, wie diese Führungsaufgabe wahrgenommen werden soll, sind in der Praxis viel zu variantenreich, viel zu komplex, als dass das jemals gänzlich geklärt werden könnte. Umso dringender wird die permanente Klärung »on the job«. Nur das stetige Bemühen, im Austausch und durch Verhandeln mit den »Rollensendern« Klarheit zu schaffen, hilft Übersicht zu gewinnen und damit Komplexität zu bewältigen. In diesem Verständnis ist eine Rolle also kein von Organisationsfachleuten vorgefertigter Papiertiger, sondern ein lebendiges, durch die Rollenträger mitgestaltetes Phänomen.

… als zweiseitiger Prozess

Rollengestaltung

Art und Weise, wie die Rolle gelebt wird

Eine Rolle, die an Klarheit und an Prägnanz gewonnen hat, ist noch nicht »belebt«. Rollengestaltung meint die Art und Weise, **wie** den geklärten Erwartungen entsprochen wird, wie Handlungsspielräume, die nun sichtbar sind, auch tatsächlich ausgefüllt werden, aber auch, wie mit verbliebenen Unklarheiten und Grenzen umgegangen wird. Auch hier haben beide beteiligten Rollenpartner – die Organisation und die Person – ihre Beiträge zu leisten.

Beiträge der Organisation

Die Organisation muss für die optimale Unterstützung der mit der Rolle betrauten Person sorgen. Die Organisation schafft die Rahmenbedingungen, welche die Erfüllung der Erwartungen eher behindern oder eher fördern. Gemeint sind damit organisatorische Voraussetzungen wie beispielsweise Verfügbarkeit von notwendigen und geeigneten Hilfsmitteln, angemessene Entscheidungswege, Flexibilität bei der Behandlung von Ausnahmesituationen, Verfügbarkeit von Know-how, Unterstützung bei Schwierigkeiten im Umgang mit Neuem oder Unklarem. Wie entwicklungsförderlich ist die Aufgabengestaltung (Ganzheitlichkeit, Anforderungsvielfalt, Autonomie, soziale Interaktion, Lernpotenzial)? Aber nicht nur organisatorisch-strukturelle Eigenheiten der Organisation sind gemeint, sondern auch kulturelle Aspekte, welche eher hemmend oder fördernd sein können. Wie unterstützend ist die Kommunikationskultur, wie offen, wie aufgaben-, wie machtorientiert? Wie entwicklungsorientiert ist die Führungskultur, wie beteiligend, wie autoritär? Wie unterstützend verhält sich die Organisation bei der Lösung von Interessengegensätzen, d. h. wie ist die Konfliktkultur? Die für die Rollenübernahme der Mitarbeiter optimale Gestaltung der Rahmenbedingungen ist die zentrale Aufgabe der übergeordneten Führungsrollen! Diese übergeordneten Führungspositionen verfolgen auch ihre persönlichen Interessen mit den ihnen zur Verfügung stehenden Machtmitteln und dienen damit beileibe nicht nur den rationalen Zielen der Organisation. Vor diesem Hintergrund ist es alles andere als selbstverständlich, dass Organisationen dafür sorgen, dass Mitarbeiter optimale Rahmenbedingungen für ihre Aufgabenerfüllung vorfinden.

Gestaltung der Rahmenbedingungen als Führungsaufgabe

3.3 · Das Rollenkonzept

Das Individuum, **die Person**, die eine Rolle übernehmen soll, ist deshalb in diesem Prozess herausgefordert. Die Person des Rollenträgers bringt mehr oder weniger Fähigkeiten und Kenntnisse ein. Sie identifiziert sich mehr oder weniger mit den Zielen und Aufgaben der Organisation und ihres Verantwortungsbereiches. Sie verfügt über mehr oder weniger persönliche Reserven, um ihre Aufgabe zu formen. Sie ist mehr oder weniger bereit, ihre persönliche Energie für die Sache der Organisation zur Verfügung zu stellen. Selbstverständlich ist das Ausmaß der Identifikation der Person mit ihrer Rolle dabei abhängig von den oben beschriebenen Rahmenbedingungen, die ihr angeboten werden (▶ Kap. 12.3 »Motivation«). Werthaltungen, Neigungen, Prägungen und individuelle Ziele der Person sind förderlich oder hinderlich für die aufgabenbezogene wirkungsvolle Nutzung der Freiräume, die der Rolle zur Verfügung stehen. Die Person ist damit mehr oder weniger in der Lage, auch persönliche Entwicklungsmöglichkeiten der Rolle zu nutzen, d. h. als Person mit der Aufgabe zu wachsen, und damit die persönlichen Voraussetzungen für die Bewältigung der Rolle zu verbessern.

Beiträge der Person

Identifikation

Entwicklungspotenziale

Rollendurchsetzung

Die Klärung der Erwartungen bezüglich Aufgaben und Kompetenzen und die Schaffung geeigneter Rahmenbedingungen für deren Umsetzung sind notwendige aber nicht hinreichende Voraussetzung für die Rollenübernahme. Eine Rolle muss darüber hinaus in der Wirklichkeit auch gegen Widerstände und widrige Umstände durchgesetzt werden können. Die dazu nötige Kraft muss wieder von beiden beteiligten Rollenpartnern kommen, von der Person und von der Organisation (◘ Abb. 3.6). Der Hebel, der diese Kraft entfaltet, ist die Autorität. Sie ist auf der Seite der **Organisation** gestützt durch die **institutionelle oder formale Autorität**. Diese ist unabhängig vom Rollenträger verbunden mit der Position und Stelle. So wird einer Führungskraft, kraft ihrer Stelle, das Recht und die Pflicht delegiert, die Aufgabenerfüllung auf der untergeordneten Ebene zu steuern, zu kontrollieren und für die Einhaltung der in der Organisation geltenden Regeln und Vorschriften zu sorgen. Zur Durchsetzung dieser organisationalen Interessen wird den Vorgesetzten auch das Sanktionsrecht, also das Recht zu belohnen und zu bestrafen, übertragen. Mangelhafte und mit der Führungsverantwortung nicht abgestimmte institutionelle Autorität untergräbt die Möglichkeiten der Rollenübernahme v. a. unter schwierigen Bedingungen.

Die **Person** trägt über ihre fachliche und persönliche Autorität zur Durchsetzung der Rolle bei. Die **fachliche Autorität** rückt bei Führungsaufgaben in der heutigen Zeit eher in den Hintergrund. Zunehmend ist die fachliche Autorität an Spezialisten gebunden und nicht mehr an Führungspositionen geknüpft. Vorgesetzte sorgen für die Arbeitsbedingungen von Spezialisten, verstehen deren Bedürfnisse und Ergebnisse und sorgen für die Wahrung der Interessen der Organisation, sie sind diesen Spezialisten aber nicht mehr fachlich überlegen. Die fachliche Autorität der Vorgesetzten besteht in diesem Sinne in der Meisterschaft, die Führungsaufgabe auszuüben, und das ist die Fähigkeit zur optimalen Unterstützung der Mitarbeiter bei deren Rollengestaltung (vgl. oben). Mit **persönlicher Autorität** ist die Ausstrahlungskraft, die Überzeugungskraft, das Charisma eines Menschen gemeint. Wenn von »Füh-

Autorität

formale Autorität

fachliche Autorität

persönliche Autorität

rernaturen« oder heute modischer von »Leader« und »Leadership« gesprochen wird, von Menschen also, die eine natürliche Begabung haben, auf andere einzuwirken, so ist damit meistens diese »persönliche Autorität« gemeint. Vorgesetzte, die über persönliche Autorität verfügen, brauchen zur Durchsetzung ihrer Interessen und Anordnungen weniger institutionelle Machtmittel. Sie können sich auf die Überzeugungskraft ihrer Persönlichkeit verlassen. Solche charismatischen Führer sind aber immer auch (ein klein wenig bis sehr stark) **Ver**-Führer. Es könnte ihnen auch gelingen, Personen unter Bedingungen hinter sich zu scharen, die in keiner Weise optimale Rahmen- und Entwicklungsbedingungen für Mitarbeitende im geschilderten Sinne darstellen. Der nie ganz verstummte, immer wieder aufkeimende Wunsch nach der richtungweisenden, glaubhaften, standfesten, alles verstehenden, gerechten, mit anderen Worten (vermeintliche) Sicherheit bietenden Führungs-(Vater)figur in Unternehmen und in der Politik, könnte glauben machen, dass Führungserfolg vor allem auf diese Fähigkeiten oder »Naturgabe« zurückzuführen sei. Wobei wir wieder auf den Eigenschaftsansatz der Führungstheorie (vgl. oben) zurückgeworfen wären. Tatsächlich darf die Bedeutung dieser Fähigkeiten, die Wirkung dieser Ausstrahlung von Persönlichkeiten für ihre Führungsaufgabe nicht unterschätzt werden. In unserem Verständnis von Zusammenarbeit in Organisationen reicht diese persönliche Autorität aber nicht aus, um Führungserfolg zu erklären. Sie erleichtert lediglich die Durchsetzung der Führungsrolle. Im Übrigen braucht der Prozess der Führung von Mitarbeitern einen soliden handwerklichen Boden, und viele Menschen verfügen über Voraussetzungen zur Entwicklung von Eigenschaften und Haltungen, die der Wahrnehmung einer Führungsaufgabe angemessen sind.

... erleichtert die Durchsetzung der Führungsrolle

3.3.3 Rollenbezogene Konflikte

Die Qualität des Prozesses der Rollenübernahme bestimmt demnach weitgehend den möglichen Führungserfolg, umgekehrt aber auch das Konfliktpotenzial (◘ Abb. 3.6). Ohne hier näher darauf einzugehen (▶ Kap. 16), lassen sich anhand der Modellvorstellung des Rollenkonzeptes vielfältige Konfliktquellen im Prozess der Rollenübernahme identifizieren, die die Erfüllung der Primary Task und die Entwicklung von Organisationen und damit den Führungserfolg behindern. Das Rollenkonzept wird damit auch zu einem hervorragenden Diagnoseinstrument, um Konflikte in Organisationen zu bewältigen.

Rollenkonzept als Diagnosemodell für Konflikte in Organisationen

3.3.4 Rollendistanz, Rollenidentifikation und Gesundheit

Im Sog der Rollenerwartungen und der eigenen Bedürfnisse ist die Person des Rollenträgers einer permanenten Zerreißprobe ausgesetzt zwischen Rollenidentifikation und Distanzwahrung, zwischen der Neigung zur Selbstaufgabe und der Schutzreaktion des Rückzugs bzw. der Abkoppelung. Es leuchtet unmittelbar ein, dass die Bereitschaft zur Rollenübernahme, das Lernen einer Rolle und die Gestaltung der Rolle ganz wesentlich davon abhängen, wie es der Person gelingt, mit diesem Spannungsverhältnis umzugehen. Rol-

Rollenidentifikation als Spannungsbogen der Rollenübernahme

lendistanz und Rollenidentifikation sind einerseits Reaktionen auf die Inhalte und Umstände der Rollenübernahme. Andererseits sind sie aber auch grundsätzliche und psychologisch gesehen äußerst wichtige Fähigkeiten zur Selbstregulierung der Person und damit Grundlage der psychischen und physischen Gesundheit (▶ Kap. 4 und ▶ Abschn. 6.1).

Selbstregulierung der Person

3.3.5 Rolle als (soziotechnisches) System

Das so entworfene Rollenkonzept ist voll kompatibel, d. h. es steht in absoluter Übereinstimmung mit unserem systemtheoretischen Ansatz, der in ▶ Kap. 2 »Organisationsverständnis« entworfen wurde. Nachfolgend wird das verdeutlicht (Abb. 3.7).

systemtheoretisches Verständnis der Rolle

Das System **Führungsrolle,** mit der eine Führungskraft betraut worden ist, ist Teil seiner **Umwelten**. Zur Umwelt gehören einerseits die engere und weitere Systemumgebung, also die geführten Mitarbeiter, die übergeordneten Führungsebenen (das Suprasystem, die **Organisation**, die Anderen) und natürlich die **Person** des Rollenträgers, die Führungskraft selbst. (Das System »Rolle« darf nicht mit dem Rollenträger selbst verwechselt werden! Die Person des Rollenträgers ist gleichzeitig zentrale Ressource und Beobachter des

Umwelt und Existenzgrund

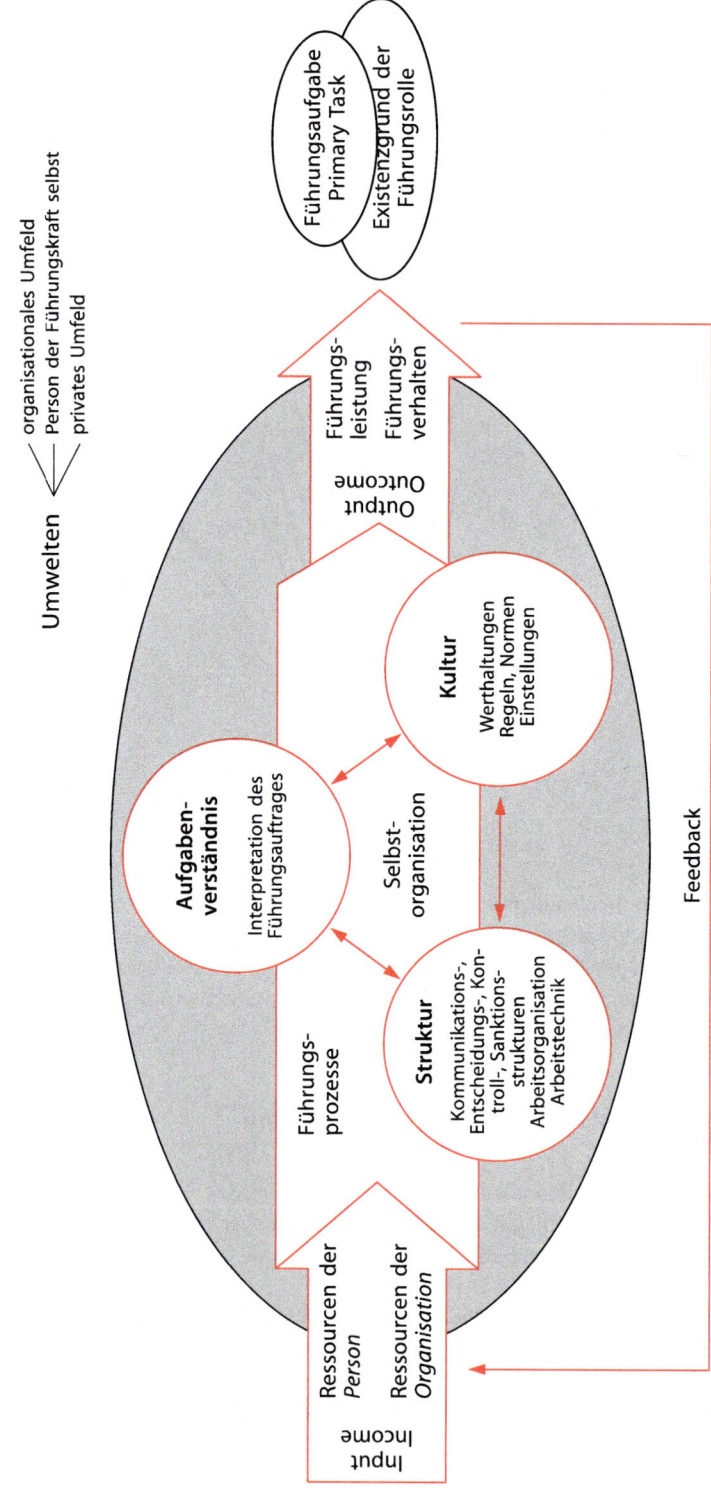

Abb. 3.7. Führungsrolle als System

3.3 · Das Rollenkonzept

Systems, also Umwelt.) Systemisch gesehen agiert (interveniert) die Führungskraft als Person in enger Koppelung mit dem System Führungsrolle – im permanenten Dilemma von Systemblindheit einerseits und Gestaltungswillen (Intervention) andererseits. Zur Umwelt gehören aber auch die Kolleginnen der Führungskraft und das ganze private und außerberufliche Umfeld. Der **Existenzgrund** für diese Führungsrolle liegt in den durchaus kontroversen expliziten und unausgesprochenen Erwartungen dieser verschiedenen Umwelten.

Aus diesen Erwartungen der Umwelt leitet sich eine **Aufgabe (Primary Task)** ab, hier eine Führungsaufgabe. Das System »Rolle« wird versuchen, sich selbst so zu organisieren, dass es diese Aufgabe möglichst präzise wahrnehmen kann, um sich so seinen Existenzgrund zu sichern.

Aufgabe (Primary Task)

Das rollentragende System konstituiert sich, d. h. es nimmt eine unverwechselbare Gestalt an, es entwickelt eine **Identität**, indem es in einen weitgehend autonomen Prozess der **Selbstorganisation** und Selbstdefinition eintritt. Unter den Einschränkungen der herrschenden Rahmenbedingungen und unter Auslotung und Nutzung der Freiräume interpretiert das System die Aufgabe und entwickelt ein eigenes **Aufgabenverständnis**. Es organisiert sich durch Schaffung oder Nutzung geeigneter **Strukturen**: Kommunikations- und Entscheidungsstrukturen, Kontroll- und Sanktionsstrukturen, Führungsinstrumente, Arbeitsorganisation und persönliche Arbeitstechnik etc. Das sich herausbildende Aufgabenverständnis und die entstehenden Strukturen zur Bewältigung der Transformationsprozesse (der Führungsprozesse) sind geprägt von Werthaltungen, von gültigen Normen und Regeln, d. h. von der **Kultur** des Systems »Führungsrolle«.

Identität durch Ausprägung von …

… Aufgabenverständnis

… Strukturen

… Kultur

Die Umwelt wird das System »Führungsrolle« so lange (an)erkennen und mit Input versehen, als ihre Erwartungen durch den Systemoutput genügend befriedigt werden. **Input** sind hier einerseits Werthaltungen, Fähigkeiten und das Engagement, die Identifikation der Führungs**person** und andererseits die finanzielle Entschädigung, Status, Privilegien, strukturelle Unterstützung mit Organisation, Hilfsmitteln und Informationen, Autorität etc. **Output** ist das konkrete Führungshandeln, sind die ganzen positiven und negativen Wirkungen dieses Führungshandelns, also beispielsweise auch die »Umweltverschmutzung« durch destruktive Haltungen und Ausstrahlung.

Systeminput

Systemoutput

Dieser Output oder eigentlich besser »outcome« im Sinne von »was das System in die Umwelt entlässt« hat beobachtbare Eigenschaften. Zum Beispiel lassen sich bei verschiedenen Führungsrollensystemen verschiedene **Führungsstile** feststellen. In dieser systemischen Betrachtung ist ein beobachteter Führungsstil das **Resultat** komplexer Voraussetzungen zur Erbringung einer »umweltverträglichen« Führungsleistung. In einem Kernkraftwerk beispielsweise mag ein rigider, wenig Spielräume bietender Führungsstil Ausdruck der hohen Sicherheitsanforderungen und der damit verbundenen rigiden technisch-strukturellen Vorkehrungen sein. In einem Heim für behinderte Jugendliche, in welchem das Aufgabenverständnis durch die Beziehungs- und Entwicklungsbedürfnisse der Klientel bestimmt wird, wird möglicherweise auch die Führung der Betreuer von einem solchen Beziehungs- und Entwicklungsgedanken geprägt sein. Der beobachtete Führungsstil ist **Bedingung und Ergebnis** des systemdynamischen Dreiklangs von Aufgabe ↔ Struktur

Führungsstil als Ergebnis (Outcome), nicht als Rezept

↔ Kultur. Der Führungsstil ist damit – im Unterschied zur klassischen Führungsstildiskussion – nicht mehr ein Rezept, um Führungserfolg zu erzeugen bzw. dessen monokausale Erklärung (▶ Abschn. 3.2.2 »Entwicklungslinien der Führungsforschung«).

Wahrnehmungsfähigkeit bestimmt Entwicklungspotenzial der Rolle

Die Entwicklungs- und Anpassungsfähigkeit des Systems »Rolle« ist abhängig von funktionsfähigen **Rückkoppelungs-** bzw. **Feedbackmechanismen**. Je ausgeprägter die Wahrnehmungsfähigkeit des Systems ist, umso größer ist die Wahrscheinlichkeit der Anpassungs-, Entwicklungs- und damit Überlebensfähigkeit der Rolle in ihrem dynamischen Umfeld. Führungserfolg zeigt sich in dieser Betrachtung als existenziell abhängig von der (System-)Fähigkeit, Erwartungen und Bedürfnisse der Umwelt sowie die eigenen Antriebe des Führungshandelns und seine Wirkungen kritisch zu reflektieren.

3.3.6 Erfindung von Führung

Führung als permanenter Prozess des Aushandelns

Unser Führungsverständnis bezieht sich also auf einen Prozess der permanenten Rollendefinition, -gestaltung und -durchsetzung im Austausch mit den betroffenen »Anderen«. Wie jemand führt,

> … ist nur verständlich auf dem Hintergrund seiner ganz einmaligen Biografie, dem Zusammenfließen untypischer Ereignisse und typischer Beziehungen, sowie den höchst individuellen Bemühungen um Sinnfindung und Interessendurchsetzung. Die verschiedenen Rollen liegen nicht als vorgestanzte Behältnisse bereit, sie werden »im Verlaufe der Geschichte« entwickelt, geschaffen, ausgehandelt, angeboten, zurückgewiesen. Sie sind nicht fertig, objektiv, generell gültig, sondern immer einmalig und fragwürdig. Zwar haben alle Handelnden aneinander Erwartungen, die zunächst gesellschaftsüblichen Typisierungen folgen; was jemand aber aus seiner Rolle macht, ist – abgesehen von den jeweils unterschiedlichen Konstellationen – vor allem von ihm/ihr und seinen/ihren Mitspieler/innen abhängig. Nicht Ordnung und Konformität oder Beiträge zum Funktionieren sind die entscheidenden Charakteristika, sondern Suche nach Identität, Offenhalten von Entwicklungen, Balance von Unbestimmtheiten, Vereinbarung von Regeln … (Kieser et al. 1995, S. 982 f.).

Führungswirklichkeit entsteht im Kopf

Führungswirklichkeit entsteht im Prozess dieser Interaktion als Gegenstand der Wahrnehmung im Kopf der Führenden. Führungswirklichkeit ist eine soziale Konstruktion (vgl. Burla 1995, S. 19 ff.), abhängig von den handelnden Individuen und den herrschenden gesellschaftlichen Bedingungen. Führung wird damit immer wieder neu »erfunden«, oder genauer erschaffen ▶ Kap. 10).

3.3.7 Führungsaufgaben und Führungsrollen

konkrete Erwartungen an Führungskräfte

Wir haben bisher die Führungsrolle als komplexes Resultat der Begegnung von Organisation und Führungskraft beschrieben. Ergebnis dieser Begegnung ist ein mehr oder weniger explizites und bewusstes Set von Erwartungen

3.3 · Das Rollenkonzept

an die Führungskraft, mehr oder weniger angemessene organisationale Voraussetzungen und ein mehr oder weniger nützliches Verhalten der Führungskraft, um diese Erwartungen zu erfüllen. Wir haben dabei noch sehr wenig über die konkrete Natur von Erwartungen an Führungskräfte gesagt. Die Managementwissenschaftler zerbrechen sich schon seit langer Zeit die Köpfe darüber, inwiefern sich Führungsaufgaben allgemeingültig beschreiben lassen. Ein Ansatz – nämlich die Beschreibung von Führungsfunktionen – wurde am Anfang des Kapitels über das Rollenkonzept (Abb. 3.4) erwähnt. Für die Aufgabenerklärung ist es nützlicher, die Frage nach den Erwartungen zu stellen, die Organisationen typischerweise an Führungskräfte stellen. Solche Erwartungen können im Einzelnen verschiedenste Teilaspekte der gesamten Führungsaufgabe betreffen, d. h., es können damit verschiedene Führungsrollen, die sich zu einem Gesamtbild zusammenfügen lassen, beschrieben werden. In der Literatur gibt es eine große Vielfalt solcher Rollenunterscheidungen. Wir wollen drei interessante Beispiele hier zitieren, überlassen es aber dem Leser, die Beispiele im Detail zu vergleichen und daraufhin zu überprüfen, inwiefern sie in die Wirklichkeit seiner eigenen Rolle passen.

... typische Erwartungen und

... Aspekte von Führungsrollen

Die Untersuchung von Mintzberg (1973) zu den Aktivitäten von Managern gilt heute als klassische Studie zum Thema Führungsrollen. Mintzberg untersuchte das Verhalten von Führungskräften, um daraus eine **Typologie von Rollen** ableiten zu können. Das Resultat bilden wir in Tab. 3.3 ab:

Was tun Manager?

Typologie von Rollen

Tab. 3.3. Zehn Führungsrollen von Managern nach Mintzberg. (Mintzberg 1973, zit. nach Wiswede 1995, S. 831)

Interpersonelle Rollen	a.	**Repräsentant** (»Figurehead«) Der Manager fungiert nach innen und außen als symbolischer Kopf einer Organisation oder Abteilung und erfüllt Repräsentationsroutinen gesetzlicher oder sozialer Art (z.B. Jubiläumsreden).
	b.	**Führer** (»Leader«) Im Mittelpunkt dieser Rolle stehen Aufgaben der Motivation und Anleitung von Mitarbeitern, der Stellenbesetzung und Personalentwicklung.
	c.	**Koordinator** (»Liaison«) Aufbau und Pflege interner und externer Kontakte auf formellen und informellen Wegen stehen im Zentrum dieser Rolle.
Informationelle Rollen	a.	**Informationssammler** (»Monitor«) Als Informationssammler sucht und empfängt der Manager sehr unterschiedliche Informationen, die sein Verständnis über das Funktionieren der Organisation und ihrer Umwelt fördern.
	b.	**Informationsverteiler** (»Disseminator«) Diese Rolle beschreibt die Weitergabe externer und interner Informationen – sowohl Fakten als auch Spekulationen – an Organisationsmitglieder.
	c.	**Sprecher** (»Spokesperson«) Als Sprecher gibt der Manager Informationen über Pläne, Maßnahmen oder erzielte Ergebnisse der Unternehmung an Externe weiter.
Entscheidungsrollen	d.	**Unternehmer** (»Entrepreneur«) Als Unternehmer sucht der Manager in der Organisation und ihrer Umwelt nach Chancen zu Innovation und Wandel und leitet gegebenenfalls Innovationsprojekte (ein).
	e.	**Krisenmanager** (»Disturbance Handler«) Mit dieser Rolle werden Aufgaben der (durch Sachzwänge induzierten) Handhabung unerwarteter und wichtiger Störungen des betrieblichen Leistungsprozesses erfasst.
	f.	**Ressourcenzuteiler** (»Resource Allocator«) Kern dieser Rolle sind Entscheidungen über Vergabe von Ressourcen aller Art an Personen oder Abteilungen; durch den Entscheidungsvorbehalt behält der Manager die Kontrolle über Zusammenhänge zwischen verschiedenen Einzelentscheidungen.
	g.	**Verhandlungsführer** (»Negotiator«) In dieser Rolle tritt der Manager als Verhandlungsführer gegenüber Externen auf und verpflichtet die Organisation für künftige Aktivitäten.

Verhalten von Führungskräften

Empirische Untersuchungen von Stogdill (1974) über das Verhalten von Führungskräften führten zur Unterscheidung folgender Führungsrollen:

> **Führungsrollen nach Stogdill** (zit. nach Staehle 1991, S. 374)
> 1. **Repräsentation:** Spricht und handelt als Repräsentant der Gruppe.
> 2. **Versöhnung von Ansprüchen:** Bringt widersprüchliche organisatorische Ansprüche in Einklang und verringert oder beseitigt Störungen.
> 3. **Unsicherheitstoleranz:** Ist fähig, Ungewissheit und Verzögerungen ohne Angst oder Aufregung zu tolerieren.
> 4. **Überzeugungskraft:** Setzt Überzeugung und Argumentation effektiv ein; zeigt starke Überzeugungen.
> 5. **Einführung von Struktur:** Definiert seine eigene Rolle klar und lässt die Geführten wissen, was von ihnen erwartet wird.
> 6. **Zugestehen von Handlungsfreiheit:** Gesteht den Geführten Spielraum für Initiative, Entscheidung und Handlung zu.
> 7. **Festhalten an der Führerrolle:** Nimmt aktiv seine Führerrolle wahr, anstatt die Führung anderen zu überlassen.
> 8. **Praktische Besorgtheit:** Achtet auf Wohlbefinden, Status und Beteiligung der Geführten.
> 9. **Betonung der Produktion:** Dringt auf produktive Leistung.
> 10. **Präzise Vorausschau:** Zeigt Weitblick und die Fähigkeit, Ergebnisse genau vorherzusagen.
> 11. **Einfluss bei Vorgesetzten:** Hält freundliche Beziehungen zu höheren Vorgesetzten; findet Gehör bei ihnen; strebt nach höherem Status.

Schlüsselrollen in Teams

Margerison und McCann (1985) haben Schlüsselrollen in Teams untersucht. Vor allem aus diesen Arbeiten ist deutlich geworden, dass es kaum möglich ist, alle diese Rollen in einer Führungskraft zu vereinigen. Vielmehr werden sich verschiedene Gruppenmitglieder diese Rollen teilen (▶ Kap. 8). Die ◾ Abb. 3.8 zeigt die jeweiligen Rollen.

ZUSAMMENFASSUNG

Führungserfolg

Rollenkonzept

Seit es sie gibt, versucht die Führungsforschung, Führungserfolg zu erklären, um damit Modelle und Anleitungen für die Führungspraxis zur Verfügung stellen zu können. Alle historischen Forschungsansätze waren dabei aber Kinder ihrer Zeit, indem sie von zeitbedingten Grundannahmen über Mensch und Organisation ausgingen. Dieses Kapitel skizzierte einige **Entwicklungslinien der Führungsforschung,** die zum Verständnis des **Rollenkonzeptes der Führung** beitragen. Das Rollenkonzept beschreibt Führung als einen komplexen Prozess der Begegnung von Führungskraft und Organisation, den wir als Rollenübernahme bezeichnen. Die Rahmenbedingungen und die Art und Weise, wie diese Rollenübernahme im Einzelfall abläuft, entscheiden über den Führungserfolg. Das Rollenkon-
▼

3.3 · Das Rollenkonzept

zept bietet einen hervorragenden diagnostischen Rahmen zur Analyse der Voraussetzungen und Ergebnisse von Führung. Dem Rollenkonzept liegt ein systemisch-konstruktivistisches Führungsverständnis zugrunde. Führungserfolg kann demnach nicht planmäßig erzeugt werden, sondern ergibt sich aus der komplexen Interaktion der Beteiligten. Voraussetzung und Ergebnis dieser Interaktion ist eine subjektiv erfahrene Wirklichkeit. Von der Fähigkeit der Führungskraft, die eigene Wahrnehmung ihrer Führungssituation aus kritischer Distanz neu zu betrachten, ihre eigenen Grundannahmen zu erkennen und durch bewussten Einbezug neuer Informationen hinsichtlich ihrer Nützlichkeit zu überprüfen, hängt es ab, inwieweit die Führungskraft in der Lage ist, Komplexität zu bewältigen und damit auch in schwierigen Situationen erfolgreich zu sein.

Analyse von Voraussetzungen und Ergebnissen von Führung

systemisch-konstruktivistisches Führungsverständnis

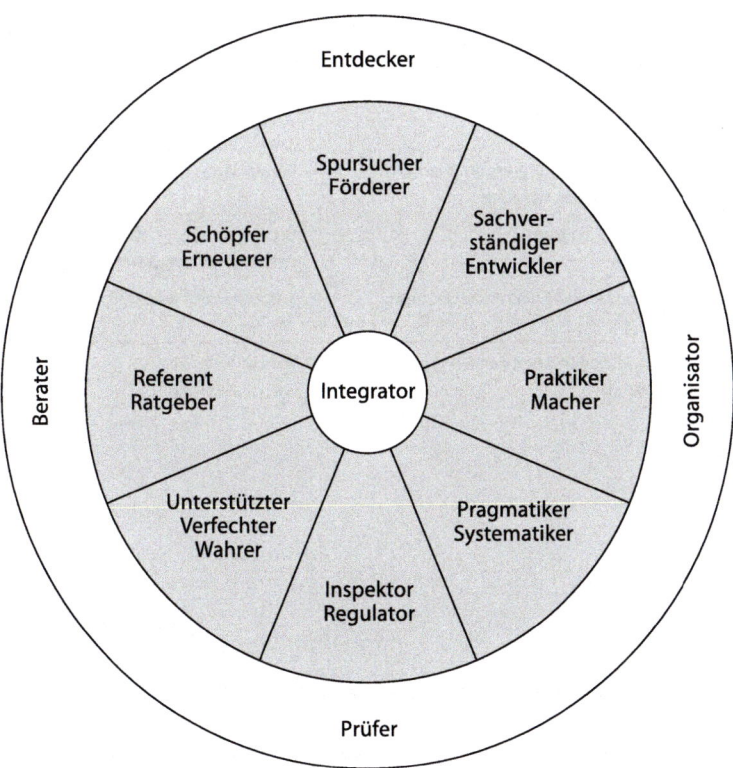

Abb. 3.8. Führungsrollen in Teams. (Nach Margerison & McCann, Darstellung nach Staehle 1991, S. 376; Übersetzung des Autors)

> **VERTIEFUNG DES STOFFES**
>
> **Aufgabenstellung**
>
> Das vorliegende Arbeitsblatt bietet dem Leser eine gedankliche Struktur zur Analyse der eigenen aktuellen Führungsrolle an, die sich an den Ausführungen zum Rollenkonzept orientiert. Dem Prozess der Rollenübernahme (mittlere Spalte: Rollendefinition, Rollengestaltung, Rollendurchsetzung) folgend, laden wir Sie ein, die Erwartungen und Bedingungen sowohl aus der Sicht der Organisation (3. Spalte), als auch aus Ihrer persönlichen Sicht als Träger der Führungsrolle (1. Spalte) zu beschreiben. Wir empfehlen Ihnen, Abschn. 3.3.1 und vor allem Abschn. 3.3.2 bei der Bearbeitung zu Rate zu ziehen. Der unterste Teil des Arbeitsblattes soll Raum bieten für das Formulieren von Schlußfolgerungen und Konsequenzen: Was können oder müssen Sie hinnehmen, was bleibt unveränderbar? Was wollen Sie wie anpacken, um den Prozess der Rollenübernahme optimal zu gestalten oder anders gesagt: Wo liegen Ihre konkreten Handlungsspielräume und wie können Sie diese optimal nützen?

Arbeitsblatt 3.1. Analyse der eigenen Führungsrolle

Aspekte meiner Person	Rollenübernahme	Aspekte der Organisation
Meine Erwartungen	Rollendefinition Aufgaben, Kompetenzen (Klarheit, Eindeutigkeit, Konflikte)	Erwartungen der Organisation, der Anderen
Fähigkeiten – Lücken, Identifikation – Distanzierung	Rollengestaltung	Unterstützung, Kooperation, Behinderung, strukturelle Mängel
Persönliche Potenziale im Umgang mit Schwierigkeiten und Widerständen	Autorität und Rollendurchsetzung	Kompetenzen und Sanktionsmittel
Was ändern, mit was leben?	Möglicheiten und Grenzen der Einflussnahme	Was ändern, was hinnehmen?

Literatur

Bass, B.M. & Avolio, B. (1994). Improving organizational effectiveness through transformational leadership. Thousand Oaks: Sage Publications.
Bass, B.M. & Riggio, R.E. (2006). Transformational leadership (2nd edition). Mahwah: Erlbaum Associates.
Burla, S., Alioth, A., Frei, F. & Müller, W.R. (1995). Die Erfindung von Führung. Vom Mythos der Machbarkeit in der Führungsausbildung. Zürich: Verlag der Fachvereine.
Kieser, A. et al. (Hrsg.). (1995). Handwörterbuch der Führung (2. Aufl.). Stuttgart: Schäffer-Poeschel.
Margerison, Ch. & McCann, I. (1985). How to lead a winning team. Bradford: MCB University Press.
Minzberg, H. (1973). The nature of managerial work. New York: Harper & Row.
Müller, W.R. et al. (1988). Führungslandschaft Schweiz. Die Unternehmung, Schweizerische Zeitschrift für betriebswirtschaftliche Forschung und Praxis, S. 241–314.
Müller, W.R. (1995). Der Mythos Machbarkeit in der Führungsausbildung. Organisationsentwicklung, Zeitschrift der Gesellschaft für Organisationsentwicklung e.V., S. 20–28.
Neuberger, O. (1995). Führungstheorien – Rollentheorie. In: A. Kieser et al. (Hrsg.), Handwörterbuch der Führung (S. 980–993; 2. Aufl.). Stuttgart: Schäffer-Poeschel.
Neuberger, O. (2002). Führen und führen lassen. Ansätze, Ergebnisse und Kritik der Führungsforschung (6. Aufl.). Stuttgart: Lucius & Lucius UTB.
Probst, G.J.B. (1992). Organisation: Strukturen, Lenkungsinstrumente und Entwicklungsperspektiven. Landsberg/Lech: verlag moderne industrie.
Rosenstiel, L. von et al. (Hrsg.). (2009). Führung von Mitarbeitern. Handbuch für erfolgreiches Personalmanagement. 6. Auflage. Stuttgart: Schäffer-Poeschel.
Staehle, W.H. (Hrsg.) (1991). Handbuch Management. Die 24 Rollen der exzellenten Führungskraft. Wiesbaden: Gabler.
Steinkellner, P. (2007). Systemische Interventionen in der Mitarbeiterführung. (2. Aufl.). Heidelberg: Carl-Auer-Systeme Verlag
Stogdill, RM. (1974). Handbook of leadership. New York: Free Press.
Weinert, A.B. (2004). Organisations- und Personalpsychologie. 5. Auflage. Weinheim: BeltzPVU.
Winkler, I. (2004). Aktuelle theoretische Ansätze der Führungsforschung. Schriften für Organisationswissenschaft, TU Chemnitz, www.tu-chemnitz.de/wirtschaft/bwl5 (Pdf-Datei)
Wiswede, G. (1995). Führungsrollen. In Kieser, A. et al. (Hrsg.). Handwörterbuch der Führung (S. 826–839; 2. Aufl.). Stuttgart: Schäffer-Poeschel.

Die aktive Gestaltung der eigenen Führungsrolle

4 Psychologische Grundlagen für Führungskräfte – 65

5 Leistung und Verhalten beeinflussen – 113

6 Führung der eigenen Person – 121

7 Die Gestaltung der Beziehung zu einzelnen Mitarbeitenden – 237

8 Die Gestaltung der Arbeit in und mit Gruppen – 299

4 Psychologische Grundlagen für Führungskräfte

Moreno della Picca u. Mona Spisak

4.1 Einführung – 66

4.2 Rahmenmodell: Führungsrolle in Beziehung – 68
4.2.1 Einführung – 68
4.2.2 Individuelle Ebene: Ich und meine Führungsrolle – 68
4.2.3 Dyadische Ebene: Führungskraft und ihr Mitarbeiter – 69
4.2.4 Ebene der Gruppe: Führungskraft und ihr Team – 70
4.2.5 Ebene der Organisation: Führungskraft und Organisation – 71

4.3 Ausgewählte Psychologische Grundlagen – 73
4.3.1 Personenwahrnehmung und Urteilsbildung – 73
4.3.2 Emotionen – 82
4.3.3 Lernen – Lernpsychologische Grundlagen – 87
4.3.4 Entwicklung in der Lebensspanne – 91
4.3.5 Persönlichkeit – 94
4.3.6 Verantwortung und Vertrauen – 100
4.3.7 Komplexität – Spannungsfeld mit Widersprüchen – 105

Literatur – 111

AUF EINEN BLICK

Im folgenden Kapitel wird Führungskräften ein ausgewähltes psychologisches Basiswissen vermittelt, das ihnen einen professionellen und gesamtheitlichen Umgang mit den Anforderungen in ihrem Führungsalltag bietet. Um der Vielschichtigkeit der Thematik eine Struktur und eine Orientierung zu geben, stellen wir ein Rahmenmodell zur Verfügung. Basierend darauf werden praxisrelevante psychologische Grundlagen erörtert. Sowohl intra- als auch interpsychische Prozesse und Konzepte werden dargestellt. Dabei wird ihre Relevanz für die Führungspraxis fokussiert und so die Umsetzung von Theorie in die Praxis gewährleistet.

4.1 Einführung

Führungspersonen sind täglich vielen Entscheidungsprozessen ausgesetzt. Ihr Alltag wird geprägt durch Fragen wie: »Mit welcher Strategie kann das Produkt möglichst günstig im Markt positioniert werden?« oder »Welche Mitarbeiterin würde dem neuen Projekt am gerechtesten werden?« bzw. »Mit welcher Verhandlungstaktik muss ich den Kunden angehen, um das zu erreichen, was ich will?« Die Kunst, Menschen zu beurteilen und zu verstehen, komplexe Situationen zu erfassen und zu gestalten muss dabei unter Beweis gestellt werden. Dafür braucht eine Führungsperson Wissen und Können aus ganz unterschiedlichen Bereichen und Disziplinen. Psychologie ist eine davon. Die Bedeutung des psychologischen Wissens ist in Führungskreisen unbestritten. Die moderne wissenschaftliche Psychologie reicht jedoch bedeutend weiter. Sie hat sich sowohl in die naturwissenschaftliche als auch in die philosophische Richtung entwickelt und dabei ein reichhaltiges Reservoir an Wissen und Erkenntnissen für ganz unterschiedliche Lebensbereiche aufgebaut.

Psychologie im Führungsalltag

Der primäre Blickwinkel, unter dem die Themen in diesem Kapitel dargelegt werden, ist die Perspektive der Führungsperson in ihrem Alltag. Folgende Fragen sind dabei leitend:

- Welche psychologischen Grundlagen können für Führungskräfte nützlich sein und erzeugen einen Mehrwert für die optimale Bewältigung ihrer Aufgaben?

4.1 · Einführung

- Welche psychologischen Phänomene und Mechanismen üben im Führungsprozess (Rollenübernahme, Kommunikation, Veränderungsbereitschaft, Umgang mit Konflikten etc.) einen Einfluss aus und sind für eine Führungskraft wichtig?
- Wie können sich Führungskräfte bestimmte Verhaltens- und Reaktionsweisen von Mitarbeitenden besser erklären und so zu einem ganzheitlichen Verständnis gelangen?

In diesem Kapitel werden ausgewählte Grundlagen und Erkenntnisse aus der wissenschaftlichen Psychologie vorgestellt, die für Führungskräfte relevant sind.

> **Definition**
> Psychologie ist die Wissenschaft, die das menschliche Erleben und Verhalten beschreibt, erklärt und vorhersagt. Sie beschäftigt sich mit der Entwicklung des Menschen in der Lebensspanne und erforscht die inneren und äußeren Muster, Ursachen und Bedingungen ihres Seins (Weinert 2004). Psychische Prozesse spielen dabei eine zentrale Rolle und wirken sich unter anderem auch auf unser Leben in Organisationen aus.

Definition: Psychologie

Mit Hilfe der psychischen Prozessen »verarbeiten« Menschen ihre Umwelt (Wahrnehmung, Beurteilung, Emotion, Denken etc.) und wirken auf sie ein (Motivation, Handeln → Führen). Diese »Arbeit« ist komplex, facettenreich und findet auf verschiedenen Ebenen statt (»Rahmenmodell der Führungsbeziehungen«, ▶ Abschn. 4.2). Welche Prozesse sich zu einem bestimmten Zeitpunkt in einer Führungsperson abspielen, hängt sowohl von der (Führungs-)Situation als auch von der jeweiligen Person ab. Die Person selbst ist wiederum nicht statisch, sondern verändert sich im Laufe des Lebens (Entwicklung). Sie entwickelt sich nicht nur biologisch (Alterungsprozess), sondern auch psychisch (Persönlichkeitsentwicklung).

Komplexität in der Führung

In ▶ Abschn. 4.2 führen wir ein Modell ein, das zunächst der Fülle der Themen in diesen beiden Bänden einen Rahmen gibt und eine Auslegeordnung für die Lesenden bietet.

In ▶ Abschn. 4.3 haben wir ausgewählte psychologische Grundlagen und Erkenntnisse zusammen getragen. Dabei sind sieben Beiträge entstanden.

Die ersten zwei Beiträge fokussieren innere Prozesse, die hinter dem menschlichen Handeln und Verhalten ablaufen: **»Personenwahrnehmung und Urteilsbildung«** und **»Emotionen«**. Sie bestimmen, wie wir unsere Umwelt erleben und wie wir auf sie einwirken.

Die drei darauf folgenden Beiträge **»Lernen«**, **»Entwicklung«** und **»Persönlichkeit«** gehen auf das Thema Veränderungen ein. Sie bauen aufeinander auf und müssen in ihrer Vernetzung betrachtet werden.

Die letzten zwei Beiträge behandeln ausgewählte Grundlagen der Führung, die von besonderem Interesse sind und Schlüsselkompetenzen darstellen: **»Verantwortung und Vertrauen** sind maßgebend für die Qualität der Gestaltung des Führungsprozesses. Das Thema **»Komplexität«** wird anschließend als ein Spannungsfeld mit Widersprüchen erläutert.

▶ Zum Schluss fassen wir die wichtigsten Erkenntnisse zusammen.

4.2 Rahmenmodell: Führungsrolle in Beziehung

Ziele
Das Folgende wird
- einen Rahmen spannen, in dem die Themen der vorliegenden Bände systematisch integriert werden (Modell),
- eine Orientierungshilfe vermitteln, die die Komplexität des Führungsgeschehens reduziert.

4.2.1 Einführung

vier Beziehungen in der Führung

Um der Führungslandschaft einer Organisation resp. der Fülle von Themen, die in diesen beiden Bänden erläutert und dargestellt werden, einen Rahmen zu geben und zugleich einen besseren Überblick über die vielschichtige Thematik zu ermöglichen, wird ein Modell geschaffen. In Anlehnung an die arbeits- und organisationspsychologische Literatur findet Führung auf vier Beziehungsebenen statt (vgl. dazu Weinert 2004; Gebert & von Rosenstiel 2002; Schuler 2004a):
- auf der Ebene des Individuums (ich und meine Führungsrolle),
- auf der Ebene der Dyade (ich und mein Mitarbeiter),
- auf der Ebene der Gruppe und (ich und mein Team),
- auf der Ebene der Organisation (ich und die Organisation).

Den genannten Ebenen werden die einzelnen Themen und Inhalte dieser beiden Bände zugeordnet. Jedoch ist diese Zuordnung eher von theoretischer und analytischer Bedeutung. Die vier Ebenen schließen sich gegenseitig nicht aus, sondern ergänzen sich und bauen aufeinander auf.

Im Folgenden sollen sie kurz erläutert werden:

4.2.2 Individuelle Ebene: Ich und meine Führungsrolle (Abb. 4.1)

Führungsthemen
- Menschen- und Organisationsbilder ▶ Kap. 1 u. 2
- Rollenkonzept ▶ Kap. 3
- Umgang mit eigenen Ressourcen (Selbstmanagement) ▶ Kap. 6.1
- persönliche Arbeitstechnik und persönliches Zeitmanagement
    ▶ Kap. 6.2

▼

4.2 · Rahmenmodell: Führungsrolle in Beziehung

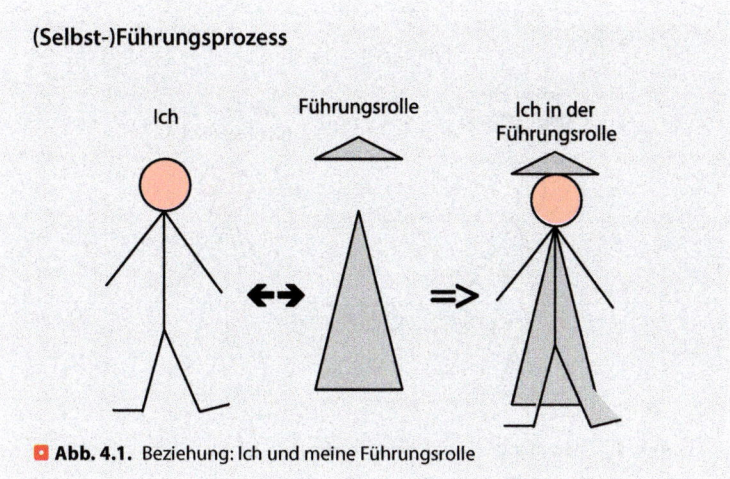

Abb. 4.1. Beziehung: Ich und meine Führungsrolle

Im Verlauf unseres Lebens bewegen wir uns in unterschiedlichen Institutionen und Systemen, so dass der Mensch nicht nur Teil einer einzelnen Organisation ist, sondern zu verschiedenen Systemen gehört (Familie, Firma, Curling Club etc.). Je nachdem, wo er sich bewegt, nimmt er unterschiedliche Rollen wahr (Mutter, Führungskraft, Vereinspräsidentin etc.). An eine Rolle sind unterschiedliche Erwartungen geknüpft. Die Übernahme einer bestimmten Rolle ist ein Prozess, der im Innern einer Person stattfindet aber von außen durchaus sichtbar wird (▶ Kap. 3 »Das Rollenkonzept der Führung«). Wie gut es uns gelingt, sich als Führungsperson in einer Organisation zu bewähren, hängt stark davon ab, wie wir mit der »Führungsrolle« umgehen, wie wir sie interpretieren und gestalten.

wir übernehmen viele Rollen

4.2.3 Dyadische Ebene: Führungskraft und ihr Mitarbeiter (Abb. 4.2)

Führungsthemen
- Gesprächsführung ▶ Kap. 7.1 bis 7.4
- Leistung und Verhalten beeinflussen ▶ Kap. 5
- Delegation ▶ Kap. 13.1
- Beraterkompetenz der Führungskraft ▶ Kap. 9
- Feedback geben und nehmen ▶ Kap. 7.4
- Mitarbeiter gewinnen, einführen, entwickeln, fordern und gehen lassen ▶ Kap. 11
- MbO und Kontrolle ▶ Kap. 13.2
- MA-Beurteilung ▶ Kap. 13.3

▼

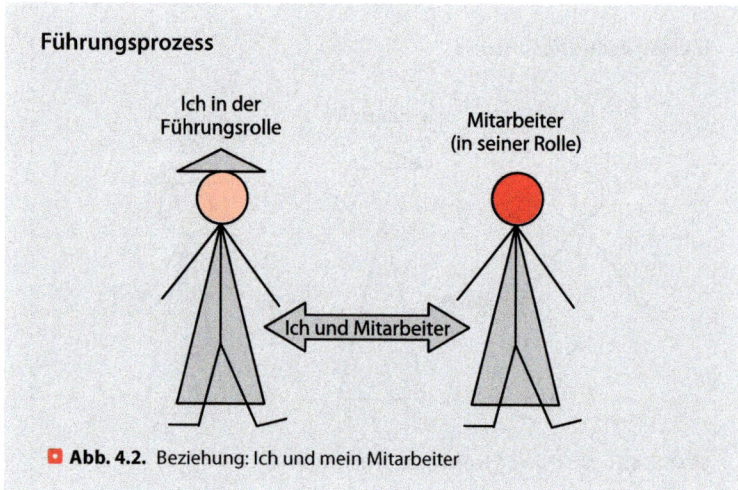

Abb. 4.2. Beziehung: Ich und mein Mitarbeiter

Rolle der Führungskraft; Komplementärrolle der Mitarbeitenden

Erweitern wir den individuellen Führungsprozess und legen dabei den Fokus auf den direkten Kontakt zwischen Führungskraft und Mitarbeiter, so haben wir die dyadische Führungsbeziehung. Wichtig ist, dass beide Personen ihre Rolle wahrnehmen. Auf dieser Ebene steht die Gestaltung der Beziehung zum Mitarbeitenden im Zentrum. Im Beziehungsprozess zum Mitarbeitenden, der hauptsächlich durch Kommunikation gestaltet wird, lernt die Führungskraft die Wirkung ihres Tuns.

4.2.4 Ebene der Gruppe: Führungskraft und ihr Team
(◘ Abb. 4.3)

Führungsthemen
- Wie funktionieren Arbeitsgruppen? ► Kap. 8.2
- Führung von Teams und Arbeitsgruppen ► Kap. 8.1
- Moderation von Gruppen ► Kap. 8.3
- Arbeitskonferenzen ► Kap. 8.4
- Projektmanagement ► Kap. 14
- virtuelle Teams ► Kap. 8.1
- interkulturelle Teams ► Kap. 17
- systematisches Problemlösen ► Kap. 6.3
- Kreativitätstechniken ► Kap. 8.5
- Konfliktmanagement ► Kap. 16

▼

4.2 · Rahmenmodell: Führungsrolle in Beziehung

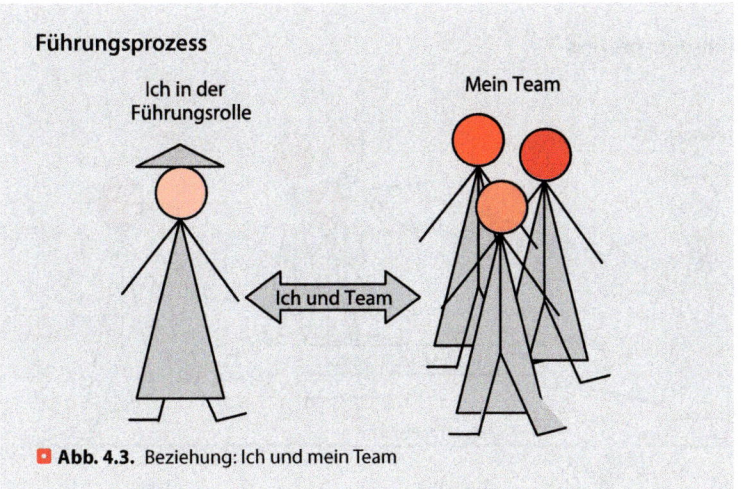

Abb. 4.3. Beziehung: Ich und mein Team

Erweitern wir die individuelle und dyadische Ebene und vergrößern den Radius, so gelangen wir zu einem neuen Ausgangspunkt der Betrachtung der Beziehungskonstellation: die Gestaltung von Gruppen- resp. Teamarbeit. Im Allgemeinen geht es um das Verstehen, wie Teams sich entwickeln und fortbestehen. Es geht um die Wirkung der Führungskraft auf ihr Team und umgekehrt.

Führen von Teams

4.2.5 Ebene der Organisation: Führungskraft und Organisation (Abb. 4.4)

Führungsthemen
- Menschen- und Organisationsbilder ▶ Kap. 1 und 2
- Umgang mit Veränderungen ▶ Kap. 15
- Diversity Management ▶ Kap. 17
- strategisches Denken und Planen ▶ Kap. 15.3
- Organisieren als Führungsaufgabe ▶ Kap. 10
- Wissensmanagement ▶ Kap. 12.2
- Information ▶ Kap. 12.1
- Lernen in Organisationen ▶ Kap. 12.2
- Kommunikation ▶ Kap. 7.1
- kulturelle Elemente in Organisationen ▶ Kap. 2
- Mikropolitik, Networking, Macht ▶ Kap. 18
- Motivation ▶ Kap. 12.3
▼

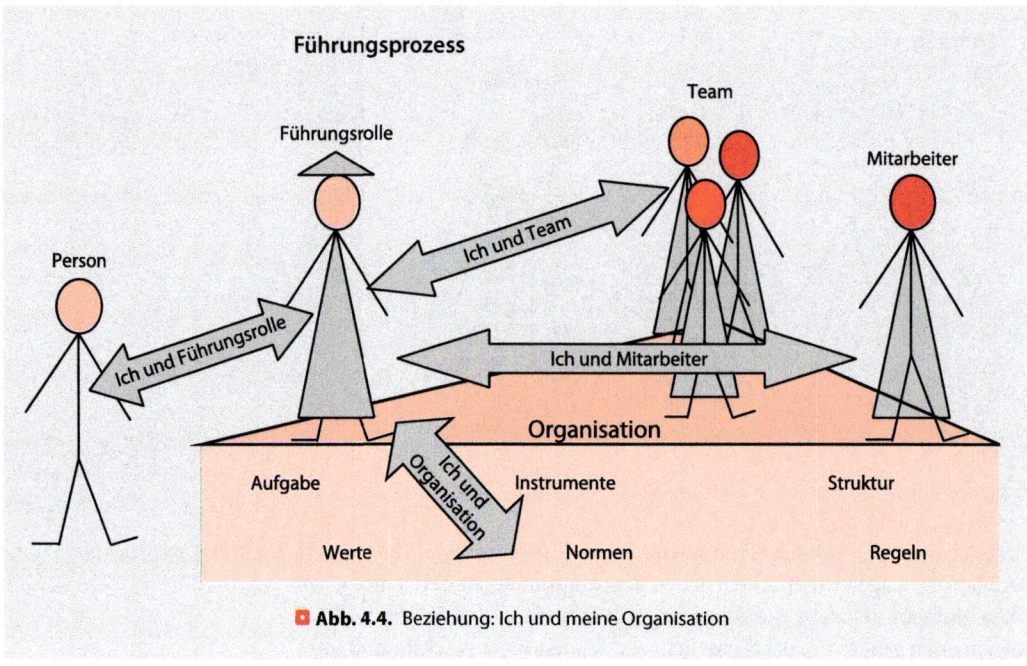

Abb. 4.4. Beziehung: Ich und meine Organisation

indirekte Führung

Öffnen wir den Gesamtfokus, so gelangen wir zum indirekten Führungsprozess (Wunderer 2011). Auf organisationaler Ebene wirkt und geschieht Führung durch klare Strukturen wie z. B. durch Leitbilder, Strategien, Ziele und formell etablierte Strukturen und Instrumente. An ihnen, wie auch an kulturellen Gepflogenheiten orientieren sich Mitarbeitende auch bei Abwesenheit einer Führungsperson. Auf der Ebene »Ich und die Organisation« geht es um das Wahrnehmen und Verstehen der Komplexität einer Organisation.

Wie aus der Beschreibung des Rahmenmodells deutlich wurde, sind Führungspersonen gefordert, sich sowohl geistig als auch physisch verhältnismäßig auf allen vier Ebenen bewegen zu können. Dies ist alles andere als einfach. Dennoch – es ist bewältigbar. Die Themen dieser Bände stellen eine Auslegeordnung an bewährtem und neuem Wissen, an Methoden und Hinweisen zum Thema Führung dar und verstehen sich als eine Themensammlung, die die Führungsarbeit einerseits erleichtert aber – vor allem auch – professionalisiert. Um die behandelten Themen eingehender verstehen zu können, werden zunächst einige ausgewählte psychologische Grundlagen eingeführt. Es handelt sich um eine Auswahl an Themen, die aus unserer Sicht für Führungspersonen von Bedeutung sind. Sie sind keineswegs abschließend zu verstehen und sollen dazu dienen, Interesse und Neugier für eine weitere Vertiefung zu wecken.

4.3 Ausgewählte Psychologische Grundlagen

4.3.1 Personenwahrnehmung und Urteilsbildung

Ziele
Der folgende Abschnitt wird
- grundlegende Aspekte der menschlichen Wahrnehmung und Urteilsbildung erläutern,
- aufzeigen, wie unsere Informationsverarbeitung und Wahrnehmung die Urteilsbildung beeinflussen,
- darlegen, welche Verzerrungen (»Fehler«) bei der Beurteilung anderer passieren können.

Bevor wir etwas tun (einen Kollegen begrüßen, in einer Sitzung eine Entscheidung treffen etc.) orientieren wir uns an dem, was wir gesehen und gehört – folglich wahrgenommen haben. Jedem Verhalten geht Wahrnehmen voraus und steht somit am Anfang einer Kette von Informationsverarbeitungsprozessen, die die Grundlage für unser Tun bildet (Übersicht). Über die Wahrnehmung nehmen wir diejenigen Informationen auf, die dem Aufbau unseres Wissens, unserer Normen und Werten dienen und welche schließlich unser Verhalten steuern. Doch wie »wahr« ist das, was wir aufnehmen? Gelingt es uns, die Welt um uns herum »eins zu eins« aufzunehmen und wieder zu geben? Müssten wir nicht – als Führungskraft – die Dinge um uns herum möglichst objektiv und unverfälscht beurteilen können? Wie funktioniert unsere Wahrnehmung und wie beeinflusst sie unser Denken und Handeln?

Informationsverteilung

Schema zur Eindrucksbildung in Anlehnung an Rosemann und Kerres (1995)
- Information über die Person und ihre Umwelt
- Auswahl und Verarbeitung der Information
- Bewertung der Information, Eindrucksbildung
- Handeln in der Situation

Grundlagen der menschlichen Wahrnehmung
Bewusste und unbewusste Wahrnehmung: Aufmerksamkeitsprozess

Jeder von uns kennt das Phänomen, dass wir gewisse Dinge sehr bewusst, andere aber ganz unbewusst wahrnehmen. Als Autofahrer den Blick nach vorne gerichtet, sehen Sie die Fahrzeuge vor Ihnen und achten darauf, was sie tun. Zugleich wird Ihnen klar, dass Ihre Tochter, die still auf dem Hintersitz sitzt, eingeschlafen ist, ohne dass Sie es gesehen oder gehört hatten. In der modernen Psychologie werden das Bewusste und das Unbewusste als zwei Pole eines Kontinuums gesehen. Wahrnehmen, Denken, Fühlen und Verhal-

Wahrnehmung über die 5 Sinne

Auffälligkeit der Information

ten sind demzufolge je nach Situation, in der sich der Mensch befindet, mehr oder weniger bewusst. Die Wahrnehmung externer Informationen über Augen, Ohren, Nase, Zunge oder Haut wird vergleichsweise oft bewusst erlebt, allerdings nicht immer. Vielmehr nur dann, wenn »der Reiz« eine bestimmte Intensität hat. Beim Lesen dieses Kapitels würde z. B. das Klingeln oder Vibrieren Ihres Mobiltelefons sogleich Ihre Konzentration unterbrechen. Eine schwache Information, wie z. B. das Ticken Ihrer Armbanduhr, hat hingegen kaum eine Chance, bewusst wahrgenommen zu werden. Neben der »Intensität des Reizes«, bestimmt jedoch auch die Höhe der Wahrnehmungsschwelle, ob eine Information bewusst wahrgenommen wird oder nicht. Liegt die Schwelle hoch, so muss die Information auch entsprechend intensiv sein, um ins Bewusstsein dringen zu können. Nehmen Sie sich kurz für einen Moment Zeit und suchen Sie in der Umgebung nach Dingen, die sich bislang nicht unmittelbar in Ihrem Bewusstsein befanden, bspw. den Kaffeefleck auf dem Tischtuch oder den Geruch des Blumenstraußes auf dem Tisch. Wenn man beginnt, die Umgebung sehr genau zu untersuchen (und dadurch die Wahrnehmungsschwelle herabsenkt), dann wird man feststellen, dass es dort viel mehr Dinge gibt, als man zunächst gesehen hat.

Selektive Wahrnehmung oder selektive Aufmerksamkeit

eingeschränkte Informationsaufnahme

Wie aus dem obigen Beispiel hervorgeht, werden nicht alle Informationen, die auf den Menschen treffen, von diesem auch wahr- oder aufgenommen. Wir wählen aus, was wahrgenommen wird. Der Prozess kann mit einem Flaschenhals verglichen werden. Der Flaschenhals dient dabei als Metapher für die Einengung oder das Kanalisieren der Information. Will man eine Flasche mit einem Krug Wasser füllen und verwendet dabei keinen Trichter (d. h., dass das Kanalisieren fehlt), dann wird viel Wasser daneben fließen. Analog verhält es sich mit der Wahrnehmung. Eine unvorstellbare große Anzahl Informationseinheiten strömt gleichzeitig auf den Menschen ein.

Aber nur einem Bruchteil davon wird der Zugang zum Bewusstsein durch die enge Öffnung der Wahrnehmungsorgane bzw. der Aufmerksamkeit gewährt.

Was bestimmt, welche Informationen in das Zentrum unserer Aufmerksamkeit oder Interesses rücken? Wir schenken denjenigen Informationen unsere bewusste Aufmerksamkeit, die für unsere Ziele und Interessen wichtig sind. Zimbardo und Gerrig sprechen vom Mechanismus einer »zielgesteuerten Wahl« (Zimbardo & Gerrig 2008). Es gibt aber auch Informationen und Reize, die unsere Aufmerksamkeit geradezu »auf sich ziehen«. Es sind Dinge, die zum Beispiel sehr vertraut sind, oder die eine besondere Bedeutung haben. Beispielsweise konzentrieren wir uns auf ein Gespräch in der Bar, ohne uns von den lauten Nebengeräuschen ablenken zu lassen. Plötzlich fällt am Nebentisch zufälligerweise unser Name. Ob wir es wollen oder nicht, wir werden abgelenkt resp. richten unsere Aufmerksamkeit auf den Nebentisch.

Wirkung unseres Interesses und unserer Ziele

Zentrale Einflussfaktoren der Wahrnehmung – bewusste Aufmerksamkeitslenkung

Reizintensität – wie herausstechend ist die Information?

Ein erster wichtiger Einflussfaktor liegt wie schon erwähnt in der Intensität des wahrzunehmenden Reizes (Kanning 1999). Je intensiver der Reiz ist, desto größer ist die Wahrscheinlichkeit, dass die Person ihn bewusst erfasst. Bei großem Hunger sind wir in der Regel nicht mehr in der Lage, ihn zu ignorieren und beispielsweise genüsslich ein Buch zu lesen. Übertragen wir die Bedeutsamkeit der Reizintensität auf komplexere soziale Situationen, so bedeutet dies, dass besondere Ereignisse, herausragende Personenmerkmale oder ungewöhnliche Verhaltensweisen auch eher bewusst wahrgenommen werden als vergleichsweise übliche Reize. Dieses Phänomen ist Vorgesetzten vertraut. Derjenige Mitarbeitende, der besonders auffällig gute Leistungen und vielleicht besonders markante Aussagen macht, kann von einem Vorgesetzten ganz einfach nicht übersehen werden. Dies kann sich für den Betroffenen sowohl positiv als auch negativ auswirken, je nachdem, wie der Vorgesetzte die Beiträge des Betreffenden beurteilt. Viel problematischer ist jedoch, dass gleichzeitig alle übrigen bzw. die stillen Mitglieder seines Teams in der Aufmerksamkeit des Vorgesetzten in den Hintergrund rücken. Im Extremfall wird die Auffälligkeit des einen Mitarbeitenden fast die gesamte Informationsverarbeitungskapazität des Vorgesetzten in Anspruch nehmen, so dass für die anderen Mitarbeitenden kaum noch Aufmerksamkeit übrig bleibt. Das könnte zur Folge haben, dass die Leistungen »unauffälliger« Mitarbeitender vom Vorgesetzten nicht adäquat gesehen und anerkannt werden. Es ist für eine Führungsperson sehr viel leichter, sich ein Bild von einer Person zu machen, die sich deutlich intensiver verhält als ihre Kollegen. So hat bei gleichwertiger Qualifikation und Leistung derjenige, der intensivere Reizbotschaften aussendet, häufig die besseren Karten.

Auffälligkeit der Information

Reizkontext – wie liegt die Information?

Reize sind dann besonders leicht wahrzunehmen, wenn sie entweder absolut betrachtet eine hohe Intensität aufweisen oder aber relativ zu dem umgebenden Kontext hervortreten (Kanning 1999). Die Intensität eines Reizes

Wirkung des Umfeldes

ergibt sich auch aus dem Vergleich zur Intensität alternativer Reize in der unmittelbaren Umgebung. So fällt ein Mann in einem dunkelblauen Anzug in einem Gremium von Männern mit schwarzen Anzügen nicht sonderlich auf. Der gleiche Mann wird jedoch unmittelbar ins Zentrum unserer bewussten Wahrnehmung treten, wenn er einen hellen Anzug tragen würde. Der Einfluss des Wahrnehmungskontextes hat auch einen Einfluss auf unsere Aufmerksamkeit. So kann das starke leistungsorientierte Verhalten eines Mitarbeiters absolut betrachtet nicht sonderlich auffällig sein. Es kommt auch auf das Verhalten der anderen Mitarbeitenden an. Würde man einen leistungsstarken Mitarbeitenden in ein sehr dynamisches und leistungsorientiertes Team stellen, dann würde er nicht mehr so auffallen.

Reizeindeutigkeit – wie eindeutig ist die Information?

Informationsspielraum

Eindeutige klar abgrenzbare Informationen sind leichter wahrzunehmen als diffuse oder mehrdeutige (Zimbardo & Gerrig 2008). Gerade in Führungssituationen sind »Reize« oft mehrdeutig. Man denke hier an den Prozess eines Mitarbeitergesprächs zwischen einer Führungskraft und einem Mitarbeitenden. Schulz von Thun (2011) unterscheidet in der Kommunikation bereits vier Informationsanteile (Aspekte), die in einer verbalen Botschaft gleichzeitig enthalten sein können (▶ Abschn. 7.1 »Kommunikation« und 7.3 »Gesprächsführung«). Es wird umso schwieriger, die übermittelte Information »korrekt« wahrzunehmen, je komplexer oder mehrdeutiger sie interpretiert werden kann. In der Regel hilft der Einbezug des Kommunikationskontextes, die zentrale Botschaft zu entschlüsseln. So bekommt eine Anfrage eines Vorgesetzten, die in einem informellen Rahmen gemacht wird, eine andere Bedeutung als wenn sie dem Mitarbeitenden in einer öffentlichen Sitzung mit formellem Charakter überbracht wird.

Soziale Wahrnehmung und Urteilsbildung

Wahrnehmung ist ein Prozess

Im Alltag einer Führungskraft ist es von immenser Bedeutung, sich schnell einen möglichst guten Überblick über Situationen bzw. über Menschen zu verschaffen und die richtigen Urteile bzw. Entscheidungen zu fällen. Die soziale Wahrnehmung ist der Prozess, durch den eine Person ihre eigenen persönlichen Merkmale oder die anderer Menschen wahrnimmt, versteht und interpretiert (Zimbardo & Gerrig 2008). Oftmals ist jedoch nicht eindeutig zu klären, welche Urteile objektiv richtig und welche falsch sind. In der Psychologie wird in diesem Zusammenhang auch vorsichtig von »Verzerrungen« in der Urteilsbildung gesprochen.

Im Folgenden wird insbesondere auf fünf wichtige Aspekte eingegangen, die sich in verschiedenen Zusammenhängen eines Führungsprozesses immer wieder zeigen und teilweise zu Wahrnehmungsverzerrungen und »Fehlern« führen können:
- Einfluss der Reihenfolge von Informationen,
- Einfluss auffallender Merkmale,
- Einfluss von Erwartungen,
- Ergänzen fehlender Informationen,
- Verzerrungen bei der Suche von Ursachen.

Einfluss der Reihenfolge von Informationen

Im alltäglichen Leben bildet man sich häufig einen Eindruck über eine Person, ohne diese persönlich oder auch nur auf einem Bild gesehen zu haben. Mündliche oder schriftliche Informationen (beispielsweise Bewerbungsunterlagen) führen bereits zu einer ersten Meinungsbildung. Wie in der Forschung herausgefunden wurde, ist dabei die Reihenfolge der Informationen von Bedeutung. In einem berühmt gewordenen Experiment gab man Leuten eine Personenbeschreibung. Eine Person wurde als »intelligent, fleißig, impulsiv, kritisch, eigensinnig und neidisch« beschrieben (Asch 1946, in Rosemann & Kerres 1995). Eine zweite Gruppe erhielt die gleiche Beschreibung, aber in umgekehrter Reihenfolge. Das erste Wort war also »neidisch«. Dann sollte die beschriebene Person insgesamt beurteilt werden. Dabei zeigte sich: Wenn das erste Wort eher als positiv bewertet wurde (»intelligent«) fiel die Gesamtbewertung positiver aus als wenn das erste Wort eher negativ bewertet wurde (»neidisch«). Man spricht in diesem Fall von einem »**Primacy-Effekt**«. Damit wird deutlich, dass objektiv identische Informationen zu ganz verschiedenen Eindrücken über eine Person führen können, je nachdem, in welcher Reihenfolge sie aufgenommen werden.

In gleicher Weise hat man herausgefunden, dass bei einem Einstellungsinterview eine negative Vorinformation über einen Stellenbewerber eher zur Ablehnung führte, wenn sie am Anfang des Dossiers stand als wenn am Anfang positive Informationen kamen und erst später die negative.

Häufig, aber nicht immer, ist die erste Information besonders wichtig. Wenn man aber nicht einfach eine Beurteilung abgibt, sondern mehrere »Zwischenbeurteilungen« machen muss, kann es passieren, dass die **letzte** Information besonders wichtig wird und im Gedächtnis haften bleibt (dieser Effekt heißt »**Recency-Effekt**« (Rosemann & Kerres 1995).

Einfluss auffallender Merkmale

Vielfach lassen wir uns bei unseren Urteilen auch von einem besonders auffälligen Merkmal leiten. Hat eine Person unüberhörbare Schwierigkeiten, sich deutlich auszudrücken, so denken wir allzu vorschnell, diese Person sei nicht besonders intelligent. Sie könnte jedoch auch normal begabt, nur der Sprache weniger mächtig sein! Im Umgang mit älteren Personen wird manch einer dazu verleitet, »automatisch« mit lauter Stimme zu sprechen, ohne zu wissen, wie es um das Hörvermögen des Gegenübers steht.

Die Neigung, Urteile den besonders auffälligen Merkmalen anzugleichen, nennt man »**Halo-Effekt**«. Ein einzelnes, auffälliges Merkmal prägt den Gesamteindruck und »überstrahlt« andere Informationen.

Informationen über kulturell prägnante und weniger prägnante Personen (bspw. Italiener, Schweden, Türken) werden unterschiedlich verarbeitet. Kulturell prägnante Prototypen dominieren unsere Wahrnehmung und Eindrucksbildung. Haben wir uns bereits ein Bild über eine Kulturgruppe gemacht, dann ist es eher unwahrscheinlich, dass wir dieses Bild neu überdenken oder gar differenzieren. Bei kulturell prägnanten Prototypen werden bevorzugt jene Informationen aufgenommen und abgespeichert, die mit dem bisherigen Wissen über »Typen« einer bestimmten Art übereinstimmen. Inkonsistente oder unpassende Informationen werden übersehen.

Marginalien:
- Gesetzmäßigkeit in der Wahrnehmung
- »Primacy Effekt«
- »Recency Effekt«
- »Halo-Effekt«

Wenn eine Führungsperson unvoreingenommen sein will, muss sie sich solcher Mechanismen, die auch in ihr wirken, bewusst sein und sich diese vor Augen halten. Als Konsequenz wird sie sich insbesondere im Umgang mit »Prototypen« stärker hinterfragen.

Einfluss von Erwartungen

Kontrast-Effekt

Wahrnehmungsanker

Neben aktuellen Informationen über den zu beurteilenden Sachverhalt spielen aber auch frühere Erfahrungen mit ähnlichen Sachverhalten eine Rolle. Sie können Anker setzen und damit Maßstäbe beeinflussen. So beurteilten Männer, die Filme mit sehr schönen Frauen gesehen hatten, ein Frauenfoto deutlich weniger attraktiv als Männer, die keine solchen Filme gesehen hatten. Die Filmschönheiten wurden zum Maßstab und so ergibt sich ein »Kontrast-Effekt«.

»Kontrast-Effekt«

In ähnlicher Weise kann es passieren, dass nach einem schwierigen Gespräch mit Mitarbeiter A das Gespräch mit Mitarbeiterin B viel erfolgreicher bewertet wird, als es der Fall wäre, wenn das vorausgegangene Gespräch mit Mitarbeiter A ausgezeichnete Ergebnisse brachte. Durch Kenntnis solcher Mechanismen sowie durch gesteigerte Achtsamkeit können Führungskräfte ihre Bewertungen entsprechend korrigieren.

Phänomen der »Sich selbst erfüllenden Prophezeiung«

eigene Erwartungen steuern die Wahrnehmung

Wir suchen, verarbeiten und erinnern ganz besonders Informationen, die zu unseren Erwartungen passen. Sind wir uns erst einmal eines Urteils sicher, so verhalten wir uns auch dementsprechend: So etwas kann jedoch zu einer »sich selbst erfüllenden Prophezeiung« werden: Weil man größeren oder attraktiveren Leuten mehr zutraut, fördert man sie mehr, fragt man sie mehr um Rat, betraut man sie mehr mit schwierigen Aufgaben – mit dem Ergebnis, dass sie dadurch auch genau die Fähigkeiten entwickeln, die man von ihnen erwartet!

Hat man aufgrund der Vorbesprechungen und bisherigen Kontakte einen guten Eindruck von einem Zulieferbetrieb, erwartet man während eines Kundenmeetings auch weniger Probleme. Folglich fragt man auch nicht mehr derart detailliert nach. So treten dann tatsächlich auch weniger problematische Situationen auf.

Dass dieses Phänomen nicht aus der Luft gegriffen ist, zeigt eine Studie in Schulen: Man teilte den Lehrern mit, von bestimmten Schülern sei im nächsten Jahr eine Leistungssteigerung zu erwarten. Das hätten die Ergebnisse eines Tests gezeigt. Tatsächlich waren die Schüler rein zufällig ausgewählt worden. Dennoch zeigten sie im darauffolgenden Jahr in der Tat bessere Leistungen. Durch die Erwartung der Lehrkräfte entstand eine andere Art des Umgangs mit ihnen, sie wurden mehr ermuntert, mehr beachtet und mehr gefördert (Rosenthal & Jacobson 1971, in Rosemann & Kerres 1995).

»Ich habe es genau gesehen!« – Wie wir Fehlendes ergänzen

Zeugenaussagen

Wenn Zeugen einen Unfall beschreiben, kommt es oft vor, dass sie den Hergang recht gut schildern können (»Der rote Wagen kam von links und hat die Vorfahrt des gelben Autos nicht beachtet«). Auf die Frage, wie sie auf den

Unfall aufmerksam geworden sind, antworten sie jedoch manchmal mit: »Na ja, es gab einen lauten Knall, und da habe ich natürlich hingeschaut …«

Viele dieser Zeugen berichten guten Glaubens, was sie »gesehen« haben, sie meinen, sich zu »erinnern«. Tatsächlich können sie sich gar nicht erinnern, sie haben es ja gar nicht gesehen. Sie haben es in Wirklichkeit »rekonstruiert«. Diese »Anpassung« entsteht sowohl in der Wahrnehmung wie auch im Gedächtnis. So tun wir uns oft schwer, Druckfehler zu sehen, weil wir das Wort richtig verstehen und daher die richtige Information »ergänzen« und deshalb das Wort korrekt »sehen«. Nach dem bestimmten Sachverhalt oder Tathergang fragt der Vorgesetzte evtl. gar nicht mehr, da er sich scheinbar »logischerweise« aus dem Bisherigen ergibt.

> Realität wird konstruiert

Attribution – Wo suchen wir Ursachen?

Angenommen Sie haben sich mit Ihrem Mitarbeiter verabredet und dieser erscheint auch nach einer halben Stunde nicht am vereinbarten Ort. Wie erklären Sie sich dieses Ereignis?
- Sie sind sicher, dass etwas wirklich Wichtiges passiert ist und er daher nicht rechtzeitig erscheinen kann.
- »Was für ein unzuverlässiger Mitarbeiter. Könnte er sich nicht ein wenig mehr anstrengen oder mindestens melden, dass er unpünktlich ist?!«

Wann immer wir das Verhalten anderer Leute beobachten, wann immer wir mit anderen Personen zusammentreffen, versuchen wir, Ursachen für ihr Verhalten zu finden. Wir interpretieren rasch, weshalb sich eine Person so und nicht anders verhält.

Ursachen können entweder in der Person liegen oder in den Umständen resp. in der Situation. Menschen haben die Tendenz, die Ursachen eines Verhaltens eher in der Person zu suchen. In der Psychologie spricht man in diesem Zusammenhang vom »**fundamentalen Attributionsfehler**«. Er wird beschrieben als

> fundamentaler Attributionsfehler »der Mensch ist schuld«

> **Definition**
> »die Tendenz, den Einfluss der Situationsfaktoren auf das Verhalten einer Person zu unterschätzen und zugleich den Einfluss von Personenfaktoren zu überschätzen« (Zimbardo 2008, S. 767).

> Definition: fundamentaler Attributionsfehler

Daher unterstellen wir dem Verhalten anderer Personen oft eine Absicht, und es ist uns »klar«, dass es an ihren Fähigkeiten oder ihrem »Charakter« liegen muss.

Ein anderer Denkmechanismus bewirkt, dass Menschen den Verdienst für ihre Erfolge sich selber zuschreiben und gleichzeitig die Verantwortung für Misserfolge anderweitig erklären (»self serving bias«). Dieses Phänomen dient der Erhaltung des Selbstwertes. Menschen neigen in vielen Situationen dazu, Erfolg sich selber und Misserfolge den Umständen zuzuschreiben: »Ich habe den Preis aufgrund meiner Fähigkeiten und guten Leistungen erhalten«; »Ich habe den Kunden verloren, weil er vom Mitbewerber den besseren Preis erhalten hat«.

> »Ich bin gut! Du hast Glück gehabt!«

> **Beispiel**
>
> Das Konzept zur Einführung einer neuen Software wurde von der Geschäftsleitung kritisiert und zurückgegeben. Der Projektleiter ist enttäuscht, dass seine Arbeit überhaupt keinen Anklang fand. Hat er schlecht gearbeitet? Ist er unfähig, ein Konzept zu erarbeiten? In der Regel weiß er, dass dies nicht die Gründe sein können. Vielmehr wäre das Konzept deutlich besser geworden, wenn er die einzelnen Beiträge der Projektmitglieder zu den vereinbarten Terminen erhalten hätte. Zudem könnte das Konzept noch so gut sein, die Geschäftsleitung hätte sich anders entschieden.

Dieser Denkmechanismus konnte vielfach in der Forschung belegt werden: Haben andere Probleme, so sind sie als Person dafür verantwortlich. Sie haben sich zu wenig eingesetzt, verfügen nicht über die erforderlichen Fähigkeiten oder haben die problematische Situation nicht richtig eingeschätzt oder sogar mit Absicht herbeigeführt. Bei der Erklärung von eigenen Schwierigkeiten ist es ganz anders: Hier machen wir Situationsfaktoren für den Misserfolg unserer Leistungen verantwortlich, die nichts mit uns als Person zu tun haben. Die Ursachen liegen in den äußeren Umständen, in der Vorgeschichte oder in der schwierigen Situation selber.

Wie Sympathie wirkt

Der Sympathieaspekt könnte auch eine wichtige Rolle spielen. Wird bspw. eine fehlerhafte Aufgabenerledigung eines Mitarbeiters von einem Vorgesetzten registriert, dann kann dies etwa entweder auf die Person des Mitarbeiters oder die Schwierigkeit der Aufgabe zurückgeführt werden. Im ersteren Falle dürfte sich die Zuschreibung der schlechten Leistung (Attribution) in eher ungünstiger Weise auf die Beurteilung des Mitarbeiters auswirken. Besteht jedoch eine vom Vorgesetzten empfundene Zuneigung für den Mitarbeiter, dann wird die Angelegenheit eher der schwierigen Aufgabe zugeschrieben. Bei Antipathie verhält es sich eher umgekehrt.

Wahrnehmungstendenzen – Schlussfolgerungen

Wir passen unsere Informationsaufnahme und unsere Erinnerung an das an, was wir für sinnvoll halten. Wir suchen sogar nach sinnstiftenden Zusammenhängen. Dabei glauben wir häufig analytisch-sachlich vorzugehen: Erst kommt die systematische Aufnahme der relevanten Informationen, dann – nach nüchternem Abwägen – unser Urteil. Tatsächlich zeigt es sich, dass auch in der Führungspraxis Urteile eher intuitiv gefällt werden. Dies geschieht häufig schnell – zu schnell, aufgrund recht weniger Informationen, oder aufgrund solcher, die irrelevant sind. Unsere Wahrnehmung wird beeinflusst durch die:

- eigenen Erwartungen,
- eigenen Bedürfnisse und Wertungen,
- eigenen Stimmungen,
- Kontrasteffekte: Primacy- und Recencyeffekte.

4.3 · Ausgewählte Psychologische Grundlagen

Daraus entsteht eine Reihe an »Tendenzen«, die unser Urteilen unbewusst aber maßgeblich beeinflussen:

Tendenz zum stimmigen Urteil
Wir neigen dazu, Urteile so zu fällen
- dass sie unseren Erwartungen entsprechen (z. B.: wer früher als schlampig erlebt wurde, wird auch heute leichter als schlampig gesehen)
- dass sie unseren Vermutungen über Zusammenhänge entsprechen (z. B.: wer unordentlich ist, macht auch mehr Fehler)
- dass sie unserer Beziehung zu den Gesprächspartnern entsprechen (z. B.: sympathischere Leute werden meist milder beurteilt)
- dass sie unserer momentanen Stimmung entsprechen (z. B.: wer gut gelaunt ist, sieht mehr Positives)
- dass sie den besonders hervorstehenden Merkmalen entsprechen (z. B.: besonders wichtige Merkmale, erste Eindrücke (= Primacy-Effekt))

Was unsere Urteile verfälscht

Tendenz, diese Einflüsse zu unterschätzen
Häufig merken wir kaum, wie sehr unsere Urteile **Schlussfolgerungen** enthalten,
- von einem Merkmal auf das andere (Er zeigt Biss – er hat Ausdauer).
- von unserer Sympathie/Antipathie auf sachliche Merkmale (Ich mag ihn – er ist begabt und hat einen hohen IQ)
- von einem Verhalten zu einer Ursache (Es ist unordentlich auf seinem Tisch – er ist schlampig.)

Halo-Effekt

Insbesondere bei unangenehmen Verhaltensweisen sind wir oft zu schnell bereit, auf **Absichten** (»die will nicht mit mir kooperieren«) oder auf **Eigenschaften** (»der ist arrogant«) zu schließen.

Sympathie

Tendenz zur Bestätigung des eigenen Urteils
Urteile werden gegen neue Information »abgeschottet«: Wir suchen bevorzugt nach »passenden« Informationen.
Informationen, die nicht passen, werden häufig
- nicht wahrgenommen (wenn sie nicht sehr auffällig sind) oder
- wegerklärt (»das kann doch jedem mal passieren«) und
- weniger gut erinnert.

das, was passt, muss stimmen

Vielfach werden die passenden Informationen auch »erzeugt«, indem wir uns entsprechend verhalten: Fragen ein wenig schärfer stellen (wenn wir das Gefühl haben, da stimmt was nicht) kann Leute verunsichern und ein defensives Verhalten verstärken, das unseren Eindruck bestätigt – umgekehrt fragen wir möglicherweise viel freundlicher und sachlicher, wenn wir überzeugt sind, dass alles in Ordnung ist, und wir geben uns mit den Antworten eher zufrieden. Somit wird in der Regel eine sogenannte »**Overconfidence**«, erzeugt, d. h. die Tendenz, sich des eigenen Urteils allzu sicher zu sein.

Routine hinterfragen und durchchecken

> **Fazit**
> Die Verzerrungsmechanismen in unserem Wahrnehmen und Urteilen sind beachtlich. Dennoch sind wir ihnen nicht schutzlos ausgeliefert. Der erste und wichtigste Schritt zur Intervention liegt in der Kenntnis der einschlägigen Phänomene der systematischen Verzerrung auf der einen, und dem Wissen um die ihnen zugrunde liegenden allgemeinen Prozesse auf der anderen Seite. Die Gegenmaßnahmen bestehen dann im Wesentlichen in einer bewussten Steuerung dieser Prozesse, die im Alltag häufig automatisiert ablaufen. Routine sollte weitestgehend vermieden und das eigene Vorgehen kritisch hinterfragt werden. Dies alles ist auch damit verbunden, das subjektiv übersteigerte Sicherheitsgefühl in Bezug auf die Korrektheit der eigenen Entscheidungsprozesse in Frage zu stellen.

4.3.2 Emotionen

> **Ziele**
> Der folgende Abschnitt soll
> - aufzeigen, dass Emotionen eine zentrale Rolle in der Führungspraxis spielen,
> - ausgewählte psychologische Grundlagen zum Begriff vermitteln,
> - Hinweise geben, worauf es im Umgang mit Emotionen ankommt.

Ursprung von Emotionen

Es gibt kein emotionaleres Lebewesen als den Menschen. Emotionen sind für uns überlebenswichtig. Sie unterstützen unsere kontinuierliche Nahrungsversorgung, schützen vor Krankheiten und Verletzungen oder garantieren die Fähigkeit zum Zusammenleben in Gruppen, was u. a. der Sicherung der Reproduktionsfähigkeit unserer Art dient. Die Basisemotionen (Ekel, Furcht bzw. Angst, Ärger, Trauer, Freude und z. T. auch Überraschung) sind im menschlichen Genom fest verankert (Schuler 2004b, S. 673). Dies darf die Rolle der Umweltfaktoren und der Lernerfahrungen einer Person im Umgang mit Emotionen nicht herunterspielen. Wenn es um Emotionen geht, haben sowohl äußere Bedingungen (unsere Sozialisation) als auch die inneren gedanklichen Prozesse einen enormen Einfluss auf uns (der Ärger über den verschmutzten Schreibtisch fällt dann besonders intensiv aus, wenn man erfährt, dass der Kollege es absichtlich gemacht hat.).

Emotionen in der Führung

Dass Emotionen auch im Bereich der Führung eine wichtige Rolle spielen, liegt auf der Hand. Von Führungspersonen wird beispielsweise verlangt, dass sie über »emotionale Elastizität« verfügen, d. h. einerseits ihre Emotionen im Griff haben, sie aber anderseits auch zum Ausdruck bringen können und in ihr Handeln einfließen lassen. Nur so werden sie für andere greifbar sein, authentisch und überzeugend wirken. Zugleich sollen Führungspersonen adäquat mit den Emotionen ihrer Mitarbeitenden umgehen können

4.3 · Ausgewählte Psychologische Grundlagen

– keine Angst vor emotionalen Ausbrüchen haben, Emotionen ansprechen können und gleichsam, wenn angezeigt, beruhigen und schlichten können (▶ Kap. 16 »Konfliktmanagement«).

Generell betrachtet sind Emotionen zentrale Steuerungskomponenten unseres Erlebens und unseres Verhaltens. Um so verwunderlich mag zunächst erscheinen, wenn man – was häufig in der Arbeitswelt der Fall ist – Sätze hört, wie »da halten wir jetzt unsere Emotionen heraus« oder »Emotionen gehören ins Privatleben, am Arbeitsplatz sind Sachlichkeit und Vernunft gefragt«. In der Absolutheit wären diese Forderungen (vor dem Hintergrund dessen, was man über den Menschen und seine Emotionen weiß) eher ein »Ding der Unmöglichkeit«. Vielmehr ist ein kontrollierter und flexibler Umgang mit Emotionen (eigenen und fremden) gefragt, der zugleich eine wichtige Schlüsselkompetenz in der Arbeitswelt und insbesondere auch im Führungsprozess darstellt.

> **Definition**
>
> Was sind Emotionen? In der psychologischen Forschung hat sich eine Arbeitsdefinition herauskristallisiert, die besagt, dass Emotionen vorübergehende, innere Zustände einer Person sind, und folgende drei Komponenten enthalten (Wegge 2004, in Schuler, 2004b, S. 675):
> 1. Erleben eines Gefühls (Gefühl von Stolz, Anspannung und Unruhe, Erregung oder Lust, Impuls »davon zu laufen« etc.), das unter Umständen kombiniert wird mit emotionsspezifischen Gedanken (Sorgen über Misserfolge etc.).
> 2. physiologische Veränderung (Atmung, Herzschlag etc.)
> 3. spezifische Verhaltensweise (mimischer Ausdruck, Gestik etc.)

Definition: Emotionen

Einige Hauptformen des mimischen Emotionsausdrucks (Ekel, Überraschung) scheinen genetisch verankert zu sein und konnten sogar kulturübergreifend nachgewiesen werden (Meyer et. al. in Schuler 2004b, S. 677). Allerdings ist es keineswegs so, dass unser Emotionsausdruck eins zu eins unseren Gefühlszustand spiegeln würde. Unsere Zeichen oder gesendete Informationen sind auch ein (bewusst einsetzbares) Mittel, das lernbar und steuerbar ist (z. B. Lächeln nach Misserfolg, Humor zur Entspannung in einer belastenden Situation etc.).

Sind Emotionen angeboren oder erlernbar?

Emotionen werden durch vielfältige Faktoren ausgelöst (Geräusche, Geruchsreize, Lärm, subjektive Zufriedenheit mit der eigenen finanziellen Situation, »vor Leuten stehen müssen«, allein sein, Imagination, Konsum von Koffein oder Alkohol etc.) und können mit Motivations- bzw. Lernprozessen zusammenhängen. Sie

- ermöglichen die Auswahl von situationsgerechtem Verhalten, indem sie die menschliche Aufmerksamkeit lenken und die Informationsaufnahme unterstützen (zum Beispiel steuert Angst die Orientierungsschnelligkeit und das Risikoverhalten),
- regulieren die Intensität und Ausdauer bestimmten Verhaltens (Zuneigung fördert Hilfeverhalten, herausfordernde Ziele motivieren und halten die Ausdauer),

- bewirken, dass erfolgreiches Verhalten besser behalten wird. (Der Stolz zum Beispiel auf das eigene Werk führt dazu, dass das, was man dafür gemacht, fest in Erinnerung bleibt.)

Beachtenswert ist der Tatbestand, dass Emotionen durchaus mit Willensprozessen zu beeinflussen sind, was sich insbesondere auch in der Stressforschung bewährt hat (zum Beispiel Autogenes Training zur Regulierung übermäßiger Erregungszustände etc.) (Schuler 2004b, S. 688) (▶ Abschn. 6.1 »Mit den eigenen Ressourcen haushalten«).

Individuelle Unterschiede der Emotionalität

Emotionstypen

In Ihrer Alltagserfahrung werden Sie festgestellt haben, dass Menschen auf ähnlich belastende Situationen unterschiedlich reagieren. Sie haben durch ihre Erfahrungen im Umgang mit Erfolgen und Misserfolgen verschiedene und unterschiedlich emotionale Reaktionen gelernt. So unterscheidet die Stressforschung zwei verschiedene Verhaltenstypen: positiv affektive Typen (Typ-B-Verhalten) und negativ affektive Typen (Typ-A-Verhalten). Letztere zeichnen sich dadurch aus, dass sie eine höhere Bereitschaft haben, ärgerlich zu reagieren, sind ständig in Eile, sprechen in der Regel schneller und lauter etc. (Wegge 2004 in Schuler 2004b, S. 689). Wie die Angstforschung zeigt, unterscheiden sich Menschen auch in ihrer Bereitschaft, ängstlich zu reagieren. Weiterhin konnte nachgewiesen werden, dass Personen aus unterschiedlichen Kulturen unterschiedlich mit Emotionen umgehen. Persönlichkeitsaspekte in Interaktion mit Situationscharakteristika spielen hier offenbar eine Rolle. Emotionalität muss daher auch in der Führungspraxis individuell gehandhabt werden, und es wäre unzulässig, im Bemühen um das emotionale Verständnis anderer einfach »von sich auszugehen«.

Emotionen in organisationaler Umgebung

Wo sind Emotionen von Bedeutung?

Wegge skizziert acht Bereiche und Phänomene in Organisationen, die in hohem Ausmaß emotionsbesetzt sind und für die Führung eine besondere Form von Herausforderung darstellen (Wegge in Schuler 2004b).
- Mobbing, Konflikte,
- antisoziales Verhalten,
- Angst vor Entlassung und Arbeitslosigkeit,
- Gerechtigkeitswahrnehmungen,
- freiwilliges Arbeitsengagement und prosoziales Verhalten,
- Liebe,
- Vertrauen,
- Emotionsarbeit und Burn-out.

Wir betrachten sie alle als wichtige Vertiefungsfelder im Zusammenhang mit Führungskompetenz. Eine gründliche Auseinandersetzung mit den einzelnen Phänomenen würde allerdings den Rahmen dieses Kapitels sprengen. Das Thema »Vertrauen« werden wir in den späteren Ausführungen als ein tragendes, psychologisches Konzept einer konstruktiven Führungskultur vertiefen.

Emotionsmanagement durch Arbeitsgestaltung

Durch die Schaffung von Arbeitsbedingungen, die bei der Ausführung einer Aufgabe positive Emotionen auslösen (Stolz, Interesse, Gefühl der Identifikation und Zugehörigkeit etc.) oder gar gefördert werden, können negative Emotionen (Leistungsangst, Monotonie, Überdruss, Resignation etc.) verringert werden. Insgesamt erhöht sich damit die Bindung an die Organisation (Commitment) wie auch die Qualität der Leistungsbereitschaft und -erbringung.

Wege verweist – gestützt auf bereits vertraute Modelle und Theorien – auf folgende, teilweise bereits bekannte Gestaltungsmerkmale, die aus der Motivationsforschung stammen:

— Das Aufgabenfeld sollte möglichst vielfältige Anforderungen enthalten und doch einen ganzheitlichen Charakter haben.
— Die Aufgaben müssen von der ausführenden Person als sinnvoll und wichtig erlebt werden. Teilweise bedeutet es, den Sinn und die Bedeutung, die auf den ersten Blick nicht offensichtlich sind, zu klären und bewusst zu machen.
— Griffige und nachvollziehbare Rückmeldungen über die eigene Aufgabenerfüllung sind dabei elementar (s. a. Feedback geben).
— Die Aufgaben müssen Handlungs- und Entscheidungsspielraum gewähren (Autonomie), der den eigenen Möglichkeiten entspricht.
— Für das »Flusserleben« (»flow«) wäre zudem eine unterbrechungsfreie Ausführung von Tätigkeiten notwendig, bei der die angestrebten Ziele klar und attraktiv sind.

Wo sind positive Emotionen möglich?

Emotionale Intelligenz

Der bekannt gewordene Ansatz der emotionalen Intelligenz wird hier in knapper Form dargestellt. Es handelt sich dabei um einen Ansatz, der ein Bündel an Fertigkeiten beinhaltet, deren hohe Ausprägung für den Erfolg im sozialen Leben, aber insbesondere auch im Berufsleben entscheidend ist. Nach Wegge wurden ein großer Teil dieser Fertigkeiten früher als ein Teil der sozialen Intelligenz untersucht (Wegge in Schuler 2004b). Der Begriff »emotionale Intelligenz«, bzw. »emotional intelligence« ist in der Öffentlichkeit mit dem Namen Goleman verknüpft.

Um das Konstrukt in aller Kürze vorzustellen, führen wir die fünf Felder der emotionalen Intelligenz nach Goleman (1996) auf:

> **Fünf Felder der emotionalen Intelligenz nach Goleman (1996):**
> 1. **Selbstwahrnehmung**
>   (Fähigkeit, sich über eigene Gefühle, Stimmungen und Antriebe bewusst zu sein sowie eine realistische Einschätzung des eigenen Könnens und ein wohlbegründetes Selbstvertrauen)
> 2. **Selbstbeherrschung** (Kompetenz, mit Emotionen so umgehen zu können, dass die Aufgabenerfüllung erleichtert wird. Dazu gehört auch die Fähigkeit, gewissenhaft zu sein und Gratifikationen aufschie-
> ▼

Vielfältigkeit der emotionalen Intelligenz

ben zu können, um ein Ziel zu verfolgen sowie sich von emotionalen Belastungen gut zu erholen).
3. **Selbstmotivation** (Bestreben, wichtige Ziele zu erreichen, sich zu verbessern sowie angesichts von Rückschlägen und Frustrationen nicht aufzugeben).
4. **Empathie** (Gespür dafür, was andere empfinden und die Fähigkeit, sich in ihre Lage zu versetzen sowie persönlichen Kontakt und enge Abstimmung mit vielen unterschiedlich geprägten Menschen zu pflegen).
5. **Soziale Kompetenz** (Kompetenz, soziale Situationen und Beziehungsgeflechte genau zu erfassen, in Beziehungen reflektiert mit Emotionen umzugehen, um reibungslos mit anderen zu interagieren. Dazu gehören ausgefeilte Kommunikationsfähigkeiten ebenso, wie Fähigkeiten zu überzeugen und zu führen, zu verhandeln und Streitigkeiten zu schlichten).

EQ – ein häufig kritisiertes Konstrukt

Generell wird das Konstrukt in der wissenschaftlichen Gemeinschaft relativ kritisch diskutiert. Als eine »einheitliche Fähigkeit« konnte »emotionale Intelligenz« wissenschaftlich nicht nachgewiesen werden (Wegge in Schuler 2004b, S. 734). Der Verdienst dieses Konzeptes liegt aber sicherlich darin, dass es einzelne Facetten des emotionalen und des sozialen Verhaltens benennt und anschaulich beschreibt. Die Diskussion um den Begriff »Intelligenz« erhielt dadurch eine neue Richtung und ermöglicht es zugleich, weiteren Fähigkeiten auf die Spur zu kommen, die für den beruflichen Erfolg entscheidend sind. Damit wird im ergänzenden Sinne auf Aspekte hingewiesen, die bisher unerwähnt blieben, die aber das bisherige Wissen über Organisationen und über Führung in konstruktiver Weise ergänzen, indem sie den Vorstellungen einer eher rationalen und mechanistischen Führung entgegenwirken.

> **Fazit**
> Emotionen sind aus der Führungspraxis nicht auszuklammern. Die Herausforderung besteht vielmehr darin, klug und besonnen mit Emotionen umgehen zu können – sei es mit den eigenen, sei es mit den der Mitarbeitenden oder der Kollegen. Da Emotionen neben der angeborenen Komponente auch einen Teil haben, der »lernbar« und gestaltbar ist, ist eine bewusste Auseinandersetzung und Verständnis von und mit diesem Thema nützlich und lohnenswert.

4.3.3 Lernen – Lernpsychologische Grundlagen

> **Ziele**
> Folgender Abschnitt wird
> - verschiedene Formen des Lernens darstellen,
> - Einflussmöglichkeiten des Lernens für Führungskräfte aufzeigen.

Menschen kommen mit einer immensen Fülle von inneren Bildern und Entwicklungsmöglichkeiten auf die Welt. Das menschliche Gehirn ist komplex und vollständig vernetzt. Die einzelnen Bilder und die ihnen entsprechenden Nervenbahnen werden durch Erfahrung und in der Begegnung mit der Umwelt verstärkt, während beim Ausbleiben der entsprechenden Erfahrung die angelegten Potenziale nicht zu Kompetenzen reifen können und die entsprechenden Nervenbahnen verkümmern.

Lernen baut auf Vernetzung auf

Wenn in der Alltagssprache von Lernen die Rede ist, so denkt man ziemlich ausschließlich an den Erwerb von Wissen und von Fertigkeiten. In den Verhaltenswissenschaften wird »Lernen« weitergefasst; man versteht darunter jede Veränderung des Erlebens und Verhaltens aufgrund von Erkenntnis- und Erfahrungsgewinn.

Lernen ist Veränderung

In der Psychologie spricht man von »Lernen« immer dann, wenn ein Mensch infolge gemachter Erfahrungen und Aktivitäten sein Verhalten in einer bestimmten Situation mehr als nur vorübergehend ändert (Asanger & Wenninger 2000). Man kann sagen, dass man durch das Lernen »wachsen und reich werden« kann. Unsere Berufswelt im Generellen sowie Führungsaufgaben im Besonderen stellen für uns Lernfelder dar, in denen wir uns entwickeln. Der Erfolg einer Führungsperson hängt zu einem großen Teil davon ab, wie schnell und gut sie lernen kann. Das Lernen für andere zu ermöglichen, gehört zu ihren Aufgaben. Vor dem Hintergrund dieser Herausforderungen stellt sich die Frage »Wie lernen wir?«, und es erweist sich als nützlich, die Grundmechanismen des Lernens zu kennen.

Führen bedeutet Lernen vermitteln

Drei Hauptarten von Lernen

In der Lernpsychologie werden drei Hauptarten von Lernen unterschieden (Asanger & Wenninger 2000):
- Wahrnehmungslernen,
- assoziatives Lernen (»Bedingen«) und
- instrumentelles Lernen (»operantes Bedingen« oder »Lernen durch Feedback«).

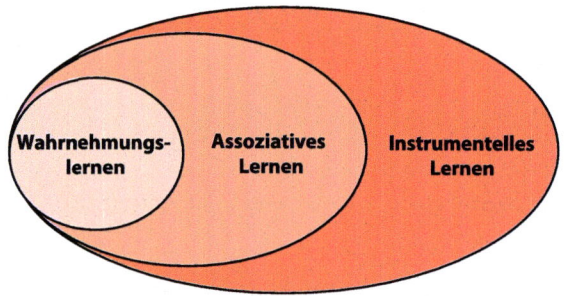

Abb. 4.5. Drei Stufen des Lernens

Im Folgenden werden anhand von Beispielen die Prinzipien dieser drei Lernarten erläutert:

Wahrnehmungslernen

Wiedererkennung

Wahrnehmungslernen ist, wenn bspw. jemand eine bestimmte Person oder eine bestimmte Stimme wiederholt sieht oder hört und sie daraufhin immer rascher wieder erkennt. Dabei steigt der Eindruck der Bekanntheit. In dieser Lernart geht es um die schlichte Wiedererkennung von bestimmten Informationen oder Reizen (Bildern, Tönen, Gerüchen etc.). Dies muss nicht bewusst passieren. Wahrnehmungslernen gilt als die erste Stufe des Lernens und ist zugleich Voraussetzung der beiden folgenden Lernarten.

Assoziatives Lernen

Assoziatives Lernen ist, wenn jemand ein bestimmtes Symbol in Verbindung mit bspw. dem Namen eines Produkts sieht und dann beim Anblick dieses Symbols an dieses Produkt denkt. Oder wenn jemand an einem bestimmten Ort etwas erlebt hat und dann an diesen Ort zurückkehrt und sich des Erlebten erinnert. Oder wenn jemandem bereits beim Anblick einer Zitrone das Wasser im Mund zusammenläuft, weil er entsprechende Erfahrung gemacht hat.

Klassisches Konditionieren

Ein erstes Lernprinzip des assoziativen Lernens geht auf die Forschungen des russischen Nobelpreisträgers Iwan P. Pavlov (1927) zurück und ist bekannt als »klassisches Konditionieren«. Pavlov wies nach, dass ein Hund angeborenerweise auf bestimmte »Reize« (Anblick von Fleisch) mit einer ganz bestimmten Reaktion (Speichelfluss) reagiert. Wenn man nun etwa zeitgleich mit dem angeborenen bedeutsamen Reiz einen neutralen Reiz kombiniert – z. B. einen Glockenton – so wird nach einigen Wiederholungen der Hund auch dann Speichelfluss zeigen, wenn nur der Glockenton ertönen wird. Der vorher neutrale Reiz (Glocke) übernimmt die Wirkung des anderen (Fleisch).

Lernen bedeutet Schlussfolgerungen ziehen

Der Transfer dieser Überlegungen in die Führungspraxis liegt auf der Hand. Die beschriebenen Mechanismen lassen sich auch auf das Erteilen von Anerkennung und Kritik übertragen. Dieses hängt wiederum unmittelbar mit Mitarbeitermotivation und Mitarbeiterentwicklung zusammen. Anerkennung bspw. löst bei den meisten Menschen positive Gefühle aus. Werden bestimmte Tätigkeiten, deren Ausübung vielleicht zunächst unattraktiv erscheint, häufig anerkannt, so zeigt sich, dass sie längerfristig ein »positiveres Image« bekommen, dass sie attraktiver erscheinen und vom Mitarbeitenden mit mehr Freude ausgeführt werden.

Instrumentelles Lernen – »Lernen durch Verstärkung«

Instrumentelles Lernen ist, wenn jemand es schafft, mit einem bestimmten Handgriff eine klemmende Tür zu öffnen und nun bei der nächsten Gelegenheit diesen Handgriff sofort wieder anwendet (ihn im Lauf der Zeit sogar perfektioniert). Oder wenn jemand sich mit Erfolg eine Information bestimmter Art durch Befragen eines Lexikons beschafft und daraufhin bei der nächsten ähnlichen Gelegenheit dieselbe Informationsquelle heranzieht.

Feedback-Prozess

Operantes Konditionieren

Das Lernprinzip des instrumentellen Lernens, das auf den Verhaltensforscher B. F. Skinner (1938) zurück geht (▶ Abschn. »Persönlichkeitstheorien«), hilft uns die Nachhaltigkeit von Anerkennung und Kritik zu verstehen. Werden Verhaltensweisen, die eine Person in einer bestimmten Situation zeigt, belohnt – z. B. wenn ihr pünktliches Erscheinen in Sitzungen anerkennend gewürdigt wird, dann ist die Wahrscheinlichkeit hoch, dass sie dieses Verhalten künftig häufiger zeigt. Wichtig bei diesem Prinzip ist, dass einer positiven, also erwünschten Verhaltensweise in der Regel auch die positive Konsequenz folgt (Belohnung).

Es gibt Führungspersonen, die das erwünschte Verhalten als selbstverständlich voraussetzen und nicht positiv verstärken. Dagegen sind sie eher darauf angelegt und bereit, mit dem Mitarbeitenden ausführlich, eingehend und konstruktiv zu sprechen, wenn dieser einen Fehler gemacht hat. Folglich könnte der Mitarbeitende ein solches Gespräch möglicherweise sogar positiv erleben. So könnte bei ihm der Eindruck aufkommen, dass er zunächst Fehler machen muss, wenn er die Gelegenheit erhalten will, einmal länger mit seinem Vorgesetzten zu sprechen – eine sicherlich unerwünschte Folge des Verhaltens von der Führungsperson. Es wäre vielmehr wichtig, dass positives und erwünschtes Verhalten vom Vorgesetzten ausdrücklich anerkannt wird.

selbstverständliches Lernen

Die Lernforschung unterscheidet verschiedene Formen des Lernens. Um den Lernprozess ihrer Mitarbeitenden optimal zu unterstützen ist es für Führungskräfte ratsam, die Palette der existierenden Lernformen auszuschöpfen:

Lern- und Lehrprozess systematisch gestalten

- Lernen soll mit angenehmen Erlebnissen verbunden werden. Teamsitzungen und Lernprozesse könnten verbunden werden und beispielsweise in einem wohltuenden Rahmen stattfinden – »bei Speis und Trank«. (**Instrumentalisierung**)
- Der Aufbau von Kompetenzen, wie beispielsweise Protokolle gestalten, Analysen machen, Präsentieren vor Gremien etc. sollten schrittweise aufgebaut und verbessert werden. (**Formung durch kontinuierliche Feedbackprozesse**)
- Es sollte – mit Hilfe von Vorbildern – den Mitarbeitenden gezeigt werden, dass bestimmtes Verhalten in einer Situation angebracht ist, in einer an-

deren nicht. So wäre es z. B. angemessen, ankommende Telefonanrufe in informellen Besprechungen entgegenzunehmen, in Mitarbeitergesprächen nicht (**Do/Don't Differenzierung**).
- Für die Mitarbeitenden ist es wichtig zu lernen, situationsadäquat zu handeln. Dies bedeutet für die Führungsperson, beispielsweise darauf zu achten, dass die Sprachwahl und die Begriffsverwendung während der Arbeitssitzungen anders als in den Pausengesprächen sind. (**Do A/Do B Differenzierung**)
- Möglichkeiten sollten zur Verfügung gestellt werden, ein neu gelerntes Verhalten wie beispielsweise Anwendung einer Problemlösungsmethode oder Verhandlungsfertigkeiten anzuwenden und zu trainieren. Dabei ist es wichtig, Fehler zu tolerieren, um ein höheres Leistungsniveau sowie mehr Sicherheit zu erreichen (**Perfektionierung von Verhaltensketten**).
- Variationen des Lösungsverhaltens sollten ermöglicht werden, indem zum Beispiel die methodische Vorgehensweise in Projekten je nach Projektart (Inhalt, Charakter und Ziel) individuell und »maßgeschneidert« angepasst wird und somit eine »sture« Abfolge von Schritten vermieden wird. Reflexion und Kreativität sollten zugelassen und gefördert werden (**Lernen von Verfahrensweisen**).

Lernen und Lehren als Schlüsselkompetenz

Fazit
Neues und rasch wachsendes Wissen verdrängt das alte, somit wird die Halbwertszeit des Wissens immer kürzer. Die Qualität des Lernens soll für die Mitarbeitenden verbessert werden. Dies kristallisiert sich als weitere Herausforderung an die Führungskräfte heraus. Neues Wissen permanent zu generieren, in Produkte und Dienstleistungen umzumünzen und unternehmensweit zu verteilen, ist eine zentrale Herausforderung. Eine Lernatmosphäre zu bilden sowie eine effektive Lernkultur unter den Mitarbeitenden herzustellen, die über Wissen verfügen, und denen, die dieses Wissen benötigen, sind maßgebliche Aufgaben von Führungskräften. Die Kenntnis über den Aufbau von Wissens- und Lernprozessen gibt den Führungskräften die Möglichkeit, ihren Führungsalltag so zu gestalten, dass sie die Entwicklung ihrer Mitarbeitenden systematisch aufbauen und weiter entwickeln. Der Einsatz von zusätzlich neuen Lernmethoden und Arbeitstechniken unterstützt diesen Prozess und garantiert die Entwicklung der gesamten Einheit.

4.3.4 Entwicklung in der Lebensspanne

> **Ziele**
> In diesem Teil werden wir
> - Entwicklungsphasen im Lebensverlauf aufzeigen und ihre Bedeutung für die berufliche Laufbahnplanung darlegen,
> - am Beispiel der Identitätsentwicklung den psychologischen Wandel darstellen, der in uns stattfindet,
> - exemplarisch, anhand des höheren Erwachsenenalters »Aging« demonstrieren, wie wichtig es ist, entwicklungspsychologisches Wissen zu nutzen, um einerseits gegen Vorurteile argumentieren zu können und um andererseits Ressourcen älterer Mitarbeitenden optimal zu nutzen.

Die Veränderungen, die wir im Verlauf unseres Lebens oder in der Phase unseres Berufslebens erfahren, sind meist beträchtlich. Wir sind – wenn wir alte (Kindheits-)Fotografien vergleichen, häufig »kaum wiederzuerkennen«. Der Kollege, den Sie vor zehn Jahren in einem Informatikprojekt als einen etwas zurückhaltenden, schüchternen Mitarbeiter kennengelernt haben, leitet nun mit »eiserner« Hand ein erfolgreiches Unternehmen mit 300 Mitarbeitenden. Es gibt aber auch solche, die zwar »älter und reifer« wurden, sich aber dennoch kaum verändert haben.

Im Verlauf unseres Lebens findet mit uns, in uns und um uns ein wundersames Spiel um Konstanz und Veränderung statt. Die Entwicklung geschieht – wenn auch am dramatischsten in der Kindheit und Jugend – ein Leben lang. Lernfähigkeit und Anpassungsfähigkeit kennzeichnen die gesamte Lebensspanne des Menschen im Sinne von »Life-Span-Development-Approach« (Petzold 1992, S. 538). Für Gould ist die individuelle Entwicklung mit lebenslangem Wachstum gleich zu setzen (Gould 1979, S. 327). In der wissenschaftlichen Literatur wird die Lebensspanne in folgende Abschnitte gegliedert (Oerter & Montada 2008):

- Frühe Kindheit (0–3 Jahre)
- Kindheit (4–11/12 Jahre)
- Jugendalter (12–18/20 Jahre)
- Frühes Erwachsenenalter (20–40 Jahre)
- Das mittlere Erwachsenenalter (40–60 Jahre)
- Das höhere Erwachsenenalter (ab 60 Jahre)

Entwicklung ist ein lebenslanges Spiel um Konstanz und Veränderung

Lebensphasen

Jeder Abschnitt ist durch biologische Entwicklungen geprägt. Es müssen bestimmte »Aufgaben« bewältigt werden, um zur nächsten Stufe zu gelangen und auf der psychologischen Ebene finden bedeutende Veränderungen statt. Dabei entsteht in einem komplexen Prozess unsere Identität (Oerter & Montada 2008). Unser Leben und Erleben unserer Umwelt differenziert sich und passt sich den sozialen Anforderungen an, unsere »psychischen Prozesse« wie Wahrnehmung, Lernen, Wissen, Urteilsbildung, Annahmen und Überzeugungen über Sachverhalte, Intelligenz, Kreativität, Problemlösen etc.

Entwicklungsaufgaben müssen bewältigt werden

wachsen und bilden sich heraus (Petzold 2003, S. 542). Die Art und Weise, wie wir moralische Urteile fällen, verändert sich im Laufe unserer Entwicklung. All dies geschieht in Abhängigkeit vom Kontext, der selbst in Wandlung begriffen ist und uns vor immer neue Aufgaben und Herausforderungen stellt. Letztere sind teilweise kulturspezifisch (Sprache lernen, Bus fahren etc.), teilweise »lebensstufentypisch« (eigenes Geld verdienen und selbständig werden, mit dem Prozess des Älterwerdens fertig werden etc.; Rahm et. al. 1999, S. 181).

Selbstkonzept

Identität und Selbstkonzept entstehen im Prozess

Die Entwicklung unserer Identität bzw. unseres Selbstkonzeptes gehört zu den zentralen »Aufgaben« eines Menschen. Wie gut uns dies gelingt, hat unmittelbare Auswirkungen auf viele Lebensbereiche und tangiert auch den Arbeits- und den Management-Bereich. Nach dem Modell von Petzold entwickelt sich unsere Identität resp. unser Selbstkonzept im Verlauf der Kindheit und des Jugendalters, bleibt aber auch veränderbar (Petzold 2005, S. 528). Identitätsarbeit besteht vereinfacht dargestellt daraus, dass der Mensch

- sich selber in verschiedener Hinsicht erlebt und Erleben bewertet (»Selbstattributionen«, ▶ Abschn. 4.3.1 »Personen-Wahrnehmung und Urteilsbildung«),
- zugleich von anderen Menschen bewertet wird und dadurch »Fremdattributionen« bezüglich des eigenen Handelns und der eigenen Wirkung erhält (▶ Abschn. 7.4 »Feedback, Kritik und Anerkennung«),
- sich mit den Selbst- und Fremdbildern auseinandersetzt, einiges verwirft, anderes annimmt und verändert. Parallel dazu sucht und findet er Sinnstrukturen und verinnerlicht bestimmte Muster und Überzeugungen. Er entwickelt eine eigene Wirklichkeit, in dem er selbst eine Rolle wahrnimmt und lebt und so das eigene Bild über sich und die Umwelt um sich entwickelt (Selbstkonzept),
- durch Meta-Reflexion und durch neue (Lern)Erfahrungen das eigene Selbstkonzept stetig weiter anpasst. Idealerweise entsteht so ein immer facettenreicheres und emanzipiertes Selbst.

Wenn der oben beschriebene Prozess gelingt, entwickelt der Mensch eine starke und flexible Identität und ein adäquates Selbstwertgefühl. Zudem werden dadurch die Basis und der Zugang zur Selbstkenntnis gelegt. Ein klares Selbstkonzept und eine gute Selbsteinschätzung sind zweifelsohne wichtige Voraussetzungen für viele Tätigkeiten und eine wichtige Grundlage zur erfolgreichen Übernahme einer Führungsrolle.

»Aging« – aktuelle demografische Entwicklungen

»old is beautiful«

Das Interesse der Psychologen galt lange Zeit vornehmlich der Entwicklung in der Kindheit und Jugend. Die Zeitspanne des Erwachsenenalters und insbesondere auch die des mittleren und des höheren Erwachsenenalters (ab 40 Jahren) wurden weniger fokussiert. Die höher gewordene Lebenserwartung, die besser gewordene gesundheitliche Verfassung (mental und körperlich) durch optimale medizinische Versorgung der »Alten« und nicht zuletzt die demografischen Verschiebungen in unserer Gesellschaft (Veränderung bzw.

tendenzielle Umkehrung der Alterspyramide), die signifikante wirtschaftliche Implikationen haben, führen dazu, dass hier das Forschungsinteresse steigt. In den öffentlichen (nicht nur wissenschaftlichen) Publikationen wird das Thema »Aging« in zunehmendem Maße aufgegriffen und auch Unternehmen wenden sich der Auseinandersetzung mit älteren Mitarbeitenden intensiv zu. In der Folge werden neue Potenziale und Möglichkeiten aufgedeckt, die »das Alter« mit sich bringt. Zugleich werden – wie in jeder Lebensphase – die spezifischen Grenzen deutlich. Denn selbst ein älterer Mensch, der schnell, kraftvoll und dynamisch ist, wird dadurch nicht wieder jung.

Produktivität im Alter

Alter bedeutet in Augen vieler Personalverantwortlicher und Führungskräfte fehlende Job-Effizienz und wird in einigen Branchen mehr, in anderen weniger fälschlicherweise mit fehlender Kreativität, Flexibilität und Belastbarkeit assoziiert. Vielerorts herrscht die Überzeugung, ältere Arbeitskräfte seien »teuer, krankheitsanfällig und häufig demotiviert«. Solche Vorstellungen sind ziemlich fest verankert, obwohl in vielen Studien nachgewiesen wurde, dass es z. B. keine Unterschiede zwischen der Arbeitsleistung älterer und jüngerer Arbeitnehmer gibt, wenn als Maßstab das erbrachte Arbeitsergebnis zugrunde gelegt wird. Um beispielhaft weiterhin in der Phase des höheren Erwachsenenalters zu bleiben, greifen wir hier den Bereich der »Intelligenz« auf. Die weit verbreitete Annahme, im Alter (spätestens ab 40 Jahre) würde die Intelligenz langsam nachlassen, und ab 60 Jahren massiv abfallen, konnte durch Forscher entkräftet werden, die den Intelligenzbegriff differenziert haben. So fand Horn heraus, dass es zwei Formen der Intelligenz gibt - die »fluide Intelligenz« (Abstrahieren von Relationen, schlussfolgerndes Denken, Begriffsbildung etc.) und die »kristalline Intelligenz« (Sprachgewandtheit, schulische Lerninhalte, Faktenwissen etc.) (Horn 1978; in Oerter & Montana 2008). Die fluide Intelligenz zeigt im höheren Alter einen Abfall, während dies für die kristalline Intelligenz nicht erkennbar ist – im Gegenteil. Je nachdem, wie ein Individuum diesen Bereich pflegt (kristalline Intelligenz ist trainierbar), können die Strategien der kristallinen Intelligenz die Lernfähigkeit, die sonst die fluide Intelligenz leistet, vollständig ersetzen. Dies führt dazu, dass in der Leistungsfähigkeit zwischen einem 30- und einem 60-Jährigen letztendlich keine Unterschiede auftreten. In Bezug auf Abbauphänomene im Alter scheint aber unumstritten, dass jene Leistungen betroffen sind, bei denen die Geschwindigkeitskomponente im Sinne von Reaktionsschnelligkeit bedeutsam ist (Birren et. al. 1980, in Oerter & Montada 2008). Auch im Zusammenhang mit Gedächtnisleistung ist erwiesen, dass weniger die Kapazität nachlässt, als vielmehr die Nutzungsfähigkeit und Bereitschaft, auf vorhandene Strategien zurück zu greifen, was wiederum trainierbar wäre (Oerter & Montada 2008). Folglich müssten in vielen Organisationen, gerade vor dem Hintergrund aktueller demografischer Veränderungen und diesen Erkenntnissen, entsprechende Programme systematisch und professionell auf- und ausgebaut werden.

Vorurteile über das Alter und Intelligenz

Ressourcen der »Alten« nutzen!

> **Fazit**
> Wie an den Ausführungen zu der Entwicklung in der Lebensspanne deutlich wird, bedeutet ein faktenbezogenes und vertieftes Wissen über die einzelnen Entwicklungsphasen für die Führungspraxis eine Grundlage des »richtigen« Handelns und bietet den Führungskräften eine Möglichkeit, die eigenen Vorstellungen zu hinterfragen (▶ Abschn. 4.3.1 »Personenwahrnehmung und Urteilsbildung«). Damit wird die Ausgangsbasis für eine optimale Ressourcennutzung von Mitarbeitenden geschaffen. Zugleich bieten die psychologischen Kenntnisse über die menschliche Entwicklung die Möglichkeit, den eigenen Prozess des Reifens besser zu verstehen und handzuhaben. Sie können auch als ein Teil des Selbstmanagements verstanden werden (vgl. Kapitel »Mit den eigenen Ressourcen haushalten«).

4.3.5 Persönlichkeit

> **Ziele**
> Im Folgenden werden wir
> - erklären, was unter dem in der Führungspraxis häufig verwendetem Begriff »Persönlichkeit« verstanden wird,
> - auf ausgewählte Anwendungsfelder der persönlichkeitspsychologischen Erkenntnisse für die Führungspraxis verweisen.

Führungspersönlichkeit

»Im Laufe der letzten 10 Jahre hat sich Madeleine Hartmann zu einer wahren Führungspersönlichkeit entwickelt.« Der Satz geht mit einer Selbstverständlichkeit über die Lippen und diejenigen, die Madeleine kennen, können in Sekundenschnelle entweder nickend bejahen oder aber sie bleiben kurz prüfend an ihrem inneren Bild hängen, bis sie ihr Urteil gefällt haben. Sogar wenn Sie Madeleine nicht kennen, entsteht vor Ihrem Auge vielleicht ein Bild – eine Phantasie. Entsprechend könnten auch die meisten von Ihnen relativ schnell und klar beurteilen, welche Personen aus Ihrem Umkreis, welche Mitarbeitende und welche Vorgesetzte, denen Sie bis an begegnet sind, eine starke (Führungs-) Persönlichkeit sind und welche eher weniger.

Rolle der Persönlichkeit

Rolle der Persönlichkeit in unterschiedlichen Organisationsbereichen

Die »Persönlichkeit« einer Person spielt bei Selektions- und Einstellungsprozessen eine maßgebende Rolle. In vielen Management Development Programmen wird viel Gewicht auf die Entwicklung der Persönlichkeit gelegt. In der Führungsforschung hat das Konzept »Leadership« in Verbindung mit dem Konstrukt »Charisma« neue Bedeutung gewonnen (vgl. Avolio & Bass 1988; Bass 1990; Bennis & Nanus 1985). Letzteres wird in der Wissenschaft unter dem Begriff »Transformationale Führung« behandelt (Felfe 2006). Im Rahmen von Assessment-Centern sucht man durch Verhaltensbeobachtung bestimmte Persönlichkeitsmerkmale zu bewerten. In Development-Centern

4.3 · Ausgewählte Psychologische Grundlagen

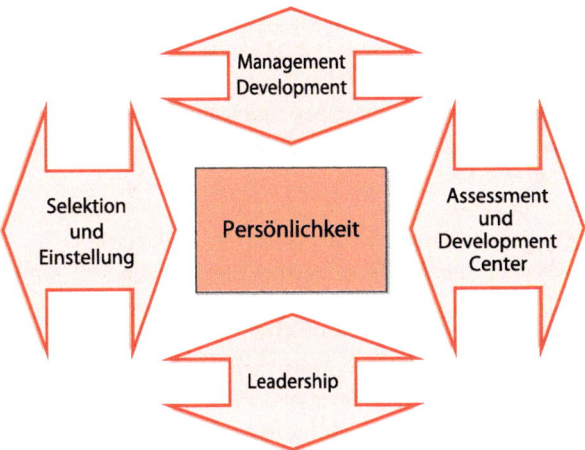

Abb. 4.6. Praxisrelevanz des Begriffs »Persönlichkeit«.

wird nach individuellen und maßgeschneiderten Entwicklungsmaßnahmen gesucht, die »persönlichkeitsspezifisch« sind. Dies sind nur einige Beispiele dafür, wie zentral und allgegenwärtig das Konzept der Persönlichkeit in der Arbeits- und Führungspraxis ist (Abb. 4.6).

Beschreibung von Persönlichkeit

Vor dem Hintergrund der zunehmenden Individualisierung in unserer Gesellschaft steigt stetig das Interesse, dem Geheimnis hinter dem Charakter oder dem Wesen eines Menschen auf die Spur zu kommen. Die psychologische Forschung der letzten Jahrzehnte generierte viele nützliche Theorien und Erkenntnisse zu diesem Thema. Eine gemeinsame Definition dessen, was eine Persönlichkeit ist, ist dabei jedoch nicht entstanden. Vielmehr gibt es eine Fülle an Modellen und Theorien, die teils ergänzend, teils unterschiedlich und wenig »kompatibel« sind. Jedenfalls erlaubt uns deren Kenntnis besser zu verstehen, warum gewisse Persönlichkeits-Messinstrumente wie beispielsweise der Myers Briggs Typen Indikator (MBTI) sowohl zur Individualentwicklung einzelner Mitarbeitender eingesetzt, aber auch für Teamentwicklungsprozesse genutzt werden kann. Zusätzlich kann ein solches Instrument als Feedback für die Führung und für die Zusammenarbeit verwendet werden (Petzold 2003, S. 528 ff.). Die Kenntnis von persönlichkeitspsychologischen Grundlagen und Prozessen ermöglicht ein adäquates und professionelles Handeln im Führungsprozess.

Daher sollen hier einige wichtige Persönlichkeitstheorien im Sinne einer Übersicht und als »Hintergrundwissen« nebeneinander dargestellt werden. Auf die detaillierte wissenschaftliche Kritik, die bzgl. jeder der Theorien geübt wird, werden wir hier nur kurz eingehen. Dafür fokussieren wir – auch wenn nur punktuell – die Anwendbarkeit und die Relevanz für die organisationale Praxis. Dies dient einerseits der Veranschaulichung der Zusammenhänge zwischen den psychologischen Grundlagen und der Führungsrealität, andererseits dazu, um einige ausgewählte psychologische Instrumente, die in vielen Unternehmen Anwendung finden und sich dabei großer Beliebtheit erfreuen, vorzustellen: Das »DISG-Persönlichkeitsmodell«, die »Big Five« und das »MBTI«.

Was ist »Persönlichkeit«?

Persönlichkeitstheorien

In diesem Beitrag werden die in der Führungspraxis oft auftretenden Persönlichkeitsansätze und -modelle kurz erläutert. Sie sind nicht abschließend zu betrachten. Die Psychologie bietet weitere Ansätze und Modelle, die die Persönlichkeit beschreiben und analysieren. Hier wird auf ausgewählte Ansätze eingegangen, die sich aus Gründen der Einfachheit und Popularität durchgesetzt haben:
- Typologien und Eigenschaftstheorien der Persönlichkeit,
- psychodynamische Theorien der Persönlichkeit,
- Persönlichkeit in behavioristischen Ansätzen.

Persönlichkeit in typologischen Ansätzen

Persönlichkeitstypen

Ähnlich wie Hippokrates gibt es Theoretiker, die Menschen nach Persönlichkeitstypen gruppieren. Typen sind voneinander abgegrenzte Muster von Persönlichkeitsmerkmalen. Als Individuum wird man in diesen Modellen einer Hauptkategorie und einem Verhaltensmuster zugeordnet.

In der Arbeitspraxis ist das Verfahren »DISG Persönlichkeits-Profil« verbreitet. Dessen geistiger »Urvater« ist John Geier. Das Verfahren wird bis heute weitererforscht und im Sinne der Ausdifferenzierung und Präzisierung weiterentwickelt. Daneben haben auch andere Autoren dieses Modell bearbeitet, so dass in der heutigen Praxis verschiedene Varianten des Modells im Gebrauch sind. In der Darstellung entstehen entlang der Dimensionen »Wahrnehmung des Umfeldes« und »Reaktion auf das Umfeld« 4 Quadranten. Diese stellen vier Persönlichkeitstypen dar: Dominant (direktiv), Initiativ (interaktiv), Gewissenhaft (korrigierend) und Stetig (unterstützend). Zur Veranschaulichung siehe ◘ Tab. 4.1. Früher wurden die Persönlichkeitstypen auch farblich unterschieden und in einigen Modell-Varianten ist es immer noch der Fall. In dem hier ausgeführten Verfahren wird die Farbunterscheidung nicht mehr gemacht, doch in der Management-Praxis sind die Farbbezeichnungen immer noch sehr verbreitet.

DISG: rot, blau oder gelb?

◘ **Tab. 4.1.** DISG-Persönlichkeitsprofil. (© persolog GmbH 2007; www.persolog.com)

		Wahrnehmung des Umfelds	
		Anstrengend/stressig	Angenehm/nicht stressig
Reaktion auf das Umfeld	Bestimmt	**Dominanz** Will unabhängig sein Will sich behaupten Will sich mit anderen messen Will zeigen, was er kann Will sich durchsetzen Will erfolgreich sein Will nicht bezwungen werden	**Initiative** Will akzeptiert werden Will Spaß haben Will Gefühle anderer verstehen Will mit Menschen umgehen Will in Bewegung bleiben Will nicht benachteiligt werden
	Zurückhaltend	**Gewissenhaftigkeit** Will Dinge richtig machen Will andere fair behandeln Will die Welt verbessern Will Fehler ausmerzen Will die eigene Ansicht rechtfertigen Will sich von bedrohlichen Dingen fernhalten	**Stetigkeit** Braucht Sicherheit Will die Möglichkeit, wahre Gefühle auszudrücken Lehnt ab, was seinen Vorstellungen widerspricht. Will wichtig genommen werden Will seine Forderungen anderen gegenüber rechtfertigen

Die Typologien sind in der Forschung belegt und bestechen zweifelsohne durch ihre Einfachheit und Klarheit. Diesen Aspekten verdanken sie auch ihren Erfolg. Zugleich laufen sie aber Gefahr, dass im Dienste der Vereinfachung der Einzelne darin in unzulässiger Art und Weise z. B. »auf eine Farbe« reduziert und »in einen Topf mit vielen anderen« geworfen wird. In der Folge wird der Komplexität eines Individuums nicht genügend Rechnung getragen.

Persönlichkeit in eigenschaftstheoretischen Ansätzen

Im Gegensatz zu den Typologieforschern, die Menschen bestimmten Kategorien zuordnen (z. B. »extrovertiert und stabil«), gehen Psychologen, die Menschen anhand von Eigenschaften beschreiben, von der Existenz bestimmter Dimensionen aus, aufgrund derer ein jeder individuell zu positionieren ist. Dementsprechend sind hier auch Unterschiede feststellbar. Zudem bauen die Eigenschaftstheoretiker auf der Annahme auf, dass Eigenschaften (auch Dispositionen oder »Traits«) relativ dauerhaft und situationsunabhängig (stabil) sind. So ist z. B. die Neigung, ängstlich zu reagieren eine »Eigenschaft«, die bei der Person A stärker ausgeprägt ist als bei der Person B und die sich in verschiedenen Situationen – sowohl im Beruflichen, als auch im Privaten – zeigt.

Erfassung der menschlichen Eigenschaften

Der eigenschaftstheoretische Ansatz hat in der Psychologie viele Vertreter. Er brachte daher eine Vielzahl an Modellen und Definitionen von Eigenschaften hervor. In den moderneren Ansätzen haben sich Forscher darum bemüht, eine umfassende Beschreibung und Klassifikation der Persönlichkeitseigenschaften zu entwickeln. In den letzten zwanzig Jahren haben sich in zahlreichen Untersuchungen fünf Faktoren herauskristallisiert, die als zentrale Dimensionen zur Beschreibung der Persönlichkeit gelten – die »Big Five«:

»Big Five«

Wie ◘ Tab. 4.2 zeigt, handelt sich dabei um Eigenschaftsdimensionen mit zwei Polen, entlang derer Menschen mit Hilfe von Testverfahren positioniert werden.

Testverfahren wie die »Big Five«, die auf Eigenschaften fokussieren, werden häufig in Assessment-Centern mit Verhaltensproben kombiniert und liefern wertvolle Informationen über innere Strukturen von Personen. Ihre Ergebnisse sollen Hinweise auf zukünftiges Verhalten der Testperson geben. Dabei ist jedoch zu beachten, dass die Grundannahme der Eigenschaftstheoretiker, Menschen würden sich gemäß ihrer Eigenschaft, in allen Situationen gleich verhalten, nicht in dem Ausmaß zutrifft, wie es häufig angenommen

Assessment-Center

◘ **Tab. 4.2.** »Big Five«: fünf Faktoren der Persönlichkeit

Extraversion	
hoch (extrovertiert)	(introvertiert) niedrig
Verträglichkeit	
hoch (anpassend)	(fordernd) niedrig
Gewissenhaft	
hoch (fokussiert)	(spontan) niedrig
emotionale Stabilität	
hoch (unerschütterlich)	(sensibel) niedrig
Offenheit	
hoch (innovativ)	(konservativ) niedrig

wird. Situative Faktoren sowie die Interaktion zwischen der Person und der Situation, in dem sie handelt, spielen in der Realität eine bedeutende Rolle. Daher sind solche Eigenschaftsverfahren zwar im ergänzenden Sinne wertvolle Hilfen, in ihrer Absolutheit jedoch gefährlich.

Psychodynamische Persönlichkeitstheorien

Sigmund Freud

Ein weiterer Zugang zum Thema Persönlichkeit berücksichtigt stark den dynamischen Charakter des menschlichen Wesens. Dieser Ansatz brachte berühmte Vertreter hervor wie Sigmund Freud, dem Gründer der Psychoanalyse und seine Schüler, die den Ansatz weiterentwickelt und verändert haben: Alfred Adler und Carl Gustav Jung.

Carl Gustav Jung

Mensch als organisches System

Obwohl sie in ihren Theorien unterschiedlich sind, gehen die Vertreter der dynamischen Persönlichkeitstheorien von Kräften und Instanzen im Menschen aus, die in stetiger Entwicklung und Interaktion begriffen sind. Die Forscher verweisen auf innere Motive und interagierende dynamische Energiesysteme in uns, die unser Verhalten beeinflussen. Die von ihnen entwickelten theoretischen Konstrukte sind komplex und werden in dieser Hinsicht der Vielschichtigkeit des menschlichen Seins gerecht. Die meisten von ihnen berücksichtigen die Interaktion des Individuums mit seiner Umwelt in dem Kontinuum der Zeit. Die dynamischen Theorien finden ihre Anwendung teilweise in der klinischen Praxis, sind aber auch in der Arbeit mit Gesunden stark verbreitet. Es ist ihnen gelungen, einen Rahmen abzustecken, in dem Persönlichkeitsentwicklung und Lebensbewältigung bewusst und systematisch bearbeitet werden können.

Freuds Theorie

Bekannt und verbreitet ist insbesondere die Theorie von Sigmund Freud. Für Freud ist jegliches Verhalten motiviert. Unsere Handlungen entspringen dem, was wir wirklich wollen – selbst wenn sie uns überraschen. Vorherrschend unter unseren Wünschen sind sexuelle und aggressive Wünsche. Dahinter vermutete Freud den Selbsterhaltungstrieb und den Sexualtrieb (Zimbardo 1992). Persönlichkeitsunterschiede erklärte Freud durch den unterschiedlichen Umgang der Menschen mit ihren Trieben. Er zeichnete das Bild einer ständigen Auseinandersetzung zwischen Teilen der Persönlichkeit – dem Es, dem Über-Ich und dem Ich. Diese Theorie legte den Grundstein der dynamischen Theorien und wurde dann von anderen (Adler, Jung) verändert und weiterentwickelt. Der Theorie von Freud wird kritisch entgegen gebracht, sie würde mit unscharfen Begriffen und Vorstellungen arbeiten und sich der wissenschaftlichen Überprüfung entziehen. Mit der Aussage »es sei eine gute Geschichte, aber eine schlechte Wissenschaft« verweist die wissenschaftliche Gemeinschaft auf die Unzuverlässigkeit ihrer Vorhersagen und auf den einseitigen, retrospektiven Zugang (Zimbardo 1992). Trotz der erhobenen Einwände hat Freud einen prägenden Einfluss auf unsere Vorstellungen über Persönlichkeit gehabt und es gibt neben den kritischen Stimmen auch verschiedene Bewertungen, die insbesondere die Vorstellungen Freuds über die Entwicklung der Persönlichkeit bestätigt haben.

grundlegend psychische Prozessdimensionen nach Jung

Jung kam zur Schlussfolgerung, dass sich die Unterschiede im Verhalten aus der unterschiedlichen Ausprägung und Interaktion innerer Prozesse und Energiesysteme ergibt. Er definierte zwei grundlegende psychische Prozess-Dimen-

4.3 · Ausgewählte Psychologische Grundlagen

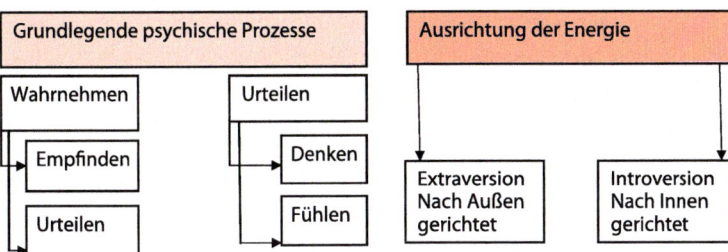

Abb. 4.7. Bestandteile des Persönlichkeitsbildes nach Jung. (Modified and reproduced by special permission of the Publisher, CPP, Inc., Mountain View, CA 94043 from the Einführung in Typen™ booklet by Isabel Briggs Myers. Copyright 2001 by CPP, Inc. All rights reserved. Further reproduction is prohibited without the Publisher‹s written consent.)

sionen: »Wahrnehmen und Urteilen«, sowie die Dimension der »Energieausrichtung« im Menschen, die das Zusammenspiel der Kräfte beeinflusst.

Um Jungs dynamische Theorie praktisch umzusetzen und instrumental nutzen zu können, entwickelten Myers und Briggs ein Instrument – das MBTI (Myers Briggs Typen Indikator; ◘ Abb. 4.7). Es liefert Auskunft darüber, wie die individuellen inneren Präferenzmuster beschaffen sind. Die Autoren ergänzten das System von Jung um eine weitere Dimension »Umgang mit der Außenwelt« und kamen schließlich auf sechzehn Persönlichkeitstypen, die das Funktions- und Energie-System eines jeden abbilden. Je nachdem, welcher Typus man ist, hat man die Neigung in bestimmter Art und Weise seine Umwelt wahrzunehmen, mit Informationen umzugehen, Entscheide zu fällen und zu kommunizieren. Das Verfahren kann sowohl zur Bewusstmachung der Präferenzen und »Strickmuster« Einzelner angewendet werden (Selbsterkenntnis), als auch als Grundlage zur individuellen Entwicklung genutzt werden. Zudem wird es erfolgreich in der Teamentwicklung eingesetzt, mit der Zielsetzung, die Zusammenarbeit und Kommunikation von Arbeitsgruppen optimal zu gestalten und ihre Problemlösungs- sowie Entscheidungsfähigkeit zu fördern.

MBTI nach Briggs Meyers

Persönlichkeit in behavioristischen Ansätzen

Der springende Punkt bei strengen behavioristischen Ansätzen ist, dass hier das »Innere einer Persönlichkeit« kaum interessiert. Verhalten und Persönlichkeit werden demnach durch die äußere Umwelt geformt und beeinflusst. Die Persönlichkeit wird als die Summe offener und verdeckter Reaktionen gesehen, die durch Verstärkung, d. h. durch Belohnung oder durch Sanktion ausgelöst werden. Die Behavioristen befassen sich also nicht mit inneren Mustern einer Person, sondern vielmehr mit den Aspekten der Situation, in der eine Person handelt, d. h. mit dem »Input« und mit dem »Output« (◘ Abb. 4.8).

Dabei suchen sie nach Wegen und Möglichkeiten, wie das menschliche Verhalten beeinflusst werden kann (▶ Abschn. 4.3.3 »Lernen«). Den strengen Vertretern des Behaviorismus, wie bspw. Skinner, wird vorgeworfen, dass sie sie den lebenden Menschen mit Reiz-Variablen verwechseln und so den Kontakt zu ihm verlieren (Zimbardo 1992). Der Mensch als »Sklave«

Mensch als »Black Box«

Abb. 4.8. Black Box

von Reizen, ohne einen freien Willen wird jedem Lesenden eher unrealistisch erscheinen. Wir kennen unzählige Beispiele, in denen die Konzentration auf Verhaltenssteuerung durch Belohnung oder Bestrafung fehl schlägt. Wir wissen um die Unsicherheit, jemanden nur anhand seines Verhaltens beurteilen zu wollen.

Anreizsysteme und MbO

Nichtsdestotrotz haben sich die Erkenntnisse und Methoden der verhaltensorientierten Theorien, an vielen Orten in der organisationalen Umgebung als fruchtbar erwiesen. Die Anreizsysteme (Lohnsysteme, Bonussysteme etc.) in Unternehmen sind so geschaffen, dass das erwünschte Verhalten der Mitarbeitenden »verstärkt« wird und das unerwünschte »sanktioniert« wird. Die Sanktionsregeln sind zudem in Arbeitsverträgen festgehalten. In dem weitverbreiteten MbO-Ansatz (▶ Abschn. 13.2 »Führen mit Zielvereinbarungen«) wird das Zielverhalten ausgehandelt, postuliert und im Sinne von Kontrolle gemessen. Wenn es um professionelle Anerkennung und Kritik in Form von Feedback geht, wird die Verhaltensebene stark fokussiert (▶ Abschn. 7.4 »Feedback, Kritik und Anerkennung«)

> **Persönlichkeitstheorien**
> Die hier erwähnten psychologischen Ansätze und Theorien sind ursprünglich formuliert worden, um zu erklären, wie der Mensch beschaffen ist und wie bzw. warum sich Menschen unterscheiden. Sie fokussieren und vertiefen unterschiedliche Aspekte und wählen unterschiedliche Zugänge zum Thema. Es gibt unter ihnen keine absolut »richtigen« oder »falschen«, vielmehr spiegeln sie die Komplexität des menschlichen Seins wieder und liefern zudem gedankliche Hinweise für eine professionelle Führungsarbeit. Auf ihnen basieren einige handfeste Methoden und Instrumente, die im Rahmen von Organisationen eingesetzt werden.

4.3.6 Verantwortung und Vertrauen

> **Ziele**
> In folgendem Abschnitt werden wir
> — psychologische Hintergründe von Vertrauen und Verantwortung aufzeigen,
> — Wechselwirkung der zwei Themen darstellen,
> — Hinweise geben, wie man in der Führung Vertrauen und Verantwortungsübernahme fördern kann.

Die Führungskonzepte »Verantwortung und Vertrauen« sind in aller Munde, schmücken die Bücherregale von Fachbuchhandlungen, füllen Seiten von Management-Zeitschriften und beschäftigen nicht nur Personalverantwortliche in Unternehmen. Sie spielen in der Führung von Organisationen eine wichtige Rolle und hängen maßgeblich mit den Werten der Organisationskultur zu-

4.3 · Ausgewählte Psychologische Grundlagen

sammen. Obwohl wir es hier zunächst mit zwei unterschiedlichen Konzepten zu tun haben, hängen diese stark voneinander ab. Dennoch greifen wir hier aus Strukturierungsgründen zunächst den Aspekt der Verantwortung auf und gehen dann zum anderen Teil des »Tandems« – dem Vertrauen weiter.

Verantwortung und Vertrauen als Erfolgsrezept für Führung

Verantwortung

In unzähligen Stellenanzeigen – insbesondere wenn es um Führungspositionen geht – werden »selbstverantwortliches Handeln« oder »eine verantwortungsvolle Persönlichkeit mit unternehmerischem Flair« im Kompetenz- resp. Anforderungsprofil explizit genannt. Zudem ist die Zuschreibung »kann Verantwortung übernehmen« ein Vorhersagekriterium erfolgreichen Führens und wird in vielen Auswahlverfahren fokussiert.

Die Fähigkeit zur Verantwortungsübernahme hat mit gutem Selbstvertrauen zu tun und mit der inneren Überzeugung, der Sache durch eigene Taten zum Erfolg zu verhelfen (hohe Selbstwirksamkeitsüberzeugung: »Ich bin überzeugt, dass ich die nötigen Fähigkeiten besitze, um eine Handlung erfolgreich auszuführen«). Ob man Verantwortung übernehmen kann, hängt zudem von der subjektiv empfundenen und der objektiv gegebenen Autonomie (Freiheit, sich in einem bestimmten Handlungsspielraum zu bewegen) ab. Eine realistische Selbsteinschätzung (► Abschn. 4.3.4 »Selbstkonzept«) und die Bereitschaft, bestimmte Risiken einzugehen, spielen hierbei eine Rolle.

Dreieck Verantwortung – Selbstvertrauen – Autonomie

Im Folgenden gehen wir auf das bereits erwähnte psychologische Konzept der Selbstwirksamkeit und auf das Thema Autonomie näher ein.

Selbstwirksamkeit und »locus of control«

Das Konzept von Rotter zeigt auf, dass Menschen sich bezüglich ihrer Überzeugung unterscheiden, ob für sie das Erreichen von Zielen durch das eigene Handeln erfolgt oder von äußeren Faktoren abhängt (Rotter 1966, in Amelang & Bartussek 1985, S. 388; ◘ Abb. 4.9). Wenn Sie Ihren Bekanntenkreis betrachten, finden sie darunter Personen, die der Überzeugung sind, »die Dinge fest im Griff zu haben« oder »alles selber zu machen«. Mit Rotter gesprochen, verfügen diese über eine starke internale Kontrollüberzeugung (»internal locus of control«). Andere tendieren dazu, die Ergebnisse meist dem Zufall oder der Unterstützung durch Kollegen zuzuschreiben. Solche Personen leben mit einer externen Kontrollüberzeugung (»external locus of control«) (► Abschn. 4.3.1 »Soziale Wahrnehmung und Urteilsbildung«).

LoC: »ich mach's« vs. »das Schicksal wird es schon richten«

Folglich kann davon ausgegangen werden, dass es Personen mit einer internen Kontrollüberzeugung leichter fällt, Verantwortung zu übernehmen

Internale Kontrollüberzeugung Selbstwirksamkeit hoch	Externale Kontrollüberzeugung Selbstwirksamkeit niedrig
„Ich habe die Dinge im Griff, das Meiste ist für mich machbar und umsetzbar."	„Die Welt und mein Handeln werden von Außen gesteuert, ich kann nur marginal etwas bewirken."

◘ **Abb. 4.9.** Pole der Selbstwirksamkeit oder »locus of control«. (Nach Rotter 1966)

als den anderen. Die internale Kontrollüberzeugung wirkt sich positiv auf das Leistungsverhalten und die Arbeitszufriedenheit aus. Für die Führungspraxis ist es interessant zu wissen, dass der »locus of control« zwar kulturelle und persönlichkeitsspezifische Wurzeln hat, jedoch mit der Lerngeschichte beziehungsweise der Erfolgsgeschichte einer Person zusammen hängt (▶ Abschn. 4.3.3 »Lernen«) und daher entwicklungsfähig ist. So bilden diese Erkenntnisse für den Führungsprozess eine wichtige Grundlage. Menschen erleben gerne Erfolge in ihrer Arbeit, vor allem, wenn sie sie den eigenen Fähigkeiten und Fertigkeiten zuschreiben können. Ein entsprechendes und glaubwürdiges Feedback seitens der Führung ist dabei eine unabdingbare Voraussetzung. Dieser Prozess ist selbstwertaufbauend und leistungsfördernd (▶ Abschn. 7.4 »Feedback, Kritik und Anerkennung«).

> **Erfolge und Feedback sind wichtig**

Autonomie

Verantwortliches Handeln im Rahmen einer Tätigkeit, z. B. im Rahmen eines Projektes, setzt Autonomie voraus. Wir bewegen uns oft in Situationen, in denen Abhängigkeiten und Zwänge bestehen, die unsere »Bewegungsfreiheit« eingrenzen bzw. unsere »Bewegungsrichtung« lenken. Es gibt Tätigkeiten, die unterschiedliche Autonomiegrade zulassen. Feuerwehreinsätze oder Fließbandarbeit bieten den Ausführenden einen eher geringen Handlungsspielraum (Autonomie klein). Andere Tätigkeiten, bspw. Filmregie, lassen deutlich mehr Möglichkeiten zu (Autonomie groß).

Das menschliche Bedürfnis nach Autonomie ist nicht bei jedem Menschen gleich. Einige von uns brauchen sehr viel »Bewegungs- und Wahlfreiheit«, andere weniger. Zudem wandelt sich das Autonomiebedürfnis je nach Entwicklungsstadium (Altersstufe) einer Person. Dem ist – insbesondere auch in der Führung – Rechnung zu tragen (▶ Abschn. 13.2 »Führen mit Zielvereinbarungen – MbO«).

> **Autonomiebedürfnis ist individuell verschieden**

Vertrauen

Folgende Statements sind klassisch für das Konzept des Vertrauens: »Wer in sich und in andere vertraut, vermag leichter Verantwortung zu übernehmen und zu tragen.« »Um Verantwortung zu delegieren braucht es entsprechendes Können und zudem – Vertrauen.« Vertrauen ist in der Führung zu einer Schlüsselkompetenz geworden. Im Zuge der schnellen Veränderungen, steigender Komplexität und dem damit einhergehenden, schwindenden Sicherheitsgefühl in vielen Organisationen, wird der Ruf nach vertrauenserweckendem, glaubwürdigem Management immer lauter (Udris 2002). Sprenger beschreibt in seinem Werk »Vertrauen führt« den Nutzen von Vertrauen in Organisationen mit folgenden Argumenten (Sprenger 2002, S. 15 ff.):

- Vertrauen ermöglicht flexible Organisationen
- Vertrauen unterstützt Reorganisationen
- Vertrauen bindet Kunden
- Vertrauen macht Unternehmen schnell
- Vertrauen fördert Wissenstransfer in Unternehmen
- Vertrauen eröffnet Raum für Kreativität und Innovation
- Vertrauen spart Kosten

> **Vertrauen siegt**

- Vertrauen bindet Mitarbeitende und erhöht die innere (intrinsische) Motivation
- Vertrauen macht Führung erfolgreich

Vertrauen ist für vielfältige Prozesse in Organisationen von Bedeutung. Positive Effekte konnten in Bezug auf die Zusammenarbeit von Arbeitsgruppen, auf die Bewältigung von Entlassungen und dem Aufbau neuer Beziehungen innerhalb und zwischen Organisationen nachgewiesen werden (Büssing & Brome 1999, in Schuler 2004b, S. 728; McKnight, Cummings & Chervany 1998).

Bevor wir der Frage nachgehen, wie Vertrauen hergestellt und erhalten werden kann, ist es sinnvoll, sich kurz mit dem Verständnis des an sich »selbstverständlichen« Begriffs auseinanderzusetzen.

Psychologisch betrachtet hat Vertrauen mit »Urvertrauen« zu tun. Dabei handelt es sich um eine Grunderfahrung, die bereits in der frühen Kindheit gelernt und entwickelt wird. Vertrauensbereitschaft ist demnach etwas, was »tief« in uns sitzt, das aber durch Erlebnisse und Erfahrungen in beide Richtungen veränderbar ist (Spiess 2004, in Schuler 2004b, S. 728).

Urvertrauen

Vertrauen als Kompetenz

Es ist sinnvoll, Vertrauen aus einer weiteren Perspektive zu betrachten. Sprenger postuliert Vertrauen als eine Kompetenz: »Dieses Vertrauen weiß um die Gefahren der Welt und die Unzuverlässigkeit der Menschen. Es ist sich bewusst, dass Menschen sich nur all zu oft vereinbarungswidrig und verantwortungslos verhalten. Es kalkuliert das Risiko ein. »…« Und genau in dem Maße, in dem Vertrauen ein Risiko ist, wird es zur persönlichen Leistung. Es muss die Unmöglichkeit kompensieren, alles im Griff zu haben, die Umwelt kontrollieren zu können. Es muss die Angst besiegen. Es muss unsere Defizite an Wissen auffangen, den Mangel an Vertrautheit.« (Sprenger 2002, S. 58)

Vertrauen als persönliche Leistung

Folglich bewegt sich Vertrauen auf einer Dimension zwischen zwei Polen: dem vollem Vertrauen und dem vollen Misstrauen. Eine Entweder-Oder-Haltung ist hier jedoch nach Sprenger nicht angebracht. Vielmehr stellt sich die Frage,

> »wie hoch das Maß an Vertrauen ist, das gelebt werden kann oder muss. Hierbei besteht das erstrebenswerte Ideal nur darin, ein angemessenes Verhältnis zu finden. Vor diesem Hintergrund ist auch der Begriff der Kontrolle anders zu sehen. Kontrolle wird immer wieder als Ausdruck von Misstrauen gedeutet, welches das Vertrauen untergräbt. Doch sie müsste auch als vertrauenssichernde Maßnahme betrachtet und so auch gestaltet werden. »Modernes Vertrauen« wäre also die Entscheidung für ein Mischungsverhältnis zwischen Vertrauen und Misstrauen, zwischen Kontrolle und Kontrollverzicht (Sprenger 2002, S. 77; Abb. 4.10).«

Vertrauen und Kontrolle

Vertrauen praktizieren

Wie man Vertrauen herstellt und wie man es erhält, ist für Führungskräfte besonders interessant. Die Forschung zum Thema zeigt auf, dass positive Emotionserlebnisse im Umgang mit Vertrauen insbesondere die Aufrechterhaltung von Vertrauen fördern. Am Anfang neuer Beziehungen lässt sich oft

Vertrauensvorschuss

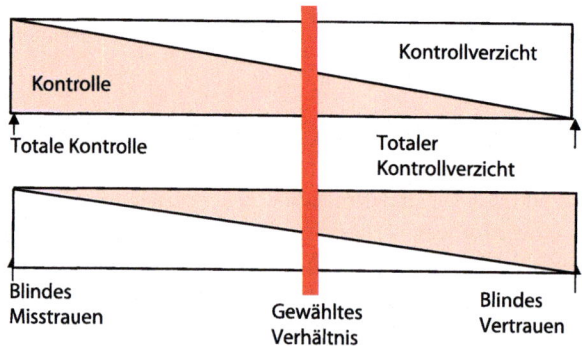

Abb. 4.10. Vertrauen auf dem Kontinuum zwischen »blindem Misstrauen« und »blindem Vertrauen«. (Nach Sprenger 2002, S. 77)

Vertrauen herstellen

ein »Vertrauensvorschuss« feststellen, den es hierfür zu nutzen gilt (Schuler, 2004b, 728). Vertrauen hat mit Glaubwürdigkeit zu tun. Diese kann nur durch »Worte und Taten« erreicht werden. Dafür müssen nach Sprenger (Sprenger 2002, S. 121) Führungspersonen im Umgang mit ihren Mitarbeitenden:

- Risiken eingehen, indem sie beispielsweise Ergebnisse vereinbaren, aber die Mitarbeitenden ihren Weg dorthin selbständig gehen lassen; indem sie wichtige Informationen geben, auch wenn sie sich dadurch verwundbar bzw. angreifbar machen; indem sie auch zu »unorthodoxen« Ideen ihrer Mitarbeitenden stehen.
- Erwartungen und Bedürfnisse ihrer Mitarbeitenden erkennen und akzeptieren; auch solche, die häufig nicht explizit niedergeschrieben werden, wie beispielsweise Sicherheit oder Zuwendung.
- vorausschauend und aktiv informieren. Den ersten Schritt tun. Nicht warten, bis die Mitarbeitenden Fragen und Forderungen stellen. Wenn Information Macht bedeutet, müssen sie bereit sein, andere daran teilhaben zu lassen.

Vertrauensfördernd wären demnach Aktivitäten, die die Wahlfreiheit der Mitarbeitenden erhöhen (s. a. Autonomie), indem sie ihre Aufgaben so gestalten, dass sie sich als »selbstwirksam« erleben können und in der Folge das Gefühl von Macht und Einflussnahme entwickeln können. In diesem Sinne läuft Vertrauensarbeit darauf hinaus, dass (gesunder) Wettbewerb nicht in gnadenloses Konkurrenzgehabe kippt. Denn »es besteht ja auch ein Unterschied zwischen dem Ausstechen eines Konkurrenten oder dem Erstechen«. (Sprenger 2002, S. 150).

> **Verantwortung und Vertrauen**
> Verantwortung und Vertrauen müssen in der Führung als ein Erfolgstandem betrachtet werden. Beiden Aspekten liegen verschiedene psychologische Konstrukte zugrunde (Selbstwirksamkeit, Autonomie, Urvertrauen). Sowohl Vertrauen als auch Verantwortung sind »machbar«, sie können hergestellt und achtsam erhalten werden. Wie dies zu tun ist, ist für jede Führungsperson von entscheidender Bedeutung.

4.3.7 Komplexität – Spannungsfeld mit Widersprüchen

Ziele
Dieser Abschnitt wird
- aufzeigen, wie sich die Komplexität im organisationalen Umfeld aufbaut,
- Hinweise zur Komplexitätsreduktion geben,
- Strategien aufzeigen, wie Menschen mit Komplexität umgehen.

Führung ist ein komplexer Prozess. Der Erfolg hängt von unzähligen Faktoren ab, die in ihrer Vollständigkeit nicht zu überblicken sind. Genauso sind die Situationen, in denen sich Führungskräfte bewegen und die sie »steuern« sollten, nur bedingt überschaubar und vorhersagbar. Dennoch müssen sie damit »bestmöglich« umgehen. In diesem Sinne heißt Führen »Komplexitätsmanagement«. So muss jede Führungsperson Komplexität reduzieren, um sich im organisationalen Leben zurechtzufinden und anderen Orientierung zu ermöglichen. Zugleich darf sie die Realität nicht unzulässig vereinfachen, denn damit wird sie ihr auch nicht gerecht. Umgang mit Komplexität bedeutet eine Gratwanderung. Daher ist es sinnvoll, sich diesem Thema zu widmen.

Führen heißt Komplexität managen

Umgang mit Komplexität

In unserer umgangssprachlichen Vorstellung hat Komplexität etwas mit Vielfalt von Faktoren, mit Unübersichtlichkeit und überraschenden Veränderungen oder einem verwirrenden Gesamtbild zu tun, bei dem zwar nicht alles mit allem, aber doch vieles mit vielem zusammenhängt (das Bild des Wollknäuels).

Was ist Komplexität?

Definition
Wir verstehen Komplexität als die Anzahl und Vielfalt (im Sinne von Mannigfaltigkeit) sowie Vernetztheit von Bestandteilen innerhalb eines bestimmten Geschehens. Komplexität wird subjektiv zum Problem, wenn Entscheiden und Handeln in Situationen notwendig wird, in denen weniger Informationen zur Verfügung stehen als für die Lösung des Problems nötig ist (Wagner 2001).

Definition: Komplexität

Die geforderte Reduktion von Komplexität kann erreicht werden, indem Ordnung und Entwirrung geschaffen werden. Dies kann geschehen durch die:
- Zerlegung des Problems in möglichst viele Teile, um so seine Struktur zu bestimmen (Auslegeordnung) oder
- Hierarchisierung des Problems im Sinne eines logischen Aufbaus, in dem Teilziele und deren Gewichtung deutlich werden, oder
- umfassende und detaillierte Suche, Analyse und Interpretation von Informationen, um faktische und subjektive Unsicherheit abzubauen (Wagner 2001).

Reduktion von Komplexität

Von Führungskräften wird erwartet, dass sie mit Komplexität umgehen können, und so ihre Kontroll- und Koordinationsfunktion erfolgreich ausüben. Dörner (2011) hat jedoch im Rahmen seiner Forschungen festgestellt, dass Führungskräfte der Komplexität häufig nicht gewachsen sind. Sie gehen bei der Ursachenanalyse vergleichsweise monokausal vor. In der Regel gehen sie von linearen Zusammenhängen aus, bei vagen Zielen greifen sie mehr oder weniger willkürlich Teilziele einseitig heraus oder tun sich schwer, Langzeitwirkungen abzuschätzen und ungeplante bzw. ungewollte Rückkoppelungen mit zu bedenken. Im Umgang mit Komplexität ist die Erweiterung und Verbesserung der Sozialkompetenz sowie der Umgang mit Widersprüchlichkeiten in der Führungsrolle (»Alles können« und »Unsicher-Sein«) entscheidend.

linear zu denken ist leicht und bequem

Kognitive Dissonanz

Einen geschickten Umgang mit Komplexität zu finden, bedeutet, sie adäquat zu reduzieren. Es gibt Techniken und Methoden dies zu tun (▶ Abschn. 6.3 »Systematisches Problemlösen«). Jedoch bleibt ein gewisses Gefühl des Unbehagens, weil wir eine komplexe Situation nie wirklich überblicken können. Dabei treten oft Widersprüche auf, mit denen Führungskräfte umgehen müssen. Dafür ist es notwendig, hilfreiche (Denk-)Strategien zu entwickeln. Eine solche Strategie wird im Folgenden vorgestellt. Die psychologische Literatur spricht hier von »Dissonanztheorie«. Diese geht der Frage nach, wie wir mit unangenehmen und überfordernden Informationen umgehen.

Umgang mit Widersprüchen, Tendenz zu vereinfachen

Dissonanztheorien (die bekannteste stammt von Festinger 1957) dienen der Erklärung orgnisationalen Geschehens. Sie ermöglichen bspw., dass das Kundenverhalten vorhersagbar und damit beeinflussbar wird. Dissonanztheorien sagen aus, dass das menschliche Einstellungs- und Bewertungsverhalten eine Tendenz in sich trägt, sich zu einer »guten«, d. h. widerspruchsfreien, vollendeten und harmonischen Gestalt zu entwickeln. Diese bedeutet aber auch, dass man widersprüchliche Gedanken und Einstellungen – Dissonanzen also – ausgleicht und durch Mechanismen in Konsonanzen überführt – Streben nach gedanklicher Harmonie. Das Prinzip sieht wie folgt aus:

Suche nach Harmonie

Fokus auf das, was passt

> **Beispiel**
>
> Die meisten von uns kennen das Phänomen der »Kaufreue«. Man hat soeben ein wunderschönes Auto gekauft. Es hat zwar deutlich mehr gekostet, als ursprünglich budgetiert war, aber es ist auch eine andere Klasse, als es geplant war. Im Geschäft war man noch felsenfest überzeugt, den richtigen Entscheid gefällt zu haben. Jedoch nachdem man wieder zuhause ankam, begannen die Zweifel. Man fragte sich, ob es letztlich gerechtfertigt war, soviel Geld für einen Wagen auszugeben. Fortan machte man sich auf die Suche nach bestätigenden Argumenten für die eigene Entscheidung. Hierbei helfen Testberichte über das Auto, die positiven Erfahrungsberichte von Kollegen, die sich auch für dieses Modell entschieden haben, die gute Beratung des Verkäufers, oder auch schlicht der emotionale Zuspruch, für den man plötzlich sehr offen war. Kritische Stimmen ließ man nicht zu oder sie verblassten im Vergleich mit den anderen, weil man die positiven Argumente höher bewertete.

4.3 · Ausgewählte Psychologische Grundlagen

Aber: Hat man sich für ein bestimmtes Ding (Auto) oder ein bestimmtes Verhalten entschieden und bekommt im nachhinein starke Hinweise auf Handlungsalternativen (Gegenargumente), die vielleicht sinnvoller gewesen wären, so entsteht ein mentales Spannungsfeld – eben eine Dissonanz. Das Ausblenden störender Informationen (der Prozess der selektiven Wahrnehmung, (▶ Abschn. 4.3.1 »Personen-Wahrnehmung«) ist eine ökonomische Möglichkeit, die Spannung wieder auszugleichen. Der Entscheidungsprozess bekommt so einen subjektiv logischen Verlauf, auch wenn er von außen nicht so wahrgenommen werden kann.

Zugunsten der Konsonanz – also die Komplexität zu reduzieren – sind wir zu Vielem bereit. Im Führungsalltag ist die Beziehung zwischen Anstrengung, Attraktivität von Aufgaben und der finanziellen Entlohnung von Bedeutung. Sind Aufgaben sehr anstrengend, gleichzeitig langweilig und darüber hinaus auch noch schlecht bezahlt, kann bei einem Mitarbeiter Dissonanz entstehen. Der Mitarbeiter muss sich also eine Begründung suchen – sozusagen für den morgendlichen Blick in den Spiegel – warum er diese langweiligen, sehr anstrengenden Aufgaben eigentlich noch macht.

Eine Möglichkeit besteht nun darin, bei intensiverem Nachdenken und Abwägen diese Aufgaben gar nicht für so langweilig zu halten oder die Anstrengung niedriger aufzuhängen, d. h. das Anspruchsniveau zu senken und mit mehr Gelassenheit die Arbeit anzugehen. Die Attraktivität der Aufgaben wird damit erhöht und schon wird der Spannungszustand geringer.

Denkt man dieses Denk-Prinzip unter den Gesichtspunkten der Motivation, Identifikation und der Verantwortlichkeit von Mitarbeitenden für den eigenen Aufgabenbereich zu Ende, so leitet sich eine auf den ersten Blick provokative Empfehlung ab: Besonders erfolgsförderliche Einstellungen und Verhaltensweisen auf Mitarbeiterseite schafft man nicht primär durch finanzielle Anreize. Bei einem Top-Gehalt würde in diesem Sinne weniger Notwendigkeit für die Identifikation mit der Aufgaben bestehen, weil schon mit dem hohen Gehalt für Konsonanz gesorgt wird. Dies könnte der Grund dafür sein, warum manche Führungspersonen, von denen man eigentlich eine hohe Anstrengung und Identifikation aufgrund ihres Ranges und ihrer finanziellen Ausstattung besonders fordert, sich erstaunlich abgeklärt und distanziert zeigen. Jedoch könnte das bei einem Buchhalter ganz anders sein, der seit 20 Jahren nichts als Debitorenkonten verwaltet, sich mit seinem »Reich« unglaublich identifiziert und eine überaus enge Bindung zum Unternehmen demonstriert.

Eingreifen in Denkmuster der Mitarbeitenden

Als Führungskraft muss man sich darüber im Klaren sein, dass man mit eigenen Handeln resp. dem Wirken auf einen Mitarbeitenden immer auch dafür sorgt, dass man bei der »mentalen Ordnung« (Konsonanz) des Mitarbeiters »Unordnung« auslöst (Dissonanz) und folglich zuerst auf Widerstand stößt. Insofern muss man immer auch Hilfestellungen anbieten, um bei der Wiederherstellung der Konsonanz zu helfen. So kann die Entscheidung einer Führungskraft für die Einführung einer neuen Planungssoftware in einem Team zu Widerständen führen. Die Mitarbeitenden sind aufgefordert Altes und Bewährtes aufzugeben und Neues zu lernen. Damit wird Zusatzaufwand und möglicherweise ein Verlust von Autonomie befürchtet. Diese Befürchtungen führen zu Dissonanzen. Hier muss die Führung – sei es durch Überzeugungsleistungen, sei es durch Vermittlung entsprechender Kompetenzen – das Team für das »Neue« gewinnen können.

mit Widersprüchen leben lernen

Mit Widersprüchen leben lernen
Unternehmen und damit Führungskräfte befinden sich im Umgang mit Komplexität immer im Spannungsfeld zwischen Unbestimmtheit und Kontrolle, Mehrdeutigkeit und Eindeutigkeit, Stabilität und Variabilität, Bewahrung und Innovation, Chaos und Ordnung, Konsistenz und Inkonsistenz. Neuberger hat in diesem Zusammenhang verschiedene »Führungsdilemmata« aufgezeigt, auf die an dieser Stelle nur verwiesen wird (vgl. Neuberger, 2002). Um mit diesen Spannungsfeldern umgehen zu können, gilt das Prinzip des »sowohl-als auch«. Um die Komplexität reduzieren zu können und damit die Vorteile und Nachteile ihrer Entscheidung abwägen zu können, muss eine Führungskraft den »goldenen Scheideweg« wählen. Das heisst, mit den inneren Zwiespältigkeiten des Führens einen Weg finden. Führungskräfte müssen notwendig mit Widersprüchen leben, aus denen es keinen eindeutigen und gesicherten Weg gibt. Die Zukunftsfähigkeit einer Organisation ist unter anderem dadurch beschreibbar, inwieweit sie in der Lage ist, den Adaptionsprozess zwischen Dissonanz und Konsonanz ohne allzu großen Energieverlust immer wieder aufs Neue zu bewältigen.

ZUSAMMENFASSUNG

Führung spielt sich auf 4 Ebenen ab

Führung als Aufgabe ist komplex und spielt sich auf verschiedenen Beziehungsebenen ab. In einem Rahmenmodell werden vier Beziehungsebenen der Führung vorgestellt:
1. Ebene: Führungsperson und ihre Rolle
2. Ebene: Führungsperson und der Mitarbeitende
3. Ebene: Führungsperson und ihr Team
4. Ebene: Führungsperson und die Organisation

Dieses Modell dient der Integration der Themenfülle, die in den vorliegenden Bänden enthalten ist und ermöglicht eine bessere Orientierung. Professionelles Führen bedient sich des Wissens und der Fertigkeiten aus verschiedenen Disziplinen. Psychologie ist eine davon. Aus ihrem Wissensreservoir werden hier einige Erkenntnisse dargelegt. Es werden sieben verschiedene Themenbereiche angesprochen:
- Personen-Wahrnehmung und Urteilsbildung,
- Emotionen,
- Lernen,
- Entwicklung in der Lebensspanne,
- Persönlichkeit,
- Verantwortung und Vertrauen,
- Komplexität.

▼

Sie sind im Sinne einer fokussierten Auswahl zu verstehen und nicht als eine Übersicht über das psychologische Wissen im Generellen. Sie greifen Aspekte auf, die für Führungspersonen wichtig sind und es ihnen ermöglichen, die Zusammenhänge und Hintergründe der in den Bänden vorgestellten Ansätze, Methoden und Instrumente besser zu verstehen. Zudem vermitteln sie eigenständiges Wissen zu verschiedenen Phänomenen aus dem organisationalen Leben und der Führungspraxis.

Es wird aufgezeigt, welche Mechanismen eine Rolle spielen, wenn wir **Menschen und Situationen wahrnehmen und beurteilen**. Im Rahmen dieser Prozesse verarbeiten wir die Eindrücke, die auf uns einströmen, indem wir die Informationen »filtrieren« und in verschiedenster Hinsicht anpassen und verändern. Die Realität um uns herum wird somit verzerrt. Das Wissen um die »Wahrnehmungs- und Urteilsfehler«, die wir machen, ist hilfreich, wenn es darum geht, korrektiv entgegenzuwirken und stärker Vorsicht walten zu lassen.   *Wahrnehmung*

Emotionen sind aus unserem organisationalen Leben nicht wegzudenken. Für Führungskräfte ist es besonders relevant, einen adäquaten Umgang sowohl mit der eigenen Emotionalität als auch mit der der Mitarbeitenden zu finden. Hierfür ist es wichtig, dem Begriff auf den Grund zu gehen. Zudem ist es für Führungspersonen hilfreich zu wissen, wie Emotionen entstehen, welche Funktion sie haben und wie sie – beispielsweise durch die Arbeitsgestaltung – zu beeinflussen sind. Zudem wird hier das Konstrukt der emotionalen Intelligenz kritisch gewürdigt.   *Emotionen*

Einige **lernpsychologische Grundlagen** sollen Führungspersonen den Einblick in ein zentrales und aktuelles Thema in Organisationen ermöglichen – das Lernen. Es wird darin aufgezeigt, wie wir unser Wissen und unsere Fertigkeiten aufbauen. Die drei Lernformen – Wahrnehmungslernen, Assoziatives Lernen und Instrumentelles Lernen werden kurz vorgestellt. Daraus wird deutlich, wie Lernen in Organisationen gefördert werden kann und was Führungskräfte dabei beachten müssen.   *Lernpsychologie*

Nicht nur für eine optimale Ressourcennutzung der Mitarbeitenden ist es für die Führung wichtig, zu wissen, wie sich der **Mensch im Laufe seines Lebens entwickelt**. Jede Entwicklungsphase hat ihre spezifischen Merkmale und birgt spezifische Möglichkeiten wie auch Grenzen. So werden beispielsweise die Potenziale des höheren Erwachsenenalters, d. h. der älteren Mitarbeitenden in vielerlei Hinsicht verkannt. Anhand der Entwicklung unserer Identität bzw. des Selbstkonzeptes wird exemplarisch aufgezeigt, wie sich solche Entwicklungsprozesse gestalten und welche Konsequenzen sie für die betreffende Person sowie ihr Umfeld haben.   *Entwicklungspsychologie*

Persönlichkeit ist in der Führung ein wichtiger Begriff. Hier wird beschrieben, was die wissenschaftliche Psychologie unter diesem Begriff versteht. Es wird deutlich, dass es keine einheitliche Definition der »Persönlichkeit« gibt. Sie wird vielmehr durch verschiedene Modelle zu erfassen und abzu-   *Persönlichkeitspsychologie*

▼

bilden versucht. Aus diesen hat die Forschung unterschiedliche Methoden und Instrumente entwickelt, die in der Führungspraxis Anwendung finden. Dies sind zunächst Verfahren zur Erfassung von Persönlichkeitsprofilen wie das »DISG Persönlichkeitsprofil«, die »Big Five« oder das Myers Brigs Typen Inventory »MBTI«. Im Zusammenhang mit der »Persönlichkeitserfassung« wird aber auch die Bedeutung einer umfassenden Sicht betont. Persönlichkeit muss immer vor dem Hintergrund der Situation betrachtet werden, d. h. des Umfeldes, mit dem sie in Interaktion steht.

Verantwortung und Vertrauen

Verantwortung und Vertrauen werden hier als zwei Grundpfeiler der Führung näher beleuchtet. Es sind zwei unterschiedliche Konzepte, die einander bedingen. Die Bereitschaft und Fähigkeit, Verantwortung zu übernehmen, hängt u. a. davon ab, wie stark wir davon überzeugt sind, dass wir unser Handeln wirksam gestalten können (Selbstwirksamkeit). Diesbezüglich sind Menschen sehr unterschiedlich. Das hat unmittelbare Auswirkungen auf ihr Tun und ihren Erfolg. Zudem ist Autonomie hierbei auch ein bedeutender Faktor. Des Weiteren wird aufgezeigt, wie Vertrauen als wichtige Führungskompetenz systematisch aufgebaut und angewandt werden kann.

Komplexität

Führung ist komplex. Führung heißt »**Komplexität** managen«. Der Begriff und das Phänomen der Komplexität werden eingehender betrachtet und insbesondere wird der Umgang mit Komplexität fokussiert. Die wissenschaftliche Psychologie zeigt in den Dissonanztheorien auf, mit welchen Mechanismen wir der Komplexität begegnen und sie zu reduzieren suchen. Es ist für die Führung wichtig, diese Mechanismen bzw. Strategien entsprechend zu berücksichtigen, insbesondere auch im Zusammenhang mit Veränderungsmanagement. Führungspersonen müssen Komplexität reduzieren können, doch zugleich ist es elementar, dass sie Komplexität als solche »aushalten« können.

FRAGEN ZUR VERTIEFUNG

1. Welche Rolle spielt in Ihrer Führungspraxis das Thema »Persönlichkeit«? Welche der aufgeführten psychologischen Konzepte sind für Sie relevant? Begründen Sie!
2. Welche Konsequenzen hat das Wissen um »life span development« für Ihr Handeln und Ihr Führungsverhalten?
3. Welche vertrauensbildenden Maßnahmen kennen Sie? Nennen Sie Beispiele.
4. In welchen Führungssituationen spielen die Aspekte der sozialen Wahrnehmung eine Rolle? Begründen Sie!
5. Welche Lernarten sind für den Führungsalltag relevant? Erläutern Sie diese anhand von Beispielen.
6. Wie könnten Sie Ihr Wissen um die Funktionsweise bzgl. kognitiver Dissonanz im Umgang mit Ihren Mitarbeitenden nutzen?

Literatur

Amelang, M. & Bartussek, D. (1985). Differentielle Psychologie und Persönlichkeitsforschung. 2. erw. Auflage. Stuttgart: Kohlhammer. (neuste 5. Auflage: Kohlhammer 2010).
Asanger, R. & Wenninger, G. (Hrsg.) (2000). Handwörterbuch Psychologie. Augsburg/Weinheim: Weltbild/Psychologie Verlags Union.
Avolio, B. J. & Bass, B. M. (1988). Transformational leadership, charisma and beyond. In: Hunt, J. G., Baliga, B. R., Dachler, H. P. & Schriesheim, C. A. (Hrsg.) Emerging leadership vistas. MA: Lexington.
Bass, B.M. (1990). Bass & Stogdill's Handbook of Leadership Theory. Research and Managerial Applications. 3. Auflage. New York: Wiley (neuste 4. Auflage 2008).
Bennis, W. & Nanus, B. (1985). Leaders: Strategies for taking charge. New York: Wiley (neuste 2. Auflage: 2007).
Briggs Meyers, I. (2001). Einführung in Typen. 6. Auflage. Oxford: Elsfield Hall.
Dörner, D. (1989). Die Logik des Misslingens. Reinbeck: Rowohlt (neuste Auflage: Rowohlt Digitalbuch 2011).
Felfe, J. (2006). Transformationale und charismatische Führung – Stand der Forschung und aktuelle Entwicklungen. In: Zeitschrift für Personalpsychologie, 5 (4), S. 163 – 176. Göttingen: Hogrefe.
Festinger, L. (1957). A theory of cognitive dissonance. Stanford CA: Stanford University Press. Deutsche Ausgabe: Festinger, L. (2012). Theorie der kognitiven Dissonanz. Bern: Huber.
Forgas, J.P. (1987). Sozialpsychologie. München: Psychologie Verlags Union.
Gay, F. (2004). Das DISG Persönlichkeits-Profil. 32. Auflage. Remchingen: Persolog für Managementsysteme.
Gebert, D. & von Rosenstiel, L. (2002). Organisationspsychologie. 5. Aufl. Stuttgart: Kohlhammer.
Goleman, D. (1996). Emotionale Intelligenz. München: Hanser. (neuste Auflage: DTV, 1997)
Goleman, D., Boyatzis, R. & McKee A. (2002). Emotionale Führung. München: Econ (neuste Auflage 2010).
Gould, R. L. (1979). Lebensstufen. Entwicklung und Veränderung im Erwachsenenleben. Frankfurt a. M.: Fischer (neuste Auflage 1986).
Hedberg, B. (1981). How Organizations learn und unlearn. In: P. Nystrom & W. Starbuck (Hrsg.) Handbook of Organizational Design. S. 3-26. New York: Oxford University Press.
Kanning, U.P. (1999). Die Psychologie der Personenbeurteilung. Göttingen: Hogrefe.
McKnight, D.H., Cummings, L.L., Cherrany, N.L. (1998). Initial trust formation in new organizational relationships. In: Academy of Management Review, 23 (3), S. 473-490.
Neuberger, O. (2002). Führen und führen lassen. 6. voll überarb. Auflage. Stuttgart: UTB.
Oerter, R. & Montada, L. (Hrsg.) (2008). Entwicklungspsychologie. 6. vollständig überarbeitete Auflage. Weinheim/Basel: Beltz.
Pavlov, I. P. (1927). Conditioned reflexes. London: Oxford University Press.
Petzold, H. G. (1993). Integrative Therapie. Modelle, Theorien und Methoden für eine schulenübergreifende Psychotherapie. Band 2: Klinische Theorie. Paderborn: Junfermann (neuste 2. überarbeitete und erweiterte Auflage 2003).
Rahm, D. et al. (1993). Einführung in die Integrative Therapie. Grundlagen und Praxis. Paderborn: Junfermann (neuste Auflage Taschenbuch 1999).
Rosemann, B. & Kerres, M. (1986). Interpersonales Wahrnehmen und Verstehen. Bern: Huber (neuste Auflage 1995).
Schuler, H. (2004a) Organisationspsychologie - Grundlagen und Personalpsychologie. Göttingen: Hogrefe.
Schuler, H. (2004b). Organisationspsychologie – Gruppe und Organisation. In: Birbaumer, N. et. al. (Hrsg.) Enzyklopädie der Psychologie. Themenbereich D. Praxisgebiete. Serie III. Wirtschafts-, Organisations- und Arbeitspsychologie. Band 4. Göttingen: Hogrefe.
Schulz von Thun F. (1998). Miteinander reden – Störungen und Klärungen (1) – Stile, Werte und Persönlichkeitsentwicklung (2). Rowohlt: Reinbek (neuste Auflage 2011).
Skinner, B.F. (1938). The behavior of organisms. New York: Appleton-Centruy-Crofts.
SPIEGEL Special. (2006). Das Magazin zum Thema. Jung im Kopf. Die Chancen der alternden Gesellschaft. Spiegel 8.

Sprenger, R. K. (2002). *Vertrauen führt. Worauf es im Unternehmen wirklich ankommt.* 2. Auflage. Frankfurt/New York: Campus (neuste Auflage 2007).

Udris, I. (2002). »Wenn die Seele nicht mehr nach kommt«. Interview in: *Neue Zürcher Zeitung NZZ* vom 30. Oktober 2002.

Wagner, R. H. (2001). Überblick gewinnen – Zusammenhänge stiften – handeln – oder: Das Management von Komplexität und Mehrdeutigkeit. In: R. H. Wagner (Hrsg.), *Praxis der Veränderungen in Organisationen*. Göttingen: Angewandte Psychologie.

Weinert, A. B. (2004). *Organisations- und Personalpsychologie.* 5. Auflage. Weinheim: Beltz.

Wunderer, R. (2001). *Führung und Zusammenarbeit. Eine unternehemerische Führungslehre.* 4. vollständig überarbeitete Auflage. Neuwied: Luchterhand (neuste Auflage 2011).

Zimbardo, P. G. (1992). Psychologie. In: Myers, G. (Hrsg.). *Psychologie.* 5. Auflage. Berlin: Springer (neuste Auflage: Springer 2008).

Zimbardo, P.G. & Gerrig, R. J. (2004). *Psychologie.* 16., aktualisierte Auflage. München: Pearson Studium (neuste Auflage 2008).

5 Leistung und Verhalten beeinflussen

Thomas Steiger

5.1　Führung als Einflussnahme　– 114

5.2　Strukturelle Maßnahmen　– 116

5.3　Instrumentelle Maßnahmen　– 117

5.4　Prozessuale, interaktionelle Maßnahmen　– 118

　　　Literatur　– 120

AUF EINEN BLICK

Das Verhalten und damit die Leistung von Mitarbeitern im Sinne übergeordneter Organisationsinteressen zu beeinflussen, ist ein zentraler Aspekt der Führungsaufgabe. Dieses Kapitel geht in der Form einer knappen Übersicht der Frage nach, auf welche Art und Weise und mit welchen Mitteln, Verhaltens- und damit Leistungsbeeinflussung im Prozess der Führung stattfinden kann. Es stellt damit auch eine Verbindung her zwischen den vielen im Buch dargestellten, jeweils isoliert behandelten Aspekten der Verhaltensbeeinflussung und dient insofern als Wegweiser für eine systematische Vertiefung des Stoffes.

5.1 Führung als Einflussnahme

Definitionen in der Literatur

Bei aller Unterschiedlichkeit und Umstrittenheit stellen fast alle in der Literatur auffindbaren Definitionen von Führung (s. Neuberger 2002, S. 11 ff.) Bezüge zu zwei wichtigen Elementen her:

gezielte Einflussnahme

1. Führung ist **Einflussnahme** von Personen auf andere, und
2. diese Einflussnahme erfolgt gezielt, d. h. in Verfolgung von Zielen, welche nicht **a priori** auch die Ziele der Geführten sind.

In Ergänzung zu diesen zwei Aussagen erfolgen darüber hinaus Festlegungen verschiedenster und kontroverser Art über die Natur der Einflussnahme (unmittelbar, direkt, absichtlich, systematisch, sozial, asymmetrisch etc.) und über die Natur der Ziele (Organisationsziele, Ziele der Führungskraft, »bestimmte« (!) Ziele, zukunftsbezogene Ziele, gemeinsame Ziele etc.). Über die zur Verfügung stehenden Mittel und Formen der Einflussnahme auf Mitarbeitende sagen diese Definitionsansätze nichts aus oder bleiben zumindest verwirrend diffus.

Wenn wir uns an das Rollenkonzept (▶ Kap. 3) erinnern, so haben wir die Führungsaufgabe dort verstanden als einen von der Organisation (dem übergeordneten System) erteilten Auftrag (Primary Task) an die Führungskraft, die Bedingungen der Mitarbeitenden für die Aufgabenerfüllung im Sinne der Organisation zu optimieren.

ergänzende Sichtweisen des Rollenkonzeptes

Dieses Verständnis schließt einige Überlegungen mit ein, die hier nochmals angesprochen werden sollen:

— Mitarbeiter brauchen optimale Bedingungen, um ihre Aufgabe, sprich ihre Rolle im Sinn der Organisation, erfolgreich übernehmen zu können. Diese Voraussetzungen betreffen immer sowohl die Person von Mitarbeitenden als auch die Rahmenbedingungen sozialer und strukturell-organisatorischer Art am Arbeitsplatz. Die Schaffung geeigneter Voraussetzungen ist nicht das Ergebnis minutiöser Planung, sondern vielmehr das Ergebnis allseitiger Lern- und Aushandlungsprozesse, die entsprechend Zeit in Anspruch nehmen.

Führen heißt die Bedingungen der Zusammenarbeit als Lernprozess zu optimieren

— Mitarbeiter sind komplexe Persönlichkeiten mit eigenem Willen, ausgeprägten Fähigkeiten und mit Gestaltungskraft. Sie werden nicht nur geführt und angeleitet, sondern nehmen selbst Einfluss auf die Arbeitssituation. Und dies ganz bestimmt dort, wo die Voraussetzungen für sie selbst nicht optimal sind. Mitarbeitende verändern damit ihrerseits laufend die Voraussetzungen für das, was wir als Führung bezeichnen und führen zuweilen damit ihre Vorgesetzen, dies möglicherweise durchaus »im Sinne der Organisation«.

Mitarbeitende nehmen selbst Einfluss und verändern die Bedingungen von Führung

— Die Führungskraft selbst agiert auch kaum ausschließlich »im Sinne der Organisation«, sondern bringt selbst ihre eigenen, persönlichen Absichten, Haltungen und Neigungen mit ein, die sich auf die Zusammenarbeit in ihrem Verantwortungsbereich auswirken.

»hidden agenda«

In diesem komplexen Feld der Interaktion zwischen zusammenarbeitenden Menschen, zwischen »Führenden« und »Geführten«, im Austausch mit den sie jeweils umgebenden Systemumwelten (die Gruppen, die Abteilung, die Firma, die Organisation), findet auf vielfältige Art und Weise Beeinflussung von Verhalten und Leistung statt. Zur Professionalität von Führung gehört es, Methoden und Werkzeuge der Verhaltensbeeinflussung zu kennen und so einzusetzen, dass sie der Komplexität der Führungsaufgabe gerecht werden.

komplexes Feld der Verhaltensbeeinflussung

Die folgende Übersicht unterscheidet drei Ebenen von Maßnahmen nach ihrer Reichweite: nach Zeithorizont und Wirkungsspektrum (◨ Tab. 5.1).

drei Maßnahmen-Ebenen

Tab. 5.1. Ebenen der Leistungs- und Verhaltensbeeinflussung

Ebene, Perspektive und Wirkung	Maßnahmen
Strukturell − Langfristig, − zur optimalen Allokation von personellen Ressourcen auf der Ebene der Gesamtorganisation.	− Aufbauorganisation − Ablauforganisation
Instrumentell − mittelfristig, − zur Erhöhung der Wirksamkeit der Mitarbeitenden in ihrem Aufgabengebiet.	− Delegation, − Führen durch Zielvereinbarung, − Information, − Ressourcenplanung, − Qualifikation (Beurteilung der Mitarbeitenden) − systematische Personalentwicklung, − Leistungsanreize.
Prozessual (interaktionell) − kurzfristig, spontan, − zur Optimierung des Arbeits- und Beziehungsverhaltens der Mitarbeitenden.	− Interventionen in Problemlösungsprozesse, − Beziehungsgestaltung − Anerkennung und Kritik, Feedback, − Teamentwicklung, − Gestaltung von Veränderungsprozessen, − Konfliktinterventionen.

5.2 Strukturelle Maßnahmen

Aufbau- und Ablauforganisation

Auf der Ebene der strukturellen Maßnahmen erfolgt Führung, resp. die Beeinflussung von Leistung und Verhalten, über die verbindliche Zuweisung von Aufgaben und Zuständigkeiten an die Mitglieder der Organisation (**Aufbauorganisation**) sowie über die verbindliche Regelung von Produktionsvorgängen (**Ablauforganisation**).

Planungshorizont

Diese Maßnahmen betreffen damit die Gestaltung der Organisation (Firma, Verwaltung, Abteilung, Team etc.) in ihrer Ganzheit. Der Planungshorizont für solche Strukturen ist entsprechend langfristig, d. h. wenigstens drei Jahre oder länger.

Starrheit vs. Chaos

Aufbau- und Ablauforganisationsstrukturen sind sehr rigide, d. h. von ihrer Natur her beengende Führungsmittel. Zu viele Strukturen bedeuten Überbestimmtheit, Überorganisation, Starrheit, Verlust an Flexibilität. Zu wenig Strukturen bedeuten Unterbestimmtheit, Willkür, Kontrollverlust, Chaos, Überhandnehmen »privater« Interessen. Das Auffinden und Festlegen optimaler Organisationsstrukturen, um die bestmöglichen Rahmenbedingungen für die Leistung der Mitarbeiter zu realisieren, ist eine Gratwanderung, die viel Erfahrung und Know-how voraussetzt. Organisationen, d. h. soziotechnische Systeme ganz allgemein, reagieren auf suboptimale strukturelle Voraussetzungen regelmäßig mit der Hervorbringung informeller Strukturen, die aber nicht notwendigerweise im Interesse der Gesamtorganisation sind.

informelle Strukturen

Auswirkungen auf Leistung und Verhalten

Die Wirkungen der strukturellen Führungsmittel sind vielfältig und nicht zu unterschätzen. Die Aufbau- und Ablauforganisation bestimmt sehr weitgehend die Qualität der Aufgabengestaltung für die Beschäftigten. Die Merkmale dieser Aufgabengestaltung (Ganzheitlichkeit und Vielfalt der Aufgaben, Grad der Selbständigkeit, kommunikative Anforderungen, Entwicklungsmöglichkeiten) haben eine durchschlagende Bedeutung für das Verhalten und die Leistung der Mitarbeitenden.

In diesem Buch befasst sich zunächst das ▶ Kap. 2 »Organisationsverständnis« mit Aspekten dieser Maßnahmenebene. Das ▶ Kap. 10 »Organisation als Führungsaufgabe« ist speziell dieser Thematik gewidmet. ▶ Kap. 15 »Veränderungsmanagement« beschreibt Anforderungen an die Veränderung bestehender oder die Einführung neuer Strukturen.

wichtige Kapitel in diesem Buch

5.3 Instrumentelle Maßnahmen

Mit den instrumentellen Maßnahmen sind alle jene Führungssysteme resp. -techniken und -praktiken gemeint, die im Rahmen bestehender Strukturen (▶ oben) den Umgang der Führung mit den Mitarbeitern verbindlich zu regeln versuchen. Führungsinstrumente sind mitunter sehr differenzierte und hochentwickelte Werkzeuge zur Durchsetzung qualitativer Mindestanforderungen an die Führungsarbeit der Linienvorgesetzten. Ziel ist die Sicherstellung der Wirksamkeit der »Human Ressources« und damit der Gesamtorganisation.

Führungssysteme und -instrumente

Führungsinstrumente benötigen eine bestimmte Entwicklungs- sowie Einführungszeit und gehören dann üblicherweise für einige Jahre zum »Repertoire« der Personal- und Führungsarbeit eines Betriebes. Der Zeit- oder Planungshorizont dieser Maßnahmenebenen ist deshalb eher mittelfristig (1–3 Jahre). Erreicht werden damit direkt die einzelnen Mitarbeiter. Der Einsatz dieser Instrumente erfolgt aber normalerweise organisationsweit.

Planungshorizont

Delegation. Sie ist ein wichtiges Führungsmittel mit großer Wirkung bezüglich der Gestaltung und Entwicklung der Zusammenarbeit mit Mitarbeitern. Delegieren will gelernt sein und braucht auch Voraussetzungen vonseiten der Organisation (▶ Abschn. 13.1 »Delegation«).

Delegation

Führen durch Zielvereinbarung (»Management by Objectives – MbO«). Zielvereinbarungen sind ein außerordentlich wirksames Mittel, Verhalten und Leistung der Mitarbeitenden auf die übergeordneten Ziele der Organisation auszurichten und gleichzeitig Identifikation mit der Organisation zu ermöglichen. Organisationsweites Führen mit Zielvereinbarungen setzt ein unter Gesichtspunkten der **Information** (▶ Abschn. 12.1) und **Kommunikation** (▶ Abschn. 7.1) durchdachtes, aber auch praktikables Instrumentarium voraus. Ziele vereinbaren bedeutet auch **Kontrolle** vereinbaren (▶ Abschn. 13.2 »Führen mit Zielvereinbarung«).

Management by Objectives

Ressourcenplanung. Zu den betriebswirtschaftlich unabdingbaren Mitteln der Steuerung der Mitarbeitenden gehört die **Ressourcenplanung** und -zuteilung. Im Wesentlichen sind damit die Instrumente der Aufwand- und Ertragsermittlung und der Budgetierung gemeint. Wichtig ist im themati-

Ressourcenplanung

schen Zusammenhang dieses Werkes, dass solche betriebswirtschaftlichen Führungsinstrumente immer in eine angemessene Zielvereinbarungs- und Informationspraxis eingebettet sein sollen.

Beurteilung der Mitarbeitenden

Qualifikation. Der Vorgang der **Qualifikation**, d. h. der Beurteilung der Mitarbeitenden bietet, sofern wirkungsvoll gestaltet, ein kraftvolles Instrument für die Entfaltung der Potenziale und der Entwicklung der Leistungsfähigkeit und -bereitschaft. Wichtig ist die entwicklungsorientierte und auf die konkreten Bedürfnisse der Organisation abgestimmte Gestaltung und eine sorgfältige Einführung des Qualifikationssystems. Eine breite Akzeptanz bei den Mitarbeitenden und bei den Vorgesetzten ist Bedingung. (▶ Abschn. 13.3 »Mitarbeitende beurteilen«).

Personalentwicklung

Personalentwicklung. Zu erwähnen sind in diesem Zusammenhang alle übrigen Instrumente einer modernen **systematischen Personalentwicklung**. Gemeint sind damit einerseits Personalauswahl und -einführung (▶ Abschn. 11.1). Andererseits Fördermaßnahmen »off the job«- wie z. B. Fort- und Weiterbildung sowie »on the job«-Förderung durch »job rotation«, »job enlargement«, »job enrichment«, Beratung (Coaching), Mentoring etc. Personalentwicklung erfolgt sowohl unter aufgaben- als auch unter personenbezogenen Gesichtspunkten. In größeren Unternehmen hat sich über Jahre ein Trend zur Verlagerung der Verantwortlichkeit für diese Fragen der Personalentwicklung in die Hände eines professionalisierten Human-Resources-Management (HRM) abgezeichnet. Neuere Tendenzen verweisen aber auf eine Rückführung dieser Verantwortung in die Linie, die durch HRM-Spezialisten unterstützt wird. In kleineren und mittleren Unternehmen (KMU) ist und bleibt Personalentwicklung Aufgabe des Vorgesetzten (▶ Abschn. 11.2).

Leistungsanreize (Incentives) und Motivation

Salär- und Bonussysteme

Leistungsanreizsysteme. Diese haben als Mittel zur Beeinflussung der Leistungsbereitschaft (Motivation) der Mitarbeitenden die Führungsliteratur permanent beschäftigt. Unter dem Stichwort »Incentives« wird die Bedeutung von Salär- und Bonussystemen, die Rolle von Gratifikationen und von anderen, nicht monetären aber doch materiellen Formen von Entgelt für die Stimulation von überdurchschnittlichen Leistungen diskutiert. Abschnitt 12.3 befasst sich näher mit den Voraussetzungen von Motivation. Diese liegen – neueren Erkenntnissen zufolge – mehr in den Bereichen der Aufgabengestaltung als im Bereich des Entgelts.

5.4 Prozessuale, interaktionelle Maßnahmen

beschränkte Handlungsspielräume

Strukturelle und instrumentelle Maßnahmen der Beeinflussung von Leistung und Verhalten haben immer einen engen institutionellen Bezug. Die Führungskräfte werden mit solchen Instrumenten »von oben herab« konfrontiert oder müssen ihre Maßnahmen mit ihren Vorgesetzten wenigstens absprechen. Darüber hinaus können Führungskräfte über diese Instrumente nicht spontan verfügen. Sie müssen entwickelt und eingeführt werden, sind an Jahresrhythmen gebunden, etc.

Im Gegensatz dazu stehen die **prozessualen Maßnahmen** kurzfristig und auch ganz spontan, d. h. ohne jede Planung und ohne jede Konsultation höherer Entscheidungsebenen zur Verfügung. Bei den prozessualen Maßnahmen handelt es sich um Interventionen der Führungskraft – kraft ihrer Rolle – im Hier und Jetzt. Die Interventionen haben ihre Auslöser in Beobachtungen des Arbeits- und des sozialen Verhaltens der Mitarbeitenden.

hohe spontane Verfügbarkeit

Diese Eigenschaften machen Interventionen dieser Art für Verhaltensbeeinflussung außerordentlich wirksam und effizient, sind aber auch sehr heikel, d. h. wirken leicht auch kontraproduktiv. Prozessinterventionen müssen professionell erfolgen.

hohe Ansprüche an die Fähigkeiten der Vorgesetzten

Folgende zentrale Prozessinterventionsbereiche unterscheiden wir und räumen ihnen in diesem Buch auch entsprechend viel Platz ein:

Interventionsbereiche

Intervention in Problemlösungsprozessen. Gemeint sind damit die vielfältigen Möglichkeiten des sachbezogenen methodischen Eingreifens in die Art und Weise, wie Mitarbeitende einzeln oder in Gruppen Aufgaben lösen. Voraussetzung dafür ist zunächst eine gut verstandene Problemlösungsmethodik (▶ Abschn. 6.3 »Systematisches Problemlösen« und ▶ Abschn. 6.4 »Entscheidungen herbeiführen«, ▶ Abschn. 8.3 »Moderation von Gruppen«, ▶ Abschn. 8.4 »Kreativität und Kreativitätstechnik«). Wichtig ist aber auch eine Sensibilität für die Autonomie- und Entwicklungsbedürfnisse der Mitarbeitenden (z. B. ▶ Abschn. 12.3 »Motivation« und ▶ Kap. 10 »Organisation als Führungsaufgabe«), ein Verständnis für die Didaktik der Intervention (▶ Abschn. 12.2 »Wissensmanagement«) und ein klares Konzept, die Mitarbeitenden mit den notwendigen Informationen zu versorgen (▶ Abschn. 12.1 »Information«). Auch das Thema »Persönliche Arbeitstechnik« (▶ Abschn. 6.2) liefert hier nützliche Beiträge.

sachbezogene Interventionen

Interventionen zur Gestaltung der Beziehungen zu den Mitarbeitenden und der Mitarbeitenden unter sich. Das Instrumentarium des Feedback-Gebens und -Nehmens ist die wohl unmittelbarste und vielleicht auch wirkungsvollste Form der vertrauensbildenden und verhaltenskorrigierenden bzw. -verstärkenden Einflussnahme auf Mitarbeitende und Kollegen (▶ Abschn. 7.3 »Gesprächsführung«, ▶ Abschn. 7.4 »Feedback, Anerkennung und Kritik« und ▶ Abschn. 13.3 »Mitarbeitende beurteilen«). Sobald mehrere Personen hinsichtlich einer gemeinsamen Aufgabe zusammenarbeiten, was ja für Führungssituationen geradezu typisch ist, hat Führung etwas mit dem Umgang mit der Komplexität von Gruppen zu tun. Gruppen haben eine eigene Dynamik, deren Verständnis für das erfolgreiche Leiten von Gruppen unumgänglich ist. Maßnahmen für die Entwicklung der Leistungsfähigkeit und des Zusammenhalts der Gruppen sind für die Führungsaufgabe zentral und werden häufig als **Teamentwicklung** bezeichnet (▶ Abschn. 8.1, 8.2 und 8.5 »Arbeitsgruppen«).

Gestaltung der Zusammenarbeit

Anerkennung und Kritik

Teamentwicklung

Gestaltung von Veränderungsprozessen. Ein wesentlicher Teil der Führungsaufgabe ist es, die jeweilige Organisationseinheit für zukunftsorientierte Veränderungen fit zu machen. Die Art und Weise, wie Veränderungsbedarf wahrgenommen, ermittelt, kommuniziert, durchgesetzt wird, hat wesentlichen Einfluss auf die Lernfähigkeit des einzelnen und des gesamten Systems

Interventionen in Veränderungsprozessen

und prägt damit die zukünftige Leistungsfähigkeit. Anforderungen und Methoden der professionellen Gestaltung von Veränderungsprozessen sind Thema von ▶ Kap. 15.

Behandlung von Konflikten

Konfliktinterventionen. Um die Leistungsfähigkeit der Organisationseinheit zu erhalten und zu fördern, hat die Führungskraft permanent zwischen den verschiedensten Interessenlagen zu vermitteln. Die Führungskraft ist immer Konfliktmanager. Ihre Fähigkeit, die Konfliktkultur, die Konfliktfähigkeit in ihrem Verantwortungsbereich zu entwickeln, hat wesentlich Einfluss auf die Leistungsfähigkeit der einzelnen Mitarbeitenden und der Gruppe als Ganzes (▶ Kap. 16 »Konfliktmanagement«, ▶ Kap. 17 »Diversity Management« und ▶ Kap. 18 »Mikropolitik«).

Literatur

Hilb, M. (2006). *Integriertes Personal-Management: Ziele, Strategien, Instrumente*. (15. Aufl.), München: Luchterhand.

Riekhof, H.-C. (1995). Personalentwicklung als Führungsinstrument. In A. Kieser et al. (Hrsg.), *Handwörterbuch der Führung* (S. 1704–1716). Stuttgart: Schaeffer Poeschel.

Neuberger, O. (2002). Führen und führen lassen. Ansätze, Ergebnisse und Kritik der Führungsforschung. (6. Auflage), Stuttgart: UTB; Lucius & Lucius.

6 Führung der eigenen Person

6.1 Mit den eigenen Ressourcen haushalten – persönliches Ressourcen-Management für Führungskräfte und die Mitarbeitenden – 123
Hans Kernen u. Gerda Meier

6.1.1 Bedeutung von Arbeit und Leistung für die persönliche Entwicklung – 124
6.1.2 Persönliche Gesundheit und Life-Balance im Kontext unserer verschiedenen »Lebenswelten« – 126
6.1.3 Regulation von Belastung und Ressourcen als Schlüsselkompetenz – 130
6.1.4 Einbezug der persönlichen und Umfeld-Ressourcen: Ressourcen-Modell und Ressourcen-Management – 136
6.1.5 Ausgewählte, spezifisch wirksame Ressourcen im betrieblichen Kontext – 138
6.1.6 Ressourcenmanagement für Führungskräfte und die Mitarbeitenden – wirksame Ansatzpunkte – 143
6.1.7 Ausblick: Betriebliches Ressourcenmanagement – Beeinflussung der strukturellen, kulturellen und Teamfaktoren – 145
Literatur – 148

6.2 Persönliche Arbeitstechnik – 149
Christoph Negri

6.2.1 Persönliche Arbeitstechnik und ganzheitliches Selbstmanagement – 150
6.2.2 Persönliche Arbeitstechnik – 152
6.2.3 Lebenssinn und Ziele – 152
6.2.4 Zielplanung und -findung – 153
6.2.5 Erfassung und Analyse des Ist-Zustandes der persönlichen Arbeitstechnik – 154
6.2.6 Planung – 155
6.2.7 Prioritätensetzung – 157
6.2.8 Informationsbewältigung – 159
6.2.9 Umgang mit E-Mails – 160
Literatur – 162

6.3 Systematisches Problemlösen – 162
Heinz Vetter, Sieglind Chies u. Carin Mussmann

6.3.1 Problemlösung mit Hilfe von Gruppen – 163
6.3.2 Was ist überhaupt ein Problem? – 164
6.3.3 Einfache, komplizierte und komplexe Problemsituationen – 165

6.3.4 Problemlösungszyklus – 168
6.3.5 Lösungsorientiert Probleme lösen – 184
Literatur – 192

6.4 Entscheidungen herbeiführen – 193
Sieglind Chies u. Heinz Vetter
6.4.1 Entscheidung als Wahl von Alternativen – 194
6.4.2 Entscheiden als Führungsaufgabe – 195
6.4.3 Einzel- oder Gruppenentscheidungen? – 197
6.4.4 Entscheiden als Teil eines Problemlösungsprozesses – 198
6.4.5 Intuitive und rationale Entscheidungen – 199
6.4.6 Entscheidungsmethoden – 201
Literatur – 212

6.5 Präsentation und Rhetorik – 213
Iris Boneberg
6.5.1 Vom Pferdefüttern und Präsentieren – 213
6.5.2 Eine Präsentation vorbereiten – 214
6.5.3 Mit Freude präsentieren – 222
6.5.4 Visualisierung und Medieneinsatz – 226
6.5.5 Ausgewählte Aspekte der Rhetorik – 231
Literatur – 235

6.1 Mit den eigenen Ressourcen haushalten – persönliches Ressourcen-Management für Führungskräfte und die Mitarbeitenden

Hans Kernen u. Gerda Meier

AUF EINEN BLICK

Für ein langfristig erfüllendes und positiv herausforderndes (Arbeits-)Leben sind eine ausgewogene Life-Balance und die Förderung unserer Ressourcen wichtig. Wir können persönlich eine Raubbau-Strategie verfolgen und bereits im mittleren Lebensalter an den Grenzen unserer Möglichkeiten und Kräfte leben. Oder eine aktive, herausfordernde und trotzdem ressourcenfördernde Lebensgestaltung wählen, die uns lange über das Arbeitsleben hinaus eine tragende Ressourcenbasis verspricht und die zugleich die Gesundheit fördert. Dies streben wir mit dem Ressourcen-Management-Ansatz an. Speziell für Führungskräfte stellen sich folgende Fragen: Ist Arbeit grundsätzlich nur als Belastung zu werten und demzufolge bei größerem Volumen krank machend – oder kann Arbeit sogar gesundheitsfördernd wirken? Ist es möglich, die Arbeit und Organisation so zu gestalten, dass wir Leistungserbringung **und zugleich** die Gesundheit fördern können? Wie können sich in diesem Kontext Führungskräfte selbst und ihre Mitarbeitenden führen, um eine langfristig tragende Ressourcenbasis zu sichern? Wenn wir diese Frage positiv beantworten können, werden die Lebensqualität, Gesundheit und Leistungserbringung langfristig unterstützt. Führungskräfte und Unternehmen, die diesem Ansatz Rechnung tragen, haben hinsichtlich Personalführung, der Personalpolitik und Produktivität die Nase vorn.

▼

> In diesem Kapitel diskutieren wir die Gesundheit und eine ausgewogene Life-Balance der berufstätigen Menschen, die sich im Spannungsfeld zwischen Berufs- und Privatwelt befinden. Spezielle Aufmerksamkeit erhält in diesem Zusammenhang die Arbeits- und Organisationsgestaltung, weil die Führungskräfte darauf direkt Einfluss nehmen können.

6.1.1 Bedeutung von Arbeit und Leistung für die persönliche Entwicklung

Unsere Grundhaltung gegenüber der Arbeit und Leistung ist einer der wesentlichen Faktoren, die die Life-Balance und das Gesundheitsverhalten beeinflussen. Speziell Führungskräfte sollten ihre diesbezügliche Haltung kennen und reflektieren, um sich selbst und ihre Mitarbeitenden in den Bereichen der Life-Balance, der Leistungserbringung und der Belastungsregulation gezielt und wirkungsvoll zu führen und zu fördern.

Arbeit als anthropologische Konstante

Arbeit war für die breite Bevölkerung seit jeher ein integraler Bestandteil des Lebens und kann in diesem Sinne als **anthropologische Konstante** bezeichnet werden. In der Arbeit zeigt sich indessen eine **Ambivalenz**, die sich bis in die aktuellen Diskussionen nachweisen lässt, vorab im Kontext der Erwerbsarbeit. Ist (Erwerbs-)Arbeit ein Segen oder ein Fluch – ist sie Freude und Wonne oder nur Mühsal und Plage? Es liegt auf der Hand, dass diese einerseits als Belastung, anderseits aber auch als Ressource erlebt wird. Oft wird vor allem zu Beginn der neuen Arbeitswoche Arbeit als Mühsal hingestellt und das nahende Wochenende als erlösender Faktor. Demgegenüber wissen wir, dass Glücksgefühle eher bei der Arbeit als in der Freizeit erlebt werden (Csikszentmihalyi 1999). Liegt der Grund vielleicht darin, dass negative Aspekte der Arbeit meist unmittelbarer zu spüren sind und deshalb öfter thematisiert werden? Faktum ist, dass im Spannungsfeld dieser Ambivalenz die positiven, aufbauenden Seiten der (Erwerbs-)Arbeit zu wenig deutlich wahrgenommen werden resp. zur Sprache kommen (Kernen 2011; von Rosenstiel 2001).

Ambivalenz der Arbeit

Arbeit kann krank machen, kann aber auch ein Beitrag zu einem erfüllenden Leben sein

Arbeit kann krank machen, das dokumentieren Berichte über psychosoziale Erkrankungen bei Arbeitnehmenden wie Burn-out oder Folgen des chronischen Stresses, die drastisch zunehmen. Anderseits aber stellen Berufstätigkeit und Arbeit auch entscheidende Faktoren für ein erfülltes Leben dar. Vorausgesetzt, wir schaffen es, unsere persönlichen und beruflichen Ressourcen nicht zu vernachlässigen, und unser Arbeits- und Privatleben in Balance zu halten. Daher ist es wichtig, dass sich Führungskräfte mit den zentralen Stressoren, aber auch mit den Ressourcen des Arbeitsfeldes auseinandersetzen – vor allem mit den ausgewählten spezifischen Seiten der Arbeit, die eine positive Wirkung auf den Menschen haben.

Der Mensch ist nicht auf Passivität, sondern auf Aktivität ausgerichtet

Gemäß von Cube (2006) hat sich im Laufe der Entwicklung hin zur Freizeitgesellschaft ein Irrtum hartnäckig gehalten: Arbeit ist zu meiden, mehr Freizeit ist anzustreben, von ihr erhofft man sich den ›notwendigen Lustwinn‹. Der Irrtum liegt genau in der Vorstellung, **dass sich Lustgewinn einstellen wird, ohne dass man sich anstrengen müsste**. Demzufolge ist der

Mensch nicht auf Passivität, sondern grundsätzlich, **von Natur aus auf Aktivität ausgerichtet** (von Cube 2006). Das Gefühl der Befriedigung und der Anerkennung ohne persönlichen Einsatz und ohne – im positiven Sinn verstandene – »Anstrengung« hat nur für kurze Zeit Bestand. Das Erleben dieser Annahme wird nachvollziehbar, wenn wir bei der Arbeit längere Zeit unterfordert sind oder wenn die Ferien mehrheitlich aus Nichtstun und Konsumieren bestehen. Echte und anhaltende Zufriedenheit und Befriedigung erfahren wir durch persönliches Handeln, bei dem wir eine positive Wirkung, einen Erfolg, erleben können.

Für den Ressourcenhaushalt wichtiger Wert der Arbeit

Arbeit hat, abgesehen von der Sicherung der materiellen Basis, einen **psychischen und sozialen Nutzen** und beeinflusst oder prägt die **Persönlichkeitsentwicklung**. Dazu kommt, dass die Berufstätigkeit selbst eine der wichtigsten externen positiven Einflussfaktoren für den Menschen ist – mit einer gesundheitlich stabilisierenden Funktion (Resetka et al. 1996). Am deutlichsten kommt der Wert der Arbeit zum Ausdruck bei der Langzeitarbeitslosigkeit. Nach einer Untersuchung von von Rosenstiel (2001) wirkt anhaltende Erwerbslosigkeit gesundheitsschädigend:

> Arbeit ist eine der wichtigsten externen positiven Einflussfaktoren für den Menschen mit gesundheitlich stabilisierender Funktion

- Sie legt Suizidgedanken nahe, die Suizidrate ist erhöht.
- Sie macht den Arbeitslosen für die Familie zum Belastungsfaktor.
- Sie ist mit Verlust von Macht, Prestige und finanziellem Entscheidungsspielraum verbunden.
- Sie wirkt im sozialen Umfeld destabilisierend auf Kinder.
- Sie geht mit dem Zusammenbruch sozialer Beziehungen und dem Rückzug ehemaliger Kollegen und Bekannten einher, was insgesamt wiederum prägend auf die Persönlichkeit des Arbeitslosen zurückwirkt.

Diese Forschungen über die Auswirkung von Erwerbslosigkeit und die daraus gewonnenen Resultate erlauben Rückschlüsse auch auf den hohen **psychischen und sozialen Nutzen der Arbeit**. Die **psychosoziale Funktion** der Arbeit wurde zudem aus arbeits- und organisationspsychologischer Sicht nachgewiesen (Semmer & Udris 2004; Ulich 2001). Relevante Größen sind:

> psychosoziale Funktion

- **Aktivität und Kompetenz**: Durch berufliche Aktivität werden Fähigkeiten, Kenntnisse und Qualifikationen entwickelt. Dadurch wird auch das Gefühl der Handlungskompetenz gefördert.
- **Strukturierung der Zeiträume**: Die Arbeit strukturiert unseren Tages-, Wochen- und Jahresverlauf. Struktur gibt Orientierung.
- **Kooperation und Kontakt**: Berufliche Aufgaben sind meist an Kontakte und Zusammenarbeit gebunden, was als wichtige Grundlage für die Entwicklung von sozialen Kompetenzen gilt. Das Arbeitsfeld ist zudem ein wesentliches soziales Kontaktfeld.
- **Soziale Anerkennung**: Durch die eigene Leistungserbringung und durch die Kooperation mit anderen erfahren wir im positiven Fall soziale Anerkennung und Wertschätzung.
- **Persönliche Identität**: Die Berufsrolle, Arbeitsaufgabe und soziale Erfahrungen bilden eine wesentliche Grundlage für die Entwicklung und Förderung des Selbstwertgefühls und der Identität.

Life-Balance, Arbeit und Gesundheit

adäquater Arbeitsbezug, Life-Balance und ressourcenorientierte Arbeitsgestaltung

Damit sich der Wert und Nutzen der Arbeit positiv auswirken kann, müssen gewisse Bedingungen erfüllt sein. Einerseits gilt es, ein einseitiges Selbstverständnis des Berufstätigen, das sich nur oder **fast ausschließlich über die Arbeit definiert**, zu vermeiden. Dadurch ist eine ausgewogene Life-Balance nicht gewährleistet, was mittelfristig negative Konsequenzen für die Person nach sich ziehen kann. Anderseits ist durch die Organisation resp. durch deren Führungskräfte eine ressourcenorientierte Arbeits- und Organisationsgestaltung zu sichern, die die Leistungserbringung, Arbeitszufriedenheit **und** Gesundheit zugleich fördert (vgl. Kernen 2005). Dies wird in der Folge weiter ausgeführt.

6.1.2 Persönliche Gesundheit und Life-Balance im Kontext unserer verschiedenen »Lebenswelten«

Bei weltweiten Umfragen gilt kulturübergreifend die Gesundheit als das wichtigste Gut. Aber verhalten wir uns auch nach dieser Überzeugung? Ist es nicht so, dass wir erst dann an unsere Gesundheit denken, wenn erste Krankheitssymptome auftauchen? Wir kennen das Prozedere: Wir bekämpfen mit unterschiedlichen Mitteln die Symptome. Nach deren Abklingen ›vergessen‹ wir die vielleicht wichtigen Warnzeichen und nehmen »die Gesundheit« einfach wieder als selbstverständliches Gut hin. Bis sich erneut und vielleicht noch hartnäckigere Krankheitssymptome zeigen …

Ein solcher krankheitsorientierter Ansatz greift zu kurz. Demgegenüber steht ein **gesundheitsfördernder Ansatz**, mit dem wir die eigene gesundheitliche Balance aktiv unterstützen. Dazu einige grundlegende Gedanken.

die Gesundheit gibt es nicht

Gesundheit gilt als das wertvollste Gut des Menschen. Doch was ist Gesundheit? Gemäß der reichlich utopisch anmutenden Definition der Weltgesundheitsorganisation (WHO) kann Gesundheit als

> »Zustand vollkommenen körperlichen, geistigen und sozialen Wohlbefindens« verstanden werden, und nicht bloß als »Fehlen von Krankheit und Gebrechen«.
> (WHO 1976, § 1)

In dieser Definition schwingt das Idealbild eines gesunden Menschen mit, der sozial völlig integriert, physisch und psychisch vollkommen ausgeglichen und frei von jeglichen Spannungen und Dysbalancen ist. Wenn man auf eine derart idealistische Definition vertraut, wäre Gesundheit niemals erreichbar – denn »**die absolute Gesundheit**« gibt es nicht.

Kontinuum zwischen »krank« und »gesund«

Um dem Alltagserleben von Gesundheit näherzukommen, ist ein Modell realistischer, das von einem **Kontinuum** zwischen zwei Polen »gesund« und »krank« ausgeht. Wir erleben meistens gesunde **und** kranke Anteile, je nach Situation und Zeitpunkt in unterschiedlichem Verhältnis. Da unser Alltagsleben immer geprägt ist von gesundheitsfördernden und krankmachenden Kräften, verstehen wir:

6.1 · Mit den eigenen Ressourcen haushalten

Definition
Gesundheit als das Ergebnis eines lebenslangen Prozesses der Auseinandersetzung zwischen salutogenen (gesundheitsfördernden) und pathogenen (krankmachenden) Kräften. Beide Kräfte finden sich in jedem Menschen zu jedem Zeitpunkt.

Definition: Gesundheit als Ergebnis eines lebenslangen Prozesses

Dieses Gesundheitsverständnis, das auf dem Salutogenese Konzept von Antonovsky aufbaut (▶ Abschn. 6.1.4; Antonovsky 1993, 1997), ist alltagsnah und ermöglicht eine einfache Analyse jeder Lebenssituation.

Gesundheit ist also ein dynamischer Prozess, in dem das Individuum immer wieder ein Fließgleichgewicht innerhalb seiner Person und mit seiner Umwelt herzustellen versucht, um sein Wohlbefinden zu optimieren. Dabei

Kriterium: stabiles dynamisches Fließgleichgewicht

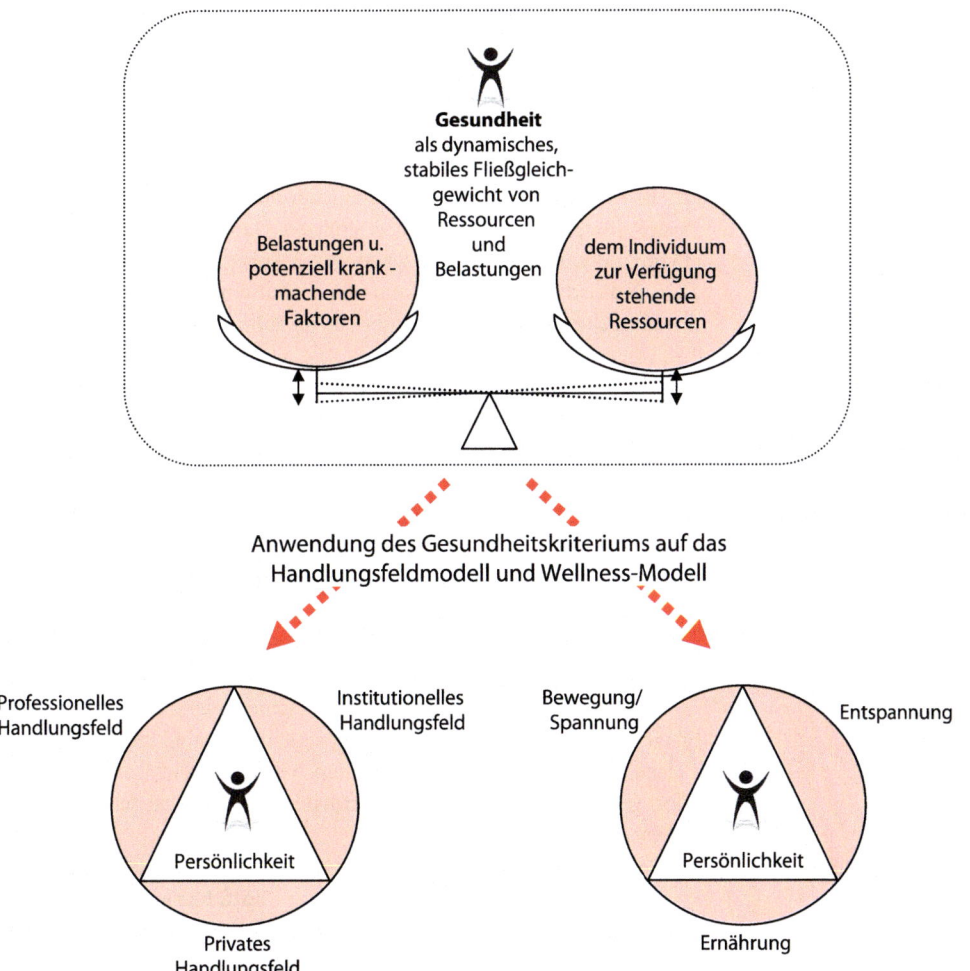

Abb. 6.1. Gesundheitskriterium, stabiles dynamisches Fließgleichgewicht als Resultat eines wirksamen Abstimmungsprozesses zwischen Ressourcen und Belastungen – angewendet auf zwei alltagsnahe Modelle: Handlungsfeld- und Wellnessmodell

wird von einem ständigen Optimierungsprozess ausgegangen, den das Individuum zu gestalten hat. Aufgrund der unterschiedlich stark wirkenden Einflussfaktoren des Privat- und Arbeitsfeldes wird die Person immer wieder Schwankungen in der Beanspruchung erleben. Im günstigen Fall können diese abgefedert werden, sodass das Individuum, trotz der Abweichungen von der Gleichgewichtsachse, **insgesamt** in einem relativ stabilen Gleichgewichtszustand bleibt. Damit ist das Kriterium des stabilen, dynamischen Fließgleichgewichts des Individuums skizziert, das in ◘ Abb. 6.1 abgebildet ist.

wirksame Regulation von Ressourcen und Belastungen als Ziel

Dieses gesundheitlich stabile dynamische Fließgleichgewicht gilt es immer wieder durch einen aktiven Regulationsprozess neu zu sichern – durch einen **wirksamen Abstimmungsprozess** zwischen Ressourcen und Belastungen, was im ▶ Abschn. 6.1.3 vertieft diskutiert wird.

Anwendung des Gesundheitskriteriums auf verschiedene Lebensbereiche und Handlungsfelder

Das dem dargestellten Gesundheitsverständnis zugrunde liegende Gesundheitskriterium wird in zwei alltagsnahen Modellen angewendet: im Wellness- sowie im Handlungsfeldmodell. Letzteres bietet eine hilfreiche Unterscheidungsmöglichkeit bei der Analyse des Arbeitsfeldes, um professionell-arbeitsbezogenen Fragen von institutionellen (strukturell/kulturellen) Fragestellungen von einander abzugrenzen. Damit wird auch deutlich, dass ein nur individuell ausgerichteter Ansatz zu kurz greifen würde. Vielmehr gilt es, auch die strukturellen und kulturellen Faktoren des (Arbeits-)Umfeldes in den alltagsbezogenen Handlungsansatz einzubeziehen.

gesundheitliches Gleichgewicht innerhalb und zwischen den verschiedenen Lebensfeldern

> Ziel ist das wiederkehrende Herstellen des gesundheitlichen Fließgleichgewichts von Ressourcen und Belastungen innerhalb und zwischen den Lebensfeldern – sodass die Life-Balance gesichert ist.

Das Modell der 3 Handlungsfelder geht von der Annahme aus, dass wir uns im Alltag in unterschiedlichen Rollen in den drei Feldern bewegen, in dem **privaten Handlungsfeld**, dem **professionellen** und dem **institutionellen Handlungsfeld**.

privates Feld

Im **privaten** Feld nehmen wir unterschiedlichste Rollen ein: Partner, Freund, Schulpflegemitglied, Joggingpartner, Elternteil etc. Neben der Sozialzeit mit der Familie und Freunden haben wir nicht zuletzt auch uns selbst gegenüber gerecht zu werden mit dem Anspruch an Selbstzeit, Zeit für Hobby etc.

professionelles Feld

Im **professionellen** Feld bringen wir durch unser Handeln unsere professionellen **Fähigkeiten und Fertigkeiten zur Entfaltung und Wirkung**. Der persönliche Bezug zur Arbeit sowie das Entfaltungspotenzial, welches ich durch die Arbeit selbst erfahren kann, sind dabei zentrale Größen. Ziel ist ein möglichst positives Arbeitserleben durch das Gefühl, die vorhandenen und noch weiter zu entwickelnden professionellen Fähigkeiten anzuwenden resp. in der Arbeit zur Wirkung bringen zu können.

Das **institutionelle Feld** schließt u. a. die Organisation mit den Strukturen, Funktionen und der Organisationskultur mit ein. Gemäß dem Auftrag der Funktion wird die quantitative sowie qualitative Leistungserbringung ins Zentrum der Betrachtung gerückt, die in einem unterstützenden, tragenden Sozialklima erbracht werden kann.

Alle drei Handlungsfelder sind miteinander vernetzt, alle Handlungen werden ja auch von ein und derselben Person ausgeführt. Die **Persönlichkeit** dieses einen Menschen durchdringt und prägt alle diese Felder, diese wiederum beeinflussen die Persönlichkeit.

institutionelles Feld

Interpendenz von Person und Handlungsfeldern

Ansatzpunkte für die Förderung des gesundheitlichen Gleichgewichts und der persönlichen Ressourcen – Ausgewogene Life-Balance als langfristiges Ziel …

In Anlehnung an das Modell der drei Handlungsfelder sollte das gesundheitliche Gleichgewicht im Leben, speziell zwischen der »Arbeitswelt« und der »Privatwelt« als langfristiges Ziel sichergestellt werden.

ausgewogene Life-Balance als langfristiges Ziel

Damit sind wir bei denjenigen Fragen angelangt, die oft im Zusammenhang mit dem **Life-Balance-Ansatz** diskutiert werden, der unsere Aufmerksamkeit auf das (Un-)Gleichgewicht zwischen Privatwelt und Arbeitsleben lenkt. Ein längerfristig wirksames Ressourcenmanagement kommt um die Beantwortung solcher Fragen nicht herum. Dazu gehören z. B.:

- Welchen Stellenwert hat in meinem Alltag das Verhältnis von Arbeits- und Privatwelt? Habe ich, hat mein privates Umfeld ähnliche Werte hinsichtlich Fragen der Life-Balance wie die arbeitgebende Organisation? Wo sind Gemeinsamkeiten, wo Differenzen?
- In welcher Form torpedieren, bedingen, unterstützen sich diese beiden Lebensfelder? Leiden beispielsweise die Ressourcen der Privatwelt durch das hohe Engagement in der Arbeitswelt? Wer ist dabei wie betroffen?
- Wie zeigt sich das private Feld? Was zähle ich dazu? Was ist mir besonders wertvoll? Was vernachlässige, was pflege, was fördere ich?
- Wie sehen und erleben die in meinen Lebensfeldern direkt betroffenen Menschen das momentane Gefüge? Ist ein **gegenseitig wertvoller Ressourcenaustausch** sichergestellt? Oder sichert – wie in den vielen, gefährdeten Managerehen zu beobachten – die Ehefrau die Logistik von Kleidung, Essen sowie sozialen und familiären Verpflichtungen?
- Habe ich auch genügend »Selbstzeit« – das heißt Zeit, die ich zu meiner alleinigen Verfügung habe – zum Beispiel die **eine** wertvolle Stunde am Sonntagvormittag?
- …

Letztlich geht es um die Übernahme und Integration von verschiedenen Funktionen und Rollen, die wir auf vielfältige Art leben – z. B. als Logistiker oder Abteilungsleiterin, als Ehefrau oder Partner, als Vater, als Ortsparteipräsidentin, als Freund usw. Das heißt, dass in der Beurteilung einer aktuellen Situation nicht nur das Handeln in und Erleben von einzelnen Handlungsfeldern im Zentrum steht, sondern ebenso das **Zusammenspiel aller für mich relevanten Handlungsfelder**. Dabei geht es um das **übergeordnete Gleichgewicht**, das immer wieder und lebenslang als Prozess beurteilt und

Zusammenspiel der verschiedenen Handlungsfelder

gestaltet werden muss – als nicht unwesentlicher Beitrag zum gesundheitlichen Gleichgewicht. Ein »Auslaugen« eines Lebensfeldes zugunsten eines andern ist Raubbau an der eigenen Ressourcenbasis und an derjenigen der dadurch betroffenen Menschen, etwa des Partners, der Familie oder des Freundeskreises.

… sowie Ressourcenförderung durch angemessene Bewegung, Ernährung, Entspannung …

Wellness

Das Wellnessmodell geht von der Annahme aus, dass die gesundheitliche Balance durch angepasste Bewegung/Spannung, Entspannung und Ernährung stark unterstützt wird.

6.1.3 Regulation von Belastung und Ressourcen als Schlüsselkompetenz

Gesundheit wird als **stabiles, dynamisches Fließgleichgewicht des Individuums im Kontext seines Umfeldes** beschrieben. Dieser lebenslangen Herausforderung liegt ein Regulationsprozess zwischen Belastungen und Ressourcen zugrunde. Dabei geht es z. B. um folgende Fragen: Warum werden ähnliche Situationen durch den einen Menschen als hoch beanspruchend und als Stress erzeugend, durch den andern als wenig oder gar nicht belastend erlebt? Einige fühlen sich in diesen Situationen sogar positiv herausgefordert. Wie kann dieses unterschiedliche Erleben erklärt werden? Damit diese Frage beantwortet werden kann, werden zuerst ein paar zentrale Begriffe definiert und danach das Ressourcen-Belastungs-Regulationsmodell von Kernen (2005) herbeigezogen.

Belastung: Unter Belastungen werden alle von außen auf einen Menschen einwirkenden Faktoren verstanden - ein objektives Geschehen also.

Beanspruchung: Die Auswirkung der Belastung auf den Menschen hingegen wird als Beanspruchung bezeichnet. Beanspruchung ist also die subjektiv erlebte Belastung. Bei gleicher oder ähnlicher Belastung kann die Beanspruchung individuell sehr unterschiedlich sein (Semmer & Udris 2004).

Beanspruchungsfolgen: Wenn z. B. die Anforderungen an den Arbeitstätigen nicht den individuellen Leistungsvoraussetzungen entsprechen, können Beanspruchungsfolgen resultieren. Im negativen Fall kann eine Person über- oder unterfordert sein, im günstigen Fall fühlt sie sich positiv herausgefordert.

Stressoren im Arbeitsfeld

Im Arbeitsfeld gibt es eine Vielzahl von belastenden Einflussfaktoren, die beim Individuum zu einer gesundheitlichen Dysbalance führen können. Diese Belastungsfaktoren werden als Stressoren bezeichnet und können – aber müssen nicht – zu Stress führen. Mögliche Stressoren im Arbeitskontext sind z. B. zwischenmenschliche Konflikte, quantitative und qualitative Überforderung bei der Arbeit, aber auch Unterforderung über einen längeren Zeitraum hinweg. Waren früher ergonomische, physikalische und chemische

Belastungen von hoher gesundheitlicher Bedeutung, treten seit einiger Zeit die psychosozialen Belastungen in den Vordergrund. Nicht zuletzt wegen den sich wandelnden wirtschaftlichen, gesellschaftlichen Anforderungen und einschneidenden Veränderungsprozessen. Weitere Stressoren wie z. B. Mobbing resultieren aus zwischenmenschlichen Konflikten (▶ Kap. 16). Vor allem in sozialen Berufen und im Dienstleistungssektor, wo die Interaktion mit den Klienten und den Kunden eine zentrale Arbeitsanforderung darstellt, gilt die emotionale Dissonanz als hoch relevanter Belastungsfaktor (Hochschild 1990; Zapf et al. 2003). Mitarbeitende eines Callcenters müssen sich z. B. gegenüber einem Kunden, der verärgert reagiert oder gar ausfällig wird, stets freundlich und einfühlsam verhalten, obwohl ihnen oft ganz anders zumute sein dürfte.

psychosoziale Belastungen treten in den Vordergrund

»Freundlichkeit als Ware«

Stressoren im Arbeitsfeld

Exemplarisch sind nachstehend die am häufigsten zu beobachtenden Stressoren im Arbeitsfeld aufgelistet. Diese sind wissenschaftlich breit abgestützt und in der Literatur differenziert dokumentiert (Semmer & Udris 2004; Büssing 1999; Udris & Frese 1999).

Aufgabenbezogene Stressoren: werden hervorgerufen durch ein Missverhältnis von Anforderungen und den zur Verfügung stehenden Kompetenzen oder Ressourcen:
- quantitative Unter- oder Überforderung (Arbeitsvolumen),
- qualitative Unter- oder Überforderung (inhaltlicher Art).

Über- und Unterforderung

Stressoren durch mangelnde Arbeitsorganisation: mangelhafte Infrastruktur; inadäquate Werkzeuge; mangelnder Support; Mangel an Handlungsspielraum; zu geringe Mitgestaltungs- und Entscheidungsmöglichkeiten etc.

Arbeitsorganisation

Stressoren in der zeitlichen Dimension: beeinträchtigter physiologischer Tag-Nacht-Rhythmus, oft mit Schicht- und Nachtarbeit verbunden; Wechselschichtarbeit; Arbeitszeit auf Abruf mit geringer Planbarkeit des eigenen Tagesablaufes etc.

Arbeitszeit

Physikalisch-chemische Stressoren: schädliche Umgebungsbedingungen wie ungenügende/falsche Beleuchtung; schlechte Luft; Hitze; Lärm; schädliche Arbeitsstoffe; mangelnde Ergonomie; einseitige Körperhaltung etc.

Umweltbelastung

Soziale Bedingungen als Stressor: schlechtes Arbeitsklima; (Rollen)Konflikte; unfaire Behandlung; Rollenambiguität; Mobbing etc.

Arbeitsklima

Organisatorisch bedingte Stressoren: ständige Unterbrechungen/Störungen des Arbeitsablaufes; verschärft bei Verursachung durch Kollegen und in Kombination mit Leistungsdruck etc.

Störungen

Soziokulturelle Rahmenaspekte als Stressoren: aus subjektiver Sicht ungerechtfertigt geringer Status; mangelnde Anerkennung; zu geringe oder einseitige Information; inadäquate Lohnpolitik etc.

fehlende Anerkennung

Antizipation von Arbeitslosigkeit und Arbeitsplatzunsicherheit: belastende Zukunftsaussichten; Angst oder Antizipation von Arbeitslosigkeit und Arbeitsplatzunsicherheit etc.

Stressoren in der Berufskarriere: diverse Formen des »Realitätsschocks« beim Eintritt ins Berufsleben oder bei Umstellungsprozessen in der Arbeit etc.

<small>Gesamtkonstellation mit den Mehrfachbelastungen ist entscheidend</small>

Bei der Wirkung von Stressoren steht nicht der einzelne Stressor, sondern das Stressorenbündel im Zentrum der Aufmerksamkeit, da die Mehrfachbelastungen entscheidend sind. Zudem wissen wir, dass für das Individuum das **subjektive** Erleben der Gesamtkonstellation entscheidend ist, und dass jeder Mensch seine Stressorensituation subjektiv unterschiedlich empfindet. Warum? Weil unterschiedliche Fähigkeiten und Fertigkeiten sowie unterschiedlich starke Ressourcen zur Verfügung stehen. Wie das zusammenhängt, wird im Ressourcen-Belastungs-Regulationsmodell erläutert.

<small>Ressourcen</small>

> Unter Ressourcen verstehen wir die insgesamt einer Person zur Verfügung stehenden, internen (personalen) und Umfeld-bezogenen Kräfte, Kompetenzen und Handlungsmöglichkeiten, die gesundheitsschützende und -fördernde Wirkung haben, also Schutzfaktoren und solche, die den Umgang mit einer Situation erleichtern (in Anlehnung an Semmer & Udris 2004).

<small>Ressourcen-Belastungs-Regulationsmodell</small>

Die Dynamik und Wirkung des Regulationsprozesses, bei dem Belastungen und Ressourcen im Spiel sind und gegeneinander verrechnet werden, sind hochgradig subjektiv. Außenstehende Personen können kaum beurteilen, wie und wie stark sich eine (vielleicht belastende) Situation auf einen Menschen auswirkt. Deshalb muss die eigene, persönliche Beurteilung der Betroffenen ins Zentrum gestellt werden. Diese Beurteilung hat einen direkten Bezug zur persönlichen Ressourcenbasis, die einem Menschen im Alltag zur Verfügung steht. Die subjektiv erlebte Belastung hängt also in hohem Maße von den aktuell zur Verfügung stehenden, aktivierbaren Ressourcen ab. Zur Erklärung dieses Vorganges dient das Ressourcen-Belastungs-Regulationsmodell von Kernen (2005), das sich an das transaktionale Stressmodell von Lazarus und Launier (1984) anlehnt (◘ Abb. 6.2).

<small>externe und interne Anforderungen</small>

Der Ausgangspunkt des Modells bildet das Geschehen zwischen der Person und den Anforderungen, die sie erlebt. Dabei handelt es sich einerseits um die externen Anforderungen/Belastungen, andererseits um die inneren Anforderungen z. B. persönliche Ziele und Werte, die das subjektive Erleben beeinflussen.

<small>primär eingeschätzte Belastung</small>

Jeder Mensch bewertet Situationen und deren Belastung unterschiedlich. In einer anforderungsreichen Lebenssituation findet eine erste Beurteilung statt, ob die Anforderungen für die Person a) günstig resp. positiv, b) schädigend resp. bedrohend oder c) herausfordernd sind. Das wird als primäre Bewertung bezeichnet (Lazarus & Launier 1981).

6.1 · Mit den eigenen Ressourcen haushalten

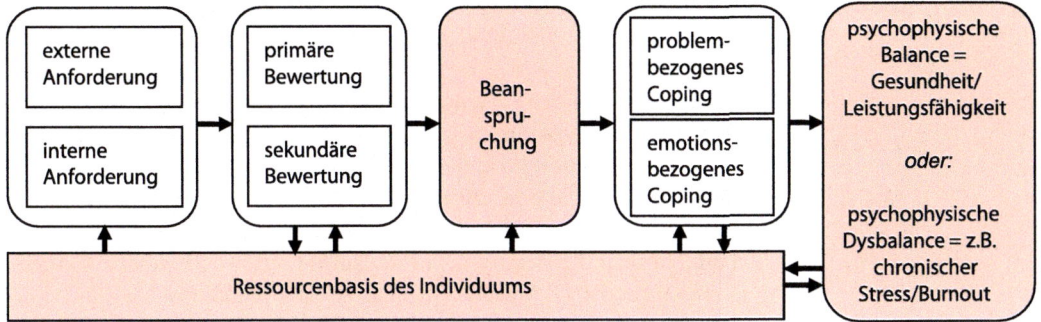

Abb. 6.2. Ressourcen-Belastungs-Regulations-Modell. (Nach Kernen & Meier 2005, © by Haupt Bern)

Die primär eingeschätzte Belastung wird nun vom Individuum mit seinen verfügbaren Ressourcen und den Bewältigungsmöglichkeiten (Coping) verglichen – dies entspricht dem sekundären Bewertungsprozess. Wenn ungenügende Ressourcen und Bewältigungsmöglichkeiten zur Verfügung stehen, dann steigt die – subjektiv erlebte – Beanspruchung. Im Anschluss an diesen Bewertungsprozess wird ein Bewältigungsverhalten angewendet, das von der Situation abhängig ist, der Disposition und den Möglichkeiten der Person. Über Erfolgs- oder Misserfolgsrückmeldungen lernt die Person, ihre Ressourcen und Bewältigungsstrategien anzupassen.

Es sei betont, dass die Einteilung der Bewertungen in primäre und sekundäre Bewertungsprozesse keine zeitliche Abfolge und keine Priorisierung der Wichtigkeit beinhaltet. Primäre und sekundäre Bewertungsprozesse beeinflussen einander wechselseitig. Es findet ein umfassender Interaktionsprozess zwischen Umwelt und Person statt.

Wie schon darauf hingewiesen, kann die Beanspruchung bei ›gleicher‹ Belastung für unterschiedliche Individuen verschieden sein – je nach Ausgang dieses Bewertungsprozesses und der aktuell zur Verfügung stehenden Ressourcen. Die primäre und sekundäre Bewertung erfolgen also auch ressourcengesteuert.

Lazarus unterscheidet zwei Arten von Bewältigungsstrategien: Das problemorientierte Coping einerseits und das emotionsregulierende Coping anderseits.

Beim problemorientierten Coping versucht das Individuum, durch Informationssuche, durch direktes Handeln oder auch durch Unterlassen von Handlungen die gestellten Problemsituationen zu überwinden oder sich den Gegebenheiten der Situation anzupassen.

Beim emotionsregulierenden Coping wird in erster Linie versucht, die durch die Beanspruchung der Situation entstandene emotionale Erregung abzubauen, ohne sich spezifisch mit den möglichen Ursachen dieser Belastungssituation auseinandersetzen zu müssen.

Hornung und Gutscher (1994) gehen davon aus, dass bei ausreichend vorhandenen Ressourcen öfters direkt problemlösendes Copingverhalten zu beobachten ist, während bei gering vorhanden Ressourcen wenigstens emotionsreguliernd auf die Beanspruchung reagiert wird. Emotionsbezogene Bewältigungsstrategien spielen eine wichtige Rolle und sollen keineswegs negativ beurteilt werden, solange sie nicht auf Kosten problemlösender Strategien dominant werden.

Margin notes: sekundär eingeschätzte Belastung; Bewertungsprozess, Beanspruchung und Ressourcenbasis; Bewältigungsstrategien (Coping); problembezogenes Coping; emotionsregulierendes Coping; Ressourcenbasis und Coping

psychophysische Balance

Je nach Beanspruchung und Wirkung des Coping resultiert für das Individuum eine Situation, die mit einem Abbau, einem Erhalten oder einem Aufbau seiner Kräfte resp. Ressourcen verbunden ist. Das Resultat dieses Prozesses wird in der »psychophysischen Balance« deutlich. Die psychophysische Balance ist ein Zustand der Homöostase, also einer gut funktionierenden Regulation i. S. d. Fließgleichgewichts – das System funktioniert trotz steigender und/oder fallender Beanspruchung, ohne dass es zu einem Ressourcenabbau kommt. In einem solchen Zustand wechselnder Beanspruchung, in dem die negativen Effekte laufend abgefedert werden können, ist ein längerfristiger Ressourcenaufbau zu erwarten. Denn eine gelingende Regulation kann ein Erfolgserlebnis und einen Kompetenzgewinn bedeuten.

psychophysische Dysbalance

Ist aber ein Regulationsprozess zu verzeichnen, bei dem die Ressourcen über längere Zeit hinweg übermäßig beansprucht werden, kippt die ›Kosten-Nutzen-Rechnung‹ von Beanspruchung und Ressourcen ins Negative. Es fehlt an Elastizität, problembezogenes Coping wird schwierig. In diesem Fall liegt eine Stressregulationssituation vor, in der die Bilanz nur kurzfristig und in Extremsituationen positiv sein kann. Dauert eine solche Situation längere Zeit, kommt es zu einer Dysregulation und zu einer negativen psychophysischen Bilanz. Ein Ressourcenabbau ist mit großer Sicherheit zu erwarten – und in der Folge eine gesundheitliche Dysbalance. Im System erfolgt eine Rückkoppelung, und diese kann als Ganzes aus dem Ruder laufen, was sich z. B. in chronischem Stress oder Burn-out manifestieren kann.

In diesem Zusammenhang erhält eine ganz bestimmte Kompetenz des Individuums besondere Bedeutung: die Fähigkeit, bei sich spezifische Zeichen als Frühwarnsymptome für eine beginnende Dysregulation wahrzunehmen. Sensibilität sich selber gegenüber, also diese Frühwarnzeichen zu (er)kennen **und** zu handeln, ist im Rahmen dieses Regulationsmodells ein zentraler Faktor und eine Ressource.

Ressourcenauf- oder abbauprozesse

Je nach Wirkung des Copingverhaltens und der Ausprägung der psychophysischen Balance wird die Ressourcenbasis auf- oder abgebaut. Diese Prozesse sind ausschlaggebend dafür, ob ein Individuum in Zukunft auf genügend Ressourcen zurückgreifen kann oder nicht.

Wirkung der Ressourcenbasis auf die Beanspruchung

Diese nun aktuell vorhandene, subjektiv erlebte Ressourcenbasis beeinflusst wiederum die Wahrnehmung der Anforderungen und Belastungen, die neu auf das Individuum einströmen. Damit ist der Ausgangspunkt unserer Betrachtung wieder erreicht.

Förderung der Stresstoleranz

Es konnte wissenschaftlich nachgewiesen werden, dass Menschen, die über eine ausreichende Ressourcenbasis verfügen, subjektiv tiefere Belastung erleben und dadurch im Arbeitsalltag stresstoleranter sind als jene mit schwächeren Ressourcen (Kernen 1999).

Burn-out als ein Beispiel gesundheitlicher Dysbalance

> **Definition**
> Burn-out ist ein Zustand, der sich langsam, über einen Zeitraum von andauerndem Stress und Energieeinsatz entwickelt ... Burn-out ist ein Energieverschleiß, eine Erschöpfung aufgrund von Überforderung, die von innen oder von aussen (Familie, Arbeit, Freunde, Wertesysteme, Gesellschaft ...) kommen kann und einer Person Energie, Bewältigungsmechanismen und innere Kraft raubt. Burn-out ist ein Gefühlszustand, der begleitet ist von übermäßigem Stress, und der schließlich persönliche Motivationen, Einstellungen und Verhalten beeinträchtigt. (Freudenberger 2003)
>
> Oder einfacher gesagt:
> ... eine affektive Reaktion auf kontinuierliche Stressbelastungen im Beruf (Maslach 2001)

Definition: Burn-out

Burn-out ist gemäß Definition die Folge einer nicht genügend wirksamen Regulation von Belastungen und Ressourcen. Damit ist aber noch nicht festgehalten, wo die ursächlichen Faktoren liegen. Führende Burn-out-Forscher gehen davon aus, dass die Ursache in einer mangelnden Arbeits- und Organisationsgestaltung liegt (Maslach & Leiter 2001). Ergänzend dazu schließen wir das nicht genügend wirksame Coping des Individuums mit ein. Welches sind die Symptomfelder?

Ursachen

Symptome

Gefühl emotionaler Erschöpfung: Der ausgebrannte Mensch erlebt eine **andauernde Müdigkeit**, auch schon beim Aufstehen und fühlt sich nie mehr wirklich ausgeruht. Er muss sich stets – emotional – zu sehr anstrengen, dominierend ist das Gefühl des **emotionalen Ausgelaugtseins**, die Lebensenergie ist gering.

Müdigkeit

Psychosomatische Beeinträchtigung: Der ausgebrannte Mensch erlebt Stresswirkungen bis in die Freizeit hinein, sein Bewegungsverhalten ist reduziert, begleitet von individuell sehr unterschiedlichen psychosomatischen Beschwerden wie Schlafstörungen, Kopfschmerzen etc.

Beschwerden

Reduzierte persönliche Leistungsfähigkeit: Oft ist eine nachlassende Tatkraft zu beobachten, was zu vermehrten Anstrengungen führt – ein Teufelskreis ohne Gewinner.

Leistungsabfall

Depersonalisierung. Zu Beginn ist ein häufiges ärgerliches oder gereiztes Reagieren gegenüber Kunden, Kollegen und/oder Mitarbeitenden zu beobachten. Die Arbeit mit Menschen wird mehr und mehr als Strapaze erlebt. Der ausgebrannte Mensch kann sich immer schlechter in das Gegenüber hineinversetzen, meidet den Kontakt, Gleichgültigkeit/Zynismus gegenüber anderen Menschen nehmen zu. Diese werden immer mehr als unpersönliche Objekte behandelt, was als **Depersonalisierung** bezeichnet wird. Mit stark

Depersonalisierung

negativen Folgen bei bspw. Kundenkontakt und Personalführungsverantwortung.

Charakteristiken und Prävention von Burn-out

Burn-out ist nie ein akutes, sondern ein schleichendes, chronisches Geschehen. Lange Zeit bleibt der Burn-out-Kranke unentdeckt. Bei deutlich auftretenden Symptomen aber ist die Krankheit bereits stark fortgeschritten und das private wie berufliche soziale Umfeld ist beeinträchtigt. Es kommt vermehrt zu Fehlentscheiden, und die Leistung und Kreativität sind reduziert.

Es lohnt sich, Burn-out vorzubeugen – die im ▶ Abschn. 6.1.5 dargestellten Ressourcen weisen eine Burn-out-prophylaktische Wirkung auf (Kernen 1999; Kernen 2012). Dabei ist zu berücksichtigen, dass nicht nur individuelle, sondern vor allem auch betriebliche (strukturelle und kulturelle) Einflussfaktoren eine zentrale Rolle spielen. Zudem wird zu schnell von Burn-out gesprochen und zu häufig Burn-out diagnostiziert. Da ist Vorsicht geboten.

6.1.4 Einbezug der persönlichen und Umfeld-Ressourcen: Ressourcen-Modell und Ressourcen-Management

Ressourcen-Orientierung als Fokus

Führungskräfte können das Arbeitsfeld primär als Stressorenfeld betrachten mit dem Ziel, die negative Wirkung der Stressoren zu reduzieren – wie es die traditionellen Stressmanagement-Ansätze vermitteln. Damit wird aber nur ein Teil der Einflussmöglichkeiten berücksichtigt. Das Arbeitsfeld kann aber ebenso als Ressourcenfeld betrachtet werden! Mit dieser neuen Perspektive erschließen sich den Führungskräften neue Perspektiven der positiven Einflussnahme – für sich selber wie für die Mitarbeitenden. Durch ein gezieltes Reduzieren der belastenden Faktoren sowie Fördern der Ressourcen (= Ressourcenmanagement) wird ein enormes Potenzial des Arbeitsfeldes erschlossen.

Ressourcen im betrieblichen Alltag und das Ressourcenmodell

Ressourcen im betrieblichen Alltag

Wenn im betrieblichen Alltag von Ressourcen die Rede ist, stehen meistens die materiellen, finanziellen und personellen Ressourcen zur Diskussion. Der Ressourcenbegriff sollte aber breiter gefasst werden, um durch ein wirksames Ressourcen-Management die Produktivität im Betrieb und das Befinden der Mitarbeitenden umfassender zu fördern. Welche Führungskraft denkt im Kontext des Arbeitsprozesses an psychosoziale, soziokulturelle oder biologische Ressourcen? Anhand des Ressourcenmodells (◘ Abb. 6.3) lässt sich das Arbeitsfeld als Ressourcenfeld differenzierter beschreiben.

Ressourcenmodell: interne (personale) und externe (Umfeld)Ressourcen

Die erste Unterscheidung in **interne** (oder **personale**) Ressourcen – also solche, die an unsere Person gebunden sind – und **externe** (Umfeld)Ressourcen spiegelt unser Alltagserleben wider: Wir Menschen bewegen uns als handelnde Individuen in verschiedenen Umgebungen, beispielsweise im privaten oder im beruflichen Umfeld. In diesem Modell verstehen wir das Individuum und sein Umfeld als sich gegenseitig beeinflussende, offene Systeme, die durch Austauschprozesse verbunden und in ständiger Ver-

zwei interdependente Systeme mit Austauschprozessen

Ressourcen des Arbeitsfeldes im betrieblichen Alltag (Auszug)

Physikalische-/Infrastruktur Ressourcen
Licht, Temperatur, Luft (Rauch, Geruch, Zugluft), Geräuschpegel, Non-Business-Infrastruktur, Ergonomie, Platzverhältnisse, Arbeitszeitmodelle Pausenregelung ...

Soziokulturelle Ressourcen
Vision, gelebte Werte, Normen, Regeln in der Organisation, Stimmung/Atmosphäre/Klima, Vertrauensbasis, Sozialverhalten Vorgesetzte und Arbeitskollegen, Fairness, Führungsklima ...

Personale (interne) Ressourcen
Physische : körperliche Konstitution/Leistungsfähigkeit, Immunsystem ...
Psychische : Zuversicht/Optimismus, (Selbst-)Vertrauen, Kohärenzgefühl, Kontrollüberzeugungen ...
Wissens- und Handlungsressourcen: Fähigkeiten/Fertigkeiten, Bewältigungsverhalten, positive Herausforderung, Qualifikationspotenzial der Arbeit ...

Ökonomische Ressourcen
Substanz/Reserven (Geld, Rohstoffe), Liquidität ...

prozess- und technische Ressourcen
Instrumentell-technologische Hilfsmittel (HW, SW)
Führungsinstrumente (Strategie, MbO, BW-Instr., MIS ...)
Prozess- und Kommunikationsabläufe,
Aufgabe/Verantwortung/Komptenz-Regelungen,
Entscheidungs- und Kontrollspielraum,
Ganzheitlichkeit, Aufgabenvariabilität, Transparenz ...

Psychosoziale Ress.
Anerkennung, Wertschätzung, Umgang mit Macht, soziale Unterstützung ...

Biologische Ressourcen
Ernährungsmöglichkeiten der Belegschaft, Qualität der Ernährung, Bewegungsverhalten, ...

Abb. 6.3. Ressourcenmodell, konkretisiert auf den betrieblichen Alltag (Auszug)

änderung begriffen sind. Beide Bereiche, der personale/interne wie auch der externe Ressourcenbereich, lassen sich gemäß dem Modell in Unterbereiche einteilen.

Die personalen Ressourcen stehen mit den Umfeld-Ressourcen in ständigem Austausch – ohne diese Wechselwirkungen könnten wir gar nicht leben. Beispielsweise speisen starke Umfeldressourcen auch die internen Ressourcen und umgekehrt. Zudem haben wir die Möglichkeit, diese vielfältigen Ressourcen gezielt zu beeinflussen. Beispielsweise können wir als Führungskraft für uns selber wie für die Mitarbeitenden die soziokulturellen Ressourcen (Atmosphäre, Vertrauensbasis, sozialer Umgang, Führungsklima), die psychosozialen Ressourcen (Wertschätzung, Anerkennung, Machtausübung), die Prozess-/technischen Ressourcen (Einsatz von Instrumenten, geklärten Prozessabläufen, Sicherstellen leistungsfähiger Hard/Software) u. a. m. aufbauen. Bei positiver Beeinflussung der Ressourcen unterstützen wir die Leistungserbringung wie das Befinden der Mitarbeitenden (oder im privaten Kontext das Wohlbefinden der Familienmitglieder), was sich wiederum

Führungskraft und die gezielte Beeinflussung der Ressourcen

durch Feedbackprozesse auf die internen Ressourcen der Führungskraft (z. B. Selbstwertgefühl, Kompetenzerleben) positiv auswirkt. Negativ-Beeinflussungen wirken natürlich Ressourcen abbauend.

Ressourcenmanagement im Führungsalltag

Durch ein bewusstes Ressourcenmanagement im Führungsalltag werden die im Team für die Leistungserbringung, Kooperation und Zusammenarbeit wichtigen Ressourcen gezielt gefördert. Dadurch sollen das gesundheitliche Fließgleichgewicht gefördert sowie die Ressourcenbasis – für sich wie für die Mitarbeitenden – gepflegt und gefördert werden. Da nicht alle Ressourcen gleich wichtig sind und die Führungskraft nicht alle Ressourcen gleichsam im Auge behalten kann, wird in der Folge eine gezielte Auswahl an spezifisch wirksamen Ressourcen, die für Arbeitnehmer wie Arbeitgeber relevant sind, beschrieben.

6.1.5 Ausgewählte, spezifisch wirksame Ressourcen im betrieblichen Kontext

Es ist klar, dass wir alle unsere Ressourcen, die uns wichtig sind, pflegen und fördern sollten. Speziell gilt dies nebst den persönlichen Ressourcen auch für diejenigen des Arbeitsfeldes. Doch können wir im Arbeitskontext nicht alle zugleich fokussieren.

gezielte Auswahl an spezifisch wirksamen Ressourcen

Führungskräfte tun gut daran, sich zunächst auf diejenigen **Ressourcen zu beschränken, die im Arbeitskontext beeinflussbar** sind **und** deren **starke Wirkung nachgewiesen** ist. Diese können wir auch messen und grafisch darstellen (◘ Abb. 6.5). Wenn nun Führungskräfte diese spezifischen Ressourcen bei sich selbst wie bei den Mitarbeitenden fördern, fördern sie damit die Gesundheit und **zugleich** die langfristige Sicherung der Leistungserbringung (vgl. Kernen 2005). Als nicht gering einzustufender Zusatznutzen weisen diese Ressourcen auch eine Burn-out-prophylaktische Wirkung auf (vgl. Kernen 1999). Für die Beschreibung dieser Ressourcen nutzen wir wieder das Handlungsfeldmodell und sprechen von den institutionellen, den professionellen und persönlichen Ressourcen.

Ressourcenmanagement, Unternehmensstrategie, Zielsetzungen und Leistungsprozesse

Mit Ressourcenmanagement wird eine gezielte (positive) Beeinflussung von ausgewählten Ressourcen verstanden. Es ist selbstverständlich, dass ein Ressourcenmanagement eine vorhandene wirksame Strategie, klare Zielsetzungen und Leistungsprozesse nicht ersetzen, aber deren Umsetzung resp. Zielerreichung wirksam unterstützen.

Gezielte Auswahl an »professionellen Ressourcen«

professionelle Ressourcen, die bei der Arbeit die individuellen Entfaltungsmöglichkeiten unterstützen

Das professionelle Arbeitsfeld gibt uns die Möglichkeit, unsere beruflichen Fähigkeiten und Fertigkeiten zur Wirkung zu bringen und diese weiter zu entwickeln, indem wir bspw. neue berufsinhaltliche Erfahrungen sammeln. Eine Auswahl von solchen **Entfaltungsmöglichkeiten**, die wir bei der Ausübung unserer Arbeitstätigkeit erleben, wird im Feld der **professionellen Ressourcen** zusammengefasst und durch folgende **Indikatoren** operationalisiert (▶ Abschn. 12.3):

- **Aufgabenvariabilität**: Erlebe ich meine Tätigkeit im Arbeitsalltag als abwechslungsreich oder als monoton?

— **Transparenz in der Arbeit**: Weiß ich, was meine Arbeit bewirkt oder wie das von mir Erzeugte im Arbeitsprozess weiterverwendet wird?
— **Ganzheitlichkeit**: Erlebe ich meine Arbeit als abgerundet, als vollständigen Arbeitsprozess oder als Stückwerk?
— **Qualifikationspotenzial**: Kann ich meine vorhandenen Fähigkeiten einsetzen? Kann ich mich weiterentwickeln, Neues dazulernen – oder fühle ich mich hinsichtlich meiner Weiterentwicklung in einer Sackgasse?
— **Entscheidungs- und Kontrollspielraum**: Ist es mir möglich, eigene Entscheidungen zu treffen, kann ich meine Arbeit selbst einteilen, oder wird mir vieles vorgeschrieben?

Mit diesen Indikatoren werden traditionelle arbeitspsychologische Aspekte der Arbeitsgestaltung als wirksame Ressourcen ein weiteres Mal bestätigt (vgl. Ulich 2001).

Gezielte Auswahl an »institutionellen Ressourcen«

Es gibt eine Vielzahl von institutionellen Ressourcen. Bei einer Auswahl resp. Fokussierung sind zwei Themenkomplexe unbedingt zu berücksichtigen: Die Abstimmung von Anforderungen und Fähigkeiten sowie ein tragendes Sozialklima, in dem die Arbeit erbracht wird.

Bei der Leistungserbringung im institutionellen Feld ist die Frage von hoher Bedeutung, wie sich das Verhältnis von Anforderungen der Arbeit und den Fähigkeiten des Arbeitnehmenden zeigt. Anders ausgedrückt: Inwieweit die **Anforderungen** der zu erbringenden Arbeit mit den vorhandenen **Leistungsmöglichkeiten** des Funktionsträgers abgestimmt sind, sodass eine Unter- oder Überforderung vermieden und eine **positive Herausforderung** erlebt werden kann (Abb. 6.4). Eine länger dauernde Unter- wie eine Überforderung sind ernst zu nehmende Stressoren und sollten unbedingt vermieden werden.

institutionelle Ressourcen: Abstimmung von Anforderungen und Fähigkeiten

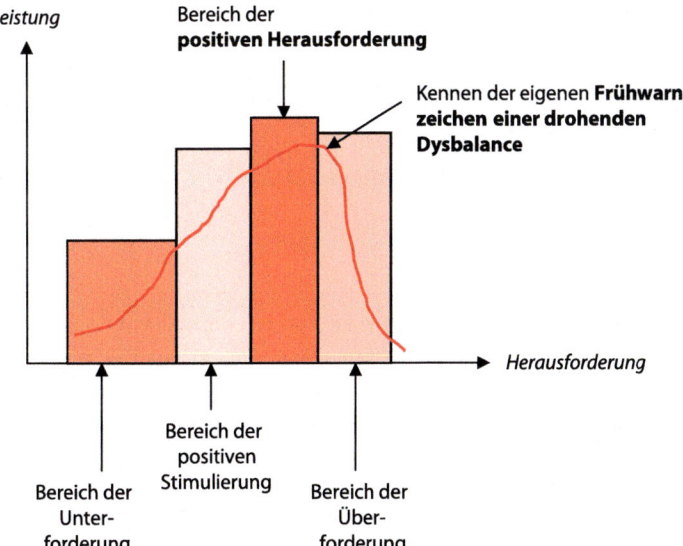

Abb. 6.4. Unterschiedliche Qualitäten von Herausforderungen. Ziel: Positive Herausforderung in qualitativer wie quantitativer Hinsicht

Dabei geht es um die Herausforderung der Arbeit in qualitativer wie quantitativer Hinsicht. Die zwei zentralen Indikatoren sind also:

- **Quantitative positive Herausforderung**: Bin ich vom Arbeitsvolumen her weder über- noch unterfordert, anders gefragt: Bin ich quantitativ positiv herausgefordert?
- **Qualitative positive Herausforderung**: Kann ich meine Fähigkeiten wirklich einsetzen? Bin ich zu wenig oder zu gut ausgebildet für meine Arbeit? Bin ich qualitativ weder unter- noch überfordert, sondern bin ich in qualitativer Hinsicht positiv herausgefordert?

positive Herausforderung quantitativ und qualitativ

Um eine wirkungsvolle Regulation von Belastung und Ressourcen zu sichern, ist eine Kenntnis unabdingbar: Das Erkennen der eigenen Frühwarnzeichen einer drohenden Dysbalance. Das Erkennen alleine aber reicht noch nicht aus – es muss wirkungsvoll gehandelt werden, um die gesundheitliche Balance auch zu sichern (▶ Abschn. 6.1.3).

Achtung: Frühwarnzeichen einer Dysbalance

Arbeit findet in einem – hoffentlich positiv erlebten – sozialen Klima statt, das das Befinden der Mitarbeitenden und deren Leistungserbringung unterstützt. Indikatoren sind das »Sozialverhalten des Vorgesetzten« und das »Sozialverhalten der Kollegen«:

- Wie erlebe ich das Sozialverhalten meiner Kollegen (Vertrauensklima, Offenheit, Spannungen am Arbeitsplatz)?
- Wie erlebe ich das Sozialverhalten des/der Vorgesetzten (unterstützendes Verhalten, faire Behandlung, guter Zugang)?

institutionelle Ressourcen: tragendes Sozialklima durch positives Sozialverhalten des Vorgesetzten und der Kollegen

Gezielte Auswahl an »persönlichen Ressourcen«

Bei den **persönlichen Ressourcen** handelt es sich nach dem Ressourcenmodell um interne, personale Ressourcen. Zwei ausgewählte Ressourcen haben für die Lebensgestaltung zentrale Bedeutung: Das **Kohärenzgefühl** und die **berufliche wie private soziale Unterstützung**.

persönliche Ressourcen: Kohärenzgefühl im Alltag und die Fähigkeit, ein soziales Netz zu pflegen

> Das **Kohärenzgefühl** ist ein Gefühl, das wir alle haben und je nach Lebensphase und Lebenssituation stärker oder schwächer ausgeprägt sein kann. Es ist die Kraft in uns, die uns das Gefühl gibt, den Herausforderungen des Lebens gewachsen zu sein.

Differenzierter ausgedrückt:

Definition: Kohärenzgefühl

> **Definition**
> Das Kohärenzgefühl ist eine globale Orientierung, die das Ausmaß ausdrückt, in dem jemand ein durchdringendes, überdauerndes und dennoch dynamisches Gefühl des Vertrauens hat, dass erstens die Anforderungen aus der inneren oder äußeren Erfahrenswelt im Verlauf des Lebens strukturiert, vorhersagbar und erklärbar sind (Verstehbarkeit) und dass zweitens die Ressourcen verfügbar sind, die nötig sind, um den Anforde-
> ▼

> rungen gerecht zu werden (Handhabbarkeit). Und drittens, dass diese Anforderungen Herausforderungen sind, die Investition und Engagement verdienen (Sinnhaftigkeit).
> (Antonovsky 1993, S. 12; Anm. in Klammern vom Verf.).

Es sind also 3 Dimensionen, die das Kohärenzgefühl ausmachen:
- Das kognitive Verarbeitungsmuster **Verstehbarkeit**,
- Das kognitiv-emotionale Verarbeitungsmuster **Handhabbarkeit**,
- Die motivationale Komponente **Sinnhaftigkeit**. Die Sinnhaftigkeit erachtet Antonovsky als die wichtigste der drei Dimensionen. Denn ohne die Erfahrung von Sinnhaftigkeit und ohne positive Erwartung an das Leben ergibt sich trotz einer hohen Ausprägung der anderen beiden Dimensionen kein hoher Wert des gesamten Kohärenzgefühls (Antonovsky 1997, S. 34).

Soziale Unterstützung umschreibt die **Fähigkeit** des Menschen, soziale Kontakte zu schließen, beziehungsweise **ein soziales Netz aufzubauen und zu pflegen**, das bei Bedarf Unterstützung bieten kann.

Soziale Unterstützung zählen wir aus dem Grund zu den persönlichen Ressourcen, weil es maßgeblich von unserer eigenen persönlichen Fähigkeit abhängt, tragende, vertrauensvolle Beziehungen aufzubauen und zu pflegen.

Die dargestellten Ressourcen sind wissenschaftlich wie im konkreten Führungsalltag in ihrer Wirkung und Beeinflussbarkeit nachgewiesen (vgl. Kernen 1999, 2012). Führungskräfte haben somit die Möglichkeit, diese Ressourcen – für sich selbst wie für die Mitarbeitenden – im Führungs- und Arbeitsalltag zu reflektieren und ggf. zu fördern. Um auf einen Blick eine Übersicht über die Stärke dieser Ressourcen zu erhalten, liegt ein diagnostisches Instrument vor, das die Ressourcen darstellt. Dieses dient als Screeningmöglichkeit und als Basis eines Reflexionsprozesses mit dem Ziel, das persönliche Ressourcenmanagement gezielt zu unterstützen (◘ Abb. 6.5).

Persönliches Ressourcenmanagement und wirksame Life-Balance – ein Erfolgsfaktor

Es ist leicht nachvollziehbar, dass mit einer solchen Visualisierung der Interaktions- und Reflexionsprozess für das eigene Ressourcen-Management stark unterstützt wird. In Kombination mit einem wirksamen Life-Balance-Prozess (▶ Abschn. 6.1.2) wird die Gesundheit **und** langfristige Leistungserbringung gefördert. Das gilt für sich selbst als Führungskraft wie für die Mitarbeitenden.

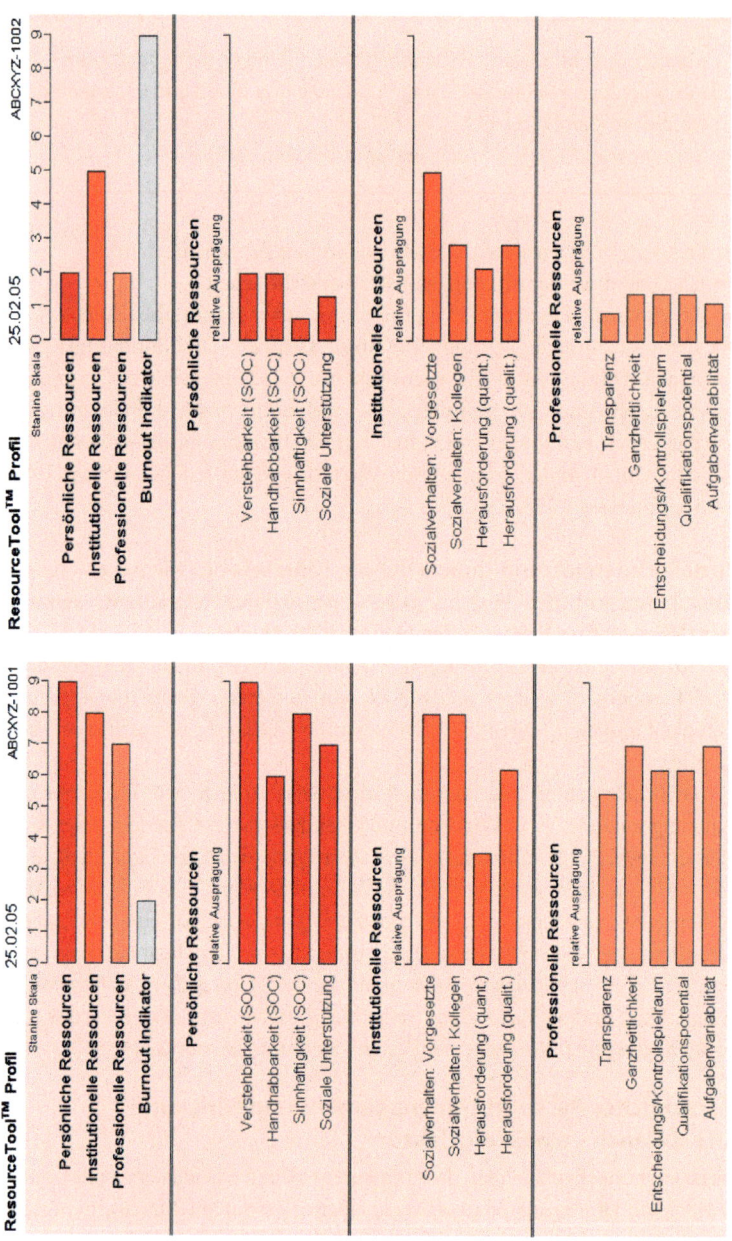

Abb. 6.5. Links ein Ressourcenprofil eines 45-jährigen Abteilungsleiters mit stark ausgeprägten Ressourcen, rechts ein Profil mit gering ausgeprägten Ressourcen und starker Burn-out-Gefährdung. (Aus Kernen & Meier 2012, © by Haupt Bern)

6.1.6 Ressourcenmanagement für Führungskräfte und die Mitarbeitenden – wirksame Ansatzpunkte

Jetzt gehen wir noch einen Schritt weiter und zeigen, wie das Ressourcenmanagement durch die Führungskräfte im Arbeitsalltag gezielt unterstützt werden kann. Daraus wird noch einmal deutlich, dass die Arbeit selbst eine Ressource ist, und es zeigt sich auch, dass eine wirksame Arbeitsgestaltung die Leistungserbringung und Arbeitszufriedenheit unterstützt.

Die Erhaltung oder noch besser die **Stärkung des Kohärenzgefühls** der Mitarbeitenden geschieht meistens indirekt durch die **Beeinflussung der Betriebskultur oder Arbeitssituation** und durch Einflussfaktoren aus der persönlichen und privaten Umwelt. Die **soziale Unterstützung**, welche die Mitarbeitenden aus ihrer Privatwelt erhalten, ist eine entscheidende Quelle, die auch einem Unternehmen zugute kommt. So nähren die bedeutsamen zwischenmenschlichen Lebensfelder wie z. B. Partnerschaft, Familie, Kinder, Politik, Verein usw. das Kohärenzgefühl. Ein Unternehmen ist wohl beraten, wenn es im Rahmen von strukturellen und kulturellen Maßnahmen belastende Einflüsse auf die außerberuflichen, sozial bedeutsamen Lebensfelder vermeidet (vgl. Kernen 1999).

Gehen wir nun näher auf die verschiedenen **Merkmale der Arbeitssituation** ein, die eine förderliche Wirkung auf das Kohärenzgefühl haben. Ausgehend von den drei Dimensionen **Verstehbarkeit**, **Handhabbarkeit** und **Sinnhaftigkeit** werden einige unterstützende Maßnahmen exemplarisch auf der individuellen wie auch auf der organisationalen Ebene aufgezeigt (Bengel et al. 1998; Kernen 1999; Udris & Rimann 1996).

Kohärenzgefühl

Verstehbarkeit: Persönlichkeitsfördernde Arbeitsgestaltung mit Entwicklungsmöglichkeiten (»job enrichment«, »job enlargement«, »job rotation« etc.), geklärte betriebliche Abläufe und Aufträge sowie transparente Entscheidungsprozesse unterstützen bei den Mitarbeitenden das Gefühl der Verstehbarkeit. Insgesamt spielt eine verbindliche Kommunikationspolitik innerhalb des Unternehmens eine tragende Rolle. Damit Mitarbeitende ihr Arbeitsumfeld verstehen und in ihrem Arbeitsalltag konsistente Erfahrungen sammeln können, sollten Informationen – z. B. von Veränderungen – transparent, nachvollziehbar und verlässlich sein (▶ Abschn. 12.1 und 15.2). Schwierige Entscheide, Entwicklungen und größere Zäsuren werden am besten akzeptiert, wenn sie nachvollziehbar, das heißt begründet und erklärt sind. Das Gefühl des **Verstehens, der Verstehbarkeit** ist vielfältig förderbar.

Verstehbarkeit

Handhabbarkeit: Mitarbeitende benötigen die Erfahrung, dass sie ihre Aufgabe bewältigen können. Eine Grundvoraussetzung einer »handhabbaren« Arbeit ist das Prinzip, dass Aufgabe, Verantwortung und Kompetenz transparent und »deckungsgleich« sein sollten (▶ Abschn. 13.1). Die Mitarbeitenden dürfen mit ihren Aufgaben nicht über- oder unterfordert sein, sondern sie sollen sich positiv herausgefordert fühlen (▶ Abschn. 12.3). Und sie sollen auf die Unterstützung durch Vorgesetzte und ein kollegiales Umfeld bauen können – und auch auf Weiterbildungsmöglichkeiten, um ihre fachlichen, methodischen und sozialen Kompetenzen zu entwickeln und zu fes-

Handhabbarkeit

tigen. Ein wesentlicher Beitrag zur Förderung der Dimension des Kohärenzgefühls liegt in der Reflexion und Verbesserung des **Bewältigungsverhaltens**. Stehen mir genügend differenzierte Bewältigungsmöglichkeiten zur Verfügung, um in verschiedenen Situationen adäquat, das heißt wirkungsvoll zu handeln? Kann ich mein Bewältigungsverhalten immer wieder anreichern durch Erfahrungen und Schulungen?

Sinnhaftigkeit

Sinnhaftigkeit: Damit Mitarbeitende ihre eigene Arbeit als sinn- und bedeutungsvoll empfinden, muss einerseits der Arbeitsinhalt für den Arbeitnehmenden selbst als sinnvoll erscheinen. Andererseits sollte die Arbeitstätigkeit so gestaltet werden können, dass sie die Dimension Sinnhaftigkeit unterstützt. Sinnhaft ist eine Aufgabe dann, wenn die Mitarbeitenden das eigene Tun in einen Sinnzusammenhang mit den übergeordneten kollektiven Tätigkeitsvollzügen bringen können, wenn die Nützlichkeit der eigenen Aufgabe und des Gesamtproduktes für sie subjektiv erkennbar, nachvollziehbar und akzeptierbar ist (Ulich 2001). Dieser Effekt kann durch partizipative Entscheidungsprozesse – im Rahmen des eigenen Arbeitsfeldes – unterstützt werden, kombiniert mit der Förderung der Eigenverantwortung. Aufgaben mit hohem Entscheidungs- und Kontrollspielraum werden stärker als sinnhaft erlebt. Als weiterer Schlüsselfaktor gilt Anerkennung und Wertschätzung – einerseits dem Mitarbeitenden als Mensch gegenüber, andererseits für die erbrachte Leistung. Eine als sinnvoll erlebte Tätigkeit fördert neben dem Kohärenzgefühl zugleich die Arbeitszufriedenheit und Arbeitsfreude.

positive Herausforderung

Die **positive Herausforderung** bei der Arbeit ist ein ressourcenaufbauender Faktor und kann dann erlebt werden, wenn die eigenen Fähigkeiten mit den Anforderungen der Aufgaben und der Funktion sorgfältig abgestimmt sind (weiter oben). Wenn ich mich bei der Bewältigung der positiven Herausforderung bewähren resp. bestätigen kann, werden Ressourcen aufgebaut.

professionelle Ressourcen können gefördert werden durch

Bei der Ausübung unser Arbeitstätigkeit können die professionellen Ressourcen durch folgende exemplarischen Maßnahmen gefördert werden:

Aufgabenvariabilität

Damit der Arbeitsalltag als abwechslungsreich erlebt wird, sind Zusatz-Aufgaben, Projektarbeiten, Führungsaufgaben, »job enrichment«, »job enlargement«, »job rotation« etc. geeignete Möglichkeiten.

Transparenz

Durch eine transparente Informations- und Kommunikationspolitik und durch das Aufzeigen von übergeordneten betrieblichen Zusammenhängen und Prozessabläufen können die Mitarbeitenden besser nachvollziehen, was ihre Arbeit bewirkt oder wie das von ihnen Erzeugte weiterverwendet wird.

ganzheitliche Prozesse

Ein ganzheitlicher Arbeitsprozess, bei dem die Mitarbeitenden ein Produkt oder einen Ablauf von A bis Z begreifen und gegebenenfalls auch selbst ausführen können, erhöht das Erleben der Ganzheitlichkeit.

Qualifikationspotenzial

Damit sich die Mitarbeitenden bei der Arbeit fachlich wie hierarchisch weiterentwickeln können, braucht es persönliche wie betriebliche Voraussetzungen (▶ Abschn. 11.2). Die Motivation für ein lebenslanges Lernen ist von den Mitarbeitenden gefordert und der Betrieb soll geeignete Aus- und Weiterbildungsmöglichkeiten zur Verfügung stellen (z. B. »learning – off the job«, »learning – on the job«, »learning near the job«).

Angepassten Entscheidungs- und Kontrollspielraum für die Mitarbeitenden schaffen, indem ihnen nebst der Aufgabe und der Verantwortung auch die notwendigen Kompetenzen zugeteilt werden.

Das Erleben aller Ressourcen basiert auf einer rein subjektiven Einschätzung. Deshalb ist es zentral, dass die Führungskräfte immer wieder das Gespräch mit ihren Mitarbeitenden suchen, um zu erfahren, wie diese die Arbeit erleben.

Entscheidungs- und Kontrollspielraum

subjektives Erleben

6.1.7 Ausblick: Betriebliches Ressourcenmanagement – Beeinflussung der strukturellen, kulturellen und Teamfaktoren

Bis hierher haben wir schwerpunktmäßig die individuelle Perspektive verfolgt. Der umfassende Ressourcenmanagement-Ansatz integriert zusätzlich eine betriebliche systemische Sichtweise. Dazu gehören der Teamkontext sowie strukturelle wie betriebskulturelle Faktoren innerhalb der Organisation. Diese werden nun kurz skizziert.

betriebliche Perspektive

Ebene der Teams: Ziel eines wirksamen Ressourcen-Managements in einem Team ist, eine für alle Beteiligten **möglichst starke Ressourcenbasis** zu erreichen. Dies dient als manifester Beitrag zur Arbeitszufriedenheit, Gesundheitsförderung und zur Leistungssicherung nicht nur des Einzelnen, sondern für das **Arbeitsteam als relevante Leistungseinheit** (▶ Abschn. 8.1 und 8.2). Dabei kommen erfahrungsgemäß die für die Zusammenarbeit und Führung relevanten Ressourcen zur Sprache. Als Ausgangspunkt der Diskussion kann ein Vergleich der Ressourcenprofile der Teammitglieder stehen, um in Abstimmung mit den Zielsetzungen der Organisationseinheit schwache Ressourcen gezielt zu fördern.

Team

Einbezug der strukturellen Faktoren: Als weiterer Ansatzpunkt im Team und in der Organisationseinheit bietet sich das Beurteilen von organisationsstrukturellen Faktoren an, welche die Arbeitssituation unterstützen oder beeinträchtigen. Diese werden differenziert erfasst und bei Bedarf angepasst, sodass u. a. die Prozessabläufe verbessert werden.

strukturelle und betriebskulturelle Ansatzpunkte

Gezielte Auswahl an betriebskulturellen Faktoren: Die Arbeit der Führungskräfte wie diejenige der Mitarbeitenden findet auch in einem betriebskulturellen Rahmen statt, der je nach Ausprägung Ressourcen fördernde oder Ressourcen abbauende Wirkung haben kann. Basierend auf einer Untersuchung konnten folgende drei Kulturressourcen evaluiert werden, die das persönliche Wohlbefinden sowie die Leistungserbringung fördern:

- **Vertrauenskultur**: Vertrauen in das Topmanagement, das heißt: Zuversicht gegenüber der geltenden Strategie und den anvisierten Zielen der Organisation; Vertrauen gegenüber Mitteilungen der Organisationsleitung; Vorgesetzte setzen sich für Mitarbeitende ein; Vertrauen in die Arbeitsplatzsicherheit.
- **Kooperations- und Konfliktbewältigungskultur**: Die Zusammenarbeit ist vorbildlich – auch über Abteilungsgrenzen hinaus, Auseinandersetz-

zungen werden sachlich bewältigt, und Konflikte werden dort geregelt, wo sie entstanden sind (▶ Kap. 16).
- **Lern- und Innovationskultur**: Die Mitarbeitenden können ihre Fähigkeiten entwickeln; Fehler werden nicht sanktioniert, aus Fehlern zu lernen ist erwünscht; Weiterbildung ist ein wesentlicher Wert. Auf Änderungen der Kundenwünsche wird rasch reagiert, und es herrscht ein vielversprechendes Innovationsklima (▶ Abschn. 12.2).

Es ließ sich empirisch belegen, dass eine solchermaßen erlebte Betriebskultur mit einem erhöhten gesundheitlichen Wohlbefinden der Beschäftigten einhergeht.

Ressourcenmanagement als Aspekt der Unternehmensentwicklung

Ebene der Strategie – Betriebsstrukturen – Betriebskultur: Diese Ausführungen dokumentieren deutlich, dass Ressourcenmanagement nicht im luftleeren Raum stattfindet. Es lohnt sich, dabei eine umfassende Unternehmensperspektive einzunehmen und die drei relevanten Faktoren Unternehmensstruktur, -kultur und -strategie mit der Ressourcenmanagement-Dimension zu verknüpfen (vgl. dazu auch Hausammann 2007).

Damit docken wir an ein bewährtes Konzept des St. Galler-Management-Modells an (vgl. Rüegg-Stürm 2003) und modifizieren es ein wenig: Wir verstehen Unternehmensentwicklung als einen umfassenden Prozess, der in der **Strukturanpassung** und **Unternehmenskulturentwicklung** unter Berücksichtigung der Unternehmensstrategie die notwendigen **personalen** und **betrieblichen Ressourcen** mit einschließt (◨ Abb. 6.6, Kernen 2012).

◨ **Abb. 6.6.** Ressourcen-Management als integraler Bestandteil des Unternehmensentwicklungs-Prozesses. (Aus Kernen & Meier 2012, © by Haupt Bern)

6.1 · Mit den eigenen Ressourcen haushalten

ZUSAMMENFASSUNG

Arbeit hat in unserer Gesellschaft einen wichtigen Stellenwert und gilt als einer der wichtigsten positiven externen Einflussfaktoren auf den arbeitenden Menschen mit einer gesundheitlich stabilisierenden Funktion. Zudem kann Leistungserbringung ressourcenaufbauende Wirkung haben. Die Life-Balance und die Gesundheit als dynamisches, stabiles Fließgleichgewicht von Belastung und Ressourcen muss immer wieder neu reguliert werden. Dies geschieht auf individueller Ebene wie in unseren Lebensfeldern, in denen wir uns zusammen mit anderen Menschen bewegen. Dies gilt unter der Bedingung, dass die Gestaltung der Arbeit und Organisation einigen ressourcenorientierten Kriterien entspricht: Führungskräfte sollten die Prinzipien des Ressourcenmanagements berücksichtigen, damit die Gesundheit und Arbeitszufriedenheit **sowie** die Leistungserbringung und Stresstoleranz zugleich gefördert werden. Die relevanten Ressourcen sind bekannt, messbar und fügen sich in den allgemeinen betrieblichen Management- und Optimierungsprozess bestens ein.

Diese gesundheits- und arbeitsorientierten Kriterien können Führungskräfte zur Förderung der eigenen Gesundheit, Life-Balance und positiv erlebten Leistungserbringung berücksichtigen – für sich selbst, aber auch in ihrem Führungsalltag für ihre Mitarbeitenden und der eigenen Organisationseinheit.

FRAGEN ZUR VERTIEFUNG

1. Führungskräfte sollten ihre eigene Haltung gegenüber der Arbeit, Leistung und Gesundheit kennen und reflektieren, um das eigene Ressourcenmanagement und dasjenige ihrer Mitarbeitenden gezielt und wirksam beeinflussen zu können. Wie lässt sich Ihre Haltung der Arbeit, Leistung und Gesundheit gegenüber beschreiben?
2. Warum werden ähnliche Situationen durch den einen Menschen als hoch beanspruchend und als ›stressreich‹, durch den andern als wenig oder gar nicht belastend erlebt? Erklären Sie dieses unterschiedliche Erleben anhand des Ressourcen-Belastungs-Regulationsmodells.
3. Welches sind in Ihrem Alltag die für Sie relevantesten Stressoren und Ihre wichtigsten Ressourcen?
4. Kennen Sie Ihre persönlichen Frühwarnzeichen und Ihre Stresssymptome? Wie verhalten Sie sich, wenn Sie diese wahrnehmen?
5. Was hilft Ihnen, ein gesundheitliches Wohlbefinden und eine ausgewogene Life-Balance herzustellen?
6. Wenden Sie das Ressourcenmodell auf Ihren Alltag hin an. Welche Ressourcen sind bei Ihnen stark, welche weniger stark ausgeprägt? (Für Berufs- wie für Privatfeld geeignet) Welche internen und externen Ressourcen des Arbeits-(Privat-)Feldes sind Ihnen besonders wichtig?
7. Wie kann die Arbeit gestaltet werden, damit sie als Ressource und nicht als Belastung erlebt wird?

▼

8. Erklären Sie den Begriff der positiven Herausforderung und durch welche Maßnahmen kann dieses Erleben im Arbeitsalltag gefördert werden?
9. Wie können Führungskräfte die persönliche Ressource »Kohärenzgefühl« ihrer Mitarbeitenden im Arbeitskontext fördern?
10. Wer trägt (Führungskräfte, Mitarbeitende selbst) im Arbeitskontext für das gesundheitliche Wohlbefinden der Mitarbeitenden welche Verantwortung? Durch welche Maßnahmen können die Führungskräfte die Leistungserbringung und die Gesundheit der Mitarbeitenden unterstützen?

Literatur

Antonovsky, A. (1997). *Salutogenese. Zur Entmystifizierung der Gesundheit*. Deutsche erweiterte Ausgabe,. Tübingen: Dgvt.

Bengel, J.; Strittmatter, R. & Williman, H. (1998): *Was erhält Menschen gesund? Antonovskys Modell der Salutogenese – Diskussionsstand und Stellenwert. Eine Expertise* (5. Auflage). Köln: Bundeszentrale für gesundheitliche Aufklärung.

Büssing, A. (1999): Psychopathologie der Arbeit. In: Graf Hoyos, C. & Frey, D.: *Arbeits- und Organisationspsychologie. Ein Lehrbuch*. Weinheim: Beltz.

Csikszentmihalyil, M. (1999). *Lebe gut! Wie Sie das Beste aus Ihrem Leben machen* (2. Auflage). Stuttgart: Klett-Cotta. [Taschenbuchausgabe 2001: München: dtv].

Cube von, F. (2006): *Lust auf Leistung. Die Naturgesetze der Führung*. München: Piper.

Freudenberger, H. & North, G. (2003). *Burnout bei Frauen: Über das Gefühl des Ausgebranntseins* (11. Auflage). Frankfurt a. M.: Fischer.

Hausammann, F. (2007): *Personal Governance als unverzichtbarer Teil der Corporate Governance und Unternehmensführung*. Bern: Haupt.

Hornung, R. & Gutscher, H. (1994): Gesundheitspsychologie: Die psychosoziale Perspektive. In: P. Schwenkmezger & L. Schmidt (Hrsg.): *Lehrbuch der Gesundheitspsychologie*. Stuttgart: Enke.

Kernen, H. (1999): *Burn-out-Prophylaxe im Management. Erfolgreiches individuelles und institutionelles Ressourcenmanagement* (3. Auflage). Bern: Haupt.

Kernen, H. & Meier, G. (2012): *Achtung Burn-out! Leistungsfähig und gesund durch Ressourcenmanagement*. (2. Auflage). Bern: Haupt.

Lazarus, R.S. & Launier, Raymond. (1981): Stressbezogene Transaktion zwischen Person und Umwelt. In: J. R. Nitsch (Hrsg.). *Stress* (S. 213–259). Bern: Huber.

Lazarus, Richard S. & Folkman, S. (1984): *Stress, Appraisal, and Coping*. New York: Springer.

Maslach, C. & Leiter, M.P. (2001): *Die Wahrheit über Burnout. Stress am Arbeitsplatz und was Sie dagegen tun können*. Berlin: Springer.

Resetka, H. J.; Liepmann, D. & Frank, G. (1996): *Qualifizierungsmaßnahmen und psychosoziale Befindlichkeit bei Arbeitslosen*. Wirtschaftspsychologie, Bd. 3. Frankfurt a. M.: Lang.

Rosenstiel von, L. (2001): Die Bedeutung von Arbeit. In: H. Schuler (Hrsg.): *Lehrbuch der Personalpsychologie*. Göttingen: Hogrefe.

Rüegg-Stürm, J. (2003): *Das neue St. Galler Management-Modell. Grundkategorien einer integrierten Managementlehre: Der HSG-Ansatz* (2., durchgesehene Auflage). Bern: Haupt.

Semmer, N. K. & Udris, I. (2004): Bedeutung und Wirkung von Arbeit. In: H. Schuler (Hrsg.): *Lehrbuch der Organisationspsychologie* (3. vollständig überarbeitete und erweiterte Auflage). Bern: Huber.

Udris, I. & Frese, M. (1999): Belastung und Beanspruchung. In: C. Graf Hoyos & D. Frey (Hrsg.): *Arbeits- und Organisationspsychologie. Ein Lehrbuch*. Weinhein: Beltz.

Udris, I. & Rimann, M. (2010): Das Kohärenzgefühl: Gesundheitsressource oder Gesundheit selbst? Strukturelle und funktionale Aspekte und ein Validierungsversuch. In: H. Wydler; P. Kolip & T. Abel (Hrsg.): Salutogenese und Kohärenzgefühl. Grundlagen, Empirie und Praxis eines gesundheitswissenschaftlichen Konzepts, (4. Auflage). Weinheim: Juventa.

Ulich, E. (2011): *Arbeitspsychologie* (7. neu überarbeitete und erweiterte Auflage). Stuttgart: Schäffer-Poeschel.

6.2 Persönliche Arbeitstechnik[1]

Christoph Negri

> Persönliche Arbeitstechnik und Arbeitsgestaltung sind Methoden, die helfen, die anstehende Arbeit besser zu organisieren, um dadurch effizienter und effektiver die übertragenen Arbeiten zu lösen. Arbeitstechnik und Zeitplanung sind ein wesentlicher Teil eines ganzheitlichen Selbstmanagements. Es geht darum, sich selber zu führen, die Arbeit sachlich und zeitlich planen zu lernen, um so das Verhältnis zwischen Aufwand und Ertrag zu verbessern. Voraussetzung dafür ist, dass eine Bestandesaufnahme
> ▼

---

[1] Dieser Text ist neu verfasst. Einzelne Abschnitte wurden auf der Grundlage der 2. Auflage (Autor: Max Moser) überarbeitet.

> erstellt wird, dass aus der Analyse des Ist-Zustandes, unter Zuhilfenahme verschiedener Techniken Verbesserungsziele abgeleitet werden. Dabei geht es auch darum, dass Sie sich selbst bewusster wahrnehmen, mit dem Ziel, Ihr Leben eigenverantwortlich zu steuern. Arbeitstechnik greift nur, wenn sie in einem stimmigen Umfeld angewendet wird. Aus diesem Grund ist der erste Schritt das Bewusstwerden der eigenen Lebensentwicklung und das Überprüfen der Übereinstimmung dieser Vision mit den Berufs- und Arbeitszielen. Methoden der Zeitplanung und Arbeitstechnik können Sie unterstützen, effizienter und besser organisiert Ihre Arbeit zu bewältigen. Wenig durchdacht eingesetzt, haben sie jedoch häufig mehr Zeitdruck zur Folge. Arbeitstechnik erfordert bei der Einführung einen beträchtlichen Arbeitsaufwand. Der Gewinn stellt sich erst nach einer gewissen Zeit ein und führt zu mehr Energie und Zeit für das Wesentliche, weniger Hektik und ein zufriedeneres Arbeiten. Viele Führungskräfte haben in der neueren Zeit erfahren und erkannt, dass es mit einem ausgeklügelten Zeitmanagement, Formularen, Zeitmessung und -bewertungen, Prioritäten setzen usw. alleine nicht geht. Hilfsmittel und Methoden der Arbeitstechnik können jedoch jeden individuell unterstützen. In diesem Kapitel werden einige dieser Techniken beschrieben.

6.2.1 Persönliche Arbeitstechnik und ganzheitliches Selbstmanagement

persönliche Arbeitstechnik als wichtiger Aspekt des Selbstmanagements

Persönliche Arbeitstechnik ist ein wichtiger Aspekt des Selbstmanagements. Dabei ist zu beachten, dass erfolgversprechendes Bemühen um eine verbesserte persönliche Arbeitstechnik drei grundsätzliche Voraussetzungen erfüllen muss:

Fähigkeit zur Selbstkritik

a. Fähigkeit, die eigenen Handlungen selbstkritisch zu prüfen; dazu gehört vor allem Offenheit gegenüber Veränderungen, gegenüber sich selbst und gegenüber anderen (Vorgesetzte, Kollegen usw.)

Bereitschaft zur Veränderung

b. Veränderungswille ; im Sinne der Bereitschaft, nach dem Erkennen von Schwachstellen auch wirklich etwas Konkretes zu tun.

Durststrecken durchstehen wollen und können

c. Durchhaltewille; im Sinne von: eine »Durststrecke« durchstehen, denn paradoxerweise führt jede Verbesserung der persönlichen Arbeitstechnik in der allerersten Zeit oft zu einem leichten Absinken der Leistung, weil man sich an die Veränderungen gewöhnen muss.

Die Welt wird immer schneller und komplexer. Wir sind mithilfe der neuen Technologien jederzeit und überall erreichbar. Es wird erwartet, dass Sie in der Regel auf Anfragen, Informationen usw. sofort und umgehend reagieren. Es ist wichtig, dass dieser Komplexität Rechnung getragen wird und dass neben den altbewährten Themen wie Zeitmanagement, Zielmanagement und Arbeitstechniken auch den Aspekten wie Werte, Normen, Haltungen und Überzeugungen mehr Aufmerksamkeit geschenkt wird. Dies bedeutet, dass Selbstmanagement aus einer ganzheitlichen Sichtweise des Menschen und seiner Umwelt betrachtet wird.

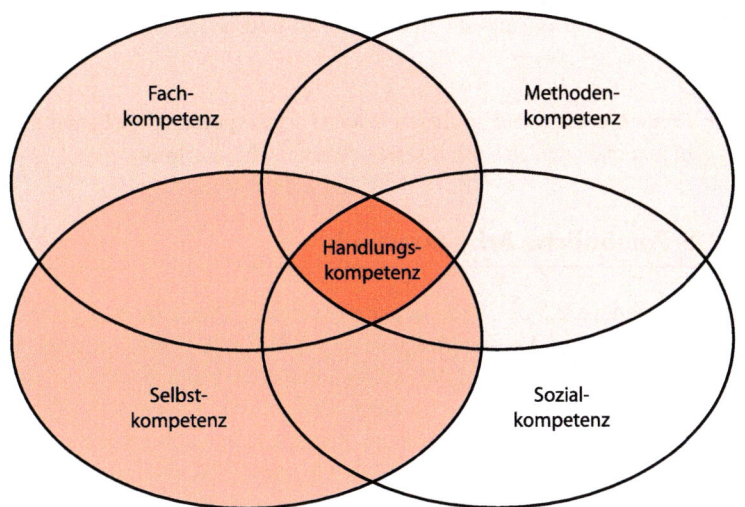

Abb. 6.7. Handlungskompetenzmodell

> **Definition**
> Selbstmanagement ist die gezielte, selbstgesteuerte und eigenverantwortliche Entwicklung Ihres Lebens in die Richtung, die Sie für sich als die beste empfinden, um erfolgreich zu sein (Jäger 2007).

Definition

Grundlage für ein ganzheitliches Selbstmanagement bildet ein Handlungskompetenzmodell, das aus den folgenden 4 Kompetenzfeldern besteht (Abb. 6.7):
- Fachkompetenz,
- Methodenkompetenz,
- Selbstkompetenz,
- Sozialkompetenz.

Handlungskompetenzmodell als Grundlage

> **Definition**
> Als Handlungskompetenz definiert man die Fähigkeit und Bereitschaft, Probleme der Berufs- und Lebenssituation zielorientiert auf der Basis methodisch geeigneter Handlungsschemata selbstständig zu lösen, die gefundenen Lösungen zu bewerten und das Repertoire der Handlungsfähigkeiten zu entwickeln. Handlungskompetenz umfasst das Wollen und das Können und umschließt die oben genannten vier Kompetenzfelder. Handlungskompetenz zeigt sich erst im täglichen Leben.

Definition: Handlungskompetenz

Unter der Perspektive der Arbeitstechnik wird nun das Handlungsfeld der methodischen Fähigkeiten genauer betrachtet. Zur Methodenkompetenz gehören unter anderem folgende Aspekte:
- Fähigkeit zur Selbstorganisation und Selbstkontrolle,
- persönliche Arbeitstechniken einschließlich Selbstkontrolle,
- Fähigkeit, Ziele zu formulieren, zu planen, zu realisieren und zu kontrollieren,

Aspekte der Methodenkompetenz

- Fähigkeit im Umgang mit Informationen und neuen Medien (E-Mail usw.).

Der Themenbereich wird in diesem Kapitel schwerpunktmäßig behandelt. Es geht im Folgenden also um Ihre persönliche Arbeitstechnik.

6.2.2 Persönliche Arbeitstechnik

Wie notwendig die Auseinandersetzung mit diesem Thema ist, und welches Potenzial durch eine Verbesserung der »persönlichen Arbeitstechnik« noch aktiviert werden kann, lassen die täglichen Stoßseufzer ahnen: »Ich komme nie dazu, die wirklichen Probleme anzupacken; immer kommt etwas Dringendes dazwischen.«; »Wenn ich mir am Abend überlege, was ich den ganzen Tag hindurch eigentlich getan habe, so fällt mir nur Kleinkram ein – das meiste ist wieder liegengeblieben.« Oder schlicht: »Ich habe nie Zeit.«

Zunächst eine Klärung: »Persönliche Arbeitstechnik« heißt nicht umsonst persönliche, denn es gibt nicht nur eine Technik oder ein unfehlbares Rezept. Arbeitende müssen ihre eigenen, ihnen und ihren Aufgaben angemessenen Arbeitstechniken, Methoden und Hilfsmittel entwickeln. **Es gibt keine Arbeitstechnik für alle!** In der Folge werden verschiedene Techniken vorgestellt; es liegt an Ihnen, die für Ihre Arbeit relevanten Mittel auszusuchen und vor allem auch anzuwenden.

> Arbeitstechnik ist eine individuell zu lösende Aufgabe

Ob und welche Arbeitstechniken für Sie ein anzustrebendes Ziel sind, ist jedoch nur in einem größeren Zusammenhang erkennbar. Arbeitstechnik kann nur greifen, wenn es zwischen Person und Aufgabe der Organisation einen Sinneszusammenhang gibt, d. h. wenn zwischen Lebenssinn, Berufs-, Arbeitszielen und tätigkeitsbezogenen Zielen eine gewisse Übereinstimmung besteht.

> für Arbeitstechnik ist eine Übereinstimmung zwischen persönlichen Werten und Zielen wichtig

6.2.3 Lebenssinn und Ziele

Das Leben aller Menschen ist auf Ziele ausgerichtet, doch sehr oft sind diese Ziele sehr vage und nicht bewusst. Nach Frankl (2005) kann der Mensch seinen Lebenssinn und damit sein Lebensziel, in einem der folgenden drei Lebensbereiche finden:
- durch Erarbeiten von **produktiven/kreativen Werten** (ein Werk schaffen, eine übernommene Arbeit erfüllen),
- durch Erarbeiten von **sozialen Erlebniswerten** (eine Aufgabe im sozialen Bereich übernehmen, Kollegialität und Solidarität pflegen),
- durch Erarbeiten **ideeller Werte** (ideeller, religiöser oder sonstiger Werte).

> Lebenssinn kann sowohl im Beruf als auch in der Privatsphäre gefunden werden

Da der Lebenssinn sowohl in der Berufswelt als auch in der Privatsphäre gefunden werden kann, ist es wichtig, dass bei der Festlegung von Lebenszielen das Berufsleben wie auch die Privatsphäre einbezogen werden. Folgende Fragen können dabei unterstützend wirken: »Wo will ich etwas leisten? Was sind meine Wertvorstellungen? Was ist für mich gut/schlecht? In welchem Beruf kann und will ich meinen Lebenssinn verwirklichen?«

Berufsziele
Hier geht es vor allem um die Frage, ob der ausgeübte Beruf mit dem Lebenssinn kongruent ist. Gibt es eine Übereinstimmung, so hat der Betroffene eine »Zone der Lebenserfüllung« gefunden, ist von der Berufswahl aus gesehen, am richtigen Platz.

Zone der Lebenserfüllung

Arbeitsziele
Von der Berufswahl aus gesehen »am richtigen Platz sein«, heißt noch nicht, die richtige Arbeit zu haben. Es ist daher zu prüfen, ob der derzeitige Aufgabenbereich die Verwirklichung der Lebensziele unterstützen kann. Arbeitsziele sind konkrete Ziele (mehr zu den Zielen im ▶ Abschn. 6.2.4). Fragen nach Arbeitsinhalt, Stellung in der Organisation, Entlohnung, Beziehungen zu Kollegen und den Vorgesetzten müssen beachtet werden.

Arbeitsziele sind konkrete Ziele

Arbeitsplatzziele
Arbeitsplatzziele sind Ziele, die die Funktion, Aufgaben, Gestaltung und Abläufe des konkreten Arbeitsplatzes betreffen. Durch bewusstes Einsetzen von Arbeitstechniken und -methoden können Arbeitsplatzbelastungen reduziert und die Ergebnisse verbessert werden. Voraussetzung jeder Veränderung ist jedoch die genaue Kenntnis der Ausgangslage (Ist-Zustand, ▶ Abschn. 6.2.5). »Welche Tätigkeit führe ich aus? Wie viel Zeit benötige ich für die einzelnen Arbeiten? Wer stört mich bei der Arbeit?« usw. sind Fragen, die zur Erfassung des Ist-Zustandes führen.

Voraussetzung jeder Veränderung ist Kenntnis der Ausgangslage

6.2.4 Zielplanung und -findung

Ziele beschreiben vorausgedachte Ergebnisse. Sie geben die Richtung an, in die Energie eingesetzt werden soll. Wer die Zielplanung vernachlässigt, verliert den Blick auf das Wesentliche.

Wer die Zielsetzung vernachlässigt, verliert den Blick auf das Wesentliche

Bei den Lebens- und Berufszielen handelt es sich um längerfristige Haltungsziele (vgl. Storch & Krause 2010). Die Arbeitsziele und Arbeitsplatzziele dagegen sind konkrete und kurzfristige Ziele, welche nach den SMART-Kriterien (spezifisch, messbar, aktionsorientiert und attraktiv, realistisch und relevant, terminiert und transparent) formuliert werden sollen.

Zielfindung
Beim Weg, um vom Traum (Wunsch) zur Realität (Ziel) zu kommen, können Sie sich an der Disney-Strategie orientieren. Walt Disney, der legendäre Zeichentrickfilmpionier, hat eine einfache, aber höchst wirksame Strategie genutzt, um seine Visionen zu verwirklichen: Er betrachtete seine visionären Projekte aus drei ganz unterschiedlichen Blickwinkeln:

Disney-Strategie

Betrachtung aus drei Blickwinkeln

- Zuerst versetzte er sich in die Position eines **Träumers** und ließ seinen Phantasien freien Lauf. Er skizzierte, schrieb einfach drauflos oder diktierte seine Ideen auf Band. Auch die ganz verrückten Ideen hielt er fest.

- Danach nahm er die Seite eines **Realisten** ein und prüfte sehr sorgfältig, wie seine Träume wahr werden können, was machbar war und was nicht. Er erstellte genaue Pläne, welche ihn vom Traum zum Ziel führen sollten.
- Zur genauen Prüfung der Pläne nahm Disney die Rolle eines **Kritikers** ein und durchleuchtete seine Pläne von allen Seiten. Er suchte nach Schwachpunkten, Stolpersteinen und Verbesserungsmöglichkeiten.
- Diesen Prozess hat Disney so lange durchgemacht, bis er überzeugt war, dass es an seiner Vision nichts mehr zu kritisieren gab.
- Wichtig ist, dass Sie jede Rolle gleich stark zu Wort kommen lassen, und dass Sie nicht der Rolle, die sich am lautesten meldet, das Feld überlassen. Es geht darum, dass Sie die Perspektiven des Träumers, Realisten und Kritikers ins Gleichgewicht bringen können.

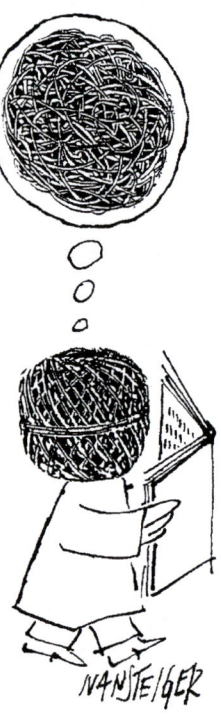

6.2.5 Erfassung und Analyse des Ist-Zustandes der persönlichen Arbeitstechnik

Der Ist-Zustand der individuellen Arbeitstechnik kann erfasst werden, indem während 3-6 typischer Arbeitstage die ausgeführten Tätigkeiten notiert werden. Dazu können Sie das Arbeitsblatt (▶ Arbeitsblatt 6.1, Arbeits- und Zeitanalyse) verwenden. In Spalte »Zeit« vermerken Sie Anfang und Ende jeder Tätigkeit und berechnen daraus den Zeitbedarf. In der Rubrik »Tätigkeit« notieren Sie wertfrei das Ziel, den Inhalt und eventuell Partner. Bei den Störungen erfassen Sie die Störungen mit einem ✗-Zeichen und vermerken

Arbeitsblatt Arbeits- und Zeitanalyse

zugleich den Verursacher (**s**: selbstverursacht, **f**: fremdverursacht). Die Rubriken »ABC-Analyse« und »persönliche Leistungsfähigkeit« bleiben vorerst frei; sie dienen der eigentlichen Analyse. Eine seriös durchgeführte Ist-Aufnahme bedeutet eine beträchtliche Mehrarbeit – doch diese Mehrarbeit zahlt sich in der Zukunft aus, weil Sie Verbesserungsmöglichkeiten erkennen.

Analyse des Ist-Zustandes

Nach der Erfassung der Ausgangslage kann nun diese mit verschiedenen Analyseinstrumenten untersucht werden. Ziel ist: Schwachstellen in der persönlichen Arbeitstechnik zu erkennen, um Verbesserungen einzuleiten.

Schwachstellen in der persönlichen Arbeitstechnik ermitteln

Tätigkeitsanalyse: Bei der Durchsicht der Tätigkeiten werden Sie feststellen, dass ein Großteil der Arbeiten sogenannte Routinearbeiten sind. Es sind wiederkehrende Arbeiten, die einen großen Teil Ihrer Arbeitszeit beanspruchen. Es lohnt sich daher, einzelne Routinearbeiten genauer zu untersuchen. Die Praxis zeigt, dass durch bessere Organisation dieser Arbeiten sehr viel Zeit eingespart werden kann.

- **ABC-Analyse:** (▶ Abschn. 6.2.7).
- **Persönliche Leistungskurve**: Jeder Mensch ist in der Leistungsfähigkeit während eines Tages Schwankungen unterworfen. Jeder hat also Zeiten, in denen er mehr oder weniger Leistung bringen kann. Diese Schwankungen sind in der Regel voraussagbar. Für die persönliche Arbeitstechnik ist es wichtig, die individuelle Leistungskurve zu kennen.
- **Störungen**: Störungen sind Zeit- und Qualitätsfresser, aber auch kreative Pausen. Sie sind sowohl fremd- als auch selbstverursacht. Analysieren Sie die selbst- und fremdverursachten Störungen. Wer ist der Verursacher? Was ist das Ziel der Störung? Wie lange dauert die Störung?

Zum Schluss der Analyse des Ist-Zustandes fassen Sie Ihre Erkenntnisse zusammen und legen fest, wie Sie weiter vorgehen wollen. Es wäre eine Überforderung, nun alle Erkenntnisse sofort in die Tat umzusetzen. Um schrittweise vorgehen zu können, bewerten Sie am besten die einzelnen Punkte nach ihrer Wichtigkeit und Dringlichkeit. Dazu eignet sich die ABC-Analyse.

schrittweises Vorgehen planen und Prioritäten setzen

In den folgenden Unterkapiteln werden einige Methoden und Techniken beschrieben, die die Umsetzung der Erkenntnisse unterstützen.

6.2.6 Planung

In den letzten Jahren wurde vermehrt erkannt, dass viele Menschen mit einer strukturierten Arbeitsweise und einem ausgeklügelten Zeitmanagement-System ihre eigene Organisation, Zeitplanung und Prioritätensetzung nicht besser in den Griff bekommen und damit an ihre Grenzen stoßen. Es wurden auch neue kreativere Methoden, wie zum Beispiel die Mind-Map-Methodik bekannt und populär. In der Zwischenzeit wird von 2 Typen von Menschen gesprochen (◘ Tab. 6.1; Seiwert 2006):

2 Menschentypen

- **A Typ** wird von der linken Hirnhälfte dominiert und hat gerne klare Strukturen und geregelte Abläufe. Das klassische Zeitmanagement ist genau auf diesen Typen zugeschnitten.

- **B Typ** ist der rechtshirnige Typ und kann mit dem klassischen Zeitmanagement wenig anfangen. Beherrscht eigentlich das Chaos und arbeitet gerne an verschiedenen Dingen gleichzeitig. Auf Außenstehende wirkt dieser Typ sehr unorganisiert.

Tab. 6.1. Praktische Tipps für die Zeitplanung. (In Anlehnung an Seiwert 2006, S. 141)

Klassisches Zeitmanagement (A-Typ)	Flexibles Zeitmanagement (B-Typ)
Planen Sie Ihr Leben nicht nur nach der Uhr	Beenden Sie angefangene Aufgaben, bevor Sie etwas Neues beginnen
Lassen Sie Raum für Spontaneität und Lebensfreude	Arbeiten Sie konsequent an Ihren Projekten
Reservieren Sie sich Zeitpuffer – bleiben Sie flexibel!	Versuchen Sie, Ordnung zu halten
Sagen Sie Ihrem Perfektionismus Ade! Feilen Sie nicht so lange an einem Projekt, bis es Ihrer Meinung nach perfekt ist	Vermeiden Sie ständige Unterbrechungen
Verwenden Sie weniger Zeit darauf, Dinge zu analysieren	Zwingen Sie sich dazu, realistisch einzuschätzen, wie lange etwas dauern wird
Schieben Sie die Dinge nicht auf, weil Sie befürchten, diese nicht erstklassig erledigen zu können	Legen Sie nicht nur den Endtermin fest, sondern auch die Zwischenschritte
Treffen Sie Entscheidungen, auch wenn Ihnen weniger Informationen zur Verfügung stehen, als Ihnen lieb ist	Überschätzen Sie Ihre Leistungsfähigkeit nicht
Seien Sie nicht so sehr auf die Zeit fixiert, dass Sie egoistisch oder unkollegial wirken. Dauert eine Besprechung länger, starren Sie nicht dauernd auf die Uhr, sondern unterbrechen Sie freundlich, aber bestimmt	Verwerfen Sie nicht ständig Ihre Terminplanung. Erstellen Sie eine Liste mit den Terminen, die Sie in den nächsten 14 Tagen auf keinen Fall versäumen dürfen und behalten Sie die Liste immer im Blick
Achten Sie auch auf die Menschen, die hinter den Projekten stehen. Reservieren Sie auch Zeit für Zwischenmenschliches	Setzen Sie sich zum Ziel, niemals mehr als drei Dinge parallel zu erledigen
Haken Sie Erledigtes mit Freude ab	Freuen Sie sich über Ihre Zeit-Erfolge

eigenes Zeitverhalten und eigene Arbeitsweise erkennen

Wichtig ist, dass wir unser eigenes Zeitverhalten und unsere Arbeitsweise erkennen und berücksichtigen. Nur so können wir effektiver und effizienter werden und Zeit für das Wesentliche gewinnen.

Tagesplanung

Es ist empfehlenswert, mit der Tagesplanung zu beginnen. Die Planung eines Tages ist überschaubar und die kleinste Einheit einer systematischen Zeitplanung. Damit bekommen Sie die notwendige Routine für eine spätere Wochen-, Monats- und/oder Jahresplanung.

ALPEN-Methode

Eine sehr bewährte und einfache Methode ist die **ALPEN-Methode**. Mit dieser Vorgehensweise können Sie in durchschnittlich 8 Minuten Ihren Tag relativ einfach und gut planen. Es ist günstig, den Tagesplan schon am Vorabend zu erstellen und diesen schriftlich festzuhalten. Auf diese Weise spielen Sie den nächsten Tag schon einmal kurz durch und Sie sind mental auf den neuen Tag eingestimmt. Auf diese Weise erhalten Sie zusätzlich Sicherheit und Selbstvertrauen (Seiwert 2005):

Einstimmung auf den nächten Tag durch Planung am Vorabend

- **A**ufgaben, Aktivitäten und Termine aufschreiben
- Notieren Sie alle Aktivitäten, Aufgaben und Termine, die wahrzunehmen sind:
  - Unerledigtes vom Vortag,
  - Telefonate und Korrespondenzen, die zu erledigen sind,
  - neu hinzukommende Tagesarbeiten,
  - periodisch wiederkehrende Aufgaben (z. B. Meetings).

Länge (Dauer) der Aktivitäten schätzen
- Notieren Sie hinter jeder Aktivität den Zeitbedarf, den Sie ungefähr veranschlagen müssen.
- Kalkulieren Sie den Zeitaufwand möglichst realistisch.

Pufferzeit reservieren
- Planen Sie unbedingt Pufferzeiten für Unvorhergesehenes, Unterbrechungen, persönliche Bedürfnisse und Probleme ein. Empfehlenswert ist es, nicht mehr als 50–60% zu verplanen und die restliche Zeit als Pufferzeit zu reservieren.

Entscheidungen treffen
- In der Regel müssen Sie Ihre Aufgaben stark zusammenkürzen, damit Sie die 50%-Regel einhalten können. Dazu müssen Sie Prioritäten setzen, Kürzungen vornehmen und delegieren.

Nachkontrolle
- Kontrollieren Sie jeden Abend ehrlich und selbstkritisch, ob Sie das Tagesprogramm erfüllen konnten und übertragen Sie Unerledigtes auf den nächsten Tag.
- Überlegen Sie jeweils auch, aus welchen Gründen Sie eine Aufgabe nicht erledigen konnten und finden Sie heraus, wo es noch Verbesserungsmöglichkeiten in Ihrer Planung gibt.

6.2.7 Prioritätensetzung

> Prioritäten systematisch und nach Kriterien setzen

Aufgaben können nach unterschiedlichen Systemen und Logiken geplant werden. So zum Beispiel in der Reihenfolge ihres Auftretens, nach Schwierigkeitsgrad, Lust und Laune, Zeitaufwand, Wichtigkeit, Chefsache zuerst usw.
Es ist hilfreich, Prioritäten systematisch und nach Kriterien zu setzen. Im Folgenden werden wir zwei gängige Vorgehensweisen vorstellen:

> 20:80%-Faustregel

Pareto-Prinzip
In den meisten Lehrbüchern für Zeitmanagement wird die vom italienischen Volkswirtschaftler und Soziologen aus dem 19. Jahrhundert, Vilfredo Pareto, stammende 20:80-Faustregel vorgestellt (Abb. 6.8).
Mit 20% strategisch richtig eingesetzter Zeit werden 80% der Ergebnisse erzielt. Diese Regel ist für viele Situationen gültig:
- 20% der Kunden oder Waren bringen 80% des Umsatzes.
- 20% der Produktionsfelder verursachen 80% des Ausschusses.
- 20% eines Artikels enthalten 80% der Nachrichten

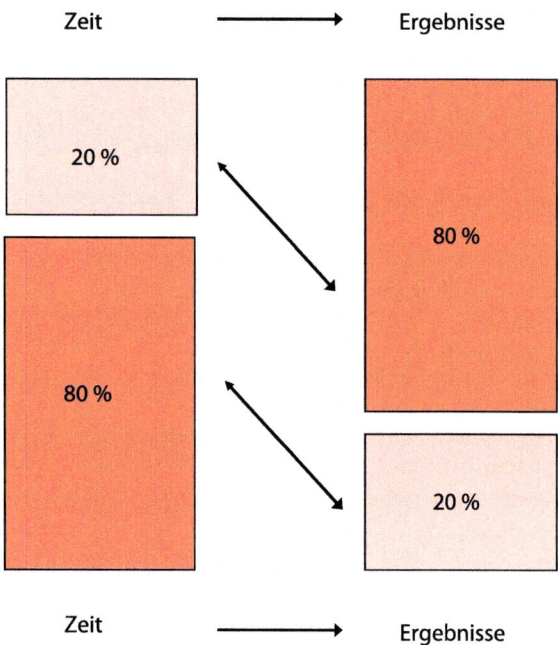

Abb. 6.8. Pareto-Prinzip. (Aus Seiwert 2005, S. 29)

- 20% der Beziehungen bringen 80% des persönlichen Glücks
- 20% der Besprechungszeit bewirkt 80% der Beschlüsse

Finden Sie die 20:80%-Regel in Ihrem beruflichen und privaten Bereich heraus und erstellen Sie dazu eine Liste mit allen Schlüsselzielen, -aktivitäten, und -verantwortlichkeiten in Ihrem Leben. Welche davon gehören zu den 20% der Aufgaben, aus denen 80% Ihrer Ergebnisse und Erfolge entstehen können?

Eisenhower-Prinzip/ABC-Analyse

Die ABC-Analyse und das Eisenhower-Prinzip sind Verfahren, durch die einzelne Tätigkeiten einer Priorität zugeordnet werden. Bei der ABC-Analyse werden die zu erledigenden Tätigkeiten vom Individuum in dem Sinne bewertet, inwieweit sie wichtig sind, um eine Zielsetzung zu erreichen. Es soll differenziert werden zwischen den wichtigsten Aufgaben (A-Aufgaben), durchschnittlich wichtigen Aufgaben (B-Aufgaben) und weniger wichtigen und unwichtigen Aufgaben (C-Aufgaben). Aufgaben, die weder wichtig noch dringend sind, sollten überhaupt nicht bearbeitet werden, sondern in den Papierkorb wandern.

Einen etwas veränderten Ansatz bietet das Eisenhower-Prinzip. Bei diesem praktischen Entscheidungsraster (von Eisenhower, 1890–1969) wird zwischen der Wichtigkeit und Dringlichkeit einer Aufgabe unterschieden. Je nach Grad der Wichtigkeit oder Dringlichkeit einer Aufgabe lassen sich vier Möglichkeiten der Bewertung und (anschließender) Erledigung von Aufgaben unterscheiden (Abb. 6.9):

- **A-Aufgaben:** Aufgaben, die sowohl dringend als auch wichtig sind, müssen Sie sich selbst widmen und sofort in Angriff nehmen.

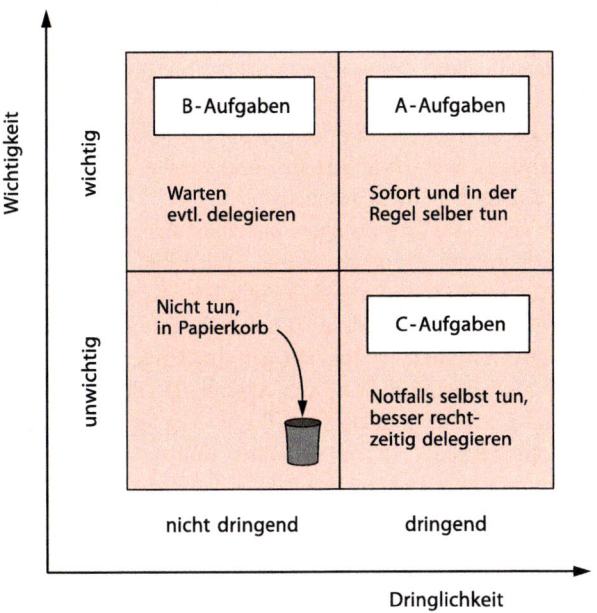

◘ **Abb. 6.9.** Eisenhower-Prinzip

— **B-Aufgaben:** Aufgaben von hoher Wichtigkeit, die aber noch nicht dringlich sind, können zunächst warten, sollten jedoch geplant, terminiert oder kontrolliert delegiert werden.
— **C-Aufgaben**: Aufgaben, die keine hohe Wichtigkeit haben, aber dringend sind, sollten delegiert bzw. nachrangig erledigt werden.
— **Papierkorb**: Aufgaben, die sowohl eine geringe Dringlichkeit als auch eine geringe Wichtigkeit haben, sollten Sie in den Papierkorb tun.

6.2.8 Informationsbewältigung

In der Informationsgesellschaft haben wir es mit einer Paradoxie zu tun. Einerseits sind wir einer Informationsflut ausgesetzt, anderseits fehlen uns wichtige Informationen oder wir finden diese nicht. Wir sind quantitativ überinformiert, qualitativ unterinformiert und werden aus vielen Quellen desinformiert. Häufig ist das Finden der richtigen Quellen vom Zufall abhängig. Es gibt ein Überangebot an Information, aber über die richtige Nutzung entscheiden Sie allein. Dieses Überangebot zwingt Sie zu mehr und strukturierteren Auswahlentscheidungen. Unsere Aufnahmekapazität ist begrenzt, so kann der menschliche »Arbeitsspeicher« zum Beispiel maximal 20 Buchstaben pro Sekunde aufnehmen.

Die Informationsfülle zwingt Sie zum geplanten, strukturierten und kontrollierten Umgang mit Informationen. Welche Möglichkeiten haben Sie, um ein sinnvolles Informationsmanagement einzurichten?

— **Informationsbedarfsanalyse**: Welche Themen sind für meinen persönlichen und beruflichen Erfolg wichtig? Welche Medien (Zeitungen, Zeitschriften, TV usw.) bieten mir wertvolle Informationen zu diesen Themen? Wie viel Zeit wende ich täglich/ wöchentlich auf, um für mich

Informationsfülle zwingt zum kontrollierten Umgang mit Informationen

Informationsbedarfsanalyse

wichtige Informationen aufzunehmen? Wie viel Zeit müsste ich aufwenden, um aktuell informiert zu bleiben? Ist die Informationsaufnahme ein fest geplanter Teil meines Tagesprogramms? Welche Informationen interessieren mich sonst noch (Allgemeinwissen)? Welche Zeitungen/Zeitschriften will ich abbestellen und welche TV-Sendungen will ich mir bewusst nicht mehr ansehen?

- Erstellen Sie eine Liste der Informationen, nach denen Sie regelmäßig suchen wollen und wo Sie sie finden können (welche Suchmaschine, Bibliothek, Zeitschrift usw.). Auf diese Weise können Sie sich **Referenzwissen** aneignen, auf das Sie jederzeit zurückgreifen können.

Referenzwissen aneignen

- **Informationen ordnen, ablegen und finden**: Richten Sie entsprechend der Informationsbearbeitung Aktenkörbe (Eingangskorb, Ausgangskorb, heute erledigen, Ablage) ein. Bestimmen Sie ebenfalls, wie Sie später die Informationen wieder verwenden wollen. Ordnen Sie diesen mit Hilfe entsprechender Markierungen, Vermerke, Kürzel eine zukünftige Verwendung zu. Werfen Sie Ungenutztes regelmäßig weg. Nach Schätzungen werden 75% des abgelegten Informationsmaterials nie mehr genutzt (Simon 2007). Legen Sie Informationen, die Sie problemlos über Suchmaschinen wie Google finden können, nicht auch noch zusätzlich ab. Legen Sie eine Ordnungsform fest (z. B. alphabetisch, numerisch, chronologisch, nach Stichworten). Bei der Informationsbearbeitung sollten Sie darauf achten, dass Sie jedes Dokument nur einmal anfassen. Entscheiden Sie sofort, ob Sie es selbst bearbeiten müssen, weitergeben oder wegwerfen. Erledigen Sie Ihre Eingangspost zu festen Zeiten.

Informationen ordnen, ablegen und finden

- **Unterlagen vernetzen**: Wichtige Dokumente sollten Sie mit Verweisen zu ähnlichen Unterlagen beschriften.

Unterlagen vernetzen

6.2.9 Umgang mit E-Mails

In Deutschland verbringen Mitarbeitende in Büros täglich durchschnittlich eineinhalb Stunden mit dem Bearbeiten von Mails (Seiwert et al. 2011). Trotz der vielen Vorteile, die dieses Kommunikationsmedium bietet, empfinden es viele als Zeitfresser. Überfüllte Mailboxen und permanente Erreichbarkeit geben uns das Gefühl, der eigenen Zeit hinterherzurennen. Doch nicht die Nachrichten sind das Problem, sondern die Art, wie wir sie empfangen und bearbeiten. Probieren Sie folgende Strategien (Seiwert et al. 2011; Jäger 2007):

nicht die Nachrichten sind das Problem, sondern die Art, wie sie empfangen und bearbeitet werden

- **Deaktivieren Sie die Benachrichtigung über neue Mails** und bearbeiten Sie Ihre Nachrichten zu bestimmten Tageszeiten im Block. Sagen Sie den wichtigen Kunden oder Ihren Vorgesetzten, dass Sie in dringenden Fällen telefonisch oder per SMS zu erreichen sind.
- **Behalten Sie maximal 30–50 Mails in Ihrem Posteingang** und arbeiten Sie mit dem **AHA-System**: **A**bfall sofort löschen, einfache Aufgaben durch sofortiges **H**andeln beantworten und schwierigere Arbeiten in die **A**blage für Aufgaben und Termine verschieben.
- **Erstellen Sie eine sinnvolle Ordnerstruktur**: Legen Sie Regeln fest und lassen Sie Outlook die Post für Sie vorsortieren.

- **Schreiben Sie empfängerorientiert**: Sorgen Sie für eindeutige und klare Kommunikation. Wählen Sie einen prägnanten Betreff. Reduzieren Sie CC und BCC. Vermeiden Sie Antworten an alle, so tragen Sie aktiv dazu bei, die E-Mail-Flut einzudämmen. Machen Sie Ihren Rückmeldungswunsch deutlich verständlich.
- **Senden Sie eine E-Mail nur an die Empfänger**, die die Nachricht wirklich benötigen. Für wen ist Ihre Frage oder Information wirklich relevant? Welchen Stil bevorzugen die Empfänger?
- **Vermeiden Sie lange Diskussionen und Konfliktlösungen per E-Mail**. Durch den knappen Schreibstil können E-Mails zu Missverständnissen führen.
- **Verringern Sie Ladezeiten**. Große Datenmengen verlängern die Ladezeiten. Machen Sie dem Empfänger das Verarbeiten von Informationen leicht und entlasten Sie sein Netz.
- **Beugen Sie sich nicht dem Druck, schnell auf Mails zu antworten.** In den USA wird spätestens nach 8 Stunden eine Antwort erwartet. In der Regel genügt es jedoch, wenn Sie innerhalb von 24 Stunden antworten. Nur Mails mit hoher Wichtigkeit sollten schneller beantwortet werden.
- **Fazit:** Wenn Sie Kommunikation via E-Mail nutzen möchten, um tatsächlich Zeit zu sparen, dann sollten Sie sich kurz fassen. Sie kommen schneller mit dem Schreiben voran und auch die Empfänger wissen es zu schätzen (Seiwert et al. 2011).

> ZUSAMMENFASSUNG
>
> Das vielzitierte Sprichwort »**Eile mit Weile**« passt ausgezeichnet zum Thema persönliche Arbeitstechnik, Arbeitsgestaltung und Zeitmanagement. Weile bedeutet hier: Halte ein, überprüfe die Arbeitstechnik und leite schrittweise Verbesserungen ein. Eile: Erledige dadurch die Aufgaben effizienter und mit weniger Druck. Das vorliegende Kapitel gibt Ihnen einige hilfreiche Anleitungen zu Arbeitstechniken, die Sie auf dem Weg zum effizienteren und effektiveren Arbeiten unterstützen. Umsetzen müssen Sie sie selbst. Bleiben Sie wach, hören Sie nicht auf, sich immer wieder mit sich selbst in einer systematischen Weise zu beschäftigen. Es ist eine immer wiederkehrende Aufgabe, besonders in einer Zeit, wo stete Veränderung die einzige Konstante zu sein scheint.

Arbeitsblatt 6.1. Arbeits- und Zeitanalyse

Zeit			Tätigkeit	ABC-Analyse	Störungen			Persönliche Leistungskurve
Beginn	Ende	Dauer	Ziel, Inhalt, Partner, usw.		⚡	s	f	++/+/–/––

Literatur

Frankl, V. E. (2005): *Der Mensch vor der Frage nach dem Sinn: Eine Auswahl aus dem Gesamtwerk.* München: Piper.

Graf-Götz F. & Glatz H. (2003): *Organisation gestalten. Neue Wege für Organisationsentwicklung und Selbstmanagement* (4. Auflage). Weinheim: Beltz.

Jäger, R. (2007): *Selbstmanagement und persönliche Arbeitstechniken* (4. Auflage). Giessen: Dr. Götz Schmidt.

Knoblauch, J. & Wöltje, H. (2006). *Zeitmanagement – Perfekt organisiert mit Zeitplaner und Handheld.* Freiburg: Haufe.

Rixen, M. (2006): *Zeitmanagement für Führungskräfte.* Saarbrücken: Dr. Müller.

Seiwert, L. (2005): *Das neue 1 x 1 des Zeitmanagement* (27. Auflage). München: GU.

Seiwert, L. (2006): *Noch mehr Zeit für das Wesentliche.* Kreuzlingen/München: Ariston im Heinrich Hugendubel Verlag.

Seiwert, L., Wöltje H. & Obermayr C. (2011): *Zeitmanagement mit Microsoft Office Outlook* (8. Auflage). Unterschleissheim: Microsoft Press Deutschland.

Simon, W. (2007): *Gabals großer Methodenkoffer. Grundlagen der Arbeitsorganisation* (2. Auflage). Offenbach: Gabal.

Storch, M. & Krause, F. (2010): *Selbstmanagement – ressourcenorientiert. Grundlagen und Trainingsmanual für die Arbeit mit dem Zürcher Ressourcen Modell – ZRM®* (4. vollständig überarbeitete und erweiterte Auflage). Bern: Huber.

6.3 Systematisches Problemlösen

Heinz Vetter, Sieglind Chies u. Carin Mussmann

Das Lösen von mehr oder weniger komplexen Problemen gehört zum täglichen Brot von Führungskräften. Die Problemlösungsfähigkeit ist dabei eine wesentliche Schlüsselqualifikation, die es ermöglicht, erfolgreich zu führen, unter Berücksichtigung von zunehmend unbekannten Variabeln und einer immer kleiner werdenden Halbwertszeit des vorhandenen Wissens. Da viele Führungsprobleme häufig komplexe Problemsituationen beinhalten, versagen rein intuitive Problemlösungen genauso wie der gesunde Menschenverstand immer öfter. Die Beherrschung einer zweckmäßigen und praktischen Systematik für die Lösung von Problemen gehört daher zum Handwerkszeug jeder Führungskraft. Dabei handelt es sich um ein Denk- und Handlungsschema, das aufzeigt, wie Probleme sinnvoll angepackt und in definierten Bearbeitungsschritten bearbeitet werden können.

In unserer täglichen Lebensbewältigung wenden wir bereits eine Reihe von Handlungsschemata an, die wir internalisiert haben und die dadurch zu Selbstverständlichkeiten geworden sind. Denken wir nur an das Autofahren: Brauchten wir manche teure Fahrstunde und manchen Angstschweiß, um uns zu Beginn mit dem Auto durch das Verkehrsgewühl einer Stadt zu bewegen, so sind die notwendigen recht anspruchsvollen Handlungsschemata mit der Zeit (im Idealfall) derart automatisiert, dass wir sie heute beinahe unbewusst anwenden. Und wie beim Autofahren gilt auch für das systematische Problemlösen: Erst die Übung macht den Meister.

Da sich viele Probleme nicht von einzelnen Personen lösen lassen, kommt der Problemlösung in Gruppen eine wichtige Bedeutung zu.

6.3.1 Problemlösung mit Hilfe von Gruppen

Handlungsschema als hilfreiches Instrument

Probleme, vor allem die eigenen, haben es in sich, unser Leben zu erschweren. Wir verbinden sie mit unangenehmen Gedanken und hätten am liebsten möglichst wenig mit ihnen zu tun. Verfügen wir hingegen über eine konkrete Methode, ein praktikables und hilfreiches Handlungsschema, um diese anzupacken, so kann uns dies zu einer konstruktiven Auseinandersetzung mit dem Problem anregen.

Schildert eine Führungskraft, z. B. im Rahmen einer Weiterbildung für Führungskräfte, ein Problem aus ihrem Arbeitsalltag den anderen Teilnehmenden dieses Kurses, so erhält sie womöglich spontan genauso viele verschiedene Lösungsvorschläge wie Personen anwesend sind, ein weiterer triftiger Grund, wieso sich die Auseinandersetzung mit dem systematischen Problemlösen lohnt: Wir neigen zu vorschnellen Entscheidungen und Handlungen.

Viele Probleme – insbesondere komplexere Problemstellungen – werden heute in Gruppen gelöst. Oft wird Gruppenarbeit als der einzige Weg gesehen, um komplexe Probleme einigermaßen gut lösen zu können. Nach Kunz (1996 S. 18) liegt ein wichtiger Grund dafür in der Enge unseres eigenen bewussten Denkvermögens. In der Tat sind viele Probleme heute nur in fach- und hierarchieübergreifender Gruppenarbeit zufriedenstellend zu lösen, will man nicht wesentliche Sichtweisen auf ein Problem außer Acht lassen. Um vielfach komplexe Probleme zu verstehen, brauchen wir verschiedene Brillen. Heute geschieht die Problembearbeitung häufig – vor allem bei neuartigen Problemstellungen – in Form von Projekten mit entsprechenden Projektgruppen. Auf eine kurze Formel gebracht geht es darum, viele Köpfe durch Überwindung von Hierarchieebenen und Fachbereichsgrenzen vernetzt zum geistigen Zusammenwirken zu bringen (vgl. Kunz 1996, S. 17). Die Gruppe hilft uns, zu einer ganzheitlicheren Sicht des Problems zu gelangen.

Die Auffassung, in der Gruppe den Königsweg der Problemlösung gefunden zu haben, gilt es aber dennoch kritisch zu hinterfragen. Gruppen- und Einzelleistung sind jedoch nicht gegeneinander auszuspielen, sondern jeweils dort einzusetzen oder zu kombinieren, wo es von der Problemstellung her sinnvoll ist.

Die Leistungsvorteile von Gruppen kommen dann zum Tragen, wenn es gelingt, die leistungshemmenden Faktoren auszuschalten. Wichtig ist, dass mit den zu Gruppen gehörenden gruppendynamischen Phänomenen konstruktiv umgegangen wird. Gelingt dies, so wirkt sich dies positiv auf die Identifikation der Gruppe mit der erarbeiteten Lösung aus. Eine ausführliche Darstellung der Einflussfaktoren in der Arbeit mit und in Gruppen findet sich in ▶ Kap. 8 (»Gestaltung der Arbeit in und mit Gruppen«).

Problemlösungsprozesse in Gruppen müssen gestaltet werden. Dabei sind folgende Faktoren von Bedeutung:
- Moderation der Gruppe,
- Visualisierung des Problemlösungsprozesses,
- Kommunikation, offenes Klima,
- Ernstnehmen von Meinungen,
- Methodik (Problemlösungszyklus),
- Geduld.

Handlungsschema als hilfreiches Instrument

Gruppe hilft, zu einer ganzheitlicheren Sicht des Problems zu gelangen

6.3.2 Was ist überhaupt ein Problem?

Umgangssprachlich wird der Problembegriff sehr unscharf verwendet. Auch subjektiv wird er sehr unterschiedlich interpretiert. Allen Definitionen gemeinsam ist, dass darin eine Diskrepanz zwischen Ausgangs- und Zielzustand beschrieben wird. Dörner, der Denken (als spezifische Kognition) dem Problemlösen gleichsetzt, weil es bei beiden mentalen Prozessen um die Erreichung eines Ziels geht, definiert das Problem folgendermaßen (vgl. Dörner 1987, S. 10 f.):

Definition: Problem

> **Definition**
>
> Unter einem Problem versteht man die Barriere zwischen einem unerwünschten, problematischen Anfangszustand (Ist-Zustand) und einem gewünschten, mehr oder weniger problemfreien Endzustand (Soll-Zustand). Und für die Überwindung der Barriere ist im Moment kein Weg bekannt.

Differenz zwischen Soll und Ist

Ein Problem ist anders gesagt die Differenz zwischen einem Soll und einem Ist, für deren Aufhebung oder Überwindung im Moment kein Weg bekannt ist. Die Lösung des Problems besteht darin, Wege zu finden, wie wir vom unerwünschten, problematischen Anfangs-Zustand (Ist) zum gewünschten, mehr oder weniger problemfreien End-Zustand (Soll) gelangen können. Die Überwindung der Barriere oder des Hindernisses ist gleichsam die Lösung des Problems.

Probleme gelten grundsätzlich als unangenehm. Von einem Problem kann aber auch dann die Rede sein, wenn die Barriere zwischen Ist und Soll besteht, die Ausgangslage aber deutlich besser war, als erwartet: So hat eine staatlich unterstützte Firma das Problem, dass sie mehr Umsatz gemacht hat, als sie eigentlich gemäß Bundesvorgaben dürfte (… nur wird der entsprechende CEO wohl deshalb weniger schlaflose Nächte haben als im umgekehrten Fall).

6.3 · Systematisches Problemlösen

Ist ein Weg vom Ist zum Soll bekannt, sprechen wir nicht von einem Problem, sondern von einer Aufgabe. Jemand möchte z. B. die Summe von zehn Zahlen wissen. Ein Problem wird es dann, wenn die Person nicht weiß, wie man Zahlen zusammenzählt. Ob etwas ein Problem oder eine Aufgabe ist, hängt also stark vom Wissen, der Erfahrung und vom Können der Person ab, die damit konfrontiert ist.

6.3.3 Einfache, komplizierte und komplexe Problemsituationen

In Anlehnung an Ulrich und Probst (1995, S. 61) können Probleme wie in ◘ Abb. 6.10 dargestellt werden.

Aus der Vielzahl möglicher Einteilungen von Problemen (Problemarten, s. Eck 1981) wird im Folgenden die Gliederung in die drei Problemarten vorgenommen: einfache, komplizierte und komplexe Probleme (vgl. Gomez & Probst 1999, S. 11–26). Dieser Unterscheidung liegen zwei Grunddimensionen zugrunde:
- die Vielzahl und Vielfalt von Einflussgrößen
- die Veränderlichkeit dieser Einflussgrößen sowie deren Dynamik und Verknüpfungen untereinander.

Einfache Problemsituationen
Diese Probleme sind durch wenige Einflussgrößen gekennzeichnet, die gar nicht oder nur wenig miteinander verknüpft sind. Für die Lösung solcher Probleme reichen die vorhandenen Kenntnisse und die Routine aus, sie werden jeden Tag fast unbewusst bewältigt. Ein Handlungsschema zur Problemlösung ist hier nicht zwingend notwendig, oftmals reichen der gesunde Menschenverstand oder die berufliche Erfahrung aus.

wenige Einflussgrößen, die kaum miteinander verknüpft sind

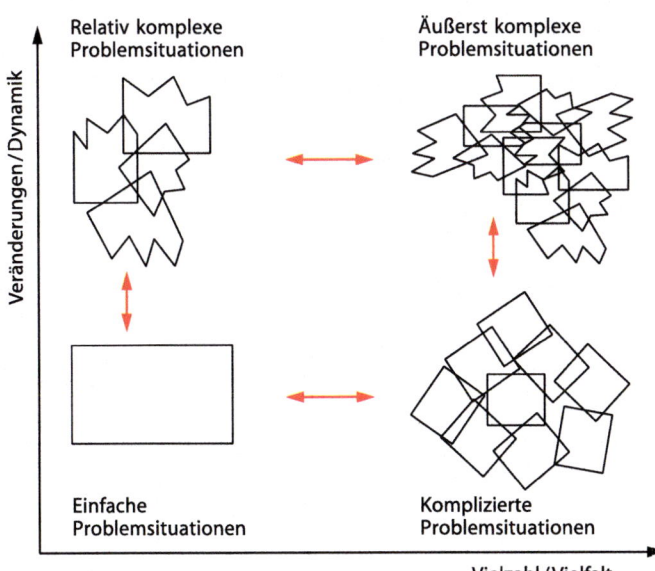

◘ **Abb. 6.10.** Problemarten: einfache, komplizierte und komplexe Probleme. (Nach Ulrich & Probst 1995, S. 61)

Beispiel: Erstmalige Planung einer Teamsitzung oder Planung der Stellvertretung während der Ferienzeit.

Komplizierte Problemsituationen

zahlreiche, relativ stark miteinander verknüpfte Einflussfaktoren mit geringer Dynamik

Bei dieser Problemart sind zahlreiche verschiedene Einflussfaktoren vorhanden, die relativ stark miteinander verknüpft sind, was ein Problem »verkompliziert«. Erleichternd ist hingegen die Tatsache, dass diese Einflussgrößen sich wenig verändern und auch untereinander nur eine geringe Dynamik aufweisen. Die Strukturen, die ein solches Problem umgeben, sind über die Zeit stabil.

Beispiele: Erstellung des Jahresbudgets, Revision einer größeren Industrieanlage, Organisation einer größeren Veranstaltung.

Komplexe Problemsituationen

viele, stark verknüpfte, dynamische Einflussfaktoren

Wie bei den komplizierten Problemen sind auch bei den komplexen Problemen viele verschiedene, stark verknüpfte Einflussfaktoren vorhanden, die die Problemsituation kennzeichnen. Im Gegensatz zu Ersteren ist die Dynamik bei den komplexen Problemen höher, sowohl innerhalb der einzelnen Faktoren als auch bei den Verknüpfungen untereinander: Die Folge ist eine sich

sich laufend verändernde Problemsituation

laufend verändernde Problemsituation, bei der kontinuierlich und nicht voraussagbar neue Konstellationen berücksichtigt werden müssen. Beispiele dafür: Die Fallbearbeitung einer Führungssituation, die Leitung größerer Projekte.

Dörner und Schaub (1995 S. 38) nennen zusammenfassend folgende Merkmale unbestimmter und komplexer Situationen:

- Vielzahl von Variablen
- Vernetztheit
- Eigendynamik
- Zielvielfalt (Polytelie)
- Offenheit der Zielsituation
- Neuartigkeit

Relativ komplexe und äußerst komplexe Problemsituationen

Einer Unterscheidung von Ulrich und Probst folgend kann diese Problemart weiter eingeteilt werden in relativ komplexe und äußerst komplexe Probleme. Beide Probleme sind gekennzeichnet durch eine hohe Dynamik zwischen den Einflussgrößen. Relativ komplexe Probleme haben jedoch weniger Einflussgrößen als äußerst komplexe Probleme (◘ Abb. 6.10).

Beispiele für relativ komplexe Probleme: Umgang mit unzureichenden Leistungen eines Mitarbeiters mit persönlichen Schwierigkeiten während einer Umstrukturierung, Klärung von Problemen innerhalb eines Teams, eine Strategie entwickeln.

Beispiele äußerst komplexer Probleme: Arbeitslosigkeit auf der gesellschaftlichen Ebene, Firmenfusionen, Stellenabbau, Reorganisation einer Abteilung.

Die genaue Zuordnung von Problemen zu den einzelnen Problemarten ist nicht immer möglich, zumal es – ganz im konstruktivistischen Sinn –

6.3 · Systematisches Problemlösen

eine, für alle Beteiligte gültige Wahrnehmung nicht gibt. Auf der subjektiven Ebene spielen die individuelle Problemlösungsfähigkeit, der Erfahrungshintergrund und die aktuelle Situation der beteiligten Personen sowie der Kontext, in dem das Problem angesiedelt ist, eine wichtige Rolle. Probleme in lebendigen sozialen Systemen sind immer mehr oder weniger komplex.

Häufig werden komplexe Probleme durch Vereinfachungen auch als einfache behandelt. Gegen Vereinfachungen ist grundsätzlich nichts einzuwenden: Der in diesem Kapitel vorgestellte Problemlösungszyklus ist zwar für komplexe Probleme die empfohlene Methode, doch auch hier ist es bei bestimmten Schritten wichtig, die Komplexität bewusst zu reduzieren und einen Fokus bei der Problemlösung zu setzen.

Es gibt eine Grenze der Vereinfachung, deren Unterschreitung zu unzulänglichen oder falschen Schlüssen führt. Hier sei an eine Aussage von Albert Einstein erinnert:

> »Ein Problem soll immer so einfach wie möglich gesehen werden, aber nicht einfacher!« (Vgl. Gomez & Probst 1999, S 18).

Das Phänomen der Vereinfachung zeigt sich oft als Schwarz-Weiß-Malerei, was häufig in gesellschaftspolitischen Auseinandersetzungen anzutreffen ist.

Eine Gegenüberstellung weiterer Merkmale einfacher und komplexer Situationen zeigt, worin ihre Unterschiede liegen (◘ Tab. 6.2):

Probleme in lebendigen sozialen Systemen sind immer mehr oder weniger komplex

◘ **Tab. 6.2.** Gegenüberstellung einfache und komplexe Problemsituationen. (Nach Ulrich & Probst 1991, S. 110)

	Einfache Situation	Komplexe Situation
Charakteristika	– Wenige, gleichartige Elemente – Geringe Vernetztheit – Wenig Verhaltensmöglichkeiten der Elemente – Determinierte, stabile Wirkungsverläufe	– Viele verschiedene Elemente – Starke Vernetztheit – Viele verschiedene Verhaltensmöglichkeiten – Viele veränderliche Wirkungsverläufe
Erfassbarkeit	– Vollständig analysierbar – Quantifizierbar – Verhalten prognostizierbar = Analytisch erklärbar = Sicherheit erreichbar	– Beschränkt analysierbar – Beschränkt quantifizierbar – Verhaltensmuster erkennbar – Synthetisch verstehbar – Unsicherheit reduzierbar
Geeigneter Modellierungssatz	– Vorbild: »Maschine« – Systemtyp: triviales System	– Vorbild: »Ökosystem« – Systemtyp: nichttriviales System
Geeignete Denkweise	Kausalanalytisches Denken	Ganzheitliches Denken
Geeignete Problemlösungsmethoden	– »Exakte, quantitative Methoden« – Algorithmen	– »Inexakte, qualitative Methoden« – Heuristiken
Faktische Beeinflussbarkeit	– Konstruierbar – Beherrschbar mit »Restrisiko«	– Beschränkt gestaltbar – Beschränkt lenkbar »kultivierbar«

Komplexität im mittleren und unteren Management

mittleres und unteres Management sind in der Führungspraxis zunehmend mit Komplexität konfrontiert

Nicht nur das obere, sondern auch das mittlere und das untere Management sind in ihrer Führungspraxis zunehmend mit Komplexität konfrontiert. Wir leben heute sowohl im gesellschaftlichen wie auch im wirtschaftlichen Bereich in einer Zeit grundlegenden Wandels. In Organisationen finden strategische, strukturelle und kulturelle Neuausrichtungen fast alltäglich statt. Das untere und mittlere Management sind vor allem in den Umsetzungsprozess solcher Veränderungen involviert, manchmal auch bei der Entwicklung. Beispiele dafür sind: Reorganisationsprojekte, Entwicklung von Bereichsstrategien, Umsetzung von technologischem Wandel (Arbeitsorganisation), Bildung und Entwicklung neuer Teams, Veränderungen in Gruppen usw. Auch Führung von Mitarbeitenden ist durch veränderte Ansprüche schwieriger geworden. Ferner wirken sich hoher Leistungsdruck und die Forderung nach Verhaltensveränderungen (z. B. in Richtung mehr Selbständigkeit, Selbstverantwortung, Qualitätsbewusstsein, Effizienz) stark auf Probleme aus.

6.3.4 Problemlösungszyklus

Es leuchtet ein, dass es eine universelle Problemlösungsmethodik nicht geben kann. Ein Großteil der Problemlösungsmethoden wurde für technische Systeme und Probleme entwickelt. Sie unterscheiden sich in erster Linie durch ihren Detaillierungsgrad (Anzahl der Vorgehensschritte) und die Abfolge der Vorgehensschritte. Es sind Methoden, die sich – trotz ihrer Herkunft – durchaus auf soziale Systeme übertragen lassen.

Fragen als heuristische Anleitungen

Wichtig ist dabei, die einzelnen Problemlösungsschritte nicht rein mechanisch zu erarbeiten, sondern in kreativer Art und Weise, mit konstruktiven und konstruktivistischen Fragestellungen, eine erweiterte Sichtweise einzunehmen und neue Wege zu suchen. Als heuristische Anleitungen sollen sie es ermöglichen, Probleme auch dann anzupacken, wenn weder erworbenes Expertenwissen noch gesunder Menschenverstand ausreichen, um sich in einer neuartigen Situation zu orientieren. Dabei ist eine gewisse Lust an der Klärung komplexer Fragestellungen und Herausforderungen förderlich.

weder zu detailliert noch zu simpel

Vorgestellt wird eine Problemlösungsmethode, die sich für komplizierte wie auch relativ komplexe Probleme eignet. Sie ist nicht zu detailliert, aber auch nicht zu simpel. ◘ Abb. 6.11 stellt den Problemlösungszyklus dar, der in vier Phasen mit insgesamt neun Schritten unterteilt ist. Der Ablauf ist stark strukturiert. Gerade dieses Vorgehensschema leitet dazu an, eine Situation strukturiert zu betrachten, die Gedanken sozusagen zu »disziplinieren« … auch in Situationen, in denen durch die Betroffenheit der Überblick verloren ging.

Schema zur strukturierten Betrachtung einer Situation

Einsichten und Ergebnisse bilden die Grundlage für weitere Phasen

Problemlöseprozesse sind selten linear, auch wenn die Abfolge der Phasen dies suggerieren kann. Dies zeigt ◘ Abb. 6.11b. Einsichten und Ergebnisse, die aus einer Phase resultieren, bilden eine wichtige Grundlage für die weiteren Phasen. Der Ablauf eines Problemlösungsprozesses sollte als kreis- oder spiralförmiger Prozess verstanden werden. Das heißt, dass es von jeder Phase und von jedem der darin enthaltenden einzelnen Schritte aus möglich und manchmal zwingend ist, zu einer vorherigen Phase oder einem vorhe-

kreis- oder spiralförmiger Prozess

6.3 · Systematisches Problemlösen

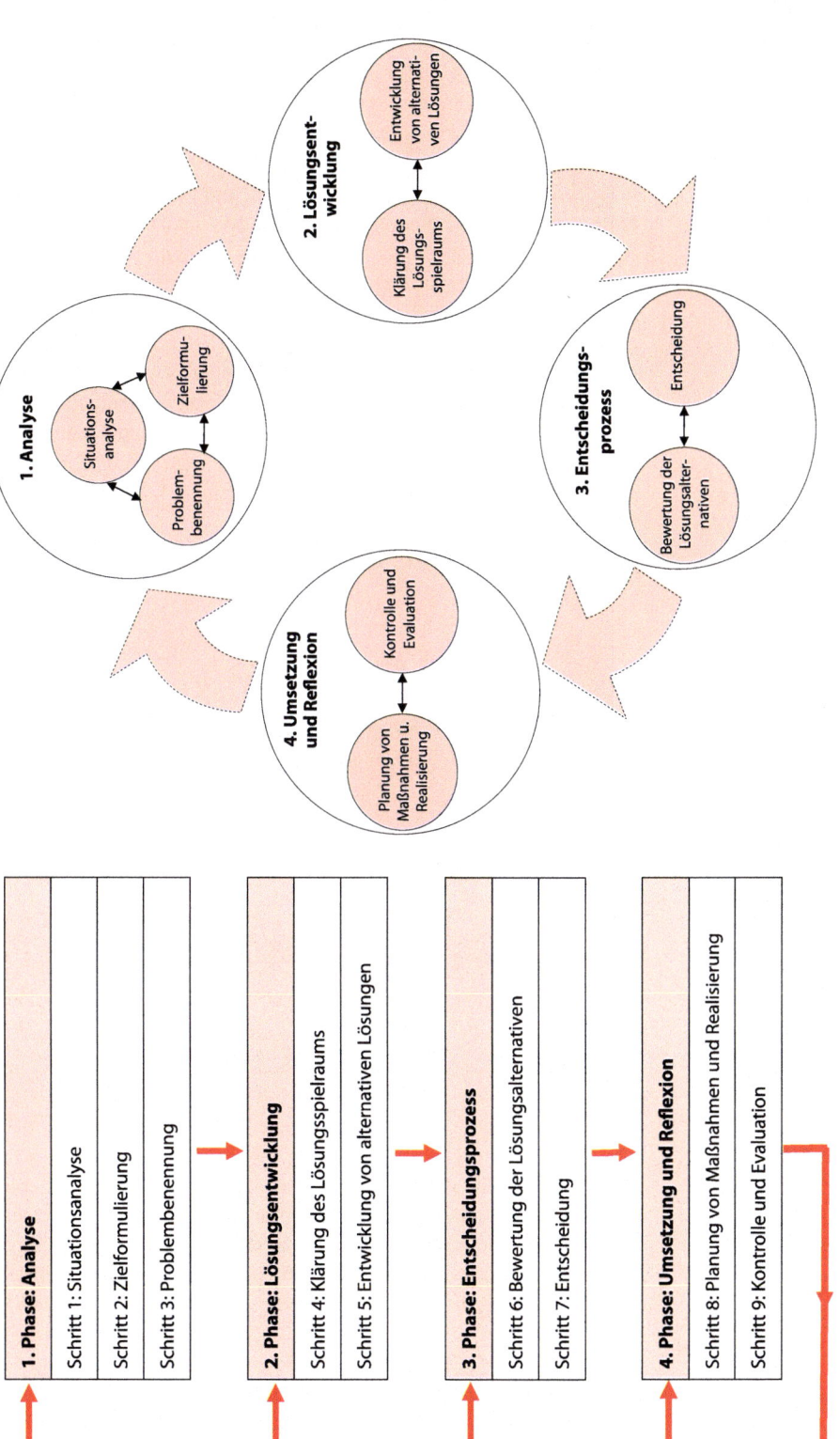

Abb. 6.11. a Problemlösungszyklus, lineare Darstellung, **b** Problemlösungszyklus, kreisförmige Darstellung

rigen Schritt zurückzugehen, und zwar solange, bis eine befriedigende Klärung oder Lösung gefunden wird. Es kann vorkommen, dass beim Versuch, Ziele zu formulieren, festgestellt wird, dass die Situation noch nicht genügend klar ist und gewisse Fragen neu oder nochmals gestellt werden müssen. Die Beschäftigung mit einzelnen Phasen und Schritten kann Folgerungen hervorbringen, die ein erneutes Betrachten und Hinterfragen der bisher zusammengetragenen Erkenntnisse zwingend macht. Solche Reflexionen weisen auf Lernprozesse hin, die während eines solchen Problemlösungszyklus stattfinden, was durchaus ein Hinweis auf eine qualitativ wertvolle Auseinandersetzung mit dem Probleminhalt sein kann. Tauchen neue Fragen auf, gilt es, diese entsprechend zu würdigen, denn die Frage hat im Problemlöseprozess eine entscheidende Bedeutung: In einer gewissen Weise lässt sich sagen, dass die Kunst des Problemlösens darin besteht, immer wieder mit neuen Fragen an das Problem bzw. seine Teilaspekte heranzugehen. Je konstruktiver, kreativer die Fragen sind, desto wahrscheinlicher ist es, dass die Antworten ebenfalls schlüssig, weiterführend, kreativ sind (Eck 1981, S. 42).

Fragen haben im Problemlöseprozess eine entscheidende Bedeutung

1. Phase: Analyse

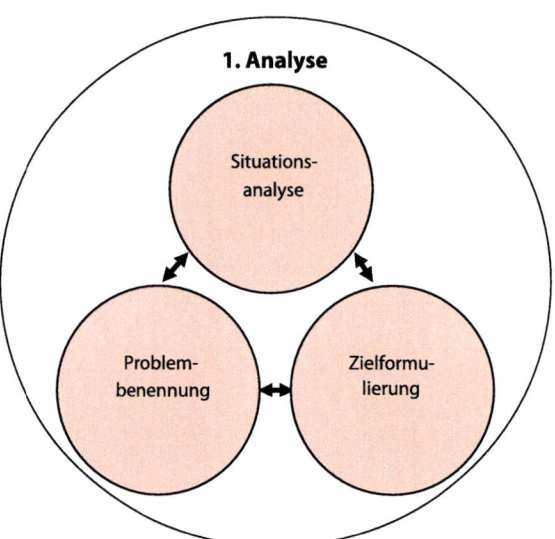

Abb. 6.12. Analyse

Blick auf die momentane Ausgangssituation

In der ersten Phase geht es darum, einen genauen Blick auf die momentane Ausgangssituation zu werfen. Hier kommt unser »innerer Kriminalinspektor« am intensivsten zum Zug. Die Herausforderung besteht darin, nicht bereits in Lösungskategorien zu denken, sondern vorher den Gegenstand des Problems zu analysieren. Dies ist leichter gesagt als getan, liegt es doch »in der Natur des Menschen«, sich sogleich mit Lösungsideen zu beschäftigen. Roth (2003, S. 298) hat hierzu eine neurophysiologische Erklärung, wonach Gefühle den Verstand eher beherrschen als umgekehrt. Je größer und belastender ein Problem wird, umso eher setzt sich das emotionale System durch und bestimmt unsere Verhaltensweisen. Dabei wird die angetroffene Situa-

der Mensch neigt dazu, sogleich Lösungen zu suchen

tion anhand weniger Details bewertet. Eine Gefahr besteht darin, dass Lösungsideen simplifiziert sind.

Verstandesmäßige Denkprozesse benötigen hingegen mehr Zeit, um eine vergleichsweise kleinere Menge an Daten zu verarbeiten. Sie sind für die Analyse besonders geeignet. Wird die Analyse sorgfältig und angemessen erarbeitet, ohne sich zeitlich darin zu verlieren, entsteht eine wichtige Basis für die nächsten Phasen. Dies kann in mehreren spiralförmigen Durchgängen erfolgen.

Sich Zeit für die Analyse zu nehmen, ist gerade für Führungskräfte besonders herausfordernd, da sie die eigene Führungsqualität oder diejenige anderer oftmals am Tempo der Lösungsfindung messen.

verstandesmäßige Denkprozesse brauchen mehr Zeit

Schritt 1: Situationsanalyse

Ausgangspunkt einer Problemsituation ist die Wahrnehmung eines Problems. Probleme teilen sich in einer ersten Problembenennung meist diffus emotional mit. Es »stimmt« etwas nicht. Solche Ausdrucksweisen zeigen, dass wir Probleme oft zuerst gefühlsmäßig wahrnehmen. Damit ein Problemlösungsprozess überhaupt in Gang kommt, braucht es also ein gewisses Problembewusstsein und den Willen, etwas ändern zu wollen.

> **Beispiel**
>
> **Ausgangssituation:**
> In einer Abteilung herrscht eine schlechte Arbeitsstimmung: Einzelne Personen äußern Unzufriedenheit über die Zusammenarbeit, zwei Personen haben unerwartet gekündigt, die jährliche Mitarbeiterumfrage war dieses Jahr kritischer als im Vorjahr. Zudem ist die Arbeitsleistung in den letzten Monaten gesunken.
> Bekannt ist auch, dass in der Geschäftleitung Unstimmigkeit in strategischen Fragen herrscht.
> Für den Abteilungsleiter, der nicht Mitglied der Geschäftsleitung ist, wird bald klar, dass sich etwas ändern, verbessern muss.

Die Situationsanalyse legt den Fokus auf den **Ist-Zustand**: Dabei geht es um die Unterscheidung zwischen Fakten und Vermutungen. Eine in ein Problem verstrickte Person sieht oftmals »vor lauter Bäumen den Wald nicht mehr«. Ihr Leidensdruck ist geprägt durch objektive, sachliche Begebenheiten, die auch andere Betrachter so sehen würden, aber auch durch individuelle Wahrnehmungen, die der Interpretationen des Ist-Zustandes eine persönliche Note geben. Die Aufteilung in die Kategorien »Fakten« und »Vermutungen« soll diese beiden unterschiedlichen Perspektiven sichtbar machen.

Ist-Zustand: Unterscheidung zwischen Fakten und Vermutungen

Vermutungen dürfen – neben dem Sammeln von Fakten – auch angestellt werden, wenn es darum geht, den Blickwinkel weiterer Parteien einzubeziehen: Wie sehen der Vorgesetzte, die Mitarbeiterin, der Kunde, Außenstehende usw. die Problemsituation?

Schildert eine Person ihr Problem bzw. ihren Fall z. B. im Rahmen einer Intervisionsgruppe (eine Methode, die aus der zeitgemäßen Weiterbildung von Führungskräften nicht wegzudenken ist), so kann die restliche Gruppe klären helfen, ob geschilderte Begebenheiten Fakten oder persönliche Fantasien sind. Die Gruppe kann zudem selber weitere Vermutungen anstellen, die die Wahrnehmung der fallbringenden Person bestätigen, erweitern oder wiederlegen.

> **Beispiel**
>
> **Fakten:**
> - Zwei Personen haben gekündigt.
> - Die jährliche Mitarbeiterumfrage war dieses Jahr kritischer als im Vorjahr.
> - Die Arbeitsleistung ist in den letzten Monaten gesunken.
> - In der Geschäftsleitung besteht Unstimmigkeit.
>
> **Fragen und Vermutungen:**
> - Die unerwarteten Kündigungen weisen auf ein Problem in der Abteilung hin: Gibt es Konflikte im Team?
> - Die Probleme in der Geschäftsleitung (schlechte Stimmung, fehlende Strategie) werfen ihren Schatten auf die einzelnen Abteilungen.

Problembündel bilden, priorisieren und untereinander abgrenzen

Eine weitere zentrale Frage ist, was zur Problemsituation gehört und was nicht. Wahrgenommene »Probleme« hängen oft mit anderen Problemen zusammen, die durchaus mit anderen Organisationseinheiten verknüpft sein können. Und dennoch kann nicht bei jedem Problem die ganze Organisation miteinbezogen werden. Nicht alle »Probleme« können gleichzeitig gelöst werden, obwohl sie meist irgendwie zusammenhängen. Problembündel müssen geordnet und priorisiert werden. Es gilt, einen Fokus für das Problem festzulegen.

ordnen und priorisieren

Zum Beispiel kann eine Gewichtung der »Probleme« durch die Unterscheidung von Zentralproblemen und peripheren Problemen erreicht werden. Wenn es gelingt, die Zentralprobleme einer Problemsituation zu finden, ist das ein großer Vorteil. Der Schwerpunkt der Lösung kann dann auf diesen Fokus gelegt werden.

Unterscheidung von zentralen und peripheren Problemen

> **Beispiel**
>
> **Problembündel:**
> - Probleme in der Geschäftsleitung.
> - Die Zusammenarbeit und die Stimmung im Team sowie die Arbeitsleistung sind schlechter geworden.
> - Der Abteilungsleiter beschließt, das zweite Problembündel als Zentralproblem zu bezeichnen.

Nun geht es darum, für die Zentralprobleme die relevanten Einflussfaktoren festzustellen und sie miteinander in Beziehung zu setzen. Wie beeinflussen sich die Faktoren gegenseitig? Dabei ist zu beachten, dass das zu Beginn genannte »Problem« möglicherweise nur ein Symptom für eine tiefer liegende

Ursache sein kann. Eine andere Möglichkeit, die »Probleme« innerhalb eines Problembündels zu gewichten, besteht in der Klassifizierung nach Wichtigkeit.

Auch wenn es in der Situationsanalyse darum geht, sich ein möglichst umfassendes Bild der Problemsituation zu verschaffen, ist es eine Tatsache, dass die Information über das Problem nie vollständig sein kann und auch nicht vollständig sein muss. Es geht darum, sich für einen Fokus im Rahmen der gegenwärtigen Situation zu entscheiden und die Komplexität so zu reduzieren, dass ein erstes »Feld der Bearbeitung« identifiziert werden kann.

Symptom vs. tiefer liegende Ursache?

Klassifizierung nach Wichtigkeit und Dringlichkeit

erstes »Feld der Bearbeitung« fokussieren

Fragen zur Situationsanalyse
Allgemein:
- Worum geht es?
- Was ist wann, wo und wie aufgetreten?
- Wie ist das »Problem« entstanden?
- Wie hat sich das Problem bis jetzt ausgewirkt?

Fakten, Vermutungen
- Was sind objektive Fakten und subjektive Vermutungen?
- Wie könnten andere Beteilige diese Situation beurteilen?
- Welcher Nutzen ist für wen bei einer möglichen Lösung zu erwarten?
- Wer ist wofür verantwortlich?

Problembündel
- Womit hängt das »Problem« zusammen? Lassen sich Problembündel erkennen?
- Welche neuen Probleme könnten auftauchen, wenn das »Problem« gelöst wird?
- Unter welchen Bedingungen zeigt sich das »Problem«, unter welchen nicht?
- Was ist das Zentral- und das Peripherproblem?

Weiterführende Fragen
- Welche Maßnahmen sind schon ergriffen worden, um das »Problem« zu lösen?
- Was geschieht, wenn nichts geschieht?
- Wie kann sich das »Problem« weiterentwickeln?
- Welche Ressourcen sind verfügbar (Informationen, Strukturen, Systeme, Personal)?

Schritt 2: Zielformulierung

Nachdem es bei der Situationsanalyse darum geht, sich intensiv mit dem Ist-Zustand auseinanderzusetzen, bietet die Betrachtung des Soll-Zustandes die Gelegenheit, Abstand zum Problem zu gewinnen. Es geht darum, klare Zielformulierungen zu finden.

Analyse des Soll-Zustands

Annäherungsziele statt Vermeidungsziele

Ziele sind Aussagen darüber, was erreicht bzw. vermieden werden soll. Oft fällt es uns leichter zu formulieren, was wir nicht wollen, als das, was wir wollen (z. B. Arbeitslosigkeit, schlechtes Betriebsklima usw.). In diesem Fall sprechen wir von Vermeidungszielen.

Annäherungsziele motivieren

Motivierender und konstruktiver ist es, Annäherungsziele zu formulieren. Sie beinhalten möglichst konkrete Aussagen über Anzustrebendes im Sinne eines positiven Ergebnisses oder Endzustandes und beschreiben einen erreichten Endzustand.

Beim Fallbeispiel dieses Kapitels würden die beiden Zielarten folgendermaßen lauten:

Vermeidungsziel	Annäherungsziel
Ich möchte mich nicht mehr über die schlechte Kooperation in meinem Team ärgern.	Ich habe mit meinem Team eine funktionierende Kooperation entwickelt.

Im eigenen Handlungsspielraum bleiben

Ein Ziel können wir dann erreichen, wenn es aus der eigenen Perspektive formuliert wird und unter der eigenen Kontrolle steht. Greifen wir auf die zwei Problembündel des Fallbeispieles zurück, die in der Situationsanalyse gebildet wurden und nehmen wir die Perspektive des Abteilungsleiters ein, so ist anzunehmen, dass er auf die Bereiche unterschiedlichen Einfluss hat.

Problembündel	Bezug zum Handlungsspielraum des Abteilungsleiters
Probleme in der Geschäftsleitung	Der Abteilungsleiter ist kein Mitglied der Geschäftsleitung. Sein Einfluss ist gering.
Die Zusammenarbeit und die Stimmung im Team sowie die Arbeitsleistung sind schlechter geworden.	Für eine gute Zusammenarbeit im Team sind sowohl die Mitarbeiter als auch der Abteilungsleiter verantwortlich. Dieser Bereich liegt also klar in seinem Handlungsspielraum.

Unterscheidung von Muss- und Wunschzielen

In komplexen Problemsituationen kann oft nicht nur ein Ziel angestrebt werden. Ziele sind meistens miteinander vernetzt, wodurch sich häufig Zielkonflikte bzw. Widersprüchlichkeiten ergeben. Diese gilt es zu erkennen und wenn möglich zu beseitigen.

Wichtig ist es, Prioritäten zu setzen, darin resultiert die Reduktion der Komplexität. Jungermann et. al. (2005, S. 106 ff.) sprechen von **fundamentalen Zielen, die sie als die eigentlichen Ziele bezeichnen (also nicht die Folgeziele sondern die eigentlichen Ziele). Sie weisen aber auch darauf hin, wie schwierig es ist, den »hierarchischen Strukturen« der Ziele gerecht zu werden, v. a. dann, wenn Stress und andere Emotionen unsere Auswahl der Ziele prägen. Es ist in der Folge sinnvoll und zweckmäßig, Ziele in Muss- und Wunschziele zu unterscheiden. Mussziele sind Ziele, die unbedingt erfüllt sein müssen, damit die Lösung akzeptabel ist. Alle anderen Ziele gehen in die Kategorie Wunschziele.

Unterscheidung in Muss- und Wunschziele

Zielformulierungen sollen lösungsneutral sein

Beschrieben werden soll ein Endzustand bzw. eine Wirkung, der bzw. die durch die noch unbekannte Lösung hervorgebracht werden soll. Zielformulierungen sollen keine Maßnahmen enthalten. Sie sollen das »Was« definieren und das »Wie« offenlassen. In der Praxis werden Lösungen bzw. Maßnahmen als Ziele formuliert. Dies ist zu vermeiden, da es den Lösungsspielraum in unzulässiger Weise einengt.

Zielformulierungen definieren das »Was«, lassen aber das »Wie« offen

Lösungsneutrale Zielformulierung	Ziel formuliert
Ich habe mit meinem Team eine funktionierende Kooperation entwickelt.	Nach einer Teamentwicklungsmaßnahme durch die Beratungsfirma xy habe ich mit meinem Team eine funktionierende Kooperation entwickelt.

Kriterien für Zielformulierungen

Die Zielformulierung nach SMART (ein Akronym für spezifisch, messbar, aktiv beeinflussbar, realistisch und terminiert) fasst einige der bereits oben genannten Aspekte zusammen und ergänzt diese durch weitere relevante Kriterien. Ein gutes, im Problemlösungszyklus geeignetes Ziel zeichnet sich dadurch aus, dass es möglichst konkrete Aussagen über Anzustrebendes im Sinne eines positiven Endzustandes beinhaltet.

Zielformulierung nach SMART

Entscheidend ist das Vorhandensein von Kriterien, aufgrund derer entschieden werden kann, ob das Ziel erreicht worden ist oder nicht. Ein Ziel zu operationalisieren heißt also, es so zu formulieren, dass es überprüfbar ist. Aber woran sehen oder merken wir, dass das Ziel erreicht ist? Relativ einfach ist dies, wenn ein Ziel quantifiziert werden kann (z. B. Ertragssteigerung um 3%). Viel schwieriger ist es bei qualitativen Zielen. Hier gilt es festzuhalten, anhand welcher Indikatoren wir sehen, ob das Ziel erreicht wurde ist. Dies ist nicht immer messbar, sondern oft »nur« beobachtbar.

Dann gilt es, ein Ziel zu verwenden, das aus der Perspektive der Person formuliert wird, die ein Problem lösen will, wie im ▶ Abschn. »Im eigenen Handlungsspielraum bleiben« bereits erwähnt wurde.

Nur realisierbare Ziele sind sinnvolle Ziele. Die Erkenntnis bzw. Ernüchterung über die Erreichbarkeit eines Ziels erfolgt manchmal erst in der Auseinandersetzung mit dem Problem während der Arbeit mit dem Problemlösungszyklus.

Was bedeuten nun diese SMART-Kriterien für unseren Abteilungsleiter?

Wie überprüft unser Abteilungsleiter sein Ziel (»Ich führe ein Team, das gut kooperiert«) mit den SMART-Kriterien?

Spezifisch-konkret	Dem Abteilungsleiter ist das Ziel konkret genug.
Messbar (oder eindeutig beobachtbare Verhaltensweisen)	Der Abteilungsleiter merkt, dass er über keine messbaren Beobachtungskriterien verfügt. Er kann jedoch folgende Verhaltensweisen beobachten: — Teammitglieder hören einander besser zu, kommunizieren in wertschätzender Weise miteinander. — Vereinbarte Gesprächsregeln werden eingehalten. — Wenn ein Mitarbeiter unter großem Arbeitsdruck steht, entlasten ihn die anderen. — Die jährliche Mitarbeiterumfrage zeigt bei der Frage »Kooperation im Team« bessere Resultate.
Aktiv beeinflussbar	Der Abteilungsleiter kann zur Erreichung des Ziels einen aktiven Beitrag leisten.
Realistisch	Der Abteilungsleiter hält sein Ziel für recht anspruchsvoll, aber für durchaus erreichbar.
Terminiert	Der Abteilungsleiter muss diesen Aspekt ergänzen. Es ist Spätsommer. Er formuliert für sich das Ziel neu. »Ich habe mit meinem Team bis Ende Dezember eine funktionierende Kooperation entwickelt.«

> **Fragen zur Zielformulierung**
> — Sind Annäherungsziele statt Vermeidungsziele formuliert?
> — Sind Muss- und Wunschziele unterschieden?
> — Werden unterschiedliche Ziele priorisiert?
> — Sind die Zielformulierungen lösungsneutral?
> — Sind die Ziele SMART formuliert?
> — Welche positiven bzw. negativen Zielauswirkungen sind zu erwarten?
> — Welche Zielkonflikte bzw. Widersprüchlichkeiten liegen vor bzw. könnten auftreten?

Schritt 3: Problembenennung

Es ist denkbar, dass sich durch die Situationsanalyse und die Zielformulierung eine neue Benennung des Problems ergeben hat, die wir als sekundäre Problembenennung bezeichnen. Die Überprüfung durch die Problembenennung kann ergeben, dass der Ist- oder der Soll-Zustand unzulänglich beschrieben sind. Dies bedeutet, dass nochmals zu diesen Schritten zurückgegangen werden sollte.

Erst mit der Zielformulierung kristallisiert sich oftmals das eigentliche Problem heraus, nämlich die Abweichung des analysierten Ist-Zustandes vom präzise formulierten Soll-Zustand. Diese Abweichung ist das eigentliche Problem. Die Lösung des Problems besteht darin, diese Abweichung aufzuheben oder zu reduzieren. Wenn es gelingt, jetzt das Problem kurz und prägnant zu definieren, ist die Lösungssuche meistens relativ einfach.

primäre und sekundäre Problembenennung

analysierter Ist-Zustand weicht vom formulierten Soll-Zustand ab

Konstruktivistische Betrachtungsweise

Sollte sich nun der Eindruck ergeben, dass die Benennung des Problems sozusagen mathematisch erfolgt und dadurch sachlich und objektiv ist, so würde dies auf einen Trugschluss hinweisen. Gomez und Probst (1999, S. 37) sind der Ansicht, dass die Identifikation des Problems oftmals bedeutend schwieriger ist als die Problemlösung selber.

Der konstruktivistischen (bzw. systemischen) Betrachtungsweise (vgl. Gomez & Probst 1999, S. 40 ff.) zufolge gibt es eine eindeutige, für alle allgemeingültige Wahrheit nicht, genauso wenig gibt es die für alle richtige Problembenennung. So betrachten Problemlösende eine schwierige Situation, und überhaupt die Welt, aus ihrer eigenen Perspektive. Diese ist geprägt durch unsere Erfahrung, Ausbildung und Vorgeschichte. Wir können gar nicht anders, als die Welt durch jeweils eine bestimmte Brille zu sehen. Wir können probieren, verschiedene Brillen anzulegen, indem wir uns in die Standpunkte verschiedener Beteiligter und Betroffener versetzen. Dadurch entsteht eine ganzheitlichere Betrachtungsweise, wobei der gemeinsame Nenner der verschiedenen Standpunkte unterschiedlich groß sein kann, was die Komplexität erhöht. Die problemlösende Person hat nun – nebst den Erkenntnissen aus der Situationsanalyse - mehr Informationen und muss sich entscheiden, an welchem Problem sie sich hauptsächlich orientieren soll, wobei der eigene Handlungsspielraum nach wie vor ein wichtiges Kriterium ist. Das Problem wird eingegrenzt und die Komplexität damit reduziert. Dabei gilt es auszuhalten, dass nicht alle anderen, »brennenden« Probleme gleichzeitig gelöst werden können.

Die Problembenennung sollte – wie die Zielformulierung – einfach, präzise, motivierend, vom Positiven ausgehend, nicht unnötigerweise einengend formuliert sein. Die klare Benennung des Problems ist das Tor zur Lösung!

Identifikation des Problems ist schwieriger als die Problemlösung

Es gibt keine für alle Beteiligten richtige Problembenennung

klare Benennung des Problems ist das Tor zur Lösung

> **Beispiel**
>
> So benennt unser Abteilungsleiter sein Problem – nachdem er verschiedene Standpunkte eingenommen oder erfragt hat und das Problemfeld gemäß seinem Handlungsspielraum wieder eingegrenzt hat – folgendermaßen:
>
> »Mein Team braucht eine klarere Führung und mehr Sicherheit durch mich.«

An dieser Stelle verlassen wir das Beispiel des Abteilungsleiters.

> **Fragen zur Problembenennung**
> - Worin besteht das eigentliche Hindernis zwischen Ist und Soll? Kommt dies in der Problembenennung genügend zum Ausdruck?
> - Wie benennen andere Beteiligte, Betroffene, Außenstehende das Problem?
> - Habe ich die Problembenennung klar abgegrenzt und auf meinen Handlungsspielraum bezogen?
> - Ist die Problembenennung anregend, einfach, präzise, positiv formuliert?

2. Phase: Lösungsentwicklung

Nach der Analyse folgt die Phase der Lösungsentwicklung. Sie beinhaltet die folgenden beiden Schritte: Die Klärung des Lösungsspielraumes und die Entwicklung alternativer Lösungen. Wie die ◘ Abb. 6.13 zeigt, stehen die Schritte 4 und 5 in einer gegenseitigen Wechselwirkung und können wiederholt miteinander in Bezug gebracht werden.

Schritt 4: Klärung des Lösungsspielraumes

Ressourcen und Restriktionen

Nachdem die Randbedingungen (Anforderungen, Ressourcen und Restriktionen) für mögliche Lösungen vergegenwärtigt worden sind, geht es darum, alternative Lösungen zu entwickeln. Es lohnt sich, den Lösungsspielraum zu klären, beispielsweise, was eine Lösung kosten darf. Vielleicht haben hierarchisch Höhergestellte noch Entscheidungen zu treffen, vielleicht gilt es, ergänzende Abklärungen zu treffen. Optimal ist es dabei, den Lösungsspielraum möglichst groß zu halten und maximal auszunutzen.

> **Fragen zum Lösungsspielraum**
> - Sind die Rahmenbedingungen (lokale, personelle, rechtliche, finanzielle, strukturelle) zutreffend eingeschätzt?
> - Welche Ressourcen (andere Mitglieder der Organisation, Kunden, Konkurrenten, Außenstehende usw.) sind mögliche zusätzliche Hilfsquellen für das Finden und Realisieren von Lösungen?

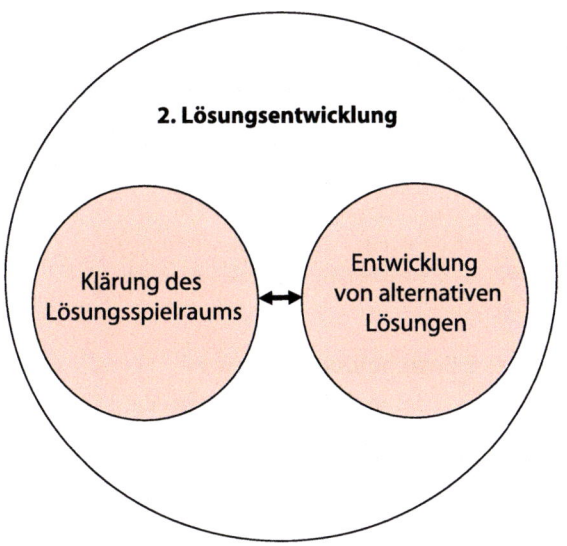

Abb. 6.13. Lösungsentwicklung

Schritt 5: Entwicklung von alternativen Lösungen

Diese Phase ist der kreative Teil des Problemlösungsprozesses. Sie besteht aus 4 Teilschritten:

11. Geeignete Methode bestimmen
12. Ideen erzeugen
13. Ideen analysieren
14. Besonders lösungsträchtige Ideen weiterentwickeln

Durch Anwendung von Kreativitätsmethoden (▶ Abschn. 8.5, »Kreativität und Kreativitätstechnik«) gilt es, neue Lösungsideen hervorzubringen. Das Ziel ist letztendlich, möglichst viele brauchbare Ideen zu erzeugen. Wichtig ist, die Lösungen in einem ersten Schritt nicht zu bewerten, da dies die Kreativität hemmt. Lösungsideen dürfen zu Beginn durchaus intuitiv, extrem, unsachlich, utopisch oder absurd sein. Die Trennung von Ideenerzeugung und -analyse ist äußerst wichtig.

Besonders lösungsträchtige Ideen werden weiterentwickelt. Dabei gilt es, die Lösungen auf die Einhaltung der Mussziele zu überprüfen. Optimal ist, wenn jeweils mehrere alternative Lösungen entwickelt werden, um für die nächste Phase über eine echte Auswahl zu verfügen, bei der die Alternativen systematisch gegenübergestellt und bewertet werden können.

kreativer Teil des Prozesses

> **Fragen und Merkpunkte zur Entwicklung von Lösungsalternativen**
> **Geeignete Methode bestimmen:**
> — Welche Methoden können sinnvoll (Aufwand/Nutzen) angewendet werden?
> — Wer ist für welche Methode Spezialist bzw. in anderer Hinsicht besonders geeignet?
> ▼

Ideen erzeugen:
- Ideen, mehr Ideen, noch mehr Ideen ...
- Bewertung aufschieben!

Ideen analysieren:
- Erfüllen die Ideen die Mussziele?
- Sind die Wunsch-Ziele mit diesen Lösungsideen erreichbar?
- Lassen sich die Lösungsideen weiter entwickeln?

3. Phase: Entscheidungsprozess

Diese Phase wird in zwei Schritte gegliedert: Die Bewertung der Lösungsalternativen (der Entscheidungsvorbereitung) und die Entscheidung. Einmal mehr weisen wir darauf hin, dass die beiden Schritte nicht zwingend chronologisch erarbeitet werden müssen. So kann es durchaus sein, dass eine Entscheidung nicht getroffen werden kann, weil die Entscheidungskriterien nicht passend definiert worden sind, womit Schritt 6 wiederholt werden muss. Dies ist für den Prozess der Entscheidungsfindung durchaus typisch und sinnvoll (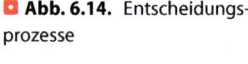 Abb. 6.14).

Diese Phase wird an dieser Stelle nur kurz erläutert, weiterführende Erläuterungen zum Thema »Entscheidungen herbeiführen« enthält ▶ Abschn. 6.4.

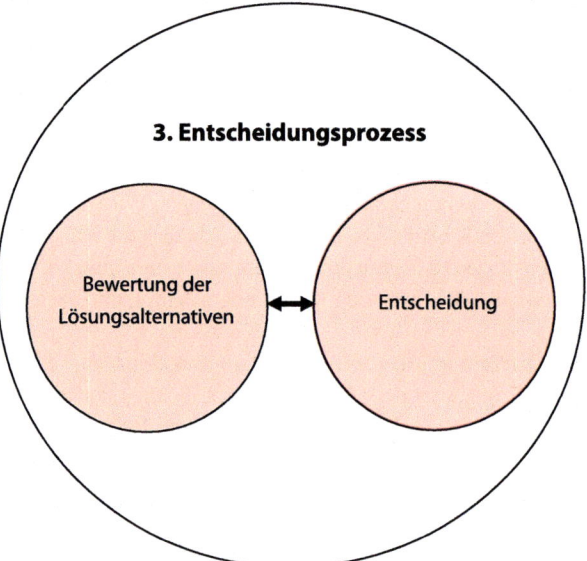

Abb. 6.14. Entscheidungsprozesse

Schritt 6: Bewertung der Lösungsalternativen

intuitive oder sachliche Bewertung?

Die Bewertung von Lösungsalternativen kann entweder summarisch oder aufgrund von Bewertungskriterien erfolgen. Im ersten Fall werden die Alternativen als Ganzes verglichen und bewertet. Es handelt sich hier um eine mehr oder weniger intuitive Bewertung, z. B. mit der Tetralemma-Methode.

6.3 · Systematisches Problemlösen

Im zweiten Fall werden die Lösungsalternativen anhand von Bewertungskriterien verglichen. Dem ganzen Bewertungsvorgang wird eine Systematik zugrunde gelegt, z. B. eine Gegenüberstellung von Vor- und Nachteilen.

Gegenüberstellung von Vor- und Nachteilen

Eine weitere verbreitete Methode ist die Nutzwertanalyse. Hier wird eine Bewertung von meistens unterschiedlich gewichteten Kriterien vorgenommen. Die Gesamtbewertung ergibt sich durch eine Summation der Einzelbewertungen der Kriterien. Die Nutzwertanalyse gilt häufig als das eigentliche Standardverfahren für die Bewertung von Lösungsalternativen. Der große Vorteil von systematischen Bewertungsmethoden liegt darin, dass dadurch Entscheidungen versachlicht werden können.

Nutzwertanalyse

In der Praxis werden systematische Verfahren vor allem dann angewandt, wenn man sich in einem Entscheidungsgremium nicht einig wird und die Systematik so zur Reduktion der Komplexität beitragen kann. Systematische Verfahren leisten somit einen wichtigen Beitrag für einen konstruktiven Umgang mit Konflikten.

Fragen und Merkpunkte zur Bewertung
Bewertungskriterien festlegen:
- Bewertungskriterien aus Zielen und Teilzielen (Muss- und Wunschziele) ableiten.
- Welche zusätzlichen Bewertungskriterien sind nötig? (Vgl. »Problemdefinition« und »Analyse des Lösungsspielraumes«)

Bewertungskriterien gewichten:
- Welche Kriterien sind wichtiger als andere?
- Wie verändert sich das Ergebnis der Bewertung, wenn die Gewichtung der Bewertungskriterien verändert wird?

Lösungsalternativen bewerten:
- Wie gut erfüllen die jeweiligen Lösungsalternativen die einzelnen Bewertungskriterien?
- Welche Lösung hat den höchsten Gesamtnutzen?

Schritt 7: Entscheidung

Während die Bewertung die Vorbereitung der Entscheidung ist, ist die Entscheidung der eigentliche Urteilsakt, d. h. die Wahl einer Lösungsalternative. Es ist sinnvoll, den Vorgang der Entscheidungsvorbereitung (Bewertung) und des Urteils (Entscheidung) zu trennen. Dies aus zwei Gründen:

Entscheidungsvorbereitung und Urteilsprozess trennen

- Bei der Entscheidungsvorbereitung geht es um ein unvoreingenommenes Bewerten der einzelnen Lösungsalternativen, jedoch noch nicht um die Wahl einer Lösung.
- Häufig werden die Entscheidungsvorbereitung (Bewertung) und die Entscheidung (Urteil) hierarchisch getrennt.

Trotz klarem Bewertungsergebnis zugunsten einer Alternative kommt es vor, dass nicht entsprechend entschieden wird. Das kann aus übergeordneten Gesichtspunkten gerechtfertigt sein. Bei der Entscheidung können politische Gesichtspunkte hinzukommen, sodass die Entscheidung nicht für die beste Lösung, sondern für eine andere gefällt wird. In diesem Fall wäre jedoch zu fragen, ob diese übergeordneten Gesichtspunkte nicht bereits bei der Zielformulierung, bzw. der Analyse des Lösungsspielraumes hätten berücksichtigt werden müssen.

Falls Entscheidungsfindung (Bewertung) und Entscheidung (Urteil) in einer Organisation wiederholt nicht übereinstimmen, ist allerdings grundsätzlicher zu fragen, wie effizient die Entscheidungsprozesse wirklich sind, und ob sich hier nicht ein dysfunktionales Organisationsmuster zeigt.

4. Phase: Umsetzung und Reflexion

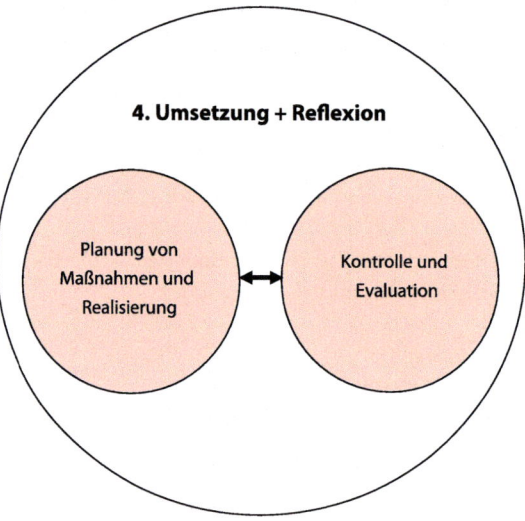

Abb. 6.15. Umsetzung und Reflexion

Schritt 8: Planung von Maßnahmen und Realisierung

Planen entspricht Probehandeln

»Ehe man etwas tut, muss man zunächst planen« (Abb. 6.15). Dieses Planen (vgl. Dörner 2004, S. 235–275) entspricht einem »Probehandeln« und findet immer noch im Kopf oder auf dem Papier statt. Die Realisierung der gefundenen Lösung sollte vorausgedacht werden. Es wird überlegt, welche ganz konkreten Schritte in welcher Reihenfolge unternommen werden sollen, um die Lösung zu realisieren. Dies geschieht oft in Form eines Maßnahmenplans, auf dem aufgelistet wird, wer was wie bis wann zu machen hat und in welcher Reihenfolge es zu geschehen hat. Eine saubere Planung ist wichtig für die Umsetzung der gewählten Lösung. Planen ist der Entwurf neuer Handlungswege. Es ist die Synthese eines Weges durch ein Labyrinth von Möglichkeiten hin zum gewünschten Ziel (vgl. Dörner & Schaub 1995, S. 41). Auch die Auswirkungen der einzelnen Planungsschritte gilt es genau zu überlegen. Die Entdeckung unerwünschter Auswirkungen von Maßnahmen könnte dazu zwingen, nochmals zu früheren Phasen des Problemlösungszyklus zurückzukehren.

Die Planung soll jedoch nicht zu detailliert sein, da der tatsächliche Verlauf der Umsetzung ein Prozess ist, der nicht bis ins letzte Detail geplant werden kann und auch nicht muss. Häufig gewählte, wenn einseitig angewandt aber auch problematische Strategien beim Planen sind (vgl. Dörner & Schaub 1995, S. 42):

- Strategie des »hill climbing«: Man wählt den Weg, wo es am steilsten bergauf geht, um den Gipfel so schnell wie möglich zu erreichen.
- Strategie »Tiefe zuerst«: Ein Weg zum Ziel wird in aller Tiefe ausgearbeitet.
- Strategie »Breite zuerst«: Es werden parallel mehrere Lösungsansätze verfolgt.

Planungsstrategien

Die Realisierung ist die tatsächliche Ausführung der geplanten Maßnahmen, d. h. die eigentliche Umsetzung. Die Umsetzung einer Maßnahme ist noch nicht gleichbedeutend mit ihrem Erfolg.

Die Realisierung von getroffenen Maßnahmen setzt ein stetiges Handeln voraus. In sozialen Systemen ist hier oft eine kontinuierliche Überzeugungsarbeit wichtig und notwendig. Der Information von Betroffenen kommt in dieser Phase eine zentrale Bedeutung zu.

Umsetzung

> **Fragen zu Maßnahmen und Realisierung**
> - Welches Ergebnis muss genau erreicht werden?
> - Welches sind die wichtigsten Teilaufgaben?
> - Welche unerwünschten Auswirkungen können die geplanten Maßnahmen haben?
> - Mit welchen Widerständen und Schwierigkeiten muss gerechnet werden? Wie kann ihnen begegnet werden?

Schritt 9: Kontrolle und Evaluation

Die Umsetzung von Maßnahmen gilt es laufend zu kontrollieren. In etwas größeren Zeitabschnitten sind größere Kontrollen oder Evaluationen sinnvoll. Es geht dabei auch darum, das eigene Denken und Handeln einer Analyse zu unterziehen und dementsprechend selbstkritisch zu reflektieren. Eine offene, ehrliche Kontrolle eröffnet Lernchancen. Erfolg kann dazu verführen, weniger selbstreflexiv zu sein.

eigenes Denken und Handeln selbstkritisch reflektieren

> **Fragen zu Kontrolle und Evaluation**
> - Wer überprüft wann und wie die Fortschritte der Realisierung (Zwischenergebnisse, Meilensteine)?
> - Wer überprüft wann die Zielerreichung?
> - Was wurde gut gemacht, wo sind Mängel feststellbar (= Analyse der eigenen Fehler)?
> - Wo wurde die jeweilige Realität falsch eingeschätzt?

6.3.5 Lösungsorientiert Probleme lösen

Lösungsorientierung ist eine Haltung

In der von de Shazer und Kim Berg entwickelten Vorgehensweise wird die Aufmerksamkeit immer wieder auf die Lösungsebene gelenkt. Auf die Analyse von Problemen wird weitgehend verzichtet, da sich der lösungsorientierte Prozess an einer erfolgreichen Bewältigung in der Zukunft orientiert. Durch Fragen werden Suchprozesse ausgelöst, die den Blick auf eine Situation lenken, in der das Problem reduziert oder behoben ist. Die Grundannahme lautet: Wir nehmen eine andere Sichtweise, eine andere Haltung ein, wenn wir uns nicht vorrangig mit den Ursachen eines Konflikts oder eines Problems beschäftigen. Das lösungsorientierte Vorgehen nutzt die vorhandenen Potenziale und Ressourcen für ein gedankliches Probehandeln im Hinblick auf eine erfolgreiche Bewältigung.

Fokus Zukunft

Die Erfahrung zeigt, dass die Motivation, etwas anders zu tun als bisher, in einem positiven Kontext wesentlich stärker entwickelt werden kann. Die Suche nach Lösungen ist eine vorwärts gerichtete Strategie. Im Auflisten der Problempunkte kann die Energie rasch absinken. Oftmals meinen wir zudem, dass wir mit einer ausführlichen Analyse eines Problems oder eines Konflikts der Person eine Wertschätzung entgegenbringen. Fragen nach dem »Warum« und den Ursachen erhalten dann großes Gewicht. Beschäftigen wir uns hingegen mit Lösungen oder Visionen, nutzen wir die belebende Energie der erlebten Erfolge. Das Gespräch wird angeregt. Die lösungsorientierte Vorgehensweise konzentriert sich auf eine kurze Beschreibung des Problems. Dabei dominiert eine wertschätzende Haltung, die anerkennt, dass eine schwierige Situation vorliegt. Der Fokus liegt auf der Frage: »Was könnte stattdessen sein?« Oft besteht bereits eine vage Vorstellung davon, wie es sein könnte, auch wenn die einzelnen Schritte, um dorthin zu gelangen noch unklar sind. Das lösungsorientierte Vorgehen unterstützt darin, Ideen zu entwickeln und Motivation aufzubauen. Die Betroffenen werden in ihrer Selbstverantwortung für die Umsetzung gestärkt.

Lösungszyklus in vier Phasen

Der Lösungszyklus umfasst vier Phasen, die sich vor allem in der 2. und 3. Phase in der Bearbeitung vom Problemlösezyklus unterscheiden (◘ Abb. 6.16 und 6.17). Die einzelnen Schritte (◘ Abb. 6.18, 6.19, 6.20, 6.21) sind weniger festgelegt und können in der Reihenfolge flexibel gehandhabt werden. Die Person, die das Anliegen vorbringt, liefert teils umfassende, teils knappe Informationen, die es je nach Kontext zu vertiefen gilt oder nicht. Die Bearbeitung innerhalb der Phasen kann spielerisch variiert werden.

6.3 · Systematisches Problemlösen

Lösungszyklus, kreisförmige Darstellung

Lösungszyklus, lineare Darstellung

1. Phase: Situationsklärung
- Wahrnehmung ausweiten, Kontext beachten
- Anerkennung der Schwierigkeit und Wertschätzung der Personen
- Grobe Lösungsrichtung erfassen

2. Phase: Ressourcen und Visionen erkunden
- Suche nach Ausnahmen
- Hilfreiche Erfahrungen, vorhandenes Wissen, Potenzial
- Erfolgreiche Bewältigung visionieren

3. Phase: Ziele und Lösungen entwickeln
- Ziele formulieren
- Lösungsschritte entwickeln
- Massnahmen konkretisieren

4. Phase: Umsetzung und Reflexion
- Realisierung der Lösungsschritte/Massnahmen
- Funktionalität prüfen, Korrekturen, Anpassungen vornehmen
- Reflexion der Umsetzungserfolge und Erkenntnisse

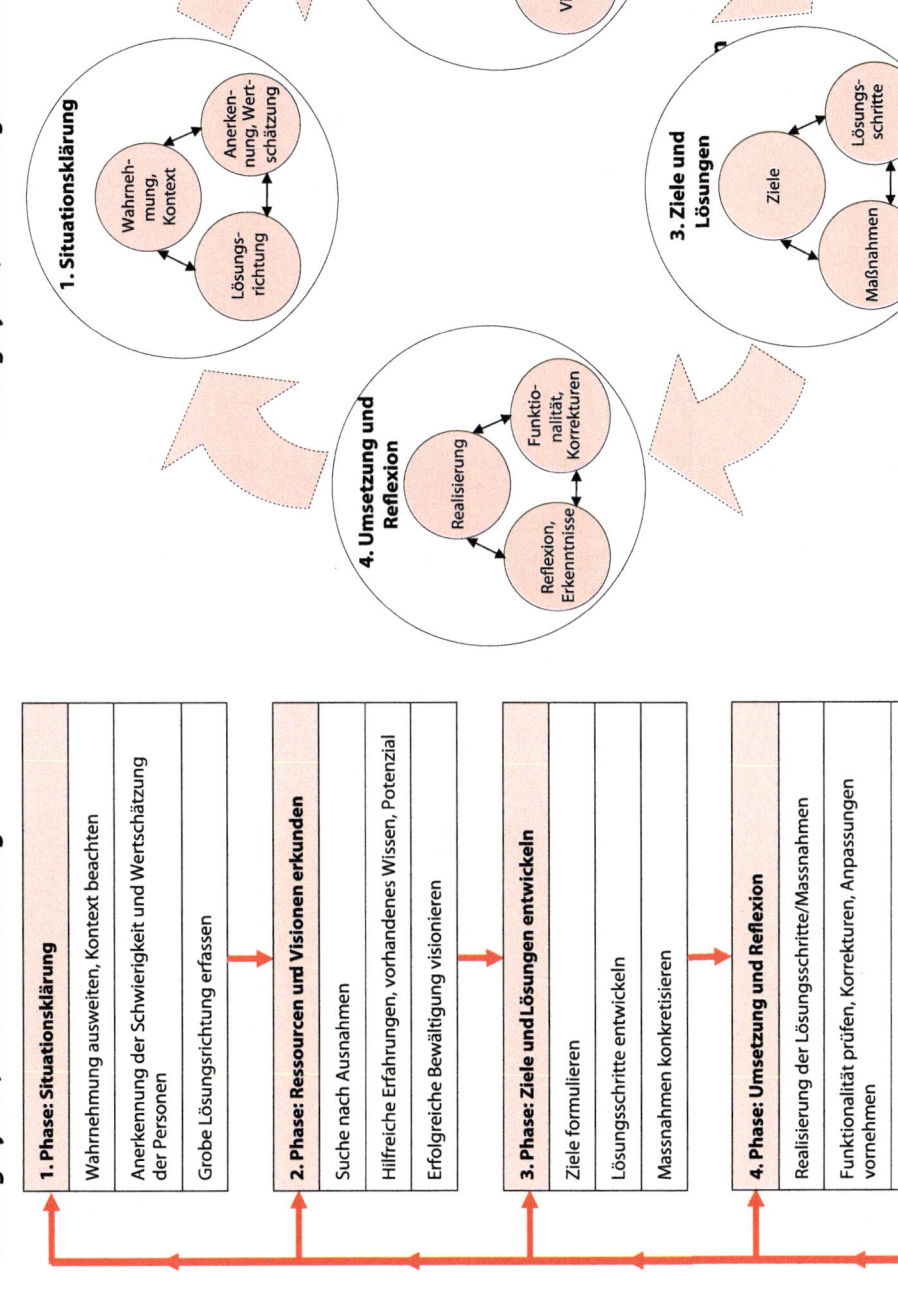

■ **Abb. 6.17.** Lösungszyklus, kreisförmige Darstellung

■ **Abb. 6.16.** Lösungszyklus, lineare Darstellung

1. Phase: Situationsklärung

Abb. 6.18. Situationsklärung

Situationsklärung

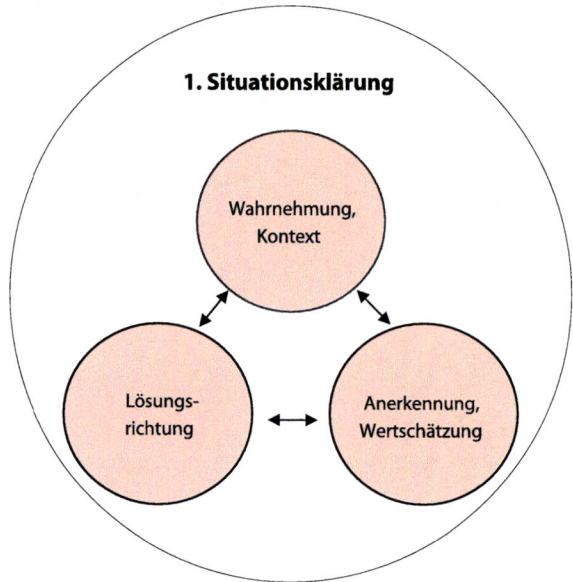

In der ersten Phase geht es darum, das Problem bzw. die Problemsituation kurz zu beschreiben. Ein hilfreiches Ergebnis dieser Beschreibung ist eine visualisierte Problemlandkarte. Eine Auslegeordnung verschafft Klarheit. Mit Fragen wird die Wahrnehmung erweitert und der Kontext erfasst. Handelt es sich für die Beteiligten um ein relevantes Problem, das es ernst zu nehmen gilt, wird dessen Schwierigkeit anerkannt. Bereits zu Beginn sollte ein erstes Bild davon entstehen, wie eine verbesserte, gelöste Situation aussehen sollte, um eine Vorstellung vom Lösungszustand und seiner Richtung zu erhalten.

Hilfreiche Fragen:
- Worum geht es?
- Wer ist beteiligt?
- Was gehört zum Problemkontext?
- Wie wäre die Situation, wenn das Problem gelöst wäre?

2. Phase: Ressourcen und Visionen erkunden

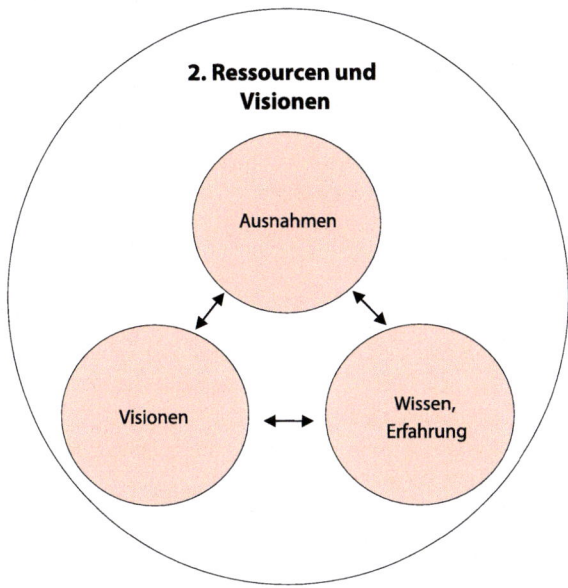

Abb. 6.19. Ressourcen und Visionen

Ressourcen erkunden und Visionen entwickeln

In der zweiten Phase geht es darum, Ressourcen zu erkunden und Visionen zu entwickeln, die für die Lösungssuche hilfreich sein können. Es folgt die Suche nach Ausnahmen, in denen der problematische Zustand gar nicht oder in geringerem Ausmaß bestand, sich Momente und Handlungen ereigneten, die als weniger belastend oder als erfolgreicher erlebt wurden. Diese Ausnahmen vom Problemzustand lassen sich in der Regel als Hinweis für zukünftige Veränderungen nutzen. Sie enthalten Teile einer Lösung. Es geht also darum, hilfreiche Fähigkeiten, Potenziale oder Erfahrungen bewusst zu machen, statt danach zu suchen, was »falsch« läuft. Mit diesen Ressourcen, über die Personen oder Organisationen bereits verfügen und die Lösungspotenziale beinhalten, lässt sich eine Lösung konstruieren.

Im lösungsorientierten Vorgehen wird eine erfolgreiche Lösung vorweggenommen und damit ein gedankliches Probehandeln eingeleitet. Dies unterscheidet sich stark von einer brainstormartigen Suche. Die Personen, die das Problem benannt haben, sind verantwortlich für die Suche nach einer Lösung. In einer Gruppe werden Lösungsvisionen gemeinsam entwickelt.

Erfolgreiche Bewältigung antizipieren

> **Beispiel**
> **Zwei Beispiele für die Umsetzung der 2. Phase:**
> Angenommen, Sie hätten das Problem gelöst, oder Sie würden zumindest denken, dass Sie auf dem Weg wären, es zu lösen, was wäre dann anders und was würden Sie dann anders machen?
> ▼

> Wir machen einen Zeitsprung und sind jetzt zwei Jahre voraus. Ein Reporterteam hat erfahren, dass Sie als Team, als Organisation es geschafft haben, eine sehr schwierige Situation (Situation konkret beschreiben) erfolgreich zu bewältigen. Es kommt nun zu Ihnen und führt ein Interview mit Ihnen, um zu erfahren, was Sie konkret unternommen haben, wie Sie Ihre Situation so eindrücklich und erfolgreich bewältigt haben. Was erzählen Sie den Reportern?

Hilfreiche Fragen:
- Wann war die Situation weniger schwierig? Was war damals anders?
- Gab es ähnliche Situationen, die bereits gemeistert wurden? Was war damals hilfreich?
- Was wurde bisher erfolgreich unternommen? Was sollte anders gemacht werden?
- Wie würde die Situation aussehen, wenn Sie diese erfolgreich bewältigt hätten?
- Was haben Sie dann dazu getan?

3. Phase: Ziele und Lösungen entwickeln

Ziele und Lösungen entwickeln

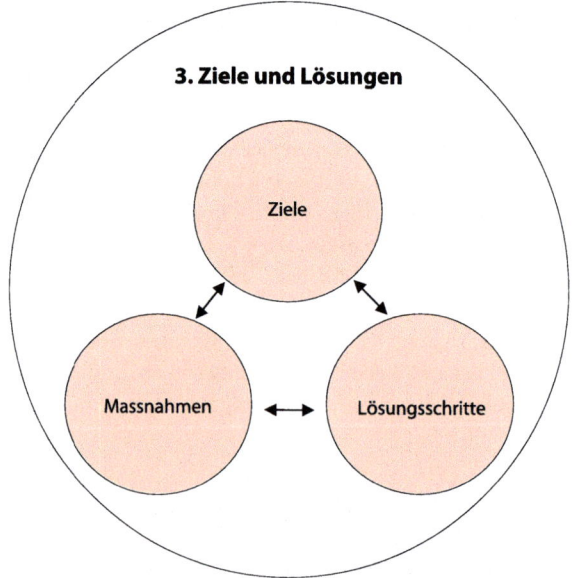

Abb. 6.20. Ziele und Lösungen

Aus den Visionen gilt es nun in der dritten Phase, Ziele und Lösungsschritte abzuleiten. Auch im Lösungszyklus ist die Zielformulierung ein zentrales Element. Gut formulierte Ziele wirken wie Magnete auf die anvisierte Zukunft. Der Zielformulierungsprozess entwickelt sich vielfach von vagen Äußerungen zu klaren Definitionen (▶ Abschn. 6.3, »Systematisches Problemlösen«). Ziele lassen sich meist nicht auf Anhieb spezifisch und konkret benennen. Die Erfolgschance für die Umsetzung der Ziele erhöht sich, wenn diese mit den persönlichen Interessen und Möglichkeiten der am Problem Beteiligten im Einklang stehen und als sinnvoll erlebt werden.

Mit Hilfe von Skalen lässt sich eine Situation gut einschätzen. Mit Blick auf den Zielzustand oder die Vision können dann kleine Schritte erarbeitet werden. Hier zwei Beispiele:

Skaleneinschätzung

− »Wenn zehn der Zustand ist, den Sie als Vision oder als gelösten Zielzustand beschreiben und eins der Zustand, als sich Ihr Problem in der schwierigsten Situation befand, die Sie bisher hatten, wo befinden Sie sich jetzt?«

Angenommen die Ausgangssituation wird auf der Skala von 1 bis 10 auf Punkt 3 eingeschätzt, so lassen sich von diesem Punkt aus erste Schritte in Richtung auf den Zielzustand hin formulieren. Dann lässt sich fortfahren:

− »Wenn Sie einen Skalenpunkt weiter wären, wie würde die Situation dann aussehen? Was hätten Sie konkret getan, um zu diesem Punkt zu gelangen?«

Aus den einzelnen Schritten in Richtung einer geeigneten Lösung lassen sich nun konkrete Maßnahmen zur Umsetzung einleiten. Gleichzeitig lässt sich auch die Motivation für eine Umsetzung erkennen.

> **Hilfreiche Fragestellungen**
> − Woran werden Sie erkennen (sehen, hören, fühlen), dass Sie Ihr Ziel/Teilziel erreicht haben?
> − Woran würden Sie merken, dass Sie auf der Skala von 1 bis 10 einen Schritt weiter gekommen sind als heute?
> − Was benötigen Sie noch, um einen Schritt weiterzukommen?

4. Phase: Umsetzung und Reflexion

In der letzten Phase gilt es, die Lösungsschritte beziehungsweise die Maßnahmen umzusetzen. In der Umsetzung gilt es zu überprüfen, ob die einzelnen Vorgehensschritte zu einer angemessenen Problemlösung führen und ob die angestrebten Ziele auch tatsächlich erreicht werden. Oftmals zeigen sich erst in der Umsetzung notwendige Kurskorrekturen. Vielleicht reichen vorhandene Ressourcen nicht aus, vielleicht zeigt sich, dass bestimmte Prozesse schneller erfolgen als geplant. Vielleicht zeigt sich aber auch Widerstand, weil bestimmte Faktoren bei der Lösungssuche nicht ausreichend berücksichtigt wurden. Der Umsetzungsprozess ist der zentrale Lernprozess, bei dem weiterhin das Motto gilt: Wenn es gut

Umsetzung und Reflexion

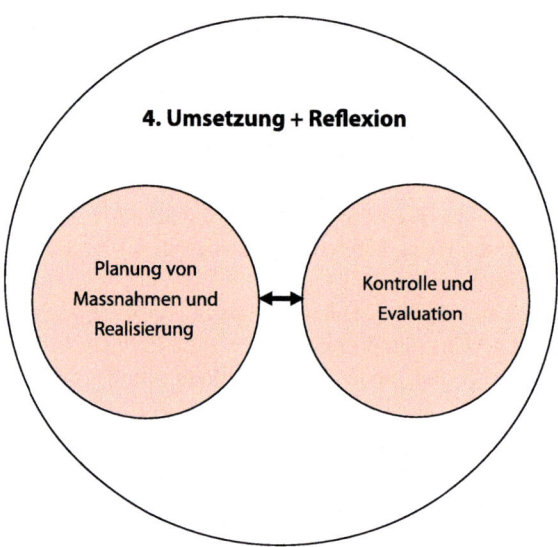

Abb. 6.21. Umsetzung und Reflexion

funktioniert, weiter so und wenn es nicht funktioniert: Alternativen suchen! Im lösungsorientierten Vorgehen spielen Anerkennung und Lob für Erreichtes eine große Rolle, da die Erfolge wiederum den Boden dafür bilden, dass neue Herausforderungen gemeistert werden. So heißt es in dieser Phase innehalten, zurück blicken und das loben, was gut gemacht wurde und für das neue Wege suchen, was bisher noch nicht funktional ist.

Werden im gesamten Lösungszyklus ständig Kenntnisse und Erfahrungen gewonnen, so gilt es, diese systematisch auszuwerten. Auch negative Erkenntnisse sind Erkenntnisse, dass es anders gemacht werden sollte. Am Abschluss sollte immer die Dokumentation der »lessons learned« stehen.

Hilfreiche Fragen:
- Was ist in Ihrer Problembearbeitung gut gelaufen?
- Was würden Sie in einer neuen Situation wieder genau so machen?
- Was würden Sie in jedem Fall anders machen?
- Wer oder was war besonders hilfreich?

Möglichkeiten und Grenzen des lösungsorientierten Vorgehens (Tab. 6.3)

Möglichkeiten

Der Lösungszyklus setzt eine grundsätzlich positive und zukunftgerichtete Haltung voraus, die auf die Lösungsfähigkeit der Beteiligten vertraut. Auch echte Möglichkeiten zur Einflussnahme und zur Übernahme von Verantwortung bilden eine Voraussetzung für die Umsetzung der Lösungsideen. In der Regel wird weniger Zeit für die Lösungsfindung benötigt, wenn der

Fokus auf Ressourcen und Lösungsvisionen liegt. Wird der Lösungszyklus angeleitet, so sollte die Person, die moderiert, sich auf unterstützende Fragen konzentrieren und die Lösungsverantwortung den am Problem Beteiligten übergeben.

Fehlen sowohl die Initiative als auch die Möglichkeiten der Beteiligten, aktiv eine Lösung zu entwickeln, stößt das lösungsorientierte Vorgehen klar an seine Grenzen. Liegen in der Geschichte der Problemsituation Hindernisse, die verhindern, dass sich die Beteiligten eine Lösungssituation vorstellen können, kann es ebenfalls sinnvoll sein, sich mit der Problemsituation ausgiebiger zu befassen oder zunächst Ressourcen für die Bewältigung aufzubauen. Oder aber, die Komplexität einer Problemsituation bringt es mit sich, dass eine Tendenz besteht, eine zu einfache Lösung zu wählen, die dem Kontext nicht gerecht wird. Auch hier ist eine differenzierte Analyse der Problemsituation angemessen.

Grenzen

Gegenüberstellung von Problemlösungszyklus und Lösungszyklus

Tab. 6.3. Anwendungsmöglichkeiten der beiden Methoden

Problemlösungszyklus	Lösungszyklus
Versachlichende Betrachtungsweise ist angestrebt, ohne Emotionen auszuschließen	Einbezug der Kraft von Visionen und den damit verbundenen motivierenden Emotionen Die erfolgreiche Vorwegnahme der Bewältigung als Motor nutzen.
Komplexe Problemsituationen, bei denen eine differenziertere Analyse der Problemsituation angemessen ist, was entsprechende Zeit beansprucht.	Problemsituationen einfacherer und mittlerer Komplexität. Vertrauen in die Problemlösefähigkeit der Beteiligten. Wenn rasche Handlungsfähigkeit hergestellt werden soll.
Probleme, bei denen ein analytisches Vorgehen geeignet ist, beispielsweise bei sozio-technischen Ursachen (z. B. soziale oder technische Probleme).	Bei emotionalen Blockaden der Beteiligten. Wenn Raum für Visionen und gedankliches Probehandeln besteht.
Massive Hindernisse, die den Beteiligten das Vorstellen einer Lösungssituation erschweren	Beteiligte haben die Möglichkeit, aktiv eine Lösungsentwicklung zu gestalten
Gemeinsamkeiten der beiden Methoden	
— Klar strukturiertes Vorgehen, wobei einzelne Schritte und Phasen spiralförmig durchlaufen werden können. — Ableitung der Lösungsschritte aus klar formulierten Zielen — Vergleichbare Inhalte der einzelnen Schritte und Phasen, bei allerdings unterschiedlicher Philosophie/Haltung.	

ZUSAMMENFASSUNG

Ein Problem lässt sich definieren als die Barriere zwischen einem unbefriedigenden Ist-Zustand und einem erwünschten Soll-Zustand. Für die Überwindung der Barriere, für die Lösung des Problems ist im Moment kein Weg bekannt. Von Führungskräften wird mehr und mehr die Kompetenz erwartet, auch komplexe Probleme angehen und lösen zu können. Führungskräfte sollten über ein vertieftes Systemverständnis und die Kenntnis geeigneter Methoden verfügen.

Hier werden für die Lösung komplizierter und relativ komplexer Probleme zwei Methoden mit vergleichbaren Strukturen, jedoch unterschiedlichen Philosophien vorgestellt: der Problemlösungszyklus sowie der Lösungszyklus.

Komplexe Problemstellungen werden heute oft in Form von Arbeitsgruppen oder in entsprechenden Projektgruppen angegangen. Die Beteiligung unterschiedlicher Sicht- und Denkweisen erhöht die Wahrscheinlichkeit, eine geeignete Lösung zu entwickeln und zu realisieren.

FRAGEN ZUR VERTIEFUNG

1. Wann ist das Erstellen eines Budgets eine Aufgabe, wann ein Problem?
2. Worin unterscheidet sich eine komplizierte Problemsituation von einer komplexen? Erstellen Sie eine entsprechende Liste von Problemen, denen Sie sich in den letzten Jahren Ihrer Führungstätigkeit gegenübergestellt sahen.
3. Vor welchen relativ komplexen oder hochkomplexen Problemen stehen Sie gegenwärtig in Ihrem Führungsalltag?
4. Welche Beispiele von gelungenen Problemlösungen sind Ihnen noch gegenwärtig? Welches waren die Erfolgsfaktoren?
5. Welche Beispiele von nur teilweise erfolgreichen oder misslungenen Problemlösungen kommen Ihnen in den Sinn? Was waren Gründe dafür?
6. Welche Vor- bzw. Nachteile bietet aufgrund Ihrer Erfahrungen das Bearbeiten von Problemen in der Gruppe bzw. als Einzelperson?
7. Worin unterscheidet sich der Lösungszyklus vom Problemlösungszyklus? Wann würden Sie welche Variante wählen?

Literatur

Dörner, D. (1987). *Problemlösen als Informationsverarbeitung* (3. Aufl.). Stuttgart: Kohlhammer.
Dörner, D. (2004). *Die Logik des Mißlingens. Strategisches Denken in komplexen Situationen* (3. Aufl.). Reinbek: Rowohlt.
Dörner, D. & Schaub, H. (1995). Handeln in Unbestimmtheit und Komplexität, *Zeitschrift für Organisationsentwicklung*, 3/95, 34–47.
De Jong, P. & Kim Berg, I. (1998). *Lösung(en) erfinden*. Dortmund: Borgmann.
DeShazer, S. (2010). *Der Dreh* (11. Aufl.). Heidelberg: Auer.

Eck, C. D. (1981). *Denkschulung*. Zürich: IBO.
Gomez, P. & Probst, GJ. B. (1987). Vernetztes Denken im Management. *Broschüre Die Orientierung Nr. 89*. Bern: Schweizerische Volksbank.
Gomez, P. & Probst, G.J.B. (1999). *Die Praxis des ganzheitlichen Problemlösens* (3. Aufl.). Bern: Haupt.
Jungermann H., Pfister H.-R. & Fischer K. (2005). *Die Psychologie der Entscheidung* (2. Aufl). München: Spektrum.
Kunz, H. U. (1996). *Team-Aktionen. Ein Leitfaden für kreative Projektarbeit*. Frankfurt a. M.: Campus.
Mussmann, C. & Zbinden, R. (2005). *Lösungsorientiert Führen und Beraten*. Zürich: KVZ.
Mussmann, C. (2011). *Gruppen-Coaching im Führungskontext*. Ventus Publishing ApS.
Pfister-Wiederkehr, D. & Vögtli, K. (2003). *Werkzeugkiste des lösungs- und kompetenzorientierten Handelns*. CD-Rom. Luzern: Hochschule für Soziale Arbeit.
Probst, G. J. B. & Gomez, P. (Hrsg.) (1991). *Vernetztes Denken* (2. Aufl.). Wiesbaden: Gabler.
Roth, G., (2003). *Fühlen, Denken, Handeln. Wie das Gehirn unser Verhalten steuert*. Frankfurt: Suhrkamp.
Schweizer, P. (1999). *Systematisch Lösungen finden*. Hochschulverlag AG an der ETH Zürich.
Schmidt, G. (2012). *Liebesaffären zwischen Problem und Lösung*. Hypnosystemisches Arbeiten in schwierigen Kontexten (4. Aufl.). Heidelberg: Carl-Auer.
Ulrich, H. & Probst, G. J. B. (1995). *Anleitung zum ganzheitlichen Denken und Handeln* (4. Aufl.). Bern: Haupt.
Vester, F. (2003). *Leitmotiv vernetztes Denken. Für einen besseren Umgang mit der Welt*. München: Heyne.
Watzlawik, P., Weakland, J. H. & Fisch, R. (2008). *Lösungen. Zur Theorie und Praxis menschlichen Wandels* (7. unveränd. Aufl.). Bern: Huber.
Ziegler, E., Boos, M. & Ivars, U. (1998). Die Methode des vernetzten Denkens. *Arbeit, Zeitschrift für Arbeitsforschung, Arbeitsgestaltung und Arbeitspolitik*, 1, 39–52.

6.4 Entscheidungen herbeiführen

Sieglind Chies u. Heinz Vetter

Entscheidungen setzen etwas in Bewegung, prägen unsere Biografie häufig markant. Größere Entscheidungen wirken sich stärker auf unser Leben aus, kleinere Entscheidungen sind aber deshalb nicht immer leichter zu fällen.

Auf welche Weise, d. h. mit welchen Methoden wir unsere Entscheidungsfindung erleichtern können, wird in diesem Kapitel in kurzer Form aufgezeigt. Es wird bewusst darauf verzichtet, auf die zum Teil komplizierten existierenden Entscheidungstheorien einzugehen. Dargestellt werden hingegen einfachere Entscheidungsmethoden, die sich gut im Führungsalltag anwenden lassen. Das Fällen von Entscheidungen ist eine zentrale Führungsaufgabe und fordert Führungskräfte besonders dann heraus, wenn sie schwierige und unpopuläre Entscheidungen treffen müssen. Die Entscheidungsvorbereitung und die eigentliche Entscheidung sind nicht zuletzt wichtige Schritte im Rahmen des systematischen Problemlösens (▶ Abschn. 6.3).

6.4.1 Entscheidung als Wahl von Alternativen

Zwei kurze Definitionen verdeutlichen, was wir unter einer Entscheidung verstehen:

Definition: Entscheidung

> **Definition**
> 1. Eine Entscheidung ist die Wahl einer Handlungs- oder Reaktionsmöglichkeit in einer Situation, in der mehrere Möglichkeiten bestehen.
> 2. Eine Entscheidung ist ein Schritt im Rahmen einer Problemlösung, bei dem nach der Bewertung von Handlungsalternativen eine Alternative ausgewählt wird.

mindestens zwei Alternativen, zwischen denen zu wählen ist

Esel zwischen den beiden Heuhaufen

Appetenz vs. Appetenz

Aversion vs. Aversion

Die Tragweite von Entscheidungen kann unterschiedlich groß sein, immer aber handelt es sich um mindestens zwei Alternativen, zwischen denen zu wählen ist. Das Bild vom Esel ist bekannt, der zwischen den beiden Heuhaufen steht und verhungert, weil er sich nicht entscheiden kann, wo er zuerst fressen soll und schließlich erstarrt. Ist der Esel zwischen zwei Möglichkeiten hin- und hergerissen, die ihn beide ansprechen (Appetenz vs. Appetenz), so sind im Führungsalltag häufig diejenigen Entscheidungen herausfordernd, bei denen mindestens zwei weniger ansprechende Reaktionsmöglichkeiten zur Verfügung stehen (Aversion vs. Aversion). So stellt sich eine Führungsperson beispielsweise folgende Frage: »Soll ich den nicht motivierten Mitarbeiter entlassen oder soll ich zulassen, dass das restliche Team weiterhin mit dem Kollegen unzufrieden ist … oder soll ich mir ernsthaft überlegen, wo meine Führungsschwächen diesbezüglich liegen könnten?«

Eine Entscheidung kann auch darin bestehen, keine neuen Entscheide zu fällen, also so wie bisher weiterzuverfahren. Das würde bedeuten, dass die Führungsperson bewusst nichts unternimmt, weil sie weiß, dass das Team z. B. schon genug Druck auf den unmotivierten Mitarbeiter aus-

üben wird oder weil dieser Mitarbeiter sowieso bald in Pension geht. Sprenger (2010, S. 87) meint dazu: »Man kann nicht nicht wählen. Auch wenn Sie sich nicht entscheiden, haben Sie sich entschieden: für die Unentschiedenheit«.

In der zweiten Definition ist die in der Praxis häufig wichtige Unterscheidung zwischen der Entscheidungsvorbereitung (Bewertung, Beurteilung) und dem eigentlichen Urteil (Wahl, Auswahl) enthalten. Diese Unterscheidung ist deshalb zweckmäßig, weil sie die Vorbereitung einer Entscheidung von der Entscheidung im engeren Sinne, dem Entschluss, trennt. Viele Entscheidungen sind relativ leicht zu treffen, (z. B. ob eine Sitzung abgehalten werden soll oder nicht, ob eine Mitarbeiterin für Aufgabe A oder B eingesetzt werden soll usw.), größere Entscheidungen (z. B. die Entwicklung eines neuen Produktes, ob jemand seinen Beruf wechseln soll oder nicht usw.) sind oft schwieriger zu treffen und müssen gut vorbereitet werden. Sie können Teil eines umfassenderen Problemlösungsprozesses sein (▶ Abschn. 6.3). Wichtig ist, Entscheidungen so zu fällen, dass die Handlungsmöglichkeiten erweitert werden. Auf den ersten Blick scheint dies ein Widerspruch in sich zu sein, ist doch eine Entscheidung eine Reduktion von Handlungsmöglichkeiten, indem zwischen verschiedenen Möglichkeiten eine Auswahl stattfindet und gewisse Möglichkeiten fallengelassen werden. Wenn sich jemand z. B. für eine Führungsfunktion entscheidet, so kann er sich nicht mehr im gleichen Ausmaß wie vorher seinen vielleicht geliebten Sachaufgaben widmen. Auf der anderen Seite eröffnet die Vorgesetztenrolle eine Vielzahl von neuen Möglichkeiten. Die Aufgaben sind vielfältiger, herausfordernder und enthalten mehr Lernchancen.

Entscheidungen, die Handlungsmöglichkeiten erweitern

6.4.2 Entscheiden als Führungsaufgabe

Entscheiden und Führen werden einander oft gleichgesetzt. Zur Definition einer Führungsposition gehören wesentlich die Entscheidungskompetenzen im Sinne von Befugnissen, die meistens die Inhalte von Entscheidungen (das Was) definieren: z. B. über Investitionen bis zu einem bestimmten Betrag oder über personelle Fragen entscheiden zu können. Oft weniger deutlich definiert ist die Art und Weise des Entscheidens (das Wie). Die in der Organisation herrschende Kultur hat einen – auf den ersten Blick oftmals nicht manifesten – Einfluss auf den gängigen Führungs- und Entscheidungsstil »im Haus«. Die Führungskultur zeigt sich darin, wie mit Partizipation umgegangen wird.

Entscheiden und Führen werden einander gleichgesetzt

Führungskultur zeigt sich darin, wie mit Partizipation umgegangen wird

Der Entscheidungsstil kann sich im weiten Feld von einsamen Entscheidungen bis zu Gruppenentscheidungen oder von autoritären bis zu stark partizipativen Entscheidungen bewegen. Das ganze Entscheidungsspektrum mit verschiedenen Graden von Partizipation ist in ▶ Abb. 6.22 dargestellt.

autoritäre bis stark partizipative Entscheidungen

Entscheidungsprozesse und Kommunikation

Der Entscheidungsstil ist meist der psychologisch sensible Teil des Entscheidens. In der Regel werden in Bezug auf das Entscheidungsverhalten von Füh-

Entscheidungsstil ist sensibler Teil des Entscheidens

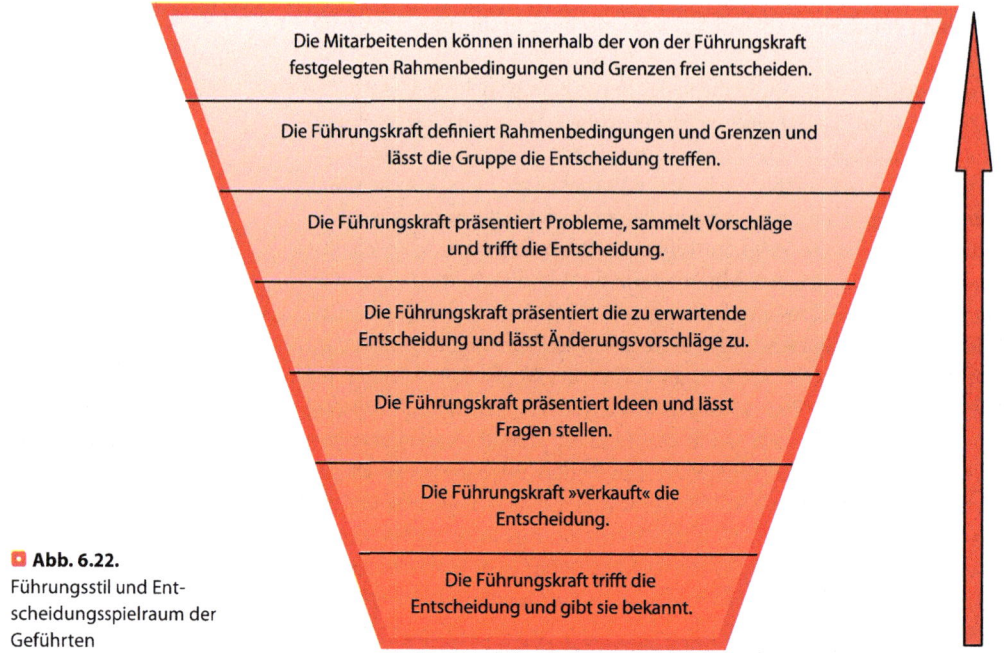

Abb. 6.22. Führungsstil und Entscheidungsspielraum der Geführten

rungskräften nicht die Inhalte kritisiert, sondern die Art und Weise, wie Entscheidungen getroffen werden. So fühlen sich Mitarbeitende oft zu wenig in Entscheidungen eingebunden, wissen zu wenig, mit welchen Fragen sich die Geschäftsleitung oder Direktion befasst. Mit einer angemessenen Kommunikation über (Veränderungs-)Prozesse, sogenannten *Prozessinformationen*, kann ein Minimum an Information gewährleistet werden, auch wenn detaillierte Beschlüsse aus strategischen Gründen vielleicht noch nicht bekanntgegeben werden können. Dies wird oft unterlassen, was häufig zu Verunsicherung bei den Mitarbeitenden führt.

Sehr wichtig ist, *wie* Entscheidungen kommuniziert werden. Mitarbeitende sollen durch die Entscheidungsträger (die im günstigen Fall von der Richtigkeit des gefällten Entscheids überzeugt sind) möglichst rasch und persönlich über definitive Beschlüsse informiert werden. Es ist für Arbeitnehmende verunsichernd und demotivierend, wenn sie z. B. über Personalabbaumaßnahmen ihrer Firma oder eine Firmenzusammenlegung erst aus der Zeitung erfahren (▶ Abschn. 7.1 »Kommunikation« und ▶ Abschn. 12.1 »Information«).

Strategische und operative Entscheidungen

Entscheiden ist, je nach der Bedeutung von Entscheidungen, eine zentrale und oft auch komplexe Führungsaufgabe. Im Management wird zwischen strategischen und operativen Entscheidungen unterschieden:
- Strategische Entscheide sind zukunftsgerichtete, umweltorientierte, längerfristige Entscheidungen von einer gewissen Tragweite, beispielsweise

die Erschließung eines neuen Marktes, die Standortfrage einer Firma, die Entwicklung einer neuen Produktlinie.
- Operative Entscheidungen sind solche, die das Alltagsgeschäft betreffen.

Eine Führungskraft hat im Laufe eines Tages eine Vielzahl operativer Entscheidungen zu treffen. Oft fehlt ihr vor lauter »Alltagsgeschäft« die Zeit, über längerfristig wichtige Fragen nachzudenken. Dies ist ein bekanntes Dilemma von Führungskräften. Die bevorzugte Beschäftigung mit dem »Operativen« mag auch damit zusammenhängen, dass Führungskräfte sich hier sicherer fühlen, sind solche Entscheidungen doch oft sehr konkret. Strategische Entscheidungen sind im Gegensatz dazu ungewisser und komplexer.

6.4.3 Einzel- oder Gruppenentscheidungen?

In der Führungspraxis stellen sich Führungskräfte häufig die Frage, wie weit sie Mitarbeitende (einzeln oder als Gruppe) an ihren Entscheidungen beteiligen sollen. Ob eine einzelne Person oder ob mehrere Personen zusammen entscheiden sollen, hängt von einer Vielzahl situativer Faktoren ab.
- Aufgrund der Komplexität von Entscheidungssituationen ist der Einbezug einer Gruppe oft nötig.
- Ebenso kann es für die Umsetzung von Entscheidungen wichtig sein, andere Personen bei Entscheidungen zu beteiligen. Wer an Entscheidungen beteiligt wird, ist engagierter, diese auch umzusetzen.
- Auch der Anspruch eines partizipativen Führungsstils kann ein Grund für die Beteiligung mehrerer Personen bei Entscheidungen sein.

Wer an Entscheidungen beteiligt wurde, ist engagierter

Yetton und Vroom haben in ihrer Theorie des Entscheidungsbaums einige maßgebliche Fragen formuliert, deren Beantwortung Einfluss auf den Entscheidungsstil haben sollte. Sie gehen dabei davon aus, dass die Qualität eines Entscheides und die notwendige Identifikation der Mitarbeitenden mit dem Entscheid zwei gewichtige Variablen sind. Die Fragen dazu lauten:

Qualität der Entscheidung und die Identifikation der Mitarbeitenden mit ihr sind zwei gewichtige Variablen

Variable »Qualität«
1. Ist die Qualität von Bedeutung? Ist ein wichtiger, und deshalb »guter« Entscheid zu fällen?
2. Besitze ich genügend Information, um das Problem zu lösen?
3. Ist das Problem überhaupt genügend bekannt, strukturiert?

Variable »Identifikation«
1. Ist die Identifikation der Mitarbeitenden mit der Entscheidung wichtig für deren Ausführung?
2. Würde ein autokratischer Entscheid angenommen?
3. Sind die Mitarbeitenden kooperationsbereit und -fähig?
4. Sind Konflikte unter den Mitarbeitenden über die Lösung des Problems wahrscheinlich?

qualitativ »gute« Entscheidungen, die zudem eine hohe Identifikation durch die Mitarbeitenden erfordern, sprechen für Gruppenentscheidungen

Je nach Beantwortung dieser Fragen ergibt sich nach Yetton und Vroom der Entscheidungsstil (◘ Abb. 6.22). Etwas vereinfachend kann gesagt werden, dass qualitativ »gute« Entscheidungen, die zudem eine hohe Identifikation durch die Mitarbeitenden erfordern, eher in Richtung Gruppenentscheidungen tendieren.

Nachteile von Gruppenentscheidungen

Gruppendenken

anonyme Verantwortung

- Gruppenentscheidungen weisen auch Grenzen auf. Bekannt sind die Phänomene des Gruppendenkens (Einseitigkeit, Überschätzung, Zensur), die Yanis (1972) beschrieben hat,
- und der anonymen Verantwortung. Gerade das Problem der Verantwortung wird oft als Grund angeführt, dass Gruppenentscheide nicht funktionieren. Verantwortung gilt als unteilbar: Letztlich kann nur die Person entscheiden, die auch die Verantwortung hat.

Das Treffen von Entscheidungen bestimmt dauernd die Art der Beziehungen zwischen den Mitgliedern einer Gruppe (Gruppendynamik), die durch jedes Gruppenmitglied bedeutsam mitbestimmt wird. Dabei ist die große Wirkung erstaunlich, die eine kleine Information hier, ein lauter Einwand dort, die Äußerung von Zustimmung oder Ablehnung, etc. auf eine zu treffende Entscheidung ausüben.

In Gruppen können ganz unterschiedliche Formen der Entscheidungsfindung zur Anwendung gelangen:
- »Hau-Ruck«-Entscheidung durch dominante Mitglieder,
- Cliquenbildung,
- Rückzug auf formaldemokratische Lösungen (Mehrheitsbeschluss),
- Ausüben von Druck auf Widerstrebende,
- scheinbare Einstimmigkeit, Übereinstimmung (Konsens) usw. (vgl. Antons 2000).

Bei komplexeren Entscheidungen in Gruppen, in denen Machtinteressen, persönliche Vorlieben, Sympathien und Antipathien in die sachliche Arbeit eingehen, ist es besonders hilfreich, die einzelnen Schritte eines Entscheidungsprozesses zu definieren, diese auseinanderzuhalten und eine systematische Entscheidungsmethode anzuwenden.

6.4.4 Entscheiden als Teil eines Problemlösungsprozesses

Eine Entscheidung mit einer gewissen Tragweite lässt sich auch als Teil eines Problemlösungsprozesses betrachten. Der Entscheidung gehen folgende Schritte voraus: Eine gründlich analysierte Problemsituation, geklärte Ziele, mehrere Lösungsalternativen und verschiedene Bewertungskriterien (► Abschn. 6.3 »Systematisches Problemlösen«).

Schritte im Entscheidungsprozess

Die Entscheidungsvorbereitung und die Entscheidung von wichtigen, umfassenden Fragestellungen im engeren Sinn sind in vielen Organisationen per-

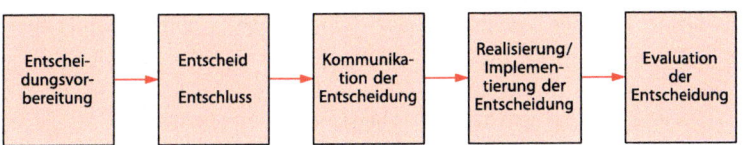

Abb. 6.23. Grundmodell der Entscheidungsfindung

sonell getrennt. Im Arbeitsalltag bereiten Stabstellen oder interne Berater die Entscheidungen vor, entschieden wird dann von den Linienvorgesetzten. Dabei ist der Einfluss von Stabstellen und Beratenden nicht zu unterschätzen. Durch ihre Analysen von Entscheidungssituationen, u. a. die Informationssammlung, schaffen sie eine Wirklichkeit, von der die Entscheidenden maßgeblich ausgehen. Das zeigt, dass eine Entscheidung als Prozess zu sehen ist. Besonders bei komplexen Entscheidungen, in denen Machtinteressen, persönliche Vorlieben, Sympathien und Antipathien in die sachliche Arbeit eingehen, ist es günstig, die einzelnen Schritte eines Entscheidungsprozesses zu definieren und auseinanderzuhalten (◘ Abb. 6.23). Es führt zu Transparenz und Versachlichung.

Für die Transparenz von Entscheidungen ist es wichtig, die Beurteilungskriterien von Handlungsalternativen klar zu definieren. Diese leiten sich aus den Zielen ab und sind vor der Entscheidung zu formulieren.

Für die Entscheidungsfindung können, gemäß des Grundmodells, folgende Phasen unterschieden werden: Die Entscheidungsvorbereitung (dazu gehören: Sammeln von Fakten, Beschreiben von verschiedenen Lösungsalternativen, Formulierung von Entscheidungskriterien) wird von der eigentlichen Entscheidung (Urteil) getrennt. Im Führungsalltag steht oftmals weniger die Frage im Vordergrund, ob die Führungskraft alleine entscheidet oder gemeinsam mit dem Team. Vielmehr ist es dem Team wichtig, dass es in eine transparente Vorbereitung von Entscheidungen miteinbezogen wird, mit dem Wissen, dass die Führungskraft schlussendlich im Sinne des Teams entscheidet.

Eine sensible Phase im Anschluss an den Entscheid ist dessen Kommunikation. Ebenfalls sehr relevant ist – nach der Realisierung des Entscheids – die Evaluation der gefällten Entscheidungen. Um für zukünftige Entscheidungen lernen zu können, ist es wichtig, Erfahrungswerte gezielt zu reflektieren, die aus den Auswirkungen von Entscheidungen resultieren (▶ Abschn. 12.2. »Wissensmanagement«). Wird diese letzte Phase vernachlässigt, gehen individuelle und organisatorische Lernchancen verloren.

Stabstellen bereiten Entscheidungen vor, entschieden wird von den Linienvorgesetzten

einzelne Schritte eines Entscheidungsprozesses führen zu Transparenz und Versachlichung

individuelle und organisatorische Lernchancen durch gezielte Evaluation der Entscheidung

6.4.5 Intuitive und rationale Entscheidungen

Was ist Intuition?

In Entscheidungsprozessen spielt die Intuition eine große Rolle. Von den zahlreichen Definitionen des Begriffs Intuition werden an dieser Stelle zwei aufgeführt. Covey (2006, S. 69) erwähnt in diesem Zusammenhang die emotionale Intelligenz, die er als »Wissen über uns selbst, unsere Selbstwahrnehmung, soziale Empfindsamkeit und Fähigkeit zur erfolgreichen Kommunikation mit anderen« bezeichnet. Die emotionale Intelligenz bezeichnet Covey

emotionale Intelligenz als Sitz der Intuition

als Sitz der Intuition. Zur Beziehung zwischen Intuition und Verstand zitiert er Salk:

> Die Intuition sagt dem denkenden Verstand, wohin er als nächstes blicken soll.

Der denkende Verstand und die Intuition werden hier als zwei separate Einheiten bezeichnet. Sie unterscheiden sich in ihrem Tempo und stehen in einer Wechselwirkung zueinander.

Weber et. al. (2000, S. 123) weisen auf die wichtige Rolle hin, die die Intuition im Rahmen der Entscheidungsfindung hat und beziehen sich auf Studien mit Managern aller Hierarchiestufen. Sie beschreiben Intuition folgendermaßen:

> Die meisten Studien gehen jedoch davon aus, dass bei Nutzung der Intuition vorhandenes, aber nicht bewusst aktiviertes Wissen, also unterbewusste Erfahrungen des Entscheiders, genutzt werden, um unwichtige Informationen »auszublenden« und mit Hilfe der unbewussten Verhaltensmuster die verbliebene Komplexität zu ordnen.

Führungskräfte treffen einen großen Teil besonders wichtiger Entscheidungen intuitiv

Diesen Studien zufolge treffen Führungskräfte einen großen Teil der besonders wichtigen Entscheidungen intuitiv, und dieser bereits hohe Anteil nimmt mit der Höhe der Hierarchie der befragten Personen sogar zu. Die Führungskräfte nennen folgende Bedingungen, unter denen sie ihre Intuition besonders gebrauchen: hoher Grad an Ungewissheit, Mangel an Fakten und Erfahrungswerten, nicht berechenbare und variable Größen, das Fehlen eines eindeutigen Lösungsweges, Zeitdruck sowie Erfolgszwang. Es sind Bedingungen, die auf eine erhöhte Komplexität und Unsicherheit hinweisen. Weber et. al. erwähnen in ihrer Definition »nicht bewusst aktiviertes Wissen«, was darauf hinweist, dass Intuition nicht auf Impulse reduziert wird, sondern rational Gelerntes durchaus integriert.

mehr Intuition bei erhöhter Komplexität und Unsicherheit

Nicht nur Emotionen sondern auch Körperempfindungen

War bis jetzt von Verstand und Intuition bzw. Emotionen die Rede, so ergänzt Storch (2004, S. 28) den »emotionalen Pol« durch die Körperempfindungen. In Anlehnung an den Neurowissenschaftler Damasio spricht sie von somatischen Markern, die folgendermaßen entstehen: In Entscheidungssituationen erzeugt das Gehirn Vorstellungsbilder, die wie innere Filme (Storch 2004, S. 38) ablaufen, ohne dass davon etwas in unser Bewusstsein gelangt. Die Bewertung erfolgt biologisch und ruft bei uns objektiv messbare Körpersignale hervor, die als Körperempfindungen oder Gefühle wahrgenommen werden, gute oder schlechte. Somatische Marker helfen, wichtige Vorentscheidungen zu treffen, sie sind Boten unseres unbewussten Entscheidungssystems. Durch gezielte Selbstwahrnehmung ist es möglich, die Körperempfindungen bewusst wahrzunehmen und in unseren Entscheidungsfindungsprozess einfließen zu lassen.

somatische Marker sind Boten unseres unbewussten Entscheidungssystems

Somatische Marker zeigen, wie die Person denkt. Sie beruhen auf Erfahrungen, die während des bisherigen Lebens gespeichert worden sind. Es kann durchaus hilfreich sein, zu wissen, dass (und vielleicht sogar wieso) gewisse somatische Marker uns warnen.

Storch (2004, S. 26) weist darauf hin, wie wichtig es beim Fällen von Entscheidungen ist, das Zusammenspiel eigener emotionaler und rationaler Erfahrungswerte zu kennen und kritisch zu reflektieren:

> Die Kunst der klugen Entscheidung beherrscht, wer seine beiden Entscheidungssysteme – den Verstand und das emotionale Erfahrungsgedächtnis – souverän handhaben kann, wer ihre Stärken und ihre Schwächen kennt und sie darum situationsgerecht einsetzen kann.

Rationale Entscheidungsart

Auf der anderen Seite gibt es auch rein rationale Entscheidungen. So verfügt eine Abteilungsleiterin beispielsweise über ein Budget für die Anschaffung neuer Computer in der Abteilung. Sie prüft verschiedene Angebote und informiert sich über diejenigen, die den finanziellen Vorgaben entsprechen. Sie trifft anhand von klaren Fakten und einem definierten Handlungsspielraum eine erste Vorentscheidung. Bis zu diesem Punkt ist ihr Urteil rein rational. Entscheidungen dieser Art fällt sie im Führungsalltag laufend. Schwieriger wird die Entscheidung, wenn neue Entscheidungskriterien dazu kommen, die sich weniger einfach einschätzen lassen. So ist eine Mitarbeiterin deklarierte Gegnerin einer bestimmten Computermarke, weil sie von schlechten Arbeitsbedingungen in der Herstellerfirma gelesen hat. Einem anderen Mitarbeiter ist jedoch genau die visuelle Gestaltung dieses Produktes wichtig. Jetzt kommen Kriterien dazu, die sich nicht mehr ausschließlich anhand von Zahlen und Fakten einschätzen lassen. Ist die Abteilungsleiterin bereit, auf die Anliegen der Mitarbeitenden einzugehen, gilt es nun, arbeitspolitische Ideale und ästhetische Aspekte, die beide mit Emotionen verbunden sind, gegeneinander abzuwägen. Will die Führungskraft nicht darauf eingehen, so hat sie eine andere, ebenfalls nicht nur rationale Entscheidung getroffen, die ihren Führungsstil betrifft.

rationale Entscheidungen

6.4.6 Entscheidungsmethoden

Wir können eher rationale und eher intuitive Entscheidungsmethoden unterscheiden. Eine klare Trennung dieser beiden ist fragwürdig, da das rationale und das intuitive Bewertungssystem eng miteinander verbunden sind. Wir sprechen von sogenannten rationalen Entscheidungsmethoden, auch wenn es sich nicht nur um Zahlen und Fakten handelt. Die Entscheidungssituation wird in einzelne Teile zerlegt. Es werden kleinere, überschaubarere Teilprobleme und auch Teilentscheidungen definiert. Diese systematische Vorgehensweise dient oft dazu, konflikthafte Entscheidungssituationen zu strukturieren, Entscheidungskriterien zu formulieren um sie danach zu priorisieren. Dies kann zu einer hilfreichen »Versachlichung« des Entscheidungsgegenstandes führen, da Fakten und Emotionen in ihrem Gewicht betrachtet und verglichen werden. Ein Beispiel dafür sind analytische Ar-

klare Trennung von rationalen und eher intuitiven Entscheidungsmethoden ist fragwürdig beitsplatzbewertungsverfahren. Sie sind ein Hilfsmittel, um die komplexe Frage von gleichwertigen Arbeitstätigkeiten zu entscheiden, indem im Laufe des Verfahrens eine Vielzahl von überschaubaren Teilentscheidungen getroffen wird, auf die man sich leichter einigen kann. Die Gesamtentscheidung ist dann eine in der Methode festgelegte Zusammensetzung der Teilentscheidungen.

In der Managementlehre sind eine Reihe von sogenannte rationalen Entscheidungsverfahren und -methoden entwickelt worden. Auf einige wichtige in der Praxis angewandte einfache Methoden wird im Folgenden eingegangen.

Abwägen von Vor- und Nachteilen

Eine simple Methode, die wir auch bei alltäglichen Entscheidungen häufig anwenden, ohne uns dessen immer bewusst zu sein, ist das Abwägen von Vor- und Nachteilen: Was spricht für, was gegen eine Lösungsalternative? Formal kann die Gegenüberstellung durch eine Auflistung der Vor- und Nachteile von Lösungen durchgeführt werden. Die Gegenüberstellung soll dazu verhelfen, sich einen Überblick zu verschaffen und so zu einem Urteil zu kommen. Diese Methode lässt sich auch bei sehr schwierigen Entscheiden anwenden.

eine einfache Methode auch bei sehr schwierigen Entscheiden

> **Beispiel**
>
> So zum Beispiel bei einem für Schweizerische Firmengeschichten durchaus historischen Entscheid: Der ehemalige Verwaltungsratspräsident der Schweizerischen Bankgesellschaft (heute UBS), Nikolaus Senn, berichtet, dass der Entscheid über den Fusionsvorschlag der Schweizerischen Kreditanstalt (heute Credit Suisse) im April 1996, der in sehr kurzer Zeit getroffen werden musste, durch eine Gegenüberstellung der Vor- und Nachteile der beiden Lösungen »eine eigenständige Bank bleiben« und »Zusammengehen mit der Schweizerischen Kreditanstalt« getroffen wurde. Für tiefere Analysen habe die Zeit gefehlt. Nicht zuletzt auch deshalb wurde auf die einfache Methode der Vor- und Nachteile zurückgegriffen. Die beiden Banken haben dann später mit anderen Banken fusioniert und sind heute als die zwei größten Schweizer Banken Konkurrenten auf dem Weltmarkt.

In komplexen Situationen ist das Bewusstsein hilfreich, dass es nie möglich sein wird, die »richtige« Lösung zu finden. Vielmehr geht es darum, eine passende Lösung auszuwählen (Gomez & Probst 1998, S. 167). Das folgende Beispiel (◘ Abb. 6.24) verdeutlicht, wie eine Gegenüberstellung von Vor- und Nachteilen aussehen kann. Es geht um die Entscheidung darüber, ob eine Abteilungsleiterin weiterhin mit festem Arbeitsvertrag in ihrem Unternehmen angestellt bleiben will (Alternative 1) oder ob sie sich selbstständig machen soll (Alternative 2). Die dritte Alternative besteht darin, einen Vertrag als freie Mitarbeiterin einzugehen, die für gewisse Aufgaben und Projekte zur Mitarbeit angefragt wird und sich in jedem einzelnen Fall für oder gegen eine Mitarbeit entscheiden kann.

Alternative 1	Alternative 2	Alternative 3
Vorteile: - sicheres Einkommen - sichere Altersvorsorge - Weiterbildung durch Unternehmen mitfinanziert - immer am Puls der Entwicklung - Austausch von Know-how	Vorteile: - Einkommen direkt vom eigenen Einsatz abhängig - Ideen rasch verwirklichen - Spielraum für die Planung von Arbeit/Freizeit - freie Wahl von Partnern bei großen Aufträgen - Wahl, Aufträge anzunehmen oder abzulehnen	Vorteile: - Grundstock an Aufträgen gesichert - Freiheit, Aufträge anderer Unternehmen anzunehmen - Freiheit in der Gestaltung der Arbeitszeit/Freizeit - Kontakt zum Unternehmen reißt nicht ab - guter Ruf im Unternehmen
Nachteile: - Überzeugungsarbeit vor Umsetzung eigener Ideen - Routine - Sonderleistungen im Gehalt zu wenig berücksichtigt - vorgegebene Strukturen sind einzuhalten - weiterer Aufstieg nicht vorgesehen	Nachteile: - abhängig von Auftragslage - Altersvorsorge ganz auf eigene Rechnung - Weiterbildung ganz auf eigene Kosten - Investitionen für Infrastruktur - Durststrecke während der ersten zwei Jahre	Nachteile: - kein Einfluss auf die Art der Aufträge - gegenseitige „Entfremdung" - schwankendes Einkommen - Altersvorsorge offen - Investitionen für Infrastruktur

Abb. 6.24. Gegenüberstellung von Vor- und Nachteilen

Nutzwertanalyse

Eine der gebräuchlichsten, »rationalen« Entscheidungsmethoden ist die Nutzwertanalyse. Sie ist hilfreich, wenn es darum geht, verschiedene Lösungsvarianten zu bewerten, um anschließend eine davon definitiv auszuwählen. Die Nutzwertanalyse wird anhand des folgenden Beispieles illustriert:

> **Beispiel**
>
> **Nutzwertanalyse beim Hauskauf**
> Ein Ehepaar will ein freistehendes Eigenheim kaufen und hat insgesamt 3 echte Alternativen. Alle 3 möglichen Kaufobjekte erfüllen die folgenden Musskriterien: Preis unter 500.000 €, 40 km im Umkreis einer süddeutschen Landeshauptstadt, mindestens 5 Zimmer.
>
> Neben diesen 3 Musskriterien sind dem Ehepaar folgende Wunschkriterien wichtig:
> - Grundriss (praktisch, originell),
> - Baujahr (möglichst neueren Datums),
> - Lage (ruhig, sonnig),
> - Erschließung mit öffentlichen Verkehrsmitteln (gute Erschließung),
> - Infrastruktur (Läden, Schulen in der Nähe),
> - Garten,
> - Möglichkeiten, am Ort Sport zu betreiben.
>
> Das Ehepaar hat folgende drei Alternativen zur Auswahl:
> 1. **Alternative 1:** Preis: 420.000 €. 5 Zimmer, zweckmäßiger, praktischer Grundriss. Kleiner Garten. Fluglärm. Nähe Bahn, gute Verkehrsverbindungen in die Landeshauptstadt (8 min. Fahrzeit mit der Bahn). Sehr sonnige, zentrale Lage, Läden und Schulen zu Fuß in 5 min. erreichbar. Turnverein am Ort. Baujahr: 1979.
> 2. **Alternative 2:** Preis: 450.000 €. 5 1/2 Zimmer, funktionaler Grundriss, schöner Garten, etwas Straßenlärm, Nähe wenig befahrener Bahn-

linie, ca. 5 min. per Bus zum Bahnhof, 15 min. zu Fuß, 5 min. per Fahrrad. Gute Verkehrsverbindungen in die Landeshauptstadt (16–19 min. Fahrzeit mit der Bahn). Südlage, sehr sonnig. Läden und Schulen zu Fuß in 8–10 min. erreichbar. Am Ort Tennis möglich, Fitnesspfad, Fußballverein. Baujahr: 1990.
3. **Alternative 3:** Preis: 470.000 €. 6 Zimmer, origineller, praktischer Grundriss. Sehr schöner Garten, ruhig, sonnig. 15 min. zu Fuß zum Bahnhof, S-Bahn in die Landeshauptstadt (30-Minuten-Takt), ca. 20 min. Fahrzeit. Läden und Schulen in etwa 20 min. zu Fuß erreichbar, Weg zur Schule gefährlich. Turnverein am Ort, Tennis, Freibad. Baujahr: 1985.

zuerst wird die Erfüllung der Mussziele überprüft

Zuerst sind natürlich alle Lösungsalternativen auf die Erfüllung der Mussziele zu überprüfen. Ist beispielsweise beim Kauf eines Einfamilienhauses Bedingung (Mussziel), dass es mindestens fünf Zimmer hat, wird das Mussziel entweder erfüllt oder nicht. Es kann nicht in niedrigerem oder höherem Maß erfüllt sein. Bietet also ein Objekt weniger als fünf Zimmer, ist es als Lösungsvariante nicht brauchbar.

Teilziele als Bewertungskriterien

Als Bewertungskriterien werden die Teilziele gemäß Zielformulierung herangezogen, eventuell ergänzt durch weitere Hilfskriterien (z. B. Realisierungsdauer, Kosten). Sie sind meistens nicht alle von gleicher Bedeutung. Ihnen kommt bei der Entscheidung für diese oder jene Alternative unterschiedliches Gewicht zu.

Gewichtung der Beurteilungskriterien

Das wichtigste Instrument bei der Nutzwertanalyse ist die Bewertungstabelle (Abb. 6.25). Die Gewichtung der Beurteilungskriterien kann zum Beispiel gemeinsam in einer Gruppe bestimmt bzw. ausgehandelt werden. Es ist jedoch darauf zu achten, dass durch die Gewichtung von einzelnen Bewertungskriterien nicht unbewusst die vielleicht favorisierte Lösungsalternative bevorzugt wird.

Die Bestimmung der Gewichtungen der Bewertungskriterien kann weitgehend objektiviert werden. Ein interessantes Verfahren stellt hier die sogenannte Präferenzmatrix dar (Abb. 6.26). Darin wird jedes Kriterium paar-

Abb. 6.25. Bewertungstabelle Nutzwertanalyse

Bewertungskriterien/ Teilziele	Gewichtung	Alternative 1		Alternative 2		Alternative 3	
	G	Note	Nutzwert G × Note	Note	Nutzwert G × Note	Note	Nutzwert G × Note
Kriterium 1							
Kriterium 2							
Kriterium 3							
Kriterium 4							
usw.							
Gesamtnutzen							

6.4 · Entscheidungen herbeiführen

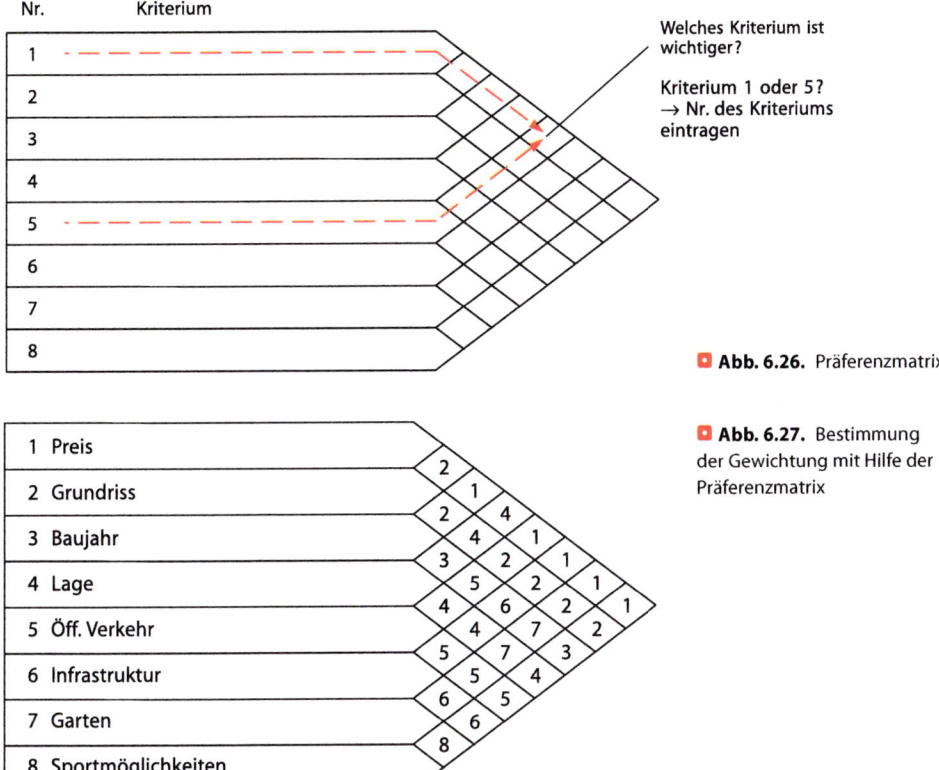

Abb. 6.26. Präferenzmatrix

Abb. 6.27. Bestimmung der Gewichtung mit Hilfe der Präferenzmatrix

Kriterien	Anzahl Nennungen	Gewichtung
Kriterium 1	5	17,9 %
2	6	21,4 %
3	2	7,1 %
4	5	17,9 %
5	4	14,3 %
6	3	10,7 %
7	2	7,1 %
8	1	3,6 %
Total:	28	100,0 %

weise mit allen anderen verglichen, und es wird festgehalten, welches Kriterium im Vergleich das wichtigere ist. Die Nummer des wichtigeren Kriteriums wird im entsprechenden Matrixfeld eingetragen. Am Schluss werden die Anzahl der Nennungen eines Kriteriums ausgezählt. Die Anzahl der Matrixfelder (z. B. 28) entspricht 100%. Der Prozentwert eines Kriteriums entsteht folgendermaßen: Die Anzahl der Nennungen eines einzelnen Kriteriums (z. B. 2) wird durch die Anzahl der Matrixfelder geteilt (z. B.: 2:28=0.07).

Da Prozentwerte gesucht werden, erfolgt eine Multiplikation mit 100 (z. B.: 0.07×100%=7%). Abb. 6.27 veranschaulicht die Gewichtung von Beurteilungskriterien.

Bestimmung von Note, Nutzwert und Gesamtnutzen

Nun gilt es, die brauchbaren Lösungsvarianten anhand der Erfüllung der Beurteilungskriterien zu beurteilen. Dabei werden die Beurteilungskriterien der verschiedenen Alternativen benotet. Für diese Notengebung ist es günstig, einen sinnvollen und vertrauten Notenmaßstab (z. B. Noten 1–6 oder 1–10) zu wählen. Es ist klar, dass eine Benotung immer mehr oder weniger subjektiv ist. Die »Objektivität« kann gesteigert werden, wenn mehrere Personen die Benotung vornehmen.

Die Gewichtung, multipliziert mit der Benotung, ergibt den Nutzwert einer Lösungsvariante bezüglich eines Beurteilungskriteriums. Die Summe aller Nutzwerte einer Alternative ergibt deren Gesamtnutzen (Abb. 6.28).

Sensibilitätsanalyse

Wenn die Gesamtnutzwerte der Lösungsvarianten nahe beieinander liegen, stellt sich die Frage der Zufälligkeit der Resultate und damit der Rangfolge. In solchen Fällen kann eine Sensibilitätsanalyse durchgeführt werden. Die Gewichte oder die Noten werden leicht abgeändert und der Einfluss auf die Rangfolge betrachtet. Dadurch kann festgestellt werden, wie sensibel die Rangfolge auf geringfügige Änderungen der Gewichte oder Noten reagiert.

Hebt sich nach der Nutzwertanalyse eine Alternative ganz eindeutig von den anderen Möglichkeiten ab, und können sich die Entscheidungssuchenden dennoch nicht für diese Lösung entschließen, so ist dies ein möglicher Hinweis, dass die Kriterien unvollständig ausgewählt oder unangemessen bewertet wurden. Durch Vergessen von Zielen oder Bewertungskriterien (z. B. psychologische, politische usw.) (nach Dörner auch: implizite, also unbewusste Ziele) geschehen in der Praxis häufig Fehler. Selbst im angeblich so rationalen Bereich der Technik gilt der Grundsatz: »Entscheide nie gegen dein Gefühl«. Wenn alle Berechnungen der physikalischen und mathematischen Logik entsprechen, die gefundene Lösung aber trotzdem »Bauch-

entscheide nie gegen dein Gefühl

Abb. 6.28. Beispiel Nutzwertanalyse Hauskauf

Bewertungskriterien/ Teilziele	Gewichtung	Alternative 1		Alternative 2		Alternative 3	
	G %	Note	Nutzwert G × Note	Note	Nutzwert G × Note	Note	Nutzwert G × Note
Preis	18	6	108	5	90	4	72
Grundriss	21	5	105	5	105	6	126
Baujahr	7	3	21	5	35	4	28
Lage	18	3	54	4	72	6	108
Öffentl. Verkehr	14	6	84	5	70	5	70
Infrastruktur	11	5	55	4	44	3	33
Garten	7	4	28	5	35	6	42
Sportmöglichkeiten	4	4	16	6	24	6	24
Gesamtnutzen	100		471		475		503

weh« verursacht, wurde wahrscheinlich ein wichtiger Aspekt nicht berücksichtigt.

Solche sensorische Marker zeigen nicht zwingend eine unsorgfältige Vorgehensweise der Entscheidungssuchenden auf, sie können hingegen als Hinweis betrachtet werden, dass das Bewusstsein hinsichtlich der Kriterien noch weiter geschärft werden kann, was der Inhalt eines Lernprozesses sein kann.

»Bauchweh«, trotz aller Berechnungen

Nutzwertanalyse für emotionale Entscheidungen

Die Sensibilitätsanalyse zeigt, wie empfindlich die Nutzwertanalyse auf subjektive Einschätzungen reagiert, und wie sehr sie durch individuelle Wertungen beeinflusst werden kann. Es ist wichtig, sich dessen bewusst zu sein, und es ist notwendig, Emotionen gezielt in eine Nutzwertanalyse einfließen zu lassen. Die Nutzwertanalyse kann sogar für die gezielte Gliederung von Emotionen eingesetzt werden.

Nutzwertanalyse für die gezielte Gliederung von Emotionen

Beim vorhergehenden Beispiel war von einem Hauskauf die Rede. Ein Teil der darin erwähnten Beurteilungskriterien ist rational, v. a. wenn vom Preis, dem Baujahr, der Distanz zu den öffentlichen Verkehrsmitteln die Rede ist. Kriterien wie Grundriss, Lage oder Garten haben hingegen andere Schwerpunkte, z. B. ästhetische, landschaftsarchitektonische oder soziale, die sich nicht eindeutig numerisch definieren lassen. Dies stört die Durchführung der Nutzwertanalyse nicht. Dieser Ansatz lässt sich sogar noch weiter verfolgen, indem ausgesprochen emotionale Entscheidungen betrachtet werden. In Führungsweiterbildungen zum Thema Nutzwertanalyse sorgt ein Fallbeispiel einer Frau, die nicht weiß, welchen von drei Männern sie heiraten soll, regelmäßig für Irritationen bei den Teilnehmenden. Wird dieses Beispiel – gegen anfänglichen Widerstand – exemplarisch durchgearbeitet, indem die Teilnehmenden bei der Definition von Beurteilungskriterien beteiligt sind (z. B.: Aussehen, Einkommen, Größe, Automarke, Kinderwunsch etc.), so zeigt sich, wie klärend eine Priorisierung emotionaler Ansprüche sein kann. Zudem treten auch bei besonders emotionalen Entscheidungen immer wieder rationale Kriterien an den Vordergrund, die nicht vernachlässigt werden sollten (z. B. Einkommen, Größe). Wichtig ist in diesem Fall, den Gesamtnutzen als Tendenz und somit als Orientierungshilfe und nicht als absoluten Wert zu betrachten.

auch bei emotionalen Entscheidungen treten rationale Kriterien in den Vordergrund

Dimensionale Evaluation

Wyler (2001, S. 119) weist darauf hin, dass viele Beurteilungskriterien kein Garant für eine sichere Entscheidungsfindung sind, da eine Manipulation durch zahlreiche Kriterien möglich ist. So lässt sich die Komplexität der Situation – bewusst oder unbewusst künstlich erweitern. Zudem geht die Übersicht verloren. Wyler propagiert folgenden Leitsatz: »Vom Ziel her denken sowie Einfachheit suchen und ihr misstrauen«.

vom Ziel her denken sowie Einfachheit suchen und ihr misstrauen

Bei der Dimensionalen Evaluation geht es darum, eine möglichst kleine Anzahl an Entscheidungsdimensionen auszuwählen, die maßgebend sind, jedoch nicht um jeden Preis gleichgewichtig sein müssen.

Die Entscheidungsdimensionen müssen relevant, jedoch nicht zwingend gleichgewichtig sein

Sind diese (z. B. bei der Anstellung einer neuen Teamleitung »Mitarbeiterorientierung« und »Zielorientierung«) bereits zu Beginn klar nennbar, so können einzelne Bewerber für eine neue Stelle mit ihren – von den künftigen

Visualisierung erleichtert Orientierung

Beurteilungskriterien werden übergeordneten Dimensionen zugeordnet

Arbeitgebern durchaus subjektiv eingeschätzten - Ausprägungen an »Mitarbeiterorientierung« oder »Zielorientierung« direkt in ein Koordinatensystem übertragen werden. Eine Visualisierung erleichtert die Orientierung.

Wurde eine Nutzwertanalyse durchgeführt und ist diese unübersichtlich, so ist der Versuch interessant, die aufgeführten Beurteilungskriterien übergeordneten Dimensionen zuzuordnen. Gehen wir davon aus, dass das Ehepaar, das ein Haus kaufen will, aus unserem vorangegangenen Beispiel, eine übersichtlichere Darstellung möchte. Es betrachtet nochmals die Entscheidungskriterien und einigt sich darauf, dass zwei übergeordnete Dimensionen für sie besonders wichtig sind: Haus- und Garteneigenschaften an sich (dazu gehören die Kriterien Preis, Grundriss, Baujahr, Lage, Garten) sowie die übergeordnete Infrastruktur (Öffentliche Verkehrsmittel, Infrastruktur, Sportmöglichkeiten). Im Anschluss daran wird die Gewichtung der drei Alternativen innerhalb der beiden neuen Dimensionen berechnet, wobei ein großer Teil der bisherigen Vorarbeit aus der Nutzwertanalyse weiterverwendet wird (Tab. 6.4).

Beibehalten werden die Gewichte der ursprünglichen Bewertungskriterien. Der Gesamtnutzen der Dimension »Haus- und Garteneigenschaften« beträgt 71, derjenige der Dimension »übergeordnete Infrastruktur« 29. Dass die erste Dimension mehr als doppelt so gewichtig ist, wird für die weitere Berechnungsarbeit nicht mehr berücksichtigt. Dieses an sich wichtige Un-

Tab. 6.4. Dimensionale Evaluation beim Hauskauf (Beispiel)

Haus- und Garteneigenschaften

	Gewicht G in %	Alternative 1 Nutzwerte	Alternative 2 Nutzwerte	Alternative 3 Nutzwerte
Preis	18	108	90	72
Grundriss	21	105	105	126
Baujahr	7	21	35	28
Lage	18	54	72	108
Garten	7	28	35	42
Gesamtnutzen	71	316	337	376
Idealwert	426			
Gesamtnutzen: Idealwert	426 = 100%	74%	79%	88%

Übergeordnete Infrastruktur

	Gewicht G in %	Alternative 1 Nutzwerte	Alternative 2 Nutzwerte	Alternative 3 Nutzwerte
Öffentliche Verkehrsmittel	14	84	70	70
Infrastruktur	11	55	44	33
Sportmöglichkeiten	4	16	24	24
Gesamtnutzen	29	155	138	127
Idealwert	174			
Gesamtnutzen: Idealwert	174 = 100%	89%	79%	73%

gleichgewicht der beiden Dimensionen merkt sich das Ehepaar aber für die Betrachtung des folgenden Koordinatensystems. Neu kommen die beiden Idealwerte der zwei Dimensionen dazu, ein Produkt aus der Summe der Gewichte und der Bestnote pro Dimension ist (71×6=426 bzw. 29×6=174). Die Idealwerte sind notwendig, um den erreichbaren Maximalwert auf den beiden Koordinaten zu bestimmen. Anhand dieser beiden Idealwerte kann berechnet werden, wie sehr die drei Alternativen die beiden Dimensionen erfüllen (in Prozent). Das Ehepaar muss selber bestimmen, wie viele Prozente auf den Koordinaten erreicht werden müssen, damit sie eine Alternative für gut befinden. So ist es der Ansicht, dass v. a. die gewichtigere Dimension zu mindestens 80% erfüllt sein muss, bei der weniger relevanten Dimension darf es auch weniger sein. Die Resultate der eben aufgezeigten Tabelle lassen sich folgendermaßen auf ein Koordinatensystem mit zwei Dimensionen übertragen (Abb. 6.29).

Es wird ersichtlich, in welchem Ausmaß die drei Alternativen die beiden Dimensionen erfüllen, wo sich brauchbare Lösungen abzeichnen und wo Schwachstellen vorhanden sind. So ist die wichtigere Dimension der Haus- und Garteneigenschaften bei der Alternative 3 recht gut erfüllt, während diejenige bezüglich übergeordneter Infrastruktur weniger ausgeprägt ist. Die Alternative 1 fällt jetzt aus dem Rennen: sie bietet viel bzgl. übergeordneter Infrastruktur, ist aber bei den Haus- und Garteneigenschaften zu schwach. Die zweite Alternative steht nach wie vor zu Diskussion.

Wyler (2001 S. 118) führt weitere Visualisierungsmöglichkeiten für Alternativen mit mehr als zwei Dimensionen auf.

Dimensionale Evaluation beim Hauskauf-Beispiel
Annäherung an die geeignetste Lösungsmöglichkeit

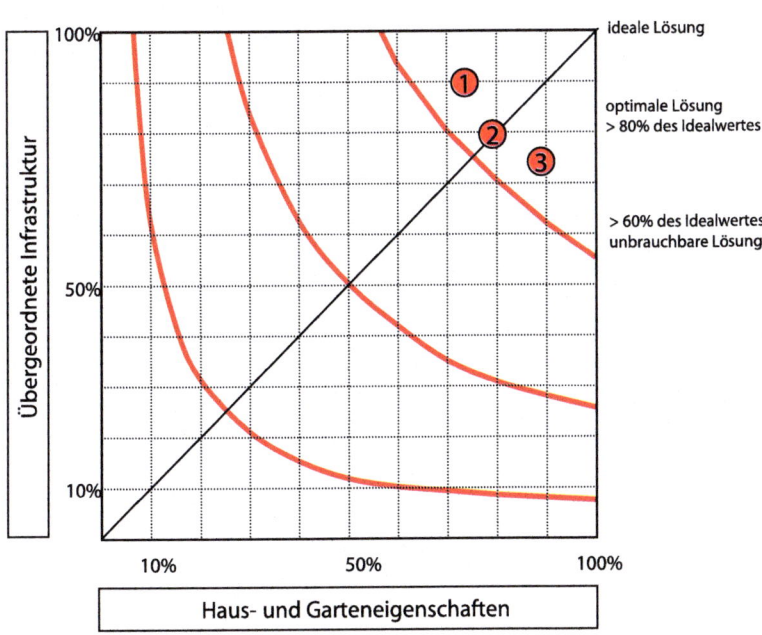

Abb. 6.29. Dimensionale Evaluation beim Hauskauf-Beispiel

Tetralemma

Eine weitere Methode zur Entscheidungsfindung, die sich im Gegensatz zu den bisher beschriebenen Methoden vorwiegend auf die Intuition konzentriert und die für die Entscheidungsfindung hinzugezogen werden kann, ist die Tetralemma-Methode. Der Begriff Tetralemma (griechisch: Vier Voraussetzungen bzw. Annahmen) beschreibt ursprünglich eine Methode aus dem indischen Kulturkreis, die im Rechtswesen unterschiedliche Haltungen und Standpunkte berücksichtigt. Von Kibéd (2011, S. 78), der diese Methoden weiterentwickelt hat, bezeichnet sie als besonders kraftvolles Schema zur Überwindung von Erstarrung (Abb. 6.30). Er beschreibt darin vier Positionen, die eine Person bezüglich einer Entscheidung einnehmen kann.

unterschiedliche Haltungen und Standpunkte werden berücksichtigt

kraftvolles Schema zur Überwindung von Erstarrung

1. **Das Eine** ist diejenige Lösung, die im Vordergrund steht oder die bisher immer angewendet wurde: So entschließt sich beispielsweise eine für ihre Beständigkeit bekannte Führungskraft, in ihrer bisherigen ziemlich zufriedenstellenden Position zu bleiben, obwohl ihr eine neue Stelle angeboten wurde.
2. **Das Andere** zeigt eine gegensätzliche Lösung auf, die nicht einfach eine Negation des Einen ist, sondern eine wirkliche Alternative beinhaltet. Das Andere wäre in unserem Beispiel die neue Stelle. Das Andere beinhaltet möglicherweise zu beachtende Nachteile und kann den Charakter eines möglichen Fehlers haben: Entschließt sich die Führungskraft für die neue Stelle, so wird sie dort über weniger Kompetenzen verfügen als in der alten Position.
3. **Beides** betrachtet aus einer außenstehenden Perspektive (aus einer Metaebene) das »Eine« und das »Andere« und sucht nach Gemeinsamkeiten und Unterschieden. Die alte Stelle beibehalten, ein Angebot dieser Art zu einem späteren Zeitpunkt jedoch durchaus anzunehmen.
4. **Keins von Beiden** beinhaltet eine Position, bei der es nicht mehr um die Vereinbarkeit beider Sichtweisen geht. Aus noch weiterer Distanz be-

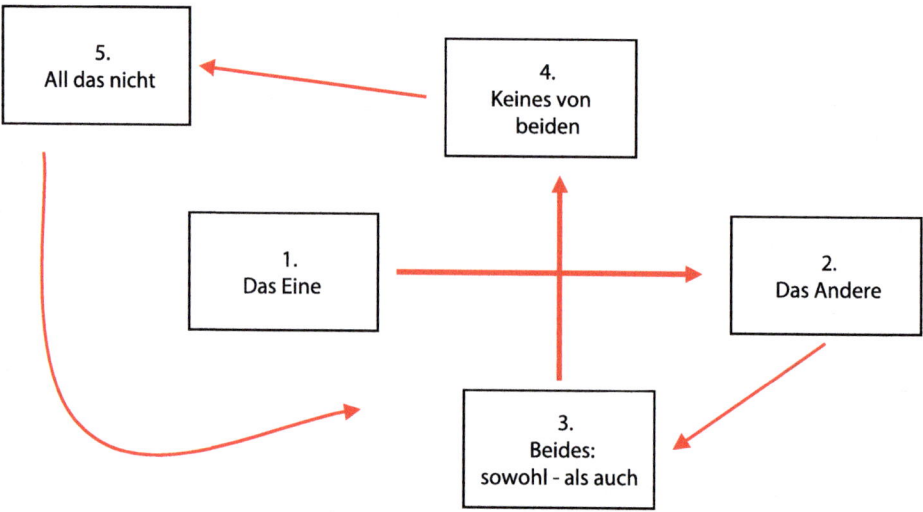

Abb. 6.30. Tetralemma. (Nach René Reichel & Reinhold Rabenstein, »Kreativ beraten«, 1. Aufl., 2001, Ökotopia Verlag, Münster)

trachtet die Person das Umfeld, in dem ihr Dilemma entstanden ist. Die Führungskraft beschließt, die alte Stelle zu verlassen, das neue Angebot aber nicht anzunehmen.
5. **All dies nicht – und selbst das nicht!** ist eine Position, bei der alle bisherigen Positionen verneint werden: Mit dieser Position ist ein kreativer Schritt verbunden, der den Blick auf Neues, bisher nicht Angedachtes lenkt. Die Führungskraft kündigt die alte Stelle, nimmt die neue jedoch nicht an, sondern will sich bei einem Entwicklungsprojekt in Südamerika engagieren.

Die Arbeit mit dieser Methode erfolgt prozessorientiert. Alle fünf Positionen werden auf ein Blatt Papier geschrieben und auf den Boden gelegt.

Eine besonders intensive Form ist, wenn sich die entscheidungssuchende Person nacheinander zu jeder dieser Positionen stellt und auf die Empfindungen an diesen Positionen achtet, indem sie Bilder, Lösungsideen und Gefühle, die dadurch bei ihr entstehen, bewusst wahrnimmt. Sie kann dabei durchaus zwischen Positionen pendeln. Das Experiment lässt sich jedoch auch gedanklich anhand der fünf Positionen durchspielen.

Diese Methode eignet sich in dem Sinne besonders gut, um gezielt auf somatische Marker zu achten (▶ Abschn. 6.4.5).

geeignet für die gezielte Arbeit mit somatische Markern

ZUSAMMENFASSUNG

Zur Rolle von Führungskräften gehört es wesentlich, Entscheidungen im Rahmen ihrer Befugnisse zu treffen, wobei der Entscheidungsstil bei Mitarbeitenden meist die tieferen Spuren hinterlässt als der Entscheidungsinhalt.

In unserem Kulturkreis stehen die rationalen Entscheidungen im Vordergrund, auch wenn die Intuition bei der Entscheidungsfindung eine entscheidende und meist auch – oft unausgesprochen und nicht ganz bewusst – eine wichtige Rolle spielt.

Es stellt sich immer wieder die grundsätzliche Frage, ob der Einbezug von Gruppen in die Entscheidungsfindung sinnvoll ist oder nicht. »Gute« Entscheidungen, deren erfolgreiche Durchsetzung von einer hohen Identifikation der Mitarbeitenden mit der Entscheidung abhängt, sind eher unter Einbezug der Gruppe zu fällen.

Entscheidungen können auch unter Abwägung der Vor- und Nachteile von verschiedenen Alternativen getroffen werden, was bei »einfacheren« Problemen oder unter Zeitdruck in der Praxis häufig geschieht. Eine im Führungsalltag sehr oft verwendete Methode der Entscheidungsfindung ist die Nutzwertanalyse, weitere Methoden sind die Dimensionale Analyse oder die Tetralemma-Methode.

Entscheidungen zu treffen ist oft eine komplexe Aufgabe. Das Prinzip, stets so zu entscheiden, dass die Möglichkeiten vergrößert werden, kann dabei wegleitend sein.

FRAGEN ZUR VERTIEFUNG

1. Wenn Sie sich an Entscheidungen erinnern, die Sie selber getroffen haben oder an deren Zustandekommen Sie beteiligt waren: Welche Entscheidungen haben den Handlungsspielraum eher vergrößert, welche eher eingeengt?
2. In welchen Situationen pflegen Sie eher führungszentriert zu entscheiden, in welchen mitarbeiterzentriert?
3. Wenn Sie die Entscheidungstypen (Abb. 6.22 nach Schein) betrachten: Wo würden Sie sich bezüglich Ihres Entscheidungsstils einordnen? In welchen Situationen bevorzugen Sie welche Entscheidungsart?
4. Welche Erfahrungen haben Sie mit Gruppenentscheidungen gemacht?
5. Wann könnten Sie in nächster Zukunft bei Entscheidungen die Methode der Nutzwertanalyse oder die Tetralemma-Methode einsetzen (in Ihrem beruflichen/privaten Umfeld)?

Literatur

Agor, W. H. (1989). *Intuitives Management*. Berlin: Synchron.
Antons, K. (2000). *Praxis der Gruppendynamik. Übungen und Techniken* (8. ergänzte Aufl.). Göttingen: Hogrefe.
Böhnisch, W. (1991). *Führung und Führungskräftetraining nach dem Vroom/Yetton-Modell*. Stuttgart: Poeschel.
Brauchlin, E. & Heene, R. (1995). *Problemlösungs- und Entscheidungsmethodik* (4. Aufl.). Bern: Haupt.
Covey, S. R. (2006). *Der 8. Weg*. Offenbach: Gabal Verlag GmbH.
Dörner, D. (2004). *Die Logik des Mißlingens. Strategisches Denken in komplexen Situationen* (3. Aufl.). Reinbek: Rowohlt.
Gomez, P. & Probst, G.J.B. (1998). *Die Praxis des ganzheitlichen Problemlösens* (3. Aufl.). Bern: Haupt.
Gigerenzer, G. (2007). Bauchentscheidungen. Die Intelligenz des Unbewussten und die Macht der Intuition. München: Bertelsmann.
Kepner, C.H. & Tregoe, B.B. (1992). *Entscheidungen vorbereiten und richtig treffen. Rationales Management: Die neue Herausforderung* (6. Aufl.). Landsberg/Lech: Verlag Moderne Industrie.
Reichel, R. & Rabenstein, R. (2001). *Kreativ beraten*. Münster: Ökotopia.
Sprenger, R. K. (2010). *Die Entscheidung liegt bei Dir!* (14. erweit. Aufl.). Frankfurt/Main: Campus-Verlag.
Storch, M. (2004). *Das Geheimnis kluger Entscheidungen*. Zürich: Pendo Verlag Zürich.
Varga von Kibéd, K. M. & Sparrer, I. (2011). *Ganz im Gegenteil, Tetralemma-Arbeit und andere Grundformen Systemischer Strukturaufstellungen* (7. Aufl.). Heidelberg: Carl Auer.
Weber, J., Reitmeyer, T. & Frank, S. (2000). *Erfolgreich entscheiden*. Frankfurt am Main: Frankfurter Allgemeine Zeitung/Wiesbaden: Gabler.
Wyler A. (2001). *Die Kunst des Probierens*. Kilchberg: Smart Books.

6.5 Präsentation und Rhetorik

Iris Boneberg

Die folgenden Ausführungen sollen Sie bei der professionellen Vorbereitung, Durchführung und Auswertung einer Präsentation unterstützen. In der Vorbereitung auf eine Präsentation werden neben dem Thema auch Ziele festgelegt und relevante Informationen über die Zuhörerschaft eingeholt. Die zu präsentierenden Inhalte müssen bestimmt und strukturiert werden. Es muss entschieden werden, welche Inhalte visualisiert werden, welche Medien geeignet sind, und wie die Visualisierungen und das Manuskript gestaltet werden sollen. Zu den Aufgaben in der Präsentation selbst zählen, neben der Darstellung und Erläuterung der Inhalte, beispielsweise der Umgang mit Fragen aus der Zuhörerschaft, das Erkennbarmachen des »roten Fadens« und eventuell der Umgang mit dem eigenen Lampenfieber. In der Auswertungsphase wird geprüft, inwieweit die Präsentationsziele erfüllt wurden. Gegebenenfalls kann von der Zuhörerschaft ein Feedback in Bezug auf die rhetorische Gestaltung eingeholt werden.

6.5.1 Vom Pferdefüttern und Präsentieren

Beispiel

Der Mullah, ein Prediger, kam in einen Saal, um zu sprechen. Der Saal war leer, bis auf einen jungen Stallmeister, der in der ersten Reihe saß. Der Mullah überlegte sich: »Soll ich sprechen oder es lieber bleiben lassen?« Schließlich fragte er den Stallmeister: »Es ist niemand außer dir da, soll ich deiner Meinung nach sprechen oder nicht?« Der Stallmeister antwortete: »Herr, ich bin ein einfacher Mann, davon verstehe ich nichts. Aber wenn ich in einen Stall komme und sehe, dass alle Pferde weggelaufen sind und nur ein einziges dageblieben ist, werde ich es trotzdem füttern.« Der Mullah nahm sich das zu Herzen und begann seine Predigt. Er sprach über zwei Stunden lang. Danach fühlte er sich erleichtert und glücklich und wollte durch den Zuhörer bestätigt wissen, wie gut seine Rede war. Er fragte: »Wie hat dir meine Predigt gefallen?« Der Stallmeister antwortete: »Ich habe bereits gesagt, dass ich ein einfacher Mann bin und von so etwas nicht viel verstehe. Aber wenn ich in einen Stall komme und sehe, dass alle Pferde außer einem weggelaufen sind, werde ich es trotzdem füttern. Ich würde ihm aber nicht das ganze Futter geben, das für alle Pferde gedacht ist.«
(Peseschkian 1999)

In den folgenden Ausführungen geht es, wenn wir in dem Bild der Geschichte bleiben wollen, ums Pferdefüttern. Wir werden dem Rat des Stallmeisters folgen und uns auch mit der adäquaten Menge Futter beschäftigen. Aber zunächst einmal soll ernsthaft geklärt werden, auf welche Situationen die folgenden Ausführungen vorbereiten sollen: In erster Linie geht es darum, sich mit der Frage auseinanderzusetzen, wie eine Präsentation effizient und zielgerichtet vorbereitet werden kann, und was beim Halten einer Präsentation zu beachten ist beziehungsweise was eher vermieden werden sollte.

Definition: Präsentation

> **Definition**
>
> Eine Präsentation meint die Darstellung eines Sachverhaltes, einer Problemanalyse, einer Idee, einer Lösungsmöglichkeit, einer Empfehlung oder eines Angebotes vor einem Gremium. Das Gremium bildet sich aufgrund dieser Darstellung eine Meinung, trifft Entscheidungen, unternimmt oder unterlässt Aktionen etc.

6.5.2 Eine Präsentation vorbereiten

Auftrag klären
Achten Sie darauf, dass Sie das Thema nicht mit dem Ziel verwechseln

Sie werden aus dem Führungsalltag heraus mit den beiden typischen Situationen vertraut sein: Das Thema steht bereits fest, Sie werden beispielsweise eingeladen, zu einem bestimmten Thema eine Präsentation zu halten, oder aber, Sie haben selbst die Möglichkeit, das Thema der Präsentation zu bestimmen. Wie auch immer das Thema der Präsentation zustande kommt, mit dem Thema ist das Ziel der Präsentation noch nicht festgelegt. So kann das Thema beispielsweise heißen: »Der aktuelle Stand des Projekts Alfa 9«. Das Ziel kann lauten: »Alle Mitwirkenden sind wieder auf dem gleichen Informationsstand.« Oder aber beispielsweise: »Alle Mitwirkenden sind wieder von der Sinnhaftigkeit der Fortführung des Projekts überzeugt.« Die Präsentation zum gleichen Thema kann unter Umständen recht unterschiedlich ausfallen, je nachdem welches Ziel angesteuert wird. In Abhängigkeit vom Ziel werden *Ziel beeinflusst Inhalt* nämlich die Inhalte ausgewählt und gewichtet. Mitunter dient das Ziel auch *und vieles mehr* als Entscheidungshilfe bei der Auswahl der Medien und es dient dem Präsentierenden auf alle Fälle sowohl in der Vorbereitung wie auch während der Präsentation als roter Faden. Je konkreter Sie das Ziel der Präsentation formulieren, desto leichter ist es nach der Präsentation zu bestimmen, inwiefern Sie das Ziel erreicht haben. Es gibt im Führungsalltag wahrscheinlich wenige Situationen, in denen Sie einfach »nur« informieren müssen. In der Regel fordern Präsentationssituationen auch dazu auf, zu aktivieren, zu überzeugen oder zu motivieren. Scheuen Sie sich nicht, sich solcher »affektiven Zielsetzungen« bewusst zu werden und benennen Sie diese für sich auch klar in der Vorbereitung. Das Ungünstigste, was Sie nämlich in dieser Startphase tun können, ist einfach loszulegen. Das heißt, den Computer anzuschalten und

Folien zu gestalten. Die Gefahr, dass Sie durch ein solches Vorgehen Ihr »eigentliches«, affektives Ziel aus dem Auge verlieren, ist sehr groß. Vielleicht ist das Resultat eine sehr vollständige und intelligente Präsentation, Ihre Zuhörerschaft ist vielleicht aber gar nicht gekommen, um sich »am Heu satt zu essen«.

Wen wollen Sie einladen? Und Achtung: wen laden Sie dadurch aus?

Auch wenn Thema und Ziel feststehen, sollten Sie sich nochmals mit dem eigentlichen Anfangen gedulden. Denn zunächst gilt es, sich noch ein paar Gedanken über die Zuhörerschaft zu machen: Einerseits muss geklärt werden, ob die Zuhörerschaft bereits feststeht und ob die Auswahl gut überlegt ist. In der Praxis erweist es sich häufig als sehr tauglich, zu überlegen, ob man sich mit der Auswahl vielleicht auch ungewollt Feinde oder zumindest Skeptiker schafft. Potenziell durch das Thema Betroffene sind viel leichter zu gewinnen, wenn sie frühzeitig involviert werden. Achten Sie deshalb darauf, dass Sie die richtigen Menschen einladen. In manchen Fällen gewinnt eine Präsentation auch dadurch an Bedeutung, dass »die richtigen und wichtigen Personen« anwesend sind. Auch darauf gilt es, bereits im Vorfeld eine Antwort zu finden und gegebenenfalls entsprechende Einladungen auszusprechen.

Betroffene frühzeitig ins Boot holen

Stellen Sie sich Ihre Zuhörerschaft vor und fühlen Sie sich in diese ein

Wenn Ihr Zuhörerkreis steht, dann gilt es eine »Adressatenanalyse« vorzunehmen. Dieser sehr technisch klingende Ausdruck steht für etwas, das man eigentlich nur durch Einfühlung erreicht. Es geht darum, dahinter zu kommen, wer die Zuhörenden sind, was sie sich eigentlich von der Präsentation erwarten, welche Bedenken sie vielleicht in Bezug auf das Thema und die Zielsetzung haben, was sie ganz besonders interessieren wird und so fort. Eine gute Adressatenanalyse kann nicht durch das Abarbeiten einer Checkliste zustande kommen. Eine gute Adressatenanalyse muss den Anforderungen der jeweiligen Situation gerecht werden. Manchmal ist es möglich, die Adressaten im Vorfeld zu befragen. Das kann auch ganz unkompliziert, beispielsweise in einer gemeinsamen Pause, passieren: »Du bist doch in zwei Wochen auch zu dem Meeting eingeladen, an dem ich über unser neues Projekt informiere. Gibt es von deiner Seite her eigentlich ein paar Themen, die dich besonders interessieren?«. Wo ein solches Vorgehen undenkbar ist, können Sie durchaus auch ein »imaginäres Interview« führen. Dieses Vorgehen mag zunächst etwas seltsam anmuten, aber es ist erstaunlich, wie viel Erkenntnis darüber gewonnen werden kann. In einem ersten Schritt wählen Sie eine Person aus, von der Sie wissen, dass Sie an der Präsentation teilnehmen wird. Dann stellen Sie sich vor, die Person würde Ihnen in einem Stuhl gegenüber sitzen. Fangen Sie nun an, diese Person zu interviewen.

Adressatenanalyse

Antworten finden durch Rollentausch

> **Potenzielle Fragen an einen Zuhörer**
> - Wieso kommen Sie eigentlich zu dieser Präsentation?
> - Sind Sie motiviert?
> - Was wollen Sie auf keinen Fall hören?
> - Was würde Sie wirklich interessieren?
> - Was wissen Sie bereits schon alles?
> - Womit könnte ich Sie auf die Palme bringen?

Lassen Sie Ihrem imaginierten Gegenüber Zeit, auch wirklich auf die Frage zu antworten. Wenn Sie die Präsentation nicht gerade in einem Großraumbüro vorbereiten und noch einen Schuss experimentierfreudiger sein möchten, dann können Sie sich sogar beim Antworten jeweils auf den anderen Stuhl setzen. Sollte Ihnen das ganze Vorgehen aber zu ungewöhnlich erscheinen, dann beantworten Sie die Fragen einfach für sich. Egal, welchen Weg Sie gehen, es ist sehr hilfreich zu wissen, was Ihre Zuhörer von Ihrer Präsentation erwarten (vgl. Forsyth 2006).

Passt nun alles zusammen: Thema, Ziel und Adressaten?

Die bisherigen Darstellungen mögen den Eindruck erwecken, Thema, Zielsetzung und Adressatenanalyse könnten »Schritt für Schritt« bearbeitet werden. In der Realität aber werden die dargestellten Phasen häufig nicht nacheinander bearbeitet. So steht vielleicht der Adressatenkreis mit der Bekanntgabe des Themas bereits fest, dann richtet sich bereits die Zielsetzung an den Adressaten aus. Achtsam sollte man sein, wenn man seine Adressatengruppen »ganz genau kennt.« Manchmal verführt dies dazu, die Adressatenanalyse weniger differenziert durchzuführen und dies führt dann eben doch zu Fehleinschätzungen. Unbedingt sollten vor der nächsten Arbeitsphase Thema, Ziel und Adressaten als Ganzes betrachtet und im Hinblick auf die folgenden Fragen analysiert werden: Sind die Ziele auf die Adressaten bezogen? Und sind die Ziele realistisch (in Bezug auf die Adressaten und die zur Verfügung stehende Zeit)? Je nach Kontext müssen die Ziele eventuell modifiziert oder aber die Adressatengruppe muss neu definiert werden.

Achtsamkeit auch dann, wenn eigentlich alles klar erscheint

Blick in den Spiegel

Nein, es ist noch etwas zu früh, um zu prüfen, ob Krawatte oder Make-up sitzen! Es geht im Folgenden eher um ein paar Minuten der Selbstreflexion. Jetzt, wo Thema, Ziel und Adressatenkreis stehen: **Haben Sie Lust auf die Präsentation?** Wenn Sie keinen Sinn in dem sehen, was Sie vermitteln wollen, wird es für die Zuhörerschaft meist schwer, einen Sinn für sich selbst abzuleiten. Deshalb ist es wichtig, sich die Fragen nach dem Sinn und der Eigenmotivation zu stellen, denn nur wer selbst motiviert ist, kann begeistern (vgl. Hoffmann 2004). Sollten Sie diese Fragen für sich mit einem »Ja« beantworten können, dann können Sie nun zur Auswahl der Inhalte übergehen. Sollten Sie ein »Ja« nur zögerlich aussprechen können oder vielleicht ein klares »Nein« als Antwort geben wollen, dann lohnt es sich, eine weitere Frage zu

Unlust ist häufig ein wichtiges Signal

stellen: »Warum ist das so?« Meist lässt sich eine Antwort finden, vielleicht löst diese wieder neue Fragen aus, aber durch diese Ursachenanalyse stoßen wir meist auf eine Erkenntnis, die dann den Ausschlag darüber gibt, ob die Präsentation letztendlich erfolgreich sein wird oder nicht.

- So stellen Sie beispielsweise fest, dass Sie eigentlich nicht motiviert sind, weil Sie davon ausgehen, dass Ihre Zuhörer ohnehin kein Interesse am Thema haben. Gut. Gehen Sie dieser Ahnung nach. Versuchen Sie die Vermutung durch Tatsachen zu untermauern. Wenn dem tatsächlich so ist, und Ihre Zuhörer das Thema nicht interessiert, müssen Sie sich für Ihre Zuhörer auf die Suche nach dem Sinn machen: Erklären Sie Ihren Zuhörern, weshalb das Thema für Sie eben dennoch von Bedeutung ist, auch wenn sich diese vielleicht auf den ersten Blick nicht erschließt.
- Oder Sie merken, dass Sie der Präsentation eher demotiviert entgegenschauen, weil Sie keine Lust haben, sich mit der kritischen Zuhörerschaft auseinanderzusetzen. Auch in diesem Fall wird es wieder darum gehen, die eigene Lustlosigkeit als ein Signal zu begreifen, das wertvolle Hinweise für die Vorbereitung liefern kann: In diesem Falle könnte es beispielsweise eine Strategie sein, sämtliche kritische Einwände in die Präsentation einzubauen, sie also bereits vorwegzunehmen, um so den Kritikern von Beginn an den Wind aus den Segeln zu nehmen.

Auf welche Themen und Fragen Sie auch immer stoßen werden bei dieser Analyse, die Antworten werden Ihnen helfen, den nächsten Schritt der Vorbereitung, nämlich die Auswahl der Inhalte, zielgerichteter wahrnehmen zu können.

Aufbau bestimmen und Inhalte und Visualisierungen vorbereiten
Nicht zu früh Zeit in Visualisierungen stecken!

Thema, Ziel und Adressatenkreis passen zueinander. Die Eigenmotivation ist geklärt. Es kann losgehen! Tragen Sie alle Inhalte zusammen, die Sie brauchen, um das Ziel zu erreichen. Es erweist sich als ungünstig, wenn Sie zu schnell eine Visualisierung anfertigen. Mal ehrlich, wer bringt es schon übers Herz, eine Powerpoint Folie, an der mehrere Stunden gearbeitet wurde, in den Papierkorb zu schieben, nur weil es sich irgendwann zeigt, dass man »zuviel Futter« angesammelt hat? Da nehme ich doch die Folie eher noch mit und zeige sie halt nur ganz schnell.

arbeiten Sie nicht für den Papierkorb

Mit der Haftnotiz-Methode eine Dramaturgie erstellen

Der Grundaufbau einer Präsentation gliedert sich in die drei Phasen: Einleitung, Hauptteil und Schluss. Präsentationen, die ich vorbereiten muss, bereite ich seit Jahren mit einer Methode vor, die ich hier die »Haftnotiz-Methode« nennen möchte. ◨ Abb. 6.31 deutet an, wie diese Methode in der Praxis aussehen kann. Nehmen Sie am besten ein DinA3 Blatt und kleine selbsthaftende Notizblätter der Größe 38×51mm. Am übersichtlichsten ist es, wenn Sie Notizblätter in verschiedenen Farben zur Verfügung haben. Schreiben Sie dann die Inhalte, die Ihnen zum Thema der Präsentation in den Sinn

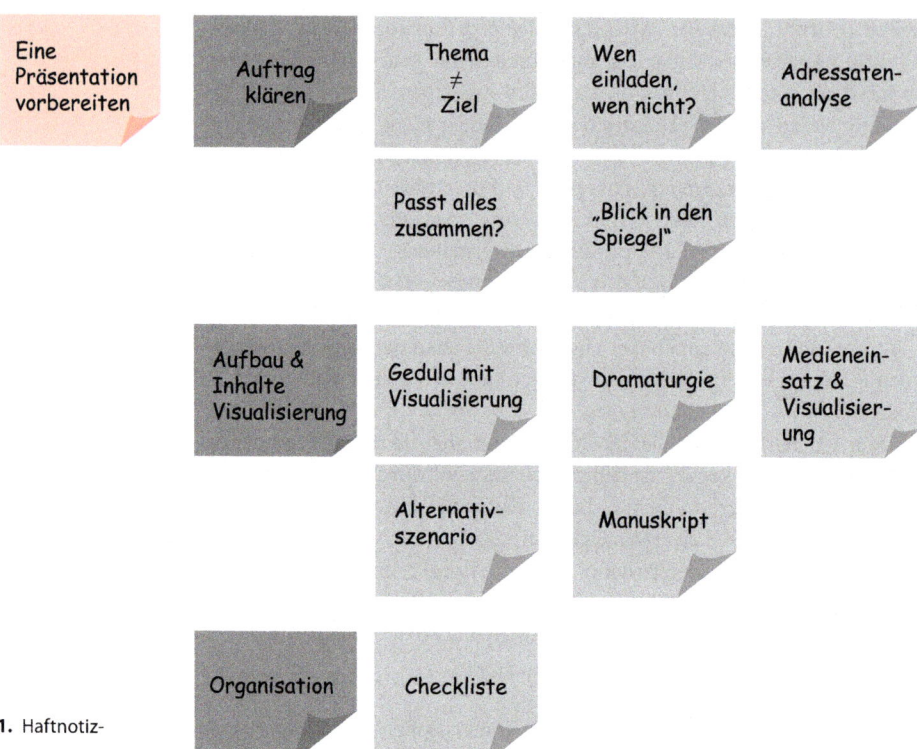

Abb. 6.31. Haftnotiz-Methode

schnell, flexibel, unkompliziert

kommen, möglichst in Stichworten auf die kleinen Notizzettel. In dieser ersten Phase können Sie einfach sammeln, was Ihnen alles in den Sinn kommt. Danach geht es ans Gruppieren: Welche Inhalte gehören logisch zusammen? Und ans Aussortieren: Welche Inhalte passen eigentlich gar nicht so recht zur Zielsetzung? Je deutlicher die inhaltlichen Schwerpunkte werden, desto leichter lassen sie sich dann auch in eine Reihenfolge bringen. Der Vorteil der selbsthaftenden Notizblätter ist, dass sie sich leicht umgruppieren und neu zusammenstellen lassen. Mit unterschiedlichen Farben können Sie Überschriften auf unterschiedlichem Abstraktionsniveau kennzeichnen. Wenn das Grobkonzept steht, wird der nächste Schritt darin bestehen, festzulegen, wie viel Zeit Sie für die einzelnen Punkte investieren wollen. Schreiben Sie diese Zeitangaben vielleicht mit Bleistift auf den jeweiligen Notizzettel. Meist zeigt sich dann, dass viel zu viel Inhalt »in viel zu wenig Zeit« hinein soll. Die Rückbesinnung auf die Zielsetzung gibt manchmal Hinweise darauf, was über Bord geschmissen werden kann oder sollte und was nicht. Die zur Verfügung stehende Zeit sollte auf die einzelnen Teile der Präsentation ungefähr wie folgt aufgeteilt werden (vgl. Will 2006):
- Einleitung: 15%
- Hauptteil: 75%
- Schluss: 10%

Medieneinsatz und Visualisierung planen

Steht die Dramaturgie, dann können Sie festlegen, was Sie visualisieren wollen und welches Medium Sie dafür einsetzen wollen. In ▶ Abschn. 6.5.4 wird eine Auswahl von Medien vorgestellt und Tipps zur Visualisierung gegeben. Grundsätzlich gilt, dass viele Menschen Inhalte leichter aufnehmen, wenn sie sie nicht nur hören, sondern auch sehen. Daraus lässt sich aber nicht ableiten, dass alles, was gesprochen wird, visualisiert werden muss oder sollte. Es gibt auch ein »Zuviel des Guten«. Zuviel Visualisierungen können auch monoton und einschläfernd wirken oder davon ablenken, was der Präsentierende zu sagen hat: Wenn ich mich im Laufe einer Präsentation daran gewöhne, dass ich eh alles mitlesen kann, höre ich mit der Zeit vielleicht nicht mehr ganz so aufmerksam zu. Im Kontrast dazu kann mit einer eher sparsameren Visualisierung auch eine implizite Botschaft bewirkt werden: »Das hier ist so wichtig, dass ich es nicht nur sage, sondern auch aufgeschrieben habe!« Das wird natürlich nicht erreicht, wenn Sie sogar das »Guten Appetit« vor der Mittagspause visualisieren. Als Leitfaden dafür, welche Inhalte Sie visualisieren wollen, kann die Rückbesinnung auf die Zielsetzung abermals hilfreich sein. Die Ergebnisse dieser Überlegungen und die Entscheidungen bezüglich der Medienwahl lassen sich auch in der oben beschriebenen Dramaturgie mittels eigener Haftnotizzettel festhalten.

weniger ist mehr

Von Vornherein ein Alternativszenario planen

Kennen Sie das? Sie haben die Grobstruktur erstellt, den einzelnen Abschnitten der Präsentation die entsprechende Zeit zugeordnet, eigentlich passt jetzt alles und nun meldet sich dennoch so ein unguter Gedanke: »Ist das vielleicht doch viel zu viel?« Oder umgekehrt: »Oh, je, was, wenn das, was ich dabei hab, viel zu wenig ist und ich dann viel zu früh fertig bin?« Ich habe gelernt, diesem Stress so zu begegnen, dass ich von vornherein ein Alternativszenario plane. Zunächst lege ich je nach Gesamtdauer der Präsentation ein bis drei »Milestones« fest. Das sind Punkte, die ich fest in die Präsentation einplane. An diesen Stellen überprüfe ich dann, ob ich im geplanten Zeitrahmen liege und je nach Ergebnis fahre ich dann fort: Bin ich unter Zeitdruck, wähle ich für den nächsten Teil der Präsentation die »kürzere« Variante, war ich zu schnell, wähle ich die »längere« Variante. Die längere Variante enthält dann vielleicht ein Beispiel oder ein Argument mehr, die Grunddramaturgie der Präsentation wird dadurch aber nicht wesentlich gestört, wie auch im umgekehrten Fall, indem etwas ausgelassen werden muss. Der Vorteil bei diesem Vorgehen liegt meiner Erfahrung nach darin, dass man sich während der Präsentation keine Gedanken über das »Weglassen« oder »Hinzufügen« machen muss. Auch kommt es mit dem Arbeiten von einem Alternativszenario eher selten zu der Situation, dass gegen Ende der Präsentation das Tempo stark erhöht werden muss, da »Zeiteinsparungen« bereits im Verlauf der Präsentation wirksam umgesetzt werden konnten.

Plan B für alle Fälle dabei haben

Manuskript gestalten

In ◘ Abb. 6.32 sind Beispiele zur Manuskriptgestaltung dargestellt. Bei der Manuskriptgestaltung gilt der Grundsatz, dass der Präsentierende mit der Vorlage zurechtkommen muss und es keine Standardvorgehensweise gibt.

Abb. 6.32. a–d Beispiele zur Manuskriptgestaltung

a

Unterrichts-methode	stofflicher Schwerpunkt	Hilfsmittel	Zeit
Kurzreferat	– Vorteile von xy	Folie	5'

b

Zeit	Inhalt	Methode	Hilfsmittel	Wer
5'	– Vorteile von xy	Referat	Folie	Peter

c

Zeit	Inhalt (Methode/Hilfsmittel)	
10'	Vorteile von xy – Text – Text – Text	
		(Folie)

d

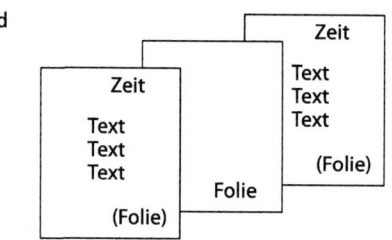

Neben den Inhalten können im Manuskript Zeitangaben und Medien dokumentiert sein. Wenn mehrere Präsentierende beteiligt sind, auch Angaben darüber, wer den Teil der Präsentation durchführt. Durch geeignete Visualisierungen können Teile des Manuskriptes auch »öffentlich« gemacht werden und das eigentliche Manuskript an diesen Stellen ersetzen. Vielleicht können einige Tipps als Anregung zur eigenen Manuskriptgestaltung hilfreich sein:

öffentliches Manuskript

Stichwörter. Geschriebene Sprache unterscheidet sich sehr von der Gesprochenen. Deshalb ist es nicht ratsam, eine Präsentation auszuformulieren, sondern mit Stichworten zu arbeiten. Je mehr Text Sie in Ihrem Manuskript haben, desto schwieriger ist es, sich nach den Phasen des »Nicht-auf-das-Manuskript-Sehens« wieder im Manuskript zurechtzufinden. Möchten Sie längere Textpassagen möglichst korrekt wiedergeben, dann empfiehlt es sich, diese entweder tatsächlich vorzulesen oder aber diese so zu visualisieren, dass das Publikum diese selbst lesen kann. Es ist dann angebracht, dafür Zeit einzuräumen.

Abkürzungen. Mit gängigen oder individuell definierten Abkürzungen zu arbeiten, oder auch die Benutzung von Symbolen kann die Orientierung erleichtern. Insbesondere Begriffe, die während der Präsentation besonders häufig fallen, »verdienen« eine Abkürzung oder ein Symbol. Einige Präsentierende haben gute Erfahrungen damit gemacht, das Manuskript in Form eines Mind-Map zu gestalten.

Blatt- und Schriftgröße. Das Manuskript sollte nur dann in Din-A-4-Größe gestaltet sein, wenn entweder ein Rednerpult zur Ablage des Blattes zur Verfügung steht oder der Adressatenkreis so klein ist, dass der Sprecher vorwiegend im Sitzen präsentiert. In den meisten Fällen wird sich der Präsentierende durch den Einsatz von Medien durch den Raum bewegen müssen. Dann sind Manuskripte in Din-A-4-Größe eher störend. Hier eignen sich kartonierte, kleinere Karteikarten eher. Sie übertragen ein eventuelles Zittern der Hände auch weniger gut. Die Verwendung farbiger Karteikarten kann dem Präsentierenden den Überblick erleichtern. So können die zuvor angesprochenen »Milestones« beispielsweise mit einer besonderen Farbe gekennzeichnet werden. Die Stichwortzettel sollten nur einseitig beschriftet werden (vgl. Mentzel 2002). Und dann noch eine vielleicht wichtige Kleinigkeit: Wenn die einzelnen Manuskriptseiten durchnummeriert werden, sind sie schnell zu sortieren, sollten sie durcheinander geraten (vom Tisch fallen etc.). Bei der Manuskriptgestaltung sollte auf die Schriftgröße geachtet werden. Während der Präsentation ist das Manuskript weiter vom Auge entfernt als bei der Verfassung.

Zur organisatorischen Vorbereitung

Ist die Präsentation fertiggestellt, so sollte in der Vorbereitungsphase noch genügend Zeit eingeplant sein, um sich eher organisatorischen Fragen zu widmen. Die folgende Übersicht vermittelt einen Eindruck davon, was zu tun ist.

Checkliste zur organisatorischen Vorbereitung

Sind die Adressaten
- eingeladen?
- informiert über Ort, Raum und Zeit?

Sind die Unterlagen für die Teilnehmenden erstellt?
- Adressatenliste?
- Namenslisten?
- Namensschilder?
- Ordner, Schreibmaterial etc. bereitgestellt?

Sind die Räume reserviert?
- Ist für die Raumgestaltung gesorgt?
- Wie ist die Sitzordnung zu gestalten?
▼

Sind die Medien bereitgestellt?
- Ist der geplante Medieneinsatz in den gegebenen Räumlichkeiten möglich? Müssen alternative Räume gesucht werden?
- Wo befinden sich Steckdosen?
- Wo ist Raum für Pinnwände, Flipcharts?

Ist Verbrauchsmaterial ausreichend vorhanden?
- Packpapier, Karten, Nadeln
- Filzstifte, Kreide, Folienstifte
- Papierblock für Flipchart
- Haftmagnete, Klebstifte etc.

6.5.3 Mit Freude präsentieren

Erste Worte aus der Situation heraus gestalten

Beginnen Sie Ihre Präsentation möglichst im Hier und Jetzt. Die ersten Worte und Sätze sollten sich tatsächlich auf die aktuelle Situation beziehen und nicht aus Floskeln bestehen. Ein abgelesenes und vorbereitetes »Meine Damen und Herren, ich freue mich sehr, dass …« wirkt meist weniger professionell, als wenn der Präsentierende den Start aus der Situation heraus meistert. Damit ist gemeint, dass er auf das eingeht, was gerade greifbar im Raum ist, die Menschen bewegt und sichtbar passiert. Möglicherweise geht er darauf ein, dass noch eine Teilnehmende fehlt, oder eben alle schon anwesend sind, dass die meisten mit dem Thema X gerade noch beschäftigt waren oder vielleicht von der Nachricht Y gemeinsam betroffen sind. Es ist auch möglich, der Präsentierende fängt mit einem Gedanken an, der ihm eben noch, oder vor ein paar Minuten, in den Sinn gekommen ist. Auf alle Fälle wirken diese eher spontan gestalteten ersten Worte in der Regel professioneller als das Ablesen einer Begrüßung. Spontan meint hier allerdings nicht chaotisch. Achten Sie beispielsweise besonders darauf, dass die Anrede, mit der Sie Ihr Publikum ansprechen, in Bezug auf die Situation und Beziehungsebene stimmig ist (vgl. Huth 2005).

mutig und direkt Beziehung aufnehmen

Der Einstieg soll die Arbeitsfähigkeit sicherstellen

Nach den ersten Worten folgt der eigentliche Einstieg in die Präsentation. Dieser hat zum Ziel, die Teilnehmenden auf die Inhalte im Hauptteil hinzuführen. Alle Fragen, die die Zuhörer vielleicht über den Inhalt hinaus beschäftigen, sollten auch geklärt werden. Der Einstieg kann aus folgenden Elementen bestehen:

Fragen klären, die ablenken könnten

Klassische Elemente zum Einstieg
- Vorstellung: der Präsentierende stellt sich vor oder wird vorgestellt
- Vorgeschichte: was sich im Vorfeld ereignet hat und wichtig zu wissen ist
- Ziel der Präsentation: sowohl kognitiv, wie auch affektiv
- Aufbau der Präsentation: Wie sind insbesondere der Hauptteil und der Abschluss aufgebaut?
- Ablauf der Präsentation: zeitlicher Rahmen und Pausen
- Spielregeln: sind Zwischenfragen erwünscht, werden offene Punkte irgendwo festgehalten, etc.
- Teilnehmerunterlagen: was wird wann verteilt
- …

Da der Einstieg aber auch die Neugier der Zuhörerschaft wecken und deren Aufmerksamkeit fokussieren soll, ist es auch möglich, einen eher unkonventionellen Weg zu gehen.

einmal anders einsteigen

Der Einstieg kann bestehen aus
- Musikstück spielen
- Bild zeigen
- Rätsel aufgeben
- Geschichte oder einen Witz erzählen
- Videoausschnitt zeigen, der eine Redensart erläutert
- …

Der Kreativität sind hier keine Grenzen gesetzt. Es ist lediglich darauf zu achten, dass ein Einstieg adressaten- und themengerecht gestaltet wird. Auch dem Präsentierenden muss mit dem gewählten Einstieg wohl sein. Denn schlussendlich soll der Einstieg auch so gestaltet sein, dass nicht nur die Zuhörenden arbeitsfähig sind, auch der Präsentierende sollte durch den Einstieg den Kontakt zur Gruppe aufbauen. Geschichten, die sich zum Einsteigen eignen, finden Sie bei Blenk, Kornfield und Feldman oder bei Peseschkian. Ideen, wie Sie Bilder für den Einstieg nutzen können, beschreibt Kirschke. Und bei Köster finden Sie Redensarten und ihre Bedeutung.

So gelingt der Hauptteil
In welchem Teil der Präsentation sind wir eigentlich?
In der Präsentation selbst ist es unter anderem wichtig, neben den Inhalten den »roten Faden« für die Zuhörerschaft erkennbar zu machen. Dies kann beispielsweise durch Zusammenfassungen oder durch den Verweis auf Programmpunkte geschehen. Es ist aber auch möglich und sehr empfehlenswert, eine Visualisierung dauerhaft im Raum zu haben, die den Ablauf der Präsentation beschreibt.

roter Faden

Mit dem Blickkontakt spielen. Ein aufmerksames Zuhören fällt in der Regel leichter, wenn der Präsentierende Blickkontakt aufnimmt. Aber Vorsicht: Es gibt einen Blickkontakt, der wirkt, als schaue die Person geradewegs durch einen durch, und es gibt einen Blickkontakt, der das Gefühl vermittelt, jetzt werde ich wirklich gerade angeschaut und wahrgenommen. Das ist in der Regel die angenehmere Variante, solange sie nicht zu einem »Anstarren« wird. Also, erlauben Sie sich als Präsentierender mit den Augen wirklich Kontakt aufzunehmen und lassen Sie Ihren Blick auch wandern. Wenn Sie Mühe mit dem Blickkontakt haben, dann können Sie die Blicke der Zuhörenden ablenken, indem Sie sie zu Zuschauenden werden lassen: Lenken Sie die Blicke auf Visualisierungen. Wenn das Publikum auf eine Visualisierung schaut, die Sie gerade erläutern, dann werden Sie zum einen weniger angeschaut, zum anderen fällt in solchen Phasen dem Publikum weniger auf, ob sie angeschaut werden oder nicht. Neigen Sie zu einseitigen Blickgewohnheiten (schauen Sie beispielsweise bevorzugt die Personen an, die auf der linken Seite sitzen), kann es besonders bei einer großen Zuhörerschaft, hilfreich sein, sich »Blickinseln« im Plenum zu schaffen. Unterteilen Sie den Raum in vier bis sechs Teile und wandern Sie dann diese »Inseln« mit den Augen ganz bewusst ab. Und noch eine letzte Spielvariante zum Thema Blickkontakt sei erwähnt: Machen Sie sich bewusst, welche der Zuhörer für Sie selbst eine besonders freundliche und aufbauende Ausstrahlung haben. Sollte es in der Präsentation Momente geben, in denen Ihnen selbst ein bisschen Aufmunterung gut tun würde, dann suchen Sie den Blickkontakt zu solch »freundlich dreinschauenden« Zuhörern. Umgekehrt achten Sie darauf, dass Ihr Blickkontakt nicht bei ein paar »skeptisch und mürrisch dreinschauenden« Zuhörenden hängenbleibt.

Fragen stellen und mit Denkpausen klarkommen. Neben der Präsentation der Inhalte gilt es, die Interaktion mit der Zuhörerschaft zu gestalten, insbesondere Fragen zu stellen und auf Fragen einzugehen. Das Fragenstellen nach langem Monologisieren eines Präsentierenden mag für die Zuhörerschaft manchmal einem »Überraschungsangriff« gleichkommen. Keiner der Zuhörenden ist darauf eingestellt, selbst das Wort zu ergreifen, die Folge ist: Schweigen. Diese Situation wird eher vermieden, wenn Präsentierende ihre Zuhörerschaft auf eine Frage vorbereiten; beispielsweise: »Wenn Sie das eben Beschriebene nun auf Ihre Situation beziehen« – kleine Bedenkpause einlegen – »würden Sie den Ausführungen zustimmen?« Wiederum kleine Pause. »Oder haben Sie andere Erfahrungen gemacht?« Je nach Reaktionen der Zuhörerschaft weitere Fragen stellen, etwa: »Wie sahen diese Erfahrungen aus?« Sollten dennoch keine Antworten kommen, so gibt es viele Möglichkeiten, dem Schweigen die Peinlichkeit zu nehmen, beispielsweise durch Sätze wie: »Nehmen Sie sich ruhig Zeit, sich diese Frage zu überlegen« oder: »Vielleicht sind Sie auch gerade noch mit einem ganz anderen Gedanken zu den gemachten Ausführungen beschäftigt oder mit Fragen: Diese dürfen Sie selbstverständlich nun auch an dieser Stelle einbringen.«

Erst antworten, wenn die Frage auch verstanden ist. Nicht nur Präsentierende stellen Fragen, auch die Zuhörerschaft. Sie werden selbst schon erlebt haben, wie unbefriedigend es sein kann, von Präsentierenden eine Antwort zu erhalten, die nichts oder nur wenig mit der gestellten Frage zu tun hat. Also muss für Präsentierende gelten: Erst antworten, wenn mit einiger Gewissheit die Frage auch verstanden wurde (sicher kann man sich nie sein). Ansonsten zunächst die Frage klären, das heißt rückfragen.

Mit Fragen und kritischen Einwänden umgehen. Allgemein gewinnen Präsentierende durch Rückfragen oder auch durch Paraphrasieren Zeit. Dies kann hilfreich sein, wenn Sie die Antwort nicht sofort parat haben. Auch das Weiterleiten der Frage an die Zuhörerschaft (»Was würden denn die anderen auf diese Frage antworten?«) hilft, Zeit zu gewinnen und liefert manchmal ein Stichwort, das zur Beantwortung weiterhilft. Werden Präsentierende mit Fragen konfrontiert, die in das Fachgebiet eines anwesenden Experten fallen, so umgeht man durch den Einbezug dieses Experten eine eventuell anfallende Korrektur. Für alle Fragen aber gilt, dass der Präsentierende entscheiden muss, inwiefern sie »noch zum Thema gehören«. Fragen, die vom Thema wegführen, aber schnell zu beantworten sind, werden meist beantwortet. Ansonsten können Antworten auf Zeiten außerhalb der Präsentation oder auf den Diskussionsteil verschoben werden.

Werden Themen auf später verschoben, ist es nützlich, Stichworte irgendwo im Raum »öffentlich« festzuhalten. Der Präsentierende muss so nicht befürchten, dass er versäumen könnte, auf diese Punkte nochmals einzugehen, und die Teilnehmenden können sich sicher sein, dass das Verschieben keine Hinhaltetaktik ist, die darauf abzielt, die Frage unbeantwortet zu lassen. Präsentierende tragen die Verantwortung dafür, dass die Interaktion zwischen ihnen und der Zuhörerschaft nicht vom Thema wegführt. Dies gilt auch für die Diskussion um sogenannte »kritische Einwände«. Kritische Einwände und der Umgang damit können bereits in der Vorbereitung durchdacht und geplant werden. Auf eine Störung mit einem Gegenangriff zu reagieren, ist auf jeden Fall nicht die beste Verteidigung (vgl. Pöhm 2004). Es lohnt sich, eventuell auftretende Störungen vor dem geistigen Auge durchzuspielen, und es gilt der Grundsatz: Je mehr alternative Handlungsweisen mir im Vorfeld einfallen, desto leichter kommt mir in der konkreten Situation eine angemessene Handlungsweise in den Sinn. Leser, die sich vertieft mit der Frage beschäftigen möchten, wie man unfaire Angriffe erfolgreich abwehren kann, seien auf Thiele (2007) hingewiesen.

Diskussionsrunden leiten und abschließen

Am Ende einer Präsentation werden häufig zentrale Ausführungen kurz zusammengefasst. Der Abschluss kann natürlich sehr unterschiedlich aussehen, je nachdem, welches Ziel angestrebt wird (vgl. Hägg 2003). Je nach Situation ist ein Dank an die Zuhörenden angebracht, die Planung des weiteren Vorgehens (Wer macht was bis wann?) oder Informationen über das weitere Vorgehen (nächste Zusammenkunft etc.). Folgt im Anschluss an die Präsentation eine Diskussionsrunde, so wird die Leitung dem Diskussionsleiter übergeben. Möchte der Präsentierende selbst die Diskussion leiten, so erfordert dies viel Selbstdisziplin und Kontrolle. Präsentierende sind häufig inhaltlich sehr involviert und müssen sich als Ansprechpartner selbstverständlich in die Diskussion einbringen. Gleichzeitig müssen sie als Diskussionsleiter aber auch die »Spielregeln« für die Diskussion durchsetzen und selbst einhalten. Dieser Spagat gelingt nicht immer (wie Ihnen sicherlich aus eigener Anschauung her bekannt ist). Im Extremfall wird die Diskussion letztlich nämlich nur noch von einer Person bestritten, dem Diskussionsleiter selbst!

Die Auswertung gestalten

Wurden die Ziele der Präsentation erreicht?

Auswertungen können unterschiedlich durchgeführt und gestaltet werden. Natürlich können sie vom Präsentierenden im »stillen Kämmerlein« durchgeführt werden. Aber vielfach wird die Gelegenheit genutzt, die Teilnehmenden in die Auswertung mit einzubeziehen. Die inhaltliche Auswertung bezieht sich vor allem auf die Frage, inwiefern die Präsentationsziele erreicht wurden. Die Auswertung kann sich aber auch auf die Durchführung der Präsentation beziehen. Dann werden beispielsweise der Aufbau und der Medieneinsatz analysiert. Schließlich interessieren sich viele Präsentatoren dafür, wie sie selbst auf die Zuhörerschaft gewirkt haben und sind an einem Feedback zu ihrem Präsentationsverhalten interessiert. Ein solches Feedback lässt sich vielleicht nicht immer systematisch von allen Beteiligten einholen. Je nach Lern- und Vertrauenskultur der Organisation oder des Umfeldes, in der die Präsentation stattfindet, ist es aber vielleicht möglich, im Vorfeld einigen Personen gezielt einen Beobachtungs- und Feedbackauftrag zu erteilen.

6.5.4 Visualisierung und Medieneinsatz

In ▶ Abschn. 6.2 wurde bereits darauf hingewiesen, dass es in der Vorbereitungsphase zu bestimmen gilt, welche Inhalte bildhaft dargestellt, mit anderen Worten: visualisiert werden sollen und welche Medien sich eignen. Gehen wir zunächst der Frage nach, weshalb überhaupt visualisiert werden soll und was das Ziel der Visualisierung ist.

Weshalb und wozu visualisieren?

Menschen sind Augentiere

Zwei Gründe sprechen für Visualisierungen: Zum einen kann ein geeignetes **Bild mehr sagen als 1000 Worte** und zum anderen ist bei den meisten Menschen die Erinnerungsquote von Inhalten höher, wenn sie diese nicht nur hören, sondern auch sehen können (vgl. Seifert 2003). So sollen Visualisierungen helfen (vgl. Nöllke 2006):
- komplexe Inhalte verständlicher zu machen,
- wichtigste Aussagen hervorzuheben,
- den Erklärungsaufwand zu verkürzen,
- bestimmte Aussagen im Gedächtnis des Publikums zu verankern,
- Zusammenhänge zu verdeutlichen.

Flipchart, Pinnwand, Beamer … – von der Auswahl der Medien

Hellraum-Projektor, PC und Beamer, Flipchart und Pinnwand sind die in der Berufswelt derzeit wohl am häufigsten zum Einsatz kommenden Medien.

6.5 · Präsentation und Rhetorik

Daneben sind Projektoren (Dia, Video und Film) bekannt. Um eine Auswahl zu treffen, sind folgende Fragen hilfreich:

- Welche Medien stehen überhaupt vor Ort zur Verfügung oder können transportiert werden?
- Wie groß ist die Zuhörerschaft? Wie groß ist der Raum?
- Welche Inhalte sollten dauerhaft im Raum sichtbar bleiben?
- Welche Medien sind die Adressaten gewohnt?
- Wie sicher ist der Präsentierende mit dem Medium? Ist dies ein Anlass, der es erlaubt, Neues auszuprobieren oder eher einlädt, auf Bewährtes zurückzugreifen?

hilfreiche Fragen

Auf Flipchart-Blättern oder Pinnwänden wird alles visualisiert, was über die gesamte Präsentation hinweg gezeigt werden soll (vgl. Hartmann et al. 2000). Auf Folien dürfen nur Inhalte gestaltet werden, die nicht notwendigerweise über die ganze Präsentation hin sichtbar bleiben sollen. Oder aber der Raum ist so groß, dass zwei oder mehrere Folien parallel gezeigt werden können.

Was Sie bei der Gestaltung beachten sollten

Groß genug. Egal was Sie darstellen, Text, Grafik oder Bilder, achten Sie darauf, dass es groß genug gestaltet ist, dass jede Person im Raum die Möglichkeit hat, die Visualisierung wahrzunehmen.

Hinweise zur Gestaltung

Kurze Texte. Beim Gestalten von Texten ist darauf zu achten, dass Sie den Text eher kurz halten und einfache Wörter und Zahlen verwenden (vgl. Minto 2005). Wenn Sie nur Stichworte formulieren, kommen Sie gar nicht in Versuchung den Text abzulesen, Sie müssen frei reden. Auch erhalten Sie sich dadurch ein neugieriges Publikum, denn es ist von Interesse, was Sie zu dem Stichwort zu sagen haben. Ist der Gedanke schon ausformuliert, so wurde er unter Umständen bereits gelesen, ehe Sie ihn erläutern konnten. Diese Doppelspurigkeit kann langatmig wirken.

Nicht zu viel Information. Überladen Sie Visualisierungen nicht. Die Visualisierung sollte Ihre Kernaussage auf den Punkt bringen. Zu viele Gestaltungselemente und Farben können störend sein.

Logik des Aufbaus beachten. Die Visualisierungen sollten den logischen Aufbau der Präsentation unterstützen und ihm auf keinen Fall zuwider laufen. Ihre Präsentation besteht beispielsweise aus drei Hauptteilen. Für die Überschriften der ersten beiden Hauptteile haben Sie Schriftgröße und Farbe bereits gewählt. Nun gestalten Sie die Visualisierung für den dritten Teil. Sie unterstützen die Logik des Aufbaus dann, wenn Sie darauf achten, wiederum die gleiche Schriftgröße und Farbe zu verwenden. Mit einem logischen Bruch ist der Zuschauer dann konfrontiert, wenn »plötzlich« eine ganz andere Schriftgröße und Farbe auftaucht. Besonders stark ist dieser Bruch, wenn die gewählte Größe und Farbe zuvor bereits verwendet wurde.

Dem Prinzip der Nähe gerecht werden. Die menschliche Wahrnehmung funktioniert so, dass Objekte und Wahrnehmungselemente gewöhnlich aufgrund ihrer Nähe einander zugeordnet werden. Dieser Grundsatz wird von der Gestaltpsychologie als Prinzip der Nähe bezeichnet. Was bedeutet das im Zusammenhang mit Visualisierungen? Dass das, was räumlich nahe beieinander ist, auch inhaltlich zusammengehören sollte, so wie umgekehrt das, was inhaltlich zusammengehört, auch räumlich beieinander liegen sollte.

Wie aus Zahlen Bilder werden. Zahlenmaterial in eine Grafik umzuwandeln erscheint auf den ersten Blick manchmal kinderleicht. Zelazny (2006) aber zeigt in dem Buch »Wie aus Zahlen Bilder werden«, dass dies in Wahrheit eine Kunst ist: Das identische Zahlenmaterial kann durch unterschiedlich gestaltete Grafiken vollkommen unterschiedliche Wirkung erzielen. Wie der Volksmund schon sagt, trau keiner Statistik, die du nicht selbst gefälscht hast. Hier müsste man korrekter Weise sagen: … die du nicht selbst erstellt hast. All denjenigen Lesern, die regelmäßig Zahlenmaterial zu Abbildungen zusammenfassen müssen, sei das Buch wärmstens empfohlen.

Visualisierung testen. Visualisierungen sollten vor dem Einsatz, also vor der Präsentation »getestet« werden. Es wird darum gehen, ob eine an der Visualisierung nicht beteiligte Person die Wahrnehmungslogik, die vom Gestalter beabsichtigt ist, gleich oder ähnlich wahrnimmt. Geradezu als Warnung soll dieser Tipp ausgesprochen werden, wenn Karikaturen in einer Präsentation gezeigt werden sollen, da Karikaturen häufig mehrdeutig sind und so beim

Betrachter vielleicht eine ganz andere Assoziation hervorbringen als von Ihnen intendiert.

Wie sie mit Medien während der Präsentation umgehen sollten
Auge und Ohr brauchen gleiche Information

Achten Sie darauf, dass das, was Sie zeigen, dem entspricht, was Sie sagen. Das heißt vielleicht auch: machen Sie eine Sprechpause, wenn Sie eine neue Visualisierung zeigen. Es ist für den Zuhörer und Zuschauer sehr anstrengend, wenn er sich in einer Visualisierung orientieren muss, eventuell lesen möchte, was ihm da gezeigt wird, aber gleichzeitig der Präsentierende andere Sachverhalte erläutert. In der Regel können wir nur mit einem Kanal (Ohr oder Auge) ganz bei der Sache sein. Viele Menschen geben dem Gezeigten den Vorzug und verpassen dadurch das Gesprochene.

Visualisierungen sollen nicht ablenken

Stehen Sie den Zuschauern nicht – oder nur kurz – im Weg

Ideal ist es sicherlich, wenn Sie die Visualisierungen im Raum so anordnen können, dass jeder im Zuschauerraum eine freie Sicht auf die Darstellungen hat. Sie können dies übrigens im Vorfeld der Präsentation prüfen: Stellen Sie ihre Visualisierungen auf und wandern Sie dann den Zuschauerraum ab. Dabei fällt meistens auf, von welchen Plätzen aus es unter Umständen schwierig sein kann, die Visualisierung störungsfrei wahrzunehmen. Manchmal ist es tatsächlich nicht möglich, die Visualisierung so aufzubauen, dass jederzeit eine freie Sicht möglich ist, dann sprechen Sie dies am besten während der Präsentation an und versuchen Sie, nicht immer den gleichen Personen die Sicht zu nehmen.

Wo wollen Sie während der Präsentation stehen?

Sprechen Sie zum Publikum, nicht zu Ihrer Visualisierung

Insbesondere bei komplexeren Visualisierungen ist es hilfreich, auf den Teil der Visualisierung zu deuten, von dem Sie gerade sprechen. Sie können Ihre Hand oder einen Stift benutzen. In manchen Firmen erfreuen sich Zeigestäbe oder auch Laser-Pointer großer Beliebtheit, anderenorts sind sie eher verpönt. Es empfiehlt sich unter Umständen, sich nach der jeweiligen Präsentationskultur zu erkundigen. Egal, ob Sie nun mit der Hand oder irgendeinem Hilfsmittel auf die Visualisierung zeigen, achten Sie darauf, dass Sie den Zuschauern nicht den Rücken kehren. Stellen Sie sich seitlich zu der Stelle, auf die Sie zeigen möchten. So können Sie die Visualisierung erläutern und gleichzeitig Kontakt zum Publikum halten. Wenn Sie während der Präsentation etwas schreiben möchten, dann wird in der Regel empfohlen (vgl. Weidenmann 2006), erst zu schreiben, dann dem Publikum etwas Zeit zum Lesen geben und dann erst wieder zu kommentieren. So können Sie wieder Blickkontakt zum Publikum halten.

wenn Sie schreiben müssen ...

Pinnwand und Flipchart

Im Folgenden sind ein paar grundsätzliche Empfehlungen zum Umgang mit Pinnwand und Flipchart dargestellt. Weiterführende Hinweise finden sich bei Rachow und Weidenmann.

- Damit Ihre Schrift möglichst gut lesbar ist, schreiben Sie möglichst in Druckbuchstaben und benutzen Sie Groß- wie auch Kleinbuchstaben.

grundsätzliche Empfehlungen

Schreiben Sie möglichst schnörkellos, die Buchstaben eng aneinander und aufrecht.
- Vergessen Sie nicht: Jedes gestaltete Flipchart- jede Pinnwand sollte eine Überschrift haben, auch jene, die während der Präsentation entstehen.
- Benutzen Sie Farben eher sparsam, aber gezielt. Es empfiehlt sich, zum Schreiben vorwiegend die Farbe Schwarz zu benutzen. Wachsfarben dienen insbesondere beim Flipchart, aber auch bei der Pinnwand, zum Grundieren von Hintergründen oder Bemalen von Flächen. Die farbigen Pinnwandkarten ermöglichen ebenfalls abwechslungsreiche Visualisierungen.
- Wenn Sie ein Flipchart vom Block abreißen möchten, dann empfiehlt es sich, mit einer Stecknadel der Perforierung entlang zu fahren. Das Flipchart lässt sich dann noch leichter lösen und die Gefahr, dass es vielleicht doch nicht an der erwünschten Stelle einreißt, ist kleiner.

Overhead- und Beamerpräsentationen

Hier werden nur ein paar grundsätzliche Empfehlungen gegeben. Als weiterführende Literatur seien Schildt und Kürsteiner wie auch Dollinger empfohlen.
- Sowohl bei der Overhead- wie auch bei der Beamerpräsentation sollten Sie sich im Vorfeld Gedanken darüber machen, wie das Notszenarium bei einem Stromausfall aussehen könnte. Klingt vielleicht etwas nach Schwarzmalerei, ist aber schon vorgekommen.
- Bei Beamerpräsentationen empfiehlt es sich auf alle Fälle, einen Foliensatz dabei zu haben.
- Keine Folienschlacht, weniger ist mehr! Insbesondere Beamerpräsentationen verleiten zu allzu umfangreichen Visualisierungen. Im Extremfall werden nicht mehr einzelne Aussagen visualisiert, sondern die gesamte Präsentation.
- Weniger ist mehr! Auch bei der Ausarbeitung einzelner Folien ist einer der häufigsten Fehler, zu viele Informationen auf einer einzigen Folie darzustellen (vgl. Pöhm 2006).
- Beim Gestalten von Textfolien ist darauf zu achten, dass Sie den Text eher kurz halten, einfache Wörter und Zahlen verwenden und eine Schriftgröße wählen, die lesbar ist (vgl. Minto 2005).
- Bei längeren Überleitungen, der Beantwortung einzelner Fragen oder einer Diskussion sollten keine Visualisierungen sichtbar sein, die nicht mehr zum Thema gehören. Entweder sollte die Leinwand leer sein (vgl. Zelazny 2002) oder der Bildschirm wird ausgeblendet.

Belebte Visualisierung mit Gegenständen

Eine ganz andere Art und Weise der Visualisierung ist ursprünglich im »Psychodrama« beheimatet: Hier visualisiert man Gegebenheiten mit Gegenständen. Das mag zunächst vielleicht sehr befremdlich klingen, wird aber von den meisten Teilnehmenden enorm geschätzt, da es zum einen eine Abwechslung zum Gewohnten darstellt, zum anderen die Visualisierungen unmittelbar und sehr einprägsam gestaltet werden können und dadurch gut im Gedächtnis verankert bleiben. Um auf diese Art zu visualisieren, sollte der Teil-

einprägsam und lebendig

nehmerkreis nicht größer als 30 Personen sein und ein Raum zur Verfügung stehen, der es erlaubt, einen Halbkreis zu bestuhlen. Nehmen wir an, Sie halten eine Präsentation zum Thema Projektmanagement. Ziel der Präsentation ist es, den Teilnehmenden deutlich zu machen, welche Aufgaben ein Projektmanager in den einzelnen Phasen des Projekts zu erfüllen hat. Eine belebte Visualisierung mit Gegenständen könnte etwa so aussehen: Sie legen vor den Augen des Publikums ein Seil auf den Boden und erläutern dazu, dass dieses Seil für Sie nun die Zeitachse eines Projekts darstellt. Sie definieren den Anfang und das Ende und einzelne Zwischenphasen. Diese Markierungen können Sie mit weiteren Gegenständen kennzeichnen oder aber auch beschriebene Pinnwandkarten auf den Boden legen. Alle weiteren Inhalte visualisieren Sie dann mit weiteren Gegenständen entlang dieser Zeitachse. Es ist wichtig für dieses Vorgehen, nach geeigneten Symbolen Ausschau zu halten. Die Symbole müssen jeweils erläutert werden. Ihre Verbindung zum eigentlichen Inhalt muss klar und einprägsam sein. Die Teilnehmenden können im Verlauf der Präsentation auch zunehmend in die Symbolauswahl integriert werden.

6.5.5 Ausgewählte Aspekte der Rhetorik

Feedbackprozesse gestalten, um das Präsentationsverhalten zu optimieren

Nach gehaltener Präsentation stehen für viele Präsentierende zwei Fragen im Vordergrund: Habe ich meine Präsentationsziele erreicht? Und: Wie habe ich auf die Zuhörerschaft gewirkt? Um die zweite Frage differenziert beantworten zu können, widmen wir uns anschließend einigen ausgewählten Aspekten der Rhetorik.

Die Auseinandersetzung mit rhetorischen Gestaltungselementen ist im betrieblichen Alltag und Ausbildungskontext durch eine normative Haltung geprägt. Das mag an der Motivation, sich mit der Rhetorik zu befassen, selbst liegen. So steht doch hinter der Frage nach der eigenen Wirkung oft die Frage: »Was muss ich tun, um … zu wirken oder um zu überzeugen?« Das rhetorische Korsett wird in den letzten Jahrzehnten vielleicht nicht mehr so eng geschnürt. Nachdem Generationen von Führungskräften trainiert haben, ihre Hände nicht in Hosentaschen verschwinden zu lassen, weichen solche Normen langsam auf. Unter Schlagworten wie »natürliche Rhetorik« wird dem Redner ein »Mehr« an eigener Persönlichkeit erlaubt. Aber eben, es wird erlaubt – der normative Zugang bleibt demnach bestehen und wird auch Teile der folgenden Ausführungen kennzeichnen.

Am wirksamsten setzen Sie sich mit Ihrem eigenen Präsentationsverhalten auseinander, indem Sie sich gezielt Feedback einholen. Sogenannte »blinde Flecken« können dadurch aufgedeckt werden. Beispielsweise Sprachmarotten, die sämtliche Zuhörende irritieren. Häufig zeigen Feedbackrunden nach Präsentationen allerdings, dass Präsentierende auf einzelne Zuhörer sehr unterschiedlich wirken. Dies bezieht sich auf Gesamteindrücke wie beispielsweise, der Präsentierende habe sehr (oder eben gar nicht) unsicher gewirkt. Aber auch konkretes Verhalten kommt häufig sehr unterschiedlich an:

blinde Flecken

Auf einen Teil der Zuhörerschaft wirkt das Suchen nach dem Einschaltknopf des Hellraumprojektors vielleicht »menschlich und sympathisch«, andere finden es »unprofessionell«, und es wirkt »unvorbereitet« auf sie, wieder anderen fällt die Aktion gar nicht auf. Wer Antworten auf die Frage sucht: Was muss ich tun, um bei der gesamten Zuhörerschaft gut anzukommen, dem kann auch die Rhetorik nicht helfen. (Das wird spätestens klar, wenn Sie in einem Rhetorikkurs das Feedback erhalten:»Du bist rhetorisch so perfekt, an deiner Rede ist nichts zu bemängeln, aber im Unterschied zu dem, wie ich dich sonst erlebt habe, hast du auf mich durch deine perfekte Art sehr distanziert, unnahbar und kühl gewirkt.«)

Feedback gewichten

Daraus folgt für das auf Präsentationen bezogene Feedback zweierlei. Erstens: Interessiert sich der Präsentierende dafür, wie er oder sie auf die Zuhörerschaft wirkt, so muss eine »Gewichtung« des Feedbacks vorgenommen werden. Beispielsweise in dem Sinne: Habe ich »nur« auf einen einzelnen Zuhörer unsicher gewirkt oder habe ich beim überwiegenden Teil der Zuhörerschaft diesen Eindruck hinterlassen? Zweitens: Um eine Vorstellung davon zu bekommen, wie man sein eigenes Präsentationsverhalten optimieren kann, ist es hilfreich, wenn das Feedback möglichst konkret ist: »Mir ist aufgefallen, dass Sie wenig Blickkontakt gehalten haben und der Stift in Ihren Händen gezittert hat. So kam bei mir der Eindruck zustande, dass Sie sehr nervös waren.«

konkretes Feedback einholen

Es lohnt sich im Berufsalltag, sich ein möglichst differenziertes Feedback von möglichst vielen Zuhörern einzuholen. Aufgrund solcher Rückmeldungen können Sie sich dann konkrete Ziele für die kommende Präsentation stecken, die es wiederum erleichtern, ein konkretes Feedback zu erhalten. Achten Sie bei der Zielsetzung besonders darauf, dass Sie sich nicht selbst durch zu hoch gesteckte Ziele blockieren und Ihnen der Spaß beim Präsentieren verloren geht. Neben dem »learning on the job« ist es auch möglich, durch gezielte Übungen an der eigenen Rhetorik zu arbeiten. Funcke (2006) schlägt beispielsweise vor, Texte aus einer bestimmten Rolle und Situation heraus vorzutragen: beispielsweise als Polizist die Rechte vorlesen, als Radiosprecher die Nachrichten lesen, als Mafiaboss einen Auftrag erteilen etc. Durch eine solche Übung kann gezielt Stimme, Tonfall, Betonung, aber auch Mimik und Gestik trainiert werden.

Analyse des eigenen Redeverhaltens
Rhetorische Gestaltungselemente

Wenn Sie Ihr persönliches Redeverhalten analysieren möchten, dann können Sie sich ein Feedback zu sämtlichen rhetorischen Gestaltungselementen einholen. Der folgende Überblick zeigt diese Elemente in Anlehnung an Zuschlag (1994):

6.5 · Präsentation und Rhetorik

Elemente der rhetorischen Gestaltung
Das **Ausdrucksverhalten** beinhaltet die Mimik, die Gestik und die Körpersprache.
Die **Sprechweise** beinhaltet das Sprachniveau und die Sprechtechnik.
- Sprachniveau
  - Inhaltliche Aspekte
  - Hochsprache und Dialekt
  - Fach- und Umgangssprache
  - Satzbau und Wortwahl
- Sprechtechnik
  - Stimme
  - Artikulation
  - Sprechtempo
  - Sprechpausen
  - Lautstärke
  - Atemtechnik

Häufige Fehler

Die folgenden Fragen können helfen, auf typische und häufige Fehler aufmerksam zu werden (vgl. Genzmer 2003; Huth 2005):
- Formuliere ich meine Sätze zu lang?
- Benutze ich Fachwörter, die unbekannt sind?
- Benutze ich zu viele Füllwörter und Aufzählungen (»Und dann ...«, »und dann ...«, »und dann ...«)
- Spreche ich unter Stress vielleicht zu hoch (insbesondere Frauen müssen auf diesen Punkt achten)?
- Spreche ich zu schnell und ohne Pausen?
- Spreche ich zu laut oder zu leise?
- Halte ich Blickkontakt?

Wissen Sie schon, woran Sie arbeiten möchten?

Vom Umgang mit Lampenfieber

Vor einer Gruppe von Menschen zu stehen, deren Blickkontakt eine längere Zeit lang ausgesetzt zu sein, auch deren Urteil, und dann auch noch sprechen zu müssen, ist eine aufregende Angelegenheit. Ein gewisses Maß an Aufregung ist normal. Normal in zweifacher Hinsicht: zum einen der Situation angemessen, zum anderen normal im Sinne von »kommt häufig vor«. Befrage ich Teilnehmende von Präsentationsseminaren zu deren Kurserwartungen, so wollen sehr viele »Sicherheit gewinnen«. Ich erinnere mich nicht daran, je gehört zu haben, dass jemand lernen wollte, mit seiner Unsicherheit umzugehen. Was auf den ersten Blick vielleicht ähnlich klingt, ist bei genauerer Betrachtung nicht dasselbe. Die Erwartung »Sicherheit zu gewinnen«, ist oft mit der Erwartung gekoppelt, die Unsicherheit loszuwerden. Formuliert man hingegen die Erwartung, mit der Unsicherheit einen Umgang zu finden, so darf die Unsicherheit weiter bestehen. Erstaunt bin ich darüber, in welcher Regelmäßigkeit Teilnehmende bei Feedbackgesprächen im Anschluss von gehaltenen Präsentationen formulieren, dass sie »eigentlich« schon vor der

Umgang mit der Unsicherheit finden

Präsentation um bestimmte Schwachstellen gewusst hätten, aber sich dann doch nicht weiter darum gekümmert hätten. Ich habe den Eindruck gewonnen, dass sehr viele Menschen in ihrer Unsicherheit ein sehr gutes Gespür für »kritische« Vorkommnisse während der Präsentation oder in Bezug auf die Präsentation selbst haben. Folglich lohnt es sich, diesen Unsicherheiten nachzugehen.

> **Beispiel**
>
> Die Präsentation Ihrer Projektarbeit steht bevor. Angenommen, Sie haben »ein mulmiges Gefühl«. Sie haben schon häufig präsentiert, aber dieses Mal wird die Präsentation, im Unterschied zu sonst, »begutachtet«, und das finden Sie »irgendwie« unangenehm. Mit Unsicherheit umzugehen bedeutet, sich zu fragen, was genau ist denn unangenehm an dieser Vorstellung? Wie werden sich die Gutachter wohl verhalten? Oder wie müssen sie sich verhalten, dass sie Sie aus dem Konzept bringen? Wenn Sie hier konkrete Antworten finden, dann können Sie in einem nächsten Schritt auch überlegen, wie Sie damit umgehen werden. Solange Unsicherheit aber diffus bleibt, ist ihr schlecht zu begegnen. Es gibt enorm viele Möglichkeiten, mit angstauslösenden Situationen während der Präsentation umzugehen, und es lohnt sich, sich im Vorfeld darüber Gedanken zu machen: Also, was tun Sie konkret, wenn Sie eine Frage nicht beantworten können? Was, wenn Sie aus dem Konzept kommen? So wandeln Sie die Angst in eine gerichtete Furcht um und dieser lässt sich besser begegnen (vgl. Kast 2007). Wenn Sie sich konkret und genau in die Präsentationssituation hineindenken, und Sie tatsächlich sehen können, wie Sie diese Situationen bewältigen, dann spricht man von **Mentaltraining**. Mentaltraining und echtes Training haben die gleiche Wirkung. Es lohnt sich also, Zeit für diese mentalen Bilder zu investieren (vgl. Birkenbihl 2004).

ZUSAMMENFASSUNG

In dem vorliegenden Kapitel wurden die Vorbereitung, Durchführung und Auswertung einer Präsentation beschrieben. Es wurden Kriterien bestimmt, die die Auswahl der Medien erleichtern und Tipps zur Visualisierung gegeben. Abschließend wurden einzelne Aspekte der Rhetorik erörtert. Ziel dieser Ausführungen war es, Ideen und Anregungen zu liefern, um das persönliche Redeverhalten zu optimieren.

FRAGEN ZUR VERTIEFUNG

1. Sie haben verschiedene Anregungen zur Vorbereitung, Durchführung und Auswertung einer Präsentation erhalten. Erarbeiten Sie aufgrund der Ausführungen eine persönliche Standortbestimmung im Sinne einer Ist-Situations-Analyse: Welche der beschriebenen Anregungen werden in Ihrem Präsentationsverhalten bereits umgesetzt?
▼

> 2. In einem weiteren Schritt können Sie dann einen persönlichen Maßnahmenkatalog erarbeiten: Reflektieren Sie, welche Anregungen zur Vorbereitung, Durchführung und Auswertung einer Präsentation Ihnen eher weniger vertraut sind, Ihnen aber lohnend erscheinen. Wie und wann wollen Sie diese einüben?

Literatur

Birkenbihl, V.F. (2004). *Rhetorik. Redetraining für jeden Anlass*. Besser reden, verhandeln, diskutieren (3. Aufl.). München: Goldmann.
Blenk, D. (2003). *Inhalte auf den Punkt gebracht*. 115 Kurzgeschichten für Seminare und Trainings. Weinheim: Beltz.
Dollinger, M. (2006). *Überzeugen mit PowerPoint*. CD-ROM. Vol. 2: Gestaltungstipps für Folien. Bonn: managerSeminare.
Forsyth, P. (2006). *30 Minuten bis zur überzeugenden Präsentation* (8. Aufl.). Offenbach: Gabal.
Funcke, A. (2006). *Vorstellbar*. Methoden von Schauspielern und Regisseuren für den ganz normalen Trainer. Bonn: managerSeminare.
Genzmer, H. (2003). *Schnellkurs Rhetorik. Die Kunst der Rede*. Köln: Dumont.
Hägg, G. (2003). *Die Kunst, überzeugend zu reden*. 44 kleine Lektionen in praktischer Rhetorik (2. Aufl.). München: Beck.
Hartmann, M.; Ulbrich, B. & Jacobs-Strack, D. (2000). *Gekonnt vortragen und präsentieren* (2. Aufl.). Weinheim: Beltz.
Hoffmann, K.-D. (2004). *Moderieren und Präsentieren*. Wirksame Kommunikation und gezielter Medieneinsatz. Berlin: Cornelsen.
Huth, A. (2005). (Hrsg.). *Duden, Gute Reden – kurz gefasst*. Der kompakte Ratgeber für wirkungsvolles Reden. Mannheim: Dudenverlag.
Kast, V. (2007). *Vom Sinn der Angst*. Wie Ängste sich festsetzen und wie sie sich verwandeln lassen. Freiburg: Herder.
Kirschke, W. (1997). *»Erdbeeren zittern vor dem Fenster.«* Assoziative Kartenspiele führen zu Kreativität und Kommunikation. Kirchzarten: OH Verlag.
Köster, R. (1999). *Duden, Redensarten, Herkunft und Bedeutung*. Mannheim: Dudenverlag.
Kornfield, J. & Feldman, C. (2003). *Geschichten, die der Seele gut tun*. Freiburg: Herder.
Mentzel, W. (2002). *Rhetorik. Frei und überzeugend sprechen* (3. Aufl.). München: Haufe.
Minot, B. (2005). *Das Prinzip der Pyramide*. Ideen klar, verständlich und erfolgreich kommunizieren. München: Pearson Studium.
Nöllke, C. (2006). *Präsentieren* (4. Aufl.). Planegg: Haufe.
Peseschkian, N. (1999). *Der Kaufmann und der Papagei*. Orientalische Geschichten in der Positiven Psychotherapie (23. Aufl.). Frankfurt a. M.: Fischer.
Pöhm, M. (2004). *Nicht auf den Mund gefallen! So werden Sie schlagfertig und erfolgreicher* (4. Aufl.). München: Goldmann.
Pöhm, M. (2006). *Präsentieren Sie noch oder faszinieren Sie schon? Der Irrtum PowerPoint*. Heidelberg: mvg.
Rachow, A. (2006). *Sichtbar. Die besten Visualisierungs-Tipps für Präsentation und Training*. Bonn: managerSeminare.
Schildt, T. & Kürsteiner, P. (2006). *100 Tipps & Tricks für Overhead- und Beamerpräsentationen* (2. Aufl.). Weinheim: Beltz.
Seifert, J. W. (2003). *Visualisieren, Präsentieren, Moderieren* (20. Aufl.). Offenbach: Gabal.
Thiele A. (2007). *Argumentieren unter Stress*. Wie man unfaire Angriffe erfolgreich abwehrt. München: dtv.
Weidenmann, B. (2003). *100 Tipps & Tricks für Pinnwand und Flipchart* (3. Aufl.). Weinheim: Beltz.

Weidenmann, B. (2006). *Gesprächs- und Vortragstechnik*. Für alle Trainer, Lehrer, Kursleiter und Dozenten (4. Aufl.). Weinheim: Beltz.
Will, H. (2006). *Mini-Handbuch Vortrag und Präsentation*. Für Ihren nächsten Auftritt vor Publikum (6. Aufl.). Weinheim: Beltz.
Zelazny, G. (2002). *Das Präsentations-Buch* (2. Aufl.). Frankfurt: Campus.
Zelazny, G. (2006). *Wie aus Zahlen Bilder werden*. Der Weg zur visuellen Kommunikation – Daten überzeugend präsentiert (Sonderausgabe). Heidelberg: Redline Wirtschaft.
Zuschlag, B. (1994). *Der Weg zum erfolgreichen Redner*. Göttingen: Verlag für Angewandte Psychologie.

7 Gestaltung der Beziehung zu einzelnen Mitarbeitenden

7.1 Kommunikation – 238
Iris Boneberg
7.1.1 Kommunikationstheoretische Grundbegriffe – 238
7.1.2 Kommunikation und Wirklichkeitskonstruktionen – 239
7.1.3 Psychologisches Modell der zwischenmenschlichen Kommunikation – 239
7.1.4 Zwei Axiome der Kommunikation – 244
7.1.5 Nonverbale Kommunikation – 246
7.1.6 Aspekte der kommunikativen Kompetenz – 249
Literatur – 252

7.2 Storytelling – 253
Astrid Frielingsdorf
7.2.1 Begriff Storytelling – 254
7.2.2 Wert von Geschichten – 254
7.2.3 Einsatzbereich von Storytelling – 255
7.2.4 Kommunikation durch Geschichten – 257
7.2.5 Aufbau von Geschichten – 259
7.2.6 Warum es sich lohnt, Geschichten zu erzählen – 261
Literatur – 264

7.3 Gesprächsführung – 264
Eric Lippmann
7.3.1 Bedeutung der Kommunikationsfähigkeit – 265
7.3.2 Einflussfaktoren auf die Gesprächsführung – 267
7.3.3 Ablaufschema eines Führungsgesprächs – 268
7.3.4 Gesprächspsychologische Grundsätze für Gespräche mit Mitarbeitern – 274
7.3.5 Führungsgespräche im Überblick – 280
Literatur – 285

7.4 Feedback, Anerkennung und Kritik – 286
Brigitta Hug
7.4.1 Feedback in Organisationen – 287
7.4.2 Feedback als Kommunikationsmittel – 288
7.4.3 Einsatz des Führungsinstrumentes »Anerkennung und Kritik« – 291
Literatur – 298

7.1 Kommunikation

Iris Boneberg

AUF EINEN BLICK

Dieses Kapitel ist als Einführung in das Themenfeld der Kommunikation konzipiert. Zunächst werden Begriffe vorgestellt, die in der Kommunikationstheorie häufig vorkommen, und es wird auf die Subjektivität im Kommunikationsprozess hingewiesen. Im Zentrum der Ausführungen steht ein Modell der zwischenmenschlichen Kommunikation, das in seinen einzelnen Komponenten vorgestellt wird. Ergänzt werden diese grundsätzlichen kommunikationspsychologischen Überlegungen durch die sog. Axiome oder Grundannahmen der Kommunikation. Das Thema der nonverbalen Kommunikation wird insbesondere vor dem Hintergrund kultureller Unterschiede besprochen. Zum Abschluss wird das Thema kommunikative Kompetenz diskutiert.

7.1.1 Kommunikationstheoretische Grundbegriffe

Begriff Kommunikation

Der Begriff »Kommunikation« ist eine allgemeine Sammelbezeichnung für alle Vorgänge, in denen eine bestimmte Information gesendet (signalisiert) und empfangen wird, auch wenn es nicht wechselseitig geschieht. Findet eine wechselseitige Beeinflussung statt, so sprechen wir auch von **Interaktion**. In Abgrenzung zu anderen Disziplinen wird in der Psychologie auch von »**zwischenmenschlicher Kommunikation**« oder »**sozialer Interaktion**« gesprochen.

Grundbegriffe

Die Begrifflichkeiten »**Sender**«, »**Empfänger**« und »**Nachricht**« stammen ursprünglich aus der Informationstheorie. In den 1950er-Jahren wurde versucht, die Informationstheorie auf Kommunikationsprobleme anzuwenden. Damit haben sich die Begriffe in den zwischenmenschlichen Kommunikationstheorien etabliert. In Kommunikationsmodellen wird als Sender derjenige bezeichnet, der etwas mitteilt. Das, was er von sich gibt, wird Nachricht genannt. Die zwischenmenschliche Kommunikation kennt **verbale** und **nonverbale** (nichtverbale) Nachrichten. Da verbale und nonverbale Nachrichten häufig auch zeitgleich gesendet werden, sprechen wir auch von **Nachrichtenanteilen**. Ein Sender muss, um sich mitteilen zu können, sein Anliegen in verbale oder nonverbale Nachrichten umsetzen. Nachrichten gelten deshalb auch als **verschlüsselt**. Die Aufgabe des Empfängers ist es, die Nachrichten zu **entschlüsseln**. Stimmt die **gesendete** mit der **empfangenen** Nachricht überein, so ist es Sender und Empfänger gelungen, sich zu verständigen. Die Reaktion des Empfängers auf die Nachricht des Senders gibt Aufschluss darüber, was der Empfänger verstanden hat, welcher Nachrichtenanteil für ihn von Bedeutung ist oder was die Nachricht vielleicht in ihm ausgelöst hat. Diese **Rückkoppelung** wird als **Feedback** bezeichnet.

7.1.2 Kommunikation und Wirklichkeitskonstruktionen

Kommunikation ist aber mehr als nur ein Austausch von Nachrichten und Feedback zwischen Sendern und Empfängern. Im Leben stehen sich Menschen einander gegenüber. Menschen, die ihre Wirklichkeit subjektiv konstruieren. Diese subjektiv konstruierte Wirklichkeit bestimmt sehr stark das kommunikative Verhalten der Person. Gerade im zwischenmenschlichen Bereich gibt es keine »objektive« Wahrheit (vgl. Haberleitner et al. 2004). Deshalb ist die Auseinandersetzung mit den eigenen Gefühlen, Vorurteilen, Wahrnehmungstendenzen etc. von so großer Wichtigkeit (vgl. Schein 2003). Es gilt unter anderem zu erkunden, inwieweit sich mein Kommunikationsverhalten tatsächlich auf die Wahrnehmung der Realität ausrichtet, oder ob es vielmehr durch innere Überzeugungen gesteuert wird. Solche inneren Überzeugungen werden auch Glaubenssätze genannt. Ist es also tatsächlich notwendig, dass ich in der Sitzung so starken Widerspruch anmelde, weil ich beispielsweise wahrnehme, dass meine zuvor geäußerten Bedenken nicht gehört wurden? Oder gehe ich so stark in Widerspruch, weil einer meiner inneren »Glaubenssätze« heißt: »Du musst kämpfen und dich im Leben durchsetzen, sonst gehst du unter!« (vgl. Grochowiak et al. 2005).

subjektiv konstruierte Wirklichkeit

Im Folgenden wird ein Modell der zwischenmenschlichen Kommunikation in seinen einzelnen Bausteinen vorgestellt. Dieses Modell wurde erstmals von Schulz von Thun 1981 vorgestellt und hat sich seither als »Klassiker« unter den kommunikationspsychologischen Modellen entwickelt. Auch wenn hier wieder wie oben beschrieben von Sendern, Empfänger und Nachrichten die Rede ist, so wird dabei nie die Subjektivität der am Kommunikationsprozess Beteiligten außer Acht gelassen.

7.1.3 Psychologisches Modell der zwischenmenschlichen Kommunikation

Anatomie einer Nachricht

»Das habe ich nie behauptet!« – »Doch, das haben Sie wohl!« – Kommen Ihnen solche Gesprächsausschnitte bekannt vor? Gesprächspartner A erinnert sich mit größter Sicherheit an eine Aussage von Gesprächspartner B. Der ist sich genauso sicher, diese Äußerung nie von sich gegeben zu haben. Dies ist nur ein Beispiel von vielen Kommunikationsstörungen, die durch die **Beschreibung der Anatomie einer Nachricht** erklärt werden können.

Vier Seiten einer Nachricht

Lassen Sie uns gemeinsam eine Kommunikationssituation konstruieren: Es ist Freitagnachmittag, am Morgen wurde via E-Mail das neue Spesenreglement an alle Mitarbeiter geschickt. Nun stehen Sie gerade mit Ihren Mitarbeitenden am Kaffeeautomat und unterhalten sich über die Veränderungen. Ihre eigene Vorgesetzte kommt vorbei, schnappt das Thema auf und wirft dann in die Runde: »Das neue Spesenreglement ist doch wirklich leicht zu verstehen!«

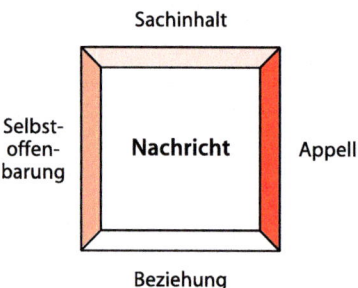

Abb. 7.1. Vier Seiten der Nachricht. (Aus Schulz von Thun 2006)

Nachricht: ein Paket mit vielen Botschaften

Im Folgenden wird aufgezeigt, dass eine Nachricht nie eindeutig ist, sondern stets mehrere »Aussagen« enthält. Diese »Aussagen« werden in der Kommunikationspsychologie auch als Botschaften bezeichnet und lassen sich in vier Bereiche gruppieren oder als vier Seiten einer Nachricht darstellen (Abb. 7.1).

Tenor: »Es ist …«

Sachinhalt. Die Nachricht enthält Sachinformationen. Sie erfahren, dass es ein Spesenreglement gibt, dass dieses neu ist und dass die Vorgesetzte glaubt (oder weiß?), dass dieses Spesenreglement leicht verständlich sei. Allein in Bezug auf den Sachinhalt enthält die Nachricht viele Botschaften.

Tenor: »Ich bin …«

Selbstoffenbarung. In jeder Nachricht stecken auch Informationen über den Sender. Die Selbstoffenbarung schließt die gewollte Selbstdarstellung ebenso ein wie die unfreiwillige Selbstenthüllung. Über Botschaften der Selbstoffenbarungsseite können wir **spekulieren**: Vielleicht möchte die Vorgesetzte zeigen, dass sie sich in Ihre Lage versetzt und weiß, was auf Sie zukommt (»Ich bin aufmerksam und einfühlend«). Oder sie freut sich über die Veränderung und möchte vielleicht zum Ausdruck bringen: »Ich bin erleichtert, dass wir dieses Mal so einen unkomplizierten Weg gefunden haben.«

Tenor: »Du bist …«
»Wir sind …«

Beziehung. Aus der Nachricht geht auch immer hervor, wie der Sender zum Empfänger steht. Auf der Beziehungsseite können wir zwei Arten von Botschaften unterscheiden. Einerseits Botschaften, aus denen hervorgeht, was der Sender vom Empfänger hält (im Sinne: »Du bist …«), anderseits Botschaften, die zeigen, wie der Sender die Beziehung zwischen sich und dem Empfänger sieht (im Sinne: »Wir sind …«). Die Botschaft der Vorgesetzten könnte lauten: »Du bist oder ihr seid schwer von Begriff« (im Sinne: »Verstehst du das Reglement wirklich nicht?«) oder aber auch: »Wir sind Partner (Ich teile dir/euch mit, was ich über aktuelle Veränderungen im Unternehmen denke.)«

Tenor: »Ich möchte, dass du …«

Appell. Fast alle Nachrichten haben die Funktion, auf den Empfänger Einfluss zu nehmen. Nachrichten dienen dazu, den Empfänger zu veranlassen, bestimmte Dinge zu tun, zu unterlassen, zu denken oder zu fühlen. Der Appell der Vorgesetzten könnte beispielsweise lauten: »Ich möchte, dass ihr das neue Reglement auf keinen Fall kritisiert.« oder: »Ich möchte, dass ihr die Neuerungen des Reglements möglichst schnell in die Tat umsetzt.«

Tab. 7.1. 4 Seiten einer Nachricht. (Nach Schulz von Thun 1993)

4 Seiten einer Nachricht	– oder	Tenor
Sachinhalt	Worüber ich informiere	»Es ist …«
Selbstoffenbarung	Was ich von mir selbst kundgebe	»Ich bin …«
Beziehung	Was ich von dir halte, und wie wir zu einander stehen	»Du bist …« »Wir sind …«
Appell	Wozu ich dich veranlassen möchte	»Ich möchte, dass du …«

Die Ausführungen zeigen, dass jede Nachricht stets viele Botschaften gleichzeitig enthält. Selbstverständlich kann an dieser Stelle eingewandt werden, dass das Beispiel ja nun etwas theoretisch sei, denn im wirklichen Leben kennt man ja den Menschen, der das sagt, man sieht die Mimik und Gestik, hört den Tonfall. All das macht es dann leichter zu verstehen beziehungsweise zu wissen, wie das Gegenüber es gemeint hat. Das stimmt in der Tat. Solch qualifizierende Nachrichtenanteile helfen uns, aus der Vielzahl an Botschaften die herauszufinden, die der Sender vielleicht beabsichtigt hat. Und dennoch bleibt bestehen: Es werden stets mehrere Botschaften gesendet und das Gegenüber muss auswählen! Aber dazu mehr, wenn wir uns mit dem Sender im übernächsten Kapitel beschäftigen werden. Tabelle 7.1 zeigt die vier Seiten nochmals im Überblick.

qualifizierende Nachrichtenanteile

Explizite und implizite Botschaften

Wenn wir Botschaften, die in einer Nachricht enthalten sind, genauer betrachten, so fällt ein weiterer Unterschied auf: Botschaften können explizit oder implizit sein. Das **Explizite** ist das, was ausdrücklich formuliert wird. Das **Implizite** steckt außerdem in der Nachricht, ohne dass es ausdrücklich gesagt wird. Explizite Selbstoffenbarungsbotschaften sind: »Ich freu mich sehr darüber, dass wir unseren Budgetrahmen nicht überzogen haben.« Oder »Ich bin sehr enttäuscht, dass Frau Meier nicht mehr in unserem Team mitmachen möchte.« Implizit kommen Freude, Enttäuschung oder auch andere Emotionen häufig über den nonverbalen Bereich zum Ausdruck. Dann wird vielleicht mit strahlender Miene gesagt: »Ich wollte ihnen noch mitteilen, dass wir den Budgetrahmen nicht überzogen haben.« Oder mit traurigem Blick verkündet, dass Frau Meier das Team verlässt. Explizite und implizite Botschaften können auf allen vier Seiten der Nachricht gesendet werden. Eine Vorgesetzte kann eine Mitarbeiterin (explizit) darüber informieren (Sachinhalt), dass sie nicht bereit ist, über ein bestimmtes Thema zu diskutieren, oder sie sendet diese Nachricht implizit, indem sie das Thema wechselt. Indem ein Vorgesetzter eine Mitarbeiterin über streng vertrauliche Sachinhalte informiert, sendet er implizit auf der Beziehungsseite die Botschaft: »Du bist vertrauenswürdig!«. Er kann dies natürlich auch explizit erwähnen: »Ich halte Sie für sehr vertrauenswürdig.« Auch Appelle können implizit oder explizit gesendet werden. »Ich freue mich, dass Sie bei diesem Teil der Sitzung mit dabei sein können« kann eine implizite Botschaft sein, die explizit vielleicht bedeutet: »die anderen Teile würden wir dann aber ohne Sie gestalten.«

explizite und implizite Botschaften auf allen vier Seiten

Männer- und Frauensprache

Nach Foth (2004) unterscheiden sich Männer- und Frauensprache unter anderem auch im Gebrauch expliziter und impliziter Nachrichten. Ihrer Ansicht nach kommunizieren »Frauen eher durch die Blume« und Männer sind eher bereit, explizit zu kommunizieren. Ob wir Nachrichten implizit oder explizit senden, hängt aber auch damit zusammen, wie ausgeprägt unsere Selbstwahrnehmung ist: Weiß ich denn, wie ich mich fühle, was ich vom Gegenüber denke und was ich vom Gegenüber will? Und bin ich dann auch bereit und halte ich es für angebracht und angemessen, wirklich das zu sagen, was ich eigentlich sagen will? Anders formuliert: Wie hoch ist mein Zielwert der Authentizität (vgl. Schulz von Thun 1992)?

Authentizität …

… ist auch kulturabhängig

Welches Verhalten als authentisch gilt, wie viel und welche Gefühle gezeigt werden, wird stark von der Kultur beeinflusst (vgl. Hecht-El Minshawi 2003). So äußern Japaner beispielsweise eher explizite Selbstoffenbarungen, in denen eigene Missgeschicke kommuniziert werden oder es wird auch das Gefühl von Peinlichkeit eher explizit ausgesprochen. Dies gilt als authentisches Verhalten und wird gesellschaftlich honoriert. Es ist kulturell aber verpönt, Appelle explizit zu äußern, diese werden eher implizit gesendet. Auch ist es in Japan eher tabuisiert, negative Selbstoffenbarungen explizit zu äußern (»Mich stört …«). Ähnlich wie Appelle werden diese eher implizit gesendet (vgl. Rez et al. 2006).

Im deutschsprachigen Raum kennen wir ähnliche kulturelle Normen was den Gebrauch des Konjunktivs betrifft. Deutsche werden beispielsweise in Kulturführern immer wieder davor gewarnt, in einem schweizerischen Restaurant ein Essen mit der Formulierung: »Ich bekomme …« zu bestellen, weil dies »im Schweizer Sprachgebrauch äußerst unflätig klingt. Etwa so, als ob man zu einem Kellner in Dortmund sagen würde: »Bring mir Pommes, aber ein bisschen Zackzack!« Mit »Ich hätte gerne« fährt man besser (vgl. Sitzler 2006, S. 27).« Damit sind wir bereits wieder beim Gegenüber, beim Empfänger angelangt.

Vom Sender zum Empfänger

Bisher wurde die Nachricht des Senders unter die Lupe genommen. Wir haben in Abb. 7.1 gesehen, dass sich die Vielzahl der Botschaften, die mit **einer Nachricht** kommuniziert werden, vier Seiten zuordnen lassen. Nun fokussieren wir den Empfänger.

Vierohriger Empfänger

Bei jeder Nachricht ist der Empfänger stets mit einer Vielzahl von Botschaften konfrontiert. Da der weitere Kommunikationsablauf davon abhängig ist, auf welche Botschaft der Empfänger reagiert, kommt Schulz von Thun zu dem Schluss: »Der Empfänger ist mit seinen zwei Ohren biologisch schlecht ausgerüstet: Im Grunde braucht er »vier Ohren« – eines für jede Seite« einer Nachricht (Schulz von Thun 2006, S. 44). Er visualisiert diesen »vierohrigen Empfänger«, wie in Abb. 7.2.

> Der Empfänger entscheidet, auf welche Botschaft er reagiert

Ein solch vierohriger Empfänger hätte die Möglichkeit, ein Ohr für jede der vier Seiten einer Nachricht zu »spitzen«. Das Sachinhalts-Ohr würde analysieren: »Wie ist der Sachinhalt zu verstehen?«. Das Appellohr würde darauf achten: »Was soll ich tun, denken, fühlen aufgrund der Mitteilung?« Die Fragen: »Was ist das für einer? Was ist mit ihm?« würden vom Selbstoffenbarungs-Ohr analysiert werden. Und schließlich würde das Beziehungs-Ohr darauf achten: »Wie redet der eigentlich mit mir? Wen glaubt er, vor sich zu haben?«

Geglückte Kommunikation und Kommunikationsstörungen

Kommunikation glückt dann, wenn der Empfänger genau auf die Seite der Nachricht Bezug nimmt, auf die der Sender auch Gewicht legen wollte, generell dann, wenn es dem Empfänger gelingt, möglichst genau zu erfassen, was der Sender äußern wollte. Zu Schwierigkeiten kommt es umgekehrt, wenn Empfänger einseitige Hörgewohnheiten haben, z. B. immer nur den Sachinhalt hören, oder immer nur darauf achten, was der andere von sich kund tut und so fort. Oder auch dann, wenn der Empfänger etwas in die Aussage des Senders hineininterpretiert, was dieser gar nicht zum Ausdruck bringen wollte.

> Stimmt gesendete und empfangene Nachricht überein?

Feedback im Modell der zwischenmenschlichen Kommunikation

Betrachten wir den Kommunikationsablauf unter einer systemischen Perspektive, so beschreibt Feedback nichts anderes, als dass der Sender durch die Reaktion des Empfängers eine Rückmeldung (Feedback) darüber bekommt,

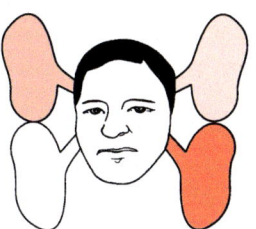

Abb. 7.2. »Vierohriger Empfänger«. (Aus Schulz von Thun 2006)

Abb. 7.3. Modell der zwischenmenschlichen Kommunikation. (Aus Schulz von Thun 2006)

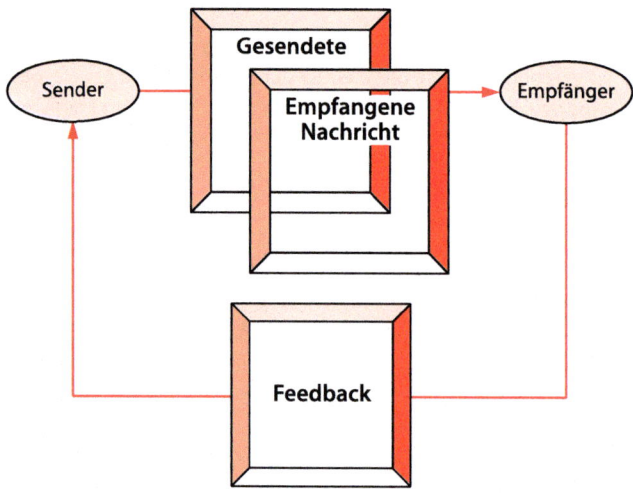

permanente Rückkoppelungsprozesse als Bestandteil jeder Kommunikation

wie und auf welchen Teil der Nachricht der Empfänger unmittelbar reagiert. In jedem Gespräch finden viele Rückmeldungen auf der nonverbalen Ebene statt, die den Gesprächsverlauf stark beeinflussen. Durch Mimik, Blickkontakt und Körperhaltung erhält der Sender laufend Feedback. So wird über den nonverbalen Kanal beispielsweise signalisiert: »Ich höre dir noch zu«, »Ich bin einverstanden mit dem, was du sagst«, »Ich verstehe nicht recht, was du meinst« etc. Feedback in diesem kommunikationspsychologischen Sinne hat nichts mit den Überlegungen zu tun, wie Feedback formuliert sein soll, dass es vom Empfänger möglichst angenommen werden kann (Regeln zur Formulierung von Feedback). Selbst ein Ausruf wie: »Das ist doch ein totaler Blödsinn!« lässt sich in oben genanntem Sinne als Feedback verstehen. Wie jede Nachricht, so enthält auch diese Feedbacknachricht mehrere Botschaften. Diese lassen sich wiederum den vier Seiten zuordnen. Diese Überlegungen erlauben es, das Modell der zwischenmenschlichen Kommunikation, wie in Abb. 7.3 geschehen, zu vervollständigen.

7.1.4 Zwei Axiome der Kommunikation

Ein **Axiom** ist ein Grundsatz oder eine Grundannahme, die so plausibel ist, dass sie nur beschrieben wird (im Gegensatz zu einer wissenschaftlichen **Hypothese**, die nur für so lange als gültig anerkannt wird, bis sie widerlegt wird). Man könnte ein Axiom auch als »gültige Wahrheit« beschreiben. Für die Kommunikation wurden solch »gültige Wahrheiten« von Watzlawick, Beavin und Jackson in *Human Communication* erstmals 1967 beschrieben. Zwei dieser Axiome werden hier vorgestellt.

Alles Verhalten ist Kommunikation

Nehmen wir an, in einer Sitzung wird die neue Abteilungsstruktur vorgestellt. Nach der Präsentation wird die Einladung ausgesprochen, Fragen zu stellen.

Schweigen spricht Bände

Alles schweigt. **Man kann nicht nicht kommunizieren** meint, auch dieses

Schweigen ist Kommunikation. Es ist nicht möglich, nicht zu kommunizieren. Selbstverständlich enthält auch das Schweigen, wenn wir es als **Nachricht** begreifen, viele Botschaften. Da der Sachinhalt einer solchen Nachricht fehlt, ist das Entschlüsseln für den Empfänger besonders schwer. Nach Doppler und Lauterburg (1996) ist gerade dieses Axiom auch auf organisatorische Gebilde übertragbar. So ermuntern »Lücken in der erwarteten Kommunikation« dazu, diese Lücken mit eigenen Phantasien und Interpretationen auszufüllen.

> 1. Axiom: Man kann nicht nicht kommunizieren.

Inhalts- und Beziehungsaspekt

Das 2. Axiom zeigt besonders deutlich, dass die Axiome auch als Grundlage für das Modell der zwischenmenschlichen Kommunikation von Schulz von Thun gedient haben:

> 2. Axiom: Jede Kommunikation hat einen Inhalts- und einen Beziehungsaspekt, derart, dass letzterer den ersteren bestimmt und daher eine Metakommunikation ist.

Inhalts- und Beziehungsaspekt sind im Modell von Schulz von Thun in der Sachinhaltsseite und der Beziehungsseite zu finden. Im zweiten Teil des Axioms wird formuliert, dass durch den Beziehungsaspekt auch festgelegt wird, **wie** die inhaltlich übermittelten Daten aufzufassen sind. Somit erhält man eine Information über die Information, deshalb der Ausdruck **Metakommunikation**. (»Meta« deutet auf etwas Übergeordnetes hin.)

das Wie bestimmt das Was

Von Führungskräften ist im Alltag immer wieder zu hören, dass sie sich beispielsweise wünschen, dass die Sitzung ganz sachlich verlaufen möge. Wenn damit der Wunsch gemeint ist, es möge nicht destruktiv werden, dann ist dieser Wunsch wohl zu verstehen. Was aber im Sinne des 2. Axioms einfach nie möglich sein wird, ist dass dort, wo Kommunikation zwischen Menschen stattfindet, es keine Beziehungsebene geben wird. Die gibt es immer und im Sinne des obigen Axioms ist sie auch in jedem kommunikativen Akt von ausschlaggebender Bedeutung. Der identisch formulierte Sachinhalt wird vielleicht einmal als wohlwollender Hinweis, ein anderes Mal als destruktive Kritik verstanden, ganz in Abhängigkeit davon, wie der Sender zu mir steht. Das Bedürfnis, in der Kommunikation Hinweise auf den Beziehungsaspekt zu erhalten, ist sehr groß. Im Schriftverkehr fehlen solche Hinweise oder sie sind sehr rar. So ist zu erklären, dass sich in der E-Mail-Kommunikation sogenannte **Emoticons** durchsetzen. Das sind Zeichen (ein Augenzwinkern ;-) oder ein lächelndes Gesicht ☺, etc.), die Auskunft darüber geben, wie der Inhalt verstanden werden soll.

7.1.5 Nonverbale Kommunikation

Versetzen wir uns in die Lage eines Mitarbeiters, dessen Vorgesetzter ihm versichert, er habe großes Interesse, den Bericht zu hören, dabei aber gedankenversunken aus dem Fenster schaut und vielleicht noch mit den Fingern nervös auf den Schreibtisch klopft. Was wird dem Mitarbeiter wohl spontan durch den Kopf gehen? Wird er dem Glauben schenken können, was der Vorgesetzte ihm verbal mitgeteilt hat? Oder wird er eher dem nonverbalen Teil der Nachricht glauben?

Kongruente und inkongruente Nachrichten

Wenn ein Gesprächspartner verbal äußert: »Ich habe großes Interesse, Ihren Bericht zu hören«, seine nonverbale Kommunikation (Blick aus dem Fenster, nervöses Klopfen mit dem Finger auf den Schreibtisch) aber ganz andere Botschaften signalisiert (»Mach schnell, ich habe keine Zeit«), dann nennt man dies eine inkongruente Nachricht. Eine Nachricht wird als inkongruent bezeichnet, wenn die sprachlichen und die nichtsprachlichen Nachrichtenanteile nicht zueinander passen. Das Gegenteil davon sind kongruente Nachrichten. Hier sind alle Nachrichtenanteile stimmig. In der Regel sind inkongruente Nachrichten für den Empfänger verwirrend (vgl. Müller 2003, die auch von Doppelsignalen spricht). Welchem Teil der Nachricht kann der Empfänger Glauben schenken? Die meisten Gesprächspartner vertrauen intuitiv eher den nonverbalen Botschaften, frei nach dem Motto: »Sagen kann er ja viel, aber wie er es wirklich meint, das zeigt das Nonverbale.« So ist auch der Wunsch zu verstehen, die Sprache des Körpers möglichst genau entschlüsseln zu lernen. Es wäre doch prima, wenn wir ein Lexikon hätten, aus dem wir ableiten könnten, wie unser Gegenüber wirklich zu uns steht und was er uns eher verschweigt. Irgendwie wissen wir ja alle, dass verschränkte Arme Ablehnung signalisieren, oder nicht? Vielleicht gibt es weitere nonverbale Zeichen? Enttäuschend ist, dass bei genauerer Betrachtung ein solches Lexikon scheitert. Körpersprache und nichtverbale Aspekte des Sprechens sind immer innerhalb des Gesamteindrucks zu deuten. Das Verschränken der Arme **kann** die Ablehnung des Gesprächspartners oder die ablehnende Haltung gegenüber dem Gesprächsthema signalisieren. Die Verschränkung der Arme **kann** aber auch bedeuten, dass der Gesprächspartner friert. Das Herausgreifen und allgemeinverbindliche Interpretieren einzelner Elemente und Aspekte des nonverbalen Verhaltens birgt die Gefahr der Fehlinterpretation. Stattdessen kann aber die Gesamtsituation betrachtet und die Frage gestellt werden: Passt das, was jemand sagt, zu dem, was er auch nonverbal ausdrückt? Ist die Nachricht kongruent oder inkongruent?

Im obigen Beispiel haben wir bereits beschrieben, dass inkongruente Nachrichten den Empfänger meist verwirren. Gleichzeitig weisen sie aber mitunter darauf hin, wie es dem Sender zumute ist. Häufig ist der nämlich auch verwirrt: So kann es sein, dass sich der Vorgesetzte auf der einen Seite sehr für die Ergebnisse des Berichts interessiert, andererseits aber weiß er auch, dass er im Laufe des Tages noch ein sehr wichtiges Gespräch hat, und dass er dieses noch nicht genügend vorbereitet hat. Dieser plötzlich auftauchende Gedanke lässt ihn nervös aus dem Fenster schauen und überlegen, wie er die Vorbereitungen noch in seinen Tagesablauf integrieren kann. All das kann sich im Bruchteil einer Sekunde abspielen, während er sagt: »Ich interessiere mich wirklich sehr für Ihren Bericht.«

Botschaft des Körpers ermitteln und sich seiner Körpersprache bewusst sein

Im Kontext von Selbsterfahrung und Therapie gehört das Ansprechen von Körpersignalen, die Konfrontation mit inkongruenten Nachrichten zum Standardverhalten der Therapeuten (»Sie erzählen so schlimme Dinge und lächeln dabei?« »Was bringt dieser Seufzer denn jetzt zum Ausdruck?«). Im beruflichen Kontext sollte sehr sorgsam mit Rückmeldungen dieser Art umgegangen werden, denn sie werden schnell als Bevormundung oder Ermahnung erlebt oder überschreiten einfach das Maß der Intimität, das eine Person im Arbeitskontext zulassen möchte. Wenn körpersprachliches Verhalten im beruflichen Kontext überhaupt angesprochen wird, dann sollte dies immer aus einer Haltung heraus geschehen, die vermittelt »Ich möchte dich besser verstehen« oder »Da gibt es was, was mich irritiert, wo ich selbst nicht weiter weiß«, nie aber in einer Haltung »Da habe ich dich doch ertappt« oder »Ich weiß genau, was eigentlich in dir vorgeht« (vgl. Thomann et al. 2003).

Es wäre selbstverständlich schön, wenn Vorgesetzte ihre Mitarbeitenden nicht durch inkongruente Nachrichten verwirren würden und ihr Gesprächsverhalten durch kongruente Nachrichten gekennzeichnet wäre. Inkongruenz wird sich aber nie vollständig vermeiden lassen, da sie, wie gezeigt, auch Spiegel einer inneren Widersprüchlichkeit und Mehrdeutigkeit ist und die innere Welt des Menschen nicht eindeutig ist (vgl. das Konzept vom »Inneren Team«, Schulz von Thun 1998). So wäre ein anzustrebendes realistisches Ziel wohl eher, sich seiner eigenen Körpersprache bewusst zu werden, um die Selbstwahrnehmung für inkongruente Nachrichten zu erhöhen (vgl. Humle 1998). Ein erster Schritt hierzu könnte sein, neugierig auf die Botschaften des eigenen Körpers zu werden: »Wieso klopfe ich eigentlich hier nervös auf dem Schreibtisch herum, während mein Mitarbeiter bereits am Besprechungstisch Platz nimmt?« Vielleicht lassen sich dann in einem weiteren Schritt solche inkongruenten Nachrichten auch ansprechen. Wie so oft geht auch hier vieles leichter mit Humor und einem Quäntchen Selbstironie: »Nun schau ich da aus dem Fenster und klopfe nervös auf dem Pult herum und lade Sie gleichzeitig ein, Ihren Bericht zu präsentieren! Na, wenn das kein mitarbeiterorientiertes Verhalten ist! Spaß bei Seite, mir ist einfach grad noch etwas durch den Kopf gegangen, was ich später erledigen muss, nun bin ich aber wieder ganz bei der Sache, legen Sie los …«

Sende ich inkongruent? Falls nein, warum nicht?

Elemente der nonverbalen Kommunikation im interkulturellen Kontext

Um die Selbstwahrnehmung für die nonverbale Kommunikation zu erhöhen ist es wichtig, die Elemente der nonverbalen Kommunikation zu kennen. Nach Argyle (1972) lassen sich die folgenden Elemente beschreiben:
- Mimik und Gestik,
- Blickrichtung,
- Körperkontakt,

- Körperhaltung,
- räumliche Nähe,
- äußere Erscheinung.

ich zeige dir, wie ich zu dir stehe

Über die nonverbale Kommunikation werden unter anderem Botschaften gesendet, die Hinweise auf die Beziehungsebene der Kommunikationspartner geben. So wird Intimität beispielsweise durch das Zusammenspiel mehrerer Variablen hergestellt: Eine davon ist die räumliche Nähe; andere sind Augenkontakt, Lächeln oder persönliche Gesprächsthemen. Wird eine dieser Variablen manipuliert, so wird gleichzeitig eine andere oder mehrere andere verändert. Diese relativ abstrakt formulierten Zusammenhänge werden deutlich, wenn man sich die Situation in einem Fahrstuhl vor Augen führt. In einem vollen Fahrstuhl steht man sehr dicht bei anderen »Mitfahrenden«. Um das Ausmaß dieser ungewollten Intimität nicht noch zu erhöhen, nehmen die Fahrgäste in der Regel keinen Blickkontakt auf, sondern stehen alle zur Türe gewandt.

Durch die Internationalisierung der Arbeitswelt gibt es wahrscheinlich keine Vorgesetzten mehr, die nicht mit dem Thema der interkulturellen Zusammenarbeit in Berührung kommen. Gerade in diesem Zusammenhang ist die Wahrnehmung nonverbaler Signale (sowohl der eigenen, wie auch der des Gegenübers) von enormer Bedeutung. Die Körpersprache variiert stark zwischen den Kulturen. Exemplarisch sollen hier einige Beispiele beschrieben werden (vgl. Gesteland 2002):

Wahrnehmung nonverbaler Signale

- Hochgezogene Augenbrauen signalisieren bei einem Nordamerikaner Interesse, vielleicht auch Überraschung, bei einem Briten hingegen Skepsis und bei einem Araber ein klares »Nein!«
- Das »Kopfschütteln«, das im deutschsprachigen Raum »Nein« signalisiert, bedeutet in Indien »Interessant, erzähle doch bitte weiter!«
- Blickkontakt wird in expressiven Kulturen (von Arabern, Südeuropäern etc.) sehr geschätzt. In Ost- und Südostasien gilt direkter Blickkontakt als feindselig.
- Körperkontakt wird von den Franzosen geschätzt, von den Briten vermieden; Lateinamerikaner schütteln fest und häufig die Hände, Südasiaten sanft und oft lang anhaltend.
- Räumliche Nähe, d. h. die Distanz, die Gesprächspartner zueinander einnehmen, variiert stark. In den arabischen Ländern, in Lateinamerika, dem Mittelmeerraum kommt man sich auf 20–25 cm nahe. In Nord-, Zentral- und Osteuropa, bei den Nordamerikanern und den meisten Asiaten hält man eine Distanz von 40–60 cm aufrecht.

Kopfschütteln kann »ja« bedeuten

Da nonverbales Verhalten stark kulturabhängig ist, meist aber aus der Haltung oder dem Wissen der eigenen Kultur gedeutet wird, sind Missverständnisse und Konflikte vorprogrammiert. Ein Mitarbeiter, der aus einem Kulturraum mit geringem räumlichen Distanzverhalten kommt, wird von seinen nordeuropäischen Kollegen wahrscheinlich als aggressiv, drängelnd und belästigend wahrgenommen (»Der rückt mir die ganze Zeit auf die Pelle.«). Umgekehrt würde ein Nordeuropäer im Mittelmeerraum als kühl, zurückweisend und unnahbar erlebt, mitunter vielleicht einzig deshalb, weil er einen größeren räumlichen Abstand aufrecht erhält (»Der ist wie ein Fisch so kalt!«).

Nichtverbale Aspekte des Sprechens

Angenommen, ein Gespräch würde auf Tonband aufgenommen. Die »Mehrinformation«, die im Vergleich zu einem Protokoll entstehen würde, betrifft die nichtverbalen Aspekte des Sprechens (auch paralinguistische Elemente genannt). Die wichtigsten paralinguistischen Elemente sind:

Zeitliche Abstimmung des Sprechens: z. B. Länge, Häufigkeit, Gesamtzahl von Äußerungen, Pausen, Häufigkeit von Unterbrechungen etc.

Emotionaler Tonfall von Äußerungen: Man kann so »ja« sagen, dass es »nein« heißt. Dies wird in der Regel über den emotionalen Tonfall der Äußerung erreicht.

Dialekt und Akzent: In den meisten Ländern gibt es verschiedene Dialekte, in denen sich die regionale Herkunft spiegelt. In England spiegelt sich im Akzent auch die soziale Herkunft. Ob ein Mensch bei einer bestimmten Gelegenheit Dialekt spricht oder nicht, kann auch als Teil der Selbstdarstellung gesehen werden.

Auch die nichtverbalen Aspekte des Sprechens sind stark durch die Kultur geprägt. So lassen beispielsweise Japaner längere Gesprächspausen in der Kommunikation eher zu. Jemandem ins Wort zu fallen gilt bei Menschen aus reservierten Kulturen als unhöflich. Solche »Gesprächsüberlappungen« gelten hingegen bei Menschen aus expressiven Kulturen als ganz normaler Teil der Konversation (vgl. Gesteland 2002).

7.1.6 Aspekte der kommunikativen Kompetenz

Was muss ich als Vorgesetzter können, damit ich von mir behaupten kann, ich sei in der Kommunikation kompetent? Im folgenden Abschnitt werden Antworten auf diese Frage zusammengetragen. Letztendlich sind aber Führungskräfte hier selbst in der Verantwortung, Antworten für sich zu finden.

Stimmigkeit hat Vorrang. Gelingt es mir, stimmig zu kommunizieren? Kann ich meiner eigenen inneren Instanz von Stimmigkeit trauen (vgl. Huber 2004)?

Stimmigkeit hat nach Schulz von Thun (2001, S. 27) folgende »drei Komponenten«:

> »wesengemäß, d. h. in Übereinstimmung mit mir selbst,
> system- und situationsgerecht, d. h. in Übereinstimmung mit dem jeweiligen Kontext,
> metakommunikativ, d. h. in Auseinandersetzung mit den Rollenpartnern über das »Wie« der gemeinsamen Kommunikation und Kooperation. Denn was für mich stimmig ist, kann für dich entsetzlich sein – wohl uns beiden, wenn wir darüber reden können, und wehe uns, wenn nicht!«

Aktives Zuhören. Gelingt es mir, aktiv zuzuhören? Nach Sample (2002) »gibt sich der Durchschnittsbürger dreierlei Illusionen hin: erstens, dass er ein guter Fahrer ist, zweitens, dass er Sinn für Humor hat, und drittens, dass er ein guter Zuhörer ist (S. 41).« Die Wichtigkeit der Kommunikationsfähigkeit des »aktiven Zuhörens« wurde erstmals von Gesprächstherapeuten betont. Alltagssprachig wird unter aktivem Zuhören häufig folgende Haltung verstanden: »Ich pass wirklich auf, was das Gegenüber sagt« und vielleicht auch noch: »Ich beschäftige mich nebenher nicht noch mit anderen Dingen.« Covey (2006) spricht in diesem Zusammenhang vom »aufmerksamen Zuhören«. Das »aufmerksame Zuhören« ist die Grundvoraussetzung für »aktives Zuhören«. Beim »aktiven Zuhören« versucht man, sich in die Gefühls- und Gedankenwelt des Senders einzufühlen. Die Bereitschaft und Fähigkeit, sich in den Gesprächspartner einzufühlen, wird **Empathie** genannt. In jüngster Zeit gelang es Neurobiologen, Spiegelneuronen zu entdecken, die für das Zustandekommen von Empathie verantwortlich gemacht werden können. Sie müssen aber von Geburt an trainiert werden (vgl. Bauer 2005). Neben der Empathie ist das Streben nach **Akzeptanz** ein weiteres Kennzeichen des aktiven Zuhörens. Das heißt nicht, dass ich alles gut finden muss, was mein Gegenüber tut! Akzeptanz meint das Bemühen, das Gegenüber in seiner Andersartigkeit zu respektieren. Gerade im zwischenmenschlichen Kontakt geht es darum, zu lernen, mit Unterschieden umzugehen. In erster Linie sollen diese Unterschiede nicht verkleinert werden, denn selbst die kleinsten Unterschiede können zu Konflikten führen, wenn man nicht bereit ist, die Verschiedenheit zu akzeptieren (vgl. Thomann 2004). Deshalb muss in erster Linie eine Haltung der Akzeptanz für Unterschiede erworben, vielleicht auch immer wieder neu erlernt werden. Wenn es einem Kommunikationspartner gelingt, sich nicht wertend (also akzeptierend) in das Gegenüber einzufühlen, so unterstützt er sein Gegenüber, mehr zu sich selbst zu kommen, beispielsweise mehr zu dem zu kommen, was das Gegenüber »eigentlich« will, denkt oder fühlt. Durch die beiden Gesprächshaltungen der Akzeptanz und der Empathie haben wir nun das »aktive Zuhören« als ein »**einfühlendes Zuhören**« kennengelernt. Zum aktiven Zuhören gehört schlussendlich aber als dritte Komponente die Aufgabe »emotionale Erlebnisinhalte zu verbalisieren«. Damit ist gemeint, dass die hinter den Sachaussagen verborgenen Gefühle auch angesprochen werden. Nehmen wir an, ein Mitarbeiter klagt, dass er einen Bericht nicht fertig stellen konnte, da ihm wichtige Unterlagen aus der Nachbarabteilung nicht rechtzeitig zur Verfügung gestellt wurden. Aktives Zuhören bedeutet

1. sich einfühlen: Wie mag es dem Mitarbeiter nun wohl gerade gehen? Ist er sauer oder eher enttäuscht, frustriert?
2. akzeptieren, dass der Mitarbeiter in dieser Situation so empfindet, wie er eben empfindet.
3. anzusprechen, was man aus der Einfühlung heraus glaubt wahrzunehmen. (Ich kann nachempfinden, Herr Meier, dass Sie nun sauer sind …)

Aktives Zuhören zeigt sich neben dem Verbalisieren emotionaler Erlebnisinhalte im nonverbalen Verhalten durch eine dem Gesprächspartner zugewandte Körperhaltung, durch eine aufmerksame Mimik oder auch durch einen wohlwollenden Blickkontakt. Verbal wird dieses Verhalten begleitet von Lautäußerungen wie: ja, genau, mmh, aha usw. (vgl. Wolters 2000). Es zeigt sich auch darin, dass ein Gesprächspartner häufiger zusammenfasst, nachfragt, klärt, weiterführt oder paraphrasiert. Paraphrasieren meint das, was verstanden wurde, in eigenen Worten wiedergeben. Als reine »Gesprächstechnik« angewandt, wirkt ein solches Gesprächsverhalten aber künstlich und aufgesetzt.

Ich-Botschaften. Gelingt es mir, zu dem zu stehen, was ich denke? Mit Ich-Botschaften kann dem Gegenüber mitgeteilt werden, welche Gefühle, Empfindungen und Gedanken sein Verhalten beim Sender der Ich-Botschaft ausgelöst haben (Siegmar 1993). Die Ich-Botschaft zeigt etwas vom Innenleben des Senders, beschreibt seine innere Wirklichkeit. Im Vergleich zu »Du-Botschaften« werden »Ich-Botschaften« vom Gegenüber leichter akzeptiert und tragen somit zu einem konstruktiveren Gesprächsverlauf bei. Stellen Sie sich nur Ihre eigene Reaktion auf Sätze vor wie: »Du bist rücksichtslos«, im Gegensatz zu: »Ich fühle mich bei diesem Vorgehen übergangen«. Du-Botschaften können in der eskalierenden Form die Qualität von Killerphrasen annehmen. Das sind kritische, verletzende, provozierende Äußerungen: »Das bringt doch eh nichts, das können Sie gleich vergessen«, etc. (vgl. Coleman 2006). Eine konstruktive und sachliche Gesprächsführung wird durch Killerphrasen enorm erschwert.

> **ZUSAMMENFASSUNG**
>
> Kommunikation glückt dann, wenn es dem Empfänger gelingt, aus der Vielzahl der Botschaften, die in einer Nachricht enthalten sind, auf die »richtige« zu reagieren. »Richtig« meint hier: auf das, was der Sender »eigentlich« sagen wollte. Kommunikation ist immer auch durch die Beziehung der beiden Kommunikationspartner geprägt und besteht nicht nur aus dem Gesprochenen, sondern auch aus nonverbalen Nachrichten. Das nonverbale Kommunikationsverhalten ist stark kulturell geprägt. Kommunikative Kompetenz kann unter anderem heißen, sich dieser kulturellen Unterschiede bewusst zu sein. Weitere Schlagwörter, die Aufschluss über die kommunikative Kompetenz geben, sind: Stimmigkeit und aktives Zuhören, um nur zwei zu nennen.

FRAGEN ZUR VERTIEFUNG

1. Zum Modell der zwischenmenschlichen Kommunikation
   - Wählen Sie eine beliebige Nachricht und analysieren Sie diese, d. h. finden Sie Botschaften, die Sie den vier Seiten einer Nachricht zuordnen können.
   - Reflektieren Sie Ihre eigenen »Hörgewohnheiten« mithilfe des Modells vom 4-ohrigen Empfänger.

2. Zu den Axiomen der Kommunikation
   - Suchen Sie in Ihrem Führungsalltag nach Beispielen, die das 1. Axiom verdeutlichen.
   - Suchen Sie in Ihrem Führungsalltag nach Beispielen, die das 2. Axiom verdeutlichen.

3. Nonverbale Kommunikation
   - Suchen Sie nach Beispielen für inkongruente Nachrichten.
   - Suchen Sie nach Beispielen, die beschreiben, inwiefern Ihr nonverbales Kommunikationsverhalten durch die Kultur, in der Sie aufgewachsen sind, geprägt ist.

4. Was bedeutet kommunikative Kompetenz für Sie? Wissen Sie, was es für Ihre Mitarbeiter bedeutet?

Literatur

Argyle, M. (1972). *Soziale Interaktion*. Köln: Kiepenheuer & Witsch.
Bauer, J. (2005). *Warum ich fühle, was du fühlst. Intuitive Kommunikation und das Geheimnis der Spiegelneuronen*. Hamburg: Hoffmann & Campe.
Coleman, P. (2006). *Die Regenbogen-Strategie. Streit vermeiden – Konflikte nachhaltig bewältigen*. München: Signum.
Covey, R. C. (2006). *Der 8. Weg. Mit Effektivität zu wahrer Größe*. Offenbach: Gabal.
Doppler, K.; Lauterburg, C. (1996). *Change Management* (5. Aufl.). Frankfurt a. M.: Campus.
Foth, S. (2004). *Erfolgsrituale für Business-Hexen*. Zürich: Orell Füssli.
Gesteland, R. R. (2002). *Global Business Behaviour. Erfolgreiches Verhalten und Verhandeln im internationalen Geschäft*. München: Piper.
Grochowiak, K & Haag, S. (2005). *Die Arbeit mit Glaubenssätzen* (2. Aufl.). Darmstadt: Schirner.
Haberleitner, E.; Deistler, E.; Ungvari, R. (2004). *Führen Fördern Coachen* (3. Aufl.). München: Piper.
Hecht-El Minshawi, B. (2003). *Interkulturelle Kompetenz – For a Better Understanding*. Weinheim: Belz.
Huber, H.-G.; Metzger, H. (2004). *Sinnvoll erfolgreich. Sich selbst und andere führen*. Hamburg: Rowohlt.
Humle, S. (1998). *Schwierige Mitarbeitergespräche erfolgreich führen*. Köln: Bundesanzeiger.
Müller, G. (2003). *Systemisches Coaching im Management*. Weinheim: Belz.
Rez, H.; Kraemer, M.; Kobayashi-Weinsziehr, R. (2006). In D. Kumbier & F. Schulz von Thun (Hrsg.). *Interkulturelle Kommunikation*. Hamburg: Rowohlt.
Sample, S. B. (2002). *Führen Sie, wie Sie wollen*. München: Moderne Industrie.
Schein, E. H. (2003). *Prozessberatung für die Organisation der Zukunft* (2. Aufl.). Bergisch Gladbach: EHP.
Schulz von Thun, F. (2006). *Miteinander Reden 1. Störungen und Klärungen. Allgemeine Psychologie der Kommunikation*. (44. Aufl.). Hamburg: Rowohlt.
Schulz von Thun, F. (1993). *Miteinander Reden 2. Stile, Werte und Persönlichkeitsentwicklung*. Hamburg: Rowohlt.
Schulz von Thun, F. (1998). *Miteinander Reden 3. Das »Innere Team« und situationsgerechte Kommunikation*. Hamburg: Rowohlt.
Schulz von Thun, F. (2001). *Miteinander Reden: Kommunikationspsychologie für Führungskräfte* (2. Aufl.). Hamburg: Rowohlt.

Siegmar, S. (1993*). Führen durch Kommunikation. Gespräche mit Mitarbeiterinnen und Mitarbeitern.* Weinheim: Beltz.
Sitzler, S. (2006). *Grüezi und Willkommen. Die Schweiz für Deutsche* (3. Aufl.). Berlin: Links.
Thomann, C.; Schulz von Thun, F. (2003). *Klärunghilfen 1. Handbuch für Therapeuten, Gesprächshelfer und Moderatoren in schwierigen Gesprächen.* Hamburg: Rowohlt.
Thomann, C. (2004). *Klärunghilfen 2. Konflikte im Beruf: Methoden und Modelle klärender Gespräche.* Hamburg: Rowohlt.
Watzlawick, P.; Beavin, J. H.; Jackson, D. D. (1980). *Menschliche Kommunikation, Formen, Störungen, Paradoxien* (5. unveränd. Aufl.). Bern: Huber.
Wolters, U. (2000). *Lösungsorienterte Kurzberatung.* Leonberg: Rosenberger.

7.2 Storytelling

Astrid Frielingsdorf

> **AUF EINEN BLICK**
>
> Storytelling heißt, Geschichten zu erzählen. Es ist ein hervorragendes Instrument, um neben expliziten Informationen auch implizite zu vermitteln. Denn Geschichten bleiben durch ihren emotionalen Aspekt haften. Sie lösen im Kopf Bilder aus, unbewusst werden Zusammenhänge erkennbar. Geschichten transportieren Kultur und Werte eines Unternehmens; sie sind in ihrer Wirkung stärker als Zahlen und Fakten. Mit ihnen lässt sich Identität bilden, Motivation fördern, Sinn vermitteln. Über Geschichten erfahren Mitarbeitende einen ganzheitlichen Zugang zur Unternehmensidentität, zur Strategie und zu Unternehmenszielen. Kurz: Storytelling eignet sich für alle Bereiche, in denen man Mitarbeitende gewinnen oder begeistern will.

7.2.1 Begriff Storytelling

Geschichten erzählen

Storytelling ist eine Methode aus dem englischen Sprachraum, die der Weitergabe von Wissen dient. Wörtlich ist Storytelling zu übersetzen mit Geschichten erzählen. In Bezug auf Unternehmen ist darunter aber nicht das Märchen zu verstehen, sondern Geschichten, die im realen Unternehmenskontext stehen und neben explizitem Wissen vor allem implizites Wissen weitergeben. Unter explizitem Wissen versteht man in Unternehmen all das Wissen, das in Zahlen, Fakten und klaren verbalen Hinweisen festgehalten und vermittelt wird. Im Gegensatz dazu gibt es auch das implizite Wissen, unter dem man die versteckten und intuitiven Informationen, also das nicht eindeutig zugängliche Wissen versteht. Die Geschichte lässt den Zuhörer teilhaben, sodass er sie erlebt. Transportiertes Wissen wird intuitiv verstanden und gefestigt.

7.2.2 Wert von Geschichten

> **Beispiel**
>
> Es waren einmal zwei Führungskräfte. Der eine zeigte seinen Arbeitskollegen in der Wochensitzung vorab immer drei Folien mit Umsatzzahlen der letzten Tage. Und dann präsentierte er ihnen sogleich die nächste Zielsetzung. Der andere Vorgesetzte startete die Treffen mit einer kurzen Begebenheit aus der vergangenen Woche. Darin brachte er auch seine Wertschätzung den Mitarbeitenden gegenüber zum Ausdruck und erklärte, warum der doch sehr anstrengende Einsatz sinnvoll war.

Was denken Sie, für welche Ziele lassen sich die Mitarbeitenden eher gewinnen?

Eine reine Faktensprache hält zwar eine Ist-Situation in ihrem Sachverhalt fest, sie vermittelt aber keine Erfahrungen und Empfindungen. Letztere sind aber entscheidend, um zu motivieren sowie Sinn und Identität bewusst zu machen.

Geschichten erzählen als sinn- und identitätsstiftendes Instrument

Schon immer haben Menschen ihre Vorstellungen von der Welt mit Geschichten erklärt. Diese bieten Entwürfe, um Lebensprobleme zu bewältigen, sie machen Angebote zur Identifikation mit Leitfiguren oder zeigen anhand von Beispielen, wie Erfolg oder Misserfolg zustande kommt. Geschichten erzählen ist immer ein soziales Ereignis in der Kommunikation.

Abbilden der Unternehmensrealität

Geschichten im Unternehmen umfassen Erzählungen, die sich beispielsweise mit dem Entstehen und der Entwicklung eines Problems, eines Veränderungsprozesses oder einer neuen Herausforderung beschäftigen. Darin werden Ängste, Gefahren, Bedrohungen und auch deren Überwindung thematisiert. In den gewählten Metaphern und Symbolen spiegeln sich Gefühle und Verhaltensmuster, die sich mit dem Bewusstsein direkt nie erfassen lassen.

Erzählungen über Gutes und Schlechtes zeichnen ganze Landkarten von Erlebtem und Gesehenem. Sie schaffen kollektives Bewusstsein, weil sich durch Geschichten Gleiches in Werten, Empfindungen und Handlungsmustern spiegelt. Im Erzählen werden einerseits mögliche Ereignisse mit prägnanten Ordnungs- und Orientierungsmustern verknüpft, andererseits erzielen Geschichten eine starke Wirkung gerade wegen (mit)geteilter Gefühle und Werte.

spiegeln von Werten, Empfindungen und Handlungsmustern

Gefühle und Werte in Geschichten sind eine bestimmte Weise der Welterfassung. In ihnen verkörpern sich im Gegensatz zu nackten Zahlen sinnliche Reize (durch die Sinne erfassbar), soziale Bindegewebe und (politisches) Machtmittel. Der Zuhörer erfährt intuitiv, warum es sich lohnt, sich einzusetzen.

intuitives Erfassen des Wesentlichen

Geschichten prägen die Unternehmenskultur

Werte, Gefühle und Handlungsmuster gelten nicht nur als Energielieferanten, als Motor kognitiver Prozesse, sondern sind Bindeglied für Gemeinschaften und deren Identität. Geschichten verkörpern sozusagen die impliziten Informationen darüber, was eine Organisation auszeichnet. Von daher sind Geschichten wesentliche Instrumente, um Unternehmenskultur zu gestalten und Mitarbeitende zu führen. Sie helfen, die interagierenden Elemente einer Unternehmenskultur in ihren Mustern zu entziffern. Versteht man Kultur als »die Summe aller gemeinsamen, selbstverständlichen Annahmen, die eine Gruppe in ihrer Geschichte erlernt hat« (Schein), ist das Erzählen von Geschichten ein erfolgreiches Instrument, diese Annahmen zu transportieren und neue einfließen zu lassen. So unterstützt Storytelling das Schaffen einer gemeinsamen Sicht der Wirklichkeit. Storys reflektieren, was als gut oder schlecht gewertet wird. Sie geben Auskunft über das gewünschte ethische Verhalten. Storytelling ermöglicht es einer Gruppe, Vergangenheit, Gegenwart und Zukunft zu verstehen – und die Zukunft bewusst zu gestalten.

implizite Informationen

gemeinsame Sicht der Wirklichkeit

Zukunft gestalten

7.2.3 Einsatzbereich von Storytelling

Storytelling wird gezielt als Managementmethode für sehr unterschiedliche Unternehmensbereiche eingesetzt. Geschichten von Führungskräften dienen dazu, Mitarbeitende für Visionen und Strategien zu begeistern, oder Kunden von neuen Produkten zu überzeugen. Mitarbeitererzählungen geben Auskunft über die Unternehmenskultur oder decken Prozessschwächen auf.

Insbesondere wenn es darum geht, kritisches, schwer fassbares Erfahrungswissen von Mitarbeitenden und (Projekt-)Teams zu sichern oder anderen zu vermitteln, eignet sich Storytelling hervorragend, denn Erfahrungswissen ist meist in Form von Geschichten und Anekdoten in den Köpfen der Mitarbeitenden gespeichert. Durch das Abrufen erfährt man die weichen Erfolgskriterien und versteckten Rahmenbedingungen, die in reinem Fachwissen nicht auftauchen. Sie sind Drehbuch für das Verhalten in neuen Situationen, sie machen das Unbekannte berechenbar.

Erfahrungswissen weitergeben

Drehbuch für Verhalten

Stories beantworten Fragen
- Warum ist ein Projekt erfolgreich, ein anderes nicht?
- Wie kann das Management vorhandenes Wissen nutzen, um Zeit und Kosten zu sparen?
- Wie haben andere Teams das Problem gelöst?
- Welche Überzeugungen und Glaubenssätze haben den Mitarbeitenden geholfen, durchzuhalten?
- Welche Verhaltensmuster haben schließlich den Durchbruch erzielt?
- Was ist den Mitarbeitenden persönlich wichtig?
- Was beeinflusst Entscheidungen? Was leitet unsere Pläne und Handlungen?
- Welche Fähigkeiten werden morgen in der Organisation gebraucht?
- Welches sind die erfolgreichen Eigenschaften unserer Organisation, unserer Produkte etc.?
- Was für ein Image haben wir?
- Was ist dem Kunden als Individuum wichtig?

Beispiel einer Erfolgsgeschichte

> **Beispiel**
>
> Anfangs waren wir ratlos. Wie bloß sollten wir mit dieser Situation umgehen? Zuerst erwogen wir, den Fehler zu vertuschen. Dann setzten wir uns erneut zusammen, um zu diskutieren, wie wir da wieder rauskommen. Wir entschieden, beim Kunden eine Präsentation zu machen, bei der wir aufzeigten, dass der Fehler auf unserer Seite lag. Des Weiteren erklärten wir dem Kunden, wie der Fehler zustandegekommen war und wie wir diesen Prozess in Zukunft gestalten wollen. Drei Monate später verlängerte der Kunde seinen Auftrag – und zwar um zwei Jahre.

Diese kurze Erfolgsgeschichte bringt wichtige implizite Informationen zutage, die aufzeigen, wie Erfolg entsteht.
- Sinn anbieten: Ehrlichkeit gegenüber Kunden bewährt sich.
- Überzeugung transportieren: Dem Kunden kann man die Wahrheit zumuten.
- Werte und Haltungen vermitteln: Ehrlichkeit, Integrität, Selbstbekenntnis, Transparenz, Mut, sich zu stellen.
- Verhaltensmuster und Kompetenzen erkennen: offene Kommunikation, Konfrontationsfähigkeit, Kunden- und Lösungsorientierung, Verantwortungsbewusstsein, Selbstreflexion.

Storytelling ist einsetzbar …
als **Analyseinstrument**, um versteckte Informationen sichtbar zu machen. Beispielweise bei:
- Problemstellungen,
- Projektdebriefing,
- Qualitätsmanagement,
- Firmen- und Abteilungszusammenschlüssen,
- Wissensträgern, die das Unternehmen verlassen.

um die **Kommunikationskompetenz** zu erweitern bei
- Präsentationen,
- Vorträgen,
- Feedbackgesprächen,
- der Vermittlung von schwierigen Botschaften,
- der Formulierung von Strategien und Visionen.

zur Förderung der **Unternehmensidentität und -kultur**, um das Gute aus der Vergangenheit zu aktivieren und in eine mögliche Zukunft einzubetten. Beispielsweise mit:
- Corporate Communications,
- Leitbildgeschichten,
- Firmengeschichten,
- Produktgeschichten,
- Kundengeschichten,
- Erfolgsgeschichten,
- Veränderungsgeschichten.

im **Wissensmanagement** als Austausch von Wissen und Kompetenzen – auch im Bereich des impliziten Wissens.
- Projekte,
- ausscheidende Wissensträger,
- Veränderungsprozesse,
- Fusionen,
- Unternehmensentwicklung.

Randnotizen: Analyseinstrument; Kommunikations-kompetenz; Unternehmensidentität und -kultur; Wissensmanagement

7.2.4 Kommunikation durch Geschichten

Kommunikationsprozesse stehen nicht losgelöst im Raum, sondern finden immer situationsgebunden statt. Es sind interaktive Prozesse mit einer bestimmten – wenn auch nicht immer bewussten – Absicht. Diese kann von der Senderseite sein:
- Wissen vermitteln (Sachinhalt),
- den Empfänger zu einer bestimmten Handlung bewegen (Appell),
- Beziehungen zwischen Sender und Empfänger intensivieren oder lösen (Beziehung),

Randnotizen: interaktiver Prozess; Sachinhalt; Appell; Beziehung

Selbstdarstellung

— dem Empfänger die Position (Status, Macht etc.) des Senders verdeutlichen (Selbstdarstellungsebene). ▶ Kap. 7.1 »Kommunikation«.

Somit gibt es unterschiedliche Kommunikationsstile, die der jeweiligen Absicht besonders dienlich sind.

Die reine Faktensprache hilft, Informationen möglichst objektiv weiterzugeben, indem sie versucht, den subjektiven Teil auszuklammern. Um Entscheidungen zu treffen oder Konfliktgespräche zu führen, sollten deshalb emotionale und subjektiv gefärbte Komponenten vermieden werden. ▶ Kap. 6.4 »Entscheidungen herbeiführen« und ▶ Kap. 16 »Konfliktmanagement«. Der Empfänger kann sich eine annähernd wertfreie, folglich eine emotionsfreie Meinung bilden.

Kommunikation, die im Informationsaustausch auf rein sachlicher Ebene abläuft, kann Menschen emotional vereinsamen, ja sogar verletzen. Denn in

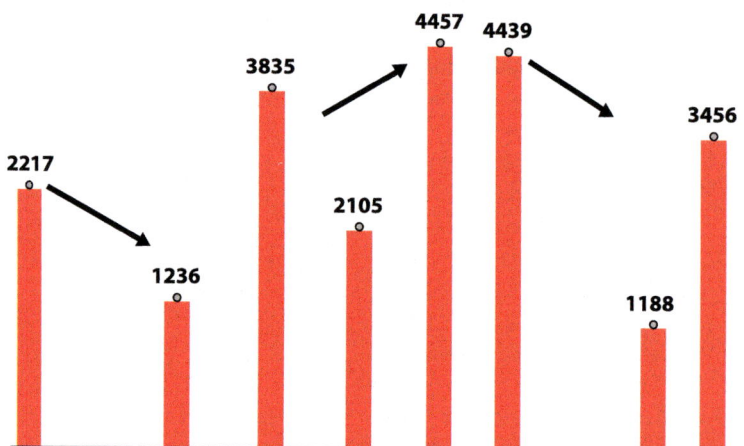

Abb. 7.4. Faktensprache

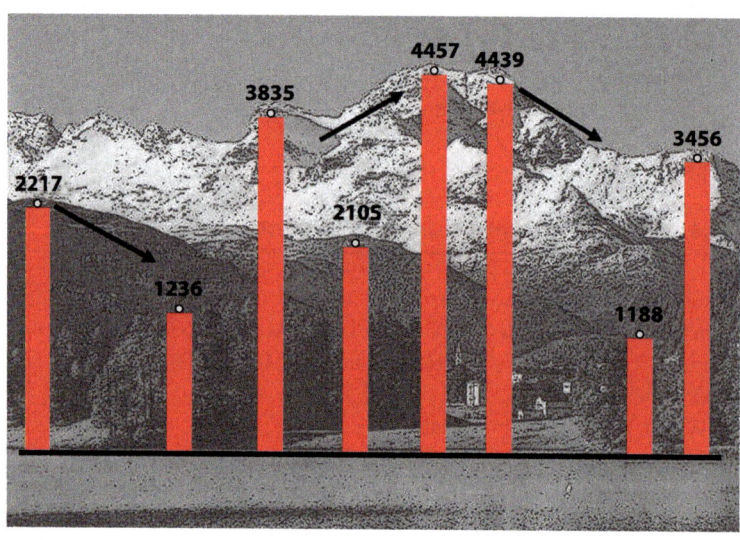

Abb. 7.5. Narrative Sprache

Organisationen arbeiten Menschen nicht nur für instrumentale, ökonomische Ziele, sie arbeiten auch für ihre Sinnerfüllung.

Geschichten leisten Einfaches: Sie koppeln Handlungen und Interventionen vom Management an die Erlebniswelt der Beteiligten. Dadurch erweitern sie das Spektrum um die Frage nach dem Sinn, den ein Ereignis für die Beteiligten hat. Zugleich werden Handlungsmuster, Überzeugungen und Zusammenhänge transportiert (◘ Abb. 7.4 und 7.5).

Frage nach dem Sinn

7.2.5 Aufbau von Geschichten

Macht der sprachlichen Bilder

Die kürzesten Geschichten sind Metaphern und Anekdoten. Menschen verständigen sich mittels dieser kurzgefassten Sinnzusammenhänge. Die darin enthaltenen Symbole und Bilder, Werte und Absichten sind für den Zuhörer intuitiv erfassbar.

Metaphern und Anekdoten

Sie sprechen das Unterbewusste an und haben dadurch eine besondere Wirkung. Diese sprachlichen Bilder stehen für menschliche Haltungen und Handlungen. In ihnen sind Probleme ausgedrückt, die den Einzelnen beschäftigen und den Gesamtkontext des Unternehmens berühren. Sie transportieren das Selbstverständnis der Adressaten und sind in ihrer Kompaktheit das Bindeglied des Einzelnen mit einem größeren Ganzen. Metaphern und Anekdoten haben immer eine Bedeutung auch über die aktuelle Situation hinaus. Sie rufen Assoziationen hervor und wecken Erinnerungen.

Unbewusstes ansprechen

vertiefte Bedeutung

Für die Adressatengruppe besteht ein Unterschied, ob die Führungskraft dem Team sagt: »Wir sind ein starkes Team« oder: »Wir sind wie ein zusammengeschweisstes Expeditionsteam.« Ersteres bleibt allgemeingültig und vermittelt kaum den Geist, den das Team ausmacht. Letzteres steht für den intensiven Zusammenhalt der Teammitglieder auch in schwierigen Situationen. In einem Expeditionsteam kommt es auf Kompetenz und Persönlichkeit jedes Einzelnen an. Da geht es um die Bewältigung einer außergewöhnlichen Herausforderung, um Verlässlichkeit und Respekt und um »etwas«, das auch nach dem erreichten Ziel noch bindet. Gleichgültig, ob ein Team anschließend noch weiterbesteht oder nicht.

In Metaphern und Anekdoten verdichten sich Erfahrungen, psychische Inhalte und Emotionen, die anders nicht darstellbar sind. Wichtig dabei ist, dass sie den Zuhörer auf der imaginären Seite ansprechen. Erst dann aktivieren sie dessen eigene Bilderwelt und setzen Ressourcen frei, sich für Außergewöhnliches zu engagieren.

Verdichten von Erfahrungen, Inhalten und Emotionen

imaginäre Seite

Dramatische Form

Bevor eine Führungskraft Storytelling als narrative Managementmethode bewusst einsetzt, sollte ihr klar sein, was sie damit bezweckt. Will sie Storytelling als Kulturentwicklungsinstrument, für das Wissensmanagement oder als Motivationsstory für schwierige Projekte nutzen?

Absicht

Je nach gewünschtem Ziel verschiebt sich die Betonung der Kernbotschaft. Unter Kernbotschaft versteht man eine allgemeine Beschreibung von

Kernbotschaft

Erlebnis- und Handlungsmustern, die in einer bestimmten Situation erfolgreich gewesen sind. Damit wird impliziert, was für den entsprechenden Zweck wiederholt werden soll. So stehen beim Ziel einer Kulturentwicklung unter Umständen andere Verhaltensmuster im Mittelpunkt als bei der Wissensvermittlung für ein Projekt.

Spannungsbogen einbauen

Wirksame Kernbotschaften werden aus einem dialektischen, konflikthaften Handlungsverlauf dargestellt: Der Grundkonflikt ist die dramatische Triebfeder des Spannungsbogens. Beim Film ist das beispielsweise zwischen Liebe und Klassenzugehörigkeit (*Titanic*), im Unternehmen zwischen Ehrlichkeit und Profit. Durch dieses dramatische Schema ist der Adressat aufmerksam und ordnet das Gehörte seinem Erfahrungsspektrum zu.

Elementare Bestandteile, die jede gute Geschichte bezüglich Aufbau mitbringt – ob Märchen, Literatur, Film, Theater und Unternehmen –, sind:

Ausgangssituation, Wendepunkt, Endsituation

Ausgangssituation (1), Wendepunkt (2, 3), Endsituation (4) (◘ Abb. 7.6).
1. Zuerst wird die Situation beschrieben, die irgendeine Art von Mangel aufweist.
2. Dann gibt es Menschen, die etwas tun.
3. Der Mangel ist beseitigt.
4. Der Einsatz wird durch Wachstum und Fülle belohnt.

Lösungsressourcen

nächster Schritt

Ein wichtiges Kriterium, um eine nachhaltig positive Veränderung zu erreichen, ist die Aufmerksamkeit der Zuhörer auf die Lösungsressourcen der Vergangenheit zu richten. Daraus ergibt sich der nächste Schritt, der für eine Lösung tragend ist. Er zeigt den Empfängern auf, wo erfolgreiche Handlungsoptionen bestehen. Die Story kann einfach und banal sein, entscheidend ist, dass sie Vertrautes und Neues enthält.

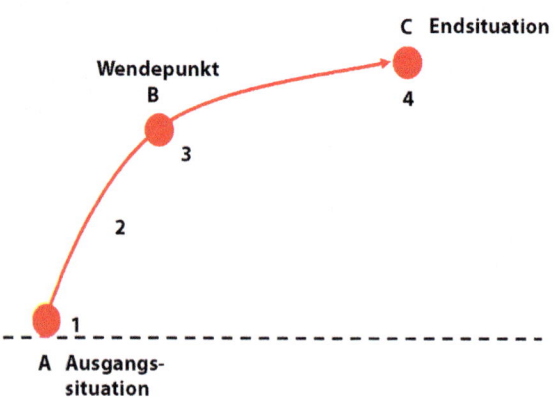

◘ **Abb. 7.6.** Dramatische Form

7.2.6 Warum es sich lohnt, Geschichten zu erzählen

Führen heisst Ergebnisse erzielen – und das möglichst erfolgreich. Erfolg bedeutet aus narrativer Sicht, dass die Beteiligten eine gute Story hören. Selbst Misserfolge lassen sich beim Weitererzählen in eine gute (Lern-)Geschichte wandeln. Eines der wirksamsten Führungsinstrumente ist das Erzählen von Erfolgsgeschichten. Darüber hinaus sind sie identitätsbildend: Sie zeigen erfolgreiche Werthaltungen und Überzeugungen auf.

Lerngeschichten

Erfolgsgeschichten

So lassen sich von Führungskräften Geschichten gezielt einsetzen, um bestimmte Verhaltensweisen und Wertvorstellungen bei Mitarbeitenden zu beeinflussen.

— Geschichten bieten Vorstellungen über Sinn und Bedeutung der Arbeit. Sie unterstützen Mitarbeitende dabei, diese Vorstellungen selbst zu entwickeln.
— Sie vermitteln Kernbotschaften über Werte, Visionen und Ideen, die Führungskräfte als erfolgsversprechend identifizieren.
— Sie können bei Mitarbeitenden das Gefühl von Verbindlichkeit und Gemeinschaft stärken.
— Sie kommunizieren komplexe Zusammenhänge in einfacher Form, die gut im Gedächtnis haften bleiben.
— Sie stellen Handlungsmuster für Problem- und Konfliktlösungen in Form von Lerngeschichten bereit.

Mit Storytelling schwierige Botschaften kommunizieren

Suchen Sie eine Situation, in der Sie eine unangenehme Botschaft kommunizieren müssen. Gehen Sie nach dem Muster in ◘ Tab. 7.2 und ◘ Abb. 7.7 vor, formulieren Sie Ihre Botschaft mit einer Geschichte.

◘ **Tab. 7.2.** Muster für eine Story

Schritt	Bedeutung	Möglicher Ansatz
A	Die **Ausgangslage**, die eher negativ ist.	Wir stecken zurzeit in einem sehr verfahrenen Projekt … – und weitere kurze Erläuterungen dazu.
C	Der **Endpunkt**, das Ziel.	Wir müssen bis Ende des Monats die erste Etappe abgeschlossen haben, dann …
B	Der Wendepunkt und der Weg vor und nach dem Wendepunkt, der **Weg** von **A** nach **C**, der gemacht werden muss, um zum Endpunkt (Ziel) zu gelangen. Erwähnen Sie: — Welche Hindernisse stehen uns im Weg? (1) — Welche Ressourcen können wir nutzen? (2) — Worauf müssen wir verzichten? (3) — Was gewinnen wir dafür? (4) — Was ist uns wichtig? (5)	Wir können das schaffen! Schon immer gab es kleine Teufelchen, die wie bei uns alles lahmgelegt und Leitungen angefressen haben …(1) Wir besitzen genügend eigene Stärken, wie unser Know-how und unser Engagement (2). Erinnern Sie sich noch an (→ Beispiel bringen) und wie toll das geklappt hat! Das hat mich tief beeindruckt. Zwar müssen wir die nächste Zeit ziemlich anpacken, was auch heißt, dass wir wenig Zeit für informelle Treffen haben (3). Dafür können wir mit unserem Teamgeist beweisen, dass wir Initiative und Zusammenhalt haben. Das finde ich enorm wichtig. (4/5)
D	Der **nächste Schritt**.	Wenn wir das geschafft haben, dürfen wir stolz sein! Und wir haben dann mehr Klarheit und eine größere Zeitspanne, um uns für die zweite Phase vorzubereiten.

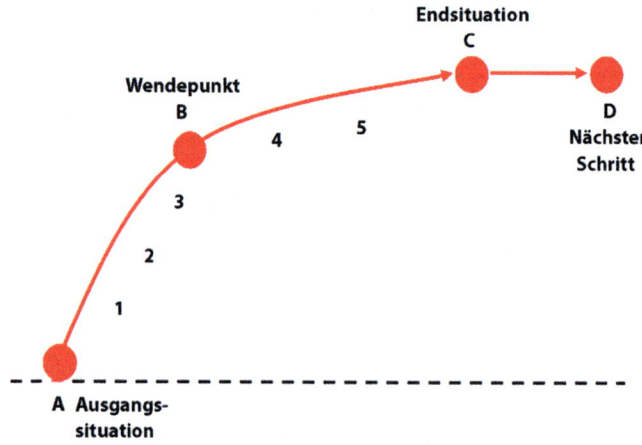

Abb. 7.7. Schwierige Botschaften kommunizieren

> **Achten Sie bei der Mitteilung einer schwierigen Nachricht auf Folgendes:**
> - Erzeugen Sie Spannung, indem Sie Kontraste verwenden: klein – groß, viel – wenig, leicht – schwer, damals – heute.
> - Arbeiten Sie mit Bildern, Metaphern und Beispielen, die möglichst positiv besetzt sind und die den Zuhörern etwas vermitteln. So können sich Assoziationen bilden.
> - Überlegen Sie, an welcher Geschichte Sie bereits anknüpfen wollen und greifen Sie Helden und Mythen aus dem Unternehmen auf. Flechten Sie Aspekte ein, die die Leute gerne weitererzählen.
> - Rufen Sie den Spirit des Unternehmens, der Abteilung oder des Teams in Erinnerung, indem Sie an Erfolgsgeschichten anknüpfen, mit denen sich die Leute identifizieren und die ihnen Sinn vermitteln, sich für das Unternehmen oder das Projekt einzusetzen – auch in schwierigen Situationen.
> - Erwähnen Sie eigene Berührtheit – durch emotionale Ich-Botschaften. Dadurch ist Ihre Erzählung glaubhaft und authentisch. Sprechen Sie bewusst Emotionen an: Sowohl die der Gegenseite als auch Ihre eigenen.

Unbegrenzte Einsatzmöglichkeit von Storytelling

Orientierung

Führen heißt auch, Kultur zu bilden und Sinn zu schaffen. Mitarbeitende wollen wissen, warum sie sich für die Organisation engagieren sollen. Sie verlangen Orientierung – auch anhand von Werten und Haltungen –, und sie sind daran interessiert, welche Kompetenzen und Qualitäten das zukünftige Unternehmen prägen. Sie darüber zu informieren, ihnen vertieftes Wissen über die Auswirkungen ihres Handelns zu vermitteln, ist Führungssache.

Weitergeben von feinstofflichem Wissen

Mit Storytelling können Führungspersonen dieses feinstoffliche Wissen weitergeben. Storys dazu finden sie in allen Bereichen des Unternehmens:
- über das Unternehmen – beispielsweise Gründergeschichte,
- über Menschen und Produkte,
- über Kunden und von Kunden,

7.2 · Storytelling

- über Projekte und deren Sternstunden oder Misserfolg,
- über Gewinner und Verlierer,
- über herausragende Leistungen und Erfindungen,
- über Irrungen und Wirrungen mit gutem Ausgang.

Gezieltes Hinhören und Weitererzählen dieser Storys erschließt den Mitarbeitenden Sinn und Zweck ihres Tuns und hilft ihnen, in schwierigen Situationen durchzuhalten.

Hinhören

> **Beispiel**
>
> Ein Beispiel für Führungskräfte, mit Storytelling zu arbeiten, ist der Austausch im Team während einer bedeutenden Veränderung. Veränderungen lösen Emotionen und Widerstände aus. Ein persönliches Erlebnis mit einer Geschichte erzählen schafft Bewusstsein für Erfahrung und hilft, Prozesse besser zu verarbeiten. Verschüttetes Wissen wird reaktiviert, positive Geschichten werden entdeckt. Neue Perspektiven tun sich auf, um mit dem noch offenen Ende richtig umzugehen. Wichtig bei der Erzählrunde ist eine vertrauensvolle Atmosphäre. Dem Gegenüber begegnet man mit großem Respekt, man muss ein feines Ohr haben und für Informationen sensibel sein, die der Erzähler zwischen den Zeilen vermittelt. Anschließend hält man die wichtigsten Erkenntnisse fest: Dies hilft allen Beteiligten, fortan lösungsorientiert zu handeln.

ZUSAMMENFASSUNG

> In Unternehmen erzählt man sich immer Geschichten. Mit **Storytelling** beeinflussen Führungskräfte, wie Fakten und Sachlagen von den Mitarbeitern verstanden werden. Es ist ein wichtiges Instrument der Kultur- und Identitätsgestaltung. Weiter wird es als Analyseinstrument genutzt, als Entwicklung der Kommunikationskompetenz und als Instrument für Wissenstransfer. Bewusst eingesetzte Storys folgen immer einem dramaturgischen Schema: Sie enthalten die für den Zuhörer bekannten und neuen Elemente, sie setzen Mythen ein, Symbole sowie Metaphern und benennen bereits vorhandene Lösungsressourcen aus der Vergangenheit. Je nach Absicht wählt der Erzähler in seiner Geschichte eine Kernbotschaft, in der sich Haltungen und Werte widerspiegeln.

FRAGEN ZUR VERTIEFUNG

> Stellen Sie sich vor, Sie würden die unten stehende Analogie Ihren Mitarbeitenden erzählen, um das Thema Einzelkämpfer versus Team »Zusammen bin ich stärker« zur Diskussion zu stellen.
> »Haben Sie schon einmal 5- bis 6-Jährige Fußball spielen sehen? Alle rennen im Pulk hinter dem Ball her und alle schreien »Gib ab«. Nach dem Spiel tönen sie dann stolz: »Wir sind eine Mannschaft.«
> ▼

> In Ihrem Zusammenhang gesehen:
> 1. Was ist die Kernbotschaft dieser Geschichte?
> 2. Worin besteht der Sinn in dieser Analogie?
> 3. Welche Haltung geben Sie damit zum Ausdruck?
> 4. Warum verstehen Ihre Mitarbeitenden Sie sofort?
>
> Finden Sie andere Analogien aus dem Alltagsleben, die durch eine bestimmte Kernaussage Ihre Haltung ausdrücken.

Literatur

Bate, P. (1997). Cultural Change. *Strategien zur Änderung der Unternehmenskultur*. München: Gering Akademie.
Frenzel, K., Müller, M., & Sottong, H. (2004). *Storytelling. Das Harun-al-Raschid-Prinzip*. München: Hanser.
Grossmann, K.P. (2003). *Der Fluss des Erzählens. Narrative Form der Therapie*. Heidelberg: Carl-Auer-Systeme.
Herbst, D. (2011). *Storytelling*. Konstanz: UvK.
Lay, R. (2001). *Führen durch das Wort. Motivation. Kommunikation*. Praktische Führungsdialektik. München: Econ.
Loebbert, M. (2003). *Storymanagement. Der narrative Ansatz für Management und Beratung*. Stuttgart: Klett-Cotta.
Kast, V. (2002). *Märchen als Therapie*. München: dtv.
Schein, E. (2003). *Organisationskultur*. Bergisch Gladbach: EHP.
Schulz von Thun, F. (1993). *Miteinander Reden 1. Störungen und Klärungen*. Hamburg: Rowohlt.
Thier, K. (2005). *Storytelling*. Heidelberg: Springer.
Thier, K. (2010). *Storytelling*. Eine Methode für das Change-, Marken-, Qualitäts- und Wissensmanagement (German Edition): Eine narrative Managementmethode. Heidelberg: Springer.
Wala, H.H. (2011). *Meine Marke*: Was Unternehmen authentisch, unverwechselbar und langfristig erfolgreich macht. München: Redline.

7.3 Gesprächsführung

Eric Lippmann

AUF EINEN BLICK

Führungskräfte verbringen den weitaus größten Teil ihrer Arbeitszeit beim Kommunizieren mit ihren Mitarbeitern, Vorgesetzten, Kunden usw. Im Zentrum dieses Abschnitts steht das Gespräch mit Mitarbeitern; dabei werden nicht nur betriebliche Angelegenheiten geregelt und entsprechende Ziele verfolgt, sondern es geht immer auch um die Gestaltung der Beziehung zwischen Vorgesetzten und Mitarbeitern. Die folgenden Ausführungen behandeln Einflussfaktoren, Phasen und wichtige gesprächspsychologische Grundsätze, die es bei Führungsgesprächen zu beachten gilt. Ergänzt durch einen Überblick über die wichtigsten Gesprächsarten verhilft dieser Abschnitt dazu, das eigene Verhalten in Führungsgesprächen bewusster zu gestalten.

7.3.1 Bedeutung der Kommunikationsfähigkeit

Kommunikationsfähigkeit ist eine der wichtigsten Kompetenzen für den Führungserfolg. Kommunikationspsychologische Grundlagen gelten für die menschliche Kommunikation in allen Lebensbereichen, sei es privat oder im Beruf. Wenn hier das Gespräch mit Mitarbeitern im Zentrum steht, so sind die allgemeingültigen Aussagen zur Kommunikation im Kontext der Organisation zu betrachten.

Die zentralen Aspekte von soziotechnischen Systemen, die Aufgaben und Strukturen prägen die Kommunikation, die wiederum als wesentliches Kulturelement Aufgabenverständnis und -erfüllung sowie die Strukturen beeinflusst:

»Ohne Kommunikation ist ein zielorientiertes Handeln mehrerer Individuen undenkbar« (Wahren 1987 S. 48).

Dass die Kommunikation in Organisationen einen wichtigen Bestandteil der »betrieblichen Wirklichkeit« ausmacht, wird noch deutlicher, wenn man Gespräche von Vorgesetzten unter einem quantitativen Aspekt näher betrachtet. Wahren führt einige wichtige Ergebnisse aus Zeitanalysen von Führungskräften auf, die zeigen, dass

— Vorgesetzte 50–90% ihrer Zeit für verbale Kommunikation verwenden;
— sich der Arbeitstag von Vorgesetzten weitgehend aus einer großen Anzahl kurzer Gesprächsepisoden zusammensetzt (ungeplante, Ad-hoc- und Telefongespräche);
— etwa 80% der Kommunikationszeit auf geplante (und vorbereitete) Gespräche verwendet wird, die insgesamt aber nur etwa einen Drittel der Gesprächsaktivitäten ausmachen;
— in Klein- und Mittelbetrieben das Einzelgespräch dominiert, während in Großbetrieben Gruppengespräche mehr Zeit als Einzelgespräche beanspruchen;
— im Durchschnitt auf unterschiedlichen hierarchischen Ebenen etwa
  — 20% auf die Kommunikation mit Vorgesetzten,
  — 20% auf die Kommunikation mit Kollegen,
  — 60% auf die Kommunikation mit Unterstellten entfallen.

Allein diese quantitativen Aspekte zeigen, welche Bedeutung der Kommunikation in Organisationen und speziell den Gesprächen zwischen Vorgesetzten und Mitarbeitern zukommt.

Die Aspekte der Qualität, die Art und Weise, wie diese Gespräche geführt werden, sind aber noch zentraler und stehen in engem Zusammenhang mit Fragen der Zufriedenheit, Leistungsfähigkeit und Motivation der Mitarbeiter.

Ausgehend von den Grundlagen der Kommunikation (▶ Abschn. 7.1) finden Führungsgespräche immer auf zwei Hauptebenen statt, nämlich
— auf der **Sachebene** (Sachinformationen, die übermittelt werden);
— auf der **Beziehungsebene** (Aussagen über Sender, Empfänger, ihre Beziehung, emotionale Aspekte usw.).

Daraus lassen sich in Anlehnung an Saul (1995, S. 22) Leitsätze für Führungsgespräche ableiten (Abb. 7.8).

Kommunikation als Kulturelement

Vorgesetzte verbringen sehr viel Zeit mit kommunizieren

Leitsätze für Führungsgespräche

Abb. 7.8. Leitsätze für Führungsgespräche. (Aus Saul 1995, S. 22)

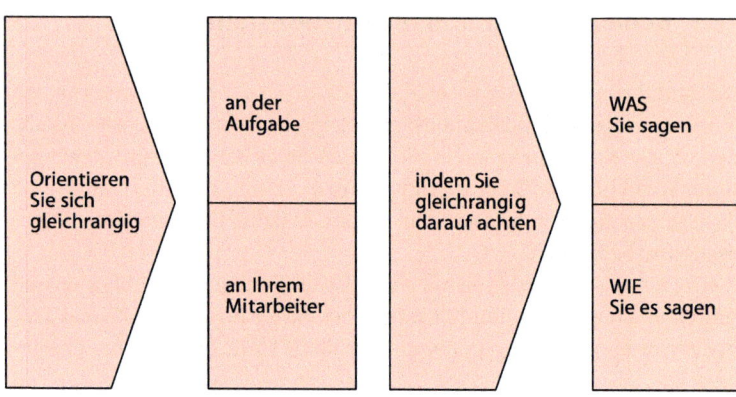

Einflussfaktoren auf Führungsgespräche

Darüber hinaus lassen sich wichtige **Einflussfaktoren** auf Führungsgespräche in einer Grafik zusammenfassen (vgl. Dutfield & Eling 1993, S. 61 ff.; Abb. 7.9).

Ablauf von Führungsgesprächen

Der **Ablauf** von Führungsgesprächen lässt sich im Allgemeinen in folgende 4 Phasen einteilen:
- Definition und Festlegung der Gesprächsziele,
- Gesprächsvorbereitung,
- Gesprächsdurchführung,
- Gesprächsauswertung.

Abb. 7.9. Einflussfaktoren auf Führungsgespräche

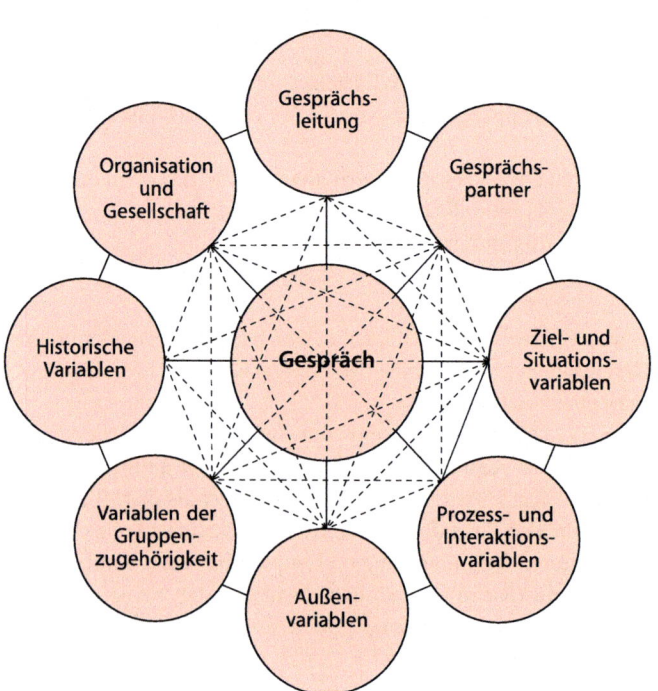

7.3 · Gesprächsführung

Die Gesprächsdurchführung wird in erster Linie von den Verhaltensweisen der Teilnehmenden geprägt, wobei hauptsächlich drei Elemente für einen erfolgreichen Verlauf mitverantwortlich sind: Mitteilen, Zuhören, Verstehen (Abschn. 7.3.4).

Elemente des Gesprächs

Diese einleitenden Überlegungen gelten für alle **Formen der Führungsgespräche**. Die Einteilung in einzelne Gesprächsformen kann nach verschiedenen Kriterien erfolgen, z. B. nach

Formen von Führungsgesprächen

- Zielsetzung, Aufgabe oder Situation;
- Gesprächsanlass;
- Anzahl der beteiligten Personen;
- Schwierigkeitsgrad in Bezug auf Inhalts- und/oder Beziehungsebene (»einfach« bis »komplex«);
- Gesprächsstile (direktiv bis nondirektiv).

Ein Überblick und die Beschreibung einzelner Gespräche im Detail tragen dazu bei, die wichtigsten Gesprächsarten unterscheiden und entsprechend führen zu können. Zur professionellen Gestaltung von Führungsgesprächen gehört es:

- wichtige **Einflussfaktoren** auf Führungsgespräche zu erkennen, um sie in Gesprächen so weit als möglich zu berücksichtigen;

professionelle Gestaltung von Führungsgesprächen

- die **vier Phasen im Ablauf** von Gesprächen zu kennen und auf Führungsgespräche anzuwenden;
- die drei zentralen Elemente in Gesprächen: **Mitteilen – Zuhören – Verstehen** bewusst in der Rolle als Führungskraft zu gestalten und zu beeinflussen;
- die **verschiedenen Gesprächsarten** zu differenzieren (Überblick) und zu erkennen, welche Gespräche wann sinnvoll sind;
- zu den einzelnen Gesprächen entsprechende **Vorgehensweisen** zu erkennen bzw. zu entwickeln und umzusetzen;
- sich der **spezifischen Schwierigkeiten einzelner Gesprächsarten** bewusst zu sein und mit ihnen optimal umzugehen.

7.3.2 Einflussfaktoren auf die Gesprächsführung

In Anlehnung an Dutfield und Eling (1993, S. 56 ff.) sind hauptsächlich folgende Faktoren zu nennen, die auf Mitarbeitergespräche einen wichtigen Einfluss nehmen (Abb. 7.9).

Faktoren, die auf Mitarbeitergespräche einen wichtigen Einfluss haben

Gesprächsleitung/-partner
Zum Beispiel Rolle, Status, Erfahrung, Einstellungen, Werte, Bedürfnisse, Erwartungen, Wahrnehmungen, Verhaltensweise, rhetorische Fähigkeiten, Persönlichkeitsstruktur.

Ziel und Situationsvariablen
Ziele, die verfolgt werden, Art und Situation des Mitarbeitergesprächs (z. B. Beratungsgespräch, Maßnahmengespräch, Einzel- und Gruppengespräch).

Prozess- und Interaktionsvariablen
Beziehung zwischen den Gesprächspartnern, Vertrauen, Akzeptanz, Bereitschaft zur Offenheit, Art und Weise des Gesprächsverlaufs.

Außenvariablen
- Gesprächsrahmen (z. B. formell/informell);
- Zeitaspekte: Zeit, die zur Verfügung steht; Zeitpunkt, der gewählt bzw. bestimmt wird;
- räumliche Verhältnisse: z. B. Ort, Sitzordnung, für Außenstehende beobachtbar oder nicht.

Variablen zur Gruppenzugehörigkeit
- Soziale Rolle und Status der Beteiligten (z. B. Außenseiter; Lieblingsmitarbeiter eines Vorgesetzten; Fachexperte usw.);
- personelle Faktoren wie z. B. Alter, Geschlecht, Nationalität, Dienstalter;
- Stereotype: Vorurteile z. B. aufgrund obiger Faktoren;
- andere wichtige Personen (z. B. Vorgesetzte, Kollegen: ihre Erwartungen an das Gespräch; Art und Weise, wie sie involviert sind usw.

Historische Variable
Einflüsse aus früheren Erfahrungen der Gesprächspartner miteinander oder in anderen ähnlichen Gesprächssituationen.

Einflüsse der Organisation und der Gesellschaft
Zum Beispiel betriebliche Strukturen/Regelungen; Gewerkschaften; rechtliche Rahmenbedingungen.

7.3.3 Ablaufschema eines Führungsgesprächs

4 Phasen eines Gesprächs

Bei Führungsgesprächen werden im Allgemeinen vier Phasen durchlaufen, die in diesem Abschnitt näher ausgeführt werden (vgl. dazu Crisand & Pitzek 1993, S. 10 ff.):
- Definition und Festlegung der Gesprächsziele,
- Gesprächsvorbereitung,
- Gesprächsdurchführung,
- Gesprächsauswertung.

Gesprächsziele

Definition und Festlegung der Gesprächsziele
Auch bei Mitarbeitergesprächen gilt:

> »Wer nicht weiß, wohin er will, braucht sich nicht zu wundern, wenn er ganz woanders ankommt.« (R.F. Mager).

Vor jedem Mitarbeitergespräch ist genau zu überlegen, welche Ziele in diesem Gespräch angestrebt werden und was erreicht werden soll.

7.3 · Gesprächsführung

Klar formulierte Gesprächsziele begünstigen u. a.:
- ein systematisches Vorgehen und thematische Konzentration;
- eine höhere Sicherheit der Gesprächsleitung (d. h. des Vorgesetzten);
- konkretere Ergebnisse und eine bessere Ergebniskontrolle.

> **Merkmale von Gesprächszielen**
> Optimalerweise genügen klar formulierte Gesprächsziele den wichtigsten Anforderungskriterien, wenn sie
> a. **konkret** sind, d. h. klar umgrenzt, verständlich, eindeutig. Negatives Beispiel: »Ich möchte, dass der Mitarbeiter teamfähiger wird.« Positives Beispiel: »Ich will zusammen mit dem Mitarbeiter Maßnahmen festlegen, die es ihm ermöglichen, sich im nächsten halben Jahr besser ins Team zu integrieren.«
> b. **einen Endzustand ausdrücken**: Sie sagen etwas darüber aus, was Sie am Ende des Gesprächs wissen, erreicht oder festgelegt haben wollen. Hier handelt es sich nie um langfristige Verhaltens- oder Leistungsziele, sondern immer um Gesprächsziele, d. h. Ziele, die im Laufe des Gesprächs erreicht werden können.
> c. **in der zur Verfügung stehenden Gesprächszeit erreichbar** sind.
> d. **adressatenbezogen** sind, sie müssen z. B. auf die Aufnahmefähigkeit, die Möglichkeit zur Verarbeitung und Realisierung oder auf die psychische Verfassung des Gegenübers abgestimmt sein.

klar formulierte Gesprächsziele sind konkret

drücken einen Endzustand aus

sind erreichbar und adressatenbezogen

Um die festgelegten Gesprächsziele erreichen zu können, ist es notwendig, sich auf das Gespräch vorzubereiten, womit auf die zweite Phase übergeleitet wird:

Gesprächsvorbereitung
Je besser das Gespräch vorbereitet wird, desto wahrscheinlicher ist es, das Gesprächsziel zu erreichen. Die Vorbereitung lässt sich in zwei Bereiche unterteilen: organisatorische Vorbereitung und psychologische Vorbereitung.

Gesprächsvorbereitung

Organisatorische Gesprächsvorbereitung
- Wer nimmt am Gespräch teil? Die Auswahl der Gesprächsteilnehmer ergibt sich aus dem jeweiligen Gesprächsanlass bzw. Gesprächsziel.
- Rahmenbedingungen: Ort, Zeitpunkt und Dauer der Durchführung für alle Beteiligten optimal bestimmen und organisieren.
- Vorinformation und Hilfsmittel: Wer muss im Voraus worüber informiert werden? Allfällige Unterlagen bereitlegen (oder wenn nötig vorher verteilen). Visuelle Hilfsmittel organisieren, sofern benötigt.

organisatorische Ebene

Psychologische Gesprächsvorbereitung
Darunter ist das psychologisch-taktische Vorgehen zur Erreichung des Gesprächsziels zu verstehen. Am besten erstellt die Gesprächsleitung dazu einen **Vorgehensplan**, in dem z. B. folgende Punkte enthalten sind:

psychologische Ebene

- Gesprächsziel (Haupt-, Neben-, Minimalziele) von mir bzw. des Partners;
- Wie will ich das Gesprächsziel erreichen?
- Vergegenwärtigen des Gegenübers:
  - Meine Einstellung zu ihm?
  - Erfahrungen aus früheren Gesprächen (vgl. Auswertung)?
  - Bedürfnisse, psychische und physische Verfassung des Gegenübers?
  - Wie wird er sich verhalten (wo erwarte ich Übereinstimmung mit mir, wo Ablehnung, Widerspruch)?
- Was kann ich dem Gegenüber in diesem Gespräch bieten, etwa:
  - Information (Denkanstöße, neue Ideen, Problemlösungen etc.);
  - persönliche Förderung (Anerkennung, Kritik etc.);
  - fachliche Förderung (anspruchsvollere Aufgaben zuteilen, Aus- und Weiterbildungsmöglichkeiten etc.);
- Gesprächsverlauf:
  - Eröffnung,
  - Reihenfolge der Gesprächspunkte; Schwerpunkte (vgl. Gesprächsziel); Weichenstellungen, Verzweigungspunkte, wichtige Fragestellungen;
  - Was ist sonst zu beachten, damit das Gespräch erfolgreich verläuft (vgl. Einflussfaktoren)?
  - Wie und wann schließe ich ab (z. B. welche Minimalziele sollten erreicht sein)?

Diesen Gesprächsplan kann man schriftlich oder in Gedanken erstellen. Als Hilfsmittel bietet er die nötige Sicherheit für die Gesprächsführung, ohne jedoch die Flexibilität, die jedes Gespräch erfordert, unnötig einzuschränken.

Gesprächsdurchführung

Die Durchführung eines Mitarbeitergesprächs gliedert sich im Allgemeinen in folgende Abschnitte (vgl. Crisand & Pitzek 1993, S. 18 f.):

- Eröffnung,
- Darstellung des Gesprächsanlasses,
- Kerngespräch,
- Abschluss.

Durchführung in vier Abschnitten

Eröffnung des Gesprächs

> »Wenn man das erste Knopfloch verfehlt, bekommt man die Weste nicht mehr zu.« (Goethe)

Eröffnung

Die Eröffnung eines Gesprächs bestimmt den gesamten weiteren Verlauf. Zu Beginn geht es darum, einen persönlichen Kontakt zum Gesprächspartner herzustellen. Dies geschieht zum einen durch nonverbales Verhalten, dem in dieser Phase ganz besondere Beachtung geschenkt werden soll (▶ Abschn. 7.1), zum anderen durch situationsangepasstes Ansprechen des Gegenübers.

Grundsätzlich ist eine kurze Gesprächseröffnung sinnvoll. Es können kurze Worte persönlichen oder allgemein betrieblichen, aktuellen Inhalts sein, die als »Warming-up« dienen.

Eine längere Gesprächseröffnung kann problematisch sein, weil beim Gegenüber z. B. folgende Wirkung entstehen könnte:

- Um-den-heißen-Brei-Herumreden des Vorgesetzten,
- auf die Folter gespannt werden,
- gekünstelt, vor allem wenn nachher ein negativer Inhalt folgt.

Darstellung des Gesprächsanlasses

Nach der Gesprächseröffnung wird zum eigentlichen Gesprächsthema übergeleitet. Hierzu genügt häufig ein Satz. Bei komplexeren Themen (◘ Tab. 7.4) können jedoch auch längere Ausführungen erforderlich sein. In der Regel bewährt es sich, die Thematik bereits bei der Terminierung mitzuteilen.

Gesprächsanlass

Um eine sachliche Gesprächsatmosphäre herzustellen, sind folgende Punkte wichtig:

- Informieren über den Gesprächsanlass, Einleitung des Themas mit den zentralen Punkten;
- Rahmenbedingungen (nochmals) nennen;
- Konkretisieren des Gesprächsanlasses, indem etwa auf ein bestimmtes Ereignis, einen Schriftwechsel, eine Statistik, eine Dokumentation hingewiesen wird;
- Zielsetzung nennen und wenn möglich vereinbaren;
- Bedeutung des Themas umreißen.

Kerngespräch

Kerngespräch

Damit ist die Hauptphase des Gesprächs gemeint, in der es um die Erörterung des Themas geht. Je nach Art des Gesprächs gilt es hier, unterschiedliche (Schwer-)Punkte zu beachten (vgl. die einzelnen Führungsgespräche); deshalb seien hier lediglich allgemein wichtige Aspekte aufgeführt:

Informationen verständlich formulieren
- Informationen verständlich formulieren, gemäß den vier Aspekten, um Gespräche verständlich zu machen (▶ Abschn. 7.3.4):
  - Einfachheit,
  - Gliederung/Ordnung,
  - Kürze/Prägnanz,
  - Stimulierung/Anregung.

Dialog fördern
- Den Dialog fördern, indem Sie das Gesprächsziel stets im Auge behalten und auf das Ziel lenken durch
  - phasengerechte Strukturierung des Gesprächs;
  - Schwerpunkte setzen;
  - Zwischenzusammenfassungen machen;
  - Maßnahmen zur Verwirklichung geben (was werde ich tun/was muss mein Gegenüber unternehmen).

Beteiligung des Gegenübers
- Beteiligung des Mitarbeiters fördern:
  - zu Stellungnahmen herausfordern;
  - offene Fragen stellen;
  - Pausen nicht scheuen, sondern als Zeit zum Überdenken, zur Stellungnahme des Gegenübers einsetzen;
  - Aussagen des Gesprächspartners aufnehmen.

Wertschätzung zeigen
- Wertschätzung zeigen:
  - »sachlich« zuhören, nicht »persönlich« werden;
  - den Mitarbeiter ausreden lassen, nicht unterbrechen;
  - Verständnis für Argumente des Gesprächspartners zeigen, auch wenn sie nicht Ihren Ansichten entsprechen;
  - die Regeln des Takts einhalten, indem Sie auf Ihre Formulierungen achten.
- Beispiel für Formulierungen
  - »Darf ich Sie so verstehen…« anstelle von: »Bitte drücken Sie sich etwas deutlicher aus.«
  - »Sind Sie sicher, dass dies stimmt?« anstelle von: »Das stimmt nicht. Das ist falsch.«
  - »Da habe ich mich nicht präzise genug ausgedrückt.« anstelle von: »Da haben Sie mich falsch verstanden.«

Abschluss

Abschluss des Gesprächs

Auch der Abschluss eines Mitarbeitergesprächs hängt von der jeweiligen Situation ab. In jedem Fall kommt dem Gesprächsende eine bedeutende Rolle zu, weil es oft Ausgangspunkt für weitere Gespräche ist. Was am Ende gesagt wird, bleibt lange haften und klingt nach, deshalb sollte der Gesprächsabschluss in einer möglichst angenehmen und positiven Atmosphäre erfolgen.

Selbst wenn bis zum Schluss unterschiedliche Standpunkte vorherrschen, soll die Beziehung zu Ihrem Gegenüber möglichst wenig beeinträchtigt sein. Es gibt auch Situationen, in denen es von der vorgesetzten Person unmöglich ist, das Gespräch positiv ausklingen zu lassen. In solchen Momenten nützen Techniken und Empfehlungen wenig.

Es gibt natürlich keine Garantie dafür, dass Sie in jedem Fall Ihr Ziel einvernehmlich erreichen und das Gespräch positiv beenden können – auch das Aushalten von Differenzen zum Ideal gehört zur Vorgesetztentätigkeit.

Dennoch einige Empfehlungen zum Gesprächsabschluss (in Anlehnung an Saul 1995, S. 45):
- Behandeln Sie Unangenehmes nicht erst am Ende des Gesprächs; Ihr Gegenüber sollte genügend Zeit haben, um darauf reagieren zu können, damit ein positiver Ausklang des Gesprächs nicht verbaut wird.
- Fassen Sie das Gesprächsergebnis in wenigen Sätzen zusammen und prüfen Sie, ob das von Ihrem Gegenüber auch so verstanden worden ist.
- Äußern Sie sich darüber, wie Sie das Gespräch erlebt haben und zeigen Sie Zufriedenheit oder Freude über das Ergebnis, sofern dies für Sie zutrifft.
- Fordern Sie Ihr Gegenüber zu Stellungnahme und Feedback auf und geben Sie auch ein kurzes Feedback, sofern die Situation dafür günstig ist (vgl. »Feedback geben und empfangen«).
- Formulieren Sie abschließend
    - etwas darüber, was nun folgt (Aufforderung, Ausblick, Bitte …)
    - Ihren Dank (konkret bezogen auf das Gespräch, nicht als Floskel).

Gesprächsauswertung

Auswertung

Die Gesprächsauswertung dient dazu, den Verlauf des Gesprächs zu analysieren, Hinweise für die Vorbereitung zukünftiger Gespräche abzuleiten und konkrete Maßnahmen zu veranlassen, die sich aufgrund des Gesprächs ergeben.

Entsprechend kann die Auswertung auf zwei Ebenen erfolgen (vgl. Crisand Pitzek 1993, S. 20 ff.):

Persönliche/gesprächspsychologische Auswertung

Hier stehen die Verhaltensweisen der Gesprächsteilnehmer im Zentrum. Mögliche Fragen dazu sind:

gesprächspsychologische Ebene

- Sind die gesteckten Gesprächsziele (ganz/teilweise/nicht) erreicht worden?
- Wie beurteile ich das Gespräch: Sind wir weitergekommen (neue Aspekte, neue Wege, gemeinsame Lösungen, Einsichten, Maßnahmen)?
- Wie beurteilt mein Gegenüber dieses Gespräch? Weicht diese Beurteilung von meiner ab?
- Wie habe ich mich im Gespräch verhalten? Habe ich dem Gegenüber Wertschätzung entgegengebracht? Oder habe ich Widerstand erzeugt und falls ja, wie hätte ich mich ausdrücken müssen, um diese Reaktion zu vermeiden?
- Was habe ich falsch gemacht? Habe ich z. B. mein Gegenüber nicht ausreden lassen oder zu wenig Zeit gegeben, die eigenen Ansichten und Anliegen zum Ausdruck zu bringen?
- Wie war das Gesprächsklima? Was habe ich dazu beigetragen?
- Welches Bild hat das Gegenüber von mir?
- Welchen Eindruck habe ich von ihm?
- Haben wir die wichtigen Punkte und Ergebnisse gleich verstanden?
- Habe ich irgendetwas versprochen, von dem ich nicht sicher bin, ob ich es halten kann (z. B. Gehaltserhöhung, Beförderungen oder eigenes Verhalten)?

- Wie wäre meine Reaktion gewesen, wenn ich als Gesprächsteilnehmer auf der anderen Seite gesessen hätte?
- Was muss ich bei weiteren Gesprächen mit diesem Partner beachten?

Sachliche Auswertung

organisatorische Ebene

Dabei geht es um organisatorische Maßnahmen, die sich aufgrund des Gespräches ergeben, z. B.:
- Gesprächsnotizen auswerten (Informationsbasis für weitere Gespräche);
- Protokolle erstellen;
- Folgehandlungen ausführen oder veranlassen (Telefonate, Informationen …);
- Maßnahmen veranlassen (Delegieren an Mitarbeiter; zu nächsten Gesprächen einladen usw.);
- Hilfestellungen geben, sofern nötig zur Durchführung von Maßnahmen.

Eine gute Gesprächsauswertung kann als Basis und damit als Vorbereitung für weitere Gespräche dienen. Daher ist es empfehlenswert, sich möglichst bald nach dem Gespräch dafür Zeit zu nehmen, auch wenn der Alltag noch so hektisch ist.

7.3.4 Gesprächspsychologische Grundsätze für Gespräche mit Mitarbeitern

Der Verlauf von Gesprächen mit Mitarbeitern wird hauptsächlich durch die Verhaltensweisen der Beteiligten geprägt; die Verhaltensweisen konzentrieren sich um die drei Grundelemente der Gesprächsführung: Mitteilen – Zuhören – Verstehen (Abb. 7.10).

Im Folgenden wird auf einzelne Faktoren näher eingegangen, weil sie in allen Gesprächen von zentraler Bedeutung sind. Der Schwerpunkt liegt beim Mitteilen, Aspekte des Zuhörens und Verstehens werden am Schluss kurz aufgenommen.

Mitteilen

Folgende Aspekte seien für Führungsgespräche besonders hervorgehoben (▶ Abschn. 6.5):
- Informationen geben,
- Argumentieren/Überzeugen,
- Fragen,
- Ich-Botschaften.

Abb. 7.10. Grundelemente eines Gesprächs

Informationen geben

In jedem Führungsgespräch werden Informationen ausgetauscht, deshalb ist es wichtig, dem Aspekt der Verständlichkeit einen Abschnitt zu widmen. Denn was nützen eine sorgfältige Gesprächsvorbereitung, gute Unterlagen und Argumente, wenn Vorgesetzte sich nicht verständlich ausdrücken können?

Informationen werden dann optimal aufgenommen und verarbeitet, wenn folgende Faktoren beachtet werden (vgl. Schulz von Thun 1981):

Bei Informationen ist zu beachten

Verständlichkeit

Einfachheit
- Verwenden Sie Tätigkeitswörter.
- Sprechen Sie möglichst in Gegenwartsform.
- Bilden Sie kurze Sätze mit bekannten Wörtern.
- Vermeiden Sie möglichst Fremdwörter; erklären Sie Fachausdrücke.

Einfachheit

Gliederung und Ordnung
Schulz von Thun unterscheidet eine äußere und eine innere Gliederung:

Eine äußere Gliederung empfiehlt sich besonders bei längeren Gesprächen. Sie hilft dem Gegenüber, den Überblick nicht zu verlieren und wird unterstützt, wenn Sie

- Übersicht geben bzw. Informationen strukturieren, z. B.: »Heute besprechen wir …«; »Der nächste Punkt …«.
- Wesentliches betonen, z. B.: »Besonders wichtig in diesem Zusammenhang …«.
- Sprechpausen einlegen,
- Fakten und Meinungen trennen,
- (Zwischen-)Zusammenfassungen machen.

äußere Gliederung

Eine innere Gliederung bedeutet vor allem, dass
- Gedankengänge logisch aufeinander aufgebaut werden,
- Informationen in sinnvoller Weise wiedergegeben werden.

innere Gliederung

Kürze und Prägnanz
- Konzentrieren Sie sich auf das Wesentliche.
- Formulieren Sie klar und knapp.

Kürze und Prägnanz

Diese zwei Verständlichkeitsmacher vermeiden, dass das Gespräch verflattert und das Gegenüber müde wird oder die Aufmerksamkeit verliert. Je nach Gesprächsart oder -phase kann es jedoch auch sinnvoll sein, etwas in mehr Worten zu sagen oder zu wiederholen; solche Redundanzen (»überflüssige« Informationen) können gerade in der mündlichen Kommunikation die Chance erhöhen, dass Wesentliches richtig verstanden wird.

Anschaulichkeit
Die Aufmerksamkeit des Gegenübers kann durch eine anschauliche Sprechweise erhöht werden, dazu gehört z. B.:
- Formulieren Sie konkret und anschaulich: Bringen Sie Beispiele.
- Verwenden Sie Bilder oder Zitate.

Anschaulichkeit

- Sprechen Sie das Gegenüber persönlich an (»Sie« statt »man«).
- Sprechen Sie Gefühle an (eigene und die des Gegenübers).
- Beziehen Sie Ihr Gegenüber in Ihre Ausführungen ein, indem Sie beispielsweise sagen: »Sie haben sicher schon vernommen ...«, »Sie kennen vermutlich ...«.
- Visualisieren Sie besonders dann, wenn es um komplizierte Sachverhalte geht (zur Visualisierung in Gruppen ▶ Abschn. 8.3).
- Achten Sie auch auf die wichtigsten Aspekte der Sprechtechnik:
  - Lautstärke,
  - Sprechtempo,
  - Stimmlage.

Argumentieren/Überzeugen

In vielen Führungsgesprächen wird über verschiedene Sachfragen verhandelt oder diskutiert. Besonders wenn sich konkurrierende Sachverhalte und Meinungen gegenüberstehen und eine Entscheidung getroffen oder begründet werden soll, dann sind Ihre Fähigkeiten zum Argumentieren gefragt. Einige zentrale Aspekte seien hier kurz angeführt.

Argument = begründete Behauptung

Unter Argument wird eine begründete Behauptung verstanden. Als erste wichtige Argumentationsgrundlage kann die **Vorbereitung** der Beweise/Begründungen betrachtet werden. Dazu dienen Ihnen folgende Fragen:

Fragen zur Vorbereitung von Argumenten

- Welche Argumentationsziele habe ich (▶ später: überzeugen oder überreden)?
- Welche Argumente habe ich bzw. muss ich mir noch erarbeiten?
- Welche Gegenargumente erwarte ich?
- Wie kann ich die Gegenargumente entkräften?
- Welche Argumentationsmethoden wende ich an (s. unten)?
- Benötige ich Hilfsmittel zur Unterstützung meiner Aussagen?

Beweismittel/Argumente können Sie ableiten aus (vgl. Saul 1995, S. 48 f.):
- betrieblichen Erfordernissen, Grundsätzen und Vereinbarungen,
- der eigenen Erfahrung,
- dem gesunden Menschenverstand (allgemeingültige Erfahrungen),
- Fakten, Untersuchungen, Statistiken,
- Aussagen von Fachpersonen,
- Normen aus Recht, Ethik und Moral.

Überlegen Sie sich als nächstes, wie Sie die Argumente zu einer logischen und überzeugenden Gesamtmenge aufbauen. Dazu helfen Ihnen Kenntnisse über die gebräuchlichsten Argumentationsfiguren, -methoden und -techniken (vgl. dazu ausführlicher Crisand & Pitzek 1993, S. 42 ff.). Grundsätzlich lassen sich zwei verschiedene Arten der Argumentation unterscheiden, je nachdem, welche Ziele verfolgt werden (Crisand & Pitzek 1993, S. 53 f.):
- Kooperative oder sachorientierte Argumentation: Überzeugen des Gegenübers.
- Strategische oder gewinnorientierte Argumentation: Überreden des Gegenübers.

Kooperative Argumentation

Diese Argumentationsform hat zum Ziel, das Gegenüber zu überzeugen und zusammen Lösungen zu erarbeiten, die für alle Seiten optimal sind (jedoch nicht unbedingt die für nur eine Seite maximal möglichen Ergebnisse anstrebt).

Durch die Kooperation der Gesprächsteilnehmer werden Ziele eher schnell und leicht erreicht als bei der strategischen Argumentation. Auf der Beziehungsebene wird eine offene, vertrauensvolle Atmosphäre gefördert, und die gegenseitige Anerkennung erhöht die Wahrscheinlichkeit, dass getroffene Lösungen später auch tatsächlich umgesetzt werden (vgl. dazu insbesondere Fisher & Ury 1990).

kooperative Argumentation

Strategische Argumentation

Bei dieser Argumentationsmethode geht es in erster Linie darum, das **eigene** Gesprächsziel durchzusetzen, ohne die Zielvorstellung des Gegenübers zu berücksichtigen. Die Hauptgefahr liegt jedoch darin, dass die Beziehungsebene getrübt wird, indem etwa
- Abwehrreaktionen beim Gegenüber provoziert werden,
- das Klima beeinträchtigt wird,
- das Selbstwertgefühl des Gegenübers tangiert wird.

strategische Argumentation

Die zu dieser Strategie gehörenden Methoden seien lediglich in Stichworten angeführt, weil es wichtig ist, diese zu (er)kennen, sofern sie von Ihrem Gegenüber angewendet werden (vgl. ausführlicher Crisand & Pitzek 1993; Lay 1991):

Methoden der strategischen Argumentation
- Definitionsmethode:
- Das Gegenüber soll von ihm verwendete Begriffe genau definieren; da dies oft schwer ist, soll seine Inkompetenz bzw. Unglaubwürdigkeit aufgezeigt werden.
- Fremdwortmethode:
- Möglichst viele Fremdwörter sollen das Gegenüber einschüchtern.
- Unterbrechungsmethode:
- Die Argumentation des Gegenübers wird durch ständige Unterbrechung gestört.
- Vorwurfsmethode:
- Durch Überhäufen mit Vorwürfen (meist in Form von Warum-Fragen) wird das Gegenüber verunsichert.
- Persönliche-Angriffs-Methode:
- Statt auf Sachverhalte einzugehen wird das Gegenüber mit persönlichen Angriffen provoziert.
- Killer-Phrasen-Methode:
- Durch Sätze wie »Das funktioniert in der Praxis doch nicht« werden Ideen des Gegenübers abgeblockt.

Methoden der strategischen Argumentation sollen sie (er)kennen, um darauf reagieren zu können

> - Scheinargumentmethode:
>   Begriffe mit hohem Stellenwert (z. B. »meine Erfahrung«, »Tradition«, »Wissenschaft«) werden ohne Bezug zu echten Sachargumenten verwendet.
> - Ausweichmethode:
>   Vor allem mangels Gegenargumenten eine Methode, um den Argumenten des Gegenübers zu entrinnen (z. B. durch Übergehen, Themenwechsel oder durch Ablenken).

Soweit einige Aspekte zum Argumentieren/Überzeugen im Führungsgespräch. Ausführlicher finden Sie einzelne Techniken und Methoden beschrieben in Lay (1991).

Fragen

Fragen sind einerseits ein wichtiges Mittel, um Informationen einzuholen, darüber hinaus eine beliebte Methode, um das Gegenüber zu aktivieren und dabei das Gespräch unaufdringlich zu leiten.

Mit Fragen lassen sich Gespräche eröffnen, in Gang halten, das Interesse des Gegenübers auf ein Ziel hin lenken oder generell die Aufmerksamkeit erhöhen. In Anlehnung an Saul (1995, S. 54) sind vier Fragearten, die für Führungsgespräche relevant sind, in ◘ Tab. 7.3 dargestellt.

Grundregeln für das Formulieren von Fragen

Wer richtig fragt, der führt. Deshalb seien ein paar Grundregeln für das Formulieren von Fragen angeführt:
- Überlegen Sie sich wichtige Fragen bereits in der Vorbereitung.
- Verwenden Sie vorwiegend offene Fragen, um dem Gegenüber möglichst viel Freiraum zu lassen.
- Stellen Sie jeweils nur eine Frage.
- Formulieren Sie möglichst eindeutig, konkret und verständlich.
- Beachten Sie die Umkehrbarkeits-Regel: Gehen Sie mit Ihrem Gegenüber so um, wie Sie auch selbst behandelt werden möchten (vgl. Wertschätzung).

Ich-Botschaften

Ich-Botschaften fördern ein entspanntes Gesprächsklima

Ich-Botschaften wurden unter ▶ 7.1 beschrieben (vgl. auch Feedbackregeln, ▶ 7.4). An dieser Stelle sei lediglich auf ein paar Situationen in Führungsgesprächen verwiesen, in denen Ich-Botschaften besonders geeignet sind, beispielsweise wenn:
- Sie dem Mitarbeiter mitteilen, dass die Leistungen dem Soll entsprechen, darüber oder darunter liegen;
- Sie ein Verhalten Ihres Gegenübers bewerten wollen, für das Ihnen der Beurteilungsmaßstab fehlt;
- Ihr Mitarbeiter sich Ihnen gegenüber bzw. in einer bestimmten Situation besonders geschickt oder aber besonders unangemessen verhält.

Tab. 7.3. Fragearten in Führungsgesprächen. (In Anlehung an Saul 1995)

	Beispiele	Merkmale	Wirkung
Offene Fragen	– Welche Erfahrungen haben Sie mit … gemacht? – Was meinen Sie dazu? – Wie denken Sie darüber? – Was ist geschehen? – Wie beurteilen Sie …?.	– Sie beginnen mit einem Fragewort: Was, wer, wie, wo usw. – Sie können nicht mit Ja oder Nein beantwortet werden. – Sie lassen Ihrem Mitarbeiter große Freiräume hinsichtlich des Inhalts und der Formulierung der Antwort.	– Sie ergeben eine große Informationsausbeute. – Sie werden als partnerschaftlich erlebt. – Sie werden als geringe Lenkung erlebt.
Geschlossene Fragen	– Haben Sie schon mit dem Personalchef gesprochen? – Passt es Ihnen am Freitag um 13.30 Uhr? – Wären Sie mit dieser Lösung einverstanden? – Ist das so? – Können Sie das bestätigen?	– Sie beginnen mit einem Verb. – Sie lassen nur wenig Antwortmöglichkeiten zu; im Regelfall Ja oder Nein.	– Sie bringen geringe Informationsausbeute. – Sie zwingen zu eindeutiger Stellungnahme. – Sie werden als starke Lenkung erlebt. – Sie sind insbesondere dann angebracht, wenn Sie einzelne Fakten zusammentragen wollen, wenn Sie die Gedanken Ihres Mitarbeiters auf einen bestimmten Punkt lenken wollen.
Rangierfragen	– Ich stimme mit Ihnen überein, Herr Huber, aber sollten wir uns nicht wieder dem vereinbarten Thema widmen? – Wollen wir nicht erst diesen Punkt besprechen? – Über welche Punkte Ihres Problems, Frau Schäfer, sind wir einer Meinung?	– Können sowohl mit einem Fragewort als auch mit einem Verb beginnen.	– Sie helfen, das Gespräch auf den Gesprächsgegenstand/auf das Wesentliche zu konzentrieren.
Spiegelungsfragen (Rückkoppelungsfragen)	– Sie sind also der Auffassung, dass …? – Wenn ich Sie recht verstehe, meinen Sie …? – Sie halten es also für denkbar, dass …? – Wollen Sie damit sagen, dass …?	– Beginnen im Regelfall nicht mit einem Fragewort. Geben Inhalte vorangehender Aussagen des Gesprächspartners wieder.	– Signalisieren Anteilnahme. – Sichern gegenseitiges Verstehen. – Verhindern, dass aneinander vorbeigeredet wird. – Verbessern das Klima. – Vermindern Mehrdeutigkeiten.

Generell fördern Ich-Botschaften ein Gespräch, indem sie das Gegenüber nicht gleich zu Widerspruch, Rechtfertigung und Kritik provozieren. Aber wie bei jeder effektiven Kommunikationsform gilt es, Extreme zu vermeiden; eine Führungskraft, die vorwiegend Ich-Botschaften aussendet, läuft Gefahr, als egozentrische Person wahrgenommen und etikettiert zu werden.

Zuhören und Verstehen

> »Ich muß erst die Antwort hören, um zu wissen, was ich gesagt habe.«
> (Norbert Wiener)

In den kommunikationspsychologischen Grundlagen wurde die Wichtigkeit des Zuhörens und Verstehens betont. Da sich das Zuhörerverhalten der Gesprächsteilnehmer auf den Gesprächsverlauf auswirkt (auf der Sach- wie auf der Beziehungsebene), seien hier nochmals die für Führungsgespräche wichtigen Arten des Zuhörens in Stichworten erwähnt (vgl. dazu auch Crisand u. Pitzek 1993, S. 78 ff.).

Aktives Zuhören

Aktives Zuhören

Damit zeige ich dem Gegenüber, dass
- ich mich für ihn interessiere und dafür, was gesagt wird;
- ich versuche, ihn zu verstehen;
- ich aufmerksam und konzentriert zuhöre.

Die wichtigsten Techniken des aktiven Zuhörens sind:
- Paraphrasieren,
- Verbalisieren,
- Nachfragen,
- Zusammenfassen,
- Klären,
- Weiterführen,
- Abwägen.

Analytisches Zuhören

Analytisches Zuhören

Beim analytischen Zuhören konzentrieren wir uns auf die Sachaussage und versuchen herauszufinden, ob wir den Sachverhalt richtig verstanden haben und ob die Aussagen sachlich richtig und die Argumente beweiskräftig sind. Bei der Überprüfung der Sachaussagen achten wir besonders auf:
- stillschweigende Voraussetzungen und
- Scheinargumente.

7.3.5 Führungsgespräche im Überblick

Unterscheidungsmerkmale von Führungsgesprächen

Einleitend seien in diesem Abschnitt einige Beispiele aufgezeigt, wie sich Führungsgespräche unterscheiden lassen. Anschließend folgt ein Überblick über die häufigsten Gesprächsarten.

Unterscheidung von Führungsgesprächen

Anzahl beteiligter Personen

1. Nach der **Anzahl** der beteiligten Personen
   - Das **Zweiergespräch** für Inhalte, welche nur die Beteiligten betreffen (zeitökonomischer Aspekt) bzw. deren emotionaler Gehalt oder Vertraulichkeit die Intimität eines Gesprächs »unter vier Augen« erfordert.

- Die **Aussprache** unter wenigen Personen mit dem Ziel, die persönliche Sicht und Beziehung der Gesprächspartner bezüglich einer Sache, einer Situation oder ihres Verhältnisses zueinander zu klären. Beispiele: Aussprache über einen Vorfall, einen Konflikt etc.
- **Konferenzen** als Gespräche von Gruppen unter einer Leitung mit bestimmten Zielen, z. B. zu informieren, Probleme zu lösen, Vorhaben zu realisieren.

2. Nach **genereller Zielsetzung** des Gesprächs   **Zielsetzung**
    - **Informationssammlung**, z. B. sich orientieren, etwas untersuchen, über etwas berichten lassen etc.
    - **Einschätzen bzw. Beurteilen** des Gesprächspartners, z. B. Ausleseinterview, Beurteilungsgespräch etc.
    - **Einflussnahme auf das Verhalten** des Gegenübers, z. B. Instruktionsgespräch, Maßnahmegespräch etc.
    - **Herbeiführung einer Entscheidung**, z. B. Verhandlungen, Zustimmung oder Ablehnung eines Antrages, Problemlösung etc.

3. Nach **Gesprächsanlass**   **Gesprächsanlass**
    - Der Mitarbeiter ergreift die Initiative zum Gespräch, um beispielsweise zu informieren, ein Anliegen anzubringen etc.
    - Das Gespräch wird von der vorgesetzten Person veranlasst, wobei das Gegenüber dies positiv, neutral oder negativ beurteilt und entsprechend mehr oder weniger freiwillig kommt.

4. Nach **Schwierigkeitsgrad** des Gesprächs   **Schwierigkeitsgrad**
    - Inhalt (intellektueller, fachlicher Aspekt),
    - Bedeutung (emotionaler Aspekt bezüglich Thema oder Ergebnis),
    - Beziehung der Gesprächsteilnehmer in formaler (hierarchischer) und qualitativer Hinsicht. Hier gibt es graduelle Schwierigkeitsgrade von einfach (»Routinegespräch«) bis komplex (»Problemgespräch«). Der Schwierigkeitsgrad von Gesprächen wird zusätzlich noch beeinflusst von den Aspekten Ort, Raum, Zeit, Vorbereitung versus Überraschung.

5. Nach **Gesprächsstilen**   **Gesprächsstile**
    - Gesprächsstile lassen sich beispielsweise entlang zweier Achsen einordnen (vgl. Neumann 2003, S. 174):
    - Steuerung durch die vorgesetzte Person (stark bis gering) und
    - Eingehen auf persönliche Sichtweisen des Gegenübers (stark bis gering).
    - Entsprechend unterscheidet Neumann (ebd.) direktives Gespräch, Beratung, »üblichen« Dialog, belangloses Geplauder und nondirektives Gespräch.

Folgende ◘ Tab. 7.4 über die häufigsten Führungsgespräche enthält bei den jeweiligen Gesprächsarten (mit allfälligen Verweisen zu anderen Themen) Stichworte zu Ausgangslage, Zielsetzung, Inhalte und Vorgehensweisen sowie Besonderheiten, die es beim Gespräch zu beachten gilt (vgl. dazu auch Braig & Wille 2006).

Tab. 7.4. Führungsgespräche und ihre Charakteristika

Gesprächsart	Ausgangslage	Ziel(e), Inhalte		Besonderheiten
Bewerbungsgespräch Ausleseinterview (Mitarbeitende gewinnen, ▶ Abschn. 11.1)	Bedarfsabklärung, Anwerbung und Vorselektion haben stattgefunden, bis es zu einem Bewerbungsgespräch kommt.	Mitarbeiter	Vorgesetzter	Vorgesetzter und Mitarbeiter möchten möglichst viele Informationen erhalten. Entscheidend für ein erfolgreiches Interview ist eine richtige Fragetechnik, mit v. a. konkreten, verhaltensbezogenen Fragen, offenen Fragen.
		\multicolumn{2}{c}{Diagnose}	
		des Betriebes und der Stelle	des Bewerbers	
		\multicolumn{2}{c}{Vergleich}	
		\multicolumn{2}{c}{von Erwartungen und Angebot}	
		Präsentation	Anwerbung	
		(sich verkaufen)	(Verkauf einer Stelle)	
Begrüßungs- oder Einführungsgespräche (Einführung von neuen Mitarbeitenden, ▶ Abschn. 11.1.7)	Mitarbeiter ist am neuen Ort tendenziell verunsichert und unerfahren, hat oftmals große Erwartungen, aber auch Angst vor Misslingen.	\multicolumn{2}{l}{Erleichterung der Integration des neuen Mitarbeiters am neuen Arbeitsort. Gesprächsinhalte sind z. B.: − Einführungs- und Ausbildungsplan, − Informationen, − Gespräch am Ende des 1. Tages/der 1. Woche über allgemeine Eindrücke, offene Fragen.}		Zu berücksichtigen sind z. B.: − Mitarbeiter befindet sich in Übergangsphase, besondere Einflussfaktoren (ob Wechsel freiwillig, ob Auf- oder Abstieg usw.) sind zu berücksichtigen, Information ohne Überforderung, − Lernpsychologische Grundsätze.
Instruktions- oder Lehrgespräche	Je nach Situation (z. B. Einführungsphase nach Versetzung, Stellenwechsel, betrieblichen Innovationen und Veränderungen) ist der Mitarbeiter mehr oder weniger motiviert, etwas Neues zu lernen.	\multicolumn{2}{l}{Mitarbeiter lernt Neues auf den Ebenen − Wissen, − Einsichten, Handhabungen. Die wichtigsten Schritte sind − selbst machen, − alleine arbeiten, − Selbstkontrolle.}		Vorgesetzter berücksichtigt Vorkenntnisse und Erfahrungen der Mitarbeiter und setzt entsprechend die Ziele fest. Lernauftrag als Form der »delegierten« Instruktion.
Tägliche Arbeitsgespräche »Kleine Mitarbeitergespräche« (Saul 1995)	− Geplant oder spontan, − meist von kurzer Dauer, Initiative von Vorgesetzten oder Mitarbeitern.	\multicolumn{2}{l}{Beispiele: − Informationen geben/erhalten, − Steuerung von Arbeitsprozessen (Kontrolle, Korrekturen), − Feedback (Kritik und Anerkennung), − »Smalltalk«.}		Auch wenn oft nicht geplant und vorbereitet, ist es wichtig, dass sich beide Seiten angemessen Zeit für diese Gespräche nehmen. Wichtig für Kontakt- und Beziehungspflege Vorgesetzter/Mitarbeiter.
(Kranken-)Rückkehrgespräch	Nach einer (krankheitsbedingten) Abwesenheit ist es wichtig, dass VG sich Zeit nimmt, mit der rückkehrenden Person ein Gespräch zu führen. Dies bestärkt MA im Gefühl, willkommen zu sein und gebraucht zu werden.	\multicolumn{2}{l}{− Durch Smalltalk zeigen, dass man sich über Rückkehr freut; − Rückfragen, was los war und wie es MA jetzt geht; − Berichten über wichtige Vorkommnisse, Veränderungen.}		− Gespräch darf kurz sein; − viele VG vergessen die Bedeutung dieses Gesprächs für die rückkehrende Person oder scheuen sich, persönliche Fragen zu stellen.

Tab. 7.4 (Fortsetzung)

Gesprächsart	Ausgangslage	Ziel(e), Inhalte	Besonderheiten
Fehlzeitengespräch	VG kommen nicht darum herum, mit MA, die häufiger fehlen, ein klärendes Gespräch zu führen; wenn solche Gespräche ausbleiben, entstehen bei MA Gefühle wie: »Die merken das gar nicht«, »Das stört niemanden groß« oder »So wichtig bin ich nicht«.	– Fakten darlegen und fragen, was los ist; – Fragen, ob es »auskuriert« ist und ob Unterstützung gebraucht wird; – Frage nach dem »wie weiter?« – Auswirkungen der vielen Fehlzeiten für den Betrieb klar machen.	– Gespräch ist heikel, da es naturgemäß sehr persönlich geführt werden muss; – Informationsstand ist beim MA größer als beim VG – Gratwanderung zwischen teilnehmender Fürsorge (v. a. bei zu rascher Rückkehr) und Aufklärungsinteresse (v. a. bei Verdacht auf Blaumachen).
Qualifikationsgespräche (Mitarbeitende beurteilen, ▶ Abschn. 13.3)	Das Gespräch ist ein zentraler Bestandteil in der MA-Qualifikation. Neben dem Qualifikationssystem spielen v. a. dessen Einführung, Handhabung und Pflege eine wichtige Rolle für die Akzeptanz bei den Betroffenen.	– Standortbestimmung, – Rückmeldung, Stellungnahme und Analyse zu Leistungen und Verhaltensweisen, Basis für Laufbahngespräch → Förderung, – Rückmeldung an VG über Führungsarbeit.	– Klarheit der Soll-Anforderungen erleichtert Überprüfung, ob Ziele erreicht sind; – Qualifikatoren müssen sich Urteilstendenzen und Verzerrungen bewusst sein.
Zielsetzungsgespräch (Führen durch Zielvereinbarungen, ▶ Abschn. 13.2)	Beide Gesprächspartner überlegen sich v. a. aufgaben- und unternehmensorientierte Ziele im Vorfeld bzw. aufgrund vorhergehender Gespräche.	Vereinbarung von Wachstums-, Verbesserungs- oder Erhaltungszielen, die quantitativ, qualitativ, zeitlich und bedingungsmäßig möglichst klar formuliert sind.	Realistische Situationseinschätzungen und damit weder Über- noch Unterforderung des MA sind wichtige Durchführungs- und Erfolgskriterien.
Laufbahngespräche	Optimalerweise regelmäßig (z. B. alle zwei Jahre) und durch VG initiiert.	Berufliche, positionale und persönliche Förderung des MA, bezogen auf Aufgabenstellungen, Weiterbildung, Einkommensentwicklung etc.	Balance finden zwischen – MA-Wünschen und Vorstellungen – VG (und Abteilungs-) Interessen – Gesamtinteressen oder Organisation
Gehaltsgespräch	Kann ein Teil des Bewerbungs- oder Laufbahngesprächs sein.	Einigung über Gehalt des MA. Sofern kein Verhandlungsspielraum bzw. bei Gehaltskürzungen: MA akzeptiert Entscheid.	Gehaltspolitik der Organisation als Richtlinie; je nach Situation ein Verhandlungs- oder Schlechte-Nachricht-Gespräch.
Aufträge erteilen (Delegation, ▶ Abschn. 13.1)	Je nach Ausgangslage (Krise oder Normalsituation) handelt es sich dabei um Befehl, Auftrag, Anregung und Wunsch.	– Über Ausgangslage und Ziel informieren, – Auftrag begründen, – Erwartungen hinsichtlich Ergebnis äußern (inkl. Handlungsspielraum, Mittel), – Art und Weise der Kontrolle festlegen und sicherstellen, dass Auftrag verstanden.	Wichtige Faktoren, ob Auftragserteilung gelingt: – VG (klar informieren, loslassen können, Spielraum geben usw.) – MA (traut er sich Auftrag zu usw.) – Beziehung VG-MA (Vertrauensbasis)

◘ **Tab. 7.4** (Fortsetzung)

Gesprächsart	Ausgangslage	Ziel(e), Inhalte	Besonderheiten
Beratungsgespräch (Beratung und Coaching, ▶ Kap. 9)	– MA kommt freiwillig, will etwas besprechen – Vertrauensverhältnis muss vorhanden sein, sonst ist Beratung schlecht möglich.	– Verstehen des MA – MA fühlt sich ernst genommen – »Hilfe zur Selbsthilfe«	Oft will MA fertige Lösungen bzw. VG gibt gerne Lösungen weiter → Gefahr der Unmündigkeit des MA.
Problemlösungsgespräch (▶ Abschn. 6.3)	– Problem ist »neu«, noch nicht x-mal aufgetreten; – oft ist MA Teil des Problems (z. B. Sozial- oder Leistungsverhalten); – nicht im täglichen Arbeitsgespräch anzugehen; – Problem ist (noch) nicht zum Konflikt geworden.	– Gemeinsame Betrachtungsweise des Problems und Problemdefinition; – Ursachenanalyse; – Lösung(en) erarbeiten.	Schwierigkeiten ergeben sich, wenn z. B. – keine gemeinsame Problemsicht zustande kommt, – Sündenböcke gesucht werden, – Art der Problemlösung das Problem ist bzw. neue Probleme ergibt, – Lösungen aufgedrängt statt erarbeitet werden.
Maßnahmengespräch	– Meistens schon Problemlösungsgespräche vorausgegangen – VG kann MA dazu »zitieren« → MA nicht freiwillig – VG hat evtl. schon Vorentscheide im Kopf → ist nicht mehr so offen wie beim Problemlösungsgespräch – evtl. bereits konflikthafte Beziehung	– Neue Informationen erhalten, verstehen, weshalb Lösungen nicht realisiert werden konnten. – Neue Lösungen treffen, die Veränderung herbeiführen. – Akzeptanz der Lösungsentscheide. – Klare Abmachungen treffen (was, bis wann …).	Gefahren und Schwierigkeiten: – VG hat oft selber Widerstände gegen solche Gespräche; – Opposition seitens MA: Beziehungsthema wird auf Inhaltsebene ausgetragen; – zu viele Maßnahmengespräche ohne Veränderung zu bewirken schwächen Glaubwürdigkeit beider Seiten.
»Schlechte-Nachricht«-Gespräch (▶ z. B. Trennungsgespräch, Abschn. 11.3.4)	– In der Regel nach mehreren Problemlösungs- bzw. Maßnahmengesprächen (außer bei plötzlichen Ereignissen). – Inhalt der Nachricht ist endgültig, nicht umkehrbar. – Nachricht hat negative Konsequenzen für MA (ohne Spielraum). – VG ist Überbringer der schlechten Nachricht.	– Überbringen der Nachricht, sodass sie bei MA ankommt und aufgenommen wird; – Affekte zulassen und dafür Verständnis zeigen; – Aufnahmen der Nachricht bei MA ermöglicht Ausblick über »wie weiter?«	Gefahren und Schwierigkeiten: – MA will schlechte Nachricht nicht wahrhaben. – VG und/oder MA hat Mühe, mit Affekten umzugehen. → Vermeidungstendenzen.
Konfliktgespräch (▶ Abschn. 16.6)	Konflikthafte Beziehungen und Probleme, wobei – VG nicht Teil des Konfliktes, – VG Teil des Konfliktes sein kann.	– Verbesserung der Zusammenarbeit, arbeitsfähige Beziehung (wieder) herstellen; – Problemlösung als Minimalziel; – Erkennen, wenn Konflikt nicht lösbar ist (z. B. Wertekonflikt).	Gefahren und Schwierigkeiten: – Aufschaukeln der Parteien → Eskalation. – Schuldzuweisungen (Gewinner-Verlierer). – Vermischung von Sach- und Beziehungsebenen.

7.3 · Gesprächsführung

ZUSAMMENFASSUNG

Das Gespräch mit Mitarbeitern gehört zu den wichtigsten Führungsaufgaben von Vorgesetzten. Neben dem Berücksichtigen entscheidender Einflussfaktoren auf Führungsgespräche ist es wichtig, klare Ziele festzulegen und eine gute Vorbereitung zu treffen. Die Gesprächsdurchführung erfordert eine sinnvolle Gliederung und die Fähigkeit, sich klar mitzuteilen und je nach Situation so zu fragen oder zu argumentieren, dass für alle Beteiligten ein optimales Resultat erzielt werden kann. Der Gesprächsverlauf wird zudem maßgeblich geprägt von der Kunst des gegenseitigen Zuhörens und Verstehens – Faktoren, die Vorgesetzte bewusst in ihrer Rolle gestalten und beeinflussen können. Die Auswertung jedes Gesprächs orientiert sich in erster Linie an der Zielsetzung. Dabei sind in jedem Fall sowohl Inhalts- wie auch Beziehungsaspekte zu berücksichtigen. Die Unterscheidung in verschiedene Gesprächsarten dient Vorgesetzten dazu, die jeweiligen Ausgangslagen, Inhalte und Besonderheiten bewusster in ihr Denken, Fühlen und Handeln miteinzubeziehen.

FRAGEN ZUR VERTIEFUNG

1. Wieviel Zeit verbringen Sie mit welchen Gesprächen? (Tätigkeitsanalyse, ▶ Abschn. 6.2)
2. Wie sieht die Verteilung der Gesprächspartner aus?
   - Gespräche mit eigenem Vorgesetzten,
   - Gespräche mit anderen Vorgesetzten,
   - Gespräche mit Kollegen,
   - Gespräche mit Mitarbeitern,
   - Gespräche mit Mitarbeitern und Kollegen,
   - Gespräche mit Nichtangehörigen des Unternehmens.
3. Fällt Ihnen ein Gespräch ein, das Sie erfolgreich geführt haben? Könnten Sie erklären, woran das lag?
4. Welche Gesprächssituationen bewältigen Sie am besten? Warum?
5. Welche Gesprächssituationen bereiten Ihnen am meisten Mühe? Warum?

Literatur

Braig, W. & Wille, R. (2006). *Mitarbeitergespräche. Gesprächsführung aus der Praxis für die Praxis*. Zürich: Orell Füssli Verlag. (7. Auflage 2011).

Crisand, E. & Kiepe, K. (1991). *Das Gespräch in der betrieblichen Praxis*. Heidelberg: Sauer. (2. Auflage 1998).

Crisand, E. & Pitzek, K. (1993). *Das Sachgespräch als Führungsinstrument: gesprächspsychologische Grundsätze*. Heidelberg: Sauer.

Dutfield, M. & Eling, C. (1993). *Gesprächsführung für Manager: Mitarbeiter kompetent beraten und beurteilen*. Frankfurt/M.: Campus.

Fisher R. & Ury, W. (1990). *Das Harvard-Konzept. Sachgerecht verhandeln, erfolgreich verhandeln*. Frankfurt/M: Campus. (Neuausgabe: Fisher, R., Ury, W. & Patton, B., 2009).

Lay, R. (1991). *Dialektik für Manager. Methoden des erfolgreichen Angriffs und der Abwehr*. Frankfurt/M.: Ullstein (Neuauflage 2003, Econ).

Lemmermann, H. (1991). *Lehrbuch der Rhetorik. Redetraining mit Übungen*. München: mvg (3. Auflage 2000).
Neuberger, O. (2004). *Das Mitarbeitergespräch. Praktische Grundlagen für erfolgreiche Führungsarbeit*. Leonberg: Rosenberger Fachverlag (6. Auflage 2008).
Neumann, P. (2003). Gespräche mit Mitarbeitern effizient führen. In L. Rosenstiel et al. (Hrsg.), *Führen von Mitarbeitern* (S. 253–268). Stuttgart: Schäffer-Poeschel.
Rischar, K. (1994). *Schwierige Mitarbeitergespräche*. Hamburg: Feldhaus (5. überarb. Auflage 2006).
Schulz von Thun, F. (1981). *Miteinander reden – Störungen und Klärungen (Band 1)*. Reinbeck: Rowohlt. (48. Auflage 2010).
Schulz von Thun, F. (1998). *Miteinander reden: Das »Innere Team« und situationsgerechte Kommunikation (Band 3)*. Hamburg: Rowohlt. (19. Auflage 2010).
Saul, S. (1995). *Führen durch Kommunikation. Mitarbeitergespräche. Strukturiert, zukunftsorientiert und motivierend*. Weinheim: Verlagsgruppe Beltz. (Neuauflage 2012).
Wahren, H.-K. (1992). *Zwischenmenschliche Kommunikation und Interaktion in Unternehmen: Grundlagen, Probleme und Ansätze zur Lösung*. Berlin: De Gruyter.

7.4 Feedback, Anerkennung und Kritik

Brigitta Hug

AUF EINEN BLICK

Feedback dient der Evaluation und Kontrolle systemimmanenter Prozesse. Mittels Informationsrückkoppelung werden Abweichungen zwischen Soll- und Ist-Zustand wahrgenommen und mitgeteilt, um nötige Korrekturen einzuleiten oder bestimmte Verhaltensweisen zu verstärken. Anerkennung und Kritik sind Aussagen über das Handeln von Mitarbeitenden mit dem Ziel, dass sich diese ihrer Verhaltensweisen bewusster werden und deren Wirkung einschätzen lernen. Diese Gesprächsform ist ein wirksames und flexibel einsetzbares Führungsmittel, wobei auf einige psychologische Aspekte beim Geben und Empfangen von positiven und negativen Rückmeldungen geachtet werden muss.

7.4.1 Feedback in Organisationen

Der Begriff Feedback stammt ursprünglich aus der elektrischen Schaltungstechnik, wird aber heute allgemein zur Bezeichnung von Prozessen verwendet, die sich auf ihre eigenen Ursachen oder Eingangsgrößen auswirken. Cannon erkannte in den 30er-Jahren, dass Systeme eine Tendenz haben, sich selbst mittels Informationsrückkoppelung innerhalb gewisser Grenzen in einem stabilen Gleichgewicht (Homöostase) zu halten. In dieser Bedeutung wird der Begriff Feedback in der Systemtheorie und Kybernetik und in zahlreichen anderen wissenschaftlichen Disziplinen verwendet, deren Gegenstand Systeme sind, so z. B. in der Physik, Biologie, in den Wirtschaftswissenschaften, der Soziologie oder der Psychologie. Selbstregulation ist ein grundlegendes Funktionsprinzip lebender Organismen. Sie findet z. B. in der Physiologie des menschlichen Körpers fortlaufend statt, meist bei Veränderung statischer Zustände und von uns unbemerkt. Beispiele dafür sind:

— vermehrte Atmung bei körperlicher Anstrengung, um dem Körper mehr Sauerstoff zuzuführen
— Bei Unterzuckerung setzt der Körper drastische Selbstregulationsmechanismen in Kraft (z. B. extremes Schwitzen), um die Glukosekonzentration aufrecht zu erhalten und einen drohenden Schock zu verhindern.

Begriff

Selbstregulation von Systemen

In der Psychologie bezeichnet der Begriff Selbstregulation jene Vorgänge, die mit der Steuerung der eigenen Person in ihrer Umwelt in Zusammenhang stehen. Feedback-Geben und -Empfangen sind soziale Techniken, um die Anpassung des Individuums an ein System zu fördern. Dieser Ansatz definiert den Menschen als eine biologische Einheit, die sich fortlaufend durch Informationsaustausch an ihre Umwelt anpasst. Soziotechnische Systeme, auch der einzelne Mensch als biologisches System, haben grundsätzlich die Fähigkeit, Abweichungen zwischen Erwartetem (Soll-Zustand) und dem, was ist (Ist-Zustand) wahrzunehmen.

Feedback als soziale Technik

Auch in Organisationen dient Feedback der Selbsterhaltung des Systems und kommt bei folgenden Prozessen als Führungsinstrument in Betracht:
— **strategische Prozesse**, wie beispielsweise bei der Einführung einer Unternehmenspolitik;
— **operative Prozesse**, wie beispielsweise bei der Anpassung der Produktion an das Auftragsvolumen;
— **organisatorische Prozesse**, wie beispielsweise bei Organisationsentwicklung (siehe weiter unten »Survey Feedback«);
— **kommunikative Prozesse**, wie beispielsweise beim Überprüfen, wie eine Mitteilung aufgenommen wurde oder welche Wirkung ein bestimmtes Verhalten nach sich zieht.

Rückkoppelung innerhalb eines Systems ermöglicht nachträgliche Korrekturen und Entscheidungen. Es geht beim Feedback also nicht allein darum, ob eine Nachricht oder Handlung verstanden wurde, sondern darum, **wie** sie aufgenommen wurde. Mit dem Feedback soll das Verständnis für die gesendeten Signale überprüft werden, denn in jedem dieser Prozesse geht es nicht in erster Linie darum, eine Sache oder Tätigkeit als »gut« oder »schlecht« zu

Rückkoppelung zur Korrektur

qualifizieren, sondern darum, möglichst präzise Aussagen darüber zu senden und zu empfangen, wie die Sache oder Handlung in ihrer Wirkung wahrgenommen wird. Unsorgfältige Rückmeldungen sind meist mehrdeutig, aufmerksames Feedback hingegen klärt unausgesprochene Annahmen auf beiden Seiten.

Feedback für Führungspersonen

In Betrieben ist es wegen der hierarchischen Machtstrukturen für Führungspersonen oft nicht einfach, offene und kritische Rückmeldungen von Seiten der Mitarbeitenden zu erhalten. Oft werden Aussagen über ihr Verhalten als Führungspersonen aufgrund von Autoritätskonflikten verzerrt an sie herangetragen und es bedarf einer gewissen Hellhörigkeit, Signale wahrzunehmen und bei Mitarbeitenden um konkrete Rückmeldungen nachzufragen.

7.4.2 Feedback als Kommunikationsmittel

Feedback über Verhalten

In zwischenmenschlichen oder **kommunikativen** (sozialen) Bereichen sind Feedbacks anerkennende und kritische Mitteilungen, die der Empfänger einer »Nachricht« oder eines Verhaltens dem Sender zukommen lässt. Lob und Tadel können aus Wörtern, Gesten, einer Körperhaltung oder einem Verhalten bestehen. Die Mitteilung (das Feedback) bezieht sich auf das beobachtete Verhalten und kann dem Sender melden, wie er gewirkt hat und ob er sein Verhalten beibehalten oder ändern soll (▶ Abschn. 7.1). Diese Rückmeldungen in Form von Beurteilungen funktionieren für die Mitarbeitenden als Basis für die Selbsteinschätzung, sie sind Ausgangspunkt für Korrekturen und dienen als Grundlage zur Stärkung des eigenen Selbstvertrauens beim Arbeiten. Nicht zuletzt schaffen sie ein Stück weit Realität in dem Sinne, dass sie Phantasien und unausgesprochene Annahmen zwischen Führungspersonen und Mitarbeitenden klären. Dadurch regeln sie soziale Lernprozesse im System. Die Mitarbeitende lernen, sich selbst unter Einbezug der Kritik und Anerkennung durch Vorgesetzte einzuschätzen und zu entwickeln, bzw. die eigene Leistung und das Verhalten zu verändern.

Stärkung von Selbstvertrauen

realitätsgerechte Einschätzung von Verhalten

Gründe für fehlendes Feedback

Trotz der Effizienz des Führungsinstrumentes gibt es naheliegende Gründe, warum in vielen Organisationen kaum Feedbacks gegeben werden. Zum einen bedarf es einer gewissen psychischen und mentalen Anstrengung, Verhalten genau zu beobachten und einzuschätzen. Oft lassen es Führungspersonen beim »mulmigen Gefühl« bewenden, wenn ihnen ein bestimmtes Verhalten eines Mitarbeitenden missfällt. Klarheit schaffen würde bedeuten, Farbe zu bekennen, seine eigenen Absichten und Einschätzungen bekannt zu geben und sich allenfalls einem Konflikt zu stellen. Vorgesetzte vermögen zudem ihren Einfluss und ihre Macht zu stabilisieren, wenn sie ihre Untergebenen im Ungewissen über ihre eigene Einschätzung lassen.

Anerkennung und Kritik als flexibel einsetzbare Führungsinstrumente

Der Einsatz von Anerkennung und Kritik als Führungsmittel steht Führungspersonen frei. Sie sind nicht auf andere angewiesen, und sie benötigen keine zusätzlichen Mittel, über die alleine zu entscheiden ihnen unter Umständen nicht zusteht (z. B. Gehaltserhöhung oder Arbeitsplatzwechsel). Insofern handelt es sich um ein sehr praktisches Führungsinstrument, das aber überlegt eingesetzt werden sollte.

7.4 · Feedback, Anerkennung und Kritik

In erster Linie sollen Mitarbeitende mittels Anerkennung und Kritik informiert werden. Darüber hinaus soll ihnen die Möglichkeit zum Lernen gegeben und die Motivation erhöht werden, und schließlich werden sie in ihrem Selbstbild und in ihrer eigenen Rolleninterpretation gefestigt oder korrigiert. Feedback an die Mitarbeitenden betont die individuellen **Leistungsaspekte**, die **persönliche Einschätzung** und die **Bedürfnislage** der betroffenen Mitarbeiter.

In Anlehnung an Neuberger (1980) und Rosenstiel (2009) unterscheiden wir vier Aspekte von Anerkennung und Kritik:
1. Informationsaspekt
2. Lernaspekt
3. Motivationsaspekt
4. Auswirkungen auf das Selbstbild

Feedback ist Information

Informationsaspekt

Mit Anerkennung und Kritik sind den Vorgesetzten Instrumente in die Hand gegeben, mit denen sie Normen setzen und über Erreichung oder Verfehlen eines Zieles informieren können. Dies sind sie besonders dann verpflichtet zu tun, wenn beispielsweise neue Mitarbeitende im Betrieb arbeiten oder neue Aufträge erteilt werden. Weder eine noch so differenzierte schriftliche Stellenbeschreibung noch eine präzise Projektskizze für neue Aufträge können im Detail aufzeigen, wie im Einzelnen die erwartete Tätigkeit aussehen soll. Darüber müssen die Vorgesetzten mündlich informieren. Im Gespräch können sie darüber Auskunft geben, wie weit ein **Ist-Zustand** noch von einem **Soll-Zustand** entfernt ist. Allein das Aufzeigen einer solchen Diskrepanz kann eine ansspornende Wirkung haben, sofern die Vorgesetzten auf die Mitarbeiter eingehen. Auf jeden Fall aber bewirkt es eine notwendige Klärung, vor allem in Situationen, die für die Mitarbeiter nicht eindeutig definiert sind.

präzise Informationsrückkoppelung

Maßstäbe setzen und kontrollieren

Lernaspekt

Lernen wird in den Verhaltenswissenschaften sehr weit gefasst; man versteht darunter jede Veränderung von Verhalten und Erleben aufgrund von Erfahrung (▶ Abschn. 12.2). Für das Führungsinstrument »Anerkennung und Kritik« sind zwei Lernprinzipien von Bedeutung, die sogenannte **klassische Konditionierung** und das **operante Konditionieren**:

Das erste Prinzip zeigt, dass Lob und Anerkennung bei den meisten Menschen angenehme Gefühle auslösen, auch dann, wenn die erbrachte Leistung oder das gelobte Verhalten zunächst unattraktiv erscheinen. Werden auch solche Tätigkeiten häufig anerkannt, so zeigt sich längerfristig, dass die Tätigkeit selbst ein besseres Image bekommt, attraktiver erscheint und von den Mitarbeitern mit mehr Freude und deshalb besser ausgeübt wird. Unter diesem Aspekt ist es sicherlich lohnend, sich in der Rolle der Vorgesetzten zu fragen, welche der betrieblichen Tätigkeiten sozusagen »unter den Tisch fallen« und im Feedback meist »vergessen« werden. Sofern sie zuverlässig ausgeübt werden, sollte man sie oft mit Anerkennung versehen, da sie für ein reibungsloses Funktionieren des Systems unabdingbar sind. Ein positives Feedback für erbrachte Routinearbeiten zeigt dem Mitarbeitenden, dass auch dieses Handeln zur Kenntnis genommen wird, was ermutigend wirkt.

Lernprozesse konditionieren

klassische Konditionierung

operantes Konditionieren

Auch das zweite Prinzip ist einfach: Ein Verhalten tritt dann in einer bestimmten Situation häufiger auf, wenn diesem Verhalten positive/angenehme Konsequenzen folgen. Es ist also zielführend, einer erwünschten Reaktion in der Regel positive Konsequenzen folgen zu lassen. Im Alltag ist dies aber oft nicht der Fall. So kann man beispielsweise häufig beobachten, wie Vorgesetzte sich viel Zeit nehmen, die Fehler und Schwächen der Mitarbeiter zu kritisieren; erst bei einem Fehlverhalten oder in einer Krise nehmen sie sich Zeit, ausführlich und eingehend mit den entsprechenden Mitarbeitern zu reden. Mitarbeiter nehmen möglicherweise so ein Gespräch, auch wenn es inhaltlich betrachtet für sie negativ ist, positiv auf. Führt also nur Fehlverhalten dazu, vom Vorgesetzten ernst genommen zu werden, kann sich dies im Betrieb unter den Mitarbeitern konditionieren, ohne dass dies von den Vorgesetzten bewusst beabsichtigt wäre.

lernpsychologische Schlussfolgerungen

Diese und weitere Erkenntnisse aus der Lernpsychologie lassen folgende **Schlussfolgerungen** zu:

- Der Lernerfolg ist am größten, wenn **sowohl mit »Belohnung« als auch mit »Bestrafung«** gearbeitet wird. Anerkennung wie Kritik sind beide Ausdruck des Feedbacks an die lernenden Mitarbeiter und funktionieren, sofern sie ehrlich und realitätsbezogen sind, als Motivatoren im individuellen Lernprozess.
- Anerkennung oder Belohnung haben den Vorteil, dass ein Verhalten verstärkt wird, das bereits **zum Repertoire einer Person** gehört.
- Bei Tadel oder Kritik muss **unerwünschtes Verhalten verhindert und gleichzeitig erwünschtes Verhalten gefördert werden**. Dieser Lernprozess ist komplizierter und weniger gut voraussehbar. Darum sind bei Kritik die pädagogischen Fähigkeiten der Vorgesetzten weit mehr gefordert als beim Aussprechen von Anerkennung.

Motivationsaspekt

Erfolgs- und Misserfolgsmeldung

individuelle Lernbiografie

Hier sollen einige wesentliche Aspekte von Erfolgs- beziehungsweise Misserfolgserlebnissen erwähnt werden, wobei Anerkennung als »Erfolgsbestätigung« und Kritik als »Misserfolgsmeldung« definiert wird.

- Erfolg – vor allem nicht gewohnheitsmäßiger Erfolg – führt zu einer Erhöhung der Anstrengung, während die Auswirkungen von Misserfolg weit weniger genau erfassbar sind.
- Personen mit einer »positiven Verstärkungsgeschichte« (anhaltende Erfolgserfahrungen) werden durch Misserfolge eher zur Anstrengungssteigerung stimuliert als solche, die in ihrem Leben eher durch Erlebnisse von Misserfolg geprägt wurden.
- Personen, deren Leistungsmotivation vor allem durch »Furcht vor Misserfolg« charakterisiert ist, neigen eher dazu, sich nach Misserfolgen extrem hohe oder sehr niedrige Ziele zu stecken. Erfolgsmotivierte zeigen in solchen Situationen eine geringere Schwankungsbreite.
- Wiederholter Misserfolg kann zum Ausbau defensiver Haltungen und Reaktionen führen (Resignation, Rückzug, »innere« Kündigung).

Auswirkungen auf das Selbstbild

Das Selbstbild eines Menschen ist ein wesentlicher Teil seiner Identität. Es entsteht und wird geformt durch die Rückmeldungen von subjektiven Wahrnehmungen der anderen, durch die Spiegel, die dem einzelnen Menschen entgegengesetzt werden und durch die eigene subjektive Wahrnehmung und Beurteilung des Verhaltens in einer bestimmten Situation. Das Selbstbild ist dementsprechend keine unerschütterliche Konstante im Leben eines einzelnen Menschen, sondern bildet und verändert sich einerseits aufgrund individueller psychischer Entwicklungen und andererseits aufgrund der Rückmeldungen, die der einzelne Mensch aus seiner Umwelt erhält. Einen wichtigen Teil des Selbstbildes eines Menschen macht die eigene Wertung und Einstellung zu den eigenen Fähigkeiten und Leistungen aus. Wenn also Vorgesetzte mit Kritik oder Anerkennung auf die Leistung und das Verhalten der Mitarbeiter reagieren, treffen sie damit auf deren biografisch erworbenes und geformtes Selbstbild und verändern oder bestätigen dies, je nach Situation. Somit können sich Anerkennung und Kritik einer Arbeit unterschiedlich auf das Selbstbild einer Person auswirken. Die Folgen sind dementsprechend nicht einfach vorhersagbar. Wie in anderen Systemen auch, zeigt sich beim Feedback in Bezug auf menschliche Prozesse dessen Regelfunktion.

Selbstbild als Teil der Identität

Selbstbild verändert sich

Feedback könnte man auch als eine Methode zur Erweiterung des Selbstbildes bezeichnen, was Vertrauen und Offenheit in der Organisation schafft und stabilisiert. Dabei gilt es aber einschränkend festzuhalten: Nicht alles, was Außenstehende bei einer anderen Person wahrnehmen und in Form eines Feedbacks rückmelden können, muss dieser betreffenden Person bekannt sein. Zusätzlich gibt es in der menschlichen Kommunikation einen Wahrnehmungsbereich, der weder den Außenstehenden noch den Betroffenen selbst zugänglich ist, den Bereich des Unbewussten. Informationen, die dem Empfänger nicht oder noch nicht bewusst sind, können in der Regel nur schwer aufgenommen werden. Umso wichtiger ist es, diese Informationen sachlich und gestützt auf beobachtetes Verhalten zu geben.

Um das Führungsinstrument »Anerkennung und Kritik« gezielt und sinnvoll einsetzen zu können, bedarf es der Kenntnis und Übung. Vor allem Kritik zu üben oder Tadel zu erteilen, erfordert von Vorgesetzten soziales Geschick und psychologische Kenntnisse über bestimmte Kommunikationsregeln in Bezug auf das Feedback.

soziale Kompetenzen von Führungspersonen

7.4.3 Einsatz des Führungsinstrumentes »Anerkennung und Kritik«

Führen ist Beziehungsarbeit und bedeutet in erster Linie kommunizieren, miteinander sprechen, zuhören und reden. Zur Lösung von Sachproblemen, bei Entscheidungsfindungen, zur Gestaltung der Zusammenarbeit und in der Personalführung bedarf es entsprechender funktionaler und zweckgerichteter Kommunikation (▶ Abschn. 7.1 und 7.3): Sachverhalte werden als »Nachrichten« und Aussagen gesendet und empfangen. Zudem ist die Kommunikation hierarchisiert, d.h., machthöhere Personen bestimmen, was und wie viel sie wem mitteilen. Auch entscheiden die Vorgesetzten darüber, wann und

Führen heißt Beziehungen gestalten

Kommunikationsstörungen aufgrund von Hierarchie

wo und mit welchen Regeln gesprochen wird. Das Kommunikationsverhalten in Organisationen ist nicht immer umkehrbar: Mitarbeiter können nicht ebenso häufig zu ihren Vorgesetzten sprechen wie diese zu ihnen. Störungen in organisatorischen Kommunikationsprozessen wirken sich auf den betrieblichen Ablauf negativ aus und sollten deshalb möglichst vermieden werden.

Ziele des Feedbacks

Aus der Perspektive der Führungsperson geht es beim Feedback-Geben um folgende Ziele:

- Ich will meine Mitarbeitenden darauf aufmerksam machen, wie ich ihr Verhalten erlebe und was es für mich bedeutet (im positiven wie im negativen Sinn).
- Ich will sie über meine Bedürfnisse und Gefühle informieren, damit sie sich nicht auf Vermutungen stützen müssen.
- Ich will darüber informieren, welche Veränderungen im Verhalten mir gegenüber die Zusammenarbeit erleichtern würden.

Feedback ist heikel und braucht Regeln

Es ist keine einfache Sache, Feedback zu geben oder anzunehmen. Es kann manchmal schmerzen, beschämen, Abwehr auslösen, unerwartete Schwierigkeiten oder Konflikte hervorrufen, weil niemand leichten Herzens akzeptiert, in seinem Selbstbild korrigiert zu werden. Der offene Umgang mit Gefühlen – um die es beim Feedback meist geht – muss häufig erst erlernt werden. Darum ist es günstig, wenn Feedback-»Geber« und »-Nehmer« bestimmte Regeln einhalten. In erster Linie geht es darum, Mitteilungen über das Verhalten der Mitarbeiter sachlich begründet zu übermitteln. Übermäßige Kränkungen des Selbstbildes können vermieden werden, wenn die nachfolgenden Kommunikationsregeln beachtet werden.

Rückmeldungen basieren auf Beobachtungen und dienen der Sache

Vorgehen bei Anerkennung

Lob

Die meisten Menschen hören ein anerkennendes, lobendes Wort gern, also kann man es in der Rolle des Vorgesetzten in der Regel spontan aussprechen. Viel Zeit ist dazu nicht nötig, denn sehr oft muss ein Lob nicht sorgfältig begründet werden. Trotzdem sollten einige Punkte beachtet werden.

> **Wichtige Aspekte für das Vorgehen bei Anerkennung**
> - Nicht nur hervorragende Leistungen, sondern auch gleichmäßig gute Arbeit anerkennen.
> - Sofort reagieren und nicht aufs »Jahresende« aufsparen.
> - Das Produkt oder die Leistung und Tätigkeit anerkennen, nicht die Person.
> - Nicht übertreiben, sondern der Leistung entsprechend formulieren.
> - Mit dem Lob keine Absichten oder zusätzlichen Aufträge verknüpfen.
> - Keine »Musterschüler« im Team herausstellen.
> - Die Worte in Bezug auf die individuellen Eigenarten der Mitarbeiter auswählen.
> - Auch Anerkennung von oben weiterleiten.

7.4 · Feedback, Anerkennung und Kritik

Anerkennung erhöht das Selbstwertgefühl der Mitarbeiter, die Zufriedenheit am Arbeitsplatz und die Sicherheit im Auftreten.

Vorgehen bei Kritik

Schwieriger ist es, Kritik in angemessener Form auszusprechen. Bei den meisten Menschen ruft Kritik eine Verteidigungshaltung hervor: Man widerspricht, begründet und entschuldigt sich, da Kritik als Herabsetzung und Ablehnung des eigenen Selbstbildes empfunden wird. Dementsprechend müssen sich Vorgesetzte sorgfältig auf ein Kritikgespräch vorbereiten und einstellen. Dabei können sie sich von vier Grundsätzen leiten lassen, die alle den Prinzipien von **konstruktiver Kritik** entsprechen. Konstruktive Kritik beinhaltet Aussagen, die umfassend, sachbezogen, klar und empfängerorientiert sind.

Verteidigungshaltung bei Kritik

Führungspersonen müssen sich über das Ziel der Kritik klar werden. Nur wenn Vorgesetzte zukünftig mit den Mitarbeitern besser und reibungslos zusammenarbeiten wollen und ihnen dabei im gemeinsamen Vorgehen unterstützend zur Seite stehen möchten, die aufgetretenen Fehler zu vermeiden, sind die Voraussetzungen dafür gegeben, eine positive Veränderung einzuleiten. Wollen sich Vorgesetzte aber lediglich abreagieren, den Mitarbeitern tüchtig den Marsch blasen und zeigen, wer im Betrieb das Sagen hat, dann können die erhofften Lernschritte von Mitarbeitern nicht gemacht werden.

Absicht der Führungsperson

Das Selbstbewusstsein der Kritisierten soll nicht angetastet werden. Ein stabiles Selbstwertgefühl ist Voraussetzung dafür, dass Kritik beim Auftreten von Fehlern im Leistungs- und Verhaltensbereich auch Einsicht nach sich zieht. Nur wenn die Kritisierten zur Einsicht befähigt werden, sind die Voraussetzungen für eine selbst gewollte und dauerhafte Veränderung gegeben. Das Selbstwertgefühl und die Selbstachtung werden dann herabgesetzt, wenn nach Fehlern gesucht und wenn die Person anstatt die Wirkung ihres Verhaltens kritisiert wird. Die bestehende Situation mit ihren Mängeln soll Anlass zu einer kritischen Standortbestimmung und Ausgangspunkt zu einer Verbesserung sein. Darum ist es besonders wichtig und bedarf der sorgfältigen Vorbereitung, **wie** welches Verhalten rückgemeldet wird.

Achtung und Respekt

statt nach Fehlern suchen die Wirkung von Verhalten darstellen

Die Kritik soll sich auf die Sache/das Verhalten und nicht auf die Person beziehen. Die Kritik soll ein Feedback über die Wirkung eines Fehlverhaltens geben und nicht die Person in ihrem Selbstwertgefühl angreifen. Erst wenn die unerwünschte Wirkung in Bezug auf die Zusammenarbeit in der Organisation sachlich und rational begründet wird, kann sie von den Kritisierten verstanden und angenommen werden. Diese Einsicht leitet eine beidseitige Ursachen- und Tatsachenfindung und einen gemeinsamen Lern- und Lösungsprozess ein.

kein Angriff auf die Person

Kritik soll konstruktiv und zukunftsgerichtet sein. Es geht nicht darum, einen Schuldigen zu suchen und zu finden. Dem Kritisierten sollen Wege aufgezeichnet werden, wie er Fehlverhalten innerhalb gesetzter Maßnahmen

Lösungswege suchen

und Rahmenbedingungen verändern soll und kann. Dazu bedarf es eines Angebotes zur gemeinsamen Lösungssuche.

Merkpunkte für Kritik
- Ort und Zeitpunkt des Gespräches entsprechend auswählen!
- Nicht zu lange warten, sondern rasche Hilfe bieten durch klares Feedback!
- Unter vier Augen, nicht vor dem Team kritisieren!
- Die Rückmeldungen als Ich-Botschaften formulieren!
- Die Sache oder das Fehlverhalten und nicht die Person kritisieren!
- Nicht bei jeder Kleinigkeit nörgeln, oft genügt ein klarer Hinweis!
- Die Ursachen des Fehlverhaltens klären!
- Möglichkeiten zur Stellungnahme bieten!
- Nicht auf frühere, abgeschlossene Fälle zu sprechen kommen!
- Wörter wie »nie«, »immer« oder »überhaupt« vermeiden!
- Gemeinsam Abmachungen und Maßnahmen treffen!
- Das Gespräch motivierend beenden!

Das Einhalten der im ▶ Arbeitsblatt 7.1 »Feedback geben und annehmen« beschriebenen Regeln gewährleistet ein sinnvolles und sachbezogenes Feedback zwischen Sender und Empfänger im Kommunikationssystem, sei es in der Abteilung, in der Projektgruppe oder innerhalb des Teams.

ZUSAMMENFASSUNG

Rückmeldungen in Form von Anerkennung und Kritik sind wesentliche Führungsmittel und bedürfen der Kenntnis und Übung kommunikativer Kompetenzen. Die Rückmeldungen beinhalten in jedem Falle 4 Aspekte: Information, Lernen, Motivation und Auswirkungen auf das Selbstbild. Korrekt angewandtes Feedback fördert und sichert die Realitätskontrolle im System und ermöglicht dadurch notwendige Korrekturen beim Steuern von Arbeitsabläufen und anderen betrieblichen Prozessen. Das Feedback ist ein nachträgliches Evaluations- und Korrekturinstrument, das der Kontrolle und der Steuerung von Prozessen in Systemen dient und damit eine nachträgliche Verhaltenskorrektur ermöglicht.

FRAGEN ZUR VERTIEFUNG

1. Was ist zu beachten bei positiven Rückmeldungen an einen Mitarbeiter bzw. eine Mitarbeiterin?
2. Worauf muss geachtet werden, wenn negative Rückmeldungen an Mitarbeitende gemacht werden?
3. Nennen Sie je ein Beispiel für Feedback als nachträgliches Steuerungsinstrument bei strategischen, operativen, organisatorischen und bei kommunikativen Prozessen.

Arbeitsblatt 7.1. Feedback geben und annehmen

Richtlinien für das Geben von Feedback
ICH-Botschaften
Eine vollständige ICH-Botschaft umfasst eine kurze Beschreibung eines **beobachteten Verhaltens**, das Sie **nicht akzeptieren können, Ihrer ehrlichen Gefühle und der konkreten** Wirkungen des Verhaltens auf Sie. Die Reihenfolge ist unbedeutend. Sie geben zu erkennen, dass Sie ein Problem haben und die Kooperation der anderen Person erwarten. Sie weisen das Problem nicht einem »du« zu.

> **Beispiel**
>
> »Dauernd unterbrichst du mich!« (DU-Botschaft)
> »Ich bin schon ganz nervös, weil du mich in diesem Gespräch schon dreimal unterbrochen hast.
> Darum habe ich Mühe, den Faden nicht zu verlieren.« (ICH-Botschaft)

Beschreibend
Beschreiben Sie, was Sie beobachten und unterlassen Sie Wertungen, Interpretationen und Mutmaßungen darüber, warum sich etwas ereignet hat oder wie es gemeint war. Eine ICH-Botschaft überlässt es dem Empfänger, die Informationen nach Gutdünken zu verwenden oder nicht. Werden moralische Bewertungen vermieden, vermindert sich in der angesprochenen Person der Drang, sich zu verteidigen oder die angebotenen Informationen abzulehnen.

> **Beispiel**
>
> »Du lachst oft, wenn ich in der Gruppe etwas sage, weil du gescheiter bist als ich und alles besser weißt.«
> »Heute hast du nach meiner Wortmeldung in der Gruppe gelacht. Das hat mich frustriert. Nun habe ich noch mehr Hemmungen, mich an der Diskussion zu beteiligen.«

Zur rechten Zeit
Ein Feedback ist umso verständlicher, leichter nachvollziehbar und wirksamer, je kürzer die Zeit zwischen dem betreffenden Verhalten und der Information über dessen Wirkung ist. Es ist aber sorgfältig abzuwägen, wann genau der Zeitpunkt für ein Feedback günstig ist. Es dient der Verständigung nicht, wenn der Empfänger mitten in einer Aufgabe steckt, welche seine Aufmerksamkeit verlangt, oder wenn er emotional aufgebracht ist.

▼

Angemessen

Feedback kann zerstörerisch wirken, wenn nur auf die eigenen Bedürfnisse geschaut wird und dabei jene der anderen Person, der die Rückmeldung zukommt, nicht genügend berücksichtigt werden.

Konkret

Feedback muss sich zwingend auf beobachtbare, feststellbare Ereignisse und/oder Verhaltensweisen beziehen. Vermeiden Sie Ausdrücke wie **immer, nie, überhaupt** und dergleichen. Sie sind Ausdruck unerwünschter Verallgemeinerung.

> **Beispiel**
>
> Verallgemeinernd: »Man weiß ja, dass Sie Mühe haben mit der Pünktlichkeit.«
> Korrekt: »Sie sind diese Woche zweimal unpünktlich gewesen. Das ärgert mich. Ich überlege mir, wie wir das gemeinsam in den Griff bekommen könnten.«

In einer Gruppe haben sowohl Beobachter als auch Empfänger des Feedback die Möglichkeit, die Informationen zu überprüfen, indem die anderen Gruppenmitglieder nach ihren Eindrücken gefragt werden. So können Ungenauigkeiten reduziert werden.

Brauchbar

Das Feedback muss sich auf Verhaltensweisen beziehen, die die angesprochene Person zu ändern vermag. Es ist wenig sinnvoll, wenn Sie jemand auf Unzulänglichkeiten aufmerksam machen, auf die er keinen wirksamen Einfluss ausüben kann.

Erbeten

Feedback ist äußerst wirkungsvoll, wenn Empfänger selber die Frage formulieren, auf die sie Rückmeldungen haben möchten. Feedback soll nicht aufgezwungen werden.

Richtlinien für das Annehmen von Feedback

Überprüfung des Gehörten

Nehmen Sie sich Zeit zuzuhören, ohne im Kopf bereits eine Entgegnung zu formulieren. Stellen Sie sicher, dass Sie verstanden haben, was Ihnen die andere Person sagen wollte (allenfalls Verständnisfragen stellen). Weil es sich dabei um Ihr eigenes Verhalten handelt und Sie betroffen oder befangen sein könnten, besteht die Gefahr, dass Sie über das Feedback nachdenken, bevor Sie überprüft haben, ob Sie auch genau das gehört haben, was gemeint gewesen ist.

▼

Keine Verteidigung

Ein anderer Mensch kann nicht beschreiben, **wie** oder **wer** Sie sind, sondern immer nur, wie Sie auf ihn wirken. Wie andere Sie in einer bestimmten Situation wahrnehmen oder wahrgenommen haben, ist durch keine Klarstellung oder Verteidigungsrede revidierbar. Feedback ist ein Angebot an Sie, aus dem Sie lernen können, wenn Sie wollen. Bedenken Sie beim Empfang eines Feedbacks auch stets: »Ich bin nicht auf der Welt, um so zu werden, wie die anderen mich haben wollen.« Aber ohne ehrliches Feedback können wir auch nicht lernen, besser miteinander umzugehen.

Dankbarkeit

Seien Sie dankbar für jedes Feedback (auch wenn es nicht allen Richtlinien entsprochen hat). Es hilft Ihnen, sich selbst und ihre Wirkung auf andere Menschen kennenzulernen, um kompetenter und sicherer in Ihrem Auftreten zu werden. Ein Mensch, der Ihnen Feedback gibt, nimmt Sie ernst und bemüht sich, mit Ihnen in ein Engagement einzutreten, das er hätte vermeiden können. Dafür verdient er Dank.

Keine Einbahnstraße

Soll sich Feedback als Katalysator für (gemeinsame) Entwicklungen auswirken, wird es – nach einer angemessenen Zeit des Nachdenkens – wichtig sein, dem Feedbackgeber zurückzumelden, wie sein Feedback gewirkt hat, wie Sie darauf reagiert haben. Ihre Rückmeldung wird mitbestimmend sein, ob und wie Ihnen auch in Zukunft Feedback zuteil werden wird.

> **Beispiel**
>
> »Dein Feedback hat mich verletzt. Ich war einen Augenblick lang ziemlich wütend. Jetzt halte ich es schon eher für nützlich und bin Dir dankbar.
> Besonders nützlich finde ich die genaue Beschreibung der Art und Weise, wie ich Dir beim Sprechen auf die Pelle rücke.«

Literatur

Becker, H. & Langosch, I. (1995). *Produktivität und Menschlichkeit. Organisationsentwicklung und ihre Anwendung in der Praxis.* Stuttgart: Enke.

Günther, U. & Sperber, W. (1993). *Handbuch für Kommunikations- und Verhaltenstrainer: Psychologische und organisatorische Durchführung von Trainingsseminaren.* München: Ernst Reinhardt.

Gordon, T. (2005). *Managerkonferenz. Effektives Führungstraining.* München: Bertelsmann.

Hill, W., Fehlbaum, R. & Ulrich, P. (1981). *Organisationslehre 1.* Bern: Haupt.

Neuberger, O. (1980). *Das Mitarbeitergespräch: Persönlicher Informationsaustausch im Betrieb lernpsychologisch aufbereitet.* Goch: Bratt-Institut.

Pawlow, I. (1928). *Lectures on Conditioned Reflexes.* Bd1. London.

Probst, G.J.B. (1993). *Organisation. Strukturen, Lenkungsinstrumente, Entwicklungsperspektiven.* Landsberg/Lech: vmi.

Rosenstiel, von L. (2009). Anerkennung und Kritik als Führungsmittel. In von Rosenstiel et al. (Hrsg.), *Führung von Mitarbeitern. Handbuch für erfolgreiches Personalmanagement* (6. überarbeitete Auflage). Stuttgart: Schäffer-Poeschel.

Skinner, B.F. (1938). *The Behaviour of Organisms: An Experimental Analysis.* New York: Appleton.

8 Gestaltung der Arbeit in und mit Gruppen

8.1 Arbeitsgruppen im Führungsprozess – 301
Brigitta Hug
8.1.1 Formelle und informelle Gruppen – 301
8.1.2 Arbeitsgruppen im Führungsprozess – 301
8.1.3 Gruppe als Sozialisationsfeld – 303
8.1.4 Leistungsvorteile von Arbeitsgruppen – 307
8.1.5 Handlungsfelder der Führungsaufgaben in Arbeitsgruppen – 309
8.1.6 Gestaltung und Beeinflussung der Gruppenentwicklung – 311
Literatur – 314

8.2 Wie funktionieren Arbeitsgruppen? – 315
Brigitta Hug
8.2.1 Gruppe als soziales System – 316
8.2.2 Aus der Geschichte der Kleingruppenforschung – 318
8.2.3 Klassifizierung von Kleingruppen – 319
8.2.4 Gruppenstrukturen – 322
8.2.5 Gruppenprozesse – 328
8.2.6 Konsequenzen für die Führung und das Arbeiten in betrieblichen Gruppen – 333
8.2.7 Methodische Hilfestellungen für das Führen von betrieblichen Arbeitsgruppen – 336
8.2.8 Virtuelle Teams – 342
Literatur – 349

8.3 Meetings moderieren und gestalten – 350
Erich Fischer
8.3.1 Was ist ein Meeting? – 350
8.3.2 Moderator – 351
8.3.3 Vorbereiten von Meetings – 356
8.3.4 Start des Meetings – 360
8.3.5 Problembearbeitung – 362
8.3.6 Instrumente – 365
8.3.7 Guter Abschluss – 371
8.3.8 Vorsicht Stolpersteine – 372
Literatur – 375

8.4 Kreativität und Kreativitätstechniken – 376
Eric Lippmann u. André Angstmann
8.4.1 Begriff »Kreativität« – 376
8.4.2 Parameter der Kreativität – 377
8.4.3 Kreativitätstechniken – 385
Literatur – 397

8.5 Gruppenarbeit nach den Regeln der Themenzentrierten Interaktion (TZI) – 397
Thomas Steiger (bearbeitet nach Ruth Cohn)
8.5.1 Begriff des »living learning« (lebendiges Lernen) – 398
8.5.2 Drei grundlegende Axiome und zwei Postulate der TZI – 400
8.5.3 Neun Kommunikationsregeln der TZI – 401
8.5.4 Analyse des Gruppenprozesses – 402
Literatur – 403

8.1 Arbeitsgruppen im Führungsprozess

Brigitta Hug

AUF EINEN BLICK

Führungskräfte kommunizieren häufig in und mit Gruppen. Ob deren Potenzial auf bestimmte Leistungen und Ziele hingeführt werden kann, ist eng an die Führungskompetenz ihres Leiters gebunden. Führungskräfte sollen aus einer gewissen inneren Distanz zielorientiert und flexibel in den Gruppenprozess eingreifen können. Kognitive Voraussetzungen dafür sind das Nachdenken über Gruppen und deren Gesetzmäßigkeiten sowie das bewusste Wahrnehmen der eigenen, subjektiven Erfahrungen in und mit Gruppen.

8.1.1 Formelle und informelle Gruppen

Organisationen sind menschliche, **komplexe und dynamische Systeme**, die grundsätzlich anderen Gesetzmäßigkeiten unterworfen sind als technische (komplizierte) Systeme. Aus der Perspektive der darin tätigen und miteinander kommunizierenden Menschen sind sie ein System von Gruppen, die als Teileinheiten oder -systeme funktionieren und miteinander in Bezug auf eine gemeinsame Aufgabe (Primary Task) kommunizieren und handeln. Arbeitsteilung und Hierarchie einer Organisation gliedern sie in verschiedene **formelle** Gruppen: in sogenannte **Funktionsgruppen** (Abteilungen, Stabsgruppen, Projektgruppen, Kommissionen …) und **Ranggruppen** (Untergebene, Vorgesetzte, Direktionsebene …).

Funktions- und Ranggruppen

Neben diesen formellen Gruppen bilden sich in Organisationen stets auch **informelle Gruppen**, also solche, die sich spontan aufgrund gemeinsamer Interessen und Merkmale oder aufgrund von Sympathien formen. Der Strukturierungsgrad und die Interaktionsdichte können bei den **formellen** und den **informellen** Gruppen unterschiedlich sein, wobei die ersteren in der Regel einen höheren Strukturierungsgrad haben und letztere oft eine größere Interaktionsdichte aufweisen.

formelle und informelle Gruppen

8.1.2 Arbeitsgruppen im Führungsprozess

Führen ist professionelle Beziehungsarbeit. Kommunikation in und mit Gruppen ist ein wichtiger Bestandteil davon. Oft sind die direkten Ansprech- und Kooperationspartner von Führungskräften einzelne Gruppen: Teams, Projektgruppen, Gremien, ein Ausschuss, virtuelle Teams und andere mehr. Begriffe wie Sitzung, Konferenz, Besprechung, Aussprache oder Verhandlung benennen Arbeitsformen in Gruppen. Sie sind aus der betrieblichen Tätigkeit nicht mehr wegzudenken. Sie kompetent zu führen, ist anspruchsvoll und bedarf theoretischer Kenntnisse über die Dynamik von Gruppen sowie Trainingsmöglichkeiten, um Selbst- und Sozialkompetenz zu erwerben.

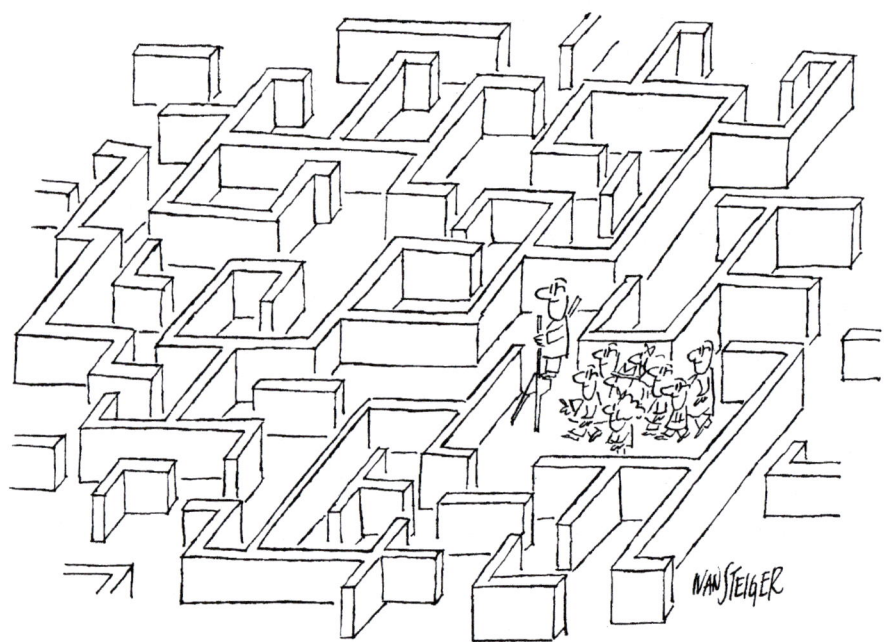

Teamarbeit als Schlüsselkompetenz

Rasches Wachstum von Wissen, technologischer Wandel, zunehmende Spezialisierung, Umwelt- und Aufgabenkomplexität und -dynamik, verschärfter Wettbewerb und der strukturelle Wandel der Industriegesellschaft zu einer Dienstleistungs- und Informationsgesellschaft bedingen interdisziplinäre Teamarbeit (Pieper 1992, S. 272). Sie zwingen zu verstärkter Kooperation und fordern von den Vorgesetzten die Fähigkeit, Gruppen und zunehmend auch virtuelle Teams, in ihrer Entwicklung zur Leistungsbereitschaft und Arbeitsfähigkeit zu fördern. Soziale Kompetenz, Flexibilität und Bereitschaft zur Kooperation sind Schlüsselqualifikationen, über die Führungskräfte verfügen müssen, wenn sie Teams gezielt moderieren und in ihrer Leistungsfähigkeit fördern wollen.

Theorie und Training

Ebenso wichtig wie das Erlernen von Theorie und Wissen über Gruppen ist das Trainieren und Üben in dafür geschaffenen Lern- oder Trainingsgruppen. In solchen Gruppen werden individuelle Verhaltensweisen erlebt, diskutiert, in ihrer Wirkung beobachtet, reflektiert und analysiert, was zu neuen Erfahrungen führen kann, die das eigene Verhalten in Gruppen verändern, sei es in der Rolle als Leiter oder als Mitglied der Gruppe. Solche Erfahrungs- und Trainingsmöglichkeiten sind nachhaltig wirksam, aber nur, wenn sie über einen längeren Zeitraum stattfinden. Der Grund dafür liegt in der Tatsache, dass Menschen ihr Gruppenverhalten in ihrer Kinder- und Schulzeit erwerben und festigen. Es wahrzunehmen, kritisch zu reflektieren und zu variieren bedarf intensiver Lernprozesse.

Das folgende Kapitel gibt eine **erste allgemeine Einführung** in die Theorie der Dynamik und Struktur von Arbeitsgruppen. Unsere Überlegungen wecken für das Thema »Gruppenführung« Neugier, sensibilisieren und stellen praktische Handlungshilfen zur Verfügung. Die Aufgabe als Leiter von

Gruppen besteht darin, diese **gezielt und flexibel mittels entsprechender Moderationsmethoden** (▶ Abschn. 8.3) **in ihrer Entwicklung zur Leistungsfähigkeit zu fördern**. In der Rolle als Mitglied einer Gruppe soll gelernt werden, das eigene individuelle Verhalten zugunsten der Leistungsförderung der ganzen Gruppe einzusetzen. Wenn sozusagen »am eigenen Leib« erfahren wird, wie heikel und demotivierend bestimmte Dynamiken, ausgelöst durch inkompetente Moderation, für das Arbeiten in Teams sind, motiviert dies, das eigene Führungsverhalten zu reflektieren und weiterzuentwickeln.

> Soziale Kompetenz, Flexibilität und Bereitschaft zur Kooperation sind die Schlüsselkompetenzen, die zur gezielten Entwicklung leistungsfähiger Teams sowie zur Führung und Moderation von Gruppen erforderlich sind.

8.1.3 Gruppe als Sozialisationsfeld

Bedeutung der Gruppe für den einzelnen Menschen

Menschen wachsen in Gruppen auf, erfahren und verhalten sich überall auf der Welt im sozialen Feld von Gruppe(n). Alle Gruppen haben eine soziale und eine individuelle, psychische Dimension. Einerseits wirken Strukturen und Prozesse des übergeordneten Systems – das kann eine Organisation, ein Betrieb, eine Verwandtschaft, ein Verein, eine Stadt oder ein Staat sein – in die einzelnen Gruppen hinein, andererseits ereignen, strukturieren und formen sich Gruppen aufgrund des Verhaltens und der Kommunikation der verschiedenen Persönlichkeiten, die in der Gruppe zusammenkommen.

Als Erwachsene haben wir eine **lange und einflussreiche Lerngeschichte** in Bezug auf Gruppen hinter uns. Der Ursprung dieser Lerngeschichte liegt in den Erfahrungen, die wir als Kinder vor allem in der Familie, aber auch in den Spielgruppen der Nachbarschaft gemacht haben. Diese lebensgeschichtlich frühen und familiären Gruppen bezeichnet der Sozialwissenschaftler Cooley (1909) als **Primärgruppen** und unterscheidet sie von den sogenannten **Sekundärgruppen**: Erstere sind Gruppen, deren Mitglieder durch emotionale, enge Bande verbunden sind und die einen direkten, spontanen Kontakt von Angesicht zu Angesicht haben. Sie sind insofern **primär**, als sie dem Individuum die erste und vollständigste Erfahrung sozialer Beziehungen bieten. Die Erfahrungen in ihnen sind von entscheidender Bedeutung für den einzelnen Menschen. Hier erfährt er zum ersten Mal Akzeptanz, Zugehörigkeit, Zusammenarbeit, Solidarität, Macht und Einfluss, Autonomie, Konkurrenz, Konflikte und wie sie gelöst werden. In den **Sekundärgruppen** sind die Individuen nach Cooley **nicht als Gesamtpersonen involviert**, sondern sie bringen lediglich einzelne, spezifische Fähigkeiten im Dienste der **sachrationalen Vernunft** ein. Die Sekundärgruppe ist nicht Selbstzweck, sondern Mittel zum Zweck.

Gruppe als soziales Feld

Gruppe als anthropologische Konstante

Sozialisation in und durch die Gruppe

Gruppe als Lernerfahrung

Über die Schwierigkeit, Gruppe zu definieren

Theorie und Analyse von Gruppen

Seit der Wende zum 19. Jahrhundert suchen Sozialwissenschaftler mittels Empirie und wissenschaftlicher Kategorien und Konzepte, das Phänomen Gruppe zu erfassen.

Weil es sich bei der Gruppe um ein **komplexes, dynamisches System** (ähnlich wie bei der Organisation) handelt, sind die jeweiligen Definitionen, Beschreibungen und Theorien von und über die Gruppe stark von den subjektiven Perspektiven der Betrachter und deren gesellschaftlicher und geschichtlicher Einbettung in eine Epoche geformt. So kann Cooley um die Jahrhundertwende die sogenannten Sekundärgruppen als ein Feld »kalter«, vertragsmäßiger, rationaler und formaler Beziehungen definieren, weil damals, im Zeitalter der Industrialisierung, der einzelne Mensch dem Bild des »economic man« entsprach. Dieses Menschenbild wiederum hängt eng mit den damaligen ökonomischen, technischen und sozialen Verhältnissen zusammen (▶ Kap. 1). Cooley betont entsprechend dem sozialen Wandel seiner Zeit die unterschiedlichen Funktionen der Primär- und Sekundärgruppen: In den Primärgruppen soll sich der Mensch emotional gebunden und geborgen fühlen und sich als Mensch unter Menschen erfahren (**affektorientierte Gruppe**); in den Sekundärgruppen hingegen soll er den Erfordernissen der Gruppe dem Mittel zum Zweck (**vernunftorientierte Gruppe**) gemäß funktionieren können. Cooley entdeckt ein wichtiges und nach wie vor gültiges Kriterium zur Differenzierung von Gruppen: ob Menschen über längere Zeit von Angesicht zu Angesicht in einer Kleingruppe (»face to face group«) kooperieren oder ob sie ad hoc miteinander kommunizieren, hat Konsequenzen für die emotionale Bindung oder Kohäsion der Mitglieder. Dies und die Feststellung, dass Kinder auf die emotionale Anteilnahme derjenigen Menschen angewiesen sind, die sich **primär** um sie kümmern, setzt sich in den Sozialwissenschaften als grundlegende Erkenntnis über die Dynamik von Gruppen und deren Bedeutung für den Menschen durch.

primäre und sekundäre Gruppen

Feststellungen und Erkenntnisse

Gruppe als Ausdruck subjektiv geformter Erfahrungen

subjektiv gefärbte Gruppenmodelle

Die **Subjektivität** der jeweiligen Beobachter von Gruppen definiert und begrenzt, was eine Gruppe sei oder zu sein habe, nicht nur in den Wissenschaften sondern auch im alltäglichen Zusammenleben in und mit Gruppen. Je nachdem kommen die einen oder anderen Aspekte der Gruppendynamik ins Gesichtsfeld. Wir sehen, was wir sehen wollen, denn wir alle tragen Bilder oder »Modelle« von Gruppen in uns, die sich aus der Summe unserer Erfahrungen geformt haben. Unsere Ängste, Hoffnungen und Interessen in und mit Gruppen begleiten unser Handeln in und unser Nachdenken über Gruppen. Für einige von uns funktionieren Gruppen nur dann »gut«, weil sie Harmonie und Geborgenheit versprechen; für andere hingegen wirken Gruppen gefährlich und zerstörerisch, wenn die Autonomie und Selbstständigkeit des Einzelnen in und durch die Gruppe begrenzt wird.

Gruppenmodelle von Führungskräften

Führungskräfte sollten sich im Laufe ihrer beruflichen Praxis selbst beobachten, über sich reflektieren und sich zunehmend ihrer Gruppenmodelle bewusst werden. Was sie als gewonnene Erfahrung in ihre Teams und andere Arbeitsgruppen hineintragen, zeigt sich in ihrem Führungsstil, und dieser wirkt auf den Gruppenprozess ein. Je bewusster sie ihre eigenen Leitungsfunktionen in den Gruppen reflektieren, desto realitätsgerechter können Entscheidungen gefällt, Methoden angewandt und Kommunikationsmuster verändert werden, was sich wiederum positiv auf die Leistungsfähigkeit der Gruppe auswirkt.

Kleingruppenmodell in den Sozialwissenschaften

Wann und wo immer von einer Gruppe die Rede ist, auch im betrieblichen Alltag, sind subjektive, durch Erfahrung oder Praxis gefärbte Bilder oder Modelle von Gruppen im Spiel. Die Soziologie spricht von Alltagstheorien, die dem Einzelnen Orientierung geben, bei Unsicherheiten stabilisieren und eng mit den gesellschaftlichen Normen und Regeln zusammenhängen, in denen die Gruppenmitglieder sozialisiert wurden. Im Unterschied zum Begriff Alltagstheorie bezeichnet der wissenschaftliche Begriff **Kleingruppenmodell** die theoretische Vorstellung (**Modell**) von kleinen Gruppen als eine **begrenzte Ansammlung von 3 bis ca. 15 Menschen** (»face to face group«), die **gemeinsam an einer Aufgabe oder Ziel oder an einem Thema arbeitet** (gegenseitige Verbundenheit), sei es an einem von außen an sie herangetragenen Auftrag oder sei es, dass sich die Gruppenmitglieder selbst eine gemeinsame Aufgabe stellen.

Alltagstheorien

Kleingruppenmodell

Theorie und Praxis von Gruppen

gegenseitige Verbundenheit

> Das Arbeiten an der Aufgabe geschieht im Kleingruppenmodell in **gegenseitiger Verbundenheit**, das heißt, die Mitglieder der Gruppe sind nicht allein durch die sachrationalen Bezüge aufeinander angewiesen, sondern entwickeln in der Gruppe affektive, gefühlsmäßige Bindungen, zu einzelnen Mitgliedern der Gruppe, zur Gruppe als Ganzes oder zur Aufgabe.

Wegen der sachrationalen und emotionalen Bezüge (gegenseitige Verbundenheit) entwickeln sich in der Kleingruppe **dynamische Prozesse und Strukturen** (Phänomene): Rollen kristallisieren sich heraus, Spannungen, Ängste und Konflikte entstehen und werden gelöst oder verdrängt, Zugehörigkeit und Autonomie werden erfahren, Macht und Einfluss nehmen Raum ein, Leitungsstrukturen und viele andere Phänomene entwickeln sich und lassen sich beobachten und feststellen. Diese erfahr- und beobachtbaren Phänomene entwickeln und formen sich analog zu bestimmten gruppendynamischen Entwicklungen.

dynamische Prozesse und Strukturen

Der Sozialwissenschaftler **Lewin** beobachtete in den 1960er-Jahren einen Zusammenhang zwischen der Leistungsfähigkeit und dem Führungsstil in Kleingruppen. Durch Experimente wies er nach, dass der Zusammenhang dieser beiden Phänomene sich nach gewissen Gesetzmäßigkeiten richtet. Er benutzte zur Beschreibung dieser Zusammenhänge eine **räumliche Metapher**: Die Gruppe erschien ihm als ein Feld von Energien und Vektoren, die einerseits auf den **Lokomotionspol** oder Leistungspol, und andererseits auf den **Kohäsionspol** bzw. Zusammenhaltspol ausgerichtet sind. Der Lokomotionspol bindet jene Kräfte und Aktivitäten, die zur Erreichung des Zieles notwendig sind; der Kohäsionspol bindet jene Energien, welche notwendig sind, die Gruppe zusammenzuhalten und störende Einflüsse auszubalancie-

Leistungsfähigkeit und Führungsstil

Lokomotion und Kohäsion

ren. Je nach dem, welcher Führungsstil in den Gruppen angewandt wurde, richteten sich die Energien der Gruppe mehr oder weniger stark auf den einen oder anderen Pol. Lewin definierte die Kleingruppe also als ein energetisches Feld sozialer Kräfte, in dem Prozesse und Bewegungen sich nach physikalischen Gesetzen richten. Selbstverständlich lassen sich aus Lewins Theorie auch Handlungsansätze für das Leiten von Gruppen ableiten.

Gruppe ist objektiv nicht fassbar

Die Dynamik und die Komplexität von und in Kleingruppen sind in ihrer Totalität wissenschaftlich nicht erfassbar, ähnlich wie das Menschsein. Wir arbeiten in und mit Kleingruppen stets unter **Bedingungen der Unsicherheit**. Darum ist es notwendig, **in geeigneter, optimaler Distanz und Nähe zur Gruppe zu beobachten und zu handeln**. Distanz wird möglich, wenn das eigene, im Laufe des Lebens entwickelte »Gruppen-Modell« («Alltagstheorie«) reflektiert wird und sich der Blick pendelnd auf die Gruppe als Ganzes einerseits und auf das Verhalten Einzelner in der Gruppe andererseits richtet. Wenn darüber hinaus die Wahrnehmung seiner selbst als Teil der Gruppe, die eigenen Gefühle, Stimmungen, Phantasien und Gedanken mit in die Beobachtung eingeschlossen werden, lässt sich eine Gruppe trotz und mit Unsicherheit lenken und in ihrem Leistungspotenzial fördern. Um mit der nötigen inneren Distanz den Prozess einer Arbeitsgruppe präziser wahrnehmen und entscheidend mitbestimmen zu können, bedarf es bestimmter Haltungen und Moderationstechniken (▶ Abschn. 8.3 »Moderation von Gruppen«). Die eigene Alltagstheorie über Gruppen sollte möglichst bewusst sein, damit fortwährend zwischen den konkreten Vorkommnissen in der Arbeitsgruppe und subjektiv gefärbter Optik unterschieden werden kann. Durch diese Differenzierung beim Leitenden wird der Gruppe ein Erfahrungsraum zugestanden, der sie motiviert und in ihrer Leistungsbereitschaft unterstützt.

optimale Distanz als Führungseigenschaft

Konsequenzen für das Leiten von Arbeitsgruppen in Organisationen

formelle Arbeitsgruppen mit vorgegebenen Aufgaben

Führungspersonen leiten in der Regel **formelle Arbeitsgruppen**, deren Ziel es ist, an **vorgegebenen Aufgaben** gemeinsam zu arbeiten. Die Aufgabenstellung oder der Auftrag sowie die Zusammensetzung der Arbeitsgruppe ergibt sich **aus den Erfordernissen und Entscheidungen** in der Organisation.

So setzt z. B. der Stiftungsrat einer gemeinnützigen Organisation eine abteilungsübergreifende Projektgruppe ein, die den Auftrag hat, die Akzeptanz einer neuen, medienwirksameren Imageveränderung der Stiftung zu überprüfen, so wie sie vorher von einer dafür beauftragten PR-Firma vorgeschlagen wurde. Der Stiftungsrat bestimmt die in der Projektgruppe arbeitenden Mitglieder; er designiert einen Mitarbeiter zum Leiter der Projektgruppe; er formuliert den Auftrag und begrenzt den Aufwand zur Erreichung dieses Auftrages. Damit wird die Projektgruppe in den Kontext der Organisation integriert und die Struktur der Arbeitsgruppe teilweise vorbestimmt. Sobald die Gruppe zu arbeiten beginnt, setzt der Prozess der Gruppendynamik ein. Zwar bietet das sozialwissenschaftliche **Kleingruppenmodell** einige Denkanstöße in Bezug auf Gruppenverläufe, jede Arbeitsgruppe entwickelt aber ihre eigene Dynamik und gestaltet ihr eigenes spezielles Gruppenleben.

Gruppe als Erfahrungsraum

Anmerkung: Im alltäglichen Sprachgebrauch und in der Literatur werden verschiedene Wörter gebraucht, um »Gruppen« zu benennen: Team, Equipe, Gruppe. Eine allgemein gültige Namensverwendung für das, was sich als konkrete Gruppe ereignet, gibt es nicht. Wir verwenden hier meist den Begriff **Arbeitsgruppe**, wenn wir von betrieblich organisierten Gruppen sprechen, und wir beziehen uns damit einerseits auf das oben beschriebene »**Kleingruppenmodell**« aus den Sozialwissenschaften und gleichzeitig auf konkret sich ereignende, arbeitende Gruppen oder eben Teams mit einer spezifischen Teilaufgabe in einer Organisation.

Begriff Team – Gruppe

8.1.4 Leistungsvorteile von Arbeitsgruppen

Zahlreiche Untersuchungen bestätigen, in welchen Bereichen die Arbeitsgruppe in Organisationen einen **eindeutigen Leistungsvorteil gegenüber der Summe von Einzelleistungen** aufweist.

1. Die Entwicklung eines Gruppenbewusstseins (Wir-Gefühl) motiviert die einzelnen und stärkt die Effizienz, Kontrolle sowie Verantwortungsgefühl.
2. Die Gruppe vollbringt Leistungen, die einzelnen Teammitgliedern nicht möglich sind (in physischer und quantitativer Hinsicht).
3. Die Kapazität im Speichern von Informationen ist größer, die Möglichkeiten der Informationsübermittlung vielfältiger.
4. Die Kontakte zwischen Mitarbeitenden sind intensiver, was die Arbeit an einer gemeinsamen Aufgabe erleichtert. In der Regel kommen verschiedene Kompetenzen, unterschiedliches Fachwissen zusammen.
5. Die Teammitglieder lernen voneinander und entwickeln eine »Fantasie«-Kapazität.
6. Technische Mittel werden optimal genutzt.
7. Autorität, Einfluss und Prestige werden verstärkt, was oft erst ermöglicht, dass bestimmte Aufgaben angegangen werden können. Zielvorgaben und Zieleinhaltungskontrollen lassen sich in der Gruppe leichter und effizienter gestalten.

Leistungsvorteile der Gruppe

Zu diesen **effizienzorientierten Vorteilskriterien** kommen die **sozialen und emotionalen** Chancen einer Arbeitsgruppe: Kontakt, Geborgenheit, Sicherheit, Solidarität, Identität usw.

soziale Vorteile

Faktoren, die die Arbeitsfähigkeit von Gruppen beeinflussen

Das Problem der Arbeitsfähigkeit einer Gruppe stellt sich anders, je nachdem, ob sich die Gruppe in ihrem **vertrauten Routinebereich** oder durch neue Aufgaben oder veränderte Arbeitsbedingungen im **Lernbereich** (einem Bereich des Öffnens, des Experimentierens und der Unsicherheit) befindet (Abb. 8.1).

Beispielsweise kann eine von einer Unternehmensleitung neu eingesetzte Projektgruppe für eine innovative Leistung kaum auf ein eingespieltes Funktionieren zählen: Struktur und Arbeitsweise sind zwar teilweise vorgegeben (Rahmenbedingungen), die Mitglieder der Projektgruppe sind

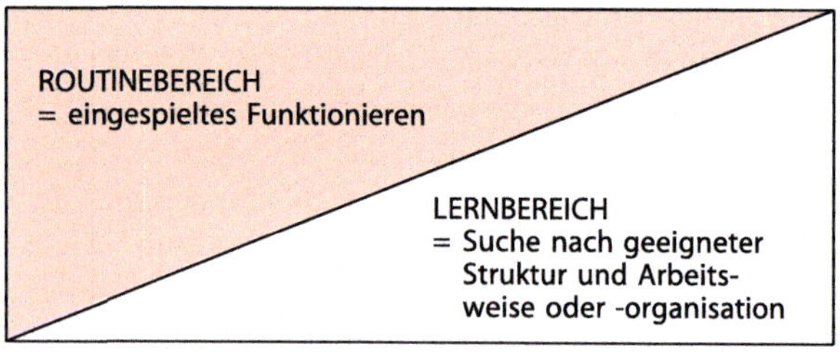

Abb. 8.1. Lern- und Routinebereich

```
ROUTINEBEREICH
= eingespieltes Funktionieren

         LERNBEREICH
         = Suche nach geeigneter
           Struktur und Arbeits-
           weise oder -organisation
```

Lernerfahrung

aber neu, d. h. sie haben noch nie in dieser bestimmten Zusammensetzung gearbeitet. Sie müssen sich in ihrem Zusammenwirken erproben und erfahren (Interaktion). Die Unternehmensleitung schreibt u. U. nicht einmal das Leitungsverhalten in der Führungsrolle vor. Weder in der Führungsstruktur, noch in der Zusammenarbeit und in der Aufgabenstellung können die Mitglieder dieser Gruppe also auf einen großen Routinebereich zurückgreifen. Der breite, offene Lernbereich lässt Unsicherheiten zu, was neue Erfahrungen bedingt und gemeinsames Lernen und Entwickeln zulässt.

fehlende Routine und Lernen

Routine als Barriere

Anders verhält es sich, wenn einem routinierten, eingespielten Team, beispielsweise der Küchenbrigade eines Altersheims, ein neuer Auftrag erteilt wird. Die Mitarbeitenden des Teams sollen stärker Pensionäre in die Menüplanung und in leichtere Verrichtungen in der Küche einbeziehen, was bislang nie der Fall war. Möglicherweise wird sich diese Arbeitsgruppe in der Küche dagegen sträuben, ihren »sicheren« und bewährten Routinebereich als Arbeitsgruppe zu lockern, damit Neues gelernt werden kann. Es versteht sich von selbst, dass in diesem Falle von der Führungskraft ein anderes Leitungsverhalten gefordert ist als im vorhergehenden Beispiel.

Konsequenzen für die Führung

Es empfiehlt sich deshalb, im betrieblichen Alltag zu leitende Arbeitsgruppen auf deren Routine- und Lernbereich hin zu untersuchen. Wenn Sie in der Führungsrolle mit der Gruppe arbeiten, sollten Sie **der Arbeitsgruppe transparent machen**, in welchen Bereichen Sie sich auf den Routinebereich (eingespieltes Verhalten der Mitglieder) berufen, und in welchem Ausmaß Sie innerhalb von vorgegebenen Strukturen und Arbeitsweisen auf die Lernfähigkeit der Mitglieder zählen. Dies funktioniert selbstverständlich nur dann, wenn Sie den **Arbeits- oder Leistungsauftrag** (Primary Task) an die Gruppe **exakt beschreiben**. Geschieht dies nicht, »schwimmen« die Gruppenmitglieder zu sehr im Bereich der Unsicherheiten, was zu mehr Ängsten und Frustration führt und sich hemmend auf die Zusammenarbeit auswirkt.

Leistungsauftrag exakt beschreiben

Merkmale leistungsfähiger respektive leistungsschwacher Gruppen

Je nachdem, wie die skizzierten Prozess- bzw. Strukturvariablen geartet sind, bzw. wie sie von der Gruppenleitung und den Gruppenmitgliedern **gestaltet** werden, resultieren leistungsfähige bzw. leistungsschwache Gruppen (Tab. 8.1).

Arbeitsfähigkeit von Gruppen

Die Arbeitsfähigkeit (bzw. Leistungsstärke) einer Gruppe wirkt sich nicht nur positiv auf die **Lokomotion** (Kraft, mit der sich eine Gruppe ihrem Ziel,

Tab. 8.1. Leistungsstarke und leistungsschwache Gruppe

Leistungsstarke Gruppe	Leistungsschwache Gruppe
Das **Gruppenklima** ist unbürokratisch und entspannt. Spannungen sind selten. Es herrscht eine Arbeitsatmosphäre, die Menschen anspornt, sich zu engagieren und zu interessieren. Anzeichen von Langeweile fehlen.	Das **Gruppenklima** ist von Gleichgültigkeit und Langeweile gekennzeichnet. Spannungen treten häufig auf. Die Gruppe ist ihrer Aufgabe gegenüber skeptisch.
Aufgaben und Ziele der Gruppe sind allen Mitgliedern klar und finden Zustimmung. Strittige Punkte werden offen diskutiert, und es wird nach Lösungen gesucht.	Aus Gesprächen ist schwer zu entnehmen, wie die **Aufgabe** der Gruppe lautet, oder welches die **Ziele** sind. Obwohl sie vielleicht »verkündet« worden sind, gibt es keinerlei Anzeichen dafür, dass die Gruppe sie verstehen will oder bereit ist, ein gemeinsames Ziel zu akzeptieren.
Wird die Aufgabe angefangen, so werden klare Abmachungen getroffen und akzeptiert. **Vereinbarungen** sind verbindlich und werden nur gemeinsam und nur dann geändert, wenn es nötig ist.	Die Mitglieder wissen nicht, was sie tun sollen. Selbst dann, wenn gewisse Verantwortlichkeiten festgelegt sind, zweifeln sie an der Sinnhaftigkeit.
Die **Kommunikation** ist spontan, offen und fließt in alle Richtungen. Die Gruppenmitglieder hören einander zu. Jede Idee findet Gehör. Die Mitglieder haben keine Angst, ihre Meinung beizusteuern, wenn sie der Zielerreichung dient.	Die **Kommunikation** ist vorsichtig, zurückhaltend oder ganz blockiert. Die Gruppenmitglieder wissen nicht, woran sie sind und hören kaum aufeinander. Wenn Meinungen geäußert werden, dann vor allem, um die eigene Position zu stärken.
Die Gruppe akzeptiert **Meinungsverschiedenheiten** und geht Konflikten nicht aus dem Weg. Konflikte werden nicht unterdrückt, sondern als Anstoß zum Weiterdiskutieren und Beraten genommen. Konflikte helfen der Gruppe weiter.	Die Gruppe ist unfähig, aus **Meinungsverschiedenheiten** Nutzen zu ziehen. Konflikte blockieren die gesamte Gruppe. Sie werden deshalb unterdrückt oder in persönlichen Feindschaften und Rivalitäten auf Kosten der Gruppe ausgetragen.

ihrer Aufgabenerfüllung nähert) aus, sondern auch auf die **Kohäsion** (Art und Ausmaß des inneren Zusammenhalts einer Gruppe, ihr psychosoziales Klima).

8.1.5 Handlungsfelder der Führungsaufgaben in Arbeitsgruppen

Aus psychologischer Sicht ist zunächst einmal die **Beziehungsstruktur zwischen den Mitgliedern** einer Arbeitsgruppe von entscheidender Bedeutung, sowohl für die **Lokomotion** (Leistungsniveau) wie auch für die **Kohäsion** (Klima, das die Leistungserbringung beeinflusst). Die persönlichen, interagierenden Beziehungen in einer Arbeitsgruppe werden in folgenden vier Kategorien beschrieben, verstanden und beeinflusst:

interaktionelle Beziehungsstruktur

Beziehungen in der Arbeitsgruppe
1. **Akzeptanz** der eigenen Persönlichkeit und jener der anderen Gruppenmitglieder
   - vermindert durch Furcht vor eigenen und »fremden« Eigenschaften und Verhaltensweisen
   oder
   - gefördert durch Vertrauen in die eigenen Fähigkeiten.

▼

Akzeptanz

Information	2. Art und Umfang des **Informationsaustausches und -flusses**, inklusive Ideen, Meinungen, Phantasien, Gefühlen (nicht nur Fakten und Resultate).
Ziele	3. **Zielorientierung** als Stabilisierung von Bedürfnissen und Zielvorstellungen sowohl der einzelnen und der Arbeitsgruppe als auch der Organisation.
Leistungskontrolle	4. **Kontrolle** von Leistung und Verhalten durch Regulation und »Spielregeln«, gemeinsame Werte und Normen.

Aufgabe der Leitung

Für die Gruppenleitung und für die Selbststeuerung des Verhaltens durch die Gruppenmitglieder kommt es nun darauf an, optimale Voraussetzungen für diese vier Kategorien zu schaffen. Insbesondere ist es die **Aufgabe des Leiters**, diese vier Kategorien im Auge zu behalten. Dies ist dann möglich, wenn sich der Leiter in einer gewissen inneren Distanz zur Arbeitsgruppe und zum Gruppenprozess bewegt.

Akzeptanz fördern

Die **Akzeptanz der individuellen Verhaltensweisen** fördern Führungskräfte in Arbeitsgruppen, indem sie ihre eigenen Fähigkeiten sowie jene der Gruppenmitglieder transparent machen und gezielt einsetzen, ohne einzelne Mitarbeiter zu bevorzugen oder zu benachteiligen oder gar auszuschließen.

Informationsfluss gewährleisten

Den **Informationsaustausch und -fluss** auf der Ebene der Fakten und der Gefühle fördern sie durch dafür geeignete Moderationstechniken (Feedback, Blitzlicht, Informationsrunde, Nachfragen bei »stillen« Mitarbeitern usw.). Die Führungskraft darf sich nicht hinter der Rolle verschanzen, sondern sollte persönlich greifbar bleiben und gleichzeitig die Metakommunikation fördern. Eine methodische Vorgehensweise, um dies zu erreichen, wird in ▶ Abschn. 8.5 vorgestellt.

Zielorientierung

Die **Zielorientierung** wird durch die genaue Formulierung des Auftrages an die Arbeitsgruppe gefördert, besonders dann, wenn sich die Mitglieder in Details oder außerhalb der Grenzen des Auftrages bewegen. Oft ist es nötig, Entscheidungen darüber zu fällen, was nach Meinung der Gruppe und/oder der Führungskraft noch innerhalb des definierten Auftrages (Rahmenbedingungen) zu bearbeiten ist oder nicht. Diese Entscheidungsprozesse müssen transparent gemacht werden, um die Akzeptanz zu gewährleisten.

Kontrolle

Die **Kontrolle** wird durch die Führungskraft dadurch erreicht, dass fortlaufend Rückmeldungen (Feedback) aus der Arbeitsgruppe selbst und aus der Organisation (systemübergreifend) stattfinden. Dies erfordert Geradlinigkeit und Konfrontationsfähigkeit und ist an eine Kommunikation über die Ziele gekoppelt.

8.1.6 Gestaltung und Beeinflussung der Gruppenentwicklung

Mit Gruppen**entwicklung** bezeichnen wir in erster Linie den Veränderungs- und Wachstumsprozess einer Arbeitsgruppe. Dieser Prozess erfolgt nicht »natürlicherweise« von selbst: Er benötigt Zeit, Ausdauer, Energie, Verantwortlichkeit und immer wieder gezielte Maßnahmen zur Festigung des erreichten Entwicklungsstands und zur Stimulierung weiteren Fortschritts. Im Kleingruppenmodell der Sozialwissenschaft sind die Entwicklungsschritte von Arbeitsgruppen als **Phasen** thematisiert. Eine der bekanntesten betriebspsychologischen Beschreibungen dieses Verlaufs stammt von Tuckman (1965). Er gliedert den Gruppenprozess in vier Phasen. Je nach Entwicklungsstand sind **besondere Impulse und Hilfestellungen** nötig.

Orientierung (»forming«) bezeichnet die Phase, in der sich die Arbeitsgruppe konstituiert und ihre Aufgabe sichtet. Die Abhängigkeit der Gruppenmitglieder von einem formellen Führer, der strukturiert, entscheidet und initiiert ist aufgrund der inneren Unsicherheiten der einzelnen Gruppenmitglieder groß.

Die formelle Leitung **umschreibt die Aufgabe** der Arbeitsgruppe und **macht die Zusammensetzung der Gruppe** sowie deren **äußere Struktur transparent**. Individuelle Unsicherheiten, Ängste, Zweifel, Fragen und Widerspruch werden angehört und **verstanden**, was nicht gleichzusetzen ist mit **einverstanden sein**. Das beabsichtigte Leitungsverhalten in der eigenen Doppelrolle (als formeller Leiter und als mitarbeitendes Mitglied der Gruppe) soll beschrieben werden.

Mögliche Fragen dazu:
— Was genau ist unser Problem, unsere Aufgabe?
— Welchen Sinn hat es, diese Aufgabe zu lösen?
— Sind wir alle bereit, an der Lösung mitzuarbeiten?
— Können wir (im Prinzip) das Problem oder die Aufgabe lösen?
— Was genau ist die Rolle des formellen Leiters oder der Leiterin?
— Gibt es weitere spezifische Rollen in unserer Gruppe?
— Was wollen, können wir gemeinsam erreichen?
— Wie wollen, können wir vorgehen?

Konfrontation und Konflikt (»storming«) bezeichnet die Phase der Turbulenz und des kritischen Aufbegehrens. Es tauchen Konflikte, Spannungen und Meinungsunterschiede auf. Konkurrenz wird deutlich, Macht- und Statusambitionen treten offen zutage. Die formelle Kontrolle und die Aufgabe werden angezweifelt oder gar abgelehnt. Die Abhängigkeit von einem formellen Führer wird bekämpft, und es wird um die Arbeitsfähigkeit der Gruppe als ein Zusammenwirken vieler gerungen.

Vor allem gilt es, sich hier in der Rolle der Leitung nicht von den Ängsten und Aggressionen der Gruppenmitglieder irritieren zu lassen (**innere Distanz zur Gruppe als Ganzes** statt Koalitionen mit einzelnen Gruppenmitgliedern). Krisen und Konflikte sind zu erwarten – und wenn sie deutlich werden, sind sie ein wichtiges Arbeitsinstrument für die Leistungserbringung

---

Marginalien:
- Entwicklungsprozess der Gruppe
- verläuft in Phasen
- Führung gibt Impulse und Hilfestellungen
- Orientierungsphase: forming
- Konfliktphase: storming

in der Gruppe. **Unterschiede und Kontroversen** sollen **betont** werden. Bei Blockaden soll die **Metakommunikation** gefördert werden. **Spiel-**, manchmal auch **Anstandsregeln** helfen, die Turbulenzen in geordnete Bahnen zu steuern. Wachsamkeit und Misstrauen ist angezeigt, wenn es nur harmonisch zugeht.

Mögliche Fragen dazu:
- Was hindert uns daran, so wirkungsvoll zu sein, wie wir es uns wünschen?
- Was hindert die einzelnen Mitglieder daran, so wirkungsvoll zu sein, wie sie es wünschen?
- Was gefällt den einzelnen Mitgliedern an der Gruppe so, dass sie sie erhalten möchten?
- Was möchten die einzelnen Gruppenmitglieder ändern, um die Zusammenarbeit zu fördern?

Manchmal empfiehlt es sich, einfache Methoden anzuwenden, die es erlauben, momentane Stimmungen in der Arbeitsgruppe transparent zu machen: das **Blitzlicht** (alle Mitglieder sagen der Reihe nach in wenigen Sätzen, wie er oder sie sich in diesem Augenblick fühlt, was er denkt und was er gerne machen würde) oder auch das **Feedback**.

Kooperationsphase: norming

Konsenus, Kooperation und Kompromiss (»norming«) bezeichnet jene Phase, in der sich die Arbeitsgruppe auf gemeinsame Normen und Spielregeln einigt. Formen gegenseitiger Unterstützung werden gesucht, Wir-Gefühl und Zusammenhalt bilden sich aus. Widerstand gegen die Führungsautorität und interpersonelle Konflikte werden abgebaut und bereinigt. Offener Austausch von Meinungen und Gefühlen findet statt. Kooperation entsteht.

Die Führungskraft **sorgt für Verabredungen**, macht **Vereinbarungen deutlich und überprüft**, ob allen Gruppenmitgliedern der **Auftrag**, die Aufgaben und Teilaufgaben sowie die **Arbeitsstruktur verständlich und klar** sind. Der Zusammenhalt und die Partizipation soll **mittels vereinbarter Regeln**, auch Kommunikationsregeln (▶ Abschn. 8.2 bis 8.5) gefördert werden. Normen, die nicht eingehalten werden, sollen hinterfragt werden.

Mögliche Fragen dazu:
- Welche Arbeits- und Kommunikationsregeln (auch Diskretionsregeln gegenüber der Außenwelt) gelten für den Einzelnen in der Gruppe?
- An was für Regeln halten wir uns gemeinsam in der Gruppe?
- Wer ist dafür verantwortlich, dass diese Regeln eingehalten werden?
- Was geschieht, wenn die Regeln nicht eingehalten werden?

Integrationsphase: performing

Integration (»performing«) bezeichnet die Phase konstruktiver Aufgabenbearbeitung. Problemlösungen tauchen auf, das Rollenverhalten ist flexibel und dient der Leistungserbringung. Die Energie der Arbeitsgruppe richtet sich auf die Aufgabe.

Die Gruppe erbringt eine gemeinsame Leistung. Dies soll betont werden, indem sich die **Führungskraft** jetzt eher **zurückhält**, allenfalls **Fortschritte** betont und **Rückschritte** im Arbeitsverhalten **thematisiert**. Zwar trägt die Führungskraft zum Ergebnis mit bei, das »Produkt« aber ist ein gemeinsames, und dies soll im **Vertrauen** der Führungskraft **in die Arbeitsgruppe** ausgedrückt werden.

Mögliche Fragen dazu:
- Was haben wir bisher erreicht?
- Wie beurteilen wir die Leistung?
- Was haben wir warum bis jetzt nicht leisten können?
- Wie haben wir die Zusammenarbeit erlebt und erfahren?
- Wie wurde unser Arbeits»produkt« von und in der Organisation oder von den Klienten aufgenommen und beurteilt?

Selbstverständlich überlappen sich Verhaltensweisen der verschiedenen, modellhaft voneinander abgegrenzten Phasen im konkreten Gruppenleben auf der Ebene einzelner Problemlösungen, Entscheidungsprozesse und Aufgabenbewältigung.

Überlappung der Phasen

Leiten oder Führen von Arbeitsgruppen bedeutet also, die Aufgabe oder den **Auftrag** der Arbeitsgruppe innerhalb der organisatorischen Rahmenbedingungen **im Auge zu behalten** und gleichzeitig darauf zu achten, das Kräftespiel der Energien im Feld der Gruppe in seiner Entwicklung so zu steuern, dass die **Vorteile der Gruppenarbeit zum Tragen** kommen. Die Führungskraft bewegt sich dazu in ihrer Rolle sozusagen **am »Rande« der Gruppe**, nicht im Zentrum, auch wenn sie sich mitwirkend in die Dynamik der Zusammenarbeit hineinbegibt, analog zu einem Fußballtrainer, der keine eigenen Tore schießt, sondern die Dynamik des Spiels beobachtet, Entscheidungen trifft und zu Leistung anspornt.

Führungsaufgaben

ZUSAMMENFASSUNG

> Eine Organisation lässt sich als Gesamtheit vieler Arbeitsgruppen definieren. Besonderes Kennzeichen solcher Arbeitsgruppen sind deren **Abhängigkeit vom Organisationsplan**, der eine entsprechend den Organisationszielen geregelte formelle Kontrolle vorschreibt, also einen **Zwang zur Interaktion** mit sich bringt. Die in den Gruppen organisierten Mitarbeitenden sind jeweils einer durch die Organisation bedingten Aufgabe verpflichtet, also zur Kooperation und Leistungserbringung gezwungen. Diese formellen Gruppen zur Leistung anzuleiten ist Aufgabe der Vorgesetzten. Wirklich leistungsfähig sind Arbeitsgruppen nur dann, wenn die **Spannungen** zwischen den Gruppenmitgliedern **möglichst gering** sind und wenn die gegenseitigen **Beziehungen in der Gruppe soweit geklärt sind**, dass die Interaktion zum Instrument der Aufgabenbewältigung geworden ist. Dann können auch interne Konflikte, die im Laufe der Gruppenarbeit entstehen müssen, sachlich aufgenommen und Unstimmigkeiten zur Sprache gebracht werden. Die Aktionen der Gruppe beschränken sich nicht nur auf ihren Zusammenhalt, sondern werden **in den Dienst der gemeinsamen Sache gestellt**. Der Weg zu einer **leistungs-**
> ▼

starken Gruppe ist schwierig und entwickelt sich innerhalb gegebener und veränderbarer Strukturen phasenweise. Die Entwicklung ist **weder gradlinig** noch **konfliktfrei**. In der Auseinandersetzung um die Sache (Leistungserbringung, Lokomotion) und um die soziale Struktur der Gruppe (emotionaler Zusammenhalt, Kohäsion) kommt es immer wieder zu **Krisen**. Sie sind notwendige, unvermeidliche **Entwicklungsschritte**. Zu den Hauptproblemen der Gruppenarbeit gehört die **innere Unsicherheit**, welche die Gruppenmitglieder daran hindert, in einem konstruktiven Sinne aktiv zu werden: Sei es, dass Gruppenmitglieder sich gehemmt fühlen und inaktiv werden oder dass sie ihre Unsicherheit via Aktivismus und Selbstbezogenheit überwinden und damit die Kooperation gefährden. Beide Reaktionen behindern die Zusammenarbeit. Nach Becker und Langosch (1995, S. 325) liegen die Ursachen der inneren Unsicherheit im Problem der **Machtverteilung** und der **Vertraulichkeit:**

Beim Problem der Macht kommt es zu einer Konfrontation zwischen Unabhängigkeit (Ringen um Einfluss, Durchsetzung) und Abhängigkeit (Anpassung, Zugehörigkeit, Paarbildung), beim Problem der Vertraulichkeit zu einer Konfrontation zwischen Persönlichem (Nähe, Intimität) und Unpersönlichem (Distanz, Sachlichkeit)

Für das Leiten von Gruppen bedeutet dies, einen Mittelweg im Pendeln zwischen diesen Gegensätzen zu finden.

Literatur

Becker, H. & Langosch, I. (1995). *Produktivität und Menschlichkeit*. Organisationsentwicklung und ihre Anwendung in der Praxis. Stuttgart: Enke.
Berkel, K. (2009). Konflikte in und zwischen Gruppen. In: Rosenstiel, Regnet & Domsch (Hrsg.), »*Führung von Mitarbeitern*«. (6. überarbeitete Auflage). Stuttgart: Schäffer Poeschel.
Cooley C.H. (1909). *Social Organization. A Study of the Larger Mind*. New York, N.Y: Scribner's.
Decker, F. (1994). *Team working. Gruppen erfolgreich führen und moderieren*. München: Lexika Verlag.
Esser, U. (1992). *Gruppenarbeit. Theorie und Praxis betrieblicher Problemlösungsgruppen*. Opladen: Leske Budrich.
Lewin, K. (1966). *Principles of Topological Psychology*. New York, N.Y.: McGraw-Hill.
Mills, M.T. (1969). *Soziologie der Gruppe*. München: Juventa.
Olmsted, M.S. (1971). *Die Kleingruppe*. Soziologische und sozialpsychologische Aspekte. Freiburg: Lambertus.
Pieper, A. (1992). Moderation und Teamentwicklung als Führungsaufgabe. *Gruppendynamik, 3*, 271–284.
Rosenstiel, L. von (2009). Die Arbeitsgruppe. In: Rosenstiel, Regnet & Domsch (Hrsg.), »*Führung von Mitarbeitern.*« (6. überarbeitete Auflage). Stuttgart: Schäffer Poeschel.
Tuckman, B.W. (1965). Development sequence in small companies. *Group and Organizational Studies, 2*, 419–427.
Wahren, H.-K.E. (1994). *Gruppen- und Teamarbeit in Unternehmen*. Berlin: de Gruyter.

8.2 Wie funktionieren Arbeitsgruppen?

Brigitta Hug

AUF EINEN BLICK

In ▶ Abschn. 8.1 wird die Gruppe vorwiegend unter ihrem Leistungsaspekt betrachtet. Darauf aufbauend informiert ▶ Abschn. 8.2 umfassender über die Gruppe als soziales System und über gruppendynamische Prozesse. Alle Formen von Kleingruppen, auch die betriebliche, sind sowohl durch dynamische Prozesse als auch durch Strukturen geprägt. In der Vorgesetztenposition gilt es, diese Prozesse und Strukturen wahrzunehmen, sie zu beobachten und so zu steuern, dass die Gruppe arbeits- und leistungsfähig wird oder bleibt. Dieses Kapitel klärt einleitend gängige Begriffe sozialer Systeme und schildert eine Auswahl von sozialwissenschaftlichen Experimenten und Konzepten, die für das Leiten von betrieblichen Arbeitsgruppen relevant sind. Im Anschluss daran werden die Konsequenzen dieser Forschungen in die Führungspraxis übertragen und einige methodische Hilfestellungen für das Leiten von Arbeitsgruppen angeführt.

8.2.1 Gruppe als soziales System

Mensch als Gruppenwesen

Der Kleingruppe kommt unter all den sozialen Systemen, die sich im Verlauf der Menschheitsgeschichte entwickelt haben, ein besonderer Stellenwert zu. Dies beruht darauf, dass:
- Individuen überall auf der Welt in einer Gruppe sozialisiert werden und im Laufe ihres Lebens verschiedenen sozialen Gruppen angehören, von der Familie über die Spielgruppe zur Freundes- und Arbeitsgruppe,
- die Gruppe in einzigartiger Weise **das Individuelle** des Menschen mit dem **Sozialen** verbindet. Die Gruppe kann als das »Paradigma der Vergemeinschaftung und Vergesellschaftung« angesehen werden. In ihr erfährt, erleidet und verändert der einzelne Mensch das Soziale, dessen Normen und Strukturen, dessen Unterscheidungen und Hierarchisierungen,
- der Mensch von seiner physiologischen Anlage her ein **Gruppenwesen** ist. Ohne Bezug zu anderen Menschen in und durch Gruppen ist der einzelne Mensch nicht überlebensfähig.

Soziologie der Gruppe

Die Erforschung des Phänomens »Gruppe« beginnt um die Jahrhundertwende, als die Lebens- und Handlungsbedingungen in der industriell-bürokratischen Gesellschaft des sogenannten Industriezeitalters zunehmend den Charakter des Unpersönlichen, des Formalen und Organisierten und schließlich des Gesellschaftlichen und Kollektiven annehmen. Als Arbeiter einer Fabrik, als Angestellte eines Betriebes oder als Dienstmädchen in einem bürgerlichen Haushalt leben die Menschen zunehmend individualisiert. Die Selbstverständlichkeit von gruppenbezogenen und gemeinschaftlichen Handlungs- und Sozialbeziehungen der vorindustriellen Zeit, beispielsweise im Dorf, in einem Tal oder in einem größeren Verwandtschaftskreis, weicht der Verstädterung, der Zentralisierung und dem Prozess der Industrialisierung. Was vorher in Gruppen kooperativ erarbeitet wird, entfällt durch die Mechanisierung und Automatisierung der Produktion.

gesellschaftlicher Wandel und soziologische Forschung

Frederic M. Trasher entdeckt im Jahr 1927 die **Gang**, die Rotte der Kinder und Jugendlichen, die ein Ersatz für das »broken home« ist. Auch Ende der 1960er-Jahre wird die Bildung neuer, politisch aktiver Gruppen (v. a. an den Hochschulen) als ein Reflex auf gesamtgesellschaftliche Entwicklungen gesehen, diesmal nicht als Ersatz aber mit dem Ziel, die Gesellschaft verändern zu wollen. Kurze Zeit später, mit dem Beginn der 1970er-Jahre, wird die Gruppe mehr und mehr zu einem Zufluchtsort des Individuums. Die einzelnen Gruppenmitglieder haben in der Gruppe die Möglichkeit, den gesellschaftlichen Zwängen zu entgehen oder zumindest ihnen standzuhalten. Gruppen sind in diesem Denkmodell sozusagen als **Reflex auf diese gesamtgesellschaftlichen Bewegungen** zu verstehen, je nachdem sind sie ein Ort der Gemeinschaft und der Heimat oder eine Gefahr und Bedrohung der Gesellschaft (Korte & Schäfers 1995, S. 80). Die **Eigenständigkeit der Gruppe** als soziales System ist heute eine Selbstverständlichkeit, in den Wissenschaften wie im alltäglichen Zusammenleben. Soziale Gruppen sind Gegenstand von Forschern und Forscherinnen aus allen Disziplinen der Sozialwissenschaften wie der Psychologie, Sozialpsychologie, Psychiatrie, Soziologie und Anthropologie, aber auch aus der angewandten Mathematik, der Kybernetik und der allgemeinen Systemtheorie.

Gruppe im Unterschied zu anderen sozialen Systemen (Abb. 8.2)

Ein Blick auf andere soziale Systeme hilft, den **Begriff** »Gruppe« einzugrenzen und die Kleingruppe von anderen menschlichen Gruppierungen zu unterscheiden. Wir kennen Kooperationsformen wie Lobby, Verband, Club, Verein, Vereinigung, Interessengemeinschaft und ähnliches mehr. Mit **Organisation, Unternehmen oder Konzern** wiederum sind Systeme eines anderen Typus gemeint, und Klasse oder Schicht dagegen sind Bezeichnungen für Menschen, die Träger derselben Eigenschaftskombinationen sind, sich aber nicht kennen müssen. Eine Menge sind Personen, die sich zur gleichen Zeit am gleichen Ort aufhalten, die einzelnen Personen brauchen wie bei der Schicht oder der Klasse keinen Kontakt zueinander zu haben. Aus einer Menge wird eine Masse, wenn die gemeinsame Zeit und der gemeinsame Ort handlungsrelevant werden, z. B.: Im Hauptbahnhof bricht Feuer aus und die Menschen verlassen fluchtartig das Gebäude. Die Masse ist also aktiviert, alle Menschen werden von einem Ereignis betroffen, in solch einem Fall spricht man von einer Masse.

Von einer **Gruppe** oder **Arbeitsgruppe** spricht man, wenn eine Anzahl von Menschen aktiviert ist und sich auf ein gemeinsames Ziel ausrichtet. Dabei gestalten sich Kräftefelder, differenzieren sich Rollen heraus und vielfältige Interaktionen zwischen den Gruppenmitgliedern dynamisieren den Prozess (vgl. das Kleingruppenmodell in ▶ Abschn. 8.1).

Merkmale von Arbeitsgruppen:
- Ein »Wir-Gefühl« der Gruppenzugehörigkeit und des Zusammenhaltes.
- Man kennt sich von Angesicht zu Angesicht (»face-to-face group«).
- Gefühle spielen eine große Rolle.
- Es gibt gemeinsame, meist auch emotionale Ziele.
- Normen werden gemeinsam entwickelt.

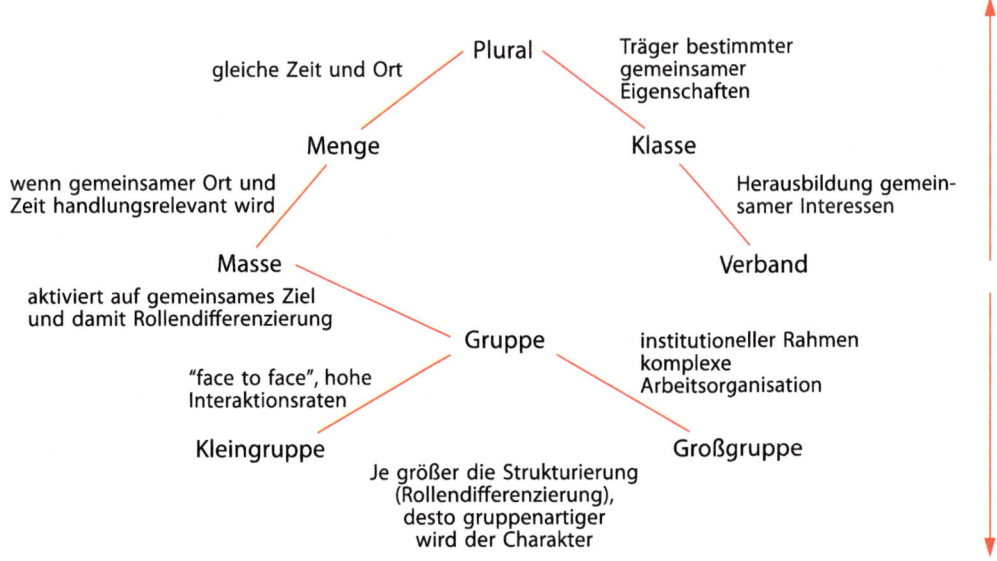

Abb. 8.2. Menschen im Plural

- Für die Lösung einer Aufgabe ist die Art und die Dichte der Interaktionen bestimmend.
- Jeder Mitgliederwechsel verändert die Gruppe stark.

Großgruppe

In den Sozialwissenschaften trifft man auch auf die Bezeichnung **Großgruppe**, beispielsweise zur Bezeichnung von Betriebs- oder Vollversammlungen, von Zusammenkünften vieler Menschen zu einem bestimmten Thema mit einem gemeinsamen Ziel. Zu den **Merkmalen einer Großgruppe** gehört:
- starker institutioneller Rahmen,
- ausgeprägte Rollendifferenzierung, besonders im Bereich Macht und Einfluss,
- komplexe Arbeitsorganisation (Arbeitsteilung),
- Vorherrschen von Fantasien und Gefühlen, welche zwar stark kontrolliert werden, aber laufend Wahrnehmung, Denken, Empfindungen, Entscheidungen und Verhalten beeinflussen … oft im Sinne von Verzerrungen der Realität.

Gruppe als Teil der Organisation

Klein- oder Arbeitsgruppen sind meist Teilsysteme einer Organisation. Entsprechend beeinflussen Zielsetzung, Struktur und Probleme der Organisation auch ihre Leistung und Dynamik. Was als Problem einer bestimmten Kleingruppe, z. B. einer Abteilung angesehen wird, ist oft die »Spiegelung« oder ein Ausdruck der Probleme in der Organisation oder im Unternehmen. Dessen ungeachtet können Kleingruppen aber durchaus ihre eigene Dynamik entwickeln. Stärker und direkter noch als durch die Organisation wirken die einzelnen Mitglieder der Arbeitsgruppe auf deren Prozess ein.

8.2.2 Aus der Geschichte der Kleingruppenforschung

Der folgende Abschnitt zitiert wissenschaftliche Verfahren und Forschungsergebnisse, um die markanten Etappen in der **Geschichte der Theoriebildung** über Gruppen als soziales System zu illustrieren. Einige der vorgestellten Theorieteile wurden in der Praxis betrieblicher Organisationen gewonnen. Andere wiederum resultieren aus akademischen Studien, vorwiegend aus der Soziologie, der Psychologie und der Sozialpsychologie, sind aber trotzdem für die betriebliche Gruppenführung relevant, auch heute noch.

Beginn der Kleingruppenforschung in Europa

Das wissenschaftliche Nachforschen darüber, was Gruppen strukturiert, dynamisiert, und was sie bedeuten, ist seit der Jahrhundertwende eng mit der **Entwicklung der Soziologie** als eigenständige Wissenschaft verbunden. In den ersten Jahren der Soziologiegeschichte in Deutschland (etwa 1890–1930) entwickelt man die Theorien über das Soziale entweder aus einer stark individualistischen oder aber aus einer klassenspezifischen Perspektive. Die Gruppe als soziales System fällt damit sozusagen zwischen den theoretischen Kategorien hindurch. Der Soziologe Tönnies verfestigt diese Betrachtungsweise, indem er dem Theorienstreit das Postulat einer Dichotomie von »**Gemeinschaft**« und »**Gesellschaft**« entgegensetzt. Beide Begriffe stehen für soziales System oder für Formen von Gruppen, wobei »Gemeinschaft« die

Gemeinschaft vs. Gesellschaft

persönlichen und emotionalen Bedürfnisse der Individuen befriedige und »Gesellschaft« für das Unpersönlichere, Abstraktere im Sozialen stehe.

Der **Erfolg** der nach der Jahrhundertwende in den USA beginnenden **sozialpsychologischen Erforschung von Kleingruppen** erklärt sich u. a. aus dem Zusammentreffen verschiedener wissenschaftlicher Strömungen und aus den günstigen sozialen und ideologischen Bedingungen jener Zeit. Das soziale Leben in den USA ist damals einerseits geprägt durch die Kooperation und das Nebeneinander verschiedenster Verbände und Clubs, und diese Gruppenstruktur etabliert sich in den USA als ein ideales Arbeits- und Forschungsgebiet der Sozialwissenschaften. Andererseits zwingt die damalige **wirtschaftliche Rezession** die führenden Industriellen dazu, die sozialen Bedingungen für **eine erhöhte Rentabilität** bzw. Arbeitsleistung von Arbeitsgruppen oder -brigaden untersuchen zu lassen.

Nach den beiden Weltkriegen beschäftigt man sich in den USA und in Europa mit **politischen und militärischen Problemen** aus diesen Zeiten.

Beginn der Gruppensoziologie in den USA

Rezession als Motiv von Gruppenforschung

politische und militärische Aspekte

Methoden in der Kleingruppenforschung

Viele der Ergebnisse in der Kleingruppenforschung kommen auf **experimentellem Wege** zustande. Als **Experiment** bezeichnet man einen planmäßig und wiederholbar hervorgerufenen Vorgang, bei dem beobachtet wird, in welcher Weise sich bestimmte Merkmale oder Variablen unter Kontrolle anderer Bedingungsfaktoren verändern. Die Forscher formulieren vor dem Experiment eine Hypothese über eine »Wenn-dann-Beziehung«, gestalten dann eine künstliche Versuchsanordnung, bei welcher sie eine oder mehrere Variablen verändern und gleichzeitig andere Variablen beibehalten können, um schließlich in der Wiederholung der Versuche zu überprüfen, ob die angenommene Hypothese richtig oder falsch sei. Andere Ergebnisse über die Kleingruppe resultieren aus **systematischen Beobachtungen** lebensnaher Situationen. Bei beiden Methoden beeinflussen die jeweiligen Forscher durch ihre **Subjektivität** die Versuchsanlage oder das zu beobachtende Feld. Außerdem prägen ihre Wahrnehmungs- und Urteilstendenzen die Gewichtung und theoretische Aufarbeitung des erhobenen Datenmaterials (▶ Kap. 1 und ▶ Abschn. 8.1). Die Konzepte aus der Kleingruppenforschung lassen sich grob in drei Themenbereiche einreihen: in die **Klassifizierung von Kleingruppen**, in die **Gruppenstruktur** und in den **Gruppenprozess**. Nachfolgend sind Ergebnisse skizziert, die noch heute im betrieblichen Alltag relevant sind. Kenntnisse über die Geschichte der Kleingruppenforschung tragen überdies dazu bei, sich der eigenen Vorstellungen darüber, was eine Gruppe sei oder zu sein habe, bewusster zu werden.

experimentelle Forschung

systematische Beobachtung

8.2.3 Klassifizierung von Kleingruppen

Primär- und Sekundärgruppen

In den USA differenzierte Cooley (1864–1929) zwei grundsätzlich voneinander unterscheidbare menschliche Gruppenformen: die Primär- und die Sekundärgruppen. Mit diesem Begriffspaar hat Cooley die bis heute bekannteste Gruppenkategorie eingeführt, indem er bereits vorliegende Erkenntnisse

Primärgruppe über bestimmte soziale Zusammenhänge konzeptualisierte. Unter Primärgruppen versteht Cooley

> Gruppen, die durch eine **sehr enge unmittelbare persönliche Verbindung und Kooperation** gekennzeichnet sind. Sie sind primär insofern, als
> »... dass sie fundamental an der Herausbildung der Sozialnatur und der sozialen Ideale der Individuen beteiligt sind ... Man lebt mit dem **Gefühl der Gemeinsamkeit** und findet die wichtigsten Ziele dieses Strebens in diesem Gefühl. Die wichtigsten Sphären dieser sehr engen Verbindung und Kooperation – aber keineswegs die einzigen – sind die Familie, die Spielgruppe der Kinder (peers), die Nachbarschaft oder Dorfgemeinde als **früheste und umfassendste Erfahrung vom sozialen Ganzen** der Erwachsenen. Primärgruppen sind primär in dem Sinn, dass sie dem Individuum die Ideale vermitteln, aber auch in dem Sinn, dass sie sich nicht im gleichen Masse verändern wie komplexere Beziehungen.«
> (Cooley, nach Schäfers 1994, S. 98, Hervorhebungen von Schäfers)

Sozialisierung in der Primärgruppe

Cooley geht davon aus, dass die Ideale der Menschen von Liebe, Freiheit und Gerechtigkeit weder philosophischen Systemen noch sozialen Institutionen entstammen, sondern dem Erfahrungshorizont der Primärgruppen.

Sekundärgruppe

Das wichtigste Kennzeichen der **Sekundärgruppe** ist deren **Zweckgerichtetheit**. Die Kontakte in der Sekundärgruppe sind nicht so häufig und ungezwungen wie in der Primärgruppe, sondern mehr durch rechtliche und formelle Abmachungen geregelt. Die Beziehungen untereinander sind **unpersönlich** und statt auf den ganzen einzelnen Menschen nur auf einen Ausschnitt der Person beschränkt (z. B. auf die Ausübung der Berufsrolle). Sekundärgruppen sind meist Vereine, Betriebe, Anstalten, Verbände usw., also das, was im heutigen Sprachgebrauch meist unter den Begriff »Organisation« oder »Institution« fällt.

Organisation vs. Gemeinschaft

Bereits in den 1930er- und 1940er-Jahren wird die Kategorie der Primärgruppen weiter differenziert. Cooley selbst reduziert sein komplexes und überfrachtetes Konzept auf fünf Punkte, die die Primärgruppe charakterisieren und von der Sekundärgruppe unterscheiden:

Definition Primärgruppe

1. »Face-to-face«-Assoziation,
2. Unspezialisiertheit der Assoziation,
3. relative Dauer,
4. geringe Anzahl der beteiligten Personen,
5. relative Intimität unter den Beteiligten.

Diese fünf Charakteristika bezeichnen formale Strukturmerkmale, ohne aber die früher von Cooley hervorgehobene Bedeutung der Primärgruppe für die Persönlichkeitsbildung zu erwähnen. Gerade dieser Aspekt aber wurde und wird nach wie vor in der Psychologie betont: Kinder, insbesondere Kleinkinder sind auf die innere Anteilnahme ihrer nächsten Bezugspersonen angewiesen, und dieses emotionale Getragensein definiert die Gruppe, heute meist die Kleinfamilie. Primärgruppen sind eine besondere Form der Kleingruppe, aber nicht alle Kleingruppen sind auch Primärgruppen.

Schäfers definiert die Primärgruppe wie folgt:

> Primärgruppen sind jene Kleingruppen, denen Menschen zur Vermittlung primärer Sozialkontakte und zur Herausbildung ihres (sozialen) Ich angehören; sie bieten über die Phase der primären Sozialisation und sozialen Integration hinaus eine kontinuierliche Möglichkeit der Identitäts-Behauptung, der intimen und spontanen Sozialbeziehungen und der Entlastung von den Anforderungen sekundärer Gruppen.
> (Schäfers 1994, S. 101)

Team als Primärgruppe

Formelle und informelle Gruppen

Die Entdeckung von Primärgruppenbeziehungen in Organisationen erfolgt Ende der 1920er-Jahre, nach der berühmt gewordenen Untersuchung in den Hawthorne-Werken der General Electric Company in Chicago. Ursprünglich konzeptualisiert die Unternehmensleitung dieser Werke eine Untersuchung im Sinne von Taylors Rationalisierungen der Arbeitsvollzüge. Die Leitung dieser Untersuchung übernimmt Mayo (1880–1949). Auf dem damaligen Bild des Industriearbeiters aufbauend betrachtet Mayo den einzelnen Werktätigen als ein der Maschine ähnliches isoliertes Einzelwesen, dessen Produktivität sich berechnen lässt, ohne psychologische oder soziale Faktoren miteinzubeziehen. Lediglich physische und physiologische Faktoren, Bewegungsabläufe beim Arbeiten, Lichtverhältnisse etwa oder allgemein das physiologische Klima am Arbeitsplatz sind wichtig. Als gesichert galt, dass der Mensch **nur um seiner Selbsterhaltung willen** oder allenfalls aus **Habsucht** arbeite. Mit diesen Grundannahmen experimentieren die Forscher in den Hawthorne-Werken und und kritisieren in der Folge die damalige klassische Organisationstheorie. Ihre Erkenntnisse finden unter dem Kennwort »**human relations**« Einzug in die Wissenschaftsgeschichte:

Hawthorne-Untersuchung

Mensch als Maschine

»human relations«

- Arbeitskräfte bringen ihre **sozialen Bedürfnisse und individuellen Erfahrungen und Einstellungen in die Arbeit ein**. Sie sind deshalb weder rein ökonomisch noch rational eingestellt.
- Diese Erfahrungen und Einstellungen **prägen das soziale Handeln** und die Interaktionen zwischen den Menschen im Betrieb.
- Die Industriebetriebe weisen **zahlreiche Gruppierungen** auf, von denen jede ihr **eigenes Wertesystem** besitzt.

Von da an wird über die Bedeutung von **primären Beziehungen** unter den Arbeitenden geforscht. Mayo unterscheidet zu diesem Zwecke **formelle von informellen Gruppen**. Die formelle Gruppe hat – wie die Sekundärgruppe nach Cooley – einen intentionalen Aspekt, denn sie ist geplant und stark strukturiert. Die Verhaltensweisen der Mitglieder sind vielfach so weit vorherbestimmt, dass die einzelnen Personen ausgewechselt werden können, ohne den Wirkungszusammenhang der Organisation zu stören.

formelle vs. informelle Gruppen

> Bei der informellen Gruppe dagegen beruhen die Beziehungen zumeist auf Sympathie, Gefühlen, gleichen Interessen oder dauerndem Beisammensein und sind entsprechend direkter und persönlicher. Da informelle Grup-

pierungen oft Untergruppen und Cliquen in formellen Systemen sind, wo sie der **Befriedigung individueller Bedürfnisse** dienen, die im Rahmen von Großgruppen nur schlecht Berücksichtigung finden können, wird die Unterscheidung in formelle und informelle Gruppen besonders für die Betriebssoziologie wichtig, z. B. im Falle eines »gestörten Betriebsklimas«. (Floren 1983, S. 13).

Dynamik zwischen formellen und informellen Gruppen

Die Klassifizierung in Primär- und Sekundärgruppen und jene in informelle und formelle Gruppen fokussiert zentrale Problemstellungen betrieblicher Gruppen: **Betriebliche Arbeitsgruppen sind stark formalisiert und strukturiert** – und doch können sie nur dann erfolgreich produzieren, wenn in und durch sie auch **soziale Bedürfnisse der einzelnen Mitglieder berücksichtigt** sind. Die Intentionalität (**Zweckgebundenheit**) betrieblicher Kleingruppen, gekoppelt an die **Rangdifferenzierung** der einzelnen Mitglieder durch formalisierte Rollen wie Vorgesetzter und Mitarbeiter, scheint aber der Befriedigung primärer sozialer Bedürfnisse entgegenzuwirken. In diesem Dilemma können informelle Gruppen als Ventile entstehen und wirken, produktiv wie destruktiv.

8.2.4 Gruppenstrukturen

Aus der Definition sozialer Kleingruppen geht hervor, dass ihre Mitglieder in relativ kontinuierlichen, mehr oder weniger festen Beziehungen zueinander stehen, bzw. sich zueinander verhalten. Dieses vergleichsweise stabile Beziehungsmuster zwischen den einzelnen Gruppenmitgliedern nennt man **Gruppenstruktur**. Durch sie wird eine Anzahl einzelner Menschen zum sozialen System, zur **überindividuellen Einheit**.

Konsequenzen für das Individuum bei der Gruppenbildung

Zwänge in der Gruppe

Wenn Menschen in Gruppen eintreten und deren Mitglieder werden, haben sie **mit Folgen oder Zwängen** für sich selbst zu rechnen, sei es, ob sie freiwillig eintreten (Freizeitgruppen, Arbeitsgruppen, freie Kurswahl usw.) oder aufgrund gesellschaftlicher Regeln partizipieren (Schulklasse, für die Kinder auch die Familie, Teams in Organisationen, Kursgruppen usw.). Diese Zwänge bestimmen die Gruppenstruktur und den Gruppenprozess. Es handelt sich um vier notwendige Prozesse der Integration des Individuums in das soziale System der Gruppe, denen sich niemand entziehen kann. Claessens (1977, S. 9) spricht von **formierenden Faktoren**, die sich im Prozess jeder Gruppenbildung ergeben.

Zwang zur Selbstdarstellung

Gruppendruck

Ohne vielleicht bewusst registriert zu haben, haben Sie sich beispielsweise in einer Reisegruppe, deren Mitglieder Sie beim Eintreten in den Zug erst kennen gelernt haben, den anderen Mitgliedern selbst dargestellt, noch vor der offiziellen ersten Vorstellungsrunde durch die Reiseleitung. Allein schon Ihr Geschlecht, Ihr Alter, Ihr Aussehen, Gestik, Mimik verraten eine Menge sozialer Daten über Sie oder wecken zumindest Vorstellungen über Sie. Diesem

8.2 · Wie funktionieren Arbeitsgruppen?

Zwang zur Selbstdarstellung, zum Sich-nicht-verstecken-können in einer Gruppe kann sich kein Mitglied entziehen. Er ist auch dann wirksam, wenn eine Gruppe längst miteinander vertraut ist und der eine oder andere sich oder Teile von sich einmal nicht zeigen möchte.

Zwang, den oder die anderen registrieren zu müssen

Menschen, die sich begegnen, ist es nicht möglich, nicht zu kommunizieren (vgl. Watzlawick 2000). So sind Reisende beim Betreten eines Zugabteiles gezwungen, mit den bereits sitzenden Passagieren verbal oder averbal kommunizieren. Wer eintritt, reagiert auf die Selbstdarstellungen der anderen, und spätestens dann, wenn er oder sie fragt oder sich entscheidet, nicht zu fragen, ob ein bestimmter Platz noch frei sei, stehen stumme wie verbale Reaktionen für den Beginn einer Kommunikation. In der **Interaktion** wird entsprechend den Bildern und Erwartungen gehandelt, welche die Reisegefährten gegenseitig ausgelöst haben, dies kann bewusst oder unbewusst, transparent oder versteckt geschehen. Der Zwang zur Kommunikation wie auch der Zwang zur Selbstdarstellung treffen auch auf Begegnungen im virtuellen Raum zu. Je offener der Austausch gegenseitiger Interpretationen vor sich geht, desto mehr werden Wertvorstellungen, Vorstellungen »richtiger« Verhaltensweisen und Ausdrucksformen in einem Meinungsaustausch diskutiert und einander angenähert. Dies wiederum ermöglicht gemeinsames Handeln, das mehr ist als die Summe aller Einzelhandlungen der Mitglieder in der Gruppe. »Man« beginnt, sich **aneinander zu orientieren und sucht Übereinstimmungen** dort, wo man sich verbunden fühlt.

Gruppe interagiert

Zwang zur Bildung eines Binnenverständnisses

> Nach und während (Gruppen kommen in ihren Prozessen tendenziell nie zu einem Abschluss in dem Sinne, dass es »so ist und bleibt«) dem **Prozess des Registrierens und Verinnerlichens**, des Akzeptierens (oder Verwerfens) des Bildes, von dem man meint, dass es die anderen von einem hätten, beginnt der Prozess des Bilanzierens der ganzen Gruppe.

Mitglieder gleichen sich an

Die Frage: »Wie sehen wir uns?« wird emotional oder fachlich, intellektuell, politisch oder ideologisch beantwortet. Meist kommen die Menschen einer bestimmten Gruppe ja zusammen, weil sie ein gemeinsames Ziel oder eine Aufgabe erreichen bzw. lösen wollen. Dieses gemeinsame Ziel verbindet und definiert teilweise schon das Binnenverständnis der gesamten Gruppe und kann durch die Herausbildung einer gemeinsamen »Gruppensprache«, eines Maskottchens oder anderer Zeichen manifestiert und wahrgenommen werden. Wo allerdings der **Zwang zur Bildung eines Binnenverständnisses** der gesamten Gruppe zu stark ist, kann dieser Homogenisierungsdruck Kreativität und Erlernen von Neuem beeinträchtigen.

Zwang zur Außendarstellung

Gruppe ist Teil einer Umgebung

Früher oder später muss sich jede Gruppe glaubwürdig gegen außen darstellen. Diese Außendarstellung scheint simpel zu sein: Man gibt eben an, was man will oder von sich hält. Etwas komplizierter wird es, wenn man gerade erst **das** aushandeln und besprechen will. Wiederum komplizierter wird es, wenn der »wirkliche« Grund von dem angegebenen abweicht oder im Gruppenbildungsprozess abzuweichen beginnt. Das braucht nicht dramatisch zu sein. Beispielsweise ist den meisten Erwachsenen im Umgang mit Jugendlichen klar, dass diese nicht nur zusammen ins Kino gehen wollen, damit sie einen Film sehen, sondern dass diese Zusammenkunft vielmehr dem Kontaktaufnehmen und Flirten zwischen den Geschlechtern dient. Anders ist es, wenn eine Gruppe beispielsweise angibt, gemeinsam lernen zu wollen, aber sich außerstande fühlt, den Lernstoff zu lesen, geschweige denn zu diskutieren und stattdessen andere Aktivitäten auszuüben beginnt. Dann weicht die Außendarstellung vom Binnenverständnis ab und dies erzeugt eine Spannung, sei es in der Gruppe oder zwischen der Gruppe und deren Umgebung. Auch wenn diese Abweichungen nur gering sind, beeinflussen sie das Gruppengeschehen, sei es auch, weil die Außendarstellung von bestimmten Gruppenmitgliedern glaubhafter übernommen werden kann und wird als von anderen Mitgliedern.

Binnenverständnis und Außenkontakt

So ist sich beispielsweise eine Lerngruppe im Binnenverständnis darüber einig, dass die Emotionalität untereinander nicht zu kurz kommen dürfe. Deshalb entscheidet man sich, eine gestellte Aufgabe nicht oder nur unvollständig zu lösen und stattdessen eine ausführlichere Feedbackrunde untereinander zu machen. Je nachdem, wie die dadurch entstandene Spannung zwischen dem Binnenverständnis und der Außendarstellung in der Gruppe ausgehalten werden kann, wird sich diese Gruppe gegen außen verteidigen oder gar die Gruppenleitung kritisieren, weil wieder einmal zu wenig Zeit eingeräumt wurde. Oder es gelingt der Gruppe, mögliche Kritik oder Missbilligung an ihrem Verhalten zu »ertragen«, bzw. ihre beanspruchte Autonomie im Handeln auf verständliche Weise zu vertreten und entsprechend die **Spannung** zu reduzieren.

notwendige Investitionen

Dies sind die Folgen, die wir alle auf uns nehmen, wenn wir Teil einer Gruppe werden. Man könnte sie auch als jene »Investitionen« bezeichnen, die nötig sind, damit soziales Handeln in einer Gruppe möglich wird. Ohne diese Investitionen an Zeit, den Entschluss, anwesend zu sein, andere zu registrieren, sich auf die anderen einzustimmen und dergleichen mehr wäre eine Gruppe nicht überlebensfähig.

Sobald die Gruppenmitglieder die oben beschriebenen Investitionen tätigen, strukturiert sich die Gruppe, d. h. das Verhalten der Mitglieder zueinander formt, verändert und entwickelt sich. Am Anfang findet ein Zuwachs an möglichen Interpretations- und Handlungsschemen statt, weil jedes Mitglied seine individuell erworbenen Schemen und Stereotypien einbringt. **Neue Problemlösungsstrategien** tauchen auf. Später engt sich dieser Realitätshorizont aufgrund des **Homogenisierungsdruckes** wieder ein und führt zu einer gewissen **Realitätsverschiebung**: Abgekappt werden Orientierungen, die nicht in den Fundus der Gruppe passen. Man einigt sich auf ein »Weltbild« oder ein Gruppenmodell, das u. U. keine anderen Ansichten mehr

Realitätsverzerrungen

Horizonterweiterung

in der Gruppe zulässt. Die Gruppe zieht eine Grenze um sich, »institutionalisiert« sich und entwickelt ein ihr ganz **eigenes Innenklima**. In betrieblichen Arbeitsgruppen ist es aus diesem Grund nötig, von außen her immer wieder eine gewisse Realitätskontrolle einzubauen.

Rangdifferenzierung und Rollen

In allen Gruppen differenziert sich die Struktur der Beziehungen nach Rängen und in entsprechende Rollen. Als einer der ersten Forscher beschäftigt sich der Amerikaner **Whyte** in den 1930er-Jahren mit diesem Aspekt. Er beobachtet das **Führungsverhalten der Anführer** einer Jugendbande in den Slums von Boston und den Einfluss auf die Gruppe. Führer wird jene Person, die den von der Gruppe vertretenen Verhaltensstandard am besten erfüllt. Gleichzeitig fördert der Anführer jene Tätigkeiten und Handlungen, die er selbst am besten kann, weil er dadurch seine Führungsposition sichert. Vom Führer erwartet man, dass er all seine persönlichen Verpflichtungen einhält. Ein Gruppenmitglied hingegen kann hie und da etwas versäumen. Bei Abwesenheit des Anführers neigt die Bande dazu sich aufzuteilen. Schließlich hängt die Stellung eines Führers davon ab, dass er »Recht« hat, was heißt, er begründet seine Entscheidungen der Gruppe so, dass sie für diese annehmbar sind – auch auf Kosten einer Realitätsverschiebung oder gar -verzerrung.

Rangdifferenzierung

Schindler (1957) stellt ein komplexeres Modell für die **Führungsstruktur** und die **Rollendynamik** in Gruppen vor (Abb. 8.3). Hintergrund dieses Modells, insbesondere die Verwendung der Buchstaben des griechischen **Alphabets** für die Positionsbezeichnung, ist die Theorie der sog. **Hackordnung**, die schon 1927 von dem Psychologen Schjelderup-Ebbe vorgestellt wurde. Ausgehend von Beobachtungen im Hühnerhof postuliert dieser eine **Sozialordnung** in tierischen und menschlichen Gemeinschaften, die durch Kämpfe etabliert wird. Einmal etabliert, ermöglicht diese Ordnung der Gemeinschaft eine Periode der relativen Ruhe und Stabilität. An der Spitze steht das sog. **Alpha-Tier** (**Alpha**-Position), ihm am nächsten das **Beta-Tier** (**Beta**-Position) und an letzter Stelle und entsprechend unterprivilegiert und stark frustriert das **Omega-Tier** (**Omega**-Position). Schindler erweiterte dieses eindimensionale Rangordnungsdynamikmodell durch den Nachweis weit komplexerer Vorgänge in der Gruppe.

psychodynamisches Grundmodell

Hackordnung

Gruppen existieren nicht isoliert – ebenso wenig wie Rollen. Sie sind stets Teil eines größeren Ganzen und **fantasieren** über ihren Kontext (Umfeld) und meist auch über die Existenz und Absichten eines übel wollenden Gegners. Je größer der objektive oder subjektive Stress einer Gruppe oder eines Rollenträgers ist, desto wahrscheinlicher und intensiver sind Wahrnehmungsverzerrungen. Der Alpha-Position (bzw. Rolle) kommt in dieser Situation eine doppelte Aufgabe zu. Einerseits vertritt Alpha die Gruppe nach außen und damit auch gegenüber einem allfälligen Gegner. Erwartet wird von Alpha, dass er die Gruppe kompetent, effizient und machtvoll vertritt. Gelingt ihm dies, so reduziert er das Bedrohungsgefühl der Gammas. Andererseits hat er gegenüber den Gammas die Führungs- oder Leitungsfunktion. Er ist ihr Chef, gibt ihnen Arbeit, kontrolliert ihre Leistungen und auch ihre Beziehungen. Gammas tragen faktisch die Hauptlast der Gruppenleistung, sei es durch ihre Arbeit oder ihre finanziellen Beiträge. Außerdem rivalisieren die

Gruppenfantasien

Alpha-Rolle

Gamma-Rolle

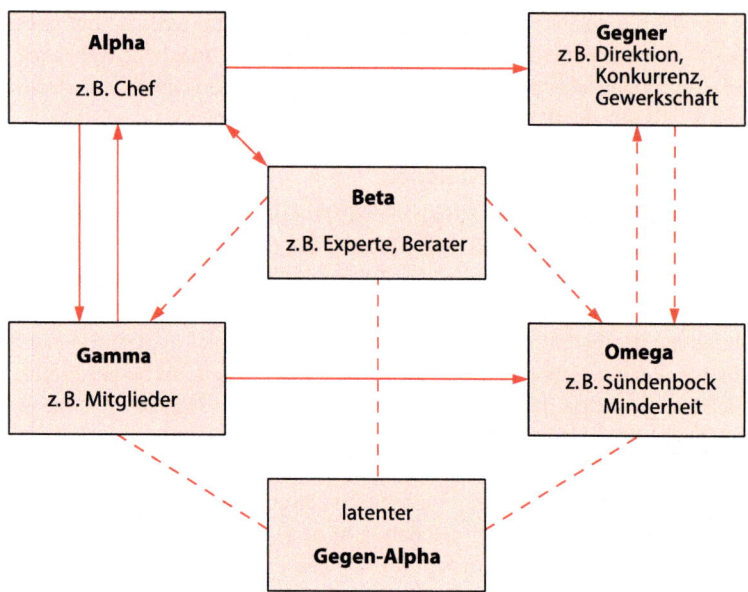

Abb. 8.3. Soziodynamische Grundformel. (Nach Schindler 1957, S. 313)

Gammas tendenziell unter sich um Prestige, Formen der Arbeitserleichterung (vgl. »beschummeln«, »Tricks«) oder um die Gunst von Alpha. Die Psychologie der Gamma-Position ist komplex. Zwei für betriebliche Arbeitsgruppen relevante Aspekte sind folgende:
- Gamma hat keinen **Führungsanspruch** (mehr). Er ist mit der herrschenden gruppeninternen Sozialordnung zufrieden. Wäre er es nicht, so würde er kämpfen (Hackordnung muss neu etabliert werden) oder er würde die Gruppe verlassen.
- Gamma profitiert von der Alpha-Position auf verschiedene Weise, solange er sich mit Alpha identifizieren kann. D. h. in dem Ausmaß, in dem Alpha durch sein Verhalten die Ängste der Gammas beruhigen kann, deren Bedürfnisse (z. B. nach Orientierung, Gerechtigkeit etc.) befriedigt, das Ausmaß an Frustrationen kontrolliert, sind sie zur Kooperation motiviert. Gammas identifizieren sich mit Alpha und erleben die Erfolge von Alpha als seine eigenen Erfolge bzw. als die der eigenen Gruppe. Aggressionen von Gammas finden Ventile im gegenseitigen Rivalisieren, in Projektionen auf Gegner und vor allem im Verhalten Omega gegenüber.

Omega-Rolle

Omega trägt einen Teil der Frustrationen der Gruppe, vor allem der Gammas, erleichtert durch den Umstand, dass Omega als **Repräsentant des Gegners** in der Gruppe fantasiert wird. Einerseits handelt Gamma gegenüber Omega wie Gamma dem Gegner gegenüber handeln möchte und andererseits so, wie Alpha Gamma gegenüber handelt. Die Position bzw. die Situation von Omega in einer Gruppe hängt also ganz wesentlich ab
- vom Führungsstil Alphas allgemein und gegenüber den Gammas,
- von der tatsächlichen bzw. fantasierten Bedrohung durch den Gegner, d. h. der Bedrohung durch die Außenwelt.

8.2 · Wie funktionieren Arbeitsgruppen?

Je nach Beschaffenheit dieser Einflussfaktoren kann die Omega-Position in einer gegebenen Gruppe durchaus lebbar sein. Die relative Marginalität von Omega erlaubt ihm eine gewisse »Narrenfreiheit«. Omega kann Meinungen vertreten oder Handlungen tätigen, die sich eben nur ein Omega leisten kann (vgl. die Stellung von sog. »Alternativen«, Aussteigern, Oppositionellen etc.). In die Omega-Position gerät man aufgrund verschiedener sozialer Mechanismen. Eine große Chance, die Omega-Position einzunehmen haben: **Neue** und **Junge** (»Lehrjahre sind keine Herrenjahre«), **Minderheiten** (z. B. Frauen in Männergruppen und umgekehrt), **Stigmatisierte** (=»Gezeichnete«), also Gruppenmitglieder mit besonderen Merkmalen wie z. B. Behinderte, Ausländer, Farbige etc. Wird die Situation für Omega unerträglich, so verlässt er die Gruppe oder er versucht die Hackordnung zu verändern. Dies entweder durch **Aufstieg** (Omega wird Gamma; es entstehen neue Omegas) oder durch **Revolution**. Omega kann also ein latenter Gegen-Alpha sein. Auch sonst ist das Verhältnis von Alpha und Omega zwiespältig:

Außenseiter

— Alpha braucht Omega als Ventil, hat in Omega aber sein eigenes, mögliches Schicksal vor Augen (denn Alpha kann in der eigenen Gruppe nur noch Omega werden).
— Omega erwartet von Alpha »Gerechtigkeit«, d. h. einen minimalen Schutz vor Gamma; gleichzeitig wäre die Situation von Omega schlagartig verändert, wenn er Alpha würde.

Eine besondere Position hat Beta. Er ist der Berater oder Experte und steht Alpha besonders nahe. Das gibt ihm Privilegien, die von Gamma so lange toleriert werden, als die Beiträge und Leistungen von Beta im Bereich des Gruppeninteresses und der Gruppenaufgabe liegen (Leistungsvorteil von Alpha oder der ganzen Gruppe durch qualifizierte Betas). Die besondere Nähe zu Alpha erfordert von Beta eine ausgeprägte Loyalität, ohne die er für Alpha gefährlich wäre. Nähe und Loyalität zu Alpha macht Beta mit dem Schicksal von Alpha besonders verbunden. Geht Alpha, werden oft auch die Betas ausgewechselt; andererseits kann ein bedrohter Alpha sich zu halten versuchen durch Auswechseln des bzw. der Betas (vgl. »Regierungsumbildung«). In Krisen bzw. aus Krisensituationen heraus kann leicht der Gedanke entstehen, Beta zum Alpha zu machen. Dadurch, dass Beta u. U. eine mögliche Alternative zu Alpha ist, bleibt das Verhältnis von Alpha zu Beta häufig untergründig ambivalent. In Wirklichkeit ist ein echter Beta aber von seiner Motivation und von seinen Fähigkeiten her kein effizienter Alpha; er zieht es vor, einflussreicher, privilegierter Berater bzw. Experte zu sein als die Rolle **Führungsverantwortung** zu übernehmen.

Beta-Rolle

Dynamik zwischen Alpha und Beta

Das psychodynamische Grundmodell von Schindler erlaubt es, stark emotionale und teilweise verborgene Zusammenhänge zu erkennen und aus einem tieferen Verständnis der Rollendynamik das Gruppengeschehen zu optimieren. Als **Interventionsmodell** bedarf das Arbeiten mit diesem Modell aber einer umfassenden Kompetenz und vor allem der Position eines außenstehenden Beraters.

begrenzter Einsatz des Schindler-Modells

8.2.5 Gruppenprozesse

Gruppen bewegen sich ständig

Gruppen, die sich etabliert haben, sind durch **innere Bewegungen gekennzeichnet**. Diese Bewegungen sind für die einzelnen Menschen und für die Gruppe als soziales System sowie das Verhältnis zur Umwelt von großer Bedeutung. Der Prozess (sogenannte Gruppendynamik) geschieht auf zwei Ebenen: Zunächst lassen sich an der Oberfläche die manifesten **Interaktionen zwischen den Einzelnen** im Zeitverlauf beobachten und beschreiben. Auf einer latenten Ebene, verknüpft mit ersteren, können unausgesprochene Erwartungen, Befürchtungen und Hoffnungen **wahrgenommen** oder besser **erahnt** oder vermutet werden, die das Verhalten der Mitglieder zueinander unbewusst bestimmen und steuern.

unbewusste Dynamik

Unbewusste Fantasien, schreibt bereits 1895 **Le Bon** seien wesentliche Motive, die die Massen in Bewegung setzen. In der Masse besäßen die Menschen »eine Art **Gemeinschaftsseele**«, sie denken ganz anders, als jeder einzelne denken und fühlen würde – die Masse ist keine Summe, kein Durchschnitt, sondern etwas grundsätzlich Neues, in der Triebe, Leidenschaften und Gefühle überwiegen. Später beschreibt **Freud** die von Le Bon postulierten Denkprozesse und Fantasien der Massen als **primärprozesshafte psychische Vorgänge**. Freud postuliert (1921), dass unter bestimmten Umständen in der Masse die individuellen Merkmale und Eigenschaften ausgelöscht werden können. Dies ist der Fall, wenn die Individuen sich mit all ihrer Energie an einen Führer binden und ihm zuliebe ihre Eigenart aufgeben. Der Einzelne identifiziert sich mit dem Führer und wird zumindest in Teilen so wie er und seine Ideale. Seine These sucht Freud zunächst mit zwei »künstlichen« Massen zu belegen: der Kirche und dem Heer. Die Kirche werde dadurch zusammengehalten, dass Christus alle Angehörigen mit der gleichen Liebe liebe – »was ihr dem geringsten meiner Brüder angetan habt, das habt ihr mir angetan«. Und im Heer, so Freud, übernehme der Feldherr diese Aufgabe. Sobald keiner mehr auf dem Feld sei, zerbreche das Heer. Freud verweist hier auf die militärischen Erfahrungen im ersten Weltkrieg. Während und nach dem zweiten Weltkrieg bestätigen Militärärzte und Psychiater Freuds Hypothesen in Gruppentherapien für kriegsgeschädigte Patienten. Ähnliche Erfahrungen machen Ärzte und Psychiater in Kliniken für Tuberkulosekranke: Die Heilung der Patienten beschleunigt sich, sobald diese an öffentlichen Sitzungen teilnehmen, wo jeder und jede von sich und ihrer Krankheit und Genesung erzählen muss. Auch hier wirken **unbewusste Motive und Identifikationen mit den leitenden Figuren und den Gruppenzielen**. In den USA sucht man experimentell zu beweisen, dass nicht nur in Massen oder Mengen unbewusste Phänomene auf das individuelle Verhalten der Mitglieder einwirken, sondern auch in Kleingruppen.

unbewusster Wunsch, geführt zu werden

Identifikation mit Gruppe und Führungspersonen

Konformitätsdruck und Normierungszwang

autokinetisches Experiment

Sherif fragt sich in seinem in den 1960-er Jahren berühmt gewordenen autokinetischen Experiment, ob eine einzelne Person in einer Situation, wo alle Vergleichsmaßstäbe und jeder Bezugsrahmen für ein Urteil fehlen, vage und unverbindliche Antworten gibt, oder ob sie in dieser Situation einen eigenen Urteilsrahmen entwickelt. Den Versuchspersonen wird in einem dunklen

Raum ein sehr kleiner und schwacher Lichtpunkt für kurze Zeit gezeigt. Weil unsere Augen nie ganz ruhig bleiben, scheint sich dieser Lichtpunkt zu bewegen. Die Versuchspersonen sind nicht in der Lage, den subjektiven Charakter der Bewegungserscheinung zu erkennen, weil sie nicht erkennen können, wo im Raum sich der Lichtprojektor befindet. Dementsprechend kann nur geschätzt werden, was den Probanden aber nicht bewusst ist. Im Vergleich der Einzelversuche mit Gruppenversuchen stellt Sherif fest, dass sich die Einzelnen in der Gruppe in ihrem Urteil über die Bewegung bzw. Länge des Lichtpunktes aneinander angleichen. Die Versuchspersonen diskutieren zwar nicht miteinander, aber sie hören voneinander die **subjektiven Schätzungen** und gleichen ihre Meinung an diejenige der Gruppe an. Extrem abweichende Meinungen kommen in der Gruppe nicht vor; jene Individuen, die deutlich vom Durchschnitt der Gruppe abweichen, meinen sich zu irren und passen sich entsprechend an. Der Gruppe gelingt es, eine **Norm oder Ordnungstatsache durchzusetzen**, ohne dass diese mit der äußeren Realität in irgendeiner logischen Weise verbunden gewesen wäre. Sherif sieht dieses Experiment paradigmatisch für die Etablierung sozialer Normen: die psychologische Basis für die **Etablierung von Moden**, Sitten, Gewohnheiten, Konventionen und Werthaltungen sei die Herausbildung von gemeinsamen Referenzpunkten als ein Produkt kommunikativer Interaktionen von Einzelnen.

Führungsverhalten und dessen Auswirkung auf die Gruppe

Historisch gesehen wird die Gruppenführung als Forschungsgegenstand von Interesse, als Lewin und seine Mitarbeiter komplexe Führungsverhaltensweisen als Führungsstile definieren und in zahlreichen Untersuchungen klären wollten, wie sich diese auf das Klima in Gruppen auswirken. Lewin unterscheidet drei Führungsstile: den **autokratischen, den demokratischen** und den **»Laisser-faire« Führungsstil**. Um deren Auswirkungen untersuchen zu können, beobachtet Lewin Kindergruppen in experimentellen Situationen. Er weist die jeweiligen Leiter zu bestimmten, sich signifikant unterscheidenden Führungsverhalten an und stellt Folgendes fest:

Führungsstil/»leadership«

Zufriedenheit und **Stimmung** (»morale«) sind in demokratischen Gruppen deutlich besser als in den beiden anderen Gruppen, die autokratisch oder im Laisser-faire-Stil angeleitet werden. Ebenso deutlich besser ist die Funktionstüchtigkeit der demokratisch geführten Gruppe bei Abwesenheit des Führers. In den beiden anderen Gruppen sinken die Leistungsbereitschaft und die aufgabengerichtete Aktivität merklich ab. In künstlich herbeigeführten Konfliktsituationen der drei Gruppen mit der Außenwelt schneiden ebenfalls die demokratisch geführten Gruppen am besten ab: Nur sie sind in der Lage, die Quelle ihrer Frustration zu erkennen und gegen sie in aggressiver Weise anzugehen, ohne einen Sündenbock zu suchen. Lewin stellt außerdem fest, dass die häusliche Atmosphäre der einzelnen Probanden merklich das Ergebnis beeinflusst: Kinder, die in sehr streng geführten Familien leben, ordnen sich leichter in den autokratischen Führungsstil ein.

Stimmung in der Gruppe

Für den betrieblichen Alltag können wir folgende Erkenntnisse nützen: Der jeweilige Führungsstil in Arbeitsgruppen bestimmt maßgeblich die Leistungsbereitschaft und die aufgabenspezifische Aktivität der Mitglieder. Außerdem muss das Leitungsverhalten in etwa kohärent sein zum übrigen

Leistungsbereitschaft und Konfliktfähigkeit

Führungsverhalten in der Organisation. Sehr streng und autokratisch geführte Arbeitsgruppen bergen die Gefahr in sich, dass sich die in ihnen entstehenden und aufgestauten Aggressionen in destruktiver Weise gegen außen entladen.

Konsequenzen für den Führungsprozess

Führung wird heute in der Kleingruppenforschung nicht mehr als ein Verhalten verstanden, das einer dafür von der Außenwelt oder der Gruppe selbst erwählten Person zugeschrieben wird. Vielmehr fasst man Führung als eine »besondere Art von Einflussprozessen in Gruppen« (Hill et al. 1981, S. 104) auf. Dabei muss dieses Verhalten nicht in jedem Falle an eine dafür offiziell designierte Person – einen Teamleiter oder einen Vorgesetzten beispielsweise – gebunden sein. Gruppen sind, wie vormals erwähnt, Subsysteme im Rahmen eines organisierten sozialen Systems, z. B. eines Betriebes. Die Mitglieder einer betrieblichen Arbeitsgruppe wiederum setzen sich voneinander abhängig (interdependent) für die Erfüllung von bestimmten Aufgaben ein und verfolgen dabei Ziele, die entweder von außen (etwa von der Systemleitung) vorgegeben und/oder von den Gruppenmitgliedern selbst gesetzt sind. Diese Ziele können sich auf **instrumentale** (auf die Gruppenarbeit bezogene) oder **sozioemotionale** (auf die Beziehungen zwischen den Gruppenmitgliedern bezogene) Aspekte beziehen. Während nun die Gruppenmitglieder miteinander kommunizieren und handeln, finden fortwährend Einflussprozesse statt. Dabei kann: in einer **bestimmten Situation** (z. B. beim Auftreten einer spezifischen Problematik), bezogen auf einen **bestimmten Aspekt der Gruppendynamik** (entweder den instrumentalen oder den sozioemotionalen) der **Einfluss eines Gruppenmitgliedes dominant werden** (d. h. die Einflussversuche dieses Mitgliedes erhalten eine stärkere Gefolgschaft als jene von anderen Gruppenmitgliedern, falls diese überhaupt zu beeinflussen versuchen).

Führung als dominanter Einfluss

Als Führung bezeichnet man diese dominante Einflussnahme eines Gruppenmitgliedes,
- wenn diese Einflussnahme auf die **Bildung und die Erreichung von Zielen** gerichtet ist, die die übrigen Gruppenmitglieder teilen und mit denen sie sich identifizieren, und
- wenn sich **die Gruppenmitglieder** von dem durch die Einflussnahme bewirkten Gruppenverhalten einen **starken positiven Beitrag zur Erreichung der gemeinsamen Ziele versprechen.**

Legitimierung der Führungsrolle

Sind diese beiden Kriterien erfüllt, erkennt die Gruppe dieses dominante Mitglied als Führer an und legitimiert so die Rechtmäßigkeit seiner Einflussnahme.

Definition von Führung

Definition

> **Definition**
>
> Führung wird also verstanden als **das Resultat von ablaufenden Interaktionsprozessen** in der Gruppe; und sie ist andererseits auch **die Determinante** dieser Prozesse. Führung ist verbunden mit der Bildung einer bestimmten Status- und Rollenverteilung zwischen den Mitgliedern der Gruppe – sie erlaubt eine Differenzierung in Führer, Geführte und Abweich-
>

8.2 · Wie funktionieren Arbeitsgruppen?

> ler. Daraus geht hervor, dass je nach Gruppensituation verschiedene Personen mit- und/oder nacheinander eine »Führungsrolle« übernehmen können, sei es in Bezug auf den instrumentalen oder auf den sozioemotionalen Aspekt. Im Konfliktfall setzt sich durch, wer im Einklang mit den in der Gruppe überwiegenden Zielen steht.

Führung ist dementsprechend abhängig
- vom Verhalten des jeweils dominanten Gruppenmitgliedes,
- von den anderen Gruppenmitgliedern als Individuen und als ganze Gruppe (d. h. von der jeweiligen Gruppennorm, -kohäsion und -druck), und
- von der Situation (d. h. von der zu erfüllenden Aufgabe und dem der Gruppe übergeordneten System).

Führen und Führen lassen

Das Zusammenwirken dieser Faktoren bestimmt und erklärt das Auftreten von Führungspersonen. Führung hängt also aus heutiger Sicht keineswegs nur mehr ab vom Führungsverhalten oder -stil eines dafür bestimmten Rollenträgers. Das bedeutet auch, dass beispielsweise ein von außen designierter Vorgesetzter einer Arbeitsgruppe nicht per Definition seiner Rolle die Gruppe **führt**. Um sie führen zu können, müssen die Gruppenmitglieder sich von ihm führen lassen können.

Verschiedene, sich abwechselnde Gruppenzustände

Sobald sich Gruppen etabliert haben, verändern sie sich kontinuierlich. Diese dynamischen Prozesse kann man je nach Interesse auf verschiedene Aspekte oder Dimensionen hin beobachten und untersuchen, um bestimmte Gruppenphänomene besser verstehen und lenken zu können. Bion stellt (1961) fest, dass Gruppen immer auf zwei Ebenen gleichzeitig handeln: Auf der manifesten Ebene trifft sich die Gruppe, um an einer spezifischen Aufgabe zu arbeiten. Gleichzeitig verhält sie sich aber so, als ob sie sich stillschweigend von **unbewussten Grundannahmen** (»basic assumptions«) leiten und in ihrer Arbeitsfähigkeit merklich beeinflussen ließe. Die durch manifeste Motive und Absichten geleitete Gruppe nennt Bion die **Arbeitsgruppe**, den Zustand einer durch latente Motive und Absichten geleiteten Gruppe nennt er **Basisgruppe** (»basic assumption«). **Grundannahmen** sind gruppenspezifische, den einzelnen Mitgliedern **nicht bewusste Einstellungen und Fantasien darüber, was in der Gruppe geschieht**. Um diese Zustände besser zu verstehen, ist es wichtig, über die Bedeutung der Gruppe für das Individuum nachzudenken. Der einzelne Mensch braucht die Gruppe und sucht sie immer wieder auf, unter anderem darum, weil er durch sie in den Zustand uneingeschränkten Aufgehobenseins regredieren kann, auch wenn die Gruppe diesen Wunsch nach Harmonie, Wärme und Geborgenheit nur teilweise und zeitweilig erfüllen kann. Grundannahmen sind Ausdruck dieses Primärzustandes, in welchem das Individuum den Wunsch nach Geborgenheit und persönlicher Erweiterung erfährt und sich von Unsicherheit und Angst des Alleinseins befreit glaubt. Gefühle von Angst und Unsicherheit stellen sich

Gruppen bewegen sich

unbewusste Fantasien in Gruppen

immer dann ein, wenn die Mitglieder einer Gruppe ihre unterschiedlichen individuellen Bedürfnisse und Erwartungen wahrnehmen, Spannungen und Konflikte unter ihnen auftreten. Das Aushalten der Unsicherheit und Durchstehen der Angstgefühle ist aber unvermeidlich, weil diese Gefühle real sind. Flieht die Gruppe in eine der drei Basisgruppen, träumt sie sich sozusagen aus der Wirklichkeit heraus und kann sich nicht mehr in Richtung Arbeitsfähigkeit entwickeln.

Grundannahme der Abhängigkeit

Eine dieser Grundannahmen nennt Bion die Grundannahme der **Abhängigkeit** (»dependent assumption«). In ihr gehen die Mitglieder davon aus, dass eine Führungsfigur »es für sie richten wird«, komme was wolle. Befindet sich eine Gruppe in dieser Grundannahme, fantasiert sie kollektiv, dass ein Führer oder eine Leitidee in der Lage wäre, all die Schwierigkeiten, die in einer Arbeitsgruppe zu bewältigen sind, aus dem Wege zu räumen. Entsprechend ist die Leitungsperson »schuld«, wenn etwas nicht funktioniert. Ängste vor Differenzierungen, die unweigerlich eintreten, wenn die Mitglieder miteinander zu arbeiten beginnen und sich somit in ihren individuellen Fähigkeiten und Kompetenzen voneinander unterscheiden, werden so vermieden. Die Gruppenmitglieder identifizieren sich mit der Leitfigur oder -idee, machen sich davon abhängig und ergeben sich in ihr Schicksal der »Geführten«. Dieses mit der Grundannahme Abhängigkeit verbundene Phänomen

Projektionen und Identifikationen

der Identifikation mit der Leitfigur wurde zu Beginn dieses Abschnittes am Beispiel der Theorien über die Masse von Le Bon und Freud erörtert. Für Vorgesetzte in der Gruppenleitungsfunktion ist die Kenntnis dieses Phänomens bedeutsam, da sie im Alltag recht oft von ihren Arbeitsgruppen – zu Recht oder eben aufgrund der Gruppenfantasien – dafür verantwortlich gemacht werden, dass etwas in den Gruppen nicht so funktioniert, wie man es gerne hätte. Die Projektion von Fantasien auf die reale Leitungsperson kann die Gruppe erst dann aufgeben, wenn sie in einer relativen Unabhängigkeit von der Führung arbeitsfähig geworden ist. Und dies wiederum ist vom Führungsverhalten verschiedener Gruppenmitglieder oder von der Einflussnahme und der Akzeptanz der dafür von außen designierten Führungsperson abhängig. Die beiden anderen Gruppenzustände nennt Bion die

»pairing group«

Grundannahme der **Paarbildung** (»pairing group«) und die **Kampf- und**

»fight and flight group«

Flucht-Gruppe (»fight and flight group«). Letztere findet sich zusammen, um gegen jemanden oder etwas zu kämpfen oder vor etwas zu fliehen. Entsprechend dieser **Basisgruppe** soll der Leiter eine Möglichkeit zur Flucht oder zur Aggression bieten, dann erhält er mühelos emotionale Unterstützung für seine Vorschläge. In der »Pairing group« wiederum wird die Aufmerksamkeit der Gruppenmitglieder von der schlechten Gegenwart in eine bessere Zukunft verlegt. Hoffnung bestimmt die Gruppe, aber die Hoffnung darf nicht eingelöst werden, weil dann die destruktiven Gefühle Oberhand erhalten.

8.2.6 Konsequenzen für die Führung und das Arbeiten in betrieblichen Gruppen

Nach den Informationen über Gruppenstrukturen und Gruppenprozesse geht es nun darum, aus der Führungsperspektive Schlussfolgerungen in Form von Handlungsanweisungen zu ziehen. Diese Anleitungen verstehen sich als Leitplanken, um Arbeitsgruppen zu initiieren, anzuleiten, zu führen und zu kontrollieren.

Gruppen sind komplexe Subsysteme in Organisationen. Sie entwickeln und strukturieren sich entlang verschiedener Dimensionen und ihre Leistungsbereitschaft sowie ihre Leistungserbringung sind von vielerlei Faktoren abhängig. Es fragt sich deshalb zuerst, **wann und zu welchem Zwecke eine Unternehmensleitung das Arbeiten in Gruppen fördern** soll.

Ob man in einer Organisation besser allein oder in Gruppen arbeiten soll, ist nach Rosenstiel (2005) eine ebenso alte wie falsche Frage. Entscheidend komme es auf die Beantwortung folgender Fragen an:

— Welche **Kriterien der Bewertung** verwendet man für die Beurteilung der Leistung?
— Um welche Art oder welchen Typ von Arbeiten oder Aufgaben handelt es sich?
— Welche **Struktur** hat oder soll die Gruppe haben?
— Welche **Personen** sollen oder können in der Gruppe arbeiten?

Einsetzen von Arbeitsgruppen

Es lassen sich grundsätzlich drei Typen von Aufgaben unterscheiden: **Entscheidungsfindung, der Problemlösung und der Ausführung/Realisation der Problemlösung.**

3 Aufgabentypen

Allgemein kann man davon ausgehen: Je schlichter die Produkte oder das Ziel der Leistungserbringung, je einfacher die Arbeitsabläufe und je eindeutiger Aufgabenstellungen formuliert werden können, umso geringer ist der Bedarf und der Nutzen von Gruppenarbeit. Sobald es um schwach strukturierte oder diffuse Problemstellungen, komplexe Planungsaufgaben, komplizierte Entscheidungen bei unsicheren Ausgangslagen geht – also um erschwertes Verstehen und Darstellen – dann gewinnt die Gruppenarbeit ihre Vorteile. Dies allerdings nur dann, wenn sich die Aufgabe unter irgendeinem Aspekt aufteilen lässt, sei es inhaltlich oder methodisch. Auch wenn die Aufgabe vom Typ her für eine Gruppenarbeit geeignet scheint, müssen spezifische organisatorische Voraussetzungen gegeben sein, damit der **positive Effekt der Gruppenarbeit gegenüber der Einzelarbeit eintritt:**

geringer Bedarf an Gruppenarbeit

hoher Bedarf an Gruppenarbeit

Die Gruppe sollte **klein** sein (»face to face«-Gruppe).
— Die unterschiedlichen Aspekte der Aufgabe sollten durch **jeweils kompetente Mitglieder** repräsentiert sein, die zudem alle am Gesamtproblem interessiert sind.
— Die Gruppenmitglieder sollten durch strukturale und personale Bedingungen **bereit und dazu befähigt sein, die »gleiche« Sprache** zu sprechen.
— Die **interpersonalen Beziehungen** sollten nicht belastet sein, d. h. Widerspruch in der Sache dürfte den Ursprung nicht in bestehenden Antipathien haben.

organisatorische Voraussetzungen

- Die Gruppe sollte sich an **spezifische Arbeitsregeln halten** (können), so wie sie beispielsweise als Vorbereitungs-, Moderations-, Diskussions- und Dokumentationstechniken für entsprechende Arbeitsgruppen entwickelt worden sind (Rosenstiel 1991, S. 271).

Daraus folgt auch, dass man in einem Unternehmen nicht einfach **plötzlich** Gruppenarbeiten einsetzen soll. Dies bedarf einer sorgfältigen Entscheidung, Planung und einer Durchführung, in der Vorgesetzte wie Mitarbeiter angelernt und eingewiesen werden.

Gruppenarbeit trotz Leistungsnachteilen

Gruppenarbeiten können unter Umständen auch dann Sinn ergeben, wenn sie **nicht unbedingt direkte Leistungsvorteile** für das ihnen übergeordnete System in sich tragen. Vor allem, wenn es um Problemlösungen oder Entscheidungsfindungen geht, liegen die Vorteile darin, dass die Aufgabe wirksamer durchgesetzt werden kann:
- Die Gruppe wirkt als Mechanismus, der Irrtümer ausgleichen kann.
- Auftretende Ängste bei einer Lösungsfindung, die eine Veränderung bedeutet, können durch die in der Gruppe wirksame soziale Unterstützung gemildert oder gar aufgefangen werden.
- Die Interaktion fördert die Konkurrenz zwischen den Mitgliedern um die Akzeptanz in der Gruppe, womit die Qualität der Einzelleistungen sich erhöhen kann.
- Indem sich die Gruppenmitglieder an der Entscheidung beteiligen, wird die Akzeptanz von Entscheidungen gefördert (vgl. Hill et al. 1981, S. 86).

Bei der Entscheidung, ob eine Arbeitsgruppe initiiert oder beibehalten werden soll, müssen die Entscheidungstragenden also stets neben den rein leistungsbezogenen Vor- und Nachteilen die **Wirkungen auf der sozialen und emotionalen Ebene** der Mitarbeitenden bedenken.

Verschiedene Formen betrieblicher Arbeitsgruppen und deren Bezeichnungen

In der betriebswissenschaftlichen Literatur findet sich eine Vielzahl von Bezeichnungen und Kennzeichnungen verschiedener Arten der Gruppenarbeit in Unternehmen. Wir verwenden hier den Begriff »Arbeitsgruppe«, um möglichst allgemein bezogene Aussagen machen zu können.

Team

Daneben ist der wohl am häufigsten verwendete Begriff »Team«, wobei manche Autoren noch zwischen »echten« und »unechten« Teams unterscheiden.

echte/unechte Teams

Als »echt« werden nur jene Teams bezeichnet, in welchen die Gruppe als System von Interaktionen zwischen den Mitgliedern zum Wirken kommt, und nicht einfach per Anweisung vom Vorgesetzten Befehle empfangen und ausgeführt werden. Weitere Bezeichnungen für betriebliche Arbeitsgruppen sind: Qualitätszirkel, Lernstatt oder Werkstattzirkel, Projektteams, Wertanalyseteams, Task Forces, autonome und teilautonome Arbeitsgruppen, selbststeuernde Teams.

Diese Arbeitsgruppen lassen sich in **zwei Grundkategorien** aufteilen:
1. Gruppen aus dem »**normalen**« **Arbeitsablauf**, in denen Lösungen bestimmter Arbeitsprobleme erst gefunden werden müssen (z. B. autonome oder teilautonome Arbeitsgruppen), und

2. Gruppen, die »**neben**« dem **normalen Arbeitsablauf** Veränderungen in der Arbeit und in ihrem Ablauf vornehmen (z. B. Qualitätszirkel, Projektteams).

Letztere haben seit den 1940er-Jahren, ausgehend von der industriellen Weiterentwicklung amerikanischer Konzepte in Japan, in der ganzen Welt Verbreitung gefunden. Deming, ein amerikanischer Unternehmensberater, schuf in Zusammenarbeit mit den dortigen Unternehmungsleitungen Arbeitsgruppen (sogenannte »Qualitätszirkel«), in denen Arbeiter und Mitarbeitende auf allen Stufen der Organisation über die Entwicklung ihrer Produktion nachdenken, diskutieren und entscheiden sollten.

In allen aufgelisteten Arbeitsgruppen wirken gruppenexterne Faktoren mit. Man kann diese als jene **Vorgaben** bezeichnen, die durch die Unternehmensleitung gemacht werden. Alle Mitglieder sehen sich mit bestimmten, im System formulierten Rollenerwartungen konfrontiert. Diese Verhaltensanweisungen des übergeordneten Systems können in Form von Stellenbeschreibungen, von Zielvorgaben, von Verhaltensgrundsätzen usw. formuliert sein. Diese Rollenvorgaben sind meist an einen ebenfalls **gruppenextern definierten Status** gebunden.

vorgegebene Rollenerwartungen und Ziele

Offiziell designierte Vorgesetzte als Führer von Gruppen

In ▶ Abschn. 8.2.5 »Führungsverhalten und dessen Wirkung auf den Gruppenprozess« wurde Führung als eine dominante Einflussnahme eines Gruppenmitgliedes auf die übrigen Mitglieder bezeichnet. Sie ist also das Resultat von in Gruppen ablaufenden Interaktionsprozessen. Sehr oft werden in den Unternehmungen Arbeitsgruppen mit einem sie leitenden Rollenträger oder eben Führer implementiert. Man stellt es der Gruppe in der Regel nicht frei, in einem gruppeninternen Prozess die führende oder leitende Person selbst zu bestimmen.

Führung als Resultat von Einflussprozessen

Meist sind diese Gruppenleiter auch gleichzeitig die den Gruppenmitgliedern hierarchisch übergeordneten Rollenträger. Diese Tatsache strukturiert die Arbeitsgruppe, bevor die Mitglieder zu arbeiten begonnen haben und sie beeinflusst den Gruppenprozess in entscheidender Weise. Die so von der Leitung des sozialen Systems designierten Führungspersonen, z. B. Vorgesetzte, sind dazu **verpflichtet**, ihre Untergebenen zu leiten und zu kontrollieren. Eine positionsspezifische Rollen- und Statusverteilung ist somit vorgegeben. Zudem sind die offiziell designierten Vorgesetzten das **»Bindeglied«** zwischen dem übergeordneten sozialen System und der Gruppe.

Führungsperson als Gruppenleiter

In dieser spezifischen Leitungssituation können Vorgesetzte versuchen, aufgrund der formellen, von der Leitung ihnen übertragenen Sanktionen und/oder aufgrund der positionsspezifischen Autorität einen dominanten Einfluss auf die Gruppe auszuüben. Selbst wenn dies gelingt – die Gruppe also »gehorcht und mit dem Vorgesetzten zusammenarbeitet« – kann eine solche Einflussnahme in einem strengen Sinne noch nicht als Gruppenführung verstanden werden. Die Einflussnahme erfolgte ja nicht aufgrund einer Wahl durch die Gruppe, die im Verhalten des Vorgesetzten einen positiven Beitrag zur Erreichung gemeinsam empfundener Ziele erkennt. Vorgesetzten, die ihre Einflussnahme lediglich auf formale Sanktionen und auf ihre

Wahl des Gruppenleiters

positionsspezifische Autorität abstützen, folgen Gruppenmitglieder weder motiviert noch emotional verpflichtet. Dennoch können selbstverständlich offiziell designierte Vorgesetzte gleichzeitig eine Gruppe führen, nämlich dann, wenn die Gruppe sie aufgrund ihres Verhaltens zum Leiter »macht« oder »wählt«.

Kriterien für die Akzeptanz der Führungsperson

Die »**Innenwahl**« der offiziellen Vorgesetzten zum Gruppenleiter hängt davon ab:
1. ob er positive Beiträge zu Gruppenzielen leisten kann, und
2. ob die Unterstelltengruppe die von den Vorgesetzten vertretenen Zielsetzungen als ihre eigenen anerkennt und sich damit identifiziert (Hill et al. 1981, S. 110).

Zu 1: Positive Beiträge können die Vorgesetzten durch **Aufgaben strukturierendes** (instrumentale Zielsetzungen) und/oder **Gruppen integrierendes** (sozioemotionale Zielsetzungen) Verhalten leisten – also nicht dadurch, dass sie die »Lösung vor der Gruppe im Sack haben und es sowieso besser wissen und können!«

Zu 2: Je partizipativer Vorgesetzte die übrigen Gruppenmitglieder an Entscheidungsprozessen mitwirken lassen, desto höher ist die Bereitschaft der Gruppe, sich mit den gesetzten Unternehmenszielen für die Gruppe zu identifizieren. Partizipation ist aber nur möglich, wenn die Vorgesetzten für die Gruppe die Aufgabe/n strukturieren, bei Entscheidungsfindungen moderieren und hemmende Gruppenprozesse transparent machen. Ob die Aufgabe für die Gruppe überhaupt lösbar scheint, und ob die Umwelt die Erreichung der Ziele zulässt, sollten die Vorgesetzten vor dem Beginn der Arbeitsgruppe einschätzen (s. o.).

8.2.7 Methodische Hilfestellungen für das Führen von betrieblichen Arbeitsgruppen

Dieser Abschnitt hilft auf knappe und »rezeptartige« Weise, in spezifischen Führungssituationen möglichst sinnvoll in den Gruppenprozess einzugreifen, und die Gruppenstruktur günstig zu beeinflussen. Diese »Rezepte« oder Hilfestellungen zielen darauf ab, betriebliche Arbeitsgruppen dabei zu unterstützen, **leistungsbezogen ihre Aufgaben zu erfüllen**. Zudem beziehen wir uns stets auf jene Führungssituation, in der Sie als Vorgesetzter eine Gruppe leiten müssen, deren Mitglieder gleichzeitig Ihnen unterstellte Mitarbeitende sind. Selbstverständlich lassen sich die Anweisungen leicht verändert auch auf andere Einflusssituationen übertragen. In ▶ Abschn. 8.1 finden sich ebenfalls Verhaltensanweisungen für das Führen von Gruppen. Dort sind sie phasenspezifisch gegliedert. Hier sind spezifische Situationen aus der Führungsrolle heraus dargelegt.

Initiieren und Anleiten der Arbeitsgruppe

Transparenz schaffen

Zu Beginn der Gruppenarbeit – nach der Begrüßung und dem sich gegenseitigen Vorstellen – gilt es, die **systemübergreifenden Vorgaben transparent** zu machen:

> **Transparenz schaffen**
> - Zielformulierungen und Aufgaben: Was wird von wem in welchem Zeitraum gefordert?
> - Rahmenbedingungen der Gruppenarbeit: Arbeitszeiten, materielle Ressourcen, zeitlicher Rahmen für die Leistungserbringung, Indikatoren für die Kontrolle.
> - Zusammensetzung der Gruppe: Wer arbeitet aufgrund welcher Kompetenzen mit?
> - Mögliche Arbeits- oder Aufgabenaufteilungen in der Gruppe: Welche Gruppenmitglieder sind von außen her bereits für bestimmte Arbeitsleistungen in der Gruppe vorgesehen?
> - Führungs- oder Moderationsrolle: Welches Führungsverhalten ist beabsichtigt? Welche Entscheidungskompetenzen stehen der Gruppe zu?

Diese Informationen sollen **knapp und deutlich**, womöglich auch schriftlich oder **visualisiert**, der Gruppe zur Verfügung gestellt werden. Der Gruppe soll Zeit eingeräumt werden, diese Vorgaben zu verstehen und zu überprüfen. Wo Unklarheiten oder Dissens besteht, kann die Gruppe – unter Anleitung des Führenden – dies diskutieren. Was aber vorgegeben ist, gilt – und könnte erst nach der Sitzung durch den Vorgesetzten mit der übergeordneten Leitung geklärt oder neu ausgehandelt werden.

Nach der **Klärung dieser Vorgaben** geht es darum, die Aufgaben- oder Problemstellung darzulegen. Dies muss keinesfalls durch die Führungsperson geschehen, vor allem dann nicht, wenn die zu bearbeitende Problematik den Gruppenmitgliedern bekannt ist. Es empfiehlt sich, die Gruppenmitglieder mit geeigneten **Moderationstechniken** (▶ Abschn. 8.3) zu aktivieren. Die Beiträge müssen visualisiert oder zumindest nach einer gewissen Zeit gesammelt bzw. zusammengefasst werden. Je deutlicher das Handeln der einzelnen durch die Führungsperson aufgenommen und der Gesamtgruppe wieder zur Verfügung gestellt wird, um so schneller können die Interaktionen in der Gruppe von den Gruppenmitgliedern wahrgenommen werden. Damit ist die Grundlage für die Zusammenarbeit gegeben.

Aufgabenklärung durch die Gruppe

Je besser Sie auf Ihre **Moderationsrolle** vorbereitet sind, desto weniger werden Sie auf mögliche Rivalitäten reagieren. Sie sollen in Ruhe die von Ihnen durch Ihr gewähltes Moderationsverhalten gesetzten »Spielregeln« durchsetzen. Wenn Ihnen Ihre Führungsrolle aus der Hand genommen wird, sollten Sie über Metakommunikation eine Klärung herbeiführen. Sie werden übrigens Ihre Rolle **immer wieder definieren müssen**, sei es, weil die Gruppe »lieber« ein anderes Führungsverhalten hätte, oder weil für einen Moment in der Gruppe Verwirrung besteht.

Moderation vorbereiten

Aus sachlichen Auseinandersetzungen sollten Sie sich in der ersten Arbeitsphase möglichst heraushalten, sofern nicht falsche Informationen über Ihnen bekannte Sachverhalte in der Gruppe ausgetauscht werden. Ansonsten gilt es, **Impulse zu geben** und **zur Sacharbeit zu stimulieren**, indem Sie fragen, klären, Informationen sammeln. Gleichzeitig sollten Sie darauf ach-

Impulse geben

ten, dass möglichst alle Gruppenmitglieder sich mitteilen. Damit unterstützen Sie die auf der Interaktionsebene vorherrschende Suche nach einer Rolle, nach Akzeptanz.

Wo die Arbeit stockt und die Kreativität der Gruppe eingeschränkt ist, eignen sich **Kreativitätstechniken** (▶ Abschn. 8.4) oder Moderationsmethoden wie Brainstorming, Brainwriting oder die Mind-Map-Technik. In größeren Gruppen empfiehlt es sich auch, ab und zu paarweise Ideen sammeln oder Lösungen entwickeln zu lassen.

> Führung in der betrieblichen Arbeitsgruppe versteht sich als **Dienstleistung für die Leistungserbringung, die Problembewältigung und die Gruppenentwicklung**. Führung ist somit eine Handlung in und mit der Gruppe und entsprechend partizipativ.

Prozesse steuern und Transparenz schaffen

Verstehen Sie sich in Ihrer Führungsfunktion als Anwalt des »roten Fadens« und machen Sie immer wieder die Ablaufstruktur der Gruppenarbeit transparent. Auch dafür eignen sich **einfache Visualisierungsformen** (Wo stehen wir jetzt, wo wollen wir hin, und wie können wir dorthin gelangen?). Ordnen Sie das Gespräch, fassen Sie ab und zu zusammen und greifen Sie ein, wenn »Spielregeln« eklatant missachtet werden. Behalten Sie die Zeit und andere gruppenexterne Vorgaben im Auge und unterscheiden Sie für die Gruppe klar, wenn zwischen den Ebenen **Sammeln, Ordnen, Gewichten, Entscheiden und Handeln** gewechselt werden muss. Damit Sie diese Leitungsfunktion ausüben können, müssen Sie sich zwischen den einzelnen Arbeitssitzungen vorbereiten.

Sammeln, Ordnen, Gewichten, Entscheiden

In Ihrem Führungsverhalten können Sie immer wieder gestört werden, sei es, weil auf der sachlichen oder instrumentellen Ebene Überraschungen auftauchen, von denen Sie nichts wissen konnten; oder sei es, weil in der Interaktionsdynamik Unvorhersehbares geschieht, für das Zeit eingeräumt werden muss.

Gerade deshalb ist es wichtig, dass Sie die einzelnen Sitzungen vorbereiten. Falls plötzlich Unerwartetes auftaucht, wissen Sie wenigstens, wovon abgewichen wird oder werden muss – und dies wiederum hilft der Gruppe, sich einigermaßen sicher und getragen zu fühlen.

Auf beiden Ebenen, der instrumentalen und sozioemotionalen Ebene leisten Sie Klärungshilfe, indem Sie zur **Metakommunikation** einladen. Dabei bleibt Ihnen nichts anderes übrig, als von Ihrer subjektiven Wahrnehmung auszugehen, und diese ist keineswegs objektiver als andere, weil Sie die Führungsrolle innehaben. Bleiben Sie also flexibel und verstehen Sie sich als jemanden, der für die Gruppe **eine** Sichtweise als Hilfe zur Verfügung stellt und nicht als jemanden, der die Gruppe in etwas hineinzwingen will.

Gruppe als Ganzes beobachten und moderieren

Halten Sie den Blick immer offen auf die **Entwicklung der gesamten Gruppe** und nicht auf jene der Einzelpersonen! Die Gruppe ist mehr als die Summe der einzelnen, und entsprechend führen Sie nicht eine Anzahl von Individuen, sondern ein System. Sprechen Sie deshalb, wo immer möglich, die ganze Gruppe an und nicht einzelne. Damit stärken Sie die Kohäsion und vermeiden es, in Rivalitäts- und Konkurrenzkämpfe hineingezogen zu werden.

Bedenken Sie am Schluss jeder Sitzung, das Gruppengeschehen im Sinne des »roten Fadens« kurz zusammenzufassen, je nach Situation eher auf der sachlich instrumentalen oder sozioemotionalen Ebene. Meist ist es sinnvoll, diese Aufgabe zusammen mit der Gruppe zu leisten und dafür eine passende **Visualisierungstechnik** zu nützen. Was visualisiert ist, kann ohne Aufwand zu Beginn der nächsten Sitzung als Gedächtnisstütze für die Gruppe dienen.

Konfliktsituationen in Arbeitsgruppen lenken

Konflikte liegen dann vor, wenn eine Partei oder beide Parteien zum gleichen Zeitpunkt Handlungen beabsichtigen oder durchführen, die zur Folge haben oder haben könnten, dass sich die andere Partei behindert, blockiert, bedroht oder verletzt fühlt (▶ Kap. 16). Konflikte können offen (manifest) oder versteckt (latent) zum Ausdruck kommen, sozusagen unter der Oberfläche der Gruppeninteraktion schwelen. Jeder Konflikt, offen oder versteckt, hat Auswirkungen auf das Gruppengeschehen. Schließlich zeugen Konflikte davon, dass sich die Gruppenmitglieder einbringen, Meinungen entwickeln, Haltungen einnehmen, sich engagieren und durchsetzen wollen – sie sind also Symptom für eine gelungene Identifikation mit der Gruppe und deren Zielen.

> **Objektive und subjektive Aspekte eines Konfliktes**
> Das Konfliktpotenzial hat zwei Seiten: eine **objektive** und eine **subjektive** (Glasl 1980, S. 65).
> — Zur objektiven Seite zählen alle ideellen, normativen und materiellen Gegebenheiten, die von den Gruppenmitgliedern oder eben Konfliktparteien abhängig sind:
> — Werte, Ziele (Aufgaben, Zielvorstellungen),
> — Gruppenstruktur (Rangdifferenzierungen, Führungsrollen),
> — Normen und Regeln (»Spielregeln« der Gruppe, Sanktionen, Kontrollsystem),
> — Mittel und Ressourcen (Zeitbudget, materielle Mittel und deren Verteilung),
> — Aufgaben und Arbeitsabläufe (Anreize, Anforderungen, Belastungen, Entscheidungsspielraum für die Gruppe).
>
> Zur subjektiven Seite des Konfliktpotenzials gehören:
> — persönliche Merkmale der Gruppenmitglieder und der Führungsperson (Flexibilität, Angst- und Frustrationstoleranz, Kommunikationsmöglichkeit, komplexes Denken, Aggressivität),
> — Einstellungen und Motive (kooperative Grundeinstellung, Vertrauen, Konkurrenz, Leistungsmotivation der einzelnen und systemimmanent vorhandene Werthaltungen),
> ▼

Seitenmarginalien: zwei Seiten eines Konfliktes — objektive Seite — subjektive Seite

> - Wahrnehmung und Kenntnisse (Wissen um soziale Vorgänge, Möglichkeit der inneren Distanz),
> - Verhalten (Führungsverhalten, Arbeitsverhalten, sprachliche und nichtsprachliche Ausdrucksmöglichkeiten),
> - Beziehungen (Vertrauen, Offenheit, Partnerschaft, gegenseitige Abhängigkeit, relative Autonomie der einzelnen in der Gruppe).

gestörte Kontinuität

Wenn in der Gruppe ein Konflikt vorhanden ist, latent oder manifest, unterbricht dies das nach außen auf die Leistungsziele gerichtete Handeln und Erleben. Die Kontinuität ist gestört. Die nach vorne drängende Energie der Gruppe staut sich und verengt die ausgreifende Orientierung der Gruppe. Dann sind **drei verschiedene Entwicklungsrichtungen** möglich:

Entwicklung eines Konfliktes

1. Die Störung oder Spannung kann an **Dringlichkeit verlieren**, weil sie in verschiedene Erlebnis- und Handlungsfelder abfließt; der Konflikt versickert sozusagen.
2. Der Konflikt kann **von einer Partei** innerlich, seelisch oder sozial **verarbeitet werden**, was belastbaren Personen in kooperativen Beziehungsgeflechten eher möglich ist (dabei darf es weder Sieger noch Besiegte geben).
3. Die Spannung kann sich mehr oder weniger bewusst und gewollt in spontanen oder in strategischen Handlungen der Konfliktparteien entladen.

Bei den ersten zwei Möglichkeiten besteht kein Anlass, aus der Führungsrolle heraus einzuwirken. Erfahrungsgemäß tritt aber oft die dritte Möglichkeit auf, in der davon ausgegangen werden kann, dass die Anstrengungen und Handlungen – seien sie noch so aggressiv und schwierig – darauf ausgerichtet sind, den Konflikt und damit die Störung zu beseitigen. Dynamisch geschieht dies entweder in Richtung **Deeskalation oder Eskalation**.

Konfliktbearbeitung

In Arbeitsgruppen, die ein gemeinsames Ziel zu erfüllen haben, sollten Konflikte in kooperativer Weise gelöst werden. Andere Lösungen wie Kompromisse, Spaltungen der Gruppe oder Ausschluss einzelner Gruppenmitglieder und Sieg der einen, Niederlage der anderen stören oder beenden gar die Leistungsbereitschaft in der Gruppe.

Für die Durchführung einer kooperativen Konfliktbewältigung und das entsprechende Führungsverhalten in der Gruppe sollten folgende Regeln (vgl. Berkel in Rosenstiel 1991) eingehalten werden:

> **Regeln der Konfliktbearbeitung**
> - Den oder die Konflikte thematisieren und die Gruppe zu deren Bearbeitung hin beeinflussen.
> - Mit Punkten beginnen, die eine rasche Einigung zulassen.
> - Gemeinsame Zielsetzungen benennen und klären, und erst dann die Details ausarbeiten.
> ▼

- Die Konfliktthemen möglichst breit diskutieren lassen, ohne vorschnell auf Lösungen abzuzielen.
- Eine Verhandlungsabfolge mit einer zeitlichen Beschränkung festlegen.
- Möglichst auch am Konflikt nicht beteiligte Gruppenmitglieder einbeziehen.
- Gefühlsgeladene Konfliktäußerungen zulassen oder fördern, sofern keine Beleidigungen dabei sind.
- Für eine entspannte Atmosphäre sorgen, die Ängste nicht verstärkt.
- Rollentausch praktizieren, um die Personifizierung von Sachargumenten zu behindern.
- Klärungshilfe anbieten, indem zwischen sachlich-instrumentaler und sozioemotionaler Ebene unterschieden wird.

Selbstverständlich eignen sich auch methodisch-strategische Abläufe wie jener aus dem Problemlösungszyklus (▶ Abschn. 6.3), um Konflikte in Gruppen zu bewältigen.

> Wichtig ist in jedem Falle, dass Sie als vorgesetzte Führungsperson **den Rahmen für die Konfliktbewältigung setzen oder ihn mit der Gruppe aushandeln**.

Kontinuierlich kontrollieren und evaluieren

In der Führungsfunktion sind Sie verantwortlich dafür, dass mittels **Feedback in der Gruppe und zwischen der Gruppe und den ihr übergeordneten Leitungsorganen** die Arbeit an den Zielvorgaben und deren Erreichung kontinuierlich kontrolliert wird. Außerdem müssen Sie **Indikatoren und Maßstäbe für die Erreichung der Leistungsziele setzen** oder dies in Zusammenarbeit mit der Gruppe und der Unternehmensleitung erarbeiten. Selbstverständlich »kontrolliert« oder steuert sich eine gut funktionierende Arbeitsgruppe auch selbstregulierend in ihrem Gruppenprozess. Da betriebliche Arbeitsgruppen aber Teile eines größeren sozialen Systems sind und ihr Wirken von den ihr übergeordneten Teilsystemen abhängig ist, müssen sie kontinuierlich von oben her erfahren, wie ihre Leistung gewertet wird.

kontinuierlich evaluieren

Kontrollieren oder evaluieren (d. h. auswerten) kann man aber nur das, was vorgängig als Ziel oder Standard definiert worden ist, auf der sachlich-instrumentalen sowie auf der sozioemotionalen Ebene.

Ziele setzen

> Für das Führen von Arbeitsgruppen gibt es also keine verbindlichen, grundsätzlich empfehlenswerten Handlungsanweisungen außer, sich über den gruppenexternen Kontext klar zu werden und die Führungsrolle
> ▼

> für sich selbst zu definieren. Sobald die Arbeitsgruppe aktiviert ist, wird auch das Führungsverhalten dynamisiert und ist vom Gruppenprozess abhängig. Umso wichtiger ist es, sich vorgängig mit der Gruppe zusammen Ziele zu setzen und diese kontinuierlich zu überprüfen. Ferner sollen sich Führungspersonen im Laufe ihrer Führungstätigkeit ihrer subjektiven »Theorie« über Gruppen bewusster werden und lernen, das Gruppengeschehen aus einer gewissen inneren Distanz zu beobachten.

8.2.8 Virtuelle Teams

neuer Arbeitsprozess aufgrund Medien

Mit der Verbreitung von Computer gesteuerten Arbeitsprozessen und dem Einzug des Internets in die Arbeitswelt seit den 1990er-Jahren tritt der Begriff **virtuelle Arbeitsgruppe** vermehrt auf. Gemeint sind Arbeitsgruppen, deren Mitglieder auf der Basis technischer Hilfsmittel ein Projekt bearbeiten und in unterschiedlichen und –ursprünglich - auch in räumlich getrennten Organisationen arbeiten. Im modernen Management sind solche Teams heute unabhängig von räumlicher Distanz und Zeitverschiebung in die alltägliche betriebliche Zusammenarbeit integriert. »Remote«-Management ist Alltag für viele Führungspersonen geworden. Der Übergang von **konventionellen zu virtuellen Teams ist fließend, da sich auch** erstere selten mehr in unmittelbarer Nähe zu einander befinden und seit langem schon medial kommunizieren. Virtuelle Teams im eigentlichen Sinne nutzen computergestützte Medien in virtuellen Räumen, sei es in asynchroner (zeitversetzter) oder synchroner (zeitgleicher) Kommunikation zwischen Sender und Empfänger. Dies ist eine **Ergänzung zu bereits existierenden Arbeitsprozessen mit Folgen für die Gruppendynamik und für die Führung**. Leiter/innen und Mit-

8.2 · Wie funktionieren Arbeitsgruppen?

glieder virtueller Teams sind in weit höherem Maße auf sich selbst gestellt. Sie müssen Medien effizient auswählen und nutzen, sich den Medien angemessen verhalten – und trotz der Distanz Sensibilität und Vertrauen im Team aufbauen können.

> **Definition**
> **Virtuelle Teams**
> - arbeiten in räumlicher Distanz zueinander und treffen sich kaum mehr regelmäßig und persönlich,
> - informieren sich und kooperieren überwiegend medial,
> - überwinden nicht nur räumliche und geografische Distanzen sondern auch zeitliche, kulturelle, soziale und technische Unterschiede.

Definition: virtuelle Teams

Vorteile von virtuellen Arbeitsformen sind:
- Menschen können zu beliebiger Zeit an jedem Ort mit kommunikationstechnischer Infrastruktur miteinander arbeiten.
- Menschen können aufgrund ihrer Kompetenzen und nicht nur aufgrund der geografischen Nähe (Lage) rekrutiert werden.
- Auch Menschen mit körperlichen Behinderungen ist eine Mitarbeit möglich, sofern sie in der Lage sind, die Kommunikationsmedien zu bedienen.
- Kosten in Verbindung mit Reisen und Übernachtung, aber auch Kosten für Mieten bzw. Anschaffung von Bürogebäuden können beträchtlich reduziert werden.
- Dokumente können zentral in einer Datenbank gespeichert, bearbeitet und von allen gleichzeitig genutzt werden.

örtliche Unabhängigkeit

zentrale Dokumentenablage

Organisationen werden mit Hilfe virtueller Teams flexibler, wendiger und wettbewerbsfähiger. Dieser Weg hat seinen Preis, weil durch die fehlenden alltäglichen und persönlichen Kontakte die Möglichkeiten stark eingeschränkt sind, Missverständnisse rasch und ohne Aufwand zu klären. Offene und entspannte Beziehungen sind auch für konventionelle Teams wichtig – für virtuelle Teams aber ist gegenseitiges Vertrauen die Basis für effektive Zusammenarbeit, weil die Rückkoppelungsprozesse verzögert und averbal geschehen. Fantasien darüber, was neben den Inhalten einer Nachricht auch noch »zwischen den Zeilen stehen könnte« oder unausgesprochen »in der Luft liegt« entstehen im virtuellen Raum leichter als in konventionellen Teams. Vermutungen oder Missverständnisse kommen zwar auch in letzteren vor, sie können aber im Dialog rasch wahrgenommen, thematisiert und geklärt werden.

mangelndes Feedback

Deshalb sind von den Mitgliedern wie von den Führungspersonen virtueller Teams besondere und zum Teil auch neue Sozialkompetenzen gefordert. Lokomotion (das Vorantreiben von Arbeitsprozessen, -inhalten und -ergebnissen in Gruppen) wird durch virtuelle Teams verbessert. Kohäsion hingegen (Teamführung, -integration und -zusammenhalt) wird durch die

Sozialkompetenzen gefordert

mediale Kommunikation erschwert. Kommunikations- und Kooperationsfähigkeit, Überzeugungs- und Darstellungskraft, Durchsetzung und Beeinflussung, Motivation und Inspiration sind ganz allgemein wichtige Kompetenzen, um Gruppen führen zu können. Die neue Herausforderung besteht darin, diese Fähigkeiten auch in virtueller Kommunikation umzusetzen, mit der wachsenden Vielfalt der Gruppenmitglieder (Kulturen, Geschlechter, Ausbildung etc.) umzugehen, und diese Fähigkeiten in den reduzierten persönlichen Kontakten gezielter und wirkungsvoller einzusetzen. Entsprechend werden Schulungen speziell für diesen Führungsbereich angeboten (Broome 2007; Lenk 2007) und die Zahl der Publikationen über virtuelle Teams im Führungsprozess wächst. Die meisten deutschsprachigen Untersuchungen und Ratgeber beziehen sich auf das Standardwerk der beiden US-amerikanischen Autorinnen Duarte und Snyder (1999). Die nachfolgenden Einschätzungen und Checklisten sind Übersetzungen dieser und ihnen nachfolgender Autoren, überarbeitet und zum Teil gekürzt. Im Anschluss an diesen Abschnitt sind einige Publikationen bibliografiert und empfohlen, weil sie praxisorientiert Hilfestellungen für Führungspersonen bieten, die täglich mit virtuellen Projektteams arbeiten.

kulturelle Vielfalt

Chancen und Fallstricke in der virtuellen Kooperation

Eine empirische, in hohem Maße praxisorientierte Studie von Oktober 2001 bis Mai 2002 zählt auf, welche organisatorischen Mängel zum Scheitern virtueller Arbeitsgruppen führen (5 POINT AG in Kooperation mit der Universität Hildesheim, s a. Fisher et al. 2001). Die wohl wichtigste Erkenntnis dieser Untersuchung ist jene, dass virtuelle Teamarbeit ohne adäquate und explizite Führung nicht funktioniert – konventionelle Teams hingegen vermögen sich auch mit oder gar trotz schlechter und impliziter Führung über Wasser halten. Die Teamleitung virtueller Gruppenarbeit ist neben der Tätigkeit in und mit dem Team in hohem Maße verpflichtet, als Bindeglied zwischen Team und Organisation(en) zu funktionieren. Sie muss sich den Kontext der jeweiligen Organisation(en) vergegenwärtigen und die Beziehung kontinuierlich »pflegen« – sonst bauen sich Spannungen auf, die zu Konflikten führen, deren Ursachen nachträglich schwer zu ergründen sind.

explizite Führung ist Voraussetzung

Die folgende Auflistung von Tätigkeiten orientiert sich an den Ergebnissen der Studie aus Deutschland und zieht Konsequenzen für die Führung:

Projektplanung und Controlling

Eine klare, einheitliche und mit den involvierten Organisationseinheiten kommunizierte Vorgehensweise mit Zielformulierung und konkreten Aufträgen muss beim Aufbau eines Teams diskutiert, entschieden und schriftlich festgelegt werden. Die Arbeit im Team muss von der jeweiligen Organisation oder Organisationseinheit (Projektleitung und Führungsperson in der Linie sind oft nicht identisch) der Mitglieder aktiv gestützt werden, weil die Kollegen vor Ort nicht unmittelbar einsehen, wer woran und wann im virtuellen Team arbeitet. Virtuelle Teams benötigen vor allem zu Beginn ihrer Kooperation Zeit, um sich mit ihren Medien und mit den Kollegen vertraut zu

einheitliche Vorgehensweise

8.2 · Wie funktionieren Arbeitsgruppen?

machen. Es empfiehlt sich, ein Kick-off-Treffen durchführen. Fehlen Zeit und Ressourcen für eine sorgfältige Einarbeitung und Rückkoppelung, kann sich kein Team aufbauen und von den Medien profitieren.

> **Wichtige Fragen bei der Initiierung eines virtuellen Teams sind:** *(Beginn der Arbeit)*
> - Sind die gemeinschaftlichen Ziele definiert und kommuniziert?
> - Sind die interdependenten Aufgaben identifiziert und zugeteilt?
> - Sind die Kommunikationskanäle festgelegt und technisch bereitgestellt?
> - Bestehen fundierte Vertrauensbeziehungen unter den Mitgliedern des virtuellen Teams?
> - Verfügen die Teilnehmer über ein ausreichendes Maß an Autonomie und Eigenständigkeit?

Beim Controlling geht es wie bei der Führung von Präsenzteams darum, die Grundlagen für das Controlling zu klären, den Arbeitsfortschritt im Blick zu behalten, Informationsbedarf zu definieren und ein Berichtswesen zu erstellen. Eine Balance zwischen Vertrauen und Kontrolle zu finden, ist in virtuellen Teams aber wegen der Distanz heikler. Schreibt jemand, es »gehe gut voran«, oder »die Sache macht mir Kopfweh«, kann der Empfänger diese Nachricht kaum auf ihre subjektive Bedeutung hin einschätzen. Stimmung, Mimik, Tonfall und Gestik fehlen. Diese mangelnde Qualität durch mehr quantitative Daten zu ersetzen, wäre eine Falle. Vielmehr geht es darum, ein flexibles Repertoire zu entwickeln: von gelassener Zurückhaltung und schlichtem Mentoring bis hin zu mutiger, wenn auch sorgfältiger und aktiver Kommunikation. *(Controlling / Vertrauen schaffen)*

Teamregeln

Regeln über die Kooperationsformen geben Struktur und Orientierung. Sie sind Voraussetzung für die Selbststeuerung der Arbeit durch die Mitglieder und helfen Vertrauen aufzubauen. Für virtuelle Teams sind Zuverlässigkeit, Berechenbarkeit, Transparenz und der Rückhalt in der Organisation besonders wichtig. Darum sollten folgende Fragen kommuniziert und beantwortet werden (auch in der jeweiligen Organisationseinheit der Mitglieder): *(Selbststeuerung fördern)*

- Wie oft/wann finden Treffen im Netz statt?
- Wie oft/wann soll sich ein Mitglied über den aktuellen Stand der Arbeit informieren?
- In welchem Format werden Dokumente abgespeichert?
- Wie oft/wann trifft sich die Gruppe?
- Was geschieht, wenn sich jemand nicht an die Regeln hält?

Mit der Zeit entwickelt das Team Routine in den Arbeitsabläufen. Die Führungsperson muss diese Abläufe kontinuierlich wahrnehmen, festhalten, evaluieren und in Absprache mit dem Team verbessern. Teamregeln sind auch darum wichtig, weil sich virtuelle Teams oft in unterschiedlichen kulturellen und organisatorischen Kontexten bewegen. Sind die Regeln sinnvoll und wer- *(kontinuierlich evaluieren)* den sie auch angewandt, schätzen die Teammitglieder im Laufe der Zeit den Nutzen der Medien höher ein als der Mehraufwand, den sie mit sich bringen.

Kommunikation

Kommunikationsplan erstellen

Der fehlende informelle Austausch und die unterschiedlichen kulturellen Hintergründe können zu Verständigungsproblemen führen.

> **Ein Kommunikationsplan, der folgende Fragen beantwortet, ist hilfreich:**
> — Wer wird von wem worüber informiert?
> — In welchem zeitlichen Abstand muss eine Mail beantwortet werden?
> — Worüber muss, kann oder darf kommuniziert werden, und wie kennzeichnen wir dies?
> — Wie gestalten wir das Feedback über den Stand der Arbeit und über Probleme?
> — Wer darf auf gemeinsame Dokumente zugreifen?

aktive Kommunikation durch Führungsperson

In einem virtuellen Team muss weit aktiver, prägnanter und offensiver kommuniziert und Kommunikation eingefordert werden als in einem Präsenzteam. Diese aktive und explizite Kommunikation ist nicht nur Aufgabe der Führung – die Führungsperson ist darin aber Modell. Sie zeigt, wie eigene Befindlichkeiten, Aussagen über die Beziehung zu anderen und zur Aufgabe und Erwartungen klar und nicht verletzend ausgesprochen werden, und sie lädt mit gezieltem Nachfragen ein, Beweggründe und Bewertungen zu äußern, ohne lange »Vorträge« über Kommunikation zu halten (▶ Abschn. »Projektplanung und Controlling« und »Teammitglieder«).

Teammitglieder

Bei der Auswahl der Teammitglieder sind neben der Fachkompetenz vor allem Medien- und Kommunikationskompetenz wichtig:
— Medienkompetenz heißt, Technik sowie Auswahl und Möglichkeiten von Medien zu kennen und diese situationsadäquat zu nutzen.
— Kommunikationskompetenz im virtuellen Team bezieht sich vorwiegend darauf, Feedback geben, kurz und prägnant informieren, Emotionen schriftlich ausdrücken und Gedanken austauschen zu können.

Selbstdisziplin und Neugier

Darüber hinaus bedarf virtuelles Arbeiten eines hohen Maßes an Selbstdisziplin und einer gewissen Neugier, sich auf Menschen anderer Kulturen und Organisationen einzulassen.

Auswahl der Medien

Selbstverständlich spielt auch die Auswahl der Medien eine herausragende Rolle. Sie findet auf drei Ebenen statt: Beschaffung, Zusammenstellung des Medienportofolios und der Auswahl eines Mediums für eine bestimmte Situation.

8.2 · Wie funktionieren Arbeitsgruppen?

Bei der Beschaffung sind Führungspersonen eines großen Unternehmens kaum beteiligt. Trotzdem ist es für sie wichtig, die Perspektiven des IT-Teams, des Managements und der Personalabteilung zu kennen. Dies ermöglicht, sich mit anderen Beteiligten und im Team auszutauschen bei Fragen rund um die Technik, bzw. deren Auswahl. Bei der Zusammenstellung des Medienportofolios sind folgende Fragen, ebenfalls im Team und ggf. in einem Kick-off-Treffen, zu beantworten:

1. Welche Arbeits- und Aufgabenschwerpunkte hat das Team? Eher Kommunikation, Koordination oder Kooperation? Welche mediale Unterstützung erfordern diese Schwerpunkte?
2. Welche synchronen, welche asynchronen Instrumente benötigt das Team?

Beschaffung und Auswahl

synchron/asynchron

> **Zusammenstellung des Medien-Portofolios:**
> – Was sind die Hauptaufgaben, die unser Team zu bewältigen hat?
> – Welche Bereiche (Kommunikation, Kooperation, Koordination) stehen dabei im Vordergrund?
> – Welche Medien/Funktionalitäten benötigen wir weshalb?
> – Welche Medien unterstützen die Arbeitsgruppe darin, die Wahrnehmung der Mitglieder untereinander zu stärken?
> – Welche Sicherheitsfunktionen müssen gewährleistet sein?
> – Welche Medien stehen im Unternehmen generell zur Verfügung? Decken diese die Erfordernisse des Teams?
> – Falls nicht: Gibt es zur bestehenden Infrastruktur passende, ergänzende Instrumente, die mit geringem Aufwand beschaffbar und einsetzbar sind?
> – Welche Medienkompetenz bringen die Teammitglieder mit und wie viel soll investiert werden, sich in noch unvertraute unterstützende Instrumente einzuarbeiten?
> (Herrmann et al. 2006, S. 75)

Als Grundregel für die situative Medienwahl gilt: Immer so einfach wie möglich und nur so aufwendig wie nötig!

Kulturelle Unterschiede

Kultur meint hier die in einem bestimmten Kollektiv verankerten Erwartungen hinsichtlich üblicher Verhaltensweisen, Werthaltungen, sozialer Denkmuster und Welt- bzw. Menschenbilder. Das soziologische Modell für nationale Kulturen von Hofstede (1984) hält folgende Dimensionen für die interkulturelle Zusammenarbeit für entscheidend:

kulturell geprägte Erwartungen

Hohe vs. geringe Machtdistanz bezeichnet, wie Kulturen mit unterschiedlicher Verteilung von Macht innerhalb der Gesellschaft umgehen. Hohe Machtdistanz verhindert die aktive Beteiligung untergeordneter Mitarbeitender, geringe Machtdistanz hingegen fördert offene Kommunikation auch über Medien.

Machtdistanz

Individualität

Individualität vs. Kollektivität beschreibt das Verhältnis zwischen Individuum und Gruppe. Gruppenmeinungen sind in der virtuellen asynchronen Kommunikation weniger wahrnehmbar, was kollektiv orientierte Mitglieder verunsichern kann, individuell orientierte Menschen hingegen kaum belastet.

Umgang mit Unsicherheit

Hohe vs. geringe Unsicherheitsvermeidung beschreibt den Grad der Bereitschaft, sich auf unsichere und ambivalente Situationen bis hin zur Risikobereitschaft einzulassen. Teammitglieder mit geringer Sorge vor Unsicherem verwenden Medien freier und spielerischer und kommunizieren rascher über Sachverhalte, die ihnen noch nicht ganz vertraut sind. Menschen aus Kulturen mit einem hohem Grad an Unsicherheitsvermeidung hingegen haben oft Probleme, schnell und experimentierfreudig zu kommunizieren.

Kontextabhängigkeit

Hohe vs. geringe Kontextabhängigkeit beschreibt, inwieweit sich Mitglieder auf tradierte Werte und Regeln verlassen und abstützen. Menschen mit einer hohen Kontextabhängigkeit brauchen Informationen aus dem Hintergrund oder aus dem Umfeld der Beteiligten, um entscheiden zu können. Sie sind gewohnt, diese Informationen im direkten Gespräch einzuholen, was im virtuellen Kontext schwierig ist.

Zeit

Kulturell geprägte Zeitvorstellungen sind für das Arbeiten in virtuellen Teams besonders augenfällig, insbesondere ob Zeit als lineare oder als eine zyklische zirkulär wiederkehrende Abfolge von Ereignissen wahrgenommen wird.

Achtsamkeit in der Führungsrolle

Auf diese kulturell geprägten Unterschiede sollte bei der Wahl und im Kick-off-Treffen aufmerksam gemacht werden. In der Führungsrolle gilt es, den Blick auf diese Verschiedenheiten kontinuierlich zu wahren, vor allem auch darum, weil Konflikte und deren Lösungen ohne Kenntnis dieser Unterschiede kaum konstruktiv lösbar sind. Die Beziehungen unter den Teammitgliedern verschiedener Kulturen müssen aktiv gepflegt werden, um Beiträge adäquat einschätzen zu lernen und sensible Informationen an Teammitglieder angemessen weitergeben zu können.

Was in virtuellen Teams in besonderer Weise beachtet werden muss, gilt im Wesentlichen auch für konventionelle Teams oder kann auf sie übertragen werden und hilft, im Führungsprozess bewusster und sorgfältiger auf gruppendynamische Aspekte zu achten und sie bewusst zu steuern.

ZUSAMMENFASSUNG

> Zusammenfassend lässt sich festhalten: Was in konventionellen Teams für die Führung von dynamischen Prozessen gilt, muss in virtuellen Teams besonders achtsam berücksichtigt werden, weil Spannungen, Widersprüche, Ambivalenzen und Interessensunterschiede unter den Teammitgliedern, zwischen Team und Aufgabe und/oder Organisation im physischen Kontakt untereinander sich nicht manifestieren und auch kein Ventil finden.

Literatur

Bergmann, R. & Niederholtmeyer, C. (2003). *Arbeiten im Internet. Virtuelle Arbeitsgruppen in Non-Profit-Unternehmen und Bildungsorganisationen.* Heidelberg: Hiba.
Berkel, K. (2009). Konflikte in und zwischen Gruppen. In: Rosenstiel et al. (Hrsg.), *Führung von Mitarbeitern. Handbuch für erfolgreiches Personalmanagement.* (6. überarb. Auflage). Stuttgart: Schäffer-Poeschel.
Boos, M., Jonas, K. & Sassenberg, K. (2000). *Computervermittelte Kommunikation in Organisationen.* Göttingen: Hogrefe.
Bion, W. R. (1961). *Experiences in groups and other papers.* London: Tavistock.
Le Bon, G. (1939). *Psychologie des foules.* Paris: Alcan.
Brocher, T. (1967). *Gruppendynamik und Erwachsenenbildung.* Braunschweig: Westermann.
Broome, J. (2007). *Virtuelle Teams: Heute eine neue Herausforderung. Morgen eine Selbstverständlichkeit.* www.zfu.ch./service/fartikel/index.htm.
Claessen, D. (1977). *Gruppen und Gruppenverbände.* Darmstadt: Wissenschaftliche Buchgesellschaft.
Cooley, C.H. (1909). *Social organisation. A study of the larger mind.* New York, N.Y.: Scribner's.
Duarte, D. & Snyder, N. (1999). *Mastering virtual teams. Strategies, tools, and techniques that succeed.* San Francisco, C.A.: Jossey Bass Wiley.
Edding, C. & Kraus, W. (Hrsg) (2006). *Ist der Gruppe noch zu helfen? Gruppendynamik und Individualisierung.* Opladen: Budrich.
Fisher, K. & Fisher, M. (2001). *The distance manager. A hands-on guide to managing off-side employees and virtual teams.* New York, NY: McGraw-Hill.
Floren, F.J. (1983). *Soziale Gruppen und Individuum.* Paderborn: Schöningh.
Freud, S. (1921). *Massenpsychologie und Ich-Analyse.* Leipzig: Internationaler Psychoanalytischer Verlag.
Geister, S. (2005). *Feedback in virtuellen Teams.* Wiesbaden: Deutscher Universitätsverlag.
Glasl, F. (1994). *Konfliktmanagement.* Stuttgart: Haupt u. Freies Geistesleben.
Hall, E. (2006). *The dance of life - the other dimension of time.* New York, NY: Anchor Books.
Herrmann, D. & Hüneke, K. (2006). *Führung auf Distanz. Mit virtuellen Teams zum Erfolg.* Ort: Gabler.
Hill, W., Fehlbaum, R. & Ulrich, P. (1981). *Organisationslehre.* Bern: Haupt.
Hofstätter, P.R. (1957). *Gruppendynamik.* Reinbek: Rowohlt.
Hofstede, G. (1984). *Interkulturelle Zusammenarbeit: Kulturen, Organisationen, Management.* Wiesbaden: Gabler.
Hofstede, G. (1993). *Cultures Consequences: International Differences in Work-related Values.* Abridged ed. London.
Kern, B. (1994). Arbeitsgruppen im Industriebetrieb. In B. Schäfers (Hrsg.), *Einführung in die Gruppensoziologie* (2. Aufl.). Heidelberg: Quelle & Meyer.
König, O. & Schattenhofer, K. (2012). *Einführung in die Gruppendynamik.* (6. Auflage). Heidelberg: Auer.
Korte, H. & Schäfers, B. (1995). *Hauptbegriffe in der Soziologie*, Bd. I. Opladen: Leske und Budrich.
Lenk, T. (2007). *Virtuelle Teamarbeit* www.flexible-unternehmen.de/kl0214_01.htm.
Lewin, K. (1966). *Principles of topological psychology.* New York, N.Y.: McGraw-Hill.
Rosenstiel, v. L. (1978). Arbeitsgruppe. In A. Mayer (Hrsg.), *Organisationspsychologie.* Stuttgart: Poeschel.
Rosenstiel, v. L. (2011). *Grundlagen der Organisationspsychologie: Basiswissen und Anwendungshinweise* (7. überarb. Auflage). Stuttgart: Schäffer-Poeschel.
Schindler, R. (1957). Grundprinzipien der Psychodynamik in der Gruppe, *Psyche 11*, S. 308–314. Stuttgart: Klett Cotta.
Sherif, M. (2006). *Social interaction: process and products.* New Brunswick, N.J.: Aldine Transaction.
Watzlawick, P., Beavin, J.H. & Jackson, D.D. (2011). *Menschliche Kommunikation: Formen, Störungen, Paradox*ien. (12. Auflage). Bern: Huber.
Wegge, J. (2004). *Führung von Arbeitsgruppen.* Göttingen: Hogrefe.

8.3 Meetings moderieren und gestalten

Erich Fischer

AUF EINEN BLICK

Ein Meeting? Nein Danke!
Gute Meetings können die Teilnehmenden beflügeln und in kurzer Zeit erstaunliche Resultate erzielen. Schlecht vorbereitete und geleitete Meetings dümpeln vor sich hin und langweilen. Führungskräfte verbringen 47% ihrer Zeit mit Meetings. Sie bezeichnen über 60% der Meetings als ineffizient und unproduktiv (Demoscope zitiert in HandelsZeitung, 12.04.2006). Diesen Sitzungen eilt der Ruf voraus: »Viele gehen hin und wenig kommt heraus.« Die Kosten, die schlecht durchgeführte Meetings für Organisationen produzieren, sind enorm. Meetings sind Arenen, in denen die Kultur der Organisation gelebt und geprägt wird. Um dem Image einer langweiligen Organisation zu entgehen, müssten folglich die Tage der einschläfernden Meetings gezählt sein. Nicht zuletzt aus imagewahrenden und kostensparenden Gründen lohnt sich eine Auseinandersetzung mit den Erfolgsfaktoren eines effizienten Meetings, das seine Teilnehmenden zu Kreativität und Leistung anregt.

8.3.1 Was ist ein Meeting?

Zu einem Meeting gehören Teilnehmende, die ein gemeinsames Ziel mit einem geleiteten Prozess resp. Ablauf verfolgen. Meetings unterscheiden sich nach ihrem Zweck. In Meetings wird informiert, geplant, entschieden, evaluiert und es werden Probleme gelöst. Dazu gehören Sitzungen aller Art und Workshops. Eine neutral moderierende Person leitet das Meeting und die Diskussionen der Teilnehmenden. Meetings sind interaktiv und unterscheiden sich so von reinen Informationsveranstaltungen wie Vorträge und Schulungsveranstaltungen. Der Begriff »Teilnehmende« unterstreicht die aktive Rolle der Beteiligten.

Definition: Meeting

> **Definition**
> Ein Meeting hat einen Zweck und besteht aus einer Gruppe von Teilnehmenden, einem gemeinsamen Ziel und einem vom Moderator geleiteten, interaktiven Prozess.

Betroffene zu Beteiligten machen

Seit den 1960er-Jahren findet eine Entwicklung zu stärkerer Teilnehmerorientierung statt. Das Bild des Vorgesetzten, der alles kann, immer mehr weiß und in Meetings einsam entscheidet, hat ausgedient. Meetings bieten die Möglichkeit, die Betroffenen zu Beteiligten zu machen und dem Anspruch des partizipativen Führungsstils gerecht zu werden. Mitarbeitende beteiligen sich an Diskussionen, die ihre Aufgabe betreffen, gestalten Lernprozesse und können vermehrt mitentscheiden. Die Vielfalt der Beiträge führt zu besseren Resultaten (vgl. Shaw 1976). Meetings, die die Teilnehmenden miteinbeziehen, brauchen mehr Zeit. Eine effiziente Moderation und ein qualitativ besseres Ergebnis lohnen den Aufwand und sind längerfristig zeitsparender.

8.3.2 Moderator

Moderation ist ein Prozess, der eine Gruppe dabei unterstützt, eine Aufgabe zu erfüllen, ein Problem zu lösen oder eine Vereinbarung zu treffen, die von allen mitgetragen wird. Moderation ist Handwerk und psychologische Kunst. Der Moderator muss die Methode beherrschen und den Puls der Gruppe fühlen, um sie effizient durch Diskussionen zu einem guten Resultat zu führen. Um erfolgreich zu sein, braucht es eine sorgfältige Vorbereitung und Planung, eine positive Einstellung, die nötigen Fähigkeiten sowie eine Auswahl an Werkzeugen.

Moderation ist Handwerk und psychologische Kunst

Wie gestaltet sich die Rolle der Moderation? Der Moderator kann Führungskraft oder Mitarbeiter sein. Eine externe Person, die kein inhaltliches Interesse vertritt, kann bei komplexen Themen oder befürchteten Konflikten für die Moderationsrolle beigezogen werden. Der Moderator gestaltet den Prozess bzw. Ablauf des Meetings. Vergleichbar mit einem Bergführer trägt er einen Teil der Last, warnt vor Steinschlag und Gletscherspalten und zeigt einen sicheren Weg, der zum Gipfel führt. Die Teilnehmenden tragen ihren Teil der Last, bestimmen das Ziel und was sie unterwegs sehen wollen. Ein Kriterium für eine gute Moderation ist das Gefühl der Gruppe, die Arbeit selber getan zu haben.

Rolle des Moderators

Grundhaltung
Im Dienst der Gruppe

Dienstleister der Gruppe

Der Moderator hat nicht die Rolle des großen »Zampanos«, sondern dient der Gruppe. Er darf das Meeting nicht dominieren. Mit dieser Rolle unterstützt er die Gruppe bei der Lösung ihrer Aufgabe. Der laufende Prozess und die Interventionen der Moderation sollten immer auf dem Hintergrund der Frage geschehen: Was dient der Gruppe gerade jetzt am besten?

Respekt und Empathie

Achtsamkeit

Unterstützung des Moderators gelingt, wenn er Respekt und Empathie für die Teilnehmenden empfindet. Mit der Haltung, dass alle Teilnehmenden etwas zum Erfolg beitragen können, hört er zu, versteht und respektiert individuelle Meinungen.

Positive Grundhaltung

Optimismus und Mut

Besonders, wenn das Meeting festgefahren erscheint, für die Teilnehmenden kein Land in Sicht ist, braucht es einen Steuermann, der Mut macht und konstruktive Methoden vorschlägt, bis der Horizont wieder erscheint.

Verteidigungshaltung

Im Zentrum steht die Aufgabe

Der Moderator darf nicht in eine Verteidigungshaltung verfallen, wenn er herausgefordert oder angegriffen wird. Durch eine defensive Haltung eskaliert ein ohnehin schwieriger Prozess und lenkt die Aufmerksamkeit auf den Moderator statt auf die zu lösende Aufgabe. Ärger oder Wut, die sich gegen ihn richtet, ist oft umgelenkte Frustration über die Gruppe: den Sack schlagen, aber den Esel meinen.

Ausgewogen moderieren

Plattform für alle Meinungen

Es gehört zur Rolle des Moderators, sich auf den Prozess zu konzentrieren und sich inhaltlich nicht einzubringen. Er muss den Teilnehmenden eine faire Plattform für alle Meinungen geben. Wenn der Moderator sich inhaltlich äußert, sollte er den Rollenwechsel zu erkennen geben. Ausgewogen zu bleiben, ist für ihn eine besondere Herausforderung, wenn er zugleich Gruppenmitglied oder Vorgesetzter ist und damit inhaltliche Interessen vertritt. Ausgewogene Moderation manifestiert sich subtil im verbalen sowie im nonverbalen Verhalten. Wenn Teilnehmende Vorschläge machen oder Meinungen äußern, darf sie der Moderator weder mit bewertenden Begriffen kommentieren noch mit ablehnender Miene quittieren. Auf den Umgang mit Doppelrollen wird später im Text eingegangen.

Fähigkeiten des Moderators

Anforderungen an die Moderation

Welche Fähigkeiten braucht ein Moderator, der sich nicht mit umwerfenden Beiträgen selbst profilieren, sondern mit einem geschickten Ablauf des Meetings die Gruppe zum Ziel führen möchte? Der Moderator braucht einen psychologischen Sinn für die Gruppendynamik und Kommunikation und sollte sein Methodenrepertoire sicher einsetzen können. Introvertierte müssen ermutigt, Vielredner unterbrochen und Rivalitäten geschlichtet werden. Mit der richtigen Methode erreicht eine Gruppe ihre Ziele schneller.

Mit den psychologischen Kompetenzen soll:
- eine vertrauensvolle, entspannte Atmosphäre geschaffen werden, in der man sich mit Respekt begegnet,
- gegenseitiges Verständnis gefördert werden,
- die Aufmerksamkeit dem Interesse der Gruppe gelten und dadurch motivierend wirken,
- auf zwischenmenschlicher und aufgabenbezogener Ebene Probleme und Konflikte gelöst werden.

psychologische Kompetenzen

Zum psychologischen Fingerspitzengefühl gehören die Fähigkeit des Zuhörens und die Haltung des Verstehenwollens. Um der Moderationsaufgabe gerecht zu werden, braucht es hohe Konzentration. Der Gruppe gehört die ungeteilte Aufmerksamkeit des Moderators. Er muss die einzelnen sowie die Gruppe als Ganzes verstehen und dabei die Nuancen der verbalen und nonverbalen Kommunikation berücksichtigen. Gruppendynamische Kenntnisse und psychologische Sensibilität für unausgesprochene Störungen helfen, rechtzeitig zu intervenieren und Spannungen zu entschärfen. Bei einem schwelenden Konflikt, der plötzlich wie ein Vulkan auszubrechen droht, muss der Moderator den Mut haben, den Konflikt anzusprechen, um die Gruppe wieder zur Arbeitsfähigkeit zurückführen zu können.

Zuhören und Verstehen

Nuancen der verbalen und nonverbalen Kommunikation

Konfliktsensibilität

Die Gruppe muss im richtigen Moment mit einer Zusammenfassung der Diskussion versorgt werden. Talent ist von dem Moderator gefordert, um die Beiträge von einzelnen Teilnehmenden auf den Punkt zu bringen. Gedankenschnell muss er den Unterschied zwei divergierender Meinungen erfassen und erklären.

Dinge auf den Punkt bringen

Zur handwerklichen Ausrüstung des Moderators gehört eine Auswahl an Methoden, um den Prozess der Situation anzupassen. Er schlägt vor, wie eine Analyse gestaltet, wie Lösungsvorschläge evaluiert und wie entschieden werden kann, wenn der Segen des Konsenses nicht über dem Sitzungszimmer schwebt. Der Moderator geht virtuos mit Hellraumprojektor und Flipchart um und hält die wichtigen Gedankenschritte und Ideen der Gruppe fest. Solche Visualisierungen sind hilfreich, damit die inhaltliche Entwicklung des Meetings von der Gruppe verfolgt werden kann.

Methodenkompetenz

Aufgaben der moderierenden Person
Die Moderation dient der Gruppe und
- bereitet das Meeting vor,
- klärt die Ziele und die erwarteten Ergebnisse des Meetings,
- plant den Prozess des Meetings,
- bewertet in der Moderationsrolle keine Meinungen,
- bezieht alle Teilnehmenden mit ein und schützt sie vor verbalen Angriffen,
- strukturiert die Diskussion, fokussiert aufs Thema und bleibt zielorientiert,
- ermutigt und erkennt gute Leistungen der Gruppe an,
▼

Aufgaben der Moderation

> - reflektiert, klärt durch Fragen und fasst den Stand der Diskussion zusammen,
> - macht Prozessvorschläge.

Wer soll das Meeting moderieren?

Die Rollen in einem Meeting müssen klar benannt werden. In der Regel braucht der Moderator kein inhaltliches Expertenwissen oder eine Entscheidungsbefugnis gegenüber der Gruppe. Es genügt ein allgemeines Wissen der Thematik zu haben, um moderieren zu können.

Führungskraft als Moderator

Rollenkonflikt — In vielen Sitzungsräumen ist es üblich, dass die Führungskraft die Rolle der Moderation übernimmt. Damit übernimmt er die Doppelrolle des Vorgesetzten und Moderators, was für eine verfängliche Dynamik in Meetings sorgt. Der Vorgesetze, der ein vitales Interesse an einem bestimmten Ergebnis des Meetings hat, ist als neutraler Moderator herausgefordert. Dieser Rollenkonflikt ist nicht auflösbar. *Machtunterschied* — Der Machtunterschied zwischen Führungskraft und Mitarbeitenden wirkt sich auf die Gruppe aus. Mitarbeitende zensieren ihre Aussagen und nehmen weniger Risiken in Kauf. Wer will denn mit unbequemen Ideen das Wohlwollen des Chefs aufs Spiel setzen, wenn dieser schon hat durchblicken lassen, wie genial und zwingend seine eigene Idee ist?

Wie kann die Befangenheit des Vorgesetzten und sein hierarchisches Gewicht abgefedert werden, damit er eine ausgewogene Moderatorenrolle übernehmen kann? Folgende Leitlinien können den Rollenkonflikt vermindern:

- Die moderierende Person deklariert zu Beginn des Meetings ihre Rolle. Zum Beispiel: »Ich übernehme heute die Rolle der Moderation und versuche auf ausgewogene Weise die Gruppe zum gewünschten Resultat zu führen. Wenn ich mich zum Inhalt äußern möchte, werde ich meinen *Rollenwechsel explizit kundgeben*.«
- Tritt dieser Fall ein, informiert die moderierende Person die Gruppe, dass sie jetzt als Führungskraft oder Teilnehmende ihre Meinung äußert und teilt der Gruppe danach mit, dass sie jetzt die Rolle der Moderation wieder übernimmt.

Trotz Rollenkonflikt und Interessenskollision kann, in einem Klima des Vertrauens, eine sensible und faire Moderation der Führungskraft, die Gruppe zu einem gemeinsamen und konsensorientierten Resultat führen.

Als Alternative kann auch ein anderes Gruppenmitglied als Moderator einspringen und alsbald die Rolle wieder übergeben. Für Führungskräfte ist wichtig zu beachten, dass die Teilnehmenden zuerst ihre Meinungen unbefangen äußern können und die vorgesetzte Person ihre Meinung nicht zu früh einbringt. Handelt es sich im Meeting um ein umstrittenes Thema, kann auch ein Mitarbeiter einer anderen Abteilung oder eine *externe* Person die Moderationsrolle übernehmen.

Mitarbeiter als Moderator

Ein Mitarbeiter in der Moderationsrolle entlastet die Führungskraft, die sich auf den Inhalt des Meetings konzentrieren kann. Die Übergabe der Moderationsrolle entspricht einem partizipativen Führungsstil und Anspruch von Empowerment der Mitarbeitenden. Allerdings besteht die Gefahr, diejenige Person mit der anspruchsvollen Moderationsrolle zu überfordern. Auch wenn ein Mitarbeiter das Meeting moderiert, befindet er sich in einer Doppelrolle. Als Moderator hat er die Aufgabe Diskussionen zu leiten, ohne Stellung zu nehmen. Andererseits wird ihn die Thematik des Meetings direkt betreffen und er möchte seine Meinung einbringen. Auch hier gilt, den Rollentausch zwischen Moderator und zum Inhalt stellungnehmender Mitarbeiter bekannt zu geben.

Empowerment der Mitarbeitenden

> **Interaktionsmethode von Doyle und Straus**
> Die Interaktionsmethode (vgl. Doyle & Straus 1993) vertritt eine radikale Meinung und nennt folgende häufigste Fehler von ineffizienten Meetings:
> - Doppelrolle von Führungskraft und Moderation,
> - Prozess des Meetings wird zuwenig beachtet,
> - keine transparenten Entscheidungsprozesse.
>
> Doyle und Straus fordern eine klare Trennung zwischen Moderations- und Vorgesetztenrolle. Wenn der Vorgesetzte, der über Befugnisse resp. Macht verfügt, als Moderator gleichzeitig den Meetingprozess bestimme, entstehe ein Machtübergewicht. In dieser Konstellation sei der Vorgesetzte als Verantwortlicher für Inhalt und Prozess meist überbeansprucht. Seine Autorität verhindere breit abgestützte Entscheide. Die Interaktionsmethode sieht vor, dass ein Gruppenmitglied die Rolle des Moderators übernimmt. Damit sei der Vorgesetzte entlastet und könne sich aufs Thema konzentrieren. Gemäß der Autoren entstehe eine Art hierarchiefreier Raum, der eine authentischere Beteiligung der Teilnehmenden ermögliche.
> Teilnehmende können abwechslungsweise die Rolle der Moderation übernehmen. Wenn sie nicht geübt seien, brauche es eine gewisse Zeit, bis sie sich in der neuen Rolle wohlfühlen würden und die Meetings effizient leiten könnten.
> Die Interaktionsmethode trennt das Was vom Wie, den Inhalt vom Prozess. Der Prozess ist der Weg, die Methode der Problemlösung oder Entscheidungsfindung. Den Autoren zufolge muss jederzeit klar sein, welcher Inhalt wie bearbeitet wird. Der Moderator sei für den Prozess verantwortlich und mache zu Beginn Vorschläge, die aber situativ oder auf Wunsch der Gruppe angepasst werden können.
> Ein weiterer Stolperstein bei Meetings sei der unklare Entscheidungsprozess. Zu Beginn des Meetings müsse die Führungskraft klarstellen, ob es im Meeting um einen Entscheidungsprozess gehe und wie entschieden würde: etwa durch Konsens, per Abstimmung oder habe das Meeting »nur« Anhörungscharakter und entschieden würde auf der nächsten

Trennung von Moderations- und Führungsrolle

Moderation durch Gruppenmitglied

Trennung von Inhalt und Vorgehen

Klärung des Entscheidungsprozesses

> Hierarchiestufe? Diese Klärung sei wichtig. Doyle und Straus plädieren für Konsensentscheide (Win/Win Situation), da sich bei Abstimmungen die Minderheit in der Regel übergangen fühle (Win/Lose Situation).
>
> **Entscheidungsmacht bleibt bei der Führung**
> Gemäß der Autoren befürchten Führungskräfte, dass sie die Kontrolle und die Entscheidungsmacht verlieren, wenn sie die Leitung des Meetings an einen Mitarbeiter abgeben. Wenn eine Entscheidung durch Konsens herbeigeführt würde – mit der Option, dass die Führungskraft entschiede, wenn kein Konsens erreicht würde – bliebe die Entscheidungsmacht immer bei der Führungskraft. Ohne ihre Zustimmung würde keine Entscheidung zustande kommen.

Protokollführer

Wie der Moderator ist auch die protokollführende Person am Flipchart neutral und steht der Gruppe dienstleistend zur Seite. Sie dokumentiert den Verlauf des Meetings indem sie Schlüsselwörter, Ideen und Einschätzungen etc. der Teilnehmenden auf Flipcharts wortwörtlich festhält. Sie muss fähig sein, die Hauptbotschaft aus den Beiträgen der Teilnehmenden herauszuhören und sie schnell und lesbar aufzuschreiben. Spontan macht sie Querverweise, visualisiert Zusammenhänge mit Pfeilen und visualisiert Gedanken. Die Flipcharts werden fortlaufend an Wänden festgemacht und dienen als *Visualisierung des Gruppengedächtnisses*. Das Flipchart-Protokoll hilft der Gruppe, sich am Verlauf des Meetings zu orientieren, Ideen weiterzuentwickeln und keine zu vergessen. Die Teilnehmenden können sich auf die Diskussion konzentrieren, ohne selber Notizen machen zu müssen. Ein zusätzliches **Ergebnisprotokoll** kann aufgrund der Flipcharts erstellt und verteilt werden. Steht kein Protokollführer am Flipchart zur Verfügung, kann der Moderator diese Rolle übernehmen.

Für genaue, schriftliche Verlaufsprotokolle ist eine zusätzliche Arbeitskraft hilfreich, die sich aufs Niederschreiben konzentriert und evtl. sonst nicht teilnimmt.

Zeitmanagement

Damit die Zeit nicht zerrinnt wie in Dalis Uhren, wird am besten eine Person bestimmt, die die Zeit im Auge behält und die Gruppe regelmäßig informiert, ob sie den Zeitplan einhält.

8.3.3 Vorbereiten von Meetings

Ist ein Meeting nötig?

Meetings binden die Arbeitszeit der Teilnehmenden und sind daher kostspielige Anlässe. Auch gilt es zu verhindern, dass die Teilnehmenden den Sitzungsraum mit dem Kommentar verlassen: »Das hätten wir auch ohne Meeting lösen können!« Die Frage nach der Notwendigkeit eines Meetings stellt sich: Braucht es die Interaktion einer Gruppe um:

- Ideen zu diskutieren?
- sich eines Problems oder einer Lösung anzunehmen?
- das Engagement der Gruppe für ein Projekt, eine Idee etc. zu aktivieren?
- eine Vereinbarung oder einen Entscheid zu treffen?

Sind die Antworten negativ, dann sollten Alternativen zu einem Meeting überlegt werden (Abb. 8.4).

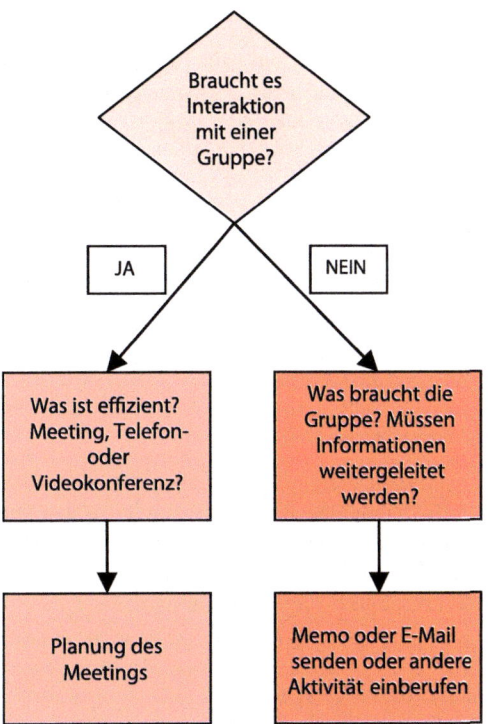

Abb. 8.4. Braucht es ein Meeting?

Zweck bestimmen

Zuerst muss das Problem definiert und der Zweck des Meetings bestimmt werden. Sollen die Qualitätsprobleme in der Produktion erörtert werden, soll über eine neue Agentur in Mumbay entschieden oder die Schnittstellenkommunikation verbessert werden?

Um was geht es?

Traktanden bzw. Tagesordnungspunkte und Ziele festlegen

Verantwortlich für die Meetingsvorbereitung ist der Moderator. Falls ein Mitarbeiter die Moderationsrolle übernimmt, sind das Vorgehen und die Traktanden mit der Führungskraft zu besprechen.

Vorgehen planen

Damit sich die Teilnehmenden auf das Meeting vorbereiten können, muss die Tagesordnung nachvollziehbar formuliert sein. Es muss ersichtlich sein, mit welchem Ziel welcher Inhalt bearbeitet wird. Das Ziel ist die Antwort auf die Frage: Was soll im Meeting oder unter den einzelnen Punkten erreicht werden, was soll das Endprodukt sein? Eine Entscheidung, eine Empfehlung oder eine Liste von Ideen? Dabei sollten Maßnahmen nicht mit Zielen ver-

Tagesordnung

Was soll das Ergebnis sein?

konkrete Ziele — wechselt werden. Die Ziele sind möglichst konkret, überprüfbar und realistisch zu formulieren, z. B.:
- Begründeter Entscheid für die Eröffnung einer Agentur in Mumbay
- Mindestens fünf Ursachen der Qualitätsprobleme in der Produktion sind identifiziert
- Prioritätenliste zu Händen der Bereichsleiter für die Verbesserung der dringendsten Schnittstellenprobleme ist erarbeitet

Zielangaben sind wichtig für das Meeting als Ganzes, für das jeweilige Geschäft oder Traktandum bzw. Tagesordnungspunkt sowie für die einzelnen Phasen in der Bearbeitung. Spontan geäußerte Zielsetzungen des Moderators in den einzelnen Bearbeitungsphasen tragen wesentlich zu einer klaren Strukturierung des Ablaufs bei.

Art des Meetings

verschiedene Arten von Meetings — Wenn der Zweck und die Ziele des Meetings definiert sind, muss die Art des Meetings festgelegt werden. Die Festlegung der Art hilft bei der Planung des Meetings. Eines, das Probleme löst, ist anders zu planen als eines, das Entscheidungsvarianten evaluieren soll. Es können folgende Arten von Meetings unterschieden werden:

Informations-Meeting

Info-Austausch — Viele Sitzungen fallen in diese Kategorie. Diese Meetings sind nützlich, sofern ein Informationsaustausch stattfindet und Aufgaben koordiniert werden. Vorgesetzte missbrauchen die Meetings oft, um lange über Sachverhalte zu referieren und um unausgesprochen den Arbeitsstand der Mitarbeitenden zu überprüfen. Ein-Weg-Kommunikation sollte über andere Kanäle verbreitet werden. Ein Meeting dafür zu verwenden, ist Zeitverschwendung.

Aussprache-Meeting

Klärung von Meinungen — Unterschiedliche, gegensätzliche Meinungen und Interessen sollen geschlichtet, geklärt und auf einen gemeinsamen Nenner gebracht werden.

Entscheidungs-Meeting

Herbeiführung von Entscheidungen — Diese Meetings führen – meist dringende – Entscheidungen herbei. Zuvor wurden evtl. bereits verschiedene Entscheidungsmöglichkeiten entwickelt. Jetzt müssen die Varianten bewertet und entschieden werden, welche umgesetzt werden soll. Es ist unerlässlich, dass diejenige Person, die die hierarchische Befugnis für die Entscheidung besitzt, teilnimmt. Der Entscheidungsprozess muss zu Beginn des Meetings deklariert sein. Handelt es sich um eine Anhörung, muss zu einem Informations-Meeting eingeladen werden.

Maßnahmen-Meeting

Planung von Maßnahmen — Die Gruppe erarbeitet Vorgehensprogramme und Aktionspläne, Ordnungen und Vorschriften. Im Meeting fällt die Entscheidung für einen einheitlichen Vorschlag oder Antrag.

Problemlösungs-Meetings

Ein Problem besteht dann, wenn eine Person ein Problem hat und der Wille besteht, dieses Problem zu lösen. Diese Personen müssen am Meeting teilnehmen. Gemeinsam werden beim Meeting verschiedene Lösungsstrategien entwickelt. Im Verlauf des Meetings wird das Problem definiert, Ist- und Soll-Zustand dargestellt und Lösungsvarianten gesucht (»Problemlösungszyklus« ▶ Abschn. 6.3).

Suche nach Lösungen

Die verschiedenen Meetingsarten werden in der Praxis miteinander kombiniert. Ein Meeting kann Elemente von Information, Problemlösung und Entscheidung aufweisen. Kombinationen sind bewältigbar, wenn die Elemente klar deklariert, die Übergänge angekündigt werden und der Moderator die Methode jeweils den neuen Erfordernissen anpasst.

verschiedene Absichten in demselben Meeting

Sequenz der Themen

Oft ergibt sich eine natürliche Sequenz der Tagesordnungspunkte. Sonst kann eine Reihenfolge der Themen anhand der folgenden Faktoren vorgenommen werden: Schwierigkeitsgrad, Dauer oder Konflikthaftigkeit des zu behandelnden Themas. Die Ziele der einzelnen Traktanden müssen mit einer geeigneten Methode erarbeitet werden. Die einzusetzenden Instrumente sollten vor dem Start des Meetings festgelegt werden.

Abfolge von Traktanden

Wer soll teilnehmen?

Bei der Überlegung, wer an einem Meeting teilnehmen soll, befindet sich die Führungskraft in einem Dilemma. Eine kleine Zahl von Teilnehmenden könnte Effizienz, wenig Diskussion und schnelle Entscheide versprechen. Dagegen kann eine größere Zahl von Teilnehmenden mehr Meinungen und Ideen generieren. Ein Kompromiss besteht darin, nur die nötigen Teilnehmenden einzuladen, aber auf Heterogenität zu achten. Wenn Personen diskutieren und entscheiden, die sich gegenseitig sympathisch finden und ähnlich Denken, ist das Ergebnis voraussehbar. Querdenker und Aufmüpfige sorgen in der Regel für eine Dynamik, die eine vertiefte Auseinandersetzung mit dem Thema und letztlich ein besseres Resultat garantieren. Wenn die Teilnahme vorgegeben ist, z. B. die Vorgesetzte mit ihrem Team, kann ein Mitarbeitender einer anderen Abteilung zur Vielfalt beitragen. Folgendes muss zusätzlich überlegt werden:

Auswahl der Teilnehmenden

Querdenker und Aufmüpfige

- Was kann die Person konkret zur Zielerreichung beitragen?
- Sind Andersdenkende eingeladen, damit Vielfalt und Auseinandersetzung gewährleistet sind?
- Wer muss aus fachlichen Gründen beigezogen werden?
- Wer muss aus hierarchischen Gründen beigezogen werden?

Weitere Vorbereitungen

Es gilt festzulegen, welche Zeit und welcher Ort für den Erfolg des Meetings am günstigsten sind. Zu berücksichtigen ist vielleicht die Tatsache, dass bei vielen Menschen die Energiekurve zwischen 13:00–15:00 Uhr absinkt. Ferner müssen die Unterlagen vorbereitet werden. Jetzt stellt sich die Frage nach unterstützenden Medien, die eingesetzt werden sollen: Flip Chart, Pinnwän-

Zeit und Ort der Durchführung

Unterlagen Moderationstechnik

de, Beamer etc. Nach dieser Vorbereitung kann die Einladung zum Meeting verschickt werden.

Vollständigkeit der Einladung

> **Einladung zum Meeting**
> Die Einladung zum Meeting sollte folgende Punkte beinhalten:
> - Thema oder Titel des Meetings,
> - Ort, Zeit und Dauer,
> - Moderator und Teilnehmende,
> - Zweck des Meetings,
> - Themen oder Tagesordnungspunkte und Ziele,
> - Verweise auf vorbereitende Information oder notwendige Vorarbeiten.

8.3.4 Start des Meetings

Es empfiehlt sich, zur abgemachten Zeit zu beginnen um damit das Zeichen zu setzen, dass Pünktlichkeit geschätzt wird. Zu Beginn wird das Fundament für die Problembearbeitung gelegt. Die Teilnehmenden müssen wissen, was auf sie zukommen wird. Der Moderator sollte die Themen oder Traktanden mit den Zielen vorstellen. Für Tagesordnungspunkte, in denen eine Entscheidung anfällt, muss der Entscheidungsprozess erläutert werden. Vorgesetzte spielen mit ihrer Glaubwürdigkeit, wenn sie die Gruppe im Glauben lassen, selber entscheiden zu können und am Ende der Diskussion verkünden, sie würden die »Sache« überdenken und der Gruppe den Entscheid später mitteilen. Die Gruppe muss wissen, ob die Führungskraft entscheidet, ob abgestimmt oder ein Konsens angestrebt wird.

Ziele vorstellen

Die Teilnehmenden haben die Möglichkeit, sich zu den Themen zu äußern und sie evtl. zu ergänzen. In routinemäßigen Sitzungen, kann die Traktandenliste ad hoc zusammengetragen werden. In diesem Fall erstellt die Gruppe die Liste gemeinsam. Die Themen können dann in eine Reihenfolge gebracht und mit einer Bearbeitungszeit versehen werden, die idealerweise auch eingehalten werden sollte (◘ Abb. 8.5).

Traktandenliste ad hoc zusammengetragen

Wird ein Protokoll gewünscht, müssen die Art des Protokolls und der Moderator spätestens jetzt bestimmt werden. Zusammen mit der Person, die das Zeitmanagement übernimmt, werden sie der Gruppe vorgestellt. Die Rollen des Moderators und des Protokollführers müssen gegenüber der Gruppe geklärt werden: Ist der Vorgesetzte zugleich Moderator, der ausgewogen moderiert und der Gruppe signalisiert, wenn er sich inhaltlich beteiligen möchte? Übernimmt ein Teilnehmender die Rolle des Moderators? Auch der Protokollführer erklärt seine Aufgabe, und dass er die Gruppe darauf aufmerksam machen wird, wenn er Rollen tauscht und sich inhaltlich äußert.

Zusammenarbeitsregeln

Der Moderator kann der Gruppe vorschlagen, Zusammenarbeitsregeln zu erstellen. Die Zusammenarbeitsregeln definieren, was die Gruppe für akzeptiertes und untolerierbares Verhalten und Vorgehen hält. Damit legiti-

8.3 · Meetings moderieren und gestalten

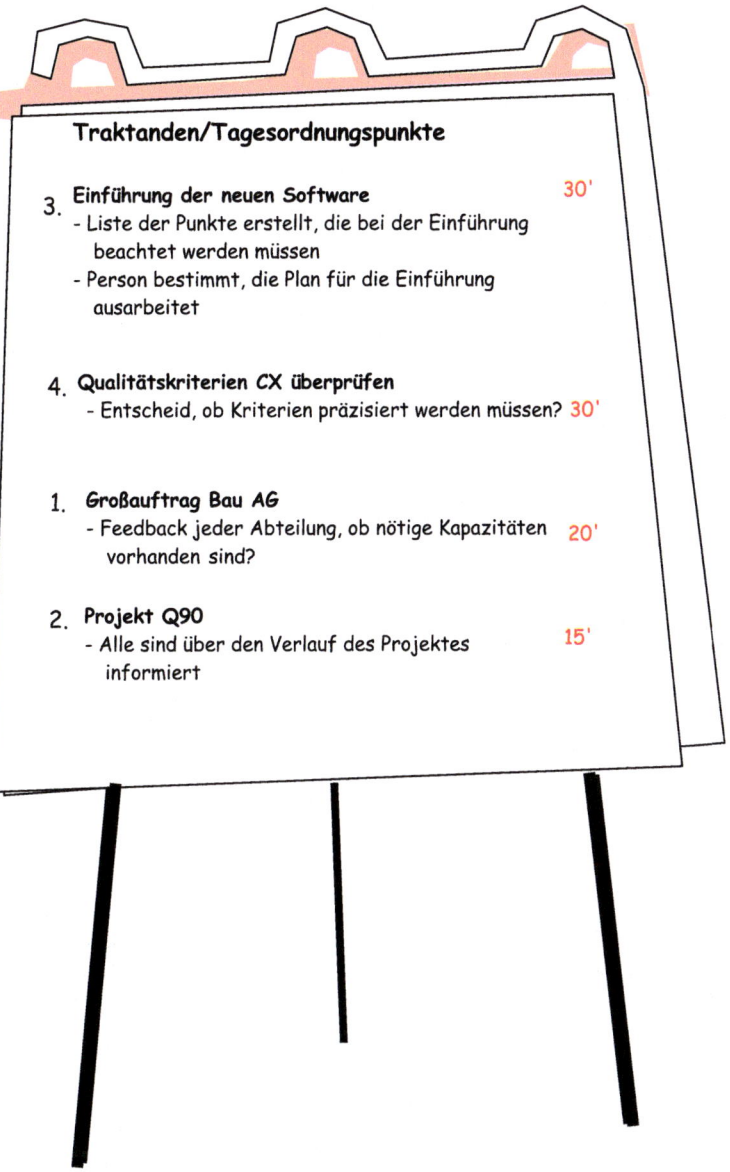

Abb. 8.5. Traktanden bzw. Tagesordnungspunkte

miert sie den Moderator, bei Regelverstößen im Namen der Gruppe zu intervenieren. Wurden bereits Regeln erstellt, können diese überprüft und bekräftigt oder wenn nötig ergänzt werden. Damit sich die Teilnehmenden mit den Regeln identifizieren können, müssen sie von der Gruppe erstellt werden. Um die Diskussion in Gang zu bringen, kann der Moderator einige Regeln vorschlagen. Wenn die Regeln erstellt sind, muss ihnen jedes Gruppenmitglied zustimmen können. Die Regeln gelten, bis sie die Gruppe ändert (Abb. 8.6; ▶ Abschn. 8.6 TZI-Regeln).

Abb. 8.6. Regeln der Zusammenarbeit

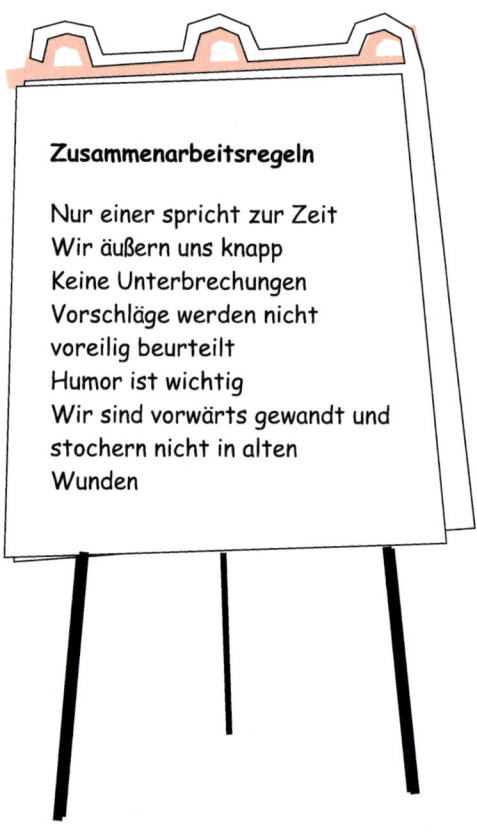

8.3.5 Problembearbeitung

Phase der Problembearbeitung

gemeinsames Aufgabenverständnis

Vorgehen klären

In dieser Phase des Meetings ist der Moderator am meisten gefordert. In vielen Meetings ist zu beobachten, dass sich die Teilnehmenden gleich auf die Lösung ihres Problems stürzen. Erst wenn sich Konfusion an frustrierten Gesichtern bemerkbar macht, kommt der Verdacht auf, dass in der Gruppe kein gemeinsames Problemverständnis vorhanden ist: Die Gruppe muss zurück zum Ausgangspunkt. Der Moderator muss Aufgabe und Prozess gleichzeitig dirigieren. Mit Aufgaben ist die inhaltliche Auseinandersetzung gemeint. Was soll erreicht werden? Beim Prozess geht es um die Frage, wie das Ziel erreicht werden soll? Inhalt und Prozess müssen berücksichtigt werden: Es braucht zwei für einen Tango. Wird die Diskussion schwerfällig und drehen sich die Beiträge im Kreis, kann sich der Moderator am Aufgaben/Prozess Modell orientieren. Ist die Aufgabe klar definiert, weiß die Gruppe, welches momentane Ziel sie zu verfolgen hat? Herrscht Klarheit über die Aufgabe, dann liegt die Konfusion der Gruppe auf der Prozessebene. Der Moderator muss den Prozess oder den aktuellen Wegabschnitt, der zum Ziel führt, erklären.

Die meisten Meetings, bei denen es sich nicht um Informationsaustausch dreht, bezwecken eine Lösung eines Themas. Sei es eine Ideensammlung zur Einführung einer neuen Software, der Entscheid, eine neue Agentur zu eröffnen oder einen Schulbetrieb zu verbessern. Es gibt viele Möglichkeiten der Problemlösung. Der folgende Prozess bewährt sich und kann in sechs Phasen strukturiert werden:

1. Information
2. Klärung der Situation
3. Klärung des Ziels
4. Lösungsstrategien
5. Entscheid
6. Aktionsplan

Prozess der Problembearbeitung

Der Moderator muss in diesen Phasen situationsgerechte Instrumente einsetzen. Eine Auswahl von ihnen wird den Phasen zugeordnet und später im Kapitel beschrieben.

Der Problemlösungszyklus und der lösungsorientierte Ansatz sind weitere Methoden der Themenbearbeitung (▶ Abschn. 6.3).

Information

Ziel dieser Phase ist es, alle Teilnehmenden auf einen Informationsstand zu bringen, der es ihnen ermöglicht, das Problem richtig einzuschätzen und Lösungsstrategien zu entwickeln. Wenn immer möglich, sind diese Informationen frühzeitig vor dem Meeting schriftlich oder elektronisch an die Teilnehmenden weiterzuleiten. Zu Beginn weist der Moderator auf das Ziel dieser Phase hin, sammelt die Informationen von den Teilnehmenden, fasst die wichtigsten Aspekte zusammen und vergewissert sich, dass sich alle genügend informiert fühlen.

gemeinsamer Informationsstand

Verfolgen wir das Beispiel einer Schule, die ihr Projekt zu Verbesserung des Schulbetriebs startet. Die Teilnehmenden werden sich in dieser Phase der Bearbeitung z. B. für das Budget und die Rahmenbedingungen interessieren.

Klärung der Situation

Die Wahrnehmung der Teilnehmenden über eine Situation kann sehr divergieren. Ein gemeinsames Verständnis und eine klare Definition des Problems sind das Ziel dieser Phase. Der Moderator muss ein gemeinsames Verständnis des Problems herstellen mit Fragen wie: »Definieren Sie das Problem, wie es sich Ihnen heute konkret stellt. Was funktioniert gut, was nicht?« Auf diese Weise ergibt sich ein umfassendes Bild der Ist-Situation. Die Teilnehmenden des Schulprojekts bemängeln unter anderem, dass sich viele Schüler über Mittag langweilen und unzufrieden herumlungern. Darin sehen sie ein Hauptproblem.

gemeinsames Problemverständnis

umfassendes Bild der Ist-Situation

Methode: Einsatz von Analyseinstrumenten, evtl. Kartenabfrage.

Klärung des Ziels

Ziel dieser Phase ist eine klare Aussage über das erwünschte Ergebnis. Wie sieht der ideale Zustand aus? Diese Frage wird visionäre Gedanken erzeugen. Der Moderator muss es schaffen, sie in eine konkrete Beschreibung eines zukünftigen Zustands zu übersetzen.

Wie sieht der Idealzustand aus?

Das Projekt zur Verbesserung eines Schulbetriebs wird in dieser Phase der Bearbeitung vorerst Ideen wie »glückliche Kinder« und »zufriedene Eltern«

generieren. Mit Fragen wie: »Was heißt das konkret, was tun glückliche Kinder bei uns?«, versucht der Moderator mit den Teilnehmenden konkretere Bilder zu entwickeln. Zum Beispiel: »Die Kinder müssen über Mittag sinnvoll beschäftigt werden. Sie müssen die Möglichkeit haben, sich zu bewegen.« »Sie brauchen Rückzugsnischen.« Fallen viele Ziele an, müssen Prioritäten gesetzt werden.

Methode: Einsatz von ideengenerierenden Instrumenten.

Lösungsstrategien erarbeiten

Wege zum idealen Zustand

In dieser Phase müssen folgende Fragen beantwortet werden: Was müssen wir tun, um die Ziele zu erreichen? Welchen Weg müssen wir einschlagen, um von der aktuellen Situation zum idealen Zustand zu kommen? Der Moderator fragt nach konkreten Handlungen und appelliert an die Kreativität der Teilnehmenden: »Was muss getan werden?« Ziel der Phase sind konkrete Ideen, wie der ideale Zustand resp. die Ziele erreicht werden können. Die Ideen dürfen in dieser Phase keinesfalls bewertet werden. Im Beispiel des Schulprojekts glauben die Teilnehmenden u. a. ihre Ziele mit folgenden Lösungen zu erreichen: »Wir bieten eine Mittagsbetreuung mit Spiel- und Sportaktivitäten an« und »die Schüler gestalten den Pausenplatz neu.«

Methode: Einsatz von ideengenerierenden und evaluierenden Instrumenten.

Entscheiden

Bewerten und Auswählen von Lösungen

Vielleicht ist in dieser Phase eine lange Liste von Ideen entstanden. In dieser Phase muss sich die Gruppe entscheiden, welche Ziele verfolgt und realisiert werden sollen. Jetzt können die verschiedenen Lösungen diskutiert werden: »Erfüllen sie die Rahmenbedingungen, wird das Budget nicht überschritten etc.?« »Verstehen alle das gleiche unter dieser Lösung?« Eine Nutzwertanalyse, die die Lösungen mit Kriterien bewertet, kann die Entscheidung erleichtern. Der Moderator führt die Gruppe zu einer Entscheidung hin. Vielleicht liegt der Konsens in der Luft und muss nur aufgerufen werden oder die Teilnehmenden stimmen ab (▶ Abschn. 6.4).

Methoden: Einsatz von evaluierenden und entscheidungsgenerierenden Instrumenten.

Aktionsplan

Maßnahmen und Verantwortlichkeiten

Manche gute Entscheide scheitern daran, dass nicht genau vereinbart wurde, wer für die Umsetzung zuständig ist und bis wann welche Schritte geplant sind. Jetzt muss gehandelt und festgehalten werden, wer was bis wann macht. Der Moderator hilft der Gruppe, aus den Entscheiden konkrete Aktivitäten abzuleiten. Dazu eignet sich ein Aktionsplan, der klare Aussagen zur Aktivität und verantwortlichen Person macht. Auch ein Termin und die zugeteilten Ressourcen sollten festgelegt werden. Der Aktionsplan kann wie folgt aussehen (◘ Tab. 8.2):

Tab. 8.2. Aktionsplan

Was	Wer	Termin	Ressourcen
Erste Sitzung mit Arbeitsgruppe für Pausenplatzgestaltung hat stattgefunden	M.F.	Bis 30. Mai	½ Tag für die Vorbereitung
Information über Vorhaben an die Behörde	S.L.	Bis 15. Juni	

Moderator in Höchstform

Der Moderator führt die Gruppe durch die Traktandenliste. Diese fokussiert die Diskussion streng aufs Thema und die Ziele. Die Verbindlichkeit der Tagesordnungspunkte und der ihr zugeschriebenen Bearbeitungszeit, darf jedoch nicht sakrosankt sein. Die moderierende Person muss spüren, wann vom Thema abgewichen werden kann, um damit evtl. wichtige Zusatzinformationen oder neue Aspekte zu erhalten. Bei größeren Abweichungen muss das Einverständnis der Gruppe eingeholt werden.

Während des Meetings ist immer die volle Aufmerksamkeit und der Blickkontakt des Moderators mit der Gruppe gefordert. Je nach Situation wird straff durchs Thema geführt oder er hält sich zeitweilig zurück, um der Diskussion Raum zu geben. Einen schnellen Grundtakt vorzugeben, kann durchaus effizient und im Sinne der Teilnehmenden sein. Das Ziel darf aber nicht nur effizient erreicht, sondern muss auch effektiv sein, d. h. die Auseinandersetzung mit dem Thema muss eine entsprechende Qualität erreichen, die später eine reibungslose Umsetzung der Ziele ermöglicht. Um dies zu schaffen, muss der Diskussionsverlauf eines Problems zuerst ausgeweitet werden, bevor geeignete Lösungsvarianten generiert, eingegrenzt und evaluiert werden (Abb. 8.7). Dieses Prinzip gilt besonders für die Phasen drei und vier des Bearbeitungsprozesses.

Die moderierende Person ist in Höchstform, wenn es ihr gelingt, alle Teilnehmenden für eine Diskussion zu engagieren, das gegenseitige Verständnis zu fördern, Ideen auf anderen aufbauen zu lassen, voreilige Urteile zu unterbinden, dazwischen den Stand der Auseinandersetzung zusammen zu fassen und die Gruppe für ihren Einsatz auch mal zu loben. Das sind Momente hoher Konzentration. Man glaubt, die Energie im Raum knistern zu hören. Während der Moderator dann leise den Moderationskoffer schließt, freut sich die Gruppe und identifiziert sich mit dem selbst vollbrachten Ergebnis des Meetings.

Aufgabe des Moderators

straff durchs Thema führen

Diskussion Raum geben

Gruppe für ihren Einsatz auch mal zu loben

8.3.6 Instrumente

Der Moderator muss über eine Werkzeugkiste mit Moderationsmethoden verfügen. Mit einem Hammer lässt sich kein Baum zersägen und darum ist es wichtig zu wissen, in welcher Situation ein bestimmtes Instrument einzusetzen ist. Es gibt ebenso viele Methoden wie Bücher zu diesem Thema. Eine Auswahl an soliden Tools ist nach Situation des Einsatzes aufgelistet und beschrieben (Tab. 8.3).

Tab. 8.3. Situationsgerechte Methoden

Analysieren	Ideen generieren	Evaluieren	Entscheiden
− Brainstorming − Mind Mapping − Warum-Analyse Ursachen-Wirkungs-Diagramm − SWOT-Analyse	− Brainstorming − Kartenabfrage	− Affinity Groups − Ein-Punkt-Abfrage − Nutzwert-Analyse − Nominal Group Technik	− Einfaches oder relatives Mehr − Absolutes Mehr − Konsens

Die Methode des Brainstorming und des Mind Mapping sind in ▶ Abschn. 8.4 beschrieben.

Warum-Analyse

Problem mit mehreren Ursachen

Diese Methode wurde erstmals bei Toyota erwähnt und ruht auf der Feststellung, dass jedes Problem mehrere Ursachen haben kann. Die Methode ist so einfach wie hilfreich. Es geht darum, einer Antwort, die eine Ursache begründet, mit einer Warum-Frage zu begegnen. Wie im folgenden Dialog wiederholt sich die Warum-Frage, bis die ursprüngliche Ursache gefunden ist:

− Warum nehmen die Qualitätsmängel in der Produktion zu?
  Die Mitarbeitenden sind gestresst.
− Warum sind sie gestresst?
  Sie haben mehr zu tun als früher.
− Warum haben sie mehr zu tun?
  Weil viele Fehler gemacht werden.
− Warum werden diese Fehler gemacht?
  Die Mitarbeitenden können die neuen Konstruktionspläne schlecht lesen.

Vermutet man die Lösung anfänglich in einem Wellness- oder Stressreduzierungsprogramm für die Mitarbeitenden, wird bald klar, dass es sich um eine dringende Weiterbildungsmaßnahme im Planlesen handeln muss.

Ursachen-Wirkungs-Diagramm

Analyse als Diagramm visualisert

Diese Methode ist mit der Warum-Analyse verwandt und auch unter der Bezeichnung Fischgrat-Diagramm bekannt. Das Vorgehen ist strukturiert und die Analyse wird als Diagramm visualisiert (◘ Abb. 8.7). Das Instrument eignet sich für die Darstellung komplexer Probleme. Zuerst wird unter »Folgen« das Problem notiert. Dann werden die Hauptfaktoren gebildet wie z. B. »Fehlerhafte Logistik« etc., und darunter können weitere Sub-Faktoren benannt werden. Die Sub-Faktoren schreibt man am besten auf Haftnotizen, die sich verschieben lassen.

SWOT-Analyse

Bestandsaufnahme der aktuellen Situation

Die SWOT-Analyse (Stärken, -Schwächen-, Chancen-Gefahrenanalyse) ist eine Methode, um eine Situation in Bezug auf interne und externe Aspekte zu untersuchen (◘ Abb. 8.8). Sie kann dann eingesetzt werden, wenn eine Bestandsaufnahme der aktuellen Situation gebraucht wird, um Maßnahmen für die Zukunft zu entwickeln.

8.3 · Meetings moderieren und gestalten

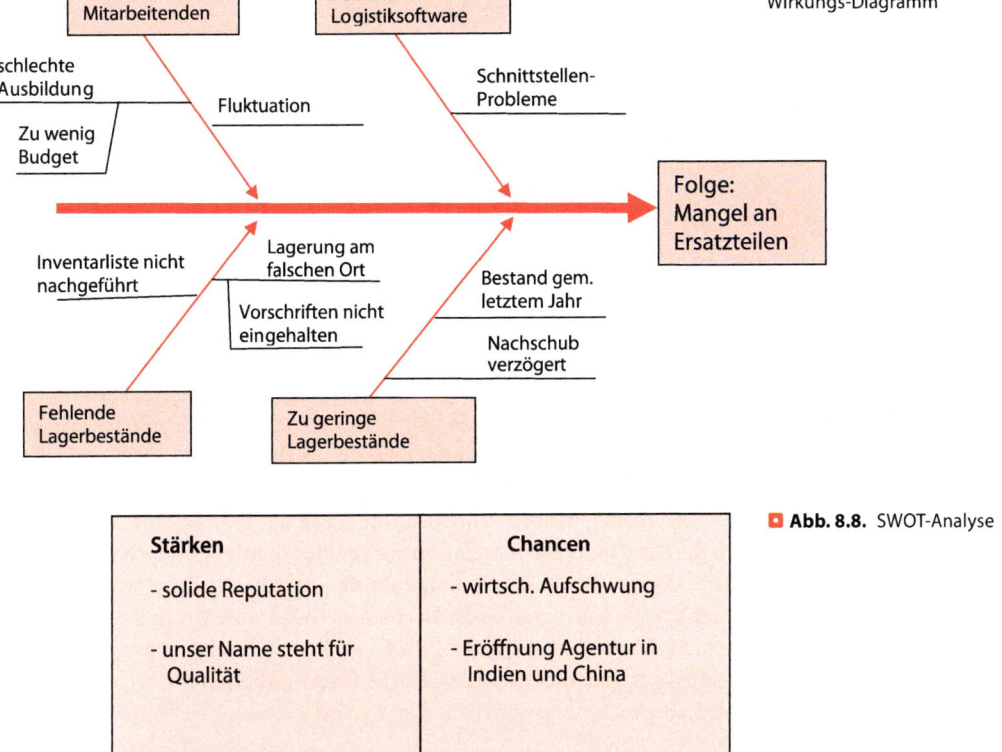

◘ Abb. 8.7. Ursachen-Wirkungs-Diagramm

◘ Abb. 8.8. SWOT-Analyse

Dabei sammelt der Moderator die Einschätzungen der Teilnehmenden zu jedem der folgenden Felder in Bezug zu ihrer Organisation, Abteilung etc.:

Strength: Welches sind unsere Stärken und positiven Seiten?
Weaknesses: Was sind die Schwächen unserer Organisation?
Opportunities: Wo bietet sich uns eine Gelegenheit, wo sind unsere Chancen?
Threats: Worauf müssen wir achten, wo lauern Gefahren?

Kartenabfrage

Mit einer Kartenabfrage erreicht der Moderator, dass sich alle äußern, weil sie keine Blamagen befürchten müssen. Damit kann auch dem Gruppendruck begegnet werden. Das Instrument kann in verschiedenen Phasen der Prob-

unvoreingenommene Meinung

lembearbeitung eingesetzt werden, wenn die unvoreingenommene Meinung oder Idee jedes Teilnehmenden wichtig ist.

Die Teilnehmenden schreiben je eine Aussage auf eine Pinnwand-Karte. Je nach Bedarf kann der Moderator:
- jedes Gruppenmitglied bitten, die Aussage auf der Karte kurz zu erklären und die Karte an die Pinnwand zu hängen.
- die Karten einsammeln, laut vorlesen und sie an der Pinnwand festmachen.

Anschließend können die Karten gruppiert werden (siehe Themen gruppieren)

Themen gruppieren (Affinity Groups)

Ideen reduzieren

Diese Methode eignet sich, wenn man eine unübersichtliche Ideensammlung vor sich hat, die geordnet oder auf wenige Kategorien reduziert werden soll. Die Methode ist schnell und interaktiv, ohne dass große Diskussionen vom Zaun gebrochen werden können.

Die Teilnehmenden schreiben ihre Ideen auf Pinnwandkarten oder auf Haftnotizen und versammeln sich vor der Pinnwand resp. Flipchart. Die Teilnehmenden hängen ihre Beiträge auf und ordnen die Zettel nach Themen oder Kategorien, die sich spontan ergeben. Dabei tauschen sie ihre Gedanken aus. Als Variante kann dieser Prozess auch stillschweigend geschehen. Anschließend kann die Gruppe die erarbeiteten Kategorien besprechen, Zusammenhänge erkennen und die Kategorien priorisieren.

Punktabfrage

schnell priorisieren oder entscheiden

Mit der Punktabfrage können Ideen, Vorschläge etc. schnell priorisiert oder entschieden werden, z. B. wenn aus einer langen Liste die für die Gruppe relevanten Ideen erfasst werden sollen. Diese Methode ist nicht geeignet, wenn eine sorgfältige Prüfung der Ideen erforderlich ist. Der Moderator stellt die Frage, welche der Ideen weiterverfolgt werden sollen. Jetzt wird eine Anzahl selbstklebender Punkte verteilt, die die Teilnehmenden ihren ausgewählten Ideen zuordnen. Die ideale Anzahl der Punkte kann wie folgt berechnet werden: Anzahl der Ideen geteilt durch drei ergibt die Anzahl Punkte pro Gruppenmitglied (N/3). In der Regel darf pro Idee nur ein Punkt vergeben werden. Jetzt ist schnell klar, welche Ideen die Gruppe weiterbearbeiten möchte. Statt selbstklebende Punkte zu verwenden, können Punkte mit Filzstiften markiert werden.

Nutzwert-Analyse

Bewertung verschiedener Lösungen

Die Nutzwert-Analyse leistet gute Dienste, wenn verschiedene, valable Lösungsvarianten sorgfältig evaluiert werden sollen. In einer Matrixdarstellung werden den Lösungsvarianten Kriterien gegenübergestellt und gewichtet, sodass die Lösungsvarianten verglichen werden können. Die Nutzwert-Analyse ist in ▶ Abschn. 6.4. beschrieben.

Nominal Group Technik

Diese Methode ist eine Eingrenzungs- und Entscheidungsmethode mit dem Vorteil, dass Teilnehmende ihre Meinung mit minimaler Debatte einbringen können. Heikle Streitgespräche und Wertediskussionen können damit wie Klippen umschifft werden. So wird es gemacht:

- Individuell entscheiden sich die Teilnehmenden für eine der zur Wahl stehenden Ideen oder Lösungsvarianten. Ihrer ersten Wahl ordnen sie einen Punkt zu, der zweiten Wahl zwei Punkte etc.
- Der Moderator bespricht jede Option mit den Teilnehmenden: Wer gibt dieser Option eine hohe Priorität? Pro- und Kontra-Stimmen können sich jetzt äußern mit begründeten Statements, ohne dass eine Diskussion entstehen darf.
- Die Teilnehmenden können ihre individuelle Wahl resp. Punkteverteilung im Verlaufe des Gespräches verändern.
- Der Moderator sammelt die individuellen Präferenzen und verteilt die Punkte (ein Punkt für die höchste Priorität, zwei für die nächste Priorität etc.

Entscheidungsmethode mit minimaler Debatte

Der Idee oder der Lösungsvariante mit der kleinsten Punktezahl wird von der Gruppe somit die höchste Priorität zugeteilt.

Personen	Option A	Option B	Option C
S.C.	3	2	3
E.F.	2	1	2
O.C.	3	1	2
H.V.	1	2	1
K.D.	2	1	2
Total	11	⑦	10

Abstimmung

Eine Abstimmung ist ein klarer, effizienter und demokratischer Vorgang. Weil die Mehrheit die Minderheit überstimmen kann, wird es Verlierer geben (Win/Lose Situation). Die Bereitschaft der überstimmten Teilnehmenden, Verantwortung für den Entscheid und dessen Umsetzung zu übernehmen, kann schnell verfliegen. Die Abstimmung eignet sich deshalb für Entscheide mit limitierter Tragweite, die schnell abgehakt werden sollen. Bei Abstimmungen muss die Frage, worüber abgestimmt wird, klar beantwortet sein. Es muss auch darauf hingewiesen werden, dass der Entscheid verbindlich ist. Im Folgenden sind die Unterschiede zwischen den verschiedenen Mehrheitsformen dargestellt:

Win/Lose Situation

Einfaches oder relatives Mehr
- Angenommen ist diejenige Option, die am meisten Stimmen auf sich vereinigt.

Absolutes Mehr
- Benötigt wird bei einer geraden Anzahl von Stimmberechtigten die Hälfte der Stimmen plus eine.

Qualifiziertes Mehr
- Um eine breite Unterstützung zu finden, kann ein höherer Zustimmungswert abgemacht werden, z. B. mindestens zwei Drittel (66%) oder 75% der Stimmberechtigten müssen zustimmen, damit entschieden ist.

Konsens

Der Königsweg zum Gruppenentscheid ist der Konsens. Zu einem Konsens zu gelangen, ist dann wichtig, wenn ein Entscheid breit abgestützt werden muss.

Konsens bedeutet, dass alle Teilnehmenden eine Entscheidung akzeptieren und unterstützen. Nicht jedes Gruppenmitglied muss den Entscheid toll finden, es muss ihn einfach akzeptieren, ohne das Gefühl zu haben, bedeutende Kompromisse gemacht zu haben. Damit wäre eine Win/Win Situation geschaffen. Mit der Entscheidung übernimmt jedes Gruppenmitglied die Verantwortung für sie und ihre Umsetzung. Kein Zweifel, der Konsens kostet Zeit.

Wenn die Teilnehmenden genügend Zeit hatten, um ein Thema aus verschiedenen Perspektiven zu beleuchten, alle ihre Meinung kundgetan haben, sich eine der Optionen leise auf die Poleposition schiebt und der Moderator mit seinem sechsten Sinn spürt, dass der Konsens zum Greifen nah ist, riskiert er die Frage: »Haben wir mit dieser Option einen Konsens?« Trifft dieses nicht zu, müssen die Unterschiede der Meinungen herausgeschält und weiter diskutiert werden.

8.3.7 Guter Abschluss

Wie zu Beginn eines Meetings Klarheit über die Ziele und den Prozess herrschen muss, muss der Abschluss Klarheit über das Erreichte und die nächsten Schritte bringen. Die Aufgaben der moderierenden Person sind:
- der Gruppe eine Zusammenfassung der im Meeting erarbeiteten Vereinbarungen und Entscheide zu präsentieren
- die nächsten Schritte aufzuzählen: Wer hat welche Aufgaben übernommen? Wird ein Protokoll verschickt? Wann findet das nächste Meeting statt? Welche Punkte des Themenspeichers werden im nächsten Meeting besprochen?

Klarheit über das Erreichte schaffen

Um die Meetings kontinuierlich zu verbessern und den Wünschen der Teilnehmenden anzupassen, bedarf es einer Evaluation des Meetings. Eine effiziente Methode ist die Plus/Delta-Evaluation ▪ Abb. 8.9. Plus steht für

Evaluation des Meetings

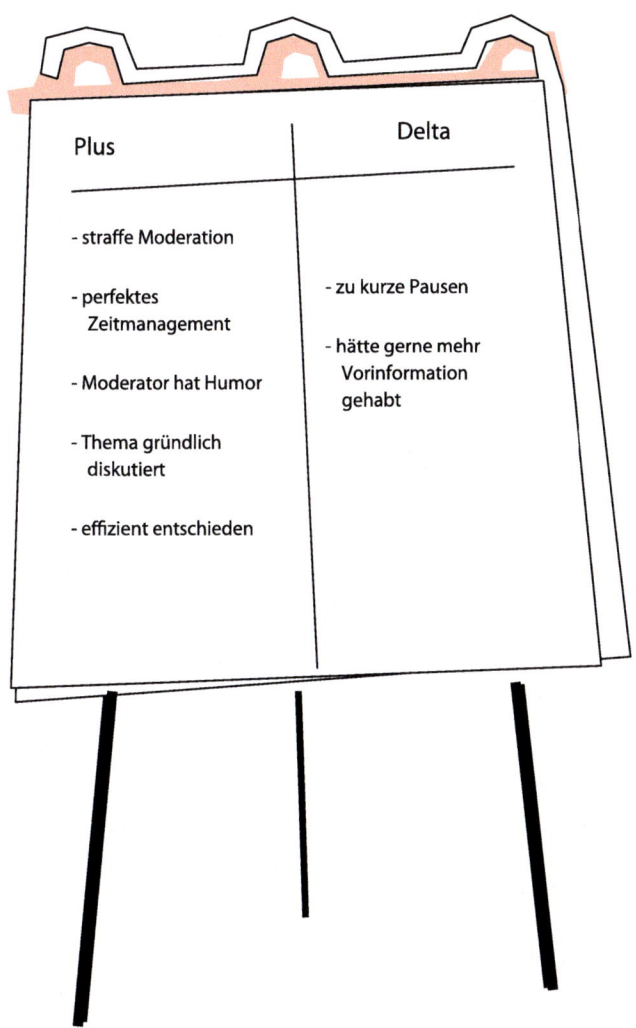

Abb. 8.9. Plus Delta

Meetingselemente, die positiv aufgefallen sind. Delta (Differenz) steht für Verbesserungsmöglichkeiten. Zu kurze Pausen können ebenso bemängelt werden wie der Grad der Partizipation oder die lasche Moderation.

Mit einer Würdigung der Leistung nach einem anstrengenden Meeting entlässt der Moderator die Teilnehmenden in die wohlverdiente Mittagspause.

8.3.8 Vorsicht Stolpersteine

Gruppendruck

Eine Gefahr, die in Meetingräumen lauert, ist nicht etwa der Ausbruch von Konflikten durch Meinungsverschiedenheiten – im Gegenteil! Eine harmonisch wirkende Gruppe läuft Gefahr, dass der Gruppendruck einen Konsens erzeugt und damit eine sachliche Auseinandersetzung mit einer Thematik verhindert. Auf dieses »Groupthink«-Phänomen hat Janis (1982) aufmerksam gemacht.

Groupthink-Phänomen

Demnach ist Groupthink eine mentale Einstellung der Teilnehmenden, in einer eng verflochtenen Gruppe Konsens und Einigkeit zu demonstrieren. Die Motivation, ein Problem realistisch wahrzunehmen, wird vom Gruppenmitglied zugunsten der Einheit zurückgestellt. Symptome von Groupthink sind (vgl. Robbins 2009):

Symptome

- Die Teilnehmenden wehren sich gegen jede Kritik, die ihre Ausgangsposition gefährdet, obwohl widersprechende Anzeichen vorliegen.
- Auf Meinungen, die abweichen oder zweifeln, wird von den Gruppenmitgliedern Druck ausgeübt.
- Teilnehmende, die zweifeln oder eine divergierende Meinung haben, schweigen und relativieren die Bedeutung ihrer eigenen Kritik.
- Es entsteht die Illusion der Einigkeit. Schweigen wird als Billigung interpretiert.

Schweigen wird als Billigung interpretiert

Was kann der Moderator gegen dieses Phänomen unternehmen? Wenn er den Verdacht hat, dass der Gruppendruck zunimmt und die Aussagen der Teilnehmenden zensiert, gilt es, folgende Maßnahmen zu prüfen:

Maßnahmen

- Die Gruppengröße nicht über zehn Personen steigen lassen. In kleineren Gruppen übernimmt das Individuum tendenziell mehr Verantwortung für Entscheide. Eine größere Gruppe kann für Diskussionen auch aufgeteilt werden.
- Der Moderator ermutigt die Teilnehmenden, ihre Bedenken zu äußern und bittet situativ um die Meinung jedes Gruppenmitglieds.
- Die Führungskraft als Moderator sollte alle Meinungen zu Wort kommen lassen. Generell sollen Führungskräfte ihre Meinung nicht frühzeitig zu erkennen geben.
- Ein Gruppenmitglied kann als Advocatus Diaboli eingesetzt werden, mit dem Auftrag, die Diskussion kritisch zu hinterfragen.
- Die Gruppe soll mehrere Lösungsoptionen zu einem Problem entwerfen.
- Bevor die Gruppe sich für eine Option entscheidet, können Entscheidungskriterien formuliert werden.

Entscheidungskriterien formulieren

8.3 · Meetings moderieren und gestalten

Groupthink und Entscheidungen durch Konsens dürfen nicht verwechselt werden. Im Konsens sind die Meinungen nicht durch Gruppendruck, sondern durch kritische und sachliche Auseinadersetzung entstanden.

Dominante Personen

Eine der häufigeren Ursachen für eine Intervention des Moderators sind dominante Teilnehmende, die zu viel Gruppenzeit für sich beanspruchen. Sie breiten sich aus, weil sie sich fachlich besonders qualifiziert fühlen, einen hohen Status in der Gruppe genießen oder eloquent und extrovertiert sind. Meetings eignen sich als Foren der Profilierung in eigener Sache. Da die Stärke einer Gruppe, nämlich die Vielfalt, durch dominante und zeitbeanspruchende Personen beschnitten wird, muss der Moderator bestimmt eingreifen und das Gruppenmitglied unterbrechen. Folgende Punkte sollte er dabei beachten:

zu viel Gruppenzeit für sich beanspruchen

> **Wichtig im Umgang mit dominanten Personen:**
> - Zuhören: Genau zuhören, um das Argument der Person zu verstehen, um es kurz reflektieren zu können.
> - Unterbrechen: Die Person freundlich aber bestimmt mit dem Namen ansprechen und unterbrechen.
> - Zusammenfassen: Die Aussage der Person auf den Punkt gebracht zusammenfassen und ihre Meinung würdigen: »Danke für Ihr Argument, für ihr Engagement etc.«
> - Verständnis überprüfen: Die Person soll sich richtig verstanden fühlen und bestätigen, dass ihre Meinung richtig zusammengefasst wurde.
> - Diskussion fortführen: Die Idee der dominanten Person z. B. im Themenspeicher festhalten und die Diskussion mit einem anderen Gruppenmitglied fortführen.

Nützt diese Intervention nichts, kann sich der Moderator auf die Zusammenarbeitsregeln berufen, wonach sich die Teilnehmenden kurz zu fassen hätten. Als nächste Ebene der Interventionen kann die dominante Person während der Pause auf das störende Verhalten angesprochen werden. Freundlich beschreibt der Moderator das Verhalten und die Auswirkung auf die Gruppe und versucht die Zustimmung der störenden Person für kooperierendes Verhalten zu bekommen.

ZUSAMMENFASSUNG

> Die häufigsten Fehler sind bekannt, die Meetings zu unproduktiven und teuren Anlässen werden lassen. Die Fehler und die Methoden, die Abhilfe schaffen, sind:
> - Die Teilnehmenden sind ungenügend vorbereitet, weil die Meetingsunterlagen zu spät oder gar nicht weitergeleitet wurden. Es wird Zeit brauchen, um den nötigen Informationsstand herzustellen. Zudem

sind den Traktanden oft keine klaren Ziele zu entnehmen. Die Teilnehmenden können sich schlecht vorbereiten, weil sie nicht wissen, was inhaltlich konkret erreicht werden soll.
Zur guten Vorbereitung gehören die nötigen Sitzungsunterlagen wie auch klar definierte Ziele.
- Der Moderator trägt eine entscheidende Rolle. Er muss möglichst neutral auftreten, um den Meinungsbildungs- und Entscheidungsprozess inhaltlich nicht einseitig zu beeinflussen. Die anwesende Führungskraft befindet sich hier in einem Rollenkonflikt, wenn sie zugleich moderiert. Ihr hierarchisches Gewicht, wenn sie die Moderationsrolle übernimmt, kann vermindert werden, indem sie die Rollen trennt. Sie gibt zu erkennen, wenn sie die neutrale Moderationsrolle verlässt und inhaltlich Stellung nimmt. Die in den USA verbreitete Interaktionsmethode fordert, dass ein Gruppenmitglied die Moderationsrolle übernimmt. Die Führungskraft ist von der Moderation entlastet und kann sich auf die Themen konzentrieren. Die Entscheidungsmacht bleibt beim Vorgesetzten. Diese Methode unterstützt einen partizipativen Führungsstil.
- Dem Prozess des Meetings gebührt besondere Aufmerksamkeit. Die Themenbearbeitung endet in Konfusion, weil unklar bleibt, wie das Resultat zu erreichen ist. Es gehört zu den Aufgaben des Moderators, sich den Meetingsablauf frühzeitig gedanklich vorzustellen, die Gruppe während des Meetings regelmäßig über den Prozess zu informieren und bei Bedarf neue Methoden vorzuschlagen.
- Den Teilnehmenden wird erst gegen Schluss des Meetings offenbart, dass ihre Meinung zwar willkommen war, aber der Entscheid auf der höheren Etage gefällt wird. Nebulöse Entscheidungsprozesse fördern Defätismus und Passivität der Mitarbeitenden. Der Prozess muss transparent gemacht werden. Entscheid durch Konsens beansprucht zwar Zeit, verteilt aber die Verantwortung auf die Teilnehmenden und erleichtert die Umsetzung eines Beschlusses.

Der Moderator hat eine zentrale Rolle und braucht sowohl Methodenkenntnis als auch psychologisches Feingefühl. Er stellt sicher, dass die Gruppe am Thema bleibt, fasst zusammen, schlägt Methoden vor und kann kommunikativ Konflikte entschärfen. Dabei hält er seine eigene Meinung zurück und beurteilt Beiträge der Teilnehmenden nicht. Der Moderator spürt, ob ein Entscheid tragfähig und frei von Gruppendruck (»Groupthink«) entstanden ist.
Weitere Faktoren, die zu einem erfolgreichen Meeting beitragen, sind die Wahl der richtigen Instrumente, der Aktionsplan. Der Moderator sollte Methoden für Analysen, das Sammeln von Ideen, zum Evaluieren und Entscheiden im Repertoire haben. Die Entscheide müssen umgesetzt werden. Ein Aktionsplan hält die Umsetzungsaktivitäten fest und wer was bis wann zu tun hat.

FRAGEN ZUR VERTIEFUNG

1. Was kosten unproduktive Sitzungen in Ihrer Organisation?
2. Welchen Stellenwert hat für Sie die Vorbereitung eines Meetings, welches sind die Erfolgsfaktoren?
3. Überprüfen Sie Ihre Tagesordnungspunkte: Ist definiert, was das Ziel resp. Ergebnis der Themenbearbeitung sein soll?
4. Wie beeinflusst die Doppelrolle Führungskraft und Moderation das Ergebnis eines Meetings?
5. Welchen Widerständen würde ein Vorschlag begegnen, der regelmäßig Gruppenmitglieder die Moderationsrolle zuteilte statt der Führungskraft?
6. Was sind die wichtigsten Aufgaben und gewünschten Fähigkeiten eines Moderators?
7. Welche Aufmerksamkeit kommt dem Prozess vor und während dem Meeting zuteil?
8. Kennen Sie Beispiele von Gruppendruck (Groupthink) und was ist die Folge davon?
9. Inwieweit entspricht das Menschenbild der beschriebenen Moderationsmethode dem Menschenbild, das die Kultur Ihrer Organisation prägt?

Literatur

Briegel, K. (2002). *Souverän moderieren: Techniken, Praxisfälle, Checklisten*. Neuwied: Luchterhand.
Doyle, M. & Straus D. (1993). *How to make meetings work* (3. Aufl.). Berkeley, CA: Berkeley Books.
Hefti, V. (2002). *Lust auf Sitzungen*, Amriswil: Verena Hefti.
Janis, I.L. (1982). *Groupthink* (2. Aufl.). Boston: Houghton Mifflin.
Kelsey, D. & Plumb P. (2007). *Great Meetings, Great Results* (3. Aufl.). Portland, ME: Great Meetings Inc.
Robbins, S.P. (2009), *Organizational Behavior*, (13. Aufl.), New Jersey, NJ: Pearson Prentice Hall.
Schwiers, J. & Kurzweg, V. (2004). *Seminar Moderation*. Hamburg: Windmühle GmbH.
Shaw, M.E. (1976). *Contemporary Topics in Social Psychology*. Morristown, NJ: General Learning Press.
Streibel, B.J. (2003). *The Manager's Guide to Effective Meetings*. New York, NY: McGraw-Hill.

8.4 Kreativität und Kreativitätstechniken[1]

Eric Lippmann u. André Angstmann

AUF EINEN BLICK

Die vorliegenden Ausführungen sind die Einführung in das Thema »Kreativität«. Beschrieben werden bedeutende Parameter der Kreativität: Person, Prozess, Produkt und Umwelt. Unter anderem werden die folgenden Fragen diskutiert: Können die Einstellungen einer Person kreatives Denken blockieren? Wie ist das Thema Kreativität in den Problemlösezyklus zu integrieren? Was unterscheidet ein kreatives Produkt von einem nicht-kreativen Produkt? Wie muss die soziale Umwelt gestaltet sein, um in Hinblick auf die Kreativität dem Individuum unterstützend und fördernd zur Seite zu stehen? Kreativitätstechniken werden im Anschluss behandelt.

8.4.1 Begriff »Kreativität«

zum Begriff

Sie planen als Führungskraft den alljährlich stattfindenden Ausflug Ihrer Arbeitsgruppe. Um Ideen der Teammitglieder berücksichtigen zu können, geben Sie die folgende Nachricht in Umlauf: »Mitteilung: Unser alljährlicher Teamausflug wird voraussichtlich Anfang Juni durchgeführt werden. **Kreative** Ideen und Vorschläge nehme ich gerne entgegen.«

Mit einiger Sicherheit können Sie davon ausgehen, dass Ihre Mitarbeitenden den Begriff »kreativ« zu deuten wissen. Schon frühe Forschungsarbeiten belegen, dass der Begriff »Kreativität« keiner weiteren Erläuterung bedarf, um hinreichend eindeutig verstanden zu werden. In der Wissenschaft

---

[1] Dieses Kapitel basiert v. a. im ersten Teil stark auf der Fassung von Iris Boneberg und Eric Lippmann (8.5 Kreativität und Kreativitätstechnik) in der 2. Auflage.

hat sich hingegen keine einheitliche Definition des Begriffs »Kreativität« durchgesetzt; obwohl (oder gerade weil) die Anzahl der publizierten Forschungsarbeiten zum Thema Kreativität seit den 1950er-Jahren exponentiell zugenommen hat. Dies wurde im Wesentlichen durch zwei Ereignisse ausgelöst:

1950 beklagt der Psychologe und Wissenschaftler Guilford in einer »Presidential Address« an die American Psychological Association den Mangel an kreativen Personen in Wissenschaft und Wirtschaft der USA und fordert die Erforschung, Erfassung und Förderung der Kreativität. Wenige Jahre später (1957) löste der erste künstliche Erdsatellit, der von den Sowjets ins Weltall geschossen wurde, in den USA das aus, was als »Sputnik-Schock« in die Geschichte Eingang fand. Um das naturwissenschaftlich-technische Defizit wettzumachen, wurden unter anderem erhebliche Mittel in die Kreativitätsforschung investiert. Gegen Ende der 1960er-, Anfang der 1970er-Jahre wurde dem Thema der Kreativität auch in Europa erhöhte Aufmerksamkeit geschenkt. Nachdem daraufhin das Thema Kreativität in der Literatur gegen Ende der 1970er-Jahre fast in Vergessenheit geriet, setzte Mitte der 1980er-Jahre ein erneuter Anstieg des Interesses ein, das bis heute anhält; angesichts der vielen Probleme einer globalisierten Welt, die Lösungen bedürfen, ist das kaum verwunderlich (vgl. Preiser & Buchholz 2004).

Der Wortstamm des Begriffs »Kreativität« liegt im lateinischen »creare«. Dieser kann mit zeugen, gebären, erschaffen übersetzt werden. Im Duden wird Kreativität kurz mit »das Schöpferische, Schöpferkraft« beschrieben und kreativ als »schöpferisch, Ideen habend und diese gestalterisch verwirklichend« definiert.

Neben einer allgemeinen Einführung in das Thema Kreativität wird die Frage, wie Führungskräfte das kreative Potenzial einer Arbeitsgruppe fördern können, beantwortet. Eine pragmatische, erste Antwort nehmen wir vorweg: Indem sie beim Arbeiten in Gruppen Kreativitätstechniken anwenden. Im Folgenden werden die Grundlagen für ein tieferes Verständnis von Kreativitätstechniken gelegt; wichtige Bestimmungs- oder Einflussfaktoren erläutert. Solche Bestimmungsfaktoren oder Einflussgrößen werden auch als Parameter bezeichnet.

8.4.2 Parameter der Kreativität

Vier Parameter der Kreativität werden in Anlehnung an Sikora (1976) sowie Preiser und Buchholz (2004) beschrieben: die Person, der Prozess, das Produkt und die Umwelt. Zunächst erörtern wir, inwieweit Einstellungen, Motivationen, Fähigkeiten, Denkstile und Persönlichkeitsmerkmale einer Person Einfluss auf die Kreativität nehmen. Im Anschluss daran wird das Thema Kreativität in den Prozess der Problemlösung eingebettet. Daraufhin wird das Thema »kreative Produkte« erörtert, um schließlich zu der Frage Stellung zu nehmen, ob und inwiefern die physische und soziale Umwelt Einfluss auf die Kreativität nimmt.

Eine Übersicht der Parameter zeigt ◘ Abb. 8.10.

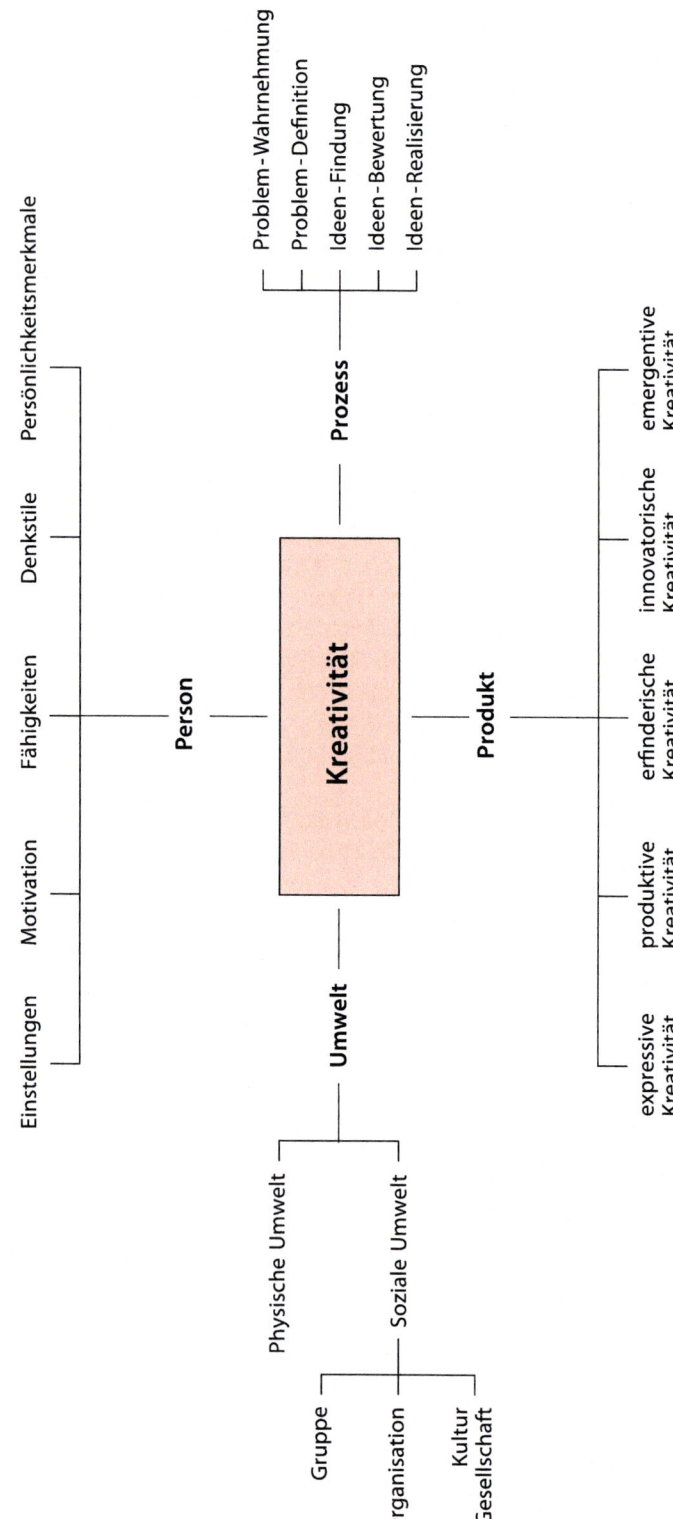

Abb. 8.10. Parameter der Kreativität. (Mod. nach Sikora 1976)

Person

Auf das kreative Denken und Handeln einer Person wirken sich insbesondere ihre Einstellungen und Motivation, aber auch ihre Fähigkeiten und Persönlichkeitsmerkmale aus.

Person (1. Parameter)

Einstellungen

Unter einer Einstellung wird eine seelische Haltung gegenüber einer Person, einer Idee oder Sache verstanden, verbunden mit einer Wertung oder einer Erwartung. In einer komplexen sozialen Umwelt helfen Einstellungen, tägliche Erfahrungen und Eindrücke zu ordnen und ihnen Sinn zu geben. Andererseits können Einstellungen auch dazu führen, kreatives Potenzial zu unterbinden.

Einstellungen können hinderlich sein

Einstellungen dürften immer dann mit kreativem Denken kollidieren,
- wenn sie zu Mustern oder Stereotypen erstarren,
- wenn sie zumindest zeitweilig Verunsicherung verhindern und somit u. U. dazu führen, ein Problem zu ignorieren oder vorschnell eine Lösung zu akzeptieren,
- wenn sie für eine permanente und vorschnelle Selektion zwischen Relevantem und Nichtrelevantem sorgen,
- wenn sie Kontinuität gegenüber wechselnden Situationen erreichen wollen,
- wenn sie als Mittel der sozialen Anpassung der Konformität fungieren.

Eine wesentliche Forderung, die an die verschiedenen Kreativitätstechniken zu stellen ist, lautet, dass sie die beschriebenen negativen Auswirkungen zumindest zeitweise außer Kraft setzen. Kreativitätstechniken sehen beispielsweise in der Regel vor, dass die Beurteilung von Ideen zeitlich vom Sammeln der Ideen getrennt ist. Damit wäre dem Hemmnis der »vorschnellen Selektion zwischen Relevantem und Nichtrelevantem« teilweise Rechnung getragen. Entscheidend ist, ob es mit Hilfe der angewandten Kreativitätstechniken gelingt, Wahrnehmung und Denkprozess blockierende Einstellungen abzubauen. Wo dies nicht durch Technik allein gelingt, gehört es zu den Aufgaben der Führung, kreativitätshemmende Einstellungen einer Gruppe transparent zu machen und beispielsweise durch zusätzliche Informationen zu modifizieren versuchen.

blockierende Einstellungen abbauen bzw. modifizieren

Motivation

Zunächst gehen wir auf die Frage ein: Was motiviert Personen zu schöpferischen Leistungen? Oder: Warum handelt ein Individuum kreativ?

Was motiviert zu Kreativität?

So wie man umgangssprachlich eher arbeitsscheuen Menschen attestiert »der sieht halt die Arbeit nicht«, könnte für kreativ handelnde Menschen gelten »die erkennen ständig, dass etwas getan werden muss und neue (kreative) Lösungen wichtig sind.« Dies kommt zum Ausdruck, wenn in der Literatur formuliert wird, dass kreativ handelnde Personen eine größere Sensitivität für Lücken und für das Fehlen an Geschlossenheit in der Umwelt haben. Weiter wird davon ausgegangen, dass kreative Personen generell über eine stärkere Leistungsmotivation verfügen als weniger kreativ handelnde Menschen.

– Sensitivität für Lücken

– Leistungsmotivation

Weniger Kreative lassen sich auch eher durch Belohnungen ihrer Umwelt (extrinsisch) motivieren (beispielsweise durch Gehalt oder Statussymbole). Im Gegensatz dazu sind kreativ handelnde Personen eher intrinsisch (»aus sich heraus«) motiviert. Csikszentmihalyi hat als »Glücksforscher« untersucht, wie es Menschen gelingt, Erlebnisse und Situationen herbeizuführen, die sie besonders erfüllen. Solche Erlebnisse hat er mit dem Begriff »Flow« bezeichnet, ein Phänomen, das in der Gestaltpädagogik als »Kontaktvollzug« bezeichnet wird und auch für kreative Tätigkeiten von Bedeutung ist: die Grenze zwischen Individuum und dem Gegenstand der Beschäftigung ist aufgelöst. Beim »Flow« ist das Zeitgefühl aufgehoben, dazu gehört u. a. auch eine Selbstvergessenheit (Csikszentmihalyi 1997; Burow 1999).

Analog zum Thema Motivation (▶ Abschn. 12.3) kann die Führungskraft ihr Gegenüber nicht einfach zu einem »Flow« bringen. Hingegen kann sie die Parameter, auf die sie Einfluss hat, in eine kreativitäts-fördernde Richtung zu steuern versuchen

Fähigkeiten

Gibt es kreativitätsfördernde Fähigkeiten? Kreativität ist v.a. dann gefragt, wenn es auf eine Frage- bzw. Problemstellung nicht nur eine richtige Lösung, sondern mehrere gibt, die sich in ihrem Wert und Nutzen sehr unterscheiden können.

Um solche Lösungen zu finden, sind nach Guilford **divergente** Denkoperationen erforderlich, das sind Denkprozesse, bei denen eine quantitative und qualitative Vielfalt von Lösungen oder Einfällen zu entwickeln ist (vgl. Preiser & Buchholz 2004, S. 32 ff.). Für divergentes Denken sind insbesondere die folgenden Fähigkeiten von Bedeutung:
- Sensitivität,
- Flüssigkeit,
- Flexibilität
- und Originalität.

Die Fähigkeit, ein Problem überhaupt als solches zu erkennen, wird als Problemsensitivität bezeichnet. Die Flüssigkeit des Denkens bezieht sich auf die Gesamtzahl der Ideen, die in einem vorgegebenen Zeitraum produziert werden. Demgegenüber wird unter der Flexibilität des Denkens die Anzahl deutlich voneinander zu unterscheidender Kategorien von Assoziationen verstanden. Die Originalität des Denkens beschreibt die Seltenheit oder Einzigartigkeit von Assoziationen.

> **Beispiel**
>
> Folgendes Beispiel veranschaulicht die Konzepte Flüssigkeit, Flexibilität und Originalität. Nehmen wir an, Ihnen wird die Frage gestellt, welche Verwendungsmöglichkeiten Sie für einen Ziegelstein sehen. Fünf Minuten lang haben Sie Zeit, Ideen zu produzieren. Die ersten Antworten könnten beispielsweise lauten: »zum Hausbauen, zum Bau einer Kirche, zum Bau einer Schule«. Die Flüssigkeit Ihres Denkens bezieht sich auf die Anzahl
> ▼

8.4 · Kreativität und Kreativitätstechniken

der Ideen; (hier sind es drei). Um die Flexibilität des Denkens zu beschreiben, würde man prüfen, ob die genannten Ideen unterschiedliche Kategorien von Assoziationen beschreiben. Im genannten Beispiel könnte man alle Antworten einer Kategorie zuteilen, der Kategorie: »Ziegelstein als Bauelement benützen«. Eine andere Kategorie könnte man bilden durch die Beschreibung: »Ziegelstein als Gewicht verwenden«. Dieser Kategorie würde man Antworten zuordnen wie: »als Briefbeschwerer, als Gewicht für eine Plastikplane, damit sie im Wind nicht wegfliegt, etc«. Würde sich die Antwort »Ziegelstein als Briefbeschwerer benützen« als selten erweisen, so wäre sie als originell einzustufen. Man kann den meisten Kreativitätstechniken zwar bescheiigen, dass sie divergentes Denken **fördern**, aber durch die Anwendung einer bestimmten Technik wird nicht **automatisch** divergent gedacht.

Je mehr Kategorien in den Antworten zu finden sind, desto ausgeprägter ist die Flexibilität des Denkens. Die Originalität des Denkens lässt sich nur über den Vergleich mit den Antworten von anderen Personen bzw. Personengruppen bestimmen.

Drei weitere Fähigkeiten gelten für Kreativität als zentral: Die Fähigkeit zur Umstrukturierung besteht darin, Gegenstände, Informationen in völlig neuer Weise zu sehen, anzuordnen und zu nutzen. Umstrukturierung schärft den Blick für neue Ordnungen und Sichtweisen. Die Fähigkeit zur Ausarbeitung bedeutet, von einer Idee zu einem konkreten und realistischen Plan übergehen zu können und damit einen Einfall zur praktischen Umsetzung zu bringen. Die Durchdringung schließlich ist die Fähigkeit, ein Problem in Gedanken gründlich zu durchdringen und nicht nur an der Oberfläche zu bleiben.

Fähigkeit zur Umstrukturierung

Ausarbeitung

Durchdringung

Denkstile
Denkstile sind unbewusst gesteuerte Gewohnheiten der Informationsaufnahme und -verarbeitung und entwickeln sich beim Umgang mit geistigen Aufgabenstellungen. Dazu gehören:
- kognitive Komplexität: ist die Bereitschaft, vielseitige und unterschiedliche Informationen zur Kenntnis zu nehmen und Widersprüche zu integrieren;
- Impulsivität und Reflexivität: sind die gegenläufigen Tendenzen, spontan, ohne längeres Nachdenken zu reagieren und zu urteilen – andererseits ein Problem vor einer Beurteilung, Entscheidung oder Reaktion zu überdenken und mögliche Konsequenzen abzuwägen;
- Verfügbarkeit von Funktionen und funktionale Offenheit: sind die Denkfähigkeit und Offenheit, Gegenstände von ihrer üblichen Funktion zu trennen und für unübliche Arten zu verwenden (z. B. Lupen als Brennglas nutzen);

Denkstile bei der Informationsaufnahme und -verarbeitung

- komplexe und variable Denkstrategien und offene Denkprinzipien: Nutzen verschiedener Denkstrategien (z. B. sprachlich, mathematisch, bildhaft) und Offenheit für verschiedene Prinzipien (z. B. verfremden, zerlegen, Umwege gehen usw.).

Persönlichkeitsmerkmale

Persönlichkeitsmerkmale kreativer Menschen ...

Analysiert man die Literatur über die Persönlichkeitsmerkmale kreativer Personen, so stößt man auf diverse Widersprüche und Unstimmigkeiten. Es ist deshalb unzulässig anzunehmen, es gäbe einen konstanten Satz von Merkmalen, die alle kreativen Personen aufweisen. Man kann jedoch fragen, welche Persönlichkeitsstrukturen Kreativität begünstigen. Folgende Persönlichkeitsmerkmale werden als kreativitätsfördernd betrachtet:

- Unabhängigkeit im Denken und Verhalten (Nonkonformismus),
- Offenheit gegenüber neuen Erfahrungen,
- Neugierde,
- Freude am Spiel,
- Ambiguitätstoleranz (Ambiguität ist die Doppel- oder Mehrdeutigkeit von Sachverhalten, aber auch von Wörtern, Werten oder Symbolen),
- Vorliebe für komplexe, originelle und mehrdeutige Situationen,
- Akzeptanz und aktives Verarbeiten von Konfliktsituationen.

... als Kriterium für die Gruppenzusammensetzung

Denkstile und die Persönlichkeit der einzelnen Gruppenmitglieder lassen sich durch die Leitung nicht beeinflussen. Der pragmatische Nutzen, den man aus den oben genannten Aspekten ableiten kann, weist auf die Gruppenzusammensetzung: **Vorausgesetzt**, die Persönlichkeitsmerkmale können hinreichend genau beurteilt werden, so sollte man diejenigen Personen in eine »Kreativgruppe« aufnehmen, die die beschriebenen Merkmale erfüllen.

Kreativität im Prozess der Problemlösung

Kreativität im Prozess der Problemlösung (2. Parameter)

Kreativität spielt eine wichtige Rolle beim Umgang mit Problemen. Das Ziel der folgenden Ausführungen ist, das Thema Kreativität und Kreativitätstechniken in den Prozess des Problemlösens einzubetten. Als Arbeitsdefinition für die folgenden Ausführungen wird ein Problem verstanden als eine Lebenssituation, die von einer Gruppe oder einer Person effektives Handeln erfordert, das aber noch nicht im Verhaltensrepertoire abrufbereit ist (▶ Abschn. 6.3).

Problemwahrnehmung

Wie bereits beim Thema »Sensitivität« erwähnt, ist die Voraussetzung zur Lösung dieses Problems, das Problem zu erkennen. Im Rahmen des Problemlöseprozesses wird diese Phase als »**Problemwahrnehmung**« bezeichnet.

Problemformulierung

Die Bedeutung der nächsten Phase, der Phase der **Problemformulierung**, wird in der Alltagsweisheit: »Ein Problem ist halb gelöst, wenn es klar formuliert ist«, deutlich. Wurde ein Problem hinreichend genau definiert, so ist es möglich, zur **Ideenfindung** überzugehen. In dieser Phase können Kreativitätstechniken zum Einsatz kommen. (Natürlich ist Kreativität als Problemlöseressource in allen Phasen des Problemlösungsprozesses gefragt.) Die meisten Techniken basieren auf drei Hauptprinzipien:

Ideenfindung

- Unter dem **Prinzip der Verfremdung** sind alle Aktivitäten zu subsumieren, die dazu beitragen, ein Problem aus seiner üblichen Betrachtungsweise herauszulösen. Aufgabe der Kreativitätstechniken ist es, das Feld der Realität für eine begrenzte Zeit verlassen zu können.
- Das **Prinzip der verzögerten Bewertung** bezieht sich primär auf negative Bewertungen. Aber auch positive Bewertungen sollten unterbleiben. Die Begründung dieses Vorgehens liegt in der Tatsache, dass jede Bewertung den Prozess der Ideenfindung unterbricht.
- Schließlich sei noch das **Prinzip des »spielerischen Experimentierens«** genannt. Damit werden zufällige und unerwartete Entdeckungen beschrieben. Dieses Prinzip bildet die Basis jener Kreativitätstechniken, die auf einem assoziationstheoretischen Ansatz aufbauen.

Nach der Ideenfindung folgt die Phase der **Ideenbewertung** (Evaluation). Der mögliche Wert der zuvor entwickelten Ideen wird im Hinblick auf die Problemstellung festgelegt. Dabei sollen möglichst klare und vielfältige Kriterien zur Anwendung kommen.

Schließlich geht es um die Realisierung der Ideen (Phase der **Ideenrealisierung**). Keine Lösung verwirklicht sich von selbst. In dieser Phase wird die Umsetzung der Lösungen diskutiert. Ob sich eine Idee überhaupt in der Praxis bewährt, hängt weitgehend von dieser Phase ab.

Ideenbewertung

Ideenrealisierung

Kreatives Produkt

In den bisherigen Ausführungen wurden kreative Ideen oder kreativ handelnde Menschen reflektiert. Auf ein neues Themenfeld führt die Frage: Was unterscheidet ein kreatives Produkt von einem nichtkreativen Produkt?

Guntern (1991) nennt vier Kriterien:
1. **Originalität**. Ein Produkt muss originell oder einmalig sein.
2. **Funktionelle Angemessenheit**. Ein Produkt muss seine Funktion richtig erfüllen.
3. **Formale Perfektion**. Ein Produkt soll den Sinnen und dem ästhetischen Urteil gefallen.
4. **Wertschätzung**. Ein Produkt muss von sachkompetenten und kritischen Menschen als wertvoll beurteilt werden.

kreative Produkte
(3. Parameter)

vier Kriterien
für Kreativität

> **Definition**
>
> Sikora (1976) sowie Preiser und Buchholz (2004) verweisen auf Taylor, der versucht, unterschiedliche kreative Produkte in Gruppen zusammenzufassen. Er unterscheidet fünf Ebenen der Kreativität. Je nach Qualität des Produktes entstammt es einer der fünf Ebenen der Kreativität (vgl. auch Preiser & Buchholz 2004):
> **Die expressive Kreativität** ist gekennzeichnet durch Spontaneität und Freiheit ohne besondere Fähigkeiten. Sie ist die fundamentalste Form der Kreativität (beispielsweise Kinderzeichnungen)
> **Die produktive Kreativität** ist die Ebene der technischen Konstruktion. Spontaneität und Freiheit werden durch Wissen und Material eingeengt;
> ▼

Definition

fünf Ebenen
der Kreativität

> das Individuum misst sich an der Realität (beispielsweise die Neukonstruktion einer Scheinwerferanlage für einen neuen Fahrzeugtyp).
> **Die erfinderische Kreativität** schafft noch keine neuen Ideen. Die Erfindung liegt in der Herstellung neuer Beziehungen. Entdeckt werden sozusagen neue Wege, alte Dinge zu sehen (beispielsweise die Argumentationen, die vom geozentrischen zum heliozentrischen Weltbild führten).
> **Die erneuernde (innovative) Kreativität** schließt ein tiefes Verständnis der fundamentalen Grundsätze des Problembereiches ein und bringt bedeutsame Neuerungen hervor (beispielsweise die Erfindung der Dampfmaschine, der Glühlampe oder des Telefons).
> **Die emergentive Kreativität** schafft die Ideen der neuen »Schulen«. Die Umstrukturierung der Erfahrungen vollzieht sich auf so hohem Niveau, dass es jenseits des Verständnisses der anderen Ebenen bleibt (beispielsweise die Relativitätstheorie, die Quantentheorie).

Umwelt

Umwelt (4. Parameter)

Kreatives Handeln findet immer in einer sozialen wie auch physischen Umwelt statt.

physische Umwelt

Was die physische Umwelt betrifft, so ist es eben wesentlich, ob sie anregend gestaltet ist, sodass die Inspiration gefördert und schöpferische Verknüpfungen erleichtert werden. Bei der Auswahl des Sitzungszimmers und der konkreten Raumgestaltung sind der Kreativität keine Grenzen gesetzt: Ist beispielsweise für ein definiertes Problem in einem Krankenhaus die Perspektive der Patienten von besonderer Bedeutung, so könnte eine Problemlösesitzung zur Abwechslung in einem Krankenzimmer stattfinden. Zu den gestaltbaren Variablen der Raumgestaltung zählen unter anderem die Sitzordnung und das Angebot von Materialien und Medien. Das Ziel der Gestaltung der physischen Umwelt soll sein, eine kreativitätsfördernde Umgebung zu schaffen und nicht für unnötige Ablenkung zu sorgen. Die Grenzen liegen häufig recht eng beieinander.

soziale Umwelt

Wie muss die soziale Umwelt gestaltet sein, um im Hinblick auf die Kreativität dem Individuum unterstützend und fördernd zur Seite zu stehen? Folgende drei Aussagen fassen dies prägnant zusammen:

- Die Gruppe sollte das Individuum stimulieren.
- Die Organisationen sollten zu Innovationen bereit sein, und
- die Kulturen sollten den Nonkonformisten tolerieren.

Kreativität der Gruppe

Inwieweit eine **Gruppe** produktivere Lösungen generiert als ein Individuum, ist von zahlreichen Faktoren abhängig. Unter anderem wird der Druck in Richtung Konformität als produktivitätshemmend, in diesem Sinne auch als kreativitätshemmend beschrieben (vgl. Preiser & Buchholz 2004, S. 76 ff. und ▶ Abschn. 8.2).

Innovationsbereitschaft einer Organisation

Die Innovationsbereitschaft von **Organisationen** ist unter anderem davon abhängig, wie eine Organisation ihre Primary Task definiert, beziehungsweise interpretiert (▶ Kap. 2).

8.4 · Kreativität und Kreativitätstechniken

> **Beispiel**
>
> Nehmen wir beispielsweise an, Organisation A und B produzieren seit den 1960er-Jahren erfolgreich elektrische Küchenherde. Organisation A definiert ausschließlich die »Produktion von elektrischen Küchenherden« als ihre Primary Task. Hingegen fasst Organisation B ihre Primary Task weiter, als »Produktion von Kochhilfen im Küchenhaushalt« auf. Nehmen wir weiter an, dass Organisation B inzwischen auch Mikrowellen- und Glaskeramikherde im Angebot führt, dank rechtzeitig erkanntem Bedarf und entsprechender innovativer Umsetzung. Damit wäre sie ihrem Konkurrenten Organisation A durchaus überlegen. Die Interpretation der Primary Task in der Organisation A dürfte sicherlich kreativitätshemmend gewirkt haben.

Verständnis der Primary Task

Eine weitere Bestimmungsgröße für die Innovationsbereitschaft von Organisationen stellen die Strukturen der Organisation dar. Zu viele Strukturen bedeuten Starrheit, Verlust an Flexibilität (▶ Kap. 5) und wirken kreativitätshemmend.

Struktur

Die **Kultur**, in der wir leben, beeinflusst unser Denken und Verhalten entscheidend – und sicherlich nicht immer zum Besten. Im Hinblick auf die genannte Forderung, die Kultur solle Nonkonformisten tolerieren, sei auf die folgende Widersprüchlichkeit hingewiesen: In den westlichen Industrienationen wird der einzelne während seiner Schul- und Ausbildungsjahre in Richtung Konformismus erzogen. Gleichzeitig wird seit Jahrzehnten der Mangel an kreativen Personen beklagt (vgl. Preiser & Buchholz 2004, S. 72 f.).

Kultur

8.4.3 Kreativitätstechniken

Kreativitätstechniken unterstützen und erleichtern grundsätzlich die Ideenfindung und sind demnach in der Regel in einen Problemlösungsprozess eingebunden. In der Phase der Ideensuche und manchmal auch bei der Evaluation von Ideen kommen sie zum Einsatz. Den flexiblen und neugierigen Menschen dienen die Instrumente, um ihre Ideen besser fließen zu lassen. Hüten Sie sich aber davor, zu glauben, dass die Techniken grundsätzlich kreativ machen. Es braucht die spielerische, neugierige, offene und lockere Einstellung, um die Techniken optimal nutzen zu können. Lassen Sie sich mit allen Sinnen ein, überstehen Sie auch Phasen der Leere. Sollte Ihnen ein Instrument nicht zusagen, oder ist es Ihrer Meinung nach für Ihre Fragestellung nicht geeignet, so wechseln Sie es aus, entwickeln Sie es weiter oder ändern Sie es ab. Ein Werkzeug sollte gut in der Hand, respektive im Geist liegen.

Prozess des Problemlösens

»Spielregeln« für die Anwendung der Techniken

Alle vorgeschlagenen Techniken können sehr wohl alleine oder aber in Teams optimal eingesetzt werden, wenn Sie dabei einige »Spielregeln« (in Anlehnung an Pricken 2006) beachten.

Spielregeln

Teamklima
In einem humorvollen, stressfreien und wohlwollenden Klima ist das Erproben von neuen Ideen und Vorgehensweisen jederzeit möglich. Es existiert Vertrauen ineinander, dass man nicht ausgelacht oder disqualifiziert wird. Alle Ideen werden als wertvoll und wichtig betrachtet und somit geschätzt.

Initialzündung
Es entsteht zu Beginn eine hohe Motivation durch Sinngebung, Aufzeigen von Nutzen, gegenseitige Unterstützung und spielerischen Wettbewerb. Allen ist klar, worum es eigentlich geht.

Fünf Sinne
Bis die fünf Sinne warm gelaufen sind, braucht es Zeit. Zur Einstimmung eventuell eine DVD oder CD abspielen, um alle Sinne optimal anzuregen. Alle Unterlagen, Bilder, Produkte sollten vor Ort sein, so dass sie aus allen Perspektiven betrachtet werden können, und dass mit den Daten »gespielt« werden kann.

Klare Zielformulierung
Es ist sinnvoll, das Ziel als offene Frage zu formulieren und gut sichtbar zu platzieren. Was wird tatsächlich gesucht?

Bewerten verboten
Die Phasen Ideenfindung und Bewertung sind klar zu trennen. Vorerst keine Kritik an den Ideen anbringen. Die Quantität kommt vor der Qualität. Ungefähr 10% der produzierten Ideen sind in der Regel brauchbar.

»Ideenkiller« vermeiden und nutzen
Ideenkiller sind in uns und um uns allgegenwärtig, denn es wird sofort mit unserem Erfahrungsspeicher verglichen, der dabei oftmals Erlebnisse enthält, die so nicht funktioniert haben. Wandeln Sie Killer in Optionen um »… ja, und, was machen wir jetzt?« Suchen Sie bewusst nach Killerphrasen, um sie in kreative Möglichkeiten umzuwandeln.

Visualisieren
Visualisieren und skizzieren Sie alles, sodass Sie jederzeit den Zugriff auf die visuelle Dokumentation haben. Die Bildsprache verschafft Überblick und eröffnet oft neue Sichtweisen und Einsichten.

Ideen Pingpong
Ideen müssen nicht konkurrenziert, sondern partnerschaftlich weiterentwickelt werden. Hängen Sie an Ideen anderer Personen an und achten Sie dabei auf einen schnellen Ideenfluss.

▼

Das Positive suchen
Denken Sie bei jeder Idee in Möglichkeiten und freuen Sie sich über die Ideen anderer. Sie können dabei eine »Spielregel« einführen. Wer »Nein« zu einer Idee sagt, muss eine neue Idee zur Verfügung stellen.

Spaß an Fehlern
Fehler einander zuzugestehen setzt Vertrauen voraus. Wenn wir gemeinsam lernen und kreativ sind, gehören Fehler und Abweichungen von der Norm dazu. Es sind die Fragen erlaubt: »Was ist der größte Fehler, der uns passieren könnte?« »Was lernen wir daraus?« Machen Sie Fehler und haben Sie Spaß daran!

Durchhalten
Viele geben, wenn die Ideen ausgehen, zu früh auf. Halten Sie über eine Zeit von, sagen wir mal 90 Minuten, durch. Verfolgen Sie Gedanken mit Biss. Lassen Sie sich in der Phase der Leere auf keinen Fall verunsichern, denn in dieser Phase kommen oft die guten Ideen. Die Leere ist ein sensibler Raum, der mit allen Sinnen wahrgenommen werden kann. Dabei öffnen sich neue Zugänge zur Fragestellung.

Sinn für Humor
Spielen Sie wie die Kinder, lachen und albern sie gemeinsam.

Pause vor der Ideenbewertung
Nach der Ideenproduktion müssen wir Abstand gewinnen. Eine Pause, eventuell einen Spaziergang machen, eine Nacht verstreichen lassen, etwas anderes tun …

Ideenauswahl mit Kreativität
Denken Sie daran, dass der Mensch dem Vertrauten den Vorrang gibt. Alles, was unangenehm ist, wird oft weggelassen, übersehen und entwertet. Doch im Widerstand liegen meist die Chancen für Neues und für Durchbrüche. Seien Sie mutig und wenden Sie die Kreativität auch in der Auswahl an.

Visualisieren Sie die Regeln und hängen Sie sie gut sichtbar auf, sodass jederzeit darauf verwiesen werden kann. Sie werden feststellen, dass Sie zu Beginn oft auf die Regeln verweisen müssen. Doch Übung macht erfolgreich!

Arbeiten mit Regeln

Zwei Techniken zum Strukturieren

Die zwei folgenden Techniken helfen Ihnen, den kreativen Prozess zu strukturieren, Übersicht zu behalten und spielerisch in verschiedene Denkmodi zu wechseln. Ihre persönliche Vorliebe oder die Team- und Unternehmenskultur wird Sie bei der Auswahl dieser zwei Strukturtechniken unterstützen … vielleicht wählen Sie im Team gemeinsam aus und wecken dabei schon einmal die kreativen Geister.

Strukturieren des kreativen Prozesses

Die zwei Techniken sind eigentlich klassische Problemlösungstechniken, die über die Kreativitätsmethoden noch wenig aussagen. Um diese Techniken mit Inhalt zu füllen, können Sie anschließend aus den vorgeschlagenen Kreativitätsmethoden auswählen.

Träumer, Realist, Kritiker

drei »Denkstühle«

Disney benutzte im kreativen Prozess drei Denkstühle oder drei unterschiedliche Räume für drei verschiedene Rollen: Träumer, Realist und Kritiker, die er konsequent nacheinander einsetzte. Wir vermischen diese Rollen oft, wenn wir eine Idee entwickeln. Halten Sie also die Rollen stets konsequent getrennt. Sitzen Sie dabei auf drei verschiedene Stühle oder suchen Sie drei verschiedene Räume auf. Achten Sie auf die Ausgewogenheit der drei Bereiche.

Durchführung

Träumer

Beginnen Sie jeweils mit dem Träumer: Entwickeln Sie Visionen, bauen Sie Luftschlösser, überschreiten Sie Grenzen, träumen und fantasieren Sie!

Realist

Danach werden Sie zum Realisten und betrachten den Traum. Fragen Sie sich nun, wie man die Ideen des Träumers realisieren könnte und wie man dabei vorgehen muss. Wer macht was, wo, wie, womit, bis wann?

Kritiker

Anschließend setzen Sie sich in den Stuhl des Kritikers und nehmen die Denkergebnisse des Realisten unter die Lupe. Geht das wirklich? Wird sich die Mühe lohnen? Wollen wir das wirklich? Mit welchen Problemen ist zu rechnen? Wo sind die Schwachpunkte?

Danach kehren Sie wieder zur Träumerposition zurück und entwerfen aufgrund der Einwände eine erweiterte Vision, bauen Sie alle kritischen Punkte in den Traum ein. Durchlaufen Sie danach wiederum die Realisten- und Kritikerrolle. Durchlaufen Sie den Dreierschritt, bis Sie eine Vision entwickelt haben, die der Kritik standhält.

6 Denkhüte

6 Farben, 6 Denkhüte

De Bono (1987) geht davon aus, dass wir leichter eine bestimmte Rolle einnehmen können, wenn wir uns einen Hut aufsetzen. So schlägt er für den kreativen Prozess sechs verschiedenfarbige Hüte vor, die wir virtuell oder physisch aufsetzen. Trennen Sie die Farben dabei konsequent. Jede Idee kann zudem mit den sechs Denkhüten überprüft oder weiterentwickelt werden.

1. Der weiße Hut steht für Zahlen, Daten, Fakten und soll die neutrale und sachliche Rolle darstellen.
2. Der rote Hut symbolisiert die Emotionen, die bei jeder Idee, Lösung und Möglichkeit im Spiel sind.
3. Der grüne Hut soll unzensiert Ideen, Wünsche, Träume wachsen lassen.
4. Der gelbe Hut sucht nach Chancen und positiven Ansätzen der entwickelten Lösungen.
5. Der schwarze Hut kritisiert konstruktiv.
6. Der blaue Hut fasst zusammen, stellt weiterführende und öffnende Fragen und moderiert die andern Hüte.

Durchführung

Sie können alle im selben Hut denken, d. h. sie beginnen z. B. mit dem weißen Faktenhut und tragen dabei alle Daten, Zahlen und Fakten zusammen, oder aber Sie verteilen die Rollen zu Beginn auf verschiedene Personen oder Gruppen, die dann konsequent aus dieser Rolle ins Gespräch kommen. Hilfreich ist es dabei, einen Kreis mit sechs farbigen Segmenten gut sichtbar aufzuzeichnen, um die Gedanken und Ideen sogleich protokollieren und visualisieren zu können.

Es muss nicht alles unter einen Hut

Mindmapping

Mindmapping ist heute aus den Kreativitätstechniken kaum mehr wegzudenken, denn es wird oft u. a. als Protokollmethode des Brainstormings angewandt. Die Technik geht auf Buzan (1996) zurück, der sie aufgrund der menschlichen Hirnstrukturen und Naturbeobachtungen in den 1970er-Jahren entwickelte (◘ Abb. 8.11).

hirngerecht

◘ **Abb. 8.11.** Regeln für Mindmapping

Durchführung

Mindmapping kann sowohl alleine, als auch im Team angewandt werden. Wie schon erwähnt, ist es beim Brainstorming verwendbar, dient auch zur Strukturierung von Ideen, hilft bei der Planung und bei Zusammenfassungen. Setzen Sie das Thema, die Fragestellung in die Mitte eines Blattes (DIN-A4-Blatt quer, DIN-A3 quer, Flipchart oder Pinnwand). Sie haben die Wahl, alles direkt aufzuschreiben oder aufzuzeichnen oder aber Sie können mit Karten arbeiten, um flexibler in der Anordnung zu sein. Verwenden Sie unbedingt verschiedene Farben, Symbole und Bilder, um die Kreativität noch mehr anzuregen. Unter Umständen verlassen Sie die ursprünglichen Regeln und kreieren Ihre eigene Art der geistigen Landkarte.

alleine oder im Team

Variante: rotierendes Mindmapping im Team

Die Gruppe sollte dabei nicht mehr als 5–6 Personen umfassen. Alle haben ein DIN-A3-Blatt vor sich, schreiben das Thema in die Mitte und beginnen mit der Ideensuche. Nach ungefähr 3 Minuten werden die Blätter im Uhrzeigersinn weitergereicht. Jetzt arbeiten alle am bereits begonnenen Mindmap des Nachbarn weiter. Nach weiteren drei Minuten wird wieder gewechselt bis Ihr persönliches Blatt wieder vor Ihnen liegt. Diese Methode ähnelt der Methode 6–3–5, die Sie später noch kennenlernen.

Mindmap im Team

Brainstorming

Die Technik des Brainstormings ist wohl die beliebteste und am meisten verbreitete Methode bei der Ideenfindung im Team. Wichtig dabei ist, dass die Bewertung auf jeden Fall zurückgestellt werden muss. Brainstorming ist in der Regel nicht für komplexe Problemstellungen geeignet, da die Assoziationen, die genannt werden, zu viele Aspekte des Problems ansprechen. Die Regeln wurden eigentlich schon umfassend bei den allgemeinen Spielregeln vorgestellt, sollen jedoch hier nochmals kurz zusammengefasst werden.

geeignet für einfachere Probleme

Regeln

- keinerlei Kritik üben
- wilde Assoziationen sind zugelassen
- Ideenfluss ist wichtig
- Quantität vor Qualität
- Weiterentwicklung von Ideen anderer ist sehr erwünscht

5 Regeln zur Durchführung

Durchführung

Die ideale Gruppengröße liegt bei 7–15 Personen, also die Urhorde. Das Problem wird als Frage formuliert, geklärt, ob es alle verstanden haben und hernach sichtbar aufgeschrieben. Die Regeln werden nochmals kurz vorgestellt. Es ist unter Umständen sinnvoll, eine Person zu bestimmen, die interveniert, wenn die Regeln nicht eingehalten werden. Eine Person führt Protokoll. Nun können den Assoziationen freien Lauf gelassen werden. Es wird alles notiert und eventuell visualisiert, was genannt wird. So fühlen sich alle ernst genommen und beteiligen sich weiterhin. Eine Zeit von 15–20 Minuten für die Phase der Ideensammlung ist sinnvoll. Halten Sie Durststrecken und Leere aus. Ist die Phase der Ideenfindung abgeschlossen, können Sie die Vorschläge ordnen, kritisieren und bewerten.

Probleme als Frage formulieren

Durststrecken durchhalten

Stolpersteine des Brainstormings

Kritik oder Zustimmung wird nonverbal geäußert. Ideen werden bereits »vorgefiltert«, denn es fehlt der Mut, Abwegiges auszusprechen, weil das Vertrauen in die andern fehlt. Es wird zu früh abgebrochen.

häufige Stolpersteine

Variante: Brainstorming for one, nach Birkenbihl (1990)

Bereiten Sie einen Stapel Kärtchen vor und schreiben Sie nun pro Kärtchen je eine Idee zu Ihrer Fragestellung auf. Wenn Sie 30–50 Kärtchen beieinander haben, mischen Sie diese und ziehen wahllos zwei heraus. Lassen Sie sich von den beiden Stichworten weiterinspirieren, dadurch werden ganz andere Assoziationen ausgelöst. Die neuen Ideen schreiben Sie nun auch wieder auf Kärtchen. Anschließend können Sie ordnen, bewerten, auswählen und umsetzen.

Brainstorming alleine

Methode 6–3–5

Es wurde oft festgestellt, dass die Weiterentwicklung von Ideen anderer zu fruchtbarsten Ergebnissen führte. Die Methode 6–3–5 (Abb. 8.12), die dem Brainstorming und dem rotierenden Mindmap sehr ähnlich ist, verwendet diese Erkenntnisse. Die Ideen werden von den einzelnen Teilnehmern für

Grundidee vertiefen

8.4 · Kreativität und Kreativitätstechniken

Problem/Fragestellung:		
Idee 1.1	Idee 1.2	Idee 1.3
Idee 2.1	Idee 2.2	Idee 2.3
Idee 3.1	Idee 3.2	Idee 3.3
Idee 4.1	Idee 4.2	Idee 4.3
Idee 5.1	Idee 5.2	Idee 5.3
Idee 6.1	Idee 6.2	Idee 6.3

Abb. 8.12. Blatt für die 6-3-5 Methode

sich aufgeschrieben. Während dieser Phase wird nicht gesprochen. Die Grundideen werden systematisch vertieft und sind meist konkreter als beim Brainstorming.

Regeln und Durchführung
Jeder der sechs Teilnehmer erhält ein Blatt (◘ Abb. 8.12), auf das er schriftlich oder durch eine Skizze drei Ideen zur Problemlösung einträgt und das im Uhrzeigersinn fünfmal weitergereicht wird. Aufbauend auf den drei vorliegenden Ideen fügen die Teilnehmer weitere drei Gedanken hinzu. Die Lösungsvorschläge können weiterentwickelt werden, es dürfen jedoch auch ganz neue Ideen eingetragen werden.

6 Personen, 3 Ideen, 5x weitergeben

Empfohlene Zeitvorgaben:
1. Runde: 5 Minuten
2. Runde: 6 Minuten
3. Runde. 7 Minuten
4. Runde: 8 Minuten
5. Runde: 9 Minuten
6. Runde: 10 Minuten

Zeitvorgaben

Es steht somit genügend Zeit für Lesen und Weiterentwickeln zur Verfügung. Die Methode kann auch verwendet werden, wenn die Teilnehmer nicht zusammenkommen. Das Formular wird dann zum Beispiel über E-Mail weitergesandt. Ebenso kann sie als Nachfolgetechnik für ein Brainstorming

Weiterentwicklung von Ideen

eingesetzt werden, um Ideen zu vertiefen und weiterzuentwickeln. Die Methode 6–3–5 ist besonders dann zu empfehlen, wenn die Gefahr besteht, dass jemand in einer Gruppe zu sehr dominiert oder ungelöste Konflikte vorhanden sind, die eine offene Diskussion verhindern könnten.

Analogietechnik

»Das ist doch wie …«

Eine Analogie (Entsprechung) nutzt die Ähnlichkeit zwischen zwei Strukturen, die aber nicht die gleiche Entstehungsgeschichte haben. Bei der Analogietechnik wird demnach versucht, eine Lösung eines Problems aus dem einen Bereich auf ein Problem aus einem anderen Bereich zu übertragen. Dies kann auf entdeckende Art und Weise alte Denkmuster und Strukturen auflösen.

Regeln und Durchführung

Arbeiten mit Bildern, Prozessen und Techniken

Als Analogie können Bilder, Prozesse und Techniken gewählt werden, die möglichst nicht dem ursprünglichen Problem entsprechen. Nach der Problemklärung werden zunächst verschiedene Analogien gesucht und danach eine ausgewählt, welche sich als Ideenspeicher anbietet. Anschließend werden die Analogie und ihre Merkmale, Struktur, Funktionsweise, Verhalten usw. ausführlich beschrieben. In der nächsten Phase wird versucht, die beschriebenen Eigenschaften auf das aktuelle Problem zu übertragen, hernach wird modifiziert, bewertet, entschieden und umgesetzt.

Beispiel

Analogie

> **Analogiemethode, um ein Problem, zu lösen**
> 1. Problemstellung: Wie gehen wir mit Widerständen von Mitarbeitenden bei der Einführung einer Neuerung um?
> 2. Analogien: Esel, Mauer, Gefängnis, Physik
> 3. Auswahl »Mauer«: Sie bietet Schutz, trennt und grenzt ab, sie wurde einmal Stein für Stein errichtet, sie wirkt unüberwindbar, wir können sie umgehen, überklettern, aus der Luft betrachten, sprengen, besprayen, langsam abtragen, untergraben, durchlöchern …
> 4. Lösungsansätze: Was hat der Widerstand für eine Schutzfunktion bei den Mitarbeitenden? Wie gehen wir mit Angst, Überforderung, Größe, mangelndem Selbstvertrauen um? Wo zieht der Widerstand eine Grenze im Alltag? Von was trennt uns die Neuerung? Wie können wir Neugier für die andere Seite wecken? Verbindung von Altem und Neuen, an der Grenze blüht das Leben. Wir müssen Geduld haben und in kleinen Schritten vorgehen. Wir stellen farbige Plakate her und hängen die überall auf. Wir vermitteln einen Überblick und machen eine gelungene Informationsveranstaltung an einer Mauer. Wir beachten den Widerstand nicht. Wir setzen uns knallhart durch …
> 5. Weiterentwickeln, bewerten, auswählen und umsetzen der Ideen.

Bisoziation

Der Begriff wurde von Köstler (1978) in Anlehnung an das Wort Assoziation eingeführt. Bisoziation ist heute ein Grundbegriff der Kreativität, denn er bezeichnet einen kreativen Vorgang zur Verknüpfung von Begriffen, Bildern oder Vorstellungen aus zufällig gewählten Bereichen. So kommen Dinge zusammen, die nach dem üblichen Denken nicht zusammengehören.

Suche nach der ungewohnten Idee

Regeln und Durchführung

Nach der Erläuterung der Problemstellung wählt die Gruppe Bilder oder verschiedene Begriffe, an denen sie Spaß hat und die ihr Interesse wecken. Die Bilder sollten möglichst weit vom Ursprungsproblem entfernt sein. Beschreiben Sie nun die Bilder so ausführlich wie möglich. Danach werden Verbindungen zum Problem gesucht, anschließend Lösungen entwickelt, diese bewertet und umgesetzt.

zufällig ausgewählte Bilder

Beispiel

Bisoziationsmethode, um ein Problem zu lösen

1. Problemstellung: Wie kann das Image des Unternehmens am Markt optimiert werden?
2. Bildvorschläge: Fahrrad, Kastanie, Kaffeemaschine, PC
3. Auswahl des Bildes Fahrrad: ökologisch, leise, sparsam, trendig, kommt im Straßenverkehr gut durch, kann gestohlen werden, von gemütlich bis sportlich, wenig Gepäck, erholsam, Fitness
4. Übertragung auf die Problemstellung: Die ökologische Komponente müsste im Unternehmen entwickelt und betont werden. Wir machen etwas besonders Trendiges, das nicht kopiert werden kann. Wir tun etwas gegen Stress und für die Fitness unserer Mitarbeitenden.
5. Weiterentwicklung, Bewertung, Auswahl und Umsetzung

Variante »Lexikon- oder Reizwortmethode«: Sie wählen zufällig aus einem Lexikon Begriffe aus und verfahren mit diesen wie oben beschrieben.

Variante 1

Variante »Indianermethode« (geht unbekannten Quellen nach auf nordamerikanische Indianer zurück): Sie machen gemeinsam einen Spaziergang und sprechen dabei nicht. Jede Person sucht sich einen Gegenstand aus der Natur, der sie stark anspricht. Nehmen Sie die Gegenstände mit, beschreiben Sie sie von allen Seiten. Notieren Sie überdies Ihre Gefühle im Zusammenhang mit den Gegenständen. Die entstandene Liste wird nun auf das bestehende Problem übertragen.

Variante 2

Osborn-Checkliste

Der Amerikaner Osborn entwickelte Anfang der 1950er-Jahre eine Checkliste mit Begriffen, die gezielt zu neuen Ideen anregen sollen. Arbeiten Sie mit einer konkreten Zielformulierung oder Fragestellung. Checkliste und Zielfrage kombinieren. Alle Ideen aufschreiben oder Skizzen machen, bitte dranbleiben und in die Tiefe gehen … eine abgeänderte Form der Checkliste liegt hier vor:

Begriffe als Anregung zur Ideensuche

Checkliste

Checkliste
- Wo gibt es ähnliche Dinge, Abläufe, Organisationen, Natur? Was ist daraus zu lernen?
- Andere Anwendungen? Für andere Personen oder Zielgruppen? Andere Anwendungsmöglichkeiten durch das Verändern des Objektes oder des Problems? Neue Einsatzmöglichkeiten? Stärken? Potenzial? Vernetzen? Weiterbildung?
- Anpassen? Wem ähnelt es? Welche andere Ideen suggeriert es? Gibt es Parallelbeispiele? Was könnte man davon übernehmen? Wen oder was könnte ich nachahmen? Weniger Druck? Weniger Leistung?
- Verändern? Ihm eine neue Form geben? Den Zweck verändern? Die Farbe, den Ton, den Geruch, das Aussehen verändern? Könnte das Problem zu etwas dienen?
- Vergrößern? Was kann man hinzufügen? Es widerstandsfähiger machen? Größer? Länger? Dicker? Schwerer? Gibt es einen Zusatznutzen? Mehr Aufwand? Übertreiben? Verdoppeln?
- Wie könnte man das Problem vergrößern? Wieso investieren wir soviel Energie in dieses Problem?
- Verkleinern? Was ist entbehrlich? Was kann man weglassen? Kleiner? Kompakter? Niedriger? Kürzer? Flacher? In seine Einzelteile zerlegen? Weniger Aufwand? Weniger eingreifen? Energie entziehen? Energie umleiten, für etwas anderes verwenden ...
- Umformen? Die Bestandteile neu gruppieren? Die Reihenfolge verändern? Ursache und Wirkung vertauschen? Die Geschwindigkeit verändern?
- Ins Gegenteil verkehren? Wie kann man das Gegenteil des Gewünschten erreichen? Das Untere nach oben bringen? Die Rollen tauschen? Die Position der Person ändern? Die Reihenfolge des Ablaufes neu ordnen? Mehr oder weniger Druck? Tempo? Rückseite? Was, wenn das Problem zur Norm wird?
- Kombinieren? Mit einer Mischung versuchen? Einen Verbund machen? Eine Auswahl? Mehrere Objekte zu einem verbinden? Mit andern zusammenarbeiten lassen? Gemeinsamkeiten suchen?
- Ersetzen? Gibt es eine Person, die dies besser machen könnte? Hilfestellungen? Andere Kraftquellen? Anderes Material? Anderer Zugang? Versetzen? Neue Umgebung? Von außen einkaufen? Outsourcen?
- Nichts tun?
- ...

Kopfstandtechnik (nach Klein 2006)

Rollentausch, Perspektivenwechsel

Grundlage der Methode ist ein bewusst herbeigeführter Rollentausch und Perspektivenwechsel. Die Problemfrage wird dabei auf den Kopf gestellt, d. h. in ihr Gegenteil verkehrt. Oft werden alte Sichtweisen durch das Gegenteil spielerisch und humorvoll aufgelöst. Daran schließt die Ideensuche zum Beispiel durch Brainstorming an.

Beispiel

> **Kopfstandtechnik**
> Ausgangsfrage: Wie erfüllen wir optimal die Erwartungen unserer Kunden?
> Gegenteil: Wie erfüllen wir die Erwartungen unserer Kunden in keiner Art und Weise?

Identifikation

Die Identifikation mit anderen Rollen, Sichtweisen und Standpunkten kann oftmals neue Perspektiven eröffnen. Zum Beispiel: Was würden kleine Kinder in Altersheimen tun? Was würden Punks im Private Banking veranlassen? Was würde ich als Fertigsuppe empfinden und am liebsten alles tun?

neuer Blickwinkel

Regeln und Durchführung

Das Problem wird als Frage formuliert und gut sichtbar aufgeschrieben. Die Teilnehmer identifizieren sich nun mit einem Produkt oder einer Person oder Personengruppe aus einem ganz andern Umfeld, d.h. sie wechseln ihre gewohnte Perspektive. Lassen Sie den Teilnehmern etwas Zeit, vielleicht helfen Bilder und Gegenstände, um sich besser identifizieren zu können. Jetzt werden mit und aus dieser Rolle heraus Ideen produziert. Abschließend werden die Ideen geordnet, bewertet, ausgewählt und angewandt.

Identifikation mit dem Problem

Abschlussgedanke

Die Kreativitätstechniken werden am einprägsamsten vertieft, indem sie geübt und anhand von Beispielen durchgespielt werden. Lassen Sie sich zu Beginn durch eventuelle Anfangsschwierigkeiten nicht entmutigen. Wählen Sie einfache Problemstellungen, um bald Erfolgserlebnisse zu kreieren.

üben, üben, üben

ZUSAMMENFASSUNG

In der Einführung in das Thema »Kreativität« werden verschiedene Parameter der Kreativität diskutiert. Im Zusammenhang mit dem Einflussfaktor »Person« ist beschrieben, inwiefern sich Einstellungen, Motivation, Fähigkeiten, Denkstile und Persönlichkeitsmerkmale auf das kreative Denken und Handeln auswirken. Darüber hinaus werden Implikationen für das Arbeiten mit Gruppen abgeleitet. Der folgende Abschnitt verbindet Kreativität mit dem Prozess der Problemlösung und erörtert, welche Kriterien an Produkte angelegt werden können, um zu bestimmen, inwieweit sie die Bezeichnung »kreativ« verdienen. Abschließend werden Überlegungen bezüglich der sozialen wie auch der physischen Umwelt, in der kreatives Handeln stattfindet, dargelegt. Bei den Kreativitätstechniken werden zuerst die »Spielregeln« für deren Anwendung sowie drei mögliche Techniken angeführt, die helfen können, den kreativen Prozess zu strukturieren. Aus der Vielzahl von Techniken werden folgende näher beschrieben:
— Mindmapping als Protokollmethode,
— Brainstorming mit Hinweisen auf Regeln und Stolpersteine,
▼

- Methode 6–3–5, die aus dem Brainstorming entwickelt wurde,
- Analogietechnik, die mit Analogien arbeitet, die aus einem problemfernen Bereich stammen,
- Bisoziation, bei der man mit zufällig ausgewählten Bildern arbeitet,
- Osborn-Checkliste mit Begriffen, die gezielt zu neuen Ideen anregen sollen,
- Kopfstandtechnik, bei der das Problem in sein Gegenteil verkehrt wird,
- Identifikation, bei der sich die Teilnehmenden mit Teilaspekten oder -perspektiven identifizieren.

FRAGEN ZUR VERTIEFUNG

1. Es wurde beschrieben, dass es Einstellungen gibt, die kreatives Potenzial unterbinden. Überdenken Sie Ihre eigenen Einstellungen (beispielsweise gegenüber Ihrer Organisation, Ihren Mitarbeitern oder Ihren Vorgesetzten). Lassen sich eher kreativitätshemmende Einstellungen finden?
2. Wie würden Sie den nächsten Teamausflug gestalten? Welche weiteren Aufgaben könnten mittelfristig von Ihrem Team übernommen werden? Beantworten Sie diese oder andere für Sie aktuell relevante Fragen. Überprüfen Sie dann in einem weiteren Schritt, inwiefern in den von Ihnen produzierten Antworten die Flüssigkeit des Denkens und die Flexibilität des Denkens zum Ausdruck kommen.
3. Welche kreativitätsfördernden Möglichkeiten der Gestaltung der physischen Umwelt gibt es in Ihrem Arbeitsumfeld?

Anregungen: Die Kreativitätstechniken werden am einprägsamsten vertieft, indem sie geübt und anhand von Beispielen durchgeführt werden. Einige Überlegungen sollen dem vorausgehen. Im Unterschied zu der Brainstormingregel »Die Menge, nicht die Qualität ist wichtig« kann man sicherlich für die Einübung verschiedener Techniken formulieren: »Die Qualität ist wichtig, nicht die Menge«. Bei der Beschreibung der Kreativitätstechniken wird häufig genannt, dass die Teilnehmenden Spaß an dem ausgewählten Material haben sollten. Dies kann man sicherlich auch für die Auswahl der Kreativitätstechniken, die man vertiefen möchte, zum Kriterium machen. Dennoch sei darauf hingewiesen, dass die ersten Durchführungen bestimmter Techniken auch mühevoll sein können und möglicherweise den Eindruck hinterlassen, künstlich zu sein. Mit der Vertrautheit wächst allerdings häufig auch die Leichtigkeit. Es empfiehlt sich auf jeden Fall, beim Ausprobieren einer Technik einfachere Probleme zur Bearbeitung auszuwählen.

Bei der Darstellung der Kreativitätstechniken wurde davon ausgegangen, dass die Durchführung in einer Gruppe erfolgt. Einzelne Kreativitätstechniken lassen sich mit »kreativen Abwandlungen« auch durchaus alleine anwenden. Solche Abwandlungen und die Durchführung anhand konkreter Problemstellungen stellen eine erste Vertiefung dar.

Literatur

De Bono, E. (1987). *Das Sechs-Farben-Denken*. Düsseldorf: Econ.
Birkenbihl, V.F. (1990): *Stroh im Kopf*. Landsberg am Lech: MvG (50. Auflage 2010).
Burow, O.-A. (1999). *Die Individualisierungsfalle. Kreativität gibt es nur im Plura*. Stuttgart: Klett.
Buzan, T. (1996). *Das Mindmap Buch*. Landsberg am Lech: Mvg.
Csikszentmihalyi, M.(1997). *Kreativität. Wie Sie das Unmögliche schaffen und Ihre Grenzen überwinden*. Stuttgart: Klett (8. Auflage 2010).
Eppler, M.J. & Mengis, J. (2011). *Management-Atlas*. München: Hanser.
Guntern, G. (1991). *Der kreative Weg*. Zürich: Moderne Industrie.
Klein, A.Z. (2006): *Kreative Geister wecken*. Bonn: Manager Seminare (2. Auflage 2007).
Kniess, M. (2006). *Kreativitätstechniken*. München: Beck.
Oech, R. von (1994). *Der kreative Kick*. Paderborn: Junfermann.
Preiser, S. & Buchholz, N. (2004). *Kreativität. Ein Trainingsprogramm für Alltag und Beruf*. Heidelberg: Asanger.
Pricken, M. (2001). *Kribbeln im Kopf*. Mainz: Schmidt (11. überarbeitete Auflage 2010).
Scherer, J. (2003). *IdeenBox, Ideen finden, bewerten und umsetzen*. Aarau: Sauerländer.
Schumacher, G. (2010). Think smarter! Kreativitätstechniken. Kempen: Moses.
Sikora, J. (1976). *Handbuch der Kreativ-Methoden*. Heidelberg: Quelle & Meyer.
Wack, O.G., Detlinger, G. & Grothoff, H. (1993). *Kreativ sein kann jeder*. Hamburg: Windmühle (2. Auflage 1998).

8.5 Gruppenarbeit nach den Regeln der Themenzentrierten Interaktion (TZI)

Thomas Steiger (bearbeitet nach Ruth Cohn)

AUF EINEN BLICK

Das Kennenlernen der wichtigsten Grundsätze der Themenzentrierten Interaktion (TZI) nach Ruth C. Cohn, der aus Deutschland stammenden, dann in New York und der Schweiz wirkenden Psychotherapeutin, bietet Grundlagen, um störungsfreier und erfolgreicher in der Gruppe zu kommunizieren. Dadurch soll die Gruppenarbeit zu allseitig befriedigenden Resultaten führen. Kurz gesagt, geht es bei diesem System darum, in einem **sach- und themenorientierten** Lern- oder Arbeitsvorgang auch persönliche Bedürfnisse einzelner Gruppenmitglieder miteinzubeziehen. Dies fördert die Arbeits- und Lernmotivation und begünstigt somit nicht nur das Gruppenklima, sondern auch die Gruppenleistung.

8.5.1 Begriff des »living learning« (lebendiges Lernen)

persönliches Einbringen in den Lernprozess

Während heute Freude, Lebendigkeit und Kreativität zumeist der Freizeit vorbehalten bleiben, werden routinemäßige Lern- und Arbeitsprozesse als trockenes, wenig bereicherndes, langweiliges, aber notwendiges Übel erlebt. Die größten Ergebnisse und Lernerfolge werden sicher dann erzielt, wenn die Lernenden engagiert mitarbeiten können. Dieser engagierte Vorgang, in dem die persönliche Betroffenheit eingebracht werden kann, wird von Cohn (2009) als »living learning« bezeichnet.

living learning

Auf welchem Weg und mit welchen Mitteln das Engagement der Mitarbeitenden geweckt und aufrechterhalten werden kann, zeigen die folgenden Abschnitte auf.

vier Faktoren

Vier Faktoren, die eine Arbeitssituation in der Gruppe beeinflussen

Das System von Cohn geht davon aus, dass eine Arbeitssituation in der Gruppe grundsätzlich durch vier Faktoren beeinflusst wird:

Individuum
- Durch das **Ich** jedes und jeder einzelnen Lernenden. Damit sind die einzelnen Persönlichkeiten mit ihren Bedürfnissen, Befürchtungen, Hemmungen und Ängsten gemeint.

Gruppe
- Durch das **Wir**, d. h. die Gruppe. Damit sind Aspekte des Gruppengeschehens wie Sympathie – Antipathie, Führungs- und Machtstruktur usw. gemeint.

Aufgaben
- Durch das **Es**. Gemeint sind Aufgaben oder Themen, die der Gruppe gegeben werden oder die sich die Gruppe selbst gibt. Dabei ist es wichtig, ob ein Thema positiv oder negativ formuliert wird (z. B. »Schwierigkeiten im Umgang mit …« vs. »Wege zu einem positiven Umgang mit …«).

Rahmenbedingungen
- Durch die **Umweltbezüge**. Damit sind sämtliche institutionellen Rahmenbedingungen sowie die Umweltverknüpfungen der einzelnen Gruppenmitglieder gemeint (z. B. Zeit, Ort, historische und soziale Gegebenheiten usw.).

… in dynamischer Beziehung

Die drei erstgenannten Aspekte lassen sich zur Veranschaulichung als Eckpunkte eines gleichseitigen Dreiecks darstellen, der letztgenannte Aspekt als Kugel (»globe«), die das Dreieck einschließt. Die vier Aspekte stehen in einer engen dynamischen Beziehung und können nicht isoliert betrachtet werden (Abb. 8.13).

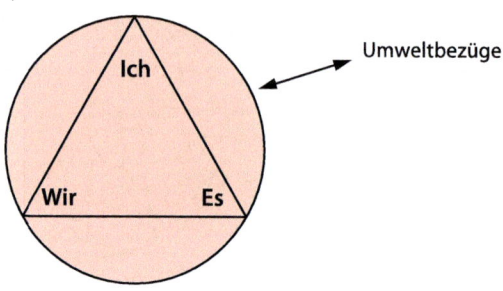

Abb. 8.13. Vier die Gruppensituation beeinflussende Faktoren

Dynamische Balance zwischen den vier Einflussfaktoren

Da die oben genannten Faktoren Einfluss auf den Lernprozess nehmen, ist es auch wichtig, dass diese alle mitberücksichtigt werden. Es sollte also nicht nur – wie dies traditionellerweise meist der Fall ist – der thematische Aspekt zum Zuge kommen, sondern die Aufmerksamkeit müsste auch auf die übrigen drei Faktoren gelenkt werden. Dabei ist zu beachten, dass bei der Berücksichtigung aller Einflussfaktoren ein dynamisches Gleichgewicht herrscht. Die Bedürfnisse der Einzelpersonen, der Gruppe sowie die Anforderungen und Zielsetzungen des Themas und auch der Einfluss der komplexen Umweltbezüge auf die drei anderen genannten Faktoren sollten in dynamischer Balance gehalten werden.

ausgewogene Beachtung aller Einflussfaktoren beim Lernen

dynamisches Gleichgewicht

Der Begriff »dynamisches Gleichgewicht« sollte jedoch nicht als gleichförmiger Balancezustand interpretiert werden. In bestimmten Momenten wird dem thematischen Aspekt die totale Aufmerksamkeit geschenkt, während vielleicht in anderen Phasen Bedürfnisse von Einzelmitgliedern aufgenommen werden.

Aufgabe des Gruppenleiters

Die Hauptaufgabe des Gruppenleiters besteht darin, für die eben beschriebene dynamische Balance zwischen den vier Einflussfaktoren zu sorgen. Er muss also der anspruchsvollen Aufgabe gerecht werden, den Gruppenprozess zu beobachten und auszubalancieren. Aber auch vor dem Zusammensitzen der Gruppe muss er sich bereits Gedanken darüber machen, was die »Kugel«, den Umweltbezug, ausmacht:

Beobachten und Ausbalancieren des Gruppenprozesses

- Zur Verfügung stehende bzw. nötige Zeit?
- Wer zahlt? Finanzielle Möglichkeiten?
- Bedeutung des gewählten Ortes und der Zeit für die Gruppe?
- Persönliche Assoziationen der Gruppenmitglieder mit Ort und Zeit?
- Wer hat Interesse am »Gelingen« der Gruppe bzw. Erfüllen der Aufgabe?
- Wer in der Organisation könnte dagegen sein?
- Kommt die Gruppe freiwillig zusammen? usw.

Rahmenbedingungen

Während der Gruppensitzung ist auch eine noch so geübte Gruppenleitung mit der Beobachtung sämtlicher – auch im Verborgenen – ablaufenden Prozesse überfordert. Sie findet aber in den **Kommunikationsregeln der TZI** wesentliche Anhaltspunkte zur gezielten Beobachtung. In erster Linie wurden die Kommunikationsregeln jedoch geschaffen, damit unter den Gruppenmitgliedern eine freiere und offenere Kommunikation ermöglicht wird und so die Leistung der Gruppe befriedigender ausfällt.

TZI-Regeln als Beobachtungshilfe

Ziel ist freie und offene Kommunikation

Zuvor aber sollen die Axiome (= nicht zu beweisende, als wahr vorausgesetzte Grundannahmen) und Postulate des Systems TZI beschrieben werden, die den Kommunikationsregeln zugrunde liegen.

8.5.2 Drei grundlegende Axiome und zwei Postulate der TZI

Axiome

1. Axiom

Eigenständigkeit und Abhängigkeit

Der Mensch ist eine psychobiologische Einheit. Er ist Teil des Universums. Er ist darum autonom und interdependent zugleich. Autonomie (Eigenständigkeit) wächst mit dem Bewusstsein der Interdependenz (Allverbundenheit).

Vernetzung

Menschliches Verhalten, Erfahren und Kommunizieren unterliegt interaktionellen und universellen Gesetzen. Geschehnisse sind keine isolierten Begebenheiten, sondern bedingen einander durch Vergangenheit, Gegenwart und Zukunft.

2. Axiom

Wertorientierung

Ehrfurcht gebührt allem Lebendigen und seinem Wachstum. Respekt vor dem Wachstum bedingt bewertende Entscheidungen. Das Humane ist wertvoll; Inhumanes ist wertbedrohend.

3. Axiom

Freiheit und Verantwortung

Freie Entscheidungen unterliegen inneren und äußeren Grenzen. Erweiterungen dieser Grenzen sind jedoch möglich. Unser Maß an Freiheit ist, wenn wir gesund, intelligent, materiell gesichert und geistig gereift sind, größer, als wenn wir krank, beschränkt oder arm sind und unter Gewalt oder mangelnder Reife leiden. Bewusstsein unserer universellen Interdependenz ist die Grundlage humaner Verantwortung (Cohn 2009 S. 120).

Postulate

1. »Sei dein eigener Chairman«

Jeder trägt die Verantwortung für sein Tun selber

Diese erste Regel ist zugleich auch die wichtigste, denn sie umfasst alles, was auch in den nächsten Regeln enthalten ist. Als mein eigener »Chairman« bin ich der »Vorsitzende« meiner verschiedenen Bedürfnisse und Bestrebungen. Ich bestimme selbst, wann ich reden und wann ich schweigen will. Die anderen Gruppenmitglieder tun es genauso. Die Verantwortung meines Tuns und Lassens obliegt ganz mir selbst und nicht der Gruppenleitung.

2. »Störungen haben Vorrang«

Menschliches nicht verdrängen

Störungen fragen nicht um Erlaubnis, sie sind einfach da: als Verunsicherung, Angst, Schmerz, Wut oder Zerstreutheit. Die Frage ist nur, wie man sie bewältigt. Verdrängung von Störungen führt zu Behinderung des Lernprozesses, für den Einzelnen und für die ganze Gruppe. Das Postulat bedeutet, dass wir die Natur, die Wirklichkeit des Menschen anerkennen.

Das erste Postulat »Sei dein eigener Chairman« relativiert allerdings dieses zweite Postulat: Selbstverständlich soll nicht jede beliebige Störung zum Anlass einer Unterbrechung werden.

8.5.3 Neun Kommunikationsregeln der TZI

Die Regeln ergeben sich aus der Interpretation der Axiome und Postulate, angewendet auf praktische Gesprächssituationen (nach Cohn 2009).

1. Ich spreche per »ich« und nicht per »man« oder »wir«
Allgemein gebrauchte Wendungen, wie »wir meinen doch alle …«, »jeder merkt doch …«, »man sollte aber …« sind oft Mittel, um einen nicht bestehenden Konsens vorzutäuschen. Der Sprecher drückt sich beim Gebrauch solcher Wendungen vor der individuellen Verantwortung für das, was er sagt. Er benützt eine nicht gesicherte allgemeine Meinung, um andere – und vielleicht auch sich selbst – zu überzeugen. Die Regel hilft, größere Klarheit in die Kommunikation zu bringen.

Was ich sage, mit mir selbst in Verbindung bringen

2. Ich versuche, Fragen mit einer kurzen Erklärung einzuleiten, was die Frage für mich bedeutet.
Oder: Persönliche Aussagen sind normalerweise besser als (oft) unechte Fragen. Viele Fragen enthalten verhüllte Aussagen, deren Informationsgehalt von den Befragten meist nicht erfasst werden kann. Die Diskrepanz zwischen Frage und Fragehintergrund verwirrt den Befragten und erschwert eine offene Kommunikation, besonders dann, wenn der Fragende keine Bereitschaft erkennen lässt, eigene Erfahrungen und Gedanken zum jeweiligen Gesprächspunkt beizusteuern. Solcherart inquisitorisches Fragen drängt den Befragten in die Enge und reizt zum »Gegenangriff«, mit dem Ergebnis eines unverbindlichen Frage-Antwort-Spiels.

echte Fragen beinhalten keine Meinungsäußerungen

3. Ich versuche zu sagen, was ich wirklich sagen will und nicht das, was ich möglicherweise sagen sollte, weil es von mir erwartet wird.
Diese Regel wendet sich gegen jeden Konformitätsdruck, aus welchen (unreflektierten) Normen er auch stammen kann. Falsch verstandene Höflichkeiten oder Anpassungsbereitschaft hemmen eine realitätsgerechte Kommunikation. Offene und spontane Äußerungen können dagegen die gefühls- und verstandesmäßige Entwicklung einer Gruppe beflügeln.

Ich bin authentisch

4. Ich vermeide nach Möglichkeit Interpretationen von Äußerungen anderer Gruppenmitglieder und teile stattdessen lieber meine persönliche Reaktion auf das Gesagte mit.
Interpretationen pflegen den so Interpretierten festzulegen; sie hindern ihn an einer Änderung seines Verhaltens und setzen Verteidigungsmechanismen in Gang, die ebenfalls einer Entwicklung abträglich sind. Persönliche Reaktionen auf das Verhalten von Gruppenmitgliedern können dagegen zu produktiven Antworten und evtl. langfristig zu Verhaltensänderungen führen.

Ich-Botschaften statt Interpretationen

5. Ich bin zurückhaltend mit Verallgemeinerungen.
Verallgemeinerungen unterbrechen den Gruppen(denk)prozess. Sie sind nur am Platz, wenn ein fertig diskutiertes Thema zusammengefasst und abgeschlossen wird.

konkret statt allgemein

Feedback begründen

6. Wenn ich etwas über das Benehmen oder die Art eines anderen Gruppenmitgliedes sage, so sage ich immer auch, warum ich das so sehe.
Wie ich jemand anderen sehe, ist immer meine persönliche, subjektive Meinung und kann nicht verallgemeinert werden. Aussagen über andere haben konstruktiv und nicht eine Waffe zu sein.

Seitengespräche zum Thema machen

7. Wenn Seitengespräche stattfinden, dann sind sie vorrangig zu behandeln; sie stören nämlich, sind aber oft wichtig.
Gruppenmitglieder, die sich mit Mitteilungen an den Nachbarn wenden, haben zwar oft sehr gute Gedankengänge zum Problem, aus irgendwelchen Gründen aber oft nicht den Mut, diese zu äußern. Die Veröffentlichung eines Seitengesprächs kann sehr oft Klärung einer bestimmten Situation und den Wiederanschluss des Sprechers an die Gruppe bringen.

nacheinander statt durcheinander

8. Es spricht immer nur eine Person.
Da niemand mit voller Aufmerksamkeit mehr als eine Äußerung gleichzeitig beachten und verarbeiten kann, sollen alle Beiträge nacheinander gebracht werden.

Gesprächsordnung finden

9. Bei vielen Wortmeldungen wird eine Reihenfolge festgelegt.
Wollen mehrere Teilnehmer gleichzeitig sprechen, so empfiehlt es sich, dass sie zunächst gleichsam eine Überschrift zu dem, was sie sagen wollen, nennen und der Gruppe damit Gelegenheit zur Einigung auf eine Reihenfolge geben.

Eine ergänzende Regel lautet:

Nonverbale Kommunikation

10. Ich beachte Signale meines Körpers und beachte ähnliche Signale auch bei anderen Gruppenmitgliedern.
Diese Regel soll der Verdrängung von Zusammenhängen zwischen Psyche und Körper entgegenwirken. Die Berücksichtigung solcher körperlicher Signale vervollständigt unsere Wahrnehmung des gesamten Kommunikationsgeschehens.

Nutzen der Regeln

Nach der Lektüre dieser Kommunikationsregeln liegt deren Nutzen auf der Hand: Offenheit unter den Gruppenmitgliedern wird gefördert und damit das Lern- und Arbeitsklima verbessert.

8.5.4 Analyse des Gruppenprozesses

regelmäßige Feedbackrunden

Am Ende einer Gruppenarbeit sollte immer noch Zeit für die Analyse des Gruppenprozesses eingeplant werden. Hier geht es darum, sich Rechenschaft darüber abzulegen, ob wirklich alle vier Einflussfaktoren bei der Zusammenarbeit berücksichtigt wurden.

Fragestellungen

Dabei helfen Fragestellungen, wie zum Beispiel:
- Sind wir mit dem Resultat der Gruppenarbeit zufrieden (Es-Aspekt)?
- Sind alle Gruppenteilnehmer etwa zu gleichen Teilen zum Sprechen gekommen (Ich/Wir-Aspekt)?
- Wurde jemand übergangen (Ich-Aspekt)?

- Hat jemand dominiert (Wir-Aspekt)?
- Wie fühlen sich die einzelnen Gruppenmitglieder der Reihe nach (Ich-Aspekt)?

Für diese Reflexion ist genügend Zeit einzuplanen. Werden diese Fragen nämlich nicht einfach mit Ja oder Nein beantwortet, sondern wird auch über das Wie und Warum diskutiert, dann wird diese Analyse des Gruppenprozesses ohne Weiteres 10 Minuten in Anspruch nehmen. Diese Investition lohnt sich, da schon nach kurzer Zeit eine höhere Zufriedenheit der Gruppenmitglieder und eine Verbesserung der Gruppenleistung feststellbar sein werden.

genügend Zeit einräumen

ZUSAMMENFASSUNG

erfolgreicheres Lernen ...

Zu erfolgreicherem und für die Beteiligten aktiverem Arbeiten und Lernen führt das sogenannte »living learning«, ein Arbeiten und Lernen in Gruppen, das den Gruppenmitgliedern schöpferisches Verhalten und den Einbezug emotionaler Bedürfnisse ermöglicht. Das Arbeiten und Lernen soll so weit wie möglich selbstbestimmt sein.

Damit das »living learning« in der Gruppe effektiv und sachbezogen praktiziert werden kann, gibt uns die Begründerin des »Themenzentrierten Interaktionellen Systems« (TZI), Ruth C. Cohn, einige Kommunikationsregeln, welche die Sicherheit und Transparenz in der Gruppe durch größere Offenheit der Teilnehmer gewährleisten; diese Offenheit ist eine wichtige Voraussetzung für engagiertes Arbeiten und Lernen in Gruppen.

... dank Kommunikationsregeln

FRAGEN UND ANREGUNGEN ZUR VERTIEFUNG

1. Wo gibt es Möglichkeiten und Ansatzpunkte, im Rahmen Ihrer beruflichen (Führungs-) Aufgabe TZI zu praktizieren?
2. Welche konkreten Schritte unternehmen Sie?
3. Worauf werden Sie persönlich ganz speziell achten?

Literatur

Cohn, Ruth C. (2009). *Von der Psychoanalyse zur themenzentrierten Interaktion* (15. Aufl.). Stuttgart: Klett Cotta.

Anhang

Quellenverzeichnis – 406

Kurzinformationen – 408
Über die Herausgeber – 408
Über die Autorinnen und Autoren – 408
Über den Cartoonisten – 415
Über das IAP Institut für Angewandte Psychologie – 415

Sachverzeichnis – 417

Quellenverzeichnis (Band I)

Abbildungen:

Seite	Abb.	Quelle
42	3.2	Probst, Gilbert J.B.; Organisation: Strukturen, Lenkungsinstrumente und Entwicklungsperspektiven. © 1992 verlag moderne industrie, 86895 Landsberg/Lech. www.redline-wirtschaft.de. Mit freundlicher Genehmigung des Verlages.
43	3.3	Weinert, A.B. (2004). Organisations- und Personalpsychologie. 5. Auflage. Weinheim: BeltzPVU. S. 476
99	4.7	Modified and reproduced by special permission of the Publisher, CPP, Inc., Mountain View, CA 94043 from the Einführung in Typen™ booklet by Isabel Briggs Myers. Copyright 2001 by CPP, Inc. All rights reserved. Further reproduction is prohibited without the Publisher‹s written consent.
104	4.10	Sprenger, R. K. (2002). Vertrauen führt. Worauf es im Unternehmen wirklich ankommt. 2. Auflage. Campus: Frankfurt/New York.
133	6.2	Kernen, H. & Meier, G. (2005): Arbeit als Ressource. Gesund und leistungsfähig dank persönlichem und betrieblichen Ressourcen-Management. Bern: Haupt.
142	6.5	Kernen, H. & Meier, G. (2012): Achtung Burnout! Leistungsfähigkeit und gesund durch Ressourcenmanagement. (2. Aufl.) Bern: Haupt.
146	6.6	Kernen, H. & Meier, G. (2012): Achtung Burnout! Leistungsfähigkeit und gesund durch Ressourcenmanagement. (2. Aufl.) Bern: Haupt.
158	6.8	Seiwert (2005). Das neue 1X1 des Zeitmanagement, 25.Auflage. München: Gräfe u. Unzer. S. 29
165	6.10	Ulrich, H. & Probst, G.J.B. (1995). Anleitung zum ganzheitlichen Denken und Handeln. Bern: Haupt. S. 61
210	6.30	René Reichel & Reinhold Rabenstein, „Kreativ beraten", ISBN 3-931902-80-3, 1. Aufl., 2001, Ökotopia Verlag, Münster; Tel. 0251-481980, E-Mail: info@oekotopia-verlag.de, Internet: www.oekotopia-verlag.de
240	7.1	Friedemann Schulz von Thun, „Miteinander reden 1. Störungen und Klärungen. Allgemeine Psychologie der Kommunikation." Copyright © 2006 by Rowohlt Taschenbuch Verlag GmbH, Reinbek bei Hamburg
243	7.2	Friedemann Schulz von Thun, „Miteinander reden 1. Störungen und Klärungen. Allgemeine Psychologie der Kommunikation." Copyright © 2006 by Rowohlt Taschenbuch Verlag GmbH, Reinbek bei Hamburg
244	7.3	Friedemann Schulz von Thun, „Miteinander reden 1. Störungen und Klärungen. Allgemeine Psychologie der Kommunikation." Copyright © 2006 by Rowohlt Taschenbuch Verlag GmbH, Reinbek bei Hamburg
266	7.8	Saul, S. (1995). Führen durch Kommunikation. Gespräche mit Mitarbeiterinnen und Mitarbeitern. 2. Aufl. Weinheim & Basel: Verlagsgruppe Beltz (3. überarb. Auflage 1999)
326	8.3	Schindler, R. (1957). Grundprinzipien der Psychodynamik in der Gruppe, Psyche 11, S. 308-314. Stuttgart: Klett Cotta
378	8.10	Sikora, J. (1976). Handbuch der Kreativ-Methoden. Heidelberg: Quelle & Meyer

Tabellen:

Anhang · Quellenverzeichnis

Seite	Tab.	Quelle
19	2.1	Probst, Gilbert J.B.; Organisation: Strukturen, Lenkungsinstrumente und Entwicklungsperspektiven. © 1992 verlag moderne industrie, 86895 Landsberg/Lech. www.redline-wirtschaft.de. Mit freundlicher Genehmigung des Verlages.
57	3.3	Wiswede, G. (1995). Führungsrollen. In Kieser, A. et al. (Hrsg.). Handwörterbuch der Führung (S. 826–839; 2. Aufl.). Stuttgart: Schäffer-Poeschel.
96	4.1	© persolog GmbH 2007, www.persolog.com
156	6.1	Seiwert, Lothar (2006): Noch mehr Zeit für das Wesentliche. Kreuzlingen/München: Ariston im Heinrich Hugendubel Verlag.
167	6.2	Ulrich, H. & Probst, G.J.B. (1991). Anleitung zum ganzheitlichen Denken und Handeln. Bern: Haupt. S. 110
279	7.3	Saul, S. (1995). Führen durch Kommunikation. Gespräche mit Mitarbeiterinnen und Mitarbeitern. 2. Aufl. Weinheim & Basel: Verlagsgruppe Beltz (3. überarb. Auflage 1999)

Cartoons:

Ivan Steiger, München; www.ivan-steiger.de

Kurzinformationen

Über die Herausgeber

Steiger, Thomas, Dr.

Dr. Thomas Steiger

Dr. phil. I, Studium Wirtschafts- und Sozialgeschichte und Wirtschaftswissenschaften an der Universität Zürich. Stv. Gesamtleiter und Leiter Aus- und Weiterbildung der zentralen Koordinationsstelle der Migros Klubschulen, einer renommierten Institution der Erwachsenenbildung in der Schweiz. Mehrjährige Tätigkeit als Unternehmensberater. Während 10 Jahren am Institut für Angewandte Psychologie (IAP) Zürich als Dozent und Berater und als Leiter des Fachbereichs Managementbildung tätig. Ausbildungen in Organisationsentwicklung und systemischer Beratung. Nach 9 Jahren als Verantwortlicher für Management-Entwicklung im zentralen Personaldienst der Stadtverwaltung Zürich, heute im Ruhestand.

Lippmann, Eric, Prof. Dr.

Prof. Dr. Eric Lippmann

Prof. Dr. phil. I, Studium der Psychologie und Soziologie an der Universität Zürich. Ausbildung in Paar-/Familientherapie, Organisationsentwicklung, Supervision und Coaching. Mehrjährige Tätigkeit in Jugend-/ Familienberatung und Suchtprävention. Seit 1991 am Institut für Angewandte Psychologie (IAP) Zürich als Trainer, Supervisor und Coach tätig. Leiter des Zentrums Leadership, Coaching & Change Management am IAP und Studienleiter im »Master of Advanced Studies (MAS) Supervision und Coaching in Organisationen« und »MAS Coaching & Organisationsberatung«. Dozent an der Zürcher Hochschule für Angewandte Wissenschaften (ZHAW).

Im Springer-Verlag sind von ihm bereits erschienen:
- Coaching. Angewandte Psychologie für die Beratungspraxis. (3. Auflage 2013)
- Intervision: Kollegiales Coaching professionell gestalten. (3. Auflage 2013)
- Drogenabhängigkeit: Familientherapie und Prävention. (1990)

Über die Autorinnen und Autoren

Alter, Urs, Dr.

Dr. Urs Alter

Dr. phil. I, Studium der Psychologie und Soziologie. Lehrer, Redaktor an Tageszeitungen und beim Fernsehen. Mehrere Jahre tätig als Ausbilder von Journalisten und als Ausbildungsleiter für das Schweizer Radio und Fernsehen. Schwerpunkte der heutigen Tätigkeit: Dozent an Universitäten und Fachhochschulen, Organisationsberatung, Management- und Teamentwicklung, Coaching.

Anhang · Kurzinformationen

Amstutz, Nathalie, Prof. Dr.
Prof. Dr.phil I, Institut für Personalmanagement und Organisation (PMO) der Hochschule für Wirtschaft, Fachhochschule Nordwestschweiz. Studium der Germanistik. Dozentin für Kommunikation und Gender und Diversity Management in Aus- und Weiterbildung, Betreuung von Weiterbildungen und Forschungsprojekten zu Gleichstellung im HR und in Organisationskulturen, Diversity Management, Gleichstellungs-Controlling. Beratungstätigkeit im Rahmen des Instituts.

Prof. Dr. Nathalie Amstutz

Angstmann, André
Dipl.Psychologe, Studium der Psychologie am Institut für Angewandte Psychologie (IAP) Zürich (Fachrichtung Diagnostik und Beratung). Freiberuflicher Management- und Organisationsberater mit den Schwerpunkten Kreativität, Bionik, Lernen und Konflikt. Als freier Mitarbeiter am IAP tätig.

André Angstmann

Aschenbrenner, Hannelore
Dipl.-Psychologin IAP. Leiterin HR und Mitglied der Geschäftsleitung in einem Schweizer Elektronik-Konzern. Seit 1994 am Institut für Angewandte Psychologie (IAP) Zürich als Beraterin mit Schwerpunkt Personalmanangement, Development-Center, Coaching für Führungskräfte und Karrierecoaching tätig.

Hannelore Aschenbrenner

Boneberg, Iris
Dipl.-Psychologin, Studium der Psychologie und Statistik. Weiterbildung in klientenzentrierter Beratung, Psychodrama, Klinischer Hypnose und Konfliktberatung. Seit 1994 Tätigkeit als Beraterin, Trainerin und Moderatorin. Aktuell Konzeption und Leitung prozessorientierter Führungsausbildungen, Begleitung von Teamentwicklungsmassnahmen und Moderation von Grossgruppenveranstaltungen. Iris Boneberg bildet Trainer und Supervisoren aus und unterstützt Organisationen in Reorganisationsprozessen. Sie ist selbstständige Beraterin und hat eine Lehrbeauftragung an der Universität Konstanz in den Bereichen Personalmanagement und Personalentwicklung.

Iris Boneberg

Dr. Stephan Burla

Burla, Stephan, Dr.
Dr. rer. pol., Studium der Wirtschaftswissenschaften in St. Gallen und Basel. Managementberater bei burla management in Basel. Lehrbeauftragter am Wirtschaftswissenschaftlichen Zentrum (WWZ) der Universität Basel und Leiter der Forschungsgruppe Spitalmanagement am Universitätsspital Basel.

Sieglind Chies

Chies, Sieglind
Lic. phil. I, Studium der Sozialpsychologie, Psychopathologie des Erwachsenenalters und der Publizistikwissenschaften an der Universität Zürich. Ausbildung als Erwachsenenbildnerin, Weiterbildung in Personenzentrierter Psychotherapie und als Prozessbegleiterin. Journalistische Tätigkeit, mehrjährige Tätigkeit auf einer Suchtpräventionsstelle sowie als Diagnostikerin. Langjährige Mitarbeiterin als Trainerin und Beraterin am Institut für Angewandte Psychologie (IAP) Zürich, mit Schwerpunkt im Fachbereich Managementbildung. Senior Specialist Learning & Development Rieter Machine Works Ltd., Winterthur.

Erich Fischer

Fischer, Erich
M.A. Organization Development, Studium der Organisationspsychologie (Master of Psychology) an der Sonoma State University, Kalifornien. Selbstständiger Managementberater mit Schwerpunkt Organisations- und Führungsentwicklung, Change-Management und Coaching von Führungskräften. Interkulturelle Erfahrung durch Arbeitsaufenthalte in Asien und USA. Zuvor Leiter von Integrationsprojekten, Journalist und Redakteur Radio DRS. Dozent an der Hochschule für Wirtschaft Zürich (HWZ) und am Institut für Angewandte Psychologie (IAP) Zürich.

Astrid Frielingsdorf

Frielingsdorf, Astrid
Ausbildung und langjährige Tätigkeit als Regisseurin an Theater und Fernsehen. Executive Master in Kulturmanagement und HRM sowie Ausbildung in systemischer Prozessbegleitung. Heute selbstständige Beraterin für Kommunikations- und Kulturentwicklung in Profit- wie Non-Profit-Organisationen sowie Dozentin an der Hochschule für Wirtschaft in Bern für den Bereich Personalmanagement, Selbst- und Sozialkompetenzentwicklung.

Hausherr Fischer, Astrid

Lic. phil. I, Studium der Soziologie und Ethnologie an der Universität Zürich. Langjährige Erfahrung als Profitcenter-Leiterin in der Personal- und Organisationsentwicklung eines internationalen Großkonzerns. Selbstständige Trainerin, Beraterin und Coach in der Privatwirtschaft im Bereich Change Management und Führungskräfteentwicklung. Ehemalige Leiterin des »Master of Advanced Studies (MAS) Human Resources Management« am Institut für Angewandte Psychologie (IAP) in Zürich. Leiterin Learning Campus in der Siemens Schweiz AG.

Astrid Hausherr Fischer

Hug, Brigitta, Dr.

Dr. phil.I, Studium der Ethnologie und Psychologie. Langjährige Erfahrung als Psychoanalytikerin und Psychotherapeutin SPV/ASP, als Organisationsberaterin und in der Managementausbildung (IAP Zürich). Schwerpunkte der heutigen Tätigkeit: Psychoanalyse, Weiterbildung im Managementbereich, betriebsinterne Ausbildungen, Fach- und Organisationsberatungen, Coaching, Forschungstätigkeit auf den Gebieten Wirtschaftsysteme und Kindheit/en.

Dr. Brigitta Hug

Kernen, Hans, Dr.

Dr. phil.I, Studium der Psychologie, Pädagogik und Präventivmedizin an der Universität Zürich. Seine Dissertation zum Thema Burnout-Prophylaxe im Management erschien 1999 in dritter Auflage, das zweite Buch »Arbeit als Ressource« im Jahr 2005, das dritte Buch »Achtung Burn-out!« im Jahr 2012. Seit 17 Jahren in eigener Firma selbständig beratend tätig und Gestalter von Organisations- und Unternehmensentwicklungsprozessen, wobei das Ressourcen-Management eine zentrale Rolle spielt.

Dr. Hans Kernen

Künzli, Hansjörg

Lic. phil., nach einer kaufmännischen Ausbildung Studium der Psychologie und Betriebswirtschaft. Langjährig in der betriebswirtschaftlichen Erwachsenenbildung tätig. Ausbildung in systemischer Organisationsentwicklung. Projekte an der Schnittstelle Qualitätssicherung und Forschung in den Bereichen Laufbahnberatung, Coaching, Training und Organisationsentwicklung. An der Zürcher Hochschule für Angewandte Wissenschaften (ZHAW) im Departement Psychologie in der Forschung tätig.

Hansjörg Künzli

Gerda Meier

Meier, Gerda
Lic. phil., nach einer kaufmännischen Berufslehre Studium der Psychologie, Betriebswirtschaftslehre und Präventivmedizin an der Universität Zürich. Ihre Forschungsarbeit verfasste sie zum Thema »Organisationsklima und Kohärenzgefühl«. Mitautorin des Buches »Arbeit als Ressource« (2005) und von »Achtung Burn-out!« (2012).. Seit 2002 Tätigkeit als selbständige Unternehmensberaterin und Mitinhaberin der Kernen Resource Management AG in Küsnacht/Zürich.

Catherine Müller

Müller, Catherine
Dipl. Arbeits- und Organisationspsychologin IAP, dipl. Ergotherapeutin und Pädagogin. Langjährige Tätigkeit in eigener Beratungsfirma und als Dozentin mit den Arbeitsschwerpunkten Diversity Management, Gleichstellungs-Controlling, Mentoring, Leadership, Führung und Organisation. Co-Autorin der Bücher »Gleichstellungs-Controlling« (2005) und »Innovativ führen mit Diversity-Kompetenz« (2009). Aktuell im Eingliederungsmanagement einer Sozialversicherung tätig.

Dr. Carin Mussmann

Mussmann, Carin, Dr.
Dr. rer. soc. Arbeits- und Organisationspsychologin an der Universität Bremen. Leitung eines Jugendzentrums als Sozialpädagogin, wissenschaftliche Mitarbeiterin an der ETH Zürich. Master in lösungsorientiertem Coaching und Management (Privatuniversität Wien), Integrative Therapie am FPI, Weiterbildung in systemischer und lösungsorientierter Beratung. Am Institut für Angewandte Psychologie (IAP) Zürich als Dozentin im Bereich Führung, Beratung und Supervision tätig.

Dr. Hans-Peter Näf

Näf, Hans-Peter, Dr.
Dr. phil. I, nach einer Ausbildung zum Kaufmann Studium der Psychologie und Pädagogik an der Universität Zürich. Anschliessend Tätigkeit im Bereich Personalentwicklung und als Assistent an der Universität St. Gallen. Mehrjährige Tätigkeit als Berater in den Bereichen Personalmanagement und Organisationsentwicklung. Nach Personalleitung in verschiedenen Branchen zurzeit Leiter Human Resources bei der Firma Wincasa AG.

Negri, Christoph

Dipl.- Psychologe IAP, Erfahrung als Leiter in der Aus- und Weiterbildung in Schweizer Detailhandelsunternehmen. Leiter des Zentrums Human Resources, Development & Assessment und des »Master of Advanced Studies (MAS) Ausbildungsmanagement« am Institut für Angewandte Psychologie (IAP) Zürich. Dozent an der Zürcher Hochschule für Angewandte Wissenschaften im Departement Psychologie.

Christoph Negri

della Picca, Moreno

Lic. phil. I, Arbeits- und Organisationspsychologe FSP SGAOP sowie Theaterwissenschaftler. Mehrere Jahre als Personal- und Organisationsentwickler in einem Universitätsspital und in einem Versicherungsunternehmen tätig. Ausbildung zum Coach von Führungspersonen (Coach BDP) sowie zum Neuroimaginationscoach. Mehrjährige Tätigkeit in der Konzipierung und Umsetzung von Führungsentwicklungsprogrammen in Unternehmen sowie in der Beratung von Führungspersonen und Führungsteams. Ehemaliger Leiter der Führungsausbildung am IAP und des Bereichs Organisationsberatung. Dozent an der Hochschule für Technik Zürich. Heute selbständiger Organisationsberater und Coach für Führungspersonen.

Moreno della Picca

Sacher, Philipp, Prof.

Prof., lic.phil. I und Lehrer. Studium der Psychologie und Pädagogik. Langjähriger Mitarbeiter am IAP, Abteilung Organisation und Management sowie Dozent für Erziehungswissenschaft an der Pädagogischen Hochschule, Fachhochschule Nordwestschweiz. Diverse Bildungs- und Beratungs-Mandate in Profit- und Non-Profit-Organisationen. Kooperationen mit verschiedenen Netzwerken und Organisationen, unter anderem Studienleiter verschiedener Lehrgänge am Institut für Personalmanagement und Organisation der Hochschule für Wirtschaft, Fachhochschule Nordwestschweiz.

Prof. Philipp Sacher

Spisak, Mona

Lic. phil., nach einem Studium der Theaterwissenschaften an der Universität München folgte ein Studium der Psychologie und Betriebswirtschaft an der Universität Zürich. Berufsbegleitende Ausbildung in Integrativer Therapie und Supervision am Fritz Perls Institut FPI in Düsseldorf, MAS in Intercultural Communication an der Universita Svizzera, Lugano. Langjährige Mitarbeit als Dozentin und Beraterin am Institut für Angewandte Psychologie IAP in Zürich. Seit 15 Jahren Managing Partner der Interdisziplinären Beratergruppe Zürich IDBZ, Organisationsentwicklung, People Development und Management-Beratung.

Mona Spisak

Dr. Heinz Vetter

Vetter, Heinz, Dr.

Dr. phil., Dipl.-Ing. ETH, Organisationspsychologe und Ingenieur. Mehrjährige Tätigkeit als Manager von internationalen Projekten in der Industrie. Seit 1990 Management- und Organisationsberater, Berater und Begleiter von komplexen Veränderungsprojekten, Coaching von Projektleitern und Führungskräften. Mitinhaber der Beratungsfirma CORES, Winterthur, Schweiz. Referent für Projektmanagement an der ETH Zürich.

Birgit Werkmann-Karcher

Werkmann-Karcher, Birgit

Dipl.-Psychologin, Studium der Psychologie und Verwaltungswissenschaften an der Universität Konstanz. Weiterbildungen in Organisationsentwicklung, Supervision, Coaching und in Konfliktmanagement. Langjährige Tätigkeit in der innerbetrieblichen Personal- und Organisationsentwicklung und als freiberufliche Supervisorin. Am IAP als Dozentin und Beraterin tätig, Schwerpunkte: Personalmanagement, Führungskräfteentwicklung, Teamentwicklung und Coaching.

Prof. Dr. Michael Zirkler

Zirkler, Michael, Prof. Dr.

Prof. Dr. phil I., Dipl.-Psychologe. Studium der Psychologie an der Universität Hamburg. Weiterbildungen in Gruppenmoderationsverfahren und systemischer Beratung. Bis 2008 Assistenzprofessor für Organisation, Führung und Personal an der Universität Basel. Am Departement Angewandte Psychologie derzeit als Fachverantwortlicher für Arbeits- und Organisationspsychologie tätig,

Arbeits- und Forschungsschwerpunkte: Organisations- und Managementforschung, insbesondere zu (systemischer) Beratung, Konfliktthematiken und Change-Management.

Über den Cartoonisten

Steiger, Ivan

MgA., Geboren 1939 in Prag, Besuch der Filmfachoberschule, danach Studium an der Filmakademie FAMU in Prag. Während des Literaturstudiums unter Milan Kundera schrieb er Erzählungen, Novellen und Drehbücher, später auch Bücher für das kleine und große Publikum. Seit 1966 vorwiegend als Karikaturist tätig; dabei hat er in vielen Städten Europas und Nordamerikas ausgestellt, Bücher publiziert und mit seinen Zeichnungen illustriert. Seine Cartoons erscheinen regelmäßig in der »Frankfurter Allgemeinen Zeitung«, sowie in anderen europäischen und amerikanischen Blättern. Seit 1971 hat er zudem als Autor, Regisseur und Produzent eine Reihe von 27 Dokumentar- und Kurzspielfilmen für das Kino und das Fernsehen gedreht. Für seine literarischen, karikaturistischen und filmischen Arbeiten erhielt Ivan Steiger verschiedene nationale und internationale Preise.

Ivan Steiger

Über das IAP Institut für Angewandte Psychologie

Zürcher Hochschule
für Angewandte Wissenschaften

Das IAP ist das führende Beratungs- und Weiterbildungsinstitut für Angewandte Psychologie in der Schweiz. Seit 1923 entwickelt das IAP auf der Basis wissenschaftlich fundierter Psychologie konkrete Lösungen für die Herausforderungen in der Praxis. Das IAP bietet Weiterbildungskurse für Fach- und Führungskräfte aus Privatwirtschaft, Organisationen der öffentlichen Hand und sozialen Institutionen sowie für Psychologinnen und Psychologen. Das Beratungsangebot umfasst Berufs-/Studienberatung, Laufbahnberatung, Organisations- und Managementberatung, verkehrs- und sicherheitspsychologische Beratung, psychologische Beratung für Schule und Familien sowie Krisenberatung. Das IAP ist das Hochschulinstitut des Departements Angewandte Psychologie der ZHAW Zürcher Hochschule für Angewandte Wissenschaften

Printed by Printforce, the Netherlands

24.5 + 25.5.

381 - 392

Handbuch Angewandte Psychologie für Führungskräfte

Thomas Steiger
Eric Lippmann (Hrsg.)

Handbuch Angewandte Psychologie für Führungskräfte

Führungskompetenz und Führungswissen

4., vollständig überarbeitete Auflage

Mit 149 Abbildungen und 49 Cartoons von Ivan Steiger

Herausgeber
Dr. Thomas Steiger
Wannenstrasse 54
8610 Uster, Switzerland

Prof. Dr. Eric Lippmann
Institut für Angewandte Psychologie (IAP)
Merkurstr. 43
8032 Zürich, Switzerland

ISBN-13 978-3-642-34356-8   ISBN 978-3-642-34357-5 (eBook)
DOI 10.1007/978-3-642-34357-5

Die Deutsche Nationalbibliothek verzeichnet diese Publikation in der Deutschen Nationalbibliografie; detaillierte bibliografische Daten sind im Internet über http://dnb.d-nb.de abrufbar.

Springer Medizin
© Springer-Verlag Berlin Heidelberg 1999, 2004, 2008, 2013

Dieses Werk ist urheberrechtlich geschützt. Die dadurch begründeten Rechte, insbesondere die der Übersetzung, des Nachdrucks, des Vortrags, der Entnahme von Abbildungen und Tabellen, der Funksendung, der Mikroverfilmung oder der Vervielfältigung auf anderen Wegen und der Speicherung in Datenverarbeitungsanlagen, bleiben, auch bei nur auszugsweiser Verwertung, vorbehalten. Eine Vervielfältigung dieses Werkes oder von Teilen dieses Werkes ist auch im Einzelfall nur in den Grenzen der gesetzlichen Bestimmungen des Urheberrechtsgesetzes der Bundesrepublik Deutschland vom 9. September 1965 in der jeweils geltenden Fassung zulässig. Sie ist grundsätzlich vergütungspflichtig. Zuwiderhandlungen unterliegen den Strafbestimmungen des Urheberrechtsgesetzes.

Produkthaftung: Für Angaben über Dosierungsanweisungen und Applikationsformen kann vom Verlag keine Gewähr übernommen werden. Derartige Angaben müssen vom jeweiligen Anwender im Einzelfall anhand anderer Literaturstellen auf ihre Richtigkeit überprüft werden.

Die Wiedergabe von Gebrauchsnamen, Warenbezeichnungen usw. in diesem Werk berechtigt auch ohne besondere Kennzeichnung nicht zu der Annahme, dass solche Namen im Sinne der Warenzeichen- und Markenschutzgesetzgebung als frei zu betrachten wären und daher von jedermann benutzt werden dürfen.

Planung: Joachim Coch, Heidelberg
Projektmanagement: Judith Danziger, Heidelberg
Lektorat: Traudel Lampel, Odenthal
Projektkoordination: Michael Barton, Heidelberg
Umschlaggestaltung: deblik Berlin
Fotonachweis Umschlag: © SVLuma / fotolia.de
Cartoons: Ivan Steiger
Satz: Fotosatz-Service Köhler GmbH – Reinhold Schöberl, Würzburg

Gedruckt auf säurefreiem und chlorfrei gebleichtem Papier

Springer Medizin ist Teil der Fachverlagsgruppe Springer Science+Business Media
www.springer.com

Inhaltsverzeichnis Band II

Die Gestaltung von Rahmenbedingungen für die erfolgreiche Rollenübernahme der Mitarbeitenden

9 Beratung und Coaching im Einzel- und Gruppensetting 3
Eric Lippmann
9.1 Was ist Beratung? 4
9.1.1 Professionelle Beratung 5
9.1.2 Anlässe für Beratung 6
9.1.3 Experten-, Prozess- und Komplementärberatung 7
9.2 Ablauf und Design von Beratungsprojekten 8
9.3 Formen von Beratung 13
9.3.1 Unternehmensberatung, Organisationsberatung und -entwicklung 13
9.3.2 Supervision und Coaching 14
9.4 Suche und Auswahl von Beratern 19
9.5 Führungskraft als Coach? Möglichkeiten und Grenzen 21
Literatur 22

10 Organisation als Führungsaufgabe 25
Stephan Burla
10.1 Einführung 26
10.2 Organisationsinstrumente 28
10.2.1 Instrumente der Aufbauorganisation 28
10.2.2 Instrumente der Ablauforganisation 33
10.2.3 Projektorganisation 36
10.3 Prinzipien der Organisationsgestaltung 37
10.3.1 Formale Gestaltungsprinzipien 37
10.3.2 Organisationspsychologische Gestaltungsprinzipien: Soziotechnische Aufgabengestaltung 39
10.4 Methoden der Organisationsgestaltung 40
10.4.1 Prozessorientierte Methoden 41
10.4.2 Strukturorientierte Methoden 42
10.4.3 Organisationsentwicklung 43
10.5 Organisation zwischen Stabilität und Flexibilität 45
10.6 Folgerungen für die Führungspraxis 48
Literatur 50

11 Mitarbeitende gewinnen und entwickeln 51
11.1 Mitarbeitende gewinnen: Suche, Auswahl und Einführung 52
Hans-Peter Näf
11.1.1 Personalpolitik 52
11.1.2 Selektionsprozess 53
11.1.3 Anforderungs- und Bewerberprofil 56
11.1.4 Personalsuche und -werbung 59
11.1.5 Personalbeurteilung 60
11.1.6 Arbeitsvertragsgestaltung 77
11.1.7 Einführung neuer Mitarbeiter 79
11.1.8 Erfolgskontrolle 81
Literatur 84
11.2 Personalentwicklung als Führungsaufgabe 85
Astrid Hausherr Fischer
11.2.1 Begriff und Ziele der Personalentwicklung 85
11.2.2 Sind Führungskräfte für die Personalentwicklung verantwortlich? 86
11.2.3 Personalentwicklungsinstrumente 88
11.2.4 Einbindung der Personalentwicklung in den Zielvereinbarungsprozess 90
11.2.5 Personalentwicklung als arbeitsplatzbezogene Kompetenzerweiterung 93
11.2.6 Personalentwicklung als individuelle Laufbahnentwicklung 94
Literatur 95
11.3 Trennungsprozesse gestalten 96
Hannelore Aschenbrenner
11.3.1 Trennungsgründe und Ziele aus Unternehmenssicht 97
11.3.2 Trennungsprozess und -kultur 97
11.3.3 Professionelle Vorbereitung einer Trennung 99
11.3.4 Trennungsgespräch 101
11.3.5 Reaktionen der Betroffenen 102
11.3.6 Begleitung bis zum Austritt (Phase 4) 104
11.3.7 Verbleibende Mitarbeiter (Phase 5) 105
Literatur 106

12	**Schaffung wissensmäßiger und emotionaler Voraussetzungen für die Zusammenarbeit** 107		13.1.4	Prozess der Delegation 164
12.1	Informieren als Führungsaufgabe .... 108 *Urs Alter*		13.1.5	Es gibt so gute Gründe – Warum scheuen sich Führungskräfte zu delegieren? .... 168 Literatur 170
12.1.1	Information: ein existentielles Grundbedürfnis 108		13.2	Führen mit Zielvereinbarung .... 171 *Thomas Steiger*
12.1.2	Information: ein betriebswirtschaftliches Grundbedürfnis................. 110		13.2.1	Ziele in Organisationen: Notwendigkeit und Illusion 172
12.1.3	Informieren ist zentrale Führungs- aufgabe...................... 110		13.2.2	Voraussetzungen und Prinzipien des Führens mit Zielvereinbarung 175
12.1.4	Information oder Kommunikation? ... 112		13.2.3	MbO als Führungskonzept und seine Umsetzung 180
12.1.5	Bringpflicht und Holschuld gilt für alle.. 113		13.2.4	Anforderungen an die Einführung von MbO 188
12.1.6	Schlechte Informationstätigkeit beschädigt Vertrauen 114			Literatur 190
12.1.7	Informationswege 115		13.3	Mitarbeitende beurteilen .... 192 *Birgit Werkmann-Karcher*
12.1.8	Informationsmittel 116			
12.1.9	Informieren in Krisensituationen 120		13.3.1	Grundlagen und Systematik der Mitarbeitendenbeurteilung 192
12.1.10	Zehn Grundregeln des Informierens .. 120			
	Literatur 122		13.3.2	Kommunizieren der Beurteilung 207
12.2	Wissensmanagement und Lernen in Organisationen .... 123 *Philipp Sacher*			Literatur 214

Das Management komplexer Führungssituationen

12.2.1	Führungsperson als Rollenträger des Lernens 124			
12.2.2	Zum Schluss eine Sammlung methodischer Impulse 135			
	Literatur 144			
12.3	Motivation .... 145 *Hansjörg Künzli*		**14**	**Projektmanagement** .... 217 *Heinz Vetter*
12.3.1	Einleitung 145		14.1	Systemisches Verständnis von Projekt- management 219
12.3.2	Motivation und Motivieren 145		14.2	Was ist ein Projekt 219
12.3.3	Rahmenmodell motivierten Handelns – Motivation als Produkt von Person und Situation 146		14.2.1	Definitionen von Projekt 219
			14.2.2	Merkmale eines Projekts 220
			14.2.3	Projektarten – oder Projekt ist nicht gleich Projekt 220
12.3.4	Intrinsische und extrinsische Motivation – Wege oder Ziele?................ 148		14.3	Was ist Projektmanagement? 223
12.3.5	Führung und Motivation 149		14.3.1	Definition von Projektmanagement 223
	Literatur 158		14.3.2	Was macht Projektmanagement aus? ... 223
13	**Fordern und Fördern** 159		14.3.3	Historische Entwicklung des Projekt- managements 224
13.1	Delegation .... 160 *Iris Boneberg*		14.4	Systemisches Projektmanagement 224
			14.4.1	Zusammenhänge im Überblick 224
13.1.1	Dein Handeln sei von Dir bestimmt ... 160		14.4.2	Projekt und Projektumfeld 228
13.1.2	Auftragserteilung und Delegation 161		14.4.3	Beziehung zum Auftraggeber ist essenziell 229
13.1.3	Was kann, soll und muss ich delegieren und was nicht? 162			

14.4.4	Klar vereinbarte Projektziele	231	15.2.6	Idealtypischer Ablauf von Veränderungsprozessen	280
14.4.5	Projektauftrag als Kernelement des Projektmanagements	232		Literatur	284
14.4.6	Geeignete Strukturen sind lebenswichtig für ein Projekt	234	15.3	Strategisches Denken und Planen . . . . *Heinz Vetter u. Carin Mussmann*	285
14.4.7	Projektkultur – Stiefkind des Projektmanagements	237	15.3.1	Neue Strategien als Antwort auf Wandel	286
14.4.8	Rollen und ihre Dynamik in Projekten . .	238	15.3.2	Strategische Neuausrichtung – ein Fallbeispiel	286
14.4.9	Schlüsselrolle des Projektleiters	240	15.3.3	Was ist eine Strategie?	288
14.4.10	Rollen »Projektmitglieder« und die Projektgruppe	241	15.3.4	Strategie und Vision	292
14.4.11	Basisprozesse verwandeln Input in Output	242	15.3.5	Strategieentwicklung als Problemlösungsprozess	295
14.4.12	Projektplanung – mehr als eine Notwendigkeit	243	15.3.6	Beispiele für analytische Vorgehensweisen	299
14.4.13	Projektsteuerung – oder wie man das Projekt auf Kurs hält	245	15.3.7	Kritik an der traditionellen strategischen Planung	301
14.4.14	Projektcontrolling – Grundlage für die Projektsteuerung	246	15.3.8	Unterscheidung von strategischem Denken und strategischem Planen . . .	302
14.4.15	Methoden und Instrumente – äußerst wichtige Hilfsmittel	246	15.3.9	Strategieumsetzung als Veränderungsprozess	303
14.4.16	Kommunikation, Information und Dokumentation – Blutkreislauf des Projektmanagements	247	15.3.10	Rolle des mittleren und unteren Managements im Strategieprozess . . .	308
	Literatur	249	15.3.11	Verschiedene Arten von Strategien . . .	308
			15.3.12	Neuere Entwicklungen des strategischen Denkens	309
15	**Veränderungsmanagement**	**251**	15.3.13	Strategisches Denken in Non-Profit-Organisationen	310
15.1	Psychologische Konsequenzen von Veränderungen . . . . *Thomas Steiger u. Brigitta Hug*	252		Literatur	312
15.1.1	Selbstverständlichkeit des Wandels . . .	252	**16**	**Konfliktmanagement** . . . . *Eric Lippmann*	**315**
15.1.2	Veränderung und Angst	255	16.1	Konflikte in Organisationen	316
15.1.3	Veränderungen in Organisationen	259	16.2	Konfliktdefinitionen	317
	Literatur	267	16.3	Funktionalität von Konflikten	318
15.2	Methoden der Gestaltung von Veränderungsprozessen . . . . *Thomas Steiger*	267	16.4	Konfliktarten	319
			16.4.1	Klassifikation nach Ebenen	320
15.2.1	Management von Veränderungsprozessen	268	16.4.2	Klassifikation nach Konfliktgegenständen: »Issues«	325
15.2.2	Ziele und Aufgaben des Veränderungsmanagements	269	16.4.3	Klassifikation nach der Äußerungsform	327
15.2.3	Methoden des Veränderungsmanagements	269	16.5	Konflikteskalation	330
			16.5.1	Konflikteskalationsmechanismen	330
15.2.4	Vorteile und Bedingungen partizipativer Veränderungsstrategien	277	16.5.2	Eskalationsstufen	331
15.2.5	Veränderungsmanagement setzt Projektmanagement voraus	279	16.6	Konfliktmanagement als Führungsaufgabe	334
			16.6.1	Grundstrategien zur Lösung von Konflikten	334
			16.6.2	Verhaltensmuster in Konfliktsituationen	339
			16.6.3	Harvard-Konzept	342

16.6.4	Mediation als spezifisches Verfahren des sachgerechten Verhandelns 353	**18**	**Macht und Mikropolitik** .... 381 *Michael Zirkler*
	Literatur 357	18.1	Konzepte der Macht 383
		18.1.1	Einführung 383
17	**Diversity Management** 359	18.1.2	Machtkonzepte nach Weber 384
	Nathalie Amstutz u. Catherine Müller	18.1.3	Machtkonzepte nach Foucault 386
17.1	Diversität der Gesellschaft – Diversität der Organisation 360	18.1.4	Machtkonzepte nach Crozier und Friedberg 388
17.1.1	Gesellschaftlich-demografische Entwicklung 360	18.1.5	Bedeutung der Konzepte für die Praxis .. 391
		18.2	Mikropolitik 392
17.1.2	Diversity Management 361	18.2.1	Organisation und Politik 392
17.2	Diversity-Politik: Recht, Leitbild und Strategie 362	18.2.2	Ansatz von Neuberger 393
		18.2.3	Strategie und Taktik 394
17.2.1	Rechtlicher Rahmen 362	18.3	Umgang mit Macht 396
17.2.2	Diversity-Policies der Organisationen ... 364	18.3.1	Phänomene der Macht 396
17.2.3	Wirtschaftliche Argumente für Diversity Management 365	18.3.2	Produktivität von Machthandeln: Macht als Ressource 397
17.3	Diversity Management: Methoden und Instrumente 368		Literatur 398
17.3.1	Diversity Mainstreaming 368		
17.3.2	Praxisinstrument Diversity-Controlling .. 369		
17.3.3	Einzelne Schritte bei der Umsetzung des Diversity-Controlling 371		**Anhang**
17.4	Diversity-Kompetenz: Führungskraft als Schlüsselperson 374		Quellenverzeichnis 402
17.4.1	Führungs- und Diversitykompetenz: Wie stehen sie zueinander? 374		Kurzinformationen 404
			Über die Herausgeber 404
17.4.2	Diversity-Kompetenz: Wissen, Wollen, Können – und Dürfen 375		Über die Autorinnen und Autoren 404
17.4.3	Psychologische Schlüsselkompetenzen im Diversity Management 377		Über den Cartoonisten 411
			Über das IAP Institut für Angewandte Psychologie 411
	Literatur 380		Sachverzeichnis 413

Inhaltsverzeichnis Band I

Grundlagen des Führungsverständnisses

1 Menschenbilder 3
Brigitta Hug
1.1 Entstehung und Funktion von Menschenbildern 4
1.2 Menschenbilder wandeln sich 6
1.3 Menschenbilder in der Organisationslehre 6
Literatur 14

2 Organisationsverständnis 17
Thomas Steiger
2.1 Historische Entwicklung der Organisationsbetrachtung 18
2.2 Traditionelles Organisationsverständnis .. 21
2.3 Organisation als komplexes System 22
2.4 Organisation als soziotechnisches System . 24
Literatur 33

3 Das Rollenkonzept der Führung 35
Thomas Steiger
3.1 Phänomen Führung 36
3.2 Führungserfolg und Führungstheorien .. 37
3.2.1 Was ist Führungserfolg? 37
3.2.2 Entwicklungslinien der Führungsforschung 39
3.3 Führung als Ergebnis einer komplexen Begegnung von Persönlichkeit und Organisation: Das Rollenkonzept ... 46
3.3.1 Begriff der Rolle 46
3.3.2 Rollenübernahme 48
3.3.3 Rollenbezogene Konflikte 52
3.3.4 Rollendistanz, Rollenidentifikation und Gesundheit 52
3.3.5 Rolle als (soziotechnisches) System 53
3.3.6 Erfindung von Führung 56
3.3.7 Führungsaufgaben und Führungsrollen .. 56
Literatur 61

Die aktive Gestaltung der eigenen Führungsrolle

4 Psychologische Grundlagen für Führungskräfte 65
Moreno della Picca u. Mona Spisak
4.1 Einführung 66
4.2 Rahmenmodell: Führungsrolle in Beziehung 68
4.2.1 Einführung 68
4.2.2 Individuelle Ebene: Ich und meine Führungsrolle 68
4.2.3 Dyadische Ebene: Führungskraft und ihr Mitarbeiter 69
4.2.4 Ebene der Gruppe: Führungskraft und ihr Team 70
4.2.5 Ebene der Organisation: Führungskraft und Organisation 71
4.3 Ausgewählte Psychologische Grundlagen 73
4.3.1 Personenwahrnehmung und Urteilsbildung 73
4.3.2 Emotionen 82
4.3.3 Lernen – Lernpsychologische Grundlagen 87
4.3.4 Entwicklung in der Lebensspanne 91
4.3.5 Persönlichkeit 94
4.3.6 Verantwortung und Vertrauen 100
4.3.7 Komplexität – Spannungsfeld mit Widersprüchen 105
Literatur 111

5 Leistung und Verhalten beeinflussen . 113
Thomas Steiger
5.1 Führung als Einflussnahme 114
5.2 Strukturelle Maßnahmen 116
5.3 Instrumentelle Maßnahmen 117
5.4 Prozessuale, interaktionelle Maßnahmen 118
Literatur 120

6	**Führung der eigenen Person** 121	6.4	Entscheidungen herbeiführen 193
6.1	Mit den eigenen Ressourcen haushalten – persönliches Ressourcen-Management für Führungskräfte und die Mitarbeitenden .. 123		*Sieglind Chies u. Heinz Vetter*
	Hans Kernen u. Gerda Meier	6.4.1	Entscheidung als Wahl von Alternativen .. 194
		6.4.2	Entscheiden als Führungsaufgabe 195
6.1.1	Bedeutung von Arbeit und Leistung für die persönliche Entwicklung 124	6.4.3	Einzel- oder Gruppenentscheidungen? ... 197
		6.4.4	Entscheiden als Teil eines Problemlösungsprozesses 198
6.1.2	Persönliche Gesundheit und Life-Balance im Kontext unserer verschiedenen »Lebenswelten« 126	6.4.5	Intuitive und rationale Entscheidungen .. 199
		6.4.6	Entscheidungsmethoden 201
			Literatur 212
6.1.3	Regulation von Belastung und Ressourcen als Schlüsselkompetenz 130	6.5	Präsentation und Rhetorik 213
			Iris Boneberg
6.1.4	Einbezug der persönlichen und Umfeld-Ressourcen: Ressourcen-Modell und Ressourcen-Management 136	6.5.1	Vom Pferdefüttern und Präsentieren 213
		6.5.2	Eine Präsentation vorbereiten 214
		6.5.3	Mit Freude präsentieren 222
6.1.5	Ausgewählte, spezifisch wirksame Ressourcen im betrieblichen Kontext 138	6.5.4	Visualisierung und Medieneinsatz 226
		6.5.5	Ausgewählte Aspekte der Rhetorik 231
6.1.6	Ressourcenmanagement für Führungskräfte und die Mitarbeitenden – wirksame Ansatzpunkte 143		Literatur 235
		7	**Gestaltung der Beziehung zu einzelnen Mitarbeitenden** 237
6.1.7	Ausblick: Betriebliches Ressourcenmanagement – Beeinflussung der strukturellen, kulturellen und Teamfaktoren 145	7.1	Kommunikation 238
			Iris Boneberg
		7.1.1	Kommunikationstheoretische Grundbegriffe 238
	Literatur 148	7.1.2	Kommunikation und Wirklichkeitskonstruktionen 239
6.2	Persönliche Arbeitstechnik 149		
	Christoph Negri	7.1.3	Psychologisches Modell der zwischenmenschlichen Kommunikation 239
6.2.1	Persönliche Arbeitstechnik und ganzheitliches Selbstmanagement 150		
		7.1.4	Zwei Axiome der Kommunikation 244
6.2.2	Persönliche Arbeitstechnik 152	7.1.5	Nonverbale Kommunikation 246
6.2.3	Lebenssinn und Ziele 152	7.1.6	Aspekte der kommunikativen Kompetenz 249
6.2.4	Zielplanung und -findung 153		Literatur 252
6.2.5	Erfassung und Analyse des Ist-Zustandes der persönlichen Arbeitstechnik 154	7.2	Storytelling 253
			Astrid Frielingsdorf
6.2.6	Planung 155	7.2.1	Begriff Storytelling 254
6.2.7	Prioritätensetzung 157	7.2.2	Wert von Geschichten 254
6.2.8	Informationsbewältigung 159	7.2.3	Einsatzbereich von Storytelling 255
6.2.9	Umgang mit E-Mails 160	7.2.4	Kommunikation durch Geschichten 257
	Literatur 162	7.2.5	Aufbau von Geschichten 259
6.3	Systematisches Problemlösen 162	7.2.6	Warum es sich lohnt, Geschichten zu erzählen 261
	Heinz Vetter, Sieglind Chies u. Carin Mussmann		
6.3.1	Problemlösung mit Hilfe von Gruppen ... 163		Literatur 264
6.3.2	Was ist überhaupt ein Problem? 164	7.3	Gesprächsführung 264
6.3.3	Einfache, komplizierte und komplexe Problemsituationen 165		*Eric Lippmann*
		7.3.1	Bedeutung der Kommunikationsfähigkeit 265
6.3.4	Problemlösungszyklus 168	7.3.2	Einflussfaktoren auf die Gesprächsführung 267
6.3.5	Lösungsorientiert Probleme lösen 184	7.3.3	Ablaufschema eines Führungsgesprächs . 268
	Literatur 192		

7.3.4	Gesprächspsychologische Grundsätze für Gespräche mit Mitarbeitern	274	8.3	Meetings moderieren und gestalten .... 350 *Erich Fischer*
7.3.5	Führungsgespräche im Überblick	280	8.3.1	Was ist ein Meeting? ... 350
	Literatur	285	8.3.2	Moderator ... 351
7.4	Feedback, Anerkennung und Kritik ..... 286 *Brigitta Hug*		8.3.3	Vorbereiten von Meetings ... 356
			8.3.4	Start des Meetings ... 360
7.4.1	Feedback in Organisationen	287	8.3.5	Problembearbeitung ... 362
7.4.2	Feedback als Kommunikationsmittel	288	8.3.6	Instrumente ... 365
7.4.3	Einsatz des Führungsinstrumentes »Anerkennung und Kritik«	291	8.3.7	Guter Abschluss ... 371
			8.3.8	Vorsicht Stolpersteine ... 372
	Literatur	298		Literatur ... 375
			8.4	Kreativität und Kreativitätstechniken .... 376 *Eric Lippmann u. André Angstmann*
8	**Gestaltung der Arbeit in und mit Gruppen**	**299**	8.4.1	Begriff »Kreativität« ... 376
8.1	Arbeitsgruppen im Führungsprozess .... 301 *Brigitta Hug*		8.4.2	Parameter der Kreativität ... 377
			8.4.3	Kreativitätstechniken ... 385
8.1.1	Formelle und informelle Gruppen	301		Literatur ... 397
8.1.2	Arbeitsgruppen im Führungsprozess	301	8.5	Gruppenarbeit nach den Regeln der Themenzentrierten Interaktion (TZI) .... 397 *Thomas Steiger (bearbeitet nach Ruth Cohn)*
8.1.3	Gruppe als Sozialisationsfeld	303		
8.1.4	Leistungsvorteile von Arbeitsgruppen	307		
8.1.5	Handlungsfelder der Führungsaufgaben in Arbeitsgruppen	309	8.5.1	Begriff des »living learning« (lebendiges Lernen) ... 398
8.1.6	Gestaltung und Beeinflussung der Gruppenentwicklung	311	8.5.2	Drei grundlegende Axiome und zwei Postulate der TZI ... 400
	Literatur	314	8.5.3	Neun Kommunikationsregeln der TZI 401
8.2	Wie funktionieren Arbeitsgruppen? ..... 315 *Brigitta Hug*		8.5.4	Analyse des Gruppenprozesses ... 402
				Literatur ... 403
8.2.1	Gruppe als soziales System	316		
8.2.2	Aus der Geschichte der Kleingruppenforschung	318		
8.2.3	Klassifizierung von Kleingruppen	319		
8.2.4	Gruppenstrukturen	322		
8.2.5	Gruppenprozesse	328		
8.2.6	Konsequenzen für die Führung und das Arbeiten in betrieblichen Gruppen	333		
8.2.7	Methodische Hilfestellungen für das Führen von betrieblichen Arbeitsgruppen	336		
8.2.8	Virtuelle Teams	342		
	Literatur	349		

Anhang

Quellenverzeichnis 406

Kurzinformationen 408
Über die Herausgeber 408
Über die Autorinnen und Autoren 408
Über den Cartoonisten 415
Über das IAP Institut für Angewandte Psychologie 415

Sachverzeichnis 417

Autorenverzeichnis

Alter, Urs, Dr.
Kinkelstrasse 34, 8006 Zürich,
Schweiz

Amstutz, Nathalie, Prof. Dr.
Hochschule für Wirtschaft Fachhochschule Nordwestschweiz,
Riggenbacherstrasse 16,
4600 Olten, Schweiz

Angstmann, André
askg GmbH,
Leubergerstrasse 10,
8615 Wermatswil, Schweiz

Aschenbrenner, Hannelore
Val Sporz 7, 7078 Lenzerheide,
Schweiz

Boneberg, Iris
Wildeggstr. 29, 9000 St. Gallen,
Schweiz

Burla, Stephan, Dr.
burla management,
Spitalstrasse 40, 4056 Basel,
Schweiz

Chies, Sieglind
Rieter Machine Works Ltd.,
Klosterstrasse 20, 8406 Winterthur,
Schweiz

Fischer, Erich
CORES,
Change Management - Führungsentwicklung – Coaching,
Technikumstrasse 62,
8401 Winterthur, Schweiz

Frielingsdorf, Astrid
Im Trichtisal 7, 8053 Zürich, Schweiz

Hausherr Fischer, Astrid
Siemens Schweiz AG, Human
Resources, Learning Campus,
Freilagerstrasse 40
8047 Zürich, Schweiz

Hug, Brigitta, Dr.
Zollikerstrasse 193, 8008 Zürich,
Schweiz

Kernen, Hans, Dr.
Kernen Resource Management AG,
Bergstrasse 20,
8700 Küsnacht/Zürich, Schweiz

Künzli, Hansjörg
Zürcher Hochschule für Angewandte Wissenschaften (ZHAW),
Minervastrasse 30, 8032 Zürich,
Schweiz

Lippmann, Eric, Prof. Dr.
Institut für Angewandte
Psychologie (IAP) Zürich,
Merkurstrasse 43, 8032 Zürich,
Schweiz

Meier, Gerda
Kernen Resource Management AG,
Bergstrasse 20,
8700 Küsnacht/Zürich, Schweiz

Müller, Catherine
Organisationsberatung *move*,
Kreuzenstrasse 33, 4500 Solothurn,
Schweiz

Mussmann, Carin, Dr.
Organisationsberatung
und Coaching,
Sillerwies 8a, 8053 Zürich, Schweiz

Näf, Hans-Peter, Dr.
Baumgartenweg 5,
8471 Rutschwil, Schweiz

Negri, Christoph
Institut für Angewandte
Psychologie (IAP) Zürich,
Merkurstrasse 43, 8032 Zürich,
Schweiz

della Picca, Moreno
Sonnhalde 1, 8803 Rüschlikon,
Schweiz

Sacher, Philipp, Prof.
Bildung und Beratung GmbH,
Untere Kohliweidstrasse 35,
4656 Starrkirch-Wil, Schweiz

Spisak, Mona
Interdisziplinäre Beratergruppe
Zürich IDBZ,
Tödistrasse 38, 8002 Zürich, Schweiz

Steiger, Thomas, Dr.
Wannenstrasse 54, 8610 Uster,
Schweiz

Vetter, Heinz, Dr.
CORES, Change Management -
Führungsentwicklung - Coaching,
Technikumstrasse 62,
8401 Winterthur, Schweiz

Werkmann-Karcher, Birgit
Institut für Angewandte
Psychologie (IAP) Zürich,
Merkurstrasse 43, 8032 Zürich,
Schweiz

Zirkler, Michael, Prof. Dr.
Zürcher Hochschule für
Angewande Wissenschaften,
Departement Angewandte
Psychologie,
Minervastrasse 30, 8032 Zürich,
Schweiz

Die Gestaltung von Rahmenbedingungen für die erfolgreiche Rollenübernahme der Mitarbeitenden

9 Beratung und Coaching im Einzel- und Gruppensetting – 3

10 Organisation als Führungsaufgabe – 25

11 Mitarbeitende gewinnen und entwickeln – 51

12 Schaffung wissensmäßiger und emotionaler Voraussetzungen für die Zusammenarbeit – 107

13 Fordern und Fördern – 159

9 Beratung und Coaching im Einzel- und Gruppensetting

Eric Lippmann

9.1 Was ist Beratung? – 4
9.1.1 Professionelle Beratung – 5
9.1.2 Anlässe für Beratung – 6
9.1.3 Experten-, Prozess- und Komplementärberatung – 7

9.2 Ablauf und Design von Beratungsprojekten – 8

9.3 Formen von Beratung – 13
9.3.1 Unternehmensberatung, Organisationsberatung und -entwicklung – 13
9.3.2 Supervision und Coaching – 14

9.4 Suche und Auswahl von Beratern – 19

9.5 Führungskraft als Coach? Möglichkeiten und Grenzen – 21

Literatur – 22

AUF EINEN BLICK

Wenn Führungskräfte heute im Rahmen ihrer Tätigkeit mit verschiedenen Formen der Beratung in Berührung kommen, so ist es wichtig, dass sie sich als Kunden »kundig« fühlen bezüglich der Qualitätsaspekte von solchen Dienstleistungen. Dieses Kapitel geht zuerst der Frage nach, was professionelle Beratung ausmacht und welches die zentralen Anlässe für Beratungen sein können. Die Beschreibung von Ablauf und Design von Beratungsprojekten geben eine Orientierung, welches die wichtigen Phasen in einem Beratungsprozess sind. Um je nach Situation die richtige Beratungsform wählen zu können, werden die wichtigsten Settings der Einzel- und Gruppenberatung beschrieben. Einige Hinweise zu Suche und Auswahl von Beratern unterstützen die Führungskraft darin, auf die wesentlichen Punkte zu achten. Der letzte Abschnitt setzt sich kritisch mit dem Modewort »Führungskraft als Coach« auseinander und zeigt Möglichkeiten und Grenzen der Beratung aus der Führungsrolle auf.

9.1 Was ist Beratung?

Führungskräfte kommen im Rahmen ihrer Tätigkeit mit verschiedenen Formen der Beratung in Berührung. Die Beratungsbranche hat sich in den letzten Jahren immer mehr ausdifferenziert, so dass es nicht einfach ist, sich bei Beratungsbedarf in dem »Dschungel« zurechtzufinden. Dazu kommt, dass die Beratungsbranche nicht nur in positivem Licht dargestellt wird. In diesem Kapitel wird deshalb der Frage nachgegangen, was professionelle Beratung ausmacht und welches die wichtigsten Anlässe für Führungskräfte sein können, Beratung in Anspruch zu nehmen. Je nach Anlass können drei Hauptformen der Beratung in Organisationen unterschieden werden, die Prozess- und die Expertenberatung sowie Kombinationen davon.

Beratung steht heute als Oberbegriff für viele Formen der Hilfe. Was eigentlich genau im Rahmen der Beratung geschieht und zu welchen Ergebnissen sie führen soll, kann als gemeinsame Definition der beteiligten Akteure verstanden werden. Deshalb sind die Vorstellungen und das Verständnis von Beratung sehr unterschiedlich (Müller et al. 2006, S. 26). Beraten wird in der Regel klar unterschieden von Führen und Entscheiden. Bei einem Beratungsprojekt stehen sich zwei soziale Systeme in Interaktion gegenüber bzw. kommunizieren miteinander (Königswieser & Hillebrand 2004): das Klientensystem (KS) und das Beratersystem (BS) (◘ Abb. 9.1). Dabei kann es sich beim Klientensystem um eine (in einen organisationalen Kontext eingebundene) Einzelperson oder um mehrere Personen handeln (Teams, Abteilungen, Organisationseinheiten), Auftraggeber eingeschlossen. Je nach Komplexität der Beratung kann das Beratersystem aus einer Person oder mehreren bestehen. Während des Beratungsprojektes etabliert sich ein drittes System, das Berater-Klienten-System (BKS), das seinerseits als soziotechnisches System (▶ Abschn. 2.4.) verstanden werden kann.

Beratung als interaktives Geschehen

Beratung ist somit kein fertiges Produkt, sondern interaktives Geschehen: erst durch den Abschluss eines Beratungsvertrages erklären beide Syste-

9.1 · Was ist Beratung?

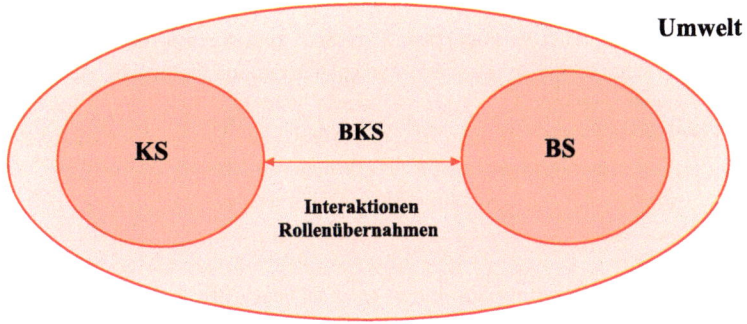

Abb. 9.1. Berater-Klienten-System (BKS)

me das jeweils andere System als relevante Umwelt und erst damit können sich die entsprechenden Rollen im BKS mit den damit verbundenen Erwartungen herauskristallisieren. Die Umwelten (vom KS, BS und BKS) sind dabei auch relevant, wenn es um die Beurteilung geht, ob die Beratung insgesamt als »sinnvolles Geschehen« betrachtet wird.

9.1.1 Professionelle Beratung

Auch wenn es in der Literatur kontrovers diskutiert wird, so wird in der Regel davon ausgegangen, dass in der professionellen Beratung das Beratungssystem vom Kundensystem getrennt ist (vgl. etwa Titscher 1997, S. 30). In den meisten Fällen bedeutet dies Beratung durch externe Personen oder durch Angehörige einer internen Spezialabteilung, was jedoch nur in größeren Organisationen möglich ist. Mit dieser Forderung wird auch die Frage beantwortet, ob die Führungskraft ihre eigenen Mitarbeitenden professionell beraten kann. Gerade weil »die Führungskraft als Coach« in letzter Zeit wieder vermehrt in Mode gekommen ist, soll dieser Frage am Schluss dieses Kapitels noch detaillierter nachgegangen werden.

Professionelle Beratung im beruflichen Kontext wird an dieser Stelle wie folgt verstanden:

professionelle Beratung

> **Definition**
> Beratung im beruflichen Kontext kann verstanden werden als
> - professionelle Form von Beratung von Individuen oder Organisationen (bzw. Organisationseinheiten)
> - mit Fokus auf das Spannungsfeld Person – Rollen – Organisation – Umwelt,
> - in der vom Kundensystem definierte Anliegen heraus- bzw. bearbeitet werden,
> - in der entsprechende Ziele definiert werden, für und bei deren Erreichung das Kundensystem vom Beratersystem unterstützt wird,
> - auf der Basis einer tragfähigen, kooperativen, für beide Seiten als sinnhaft und »zieldienlich« erlebten Beratungsbeziehung,
> ▼

Definition: Beratung

> - in (meist durch Verträge) definierten Setting(s), durch ein Beratersystem mit für die Anliegen erforderlichen Beratungs-, evtl. Sach- und Feldkompetenzen,
> - mit einem Beratersystem, das auf der Basis eines Beratungskonzeptes agiert, das den Beratungsprozess, die eigene Rolle und das jeweilige Vorgehen transparent und »zieldienlich« gestaltet.

Ziel einer Beratung

Ziel ist bei jeder Beratung, zumindest graduell bearbeitbare, konkrete Anliegen herauszukristallisieren und schrittweise zu bearbeiten, so dass das Kundensystem möglichst (rasch wieder) ein hilfreiches Erleben von Kompetenzen entwickelt. Zudem soll die Kompetenz erhöht werden, damit das Kundensystem die Entscheidung treffen kann, die für das jeweilige Anliegen zieldienlich ist.

Anlässe für Beratung

9.1.2 Anlässe für Beratung

– explizite

– implizite

Beratung kann verschiedene Funktionen übernehmen, die explizit aber auch implizit sein können. Zu den expliziten Funktionen der Beratung gehören die, welche im Berater-Klienten-System offen ausgehandelt sind, während die impliziten hintergründig verfolgt und nicht offen deklariert werden (»hidden agenda«). Meistens kann davon ausgegangen werden, dass eine Mischung von beiden vorhanden ist. Einige wichtige offizielle Anlässe für Beratung in Organisationen seien hier kurz aufgelistet ◘ Tab. 9.1; vgl. dazu auch Müller et. al. 2006, S. 32 ff.; Titscher 1997, S. 15 ff.):

◘ Tab. 9.1. Anlässe für Beratung

Diagnose	Erstellen einer Diagnose des Unternehmens oder von Subeinheiten
Informationen	Beschaffung, Vermittlung und Interpretation von externen und internen Informationen Nutzen von Erfahrungen aus der Bearbeitung ähnlich gelagerter Problemstellungen in anderen Unternehmen
Entscheidungen	Entscheidungsvorbereitung (Bereitstellen von Information, Begleiten des Willensbildungsprozesses und der Entscheidungsfindung) Absicherung von Entscheidungen durch Erstellen einer Analyse bzw. eines Gutachtens (Durchsetzungs- und Legitimationsfunktion)
Veränderungen	Anstoß bekommen für Veränderungen Stimulation und Begleitung von Veränderungsprozessen
Innovation	Mobilisieren kreativen Potenzials Verteilung von neuem Wissen in der Organisation Unterstützung bei Lernprozessen
Kapazitätserweiterung	Zeitweise Ergänzung von Kompetenzen (qualitative und quantitative) im Unternehmen kostengünstige Bewältigung von Nicht-Routine-Aufgaben schneller Zugang zu speziellen Problemlösungstechniken
Neutralität	Bei kontroversen und konfliktträchtigen Ansichten oder Auseinandersetzungen neutrale Meinung bzw. Begleitung und Schlichtung im Hinblick auf Interessensausgleiche

9.1.3 Experten-, Prozess- und Komplementärberatung

Je nach Anlass ist es auch sinnvoll, die von Schein (2000) eingeführte Unterscheidung in Experten- und Prozessberatung als Orientierung zu nehmen, um die Erwartungen an die Beratung zu präzisieren.

Expertenberatung

Expertenberatung ist dadurch gekennzeichnet, dass das Kundensystem das Anliegen bzw. Problem an das Beratersystem delegiert zur Bearbeitung bis hin zu Lösungsvorschlägen. Häufig findet sich diese Art der Beratung in Gebieten wie etwa Informatik, Ingenieurwesen (inkl. Architektur), Recht (inkl. Steuern) und Betriebswirtschaft. Doch auch im persönlichen oder interpersonellen Bereich erwarten Kunden oft konkrete Lösungsvorschläge.

Die Expertenberatung setzt voraus, dass das Kundensystem das Problem richtig erkannt hat, weiß, welches Spezialistentum es dafür braucht und klar kommuniziert, welche Art Lösung benötigt wird. (»Ich sage Dir, welches Problem ich habe, und Du lieferst mir dafür die Lösung.«) Als Variante davon kann das »Arzt-Patient-Modell« betrachtet werden, bei dem sogar die Verantwortung für die richtige Problemdiagnose dem Beratersystem delegiert wird. (»Ich sage Dir, wo es weh tut und Du sagst mir was es ist und lieferst mir das Rezept zur Lösung.«)

Beide Formen der Expertenberatung bedingen, dass die Lösung vom Kundensystem akzeptiert und auch angewendet wird. Dies setzt voraus, dass keine unangenehmen Nebenwirkungen zu erwarten sind, ansonsten wird die Lösung vermutlich abgelehnt.

Expertenberatungen eignen sich somit vor allem bei sehr sachorientierten Problemen, bei denen im Kundensystem kein Know-how vorhanden ist und auch nicht aufgebaut werden kann oder soll. Der Vorteil eines externen Experten kann darin liegen, dass er tatsächlich neutral, frei von organisationsinternen Machtspielen eine sachorientierte Lösung ausarbeiten kann. Eine erfolgreiche Umsetzung bedingt dann aber, dass das Beratersystem auch bei allfälligen Folgeproblemen Unterstützung leistet.

Damit sind wir bei den hauptsächlichen Gefahren und Nachteilen der Expertenberatung: Die Organisation lernt selber wenig dazu und bleibt in der Regel abhängig vom externen Expertenwissen. Damit erhöht sich auch die Gefahr, dass das Beratersystem zu einer Entscheidungsmacht wird (»Ersatzmanagement«) und bei Misslingen wird die Schuld in der Regel gegenseitig hin- und hergeschoben. Zudem werden reine Expertenberatungen der Komplexität von Organisationen als soziotechnische Systeme in der Regel zu wenig gerecht, da es bei der Realisierung von Lösungen neben den Sachaspekten sehr oft auch um weiche Faktoren geht, die sich jedoch weniger genau bestimmen lassen.

Prozessberatung

Als Hauptunterschied zur Expertenberatung behält das Kundensystem während des ganzen Beratungsprozesses die volle Verantwortung für das Anliegen bzw. die Problemstellung und erarbeitet mithilfe des Beratersystems angemessene Lösungen dafür. (»Du hilfst mir das Problem zu definieren und dafür Lösungen zu erarbeiten.«) Diese Vorstellung geht davon aus, dass das Kundensystem letztlich am besten weiß, was es an Lösungen brauchen und umsetzen kann, da es auch die Konsequenzen zu verantworten hat.

Das Beratersystem hilft dem Kundensystem, die prozesshaften Ereignisse in der Umwelt wahrzunehmen, adäquat zu interpretieren und zu verstehen und ihnen angemessen zu begegnen (im Handeln). Damit trägt das Beratersystem die Verantwortung für den Beratungsprozess und nicht für das Ergebnis bzw. dessen Umsetzung. Das Kundensystem wird darin unterstützt, die ihm zur Verfügung stehenden Ressourcen zu nutzen, nicht vorschnell mögliche Informationen und Lösungsmöglichkeiten auszublenden und somit die Wahlfreiheit optimal zu erhöhen, eine Lösung zu finden, die als die eigene akzeptiert wird. Damit erhöht sich ebenfalls die Chance, dass die Lösung effektiv umgesetzt wird.

Die Prozessberatung verfolgt letztlich das Ziel, dem Kundensystem das Diagnose- und Interventions-Know-how zu vermitteln, damit es befähigt wird, die Organisation selbst sukzessive zu verbessern. Das Schlagwort »Hilfe zur Selbsthilfe« bzw. das Sprichwort »Statt den Menschen Fische zu geben, sollte man ihnen das Fischen beibringen« bringen diesen Ansatz auf den Punkt.

Es geht also darum, die Lernfähigkeit des Kundensystems zu erhöhen, damit es zukünftige Probleme selbst lösen kann. Expertenberatung steht daher eher für »single-loop«-Lernen, Prozessberatung für »double-loop«-Lernen, also das Lernen zu lernen (▶ Abschn. 12.2.).

Integration von Fach- und Prozessberatung

Koplementärberatung:
Integration von Fach- und Prozessberatung

Da in der Realität weder die Experten-, noch die Prozessberatung in »Reinform« zur Anwendung kommen, plädieren in letzter Zeit immer mehr Berater dafür, die Trennung aufzuheben und eine sinnvolle Integration anzustreben (Titscher 1997, S. 41 f.). Eine Vertreterin der systemischen Prozessberatung hat dafür den Begriff der Komplementärberatung genommen. Sie vertritt klar die Ansicht, dass sich die Prozessberatung verstärkt um das Fachwissen relevanter Geschäftsprozesse wird kümmern müssen. Ebenso wird es umgekehrt nötig sein, dass sich die Expertenberater Prozess-Know-how aneignen, um Konzepte rascher und nachhaltiger umsetzen zu können. »In der Bündelung beider Know-how-Bereiche« liegt demnach die Zukunft von Beratung (Königswieser & Hillebrand 2004, S. 119).

9.2 Ablauf und Design von Beratungsprojekten

Ablauf und Design von Beratungsprojekten

Da professionelle Beratungen einen genau bestimmten Anfang und ein klares Ende haben sollen und einen Auftrag(geber) haben, können sie wie ein Projekt betrachtet werden (▶ Kap. 14 und ▶ Abschn. 15.2.6). Wie Beratungsprojekte im Einzelnen geplant oder designt werden und wie sie konkret ablaufen, hängt natürlich vom jeweiligen Auftrag und den jeweiligen Erfahrungen des Kunden- und Beratersystems ab. Im Folgenden wird ein idealtypischer Ablauf eines Beratungsprojektes dargestellt mit möglichen einzelnen Schritten

9.2 · Ablauf und Design von Beratungsprojekten

Tab. 9.2. Ablauf und Design von Beratungsprojekten

Mögliche einzelne Schritte	Typische Phasen
1. Erste Annahme, Überlegungen des KS	Einstieg, Kontakt und Kontextklärung
2. Anfrage, erste Hypothesen des BS	
3. Erstkontakt	
4. Definition des Problems/Anliegens	
5. Auftrag Beratungsprojekt (inkl. Kommunikationskonzept)	Vereinbarungs- und Kontraktphase; Aufbau einer Arbeitsbeziehung
6. Diagnose (Datenerhebung)	Ist (Situation) und Soll (Ziele) herausarbeiten
7. Datenaufbereitung, Hypothesen	
8. Datenrückspiegelung, gemeinsame Diagnose	
9. Auftrag zur Konzeptentwicklung, Maßnahmenplanung mit entsprechenden Interventionsstrategien (z. B. Pilotprojekte, Teilprojekte) als Grundlage für:	Lösungen entwickeln und
10. Entscheidung	Entscheiden
11. Implementierung	Umsetzung sichern
12. Auswertung, Abschluss und Evaluation	Auswertung, Abschluss und Evaluation

(die natürlich je nach Beratungsart stark variieren) und den dazugehörenden typischen Phasen (Tab. 9.2).

1. Erste Annahmen und Überlegungen im Klientensystem (KS)

1) erste Annahmen

Anlass ist in der Regel eine Situation oder Sachlage, die als nicht optimal erlebt wird und den Wunsch nach Veränderung generiert. Hier treten möglicherweise auch schon Überlegungen auf, dass für Veränderungen die Unterstützung durch eine Beratung sinnvoll sein könnte. Nur beeinflusst schon die Frage, wer überhaupt die Idee einer Beratung (als ein Lösungsversuch neben vielen denkbaren) vorgebracht hat, die Vorstellung darüber, welche Bedeutung der Beratung zukommt (z. B. Unterwerfungsritual, Schuldzugeständnis, Versagensvorwürfe oder besonderes Privileg, sich das leisten zu können usw.). Auch der Prozess des Suchens und Findens eines Beraters (Empfehlung, durch wen? Verordnung, mit oder ohne Wahlfreiheit? Langwierige Suche mit evtl. Wartezeit?) hat Einfluss darauf, wie die Beratung aufgenommen wird.

> Gefahren: Klienten haben schon fertige Lösungen im Kopf oder machen nur gezielte Vorsondierungen im Sinne von »man hört nur, was man hören will«.

2. Anfrage, erste Hypothesen im Beratersystem (BS)

2) erste Hypothesen als Teil der »systemischen Schlaufe«

Nach einer meist telefonischen Kontaktaufnahme ist es sinnvoll, dass sich das Beratersystem Hypothesen vor dem ersten Treffen bildet (Titscher 1997, S. 75 f.). Damit beginnt ein Prozess, den Königswieser die »systemische Schlaufe« nennt (Königswieser & Hillebrand 2004, S. 45 ff.) und der als Basismodell für alle Teilschritte in der Beratung dient: Informationen sammeln,

Hypothesen bilden, Interventionen planen und durchführen, erneut Informationen sammeln usw. Die Hypothesen aufgrund der ersten Anfrage sind die Basis, von der aus das Beratersystem die Situation des Erstkontakts gestaltet.

3. Erstkontakt
Beim Erstkontakt geht es darum, dass beide Seiten die gegenseitigen Erwartungen benennen, um am Schluss entscheiden zu können, ob sie sich eine Beratung vorstellen, einen Auftrag formulieren und eine Vereinbarung treffen können (▶ Abschn. 9.4).

4. Definition des Problems/Anliegens
Hier werden in der Regel die expliziten Gründe für die Beratung genannt (▶ Abschn. 9.1.2), kaum jedoch die impliziten bzw. solche, die ein Tabu berühren. Eine allererste Kategorisierung des im Erstkontakt genannten Problems kann nach den in ◘ Abb. 9.2 dargestellten Typen erfolgen. Damit wird vorsondiert, welche Beratungsart angebracht ist. Aus der Definition des Problems sollte hervorgehen, wer bzw. welche Stelle welche Beziehung zum Problem hat. Erst nach der Beantwortung dieser Frage kann man daran gehen, das Klientensystem und das Beratersystem zu definieren und zu klären, wer Auftraggeber ist.

> Gefahren: Oft werden genaue Vereinbarungen nicht für nötig empfunden; dies erhöht jedoch die Wahrscheinlichkeit für spätere Missverständnissen und Konflikte.

5. Auftrag
Wenn beide Seiten nach der Kontaktphase beschließen, in einen Beratungsprozess einzusteigen, dann kann entweder in einem weiteren Gespräch oder

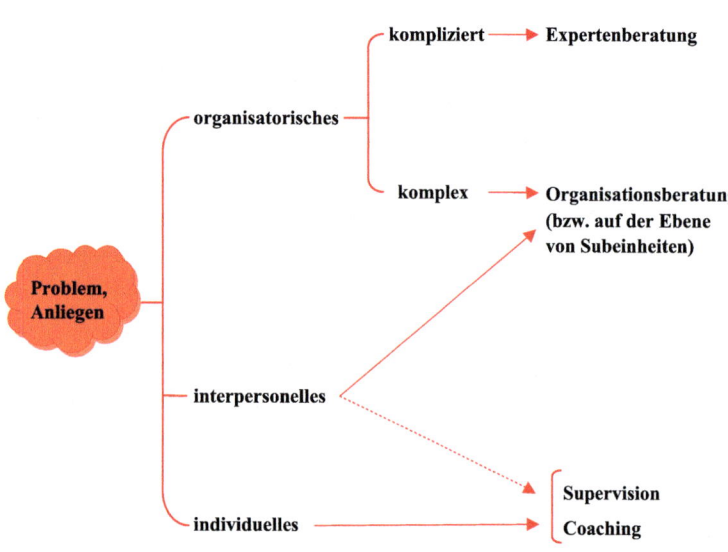

◘ **Abb. 9.2.** Erste Problemklassifikation mit Beratungsindikation

9.2 · Ablauf und Design von Beratungsprojekten

bei einfacheren Projekten gleich im Anschluss daran der Auftrag detailliert vereinbart werden (▶ Abschn. 9.4). Die Kontakt- und Vertragsphasen bilden gewissermaßen den Boden, auf dem die eigentliche Beratungsarbeit fortgesetzt wird. Als äußeren Rahmen werden sie für das gesamte Projekt festgelegt. Bei jedem einzelnen Teilprojekt geht es aber immer wieder darum, dafür konkrete Anliegen und Vorgehensweisen zu vereinbaren.

> Gefahren: Es werden gesamtheitliche Beratungsdesigns angeboten, ohne dass im Vorfeld genügend klar ist, welches die eigentlichen Probleme im Kundensystem sind. Bei größeren Beratungsprojekten empfiehlt es sich deshalb, einen Vertrag vorzuschlagen und anzubieten, der nur die Diagnose umfasst (vgl. ausführlicher dazu Titscher 1997, S. 78), um spätere Schritte dann separat zu vereinbaren.

6. Diagnose »Keine Maßnahme ohne Diagnose« lautet einer der Grundsätze bei der Beratung von Veränderungsprojekten (vgl. Doppler & Lauterburg 1994, Kap. 3; Titscher 1997, S. 133). Wie umfangreich die Diagnose sein soll und mit welchen Methoden gearbeitet wird, hängt stark vom Auftrag ab.

6) Diagnose

> Gefahren: Falsche Methoden, falsche Fragen führen zu »falschen Daten«. Deshalb ist es zentral, in dieser Phase sehr sorgfältig vorzugehen. Es würde den Umfang hier sprengen, genauer auf die Diagnose einzugehen. Dabei sei aber ausdrücklich betont, dass qualitativ gute Diagnosen zentraler Bestandteil einer wirksamen Beratung sind. Eine der Hauptgefahren besteht darin, diesem Teil zu wenig Bedeutung beizumessen. Da aber die meisten Beratungsbücher der Diagnose viel Platz einräumen, verweisen wir auf die entsprechende Literatur (z. B. Doppler & Lauterburg 1994; Schmidt & Berg 1995; Titscher 1997; Glasl et al. 2005).

7. Datenaufbereitung, Hypothesen formulieren

7) Datenaufbereitung, Hypothesen formulieren

Aus der Menge der Daten gilt es nun, in einem zentralen Schritt die Daten angemessen aufzubereiten und Hypothesen zu formulieren, damit dem Kundensystem eine Grundlage geboten werden kann, um das weitere Vorgehen bestimmen zu können. Dabei ist es eine der Hauptleistungen einer professionellen Beratung, aus der Fülle der Daten das »Wesentliche« herauszukristallisieren.

8. Datenrückspiegelung, gemeinsame Diagnose

8) Gemeinsame Diagnose

In der Regel werden die Ergebnisse aus der Datenaufbereitung allen Mitgliedern des Kundensystems zurückgemeldet, die an der Datenerhebung mitgewirkt haben. Aufgrund dieser Rückspiegelung erstellt das Berater-Klienten-System eine gemeinsame Diagnose. Diese bildet die Grundlage für das weitere Vorgehen, beispielsweise das Erarbeiten von Maßnahmen zur Stärkung der vorhandenen Ressourcen und um die aufgeführte Defizite bezogen auf die Problemstellung zu beheben.

> Gefahren: Heikle Daten werden nicht zurückgemeldet oder landen im »Giftschrank« oder es werden nur Sichtweisen von bestimmten Interessensgruppen, in der Regel der »Mächtigen«, favorisiert.

9. und 10. Auftrag zur Konzeptentwicklung, Maßnahmenplanung und Entscheidungsfindung

9) und 10) Auftrag zur Konzeptentwicklung, Maßnahmenplanung und Entscheidungsfindung

Häufig ergeben sich Hinweise für neue Lösungen aus der Diagnose, und das Kundensystem fühlt sich selber dazu in der Lage, die weiteren Schritte einzuleiten. In diesem Fall kann die Beratung beendet werden. Andernfalls ist es sinnvoll, an dieser Stelle einen neuen Beratungsauftrag auszuhandeln, sei es wieder für die unmittelbar nächsten Schritte oder aber für eine Begleitung bis hin zur Auswertung und Evaluation des Projektes. Mögliche nächste Schritte sind das Ausarbeiten von Maßnahmen zur Zielerreichung mit den entsprechenden Interventionen (»Bis wann muss was geschehen?«, z. B. Teil- oder Pilotprojekte), die dann als Grundlage dienen, um zu entscheiden, welche Lösungen definitiv umgesetzt werden sollen. Manchmal wünscht ein Kundensystem auch nur Begleitung in der Entscheidungsphase.

> Gefahren: Man konzentriert sich nur auf Lösungen in Richtung Veränderung und achtet zu wenig auf »das Gute im Schlechten« bzw. auf Kräfte im Kundensystem, die gute Gründe haben, am Bestehenden festzuhalten. Zudem läuft man Gefahr, alles Bisherige abzuwerten und so Widerstand gegen angestrebte Lösungen zu verstärken. Deshalb geht es bei der Ausarbeitung bzw. beim Entscheiden von Lösungen darum, einen optimalen Interessensausgleich der wichtigsten Kräfte im Kundensystem anzustreben. Das heißt jedoch nicht, einen faulen Kompromiss einzugehen, manchmal erfordert der »Zeitwettbewerb« auch die Unterstützung der »mutigen« Kräfte im System (vgl. Doppler & Lauterburg 1994, S. 109).

11. Umsetzung sichern

Der Erfolg einer Beratung misst sich nicht zuletzt daran, ob die Lösungen, für die sich das Kundensystem entschieden hat, in der Praxis auch umgesetzt werden können. Deshalb ist dieser Phase besondere Aufmerksamkeit zu schenken und es empfiehlt sich, im Beratungsdesign zu berücksichtigen, in welcher Form eine Unterstützung seitens des Beratersystems sinnvoll ist.

> Gefahren: Das Kundensystem wird sich in dieser Phase (oft auch nach eigenem Wunsch) selbst überlassen und bevor sich die neuen Lösungen richtig etablieren konnten, schleichen sich alte Muster (die ja oft einen »Wettbewerbsvorteil« haben) wieder ein nach dem Motto: »Es ist alles verändert worden, aber es hat sich nichts geändert.«

12. Auswertung, Abschluss und Evaluation

Abschluss und Auswertung der Beratung sind bereits Inhalt im Erstkontakt und im Beratungsvertrag. Dann wird schon festgelegt, wann für das Kundensystem eine Beratung erfolgreich abgeschlossen ist und woran dieses Ergebnis gemessen wird. Schmidt (2004, S. 132) empfiehlt, mit der Beratung aufzuhören, wenn 60–80% der Anliegen erfüllt sind und nicht erst bei 100%. Entsprechend geht es am Schluss darum, einen Rückblick auf den gesamten Prozess zu machen, eine Evaluation des Projektes vorzunehmen und sich über den möglichen weiteren Kontakt zwischen Kunden- und Beratersystem zu verständigen. Evaluationsprozesse sollten in verschiedenen Phasen der Beratung integriert werden (vgl. König & Vollmer 2002, S. 179 ff.).

9.3 Formen von Beratung

Wie in ▶ Abschn. 9.1.2 angesprochen, ergeben sich je nach Anliegen und Problem- bzw. Themenebenen verschiedene Formen bzw. Settings der Beratung. Einige davon werden in diesem Abschnitt kurz dargestellt.

9.3.1 Unternehmensberatung, Organisationsberatung und -entwicklung

Diese Bezeichnungen sind wenig trennscharf und beinhalten je nach Quelle unterschiedliche Konzepte. Gemeinsam ist ihnen, dass damit Beratungsprojekte gemeint sind, die den Fokus auf die gesamte Organisation (bzw. Organisationseinheiten) legen. Titscher nennt dazu im Wesentlichen drei Anlässe (1997 S. 50):
- eine strategische (Neu-)Positionierung
- Reorganisations- bzw. Veränderungsprojekte, die die Gesamtorganisation umfassen,

- Eigentümerwechsel (Generationenwechsel bei Familienunternehmen, Firmenübernahmen oder Fusionen).

Organisationsberatung

Beratersysteme, die sich auf die Organisation als Ganzes fokussieren, verfügen in der Regel über generelles Wissen über das Managen von Organisationen, ähnlich des innerbetrieblichen Pendants des »General Managers«. Da Beratungsprojekte, welche die gesamte Organisation umfassen, meistens sehr komplex sind, ergibt sich, dass Organisationsberater meistens die Unterstützung von Spezialisten brauchen. Das erfordert entweder die Zusammenarbeit bzw. ein Netzwerk mit anderen Beratersystemen oder den Aufbau einer entsprechenden komplexen eigenen Arbeitsgruppe. Während der Begriff der Unternehmensberatung eher die Begleitung von stark top-down getriebenen Veränderungen (mit klarem Fokus auf die Umwelt) beinhalten, betont der Organisationsentwicklungs-(OE-)Ansatz ursprünglich mehr den Partizipationsgedanken, der durch die Beratung unterstützt werden soll. Der unter ▶ Abschn. 9.2 dargestellte idealtypische Ablauf entspricht dieser Tradition. Allerdings haben viele Erkenntnisse aus der OE ihren Niederschlag in der Managementlehre gefunden (viele Grundsätze, die auch in den vorliegenden zwei Bänden vertreten werden), da die Organisationsentwicklung »zur Daueraufgabe des Managements« geworden ist (Wimmer 2004, S. 243). Somit stellt Wimmer (2004) zu Recht die Frage, ob die Organisationsentwicklung (als spezifischer Beratungsansatz) ihre Zukunft bereits hinter sich hat, auch wenn sie teilweise unter neuen Begriffen wie »Change Management« daherkommt: Die Herausforderung an die OE wird sein, »eine angemessene Konzeptualisierung sowohl für die in der Zwischenzeit stark veränderten Organisationslandschaft wie auch für die heutigen Anforderungen an einschneidende Umgestaltungsprozesse, die stets unter erheblichem Zeitdruck stattfinden, zu entwickeln« (Wimmer 2004, S. 246 f.). Damit spricht Wimmer ein zentrales Dilemma von organisationalen Veränderungen und der damit verbundenen Beratung an: Einerseits wird eine gewisse Nachhaltigkeit gefordert (dass also Veränderungen auch tatsächlich implementiert werden), auf der anderen Seite erfordert in vielen Branchen die Dynamik des Marktes eine so hohe Veränderungshäufigkeit, dass dafür kaum Zeit bleibt.

Unternehmensberatung

OE-Ansatz

Change Management

9.3.2 Supervision und Coaching

Supervision ist eine Beratungsform im Organisationskontext mit dem Ziel, Arbeitssituation, -organisation und -atmosphäre zu optimieren, aber auch aufgabenspezifische Kompetenzen einzelner Rollenträger zu verbessern. Das Verfahren stammt ursprünglich aus den Bereichen der Sozialarbeit und Psychotherapie, denn häufig sind Personen involviert, die Tätigkeiten mit hoher psychischer Belastung ausführen. Supervision richtet sich an Einzelne, Gruppen, Teams oder vielleicht andere Organisationseinheiten. Sie befasst sich mit konkreten Fragestellungen aus dem Berufsalltag der Teilnehmenden sowie mit Fragen der Zusammenarbeit zwischen Personen in verschiedenen Rollen, Funktionen, Aufgabenbereichen und Hierarchiestufen. Als Erkenntnis-, Lern- und Verstehensprozess vermittelt Supervision neue Handlungsperspektiven und -möglichkeiten in komplexen Situationen. Der Weg zu einer optimalen Rollengestaltung umfasst immer auch Aspekte der Persönlichkeitsentwicklung: Sich mit eigenen Wahrnehmungen, Vorstellungen und Erwartungen sowie mit Stärken und Schwächen auseinanderzusetzen sind somit ebenfalls Ziele der Supervision. Supervision hilft Distanz zu schaffen und soll dazu verhelfen, »blinde Flecken« in anspruchsvollen Situationen (z. B. bei Konflikten, Überforderung usw.) abzubauen. Es soll nicht um reine »Systemanpassung« gehen, hingegen kann Supervision sehr gut die Gestaltung von Veränderungsprozessen unterstützen.

Supervision kann in verschiedenen Settings indiziert sein:
- Einzelsupervision
- Gruppensupervision
- Teamsupervision und Teamentwicklung

Supervision in verschiedenen Settings

Einzelsupervision

Einzelsupervision

Sie bietet die Möglichkeit, das berufliche Handeln in einem geschützten Rahmen unter vier Augen zu reflektieren und zu bearbeiten. Neben der Tatsache, dass Sitzungen ausschließlich für eigene Themen verwendet werden, bietet Einzelsupervision die für manche Menschen notwendige Privatsphäre, um persönliche Dinge zur Sprache zu bringen. Schwerpunkt bildet dabei die Arbeit an der Professionsrolle (z. B. in der Therapie, Sozialarbeit, Pflege, Pädagogik) während man bei der Unterstützung in der Organisationsrolle (Management, Führung) eher von Einzelcoaching spricht. Dieser Form der Beratung wird gesondert dargestellt, da sie für Führungskräfte von großer Bedeutung ist.

Gruppensupervision

Gruppensupervision

Für Personen mit einem ähnlichen beruflichen Hintergrund kann die Gruppensupervision eine sinnvolle und ökonomische Alternative zur Einzelberatung sein. Notwendig sind ähnliche berufliche Problem- und Fragestellungen innerhalb der Gruppe. So können beispielsweise Führungskräfte in Gruppensupervision unterschiedliche Fragen im Zusammenhang mit ihrer Rolle bearbeiten; dies unabhängig davon, ob sie in gleichen oder unterschiedlichen Fachgebieten, Branchen oder Betrieben tätig sind. Im Bereich Wirtschaft ist dann von »Coaching-Teams« die Rede.

Häufig wird der Begriff der Fallsupervision oder Praxisberatung in Gruppen dann verwendet, wenn sich Mitglieder gleicher Berufsgruppen (z. B. aus Sozialarbeit, Therapie, Medizin oder Pädagogik) treffen, um »Fälle« aus der aktuellen Arbeit zu besprechen. Dies kann durchaus auch innerhalb eines Teams (z. B. Lehrer eines Kollegiums) geschehen und hat dann den Vorteil, dass alle potenziell Angesprochenen anwesend sind und unmittelbar Stellung nehmen können.

Der Begriff der Lehrsupervision wird dann verwendet, wenn Teilnehmende einer Beratungsausbildung »Fälle« einbringen (im Einzel- oder Gruppensetting) mit dem Ziel, die Beratungsarbeit zu reflektieren und sich damit zu professionalisieren.

Teamsupervision und -entwicklung

Dieses Setting richtet sich an Arbeitsgruppen bzw. Teams, die als institutionalisiertes Subsystem einer Organisation dauerhaft oder für eine bestimmte Zeit (Projektteams) gemeinsame Aufgaben und Ziele verfolgen (▶ Abschn. 8.1 und 8.2). Dies ist dann angezeigt, wenn es darum geht, die Zusammenarbeit in einem Team zu unterstützen und zu verbessern, jeweils vor dem Hintergrund seiner optimalen Zielerfüllung. Teamsupervision findet häufig über einen bestimmten Zeitraum in definierten Settings statt; je nach Kontext ist eine Kombination mit Fallsupervision sinnvoll (vgl. dazu Schreyögg 2004, S. 352 f.).

Teamsupervision

Von Teamentwicklung wird häufig dann gesprochen, wenn es sich um eher kurzfristige, oft einmalige Veranstaltungen handelt. Konkrete Anlässe für Teamentwicklungen sind beispielsweise:

Teamentwicklung

- Starthilfe: Ausrichtung auf gemeinsame Ziele und Bildung entsprechender Strukturen im Team,
- Aufgaben- und Rollenteilung bzw. Rollenklärungen im Team
- (Weiter-)Entwicklung einer guten Zusammenarbeit und Kommunikation,
- Unterstützung im konstruktiven Umgang mit Problemen und Konflikten (speziell ▶ Abschn. 16.6.4 Mediation),
- Unterstützung bei Veränderungsprozessen, die sich als Konsequenzen von veränderten Umweltbedingungen (innerhalb wie außerhalb der Organisation) ergeben können,
- Qualitätsverbesserung und -sicherung im Team,
- Verbesserung der Zusammenarbeit mit anderen Systemen in der Organisation.

Vorteile

Vorteile der Teamsupervision bzw. -entwicklung ergeben sich aus der Möglichkeit, in der Beratung direkt in das System einzuwirken, wo die »Arbeit« geleistet wird und die damit zusammenhängenden Probleme auftauchen. Dabei können die Sichtweisen aller Beteiligten direkt berücksichtigt werden. Dadurch lässt sich meist differenzierter als im Einzelcoaching herausarbeiten, welche Faktoren (z. B. auf den Ebenen Person – Rolle – Organisation) bei der Entwicklung von Lösungen relevant sind. Im Aushandeln von Lösungen ist zudem eine bessere Vor-Ort-Begleitung möglich, als dies in einem Einzelcoaching der Fall ist.

Nachteile

Wie bei der Gruppensupervision ergeben sich ähnliche, allenfalls noch akzentuierte Nachteile gegenüber dem Einzelsetting: Der Schwerpunkt liegt klar bei der Zusammenarbeit im Team bzw. in anderen Organisationseinheiten. Persönliche Anliegen einzelner Mitglieder, insbesondere auch der Führung, können nur indirekt angegangen werden, und die Gefahr des Gesichtsverlustes einzelner Mitglieder (v. a. natürlich der Führungskraft) ist höher. Der Aufbau einer vertrauensvollen Beziehung zu den einzelnen Personen ist viel schwieriger als beim Einzelcoaching. Häufig werden an den Berater widersprüchliche Anforderungen bzw. »Zwickmühle«-Aufträge gestellt (Schmidt 2004, S. 401). Zum Beispiel soll ein Teil des Teams zu Veränderungen gebracht werden. Dieser sieht aber gerade den anderen Teil als »Problem«, erwartet also, dass die anderen sich ändern sollten. Besonders heikel ist

widersprüchliche Anforderungen

die Situation, wenn die Führungsperson selbst im Schussfeld der Kritik steht. Beratungstätigkeit auf Teamebene fordert somit seitens des Beraters hohe methodische und soziale Kompetenzen. Gelingt es trotz der erhöhten Komplexität und den damit verbundenen Widersprüchen den Fokus vor allem darauf zu richten, wie die Teammitglieder optimal zieldienlich bei bleibender Unterschiedlichkeit kooperieren können, so kann Teamentwicklung zu einer äußerst wertvollen Unterstützung auf dem Weg zu einem erfolgreichen Team werden.

Intervision

Wenn sich Gruppen ohne externe Fachperson treffen, um ihre berufliche Arbeit zu reflektieren, dann sprechen wir im Gegensatz zur Supervision von **Intervision**. Intervision wird als Begriff ursprünglich für Gruppen von ausgebildeten Supervisions- oder Beratungsfachleuten verwendet, die sich zum Zwecke der eigenen beruflichen Reflexion und damit auch Qualitätssicherung treffen. Solche Gruppen übernehmen häufig eine ähnliche Funktion, wie dies einer Lehrsupervision während der Ausbildung zukommt. Andere Begriffe für Intervision sind Erfa-Gruppen, kollegiale Praxisberatung oder Fallbesprechung. Analog zur Supervision bildet ein gemeinsamer beruflicher Fokus die Basis für eine Gruppe. Dies können ähnliche Tätigkeits- und Erfahrungshintergründe sein, bei denen es mehr um fachliche Fragen geht (z. B. Pädagogik, Human-Resources-Management) oder um Belange rund um Management- bzw. Führungstätigkeiten. Neben dem gemeinsamen Interessenshintergrund ist die Erwartung und Bereitschaft jeder Person, auf konkrete Anliegen gezielte Lösungen zu erarbeiten (die auch Chancen einer Transferumsetzung haben) ein wesentliches Kennzeichen für eine erfolgreiche Intervisionsgruppe. Wie bei der Supervision einigt sich die Gruppe auf eine gemeinsam festgelegte Struktur inklusive verbindlicher Teilnahme. Im Unterschied zur Supervision handelt es sich bei der Intervision um eine Gruppe von »Gleichrangigen«, das heißt, dass die Leitung und Moderation Teil der Vereinbarung sein muss, wie die Gruppe arbeiten will. Jede Person ist gleich mitverantwortlich dafür, dass das Verhältnis zwischen Geben und Empfangen unter den Mitgliedern stimmt, und dass die Gruppe die in sie gesetzten Erwartungen erfüllt. Da alle Gruppenmitglieder gleichrangig in verschiedenen Rollen sind (z. B. des Moderierenden oder Fallgebers bzw. des Lehrenden und Lernenden), gibt es keinen Anlass für eine Honorarzahlung. Somit handelt es sich bei der Intervision um eine sehr kostengünstige Weiterbildungs-, Förderungs- und Unterstützungsmöglichkeit für Mitarbeitende aller Fach- und Führungsstufen, die zudem gut kombinierbar ist mit anderen Aktivitäten im Rahmen der »lernenden Organisation«. Diese Form fördert ganz speziell ein »Empowerment«, indem die Gruppenmitglieder selber über Ziele, Inhalte und Methoden entscheiden und vielleicht sogar die Möglichkeiten nutzen, sich bei Bedarf Ressourcen (z. B. Spezialisten für ein bestimmtes Anliegen) zu organisieren. Bei Personen mit wenig Moderationserfahrung empfiehlt sich eine Kombination von Supervision und Intervision, damit auch Methoden der Fallbesprechung unter fachlicher Leitung eingeübt werden können (vgl. ausführlicher Lippmann 2004).

berufliche Reflexion

Qualitätssicherung

Intervision: Gruppe von »Gleichrangigen«

Kombination von Supervision und Intervision

Coaching

Coaching als Einzelberatung von Personen in Management- bzw. Führungsrollen

Wenn von Coaching die Rede ist, dann ist damit meistens die klassische Anordnung – das Einzelsetting – gemeint. Im Gegensatz zur Einzelsupervision geht es dabei schwerpunktmäßig um die Beratung von Personen in Management- bzw. Führungsrollen. Anfänglich waren es vorwiegend Führungskräfte aus dem ober(st)en Management, die ein externes Coaching in Anspruch nahmen. Gerade für diese Personen bietet das Einzelsetting die höchste Gewähr einer vertraulichen und diskreten Auseinandersetzung mit eigenen Anliegen. Der Nachteil der relativ hohen Kosten spielt in diesem Segment zudem wohl eine untergeordnete Rolle. Unterdessen gehören auch Angehörige des mittleren und unteren Managements zum Kundenkreis. Entsprechend dem Rollenkonzept (▶ Kap. 3) spielen bei der Gestaltung einer Rolle immer auch persönliche Aspekte mit hinein. Da berufliche und private Themen häufig miteinander verzahnt sind, bietet das Einzelsetting bei entsprechender Qualifikation des Coachs den Vorteil, dass die persönlichen Themen intensiver und in einem intimeren Rahmen bearbeitet werden können, als dies in einem anderen Setting der Fall wäre. Gerade deshalb ist aber der Coach besonders gefordert, sich der Abgrenzung zu anderen Formen der Beratung (vor allem der Therapie) bewusst zu sein (vgl. die Abgrenzung zu verwandten Konzepten in Lippmann 2006, S. 28 ff.). Die wichtigsten Anliegen und Anlässe für ein Coaching ergeben sich aus dem Spannungsfeld Person – Rolle – Organisation und können wie folgt umschrieben werden (ausführlicher in Lippmann 2006, S. 25 ff. bzw. siehe auch die Hinweise auf entsprechende Kapitel in diesem Werk):

Person/Persönlichkeit

Themenfelder

auf persönlicher Ebene

Themenfelder mit Schwerpunkt auf der persönlichen Ebene sind z. B.:
- Bearbeitung von Werthaltungen im Zusammenhang mit ethischen Fragestellungen
- Hilfestellung vor wichtigen Entscheidungen, Arbeiten an inneren Ambivalenzen und Konflikten
- Arbeit an einer guten Balance zwischen Privat- und Berufsleben, auch Bearbeitung von Themen im privaten Umfeld, soweit sie die Rollenübernahme in der Organisation maßgeblich tangieren (▶ Abschn. 6.1)
- Prävention und Abbau von Symptomen wie z. B. Stress, »Burn-out« (▶ Abschn. 6.1) und Ängsten (etwa vor Auftritten, ▶ Abschn. 6.5, Verhandlungen, ▶ Kap. 16)
- Überprüfen der eigenen Wahrnehmungs-, Verhaltens- und Beurteilungstendenzen, Feedback einholen bzw. erhaltenes Feedback anderer Personen verarbeiten (▶ Abschn. 7.4)
- Erhöhung der Qualifikation für bestimmte Tätigkeiten, allgemeine Erweiterung des Verhaltensrepertoires
- Umgang mit persönlichen (Sinn-)Krisen, Selbstzweifeln, Motivationsproblemen
- Generelle »Persönlichkeitsentwicklung«, Weiterentwicklung vorhandener Potenziale

Rolle

Aspekte rund um Rollendefinition, -gestaltung und -durchsetzung (▶ Kap. 3)
– Konstruktiver Umgang mit Rollenkonflikten
– Umgang mit »den anderen«: Gestaltung der Interaktionen mit Kunden, Kollegen, Mitarbeitenden, Vorgesetzten, Familienmitgliedern (▶ Kap. 7 und 8)

Organisation

Dazu gehören alle Anliegen, die im Zusammenhang mit organisationsbezogenen Auslösern für Einzelcoaching stehen:
– Themen rund um Strategie bzw. Aufgabe, z. B. Umgang mit Veränderungen bezogen auf die »Primary Task« der Organisation(seinheit) (▶ Abschn. 15.3)
– Bearbeitung struktureller Veränderungen, z. B. Personalabbau, Personalfluktuationen, Schaffung neuer Stellen, Veränderungen am Organigramm, an Abläufen etc. z. B. im Zusammenhang mit Qualitätsstandards, Einführung neuer Technologien (▶ Kap. 15)
– Unterstützung bei Kulturveränderungen im Zusammenhang mit Changeprojekten, besonders bei der Optimierung der Kommunikation, des Umgangs mit Konflikten; Sensibilisierung im Umgang mit »Diversity«; Unterstützung im Zusammenhang mit organisationalem Lernen (▶ Abschn. 15.2)

Nicht jedes Coaching wird aufgrund von Problemen oder gar Krisen in Anspruch genommen. Coaching kann vielmehr auch präventive Funktion übernehmen und durchaus indiziert sein, bevor Probleme oder Konflikte auftreten, etwa bei der Übernahme einer neuen Rolle oder grundsätzlich zur Pflege bzw. Verbesserung unproblematischer Zustände, der persönlichen Leistungsfähigkeit oder der Psychohygiene. Bereits mit der hier genannten Themenvielfalt wird deutlich, dass die Gründe für die Nachfrage nach Coaching vielfältig sind.

Einer der Nachteile des Einzelsettings ist sicher die Beschränkung auf die Wahrnehmungen, Perspektiven und Handlungsmuster der beiden Interaktionspartner. Selbst wenn der Horizont des Coachs sehr breit ist, so können in einem Gruppensetting unter Umständen kreativere Lösungsideen entwickelt werden, weil mehrere Sichtweisen zum Tragen kommen. Die Vorteile eines Einzelsettings überwiegen jedoch dessen Nachteile deutlich (vgl. Lippmann 2006, S. 48 f.). Dies dürfte mit ein Grund dafür sein, dass das Einzelcoaching weiterhin die klassische Form des Coachings repräsentiert.

9.4 Suche und Auswahl von Beratern

Bevor sich ein potenzieller Kunde auf die Suche nach einem für ihn geeigneten Berater macht, ist es sinnvoll, sich einige Fragen zu stellen:
Ausgehend von der Beschreibung, was professionelle Beratung ist (▶ Abschn. 9.1), sollte sich das Kundensystem fragen, ob es zur Bearbeitung seines Anliegen überhaupt einer Beratung bedarf und wenn ja, welche Form der Beratung bzw. Setting dazu geeignet ist (▶ Abschn. 9.3).

zentrale Aspekte bei der Suche und Auswahl von Beratern

Bei der Suche nach dem geeigneten Berater stellt sich für Interessierte aus größeren Unternehmen zudem die Frage, ob ein interner oder externer Berater zu bevorzugen ist (vgl. Titscher 1997, S. 47 f., speziell bezüglich Coaching: Lippmann 2006, S. 56 ff.). Unternehmen mit eigenen Organisationsberatungs- bzw. Personalentwicklungsabteilungen haben in der Regel interne Angebote, zumindest Adressen von externen Beratern oder einen »Coach-Pool«, deren Adressen im Bedarfsfall vermittelt werden. Für Kunden, die selber einen Berater suchen, ist der Weg über Mund-zu-Mund-Propaganda am ehesten zu empfehlen, sei dies im Bekannten- und Freundeskreis, bei Arbeitskollegen, Berufsverbänden oder über eine Person, die man bereits als vertrauenswürdige Seminarleitung oder bei einem Referat erlebt hat. Die Suche über Anzeigen, Branchenbuch oder Internet hat den großen Nachteil, dass man sich in der Angebotsvielfalt verlieren kann.

Sind mögliche Adressen gefunden, so ist es von Vorteil, wenn sich der Kunde auf eine telefonische Anfrage so vorbereitet, dass er aufgrund des Gesprächs eine Entscheidungsgrundlage hat, die für oder gegen ein Erstgespräch mit dem Berater spricht. Als Stütze kann eine Checkliste dienen mit Punkten, die man im Gespräch prüfen will, wie etwa:
- Anliegen und gewünschtes Ergebnis,
- gewünschtes Setting,
- Honorar,
- Anforderungen an den Berater.

Leitfragen beim Erstgespräch

Im Rahmen des Erstgesprächs können Leitfragen und Überlegungen hilfreich sein, wie sie etwa bei Titscher (1997, S. 222 f.) oder Lippmann (2006, S. 354 f.) zu finden sind.

Wenn es die Zeit und Auswahlmöglichkeit erlauben, so ist es empfehlenswert, wenn der Kunde mindestens zwei Alternativen anschaut, um tatsächlich wählen zu können. Je nach Vorlieben lässt sich die Auswertung eines Erstgesprächs auch wieder anhand von Fragen vornehmen (vgl. Lippmann 2006, S. 355).

Bestandteile einer Vereinbarung

Wenn beide Seiten nach dem Erstgespräch zum Schluss kommen, in das gemeinsame Beratungsprojekt einzusteigen, dann kann die detaillierte Vereinbarung erfolgen. Wichtige Bestandteile sind (vgl. Titscher 1997, S. 174 ff.):

– formale
- Auftragsgegenstand: Inhalt, Ziele, je nach Umfang auch Zerlegung des Projektes in überschaubare Abschnitte; Art und Weise der Auswertung und Reflexion
- Rahmenbedingungen: Definition von Zeit, Kosten, Zahlungsvereinbarungen, Ort der Beratung und eventuelle organisatorische Erfordernisse,
- Nennung der an dem Projekt beteiligten Berater, Beschreibung der Arbeitsweise, Festlegung bestimmter Rollen (z. B. Projektleitung, Ansprechpersonen),
- Ausstiegs- und Abbruchkriterien (inkl. Kündigungsfristen für das Projekt),
- Art der Informationsgestaltung und Zusage von Vertraulichkeit; allenfalls auch Frage nach Referenzen.

Neben diesen, in einem formalen Vertrag geregelten, Punkten werden beispielsweise für Supervisionen oder Coachings auch »psychologische« Verträge vereinbart, welche die »Spielregeln« der Zusammenarbeit festlegen (vgl. Lippmann 2006, S. 18 f.; Rauen 2003, S. 57 f.).

– psychologische

9.5 Führungskraft als Coach? Möglichkeiten und Grenzen

Die Führungskraft als »Coach« ist in letzter Zeit wieder verstärkt in Mode gekommen (Kreyenberg 2008). Möglicherweise hängt es damit zusammen, dass Kosten bezüglich des HRM-Bereiches (und im Speziellen für Beratungsdienstleistungen) eingespart werden. Hier wird kurz kritisch der Frage nachgegangen, worin sich professionelles Coaching vom »Coaching« durch die Führungskraft unterscheidet:

Unterschiede zwischen Coaching durch Experten und durch Führungskräfte

Im angloamerikanischen Raum wird unter »Coaching« ein Führungsverständnis beschrieben, in dem die Führungskraft die Mitarbeitenden anleitet, fördert, entwickelt, Probleme mit ihnen bespricht und sie berät. Auch wenn nach Looss (1997, S. 147) selbst in den USA unterdessen Führungskräfte externe professionelle Berater in Anspruch nehmen, so scheint der Begriff »Coaching« immer noch stark mit der Führungsrolle verbunden zu sein. Seit etwa Mitte der 1980er-Jahre wurde das amerikanische Verständnis von »Coaching« auch in Deutschland aufgegriffen. Allerdings ist es im deutschsprachigen Kulturkreis zu Recht umstritten, ob damit der Begriff des Coachings nicht zu »unscharf« und inflationär gebraucht wird. So meint etwa Schreyögg (1995, S. 199), dass es sich beim »Vorgesetzten-Coaching« um eine besonders differenzierte Führungshaltung handle, »die aber nicht als Coaching im eigentlichen Sinne zu bezeichnen ist«. In ▶ Abschn. 7.3 wird deutlich gezeigt, dass zur professionellen Führungstätigkeit die Unterscheidungsfähigkeit gehört, verschiedene Gesprächsanlässe unterscheiden und entsprechend gestalten zu können. Beratungsgespräche aus der Führungsrolle sind durchaus möglich, können aber nur von Mitarbeiterseite selber initiiert und angefordert werden, ganz im Gegensatz etwa zu Problemlösungs- oder Maßnahmegesprächen. Hier werden auch sogleich die Grenzen zur professionellen Beratung deutlich: Die Führungskraft hat immer auch eigene Interessen bzw. diejenigen der Organisation zu vertreten, deshalb kann sie nie »neutral« sein. Spätestens wenn die Führungskraft (wenn auch nur aus Mitarbeitersicht) Teil des Problems zu sein scheint, kann man nicht mehr von Beratung oder »Coaching« sprechen, sondern dann geht es eindeutig um Problem- oder gar Konfliktbearbeitung. In einem professionellen Coaching ist die eigene vorgesetzte Person (oder die darüber liegende Hierarchiestufe) fast immer auch ein Thema (»Führung von unten«). Gerade dieser zentrale Aspekt der Rollengestaltung kann nicht in Form einer Beratung im »Coaching« durch die Führungskraft angegangen werden, schon gar nicht, wenn die Beziehung durch Konflikte belastet ist. Selbst mit noch so guter Ausbildung der Führungskraft in Beratungsverhalten lässt sich das strukturell bedingte Dilemma zwischen Fördern und Fordern nie ganz aufheben. In der Hierarchie kann es keine herrschaftsfreie Kommunikation geben, die für wirkliches Be-

Coaching vs. Konfliktbearbeitung

ratungsgeschehen notwendig wäre. Wer sich beraten lässt, gibt viel von sich preis. Da die Führungskraft die Rolle der Leistungsbewertung nie ganz ablegen kann, werden sich Mitarbeitende auch im Beratungsverlauf kontrolliert oder gar »taktisch« verhalten. Damit aber hat Beratung als kommunikatives Geschehen oft bereits ihren Sinn und Nutzen für den Beratenen verloren.

Coaching vs. Beratungsgespräche

Beratungsgespräche durch die Führungskraft sind durchaus möglich, sie unterscheiden sich jedoch ganz deutlich von einem professionellen Coaching (vgl. ausführlicher: Lippmann 2006, S. 61 ff.).

ZUSAMMENFASSUNG

Führungskräfte kommen heute im Rahmen ihrer Tätigkeit mit verschiedensten Formen der Beratung in Berührung. Die Beratungsbranche hat sich in den letzten Jahren immer mehr ausdifferenziert, so dass es schwierig ist, sich bei Beratungsbedarf in dem Angebot zurechtzufinden. Dieses Kapitel unterstützt die Führungskraft in der Frage, worauf sie als Kunde bei Beratungen achten soll. Dazu gehören Aspekte wie: Was macht professionelle Beratung aus? Was sind die wichtigsten Anlässe für Beratungen? Wie sehen Ablauf und Design von Beratungsprojekten aus? Welche Formen der Beratung im Einzel- und Gruppensetting gibt es, und wann sind sie indiziert? Zum Schluss gibt es einige konkrete Hinweise für die Suche und Auswahl von Beratern. Das Kapitel endet mit einer kritischen Betrachtung des Modebegriffs »Führungskraft als Coach« und behandelt Möglichkeiten und Grenzen der Beratung aus der Führungsrolle.

FRAGEN ZUR VERTIEFUNG

1. Welches sind meine bisherigen Erfahrungen mit Beratungen im beruflichen oder privaten Kontext?
2. Worin zeichnete sich meiner Meinung nach eine »wirkungsvolle« (bzw. »wirkungslose«) Beratung aus?
3. Welche Schlüsse kann ich daraus ableiten, wenn ich in der aktuellen Rolle Beratung in Anspruch nehme bzw. wenn Beratung in der Organisation, in der ich aktuell tätig bin, wirkungsvoll sein soll?

Literatur

Doppler, K. & Lauterburg, C.(1994). *Change Management: Den Unternehmenswandel gestalten*. 6. Aufl. Frankfurt/M.: Campus (12. Auflage 2008).

Fischer-Epe, M.(2002). *Coaching: Miteinander Ziele erreichen*. Reinbek: Rowohlt (3. Auflage 2011).

Glasl, F., Kalcher, T. & Piber, H.(2005). *Professionelle Prozessberatung*. Bern: Haupt.

König, E. & Volmer, G.(2002). *Systemisches Coaching: Handbuch für Führungskräfte, Berater und Trainer*. Weinheim: Beltz.

Königswieser, R. & Hillebrand, M.(2004). *Einführung in die systemische Organisationsberatung*. Heidelberg: Carl Auer (6. Auflage 2011).

Kreyenberg, J. (2008). 99 Tipps zum Coachen von Mitarbeitern. Berlin: Cornelsen.

Lippmann, E.(2004). *Intervision: Kollegiales Coaching professionell gestalten*. Berlin, Heidelberg, New York: Springer (2. Auflage 2009).

Literatur

Lippmann, E.(Hrsg.)(2006). *Coaching. Angewandte Psychologie für die Beratungspraxis.* Berlin, Heidelberg: Springer (2. Auflage 2009).

Looss,W.(1997). *Unter vier Augen: Coaching für Manager.* 4. Aufl. Landsberg/Lech: Verlag Moderne Industrie. (Korrigierte Neuauflage 2006: Bergisch Gladbach: EHP)

Müller, W.R., Nagel, E. & Zirkler, M.(2006). Organisationsberatung. Heimliche Bilder und ihre praktischen Konsequenzen. Wiesbaden: Gabler.

Rauen, C.(2003). *Coaching.* Göttingen: Hogrefe (2. Auflage 2008).

Schein, E.H.(2000). *Prozessberatung für die Organisation der Zukunft.* Köln: EHP

Schmidt, G.(2004). *Liebesaffären zwischen Problem und Lösung: Hypnosystemisches Arbeiten in schwierigen Kontexten.* Heidelberg: Carl Auer (3. Auflage 2010).

Schmidt, G.(2005). *Einführung in die hypnosystemische Therapie und Beratung.* Heidelberg: Carl Auer (4. Auflage 2012).

Schmidt, E.R. & Berg, H.G. (1995). *Beraten mit Kontakt.* Offenbach: Burckhardthaus-Laetare. (Neuauflage 2004, Frankfurt: Gabal).

Schreyögg, A.(1995). *Coaching. Eine Einführung für Praxis und Ausbildung.* Frankfurt/M.: Campus (6. Auflage 2003).

Schreyögg, A.(2004). *Supervision. Ein integratives Modell. Lehrbuch zu Theorie und Praxis.* Wiesbaden: VS Verlag für Sozialwissenschaften (5. überarbeitete Auflage 2010).

Titscher, S.(1997). *Professionelle Beratung: Was beide Seiten vorher wissen sollten.* Wien: Ueberreuter. (2. aktualisierte und erweiterte Auflage 2001)

Wimmer, R.(2004). *Organisation und Beratung. Systemtheoretische Perspektiven für die Praxis.* Heidelberg: Carl Auer (2. erweiterte Auflage 2012).

10 Organisation als Führungsaufgabe

Stephan Burla

10.1 Einführung – 26

10.2 Organisationsinstrumente – 28
10.2.1 Instrumente der Aufbauorganisation – 28
10.2.2 Instrumente der Ablauforganisation – 33
10.2.3 Projektorganisation – 36

10.3 Prinzipien der Organisationsgestaltung – 37
10.3.1 Formale Gestaltungsprinzipien – 37
10.3.2 Organisationspsychologische Gestaltungsprinzipien: Soziotechnische Aufgabengestaltung – 39

10.4 Methoden der Organisationsgestaltung – 40
10.4.1 Prozessorientierte Methoden – 41
10.4.2 Strukturorientierte Methoden – 42
10.4.3 Organisationsentwicklung – 43

10.5 Organisation zwischen Stabilität und Flexibilität – 45
10.6 Folgerungen für die Führungspraxis – 48

Literatur – 50

AUF EINEN BLICK

Organisationsstrukturen und Arbeitsabläufe bilden entscheidende Rahmenbedingungen für die Zusammenarbeit und Führung innerhalb eines Betriebs. Organisieren ist daher selber eine zentrale Führungsaufgabe. In den letzten Jahrzehnten wurde eine Vielzahl an Instrumenten und Methoden der Organisationsgestaltung entwickelt. Dieses Kapitel stellt eine Auswahl solcher Konzepte vor, die in unterschiedlichsten Wirtschaftszweigen und Organisationstypen als bewährt gelten. Weniger ergiebig ist die betriebswirtschaftliche Theorie, was die Formulierung allgemein gültiger Prinzipien der Organisationsgestaltung anbelangt. Dennoch gelten einige Gestaltungsprinzipien heute als unbestrittene Grundsätze professioneller Organisation respektive als grundlegende Anforderungen soziotechnischer und arbeitspsychologischer Systemgestaltung. Ihre Beachtung ist wichtig, um in einer Unternehmung immer wieder das Gleichgewicht zwischen effizienter Routine und flexibler Anpassung an sich ändernde Anforderungen herzustellen.

10.1 Einführung

Mit Organisation ist hier die Aufgabe gemeint, die Strukturen und Prozesse einer Unternehmung respektive eines Betriebs systematisch zu gestalten. Es geht also um die Tätigkeit des Organisierens, im Unterschied zur Bedeutung von Organisation als Gebilde bzw. als Synonym für den Betrieb selbst. Die Strukturen und Prozesse gestalten heißt in diesem Zusammenhang, Arbeitsteilung, Ressourcen und Abläufe im Betrieb auf dessen Zweck – also auf die Primary Task – auszurichten (▶ Kap. 2 »Organisationsverständnis«).

Führung und Organisation als Beziehungsgestaltung

Strukturen und Prozesse setzen für die Zusammenarbeitsbeziehungen im Betrieb den Rahmen. Gleichzeitig realisieren sie sich eigentlich erst im konkreten Beziehungshandeln. Indem man organisiert, gestaltet man wichtige

Voraussetzungen für das Beziehungsgeschehen im Betrieb. Und damit setzt man einen wichtigen Rahmen für die Führung, denn Führung findet immer in Beziehungen statt. Organisation und Führung hängen daher im Betriebsalltag untrennbar zusammen. Deshalb gilt es bei der Gestaltung von Strukturen und Prozessen immer auch deren Einfluss auf die Beziehungen mitzudenken. Als Führungskraft muss man sich bewusst sein, dass organisatorische Maßnahmen gewollte und eventuell ungewollte Wirkungen auf die Möglichkeiten und Rahmenbedingung des Führens haben. Organisation als Gestaltung von Strukturen und Prozessen ist damit grundsätzlich als Führungsaufgabe zu verstehen.

Im soziotechnischen Verständnis wird Betrieben die Fähigkeit zugeschrieben, sich innerhalb vorgegebener Umweltbedingungen in hohem Maße selbst zu organisieren. Der Anspruch, Strukturen und Prozesse nach strategischen Gesichtspunkten zu gestalten, steht demnach immer in einem Spannungsfeld zum Potenzial der Selbstorganisation und zu damit verbundenen Autonomie-Tendenzen. Das bedeutet einerseits, dass der Machbarkeit organisatorischer Maßnahmen Grenzen gesetzt sind. So stößt man bisweilen vor allem in Betrieben mit langjährigen Routinen, Gewohnheiten und eingespielten Strukturen an Grenzen mit dem Versuch, organisatorisch etwas zu ändern. Andererseits ist jeder Betrieb nebst systematischer, formaler Organisation auf das Potenzial der Selbstorganisation angewiesen, da sich auch durch noch so ausgeklügelte organisatorische Vorgaben allein ein effizienter und effektiver Betrieb nicht gewährleisten lässt. Ein prominentes Beispiel für dieses grundsätzliche Ungenügen der formalen Organisation ist der »Dienst nach Vorschrift«, mit dem in Konfliktfällen praktisch jeder Unternehmensleitung demonstriert werden kann, dass nebst formalen Vorgaben auf der operativen Ebene permanent (informelle) Selbstorganisationsleistungen erforderlich sind, um einen effizienten und effektiven Betrieb aufrechtzuerhalten.

Spannung zwischen strategischem Gestaltungsanspruch und Selbstorganisation

Formale Organisationsstrukturen und definierte Prozesse bilden einen wichtigen Rahmen und Hintergrund für das Handeln der Mitarbeitenden auf allen Stufen und in allen Funktionen. Organisation schafft dadurch auch Orientierung, d. h., sie vermittelt Anhaltspunkte und Vorstellungen, wie die Aufgabenerfüllung erfolgen soll. Insofern kommt im Organisieren immer auch Organisationskultur zum Ausdruck: Welche Strukturen und Prozesse für einen Betrieb als angemessen gelten, bestimmt sich nie nur aus der »objektiven« Erfordernissen des Geschäfts, sondern auch aus den Werthaltungen und Zielen der organisierenden Führungskräfte. Diese treffen ihre Gestaltungsentscheide nicht beliebig, sondern vor dem Hintergrund und im Rahmen der bestehenden Kultur ihrer Unternehmung. Gleichzeitig verändern sie diese, indem sie Strukturen und Prozesse als Einflussgrößen der Kultur (um-)gestalten.

Kulturbezogenheit des Organisierens

Dieses Kapitel vermittelt einen Überblick über wichtige Instrumente der Aufbau- und Ablauforganisation und erläutert einige Prinzipien und Methoden der Organisationsgestaltung. Anschließend wird das Spannungsverhältnis von Stabilität und Flexibilität beleuchtet, in dem sich Organisation als Führungsaufgabe permanent bewegt. Und schließlich werden einige zentrale Folgerungen für die Führungspraxis gezogen.

10.2 Organisationsinstrumente

Für die Gestaltung von Strukturen (Aufbauorganisation) und Prozessen (Ablauforganisation) stehen heute zahlreiche bewährte Instrumente zur Verfügung. Die Auffassung, dass jeder Betrieb mit geeigneten Instrumenten systematisch zu organisieren ist, hat sich weitestgehend durchgesetzt, und selbst in Kleinbetrieben und Nonprofit-Organisationen erachtet man die »Organisation auf Zuruf« nicht mehr als genügend. Nicht zuletzt die Diskussion um die »Corporate Governance«, das bedeutet eine angemessene Unternehmensaufsicht, hat das Bewusstsein dafür geschärft, dass eine ausdrückliche, formale und nachvollziehbare Regelung der Führungsverantwortung unabdingbar und nur mit zeitgemäßen Instrumenten zu erreichen ist. Auf den Punkt gebracht sagt die Corporate Governance, dass das Aufsichtsorgan (beispielsweise Aufsichtsrat bzw. Verwaltungsrat, Stiftungsrat) die nicht delegierbare Verantwortung dafür trägt, dass eine Unternehmung über die erforderlichen Organisations- und Führungsinstrumente verfügt; die Geschäftsleitung ist für deren korrekte Anwendung verantwortlich. Was im konkreten Fall »erforderlich« heißt, hängt von der Geschäftsnatur ab. Während es für viele Branchen und vor allem für kleinere Betriebe ausreichen kann, die Grundzüge der Aufbauorganisation – vor allem hinsichtlich der Zuständigkeit für Geschäfte von besonders großer Tragweite – zu regeln, sind in manchen Geschäftsfeldern detaillierte Regelungen auch der Ablauforganisation notwendig, um entsprechende Betriebsbewilligungen oder Produktzulassungen zu erhalten. In vielen Firmen und Institutionen sind die grundlegenden organisatorischen Regelungen in einem Organisationsreglement zusammengefasst. Im Folgenden werden die wichtigsten Instrumente der Aufbau- und der Ablauforganisation kurz vorgestellt.

Corporate Governance

10.2.1 Instrumente der Aufbauorganisation

Die Notwendigkeit der Gestaltung der Organisationsstruktur folgt unmittelbar aus der Arbeitsteiligkeit von Betrieben: Durch Arbeitsteilung wird ein Betriebszweck bzw. werden betriebliche Ziele in bearbeitbare Teilaufgaben zerlegt; diese müssen dann koordiniert werden, um eine Ausrichtung auf das übergeordnete Ziel zu gewährleisten (◘ Abb. 10.1). Die systematische Gestaltung der Aufbauorganisation – dieser Begriff wird hier synonym zu Organisationsstruktur verwendet – erfordert daher Instrumente zur Gliederung des Unternehmens (z. B. Organigramme), zur inhaltlichen Beschreibung der Teilaufgaben (z. B. Funktionsbeschreibungen, »Job Descriptions«) und zur Klärung der Beziehungen zwischen den unterschiedlichen Funktionsträgern (z. B. Funktionendiagramme).

Arbeitsteilung und Koordination

Aufbauorganisation

Organigramm

Ein Organigramm zeigt die mehr oder weniger grobe Gliederung einer Unternehmung. Es definiert die Einheiten der Arbeitsteilung, die Instanzen zu ihrer Koordination und die formalen Beziehungen zwischen diesen Ele-

10.2 · Organisationsinstrumente

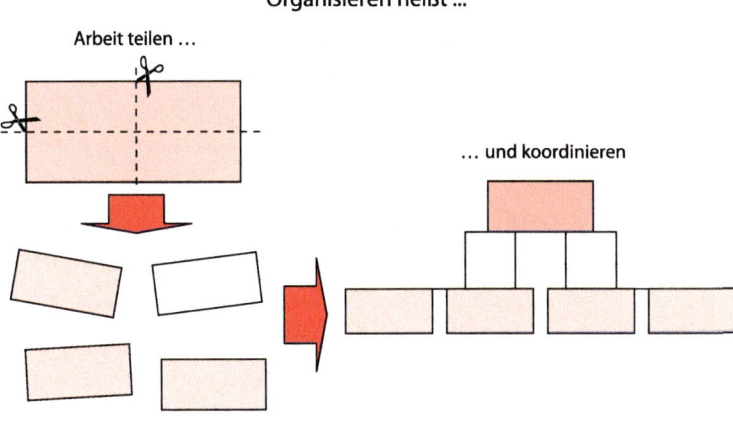

◨ **Abb. 10.1.** Arbeitsteilung und Koordination

menten. Dabei wird die inhaltliche Arbeitsteilung in der Regel in der horizontalen, die hierarchische Ordnung in der vertikalen Dimension abgebildet. Die vertikalen Beziehungen zwischen den Elementen im Organigramm werden als Linie, die Elemente selbst als Linieninstanzen bezeichnet. Letzteren obliegt die Koordination der ihnen unterstellten Instanzen, und dazu verfügen sie über ein entsprechendes Weisungsrecht. Ergänzend finden sich in vielen Unternehmungen sogenannte Stabsstellen, d. h. unterstützende oder beratende Stellen, die gegenüber der Linie grundsätzlich nicht über Weisungsrechte verfügen. Die meisten Organigramme sind solche Kombinationen von Linien bzw. Linieninstanzen mit Stabsstellen und werden daher als Stab-Linien-Organisationen bezeichnet.

Stab-Linien-Organisationen

Während in der Betriebswirtschaftslehre verschiedene Varianten von Organigrammen noch lange als unterschiedliche Organisationstypen (z. B. Linienorganisation, Stab-Linien-Organisation, Funktionale Organisation) behandelt wurden, hat sich in der Praxis eine pragmatischere Sicht entwickelt. Im Grunde lassen sich fast alle heutigen Organisationsstrukturen als Varianten der Stab-Linien-Organisation verstehen. In erster Linie geht es um die Frage, nach welchem Kriterium eine bestimmte Unternehmung gegliedert werden soll. Klassische Gliederungskriterien sind:

Varianten der Stab-Linien-Organisation

a. Funktionen,
b. Produktlinien bzw. Geschäftsfelder und
c. Regionen.

Ein Beispiel (◨ Abb. 10.2) für a) wäre eine Gliederung in eine Einkaufs-, eine Produktions- und eine Verkaufs-Abteilung, eventuell ergänzt durch eine Stabsstelle für Produktentwicklung. Im Fall b) spricht man von einer divisionalen Struktur. Als Beispiel dafür kann man sich einen Konzern mit den Divisionen (Geschäftsfeldern) Pharmazeutika, Tiergesundheit und Pflanzenschutz vorstellen. Fall c) bezeichnet man als geographische Struktur, wobei Länder oder Regionen das primäre Kriterium zur Bildung von Organisationseinheiten (in diesem Fall z. B. Ländergesellschaften) dienen. Neben diesen klassischen Beispielen finden sich auch Unternehmungen, die nach Kundensegmenten, Technologiebereichen oder anderen Kriterien gegliedert sind.

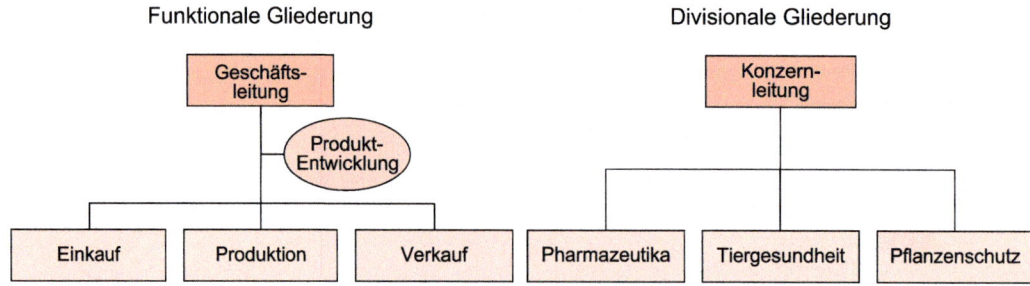

Abb. 10.2. Beispiele für funktionale und divisionale Organigramme

optimales Gliederungskriterium

Die Frage nach dem optimalen Gliederungskriterium ist letztlich nur im konkreten Zusammenhang zu beantworten. Allerdings wird es bei zunehmender Größe und Komplexität einer Unternehmung immer schwieriger, in einer funktionalen Struktur die evtl. zahlreichen Geschäftsprozesse durch jeweils mehrere Organisationseinheiten hindurch zu koordinieren (▶ Abschn. 10.4.1). Das dürfte der Grund dafür sein, dass sich in Großunternehmungen divisionale Strukturen weitgehend durchgesetzt haben, während funktionale Strukturen eher in Klein- und Mittelbetrieben zu finden sind. Häufig sind auch Mischformen wie etwa eine primäre Divisionalisierung (Gliederung nach Geschäftsfeldern) mit Gliederung der einzelnen Divisionen in Funktionen.

Durch die Bestimmung des primären Gliederungskriteriums werden **Führungsprioritäten** gesetzt. Beispielsweise wird eine Divisionalisierung in einem internationalen Konzern dazu führen, dass Geschäftsfeldstrategien den Vorrang vor Länderstrategien erhalten, während eine regionale Struktur zum umgekehrten Ergebnis führt. Je nach Natur des betreffenden Geschäfts kann davon eines richtig, es können aber auch beide falsch sein. In diesem

Matrixstruktur

Fall kann man sich für eine Matrixstruktur entscheiden, d. h. für zwei Gliederungskriterien gleichzeitig, wobei eine Organisationseinheit jeweils zwei vorgesetzten Instanzen – beispielsweise einer Regionalleitung und einer Divisionsleitung (◘ Abb. 10.3) – untersteht. Diese Doppelunterstellung innerhalb

Abb. 10.3. Matrix-Struktur

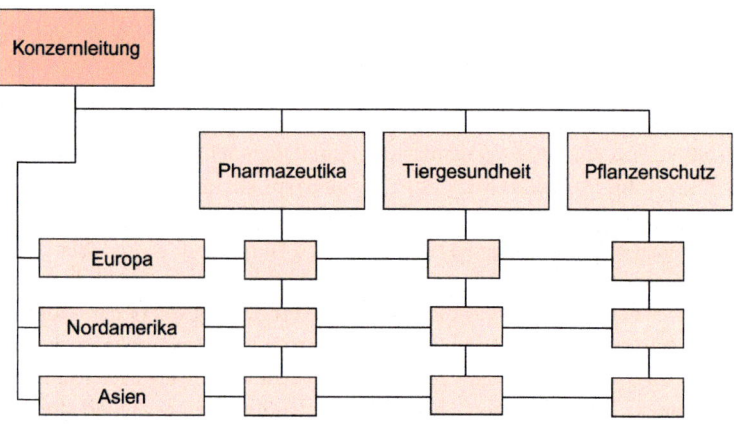

der Matrixorganisation gilt freilich auch als ihre Hauptschwäche, denn es ist selbst durch sorgfältigste Klärung der Struktur nicht auszuschließen, dass sich Weisungen unterschiedlicher Instanzen an eine Organisationseinheit bisweilen widersprechen.

Der Detaillierungsgrad eines Organigramms hängt vom Zweck ab: Während es für die Übersicht über die Sparten eines Großkonzerns zweckmäßig ist, die Darstellung stark zu aggregieren und beispielsweise ganze Geschäftsbereiche oder Konzerngesellschaften als Elemente abzubilden, ist eine viel höhere Auflösung sinnvoll, um etwa Arbeitsteilung und Führungsstrukturen im Außendienst eines Detailhandelsbetriebs zu klären.

Funktionsbeschreibung

Die Funktionsbeschreibung (auch Stellenbeschreibung oder »Job Description«) dient der Klärung der Teilaufgaben und ihrer Verortung innerhalb der Organisationsstruktur. Sie dient quasi als Instrument, um das Organigramm mit Inhalt zu füllen. Ihre zentralen Elemente sind dementsprechend die Beschreibung der Hauptaufgaben, d. h. des eigentlichen Zwecks der Stelle, und der dazu gehörenden Anforderungen wie berufliche Aus- und Weiterbildung, Erfahrung, Sozial- und Selbstkompetenz. Zur Verortung im Organigramm sind außerdem Angaben zu vorgesetzten und unterstellten Funktionen erforderlich. Ergänzend können besondere Nebenaufgaben und Stellvertretungsverhältnisse genannt werden. Insgesamt gilt es aber zu beachten, dass die Funktionsbeschreibung der Klärung und Orientierung dient. Ihren Zweck erfüllt sie daher am besten in knapper, präziser Form.

Stellenbeschreibung bzw. »Job Description«

knappe, präzise Form

Beispiel für eine Funktionsbeschreibung
1. Bezeichnung der Funktion
   Leiterin bzw. Leiter der Abteilung Dienste
2. Hauptaufgaben
   Strategische Führung und Koordination der zentralen Dienste Personal, Recht, Finanzen und Controlling sowie Infrastruktur
3. Zusätzliche Aufgaben
   Aufsichtsratsmandate bei den Tochtergesellschaften
   Vertretung der Firma im Arbeitgeberverband
4. Anforderungen an den Funktionsinhaber
   a. Berufsausbildung und -erfahrung
      Hochschulabschluss in Wirtschaft oder Recht mit Weiterbildung im jeweils anderen Fachgebiet; internationale Führungserfahrung in geschäftsführender Funktion
   b. Zusätzliche Fähigkeiten und Erfahrungen
      Erfahrung mit großen Infrastrukturprojekten
      sehr gute Sprachkenntnisse (Englisch, Französisch)

▼

> 5. Organisatorische Einordnung
>   a. Vorgesetzte Funktion
>   b. Vorsitzender der Konzernleitung
>   c. Unterstellte Funktionen
>   Leiter der Abteilungen Personal, Recht, Finanzen und Controlling sowie Infrastruktur; Stabsstelle Projektmanagement
> 6. Stellvertretungsaufgaben
>   Vertretung des bzw. der Vorsitzenden der Konzernleitung

Nutzen liegt im Klärungsprozess

Die häufig zu beobachtende Anreicherung mit arbeitsinhaltlichen Details bis hin zu eigentlichen Tätigkeitslisten verstellt den Blick auf den organisationalen Zusammenhang und widerspricht auch dem Grundsatz der Führung über Zielvereinbarung, indem sie die Pflichten der Mitarbeitenden scheinbar vollständig aufzählt. Dabei liegt ein wesentlicher Nutzen der Funktionsbeschreibung gerade im Klärungsprozess (▶ Kap. 3.3), der zu ihrer Formulierung nötig ist. Auch das periodische Mitarbeitergespräch kann und sollte genutzt werden, um das Aufgabenverständnis bei Bedarf neu abzustimmen und sich über evtl. veränderte Anforderungen klar zu werden. Auf diese Weise dient die Funktionsbeschreibung als durchaus »lebendiges« Instrument nicht nur der Dokumentation von Aufgaben im Rahmen der Organisationsstruktur, sondern auch ihrer laufenden Deutung und Aktualisierung.

Funktionendiagramm

Verbindung zwischen der Aufbau- und der Ablauforganisation

Das Funktionendiagramm stellt den arbeitsinhaltlichen Zusammenhang zwischen einzelnen Instanzen eines Organigramms dar. Indem es schematisch aufzeigt, wer bei welcher Aufgabe welche Funktion erfüllt, stellt es eine Verbindung zwischen der Aufbau- und der Ablauforganisation her. Dazu werden in einer Tabelle vertikal die zu klärenden Aufgaben und horizontal die Stellen bzw. Organisationseinheiten eingetragen. In den Schnittpunkten werden mit Kürzeln die Funktionen gekennzeichnet, die der betreffenden Stelle für die jeweilige Aufgabe zukommt (◻ Tab. 10.1). Theoretisch ließe sich auf diese Weise die gesamte Aufgabenteilung in einer Unternehmung über alle Instanzen bzw. Stellen dokumentieren. In der Praxis wird ein Funktionendiagramm allerdings rasch unübersichtlich, und die Platzbeschränkungen der tabellarischen Darstellung zwingen zu einer stark verkürzten Bezeichnung der Funktionen. Ähnlich wie bei der Funktionsbeschreibung liegt

Bedeutung des Klärungsprozesses

denn auch beim Funktionendiagramm der Hauptvorteil darin, dass es als einfaches, praktisches Klärungsinstrument dient, wobei der Klärungsprozess selbst oft wichtiger ist als das daraus resultierende Dokument. Häufig wird es beispielsweise zur Rollenklärung bei besonders wichtigen Aufgaben oder zur detaillierten Abstimmung zwischen Führungsebenen (z. B. Geschäftsleitung und Aufsichtsorgan) eingesetzt.

Tab. 10.1. Beispiel für ein Funktionendiagramm

Aufgaben	Instanzen			
	Aufsichtsrat	Geschäftsleitung	Divisionsleitungen	Abteilungsleitungen
1 Personelles				
1.1 Grundsätze der Personalpolitik	E	A	U	U
1.2 Lohnsystem	E	A	U	i
1.3 Leistungsbonus	i	E	A	U
1.4 Weiterbildungskonzepte		i	E	A/U
1.5 …				
2. Infrastruktur				
2.1 Eröffnung/Schließung von Regionen	E	A/U	A	
2.2 Standortentscheide	i	E	A	
2.3 Kauf o. Miete von Geschäftsliegenschaften	i	E	A	U
2.4 …				
3. Finanzen				
3.1 …				

E = Entscheid, A = Antrag, U = Umsetzung, i = zu informieren

10.2.2 Instrumente der Ablauforganisation

Die Notwendigkeit zur systematischen Gestaltung von Abläufen ergibt sich aus dem Streben nach Effizienz und Qualität. Wenn jeder Mitarbeiter einfach abarbeitet, was gerade anfällt, dann hängen Aufwand, Ergebnis und Fehlerrate stark von den einzelnen Personen ab und unterliegen entsprechenden Schwankungen. In hart umkämpften Märkten mit eng kalkulierten Margen muss aber der Aufwand möglichst personenunabhängig budgetierbar sein; und Qualitäts**schwankungen** sind an sich ein Qualitäts**mangel**, der nicht nur unzufriedene Kunden, sondern in manchen Branchen sogar die Verweigerung resp. den Entzug von Betriebs- oder Produktionsbewilligungen zur Folge haben kann. Instrumente der Ablauforganisation sind daher auch obligatorische Bestandteile vieler Qualitätsmanagementsysteme.

Streben nach Effizienz und Qualität

Je wichtiger ein Prozess für den Erfolg der Unternehmung ist, und je häufiger er abgearbeitet wird, desto mehr lohnt es sich, seinen idealen Ablauf zu definieren. Um den tatsächlichen Ablauf an dieser Solldefinition auszurichten, müssen Standards (Sollwerte) für die relevanten Aktivitäten und deren Ergebnisse sowie für den Zeit- und Ressourceneinsatz bestimmt werden. Sollprozesse samt Standards sind den Mitarbeitenden in zweckmäßiger Form zu kommunizieren, und natürlich müssen positive und negative Abweichungen von den Standards erfasst und ausgewertet werden, wenn sie als Grundlage für laufende Verbesserungen dienen sollen.

Sollprozesse und Standards

Kontextabhängigkeit

Instrumente der Ablauforganisation basieren also immer auf einer (verbalen oder grafischen) Abbildung von Sollprozessen. Deren Formalisierungsgrad sowie Art und Umfang der Informatikunterstützung hängt vom konkreten Verwendungszweck – von der Natur der abzubildenden Prozesse – und vom jeweiligen Kontext ab. Im Sinne einer Übersicht werden im Folgenden standardisierte Arbeitsanweisungen, Prozessmodelle und Informatiksysteme mit entsprechenden Beispielen kurz dargestellt.

»Standard Operating Procedures« (SOP)

Standardisierte Arbeitsanweisungen. Sich häufig wiederholende Abläufe, bei denen die Einhaltung von Vorgaben z. B. für Produktions- oder Kontrollverrichtungen wichtig ist, können in besonderen Dokumenten beschrieben werden. Solche standardisierte Arbeitsanweisungen (»Standard Operating Procedures«, SOP) enthalten eine genaue Bezeichnung des Geltungsbereichs, eine Beschreibung des zu regelnden Ablaufs sowie Angaben zur Verantwortung für Durchführungs- und Kontrollaktivitäten. Meist sind sie als Dokumente nach vorgegebenem Schema einheitlich gegliedert und mit einem Gültigkeitsdatum und einem Fälligkeitsdatum für die nächste Revision versehen. Stark verbreitet sind standardisierte Arbeitsanweisungen in der Fliegerei sowie in Laboratorien als unerlässliche Elemente von Qualitätszertifikaten wie »Good Laboratory Practice«, »Good Manufacturing Practice« etc.

Abbildung eines Geschäftsprozesses

Ereignisgesteuerte Prozesskette (EPK)

Prozessmodelle. Ein Prozessmodell ist eine formalisierte normative Abbildung eines Geschäftsprozesses. Es zeigt mit einer schematischen Grafik, oft ergänzt mit erläuterndem Text, die erforderlichen Aktivitäten und ihre Verkettung zu einem Sollablauf. Prominentes Beispiel dafür ist das ursprünglich aus der Informatik stammende Flussdiagramm (auch: Flow Chart), das in vielen Varianten für die Darstellung und Gestaltung von Geschäftsprozesssen verwendet wird. Noch stärker formalisiert ist die Ereignisgesteuerte Prozesskette (EPK), die ebenfalls für die Entwicklung von Informationssystemen entwickelt worden ist. In ihrer einfachsten Form kommt sie mit nur drei Kategorien von Symbolen aus: Ereignisse, Aktivitäten und Verknüpfungsope-

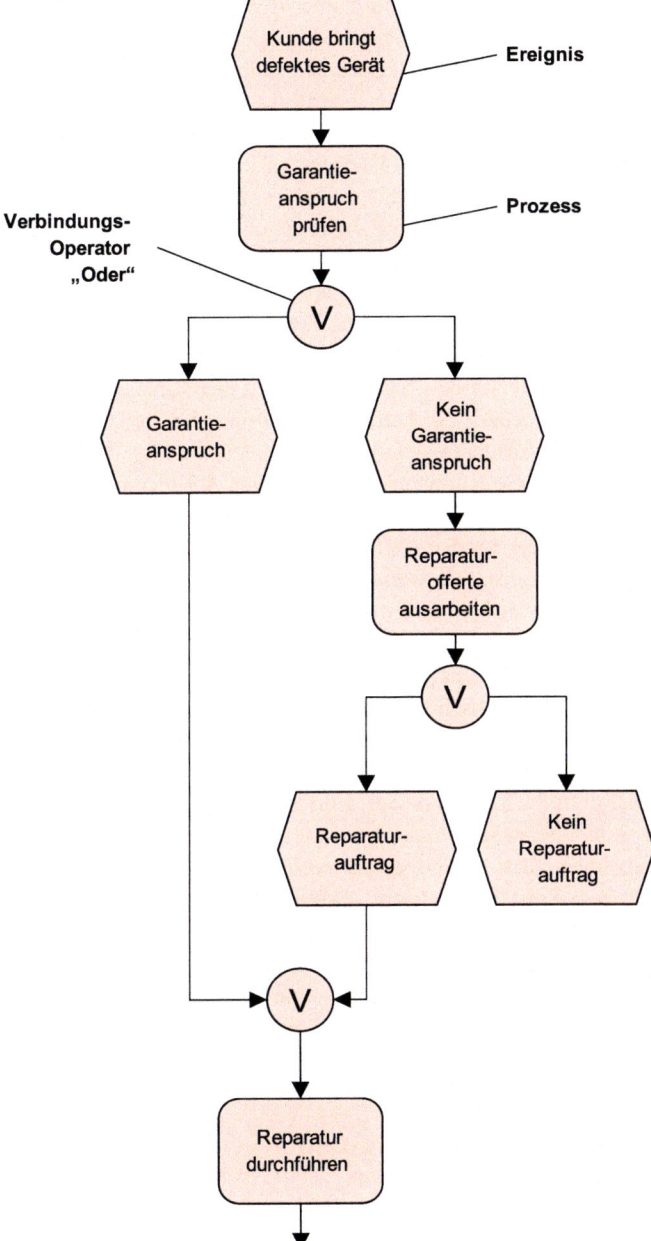

Abb. 10.4. Beispiel für eine ereignisgesteuerte Prozesskette

ratoren (und, und/oder, entweder/oder, ◘ Abb. 10.4). Die Grundidee besteht darin, dass jede Aktivität durch ein definiertes Ereignis ausgelöst wird, und dass jede Aktivität ein oder mehrere Ereignisse zur Folge hat. Dementsprechend wechseln sich in einer EPK Ereignisse und Aktivitäten jeweils ab. Eine wesentliche Stärke der EPK liegt darin, dass sie Prozessdarstellungen in ganz unterschiedlichem Detaillierungs- bzw. Aggregationsgrad zulässt und damit eine übersichtliche Abbildung auch hoch komplexer Abläufe ermöglicht.

Informatiksysteme. Ein Informatiksystem ist zunächst eine Ressource, die zur Unterstützung von Arbeitsabläufen dient. Dementsprechend leiten sich seine Merkmale grundsätzlich aus den Anforderungen vorgängig definierter Geschäftsprozesse ab. In manchen Fällen ist es dennoch zweckmäßig und effizient, umgekehrt vorzugehen und die Betriebsabläufe der Funktionsweise einer etablierten Standard-IT-Lösung anzupassen. Dies kann beispielsweise für die Buchführung in kleineren und mittelgroßen Betrieben gelten; hier stehen heute Softwaresysteme zur Verfügung, deren kosequente Anwendung – inklusive notwendiger Anpassung der betrieblichen Abläufe – eine fachlich und gesetzlich korrekte Rechnungslegung weitgehend gewährleistet. Ähnlich können je nach Branche und Betrieb auch Produktions- und Logistikabläufe nach den Erfordernissen anerkannter Produktionsplanungs- und Steuerungssysteme gestaltet werden. In jedem Fall sind aber Voraussetzungen und mögliche Konsequenzen der betreffenden Lösung für die Unternehmung vorgängig genau zu klären.

Gegen die Gestaltung und Steuerung von Abläufen mit formalen Instrumenten wird häufig eingewendet, dass sie zu einer Bürokratisierung beitrage. Tatsächlich verlangt diese Art von Prozessmanagement nicht nur ein laufendes Überprüfen und Auswerten von Standards. Auch die Prozessdefinitionen und Sollwerte selbst müssen auf ihre Gültigkeit überprüft und bei Bedarf aktualisiert werden. Dieser Aufwand muss durch den Nutzen in Form von Effizienz- und Qualitätssteigerung der betreffenden Prozesse aufgewogen werden. Problematisch ist zudem die Möglichkeit, dass Mitarbeitende sich ausschließlich an formalen Vorgaben orientieren und damit den Sinnzusammenhang ihrer Arbeit aus den Augen verlieren. Das wirkt sich zum einen negativ auf die Motivation aus, zum anderen leidet darunter die Flexibilität gegenüber Störungen und unerwarteten Chancen. Auf diese Weise können Instrumente der Ablauforganisation im negativen Fall zu einer Erstarrung beitragen. Es ist daher wichtig, sowohl ihre Auswahl als auch die Einführung und Handhabung den Anforderungen und Möglichkeiten des Betriebs anzupassen und die Mitarbeitenden in allen Phasen angemessen einzubeziehen. Geeignete und gut eingeführte Instrumente werden von den Beteiligten auch als Chance erlebt, den Erfolg der eigenen Arbeit darstellbar zu machen und den eigenen Wirkungsgrad zu erhöhen.

10.2.3 Projektorganisation

Im Leben einer Unternehmung gibt es immer wieder Vorhaben, die ihrer Natur nach – etwa weil es sich um besonders komplexe Fragestellungen oder innovative Ideen handelt – schlecht mit der bestehenden Organisation zu bewältigen sind, die aufgrund von Umfang oder Tragweite spezielle Strukturen und Abläufe erfordern. Handelt es sich um dauerhafte neue Aufgaben, wird man eine Reorganisation in Betracht ziehen; handelt es sich aber um ein einmaliges Vorhaben (beispielsweise eine große Investition, eine Diversifikation oder die Einführung einer neuen Technologie), kann es zweckmäßig sein, befristet eine auf dieses Vorhaben ausgerichtete Organisation einzurichten. In diesem Fall spricht man von Projektorganisation.

Grundsätzlich gilt auch für die Projektorganisation, dass Aufgaben, Arbeitsteilung, d. h. Strukturen und Abläufe klar definiert sein müssen (▶ Kap. 14 »Projektmanagement«). Insofern unterscheidet sie sich nicht grundsätzlich von anderen Organisationsformen. Allerdings gehören Konflikte zwischen Projekt- und Linienorganisation zum Alltag, denn Projekte beanspruchen Personen und oft auch andere Ressourcen und stehen damit häufig in Konkurrenz zu den Bedürfnissen der Routinegeschäfte. Außerdem überlagern die Projektführungsstrukturen zeitweise und teilweise das bestehende Organigramm, was zu Rollenkonflikten führen kann. So kann es vorkommen, dass eine Führungskraft innerhalb der Projektorganisation jemandem unterstellt ist, der in der Unternehmenshierarchie sonst tiefer positioniert ist. Damit in solchen Fällen unnötige, bisweilen lähmende, Kompetenzdiskussionen vermieden werden, ist es wichtig, der Projektführungsstruktur – natürlich nur die für projektbezogene Zusammenarbeit – den Vorrang vor der Unternehmenshierarchie zu geben.

Vorrang der Projektorganisation

10.3 Prinzipien der Organisationsgestaltung

Die Organisationsforschung hat bisher wenig allgemein gültige Gestaltungsprinzipien hervorgebracht. Welcher Ablauf oder welche Struktur einem Betrieb am besten entspricht, hängt von zu vielen Faktoren ab. Branche, Technologie, Betriebsgröße, geografische Verhältnisse und rechtliche Rahmenbedingungen sind dafür nur einige Beispiele. Was für eine bestimmte Organisation daher »optimal« bedeutet, lässt sich demnach nur unter dem Aspekte der Zweckmäßigkeit beurteilen. Dieses Urteil hängt nicht nur von objektiven Faktoren (wie den oben genannten) ab, sondern wird auch von kulturellen Aspekten bestimmt, die sich zudem im Zeitablauf durchaus ändern können. Ein Beispiel hierfür ist das Phänomen, dass als optimale Führungsspanne vor ca. 20 Jahren noch eine Zahl von 5–8 Mitarbeitern der Lehrmeinung entsprach, während heute 10–12 als normal gilt. Dennoch können einige formale Prinzipien formuliert werden, die grundsätzlich in jeder Organisation beachtet werden sollten. Auf der Grundlage organisationspsychologischer Erkenntnisse und aus dem soziotechnischen Organisationsverständnis leiten sich zudem einige konkrete, inhaltliche Prinzipien für die Aufgabengestaltung ab.

Primat der Zweckmäßigkeit

10.3.1 Formale Gestaltungsprinzipien

Als formale Prinzipien bezeichnen wir hier grundsätzliche, abstrakte Regeln für die Gestaltung von Organisationsstrukturen und -prozessen. Auch wenn es, abgesehen vom Primat der Zweckmäßigkeit, kaum allgemein gültige Organisationsprinzipien gibt, werden die folgenden drei Grundsätze kaum bestritten:

Strucure follows process follows strategy. Dieses Prinzip besagt, dass man bei der Organisationsgestaltung von der Strategie ausgehend zunächst die Prozesse definieren und erst dann die Strukturen festlegen soll. Dadurch wird

von der Strategie ausgehend ... ... Strukturen festlegen

zum einen das Primat der Zweckmäßigkeit näher bezeichnet: Prozesse und Strukturen haben ausdrücklich der (Firmen- oder Geschäftsbereichs-) Strategie zu entsprechen, was natürlich voraussetzt, dass eine solche vorgängig hinreichend geklärt wird. Außerdem erhalten die Prozesse prinzipiell Vorrang vor den Strukturen.

> Geschäftsprozesse sind so zu definieren, wie es einer optimalen Strategieumsetzung entspricht, und die Strukturen sind dann so zu setzen, dass sie einen möglichst reibungslosen Betrieb der Prozesse ermöglichen.

Nicht sinnvoll ist es demgegenüber, zunächst Strukturen zu fixieren – etwa nach persönlichen Anliegen einzelner Führungspersonen – und dann die Prozesse innerhalb dieses strukturellen Rahmens zu installieren. Der Preis dafür besteht in der Regel in einer suboptimalen Arbeitsteilung und damit in unnötigen Schnittstellen mit entsprechendem Koordinationsbedarf bzw. Abstimmungsproblemen. Freilich ist es im Unternehmensalltag nicht immer möglich, jede Prozessänderung mit einer Restrukturierung zu verbinden. Bisweilen kann es vernünftiger sein, bei der Prozessgestaltung Kompromisse zu machen, als die Organisation permanent in Unruhe zu versetzen (▶ Abschn. 10.5). Der Grundsatz der Zweckmäßigkeit ist insofern auch auf das Prinzip »Structure follows process follows strategy« selber anzuwenden.

Kohärenz und Konsistenz. Organisieren als Gestaltung der Arbeitsteilung läuft immer Gefahr, Zusammenhänge zu übersehen und Widersprüche zu schaffen. So kann etwa die Reorganisation einer Abteilung zu *unerwünschten Schnittstellen* mit anderen Organisationseinheiten führen und damit die Zusammenarbeit erschweren, auch wenn sie abteilungsintern durchaus Verbesserungen bringt. Bei der Organisationsgestaltung gilt es daher nicht nur, die einzelnen Elemente möglichst widerspruchsfrei zu gestalten, sondern auch die Zusammenhänge zwischen diesen Elementen – d. h. zwischen den strukturellen Einheiten und Ebenen, zwischen verschiedenen Prozessen und zwischen Aufbau- und Ablauforganisation generell – im Auge zu behalten.

Kongruenzprinzip. Dieses Prinzip verlangt, dass Verantwortung und Kompetenz (im Sinne von Ermächtigung) für alle Aufgaben deckungsgleich definiert sein müssen. Damit handelt es sich um eine Rollenanforderung. Mit anderen Worten: Wer eine Aufgabe hat, muss sowohl die Verantwortung für ihre Erfüllung haben als auch die Ermächtigung, die dazu erforderlich ist. Verletzungen des *Kongruenzprinzips* treten im Führungsalltag häufig in Form mangelhafter Delegation auf (▶ Abschn. 13.1): Jemand erhält eine konkrete Aufgabe (beispielsweise eine Abteilung zu reorganisieren), notwendige Kompetenzen (etwa für die Änderung der betreffenden Arbeitsverträge) bleiben aber bei der vorgesetzten Person. Manchmal sind derartige Inkongruenzen auch bereits in der Organisationsstruktur, in den Abläufen oder in deren Kombination angelegt. Beispielsweise kann die Aufbauorganisation ausdrücklich eine finanzielle Ergebnisverantwortung der Abteilungsleitenden vorsehen, während Prozessvorgaben für die Budgetierung und das Personalwesen gleichzeitig verhindern, dass die Verantwortlichen ihre wichtigsten Kostenarten ausreichend beeinflussen können.

> Diese drei formalen Gestaltungsprinzipien verweisen aus unterschiedlichen Perspektiven auf ganz grundlegende Anforderungen an die Organisation: Sie soll in ihren Prozessen und Strukturen auf die Strategie ausgerichtet sein, sie soll ganzheitlich und möglichst widerspruchsfrei sein, und den einzelnen Aufgaben sollen kongruenten Rollen zugewiesen werden.

Anforderungen an die Organisation

10.3.2 Organisationspsychologische Gestaltungsprinzipien: Soziotechnische Aufgabengestaltung

Organisationspsychologische Prinzipien beziehen sich auf die inhaltliche Ebene der Organisationsgestaltung. Sie geben Hinweise, wie die Teilaufgaben innerhalb eines arbeitsteiligen Systems – die Aufgaben der einzelnen Organisationseinheiten und der darin arbeitenden Menschen – gestaltet werden sollen. Grundsätzlich gilt auch hier das Primat der Zweckmäßigkeit. Das bedeutet, die Bestimmung von Aufgaben kann nicht beliebig erfolgen, sondern hängt immer vom Zweck (»Primary Task«), von den Möglichkeiten und Rahmenbedingungen der Unternehmung ab. Allerdings können und müssen Teilaufgaben daraus nicht rein logisch abgeleitet werden. Was unter gegebenen Umständen als »gute« Aufgabengestaltung gilt, hängt vielmehr auch vom Betriebsverständnis und vom Menschenbild ab. Das Verständnis von Organisationen als soziotechnische Systeme impliziert, dass technische und soziale Aspekte in ihrer wechselseitigen Abhängigkeit verstanden werden. Demnach gilt es, die einzelnen Aufgaben nicht nur nach technisch-betriebswirtschaftlichen Erfordernissen, sondern gleichzeitig menschen- und teamgerecht zu gestalten. Die Arbeitspsychologie hat dazu Ziele und Gestaltungsmerkmale formuliert, die mit entsprechender Anpassung und Konkretisierung in jedem Betrieb anwendbar sind (◘ Tab. 10.2).

Aufgabengestaltung

Organisationsverständnis und Menschenbild

Im Betriebsalltag werden häufig zuerst aus technischer und ökonomischer Sicht optimale Abläufe definiert; anschließend versucht man, die dazu passenden Aufgabendefinitionen abzuleiten. Organisationen, die so entstehen, können zwar funktional plausibel sein. Ob sie aber Motivation und Engagement der Mitarbeitenden fördern, ist eine andere Frage (▶ Abschn. 12.3 »Motivation«). Aufgaben, die unbesehen von technisch-ökonomischen Vorgaben abgeleitet sind, werden oft als Sachzwänge erlebt. Der Einzelne erfährt sich nicht als ursächlich für den Unternehmenserfolg und ist entsprechend wenig motiviert, Fähigkeiten und Engagement einzubringen. Dies ist von besonderer Bedeutung im Umgang mit unerwarteten Chancen oder Störungen: Planung bezieht sich immer primär auf den »Normalfall«, d. h. den störungsfreien Ablauf (vgl. Frei et al. 1993). Auch die Berücksichtigung abseh-

Auswirkungen auf Motivation

Tab. 10.2 Merkmale der soziotechnischen Aufgabengestaltung. (Adaptiert nach Ulich 2005, S. 202)

Gestaltungsmerkmal	Ziel/Absicht Vorteil/Wirkung	Realisierung durch …
Ganzheitlichkeit	– Mitarbeiter erkennen Bedeutung und Stellenwert ihrer Tätigkeit – Mitarbeiter erhalten Rückmeldung über den eigenen Arbeitsfortschritt aus der Tätigkeit selbst	… umfassende Aufgaben mit der Möglichkeit, Ergebnisse der eigenen Tätigkeit auf Übereinstimmung mit gestellten Anforderungen zu prüfen
Anforderungsvielfalt	– Unterschiedliche Fähigkeiten, Kenntnisse und Fertigkeiten können eingesetzt werden – Einseitige Beanspruchungen können vermieden werden	… Aufgaben mit planenden, ausführenden und kontrollierenden Elementen bzw. unterschiedlichen Anforderungen an Körperfunktionen und Sinnesorgane
Möglichkeiten der Interaktion	– Schwierigkeiten können gemeinsam bewältigt werden – Gegenseitige Unterstützung hilft, Belastungen besser zu ertragen	… Aufgaben, deren Bewältigung Kooperation nahe legt oder voraussetzt
Autonomie	– Stärkt Selbstwertgefühl und Bereitschaft zur Übernahme von Verantwortung – Vermittelt die Erfahrung, nicht einfluss- und bedeutungslos zu sein	… Aufgaben mit Dispositions- und Entscheidungsmöglichkeiten
Lern- und Entwicklungsmöglichkeiten	– Allgemeine geistige Flexibilität bleibt erhalten – Berufliche Qualifikationen werden erhalten und weiterentwickelt	… problemhaltige Aufgaben, zu deren Bewältigung vorhandene Qualifikationen erweitert, bzw. neue angeeignet werden müssen

Eigenverantwortlichkeit als Erfolgsfaktor

barer Sonderfälle und Ausnahmen reicht nicht, um die Vielfalt möglicher Probleme und Chancen im Betriebsalltag wahrzunehmen. Eine Organisation, die technische und menschliche Gestaltungskriterien in ihrem Zusammenhang versteht und anwendet, fördert die Orientierung am Sinn und Zweck des Betriebs und motiviert zur eigenverantwortlichen Nutzung von Handlungsspielräumen. In einem komplexen und dynamischen Umfeld liegt darin ein entscheidender Erfolgsfaktor.

10.4 Methoden der Organisationsgestaltung

Bei der Organisationsgestaltung stellt sich nicht nur die Frage nach den Instrumenten und Prinzipien, sondern auch nach dem Vorgehen: Wo soll man ansetzen, wie kann man vorgehen, um eine Organisation auf neue oder sich ändernde Anforderungen auszurichten? Diese Frage wird auch in anderen Kapiteln dieses Handbuchs behandelt, insbesondere ▶ Kap. 14 »Projektmanagement« und ▶ Kap. 15 »Change Management«. Die hier vorgestellten Methoden sind dazu nicht als Alternativen, sondern als Ergänzung gedacht: Indem sie auf bestimmte Aspekte (z. B. Kundennutzen, Entstehung der Wertschöpfung oder Geschäftsrisiken) fokussieren, zeigen sie grundsätzliche betriebswirtschaftliche Zugänge zur Organisationsgestaltung. Je nach Problemstellung und Kontext ist die eine oder andere Methode zweckführend, und in der Regel wird man den (Um-)Gestaltungsvorgang als solchen in

Projekt- und Veränderungsmanagement

Form eines Projekts bzw. im Rahmen eines umfassenden Change Managements durchführen. Bei den vorgestellten Ansätzen handelt es sich um eine Auswahl verbreiteter Konzepte, die keine Vollständigkeit beansprucht.

10.4.1 Prozessorientierte Methoden

Nach der Maxime »structure follows process follows strategy« liegt es nahe, bei der Organisationsgestaltung an den Prozessen anzusetzen. In diesem Zusammenhang gelten heute das »Business Process Reengineering« und die Wertkettenanalyse als etablierte Konzepte. Trotz ihrer recht unterschiedlichen Perspektiven ist ihnen die konsequente Ausrichtung auf das Primat der Prozessgestaltung gemeinsam.

etablierte Konzepte

Business Process Reengineering

Unter dem Titel »Reengineering the Corporation« haben Hammer und Champy (1994) eine radikale Ausrichtung der Organisation auf optimierte Geschäftsprozesse postuliert. Einen Geschäftsprozess definieren sie dabei als den kürzesten Weg zwischen einem Kundenbedürfnis und seiner Befriedigung. Nach ihrer Argumentation greift eine Verbesserung von Abläufen in bestehenden Strukturen zu kurz, weil Zeit- und Qualitätsverluste insbesondere beim Weiterreichen von Arbeiten bzw. Zwischenprodukten von Abteilung zu Abteilung entstehen. Optimiert man nur die Aufgabenerfüllung innerhalb der einzelnen Abteilungen, dann löst das die Probleme an den Schnittstellen kaum oder verschlimmert sie sogar. Demgegenüber sind sprunghafte Leistungsverbesserungen möglich, wenn man zunächst die Geschäftsprozesse nach Qualitäts- und Effizienzkriterien bestmöglich definiert und dann die Organisationsstrukturen so auslegt, dass sie dieses Prozessdesign voll unterstützen. So ist beispielsweise in einer nach Kundengruppen organisierten Unternehmung eine integrale Auftragsabwicklung durch ein Team möglich, während derselbe Auftrag in einer funktional gegliederten Struktur mehrere Abteilungen durchlaufen müsste.

Geschäftsprozess

Kritiker halten dem Reengineering häufig entgegen, bei den »optimalen Prozessen« handle es sich meist um reine Kostensenkungsmaßnahmen, die zudem praxisfern entworfen würden und sich dann entsprechend schlecht umsetzen ließen. Dennoch gilt heute als plausibel, dass es in dynamischen Marktverhältnissen zu entscheidenden Wettbewerbsvorteilen führt, wenn man seine Organisation konsequent auf optimierte Geschäftsprozesse ausrichtet. In diesem Sinne stellen Osterloh und Frost (1997) das Business Process Reengineering in einen weiteren betriebswirtschaftlichen Zusammenhang und kommen zum Schluss, dass eine dauernde, systematische Ausrichtung der Organisation auf ihre Kernprozesse (d. h. auf ihre strategisch wichtigsten Geschäftsprozesse) unabhängig von Betriebsgröße und Wirtschaftszweig immer mehr zur notwendigen Kernkompetenz von Unternehmungen wird.

Prozessmanagement als Kernkompetenz

Wertkettenanalyse

Das Wertkettenmodell versteht eine Unternehmung als Bündel von Aktivitäten, die in unterschiedlichem Maße zur Wertschöpfung beitragen. Das Kon-

Wertschöpfungsbeiträge der Aufgaben

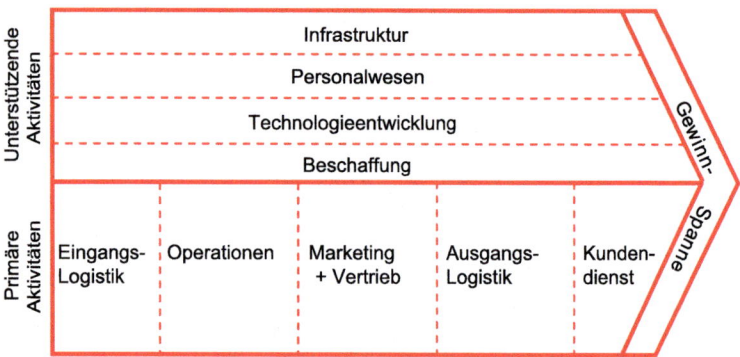

Abb. 10.5. Wertkette. (Nach Porter 2000, S. 66)

zept wurde von Porter (1985) zunächst als analytisches Instrument vorgestellt, mit dem die Ursachen von Wettbewerbsvorteilen untersucht werden können. Dazu werden die Aktivitäten in einer Unternehmung in Typen gegliedert (Abb. 10.5): Die primären Aktivitäten dienen unmittelbar der Herstellung und dem Vertrieb von Produkten bzw. Dienstleistungen; sie lassen sich in die Kategorien Eingangslogistik, Operationen, Marketing und Vertrieb, Ausgangslogistik und Kundendienst unterteilen.

Die unterstützenden Aktivitäten tragen indirekt zur Wertschöpfung bei, indem sie die primären Aktivitäten ermöglichen oder erleichtern; dazu gehören die Kategorien Unternehmensinfrastruktur, Personalwesen, Technologieentwicklung und Beschaffung. Die konkrete Ausgestaltung und Kombination dieser Aktivitäten ist je nach Wirtschaftszweig, Unternehmensorganisation und -größe, Strategie etc. ganz unterschiedlich. Die Analyse der einzelnen Wertaktivitäten, ihrer Beziehungen untereinander und ihrer Beiträge zur Wertschöpfung des Unternehmens hilft, Vor- und Nachteile gegenüber Mitbewerbern zu erkennen. Auf dieser Grundlage lassen sich dann Wettbewerbsvorteile systematisch aufbauen bzw. verstärken. Die Leitfrage dazu lautet: Was müssen wir tun und wie müssen wir uns organisieren, um insgesamt eine möglichst hohe Wertschöpfung zu möglichst geringen Kosten zu erreichen? Die Konsequenzen reichen von der Optimierung einzelner Aktivitäten (inklusive der Möglichkeit, sie auszulagern oder ganz darauf zu verzichten) über die Änderung ihrer Reihenfolge und Koordination bis hin zur Entwicklung ganz neuer Geschäftsmodelle. Entscheidend ist in jedem Fall, dass die Organisation nach dem Prinzip »structure follows process« so aufgebaut bzw. angepasst wird, dass sie die optimierte Wertkette bestmöglich unterstützt.

Analyse der einzelnen Wertaktivitäten

Wettbewerbsvorteile

10.4.2 Strukturorientierte Methoden

Ausnahmen vom Grundsatz »structure follows process«

Trotz dem Grundsatz, dass die Strukturen an den Prozessen auszurichten seien, kann in bestimmten Situationen das Umgekehrte notwendig sein. Vor allem im Sinne der Risikobegrenzung drängt es sich bisweilen auf, a priori strukturelle Gestaltungsentscheide zu setzen und die Geschäftsprozesse dann innerhalb dieser Prämissen zu definieren. So wird beispielsweise mit der

Schaffung rechtlich eigenständiger Organisationseinheiten das Risiko vermindert, dass spezifische Branchen- oder Marktrisiken die Gesamtunternehmung gefährden. Oder es wird verhindert, dass bei schlechtem Geschäftsgang wichtige Vermögenswerte – etwa Immobilien – in Gefahr geraten. Auch die Änderung gesetzlicher Rahmenbedingungen kann Umstrukturierungen erforderlich machen. So hat die Verschärfung des Unabhängigkeitsgebots für Buchprüfer zahlreiche Treuhandunternehmen zu einer organisatorischen und rechtlichen Trennung von Buchführung und Beratung einerseits und Buchprüfung andererseits bewogen.

Einen Ansatz zur direkten Ableitung von Organisationsstrukturen aus strategischen Vorgaben stellt das entscheidungsorientierte Organisationskonzept dar (Frese 1998). Es geht davon aus, dass jede Arbeitsteilung bei den Beteiligten Autonomietendenzen auslöst und dementsprechend Abstimmungsbedarf schafft. Die Fähigkeit zur Begrenzung von Autonomiekosten bei möglichst geringen Abstimmungskosten wird als Koordinationseffizienz bezeichnet. Gleichzeitig wird in Betracht gezogen, dass Organisationsstrukturen sowohl Rahmen als auch Freiräume für das Verhalten der Mitarbeitenden definieren, und dass unterschiedliche Strukturmodelle unterschiedliche Anreize setzen, diese Freiräume wahrzunehmen. Die Fähigkeit einer Organisation, die Mitarbeitenden zu einer Nutzung dieser Freiräume im Sinne der strategischen Unternehmensziele zu bewegen, wird als Motivationseffizienz bezeichnet.

entscheidungsorientiertes Organisationskonzept

Koordinationseffizienz

Motivationseffizienz

> Das Spannungsfeld zwischen Koordinations- und Motivationseffizienz bildet einen Rahmen, in dem Voraussetzungen und Konsequenzen unterschiedlicher Organisationsstrukturen in Bezug auf eine bestimmte Wettbewerbsstrategie auf allgemeiner Ebene gut diskutiert werden können.

Der vom entscheidungsorientierten Organisationskonzept postulierte unmittelbare Zusammenhang zwischen Strategie und optimaler Struktur scheint hingegen fraglich. Um sich Möglichkeiten einer optimalen Prozessgestaltung nicht unnötig zu verbauen, sollten daher strukturelle Prämissen nur aus triftigen Gründen und nur soweit unbedingt notwendig gesetzt werden.

10.4.3 Organisationsentwicklung

Die Organisationsentwicklung (OE) ist ein umfassender Ansatz, Strukturen und Prozesse zu verändern. Der ▶ Abschn. 15.2 geht darauf speziell im Kontext des Veränderungsmanagements ein. Hier zeigen wir kurz ihren organisationstheoretischen und ideengeschichtlichen Hintergrund auf. Die OE geht davon aus, dass sich Organisationen in einem dauernden Spannungsfeld zwischen bewahrenden und verändernden Kräften befinden. Als soziale Systeme werden sie von Normen und Werten, gemeinsamen Deutungsmustern und Gewohnheiten quasi zusammengehalten. In jeder Organisation – wie über-

Veränderung von Strukturen und Prozessen

haupt in jeder Gesellschaft – gibt es »Spielregeln«, die den Mitgliedern meist so selbstverständlich sind, dass sie kaum noch hinterfragt werden, ja oft gar nicht bewusst sind. Im bildlichen Sinne kann man von unsichtbaren Drehbüchern sprechen, die das Verhalten und auch das Denken ganz wesentlich bestimmen. Was im Arbeitsalltag einer bestimmten Organisation »normal« ist, ist den Mitgliedern implizit, also ohne dass man es jedes Mal aussprechen müsste, klar. Umgekehrt kann Ungewohntes, wie etwa alternative Strukturen oder Prozesse, geradezu unvorstellbar sein. Damit aber Veränderungen in einem soziotechnischen System machbar werden, müssen sie für die Beteiligten zunächst denkbar sein (vgl. Frei et al. 1993). Schon in den 1940er-Jahren hat Lewin in diesem Zusammenhang postuliert, organisatorische Veränderungen müssten über drei Phasen erfolgen: Zuerst gelte es, eine Organisation »aufzutauen«, dann könne man sie verändern, und schließlich müsse man sie »wieder einfrieren« (»refreeze«), um die neuen Strukturen und Prozesse zu stabilisieren:

Veränderungen müssen für die Betroffenen denkbar sein

drei Phasen der Veränderung

»Auftauen«. Einer Veränderung muss aus der Sicht der Organisationsentwicklung eine Phase vorausgehen, in der Bestehendes infrage gestellt und die Veränderungsbereitschaft geweckt wird. Beschlüsse zur Einführung neuer Strukturen, Prozesse oder Führungsinstrumente führen im Unternehmensalltag nicht automatisch zu den gewünschten Verhaltensänderungen. Viele Organisationsprojekte scheitern, weil Gewohnheiten und Einstellungen im Arbeitsalltag unhinterfragt bestehen bleiben. Bisherige Verhaltensweisen bleiben erhalten, oder die Mitarbeitenden fallen nach vorübergehender Anpassung in gewohnte Muster zurück. Deshalb ist es nötig, systemverändernde Kräfte bewusst zu fördern. Konkret kann dies zum Beispiel im Rahmen der Zielklärung und der Ist-Analyse in frühen Projektphasen geschehen. Dabei werden Erwartungen geweckt, die den Verlauf und den Erfolg des Vorhabens ganz wesentlich beeinflussen, indem sie die Mitarbeitenden zu Einstellungs- und Verhaltensänderungen motivieren. Allerdings kann in dieser Phase auch der Ausgangspunkt für spätere Enttäuschungen gelegt werden. Nicht erfüllte Ziele und Hoffnungen können zur Ablehnung des betreffenden Projekts oder längerfristig sogar zu einer resignierten Einstellung gegenüber Veränderungen an sich führen. Auch deshalb verlangt die Organisationsentwicklung einen frühzeitigen und offenen Austausch zwischen den Beteiligten über Ziele und Vorgehen bei Veränderungen.

Veränderungsbereitschaft wecken

»Verändern«. Diese Phase umfasst die organisatorischen Maßnahmen im engeren Sinne, d. h. die Gestaltungsentscheide und die Einführung neuer oder veränderter Abläufe, Strukturen oder Führungsinstrumente. Die Organisationsentwicklung geht davon aus, dass diese Phase umso einfacher und erfolgreicher verläuft, je sorgfältiger die Organisation vorgängig »aufgetaut« worden ist. Wichtig ist allerdings, dass auch in der Veränderungsphase die vorher aufgebaute Partizipation weiter aufrechterhalten wird. Die Meinung, nachdem das Vorhaben nun von den Betroffenen mitgetragen werde, könne man die erforderlichen Maßnahmen einfach beschließen und durchsetzen, würde als Stilbruch erlebt und zu Enttäuschung und Widerstand führen.

Gestaltungsentscheide fällen

Partizipation

»Wieder einfrieren«. Nach der Umsetzung organisatorischer Maßnahmen gilt es, die neuen Verhältnisse zu konsolidieren, d. h. sie bewusst zur neuen Routine zu verfestigen. Zum einen soll damit dem Problem vorgebeugt werden, dass das System wieder in seinen alten Zustand zurückfällt. Und zum anderen kommt darin auch die Einsicht zum Ausdruck, dass auf Phasen der Veränderung immer auch wieder Phasen der Stabilität nötig sind, in denen Aufmerksamkeit und Aktivitäten auf das eigentliche Geschäft und nicht auf dessen Veränderung gerichtet sind. Mit »wieder einfrieren« ist denn auch nicht ein Übergang in die Erstarrung, sondern eine Stabilisierung gemeint. Lewin nennt diesen Zustand ein quasi-stationäres Gleichgewicht (hier nach Frei et al. 1993).

Verhältnisse zur neuen Routine verfestigen

Dieses Dreiphasenmodell gilt in der Betriebswirtschaftslehre nach wie vor als Basiskonzept der Organisationsentwicklung (OE). Von zentraler Bedeutung ist darin der Grundsatz, die Betroffenen zu Beteiligten zu machen und auf diese Weise zu Veränderungen zu kommen, die möglichst von allen mitgetragen werden. Die Gesellschaft für Organisationsentwicklung definiert OE dementsprechend als

Basiskonzept der Organisationsentwicklung (OE)

> »… längerfristig angelegten, organisationsumfassenden Entwicklungs- und Veränderungsprozess von Organisationen und der in ihnen tätigen Menschen. Der Prozess beruht auf Lernen aller Betroffenen durch direkte Mitwirkung und praktische Erfahrung. Sein Ziel besteht in einer gleichzeitigen Verbesserung der Leistungsfähigkeit der Organisation (Effektivität) und der Qualität des Arbeitslebens (Humanität).«
> (Zitiert nach Kieser & Ebers 2006, S. 153.)

Ganz im Sinne dieser umfassenden Definition wird heute vor allem in der Organisationsberatung ein breites Repertoire an partizipativen Methoden zur Veränderung von Institutionen verstanden. Gerade beim Thema Partizipation setzt allerdings auch die Kritik an der OE an. Zum einen wird das hohe Maß an Konsensorientierung kritisiert, das zu einer starken Erschwerung und Verlangsamung bis hin zur Lähmung von Veränderungsvorhaben führen kann. Zum anderen ist zu bedenken, dass das Bestreben, in der Aufbauphase die Betroffenen für die Mitwirkung zu gewinnen, (zu) hohe Erwartungen an die Mitbestimmungsmöglichkeiten wecken und dann entsprechende Enttäuschungen bewirken kann. Ein zentraler Erfolgsfaktor von OE-Projekten besteht somit zweifellos in einem reflektierten und differenzierten Umgang mit Mitsprache und Mitwirkung (▶ Kap. 15).

10.5 Organisation zwischen Stabilität und Flexibilität

Organisieren als Führungsaufgabe ist von einer grundsätzlichen Ambivalenz zwischen Stabilität und Flexibilität geprägt: Einerseits sollen die eben neu eingeführten Strukturen und Abläufe »tragfähig« oder »nachhaltig« sein, was auch bedeutet, dass sie für einen wenn auch unbestimmten Zeitraum tauglich und gültig bleiben sollen. Andererseits wird von Organisationen und ihren

Ambivalenz

Nachhaltigkeit vs. …

... Veränderung — Mitgliedern eine hohe Fähigkeit und Bereitschaft zur Veränderung erwartet. In der Managementliteratur dominiert ganz offensichtlich das Thema Veränderung und Flexibilität. Stabilität bzw. das quasi-stationäre Gleichgewicht von Organisationen gerät demgegenüber leicht aus dem Blickfeld. Im Führungsalltag ist es freilich wichtig, im Auge zu behalten, dass Veränderungsprojekte zusätzliche Arbeit bringen, entsprechende Ressourcen binden und oft ein hohes Maß an Aufmerksamkeit beanspruchen. Das geht immer zu Lasten der Hauptaufgabe (»Primary Task«), nämlich der Produktion von Gütern oder Dienstleistungen. Der *bewusste Umgang mit systemverändernden und -bewahrenden Kräften* – wobei es auf beiden Seiten immer auch um Macht geht – ist daher ein zentrales Thema von Organisation und Führung überhaupt.

Flexibilität und Zukunftsfähigkeit

Die Fähigkeit und *Bereitschaft zu Veränderungen* gilt heute als unbestrittene Notwendigkeit sowohl für Organisationen als auch für die in ihnen arbeitenden Individuen. Marktverhältnisse und Rahmenbedingungen wandeln sich immer schneller und fordern entsprechende Anpassungen, oder besser: vorausschauende Potenzialentwicklung. Inzwischen gehört es daher zu den selbstverständlichen Aufgaben von Führungskräften, Prozesse laufend auf Verbesserungsmöglichkeiten zu überprüfen, diese umzusetzen und bei Bedarf die dafür notwendigen Änderungen an der Organisationsstruktur vorzunehmen. Die Managementlehre unterstützt solche Bestrebungen mit einer Vielzahl an Konzepten, Modellen und Methoden (▶ Kap. 15). Dass Veränderungsvorhaben regelmäßig in Ziel- und *Ressourcenkonkurrenz zu den eigentlichen Hauptaufgaben* (»Primary Task«) stehen, wird dabei fast ausschließlich aus der Sicht des Veränderungs- und Projektmanagements thematisiert. Es finden sich zwar viele Ratschläge, wie man trotz der Last und der Beharrungstendenz des Tagesgeschäfts ein Veränderungsprojekt erfolgreich durchbringt – aber kaum Hinweise, wie man trotz zunehmender Belastung mit Veränderungsprojekten noch seine hauptsächliche Aufgabe erfüllen soll.

Stabilität und Effizienz

Vor dem Hintergrund permanenten Wandels erscheinen *Routine* und Stabilität auf den ersten Blick fast fragwürdig oder gar unzeitgemäß. Für die Effizienz von Abläufen ist es aber auch notwendig, dass man seine Aufgaben routiniert und möglichst störungsfrei abarbeiten kann. In gut eingespielten Prozessen sind die erforderlichen Aktivitäten und Verhaltensweisen für alle Beteiligten selbstverständlich, der Klärungsbedarf ist entsprechend gering und die Fehlerquote tief. Die Ökonomie spricht in diesem Zusammenhang von *Skalenerträgen*, d. h. von Vorteilen, die sich aus der gleichförmigen Abarbeitung großer Stück- oder Fallzahlen ergeben. In den Frühzeiten der Managementlehre, insbesondere im »Scientific Management« der 1930er-Jahre, galt daher der Optimierung der Routine die größte Aufmerksamkeit. Aber auch heute besteht der Zweck von Organisationsstrukturen und -prozessen darin, Arbeitsteilung und Koordination in einen stabilen, klaren Rahmen zu setzen und damit eine effiziente Arbeitsweise zu ermöglichen. Dauernde organisatorische Veränderungen können daher ein Unternehmen in zweierlei Hinsicht überfordern: Erstens können die entsprechenden Projekte so viele Ressourcen und Aufmerksamkeit beanspruchen, dass die »Primary Task« zu kurz kommt, was bedeutet, dass Lieferbereitschaft und Qualität sinken. Zweitens können die Reorganisationszyklen zu kurz werden, sodass Strukturen und Prozesse schon wieder geändert werden, bevor sie ihre volle Leistungsfähigkeit entwickelt haben.

Überforderung durch Reorganisationshektik

Arbeitsteilung, Hierarchie und Macht

Sieht man Organisieren als Aufgabe zwischen systemverändernden und -bewahrenden Kräften, dann ist auf beiden Seiten auch dem Thema Macht Beachtung zu schenken. Macht ist an sich in jeder hierarchischen Struktur angelegt. Durch Arbeitsteilung und organisatorische Gliederung werden Teilaufgaben für die einzelnen Abteilungen und deren Führungskräfte zu Hauptaufgaben. Dies führt notwendigerweise zu Ziel- und Ressourcenkonflikten. So kann beispielsweise das Ziel der Einkaufsabteilung, Rohstoffe preisgünstig zu beschaffen, mit den Zielen der Finanzabteilung konkurrieren, die eine niedrige Kapitalbindung und dementsprechend tiefe Lagerbestände anstrebt. Der Geschäftsleitung kommt dann die Aufgabe zu, in solchen Konflikten zu entscheiden. Das kann je nach Betriebskultur autoritär oder konsensorientiert geschehen. Es liegt aber durchaus im Interesse der Unternehmung, den Aufwand für die Entscheidfindung durch einen hierarchischen Entscheid zu begrenzen. Analog verhält es sich bei Meinungsdifferenzen in organisatorischen Fragen. Im günstigen Fall trägt Macht daher zur Effizienz und Stabilität bei oder erleichtert die Realisierung notwendiger Veränderungen. Im ungünstigen Fall werden hingegen notwendige Entscheidungsprozesse auf eine Art oder in eine Richtung beeinflusst, die nicht dem Unternehmenszweck dient. Der Grund dafür kann in Fehleinschätzungen oder in eigenen Interessen der Macht ausübenden Personen oder Gruppen liegen. Organisieren bedeutet also immer auch, Machtverhältnisse zu gestalten. Und diese Aufgabe ist auch darum besonders anspruchsvoll, weil Macht in Organisationen nicht immer gut fassbar und die Entwicklung von Machtverhältnissen oft schwer absehbar ist. Das kommt auch in der Organisationssoziologie zum Ausdruck: Während die klassische Sichtweise Macht mit Weisungsermächtigung und Ressourcenzugriff in Verbindung bringt und sie somit **in den Strukturen selber** lokalisiert, weisen z. B. Crozier und Friedberg (1993) darauf hin, dass Macht in Organisationen gerade **zwischen den Strukturen** spielt, also in jenen Bereichen, die nicht formal geregelt sind (▶ Kap. 18, »Mikropolitik«). Bekannte Beispiele für dieses Phänomen sind Stabsstellen und Sekretariate, die sich bisweilen auch dort leicht durchsetzen, wo sie explizit über keine Weisungsermächtigung verfügen.

funktionale Macht

dysfunktionale Macht

informelle Strukturen

Organisation ist also immer eine Gratwanderung zwischen Systemveränderung und -stabilisierung. Dabei werden Machtverhältnisse (um-)gestaltet, die auch auf Prozesse und Ergebnisse des Organisierens zurückwirken. Dies stellt hohe Ansprüche an die Fähigkeit zur Reflexion und Selbstkritik von Personen, die sich als Entscheidungsträger oder Projektmitarbeiter mit Organisationsgestaltung befassen.

Ansprüche an kritische Reflexionsfähigkeit von Führungskräften

10.6 Folgerungen für die Führungspraxis

Organisation als zentrale Führungsaufgabe

Mit der Gestaltung von Strukturen und Prozessen wird in einer Unternehmung die Arbeitsteilung definiert und werden wichtige Voraussetzungen für die Koordination von Organisationseinheiten und Mitarbeitenden geschaffen. Organisation ist daher eine zentrale Führungsaufgabe, die wie andere Management- oder fachliche Aufgaben professionell erfüllt werden muss. Dazu stehen Konzepte, Instrumente und Methoden zur Verfügung. Allerdings entfalten diese ihren Nutzen häufig nicht einfach durch ihr Vorhandensein, sondern vor allem im Rahmen eines situativ passenden Erarbeitungs- und Umsetzungsprozesses. Beispielsweise ist eine Funktionsbeschreibung praktisch nutzlos, wenn sie mit dem Stelleninhaber nicht verbindlich abgesprochen und im Rahmen periodischer Mitarbeitergespräche vergegenwärtigt und gegebenenfalls aktualisiert wird.

entscheidend ist die Qualität der Umsetzung

Professionalität im Organisieren

soziale Kompetenz und kulturelle Sensibilität

> Professionalität im Organisieren erfordert daher nicht nur die Kenntnis geeigneter Instrumente und Methoden, sondern auch soziale Kompetenz und kulturelle Sensibilität. Organisationsgestaltung findet schließlich nie »im leeren Raum«, sondern immer in einem sozialen Kontext statt. Soll eine Veränderung bestehender Strukturen und Prozesse gelingen, dann muss sie auf deren Verständnis basieren.

Selbst eine radikale Reorganisation wird in ihrem Verlauf und Ergebnis auch von den bisherigen Verhältnissen bestimmt. Nicht einmal die Gründung und der organisatorische Aufbau einer neuen Unternehmung ist in diesem Sinne voraussetzungsfrei: Alle Beteiligten, auch die Führungskräfte, bringen ihre berufs- und branchenspezifischen und gesellschaftlichen Erwartungen und Verhaltensmuster schon mit. Organisationsgestaltung beeinflusst also nicht nur die betriebliche Wirklichkeit, sondern wird umgekehrt auch von dieser und dem wirtschaftlichen und sozialen Umfeld beeinflusst. Das fordert von den Führungskräften ein hohes Maß an Reflexion der eigenen Vorstellungen, Ziele und Rolle im Kontext des Unternehmens. Wer beispielsweise davon ausgeht, dass Mitarbeitende auf Veränderungen grundsätzlich mit Widerstand reagieren, wird ganz anders vorgehen, andere Reaktionen erleben und andere Ergebnisse erzielen als jemand, der von den Mitarbeitenden auch Neugier, Lernbereitschaft und das Bedürfnis nach neuen Perspektiven erwartet. Jede organisatorische Maßnahme, jedes Organisationsinstrument vermittelt im Führungsalltag eine Beziehungsbotschaft. Jede organisatorische Regelung sagt nicht nur, was gefordert bzw. erwünscht ist, sie macht auch deutlich, was als regelungsbedürftig und was als selbstverständlich angesehen wird. Organisieren heißt daher immer auch Führen – ob dies ausdrücklich thematisiert wird oder nicht. Dementsprechend braucht man dafür zusätzlich zu geeigneten Organisationsmethoden und -instrumenten die gleiche Palette an Fähigkeiten und Erfahrungen, die für erfolgreiches Führen notwendig ist.

hohes Maß an Reflexionsfähigkeit

Organisieren heißt immer auch Führen

10.6 · Folgerungen für die Führungspraxis

ZUSAMMENFASSUNG

Organisieren bedeutet, Strukturen und Prozesse einer Unternehmung zu gestalten. Die Notwendigkeit zur Strukturgestaltung ergibt sich unmittelbar aus der Arbeitsteiligkeit: Die »Primary Task« der ganzen Unternehmung muss in bearbeitbare Teilaufgaben zerlegt und an verschiedene Organisationseinheiten und letztlich an einzelne Mitarbeitende delegiert werden. Dazu sind Organigramme und Funktionsbeschreibungen unentbehrliche Instrumente. Für die spezifische Abstimmung zwischen Organisationseinheiten oder hierarchischen Instanzen eignen sich Funktionendiagramme. Die Notwendigkeit der Prozessgestaltung folgt aus dem Streben nach Effizienz und Qualität. Vor allem in größeren Betrieben ist es unerlässlich, wichtige und häufige Abläufe klar zu definieren und die entsprechenden Aktivitäten mit standardisierten Arbeitsanweisungen, Prozessmodellen oder spezifischen Informatiklösungen zu steuern.

Grundsätzlich bemisst sich die Güte von Organisation an ihrer Zweckmäßigkeit bezogen auf Ziele und Situation eines Betriebs. Dementsprechend gibt es wenige allgemein gültige Prinzipien der Organisationsgestaltung. Weitgehend durchgesetzt hat sich das Prinzip »structure follows process follows strategy«, das den Geschäftsprozessen beim Organisieren Gestaltungspriorität einräumt. Unbestritten gelten auch das Prinzip der Kohärenz und Konsistenz sowie das Kongruenzprinzip von Verantwortung und Kompetenz. Erkenntnisse aus der Arbeitspsychologie und das soziotechnische Organisationsverständnis legen es überdies nahe, die Aufgabengestaltung nicht nur technisch-ökonomisch sinnvoll, sondern gleichzeitig menschen- und teamgerecht vorzunehmen.

Für die systematische Organisationsgestaltung stellt die Betriebswirtschaftslehre zahlreiche Methoden zur Verfügung, die entweder bei den Prozessen (z. B. »Business Process Reengineering« oder Wertkettenanalyse) oder bei den Strukturen (z. B. entscheidungsorientiertes Organisationskonzept) ansetzen oder, wie die Organisationsentwicklung, die Beteiligung der betroffenen Mitarbeitenden ins Zentrum stellen. Auch bei der Methodenwahl gilt das Primat der Zweckmäßigkeit, wobei es häufig sinnvoll ist, verschiedene Methoden zu kombinieren.

Mit der Gestaltung von Prozessen und Strukturen gestaltet man auch den Rahmen für Zusammenarbeit und Führung. Organisieren ist daher selber eine zentrale Führungsaufgabe, die systematisch und kulturbewusst wahrzunehmen ist, um das für den Unternehmenserfolg wichtige Gleichgewicht zwischen Stabilität und Flexibilität zu wahren.

FRAGEN ZUR VERTIEFUNG

1. Was heißt »organisieren« und inwiefern ist es eine Führungsaufgabe?
2. Was hat die Anwendung von Organisationsinstrumenten – z. B. Funktionsbeschreibungen, standardisierte Arbeitsanweisungen – mit Führung zu tun?

3. Ist die Entwicklung hierarchischer Strukturen eine zwingende Folge jeder Arbeitsteilung?
4. Wie beurteilen Sie die in der Organisationsentwicklung postulierte Notwendigkeit des »Wiedereinfrierens« in Zeiten immer rascheren Wandels?
5. Welche Chancen und Probleme bietet die Wertkettenanalyse im Hinblick auf die soziotechnische Aufgabengestaltung?
6. In welchen Institutionen dürfte es besonders schwierig sein, die Maxime »structure follows process« durchzusetzen?
7. Weshalb ist es so schwierig, allgemeingültige Organisationsprinzipien zu formulieren?

Literatur

Crozier, M. & Friedberg, E. (1993). *Die Zwänge kollektiven Handelns: über Macht und Organisation* (Neuausg.). Frankfurt a.M.: A. Hain.

Frei, F., Hugentobler, M., Alioth, A., Duell, W. & Ruch, L. (1993). *Die kompetente Organisation: Qualifizierende Arbeitsgestaltung – die europäische Alternative*. Stuttgart: Schäffer-Poeschel.

Frese, E. (1998). *Grundlagen der Organisation: entscheidungsorientiertes Konzept der Organisationsgestaltung*. Wiesbaden: Gabler.

Hammer, M. & Champy, J. (1994). *Reengineering the corporation: a manifesto for business revolution*. New York, NY: Harper.

Kieser, A. & Ebers, M. (2006). *Organisationstheorien* (6., erweiterte Aufl.). Stuttgart: Kohlhammer.

Osterloh, M. & Frost, J. (1997). *Prozessmanagement als Kernkompetenz: wie Sie Business Reengineering strategisch nutzen können*. Wiesbaden: Gabler.

Porter, M. E. (2000). *Wettbewerbsvorteile. Spitzenleistungen erreichen und behaupten* (6. Aufl.), Frankfurt/New York: Campus.

Ulich, E. (2005). *Arbeitspsychologie* (6. Aufl.). vdf Hochschulverlag AG an der ETH Zürich.

11 Mitarbeitende gewinnen und entwickeln

11.1 Mitarbeitende gewinnen: Suche, Auswahl und Einführung – 52
Hans-Peter Näf
11.1.1 Personalpolitik – 52
11.1.2 Selektionsprozess – 53
11.1.3 Anforderungs- und Bewerberprofil – 56
11.1.4 Personalsuche und -werbung – 59
11.1.5 Personalbeurteilung – 60
11.1.6 Arbeitsvertragsgestaltung – 77
11.1.7 Einführung neuer Mitarbeiter – 79
11.1.8 Erfolgskontrolle – 81
Literatur – 84

11.2 Personalentwicklung als Führungsaufgabe – 85
Astrid Hausherr Fischer
11.2.1 Begriff und Ziele der Personalentwicklung – 85
11.2.2 Sind Führungskräfte für die Personalentwicklung verantwortlich? – 86
11.2.3 Personalentwicklungsinstrumente – 88
11.2.4 Einbindung der Personalentwicklung in den Zielvereinbarungsprozess – 90
11.2.5 Personalentwicklung als arbeitsplatzbezogene Kompetenzerweiterung – 93
11.2.6 Personalentwicklung als individuelle Laufbahnentwicklung – 94
Literatur – 95

11.3 Trennungsprozesse gestalten – 96
Hannelore Aschenbrenner
11.3.1 Trennungsgründe und Ziele aus Unternehmenssicht – 97
11.3.2 Trennungsprozess und -kultur – 97
11.3.3 Professionelle Vorbereitung einer Trennung – 99
11.3.4 Trennungsgespräch – 101
11.3.5 Reaktionen der Betroffenen – 102
11.3.6 Begleitung bis zum Austritt (Phase 4) – 104
11.3.7 Verbleibende Mitarbeiter (Phase 5) – 105
Literatur – 106

11.1 Mitarbeitende gewinnen: Suche, Auswahl und Einführung

Hans-Peter Näf

AUF EINEN BLICK

Bei der Suche und Auswahl von Mitarbeitern haben Fehlentscheidungen tief greifende Konsequenzen, sowohl in menschlicher wie auch in wirtschaftlicher Hinsicht. Es ist daher unumgänglich, die Personalselektion als einen systematischen und transparenten Prozess zu gestalten, der eine breite, differenzierte und gültige Entscheidungsgrundlage schafft.

Ausgangs- und Angelpunkt sind ein treffendes Anforderungsprofil und ein darauf aufbauendes Bewerberprofil. Damit wird eine entscheidende Grundlage für das weitere Prozedere geschaffen. Die Qualität des Bewerberprofils bestimmt letztlich in hohem Maße die Qualität des Selektionsentscheides und bildet in einem ersten Schritt die Grundlage für die Personalsuche. Nach dem Suchprozess schließt sich die Phase der Beurteilung an, in der Personen anhand schriftlicher Unterlagen (Bewerbungsschreiben, Lebenslauf, Arbeits- und Ausbildungszeugnisse), und bei Bewerbern in der engeren Wahl aufgrund von Selektionsgesprächen beurteilt werden. Das Beurteilen von Personen ist ein anspruchsvoller Prozess, der professionell und unter Berücksichtigung bzw. Vermeidung von Urteilsfehlern gestaltet werden muss. Weitere Schritte bilden der Selektionsentscheid, die Arbeitsvertragsgestaltung, die Einführung von neuen Mitarbeitern und die Kontrolle der Prüfung der Güte und Zuverlässigkeit des Selektionsverfahrens.

11.1.1 Personalpolitik

System von Zielen, Normen und Werten

Die Personalpolitik ist ein System von Zielen, Normen und Werten, um die individuellen Arbeitsverhältnisse, die Beschäftigung und die Zusammenarbeit in Organisationen zu regeln. Hier finden sich grundsätzliche Aussagen, die die Sicherung, Pflege und Entwicklung des Humanpotenzials beinhalten.

Teilsysteme

Die Personalpolitik lässt sich in verschiedene Teilsysteme gliedern, unter anderem gehören dazu: Personalhonorierung, -betreuung, -information, Unternehmenskultur, Personalentwicklung, Nachfolgeplanung und vor allem auch das Personalmarketing bzw. die Personalbeschaffung. Diese verschiedenen Teilbereiche ergänzen sich und besitzen Teilpolitiken, die von der übergreifenden allgemeinen Personalpolitik abgeleitet sind und diese konkretisieren. Sie finden ihre gemeinsame Ausrichtung in definierten Grundwerten, die die Stellung und die Bewirtschaffung des Personals charakterisieren.

übergreifende Ziele

Im Wesentlichen ist die Personalpolitik auf zwei grundsätzliche und übergreifende Ziele ausgerichtet:
1. Die Leistungserbringung durch das Personal im Interesse der langfristigen Existenzsicherung des Unternehmens.

2. Die optimale Zufriedenstellung der individuellen Bedürfnisse und Ziele der Mitarbeiter im Rahmen der gesellschaftlichen Wertvorstellungen.

Eine Grundproblematik der Personalpolitik besteht darin, dass die Ziele und Interessen des Unternehmens selten vollständig mit den persönlichen Zielen und Interessen der Mitarbeiter übereinstimmen. Eine anspruchsvolle Aufgabe im Rahmen der Personalarbeit ergibt sich dadurch, möglichst große Harmonisierung zwischen der Forderung nach Wirtschaftlichkeit und dem Anspruch an Mitarbeiterorientierung einerseits anzustreben und andererseits diejenigen Felder, in denen unterschiedliche Interessen und Ziele den Arbeitsprozess beeinträchtigen, zu bearbeiten. In diesem Spannungsfeld von unterschiedlichen Interessen, Werten, Erwartungen und Zielen ist es unumgänglich, dass sich der Arbeitgeber klar positioniert. Damit kann beispielsweise ein Bewerber seinen potenziellen Arbeitgeber einschätzen und prüfen, ob das Umfeld seiner neuen Arbeitstätigkeit seinen Vorstellungen entspricht.

Interessenskonflikt

Im Teilsystem der Personalbeschaffung geht es darum, die unterschiedlichen Bedürfnisse zu klären und zu prüfen, ob sie miteinander vereinbar sind. Seitens der Unternehmung müssen Funktion, Aufgaben und deren Anforderungen in ihrem Gesamtzusammenhang definiert und formuliert werden. Seitens des Stellensuchenden braucht es Klarheit über die persönlichen Bedürfnisse, Fähigkeiten, Neigungen und Arbeitsmotivation, um angebotene Stellen zu prüfen. Selektionsentscheidungen sind wichtige Entscheide mit weit reichender Bedeutung, sowohl für die Unternehmung als auch für die entsprechenden Mitarbeiter. Fehlentscheidungen haben dementsprechend tief greifende Konsequenzen, sowohl in menschlicher wie auch in wirtschaftlicher Hinsicht:

Personalbeschaffung

- Für den Arbeitnehmer bedeutet eine falsche Stellenwahl Unzufriedenheit, Frustrationen, Demotivierung, innere Kündigung und insgesamt eine erhöhte Belastung durch die Arbeitssituation.
- Die Selektion eines neuen Mitarbeiters bedeutet eine hohe finanzielle Investition für das Unternehmen (Insertionskosten, Selektionsaufwand, Einarbeitungszeit bei verminderter Leistung, Aus- und Weiterbildungskosten, Arbeitsplatzkosten usw.).
- Durch Fehlentscheide werden das Betriebsklima in der Unternehmung und vor allem in der entsprechenden Arbeitsgruppe und die Produktivität erheblich belastet.
- Die Korrektur einer Fehlbesetzung ist oftmals eingeschränkt möglich und aufwendig.

11.1.2 Selektionsprozess

Der Selektionsprozess lässt sich in verschiedene wichtige Schritte aufgliedern. Ein systematischer und transparenter Ablauf soll einerseits Willkür vermeiden und andererseits relevante (Was muss man über einen Bewerber wissen?) und beurteilbare (differenziertes Bild über Arbeitsleistung und -verhalten) Informationen beschaffen, um eine breite Entscheidungsgrundlage zu erhal-

systematischer Prozess

ten. Die einzelnen Schritte im Prozess (◘ Abb. 11.1) müssen daher bewusst und sorgfältig gestaltet werden. Letztlich soll er eine valide Gegenüberstellung der Anforderungen durch die Stelle und den Profilen von Bewerbern generieren, damit eine transparente und klare Entscheidungsgrundlage für die Besetzung einer Stelle geschaffen wird.

Entscheidender Ausgangs- und Angelpunkt für den Selektionsprozess ist die Festlegung der Anforderungen, die von den Aufgaben (siehe Stellenbeschreibung) abgeleitet werden. Werden hier falsche oder unvollständige Anforderungen definiert, so geht der ganze Prozess in die falsche Richtung und am Ende wird die falsche Person eingestellt, während passende Personen abgelehnt werden.

Stellenbeschreibung

Klarheit über die Stelle schaffen

Bevor mit der Suche und Auswahl von Mitarbeitern begonnen wird, muss Klarheit darüber geschaffen werden, was für eine Person mit welcher Art von Fähigkeiten, Erfahrungen und Kenntnissen gesucht wird. Als Basis für solche Überlegungen dient in der Regel die Stellen- bzw. Funktionsbeschreibung. Häufige Elemente einer Stellenbeschreibung sind:

- Bezeichnung der Stelle,
- Ziel/Zweck der Stelle,
- Titel, Rang, Unterschriftsberechtigung,
- organisatorische Eingliederung (Über-/Unterstellung),
- Stellvertretung,
- Hauptaufgaben (inkl. Verantwortungen und Kompetenzen),
- Nebenaufgaben (inkl. Verantwortungen und Kompetenzen).

Bei jedem Stellenwechsel ist es sinnvoll (wie übrigens auch bei jeder Mitarbeiterqualifikation), dass die Stellenbeschreibung auf ihre Aktualität hin überprüft und, wenn nötig, aktualisiert wird. Aus den zu leistenden Aufgaben lassen sich die Anforderungen an den Stelleninhaber ableiten.

formulierte Erwartungen an den Stelleninhaber

Die Stellenbeschreibung stellt eine formulierte Erwartung an den Stelleninhaber dar. Im Selektionsprozess dient sie auch als Information für Bewerber, durch die sie eine konkrete Vorstellung über die Stelle erhalten.

11.1 · Mitarbeitende gewinnen: Suche, Auswahl und Einführung

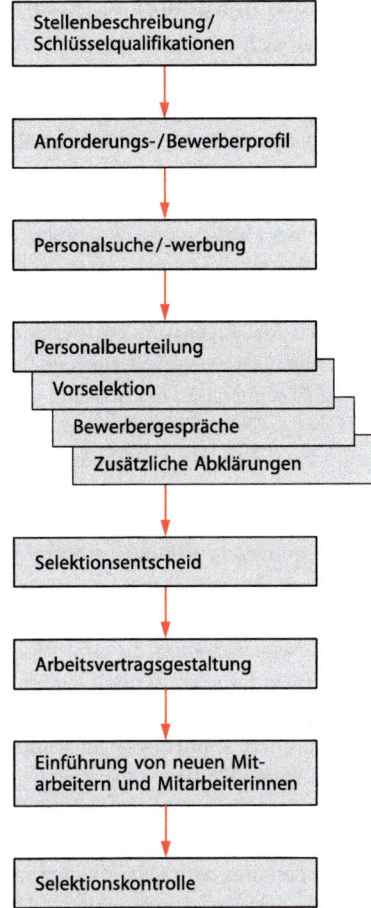

Abb. 11.1. Phasen eines Selektionsprozesses

Weiter können aufgrund der Stellenbeschreibung Ziele gesetzt werden und die Zusammenarbeit mit anderen Stellen wird inhaltlich geklärt. Für die tägliche Arbeit zieht der Stelleninhaber daraus die Sicherheit, sich auf seine tatsächlichen Hauptaufgaben zu konzentrieren und damit den Erwartungen des Arbeitgebers zu entsprechen. Die Stellenbeschreibung ist damit ein wichtiges Führungs- und Arbeitsinstrument, das in Abhängigkeit zu anderen Instrumenten steht, beispielsweise zu

Vernetzung zu anderen Instrumenten

- Aufgabenbeschreibung (nicht welche Aufgaben erfüllt werden müssen, sondern wie Aufgaben erfüllt werden müssen);
- Organigramm (Gliederung, Struktur, personelle Besetzung, Stellvertretungen);
- Stellenplan (Übersicht über Funktionen, Inhaber, Nachfolge, Einsatz);
- Arbeitsplatzbeschreibung (ist auf Funktionen ausgerichtet, unabhängig der einzelnen Stelle, z. B. Sekretärin, Entwicklungsingenieur etc.);
- Führungsrichtlinien (Führungsaufgaben und -pflichten sind häufig in einem separaten Handbuch festgehalten und nicht in jeder einzelnen Stellenbeschreibung);
- Mitarbeiterqualifikation.

Funktionsübergreifende Qualifikationen

Will man sich bei der Suche nach einem neuen Mitarbeiter nicht an einer konkreten Stelle orientieren (Stelleninhalte können sich ändern, Stellen können abgebaut oder neu geschaffen werden), können sich die Anforderungen an einen neuen Mitarbeiter auch an abteilungs- und funktionsunabhängigen Qualifikationen (Fähigkeiten) ausrichten. Solche sogenannten Schlüsselqualifikationen ▶ Kap. 3 sind Fähigkeiten, die an jeder Funktion und an jedem Ort in einer Organisation wesentliche Voraussetzungen für erfolgreiches Arbeiten darstellen. Dies können beispielsweise Lernfähigkeit, Flexibilität, Teamfähigkeit und anderes mehr sein. Gerade in Organisationen, die laufenden Veränderungen unterworfen sind mit wechselnden Strukturen und Funktionen, ist es sinnvoll, nach übergreifenden Fähigkeiten und Qualifikationen zu suchen und die Auswahl neuer Mitarbeiter daran zu orientieren.

Übergreifende Qualifikationen werden häufig in Bezug auf Führungsfunktionen definiert. Unabhängig von Position und Führungsaufgabe geht man von einem organisationsspezifischen Führungsgrundverständnis aus und definiert bereichsübergreifende Führungsqualifikationen. Sie können sowohl spezifische Fähigkeiten wie z. B. Problem- oder Konfliktlösefähigkeit beinhalten als auch spezifische Eigenschaften bedeuten. Seitens des eigenschaftstheoretischen Ansatzes sucht man schon seit Jahrzehnten nach den Führungseigenschaften, die eine erfolgreiche Führungstätigkeit unabhängig einer Führungsposition auszeichnen. Während in den letzten Jahren der eigenschaftstheoretische Ansatz aufgrund der Unüberschaubarkeit von mehreren hundert »Führungseigenschaften« und zugunsten des Kompetenzmodells in den Hintergrund getreten ist, bekommt die Diskussion in jüngerer Zeit wieder Aufwind. Insbesondere im Zentrum der Aufmerksamkeit stehen heute »the big five« (Cervone et al. 2005).

Mit den fünf zentralen Führungseigenschaften sind folgende Persönlichkeitsdimensionen angesprochen:
- Extraversion (gesellig, aktiv, gesprächig zugänglich),
- Verträglichkeit (verständnisvoll, wohlwollend, hilfsbereit, kooperativ),
- Gewissenhaftigkeit (organisiert, sorgfältig, zuverlässig, überlegt),
- Neurotizismus (emotional stabil, ruhig, ausgeglichen),
- Offenheit (wissbegierig, interessiert, experimentierfreudig, hinterfragend).

11.1.3 Anforderungs- und Bewerberprofil

Aus den Arbeitsaufgaben, den -bedingungen, den -mitteln und der -organisation entstehen die Arbeitsanforderungen an den Mitarbeiter. Sie lassen sich aus der oben erwähnten Stellenbeschreibung ableiten, können aber auch aus Beobachtungen, Interviews oder systematischen Arbeitsanalysen gewonnen werden. Für die Durchführung von Arbeitsanalysen existiert eine Vielzahl von Methoden und Verfahren. Der Nutzen einer Arbeitsanalyse ist nicht nur auf die Personalauswahl beschränkt, sondern sie kann auch eine Grundlage dafür bieten, die Arbeitsgestaltung zu optimieren sowie die Arbeit und Leistung in Zusammenhang mit der Mitarbeiterqualifikation oder einer leistungsabhängigen Lohnfindung zu bewerten. In einer Arbeitsanalyse werden einzelne Tätigkeiten soweit aufgegliedert, dass daraus die Anforderungen, aber auch Belastungen abgeleitet werden können, die mit einer Aufgabe unmittelbar zusammenhängen.

Wesentliche Grundlage eines Anforderungsprofils sind die für eine Tätigkeit notwendigen Kompetenzen. Die unterschiedlichen und möglichen Kompetenzen werden häufig in Kompetenzbereiche aufgegliedert:

- Fachkompetenz,
- Sozialkompetenz,
- persönliche Kompetenz (oder Selbstkompetenz),
- Methodenkompetenz.

Kompetenzen als zentrale Anforderungen

Manchmal wird die Führungskompetenz separat aufgeführt, häufig ist dies aber eine spezifische Kombination von einzelnen Kompetenzen aus den obigen Bereichen. Unabhängig von der Kategorisierung gilt es, für jede Arbeitstätigkeit die dafür wichtigen Kompetenzen zu extrahieren, die für eine erfolgreiche Bewältigung einer spezifischen Funktion garantieren. Damit kann für jede Funktion ein Kompetenzprofil erstellt werden, das sowohl für die Personalauswahl wie auch für die Personalentwicklung von zentraler Bedeutung ist. Während im Kontext der Personalauswahl die Kompetenzen eines Individuums zur erfolgreichen Bewältigung einer Arbeitstätigkeit dienen, wird häufig auf Unternehmensebene von Kernkompetenzen gesprochen. Damit sind das Können (»skills«) und die Fähigkeiten gemeint, die einem Unternehmen eine spezifische Leistungsfähigkeit geben, die von der Konkurrenz nicht ohne Weiteres kopiert werden kann. Prahalad und Hamel (1990, S. 79 ff.) definieren Kernkompetenz als »… the skills that enabel a firm to deliver a fundamental customer benefit«.

Das Anforderungsprofil für eine bestimmte Funktion beinhaltet aber noch weitere Elemente. Hilb (2000) geht von einem Kreislauf aus: Motivation × Fähigkeiten + aktuelle Lebenssituation = Leistung → Arbeitszufriedenheit → Fähigkeiten. Damit sind in der Personalauswahl neben den Kompetenzen auch die Motivation und die Lebenssituation eines Bewerbers zu prüfen, die für die Arbeitszufriedenheit und die Arbeitsleistung relevant sind.

Ein Anforderungsprofil setzt sich demnach aus verschiedenen Kompetenzbereichen zusammen, die letztlich die Handlungsfähigkeit bestimmen sowie aus persönlichen Aspekten, die für das Zusammenpassen von Person und Aufgabe, Team und Unternehmen von wesentlicher Bedeutung sind. Ein definiertes Anforderungsprofil macht ebenfalls Aussagen über die Gewichtung der einzelnen Anforderungen, womit deren Bedeutung für die entsprechende Funktion bzw. Tätigkeit formuliert wird.

Ausgehend vom Anforderungsprofil kann in einem nächsten Schritt das Bewerberprofil erstellt werden. Das Bewerberprofil stellt gewissermaßen den (realistischen) Wunschzettel dar, mit dem Personalsuche und -auswahl durchgeführt wird. Das Profil gibt Antwort auf die Frage, wie eine Person sein soll im Gegensatz zum Anforderungsprofil, das Antwort auf die Frage gibt, was es braucht, um die Aufgaben erfolgreich erledigen zu können (◘ Abb. 11.2).

Bewerberprofil

Das Bewerberprofil beinhaltet die wesentlichen Anforderungen aus dem Anforderungsprofil, enthält aber auch einige zusätzliche Forderungen, z. B.

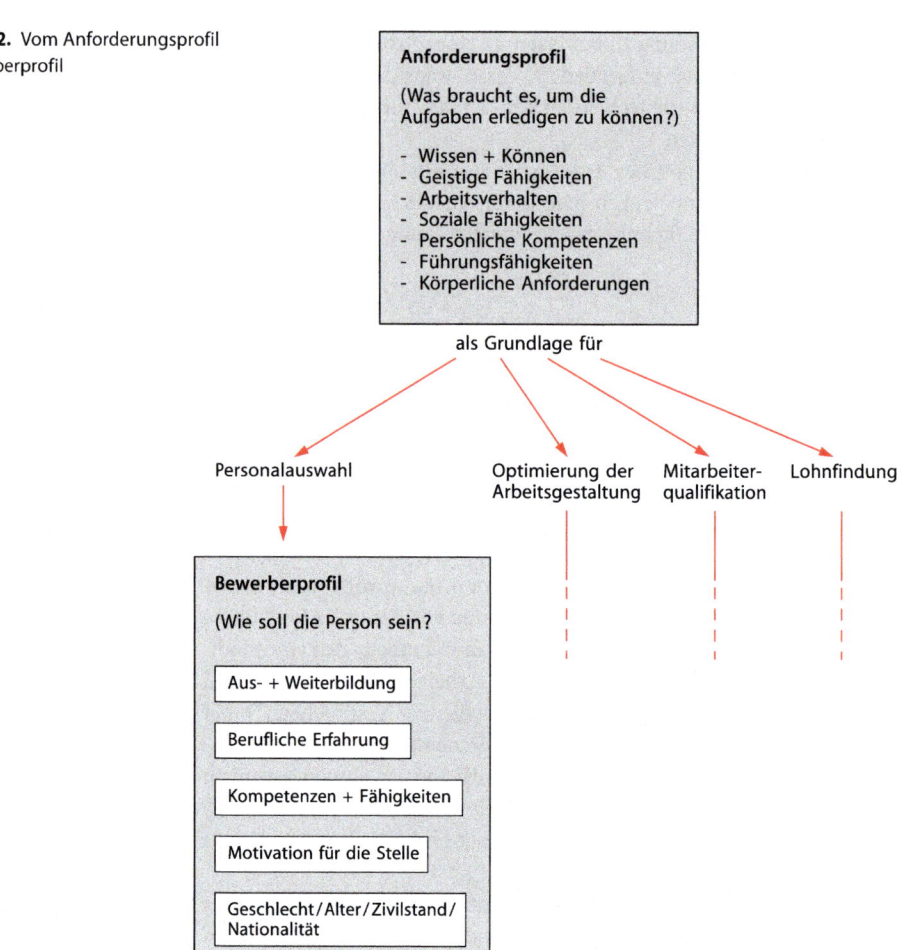

Abb. 11.2. Vom Anforderungsprofil zum Bewerberprofil

Aus- und Weiterbildungen, Berufserfahrungen, Sprachkenntnisse, Motivation für die Stelle und möglicherweise auch Personalien wie Geschlecht, Alter, Zivilstand oder Nationalität.

Im Bewerberprofil werden die Anforderungen nach ihrer Bedeutung angeordnet. Also beispielsweise: Dies sind absolute Muss-Kriterien, die zwingend sind und dies sind Kann-Kriterien, die einen zweitrangigen Charakter haben. Auch ist zu überlegen, was ein Bewerber vom ersten Arbeitstag mitbringen muss und was im Rahmen der Funktion entwickelbar ist.

Operationalisierung Ein weiterer wesentlicher Punkt ist die Operationalisierung der Anforderungskriterien. Die Anforderungskriterien sind zugleich auch Beurteilungskriterien. Wenn eine Person beurteilt werden muss oder soll, dann muss eindeutig sein, was beurteilt werden soll. Beispielsweise wenn unter sozialen Fähigkeiten Teamfähigkeit erwartet oder verlangt wird, dann muss der Beurteiler (d. h. die Person, die die Auswahl trifft) ein klares Verständnis davon haben, was Teamfähigkeit eigentlich heißt. Hier stellt sich also einerseits die Frage nach der Definition der einzelnen Anforderungskriterien, zum anderen aber auch die Frage, wie und mit welchen Methoden solche Anforderungen beurteilt werden können. Ist es also beispielsweise das Arbeitszeugnis, das Auskunft gibt über Teamfähigkeit, oder kann Teamfähigkeit im Bewerbungsgespräch beurteilt werden bzw. welche Möglichkeiten gibt es sonst noch?

11.1.4 Personalsuche und -werbung

Bei jedem freiwerdenden Arbeitsplatz ist zunächst zu prüfen, ob geeignete Mitarbeiter in den eigenen Reihen gefunden werden können. Das interne Beschaffungspotenzial setzt sich grundsätzlich aus sämtlichen Arbeitnehmern der Organisation zusammen, insbesondere hervorzuheben sind Mitarbeiter:

— die in anderen betrieblichen Bereichen aufgrund eines geringeren oder veränderten Bedarfs freigestellt werden;
— die der gegenwärtigen übertragenen Stelle nicht gewachsen sind;
— die aus irgendwelchen Gründen das Aufgabengebiet bzw. die Funktion verändern möchten;
— die entwicklungsfähig sind.

internes Beschaffungspotenzial

Kann die Stelle nicht über den internen Arbeitsmarkt besetzt werden, konzentriert sich die Anwerbung auf den externen Arbeitsmarkt. Für die externe Personalbeschaffung gibt es verschiedene Wege:

— Stelleninserate in Tages-/Wochenzeitungen oder Fachzeitschriften,
— Anschlagtafeln, Plakate, Anwerbung und Empfehlung durch Betriebsangehörige,
— persönliche Kontakte zu potenziellen Mitarbeitern,
— Werbung an Schulen bzw. Universitäten,
— Einschalten von Stellenvermittlungsbüros oder Personalberatern,
— Abwerbung (»executive search«),
— Internet
— Auswertung von Stellengesuchen über die Vermittlungsaktivitäten der Arbeitsämter.

externer Arbeitsmarkt

Häufig werden verschiedene Werbequellen kombiniert. Die Anwerbung sollte eine möglichst große Anzahl von potenziell geeigneten Bewerbern ansprechen, soll aber auch ungeeignete Bewerber ausschließen, damit der Aufwand in der Vorselektion nicht zu groß wird.

Trotz der elektronischen Medien werden nach wie vor viele Stelleninserate in Zeitungen und Zeitschriften veröffentlicht. Die Kosten eines solchen Inserates belaufen sich in der Schweiz bei Tages- und Wochenzeitungen auf ca. 4.000–6.000 CHF. Häufig wird ein Inserat mehr als einmal in die Zeitung gesetzt. Bei solchen Investitionen ist es wichtig, die Möglichkeiten eines Stelleninserates optimal auszuschöpfen. Das bedeutet, dass ein Stelleninserat

Stelleninserate

— wesentliche (aussagekräftige und selektionierende) Informationen beinhaltet,
— die Aufmerksamkeit auf sich lenken muss,
— Interessen und Wünsche weckt,
— schließlich zum Handeln (Bewerbung) motiviert.

Mit der Herausgabe eines Stelleninserates wird nicht nur um neue potenzielle Mitarbeiter geworben, sondern es wird auch Öffentlichkeitsarbeit damit betrieben in dem Sinne, dass imagebildend für die eigene Organisation geworben wird (nicht nur suchende Arbeitnehmer, sondern auch Kunden lesen Stelleninserate). Dieser Aspekt der Öffentlichkeitsarbeit sollte bei der Gestaltung eines Inserates mitberücksichtigt werden.

11.1.5 Personalbeurteilung

Vorselektion

Bei genügender Anzahl eingegangener Bewerbungen wird in der Regel aufgrund der Bewerbungsunterlagen eine erste Auswahl getroffen. Das Treffen dieser Auswahl bedingt eine sorgfältige Analyse und Bewertung der Bewerbungsunterlagen. Die Bewerbungsunterlagen setzen sich üblicherweise zusammen aus:

- Bewerbungsschreiben,
- Lebenslauf,
- Ausbildungszeugnissen,
- Arbeitszeugnissen.

Die Zusammensetzung der Unterlagen wie deren Analyse und Bewertung ist unabhängig davon, ob die Bewerbung per Post oder elektronisch eingereicht wird. Mit der Bewerbung präsentiert ein Bewerber seine Person. Anhand der Unterlagen wird ein Rückschluss auf die Person vorgenommen. Beispielsweise wird eine saloppe Sprache im Bewerbungsbrief nicht etwa auf die elektronische Versandform (in der häufig eine direkte, formlose und knappe Sprache verwendet wird) zurückgeführt, sondern wird in das Bild eingefügt, das sich der Empfänger über den Bewerber macht.

Die Bewerbungsunterlagen können in Bezug auf die äußere Form hinsichtlich folgender Gesichtspunkte beurteilt werden:

Formale Gestaltung der Unterlagen

- Gesamteindruck der Bewerbung in Bezug auf Präsentation und äußere Form;
- Klarheit der Gliederung der Aussagen, Übersichtlichkeit;

Stilistische Gestaltung der Unterlagen

- logischer Aufbau, Struktur der Informationen;
- inhaltliche Differenziertheit der Aussagen – Bedeutungsnuancen, Gedankenreichtum und Lebendigkeit der Gedanken, geistige Selbstständigkeit und Einfallsreichtum, kritischer Scharfsinn;
- sprachlicher Ausdruck – Aufschluss über schriftliche Kommunikationsfähigkeit des Bewerbers.

Vollständigkeit der Unterlagen

Sind Zeugnisse und Lebenslauf vollständig und aufeinander abgestimmt? Bei Unvollständigkeit im Lebenslauf oder bei den Arbeitszeugnissen kann dies ein harmloses Vergessen bedeuten, es könnte aber auch ein bewusstes Weglassen bedeuten, weil eher negative Informationen über den Bewerber verheimlicht werden oder weil der Bewerber Angst hat, ein negatives Bild zu vermitteln. Ein Lebenslauf sollte auf alle Fällen lückenlos sein. Bei Lücken wird die Phantasie der Leser angeregt bis hin zu möglichen Gefängnisaufenthalten. Selbstverständlich könnte nachgefragt werden, andererseits bei genügender Anzahl qualifizierter Bewerbungen wird aufgrund der vorliegenden Unterlagen ohne Zusatzinformation eine erste Selektion vorgenommen.

Unabhängig von den inhaltlichen Aussagen der Bewerbungsunterlagen gewinnt man aufgrund der Form und Gestaltung der Unterlagen bereits gewisse Aufschlüsse über die Person des Bewerbers. Dazu einschränkend muss aber auch erwähnt werden, dass vielerorts (Outplacementberater, Arbeitsämter) für die Gestaltung der Bewerbungsunterlagen Unterstützung angeboten wird.

Neben der Beurteilung der äußeren Form der Unterlagen werden die einzelnen Unterlagen selbstverständlich auch ihrem Inhalt nach analysiert und bewertet. Konkret wird nach Inhalten gesucht, die eine Einschätzung von Fähigkeiten, Erfahrungen und Wissen in Bezug auf die Dimensionen des Bewerberprofils zulassen.

Bewerbungsschreiben

Im Bewerbungsschreiben wird in der Regel ein Bezug zum Stelleninserat hergestellt. In welcher Art und Weise nimmt der Bewerber Bezug auf das Inserat, woran knüpft er an, wie geht er auf die beschriebenen Anforderungen ein, wie stellt er einen Bezug zu seiner Person her? Im Bewerbungsschreiben werden häufig auch wichtige Informationen über die eigene Person formuliert. Welche Informationen gibt der Bewerber über sich preis? Was sind die Motive, die Stelle zu wechseln? Welches Interesse hat der Bewerber an der ausgeschriebenen Funktion? Bei Bewerbungsschreiben, wie übrigens auch in allen anderen Unterlagen, ist nicht nur interessant, was darin steht, sondern auch das, was nicht darin steht.

Qualität des Bewerbungsschreibens

Lebenslaufanalyse

Der Lebenslauf lässt sich auf der Ebene von drei Dimensionen betrachten. Eine erste Dimension stellen die dargestellten Ereignisse dar. Die Ereignisse bilden gewissermaßen auch die objektiven Daten im Lebenslauf. In der Regel wird nur eine Auswahl von Hauptereignissen im Lebenslauf wiedergegeben. Zwischen den Hauptereignissen »Geburt« und »Tod« finden sich eine Vielzahl von Hauptereignissen, beispielsweise Eintritt in die Schule, Berufswechsel, Stellenwechsel, Funktionswechsel und anderes mehr. Dazwischen liegt eine Reihe von Nebenereignissen, beispielsweise Abschluss einer Projektarbeit, Organisation eines Betriebsausfluges und anderes mehr, die aber kaum in einem Lebenslauf zu finden sind.

Analyse des Lebenslaufes

Ereignisse

Eine zweite Dimension ist die Ebene des Erlebens. Wie werden die Ereignisse erlebt? Was lösen sie aus, was bewirken sie? In der Frage des Erlebens geht es nicht nur um negative Anlässe wie beispielsweise Entlassung und Arbeitslosigkeit, sondern auch um gute Ereignisse, beispielsweise Beförderungen. Sowohl gute wie auch schlechte Ereignisse können positive aber auch

Erleben

negative Formen des Erlebens bewirken. Beispielsweise muss eine Beförderung nicht nur positiv und als Chance erlebt werden, sondern kann auch einen Leidenscharakter haben.

Verarbeitung

Eine dritte Dimension ist die Ebene der Verarbeitung, die Frage nach der Art und Weise des Umgangs mit den Ereignissen. Wie werden die Ereignisse bewältigt? Liefert man sich ihnen aus oder findet man aktive, konstruktive Verarbeitungsmöglichkeiten? Beispielsweise muss eine Zeit der Arbeitslosigkeit nicht nur ein schlechtes Bild abwerfen, sondern je nach der Verarbeitungs- und Bewältigungsform dieses Ereignisses können sich hier sehr positive Fähigkeiten zeigen und verdeutlichen.

Persönlichkeit des Bewerbers

Die Art und Weise, wie Ereignisse erlebt und verarbeitet werden, sagt Wesentliches über die Persönlichkeit und Arbeitsweise einer Person aus. Damit sind die Dimensionen des Erlebens und Verarbeitens deutlich aussagekräftiger als die erste Dimension der Ereignisse. Im Lebenslauf ist aber in der Regel nur die erste Dimension dargestellt, d. h. eine chronologische Aneinanderreihung einer Auswahl bestimmter Hauptereignisse. Eine Analyse des Erlebens und der Verarbeitung kann somit erst zu einem späteren Zeitpunkt im Rahmen eines persönlichen Gespräches stattfinden, und eine erste Analyse im Rahmen der Vorselektion muss aufgrund der Ereignisse stattfinden.

Die Analyse und Bewertung des Lebenslaufes hinsichtlich der dargestellten Ereignisse erfolgt nach folgenden Gesichtspunkten:

Arbeitsplatzwechsel und Unterbrechungen

Zeitfolgeanalyse: Damit ist die Untersuchung von Lücken und Arbeitsplatzwechsel in ihrer zeitlichen Dimension gemeint. Wie häufig wird gewechselt, in welchem Alter wird gewechselt, haben die Wechsel eher aufsteigenden oder absteigenden Charakter? Ein Arbeitsplatzwechsel eines Bewerbers mehrmals während der Probezeit oder auffällig kurze Betriebszugehörigkeiten können eher negative Merkmale sein. Es ist aber zu beachten, welche Begründungen dabei formuliert werden. Unter Umständen kann es auch ein positives Merkmal sein, nach kurzer Zeit wieder zu wechseln, weil damit der Bewerber Mut beweist, nach kurzer Zeit wieder auszusteigen, wenn sich die Situation kurzfristig geändert hat oder sich anders dargestellt hat als erwartet.

Karriereverlauf

Positionsanalyse: Hier stellt sich die Frage, ob sich eher ein positioneller Auf- oder Abstieg zeigt im Lebenslauf, werden Berufswechsel wahrgenommen, werden Arbeitsgebiete gewechselt? Positionelle Abstiege müssen nicht notwendigerweise negativ beurteilt werden, denn dies könnte auch bewusst geplant oder konjunkturell bedingt sein.

Branchenerfahrung

Firmen- und Branchenanalyse: In welchen Firmen nach ihrer Art und Größe hat der Bewerber gearbeitet, welche Branchen und welche Branchenwechsel zeigen sich, und auf welche Berufserfahrungen lässt sich schließen?

Kontinuität

Kontinuitätsanalyse: Wird ein sinnvoller Aufbau in der bisherigen beruflichen Entwicklung des Bewerbers ersichtlich aufgrund der Wechsel zwischen Berufen und aufgrund der Stellenwechsel? Zeigt sich damit eine nachvollziehbare Kontinuität in der beruflichen Entwicklung und den damit verbundenen Erfahrungen?

Der Lebenslauf stellt somit eine Quelle dar, um Informationen aus dem beruflichen Leben einer Person zu erhalten. Er lässt Schlüsse darüber zu, welches Know-how sich ein Mensch erarbeitet hat, welche beruflichen Erfahrungen er gewonnen hat und welche Kompetenzen damit verbunden sein könnten. Vielmehr wirft er aber weitere, vertiefende Fragen auf: Wie kann der Bewerber sein Know-how nutzen und einbringen? Wie hat er seine Erfahrungen erlebt und verarbeitet? Welche Verhaltens- und Handlungsstrategien und -konzepte leitet er daraus ab? Was bedeutet das in einem neuen Arbeitsumfeld? Wie wird er, basierend auf seinen persönlichen Ressourcen, neue Anforderungen bewältigen? Mit solchen Vertiefungsfragen wird deutlich, dass ein Lebenslauf erste Hinweise und Rückschlüsse auf Know-how, Fähigkeiten und Kompetenzen zulässt. Ob der Bewerber hingegen an einer neuen Stelle mit den gestellten Anforderungen erfolgreich sein wird, kann aufgrund des ersten Eindruckes nicht eindeutig beantwortet werden. Im direkten Bewerbervergleich kann jedoch festgestellt werden, welche Bewerber näher bzw. weiter vom Bewerberprofil entfernt sind, was für eine Vorselektion ausreichend ist.

Einige Indizien über die die Art und Weise, wie jemand seine Leistungen erbringt, finden sich darüber hinaus in den Bewerbungsunterlagen. Welche Aufgaben jemand wie gut erbracht hat und wie er in der Zusammenarbeit beurteilt wird, darüber geben in der Regel die Arbeitszeugnisse Auskunft.

Lebenslauf als Informationsquelle

Arbeitszeugnisse

Jeder Arbeitgeber hat die Pflicht, auf Verlangen oder bei Beendigung des Arbeitsverhältnisses ein Arbeitszeugnis zu erstellen. Damit kann davon ausgegangen werden, dass zu jeder im Lebenslauf aufgeführten Stelle ein entsprechendes Arbeitszeugnis vorhanden ist. Für die Gestaltung von Arbeitszeugnissen gibt es rechtliche Richtlinien. Über die Aussagekraft von Arbeitszeugnissen gibt es unterschiedliche Meinungen, in jedem Fall muss ein Arbeitszeugnis Aussagen machen über Leistung und Verhalten des Arbeitnehmers. Das heißt, es muss eine arbeitsrelevante Beurteilung zur Person im Rahmen eines Arbeitszeugnisses vorgenommen werden. ◘ Abb. 11.3 gibt einen Überblick über Aufbau und Inhalte von Arbeitszeugnissen, wobei diese Struktur nicht zwingend, aber üblich ist.

In Zusammenhang mit Arbeitszeugnissen stellt sich immer wieder die Frage nach der Verwendung von Geheimcodes. Der Text im Zeugnis muss klar, verständlich und unzweideutig sein. Es haben sich aber Standardformulierungen entwickelt, die häufig gegen das Gebot der Klarheit verstoßen. Das heißt, es finden sich immer wieder Formulierungen, die eine gewisse Bedeutung beinhalten, die nicht offen ersichtlich ist. Beispielsweise die Formulierung »Er hat die ihm übertragenen Arbeiten zu unserer Zufriedenheit erledigt« bedeutet häufig, dass es sich hier um eine knapp genügende Leistung handelt. Eine Interpretation von solchen Formulierungen ist aber äußerst heikel, da der Leser nie mit Sicherheit weiß, was sich der Schreiber bei der entsprechenden Formulierung gedacht hat bzw. was er damit sagen möchte.

Zeugnispflicht

Aussagekraft

Geheimcodes

… verstoßen gegen das Gebot der Klarheit

◘ Abb. 11.3. Aufbau eines Arbeitszeugnisses

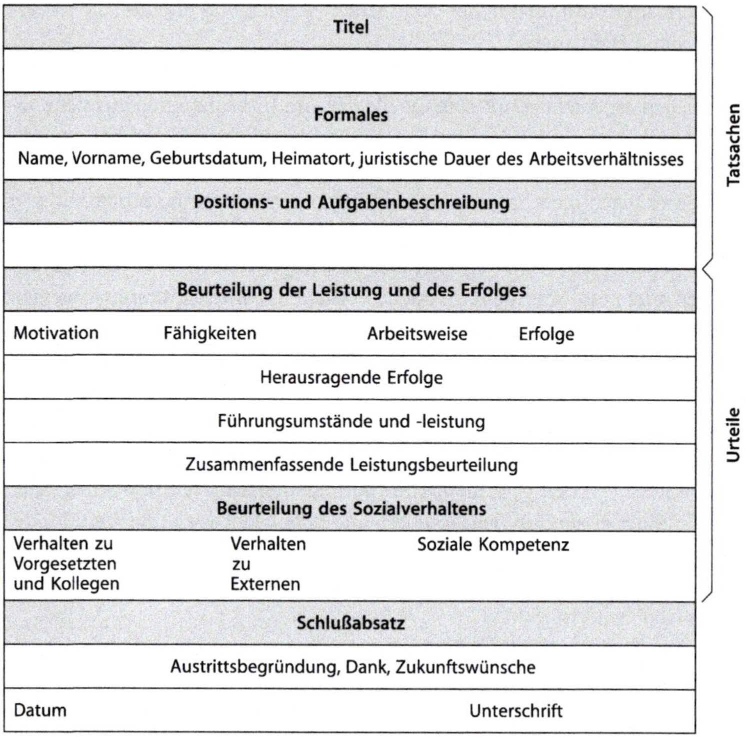

Titel
Formales
Name, Vorname, Geburtsdatum, Heimatort, juristische Dauer des Arbeitsverhältnisses
Positions- und Aufgabenbeschreibung
Beurteilung der Leistung und des Erfolges
Motivation — Fähigkeiten — Arbeitsweise — Erfolge
Herausragende Erfolge
Führungsumstände und -leistung
Zusammenfassende Leistungsbeurteilung
Beurteilung des Sozialverhaltens
Verhalten zu Vorgesetzten und Kollegen — Verhalten zu Externen — Soziale Kompetenz
Schlußabsatz
Austrittsbegründung, Dank, Zukunftswünsche
Datum — Unterschrift

(Tatsachen / Urteile)

Zurückhaltung bei Interpretation

Aufgrund dieser Tatsache müssen Arbeitszeugnisse mit einer gewissen Vorsicht interpretiert werden. Trotz dieser Einschränkung geben sie wichtige Informationen über die sich bewerbende Person.

Analysefragen

Eine Analyse und Bewertung der Arbeitszeugnisse kann sich an folgenden Fragen orientieren:
– Sind die Gründe für den Berufswechsel des Bewerbers lückenlos ersichtlich?
– Gibt es Zeitabschnitte, für die kein Zeugnis vorliegt?
– Welche Aufgaben hat die Person ausgeführt?
– Wie gut hat sie Aufgaben ausgeführt?
– Welche sind ihre Fähigkeiten und Kompetenzen?
– Wie hat der Bewerber sich im Team und in der Zusammenarbeit verhalten?
– Sind die diesbezüglichen Gründe glaubwürdig und akzeptabel?
– Legt der Bewerber immer Vollzeugnisse oder zum Teil Arbeitsbestätigungen vor (im Falle von Arbeitsbestätigungen stellt sich die Frage nach den Gründen)?
– Welche Rückschlüsse können aufgrund der Arbeitszeugnisse in Bezug auf die Anforderungen der zu besetzenden Stelle gemacht werden?
– Hat sich der Bewerber weitergebildet, wenn ja wo, wie und wie lange?
– Wie wird der Bewerber fachlich und persönlich beurteilt?
– Enthalten die vorgelegten Zeugnisse klare Formulierungen und sind sie inhaltlich vollständig?

- Werden die Austrittsgründe in allen Zeugnissen klar erwähnt?
- Enthalten die Zeugnisse keine Widersprüche zwischen Bewertungen hinsichtlich Leistung und Verhalten? Wie werden Leistungen und Verhalten insgesamt beurteilt?
- Inhaltliche Homogenität/Abweichungen im Quervergleich verschiedener Zeugnisse?

Insgesamt wird häufig davon ausgegangen, dass Weglassungen von Beurteilungen über die Leistung und das Verhalten eher negativ interpretiert werden, d. h. man schreibt lieber nichts über eine Person, als dass man negative Aussagen im Rahmen eines Arbeitszeugnisses machen müsste, um der gesetzlichen Forderung nach einer wohlwollenden und fördernden Beurteilung nachzukommen.

Weglassungen

Schul, Lehr- und Weiterbildungszeugnisse

Zeugnisnoten sind in der Regel kein absolutes Leistungskriterium, von dem auf einen Arbeitserfolg geschlossen werden kann. Aussagekräftiger sind hingegen die Ausbildungsinstitutionen, d. h. welches Image, welchen Stellenwert und welche Qualität weisen die Ausbildungsinstitutionen und die damit absolvierten Aus- und Weiterbildungen auf?

Analysefragen

Mit Aus- und Weiterbildungsausweisen kann man grundsätzlich auf das vorhandene Wissen schließen, sofern spezifisches Wissen benötigt wird, z. B. Buchhaltung. In anderen Fällen, z. B. Führungs- und Sozialkompetenzen, sagt eine Ausbildung noch wenig über das Gelernte und über dessen Anwendung aus. Gewisses Know-how wird aber auch ohne spezifische Ausbildung vorausgesetzt, z. B. PC-Kenntnisse. Neben inhaltlichem Wissen sagt die individuelle Bildungsgeschichte aber auch etwas über geistige Fähigkeiten und die Interessen einer Person aus.

Einschätzung vorhandenen Wissens

Die Analyse und Bewertung der Bewerbungsunterlagen richtet sich insgesamt am erstellten Bewerberprofil aus. Hier stellt sich die Frage, welche Anforderungen aufgrund der Bewerbungsunterlagen beurteilt werden können und wie deren Bewertung ausfällt. Es ist selbstverständlich, dass die Unterlagen für sich nur eine lückenhafte Antwort auf die gefragten Anforderungen geben können. Ist der erste Eindruck aufgrund der Bewerbungsunterlagen in Bezug auf das Bewerberprofil positiv – wenn auch mit Lücken – ausgefallen, wird die Bewerbung weiter geprüft. Das bedeutet in der Regel, dass mit dem Bewerber Kontakt aufgenommen und ein persönliches Gespräch vereinbart wird.

Bei einer negativen Beurteilung hinsichtlich der zu besetzenden Stelle sollte man sich vor einer Absage dennoch fragen, ob zum Bewerberprofil allenfalls eine andere vakante Stelle im Betrieb passen könnte.

Bewerbergespräch

Bewerber, die aufgrund der Vorselektion in die engere Wahl gezogen wurden, werden im Rahmen eines nächsten Schrittes zu einem Interview eingeladen. Ein solches Interview (▶ Abschn. 7.3) ist in der Regel immer ein fester Bestandteil im ganzen Bewerbungsprozess. Interviewformen gibt es verschiedene:

Interviewformen

- Einzelgespräch
- Das meistverwendete 2er-Interview zwischen einem einzelnen Interviewer und einem einzelnen Bewerber
- Jury-Interview
- Mehrere Interviewer interviewen gleichzeitig einen Bewerber.
- serielles Interview
- Mehrere Interviewer interviewen hintereinander einen Bewerber, je nach Bedarf mit unterschiedlicher oder mit gleicher Fragestellung.
- Gruppeninterview
- Ein oder mehrere Interviewer interviewen mehrere Bewerber gleichzeitig.
- Stressinterview

Im Letzteren wird der Bewerber gezielt unter Druck gesetzt, um die psychische/physische Belastungsfähigkeit zu testen oder um Widersprüche aufzudecken; bei einem solchen Interview stellt sich allerdings die Frage nach der Ethik.

Ziele eines Selektionsinterviews

Im Bewerberinterview werden grundsätzlich zwei Ziele verfolgt: Das wichtigste Ziel ist zweifellos die Eignungsfeststellung des Bewerbers. Es geht also darum, Informationen über den Bewerber zu erhalten, damit ein geschlossenes Bild über ihn hinsichtlich der erstellten Anforderungen bzw. des Bewerberprofils erstellt werden kann. Das zweite Ziel ist die Information des Bewerbers über Firma, Funktion, Aufgaben und anderes, was ein potenzieller Arbeitnehmer wissen muss. Es sollen dem Bewerber alle wichtigen Informationen gegeben werden, damit er für sich seine Entscheidung über einen möglichen Eintritt in das Unternehmen fundiert treffen kann und damit unrealistische Erwartungen abgebaut werden können. In Ableitung von den beiden grundsätzlichen Zielen hat das Interview auch eine Klassifizierungsfunktion, um den Bewerber in die Klassen »angenommen«, »abgelehnt« oder »weitere Informationen nötig« einzuteilen. Eine Zuteilung in die letzte Klasse bedeutet, dass die Informationen aus den Bewerbungsunterlagen und aus dem Bewerberinterview noch nicht ausreichend sind für einen Entscheid und dass von daher noch zusätzliche Abklärungen nötig sind.

Da der Interviewer zum Gespräch eingeladen hat, ein Heimspiel hat und das Gespräch für ihn auch nicht mit Konsequenzen für den Lebenslauf verbunden ist, fällt ihm eindeutig die Gesprächsleitung zu. Dazu gehört unter anderem die Gesprächseröffnung, die Warming-up-Phase, Festlegung des Gesprächszieles und der inhaltlichen Elemente, Ermunterung zu Fragen, Überleitung zu neuen Themenbereichen, Klärung von Missverständnissen, Abbau von Spannungen und schließlich die Beendigung des Gesprächs.

Elemente des Selektionsinterviews

Die folgenden Elemente sind neben dem Gesprächseinstieg und dem -abschluss häufige Bestandteile eines Bewerbergesprächs. Die Reihenfolge kann je nach Einstellungsphilosophie systematisiert (Gesprächsleitfaden) werden oder ergibt sich im Prozess. Einzelne Elemente können auch erst in einem zweiten Gespräch erörtert oder vertieft werden.

Informationen geben

Über das Unternehmen. Hier geht es darum, Informationslücken zu füllen und das Firmenimage zu pflegen. Es soll informiert und zu Fragen animiert werden. Hilfsmittel können das Organigramm, Broschüren, Prospekte und anderes sein.

Unternehmen

Über die Stelle. Der Bewerber soll sich ein realistisches Bild über die Funktion und die Tätigkeiten machen können. Dabei geht es auch darum, falsche Erwartungen abzubauen und richtige Vorstellungen zu bestätigen. Hier gibt es auch Möglichkeiten, nach Verbindungen zu Ausbildung und Berufserfahrung zu fragen. Als Hilfsmittel können Stellenbeschreibung, Pflichtenheft, Anforderungsprofil und Abteilungsorganigramm dienen.

Stelle

Über das Team. Hier soll sich auch der Vorgesetzte selbst als Person mit seinem beruflichen Hintergrund vorstellen und die Gruppen- bzw. Teammitglieder vorstellen. Möglicherweise gibt es im Rahmen des Selektionsprozesses die Gelegenheit, die potenziellen Teammitglieder persönlich kennenzulernen.

Team

Entwicklungsmöglichkeiten. Hier geht es darum, Übereinstimmung oder Diskrepanzen mit den persönlichen Zielen und Erwartungen des Bewerbers zu überprüfen. Die Möglichkeiten in der Organisation sollen aufgezeigt werden, evtl. gibt es auch ein Laufbahn- und Entwicklungsprogramm, das an dieser Stelle aufgeführt werden kann.

Entwicklung

Berufliches Umfeld. Der Bewerber soll die Leistungsstandards, Verhaltensregeln, Gruppennormen usw. kennenlernen. Bei Führungsfunktionen geht es auch darum, die Führungsphilosophie und den Spielraum zu diskutieren. Als Hilfsmittel können bestehende Reglemente, Vorschriften, Informationsblätter dienen.

Umfeld

Ablauf der Bewerbung. Der Bewerber wird über das Prozedere des Selektionsprozesses informiert und auf das weitere Vorgehen hingewiesen.

Prozedere der Anstellung

Informationen erhalten

Bisherige Aus- und Weiterbildung. Hier geht es darum, die Übereinstimmung bzw. Diskrepanz mit den Anforderungen zu prüfen und offene Fragen zu beantworten, die sich aufgrund des Lebenslaufes ergeben haben. Zudem bietet sich hier auch die Gelegenheit, etwas über die persönliche Lernbiografie des Bewerbers zu erfahren, was wichtig ist, weil die Übernahme einer neuen Funktion immer etwas mit Lernen zu tun hat.

Aus- und Weiterbildung

Bisherige berufliche Entwicklung und die damit verbundenen Erfahrungen. Übereinstimmung und Diskrepanzen hinsichtlich der Anforderungen klären. Hier geht es auch darum, die im Lebenslauf festgehaltenen Ereignisse vertieft zu analysieren hinsichtlich der oben besprochenen Dimensionen »Erleben« und »Verhalten«.

berufliche Erfahrungen

persönliche Ziele und Erwartungen	**Persönliche Entwicklung.** Klärung der kurz-, mittel- und langfristigen Ziele des Bewerbers, seine Erwartungen und Vorstellungen, falsche Erwartungen abbauen, richtige Vorstellungen bestätigen. In diesem Zusammenhang stehen auch die Fragen nach Stärken und Schwächen des Bewerbers aus dessen Sicht.
persönliches Umfeld	**Persönliches Umfeld.** Hier geht es darum, einen Eindruck über das soziale Umfeld des Bewerbers zu gewinnen: die familiäre Situation, derzeitige Lebensumstände, Wohnsituation, Mobilität, Fragen nach familiärem und außerberuflichem Engagement, geografische Verwurzelung.
Motivation	**Motivation für die Stelle.** Was motiviert den Bewerber für die zur Diskussion stehende Stelle? Was motiviert ihn generell bei der Arbeit, was ist ihm wichtig?
Referenzen	**Referenzen.** Falls weitere Informationen über den Bewerber nötig sind, kann dies über das Einholen von Referenzen geschehen. In einem Erstgespräch bietet sich die Möglichkeit, sich dazu die Erlaubnis des Bewerbers einzuholen.
Fähigkeiten und Fertigkeiten Verhalten erfragen	**Berufliche Fähigkeiten.** Die Fähigkeiten und Kompetenzen eines Bewerbers sollen nicht theoretisch erörtert, sondern konkret und verhaltensorientiert eruiert werden. Bei einer verhaltensorientierten Vorgehensweise wird der komplizierte Brückenschlag zwischen den Anforderungen einer Stelle zu abstrakten, schlecht definierten und schwer beobachtbaren Qualifikationen eines Bewerbers umgangen. Verhalten soll also durch vergangenes Verhalten vorhergesagt werden können und nicht durch theoretische Antworten. Der Interviewer erhält einen Eindruck vom Verhalten durch die Befragung. Dazu gibt es ein entsprechendes Verfahren: das Verhaltensdreieck.
Verhaltensdreieck Fragetechnik	**Das Verhaltensdreieck** ist eine vielverwendete Technik, um Aufschlüsse darüber zu bekommen, wie sich eine Person an einer neuen Stelle bewähren wird (◘ Abb. 11.4). Diese Technik geht davon aus, dass früheres Arbeitsverhalten, wenn es erfolgreich war, in einer neuen Situation mit einer ähnlichen Fragestellung wiederverwendet wird. Es geht also darum, früheres Verhalten konkret zu ermitteln, um damit künftiges Verhalten abschätzen zu können. In dieser Fragemethode geht es darum, echte und vollständige Beispiele aus der Arbeitsvergangenheit des Gesprächspartners zu erfragen. An diesen Beispielen wird ersichtlich, wie ein Bewerber mit einer bestimmten Situation umgeht und was die daraus folgenden Resultate waren.

Sind beispielsweise im Bewerberprofil organisatorische Fähigkeiten als eine wichtige Anforderung formuliert, sollte man einen Bewerber weniger danach fragen, ob er gut organisieren könne. Auf eine solche Frage erhält man in der Regel eine theoretische Antwort, die auch durch das Interesse und die Wünsche des Bewerbers geprägt sein können. Vielmehr sollte man einen Bewerber nach konkreten Aufgaben in der beruflichen Vergangenheit fragen, bei denen er etwas zu organisieren hatte. Eine solche Arbeitssituation sollte man sich schildern lassen, um anschließend danach zu fragen, wie der Bewer-

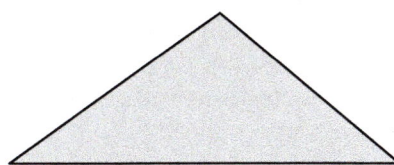

Abb. 11.4. Verhaltensdreieck

1. Situation / Aufgabe

(Welches war eine typische Situation/Aufgabe bezüglich des Beurteilungskriteriums?)

2. Verhalten?

(Wie ist der Bewerber mit der Situation/Aufgabe umgegangen? Handlungen? Maßnahmen?)

3. Ergebnisse?

(Welches waren die Auswirkungen/Resultate, die das Verhalten gezeitigt hat?)

ber mit der Situation umgegangen ist. Wie hat der Bewerber konkret und tatsächlich organisiert? Drittens stellt sich dann die Frage, welches Ergebnis die Organisationsaufgabe gezeigt hat. Die Frage nach der Situation, in der es etwas zu organisieren galt, nach dem Vorgehen des Bewerbers und nach dem Ergebnis ermöglichen einen Einblick in konkretes und tatsächliches Verhalten eines Bewerbers, das schlüssigere Informationen über das Beurteilungskriterium »organisatorische Fähigkeiten« vermittelt als eine theoretische Frage.

Die Frage nach der Konfliktfähigkeit eines Bewerbers kann dahin gehend gestellt werden, welche Konfliktsituationen er in seiner beruflichen Vergangenheit schon erlebt hat, wie er mit einer solchen Situation umgegangen ist und wie das Ergebnis war. Anhand einer konkreten Konfliktsituation lassen sich die sozialen Fähigkeiten eines Bewerbers besser einschätzen als mittels theoretischer Fragen. Anstelle des Begriffes »Verhaltensdreieck« wird dieselbe Technik auch unter dem Begriff »Praxis des Bewerbungsgesprächs (PBG-Technik)« oder im angelsächsischen Raum unter dem Begriff »targeted selection interview« verwendet.

Praxis des Bewerbungsgesprächs (PBG-Technik)

Häufig berichtet ein Bewerber über frühere Erfahrungen in der Form, dass er nur ein Element des Verhaltensdreiecks erwähnt (z. B. seine Erfolge betreffend Umsatzsteigerung). Es ist aber die Aufgabe des Interviewers, das Verhaltensdreieck mittels gezielter Fragen zu vervollständigen (beispielsweise zu eruieren, mit welchen Mitteln die Umsatzsteigerung erzielt wurde, was die genaue Ausgangslage war, wie die entsprechenden Bedingungen waren, etc).

Entscheidend für ein aussagekräftiges Interview ist auch die Fragetechnik des Gesprächsleiters. Zur Fragetechnik lassen sich einige Grundsätze festhalten:

Fragetechnik

Allgemeine Fragen. Zu Beginn des Interviews decken allgemeine Fragen eher die Auskunftsbereitschaft und machen den Bewerber sicherer, weil ihm ein breites Antwortspektrum ermöglicht wird (z. B. »Was sind Ihre derzeitigen Aufgaben?«).

Frageformen

Kurze Fragen. Wenn Fragen kurz und knapp gestellt werden, kann der Gesprächspartner besser folgen. Von der Kürze der Frage hängt auch die Präzision der Antwort ab. Lange, umschweifende Fragen verleiten zu ebensolchen Antworten.

Konkrete Fragen. Durch das Stellen von konkreten Fragen fördert man konkrete, fassbare und nachvollziehbare Aussagen. Konkrete Fragen bremsen auch Vielredner.

Offene Fragen. Offen formulierte Fragen wecken die Auskunftsbereitschaft und geben dem Befragten und dem Fragesteller mehr Zeit zum Nachdenken (beispielsweise warum, wodurch, wozu, was, wie, usw.).

Gefühls-/wertbetonte Fragen. Solche Fragen sollten erst dann gestellt werden, wenn sich eine Beziehung entwickelt hat und eine entsprechende Auskunftsbereitschaft geweckt ist. In der Regel erfolgen solche Fragen erst gegen Ende des Interviews.

Reihenfolge der Fragen. Die Fragen sollten einen logischen Aufbau haben. Die Gedankensprünge eines allzu kreativen Gesprächsleiters können den Befragten oft überfordern.

ungeeignete Fragearten

Folgende Fragen und Taktiken sollten vermieden werden:

Schachtelfragen. Mehrschichtige und verschachtelte Fragen verwirren den Gesprächspartner und begünstigen unklare Antworten oder nur Teilantworten. (Also nicht: »Was haben sie wann, wo, mit wem und unter welchen Bedingungen unternommen und was waren die Ergebnisse, sowohl für Sie persönlich als auch für Ihren Geschäftspartner?«)

Geschlossene Fragen. Fragen, die nur eine ja-/nein-Antwort zulassen, engen ein, wirken oft inquisitorisch, wiederholen vielmals Angaben aus dem schriftlichen Lebenslauf und sollten möglichst wenig verwendet werden. Geschlossene Fragen sind allenfalls angebracht zur Präzisierung, zur Verständnisprüfung und zur Bestätigung.

Suggestivfragen. Fragen mit suggestivem Charakter sind manipulativ und daher unter allen Umständen zu vermeiden (z. B. »Sie sind doch sicher auch der Meinung, dass …?«).

Alternativfragen. Fragen mit vorgegebenen Alternativantworten sind unzweckmäßig, da sie einengen, da sie meist nicht alle Alternativen berücksichtigen, und da sie kompliziert sind und den Befragten damit oft überfordern. (z. B. »Haben Sie Ihre letzte Stelle wegen des Lohns, wegen der schlechten Zusammenarbeit oder weil sich nur noch alles zur Routine entwickelt hat, verlassen?«)

Schweigen. Pausen oder Schweigen im Rahmen eines Gesprächs können dazu dienen, die Gedanken zu sammeln oder eine Antwort vervollständigen zu lassen, Schweigen kann aber auch Stress auslösen und sollte nicht manipulativ als Druckmittel verwendet werden.

Die Kommunikation in einem Gespräch besteht nicht nur in einem Austausch von sprachlichen Inhalten, sondern die Dynamik des Gesprächs ist auch geprägt durch nonverbale Kommunikation. Unter nonverbaler Kommunikation versteht man Gestik, Mimik, Körperhaltung, Stimmlage und anderes mehr, kurz alles Verhalten, das nicht aus reinen Sprachsymbolen (also Worten) besteht. Früher bestand die Ansicht, dass sich einer bestimmten Körperhaltung eindeutig Gefühls- bzw. Denkinhalte zuordnen ließen. Damit verfolgte man die Absicht, die Körpersprache soweit aufzuschlüsseln, um über den körperlichen Ausdruck zu erfahren, was im Innern des Gesprächspartners vorging. Jedoch trifft dies nicht zu. Ein eindeutiger Zusammenhang zwischen Körperhaltung und Denken bzw. Fühlen kann nicht hergestellt werden.

nonverbale Kommunikation

In der Kommunikationsforschung geht man davon aus, dass die nonverbale Kommunikation vor allem eine Wirkung auf die Beziehung der Gesprächspartner und somit auf den Gesprächsverlauf ausübt. Die nonverbale Kommunikation ist damit nicht ein Fenster zur Seele, sondern vielmehr ein Mittel zur Regulierung der zwischenmenschlichen Beziehungen. Sie offenbart also nicht zusätzliche Informationen über das Innenleben einer Person, sondern löst eine Wirkung beim Gesprächspartner aus, wodurch die Gesprächsdynamik mitgestaltet wird. Ob man beispielsweise einer Aussage Glauben schenkt oder welches Gewicht man ihr beimisst, hängt weitgehend von den nonverbalen Begleitumständen ab. Sie prägen die Atmosphäre in einer sozialen Interaktion und haben damit eine beziehungsstiftende und -gestaltende Funktion. Verbale und nonverbale Kommunikation stehen nicht nebeneinander, sondern ergänzen sich. Ein Gesprächspartner wird somit sowohl über die verbale als auch über die nonverbale Kommunikation spür- und erlebbar.

Zusätzliche Abklärungen

Sowohl die Analyse der Bewerbungsunterlagen als auch die Interviews können noch Lücken im Bild über einen Bewerber hinterlassen. Um mehr Informationen über die Eignung zu erhalten, können gezielte Methoden angewandt werden. In der Folge sind einige dieser Methoden beschrieben, welche häufig ergänzend zur Anwendung kommen:

Lücken schließen

weitere Verfahren der Personalauswahl

Referenzen

Referenzauskünfte sind ein wichtiges Hilfsmittel, um die Eignung eines Bewerbers für eine bestimmte Position zu prüfen. Sie dienen zur Klärung eines Widerspruchs, der aufgrund der bisherigen Informationen entstanden ist, zur Absicherung und zur Überprüfung eines persönlichen Eindrucks. Für Referenzen gelten dieselben Regeln wie bei der Ausfertigung eines Arbeitszeugnisses. Auch die mündlichen Auskünfte haben somit wahr, wohlwollend formuliert, charakteristisch für das Arbeitsverhältnis und arbeitsbezogen zu sein.

Referenzauskünfte

Im Datenschutzgesetz vom 19. Juni 1992 ist nicht eindeutig geregelt, ob es das Einverständnis des Arbeitnehmers braucht, um über ihn Referenzen einzuholen. Artikel 12 und 13 dieses Bundesgesetzes sagen nur, dass besonders schützenswerte Personendaten oder Persönlichkeitsprofile nicht ohne ausdrückliche Einwilligung an Dritte weitergegeben werden dürfen. Inwieweit dazu Referenzauskünfte gezählt werden können, ist nicht klar definiert. Neben der rechtlichen Seite bestimmt aber häufig auch die ethische Haltung über diese Frage.

Wenn es der ehemalige Arbeitnehmer wünscht, hat der frühere Arbeitgeber die Pflicht, Referenzen zu erteilen. Das Erteilen von Auskünften durch den alten Arbeitgeber entspricht den gleichen Grundbestimmungen wie die Pflicht zum Arbeitszeugnis. Eine Verweigerung der Auskunftserteilung könnte sich für den ehemaligen Arbeitnehmer negativ auswirken. Die Fürsorgepflicht eines Arbeitgebers wirkt auch über die Beendigung eines Arbeitsverhältnisses hinaus.

Diagnostische Verfahren

Psychologische diagnostische Verfahren

Ein weiterer Mosaikstein, der die Entscheidungsgrundlage erweitern kann, liegt in der Verwendung von psychologischen Tests und Verfahren für die Beurteilung der Eignung von Fähigkeiten und Eigenschaften. Sarges (2000) gibt einen Überblick über die verschiedenen Verfahren der Management-Diagnostik, die in der Praxis Anwendung finden. Die fast unüberblickbare Vielzahl von psychodiagnostischen Verfahren lässt sich in folgende Gruppen klassifizieren:

Persönlichkeitstests

Persönlichkeitstests. Unter die Kategorie der Persönlichkeitstests fallen Verfahren, die eine definierte Summe von Eigenschaften, Interessen oder Einstellungen messen. Es sind sowohl standardisierte (Fragebogen-) als auch projektive (z. B. Rorschach-)Verfahren bekannt. In der Messung persönlicher Eigenschaften (z. B. Aggressivität, Dominanz und anderes mehr) wird davon ausgegangen, dass alle Menschen diese Eigenschaften besitzen, und die entsprechenden Tests den Ausprägungsgrad der entsprechenden Person ermitteln. Weiter wird davon ausgegangen, dass der ermittelte Ausprägungsgrad einer Persönlichkeitsdimension (z. B. von Dominanz oder Aggressivität) eine gewisse Stabilität besitzt. Das bedeutet, dass situative Einflüsse einen gewissen modulierenden Charakter auf persönliche Eigenschaften ausüben können, im Prinzip diese Eigenschaften in der persönlichen Dynamik aber relativ stabil bleiben. Damit erhalten solche Tests auch einen prognostischen Wert hinsichtlich zukünftiger Arbeits- und Verhaltensleistungen.

Leistungstests

Leistungstests. In dieser Rubrik finden sich allgemeine Intelligenztests, aber auch spezifische Leistungstests (beispielsweise Konzentration, Wissen, Sprachkenntnis, Tests zur Ermittlung von Entscheidungsfähigkeit etc.). Leistungstests sind in der Regel standardisierte Verfahren, die motorische, sensorische und psychische Leistungsfähigkeiten messen. Intelligenztests sind meistens unterteilt in spezifische definierte Intelligenzbereiche wie Kombinationsfähigkeit, Abstraktionsfähigkeit, Merkfähigkeit, mathematisches Denken, theoretisches Denken, räumliches Vorstellungsvermögen und anderes mehr.

Situative Verfahren. Früher wurde in dieser Kategorie auch häufig von Arbeitsproben gesprochen. Hier finden sich verhaltensorientierte Verfahren wie beispielsweise Rollenspiele, Gruppendiskussion, Fallstudien, Planspiele, Postkorbverfahren und anderes mehr. Im Gegensatz zu Persönlichkeits- und Leistungstests, die über die Beantwortung von Fragen und Lösen von Aufgaben auf bestimmte Konstrukte (Persönlichkeitseigenschaften, Leistungsfähigkeiten) schließen lassen, indizieren situative Verfahren ein bestimmtes Verhalten, das direkt beobachtet werden kann. Beispielsweise kann Konfliktfähigkeit im Rahmen von Persönlichkeitstests erschlossen werden, oder es kann in situativen Verfahren an eine Person eine Konfliktsituation herangetragen werden, in der direkt beobachtet werden kann, wie sie sich in dieser Situation verhält bzw. welches Handhabungskonzept sie in Zusammenhang mit Konflikten besitzt.

spielerische, situative Verfahren

Spezielle Verfahren

Grafologie. Die Grafologie geht davon aus, dass Handschriften individuell sind, und dass diese Individualität vor allem psychisch bedingt ist. Daraus ergibt sich, dass eine Diagnose des Schreibers aufgrund seiner Handschrift möglich ist. Diese Art der Persönlichkeitsbeurteilung ist umstritten, da keine wissenschaftlichen Beweise für den eindeutigen Zusammenhang zwischen Schriftbild und Persönlichkeit bestehen. In der Praxis lässt sich feststellen, dass es viele Staaten gibt, in denen Grafologie nicht etabliert bzw. sogar verboten ist (z. B. angelsächsische Staaten). Auf der anderen Seite gibt es Staaten, in denen die Anwendung von Grafologie verbreitet ist (z. B. Frankreich, Italien, Schweden, Österreich und auch die Schweiz). Tatsache ist, dass die Schriftanalyse in gewissen Ländern wie z. B. in der Bundesrepublik Deutschland oder der Schweiz häufig zur Personalauslese herangezogen wird, da sie vergleichsweise ein einfaches und günstiges Instrument darstellt.

Grafologie

Assessment-Center. Das erste Assessment-Center (AC) wurde nach dem 1. Weltkrieg von der deutschen Wehrmacht entwickelt – wenn auch unter anderem Namen. Aber der Grundgedanke war damals wie heute derselbe: Die Eignung bzw. Qualifikation einer Person hinsichtlich einer bestimmten Aufgabe durch eine Kombination von verschiedenen Verfahren und mehreren Beobachtern systematisch und gezielt zu beurteilen. Damals wurden bis zum 1. Weltkrieg die Offiziere der Wehrmacht aus dem Adel rekrutiert. Die Geburt bestimmte die Eignung für eine Laufbahn. Nach dem Desaster des 1. Weltkrieges wurde eine andere Rekrutierungsform für Offiziere gesucht und man bediente sich dabei der damals relativ modernen Psychotechnik. Im 2. Weltkrieg wurde das Verfahren von den Engländern und anschließend von den Amerikanern übernommen. In den 1950er-Jahren wurde das erste nichtmilitärische Assesment-Center (und nun auch unter diesem Namen) durch AT&T durchgeführt, erstmals mit einem »in-basket-test«, was bis heute ein klassisches AC-Instrument ist. In den 1970er-Jahren fand das Verfahren wieder den Weg zurück nach Europa und wird heute in breitem Maße sowohl in der Personalauswahl wie auch in der Personalentwicklung angewendet.

Assessments

Das Prinzip der Kombination von verschiedenen Verfahren (Leistungstests, Simulationsübungen, Persönlichkeitstests) und von verschiedenen

hohe Validität

Beurteilern liefert eine hohe Validität in der Aussagekraft. Je nach Fragestellung und Ausgangssituation können die Verfahren modulartig und wechselnd zusammengestellt werden. Während heute das Gruppenverfahren einerseits in der Rekrutierung von Hochschulabsolventen eingesetzt wird und noch häufiger in der Personalentwicklung, wurde für die Kaderselektion das Einzel-Assessment-Verfahren entwickelt. Dabei wird keine Gruppe, sondern eine einzelne Person beurteilt – allerdings nach demselben Prinzip mit mehreren Methoden und Beurteilern. Weitere heute eher noch weniger verwendete Assessment-Formen sind das Team-Assessment und das 360°-Assessment.

Diese Verfahren sind keine allgemeinen Persönlichkeitsbeurteilungen, sondern ein gezieltes Überprüfen von spezifischen und definierten Kompetenzen und Fähigkeiten. Das heißt, am Anfang steht eine konkrete Fragestellung und anschließend wird mit bewährten Instrumenten nach Antworten gesucht. Die Auswahl der Instrumente orientiert sich dabei nach den Fragestellungen und dem, was die Instrumente an Ergebnissen liefern können. Will man beispielsweise wissen, wie eine Person Probleme löst, so konfrontiert man sie in einer Simulationsübung mit einem Problem. Dabei wird sie beobachtet und anschließend zur Übung befragt. Wird mit zwei, drei Übungen oder Tests das Beurteilungskriterium »Problemlösefähigkeit« überprüft, so kann daraus ein stimmiges Bild über diese Fähigkeit dieser Person generiert werden. Am Ende sollten zu jedem Kriterium Ergebnisse aus mehreren Quellen bestehen, die am Ende zu einem Gesamtbild zusammengefügt werden, die qualifizierte und valide Antworten auf die eingangs definierten Fragen geben. Dieses Ergebnis lässt eine Beschreibung des Kandidaten in Bezug auf die Kompetenzbereiche des Bewerberprofils zu. Solche Assessmentverfahren sind aufwendig. Gruppen-Assessments dauern ein bis drei Tage, Einzel-Assessments in der Regel einen Tag.

hohe Aussagekraft bezüglich Anforderungen

Computerbasierte Verfahren. Für sehr viele psychologische Tests und situative Verfahren bieten sich Computerversionen an. Die verführerisch einfache Handhabung von Computertests fördert eine leichtfertige Verwendung von solchen Verfahren. Für die Interpretation von Testergebnissen sowie für das Übertragen von Testergebnissen auf das entsprechende Anforderungsprofil bzw. für die Prognose von beruflichem Erfolg bedarf es wie bei allen psychologischen Tests fundierten Fachwissens und entsprechender Erfahrung. Auch für die Einschätzung von psychologischen Tests hinsichtlich ihrer Brauchbarkeit, ihrer Güte und ihrer Zuverlässigkeit ist fundiertes fachliches Know-how nötig.

Gefahren standardisierter, computerbasierter Testverfahren

Für die professionelle Anwendung von psychodiagnostischen Verfahren ist eine entsprechende fachliche Ausbildung Voraussetzung. Zwar kann jeder leicht einen Test kaufen, einen Test durchzuführen und auszuwerten, hingegen erfordert das Generieren von Einzelergebnissen zu einem ganzheitlichen schlüssigen Bild über eine Person, das auch noch stimmen muss, psychodiagnostisches Wissen und Erfahrung. Schon die Wahl des richtigen Instruments entscheidet über die Qualität der späteren diagnostischen Ergebnisse.

Ein weiterer entscheidender Punkt bei der Verwendung von psychodiagnostischen Verfahren ist, dass nie ein Verfahren für sich allein angewandt wird. Nur die Verwendung einer sinnvollen Kombination verschiedener geeigneter Verfahren garantiert aufschlussreiche, konkrete und zuverlässige Ergebnisse.

Urteilsfehler

Das Beurteilen von Personen ist ein anspruchsvoller, komplexer Prozess, in dem auch Fehler vorkommen können (▶ auch Kap. 4.3.1). In der Folge werden einige typische Urteilsfehler vorgestellt:

Typische Beurteilungsfehler vermeiden

Subjektivität der Wahrnehmung. Eine mögliche Urteilsverzerrung kann durch die begrenzte Informationsaufnahmekapazität des Interviewers entstehen. Die gebotene Informationsvielfalt kann nur selektiv wahrgenommen werden und erfährt dadurch eine Reduktion. Die Auswahl der Informationen ist geprägt durch die Person des Interviewers, also durch seine Interessen, Einstellungen, Meinungen, Stimmungen usw.

Subjektivität

Halo-Effekt. (Überstrahlungseffekt). Schätzt der Interviewer einen Bewerber im Hinblick auf ein bestimmtes Charakteristikum positiv ein, tendiert er dazu, die betreffende Person in allen anderen Bereichen auch positiv einzustufen; unter umgekehrten Vorzeichen entsprechend negativ.

Halo-Effekt

Kognitive Dissonanz. Ist eine erste Beurteilung einmal erfolgt, tendiert der Beurteiler dazu, die ihm zugetragenen Informationen in der Folge des weiteren Beurteilungsprozesses hinsichtlich einer Bestätigung des ersten Urteils zu selektionieren, d. h. die Wahrnehmung ist immer relativ. Ist einmal eine erste Meinung gebildet, besteht die Gefahr, dass sämtliche darauf folgenden Informationen ausgewählt werden, dass nur diejenigen Informationen bewusst wahrgenommen werden, die die erste Meinung bestätigen und jene Informationen ausgeblendet werden, die die erste Meinung erschüttern könnten. Aufgrund der Bewerbungsunterlagen wird ein erster Eindruck über die Fähigkeiten eines Bewerbers gewonnen. Häufig läuft man Gefahr, im Interview vorwiegend nach Bestätigung dieses Eindrucks zu suchen, als möglichst neutral neue Informationen zu erfragen, die den ersten Eindruck auch widerlegen können.

Vermeidung von Widersprüchen

Sympathie/Antipathie. Die gefühlsmäßige Reaktion auf einen Bewerber kann die Urteilsobjektivität beeinträchtigen. Sympathische Personen werden häufiger milder und positiver beurteilt als unsympathische Personen.

Zuneigung/Abneigung

Person des Beurteilers. Die eigene Person des Beurteilers wird häufig als Messlatte für die Beurteilung anderer genommen. Ist man beispielsweise weniger gut im Organisieren, wird man tendenziell diese Fähigkeit bei anderen Personen milder und als weniger wichtig beurteilen.

Der eigene Maßstab

Irrtum des Mittelwertes. Damit ist die Vermeidung von Extremwerten in der Beurteilung von Personen gemeint. Die Tendenz, andere eher als durchschnittlich zu beurteilen als besonders gut oder besonders schlecht, liegt darin begründet, dass man mit einer durchschnittlichen Beurteilung am wenigsten falsch liegen kann.

Vermeidung extremer Einschätzungen

Vermeidung negativer Aussagen

Generositätsirrtum. Damit ist die generelle Tendenz gemeint, grundsätzlich eher zu gute Beurteilungen abzugeben. Damit vermeidet man, vermeintlich harte und schlechte Aussagen über andere machen zu müssen.

»Logische« Verknüpfung

Logischer Irrtum. Damit ist die Tendenz gemeint, Merkmale, die logisch zusammenzuhängen scheinen, ähnlich zu beurteilen. Besitzt jemand beispielsweise gute analytische Fähigkeiten, schreibt man ihm leicht auch gute Problemlösefähigkeiten zu.

Maßnahmen zur Verhinderung von Beobachtungsfehlern

Angesichts solcher möglicher Beurteilungsfehler stellt sich natürlich die Frage, was man in der Position des Beurteilers tun kann, um sie zu vermeiden. Ein erster Schritt besteht darin, sich der Existenz solcher Fehlerquellen bewusst zu werden und sich selbst genau zu beobachten und kennenzulernen, um herauszufinden, zu welchen Formen von Urteilsfehlern man persönlich neigt. Des Weiteren gilt es, die folgenden Grundsätze bei der Beurteilung von Personen zu beachten:

- Beobachten Sie systematisch (also machen Sie sich beispielsweise bewusst, welche Anforderungen Sie wo beobachten können und wie Sie dabei vorgehen wollen).
- Trennen Sie klar zwischen Beobachten – Festhalten der Beobachtungen – Beurteilen – Interpretieren
- Hinterfragen Sie die Richtigkeit des eigenen Urteils kritisch.
- Nutzen Sie Möglichkeiten, sich sowohl mit anderen Personen abzustimmen, als auch mit verschiedenen Verfahren zu arbeiten.
- Unterscheiden Sie bewusst zwischen dem, was Sie sehen wollen, und dem, was Sie tatsächlich sehen.

Auch wenn Sie diese Grundsätze beachten, garantiert dies keine fehlerfreie Beurteilung. Aber sie helfen, Fehler zu vermeiden und führen dazu, den eigenen Beurteilungsprozess und die Urteilungsfindung laufend kritisch zu reflektieren und damit zu kontrollieren.

Selektionsentscheidung

Die Entscheidung

Am Ende des Beurteilungsprozesses steht die Entscheidung. Sie wird von zwei Seiten gefällt, einerseits muss sich der Bewerber am Ende des Prozesses entscheiden, ob er in die Organisation eintreten möchte oder nicht, und andererseits muss sich die Organisation für einen Bewerber als neuen Mitarbeiter entscheiden. Seitens der Organisation muss von vornherein zwischen Linie und Personalabteilung klar sein, welche Stelle an welchen Schritten des Selektionsprozesses in welcher Form beteiligt ist. Auch bezüglich des Selektionsentscheides muss deutlich sein, wer hier die Entscheidung aufgrund welcher Grundlagen am Ende trifft.

Entscheidungsgrundlagen zusammenführen und gegenüberstellen

Für die Entscheidungsfindung müssen nochmals sämtliche Entscheidungsgrundlagen konsultiert werden. Auf der einen Seite bestehen Anforderungs- und Bewerberprofil, auf der anderen Seite sämtliche Informationen, die im Rahmen des Beurteilungsprozesses – angefangen bei den Bewerbungsunterlagen über das Bewerbergespräch bis hin zu weiteren Abklärungen – beschafft wurden. Es stellt sich nun die Frage, wie nahe die einzelnen Kandidaten an das Bewerberprofil herankommen – oder auch in einzelnen Dimensionen darüber hinausschießen. Da eine 100%ige Übereinstimmung von Bewerberprofil und Profil kaum möglich ist, stellt sich auch immer die Frage, wo Abstriche zugelassen werden können. Aufgrund dieser Daten können die Bewerber – genügend qualifizierte Bewerber vorausgesetzt – miteinander verglichen werden. Häufig werden die verschiedenen Kandidaten aufgrund ihrer Erfüllung der einzelnen Ansprüche gewichtet oder in eine Reihenfolge gebracht. Über alle Dimensionen hinweg kann daraus eine Gesamtreihenfolge ermittelt werden.

In den meisten Fällen wird die »mathematische Lösung«, die sich durch die Rangreihe ermittelt wird, nochmals hinterfragt. Wissen und Fähigkeiten lassen sich aneignen, hingegen ändern Persönlichkeitsstrukturen sich kaum. Daher kommen häufig auch noch »weiche Faktoren« wie »Bauchgefühle«, »Wellenlängen«, »Sympathie« und Ähnliches ins Spiel und wirken in die Entscheidungen hinein.

Am Ende der Entscheidungsphase kann es hilfreich sein, sich an folgenden drei Fragen zu orientieren:

Kann er? Erfüllt er die intellektuellen, sozialen und generell leistungsmäßigen Voraussetzungen für die Funktion? Werden die Fähigkeiten und Eigenschaften, die im Bewerberprofil aufgeführt sind, von der Person erfüllt?

Will er? Entspricht die Stelle seinen Interessen, Erwartungen und Zielvorstellungen? Können seine Erwartungen und Zielsetzungen erreicht werden, und sind diese realistisch? Was sind die motivationalen Grundlagen für sein Interesse an der Stelle, welche Bedeutung haben diese für die Einsatzbereitschaft, Loyalität gegenüber der Organisation usw.?

Passt er? Passt er aufgrund seiner Meinungen, Einstellungen, seiner persönlichen Eigenart in die Organisation und in das Team?

11.1.6 Arbeitsvertragsgestaltung

Entscheiden sich sowohl die Organisation als auch der Bewerber positiv, kommt es zu einem Arbeitsverhältnis, das über einen Arbeitsvertrag geregelt wird. Der Arbeitsvertrag bedarf in der Schweiz nicht notwendigerweise der Schriftform, um gültig zu sein. Er kann auch durch stillschweigendes Verhalten zustande kommen. Aus Gründen der Rechtssicherheit wird aber normalerweise ein schriftlicher Vertrag abgeschlossen. Der zentrale Vertragsgegenstand ist Lohn gegen Arbeit. Der Arbeitsvertrag muss mindestens die Namen der beiden Parteien (Arbeitgeber und Arbeitnehmer), das Datum des Vertragsbeginns, die zu leistende Arbeit und die zu bezahlende Lohnsumme enthalten. Weitere Rechte und Pflichten sind im Arbeitsrecht, im Gesamtarbeitsvertrag, in der Betriebsordnung, in spezifischen Reglementen und letztlich durch die Auslegepraxis der Gerichte geregelt. Die Inhalte, die häufig in einem Arbeitsvertrag oder einem Personalreglement explizit geregelt sind, sind in 🔴 Abb. 11.5 dargestellt:

Abb. 11.5. Inhaltsraster für die vertragliche Regelung eines Arbeitsverhältnisses

Arbeitsvertrag	
1. Vertragspartner	13. Krankheit und Unfall
2. Tätigkeitsbereich	14. Schwangerschaft/Mutterschaft
3. Beginn und Dauer	15. Militärdienst/Absenzen
4. Probezeit und Beendigung	16. Pensionskasse/Personalvorsorge
5. Arbeitszeit	17. Lohnabtretung
6. Lohn	18. Lohnfortzahlung im Todesfall
7. Spesen	19. Nebenbeschäftigung
8. Vorschuß	20. Treue- und Sorgfaltspflicht
9. Zulagen/Gratifikation	21. Geheimhaltung/Datenschutz
10. Überstunden	22. Erfindungen
11. Ferien	23. Konkurrenzverbot
12. Feiertage	24. Schlußbestimmungen
Unterschriften	

Schweiz

Grundsätzlich sind in der Schweiz drei Formen von Arbeitsverträgen bekannt:

Einzelarbeitsvertrag

Einzelarbeitsvertrag

Dies ist die am häufigsten gewählte Form eines Arbeitsvertrages. Der Einzelarbeitsvertrag ist durch folgende Merkmale definiert:
- Persönliche Arbeitsleistung des Arbeitnehmers: Der Arbeitnehmer ist verpflichtet, persönlich die von ihm vertraglich übernommene Arbeit zu leisten. Er kann sich also nicht durch eine andere Person ersetzen lassen.
- Lohn: Der Arbeitgeber hat die vom Arbeitnehmer erbrachte Arbeitsleistung zu entlohnen. Wird vereinbart, dass die erbrachte Arbeitsleistung unentgeltlich sein soll, so liegt kein Arbeitsvertrag vor. Ist jemand an seiner Arbeitsleistung verhindert (z. B. durch Krankheit), so ist in beschränktem Umfang Lohnfortzahlung vorgeschrieben.

Neben den Hauptpflichten (Lohn gegen Arbeit) sind im Schweizerischen Arbeitsrecht noch eine Reihe von Nebenpflichten und -rechte geregelt.

Gesamtarbeitsvertrag

Gesamtarbeitsvertrag

Der Gesamtarbeitsvertrag ist ein Vertragswerk zwischen Arbeitnehmerverbänden und Arbeitgeberorganisationen. In der Regel enthält ein Gesamtarbeitsvertrag Mindestbestimmungen, d. h. mit einem Einzelarbeitsvertrag darf der Arbeitnehmer besser, aber nicht schlechter gestellt werden.

Normalarbeitsvertrag

Normalarbeitsvertrag

Hier handelt es sich um einen behördlichen Erlass. Die zuständige Behörde (meistens die Kantonsregierung) erlässt einen Normalarbeitsvertrag für Arbeitnehmergruppen, die schlecht organisiert sind und ihre Interessen in der Regel nicht einzeln durchsetzen können (beispielsweise Angestellte in der Landwirtschaft, in der Hauswirtschaft usw.).

11.1.7   Einführung neuer Mitarbeiter

Das Antreten einer neuen Stelle ist für den neuen Mitarbeiter ein besonderer Schritt, der mit Unsicherheit und Angst, aber auch mit Freude, Interesse und Neugierde verbunden ist. Gerade am Anfang einer neuen Stelle werden wesentliche Eindrücke und Erfahrungen gemacht, die tragenden Einfluss haben auf die Entfaltung, die Entwicklung und die Motivation des Mitarbeiters. Der Eintritt eines neuen Mitarbeiters in die Organisation darf daher von Ihrer Seite nicht als ein Nebenereignis abgetan werden!

Der Eintritt in die neue Organisation ist ein Schlüsselereignis

Vor dem Eintritt

Der Selektionsentscheid ist gefallen, der Arbeitsvertrag ist unterschrieben und meist beginnt nun eine Wartezeit – für beide Seiten – bis der Stellenantritt erfolgt. Die Zwischenzeit kann jedoch aktiv und vorbereitend genutzt werden. Zwar ist der Mitarbeiter noch in der alten Organisation tätig und der Vertragsbeginn auf ein bestimmtes Datum festgelegt, es ist jedoch sinnvoll, ihn mit gewissen Informationen zu versorgen. Einerseits wird damit dokumentiert, dass der Arbeitgeber den neuen Mitarbeiter schon als vollwertiges Mitglied betrachtet, ihn als solches ernst nimmt und einen aktiven Kontakt pflegt. Andererseits können vorab schon gewisse Informationen ausgetauscht werden, da ja bekanntlich ein Stellenantritt durch ein Übermaß an neuen Informationen und Eindrücken geprägt ist. Auf diese Weise wird die geballte Ladung an Informationen am Eintrittstag etwas entschärft. Vor allem wird aber dadurch auch der Kontakt, der im Selektionsprozess aufgenommen wurde, weitergeführt und gepflegt, was Verbindlichkeit und Vertrauen schafft.

Wartezeit nutzen

Seitens der Organisation sind vor dem Eintritt eines neuen Mitarbeiters verschiedene Vorbereitungen notwendig:

Arbeitsplatz

Je nach Funktion muss entsprechend ein Arbeitsplatz vorbereitet sein – sei es im Büro oder in einer Produktion. Das heißt, Einrichtungen wie Büromöbel, PC, Werkzeuge, Arbeitskleidung, Garderobe, E-Mail-Account etc. sind vorzuhalten. Zudem sind Informationen bereitzustellen, die der neue Mitarbeiter benötigt, um ab dem ersten Tag handlungsfähig zu sein.

Arbeitsplatz vorbereiten

Information

Die bestehenden Mitarbeiter, die neuen Kollegen, sind im Vorfeld in geeigneter Form zu informieren. Nicht nur auf der Seite des neuen Mitarbeiters, sondern auch bei den neuen Kollegen ergibt sich mit dem Eintritt eine Veränderung. Auch hier können Neugier, Fragen, Verunsicherung bestehen. Dies geschieht insbesondere dann, wenn der neue Mitarbeiter eine Vorgesetztenfunktion übernimmt. Eine Vorabinformation beantwortet erste Fragen

Information der Kollegen

und verhindert falsche Annahmen, die konkrete Vorstellung der neuen Person wird erst im Rahmen des Einführungsprogrammes vorgenommen.

Erstellen des Einführungsprogrammes

Einführungsprogramm

Um die Erwartungen und Bedürfnisse beider Seiten erfüllen zu können, um Ängste und Unsicherheiten rasch abzubauen, und um einen guten Start in der neuen Funktion zu ermöglichen, ist es wichtig, die Einführung sorgfältig zu planen.

Ein Einführungsprogramm sollte eine systematische Antwort auf die Frage geben, welche Personen, Abläufe, Bereiche, Inhalte zu Beginn kennengelernt werden müssen, damit ein neuer Mitarbeiter sich in seiner neuen Rolle und Aufgabe schnell und sicher zurechtfindet. Das beinhaltet, dass Einführungsprogramme funktionsabhängig und damit unterschiedlich in Inhalt und Länge sind. Bei einer ausführenden Funktion können die wichtigsten Stationen und Stellen innerhalb eines kürzeren Zeitraumes bewältigt werden, bei Führungsfunktionen kann sich ein Einführungsprogramm über mehrere Wochen erstrecken. Ein Eintrittsphase soll so geplant werden, dass die unmittelbare Umgebung kennengelernt wird, über die wichtigsten Aufgaben und Zusammenhänge im Überblick informiert wird und erste eigene Arbeiten verrichtet werden können, was Erfolgserlebnisse und Sicherheit schafft.

Grundsätzlich ist beim Erstellen eines Einführungsprogrammes zu beachten, dass nicht zu viele Informationen in zu kurzer Zeit vermittelt werden. Die Aufnahmekapazität eines Menschen ist beschränkt und auch außerhalb des Programmes werden viele formelle und informelle Informationen verarbeitet. Deshalb ist es ratsam, auf einen Ausgleich zwischen Informationen geben, Informationen verarbeiten und erste Arbeitstätigkeiten ausführen, zu achten.

In den meisten Fällen wird das Einführungsprogramm in schriftlicher Form erstellt. Damit wird die Planung verbindlich und alle beteiligten Stellen erhalten eine Übersicht über die verschiedenen Einführungselemente.

Eintrittsphase

kritische Anfangsphase

Sowohl der neue Mitarbeiter als auch das bestehende Arbeitsteam sieht sich mit einer Situation konfrontiert, die durch Unsicherheit geprägt ist und die ein nicht zu unterschätzendes Enttäuschungspotenzial beinhaltet.

Der neue Mitarbeiter hat eine vertraute Situation verlassen und kommt in ein neues Arbeitsumfeld, das durch Ungewissheit und Unbekanntes geprägt ist, obwohl in der vorangegangenen Phase Informationen ausgetauscht wurden, ist noch vieles unbekannt. Das Kennenlernen einer neuen Arbeitsstelle ist und bleibt (auch bei einem Schnuppereinsatz) nur in einem beschränkten Maße möglich.

Wunsch nach Orientierung und Sicherheit

Der Wunsch nach Orientierung und Sicherheit gehört zu den menschlichen Grundbedürfnissen, die auch bei einem Stellenantritt wirken. Sich Orientierung zu verschaffen ist demnach zu Beginn eines der Hauptanliegen des neuen Mitarbeiters. Daneben sind es: einen guten Eindruck zu machen, keine Fehler zu machen, gute Beziehungen zu knüpfen etc. Versetzt man sich in die Position eines neuen Mitarbeiters, so können daraus die notwendigen Informationen abgeleitet werden, um ihn am neuen Arbeitsort wirkungsvoll zu unterstützen. In diesem Zusammenhang sei auch darauf hingewiesen, dass es vor allem die informellen Regeln, Normen und Umgangsformen – also die Organisationskultur – sind, die unbekannt und damit verunsichernd sind. Eine Einführung am neuen Arbeitsplatz sollte also nicht nur formale Aspekte, sondern auch die informellen Seiten einer Unternehmung beinhalten.

Unsicherheiten existieren aber nicht nur auf der Seite des Eintretenden, sondern auch seitens des bestehenden Teams. Die Organisation besitzt die Tendenz, das Bestehende und damit auch ein bisheriges Beziehungsnetz aufrechtzuerhalten – was im Übrigen immer auch ein Problem bei organisationsentwicklungsbedingten Veränderungen ist. Man sieht, was man verliert, aber weiß noch nicht so genau, was man gewinnt. Das Thema Widerstand tritt meistens bei Veränderungen auf, auch bei personellen Veränderungen (wobei es natürlich hier auch Ausnahmen gibt). Das bisherige Beziehungsgefüge kann sich ändern, eine neue Gruppendynamik kann entstehen und es können (neue) Konkurrenzgefühle entstehen. Oft schwingt noch Enttäuschung nach dem Abgang eines geschätzten Kollegen mit. Es sollte also auch auf eine gute Einführung ins Team bei der Gestaltung der Eintrittsphase geachtet werden.

Wunsch nach Integration

Einführung ins Team

Ist der erste Eindruck auf beiden Seiten gut, so ist eine gute Basis für Übernahme der Funktion und für die weitere Zusammenarbeit gelegt. Andererseits können Störungen oder Missstimmungen aus der Anfangsphase eine künftige Zusammenarbeit in ihrer Tragfähigkeit beträchtlich beeinträchtigen.

Für eine erfolgreiche Einführung ist Folgendes zu beachten:

Wichtige Aspekte der Einführung

Information: Informationsvermittlung über Aufgaben, Organisation, Abläufe, Ziele, Richtlinien, Gepflogenheiten, Werte etc.

Integration: Möglichst rasche und widerstandsfreie Integration des neuen Kollegen in das Team, damit der durch den Weggang beeinträchtigte Arbeitsprozess in der vorgesehen Form weitergeführt werden kann.

Beziehungsnetz: Kennenlernen der wichtigsten Bezugspersonen und Schnittstellen innerhalb und außerhalb der Organisation.

Befähigung: Möglichst rasche Ausstattung des neuen Mitarbeiters mit dem, was notwendig ist, um die Arbeitsleistung ungehindert erbringen zu können, z. B. Arbeitsinstrumente, Konzepte, Fachwissen u. a.

11.1.8 Erfolgskontrolle

Ist der Mitarbeiter einmal da und eingeführt, wird dem Selektionsprozedere kaum mehr Aufmerksamkeit geschenkt. Damit wird einem wichtigen Aspekt innerhalb des gesamten Personalausleseprozesses ungenügende Beachtung geschenkt, nämlich der Kontrolle über die Bewährung des Selektionsprozesses. Verläuft der Prozess nicht optimal, kann dies beträchtliche negative Konsequenzen nach sich ziehen, sowohl in sachlicher, finanzieller, wirtschaft-

Evaluation des Selektionsprozesses

Hat sich der Selektionsprozess bewährt?

licher als auch in menschlicher Hinsicht. Bei der Selektionskontrolle geht es darum, die Personalselektion, d. h. den gesamten Auswahlprozess bezüglich Nutzen, Güte und Zuverlässigkeit systematisch zu überprüfen, um Optimierungsmöglichkeiten zu erkennen.

Die Bewährungskontrolle des Selektionsprozesses kann sich beziehen auf:
- die im Auswahlprozess ermittelten Aussagen über die Fähigkeiten und Eigenschaften des Mitarbeiters,
- die praktische Bewährung des Mitarbeiters,
- die Güte der ermittelten Stellenanforderungen und des Bewerberprofils,
- die Tauglichkeit und Aussagekraft der angewendeten Selektionsverfahren.

Aufgrund einer solchen Kontrolle ist es weiter auch möglich, die Kriterien zu ermitteln, die zum Erfolg bzw. Misserfolg einer Anstellung geführt haben. Nur eine kritische Hinterfragung des Selektionsprozesses bietet eine tragfähige Basis dafür, den Prozess zu optimieren.

Standortgespräch mit dem neuen Mitarbeiter

Ein Mittel, den Selektions- und Einführungsprozess zu überprüfen, ist das strukturierte und systematisch durchgeführte Probezeitgespräch. Neben der persönlichen Standortbestimmung des neuen Mitarbeiters nach einer ersten Arbeitsphase, meist nach drei Monaten, lässt sich auch grundsätzliches Optimierungspotenzial zum durchlaufenen Prozess ermitteln. Eine systematische Sammlung und Auswertung dieser Inputs ermöglicht eine regelmäßige Qualitätskontrolle und bietet die Möglichkeit für allfällige Anpassungen.

> **ZUSAMMENFASSUNG**
>
> Jeder Stellenwechsel stellt eine tief greifende Veränderung dar für den Stellenbewerber und die betreffende Firma. Er verursacht erhebliche Kosten und Aufwendungen, sowohl in wirtschaftlicher und finanzieller als auch in menschlicher Hinsicht. Für eine optimale Suche und Auswahl von neuen Mitarbeitern ist daher ein systematischer und transparenter Selektionsprozess notwendig, der die richtigen Personen anspricht, der in einem differenzierten Beurteilungsverfahren relevante Informationen generiert, und der eine breite und differenzierte Entscheidungsbasis – optimalerweise für beide Seiten – eröffnet. Der Selektionsprozess lässt sich in die zu Abb. 11.6 dargestellten Schritte aufgliedern. Ein wesentliches Element im Rahmen des Selektionsprozesses ist die Beurteilung. Hier geht es darum, sich ein anforderungsorientiertes, aussagekräftiges Bild über Personen zu verschaffen, das möglichst gültig, zuverlässig und objektiv ist. In diesem Zusammenhang geht es auch darum, Beurteilungsfehler so weit als möglich zu vermeiden. Wesentliche Richtlinien dabei sind systematisches und transparentes Erfassen von Informationen, das Nutzen von unterschiedlichen Informationsquellen, das unverfälschte Wahrnehmen und Interpretieren von vorliegenden Beobachtungen und Informationen sowie die Bewusstmachung der eigenen Anteile im Beur-
> ▼

11.1 · Mitarbeitende gewinnen: Suche, Auswahl und Einführung

teilen. Am Ende der Selektion steht die Gegenüberstellung eines stimmigen Bewerberprofils und validen Kandidatenprofilen, die die Grundlage für die Auswahl bilden. Nach Abschluss des Vertrages ist der Stellenantritt so zu gestalten, dass der neue Mitarbeiter einen leichten und positiven Einstieg in das neue Unternehmen und die neue Funktion hat.

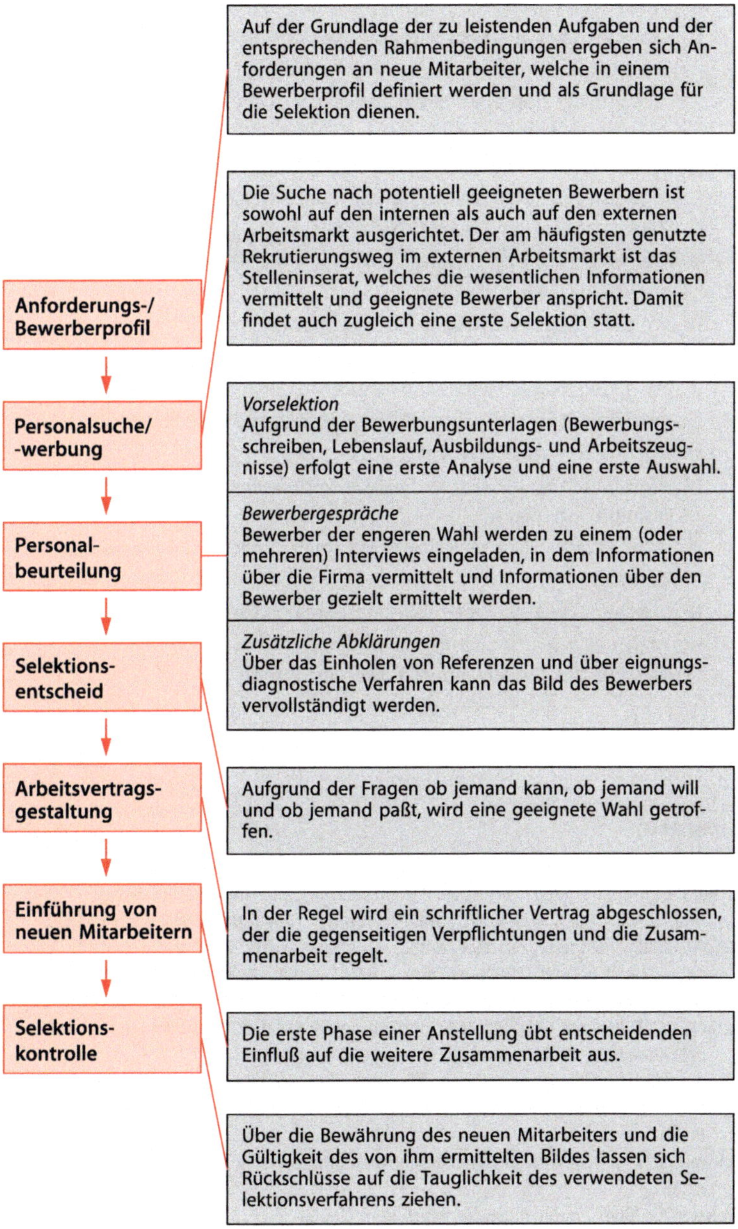

Abb. 11.6. Schritte im Selektionsprozess

Anforderungs-/Bewerberprofil	Auf der Grundlage der zu leistenden Aufgaben und der entsprechenden Rahmenbedingungen ergeben sich Anforderungen an neue Mitarbeiter, welche in einem Bewerberprofil definiert werden und als Grundlage für die Selektion dienen.
Personalsuche/-werbung	Die Suche nach potentiell geeigneten Bewerbern ist sowohl auf den internen als auch auf den externen Arbeitsmarkt ausgerichtet. Der am häufigsten genutzte Rekrutierungsweg im externen Arbeitsmarkt ist das Stelleninserat, welches die wesentlichen Informationen vermittelt und geeignete Bewerber anspricht. Damit findet auch zugleich eine erste Selektion statt.
Personalbeurteilung	*Vorselektion* Aufgrund der Bewerbungsunterlagen (Bewerbungsschreiben, Lebenslauf, Ausbildungs- und Arbeitszeugnisse) erfolgt eine erste Analyse und eine erste Auswahl. *Bewerbergespräche* Bewerber der engeren Wahl werden zu einem (oder mehreren) Interviews eingeladen, in dem Informationen über die Firma vermittelt und Informationen über den Bewerber gezielt ermittelt werden. *Zusätzliche Abklärungen* Über das Einholen von Referenzen und über eignungsdiagnostische Verfahren kann das Bild des Bewerbers vervollständigt werden.
Selektionsentscheid	Aufgrund der Fragen ob jemand kann, ob jemand will und ob jemand paßt, wird eine geeignete Wahl getroffen.
Arbeitsvertragsgestaltung	In der Regel wird ein schriftlicher Vertrag abgeschlossen, der die gegenseitigen Verpflichtungen und die Zusammenarbeit regelt.
Einführung von neuen Mitarbeitern	Die erste Phase einer Anstellung übt entscheidenden Einfluß auf die weitere Zusammenarbeit aus.
Selektionskontrolle	Über die Bewährung des neuen Mitarbeiters und die Gültigkeit des von ihm ermittelten Bildes lassen sich Rückschlüsse auf die Tauglichkeit des verwendeten Selektionsverfahrens ziehen.

FRAGEN ZUR VERTIEFUNG

Erläutern Sie die Bedeutung des Selektionsprozesses und zählen Sie dessen Phasen auf.

1. Was sind die Elemente einer Stellenbeschreibung, und in welchen Abhängigkeiten stehen sie?
2. Was ist der Nutzen eines Anforderungs-/Bewerberprofils? Zählen Sie die Bereiche auf, in die sich die Anforderungen aufgliedern lassen.
3. Was ist der Sinn und Zweck der Personalsuche/-werbung sowohl in der eigenen Organisation als auch über den externen Arbeitsmarkt?
4. Wozu dient die Lebenslaufanalyse? Worauf ist dabei zu achten?
5. Worüber gibt ein Arbeitszeugnis Auskunft, und was sind seine Bestandteile?
6. Was sind die Ziele eines Bewerbergesprächs, und worauf ist beim Gespräch zu achten?
7. Welche Formen zusätzlicher Abklärungen können für die Vervollständigung des Bewerberbildes herangezogen werden?
8. Zählen Sie einige typische Urteilsfehler auf.
9. Welches sind die grundsätzlichen Fragen, die Sie sich beim Selektionsentscheid stellen sollten?
10. Welche Formen des Arbeitsvertrages gibt es?
11. Was ist der Sinn der Selektionskontrolle?
12. Wo liegen Möglichkeiten und Grenzen in der Personalselektion?
13. Wie können Sie sich ein objektives, gültiges und zuverlässiges Bild über die Bewerber erarbeiten?
14. Wie können Sie das Personalauswahlverfahren in Ihrer eigenen Organisation optimieren?
15. Wie gestalten Sie eine Personalselektion aus der Sicht des Bewerbers optimal?
16. Welchem Zweck dient eine strukturierte und systematische Einführung?
17. Welches sind Risiken in der Einführungsphase?

Literatur

Brake, J. & Zimmer, D. (2002). *Praxis der Personalauswahl*. Eibelstadt: Lexika Verlag.

Cervone, D., John, O.P. & Pervin, L.A. (2005). *Personality*. New York, NY: Wiley John & Sons.

Hilb, M. (2000). *Integriertes Personal-Management*. Neuwied: Luchterhand.

Lehmann, H.R. & Polli, E. (1992). *Personalauswahl – strategischer Erfolgsfaktor*. Verlag des Schweiz. Kaufmännischen Verbandes.

Prahalad, C.H. & Hamel, G. (1990). The Core Competence of the Corporation, in: *Harvard Business Review, pp.* 79-91.

Sarges, W. (2000). *Management-Diagnostik*. Göttingen: Hogrefe.

Schäfer, N. (2005). Organisationspsychologie für die Praxis. Sternenfels: Wissenschaft & Praxis.

Schwarb, T. (1996). *Die wissenschaftliche Konstruktion der Personalauswahl*. München: Hampp R/BRO.

Weuster, A. (2004). *Personalauswahl*. Wiesbaden: Gabler.

11.2 Personalentwicklung als Führungsaufgabe

Astrid Hausherr Fischer

AUF EINEN BLICK

> Führungskräfte haben die Aufgabe, ihre Mitarbeitenden zu fordern und zu fördern. Dies ist mit der Bewilligung einer Weiterbildung oder eines Seminars längst nicht mehr ausgeschöpft. Was bedeutet Personalentwicklung und warum ist sie auch aus unternehmerischer Sicht relevant? Welche Verantwortung trägt der Mitarbeitende, die Führungskraft, das »Human Resources Management« und die Unternehmensleitung für die Personalentwicklung? Welche Instrumente der Personalentwicklung kann die Führungskraft zur Hand nehmen? Wie kann ein Fördergespräch gestaltet und mit dem Zielvereinbarungsprozess verknüpft werden? Die vorliegenden Ausführungen geben Antworten auf diese Fragen und legen den Fokus auf Personalentwicklung als Führungsaufgabe.

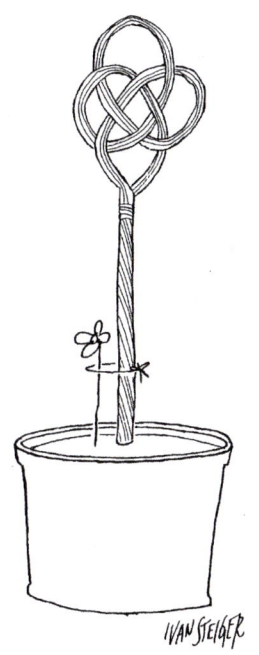

11.2.1 Begriff und Ziele der Personalentwicklung

Definition der Personalentwicklung

Der Begriff der Personalentwicklung ist von großer Heterogenität und Unschärfe gekennzeichnet. Autoren betonen in ihren Definitionen Aspekte wie Ziele, Inhalte, Adressaten, Methoden, Maßnahmen, Bedingungen und Institutionen der Personalentwicklung.

Für Mentzel (2005, S. 2) bedeutet Personalenwicklung

> **Definition**
> »… eine systematische Förderung und Weiterbildung der Mitarbeiter. Dazu zählen sämtliche Massnahmen, die der individuellen beruflichen Entwicklung der Mitarbeiter dienen und ihnen unter Beachtung ihrer persönlichen Interessen die zur Durchführung ihrer Aufgaben erforderlichen Qualifikationen vermitteln.«

Definition

Aus dieser Definition lassen sich drei Schwerpunkte der Personalentwicklung ableiten:
- Personalentwicklung als arbeitsplatzbezogene Kompetenzerweiterung
- Personalentwicklung als individuelle Laufbahnentwicklung
- Personalentwicklung als systematische Entwicklung der Leistung und Wettbewerbsfähigkeit einer Organisation oder Organisationseinheit.

Schwerpunkte

Ziele der Personalentwicklung

Die Ziele der Personalentwicklung lassen sich nach den unterschiedlichen Perspektiven des Unternehmens, der Führungskraft und des Mitarbeitenden differenzieren (◘ Abb. 11.7; vgl. Graf 2005, S. 3; Mentzel 2005, S. 10 ff.).

Abb. 11.7. Ziele der Personalentwicklung. (Aus Graf 2005, S. 3)

PE-Ziele aus Sicht des Unternehmens

- Frühzeitige und systematische Anpassung der Kompetenzen der Mitarbeitenden an betriebliche Erfordernisse
- Sicherung eines qualifizierten Bestandes an Fach- und Führungskräften
- Erwerb von Zusatzqualifikationen als Grundlage einer größeren Flexibilität und Anpassungsfähigkeit beim Personaleinsatz
- Gewinnung von Nachwuchskräften aus den eigenen Reihen und somit Verringerung der Abhängigkeit vom externen Arbeitsmarkt
- Erhaltung/Erhöhung der Arbeitsmarktfähigkeit der Mitarbeitenden

PE-Ziele aus Sicht der Führungskraft

- Förderung der Fach-, Führungs- oder Projektkompetenzen der Mitarbeitenden
- Vermittlung bzw. Sicherstellung der im Team benötigten Schlüsselkompetenzen
- Verbesserung des Leistungs- und Sozialverhaltens der Mitarbeitenden und des Teams als Gesamtes
- Erhöhung der Veränderungsbereitschaft und der Motivation der Mitarbeitenden

PE-Ziele aus Sicht des Mitarbeitenden

- Schaffen einer Grundlage für die berufliche Laufbahn durch Anpassung der Kompetenzen an aktuelle und zukünftige Anforderungen
- Erhaltung bzw. Erhöhung der Arbeitsmarktfähigkeit
- Sicherung der erreichten Stellung in Beruf und Gesellschaft
- Arbeitsplatzsicherheit und Arbeitszufriedenheit
- Persönlichkeitsentwicklung und -bildung

Personalentwicklung umfasst Förderung von Personen, Teams und Organisationen

Aus den Zielen des Unternehmens und der Führungskräfte wird ersichtlich, dass Personalentwicklung die Qualifizierung von Personen, Teams und Organisationseinheiten umfasst. In diesem Kapitel beschränken wir uns auf die Förderung und Entwicklung von Personen, beziehungsweise Mitarbeitenden.

11.2.2 Sind Führungskräfte für die Personalentwicklung verantwortlich?

»Man kann einen Menschen nichts lehren - man kann ihm nur helfen, es in sich selbst zu entdecken.«
(G. Galilei)

11.2 · Personalentwicklung als Führungsaufgabe

Grundsätzlich können sich Menschen in letzter Konsequenz nur selbst entwickeln. Denn Entwicklung hat immer mit Lernen zu tun, und zum Lernen kann man Menschen nur schwerlich zwingen. Führungskräfte leisten dabei »Hilfe zur Selbsthilfe«. Personalentwicklung kann allerdings nur erfolgreich sein, wenn die Verantwortung für Selbstentwicklung durch folgende Funktionen oder Bereiche angestoßen, eingefordert und unterstützt wird:

- Unternehmensleitung
- Führungskraft
- Human Resources Management.

Verantwortung für Selbstentwicklung muss eingefordert und unterstützt werden

An der Personalentwicklung sind also mehrere Stellen im Unternehmen beteiligt. Die Zuordnung und Abgrenzung der Zuständigkeiten ist von der Größe des Unternehmens, vom Stellenwert der Personalentwicklung und weiteren betrieblichen Gegebenheiten abhängig. Gemäß Mentzel (2005, S. 13 ff.) kann von folgender Aufgabenzuordnung ausgegangen werden (◘ Tab. 11.1).

In kleineren und mittleren Unternehmen (KMU) ist die Personalentwicklung Aufgabe des direkten Vorgesetzten. Die HRM Abteilung wird sich aufgrund der personellen Beschränkung nicht eigens um die Personalentwicklung kümmern.

Zuständigkeiten für Personalentwicklung

◘ **Tab. 11.1.** Träger und Aufgaben in der Personalentwicklung. (Adaptiert nach Mentzel 2005)

Träger	Aufgaben
Unternehmensleitung	- Grundsatzentscheid für oder gegen Personalentwicklung - Regelung der Zuständigkeiten - Festlegung des Budgets
Führungskraft	- Erkennen von qualifizierten Mitarbeitenden - Zielvereinbarungen - Mitarbeiterbeurteilung - Fördergespräch - Empfehlung von Förder- und Bildungsmaßnahmen - Trainingsmöglichkeiten on, und near-the job - Erfolgskontrolle am Arbeitsplatz - Zusammenarbeit mit dem Human Resources Management
Human Resources Management (HRM)	- Entwicklung eines strategiegeleiteten Personalentwicklungskonzeptes - Ermittlung/Analyse des Personalentwicklungsbedarfs - Entwicklung von Laufbahnkonzepten und Nachfolgeplanungen - Bereitstellung des gesamten organisatorischen Instrumentariums - Mitwirken bei Fördergesprächen - Planung und Durchführung von Bildungsmaßnahmen - Beratung der Unternehmensleitung, der Führungskräfte und der Mitarbeitenden - Erfolgskontrolle
Mitarbeitende	- Selbstverantwortung - Initiative - Nutzen der gebotenen Chancen

In größeren Unternehmen hat sich mit der zunehmenden Bedeutung der Personalentwicklung in den letzten 20 Jahren ein Trend zur Verlagerung der Verantwortung für Fragen der Personalentwicklung in den Bereich eines professionalisierten HR-Managements ergeben. In neuerer Zeit wird jedoch daraufhingearbeitet, die Verantwortung wieder stärker an die Führungskräfte zurückzugeben. Führungskräfte brauchen dazu ein zeitgemäßes Führungsverständnis, das dem Erkennen und Einsetzen von Potenzialen sowie dem Stimulieren von Entwicklungsprozessen bei den Mitarbeitenden und Teams die nötige Aufmerksamkeit schenkt. Mitarbeitende entwickeln und fördern gehört zu den vorrangigen und nicht delegierbaren Aufgaben jeder Führungskraft. Ein gut funktionierendes Human Resources Management kann jedoch eine wertvolle strategische und instrumentelle Unterstützung leisten. Personalentwicklung als Funktion bzw. Abteilung des HRM ist in der Regel für die an den Unternehmenszielen ausgerichtete strategische Personalentwicklung sowie für Weiterbildungen, Trainings, Teamentwicklungen und Coachings zuständig. Und doch: Personalentwickler können den Prozess und die Führungskräfte unterstützen und für Professionalität sorgen, nicht jedoch das Personal entwickeln. Böhme (2003, S. 5) schreibt dazu:»Wer glaubt, dass Personalentwickler Personal entwickeln, glaubt vermutlich auch, dass Zitronenfalter Zitronen falten.« Personalentwicklung ist Sache der Führungskräfte.

Mitarbeitende fördern als vorrangige Aufgabe jeder Führungskraft

HRM bietet strategische und instrumentelle Unterstützung

11.2.3 Personalentwicklungsinstrumente

Führungskräfte können in der Entwicklung und Förderung der Mitarbeitenden auf unterschiedliche Arten von Maßnahmen zugreifen.

Maßnahmen

Personalentwicklung kann folgende Maßnahmen umfassen:
- **into the job** als Hinführung zu einem neuen Aufgabenbereich oder einem neuen Beruf,
- **on the job** als direkte Lernsituation am Arbeitsplatz. Ermöglicht ein hohes Maß an Eigenaktivität,
- **near the job** als arbeitsplatznahes Training in Lern- oder Projektgruppen, die sich mit komplexen, abteilungsübergreifenden Themen im Unternehmen beschäftigen,
- **along the job** als karrierebezogene Entwicklung,
- **off the job** als außerhalb des Arbeitsplatzes stattfindende Maßnahmen wie beispielsweise Weiterbildungsveranstaltungen,
- **out of the job** als Begleitung auf die Pensionierung oder eine Trennung.

Für Führungskräfte ist praxisrelevant, welche Instrumente sie für die unterschiedlichen Arten der Personalentwicklung zur Hand nehmen können. In ◘ Abb. 11.8 sind die wichtigsten Instrumente aus unterschiedlichen Quellen (vgl. u. a. Wunderer 2006, S. 363 f.; Huber 2005, S. 26 f.) im Überblick dargestellt:

11.2 · Personalentwicklung als Führungsaufgabe

Personalentwicklungsinstrumente im Überblick

Personalentwicklungsinstrumente

into the job	on the job	near the job	along the job	off the job	out of the job
- Berufsbildung - Einführungsprogramme - Traineeprogramme - Praktika	- Job-Enlargement - Job-Enrichment - Job-Rotation - Stellvertretung - Fördergespräche - Coaching - Mentoren - Auslandeinsätze - Handlungsspielraum - Anforderungsvielfalt - Lernmöglichkeiten (auch soziale) - teilautonome Arbeitsgruppe	- Projektarbeit - Qualitätszirkel - Lernwerkstatt	- Potenzialanalyse - Laufbahnplanung - Nachfolgeplanung	- Seminare - Assessment-Center - Development-Center - Planspiel - Erfahrungsaustauschgruppen - Förderkreis - Kongresse - Vorträge - Workshops - Selbststudium - E-Learning	- Pensionierungsvorbereitung - gleitende Pensionierung - Outplacementberatung

Abb. 11.8. Personalentwicklungsinstrumente im Überblick. (Aus Wunderer 2006, S. 363)

Führungskräfte spielen für die Maßnahmen »on«, »near«, und »along the job« eine Schlüsselrolle.

Das Spektrum der Personalentwicklungsinstrumente ist vielfältig. Führungskräfte spielen für die Maßnahmen »on«, »near« und »along the job« eine Schlüsselrolle.

11.2.4 Einbindung der Personalentwicklung in den Zielvereinbarungsprozess

Aufgaben der Führung

Es gehört zum Aufgabenbereich der Führungskraft, mit jedem Mitarbeitenden eine individuelle Laufbahnplanung zu erstellen, Entwicklungsziele festzulegen und darauf ausgerichtete Entwicklungsmaßnahmen zu vereinbaren. Weiter muss sie den Entwicklungsprozess begleiten und evaluieren. Dies ist üblicherweise im Prozess des Management by Objectives (MbO) festgelegt (▶ Abschn. 13.2). Führungskräfte werden unter anderem auch daran gemessen, wie sehr sie ihre eigenen Mitarbeitenden entwickeln und fördern. Dabei gilt es, sich an dem hier vereinfacht dargestellten Kreislauf des Prozesses »Führen mit Zielvereinbarung« (MbO) zu orientieren (◘ Abb. 11.9).

Die Fähigkeiten und Fertigkeiten der Mitarbeitenden sollen mit den Anforderungen des Unternehmens in Übereinstimmung gebracht werden, damit die Mitarbeitenden die aktuellen und zukünftigen Tätigkeiten bewältigen können. Personalentwicklung heißt somit auch immer Kompetenzmanagement.

Personalentwicklung heißt auch immer Kompetenzmanagement

Für die Führungskraft gilt es, im Rahmen des MbO-Prozesses folgende Schritte zu tun:

SOLL-Profil
1. Aktuelle und künftige Anforderungen an den Arbeitsplatz und die Tätigkeiten (Stellenprofil) und somit an den Mitarbeitenden (Anforderungsprofil) zeigen, was das Unternehmen vom Stelleninhaber für Kompeten-

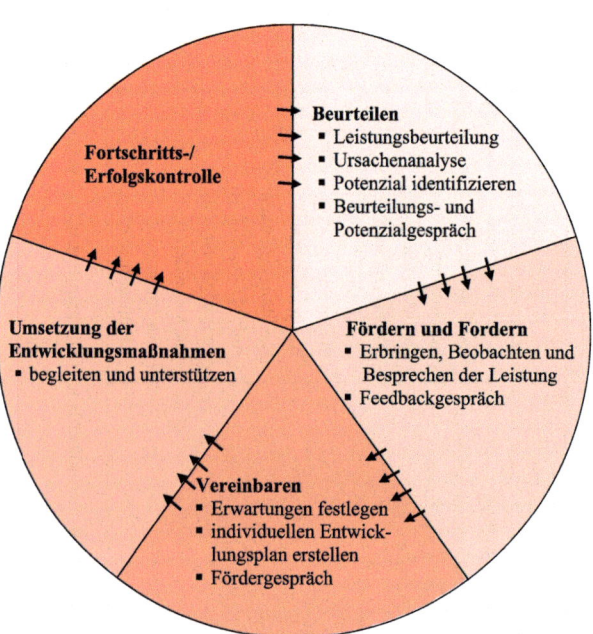

◘ Abb. 11.9. Einbindung der Personalentwicklung in den MbO-Prozess

zen braucht (SOLL-Profil). Dies wird in Zusammenarbeit mit dem Human Resources erarbeitet. Heute wird meist pragmatisch in die vier Kompetenzbereiche Fach-, Methoden-, Sozial- und Selbstkompetenz unterteilt. Die Fachkompetenz umfasst berufliche Fertigkeiten, Fähigkeiten und Kenntnisse, die aus den spezifischen Anforderungen der Arbeitsaufgaben resultieren. Unter Methodenkompetenz wird die Fähigkeit verstanden, das Fachwissen geplant und zielgerichtet bei der Lösung beruflicher Aufgaben umzusetzen. Dies kann die Fähigkeit zur Analyse und Synthese wie auch konkrete Arbeitstechniken und Problemlösungsmethoden sein. Sozialkompetenz umfasst kommunikative und kooperative Fähigkeiten, mit denen soziale Beziehungen bewusst gestaltet werden. Unter Selbstkompetenz versteht man Fähigkeiten wie Selbstreflexion, Selbstständigkeit, Flexibilität, Belastbarkeit und Lernfähigkeit.
2. Die Beurteilung der Leistung, der Kompetenzen und des Potenzials des Mitarbeitenden zeigt, über welche Fähigkeiten und Fertigkeiten er verfügt (IST-Profil).

IST-Profil

In Bezug auf die Personalentwicklung ist der dritte Schritt zentral:
3. Daraus können sich Kompetenzlücken (»GAP«-Analyse) ergeben, aus denen Entwicklungsziele abgeleitet und geeignete Personalentwicklungsmaßnahmen festgelegt werden können. Die Entwicklung, Förderung und Erweiterung der beruflichen Handlungskompetenz steht dabei immer im Zentrum. Darunter sind diejenigen Fertigkeiten, Fähigkeiten und Kenntnisse zu verstehen, die für eine erfolgreiche Bewältigung der heutigen und zukünftigen Arbeitstätigkeit notwendig sind.

Entwicklungsziele erweitern die berufliche Handlungskompetenz

> Die Abstimmung zwischen der Führungskraft und dem Mitarbeitenden hinsichtlich der Personalentwicklungsmaßnahmen findet also gestützt auf die Leistungs- und Potenzialbeurteilung im Rahmen des Zielvereinbarungsprozesses statt.

Fördergespräch

Häufig wird das jährliche Mitarbeitergespräch um die entwicklungsbezogenen Inhalte ergänzt. Da in diesem Gespräch in der Regel Leistung und Bonus verknüpft wird, empfiehlt es sich, das Fördergespräch vom Prozess her zeitlich zu trennen. Einige Unternehmen unterstreichen die Bedeutung der Personalentwicklung mit Fördergesprächen, die in einem regelmäßigen Turnus durchgeführt werden.

regelmäßige Fördergespräche

Der eigentliche Inhalt des Fördergesprächs bildet die Abstimmung der individuellen Entwicklungsplanung und die Festlegung der zur Realisierung notwendigen Förder- und Bildungsmaßnahmen. Es geht in erster Linie darum zu bestimmen, welche Förderungs- und Bildungsziele erreicht werden sollen, und weniger um die Regelung, ob zum Beispiel eine Bildungsmaßnahme intern oder extern durchzuführen ist. Die Modalitäten der Durchführung sind dann in Zusammenarbeit mit dem zuständigen Human Resources Management und der, falls vorhanden, Personal- und Organisationsentwick-

Abstimmung der Entwicklungsplanung und Festlegung der Förder- und Bildungsmaßnahmen

lung zu klären. Es empfiehlt sich, als Führungskraft eng mit dem Human Resources Management zusammenzuarbeiten, insbesondere auch, wenn die Entwicklung des Mitarbeitenden voraussichtlich abteilungsübergreifend stattfinden wird. Wie bei anderen Mitarbeitergesprächen ist auch der Ablauf eines Fördergesprächs nicht in allen Punkten vorhersehbar. Der Mitarbeitende soll nicht das Gefühl haben, in eine festgeschriebene Gesprächsstruktur eingesperrt zu werden, sondern soll Gelegenheit haben, seine Vorstellungen in ausreichendem Maße einzubringen. Der folgende Leitfaden dient in diesem Sinne als Checkliste (vgl. Mentzel 2005, S. 109 ff.; Beck & Schwarz 2004, S. 189).

Checkliste Fördergespräch

> **Checkliste: Aufbau und Themen eines Fördergesprächs**
> Besprechen Sie Ihre Vorstellungen und die Ihres Mitarbeitenden hinsichtlich seines Einsatzes und der Entwicklung am Arbeitsplatz:
> a. Welche Aufgaben und Tätigkeiten haben den Interessen Ihres Mitarbeitenden am meisten entsprochen?
> b. Fühlt er sich richtig eingesetzt, oder ist er überfordert/unterfordert?
> c. Hat der Mitarbeitende das Bedürfnis, andere Aufgaben als bisher zu erledigen? Was sind seine konkreten Vorstellungen dazu?
> d. Wie sieht der Mitarbeitende seine weitere Entwicklung am Arbeitsplatz? Gibt es Maßnahmen, die ihn dabei unterstützen können?
>
> Bringen Sie als Führungskraft Ihre Sichtweise ein und begründen Sie Gemeinsamkeiten und Abweichungen!
> Legen Sie mit Ihrem Mitarbeitenden einen konkreten und verbindlichen Plan mit den gemeinsamen Vereinbarungen fest:
> e. Überlegen Sie gemeinsam, wie die Erwartungen, Wünsche oder Interessensgebiete des Mitarbeitenden mit den betrieblichen Möglichkeiten in Übereinstimmung gebracht werden können.
> f. Beachten Sie, dass im Einzelnen vereinbart und festgehalten wird, wer bis wann für welche Aktivitäten verantwortlich ist.

Führungskräfte und Mitarbeitende sind durch den Prozess und das Instrumentarium des MbO angeleitet, die bestehenden anforderungsbezogenen Kompetenzlücken zu schließen. Zusätzlich zu diesem defizitorientierten Schließen von Lücken wird im Fördergespräch angelegt, dass Personalentwicklung auch neue Lernchancen und Wachstumsmöglichkeiten und das Bauen auf Stärken und Vorlieben von Mitarbeitenden beinhaltet.

Lernchancen und Wachstumsmöglichkeiten

Je nach Ausrichtung der vereinbarten Entwicklungsmaßnahmen kann zwischen arbeitsplatz- und laufbahnbezogener Forderung und Förderung unterschieden werden.

11.2.5 Personalentwicklung als arbeitsplatzbezogene Kompetenzerweiterung

Es gilt, als Führungskraft den Arbeitsplatz des Mitarbeitenden auch als Lernort zu interpretieren und entsprechend zu gestalten. Im Zentrum der arbeitsplatzbezogenen Personalentwicklung stehen die Instrumente »on« und »near the job«. So kann zum Beispiel der bisherige Aufgabenbereich des Mitarbeitenden durch weitere, gleichartige Aufgaben erweitert und ergänzt werden (»Job-Enlargement«). Wenn zu vorhandenen Arbeitsaufgaben qualitativ neue hinzu kommen, spricht man von Job Enrichment. Job Rotation beinhaltet einen Wechsel des Arbeitsplatzes oder Aufgabengebietes in geplanter Zeit- und Reihenfolge. Fach- und persönlichkeitsbezogene Entwicklungen können zum Beispiel auch durch die Mitarbeit in Projekten, Qualitätszirkeln, durch Coaching oder durch die Übernahme von Spezialaufgaben gefördert werden. Auch spezifische, berufsbezogene Instrumente »off the job« wie Aus- und Weiterbildungen oder Kongresse eignen sich als arbeitsplatzbezogene Personalentwicklungsmassnahmen.

Führungskräfte können sich in der Festlegung der Prioritäten der Instrumente in Abstimmung mit den Mitarbeitenden am **arbeitsplatzbezogenen Lebenszyklus** des Mitarbeitenden orientieren (vgl. Graf 2005, S. 1 ff.).

In der **Phase der Einführung** oder der Übernahme einer neuen Funktion geht es darum, die Mitarbeitenden möglichst rasch in die neue Tätigkeit und Arbeitsumgebung einzuführen. Einführungsprogramme sind dafür sehr geeignet. In der darauf folgenden **Wachstumsphase** kennen die Mitarbeitenden ihre Aufgabe, können jedoch immer noch dazulernen und sich weiter professionalisieren. Fach- und persönlichkeitsbezogene Entwicklungen on the job wie zum Beispiel die Verbesserung der persönlichen Arbeitstechnik, der gezielte Aufbau eines Netzwerkes, das Halten von Präsentationen bei Anlässen sind mögliche Personalentwicklungsinstrumente. Ebenso eignen sich fach- und persönlichkeitsbezogene Aus- und Weiterbildungen off the job. In der **Phase der Reife** schöpfen die Mitarbeitenden das Potenzial der Stelle voll aus und erbringen entsprechend eine hohe Leistung. Hier gilt es, neues Wachstum und Lernen durch beispielsweise Job Enlargement oder Job Enrichment zu ermöglichen. In der **Phase der Sättigung** nimmt die Leistung ab infolge unterschiedlicher Ursachen wie zum Beispiel eine Veränderung der Arbeitsanforderungen, Demotivation oder Stress. Die Führungskraft ist hier gefordert, in Zusammenarbeit mit dem Mitarbeitenden die Auslösefaktoren zu analysieren, um mit geeigneten Personalentwicklungsmassnahmen eine Rückkehr in die Phase der Reife oder des Wachstums zu ermöglichen (vgl. Graf 2005, S. 3).

Zusätzlich zu den Personalentwicklungsinstrumenten erweist sich ein kooperativer oder delegativer Führungsstil als effektive Maßnahme in Richtung arbeitsplatzbezogener Kompetenzerweiterung. In der Debatte um den »richtigen« Führungsstil ist bekannt, dass eine hohe Aufgabenorientierung **und** eine hohe Mitarbeiterorientierung optimale Ergebnisse in Bezug auf die zwischenmenschliche Qualität und die Erbringung von Leistungen ermöglicht. Wenn bei der Aufgabenverteilung individuelle Potenziale berücksichtigt werden, wenn Lernen in der Erfüllung der Aufgabe zugelassen und möglich ist, und wenn Leistungsvorgaben reflektiert und situativ angepasst werden können, dann geraten Leistungsvorgaben und die Entwicklung der Mitarbeiter weniger in Widerstreit. Es ist zweifellos dennoch eine hohe Anforderung, die Entwicklung der Mitarbeitenden und die Leistungserfüllung in Einklang zu bringen angesichts des vorherrschenden Zeit- und Leistungsdrucks.

11.2.6 Personalentwicklung als individuelle Laufbahnentwicklung

Laufbahnbezogene Personalentwicklung umfasst neben der individuellen Laufbahn des Mitarbeitenden die Sicherung des Nachwuchses an qualifizierten Fach- und Führungskräften aus Sicht des Unternehmens. Die traditionelle Laufbahn oder Karriere im Sinne des kontinuierlichen hierarchischen Aufstiegs ist aufgrund des wirtschaftlichen und gesellschaftlichen Wandels durch ein anderes Karriereverständnis abgelöst worden. Aufwärts-, Abwärts- und Seitwärtsbewegungen gehören dazu. Verbreitete Laufbahnmodelle sind die Fach-, Projekt- oder Führungslaufbahn.

Aufwärts-, Abwärts- und Seitwärtsbewegungen gehören in ein modernes Karriereverständnis

Führungskräfte können die arbeitsplatzbezogenen Maßnahmen mit spezifischen Instrumenten anreichern. So kann im Fördergespräch regelmäßig eine Karriere- und Laufbahnplanung festgelegt werden.

Fach- und Projektlaufbahn

Für die Fach- und Projektlaufbahn können fachspezifische Weiterbildungen, die Leitung oder Mitarbeit in relevanten Projekten im selben Bereich oder bereichsübergreifend geeignet sein. Für die Führungslaufbahn kann ein gezieltes Vorbereitungsprogramm für eine zukünftige Position beispielsweise mittels Stellvertretung, Job Rotation oder Auslandeinsatz eingeleitet werden. Fach- und Führungsausbildungen und Coachings können angeboten, Mentoren bestimmt werden. Im Zusammenhang mit der Karriereplanung hat die Führungskraft die zentrale Aufgabe, die Ziele des

Führungslaufbahn

Mitarbeitenden mit den Zielen und auch den Möglichkeiten des Unternehmens abzustimmen. In der Regel gibt es weniger Aufstiegspositionen als Mitarbeitende, die nach Aufstieg streben. Erwartungen und Karriereziele von Mitarbeitenden müssen offen und transparent mit den Einschätzungen der Führungskraft und den Möglichkeiten des Unternehmens in Übereinstimmung gebracht werden.

ZUSAMMENFASSUNG

Personalentwicklung umfasst die systematische Forderung und Förderung der Mitarbeitenden im Hinblick auf die erforderlichen Qualifikationen für die heutigen und zukünftigen Aufgaben. Personalentwicklung erfordert von den Mitarbeitenden Selbstverantwortung und Initiative, die allerdings nur dann fruchtet, wenn die Unternehmensleitung, die Führungskraft wie auch das Human Resources Management sich grundsätzlich für die Personalentwicklung entscheiden, diese einfordern und unterstützen. Personalentwicklungsmaßnahmen greifen von der Einführung in einen neuen Aufgabenbereich (»into the job«) bis hin zur Begleitung auf die Pensionierung oder einer Trennung (»out of the job«). Führungskräfte spielen für die Maßnahmen on, near und along the job eine Schlüsselrolle. Die individuellen Entwicklungsziele und geeigneten Maßnahmen des Mitarbeitenden sind in den Zielvereinbarungsprozess eingebunden. Für die Vereinbarung und Festlegung der Ziele und Maßnahmen dient das Fördergespräch. Je nach Ausrichtung der Maßnahmen können arbeitsplatzbezogene oder laufbahnbezogene Instrumente hilfreich sein. Ihre Auswahl orientiert sich am Entwicklungsziel und am Lebenszyklus des Mitarbeitenden.

FRAGEN ZUR VERTIEFUNG

— Vereinbaren Sie mit Ihren Mitarbeitenden individuelle Entwicklungsziele und -maßnahmen? Stützen Sie sich dabei auf die Leistungs- und Potenzialbeurteilung?
— Wie können Sie Ihre Mitarbeitenden noch gezielter fordern und fördern?
— Wie können Sie das Fördergespräch mit dem Mitarbeitenden optimieren?
— Nutzen Sie Personalentwicklungsmaßnahmen wie die Übertragung herausfordernder Arbeitsaufgaben, Gruppen- und Projektarbeiten? Welche in diesem Artikel aufgezeigten Maßnahmen könnten Sie künftig nutzen?

Literatur

Beck, R. & Schwarz, G. (2004). *Personalentwicklung*. Bobingen: Kessler Verlagsdruckerei
Becker, M. (2005). *Personalentwicklung. Bildung, Förderung und Organisationsentwicklung in Theorie und Praxis*. Stuttgart: Schäffer-Poeschel.
Böhme, K. (2003). *Strategische Personalentwicklung. Nutzen Sie das Potential Ihrer Mitarbeiter*. München: Wolters Kluwer.
Graf, A. (2005). Personalentwicklung als Kompetenzerweiterung – Mitarbeitende fordern und fördern. In Ochsenbein, G. & Pekruhl, U. (Hrsg.), *Erfolgsfaktor Human Resource Management*. Zürich: WEKA.

Huber, B. (2005). *Grenzen und Möglichkeiten der Personalentwicklung in KMU.* Zürich: Studienarbeit an der Hochschule für Angewandte Psychologie.
Mentzel, W. (2005). *Personalentwicklung. Erfolgreich motivieren, fördern und weiterbilden.* München: C.H. Beck.
Negri, C. (2010). *Angewandte Psychologie für die Personalentwicklung.* Berlin: Springer.
Ryschka, J. , Solga, M., Mattenklott, A. (Hrsg.) (2011). *Praxishandbuch Personalentwicklung.* Wiesbaden: Gabler.
Schöni, W. (2001). *Praxishandbuch Personalentwicklung. Strategien, Konzepte, Instrumente.* Zürich: Rüegger.
Trost, A., Jenewein, T. (Hrsg.) (2011). *Personalentwicklung 2.0. Lernen, Wissensaustausch und Talentförderung der nächsten Generation.* Köln: Luchterhand.
Wunderer, R. (2006). *Führung und Zusammenarbeit. Eine unternehmerische Führungslehre* (7. Aufl.) München: Wolters Kluwer.

11.3 Trennungsprozesse gestalten

Hannelore Aschenbrenner

AUF EINEN BLICK

In unserer globalisierten Wirtschaft sind Reorganisationen, Umstrukturierungen, Fusionen und Betriebsverlagerungen an der Tagesordnung. In der Regel gehen diese Prozesse mit Personalabbau einher. Die Trennung von Mitarbeitenden gehört für Vorgesetzte – egal wie belastend die Situation ist – zum Führungsalltag. Betriebe erhoffen sich von Reorganisationen einen wirtschaftlichen Nutzen. Trotzdem werden die gewünschten betriebswirtschaftlichen Ziele oft nicht erreicht. Häufig sind schlecht gestaltete Personalabbauprozesse Grund für den Misserfolg. In diesem Kapitel werden die wichtigsten strukturellen und psychologischen Aspekte eines erfolgreichen Trennungsmanagements beschrieben. Nicht behandelt werden juristische und finanzielle Belange.

11.3.1 Trennungsgründe und Ziele aus Unternehmenssicht

Die Auflösung eines Arbeitsverhältnisses geschieht aus vielen Gründen. Häufig kündigt der Mitarbeitende. Diese Kündigungsform wird hier nicht betrachtet. Ausgeklammert wird auch die Pensionierung, obwohl für beide Formen ein professionelles Vorgehen genauso zur Trennungskultur eines Unternehmens gehört. Dieses Kapitel widmet sich ausschließlich der Kündigung durch den Arbeitgeber. Andrzejewski (2002) unterscheidet zwischen personen- und betriebsbedingten Kündigungen. Bei einer personenbedingten Kündigung sind schwache Leistungen, regelwidriges Verhalten, das »Nicht-Übereinstimmen der Chemie«, unüberbrückbare Konflikte, aber auch lang andauernde Krankheit, Alkoholmissbrauch usw. Kündigungsgrund. Betriebsbedingte Kündigungen erfolgen aus Rationalisierungsgründen, infolge von Umstrukturierungen, Betriebsverlagerungen etc. (vgl. Andrzejewski 2002, S. 23). Während personenbedingte Kündigungen Einzelpersonen betreffen, richten sich betriebsbedingte Kündigungen meist an mehrere Mitarbeitende. Jede Kündigung ist für den Betroffenen und den Vorgesetzten gleichermaßen einschneidend, egal aus welchen Gründen sie erfolgt. Deshalb gilt vieles, was in diesem Kapitel behandelt wird, sowohl für betriebs- wie für personenbedingte Kündigungen. Juristisch gesehen handelt es sich dabei um ordentliche, fristgerechte Kündigungen. Für die fristlose Entlassung gelten eigene Spielregeln. Der hier beschriebene Trennungsprozess gilt nur bedingt im Falle einer fristlosen Entlassung.

Wenn Firmen sich von Mitarbeitenden trennen, erwarten sie einen betriebswirtschaftlichen Nutzen: seien dies Kosteneinsparungen, Produktivitätssteigerung oder sonstige Wettbewerbsvorteile. In vielen Fällen bleibt der erwünschte Erfolg jedoch aus. Die durch den Personalabbau entstandene Unruhe und Demotivation bei den Verbleibenden wirkt sich negativ auf die Produktivität aus, schlechte Kommunikation führt sowohl intern wie extern am Markt zu Verunsicherung, unfaire Trennungspraktiken haben teure Gerichtskosten zur Folge und oft verlassen die besten Leistungs- und Know-how-Träger das Unternehmen. Die dadurch entstehenden unkalkulierbaren Kosten sind immens. Professionell gestaltete Trennungsprozesse können dazu beitragen, diese unerwünschten Folgen zu vermeiden.

11.3.2 Trennungsprozess und -kultur

Der Blick auf das systemische Umfeld macht deutlich, wie komplex eine Trennungssituation ist:

Die ◘ Abb. 11.10 zeigt, dass die Trennung von einem Mitarbeiter nicht nur eine Angelegenheit zwischen Betroffenen, Vorgesetzten und der HR-Abteilung ist. Vielmehr müssen im weiteren betrieblichen Umfeld wie außerhalb des Betriebs verschiedene Gruppierungen mit unterschiedlichen Ansprüchen und Erwartungen berücksichtigt werden. Aufgabe eines professionellen

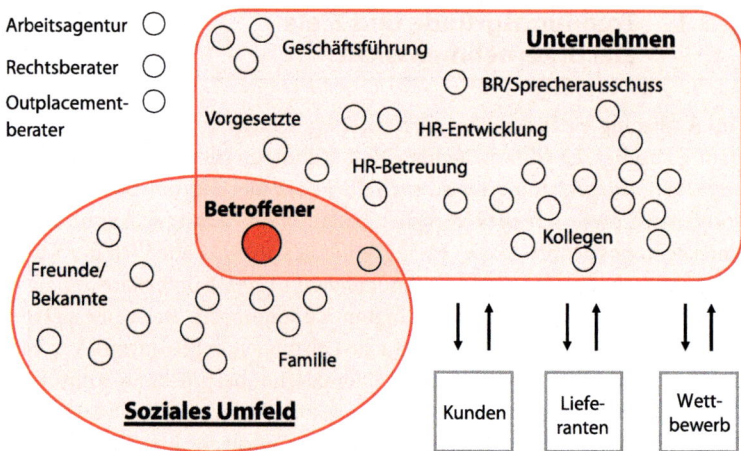

Abb. 11.10. Betroffene einer Trennung. (Aus Reinl 2011)

Trennungskultur

Trennungsmanagements ist es, den Prozess so zu gestalten, dass für die Firma möglichst wenig Schaden entsteht. Andrzejewski (2002) spricht von Trennungskultur und definiert diese als:

Definition: Trennungskultur

> **Definition**
> »Die Summe aller Regeln und Maßnahmen, die Trennungen und Veränderungen im Unternehmen fair und professionell machen. Trennungs-Kultur ist manifest, wenn Trennungen und Veränderungen mit möglichst geringen Verletzungen der Persönlichkeit aller Beteiligten einhergeht.«
> (Andrzejewski 2002, S. 17)

Ängste der Vorgesetzten

Häufig ist jedoch genau das Gegenteil der Fall. Für die meisten Vorgesetzten gehört das Aussprechen einer Kündigung zu den unangenehmsten Pflichten. Die Trennung von einem Mitarbeiter ist emotional belastend und mit Ängsten (▶ Abschn. 15.1) verbunden. Wie reagiert der Betroffene? Finde ich den richtigen Ton? Was tun, wenn er laut wird? Überzeugen meine Argumente? Was sage ich den anderen Mitarbeitern? Verliere ich mein Gesicht? Ist die Entlassung gerechtfertigt? Viele Fragen quälen Vorgesetzte im Vorfeld einer Trennung und nicht immer stehen sie hinter dem vom Management befohlenen Personalabbau. Aus Angst wird die Kündigung zu lange hinausgezögert, schlecht vorbereitet und dilettantisch durchgeführt. Viele dieser Fehler können mit einer sorgfältigen Vorbereitung und einem professionell gesteuerten Trennungsprozess vermieden werden.

Fehler

Häufig erfolgt ein Personalabbau im Rahmen von Veränderungsprozessen (▶ Abschn. 15.1, 15.2) und sollte organisatorisch als Teilprojekt betrachtet und geführt werden. In Anlehnung an Andrzejewski (2002) und Jaeger (2001) werden folgende fünf Phasen unterschieden:

Phasen im Trennungsprozess

- Phase 1: Vorbereitung des Entscheids
- Phase 2: Unterrichtung- und Beratung
- Phase 3: Gesprächsphase

- Phase 4: Begleitung der Betroffenen bis zum Austritt
- Phase 5: Neuausrichtung der Verbleibenden

Die einzelnen Phasen werden im Folgenden beschrieben.

11.3.3 Professionelle Vorbereitung einer Trennung

Die Phase 1 geschieht auf oberster Unternehmensebene. Obwohl strengste Geheimhaltung angezeigt ist, spürt die Belegschaft oft, dass etwas in der Luft liegt. Verunsicherung macht sich breit und Gerüchte entstehen.

Unmittelbar nach dem Entscheid beginnt die Vorbereitung der Phase 2. Sie betrifft die verschiedenen Rollenträger und Ebenen der Organisation. Bei größeren Restrukturierungsprojekten wird das Teilprojekt Personalabbau von der HR-Abteilung geführt. Diese ist für das Kommunikationskonzept und dessen Umsetzung, die Sozialplanverhandlungen und die Steuerung des gesamten Prozesses verantwortlich.

Rolle HR im Gesamtprojekt

Alternativen zur Trennung

Wenn der Entscheid gefällt ist, sich von einem Mitarbeiter zu trennen, sollte aus Fairnessgründen immer geprüft werden, ob in der Organisation andere Einsatzmöglichkeiten bestehen. Oft kommt es vor, dass die Chemie bei einem neuen Vorgesetzten plötzlich stimmt oder in einer anderen Abteilung die Fähigkeiten eines Mitarbeitenden besser genutzt werden können. Vorgesetzte, die behaupten, sie hätten vergebens nach Alternativen gesucht, werden unglaubwürdig, wenn sich dies als falsch erweist.

Überprüfen von Alternativen gehört zur Fairness

Kommunikation/Information

Die Erstellung eines Kommunikationskonzeptes ist Teil des Projektmanagements. Die Information aller betroffenen externen Stellen (Sozialpartner, Wirtschaftsverbände, Kunden, Lieferanten, Presse usw.) sowie die betriebliche Gesamtinformation (Kader und Gesamtbelegschaft) ist Sache der Geschäftsleitung oder der HR-Leitung. Vorgesetzte müssen sich in erster Linie um die Information des eigenen Teams sowie der wichtigsten Geschäftspartner des Betroffenen kümmern. Dabei ist eine klare und eindeutige Sprachregelung sehr wichtig, um Unklarheiten und Gerüchten vorzubeugen. (▶ Abschn. 12.1). Es ist sinnvoll, sich vor dem Trennungsgespräch das »Wording« zu skizzieren und dies mit dem Betroffenen zu besprechen.

Sprachregelung

Trennungspaket

Vorgesetzte und Unternehmen haben vor allem ein Interesse: Die Trennung soll möglichst reibungslos, ohne größere Konflikte und einigermaßen preiswert vonstatten gehen. Die Betroffenen wollen ihr Gesicht wahren, ihren materiellen Besitzstand sichern und möglichst rasch eine neue berufliche Perspektive sehen. Unternehmen und Sozialpartner handeln im Sozialplan das Trennungspaket aus. Jaeger (2001) kritisiert, dass traditionelle Sozialpläne inhaltlich zu sehr auf materielle Aspekte wie Abfindungssumme und an-

Interessen von Unternehmen und Betroffenen

Sozialplan

Zukunftsorientierung dere finanzielle Entschädigungen fokussieren und dem Aspekt der beruflichen Weiterentwicklung zu wenig Rechnung getragen wird. Statt Geldleistungen beinhalten zukunftsorientierte Trennungspakete auch:
- großzügige Freistellungsangebote (wichtig für Jobsuche),
- Coaching-Dienstleistungen für die Neuorientierung,
- Finanzierung von Weiterbildungsmaßnahmen, um die Arbeitsmarktchancen zu verbessern (»employability«).

Auch wenn einzelne Vorgesetzte keinen Einfluss auf die Ausgestaltung von Sozialplänen haben, können sie im konkreten Fall mit dem Betroffenen darüber sprechen, ob eine Investition in die Zukunft nicht sinnvoller wäre als eine einmalige finanzielle Abfindung, die schnell aufgebraucht ist.

Identifizierung der Betroffenen

Die Festlegung, welche Mitarbeitende von der Kündigung betroffen sind und wer verbleiben kann, fällt Vorgesetzten schwer. Auf der einen Seite sollen soziale Kriterien berücksichtigt, auf der anderen Seite muss die Zukunft des Betriebes sichergestellt werden.

Gerechtigkeit Kieselbach (2001) weist darauf hin, wie wichtig die Dimension der Gerechtigkeit bei Trennungsprozessen ist. Sowohl Betroffene wie Vorgesetzte und vor allem auch Verbleibende können Trennungen besser verarbeiten, (▶ Abschn. 11.3.6, 11.3.7) wenn sie das Gefühl haben, die Trennung sei gerecht verlaufen.

Auswahlkriterien Ein wichtiger Aspekt dabei sind die Auswahlkriterien. Kieselbach (2001) unterscheidet zwischen:
- Auswahl aufgrund der Effizienz (Leistungsträger, die die zukünftig verlangten Schlüsselqualifikationen erfüllen)
- Auswahl aufgrund individueller Bedürfnisse (Berücksichtigung familiärer Verpflichtungen, Alter, Vermittelbarkeit, Gesundheit)
- Auswahl aufgrund erworbener persönlicher Verdienste (z. B. Dienstalter oder besondere Leistungen)

Die beiden letzteren Kriterien werden häufig in Sozialplänen festgelegt, stehen aber oft im Kontrast zum Effizienzkriterium und machen eine »gerechte« Identifizierung umso schwieriger (Kieselbach 2001, S. 43).

Die konsequente Beachtung der Zukunft (Auswahl aufgrund von Effizienz) ist ein Punkt, der gern vernachlässigt wird. So kann sich der einfacher vollziehbare Abbau jüngerer Leistungsträger oder die Frühpensionierung wertvoller Know-how Träger zum Bumerang entwickeln, wenn man nach erfolgtem Personalabbau feststellt, dass die Organisation gar nicht mehr über die nötigen Qualifikationsträger verfügt, um erfolgreich die Zukunft zu gestalten.

11.3.4 Trennungsgespräch

Das Trennungsgespräch stellt ein »Schlechte-Nachricht-Gespräch« im Sinne von ▶ Abschn. 7.3 dar. Ziel ist, die Trennung mit wertschätzender Grundhaltung klar und unmissverständlich zu kommunizieren und sich zu versichern, dass der Betroffene die Botschaft verstanden hat. Grundsätzlich liegt die Führung des Trennungsgesprächs in der Verantwortung des direkten Vorgesetzten. Diese Aufgabe ist **nicht delegierbar**. Vorgesetzte, die dieses unangenehme Gespräch ihrem Chef zuschieben oder an HR delegieren, verlieren vor den verbleibenden Mitarbeitern ihr Gesicht. Hingegen ist es in vielen Firmen üblich, einen Vertreter von HR beizuziehen.

Einer personenbedingten Kündigung gehen Mitarbeiter- und/oder Maßnahmengespräche (▶ Abschn. 7.3) voraus, die aktenkundig sind und an die angeknüpft werden kann. Bei betriebsbedingten Kündigungen ist die Belegschaft durch die Information der Geschäftsleitung über den bevorstehenden Personalabbau orientiert, der Mitarbeiter erfährt aber erst in diesem Gespräch, dass er betroffen ist.

Ziel

Verantwortung

Teilnehmer

Vorbereitung

- rechtliche Aspekte klären; Personalakte einsehen (evtl. bestehen besondere Abmachungen wie Weiterbildungsdarlehen);
- Kündigungsschreiben, Aufhebungsvertrag vorbereiten;
- Gesprächsinhalte (insbesondere Eröffnungssatz und Begründung) stichwortartig festhalten;
- Sprachregelung skizzieren;
- Rollenaufteilung zwischen Vorgesetztem und HR-Verantwortlichem;
- Vorbereitung auf mögliche Reaktionen (▶ Abschn. 11.3.5);
- Raum und Zeitpunkt festlegen;
- Unterlagen vorbereiten (z. B. Sozialplan, Vereinbarungen, Adressen von Stellenvermittlern, Arbeitsamt);
- Weitere Schritte (z. B. Betreuung, Outplacement-Beratung, Coaching) ankündigen.

Vorbereitung

Zum Zeitpunkt finden sich in der Literatur (Andrzejewski 2002; Schreiber 1987; Wenzler 2001) überstimmend folgende Empfehlungen:

- Je früher desto besser! (Betroffene sollen sich so früh als möglich nach einem neuen Arbeitsplatz umsehen können, auch wenn sie dann früher als geplant austreten.)
- nicht vor Wochenenden (freitags), Feiertagen und Ferien (Mitarbeiter wird allein gelassen, rasche Folge- und Auffanggespräche nicht möglich, Betreuung nicht sichergestellt)
- vorzugsweise anfangs der Woche an einem Vormittag (Betreuungsperson zur Seite stellen, Folgegespräche bereits am Nachmittag oder Folgetag einplanen)
- klare Informationspolitik (Abstimmung mit Geschäftsleitung, HR)
- Gespräch maximal einen Tag im Voraus ankündigen
- Vorgesetzter und HR-Vertreter müssen Zeit für Folgegespräch haben

Zeitpunkt

Tab. 11.2. Gesprächsablauf

Phasen	Unbedingt beachten! Beispiele	Unbedingt vermeiden!
Eröffnung	»Schlechte Nachricht« gleich nach kurzer Begrüßung auf den Tisch legen: »Sie haben aus der Information der Geschäftsleitung letzte Woche entnommen, dass wir Personal abbauen müssen. Ich habe Sie zu mir gebeten, weil ich Ihnen leider mitteilen muss, dass Sie auch davon betroffen sind.«	»Um-den-heißen-Brei-herumreden«, lange Anwärmphase Entschuldigungen und Rechtfertigungen: »Es ist mir schrecklich unangenehm, aber ich bin auch nur ein kleines Rädchen ...« Vorwürfe und Beschuldigungen
Reaktionen zulassen	negative Gefühle, Wutausbrüche, Tränen zulassen und aushalten, ruhig bleiben, Schweigen	Appell an Vernunft Bagatellisieren Kampf
Beruhigen	Gespräch über emotionale Reaktion: »Ich kann verstehen, dass Sie wütend (verletzt, geschockt ...) sind« Begründung wiederholen	inhaltlich-materiell diskutieren Rechthaberei Schlussabrechnung, wenn einem schlechten Mitarbeiter vorher nie reiner Wein eingeschenkt worden ist
Ausblick	Trennungsangebot darlegen und Hand bieten für nächste Schritte: »Wir könnten morgen darüber sprechen, wie wir bis zu Ihrem Austritt Ihren Einsatz gestalten können«.	Heroische Sprüche: »Betrachten Sie die Kündigung als Chance!«
Abschluss	sicherstellen, dass Mitarbeiter Botschaft verstanden hat und handlungsfähig ist nächsten Kontakt vereinbaren Mut haben, ein festgefahrenes Gespräch zu beenden	endloses Feilschen

- nicht an einem »Festtag« des Mitarbeiters (Jubiläum, Geburtstag)
- bei Abbau von mehreren Personen Gespräche zeitlich eng staffeln

Raum

Trennungsgespräche finden vorzugsweise im Büro des Vorgesetzten (Heimvorteil) und auf keinen Fall im Großraumbüro oder an der Werkbank statt.

Dauer

Sie dauern – entgegen weitverbreiteter Ansicht – nicht lange. Die Botschaft ist in wenigen Sätzen vermittelt und oft steht der Mitarbeiter so unter Schock (Tab. 11.2), dass Details erst im Folgegespräch, das unbedingt terminiert werden muss, besprochen werden können.

Gesprächsablauf

Grundsätzlich gelten für Trennungsgespräche die gleichen Regeln wie für Führungsgespräche ▶ Abschn. 7.3. Dabei ist besonders der Grundsatz der **Wertschätzung** zu beachten, – gerade weil es sich um die Überbringung einer verletzenden Botschaft handelt.

11.3.5 Reaktionen der Betroffenen

Die Mitteilung der Kündigung bedeutet für den Betroffenen einen massiven Angriff auf sein Selbstwertgefühl und eine Bedrohung seiner Identität. Der Verlust der beruflichen Position stellt nach Ullmann (2006) eine **ernsthafte Krise** dar und geht oft mit gesundheitlichen und seelischen Störungen einher.

Tab. 11.3. 4-Phasen-Modell der Trennung. (Adaptiert nach Mayrhofer 1989)	
Phase	**Kurzcharakteristik**
Phase 1: Schock und Nichtwahrhaben-Wollen »Ich doch nicht!«	Reaktion des Betroffenen: Schock und Abwehr. Fassungslosigkeit. U. U. Schweiß, Blässe, Zittern. Lähmung oder Hyperaktivität. (starker Unterstützungsbedarf)
Phase 2: Versuch der Wiedergewinnung	Vergangenheitsorientierung. Verlust wird nicht als endgültig angesehen. Hoffnung auf Wiedergewinnung des Verlustobjekts, starke emotionale Reaktionen wie Schuldzuweisungen, Wut, Depression und Scham.
Phase 3: Innere Neuordnung	Loslassen, Abwertung des Verlustobjekts, Neugestaltung der inneren Welt. Lernen durch Einsicht. Realitätsbezogene Zukunftsorientierung. Angst vor dem Neuen.
Phase 4: Akzeptanz und Reorganisation	Übergang von Phase 3 fließend. Innere Akzeptanz des Verlustes. Neugestaltung der Zukunft: neue Aufgaben, neue Rollen, neue soziale Beziehungen. (Unterstützung hilfreich)

Die emotionalen Reaktionen bei Verlusterlebnissen sind von vielen Autoren beschrieben worden und betreffen interessanterweise sowohl die Betroffenen wie auch die Verbleibenden. Als Klassiker gilt das 5-Phasenmodell der Sterbeforscherin Kübler-Ross (1967). Daraus hat Mayrhofer ein 4-Phasen-Modell für Trennungsprozesse abgeleitet (Tab. 11.3; Mayrhofer 1989, S. 120 ff.).

Andrzejewski (2002) beschreibt vier Reaktionsmuster von Betroffenen und empfiehlt entsprechende Reaktionsmöglichkeiten (S. 164 ff.):

Vier Reaktionsmuster:

Der Geschockte benennt seinen Schock »Das darf nicht sein!« oder reagiert völlig blockiert (Totstellreflex). Heftige körperliche Reaktionen wie Zittern, Tränen, Erblassen weisen auf die starke emotionale Reaktion hin.

Geschockter

Reaktionsmöglichkeiten des Vorgesetzten: Emotionen zulassen, Pause machen und Schweigen aushalten, eigenes Mitgefühl und Verständnis für die Reaktion ausdrücken. Botschaft nochmals langsam und in einfachen Worten wiederholen. Nächste Schritte einfach und klar festlegen. Betroffenen erst gehen lassen, wenn er stabilisiert ist. Unterstützung anbieten: HR, Kollege, Berater.

Aber: Keine Konzessionen aus Mitleid, nicht Beschönigen und Verniedlichen (kann falsche Hoffnungen erwecken).

Der Selbstbeherrschte nimmt die schlechte Nachricht scheinbar emotionslos entgegen. Weder Wutausbrüche noch Tränen beeinträchtigen den geplanten Gesprächsverlauf. Charakteristisch für diese Menschen ist das Verhaltensmuster: »Sei stark« Sie haben verinnerlicht, im Geschäftsleben keine Gefühle zu zeigen.

Selbstbeherrschter

Reaktionsmöglichkeiten des Vorgesetzten: Sich nicht in falscher Sicherheit wiegen und denken: »Das war leichter, als ich dachte«. Genau hinsehen, ob nicht doch noch eine emotionale Reaktion ersichtlich ist. Zur Reaktion ermuntern. Botschaft wiederholen und mit Nachfragen klären, ob sie angekommen ist. Akzeptieren, wenn keine emotionale Reaktion eintritt. Weitere Schritte klar kommunizieren.

Aufbrausender — **Der Aufbrausende** verschafft sich Luft, äußert seine Enttäuschung und seine Wut lautstark und beschimpft Vorgesetzte und Firma.

Reaktionsmöglichkeiten des Vorgesetzten: Ruhig bleiben, sich nicht provozieren lassen. Nicht auf einen Kampf einlassen. Den eigenen Ärger wahrnehmen und durch tiefes Atmen neutralisieren. Zeit lassen, damit der Frust nach außen kann. Wertschätzung durch Zuhören signalisieren. Wenn eine gewisse Beruhigung eingetreten ist, Verständnis zeigen für emotionale Reaktion. Danach Botschaft ruhig und sachlich wiederholen. Der Betroffene soll trotz seines Gefühlsausbruches sein Gesicht wahren können und nicht ohne weitere Vorgehensschritte entlassen werden.

Verhandler — **Der Verhandler** lässt Schockreaktionen – sei es aufgrund mentaler Vorbereitung oder aufgrund seiner Persönlichkeit – vermissen. Betroffene mit diesem Reaktionsmuster hören sich die schlechte Nachricht an und versuchen, »Profit« aus der Sache zu schlagen und günstige Konditionen auszuhandeln.

Reaktionsmöglichkeiten des Vorgesetzten: Gut zuhören, nachfragen, Vorschläge und Argumente notieren. Antworten gut überlegen und keine unrealistischen Versprechungen machen. Weitere Schritte präzisieren.

Achtung: Schlecht vorbereitete Vorgesetzte geraten hier besonders gerne ins Schleudern, weil ihnen statt des erwarteten Widerstands ein »konstruktiver« Verhandlungspartner entgegentritt. Sie machen leichtfertig Zusagen, die sie später bereuen.

11.3.6 Begleitung bis zum Austritt (Phase 4)

emotional schwierige Zeit — Nach der Schockreaktion, die die Kündigung in den meisten Fällen auslöst, folgt für alle Beteiligten eine emotional schwierige Zeit. Der Betroffene ist zwischen Wut und Selbstzweifeln, Zukunftsängsten, Scham und Größenphantasien hin- und hergerissen. Vorgesetzte wie Verbleibende sind oft überfordert, wissen nicht mit der Situation umzugehen und brauchen selbst Unterstützung. Es spricht Vieles dafür, die Begleitung der Betroffenen bis zum Austritt an den HR-Verantwortlichen oder einen externen Outplacement-Berater zu delegieren und sie nicht dem Vorgesetzten aufzubürden, da er seine Energien auf die Neuausrichtung fokussieren muss.

Outplacement-Beratung — Die Beratung durch einen externen Spezialisten hilft dem Betroffenen, die Krise zu verarbeiten und ihn bei der Planung seiner beruflichen Zukunft zu unterstützen. Sie entlastet den Vorgesetzten, der den Betroffenen in guten Händen weiß.

Nicht alle Betroffenen erleben eine Kündigung als Lebenskrise. Vor allem bei einem eher positiven wirtschaftlichen Umfeld kann sie als Chance für einen längst fälligen Neubeginn angesehen werden. Hier ist es wichtig, mit dem Betroffenen ein faires Trennungspaket auszuhandeln, unverzüglich ein Zwischenzeugnis auszustellen und ihm für eine Neuorientierung nichts in den Weg zu legen. Es liegt im Interesse aller Beteiligten, sich rasch einvernehmlich zu trennen.

Mitarbeiter, die die Firma verlassen, bleiben wichtige Imageträger auf dem Arbeitsmarkt. Je fairer ein Trennungsprozess erlebt wird, umso besser wird ein Betroffener über seinen ehemaligen Arbeitgeber sprechen.

Imageträger

11.3.7 Verbleibende Mitarbeiter (Phase 5)

Lange Zeit wurde den Verbleibenden, den »survivors«, wenig Beachtung geschenkt, obwohl sie ihrerseits ebenfalls Verluste verarbeiten müssen: die Trennung von lieb gewonnenen Arbeitskollegen oder von einem geschätzten Vorgesetzten, den Verlust von vertrauten Abläufen und Arbeitsinhalten, aber auch, und das ist besonders gravierend-, den Verlust des Glaubens an einen loyalen Arbeitgeber. Der über Jahrzehnte gültige »psychologische Vertrag« zwischen Arbeitnehmer und Arbeitgeber (»job security in return for hard work and loyalty«, Grothe 1999, S. 30) hat mit der Flexibilisierung von Arbeit seine Gültigkeit verloren und führt bei den Arbeitnehmern zu Verunsicherung und Vertrauensverlust. Brockner (1988) hat sich als erster mit dem Phänomen der Verbleibenden wissenschaftlich auseinandergesetzt. In seinem Modell untersucht er die Reaktionen der Verbleibenden und stellt fest, dass Entlassungen auch bei den Verbleibenden Emotionen wie Angst, Unsicherheit, Wut aber auch Schuld (Warum darf ich bleiben?) oder Erleichterung hervorrufen. Sie erleben – ganz im Sinne des Phasenmodells von Mayrhofer oder Kübler-Ross die gleiche Achterbahn der Gefühle wie ihre gekündigten Kollegen. Diese Reaktionen führen zu veränderten Einstellungen und verändertem Arbeitsverhalten, beispielsweise zu sinkender Arbeitszufriedenheit, weniger Commitment gegenüber dem Management, das an Vertrauen verloren hat. Arbeitsmotivation, Risiko- und Innovationsverhalten sowie Arbeitsleistung nehmen ab, und wichtige Leistungsträger verlassen die Organisation. Hier liegen die Gründe, warum Reorganisationen oft nicht den gewünschten Erfolg erzielen: Demotivierte »survivors« können keine Höchstleistungen erbringen und diese wären gerade jetzt vonnöten.

»survivors«

psychologischer Vertrag

Reaktionen der Verbleibenden

Berner (1999) empfiehlt deshalb, diese Zielgruppe bei der Planung von Veränderungsprozessen zu berücksichtigen und die Führungskräfte entsprechend zu schulen.

Umgang mit Verbleibenden

Als sinnvolle Maßnahme bietet sich Coaching für Vorgesetzte und Verbleibende an. Im Einzel- oder Gruppencoaching kann dabei nicht nur auf die emotionale Befindlichkeit eingegangen, sondern auch an den neuen Rollen gearbeitet werden (Hausherr Fischer 2006). Allerdings dürfen solche Beratungsdienstleistungen den Vorgesetzten nicht davon abhalten, der Beziehung zu den Verbleibenden sein besonderes Augenmerk zu schenken. Es ist eine Zeit intensiver Gespräche mit den einzelnen Mitarbeitern über ihre Betroffenheit, Ziele und Entwicklungsaussichten. Gemeinsame informelle Anlässe unterstützen die Teamfindung. Dem Vorgesetzten kommt eine Schlüsselrolle dabei zu, ob es gelingt, den Verbleibenden wieder Glauben an eine gemeinsame Zukunft zu schenken.

Auf Managementebene müssen vertrauensbildende Maßnahmen zur Erneuerung des psychologischen Vertrages ergriffen werden. Grothe (1999) schlägt vor, die nicht mehr garantierbare Arbeitsplatzsicherheit durch den

Arbeitsmarktwert

Erhalt bzw. die Steigerung des Arbeitsmarktwertes zu ersetzen. Dies könnte durch systematische Job-Rotation und/oder Weiterbildung erfolgen.

Diese Schritte wären nicht nur wünschenswerte Maßnahmen im Sinne einer Trennungskultur, sondern wichtige Beiträge zur stetigen Unternehmensentwicklung.

ZUSAMMENFASSUNG

Die Trennung von Mitarbeitern gehört zu den schwierigsten Führungsaufgaben. Mit der Globalisierung der Wirtschaft haben Reorganisationen und damit auch Personalabbaumaßnahmen zugenommen – Trennungen gehören zum Führungsalltag. Für Vorgesetzte, Betroffene und Verbleibende ist es von großer Bedeutung, dass Trennungsprozesse fair und gerecht empfunden werden. Sie müssen sorgfältig vorbereitet und professionell gestaltet werden. Professionelles Trennungsmanagement untergliedert sich in eine sorgfältige Vorbereitungsphase, das Trennungsgespräch mit seinen eigenen Regeln, die Begleitung der Gekündigten bis zum Austritt und die Betreuung der Verbliebenen. Für den Vorgesetzten hat das nicht delegierbare Trennungsgespräch einen wichtigen Stellenwert im ganzen Prozess. Professionell gestaltete Trennungsprozesse beinhalten nicht nur die faire Behandlung des betroffenen Mitarbeiters, sondern sie richten ihr Augenmerk auch auf die Berücksichtigung und Betreuung der Verbleibenden. Wenn Trennungsprozesse mit möglichst wenigen Verletzungen einhergehen, leisten sie einen Beitrag zur Unternehmensentwicklung.

Literatur

Andrzejewski, L. (2002). Trennungskultur. *Handbuch für ein wirtschaftliches und faires Trennungsmangement*. Neuwied: Luchterland.

Berner, S. (1999). *Reaktionen der Verbleibenden auf einen Personalabbau*. Dissertation an der Universität St. Gallen.

Brockner, J. (1988). The effects of work layoffs on survivors: Research, Theory, and Practice. *Research in Organizational Behavior, 10,* S. 213–255.

Grothe, G. (1999). Der neue psychologische Vertrag. *Persorama, 4,* 30–33.

Hauserr Fischer, A. (2006). Coaching in Change-Prozessen. In: Lippmann. *Coaching. Angewandte Psychologie in der Berufspraxis*. Heidelberg: Springer.

Jaeger, M. (2001). Personalabbau human gestalten. *Personalwirtschaft 5/2001,* S. 30–32.

Kieselbach, T. (2001). Wenn Beschäftigte entlassen werden: Berufliche Transitionen unter einer Gerechtigkeitsperspektive. *Wirtschaftspsychologie, Heft 1,* S. 37–50.

Kübler-Ross, E. (1972). *Interviews mit Sterbenden*. Stuttgart: Kreuz.

Mayrhofer, W. (1989). *Trennung von der Organisation. Vom Outplacement zur Trennungsberatung*. Wiesbaden: Deutscher Universitäts Verlag.

Reinl, K. (2011). *Trennungsgespräche fair und kompetent führen*. Int. Publikation Gergely & Reinl GbR, Frankfurt/Main.

Schreiber, S. (1987). Freisetzung als Vorgesetztenaufgabe. In: Kieser, Reber, Wunderer (Hrsg.) *Handwörterbuch der Führung*. S. 407–416. Stuttgart: Pöschel.

Ullmann, G. (2006). *Coaching bei Krisen. In: Lippmann. Coaching. Angewandte Psychologie in der Berufspraxis*. Heidelberg: Springer.

Wenzler, G. (2001). Das letzte Gespräch. *Personalwirtschaft 4/2001,* S. 42–43.

12 Schaffung wissensmäßiger und emotionaler Voraussetzungen für die Zusammenarbeit

12.1	Informieren als Führungsaufgabe – 108	
	Urs Alter	
12.1.1	Information: ein existentielles Grundbedürfnis – 108	
12.1.2	Information: ein betriebswirtschaftliches Grundbedürfnis – 110	
12.1.3	Informieren ist zentrale Führungsaufgabe – 110	
12.1.4	Information oder Kommunikation? – 112	
12.1.5	Bringpflicht und Holschuld gilt für alle – 113	
12.1.6	Schlechte Informationstätigkeit beschädigt Vertrauen – 114	
12.1.7	Informationswege – 115	
12.1.8	Informationsmittel – 116	
12.1.9	Informieren in Krisensituationen – 120	
12.1.10	Zehn Grundregeln des Informierens – 120	
	Literatur – 122	
12.2	Wissensmanagement und Lernen in Organisationen – 123	
	Philipp Sacher	
12.2.1	Führungsperson als Rollenträger des Lernens – 124	
12.2.2	Zum Schluss eine Sammlung methodischer Impulse – 135	
	Literatur – 144	
12.3	Motivation – 145	
	Hansjörg Künzli	
12.3.1	Einleitung – 145	
12.3.2	Motivation und Motivieren – 145	
12.3.3	Rahmenmodell motivierten Handelns – Motivation als Produkt von Person und Situation – 146	
12.3.4	Intrinsische und extrinsische Motivation – Wege oder Ziele? – 148	
12.3.5	Führung und Motivation – 149	
	Literatur – 158	

12.1 Informieren als Führungsaufgabe

Urs Alter

AUF EINEN BLICK

> Information und Kommunikation sind in jedem soziotechnischen System eine entscheidende Voraussetzung für das Funktionieren: Ohne Information können keine Ziele erreicht, kann nicht effizient zusammengearbeitet, können die Mitarbeiter nicht motiviert werden, Eigenverantwortung zu übernehmen und mitzudenken. Voraussetzung dafür ist u. a., dass nicht nur von den betriebswirtschaftlichen Informationsbedürfnissen ausgegangen wird, sondern ebenso von den individuellen. Der Führungsaufgabe des Informierens kommt im Führungsprozess eine zentrale Bedeutung zu: Damit wird nicht nur Leistung direkt beeinflusst, sondern auch Vertrauen aufgebaut. In der Informationspolitik eines Vorgesetzten wird sein Führungsverständnis sichtbar, die Informationspolitik eines Unternehmens ist ein wichtiges Merkmal der Unternehmenskultur.

12.1.1 Information: ein existentielles Grundbedürfnis

Informationen helfen uns, Zusammenhänge zu verstehen

Wenn wir an Information denken, fallen uns zunächst die Massenmedien ein: Zeitungen, Radio, Fernsehen. Sie liefern uns Nachrichten über die Welt, in der wir leben, sie setzen uns ins Bild über aktuelle Geschehnisse, sie bereichern unser Wissen über die Welt. Sie ermöglichen uns, eine eigenständige Meinung zu bilden, indem wir Beziehungen zu schon vorhandenem Wissen herstellen und neues Wissen einordnen. Vielleicht haben auch Sie sich schon gefragt: Wozu all diese Informationen, was brauche ich davon wirklich …? Aber offenbar entsprechen diese Informationen einem Bedürfnis, sonst hätte sich nicht ein hart umkämpfter Markt gebildet.

Wenn wir an Informationen denken, kommt uns auch der Chef in den Sinn, der in der letzten Sitzung nur unzureichend und unklar über die Reorganisationsabsichten der Geschäftsleitung informierte. Wir hatten hinterher den Eindruck, trotz Informationen verwirrter zu sein, keine Zusammenhänge zu erkennen und vermuten, dass gar nicht alles gesagt worden ist.

Von Informationen können wir aber auch sprechen, wenn wir sehen, wie der Hund mit dem Schwanz wedelt, wenn wir schon beim ersten Löffel merken, dass die Suppe versalzen ist, wenn wir beim Heimkommen den Duft unseres Lieblingskuchens riechen. All diese Informationen setzen uns ins Bild über etwas, bereiten uns auf etwas vor, erklären uns Vorkommnisse, helfen uns zu verstehen.

ohne Information kein Leben

Information ist zunächst einmal alles, was wir mit unseren Sinnen wahrnehmen können: Was wir sehen, hören, riechen, schmecken, fühlen können. Solange wir leben, können wir wahrnehmen – solange wir wahrnehmen, leben wir. In diesem Sinne besteht Leben auch zu einem großen Teil aus Übertragung von Information. Nur Tote brauchen keine Informationen mehr. Information ist damit ein existentielles Grundbedürfnis, sie ist absolut notwendig zum Leben. Vier Aspekte machen dieses existenzielle Grundbedürfnis aus:

Information befriedigt unsere Neugier: In unserer Kultur hat Neugier einen negativen Beigeschmack. Wir denken dabei an die Lust des Schlüsselloch-Guckens und vergessen dabei, wie Neugier lebensrettende Funktionen haben kann. Nur wer neugierig ist, kann auch lernen. Nur wer neugierig ist, kann auch möglichen Gefahren ausweichen. Natürlich ist nicht jede Neugier so zu verstehen. Die Boulevardmedien leben vor allem davon, dieses Grundbedürfnis schamlos auszunutzen. Neugier

Information sichert unsere Existenz: Bei den Naturvölkern hatten Informationen wie Rauchzeichen und Trommeln existenzsichernde Bedeutung. Sie warnten zum Beispiel vor herannahenden Gefahren. Auch wir kennen die Bedeutung dieser Funktion: Denken wir z. B. an einen Atomunfall, an verseuchtes Wasser, an einen Staudammbruch: Nur rasche und eindeutige Information sichert unser Überleben. Denken wir an weniger dramatische Situationen: Um nicht zu verhungern, müssen wir wissen, wo wir einkaufen können; um Arbeit zu finden, müssen wir wissen, wo suchen; um keinen Unfall zu erleiden, müssen wir über die Sicherheitsvorschriften informiert sein. Existenzsicherung

Information gibt uns Sicherheit und Orientierung: Wenn wir eine Arbeit gut machen wollen, müssen wir unter anderem wissen, worauf es ankommt, d. h. wir suchen Sicherheit. Der Wegweiser an der Straße gibt uns Sicherheit darüber, dass wir auf dem rechten Weg sind und gibt uns gleichzeitig die Orientierung über die richtige Richtung. Menschen brauchen Sicherheit und Orientierung. Damit ist das garantiert, was man die Suche nach dem Sinn nennen könnte. Die Antworten auf orientierende Fragen wie Wo? Warum? Wann? Weshalb? Wer? Wie viel? Wie lange? haben natürlich auch mit der Neugier zu tun, aber noch viel mehr mit in der Suche nach Sinn: Der Mensch will verstehen, er sucht Sinn in seinen Tätigkeiten und in seinem Dasein. Informationen, die er nicht einordnen kann, sind sinnlos und verunsichern ihn. Sicherheit

Information schafft Kontakt: Der Mensch ist ein soziales Wesen und verbringt einen Großteil seiner Zeit in Gruppen. Informationen ermöglichen Kontakt, und über Kontakt erhält er Informationen. Wir sind darauf angewiesen zu wissen, mit wem wir es zu tun haben, mit wem wir zusammen sein können, was von uns erwartet wird, aber auch, was andere von uns erwarten müssen. Informationen erleichtern unser Zusammensein und Zusammenwirken, ja, sie sind Voraussetzung dafür. Im Kontakt geben und erhalten wir Informationen. Kontakt

12.1.2 Information: ein betriebswirtschaftliches Grundbedürfnis

Mit Informationen wird das System gesteuert

Wenn wir eine Organisation als soziotechnisches System verstehen (▶ Kap. 2), müssen wir davon ausgehen, dass Informationen neben den individuellen Bedürfnissen auch betriebswirtschaftliche Grundbedürfnisse abdecken müssen, wenn das System »funktionieren« soll. Die Organisation muss im Hinblick auf Zielerreichung, Zweck, Aufgabenerfüllung gesteuert werden. Dazu bedarf es interner Informationen (z. B. Arbeitsauslastung, Kostenfaktoren, Qualitätsprobleme) und externer Information (z. B. Marktsituation, Konjunkturlage, Rechtsordnung) für die Planung, als Entscheidungsgrundlagen und für die Koordination der Zusammenarbeit in der komplexen Organisation. Ziel dieser Informationen ist das kompetente und situationsgerechte Handeln im Hinblick auf die Aufgabenerfüllung und Zielerreichung (◘ Abb. 12.1).

Beide Informationsbedürfnisse müssen abgedeckt werden

In der Organisation müssen beide Informationsbedürfnisse gleichermaßen abgedeckt sein (◘ Abb. 12.1). Es genügt nicht, auf der betriebswirtschaftlichen, »rationalen« Ebene eine möglichst lückenlose Information zu garantieren (z. B. durch klare Abläufe, klare Organisationsinstrumente wie Stellenbeschreibungen oder genaue Kennzahlen). Die eher psychologisch begründeten individuellen Informationsbedürfnisse müssen ebenso berücksichtigt werden. Nur informierte Mitarbeitende sind motivierte Mitarbeitende, nur wer informiert ist, kann auch mitdenken und Eigenverantwortung übernehmen. Wenn von den Mitarbeitenden erwartet wird, dass sie sich mit ihrem Unternehmen identifizieren, müssen auch ihre ureigenen Informationsbedürfnisse durch die Organisation befriedigt werden: Neugier, Sicherheit, Orientierung und Kontakt machen nicht halt vor den Fabriktoren.

ohne Informationen keine Motivation

12.1.3 Informieren ist zentrale Führungsaufgabe

Alle Führungstätigkeiten wie Ziele setzen, planen, entscheiden, realisieren und kontrollieren sind informationsbedingt. Kein Vorgesetzter kann diese Tätigkeiten ausführen, ohne darüber zu informieren. In einem kooperativen Führungsverständnis, das auf das Mitdenken, den Freiraum und die Eigen-

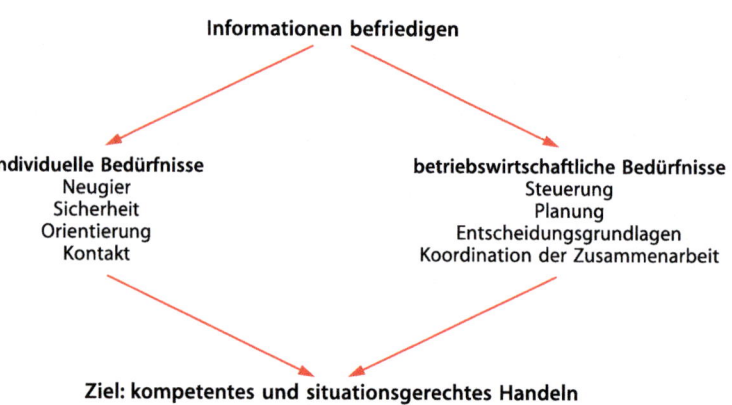

◘ Abb. 12.1. Informationsbedürfnisse und Zielsetzungen im Unternehmen

12.1 · Informieren als Führungsaufgabe

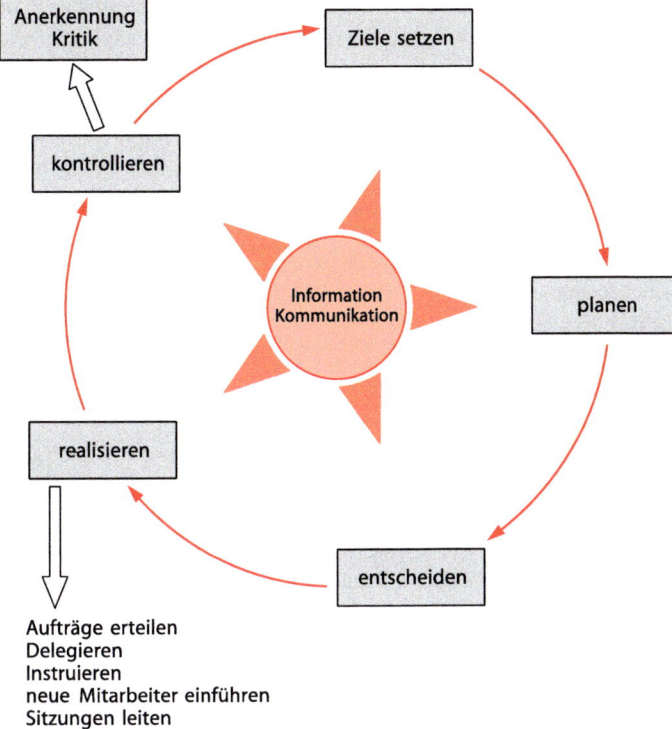

Abb. 12.2. Stellenwert von Informationen im Führungskreislauf

verantwortung setzt, sind Information und Kommunikation nicht nur im Zentrum des Führungskreislaufes (Abb. 12.2), sondern zentral für das Aufgabenverständnis und die Unternehmenskultur.

Offenbar kann diese Aufgabe nie gut genug bewältigt werden. In vielen Untersuchungen zur Unternehmenskultur oder zum Betriebsklima wird die Information als verbesserungswürdig, wenn nicht gar problematisch bezeichnet. In der Liste der Demotivatoren treten unzureichende, einseitige und verspätete Informationen seitens der Vorgesetzten regelmäßig an erster Stelle auf. Die Problematik ist einerseits durch die Sache bedingt: Vom individuellen Informationsbedürfnis her betrachtet, kann man nie genügend und zuviel informieren. Vom betriebswirtschaftlichen Bedürfnis her gibt es u. a. Zwänge zur Zurückhaltung (z. B. wegen Konkurrenten oder wegen unkontrollierbaren Auswirkungen auf Mitarbeitende). Diese Problematik zeigt sich vor allem dann, wenn bei Informationsinhalten zwischen Ergebnis- und Prozessinformationen unterschieden wird.

Es entstehen immer Defizite beim Informieren

- **Ergebnisinformationen:** Hier geht es um die Mitteilung von Entscheidungen, um das, was in der Organisation handlungsrelevant ist, das »need to know«.
- **Prozessinformationen:** Hier geht es um Informationen über Entwicklungen, Beabsichtigtes, Geplantes, Bevorstehendes, das »nice to know«.

In Organisationen herrschen in der Regel ein Mangel an Prozess- und ein Überfluss an Ergebnisinformationen. Führungskräfte tun sich mit Prozess-

zu viel Ergebnisinformation

informationen schwer. Dies hat neben Organisationsinteressen auch mit ihren persönlichen Interessen zu tun. Informieren heißt auch Macht abgeben und Wissen mit anderen teilen. Wenn sich Mitarbeitende mit ihrer Organisation und ihrer Aufgabe identifizieren sollen, brauchen sie Prozessinformationen, denn solche Informationen schaffen in erster Linie Vertrauen. Deshalb ist anderseits die Informationsproblematik im Selbstverständnis der Führungskräfte verankert. In der Art und Weise des Informierens wird die gelebte (und nicht aufgeschriebene!) Informationspolitik des Unternehmens sichtbar, und es wird das Führungskonzept des einzelnen Vorgesetzten transparent. Zeig mir, wie du informierst – und ich sage dir, wie du führst! Einige Schlüsselfragen illustrieren dies:

In der Art und Weise des Informierens zeigt sich die Führungskultur

Wie wird informiert?
- Wird immer erst dann informiert, wenn gefragt wird und unter Druck?
- Werden bei schwierigen Entscheidungen die wirklichen Gründe auf den Tisch gelegt?
- Erhalten die Mitarbeitenden die Informationen von den Verantwortlichen oder erfahren sie sie auf einem dritten Weg über die Medien oder von Kollegen?
- Erhalten alle Betroffenen die für sie relevanten Informationen?

12.1.4 Information oder Kommunikation?

Kommunikation ist das elementare Mittel zur Verständigung zwischen Menschen. Sie dient der Übertragung von Information. Zum Zustandekommen von Kommunikation sind mindestens zwei Partner notwendig, die man in Anlehnung an das Informationsmodell aus der Elektrotechnik als Sender und Empfänger bezeichnen kann (▶ Abschn. 7.1). A sendet eine Information (Nachricht, Mitteilung) aus. B empfängt und entschlüsselt sie. Diesen Vorgang nennt man in einem engeren Sinn Information/Informieren oder auch Ein-Weg-Kommunikation. Information ist dabei der Inhalt der Kommunikation.

Schwächen der Ein-Weg-Kommunikation

Die Schwäche dieses Vorgangs liegt auf der Hand: Der Sender ist nie sicher, ob der Empfänger die Nachricht auch richtig verstanden hat, denn der Empfänger gibt keine Rückmeldung, die zur Klärung führen könnte. Alle schriftlichen Informationen haben diese Schwäche, deshalb können schriftliche Informationen auch noch so verständlich abgefasst sein, sie bedürfen immer noch der mündlichen Darlegung.

im Zweifelsfall immer Zwei-Weg-Kommunikation

Reagiert B auf die Information des Senders, so wird B selbst zum Sender und der Sender A zum Empfänger. B fragt zum Beispiel etwas oder er gibt seinem Unverständnis Ausdruck, d. h. mit anderen Worten, es gibt eine Rückkoppelung, ein Feedback. Es entsteht dann eine Wechselbeziehung, ein Prozess des Informationsaustausches, ein Gespräch zwischen Sender und Empfänger. Erst diese Wechselbeziehung bezeichnet man im engeren Sinn als Kommunikation, oder genauer als Zwei-Weg-Kommunikation (◘ Abb. 12.3 und 12.4).

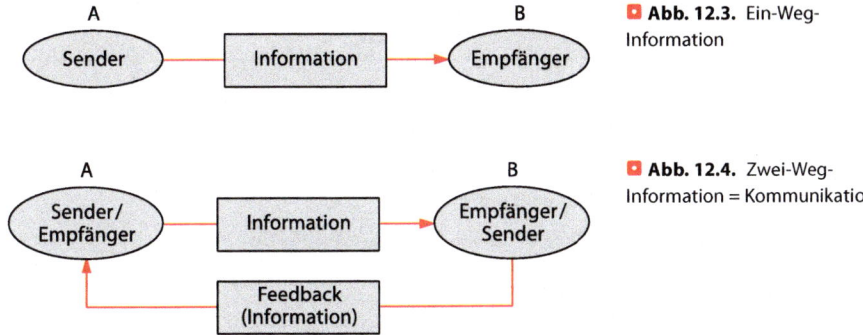

◘ **Abb. 12.3.** Ein-Weg-Information

◘ **Abb. 12.4.** Zwei-Weg-Information = Kommunikation

Information und Kommunikation sind also miteinander eng verbunden. Für die Praxis der Führung ist eine strikte Trennung dieser beiden Begriffe weder sinnvoll noch notwendig. Dabei ist jedoch klar, dass die Zwei-Weg-Kommunikation der Ein-Weg-Kommunikation, also dem »reinen« Informieren, der »Befehlsausgabe«, in Bezug auf das Verstehen und das Einverstanden-Sein – was zentral ist für situationsgerechtes Verhalten – überlegen ist. Zwei-Weg-Kommunikation hat nicht nur mit dem Gespräch zu tun, alle elektronischen Informationsmedien beinhalten diesen Vorteil, weil man miteinander kommunizieren kann. In diesem Zusammenhang betonen wir, dass die heutigen Informationstechnologien nicht unbedingt zu einer besseren Informationskultur beitragen, sondern einfach zu schnelleren und effizienteren Informationsübertragungen, die Bedingungen für das Funktionieren eine globalisierten Wirtschaftswelt sind (Flexibilität in Produktion, Standorten, Aufgaben, Zugehörigkeit zu Teams und Arbeitszeiten).

Informationstechnologien verbessern die Informationskultur nicht

12.1.5 Bringpflicht und Holschuld gilt für alle

Es genügt nicht, wenn Vorgesetzte ihrer Pflicht nachkommen und die Aufgabe des Informierens sehr ernst nehmen. Dies garantiert noch nicht, dass alle relevanten und notwendigen Informationen bis zu den vorgesehenen Empfänger gelangen. Auch die besten Vorgesetzten können immer wieder etwas vergessen, sie wissen nicht immer, welche Informationen ihre Mitarbeitenden, ihre Kollegen oder die Geschäftsleitung brauchen. Wer Informationen vermisst, soll sich deshalb nicht einfach darüber beklagen, sondern sich die fehlende Information selbst holen. Vielfach wissen nämlich die Betroffenen sehr wohl, welche Informationen ihnen noch fehlen. Es ist ihre Verantwortung, diese Informationen zu beschaffen.

Verantwortungsvolle und selbstständige Mitarbeiter bringen und holen sich Informationen

Das Grundprinzip der Bringpflicht und der Holschuld gilt nicht nur für Führungskräfte. Informationen zu erhalten und sie zu geben, ist in vielen Sachfunktionen ebenfalls eine zentrale Tätigkeit. Wer Verantwortung wahrnehmen will und Selbstständigkeit und Freiraum in seiner Tätigkeit beansprucht, kann sich nicht auf das Recht verlassen, informiert zu werden, sondern er muss selbst aktiv werden, wenn notwendige Informationen fehlen. Mitarbeitende haben also ebenso wie Vorgesetzte eine Bringpflicht und eine Holschuld, was Informationen betrifft.

12.1.6 Schlechte Informationstätigkeit beschädigt Vertrauen

Maximen der Informationstätigkeit

Informationen müssen
- offen,
- wahr,
- rechtzeitig,
- zugänglich für alle Betroffenen,
- verständlich für die Betroffenen

sein. Wenn auch nur eine dieser Maximen verletzt wird, entsteht Misstrauen. Beispiele dafür lassen sich in vielen Bereichen finden: in der Familie, im Staat, im Unternehmen. Der Schaden ist dann auf lange Sicht irreparabel.

Mit diesen Bedingungen werden hohe Anforderungen an Führungskräfte gestellt. Vorgesetzte können diese Anforderungen nur erfüllen, wenn Informieren kein Informierenmüssen, sondern ein Informierenwollen ist. Wie leicht kommen z. B. Vorgesetzte – in der irrtümlichen Meinung, dadurch die Position festigen und erweitern zu können – in Versuchung, nur Informationen zu vermitteln, deren Bekanntwerden nicht verhindert werden kann. Oder es werden Informationen nur einem »Kreis von Auserwählten« weitergegeben. Unangenehme Informationen werden hinausgezögert, beschönigt oder unverständlich gemacht. Die Folgen können verheerend sein: Misstrauen, Vermutungen und Gerüchte entstehen. Ihnen kann z. B. nur wirksam begegnet werden, wenn sofort offen und für alle Betroffenen zugänglich informiert wird. Übrigbleiben wird aber doch ein schaler Nachgeschmack.

informieren wollen statt müssen

Gerüchte vermeiden

Die richtige Aufnahme der Information ist wesentlich davon abhängig, in welchem Vertrauensverhältnis Informierende (Sender) und Informierte (Empfänger) zueinander stehen. Die gewünschte Auswirkung einer Information (situationsgerechtes Handeln) setzt voraus, dass Mitarbeitende ihre Vorgesetzten und damit deren Äußerungen akzeptieren. Bestehen Spannungen und Misstrauen, so sind Mitarbeitende versucht, den Informationsgehalt durch subjektive Interpretation zu verändern oder abzuwerten:

Signale des Misstrauens
- »Die sollen doch erzählen, was sie wollen …«
- »Die wissen ja gar nicht, wie das bei der praktischen Arbeit zugeht …«
- »Alles schön gesagt, in Wahrheit meinen sie es anders …«

Gute Informationskultur bringt wirtschaftlichen Erfolg

Solche Äußerungen sind Alarmzeichen. Sie deuten auf eine vergiftete Atmosphäre und auf eine Misstrauenskultur hin, die den mittel- und längerfristigen Erfolg eines Unternehmens gefährden. Deshalb sind Forderungen nach Offenheit und Wahrheit nicht nur ethisch, die nach Bedarf gestellt werden, denn eine gute Informationskultur fördert den Unternehmenserfolg. Untersuchungen zeigen, dass Aktienkurs und Gewinne in einem direkten Zusammenhang mit der Kommunikations- und Führungskultur stehen.

12.1.7 Informationswege

Formelle innerbetriebliche Informationswege

Der innerbetriebliche Informationsfluss erfolgt nach traditionellem Organisationsverständnis auf dem Dienstweg und über organisierte Informationskanäle (= formell). Das gilt auch für die beiden vertikalen Informationswege, die beide von gleich zentraler Bedeutung sind:
- von oben nach unten (z. B. Entscheidungen, Aufträge, Weisungen etc.),
- von unten nach oben (z. B. Fragen, Vorschläge, Rapporte etc.).

vertikale Informationswege

Die Möglichkeit, Stellen zu überspringen, sollte grundsätzlich bestehen. Dann ist aber eine sofortige Nachinformation der übersprungenen Stelle eine unbedingte Pflicht. Nur so ist es einigermaßen möglich, den Informationsfluss zu lenken und zu kontrollieren. Sonst besteht stets die Gefahr, dass Informationen nicht mehr zielorientiert gegeben werden und Misstrauen entsteht.

Für eine effiziente Arbeit, einen optimalen Arbeitsablauf und ein reibungsloses Teamwork sind ebenso horizontale Informationswege wichtig:
- das Weiterleiten der Informationen zwischen hierarchisch Gleichgestellten;
- die »schrägen« Querverbindungen des Informationsflusses zwischen hierarchisch nicht Gleichgestellten aus z. B. verschiedenen Abteilungen, Arbeitsgruppen, Projektgruppen.

Horizontale Informationswege werden wichtiger

Dies gilt für alle Stellen, deren Aufgaben sich berühren, und die Hand in Hand arbeiten müssen. Durch diese Horizontal- und Querverbindungen werden u. a. vermieden:
- doppelter Aufwand,
- Zeitverluste,
- Belastung der Chefs mit reinen »Briefträgerfunktionen«.

Horizontale Informationswege waren schon immer wichtig (Matrixorganisationen, teilautonome Gruppen und Projektorganisationen können ohne diese Wege nicht funktionieren). Mit der Globalisierung haben sie jedoch an Bedeutung zugenommen. In Organisationen, die flexibel auf Veränderungen reagieren müssen, sind solche Informationswege überlebenswichtig. Mehr noch: Es stellt sich gar nicht mehr die Frage, ob Informationsbedürfnisse auf vertikalem oder horizontalem Weg erfüllt werden. Je nach Situation muss hier entschieden werden: Funktionalität und Effizienz von Informationsbeziehungen stehen im Vordergrund.

Formelle Informationswege verhindern notwendige Flexibilität

Informelle innerbetriebliche Informationswege

In flexiblen Organisationen würde eine starke Formalisierung von Informationswegen die Flexibilität beinträchtigen. Deshalb wird in großen Organisationen daran gearbeitet, dass Mitarbeitende sich eigene Netzwerke aufbauen, Networking ist zu einer Kernkompetenz in solchen Unternehmen geworden. Damit aber setzt man bewusst auf informelle innerbetriebliche Informationswege und legitimiert sie. Was in kleinen Unternehmen schon immer genutzt wurde (z. B. Kaffeegespräche, Beziehungen knüpfen und Spielenlassen von Beziehungen) und in großen Unternehmen oft im Versteckten stattfand und als problematisch angesehen wurde, wird heute mit Recht als Stärke einer Informationskultur angesehen. Allerdings muss hier festgehalten werden, was schon immer galt: Informelle Informationswege entfalten dann ihre Stärken für ein Unternehmen, wenn alle Beteiligten miteinander in einer Atmosphäre gegenseitigen Vertrauens arbeiten. Mit anderen Worten: Solange die Vorgesetzten jeder Stufe darauf bedacht sind, die Informationen offen und in ausreichendem Maße zu geben, entgegenzunehmen und weiterzuleiten, wirken sich informelle Informationen und Netzwerke positiv aus. Anders verhält es sich bei mangelnder Pflege der Informationskultur. Wird das Informationsbedürfnis nicht offen, nicht ausreichend oder nur einseitig befriedigt, fehlt gar die Vertrauensbasis, treten an die Stelle von Fakten Vermutungen, Befürchtungen und Gerüchte, die über informelle Kanäle weiterverbreitet werden. Die Bekämpfung solch gefährlicher informeller Informationen ist danach sehr schwierig:

Networking, um informelle Beziehungen aufzubauen

Vertrauen ist Voraussetzung für positive Wirkung informeller Wege

Gerüchte und ihre Bekämpfung

- weil sie dem Vorgesetzten meist nur unvollständig bekannt sind,
- weil ein Dementi erfahrungsgemäß keinen neutralisierenden oder gar positiven Effekt hat, sondern als Bestätigung des Vermuteten und Befürchtungen angesehen wird und vor allem
- weil das Bekämpfen der Symptome die eigentlichen Ursachen des Übels nicht beseitigt.

12.1.8 Informationsmittel

Das heute dominierende Informationsmittel im betrieblichen Alltag (und auch bald im privaten Bereich) sind elektronische Post, E-Mails und für Kurzmitteilungen die SMS per Mobiltelefon. Der Nutzen dieser Mittel gegenüber andern Kanälen liegt auf der Hand: Sie sind billiger und schneller als Briefe und Besprechungen, weniger lästig als Telefonate und weniger aufdringlich

E-Mails haben Vorteile …

12.1 · Informieren als Führungsaufgabe

als Faxe. Wenn man E-Mails verwendet, spielt der Ort oder die Zeitzone, in der man sich befindet, keine Rolle mehr. Erst die neuen Informationstechnologien ermöglichen den Aufbau flexibler Organisationen. Es besteht kein Zweifel, dass Internet, Intranet, E-Mails und SMS an Bedeutung noch zunehmen werden. Allerdings gibt es auch Nachteile bei der elektronischen Informationsübermittlung: Die ständig wachsende Zahl von E-Mails und die damit verbundene Überflutung mit Informationen behindern effiziente Abläufe in Unternehmen und führen zu langen Wartezeiten auf Antworten.

— Es besteht Grund zur Annahme, dass Konflikte in Unternehmen durch die Verwendung dieser Medien erst recht entstehen oder sich gravierender entwickeln. Persönliche Kontakte werden vernachlässigt.

... doch aus dem Segen kann ein Fluch werden

Es gibt bereits Organisationen, die mit Radikalmaßnahmen gegen diese Schattenseiten vorgehen. Dazu gehören Abstinenztage: Die Mitarbeitenden sind z. B. an einem Wochentag angewiesen, nicht per E-Mail miteinander zu verkehren sondern, sich auf traditionelle Art und Weise miteinander zu verständigen. Es gibt bereits Firmen, bei denen interne Mails verboten bzw. strengen Kriterien unterworfen sind. Andere Firmen beantworten Mails ihrer Kunden grundsätzlich nur persönlich per Post oder Telefon. Die bisher ausgewerteten Ergebnisse dieser »Befreiungsschläge« gegen den E-Mail-Fluch sind ermutigend: Es wird darauf hingewiesen, dass sich die Kommunikationskultur verbessert habe.

Befreiungsschläge gegen die E-Mail-Flut

Die zunehmende Verbreitung von elektronischer Datenverarbeitung hat nicht dazu geführt, dass die schon seit langem gebräuchlichen Informationsmittel überflüssig wurden. Ein elektronisches Mailing oder v. a. auch eine SMS kann ebenso missverständlich sein wie eine Aktennotiz und ersetzt ein Gespräch nicht. Mit den neuen Technologien können Informationen zwar viel schneller übermittelt werden, doch das Bedürfnis nach menschlichem Kontakt, das mit Information verbunden ist, ist damit nicht befriedigt. Deshalb werden auch in Zukunft »altmodische« Informationsmittel von wesentlicher Bedeutung sein:

Persönliche Gespräche werden weiterhin wichtig sein

— Einzel- und Gruppengespräche,
— Telefonate,
— Sitzungen und Konferenzen,
— Einführungskurse (in der Live-Situation und nicht am Intranet),
— Ausbildungskurse (und nicht datenbasiertes Lernen),
— Referate und Vorträge (live und nicht nur auf DVD).

Persönliche Gespräche sind in ihrer Effektivität anderen Informationsmitteln wegen des unmittelbaren Kontaktes immer überlegen, denn es geht letztendlich bei Informationen um das Verstehen und Verstanden werden. Im Gespräch können Missverständnisse leichter und schneller korrigiert werden und fehlende Informationen sofort ergänzt werden. Überzeugungsarbeit geschieht hauptsächlich durch persönlichen Kontakt. Dies alles können auch die interaktiven Möglichkeiten der neuen Technologien nicht wettmachen. Smileys, Emoticons, Symbole und Cartoons ersetzen nicht die paraverbalen und nonverbalen Signale, die für das genaue Verstehen von Informationen ebenso notwendig sind wie die sachbezogenen Aspekte.

Neue Informationsmittel beeinträchtigen das Verstehen

Führungskräfte müssen eine E-Mail-Kultur aufbauen

Trotz der Nachteile gegenüber der mündlichen Information sind schriftliche Informationsmittel nicht nur sinnvoll, sondern auch immer wieder nötig (z. B. wegen der Eindeutigkeit, der Verständlichkeit und Zugänglichkeit für alle, aufgrund Betriebsgröße oder Abwesenheit der Mitarbeitenden). Sinnvollerweise werden Nachrichten ins firmeneigene Intranet (erleichtert Veränderungen und Ergänzungen) gestellt oder als Mail-Anhänge übermittelt. Führungskräfte müssen sich jedoch mit den eingangs erwähnten negativen Seiten beschäftigen, wenn sie für die Mitarbeitenden gute Voraussetzungen für Leistung und Zusammenarbeit schaffen wollen. Es geht darum, eine E-Mail-Kultur zu schaffen, die gewährleistet, dass das Medium effizient genutzt wird, und die Offenheit und Vertrauen im Unternehmen fördert. Die elektronischen Medien verführen dazu, dass Konflikte nicht mehr im Kontakt miteinander gelöst werden müssen. Es ist leichter, seine Unzufriedenheit in ein paar Sätzen schnell zu deponieren, diese noch mit cc in Kopie andern bekannt zu machen und dann nach Hause zu gehen, als sich persönlich mit einem Gegenüber auseinanderzusetzen. Allerdings wird in der Regel ein Konflikt vertagt und eskaliert.

Um eine E-Mail-Kultur zu etablieren, helfen folgende Regeln, die verbindlich sein sollten:

Tipps für E-Mails

- Verwenden Sie aussagekräftige »Betreff«-Zeilen.
- Wählen Sie höfliche Anredeformen (z. B. nicht »Hallo« bei unbekannten Adressaten!).
- Schreiben Sie kurze Absätze.
- Schreiben Sie keine Mails mit mehr als 25 Zeilen.
- Erstellen Sie Postfachordner nach Absendern/Themen und benutzen Sie Filter.
- Führen Sie Regeln über cc-Mails ein: Im Prinzip sollten möglichst wenig Adressaten eine Kopie erhalten!
- Schauen Sie E-Mails nur zu ganz bestimmten Zeiten an.
- Vermeiden Sie E-Mails bei Konflikten.
- Kommunizieren Sie wichtige Führungsentscheide nicht einfach per E-Mail.

Einige schriftliche bzw. elektronische Informationsmittel werden im Folgenden dargestellt:

Anschlagbretter nicht nur im Intranet

Anschlagbretter: Auch wenn es elektronisch betrieben wird und im PC abrufbar ist, wird das richtige »Schwarze Brett« als Informationsmittel seinen Stellenwert behalten. Untersuchungen zeigen, dass mindestens die Hälfte der Mitarbeitenden über solche Anschläge die Informationen am ehesten zur Kenntnis nimmt. Im Allgemeinen wird jedoch der äußeren Gestaltung dieser Bretter noch zu wenig Aufmerksamkeit geschenkt. Die Mitteilungen müssen kurz und aktuell sein und sollten von einer zentralen Stelle aus koordiniert und gestaltet werden. Die Aushängedauer ist zu begrenzen und die neuesten Aushänge sollten als neu auch gekennzeichnet werden.

12.1 · Informieren als Führungsaufgabe

Firmenzeitschriften: Ihr Zweck ist, breiteste »Backgroundinformationen« zu bieten, um den firmeninternen Zusammenhalt zu stärken, die Organisation transparenter zu machen und dadurch das Unternehmensverständnis zu fördern. Wegen der Aktualität und Schnelligkeit der Informationen sollte hier mehr Wert auf eine häufige Erscheinungsweise als auf den Umfang gelegt werden, wobei das regelmäßige Lesen solcher Informationen durch Untersuchungen belegt ist. Diese Informationen brauchen viel Unternehmensnähe und aufgeschlossene Unternehmensleitungen. Es genügt nicht, Firmenzeitschriften in das Intranet zu stellen, denn was in der Hand gehalten werden kann, wird anders gelesen.

> Firmenzeitschriften muss man in die Hand nehmen können

Intranet: Wo keine Firmenzeitschrift möglich ist, sind periodische Rundbriefe, Hausmitteilungen oder wöchentliche Informationsblätter zweckmäßig. Sie bieten rasche und aktuelle Information ohne großen Aufwand und werden auch meist sofort gelesen. Sie fördern den schnellen Informationsfluss, wenn sie Schwerfälligkeit und Umständlichkeit vermeiden. Bei diesen Mitteln kann eher auf Papier verzichtet werden, weil kürzere Nachrichten eher im Intranet gelesen werden.

> schnelle und kurze Information

Ideenmanagement: Unter diesem Begriff werden alle Maßnahmen verstanden, die Mitarbeitenden die Möglichkeit geben, sich mit Ideen aktiv an der Verbesserung, Vereinfachung, Problemlösung und Weiterentwicklung betrieblicher Einrichtungen und Prozesse zu beteiligen. Ideenmanagement ist eine Fortsetzung des »**betrieblichen Vorschlagswesen**«. Es fördert das Mitdenken sowie die Eigeninitiative und die Eigenverantwortung der Mitarbeitenden. Wenn das Ideenmanagement im Sinne des ursprünglichen Vorschlagswesens auf »Verbesserungsvorschläge« reduziert wird, können sowohl Führungskräfte wie Mitarbeitende Probleme damit haben. Führungskräfte sehen darin eine Art »Kontrollinstrument« der Unternehmensleitung, Mitarbeitende wiederum fürchten mögliche negative Auswirkungen. Funktionierendes Ideenmanagement gedeiht nur in einer Vertrauenskultur, daran ändern auch Honorierungen von Ideen wenig. Es muss sorgfältig eingeführt und systematisch gehandhabt werden.

> aus dem Vorschlagswesen ein Ideenmanagement machen

Mitarbeiterbefragungen: Sie werden immer häufiger eingesetzt, um die Arbeitszufriedenheit unter dem Aspekt des Ernstnehmens von Stakeholder-Values gegenüber den Shareholder-Values zu betonen. Die Befragungsergebnisse bringen immer auch zentrale Ergebnisse zur Informationskultur im Unternehmen. Solche Befragungen sind jedoch nur sinnvoll, wenn die Unternehmensleitung auch gewillt ist, die Ergebnisse transparent zu machen, sie mit den Mitarbeitenden zu besprechen und Konsequenzen daraus zu ziehen. Anderenfalls verstärken sie die Misstrauenskultur.

> Mitarbeiterbefragungen verpflichten zu Taten

PR-Abteilung: Information in Unternehmen gehört heute zum Kerngeschäft der Verantwortlichen für Öffentlichkeitsarbeit (PR-Arbeit). Man spricht dann von »interner Kommunikation« in Ergänzung zur »externen Kommunikation«. Eine noch so gut funktionierende PR-Abteilung entbindet den Vorgesetzten in der Linie jedoch nicht von seiner Führungsaufgabe zu infor-

> PR-Abteilungen unterstützen Vorgesetzte und ersetzen sie nicht

mieren. Sie kann ihn darin unterstützen und muss Hand in Hand mit ihm eine Informationskultur aufbauen.

12.1.9 Informieren in Krisensituationen

Vertrauen und Glaubwürdigkeit herstellen

Auch in Krisensituationen kann das Informieren nicht einfach an die interne PR-Abteilung und an die Geschäftsleitung delegiert werden. In diesen Situationen (Unfälle, Störfälle, Produktfehler, Entlassungen, Angriffe durch die Medien etc.) sind immer auch die Vorgesetzten gefordert. Hinzu kommt, dass auch sie ihre abteilungsinternen Krisen haben und meistern müssen, die für die Spitze des Unternehmens wenig Bedeutung haben. Ob es sich um eine ausgewachsene Unternehmenskrise oder um ein internes Problem handelt, die Ziele des Informierens in solchen Situationen sind immer die gleichen: Es geht darum, zu beruhigen, Gerüchten vorzukommen, glaubwürdig zu sein, Vertrauen aufzubauen. Solche Zielsetzungen werden erreicht, wenn auf allen Ebenen in einer betroffenen Organisation folgende Leitsätze beachtet werden:

Leitsätze

> **Informieren in Krisen**
> Informieren Sie als Führungskraft
> - aktiv und nicht reaktiv
> - rasch und kontinuierlich
> - zuerst immer direkt Betroffene
> - wahrhaftig und empathisch
> - kein »no comment«
>
> Informieren Sie konkret über
> - Opfer
> - Schaden
> - Konsequenzen
> - Sofortmaßnahmen
> - Untersuchungen

12.1.10 Zehn Grundregeln des Informierens

Informieren kann man nie genügend gut. Fehler können beim Sender, beim Empfänger, beim Übermitteln, in der Wahl des Informationsmittels und des -weges gemacht werden. Die folgenden Regeln helfen, Fehler zu vermeiden:

Zehn Regeln für erfolgreiches Informieren

1. Da Informieren individuelle und betriebswirtschaftliche Bedürfnisse abdecken muss, sollte das Warum und Wozu der Arbeit, Maßnahme oder Handlung herausgestellt werden. — **Warum? Wozu?**
2. Nicht zuviel auf einmal, sondern Information strukturieren, in Abschnitte unterteilen und die entscheidenden, wichtigen Punkte (Schlüsselaspekte) hervorheben. — **Strukturieren**
3. Zeit zum Anpassen, Umstellen, »reifen Lassen« einräumen. — **Zeit geben**
4. Daran denken, dass alles Neue zuerst einem natürlichen Widerstand begegnet. — **Widerstand ist normal**
5. Durch Rückmeldungen sicherstellen, dass die Information angekommen, verstanden und akzeptiert wird. — **Feedback ist wichtig**
6. Grundsätzlich auf möglichst kurze Informationswege achten, um damit die Gefahr von Verfälschungen, Filterungen und anderen Veränderungen zu verringern. Sofortige Nachinformation übersprungener Stellen ist unerlässlich. — **kurze Informationswege**
7. Informationen müssen konkret und unmittelbar interessenbezogen formuliert sein, denn was den Empfänger nicht betrifft, wird er weder beachten noch behalten. Gehen Sie von den Interessen der Empfänger und den Auswirkungen auf sie aus. — **konkret und interessenbezogen**
8. Beim Formulieren kommt es hauptsächlich auf den Adressaten an; er muss gewonnen werden, er muss verstehen können. In der Sprache der Adressaten informieren. — **Sprache der Adressaten**
9. In regelmäßigen Gesprächen mit den Mitarbeitenden feststellen, was in Bezug auf Informationen gut ist, verbessert, verändert oder vergessen werden soll. — **regelmäßige Kontrolle**
10. Offen und wahr informieren schafft Vertrauen. Vertrauen durch Informieren wird schneller verspielt als wieder aufgebaut. — **Offenheit und Wahrheit**

ZUSAMMENFASSUNG

Information ist das »Lebenselixier« jeder Organisation. Informationen müssen dabei zwei Grundbedürfnisse befriedigen: einerseits die »rationalen« betriebswirtschaftlichen Bedürfnisse, andererseits die psychologisch und existenziell begründeten individuellen Bedürfnisse. Erst die Befriedigung beider Komponenten führt zu einer Informationskultur, die Mitarbeitende darin unterstützt, die erwarteten Leistungen zu erbringen und Verantwortung zu übernehmen. Informationen von unten nach oben sind dabei ebenso wichtig wie von oben nach unten. Flexible Organisationen können nur dank Netzwerken gut funktionieren, die informelle Informationswege benutzen. E-Mails sind nur dann ein effizientes Informationsmittel, wenn an einer E-Mail-Kultur gearbeitet wird. Informationstechnologien ersetzen nicht die Mittel und Vorteile des persönlichen Gesprächs, und interne PR-Abteilungen können nicht die Aufgaben von Vorgesetzten übernehmen. Informieren bleibt eine zentrale Führungsaufgabe von Vorgesetzten auch im Zeitalter des Internets. Wenn diese Aufgabe schlecht wahrgenommen wird, ist das Vertrauen in einer Organisation gefährdet und damit auch der Erfolg.

FRAGEN ZUR VERTIEFUNG

- Welche Grundbedürfnisse müssen Informationen in einem soziotechnischen System abdecken?
- Warum gefährdet schlechte Informationstätigkeit das Vertrauen? Welche Art von Information schafft v. a. Vertrauen? Überlegen Sie sich einige Beispiele aus Ihrer Organisation.
- Was heißt »informelle Information«? Unter welchen Voraussetzungen sind informelle Informationswege positiv zu bewerten? Wann sind sie sogar notwendig?
- Wie können Informationen die Leistungen des Einzelnen und einer ganzen Gruppe positiv beeinflussen?
- Was würden Ihre Mitarbeitenden antworten, wenn Sie sie fragten: »Informiere ich Euch gut? Bekommt Ihr genügend Informationen?« Haben Sie sie schon einmal danach gefragt?
- Passiert es Ihnen ab und zu, dass Sie Informationen nicht weiterleiten und verschleppen? Wenn ja: Warum?
- Kommt es vor, dass die Mitarbeitenden Ihre Information falsch interpretieren? Vergewissern Sie sich jeweils, ob die Informationen auch verstanden wurden? Wenn nein: Warum nicht?
- Haben Informationen in Ihrem Bereich auch schon zu Vermutungen, Misstrauen oder Gerüchten geführt? Weshalb? Was waren die Folgen? Wie sind Sie damit umgegangen?
- In welchen Situationen ist Informieren für Sie besonders schwierig:
  - zwischen verschiedenen Führungsebenen?
  - zwischen einzelnen Abteilungen/Bereichen?
  - zu bestimmten Mitarbeitenden?
  - Warum?
- Wie steht es um die E-Mail-Kultur in Ihrem Verantwortungsbereich? Was müssten Sie versuchen zu verändern?

Literatur

Deutsches Institut für Betriebswirtschaft (Hrsg.). Ideenmanagement. *Zeitschrift für Vorschlagswesen und Verbesserungsprozesse*

Führmann, U. & Schmidbauer, K. (2011). *Wie kommt System in die interne Kommunikation? Ein Wegweiser für die Praxis.* Berlin: Talpa

Mast, C. (2010). *Unternehmenskommunikation. Ein Leitfaden.* Stuttgart: UTB

Schick, S. (2010). *Interne Unternehmenskommunikation: Strategien entwickeln, Strukturen schaffen, Prozesse steuern.* Stuttgart: Schäfer & Pöschel

Sennett, R. (2005). *Die Kultur des neuen Kapitalismus.* Berlin: Berlin Verlag

Sherwood, K.D. (o.J.). www.email-anleitung.de/ *Der effektive Einsatz von eMails – Eine Anleitung für Anfänger.* Version 1.5.4 (deutsch), Übers. T. Scheffner

12.2 Wissensmanagement und Lernen in Organisationen

Philipp Sacher

Wissen ist die Erlösung aus dem Unwissen
(Hartmut von Hentig)

Durch die Globalisierung der Märkte und dem daraus resultierenden Wettbewerbsdruck folgt ein rascher Wandel unserer modernen Wissensgesellschaft, deren Anforderungen im beruflichen Leben stetig ansteigen. Wissen gilt demnach in der heutigen Zeit als Kapital einer Organisation. Der bewusste und kontrollierte Umgang mit dieser Ressource wird unumgänglich. Damit verbunden ist auch der Wandel des Bildungsverständnisses: Von einem »Erzeugen« der Qualifikationen, die auf der Grundlage der tätigkeitsspezifischen Anforderungen nachgefragt werden, hin zu einem Management von Wissen, das die Lernpotenziale der Mitarbeiter zur Entfaltung bringen soll.

Wissensmanagement wird somit zu einem Führungskonzept, mit dem eine Organisation ihre Wissensbestände dynamisch zu gestalten versucht. Doch Wissensmanagement, das sich auf das Lernen und die Wissensentwicklung von Individuen allein konzentriert, greift zu kurz. In diesem kontinuierlichen Prozess entsteht eine organisationale Wissensbasis aus individuellem und organisationalem Wissen, die langfristig dem Erreichen der Organisationsziele dient.

»Lernende Organisation« und »Wissensmanagement« sind die strategischen Antworten, die wir im folgenden Kapitel zunächst in einem historisch-philosophischen Kontext als etwas »Gewachsenes« zu verstehen versuchen, bevor die Differenz und Gemeinsamkeit zwischen den beiden Konzeptionen herausgearbeitet wird. Eine Sammlung methodischer Impulse zur Umsetzung schließt das Kapitel ab.

> AUF EINEN BLICK
>
> **Wissen ist Kapital**
>
> **individuelles und organisationales Wissen**

12.2.1 Führungsperson als Rollenträger des Lernens

Erwartungen an Führungskräfte

Von Führungskräften wird heute einerseits gefordert, Strukturen und Verbindlichkeiten zu schaffen, eine Vertrauenskultur aufzubauen sowie für die Nachhaltigkeit von Produkt- und Organisationsinnovationen zu sorgen. Andererseits wird aufgrund des hohen Konkurrenzdrucks erwartet, Impulsgeber für Innovationen und Beschleuniger von Wandel zu sein. Bei der Führung von Mitarbeitenden wird erwartet, dass Führungskräfte Autonomie und Selbstverantwortung fördern, auch wenn Unternehmenskultur und -strukturen sowie die Kompetenzen der Mitarbeitenden mit diesem Anspruch nicht immer mitgewachsen sind. Stabilität vs. Wandel, Fremdbestimmung vs. Selbstverantwortung sind nur zwei der zahlreichen Dilemmata, die Führungskräfte in ihrem Arbeitsalltag zu bewältigen haben. Ein wesentlicher Kern dieser Anforderungen besteht darin, dass die zugewiesenen Rollen und Aufgaben Handlungs- resp. Gestaltungsspielräume enthalten, die ausgelotet, entwickelt und ausgehandelt werden müssen. (▶ Kap. 3 »Rollenkonzept«)

Reflexion eigener Verhaltensmuster

Vor diesem Hintergrund sollten Führungskräfte lernen, Muster ihres eigenen Verhaltens in unterschiedlichen Situationen zu erkennen und zu überprüfen, inwieweit diese angemessen sind. Ein Prozess, der eine ständige Anpassung erfordert. Entwicklung und Verbesserung sind in diesem Sinne der Normalzustand einer Führungskraft, will diese sich selbst, den Mitarbeitenden und der Organisation den Platz in modernen Arbeitsgemeinschaften sichern.

Lernen braucht Zeit

Doch Lernen braucht Zeit und verlangt Kontinuität und lässt sich im Gegensatz zu vielen Produktionsprozessen nicht beschleunigen. Das zu akzeptieren ist wesentliche Voraussetzung, um einen nachhaltigen Lernerfolg aller Beteiligten sicherzustellen.

Leitidee des lebenslangen Lernens

herkömmliche Lernvorstellungen verlieren an Bedeutung

»Was Hänschen nicht lernt, lernt Hans nimmermehr«. Diese Volksweisheit hat im Lichte einer schnell lebigen und dynamischen Gegenwartskultur ihre Gültigkeit verloren:

Schulisches Lernen war das Fenster zur Welt. Mit einem gut gefüllten Rucksack an brauchbaren Techniken, Verhaltensweisen, Konzepten und Modellen bestanden Generationen vor uns große Teile ihres Lebens. Mit diesem »Marschgepäck« bewältigten sie die Herausforderungen ihrer Zeit.

Wissenserosion

Doch mit zunehmender Technisierung, Vernetzung und der daraus folgenden Wissensexplosion und -erosion wurde die Entwertung schulischen Wissens eingeleitet. Berufliche Erstausbildungen haben nur noch die Funktion eines Eintritts ins Erwerbsleben. Das Bestehen in der Profession lässt sich nicht mehr aus dem »Marschgepäck« speisen. Die Weltverhältnisse werden kurzlebiger und gleichzeitig die Individuen langlebiger. Obige Weisheit heißt heute: »Was Hänschen lernt, kann Hans nicht brauchen, was Hans bräuchte, kann Hänschen nicht lernen«.

lebenslanges Lernen

Der Gedanke der lebenslangen Bildungskonzeption geht ideengeschichtlich auf Fourastie und die französische Bildungssoziologie zurück, die den Begriff der »education permanente« prägten.

12.2 · Wissensmanagement und Lernen in Organisationen

Grundsätzlich gesehen gibt es drei Konzeptionen des lebenslangen Lernens, die alle aus verschiedenen sozialen und kulturellen Räumen stammen und die Philosophie dreier internationaler Organisationen prägen: »education permanente«, »recurrent education« und »lifelong learning«.

drei Konzepte:

Education permanente

Dieser aus der französischen Kulturtradition stammende Begriff, welcher vom Europarat übernommen wurde, verpflichtet sich den Prinzipien der Aufklärung und zielt dementsprechend darauf ab, Wissenschaft und Kunst für die Lebenspraxis der Bevölkerung kollektiv zu erschliessen. Die Konzeption der »education permanente« betont die kulturelle Funktion von Weiterbildung bei der Prägung gesellschaftlich verbindlicher Wertsysteme, berücksichtigt daneben aber auch die Dynamik von Arbeitsmärkten.
(Aebi 1995, S. 52 ff.)

(1) Education permanente

Recurrent education

Dieser Begriff geht auf die angelsächsische Tradition zurück. Rekurrentes Lernen soll die spezifischen Qualifikationen ermöglichen, »… um den situativen Anforderungen an Arbeitsplätzen gerecht zu werden bzw. um sich auf Positions- und Berufswechsel vorzubereiten.«
(Aebi 1995, S. 52 ff.)

(2) Recurrent education

Damit stehe das Lernen in unmittelbarer Nähe zur Berufspraxis und fördere, im Gegensatz zur langen schulischen Ausbildung, die Lernmotivation – dies die Vorstellung der Organisation für wirtschaftliche Zusammenarbeit und Entwicklung (OECD), die das Bildungskonzept der »recurrent education« propagiert. In diesem Zusammenhang betont die OECD auch den zweifachen kompensatorischen Aspekt der Weiterbildung: Als »second chance education« könnten die in der Jugend nicht erworbenen Qualifikationen nachgeholt werden, und als »updating« trage die Weiterbildung zur Erneuerung von Wissensbeständen in sich rasch wandelnden Sachgebieten bei (Aebi 1995, S 52 ff.).

Lifelong learning

Im Gegensatz zur »recurrent education« orientiert sich das »lifelong learning« nicht an einem individuellen Lernbegriff mit primär beruflichem Charakter, sondern an einem Lernbegriff, der enger an die kulturelle und nationale Lebenspraxis angelehnt ist: Ausserschulische und informelle Lernsituationen, Lernziele, die nicht nur verwertungsorientiert sind, Lernziele, die den politischen und kulturellen Kontext von Arbeit, Gemeinwesen und Umwelt betreffen, sind die zentralen Grössen dieses »lifelong learning«.
(Aebi 1995)

(3) Lifelong learning

Lernen transformiert Arbeit zu Kompetenzen und Identität

Arbeit ist ohne menschenbildenden Zweck nicht Menschenbestimmung.
Pestalozzi (1782)

Arbeit bildet Menschen

Die Frage nach menschenbildender Arbeit setzt ein Menschenbild voraus, das ihn als sinn- und selbstkonstituierendes Wesen definiert (▶ Kap. 1 »Menschenbilder«). Arbeit bietet neben der ökonomischen Notwendigkeit die Chance zur eigenen Identität und Lebensgestaltung. Daraus folgt, dass das jeweilige Arbeitsverhältnis nicht nur vordefiniert und gegeben ist, sondern vom Menschen aktiv gestaltet und geformt wird.

Homo Faber

Die Frage nach dieser Gestaltungsarbeit ist heute so aktuell wie in vorindustriellen Zeiten: della Mirandola (1463–1494) sinnierte während der florentinischen Renaissance in seiner Rede über die Würde des Menschen als erste moderne Stimme des Homo Faber, dass die Würde mit der Eigengestaltung des Menschen und der damit unzertrennlichen Verantwortung zusammenhänge: »… zu haben, was er braucht, zu sein, was er will« und es »unedel sei, nichts aus sich hervorzubringen« (vgl. Buck 1990, S. 47).

Es bedurfte aber noch weiterer Jahrhunderte, bis das alte Bild vom Müssiggang des Menschen und seines nur »Tätig«-Seins überwunden und durch eine neue Leitgestalt ersetzt wurde. Erst seit der europäischen Aufklärung

Selbsttätigkeit und Selbstverantwortlichkeit

sind Menschen »selbst«-tätige Subjekte, die für die Gestaltung ihrer Arbeitswelt als verantwortlich gelten. Der Schlüssel hierzu liegt im Lernen und sich Bilden und damit in der Möglichkeit, sich an der Arbeitsgestaltung zu beteiligen. Wer seine Arbeit nur als Job sehen kann (Job bedeutete im England des 14. Jahrhundert eine beliebige Ladung, die herumgeschoben wurde (vgl. Sennett 2006, S. 10)), dessen Arbeit bietet wenig Identität und Sinnhaftigkeit, wenig Anreiz, mittels Arbeit auch Lebenszeit und Verantwortung zu gestalten. Gilt eine Arbeit als befriedigend, setzt sie fachliche, prozessuale sowie reflexive Lernprozesse voraus (▶ Abschn. 12.3). Hierzu bieten Organisationen traditionellerweise institutionalisierte, formale Lösungssysteme an, die im Begriff »Human Resources« ihren Ausdruck finden. Damit ist einerseits weitgehend das Management der Personalbeschaffung und -entwicklung sowie der Aus- und Weiterbildung mit all seinen Facetten gemeint. Andererseits umfasst es die Entwicklung und Gestaltung struktureller Prozesse wie bspw. die Aufbau- und Prozessorganisation, Qualitätsmanagement, Organisationsentwicklung, Wissensmanagement etc.

Rolle des Managements

Das mittlere Management hat hier eine Schlüsselrolle (◘ Abb. 12.5). Der Gestaltungsbedarf im Spannungsfeld einer sich stetig verändernden Umwelt

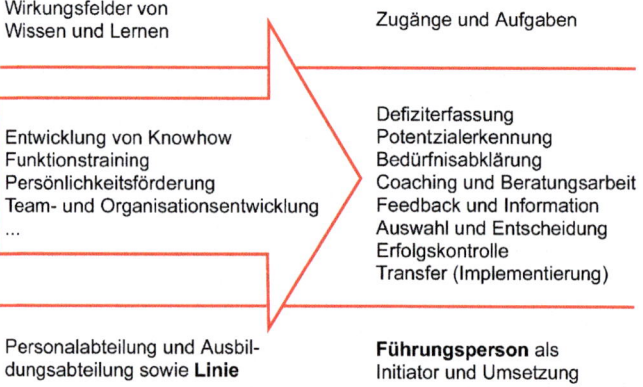

◘ **Abb. 12.5.** Wirkungsfelder und Zugänge

12.2 · Wissensmanagement und Lernen in Organisationen

erfordert eine hohe Lernbereitschaft. Diese kann durch Führungspersönlichkeiten, die dies selbst als Notwendigkeit erleben, optimal gefördert werden.

Der in den 1990er-Jahren geprägte Ausdruck der »Work-Life-Balance« birgt auch das unheilvolle Moment der Entsinnung der Arbeit. Diesem Begriff ist eine Reparaturverordnung immanent, die mit gutem Willen versucht, Leben und Arbeit in eine Ausgewogenheit zu bringen. Dabei wird von der Prämisse ausgegangen, dass Arbeit und Leben zwei verschiedene Dinge seien, die im Gleichgewicht stehen sollten.

»Work-Life-Balance«

Demgegenüber will der hier vertretene Ansatz das Verbindende zwischen Arbeit und Leben ins Zentrum rücken. Arbeit darf nicht zu einem »Job« als Mittel zum Zweck verkommen. Sinnerfüllte Arbeit setzt Entwicklung, Förderung und damit Rückbezüglichkeit zu dem, »was wir tun« voraus.

Arbeitsidentität

Führungspersonen sind deshalb verantwortlich für den Umgang mit der Ressource »Wissen« und deren Prozesse, des Lernens.

Lernen und Wissen – ein Klärungsversuch

In ▶ Abschn. 12.2.1 wurden an verschiedenen Dimensionen die Aufgaben- und Rollenaspekte von Führungspersonen als beteiligte Verantwortliche für Lernen in Organisationen dargelegt. Diese werden in ◘ Abb. 12.6 dargestellt.

Bevor wir uns in ▶ Abschn. 12.2.2 den Fragen nach den zentralen Instrumenten des Wissensmanagements zuwenden, sind zwei wesentliche Voraussetzungen, die häufig als Bildungsmythen kursieren, zu klären:

Bildungsmythen:
– Transfer

1. Der Mythos vom Transfer: Von Wissen zu Können herrschen verklärte Erwartungen. Wissen allein ist keine Garantie, erfolgreich zu handeln.
2. Der Mythos der »Lernenden Organisation«: Lernen ist und bleibt jedoch in hohem Maße vom Einzelnen abhängig.

– Lernende Organisation

Wissen heißt noch nicht Können

Die Diskrepanz zwischen Wissen und Können offenbart den Sisyphusanteil, der sich im Theorie-Praxis-Diskurs in den vergangenen Jahren abzeichnete. Anhand der alten Chiffren wie »Instruktion am Arbeitsplatz« und »on the job training« oder neuere Begriffe wie »blended learning«, »computer-based training« oder durch ganze Modelle und Konzepte wie »Wissensmanagement« und »lernende Organisation« wurden Hoffnungen eines nahtlosen Zusammenspiels zwischen Wissensproduktion und Nutzung von Wissen geschürt.

Wissensproduktion und Nutzung von Wissen

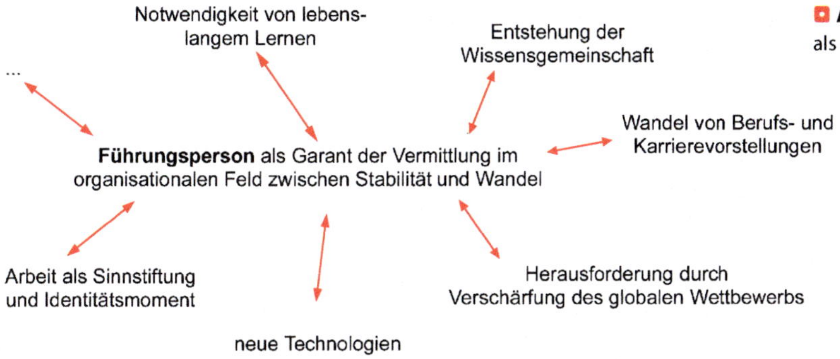

◘ **Abb. 12.6.** Führungsperson als ausgleichendes Moment

- Notwendigkeit von lebenslangem Lernen
- Entstehung der Wissensgemeinschaft
- Wandel von Berufs- und Karrierevorstellungen
- **Führungsperson** als Garant der Vermittlung im organisationalen Feld zwischen Stabilität und Wandel
- Arbeit als Sinnstiftung und Identitätsmoment
- Herausforderung durch Verschärfung des globalen Wettbewerbs
- neue Technologien

Wissen ist nicht Kompetenz

Doch wer Wissen mit Handlungskompetenz gleichsetzt, ist leicht enttäuscht. Ryle (1969) wies bereits in den späten 1940er-Jahren mit seiner Kritik der »intellektualistischen Legende« auf diese Problematik hin:
Wenn zur intelligenten Ausführung einer Tätigkeit eine vorhergehende theoretische Tätigkeit notwendig sei, und zwar eine, die intelligent ausgeführt werden muss, dann münde dies in einen unendlichen Regress: Jede intelligente Handlung bedürfe der geistigen Vorwegnahme und weil die geistige Vorwegnahme auch eine Handlung sei, bedürfe sie ihrerseits der geistigen Vorwegnahme usw. Deshalb schlug er vor, zwei Qualitäten von Wissen zu unterscheiden:

Zwei Qualitäten von Wissen

> **Knowing how (Wissen wie) und knowing that (Wissen warum):**
> a) Knowing how beschreibt, was eine Person können muss, wenn sie eine Handlung gut und erfolgreich ausführen will (implizites Wissen).
> b) Knowing that beschreibt die Fähigkeit, über die beim Handeln befolgten Regeln Auskunft zu geben (explizites Wissen).
> (Ryle 1969, S. 26 zit. nach Radtke 1996, S. 106)

Gründe für fehlende Wirksamkeit von Wissen

Doch weshalb leistet angeeignetes Wissen der eigenen Handlungserwartung Widerstand? Weshalb lässt uns einmal gelerntes Wissen in der Praxis häufig kläglich im Stich, was die Wirksamkeitsforschung immer wieder bestätigt? Die Gründe sind vielfältig:

- Eine mögliche Begründung kann damit auch in den Organisationsinteressen und im Selbstverständnis ganzer Berufsgruppen liegen, die eigene Tätigkeit zu legitimieren, anstatt sich den Irritationen des Widerspruchs zu stellen.
- Eine weitere Begründung kann im Desinteresse der Organisation liegen, gelerntes Wissen anzuwenden, um Störungen zu hemmen und Stabilität aufrecht zu erhalten, selbst mit dem Risiko, künftigen Marktanforderungen nicht gerecht zu werden.
- Die Trennung zwischen Theorie und Praxis, Ausbildung und Arbeitsplatz bzw. Schulungs- und Funktionsfeld erfolgt zunehmend durch die gesellschaftlichen Differenzierungsprozesse, durch die die einzelnen Systeme ein hohes Mass an operativer Geschlossenheit entwickelt haben (vgl. Luhmann in Baraldi et al. 1997). Deshalb schützen sich die einzelnen Systeme vor ihrer gegenseitigen Durchdringung. Wissen wird somit nicht als Handlungsmoment akzeptiert, sondern muss zuerst beweisen, dass es den Charakter der ungefährlichen »organisationsinternen« Produktion aufweist, ehe es handlungsrelevant werden darf.
- Eine ähnliche Erklärung finden wir auch in der Gestaltpsychologie, die besagt, dass Menschen in der Regel auf ihre bestmögliche »Handlungsgestalt« zurückgreifen (vgl. Petzold 2005) und somit auf das ihnen zur Verfügung stehende Handlungsrepertoire. Als Mitarbeitende gilt es in der jeweiligen Organisation »lokal« (vgl. Elden 1983 zit. in Baitsch 1993) und situationsadäquat zu agieren. Maß dieses Handelns ist weniger das mitgebrachte subjektive Wissen, als vielmehr das konsens-verkörpernde

Wissen im kulturellen Selbstverständnis der jeweiligen Organisation (lokale Theorie).
- Häufig wird Wissen in der Qualität vom sogenannten »trägen Wissen« erworben, das in anderen Kontexten kaum nutzbar ist. Wäre Wissen den Handlungssituationen angemessen erworben und subjektiviert, könnte es wenigstens potenziell handlungsleitend sein. So konnte etwa gezeigt werden, dass fortgeschrittene Studenten der Betriebswirtschaftslehre – trotz reichlich vorhandenen Sachwissens – in der Steuerung eines (computersimulierten) Unternehmens nicht besser abschnitten als eine Kontrollgruppe von Pädagogikstudenten (vgl. Renkl in Mandl et al. 1993).
- Ferner unterliegt Handeln einer ganzen Anzahl weiterer Filter wie bspw. Emotionen, Einstellungen, Situationen und Interessen, Erfahrungen u. a. m.

träges Wissen

Einmal Gelerntes oder zur Verfügung stehendes Wissen, garantiert noch lange nicht dessen Nutzung und Transfer. Ein anschauliches Beispiel für die Absurdität der Auffassung, man würde immer bewusst Wissens-Regeln anwenden, bevor man erfolgreich handelt, stammt von Polianyi (1958) zum Fahrradfahren:

Nutzen von Theorie für die Praxis nicht zwingend

> Bringen Sie die Kurvung Ihrer Fahrradspur im Verhältnis zur Wurzel Ihres Ungleichgewichtes geteilt durch das Quadrat Ihrer Geschwindigkeit!
> Polianyi (1958, zit. Nach Miller 1973, S. 86)

Diese Regel beschreibt das Gleichgewichthalten beim Fahrradfahren. Man kann sie rekonstruieren, man kann sogar sagen, sie wird beim Fahrradfahren eingehalten. In Anbetracht dessen, dass die große Mehrheit der Radfahrer diese Regel aber nicht einmal kennt, wird deutlich, dass niemand sie im Sinne einer vorausgehenden kognitiven Handlungsplanung anwendet und somit das Wissen um die Regel die Ursache für das kompetente Radfahren sei.

Lernen in Organisationen oder Lernende Organisation?

Verwenden wir den Begriff »Lernen«, um Organisationsprozesse zu beschreiben, so müssen wir uns im Klaren sein, dass wir mit einer Metapher, einem Bild sprechen:

> Ein Ding, was man einfach Lernende Organisation nennen kann, gibt es nicht. Es ist aus meiner Sicht eine Gemeinschaft von Menschen, die so miteinander umgehen, dass sie wirklich lernen, ihre Fähigkeiten zu entwickeln, um das zu erreichen, was sie sich vorgenommen haben.
> (Hartkemeyer 1997, S. 14)

Lernende Organisation

Dies verdeutlicht uns auch ein anderes Bild: Betrachten wir Institutionen, die Lernen und Wissen als ihre »Primary Task« bezeichnen, Schulen an erster Stelle, so wird offensichtlich, dass sich in den letzten 150 Jahren im Vergleich zu anderen Organisationen wenig verändert hat. Offenbar ist das Lernen in Organisationen noch keine Garantie, dass die Organisation selbst lernt. Mit Simon (1997) ausgedrückt: Aus einer Organisation der Wissenden resultiert nicht unbedingt eine wissende Organisation.

Umgang mit Wissen

Ob eine Organisation lernt oder nicht, hängt außerdem mit der Zuschreibung der Erwartungen und der Wahrnehmung von auftretenden Veränderungen zusammen. Dienlich hierbei ist ein kurzer Blick auf die Metaphorik des Wissens, die stark verdinglicht ist, als sei Wissen ein Rohstoff, den es zu speichern gilt: Man »erwirbt« Wissen, »vermehrt« es, »besitzt« es und »keinem kann es wieder genommen werden«. Es handelt sich um eine Metapher, die sich an der täglichen Nahrungsaufnahme orientiert, ein Transport von aussen nach innen. Den dinglichen Transport von Wissen hat bereits der Didaktiker Ratke im 17. Jahrhundert beschrieben. Ein Vorgang, der später als »Nürnberger Trichter« bekannt wurde und üblen Stoffdrill veranschaulicht:

> **Beispiel**
>
> **Nürnberger Trichter**
> Allen Lehrjüngern seien nacheinander die zehn Sprachen Deutsch, Latein, Griechisch, Hebräisch, Chaldäisch, Syrisch, Arabisch, Italienisch, Französisch und Spanisch in je sechs Monaten, das heisst in insgesamt 5 Jahren, beizubringen. Und nicht nur das: Er fordert, Schulen einzurichten, »darinnen alle Künste und Fakultäten ausführlich können gelernt und propagiert werden.« Damit das Pensum erfüllt werden kann, müssen sich die Lehrjünger allerdings auf das Zuhören und die Übung beschränken: »Dem Lehrjünger«, so Ratke, »gebührt zuzuhören und stillzuschweigen. Der Lehrjünger soll nichts reden während der Lektion, auch nichts fragen. Denn sonst verhindert er beide, den Lehrmeister und seine Mitschüler, dass die Lektion nicht kann zur rechten Zeit vollendet werden.«
> (Ratichii 1614, S. 7:628366N)

Input-Output-Modell

Diese »Lagerverwaltungsmetapher« von Wissen entspricht einem Input-Output-Modell, das wenig dienlich ist. Weder für das individuelle Lernen und Lehren, noch für das Lernen in Organisationen oder gar das Management von Wissen.

Wissen allein ist nicht handlungsrelevant

Solche Denkweisen und Menschenbilder steuern unseren Umgang mit Wissen. Die einzige Verbindung zwischen der Situation, in der Wissen erworben wird und Anwendungssituation jedoch ist das Individuum selbst. Das Wissen trägt kein Zeichen seiner Herkunft und ist deshalb frei verfügbar und von der wissenstragenden Person in beliebigen Situationen anwendbar (vgl. Herzog 1995). Dies ist einer der Hauptgründe, weshalb Information noch kein handlungsrelevantes Wissen darstellt. Informations- und Wissensdatenbanken sind deshalb meist wenig brauchbar.

Bewahrung von Wissen

Verarbeitung von Wissen

Wo Wissen nur bewahrt wird, wird Lernen behindert. Der Vergleich mit einer ungelesenen Bibliothek verdeutlicht diesen Imperativ: Der Besitz von Information und Wissen ist an sich sinnlos. Erst die Verarbeitung, Einfärbung auf eine subjektive Perspektive macht tote Information zu lebendigem

Wissen, das Handlungschancen und Kraft zur Bewältigung von Herausforderungen in sich trägt.

Wissen existiert demnach nicht außerhalb des Menschen. Es steckt in ihm und wird von ihm durch Dimensionen der Beziehungen, Reaktionen, Haltungen und Handlungsprozesse verkörpert.

Wie also kann man Wissen managen, das der Metapher einer Lernenden Organisation gerecht wird? *Wissen managen*

Wir treffen eine Auswahl, die uns Orientierungshilfe leistet und damit entscheiden wir, ob Anlass zum Lernen besteht. Diese Auswahl aus den vielfältigen Wissensangeboten ist keine passive Aufnahme, sondern ein kreativer Akt von Unterscheidungen. Deshalb gilt es, vier wesentliche Aspekte zu beachten: *eine Auswahl treffen*

1. Neues Wissen stört, da Lernenden sich oft mit schwierigen und den Intuitionen zuwiderlaufenden Vorstellungen auseinandersetzen müssen. Neues Wissen wird letzten Endes mit früheren Vorstellungen verbunden. *neues Wissen stört*
2. Neue fachliche Inhalte verdrängen frühere Auffassungen oder Klischees, die mit den neuen Formen des Wissens in irgendeiner Weise kollidieren oder sie untergraben könnten. Lernende benötigen die Bereitschaft zum »Ent-lernen«[Lernen setzt »Ent-lernen« voraus], was zugleich Widerstände und Chancen in sich trägt. *Notwendigkeit des Ent-Lernens*
3. Wissen allein ist noch kein Qualitätsmerkmal für fachkompetentes Handeln. *Wissen ist nicht Handeln*
4. Lernende ordnen neue Lerninhalte ihrer persönlichen Wissenskultur (Normen, Werte, Vorstellungen, etc.) unter. *dominante persönliche Werte*

Lernen in Organisationen ist somit nicht nur als positiv zu bewerten. Wenn Wissen ein Muster von Prozessen ist, so ist Lernen die Veränderung der Bedeutung von Prozessen und Erfahrungen und wird meist nur auf Kosten von bisherigem Wissen möglich. Neue Abläufe ersetzen die alten. Das Lernen von Wissen setzt deshalb immer ein Störungspotenzial voraus, das nur in einer relativ stabilen Organisationsumgebung konstruktiv und chancenreich verinnerlicht und belebt werden kann. *Störpotenzial von Lernen*

Verhältnis von Lernender Organisation und Wissensmanagement

In den vorangegangenen Abschnitten wurde die Verantwortlichkeit der Führungspersonen für Lernprozesse und deren Bedeutung in Organisationen moderner Arbeitsgemeinschaften dargelegt, ebenso wie die vielfältigen Einflüsse die auf die Gestaltung der Führungsrolle. Die Führungsperson ist je nach Größe der Organisation mit dieser Aufgabe nicht alleingelassen und erhält Unterstützung des HRM (Human Resources Management). Wir haben aber ferner festgestellt, dass viele der grundlegenden Führungstätigkeiten (bspw. Potenzialerkennung, Bedürfnisabklärung, Zielvereinbarung, Coaching, Feedback und Information, Kommunikation und Kooperation, Delegation, Kontrolle etc.), Teile des Führungskreislaufes sind und damit Garant für bedeutende Aspekte des Lernens in Organisationen (▶ Kap. 3 »Rollenkonzept«, ▶ Abschn. 7.3 »Gesprächsführung«, ▶ Kap. 9 »Beratung und Coaching«, ▶ Kap. 15 »Veränderungsmanagement«). *Führungskraft spielt Schlüsselrolle beim Lernen in Organisationen*

Konzept »Wissensmanagement«

In diesem Abschnitt wenden wir uns dem Verhältnis zwischen den beiden Konzepten der »Lernenden Organisation« und dem »Wissensmanagement« zu.

Wissensmanagement: Praktische Umsetzung der Lernenden Organisation

Es geht nicht darum zu behaupten, wir sind eine lernende Organisation (…), sondern um den Anspruch, es sein zu wollen. Erst das löst die Haltung aus; ähnlich als wenn ich mir vornehme, Klavier spielen zu können. Erst wenn ich mit meinen Mustern Energien und Aufmerksamkeit lenke oder mir etwas unklar ist, suche ich Daten, die Fertigkeit, die ich für ein neues Bild oder andere Fähigkeiten brauche. Es geht also um den Weg der Wahrnehmung, um ein Feld für Aufmerksamkeit. Deshalb habe ich auch grosses Bedenken, bei dem herrschenden *Wissen ist kein Ding …* Begriff des Wissens, als wäre es ein Ding, das einfach gemanagt werden kann. Es wird weitgehend mit Informationen gleichgesetzt. Es ist ein Artefakt des westlichen Industriezeitalters.
(vgl. Senge 1997, S 14 f.)

… sondern mit Personen verbunden

> Der Didaktiker Rumpf drückte diese Bedenken von Senge, Lernen zu entpersonalisieren, mit der griffigen monetären Metapher »Lernen mit dem Falschgeld ungedeckter Zeichen« aus, ohne in den 1970er Jahren den Begriff des Wissensmanagement zu kennen.

Wie oben beschrieben, lässt sich zwar Wissen in unterschiedlichsten Behältnissen deponieren, sei dies Papier oder Computerspeicher, die Verführung *Wissensmanagement ist* des Hortens, der »unbewirtschafteten Lagerhaltung« ist groß, ohne die Folgen *keine Lagerhaltung von* zu bedenken, einen Nutzen, ein ökonomisches Outcome zu erhalten. Die *Wissen* Magie, personengebundenes Wissen von den Wissensträgern abzulösen und in die Verfügbarkeit des Unternehmens zu überführen, ist verlockend. Wissensmanagement dieses Charakters endet häufig als aufwendiges Informations-, Daten-, Hardware- und Softwaremanagement.

Wenn Organisationen Lernen anbieten, stellt sich somit immer die Frage, warum sollte die Organisation lernen?

Um dies zu beantworten, müssen die jeweiligen Charakteristika der beiden Konzepte entschlüsselt werden.

Grundsätzlich geht es um das Wissen des Nicht-Wissens

vom impliziten zum handlungsrelevanten Wissen

Aufgabe beider Konzepte ist im Großen und Ganzen der Wandel von trägem Wissen, also Wissen, das nur implizit vorhanden ist, konserviert und einer Verwendung nicht oder nur schlecht zugänglich ist, in handlungsrelevantes Verfügungswissen zu überführen. Ziel beider Konzepte ist, die Lernfähigkeit *Wissensmanagement als* in der Organisation zu stärken. Diese Fähigkeit wird zu einer Schlüssel*Schlüsselkompetenz* kompetenz von Management und Leadership, um dem Wertschöpfungsfaktor Rechnung zu tragen, indem Wissen produziert, ausgewählt, distribuiert und genutzt wird. Transfermanagement-Aufgaben, welche zum großen Teil Führungspersonen zukommt (▶ Abschn. 12.2.2).

12.2 · Wissensmanagement und Lernen in Organisationen

In der Art und Weise, wie dieses Ziel erreicht werden soll, unterscheiden sich die beiden Konzepte erheblich. Dies ist in ◘ Tab. 12.1 zusammengefasst:

◘ **Tab. 12.1.** Wissensmanagement und Lernende Organisation – ein Blick auf die Differenz. (Adaptiert nach Fried & Baitsch 2002)

	Lernende Organisation	Wissensmanagement
Ziele und Wirkungsbereich	– Fokus auf strukturelle Grundlagen der Organisation und damit Generierung von Metawissen: Bspw. Wissen über den Umgang mit Experten- und Produktewissen in der Organisation – Fokus eher auf Umgang mit Wissen auf der gesamten Organisationsebene und damit strategische Ausrichtung auf Mehrwertgenerierung	– Bewahrung und Optimierung des Bestehenden im Rahmen des Milieu*- und Produktewissens (*vgl. weiter unten) – Lernfeld soll Verfügungswissen werden
Wissenskategorien	– Metawissen über Führungs- und Organisationswissen bezogen auf den Umgang mit Produkte- und Expertenwissen – Milieuwissen* weist im weitesten Sinn auf den Umgang mit implizitem und explizitem Kulturverhalten der Organisation hin. (* Unter Milieuwissen wird hier verstanden, dass es nicht allen Mitarbeitenden in einer Organisation zusteht, über alles Beliebige zu sprechen. So gibt es in Organisationen die Form unausgesprochener Kontrolle, wer mit wem, was ansprechen kann. Bspw. definiert sich eine »Führungskraft«, weil sich andere Menschen ihr gegenüber als »Mitarbeitende« zu ihr verhalten. Diese glauben umgekehrt »Mitarbeitende« zu sein, weil das Gegenüber eine »Führungskraft« ist).	– Explizites Produktewissen unterschiedlicher Quellen (Personal, Kunden, Berater etc.) – Explizites Expertenwissen als Information zu betriebswirtschaftlichen Elementen der Organisation, oft gebunden in Abteilungen, Projektgruppen, Stellen etc. – Fokus eher auf den Umgang von Teilprozessen eingeschränkt
Eindeutige Stärken	– Förderung selbstkritischer Reflexion der Alltagsroutine und Handlungsmuster, was Grundlage zu Innovationskraft und strategischem Wettbewerbsvorteil bedeutet – Bedarf des Commitments aller Beteiligten	– Überschaubarkeit der Reduktion von Komplexität auf Kompliziertheit – Zuständigkeit und inhaltliche Ausrichtung beschränkt, Steuerung zentralisiert, häufig auf Gruppen oder »Services« konzentriert – Anzahl möglicher Agierender bei Maßnahmen geringer – Erfüllt spezifische operative Zwecke optimal: Einführung und Integration neuen Personals, Sicherung der Kommunikation, bündelt Information und stabilisiert somit die Organisationskultur
Eindeutige Schwächen	– Gefahr der Destabilisierung, ausgehend von der Annahme, dass soziale Systeme Unsicherheit vermeiden bzw. reduzieren, um Stabilität zu erreichen. Die Etablierung von Routinen stärkt die künftige Erwartungs- und Handlungssicherheit	– Verführung zu technokratisch-administrativen »Informations-Deponien« – Tendenz zu entpersonalisiertem und dekontextualisiertem »totem Wissen«, das von einer Haltung des Wissensdefizits ausgeht und daher der Wissensaneignung dient, statt einer Wissensgenerierung mit unmittelbarem Praxisbezug
Antinomien (im Sinne von sich komplementär verhaltenden Vor- und Nachteilen)	– Verlauf und Ergebnis des Lernens ist zwar dezentral, dadurch droht potenzieller Kontrollverlust über Prozesse und Konsequenzen – Objekt des Lernens (Organisation) kann differenziert werden und damit auch infrage gestellt werden bzw. es droht die eigene Ausserkraftsetzung	– Bekannte Positionen und Personen sollen Bekanntes erfassen, selbst auf die Gefahr hin, »mehr desselben« zu Produzieren – Vorteil einer zentralisierten und damit effizienten Wissensgenerierung birgt die Gefahr, dass nur autorisierte Stellen Wissen »managen« und so zu einer zensurierenden Instanz werden

Tab. 12.1 (Fortsetzung)

	– Fokus auf strukturelle Grundlagen der Organisation und auf das eigene Handeln. Damit ist auch das Risiko zur Labilität gegeben – Wissen, das durch seine personale Generierung hohen Identitätswert und Nachhaltigkeit hat, muss sich paradoxerweise der Überprüfung der Legitimität aussetzen (Widerstand)	– Tendenz entpersonalisierter und dekontextualisierter Wissenserzeugung, weist jedoch die Qualität von lexikalisiertem Wissen auf, das sich zur Integration neuer Mitarbeitender gut eignet
Hauptakteure des Lernens	– Gesamte Organisation als Reflexionsobjekt bzw. Untersuchungsgegenstand – Intern und/oder extern beratende Personen unter Einbezug der ganzen bzw. von Teilen der Belegschaft	– »Domestizierte« Variante des Organisationalen durch Beschränkung auf möglichst Vorhersehbares, um operative Teilaspekte der Organisation zu optimieren – Gruppen, Projekte, zuständige Stellen etc.

Was ist zu tun: Möglichkeiten und Grenzen

Wissensmanagement und Lernende Organisation

In beiden Konzepten ließen sich Ereignisse als Anregung für Lernprozesse auffassen, die für Entwicklungsprozesse nutzbar sind. Doch die Wissensbasis und die Handlungsspielräume, die an neue Erfordernisse anzupassen wären, sind unterschiedlich bemessen. In der Tendenz liegt der Lernenden Organisation der Anspruch zugrunde, diese zu entwickeln. Das setzt ein Organisationsverständnis voraus, das durch Offenheit und Individualität geprägt ist. Ein hoher Anspruch: Denn die Chancen zur Veränderung und Weiterentwicklung ziehen gleichzeitig auch Zweifel und Widerstände sowie Ängste nach sich, die sich destabilisierend auswirken. Daneben liegt im Ansatz des Wissensmanagements der Reiz, dass Wissen ein »Objekt der Begierde« werden kann, was ebenfalls zu internen Wettbewerbsvorteilen führt. Dennoch müsste sich Wissensmanagement – will es seinem Anspruch, ebenfalls organisationsentwickelnd sein, gerecht werden, – an die Ansprüche des Organisationslernen annähern, um glaubwürdig zu bleiben.

Es ist für Führungspersonen ein schwieriger Entscheid, welchen Konzepten man seine Kraft zur Verfügung stellt. Hierbei erweist ◘ Tab. 12.1 gute Dienste.

Wissensmanagement als niederschwelliger Zugang

Es ist leichter, Wissensmanagement umzusetzen, als das Unternehmen zu einer »Lernenden Organisation« zu entwickeln. So gesehen kann Wissensmanagement als Einfallstor zu einer lernenden Organisation dienen. Es sind häufig die kleinen und unkomplizierten, im Alltag realisierbaren Instrumente, die hier eine hohe heuristische Kraft aufweisen. Viele dieser Instrumente und Verfahren entstehen aus der Praxis von Führungspersonen und verselbstständigen sich innerhalb einer Organisation zu einer Methode.

12.2.2 Zum Schluss eine Sammlung methodischer Impulse

> Begriffe ohne Anschauungen sind leer und Anschauungen ohne Begriffe blind.
> Kant (1781, S. 75)

Alle guten Ansichten von Lernen in Organisationen bleiben ohne Umsetzung in die Praxis nutzlos. Die Handlungsfähigkeit ist das Primat. Dazu dienen auch praktische Theorien, bspw. die Angewandte Psychologie. Eine Praxis ohne Selbstreflexion in den Spiegeln der Theorie bleibt blind und repetitiv, eine Theorie ohne deren Anschauung jedoch handlungsunfähig.

Notwendigkeit des Handelns

Zu diesem Zweck sollen Zugänge als Impulse und Ideen kurz skizziert werden. Die meisten davon sind dem Wissensmanagement entliehen. Sie dienen, wie weiter oben bereits erwähnt, außerdem als Einstieg zu einem Selbstverständnis der Lernenden Organisation. Im Folgenden stellen wir kommentierte Zugänge und Methoden dazu vor.

Impulse und Ideen zur Umsetzung

Impulse zu dialogischen und narrativen Zugängen

> **Lernen geschieht durch Kommunikation**
> **Allgemein:** Gespräche sind das Nadelöhr der Führung. Kommunikationsregeln sind für deren gelingen der Garant und werden an dieser Stelle nicht behandelt. Nur schon durch eine professionelle Kommunikation sowie Moderation lassen sich viele Methoden des Wissensmanagements nutzbringend einsetzen. Klare Kommunikation ermöglicht die Übermittlung von Wissen in Gesprächen.
>
> Ebenso sind Metaplantechniken, Prototyping als Veranschaulichungsmethodik, kognitive Landkarten, Mind-Maps, Laddering (mehrmaliges Fragen nach dem Warum), zirkuläres Fragen und viele andere Fragetechniken und Visualisierungstechniken überaus hilfreich für Wissensaustausch und Lernen.

Mit der Perspektive der Lernenden Organisation dienen Gespräche dazu, individuelles Wissen in kollektives Wissen, Bewertungen, Entscheidungen sowie in gemeinsame Handlungen und den Aufbau von Know-how und Kompetenzen umzuwandeln.

Grundlage des Wissensmanagements ist der Dialog

Nutzen Sie auch die Gespräche im betrieblichen Alltag, die Ressourcen zu Wissensaustausch und darüber hinaus als Zugang zum Wissensmanagement sind.

Gespräche

Wissensziele in Gesprächen

4 Zieldimensionen können Gesprächen zugrunde liegen:
- Wissensaustausch
- Wissensentwicklung
- Wissensbewertung und -evaluation
- Wissensumsetzung und -planung

Diese Zieldimensionen lassen sich in Gruppengesprächen oder Dialogen nutzen, ebenso wie in den nachfolgenden Methoden. (▶ Abschn. 7.3 »Gesprächsführung«, ▶ Kap. 9 »Beratung und Coaching«).

Storytelling

Fallintervision und Storytelling als narrative Zugänge

Ähnlich den Fallbearbeitungen, welche in der betriebswirtschaftlichen und juristischen Ausbildung (bspw. Harvard Business School) lange Tradition aufweisen und als Methoden der »Fallintervision« in die Führungsarbeit integriert wurden, blickt der narrative Ansatz auf eine noch ältere kulturgeschichtliche Tradition der »Geschichten« und »Erzählungen« zurück. (▶ Abschn. 7.2 »Storytelling«).

Geschichten als komplexe Träger von Wissen

Das Denken in Geschichten stellt umfassende Zusammenhänge dar. Unser argumentatives Denken geht von Daten und Theorien aus und tendiert zu Abstraktionen. Es konzentriert sich auf Einzelheiten und Teilaspekte, zeigt Zusammenhänge zwischen Fakten auf und schafft Tatsachen.

> **Geschichten**
> Die Chance, in Gruppen mit Mitarbeitenden Geschichten auszudenken, ermöglicht etwas auszudrücken, was sonst unbeachtet und unbearbeitet bliebe. Mit dem Zugang des narrativen Denkens (vgl. Bruner 2002), schaffen wir Sinn, Orientierung und Visionen. Zahlen und Daten allein reichen nicht aus, um eine Organisation zu führen. Geschichten bieten Ereignisse an, die zur Konkretisierung neigen. Geschichten enthalten eine ganze Welt an Fakten, Zusammenhängen, Emotionen, Rahmenbedingungen, Einstellungen, Handlungsweisen und eröffnen daher Möglichkeiten. Achten Sie bei der Moderation von Geschichten auf die Ownership-Regel. Die Geschichte gehört der fall- oder geschichtenbringenden Person.

Großgruppenmethoden bzw. partizipative Methoden

Definition: Kollektive Enwicklung von Organisationen

> **Definition**
> Die Methoden der Intervention in großen Gruppen haben zum Ziel, im Sinne der Lernenden Organisation alle involvierten Anspruchsgruppen in Entwicklungsprozesse, sprich Veränderungsprozesse der Organisation miteinzubeziehen.
>
> In der Gesamtheit einer Organisation oder eines Systems entwickelte Visionen, Strategien, Ziele, Arbeitsschwerpunkte, Spielregeln oder Maßnahmen können Energien freisetzen, die ein System resp. eine Organisation effizient und effektiv verändern. Etwas selbst erarbeiten, lernen und
> ▼

12.2 · Wissensmanagement und Lernen in Organisationen

> erfahren ist wirkungsvoller als »Top-down«-Befehle auszuführen oder sich fremdbestimmen lassen. Dies gilt für den Fall, dass Großgruppenmethoden in einen Gesamtprozess integriert werden, und deren Ergebnisse in die Praxis umgesetzt werden.

Interventionsprinzipien: *Interventionsprinzipien*
- Das ganze, offene System in einen Raum bringen
- Fokus auf der Zukunft anstatt auf Probleme
- Gemeinsamkeiten finden anstatt Konflikte bearbeiten
- Zeit und Umfeld miteinbeziehen
- In sich selbst organisierenden Gruppen arbeiten
- Maßnahmen erst planen, wenn Konsens über Zukunft besteht

Voraussetzungen: *Erfolgsvoraussetzungen*
- Hoher Leidensdruck
- Oberste Entscheidungsinstanzen sind offen für Veränderungen
- Konferenzergebnis steht nicht im Voraus fest
- Kooperationsbedarf

Tab. 12.2. Drei Großgruppenmethoden

	Future Search Conference (Zukunftskonferenz)	Real Time Strategic Change (RTSC)	Open Space Technology
Ziel	Gemeinsame Zukunft planen	Sensibilisieren auf vorgegebene Ziele und Entwickeln von Umsetzungsstrategien	Entwickeln von Themen, die den TN unter den Nägeln brennen
Dauer	1–3 Tage	1–3 Tage	1–3 Tage
Anzahl TN	10–72 (evtl. >96)	10–300	50–1.000
Zielgruppe	Gruppenzusammensetzung zielgerichtet und interdisziplinär	Gruppenzusammensetzung zielgerichtet und interdisziplinär	Freiwillige als Querschnitt einer Organisation oder eines globalen Themas
Form	Arbeit in einem Raum und in einzelnen, in der Zusammensetzung wechselnden, Gruppen	Arbeit in einem Raum und in einzelnen, in der Zusammensetzung wechselnden, Gruppen	Beginn im Kreis. Eigentliche Arbeit erfolgt in dezentralen, autonomen, sich selbst organisierenden Mini-Workshops.
Ablauf	5-Phasen-Prozess: Vergangenheit, Gegenwart, Zukunft, Maßnahmen, nächste Schritte	3-stufiges, prozessorientiertes Vorgehen, das über die Sensibilisierung zu Zielidentifikation und Maßnahmen führt. Einzelne Aufgaben sind genau definiert und vorgegeben	Nach Einstimmung wird die Konferenzagenda im Plenum entwickelt. TN sind frei, wie und wie lange sie in den Workshops mitarbeiten. Schlussphase, Reflexion und Ergebnissicherung
Referenten	Zur Einstimmung möglich	Als Inputgeber in Phase I oder II	Nur in Ausnahmefällen
Moderation	Moderation ist stets präsent und führt von einer Aufgabe zur anderen	Moderation ist stets präsent und führt von einer Aufgabe zur anderen	Moderation führt nur durch die Einstimmung, die Plenumsdiskussion und die Reflexion
Logistik	Arbeit in einem einzigen großen Raum. Ein Flipchart pro Tisch.	Arbeit in einem einzigen großen Raum. Ein Flipchart pro Tisch.	Plenumsdiskussion im großen Raum, Mini-Workshops im Gruppenräumen. PCs für Berichterstellung

Erfolgsvoraussetzungen (Forts.)	— Viele direkt Betroffene sind einbezogen — Hierarchie tritt während des Anlasses in den Hintergrund — Es besteht die Möglichkeit, Spurgruppen einzusetzen — Vertrauensvolle Atmosphäre — Kompetente Moderation
Methoden	**Methodenbeispiele** (Tab. 12.2): — Zukunftswerkstatt — Szenariotechnik — Open Space Technology (OST) — Future Search Conference (Zukunftskonferenz) — Real Time Strategic Change (R.T.S.C.)
internetgestützte Ansätze des Wissensmanagements	**Impulse der neuen Medien, »Communities« und »Social Software«** Traditionellerweise tendiert das IT-basierte Wissensmanagement dazu, entpersonifiziertes Wissen zu horten. Häufig endet dies in teuren Systemlösungen, die eigentlich für Datenbanken und Content-Archive konzipiert wurden und dort auch sinnvoll sind, für die Beibehaltung lebendigen Austauschwissens hingegen kontraproduktiv sind. Deshalb werden an dieser Stelle Möglichkeiten aufgezeigt, welche kostengünstige Angebote im Netz zu finden sind, deren Akzeptanz von der jeweilige Organisationskultur abhängig ist. **IT-gestütztes Wissensmanagement** Zwei Kriterien zur Einführung IT-gestützten Wissensmanagement müssen zu Beginn bedacht werden: — Wie kann die Informations- und Kommunikations-Technologie (ICT) auf konstruktive Weise in Vorhaben integriert werden und keinesfalls umgekehrt? — Was gewinnen Sie mit dem Einsatz von IT-gestütztem Wissensmanagement, was ist der Mehrwert?
FAQ	**FAQ (»frequently asked questions«):** Diese Möglichkeit ist bekannt aus dem Web. In der eigenen Organisation eingesetzt, bietet sie die Chance, Einträge durch die Mitarbeitenden selbst pflegen zu lassen. FAQ wird so zu einer Art lebendigem Lexikon aus der Kompetenz und Verantwortung der einzelnen Personen. Inhaltlich bewegt es sich zwischen Glossar und Problemlösungs- und **Beratungsdatenbank**.
Podcasts	**Podcasts:** Beiträge, Bilder und Radiosendungen lassen sich inzwischen mit Podcasts verbreiten. In universitären Bereichen der USA werden Podcasts bereits als propädeutisches Medium eingesetzt und in Seminaren und Vorlesungen als Leistungsnachweise akzeptiert. Ein »junges« Unternehmen ließe sich durchaus mit Podcasts zum Wissensaustausch animieren: Wer bietet was an, wer abonniert welchen Inhalt? Austausch von Erfahrungen, Prozessen und Inhalten ist möglich.

Learning Communities: Sind vornehmlich selbst organisierte Personengruppen, die einem ähnlichen Zweck nachgehen. Communities sind vielfältig und zeichnen sich durch ein geteiltes Interesse oder Ziel aus. So offenbart bspw. der Name »learning communities«, dass diese sich mit Lernprozessen auseinandersetzen. Innerhalb der Communities bildet sich schnell eine Mikrokultur aus. Lassen sich die Interaktionsfrequenzen der Beteiligten einer Community zu einem für die Organisation essenziellen Thema aufrecht erhalten, bietet dies eine gute Chance, Wissen auszutauschen, zu erschließen, zu nutzen und zu präsentieren.

Learning Communities

Wikis, Blogs, und CSCW: Ihnen allen ist gemeinsam, dass diese über das Web bzw. Intranet funktionieren. Bei allen ist die Anwendung kostenlos. Die Nutzung dient bei allen drei folgenden Zwecken:
- Information
- Dokumentation
- Kommunikation
- Kooperation

Möglichkeiten im Internet

Wikis: Haben ihren Siegeszug im Web durch Wikipedia, dem freien Lexikon, zu verdanken. Hier können diese kostenlosen Anwendungen dem Redaktions- bzw. Content-Management-System dienen.

Wikis

> Ein Wiki ist das Brett oder die Wand des Unternehmens, auf dem die Mitarbeiter Informationen und Erfahrungen weitergeben. Man verlinkt auf Websites, Weblogs, Wikis und Ressourcen aller Art, die in diesem Kontext hilfreich sind und weitere Inhalte beizusteuern vermögen.
> (Bendel in Belliger & Krieger 2007).

Definition

Wikis entstanden als Wissensmanagement-Tool im Umfeld der »Entwurfsmuster«-Theoretiker nach einer Idee aus dem Jahre 1995. Ein Wiki, auch WikiWiki und WikiWeb genannt, ist eine im World Wide Web verfügbare Seitensammlung, die von den Benutzern nicht nur gelesen, sondern auch online geändert werden kann. Dazu gibt es in der Regel eine Bearbeitungsfunktion, die ein Eingabefenster öffnet, in dem der Text des Artikels bearbeitet werden kann. Wie bei Hypertexten üblich, sind die einzelnen Seiten und Artikel eines Wikis durch Querverweise (Links) miteinander verbunden. Wikis ähneln damit Content Management Systemen. Der Name stammt von wikiwiki, dem hawaiischen Wort für »schnell«.
(http://de.wikipedia.org/wiki/Wiki)

Definition: Wikis

Weblogs: Sind im Gegensatz zu Wikis spielerischer im Umgang mit Inhalten und Erfahrungen. Sie dienen dazu, Ideen aufzugreifen, zu kommentieren, zu verlinken und in andere Kontexte zu transformieren. Das assoziative und kreative Element steht im Vordergrund.

Weblogs

Definition: Weblog

> **Definition**
> Ein Weblog (engl. Wortkreuzung aus Web und Log), häufig abgekürzt als Blog, ist ein digitales Tagebuch. Es wird am Computer geschrieben und im World Wide Web veröffentlicht. Es handelt sich somit um eine Website. Ein Blog ist ein für den Herausgeber (»Blogger«) und seine Leser einfach zu handhabendes Medium zur Darstellung von Aspekten des eigenen Lebens und von Meinungen zu oftmals spezifischen Themengruppen. Weiter vertieft kann es sowohl dem Austausch von Informationen, Gedanken und Erfahrungen als auch der Kommunikation dienen und ist mit dem Internetforum sehr verwandt.
> (http://de.wikipedia.org/wiki/Weblog).

CSCW-Austausch-Plattformen

CSCW-Software (Computer Supported Cooperative Work): Bietet die technischen Voraussetzungen zur gemeinsamen Produktion von Dokumenten durch eine zentrale Dokument- und Ereignisverwaltung. Sie bietet in der Regel die Möglichkeit einer geschlossenen Umgebung, d. h. der Zugang ist auf eine festgelegte Benutzergruppe beschränkt. Im Gegensatz zu Wikis, Podcasts und Blogs bietet diese Anwendung mehr vorgegebene Struktur und Klarheit. Die Gefahr besteht, dass einzelne Gruppen sich Abschotten können. Durch die zentrale »Rollen- und Rechteverteilung« für jedes einzelne Mitglied, lässt sich dies jedoch steuern. CSCW-Plattformen weisen die Tendenz zu Aktenschränken auf, die häufig das Papier auf den Schreibtischen in die Unübersichtlichkeit der Web-Ablage transportieren.

Terminbörsen

Terminbörse: Braucht keine große und teure Software. Mit herkömmlicher Standardsoftware, wie Terminierungssoftware, CSCW-Tools (Kollaborationssoftware) und anspruchslosen Datenbankprogrammen lassen sich Angebote und Nachfragen als Lernbörse installieren. Potenziale werden so zusammengebracht und Kooperationen können daraus entstehen.

Impulse aus dem institutionalen Umfeld

Weitere Impulse: »Weekly-Speech«

- Zu nennen sind vornehmlich aus der amerikanischen Unternehmenskultur bekannte Informationsveranstaltungen und Vollversammlungen wie bspw. der »Weekly-Speech«. Die Geschäftsleitung, die Abteilungsleitung informiert über Veränderungen, ökonomische Kennzahlen, Leitideen, größere anstehende Vorhaben. Mitarbeitende können Rückfragen stellen und Anregungen geben. Gefällig ist die Art und Weise zwischen formaler und informeller Strukturierung.

World Café

- Eine ähnliche Methode ist das World Café. Dieses bietet eine Alternative zu langweiligen Powerpointpräsentationen. An kleinen Tischen treffen sich Personen, die sich zu einer vorgegebenen Thematik austauschen. Sie können die Tische wechseln, so dass alle mit allen ins Gespräch kommen. Die Notizen werden direkt auf den Papiertischtüchern oder bereitstehenden Flipcharts gemacht.

abteilungsübergreifender Austausch

- Ermuntern Sie und bieten Sie gleichzeitig Zeitfenster an zum gegenseitigen abteilungsübergreifenden Rundgespräch, zur Präsentation. Lassen

12.2 · Wissensmanagement und Lernen in Organisationen

Sie die Mitarbeitenden sich in der Rolle als Berater und Ratsuchende erleben, damit abteilungsübergreifendes Wissen entsteht.
- Durchbrechen Sie das Primat quantitativer Forschung und Befragung von Kunden. Qualitative Zugänge wie Geschichten, Vorkommnisse, Erfolgsstorys etc. bieten erlebnisnahe Beispiele und Feedbackgelegenheiten zum Austausch an. Konkrete Probleme lassen sich häufig durch das Zusammenführen konkreter Personen befriedigend lösen: Kunden einladen, Backoffice mit Verkauf zusammenführen etc.
- Betriebsinterne Berichterstattung (bspw. Hauszeitung, Schwarzes Brett, Intranetforen etc.) durch »high potentials«, die über den gegenwärtigen Stand ihrer eigenen Entwicklungsaufgabe berichten. Eine einfache Maßnahme, die Ressource Mensch im Sinne des HRM wahrzunehmen und die Kompetenzen daraus allen zugänglich machen.
- Informelle Kommunikation in Organisationen ist nur auf den ersten Blick unökonomisch und undiszipliniert. Der zentrale Kaffeeautomat, Pausen und die Mitarbeiterecke, aber auch Drucker und Kopierer werden als Treffpunkte unterschätzt und ermöglichen Begegnungen und Wissensaustausch.

Zusammenbringen der richtigen Personen

Berichterstattungen über Entwicklungsfelder

informelle Austauschnischen

ZUSAMMENFASSUNG

Bewusster Umgang mit Wissen ist ein zentraler Entscheidungsparameter in Organisationen. Der Prozess der Wissensgenerierung ist letztlich ein Interventionskonzept, das der Gestaltung der organisationalen Wissensbasis dient. Den Führungspersonen kommt dabei eine entscheidende Stellung zu. Wissen unterliegt jedoch dem Prozess des Lernens, der Identität einer Person und mit ihrer Arbeit. Die Systematisierung und organisationale Verwendung von Wissen ist dem Erfolg der ganzen Organisation dienlich. Ein gutes Gelingen hängt aber vom bedachten und sorgfältigen Umgang zwischen Mensch und Organisation ab. Zur Veranschaulichung dienen folgende Leitideen als Zusammenfassung:
- Erfahrungsgemäß scheitern viele gute Absichten an der zentralistischen, bürokratisch-administrativen Übersteuerung, die häufig in teuren Datenfriedhöfen enden.
- Kontrolle ist gut, Vertrauen ist besser (frei nach Lenin).
- Die Mittel müssen dem Zweck dienen (frei nach dem organisationspsychologischen Axiom »structure follows task«).
- Partizipation ist eine Voraussetzung im Wissensmanagement und benötigt Transparenz, Vertrauen und Offenheit. Die klare Legitimation und Unterstützung der verantwortlichen Führungsebene ist für den Erfolg unabdingbar.
- Nutzen Sie Projektmanagementkompetenzen, denn Wissensmanagement lässt sich hervorragend in Arbeits- bzw. Projektgruppen realisieren.
- Nehmen Sie die Metapher ernst: »Tauschen Sie nur einzelne Planken aus, sonst sinkt das ganze Schiff!«

Realisierung in kleinen Schritten

- Schritt um Schritt vorgehen. Wichtig ist, dass Sie einen Schritt in die gewünschte Richtung tun. Ein kleines Pilotprojekt, das relevante Ergebnisse bringt, kann Auslöser für mehr sein.
- Bleiben Sie realistisch gegenüber der sich immer schneller drehenden Spirale neuster Trends und Versprechungen.
- Wettbewerbsvorteil mit Wissensmanagement schaffen Sie nicht, in dem Sie propagierte Standards einsetzen, egal wie die Verfahren auch heißen. Positionierungsentscheide in der eigenen Organisation sind die Grundlage und diese können nicht durch »management by« und »Wissensmanagementinstrumente xy« ersetzt werden.
- Das Schlagwort ist oft trügerisch: Es ist nicht überall Wissensmanagement drin, wo Wissensmanagement draufsteht.

vorhandene Ressourcen nutzen
- Suchen Sie deshalb nach bereits existierenden Ressourcen, Aktivitäten, Erfahrungen und Methoden, die dem Zweck dienlich sind und ohne großen Zusatzaufwand genutzt werden können (vgl. Schneider in Belliger & Krieger 2007):
- Qualitätsgruppen und -zirkel
- Materialien der Information und Dokumentation aus dem Qualitätsmanagement sowie Regiebücher
- Prozesswissen aus Zertifizierungsprojekten
- bestehende Interessensgruppen aus Weiterbildungen
- Intervisionsgruppen, Spurgruppen, Erfahrungsgruppen
- betriebsinternes Vorschlagswesen
- Aktivitäten aus der Zusammenarbeit wie Unternehmenstreffen, Personen in Praktika etc.

FRAGEN ZUR VERTIEFUNG
- Welche Aspekte Ihres erworbenen Wissens können Sie in Ihrer derzeitigen Position noch verwenden?
- Welchen Stellenwert nimmt Ihre persönliche Weiterbildung in der Organisation ein?
- Existieren Angebote, die ohne große Hürde zugänglich sind?
- Arbeiten Sie in einer Branche, die auf Lernen stark angewiesen ist?
- Wie groß ist Ihre Kultursensitivität. Sprechen Sie abteilungs- oder hierarchieübergreifend in einer allgemein verständlichen Sprache, die gegenseitigen Austausch und Lernchancen ermöglicht?
- Wenn Sie an den Ablauf des Jahresrhythmus Ihrer Organisation denken, welchen strukturellen Aspekten würde Sie hohe Lernchancen zuordnen? Welche bieten Ihnen die Gelegenheit, sich über Ihre Arbeitssituation Klarheit zu verschaffen?
- Beziehen Sie obige Analyse auf Ihre persönliche Veränderungsbereitschaft: Was wäre der »riskante Entwurf Ihres Selbstbildes« und was hindert Sie, bzw. verunsichert Sie daran, diesem Veränderungsplan nachzugeben? Welche positiven, stärkenden Erfahrungen verbinden Sie mit Ihren bisherigen Erfahrungen mit Veränderungen und wie

▼

- wirkt sich das auf Ihr Innovationsverhalten aus? (▶ Kap. 15 »Veränderungsmanagement«)
- Sind Sie mit Ihrer derzeitigen Rollengestaltung zufrieden?
- Können Sie Ihre Führungsarbeit auch als Förderung und Entwicklungsaufgabe wahrnehmen? (▶ Abschn. 13.2 »Führen mit Zielvereinbarung«)
- Welchem Menschenbild ist Ihre Organisationskultur verpflichtet?
- Unterscheiden Sie zwischen Motivation und Arbeitszufriedenheit, zwischen Leistungsbereitschaft und Identität, die der Arbeit zugrunde liegt (▶ Abschn. 12.3 »Motivation«)?
- Setzt Ihr Unternehmen sich mit Sinnfragen bzw. Fragen nach der Arbeitsidentität auseinander?
- Welches sind die Verknüpfungen zwischen Linie und Stab, bzw. Personalbeschaffung und -entwicklung sowie der Aus- und Weiterbildung?
- Wenn Sie ein Zauberer oder eine Fee wären, was würden Sie als erstes verändern?
- Wie ist der Umgang mit neuem Wissen in Ihrer Organisation? Wird dieses geschätzt, entwertet oder ignoriert?
- Welchen Stellenwert haben sog. Wissensträger und Experten in Ihrer Organisation?
- Sind wissenstragende Personen explizit wahrnehmbar, benennbar und zugänglich oder graue Eminenzen?
- Herrscht ein ausgeprägtes Abteilungsdenken und Gruppendenken?
- Haben Sie Selbstzensur schon wahrgenommen, indem Sie Gedanken zu kühn fanden und verworfen haben?
- Wie wird Wissen kommuniziert?
- Wie wird in Ihrem Unternehmen Wissens produziert und zugänglich gemacht oder verflüchtigt es sich im Alltagsgeschäft?
- Haben Sie Zugang zu Ressourcen oder ahnen Sie eher Geheimnisse und Tabus?
- Gibt es eine Fehlerkultur?
- Dürfen Erfahrungen gemacht werden, die gemeinsam gestützt reflektiert werden?
- Wird Mitverantwortung (sei es durch Delegation, Aufgabenbereicherung oder Empowerment) angeboten bzw. wahrgenommen?
- Wie wird aus implizitem »trägem« Wissen, explizites Verfügungswissen?
- Beachten Sie, dass Lernen kein Input-Output-Prozess ist (Je mehr Sie eingeben, desto produktiver das Ergebnis), sondern notwendiger Umwege und Irrwege bedarf?
- Erleben Sie Interesse in der Organisation daran, dass Neues entstehen kann?
- Erleben Sie Achtsamkeit im Umgang mit Lernforderungen?
- Sind Sie bereit zu verlernen, um Lernfortschritte zu erzielen?
- Beachten Sie, dass nicht nur Inhalte, sondern Werte, Interessen, Einstellungen, Haltungen etc. gelernt werden?
- Bedenken Sie, dass individuelles Lernen wie auch Lernen in Organisationen durch das wechselseitige Verhältnis zwischen Motivation und Widerstand bestimmt wird?

Literatur

Aebi, D. (1995). Weiterbildung zwischen Markt und Staat. Zürich: Rügger.
Baraldi, C. et. al. (1997). Glossar zu Niklas Luhmans Theorie sozialer Systeme. Frankfurt a. M.: Suhrkamp.
Bendel, O (2007). Social Software als Mittel des Wissensmanagement in KMU. In Bellinger, A. & Krieger, D. (2007). Wissensmanagement für KMU: Zürich: vdf.
Buck, A. (1990). Über die Würde des Menschen. Hamburg: Meiner.
Baitsch, Ch. (1993). Was bewegt Organisationen? Selbstorganisation aus psychologischer Perspektive. Frankfurt am Main Verlag.
Bommes, M., Radtke, F.-O. & Webers, H.-E. (1995). Gutachten schulpraktische Studien an der Johann-Wolfgang-Goethe-Universität Frankfurt. 2. Aufl. Bielefeld: Universität Bielefeld, Zentrum für Lehrerbildung.
Bruner, J. (2002). Making Stories. Law, Literature, Life. New York: Farrar, Straus & Giroux.
Frenzlel, K/Müller, M./Sottong, H. (2006). Storytelling. Das Praxisbuch. München: Hanser.
Fried, A./ Baitsch, Ch. (2002). Mutmassungen zu einem überraschenden Erfolg - Zum Verhältnis von Wissensmanagement und organisationalem Lernen. In: Götz, K.(Hrsg.): Wissensmanagement - zwischen Wissen und Nichtwissen. Schriftenreihe: Managementkonzepte, Band 9 (2. Aufl.). München: Hampp, 33–45.
Hartkemeyer, M. (1997). In: Hernsteiner. Fachzeitschrift für Management und Entwicklung, 4, S. 14 f.
Herzog, W. (1995). Wissensform und didaktische Theorie. Vorlesung Uni Bern.
Kant, I. (1781). Kritik der reinen Vernunft.
Mandl, H., Gruber, H. & Renkl, A. (1993). Neue Lernkonzepte für die Hochschule. Das Hochschulwesen, 41, 1993, 126–130.
Miller, G., Galanter, E. Pribam, K. (1979). Strategien des Handelns. Stuttgart: Klett.
North, K. (2010). Wissensorientierte Unternehmensführung. Wertschöpfung durch Wissen (6. Aufl.). Wiesbaden: Gabler.
Pestalozzi, J. (1782). Christoph und Else.
Petzold, H.G.& Orth, I. (2005). Sinn, Sinnerfahrung, Lebenssinn in Psychologie und Psychotherapie. Bielefeld: Aisthesis.
Polanyi, M. (1958). Personal Knowledge. Chicago: University of Chicago Press.
Probst, G. (2006). Wissen managen. Wie Unternehmen ihre wertvollste Ressource optimal nutzen (5. Aufl.). Wiesbaden: Gabler.
Radtke, F.-O. (1996). Wissen und Können. Opladen: Leske & Budrich.
Ratichii, W. (1614). Kurtzer Bericht von der Didactica oder der Lehrkunst. http://books.google.ch/books?id=9IRNAAAAcAAJ&dq=Ratichii,+W.&hl=de&source=gbs_navlinks_s (Download 1. März 2012).
Renkl, Alexander (1994). Träges Wissen: Die »unerklärliche« Kluft zwischen Wissen und Handeln (Forschungsbericht Nr. 41). München: Ludwig-Maximilians-Universität.
Ryle, G. (1949). The concept of mind. London: Hutchinson. Deutsch u.d.T. (1969): Der Begriff des Geistes. Stuttgart: Reclam.
Schneider, U. (2007). Wissensmanagement ohne Pomp und Prätention. In Bellinger, A. & Krieger, D. (2007). Wissensmanagement für KMU. Zurück: vdf.
Senge, P. (1997) in: Hernsteiner. Fachzeitschrift für Management Entwicklung 4, 14 ff.
Sennett, R. (2006). Der flexible Mensch. Die Kultur des neuen Kapitalismus. Berlin: Bvt.
Simon, F.B. (1997) in: Hernsteiner. Fachzeitschrift für Management Entwicklung 4, S. 10 ff.
Wagenschein, M. (1999). Verstehen lernen (2. Aufl.). Basel: Beltz.

12.3 Motivation[1]

Hansjörg Künzli

> Führungskräfte können die Motivation der Mitarbeitenden nicht steuern. Aber sie können Bedingungen schaffen, innerhalb derer sich die Motivation der Mitarbeitenden besser entfalten kann. Aus Sicht von Führungskräften bedeutet motivieren ein Zusammenführen von Interessen: Die Bedürfnisse und Ziele der Mitarbeitenden und der Organisation müssen in Übereinstimmung gebracht werden. Die Motivationslehre stellt Verfahren zur Verfügung, wie dieser Interessenabgleich gestaltet werden kann. Auf der einen Seite sind dies inhaltliche Aspekte wie Lohn, Autonomie, sinnstiftende und ganzheitliche Aufgabengestaltung. Auf der anderen Seite finden wir Verfahren, die sich auf prozessuale Aspekte der Motivation richten. Dreh- und Angelpunkt ist immer der Abgleich der Ziele von Mitarbeitenden und der Organisation. Die Möglichkeiten dieser Verfahren dürfen aber nicht überschätzt werden. Mitarbeitende entscheiden immer selbst, welche Ziele und Anreize für sie wichtig sind und welche nicht. Wichtig ist also nicht das einzelne Verfahren, sondern das Zusammenspiel der einzelnen Elemente und die Passung mit den Bedürfnissen der Mitarbeitenden.

12.3.1 Einleitung

Der Begriff Motivation ist abgeleitet aus dem lateinischen »movere« was mit »bewegen« übersetzt werden kann. Was bewegt Menschen, mit viel Einsatz ein Ziel zu verfolgen und ein anderes zu lassen? Die Frage ist einfach, die Antwort darauf ist hingegen komplex. Warum Menschen gewisse Dinge tun und andere lassen, kann heute, und vermutlich auch in Zukunft, nicht letztgültig geklärt werden. Menschliches Handeln ist nur sehr beschränkt berechen- und steuerbar. Das heißt aber nicht, dass man sich der Frage nicht annähern könnte. Forschung und Praxis haben über die Jahre Wissen zusammengetragen, das sich für beide, Individuen und Organisationen in nützlicher Form verwerten lässt. Doch bevor wir uns der Frage zuwenden, wie Motivation beeinflusst werden kann, einige Begriffsklärungen:

»movere« = bewegen

12.3.2 Motivation und Motivieren

Motivation ist die Ausrichtung des momentanen Lebensvollzuges auf einen positiv bewerteten Zielzustand hin oder von einem als negativ bewerteten weg. Menschen suchen Situationen auf, die ihnen angenehme Emotionen verursachen, und sie meiden Situationen, die in ihnen Angst oder andere

Motivation = Bewegung auf ein Ziel hin

---

[1] Dieser Text ist neu verfasst und basiert in einzelnen Abschnitten auf dem entsprechenden Kapitel von Werner Suter (11.3 Motivation) in der 2. Auflage.

unangenehme Emotionen auslösen. Umgangssprachlich sprechen wir auch von Antrieb, Drang, Sehnsucht, Streben und Wollen; von Kräften also, die uns in eine bestimmte Richtung stoßen oder ziehen.

Anders ausgedrückt ist **Motivation** die allgemeine Bezeichnung für alle **Prozesse**, die zielorientierte körperliche und psychische Vorgänge **auslösen, steuern und aufrechterhalten**.

> Motivation ist zwar eine gute Voraussetzung, aber keine Garantie für hohe Leistungen. Wollen heißt nicht Können! Hohe Leistungen bedürfen zusätzlich noch der Fähigkeiten und Fertigkeiten. Hartes und ausdauerndes Arbeiten sowie ein zielgerichteter Einsatz reichen dafür nicht aus.

Auf eine einfache Formel gebracht bedeutet motiviertes Handeln, dass Menschen zielgerichtet ihren **Bedürfnissen, Motiven** und **Wünschen** folgen und bereit sind, sehr große Anstrengungen zu unternehmen, um sie zu befriedigen.

Motivieren bedeutet, auf die zielorientierten Prozesse der Motivation eines Menschen, unter Berücksichtigung seiner momentanen Lage, Einfluss zu nehmen. Menschen können von »außen«, z. B. durch Vorgesetzte oder Situationen beeinflusst werden, sie können sich aber selbstverständlich auch selbst, von »innen« her motivieren. Aus Sicht von Führungskräften kann Motivieren mit Koordinieren gleichgesetzt werden. Es geht darum, die zielorientierten Prozesse der Mitarbeitenden mit denjenigen der Organisation in Einklang zu bringen.

Motivieren heißt Koordinieren

12.3.3 Rahmenmodell motivierten Handelns – Motivation als Produkt von Person und Situation

Zunächst geht es darum zu verstehen, dass die aktuelle Motivation das Resultat aus einer komplexen **Wechselwirkung** (3. in ◘ Abb. 12.7) zwischen den **Beweggründen und den Zielen der Person** (1. in ◘ Abb. 12.7) einerseits und den **Gelegenheiten, Anforderungen und Anregungen der Umwelt** (2. in ◘ Abb. 12.7) andererseits ist.

Motivation entsteht aus der Wechselwirkung

12.3 · Motivation

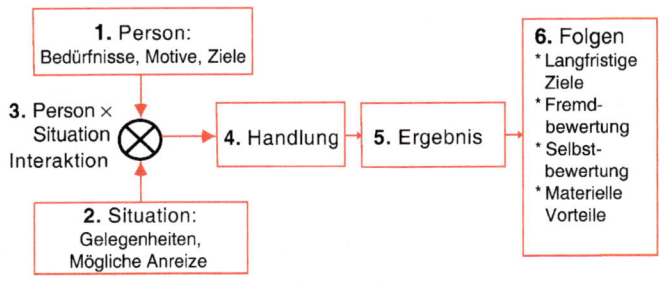

Abb. 12.7. Motivation als Produkt von Person und Situation. (Aus Heckhausen & Heckhausen 2006, S. 3)

Jeder Mensch verfügt jederzeit über ganze Bündel von Motiven, Bedürfnissen und Zielen. Diese wiederum beruhen auf den gesammelten individuellen Erfahrungen und genetischen Einflüssen. Welches dieser Bedürfnisse oder Ziele in einem gegebenen Moment zum Tragen kommt, ist nicht nur von den Prioritäten einer Person, sondern auch von der gegebenen Situation abhängig. Diese Tatsache wird sehr schön durch das Sprichwort »Gelegenheit macht Diebe« veranschaulicht. Wenn sich gerade eine günstige Situation ergibt, weichen wir u. U. von unseren gefassten Zielen ab, und tun etwas, was nicht vorgesehen war. Auf dieser Gegebenheit bauen z. B. Sonderangebote im Supermarkt auf. Aber auch das Abweichen vom geplanten Karrierepfad kann so gedeutet werden. Bietet sich einer Führungskraft unverhofft ein vielversprechendes Jobangebot, wird sie u. U. ihre Stelle aufgeben, obwohl sie noch vor kurzem nicht im Traum an einen Wechsel gedacht hat.

Vielfalt von Motiven

Gelegenheit macht Diebe

Die einzelnen Komponenten des Handlungsablaufs (4.–6. in ▪ Abb. 12.7) sind mit jeweils eigenständigen Anreizen und Erwartungen verbunden. Liegt der Anreiz in der Tätigkeit selbst, sprechen wir von intrinsischer Motivation (▶ Abschn. 12.3.4). Steht die Handlung im Dienste von Folgen, die sich erst langfristig einstellen, wie z. B. materielle Belohnungen oder Karriereerfolg, sprechen wir von extrinsischer Motivation (▶ Abschn. 12.3.4). Das unmittelbare Handlungsergebnis kann extrinsischen oder intrinsischen Anreizcharakter haben. Je nachdem, ob jemand die von »außen« gewährte Anerkennung erwartet oder die Belohnung aus positiven Emotionen über das Ergebnis bezieht. Dabei handelt es sich aber nicht um ein entweder oder. Eine Handlung kann auch Spaß machen und von außen belohnt werden.

Motivation und Anreiz

Die Motivation hängt aber nicht nur von den Anreizen ab, sondern auch von drei verschiedenen Erwartungen (= subjektiv eingeschätzte Realisierungschancen), die sich auf unterschiedliche Stadien des Handlungsverlaufs beziehen:

Motivation und Erwartung

> **Erwartungen**
> **Situations-Ergebniserwartungen** beziehen sich auf die subjektive Wahrscheinlichkeit, mit der sich Ergebnisse ohne eigenes Zutun einstellen. Wenn ein »Bonus« nur von der Beziehung zum Vorgesetzten abhängt, und nicht von der eigenen Leistung, ist es klüger, keine zusätzlichen Anstrengungen zu unternehmen.
> ▼

> **Handlungs-Ergebniserwartung** bezieht sich auf die subjektive Wahrscheinlichkeit, dass die eigenen Handlungen zum gewünschten Ergebnis führen. Fehlt es einem Mitarbeitenden am Selbstvertrauen, aber nicht an den Fähigkeiten, ist es am Vorgesetzten, den Mitarbeiten so zu unterstützen, dass sich das gewünschte Ergebnis einstellt. Hinweis: Die in der Literatur viel erwähnte »Selbstwirksamkeitserwartung« kann als generalisierte Handlungs-Ergebnis-Erwartung gedeutet werden.
> **Ergebnis-Folgeerwartungen** beziehen sich auf die Erwartungen, dass ein Ergebnis zu erwünschten langfristigen Folgen führt. Sind Mitarbeitende der Ansicht, dass nur »Vitamin B«, und nicht Leistung zu Aufstieg verhilft, werden sie ihre Motivation anpassen.

> Die Arbeitssituation beinhalten aus der Sicht von Mitarbeitenden immer **positive** oder **negative Anreize**. Auf der einen Seite kann eine ungünstige Situation eine gefasste Absicht verhindern. Die Trauben hängen vielleicht doch höher als erwartet. Auf der anderen Seite bieten sich manchmal unverhofft Gelegenheiten, an denen man nicht vorbeigehen möchte. Damit sich die aktuelle Motivlage einer Person auf die Handlungsebene auswirken kann, müssen sich situative und personale Aspekte des Motivationsprozess vor, während und nach der Handlung optimal ergänzen.
> Aus Sicht von Führungskräften interessiert in erster Linie die konkrete Ausgestaltung der Arbeitsbedingungen wie z. B. Autonome Arbeitsgestaltung oder sinnstiftender Arbeitsinhalte. Diese werden von den Mitarbeitenden als Situationsvariablen wahrgenommen, die zu Leistungshandeln anregen können. Die Situationsvariablen müssen vor, während und nach der Handlung so gestaltet sein, dass eine optimale Passung zwischen den Wünschen und Erwartungen (Konkretisierung der Bedürfnisse und Motive) der Person und denjenigen der Organisation zustande kommt.

12.3.4 Intrinsische und extrinsische Motivation – Wege oder Ziele?

Warum führen Menschen mit großer Intensität und Ausdauer bestimmte Tätigkeiten aus? Zum einen erhoffen sie sich wertvolle Belohnungen, wenn das Ziel erreicht wird, z. B. Geld, Anerkennung, Beförderung oder die Aufnahme in ein Weiterbildungsprogramm. Zum anderen gibt es Situationen, in denen die Zielerreichung resp. die Belohnung keine Rolle spielt. Die Handlung selbst, oder die erlebte Kontrolle über die autonome Handlungsausführung, sind Belohnung genug. So macht es z. B. einfach Spaß, unterwegs zu sein, unabhängig davon, wo oder ob man ankommt oder es bereitet Freude, eine neue Fähigkeit auszuüben. Der Weg ist das Ziel.

der Weg ist das Ziel

extrinsische Motivation

Der Anreiz einer Handlung kann also eher im Handlungserfolg, d. h. von »außen her« – extrinsisch – oder eher in der Tätigkeit selbst begründet sein, also von »innen her« – intrinsisch – motiviert sein. Intrinsisches Verhalten erfolgt um seiner selbst willen, extrinsisches Verhalten erfolgt, weil die Zielerreichung belohnt wird. Das Verhalten selbst wird vielleicht sogar als sehr unangenehm erlebt. Die Aussicht auf eine Beförderung kann so verlockend sein, dass man im Hinblick auf die zukünftige Tätigkeit sehr viel auf sich nimmt.

Das Verhältnis zwischen extrinsischer und intrinsischer Motivation ist mehrgestaltig. Im besten Fall verstärken sie sich gegenseitig, im ungünstigen Fall verdrängt die extrinsische Motivation die intrinsische. Der Vorgang des Verkaufens kann einem Verkäufer sehr viel Spaß machen und er kann sich gleichzeitig auf den zusätzlichen Bonus freuen. Bei sehr vielen Tätigkeiten können die Anteile der beiden Motivationsarten praktisch nicht voneinander getrennt erfasst werden. Beide tragen zum Ergebnis bei. Es ist aber auch bekannt, dass extrinsische Motivation die intrinsische verdrängen oder korrumpieren kann. Dies kann z. B. dann eintreten, wenn man jemanden für etwas belohnt, das er vorher freiwillig getan hat, also intrinsisch motiviert war. Dieser Effekt ist gut belegt (Deci et al. 1999). Der Grund dafür liegt im tatsächlichen oder im erlebten Verlust der Autonomie über die Handlungsausführung. Ein wesentlicher Anteil der intrinsischen Motivation liegt nämlich nicht im Tun selbst, sondern im Gefühl der Kontrolle und der Autonomie über das Tun. Menschen erleben ihre eigene Wirksamkeit und dies vermittelt ihnen positive Gefühle. Die Handlung selbst ist u. U. gar nicht so wichtig.

Viele großartige Leistungen sind stark von intrinsischer Motivation getragen und man erhält manchmal den Eindruck, die intrinsische Motivation sei die wertvollere. Diese Annahme ist aber falsch. In Organisationen, aber auch in Hinsicht auf die eigene Entwicklung, muss man oft Dinge tun, die per se wenig gratifizierend, aber zur Zielerreichung notwendig sind. Organisationen und Personen brauchen, in Abhängigkeit zum gewünschten Ziel, immer beides, intrinsische und extrinsische Motivation.

12.3.5 Führung und Motivation

Im Einleitungstext wurde erwähnt, dass Führungskräfte die Motivation der Mitarbeitenden nicht direkt steuern können. Sie können aber Bedingungen schaffen, in denen Menschen bereit sind, sich über ein übliches Maß hinaus zu engagieren. Hinweise darauf, wie motivationsfördernde Bedingungen geschaffen werden können, stammen aus zwei Theoriegruppen: Den **Inhalts-** und den **Prozesstheorien**. Während sich **Inhaltstheorien** der Frage widmen, **was oder genauer, welche Anreize** Menschen motivieren (z. B. Geld oder die Möglichkeit, etwas zu leisten), richten sich **Prozesstheorien** auf die Frage, **wie** motiviertes Handeln abläuft.

Inhaltstheorien

Der Frage, was Menschen motiviert, haben sich schon viele Autoren zugewendet. Die im folgenden Text beschriebenen Theorien von Herzberg und Hackman und Oldham stellen daher nur eine Auswahl dar. Beide hatten und haben aber noch heute einen großen Einfluss auf die Arbeitswelt. Die Litera-

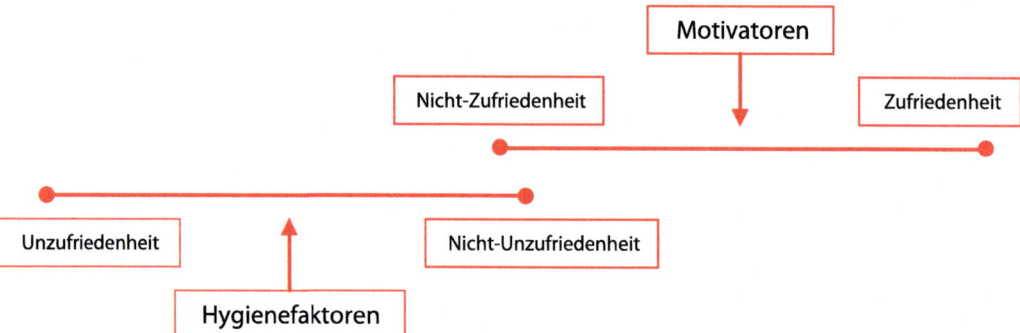

Abb. 12.8. Hygiene- und Motivationsfaktoren beeinflussen die Arbeitszufriedenheit. (Nach Herzberg 1966)

tur zum Thema Leistungslohn und Motivation ist so umfangreich, dass hier nur auf einen weiterführenden Text verwiesen werden kann (Frey & Osterloh 2000).

Herzbergs »Zwei-Faktoren-Theorie«

Zufriedenheit und Unzufriedenheit

Kernaussage von Herzbergs »Zwei-Faktoren-Theorie« ist, dass Zufriedenheit und Unzufriedenheit mit der Arbeit von zwei Faktorengruppen beeinflusst wird: Positive Ausprägungen der Hygienefaktoren (»dissatisfiers« oder »context factors«) bewirken noch keine Zufriedenheit, sie verhindern aber das Auftreten von Unzufriedenheit. Erst die Anwesenheit von Motivatoren (»satisfiers« oder »content factors«) löst Zufriedenheit aus (Abb. 12.8 und Tab. 12.3).

Hygiene- und Motivationsfaktoren

Während die Motivatoren eher mit dem Arbeitsinhalt (»content«) zusammenhängen, sind die Hygienefaktoren eher in der Arbeitsumgebung (»context«) zu verorten. Leicht zu erkennen ist, dass Motivatoren eher die intrinsische und Hygienefaktoren eher die extrinsische Motivation ansprechen. Die Modelle entsprechen sich aber nicht vollständig, da Aufstiegsmöglichkeiten und Anerkennung eindeutig extrinsische Anreize darstellen. Die Theorie von Herzberg konnte teilweise bestätigt werden und hatte vielfältige Folgen in Organisationen, in deren Mittelpunkt sicher das von Herzberg formulierte Konzept des »Job –Enrichment« steht.

Job Characteristics-Modell nach Hackman und Oldham

Was macht eine »gute« Arbeit aus?

Was macht eine »gute« Arbeit aus? Diese Frage stellten sich Hackman und Oldham (1980). Die Antwort darauf geben sie in der von ihnen entwickelten Motivationspotenzialformel. Unter dem Motivationspotenzial versteht man

Tab. 12.3. Motivatoren und Hygienefaktoren

Zu den Motivatoren gehören:	Zu den Hygienefaktoren gehören:
Tätigkeit selbst	Gestaltung der Arbeitsbedingungen
Möglichkeit, etwas zu leisten	Zwischenmenschliche Beziehungen
Möglichkeit, sich weiterzuentwickeln	Unternehmenspolitik und Verwaltung
Verantwortung	Löhne und Sozialleistungen
Aufstiegsmöglichkeiten	Arbeitsplatzsicherheit
Anerkennung	Status

12.3 · Motivation

Tab. 12.4. Job-Characteristics-Modell. (Adaptiert nach Hackman & Oldham 1980, S. 77 und S. 81)

Kernvariablen	Psychische Zustände	Folgen
Vielseitigkeit		Intrinsische Motivation
Ganzheitlichkeit	Erlebte Sinnhaftigkeit	Leistung
Bedeutung		Zufriedenheit
		Fluktuation
Autonomie	Verantwortung	
Rückmeldung	Kenntnis — der Ergebnisse — der eigenen Aktivität	

das Ausmaß der Motivation, die Mitarbeitende aus ihrer Arbeit ziehen können. Die Formel enthält fünf »Kernvariablen«, die drei »kritische psychischen Zustände« bestimmen und in der Folge zu hoher Arbeitszufriedenheit und Motivation sowie tiefer Fluktuation und Absentismus bzw. Fehlzeiten und, in geringerem Ausmaß, auch zu mehr Leistung führen (Tab. 12.4).

> **Fünf Kernvariablen**
> — **Vielseitigkeit** beschreibt das Ausmaß, in dem eine Tätigkeit verschiedene Fertigkeiten und Fähigkeiten erfordert. Hohe Variabilität fördert die Motivation und die Arbeitszufriedenheit.
> — **Ganzheitlichkeit** bezieht sich auf das Ausmaß, zu dem eine Tätigkeit die Fertigstellung eines ganzen Teils einer Arbeit erfordert.
> — **Bedeutung** spricht die Wichtigkeit der Tätigkeit für die Person, die Organisation und die Umwelt an.
> — **Autonomie** bezieht sich auf das Ausmaß, zu dem die Person über die Zeitgestaltung und Vorgehensweise der Arbeitserledigung selbst bestimmen kann.
> — **Rückmeldung** verweist auf den Grad, zu welchem eine Person von Vorgesetzten, aber auch durch Selbstbeobachtung, Rückmeldungen zu ihren Arbeitsergebnissen erhält.

Nach Hackmann und Oldham (1980) lassen sich diese Faktoren in folgender Formel zusammenfassen:

$$Motiviationspotenzial = \frac{Vielseitigkeit + Ganzheitlichkeit + Bedeutung}{3} * Rückmeldung * Autonomie$$

Rückmeldung und Autonomie sind die Schlüsselvariablen der Motivation. Darum werden sie in der Formel als Multiplikatoren berücksichtigt. Wird ein Multiplikator auf Null gesetzt, ist auch das Ergebnis, die Motivation, gleich Null! Autonomie gewähren bedeutet, innerhalb des Aufgabenbereichs Wahl- und Entscheidungsmöglichkeiten zur Verfügung zu stellen und Kontrolle und reglementierte Abläufe auf das notwendige Minimum zu reduzieren. Rückmeldungen, prozess- und ergebnisbezogen, ermöglichen Handlungskorrekturen und die Überprüfung der Zielerreichung. Beide Elemente können aber nicht mechanisch eingesetzt werden. Ein Zuviel oder Zuwenig von beidem hat kontraproduktive Wirkung. Zuviel Autonomie lässt den Mitarbeitenden u. U. im Unklaren darüber, was erwünscht ist und Rückmeldungen enthalten immer einen Kontrollaspekt, auch wenn sie gut gemeint sind.

auf das richtige Maß kommt es an!

Prozesstheorien

Im Unterschied zu Inhaltstheorien interessieren sich Prozesstheorien nicht dafür, welche Anreize für Menschen wichtig sind. Sie stellen dar, wie Anreize unabhängig von deren konkreter Form in Motivation umgesetzt werden. Grundlegend für alle Prozesstheorien ist dabei die Annahme, dass Motivation aus einem Zusammenspiel von **Erwartungen** und **Werten** zustande kommt, weshalb man sie **Erwartungs-Wert-Theorien** nennt.

Diese Theorien folgen der einfachen Logik, dass die Motivation weder allein der **Attraktivität eines Ziels** (d. h. Wert oder individuell gewichteter Anreiz) noch allein der **Realisierbarkeit** (d. h. Erwartung oder subjektive Einschätzung der Realisierbarkeit) folgt. Verhalten wird so ausgerichtet, dass der erwartete Nutzen maximiert wird. »**Wünschbarkeit**« (Wert) und »**Machbarkeit**« (Realisierbarkeit) müssen einen Kompromiss eingehen. Eine Weiterbildung mag zwar sehr wünschenswert sein, muss aber daraufhin geprüft werden, ob sie mit der familiären Situation und der Arbeitsbelastung in Übereinstimmung gebracht werden kann. Gewählt wird die Handlungsalternative, die unter Berücksichtigung der Umstände den höchsten subjektiven Nutzen verspricht.

Zielattraktivität und Realisierbarkeit

Der Vorteil dieser Theorien besteht darin, dass sie auf Problemstellungen unterschiedlicher Reichweite angewendet werden können. Ob es um ein bedeutendes Projekt geht oder nur darum einen Brief zu schreiben, der Prozess der Motivation läuft immer gleich ab. Die Werthaltigkeit sowie die Machbarkeit einer Aufgabe werden zunächst immer der subjektiven Einschätzung des Mitarbeitenden überlassen. Ob jemand aus einer Aufgabe Lebenssinn oder einfach nur Geld erwartet, ist immer Sache der Person selbst.

Rubikonmodell von Heckhausen (2006)

Das Rubikonmodell (● Abb. 12.9) beschreibt den Motivationsprozess in vier Phasen:
1. Vom Wählen
2. über das Wollen
3. bis zum Handeln
4. und der Handlungsbewertung.

Der wichtigste Schritt geschieht bei der Überschreitung des Rubikon. Dieser wird beim Übergang vom Wählen zum Planen überschritten (● Abb. 12.9).

1. Phase: Auswählen

Klärung und Orientierung

Diese Phase dient der Klärung und Orientierung. In dieser Phase sind Menschen offen für Informationen und Meinungen. D. h., sie versuchen sich ein

12.3 · Motivation

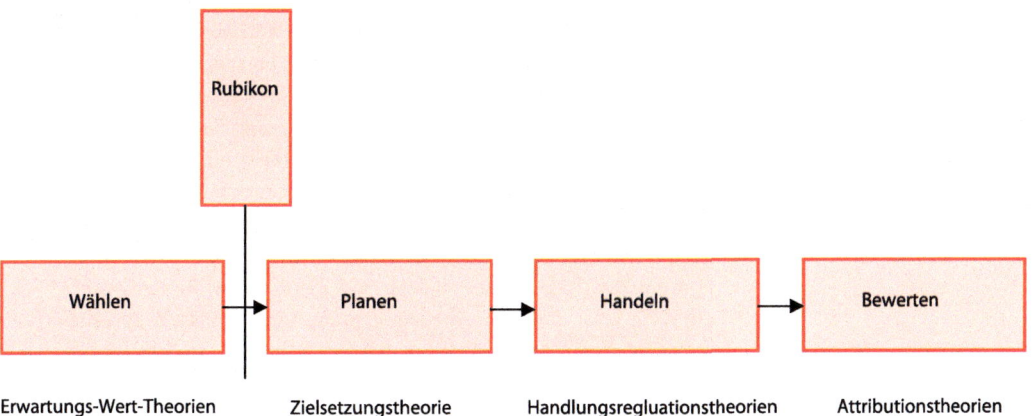

Abb. 12.9. Handlungsphasen im Rubikonmodell. (Mod. nach Achtziger & Gollwitzer 2006, S. 278)

möglichst genaues Bild der eigenen Situation zu verschaffen. Mitarbeitende werden sich zwei Fragen stellen: Was bringt es mir, wenn ich diese Aufgabe (Anstellung, Projekt, Tätigkeit) übernehme? Und wenn ich es tue, kann ich die Aufgabe, das Projekt oder die Tätigkeit bewältigen? Sie ist geprägt durch **Wünschen und Abwägen**. Da man nicht alle Wünsche realisieren kann oder mag, muss eine Auswahl getroffen werden. Es muss abgewogen werden, welche Handlung unter der gegebenen Situation die beste Alternative darstellt. Die Auswahl wird nach **den Kriterien der Realisierbarkeit (Erwartung) und Wünschbarkeit (Wert)** erstellt. Bei der Realisierbarkeit stellt man sich die Fragen nach den eigenen Fähigkeiten, der Verfügbarkeit der nötigen Zeit, der benötigten Mittel und eventuell auftretenden Gelegenheiten. Fragen nach den Ergebnissen und Folgen, Kosten und Mühen stehen im Mittelpunkt bei der Betrachtung der Wünschbarkeit.

Selbstverständlich ist es für eine Führungskraft nicht notwendig, vor jeder noch so kleinen Aufgabenstellung die Werte und Wünsche der Mitarbeitenden zu klären. Die richtige Gelegenheiten, um festzustellen, ob beide Parteien noch auf Kurs sind, sind z. B. das Zielvereinbarungsgespräch oder wenn wichtige Veränderungen (z B. Umstrukturierungen, Übernahme neuer Aufgaben) anstehen. Für ein Zielvereinbarungsgesprächs bedeutet dies, dass man prozessorientiert vorgehen sollte und die Zielfindung Zeit beansprucht. Damit sich Mitarbeitende mit neuen Zielen identifizieren resp. an sie binden können, müssen sie zuerst mit den eigenen Wünschen, Werten und Erwartungen in Einklang gebracht werden. Erst nach dieser Klärung sind Menschen bereit, hoch motiviert zu handeln. Als sehr förderlich erweist sich hier eine lösungs- und ressourcenorientierte Kommunikation. Zwingt man Menschen über den Rubikon, werden sie sich nicht mit den Zielen identifizieren.

Realisier- und Wünschbarkeit

lösungs- und ressourcenorientierte Kommunikation

> **Beispiel**
>
> Sie möchten einem Mitarbeitenden die Verantwortung für ein wichtiges Projekt übergeben. Die Übernahme von Projektverantwortung ist in der Aufgabenbeschreibung vorgesehen und sie wissen, dass sich Ihr Mitarbeiter diese Verantwortung wünscht (Wünschbarkeit). Aus verschiedenen Äußerungen dieses Mitarbeiters ist ihnen aber auch bewusst, dass bei ihm noch große Zweifel vorhanden sind, ob er die Aufgabe bewältigen kann (Handlungs-Ergebniserwartung). Anstatt dem Mitarbeiter nun einfach mitzuteilen, dass ihm die Projektleitung übertragen wird, lohnt es sich hier, zunächst eingehend über Befürchtungen und Ängste zu sprechen und abzuklären, wo er Unterstützung braucht und wo er diese erhalten kann. Gerade Menschen mit hohen Ansprüchen an sich selbst setzen sich unter sehr hohen Druck, alles selbst zu machen und trauen sich nicht, Hilfe in Anspruch zu nehmen.

2. Phase: Planen

Zielrealisierung und -konkretisierung

Ab diesem Zeitpunkt ist man sich sicher, dass die Handlung realisierbar und wünschenswert ist. Während die erste Phase der **Zielauswahl** dient, widmet man sich in der zweiten der **Zielrealisierung** und **-konkretisierung**. Menschen verhalten sich in dieser Phase realisierungs- und nicht mehr realitätsorientiert: Die Wahrnehmung wird enger, neue Informationen sind eher störend und werden nur noch selektiv, im Sinne der Zieldienlichkeit, aufgenommen. Im Zentrum steht die Handlungsplanung. Um die Realisierung der Handlungsergebnisse voranzutreiben, werden Ziele formuliert, die spezifizieren, wann, wo, wie bzw. wie lange gehandelt werden soll, um dem erwünschten Ergebnis näherzukommen. Wie **Ziele** beschaffen sein müssen, um motivierend zu wirken, wird in den Zieltheorien beschrieben (▶ Abschn. »Ziele«).

3. Phase: Handlung

Handlungsausführung

In dieser Phase wird die zu lösende Aufgabe durchgeführt und beendet. Hier existieren verschiedene Strategien, um die Handlungsausführung zu fördern. Diese stammen teilweise aus der Zieltheorie (▶ Abschn. »Ziele«; »verschiedene Feedbackformen«) und Konzepten zum Zeitmanagement (z. B. Prioritäten setzen). Ist das ursprüngliche Ziel realisiert, wird die Handlung deaktiviert. Damit wird der Eintritt in die vierte und letzte Phase eingeleitet.

4. Phase: Bewertung

Ergebnisbewertung

In der letzten Phase wird das **Handlungsergebnis** evaluiert. Wichtig sind hier drei Dinge: Führungskräfte sind die Vermittler der organisationalen Ziele und sie müssen klarstellen, ob das Ergebnis dem von der Organisation gewünschten Ziel entspricht oder nicht. Darüber hinaus müssen sie auf sog. Attributionsprozesse achten. Je nach dem, ob eine Person glaubt, selbst für das Ergebnis verantwortlich zu sein, oder ob sie annimmt, sie habe einfach Glück gehabt, sieht die Emotionsbilanz sehr unterschiedlich aus. Erst wenn der Mitarbeitende sich selbst als Verursacher des Ergebnisses sieht, stellen

12.3 · Motivation

sich positive selbstbewertende Emotionen, wie z. B. Stolz ein. Im anderen Fall kann es sein, dass die Person beschämt ist, weil sie der Meinung ist, das gute Ergebnis sei nur auf glückliche Umstände zurückzuführen und Lob und Anerkennung seien somit nicht gerechtfertigt. Zudem ist auf eine angemessene Wertschätzung des Resultates zu achten. Gerade wenn das Resultat nicht dem gewünschten Ziel entspricht, ist Wertschätzung der Person, nicht der Leistung, von zentraler Bedeutung. Es gibt nichts, was Motivation nachhaltiger zerstört, als direkt auf den Selbstwert der Person gerichtete Kritik.

Wertschätzung der Person, nicht der Leistung

Ziele

Es gibt in der Motivationslehre kein einflussreicheres und besser überprüftes Konzept als das der Motivations- und Leistungssteigerung über Ziele. Kleinbeck (2006) definiert Ziele als Vorwegnahme von zukünftigen, angestrebten Handlungserfolgen. Sie sind ein wichtiger Angelpunkt bei der Steuerung menschlichen Handelns. Sie veranlassen Handlungen, geben ihnen Richtung, steuern den Einsatz der benötigten Fertigkeiten und Fähigkeiten, liefern Bewertungsgrundlagen für den Abgleich zwischen Soll und Ist, dienen als Grundlage zur Bewertung für Erfolg oder Misserfolg und sie sind die Schnittstelle zwischen Person und Organisation. In Zielen konkretisiert sich, was Menschen wollen, was Organisationen von ihnen verlangen und sie erlauben den Abgleich der Wünsche und Ansprüche der beiden Parteien.

Ziele liefern Bewertungsgrundlagen

Wie müssen Ziele im Kontext von Organisationen beschaffen sein?

Die Literatur zu den förderlichen Wirkungen von Zielen in Organisationen ist umfangreich. Die wichtigste Theorie stammt von Locke und Latham (1990). Kernelemente ihrer Theorie sind **Zielschwierigkeit, Zielspezifität** und **Zielbindung** (»commitment«):

Merkmale von Zielen

Schwierige, herausfordernde, aber erreichbare Ziele führen zu besseren Leistungen als mittlere oder leicht zu erreichende Ziele. Unmögliche oder eindeutig überfordernde Ziele führen zu Leistungsverminderung.

Präzise und spezifische Ziele führen zu besseren Leistungen als allgemeine, vage Ziele. Die Aufforderung, das Beste zu geben und sich voll einzusetzen reicht nicht aus für höchste Leistungen.

Zielbindung ist das Ausmaß, in dem sich eine Person mit einem Ziel identifiziert, es als wichtig einschätzt, und sich verpflichtet fühlt, das Ziel zu erreichen.

Spezifische, präzise und herausfordernde Ziele machen klar, wie hoch die Messlatte hängt und was eine erwünschte Leistung darstellt. Damit verbunden ist natürlich die Gefahr des Misserfolgs und von negativen selbstbewertenden Emotionen. Die Forschung hat gezeigt, dass Personen unter der »Tun

Sie Ihr Bestes«-Anweisung zufriedener sind, da praktisch jedes Ergebnis als Erfolg gedeutet werden kann. Mitarbeiterzufriedenheit ist somit keine zwingende Voraussetzung für gute Leistungen!

Auch wenn die Zieltheorie sehr gut überprüft ist, muss einschränkend erwähnt werden, dass sich präzise und schwierige Ziele in erster Linie für gut quantifizierbare Ergebnisse eignen und voraussetzen, dass keine Zielkonflikte vorhanden sind. Bei multiplen Zielen besteht mithin die Gefahr des »Menge-Güte-Austauschs« (Erez 1990); d. h. dass qualitative Ziele zugunsten gut messbarer quantitativer Ziele vernachlässigt werden. Wenn Verkäufer nur aufgrund der kurzfristigen Umsatzzahlen beurteilt werden, können Ziele der Kundenbetreuungsqualität in den Hintergrund geraten und so den Umsatz langfristig gefährden.

Menge-Güte-Austausch

Hohe Zielbindung bewirkt, dass ein Ziel über einen längeren Zeitraum verfolgt und auch bei Schwierigkeiten und Misserfolgen beibehalten wird. Ist die Zielbindung gering, vermindert sich auch der Einfluss von Zielschwierigkeit und -spezifität auf die effektive Leistung. Am höchsten ist die Zielbindung, wenn Ziele selbst gesetzt werden oder wenn sie partizipativ, im Sinne einer echten Zielvereinbarung, erarbeitet werden. Wenn Ziele nicht selbst gesetzt werden können, sollten sie zumindest sehr gut begründet sein. Weiter wirkt sich ein gutes Gruppen- und Lernklima innerhalb der Organisation günstig auf die Zielbindung aus. Wenn das Klima stimmt, ist man eher bereit, sich für ein fremdbestimmtes Ziel zu erwärmen (▶ Abschn. 13.2).

hohe Zielbindung

Ein weiteres wichtiges Element der Zielumsetzung bezieht sich auf Feedback. Viele Aufgaben sind so beschaffen, dass es schwierig ist, den eigenen Arbeitsfortschritt selbst zu bewerteten. Hier sind Rückmeldungen von zentraler Bedeutung. Damit Ziele wirksam in Leistungen umgesetzt werden, sollten Rückmeldungen regelmäßig erfolgen, konstruktiv, verhaltens- und nicht personenbezogen sein und sich auf Prozesse wie auf Ergebnisse beziehen (▶ Abschn. 7.4).

Feedback

Bei neuen und komplexen Aufgaben ist es angebracht, Lernziele und nicht Leistungsziele zu formulieren. In Umgebungen, die einem schnellen Wechsel hinsichtlich Anforderungen und Fertigkeiten unterliegen, ist die Vorgabe von Leistungszielen oft sogar kontraproduktiv, da deren Fokus zu weit von den unmittelbaren Anliegen entfernt ist.

Lernziele als Leistungsziele

Praktische Anwendungen der Zielsetzungstheorie

Führungskräfte haben das Recht, Forderungen zu stellen, Vereinbarungen zu treffen und die Zielerreichung zu kontrollieren. Was aber für einen Mitarbeitenden ein herausforderndes, schwieriges und motivierendes Ziel ist, kann nur über den Dialog herausgefunden und partizipativ erarbeitet werden. Dies setzt eine Haltung der Anerkennung der Unterschiedlichkeit von Menschen hinsichtlich Wahrnehmung und Bewertung der Realität voraus. Vorgefasste Meinungen und Einstellungen über die Realität verhindern Motivation. Wer die Ressourcen der Mitarbeitenden optimal nutzen will, muss sie kennen. Wertschätzendes, ressourcenorientiertes Prozess- und Ergebnisfeedback ermöglichen die Handlungskorrektur während der Ausführung und erlauben es, die eigene Handlung hinsichtlich der Zielerreichung zu überprüfen (◘ Tab. 12.5).

vorgefasste Meinungen und Einstellungen verhindern Motivation

12.3 · Motivation

Tab. 12.5. Ziele und Feedback

Wie Ziele sein sollten:	Wie Feedback sein sollte:
präzise, spezifisch und messbar	regelmäßig
schwierig, aber erreichbar	verhaltensbezogen und konstruktiv
glaubhaft	nicht personenbezogen
Bindung gestatten	ergebnis- und prozessbezogen
nicht zu kleinteilig resp. zu detailliert	
nicht zueinander in Konflikt stehen	
partizipativ erarbeitet	
Ziel- und Belohnungssystem müssen aufeinander abgestimmt sein	

Ziele sind wichtig. Ein motivierendes Klima beinhaltet aber mehr. Das »Job Characteristics« Modell und die Zwei-Faktoren-Theorie zeigen deutlich auf, wie wichtig Wahlmöglichkeiten und Autonomie innerhalb des Aufgabenbereichs sind. Dazu gehören selbständiges Setzen von Zielen sowie die Handlungsvorbereitung und die Auswahl der Mittel. Aber es ist auch wichtig, Zeit für kreative Tätigkeiten und Weiterbildungen zu schaffen, die Perspektiven über das momentane Tätigkeitsfeld hinaus eröffnen.

ZUSAMMENFASSUNG

Motivation ist immer das Resultat einer Wechselwirkung zwischen den Beweggründen und Zielen der Person einerseits und den Gelegenheiten, Anforderungen und Anregungen der Umwelt andererseits. Führungskräfte können Motivation nicht direkt steuern, aber sie können Anreizstrukturen schaffen, in denen Menschen bereit sind, sich über ein übliches Maß hinaus zu engagieren. Dreh- und Angelpunkt der Motivation sind Ziele. In ihnen verdichten und konkretisieren sich die Bedürfnisse und Motive der Mitarbeitenden und die Ansprüche der Organisation. Zielvereinbarungen sind eine wichtige Möglichkeit, die Ansprüche der Mitarbeitenden und der Organisation zu koordinieren. Von zentraler Bedeutung ist die Feststellung, dass Motivation ein Prozess ist, der in Phasen abläuft. Führungskräfte sollten sich gewahr sein, dass sie zwar in jeder Phase unterstützend eingreifen können, die Art der Unterstützung sich jedoch der jeweiligen Phase anpassen muss.

Herzberg hat auf die Bedeutung von Context- und Content-Variablen für die Arbeitsmotivation hingewiesen. Oldham und Hackman haben nachgewiesen, wie wichtig eine sinnstiftende, vielseitige, und ganzheitliche Aufgabengestaltung für die Motivation sind.

FRAGEN ZUR VERTIEFUNG

- Was motiviert Sie? Welche Lebensziele verfolgen Sie mit Ihrer Tätigkeit?
- Zu welchen kurz- und mittelfristigen persönlichen Zielen trägt Ihre momentane Tätigkeit bei?
- Welche persönlichen Bedürfnisse werden durch Ihre Tätigkeit erfüllt?
- Welche persönlichen Bedürfnisse werden durch Ihre Tätigkeit verhindert oder kommen nicht zum Zuge?
- Was sind die wichtigsten Ziele Ihrer Organisation bzw. Abteilung?
- Wie gut passen Ihre persönlichen Ziele mit denjenigen Ihrer Organisation zusammen?
- Was motiviert Ihre Mitarbeitenden? Was nicht?
- Welche Motivationsinstrumente setzt Ihre Organisation ein?
- Sind die eingesetzten Instrumente aufeinander abgestimmt?

Literatur

Achtziger, A. & Gollwitzer, P. M. (2006). Motivation und Volition im Handlungsverlauf. In: J. Heckhausen & H. Heckhausen (Hrsg.), *Motivation und Handeln*, 3. Auflage, 1–9. Berlin: Springer

Bandura, A. (1991). Social Cognitive theory of self-regulation. *Organizational Behavior and Human Decision Process, 50*, 248–287

Deci, E., Koestner, R. & Ryan, R. M. (1999). A meta-analytic review of experiments examining the effects of extrinsic rewards on intrinsic motivation. *Psychological Bulletin, 125*, 627–668

Erez, M. (1990). Performance Quality and Work Motivation. In: U. Kleinbeck, H.-H. Quast, H. Thierry & H. Häcker (Eds.). *Work Motivation*, 53–65. Hillsdale, N.J.: Erlbaum

Frey, B. S. & Osterloh, M. (2000). *Managing Motivation. Wie Sie die neue Motivationsforschung für Ihr Unternehmen nutzen können*. Wiesbaden: Gabler

Hackman, J. & Oldham, G. R. (1980). *Work Redesign*. Reading, M.A.: Addison Wesley

Heckhausen, J. & Heckhausen, H. (2006). Motivation und Handeln: Einführung und Überblick. In: J. Heckhausen & H. Heckhausen (Hrsg.), *Motivation und Handeln*, 3. Auflage, 1–9. Berlin: Springer

Heckhausen, H. (1989). *Motivation und Handeln*. Berlin: Springer

Herzberg, F. (1966). *Work and the Nature of man*. Cleveland, OH: World Publishing Company

Herzberg, F., Mausner, B. & Snyderman, B. (1959). *The Motivation to Work*. New York, NY: Wiley & Sons

Kleinbeck, U. (2006). Handlungsziele. In: J. Heckhausen & H. Heckhausen (Hrsg.), *Motivation und Handeln*, 3. Auflage, 255–276. Berlin: Springer

Kuhl, J. (1987). Action control: The maintenance of motivational states. In: F. Halisch & J. Kuhl (eds.). *Motivation, Intention and Volition*, 279–291. Berlin: Springer

Locke, E. A. & Latham, G. P. (1990). *A Theory of Goal Setting and Task Performance*. Englewood Cliffs: Prentice Hall

13 Fordern und Fördern

13.1 Delegation – 160
Iris Boneberg
13.1.1 Dein Handeln sei von Dir bestimmt – 160
13.1.2 Auftragserteilung und Delegation – 161
13.1.3 Was kann, soll und muss ich delegieren und was nicht? – 162
13.1.4 Prozess der Delegation – 164
13.1.5 Es gibt so gute Gründe – Warum scheuen sich Führungskräfte zu delegieren? – 168
Literatur – 170

13.2 Führen mit Zielvereinbarung – 171
Thomas Steiger
13.2.1 Ziele in Organisationen: Notwendigkeit und Illusion – 172
13.2.2 Voraussetzungen und Prinzipien des Führens mit Zielvereinbarung – 175
13.2.3 MbO als Führungskonzept und seine Umsetzung – 180
13.2.4 Anforderungen an die Einführung von MbO – 188
Literatur – 190

13.3 Mitarbeitende beurteilen – 192
Birgit Werkmann-Karcher
13.3.1 Grundlagen und Systematik der Mitarbeitendenbeurteilung – 192
13.3.2 Kommunizieren der Beurteilung – 207
Literatur – 214

13.1 Delegation

Iris Boneberg

AUF EINEN BLICK

Delegation gehört zum Standardführungsverhalten im Alltag. Genau betrachtet lässt sich die »Auftragserteilung« oder »fallweise Delegation« von der längerfristigen Übertragung von Aufgaben, also der »eigentlichen Delegation«, unterscheiden. Im folgenden Artikel wird dieser Unterschied beschrieben. Im Anschluss wird die Frage beantwortet, wie die ideale Auftragserteilung aussieht und der Delegationsprozess in seinen einzelnen Etappen dargestellt. Nachdem Gründe diskutiert werden, die für die Delegation von Aufgaben sprechen, wird der Frage nachgegangen, weshalb im Alltag Delegation manchmal sehr schwer fällt.

13.1.1 Dein Handeln sei von Dir bestimmt

»Dein Handeln sei von Dir, nicht von den Geschehnissen bestimmt«, so lautet eine alte Weisheit aus der Bhagavad-Gita. Die erste, aber auch alles entscheidende Empfehlung, um das persönliche Delegationsverhalten zu optimieren, lautet: Nimm Dir Zeit! Und da beißt sich die Katze eben häufig in den eigenen Schwanz: »Weil es bei uns so rund läuft, muss ich eine Notfallübung nach der anderen hinter mich bringen, und deshalb habe ich wirklich keine Zeit mich auszuklinken. Und weil ich keine Zeit mehr habe mich raus zu nehmen, kann ich auch nicht mehr systematisch planen und delegieren.« Die folgenden Ausführungen können auch als eine Einladung zur Entschleunigung verstanden werden, um aus diesem Teufelskreis auszusteigen. Ganz im Sinne der Aufforderung von Seiwert (2000, S. 45): »Schnelligkeit ist wichtig in unserer Gesellschaft, gerade deshalb brauchen wir Langsamkeit.« Wieviel Zeit sich eine Führungskraft nimmt, um Delegationsprozesse in ihrem Bereich zu analysieren und zu gestalten, hat letztendlich viel mit ihrem eigenen Rollenverständnis zu tun: Bin ich als Führungskraft durch mein Expertenwissen die Instanz, die den Laden am Laufen hält oder bin ich diejenige Instanz, die es anderen ermöglicht, den Laden am Laufen zu halten. Kouzes und Posner (2002) weisen darauf hin, dass es erfolgreichen Führungskräften gelingt, andere zum Handeln zu befähigen und haben daraus eine Empfehlung für »Leadershipverhalten« abgeleitet: »Enable others to act«. Welche Überlegungen anzustellen sind und wie ein Delegationsprozess gestaltet werden kann, wird im Folgenden beschrieben. Zunächst aber soll die Delegation von der Auftragserteilung abgegrenzt werden.

Führen Sie? Oder führen die Umstände?

Rollenverständnis

13.1.2 Auftragserteilung und Delegation

Im Alltag lässt sich alles, was **weniger wichtig**, aber **dringlich** ist, weiterleiten (vgl. Eisenhowerprinzip, ▶ Abschn. 6.2 »Arbeitstechnik«). Dieses Weiterleiten wird dann auch häufig Delegieren genannt. Im Folgenden wollen wir in einem solchen Fall von Auftragserteilung sprechen. Bei der Auftragserteilung handelt es sich in der Regel um einen Einzelauftrag, bei der Delegation werden Aufgaben (meist ganze »Aufgabenpakete«) langfristig übertragen.

> **Definition**
> **Delegation** meint die dauerhafte Übertragung von Aufgaben, Kompetenzen und Verantwortung an nachgeordnete Stellen.
> **Auftragserteilung** meint die Übertragung eines Einzelauftrags.

Definition: Delegation und Auftragserteilung

Eine vollständige Auftragserteilung besteht aus sechs Elementen. Sicherlich ist in einer konkreten Auftragserteilung nicht jedes Element gleich bedeutsam. So soll sich der Leser ermuntert fühlen, im konkreten Fall eine Gewichtung vorzunehmen.

vollständige Auftragserteilung

Elemente einer Auftragserteilung

> **Sechs Elemente der Auftragserteilung**
> 1. **Orientierung über die Ausgangslage.** Diese Orientierung soll es dem Mitarbeitenden ermöglichen, den Auftrag richtig zu verstehen und ihn einzuordnen.
> 2. **Zielsetzung festlegen.** Die klar formulierten Erwartungen bezüglich des zu erreichenden Ergebnisses ermöglichen es dem Mitarbeitenden abzuschätzen, ob er das Ziel erreicht.
> 3. **Begründung liefern.** Damit der Beauftragte im Sinn des Auftraggebers handeln kann, sind Begründungen notwendig. Sie sollen motivierend wirken.
> 4. **Auftrag formulieren.** Zur Auftragsformulierung gehören der Inhalt, Termine und Verantwortlichkeiten des Auftrags, sowie evtl. besondere Bedingungen der Auftragserledigung.
> 5. **Mittel bereitstellen.** Der Mitarbeitende muss gegebenenfalls informiert werden, welche Ressourcen und Hilfsmittel zur Verfügung stehen, um den Auftrag zu erledigen.
> 6. **Kontrolle vereinbaren.** Die Art und Weise sowie der Zeitpunkt der Kontrolle sollten transparent gemacht werden.

Sechs Elemente

Bevor der Prozess der Delegation beschrieben wird, wird zunächst der Frage nachgegangen, welche Aufgaben delegierbar sind und welche eher nicht.

13.1.3 Was kann, soll und muss ich delegieren und was nicht?

Delegierbare und nicht-delegierbare Aufgaben

Die Primary Task von Organisationen, deren Strukturen und Kulturen sind unterschiedlich. Deshalb ist es schwer eine »goldene Regel« für alle Branchen und Aufgabenbereiche zu definieren (vgl. Goldfuss 2006). Ausnahmen gibt es sicherlich, aber tendenziell gilt die folgende Übersicht (vgl. Kratz 2006, S. 30):

delegierbare Aufgaben

Delegierbare Aufgaben sind:
- Routineaufgaben,
- Spezialistentätigkeiten,
- Detailfragen und
- vorbereitende Arbeiten, die als Grundlage für Entscheidungen dienen.

nicht delegierbare Aufgaben

Nicht-delegierbare Aufgaben sind:
- Führungsaufgaben,
- außergewöhnliche Fälle: Aufgaben mit großer Tragweite und/oder hohem Risikoanteil.

Wenn vertrauliche Angelegenheiten und sicherheitsrelevante Aspekte der Aufgabe an die Funktion der Führungskraft gebunden sind, sind auch diese nicht delegierbar.

Delegierbare und nicht-delegierbare Verantwortung

Verantwortung gibt es im rechtlichen Sinne, im organisatorischen, im funktionalen, im ethischen oder auch im sozialen Sinne. Die Frage, ob Verantwortung überhaupt delegierbar ist, liegt nahe. Gehen wir einmal davon aus, Verantwortung sei nicht delegierbar. Eine Konsequenz wäre, dass Führungskräfte für jegliches Verschulden der Mitarbeitenden einstehen müssten. Es lassen sich leicht Beispiele finden, die demonstrieren, dass es unserem Empfinden nach ungerecht ist, eine Führungskraft für jegliches Verschulden zur Verantwortung zu ziehen. Aber vielleicht sagt unser Empfinden gleichzeitig, dass »irgendwie« ein Vorgesetzter doch immer Verantwortung mitträgt. Höhn (1980) trifft eine Unterscheidung, die hilfreich ist. Er spricht von Handlungsverantwortung und Führungsverantwortung.

alles oder nichts?

Handlungsverantwortung

Der Mitarbeiter trägt die Handlungsverantwortung zur Erfüllung einer Aufgabe, die ihm mit entsprechenden Befugnissen delegiert wurde. Diese Form der Verantwortung ergibt sich aus der Übertragung von Aufgaben und Kompetenzen.

Auch der Vorgesetzte trägt Handlungsverantwortung, die aus der Fachaufgabe und den damit verbundenen Kompetenzen erwächst. Zusätzlich trägt er die Führungsverantwortung als »Verantwortung für das Ganze«. Sie ergibt sich aus den Führungsaufgaben.

Führungsverantwortung

Der Vorgesetzte kann dann für Fehler von Mitarbeitern verantwortlich gemacht werden, wenn er seine Führungsaufgaben nicht ordnungsgemäß erfüllt hat. Führungsverantwortung wird erfolgreich wahrgenommen,

- wenn Aufgaben an Personen delegiert werden, die dafür die erforderlichen Voraussetzungen mitbringen;
- wenn geeignete Zielvereinbarungen getroffen und geeignete Informations- und Kontrollverfahren eingesetzt werden (vgl. Hill et al. 1989).

Eine vorgesetzte Person kann demnach **nicht** für jegliches Verschulden der Mitarbeitenden zur Verantwortung gezogen werden. Man erkennt aber dennoch, dass hier ein gewisser »Verantwortungsüberschuss« auf Seiten des Vorgesetzten besteht: Er ist nicht nur für das eigene Handeln verantwortlich, sondern auch teilweise für das Verhalten von Mitarbeitern.

Verantwortung nicht für alles! Aber auch für mehr als für nichts

Was delegieren und was nicht – eine konkrete Auslegeordnung schaffen

Sie möchten Ihren eigenen Arbeitsbereich kritisch durchleuchten und entscheiden, welche Aufgaben Sie weiterhin selbst machen müssen, und welche Sie delegieren könnten? Definieren Sie zunächst alle Aufgaben, mit denen Sie in der letzten Zeit beschäftigt waren. In einem zweiten Schritt hat es sich als nützlich erwiesen, diese Aufgaben wie folgt zu sortieren (vgl. Finch & Maddux 2006).

eine Auslegeordnung …

> Unterteilen Sie die Aufgaben in Ihrem eigenen Funktionsbereich in folgende 5 Bereiche:
> - Aufgaben, die nur ich machen kann,
> - Aufgaben, die ich machen sollte, aber bei denen andere helfen können,
> - Aufgaben, die ich machen kann, aber andere würden sie machen, wenn man ihnen eine Chance dazu gäbe,
> - Aufgaben, die andere machen sollten, aber bei denen ich als Ressource zur Verfügung stehe,
> - Aufgaben die eigentlich andere tun müssen.

Aufgrund dieser Analyse können Sie bereits konkrete Aufgaben definieren, die Sie delegieren möchten. Vielleicht können Sie auch bereits an dieser Stelle festhalten, in welchem Zeitraum Sie diese Aufgaben delegieren wollen. Wie die Delegation konkret gestaltet sein sollte und was darüber hinaus noch zu beachten ist, wird in den kommenden Abschnitten noch vertieft.

Indem die Führungskraft die Fragen klärt, was von ihr selbst und was von den Mitarbeitern übernommen wird, wird sie zum Gestalter der eigenen Primary Task, der Primary Task der Mitarbeitenden und des von ihr zu verantwortenden Funktionsbereiches. Das Ergebnis muss also auch im Hinblick darauf überprüft werden, ob die Aufgaben überhaupt einen signifikanten Beitrag zum Erfolg des eigenen Bereiches und der übergeordneten Einheit leisten. Umgekehrt muss natürlich auch überprüft werden, ob die Erfüllung der Primary Task, die an den Funktionsbereich der Führungskraft delegiert wurde, sichergestellt wird (▶ Abschn. 13.2 »Führen mit Zielen«). Diese Überlegungen sollen vermeiden, dass viel gearbeitet, aber am eigentlichen Auftrag

… damit das Ziel nicht aus den Augen verloren geht

der Abteilung vorbeigearbeitet wird oder dass nur noch Teile des eigentlichen Auftrags abgedeckt werden. Ganz allgemein wird hier der Frage nachgegangen, ob wir mit dem, was wir tun, weiterhin auf dem richtigen Weg sind. Es gehört essenziell zu den Aufgaben der Führungskraft, diese Frage für den Bereich, den sie verantwortet, nicht aus den Augen zu verlieren (vgl. Hinterhuber & Krauthammer, die in diesem Zusammenhang vom »Kernauftrag« sprechen).

13.1.4 Prozess der Delegation

Delegationen vorbereiten

A: delegierbare Aufgaben

Wählen Sie die richtigen Aufgaben. Im vorangegangenen Abschnitt wurde erörtert, welche Aufgaben sich prinzipiell delegieren lassen und wie eine Führungskraft konkret Aufgaben aus ihrem Tätigkeitsbereich auswählt.

Klären Sie die notwendigen Kompetenzen. Werden Aufgaben an einen Mitarbeiter delegiert, so muss es ihm möglich sein, alle Entscheidungen treffen zu können und Handlungen zu vollziehen, die zur Erfüllung der Aufgaben erforderlich sind. Delegiert werden müssen somit auch entsprechende **Kompetenzen**, beispielsweise:

K: formale Kompetenzen

- das Recht, Entscheidungen zu treffen (Entscheidungskompetenz),
- das Recht, das Handeln anderer Personen zu bestimmen (Anordnungskompetenz),
- das Recht, über Sachen und Werte der Organisation zu verfügen (Verfügungskompetenz)
- das Recht auf alle zur Aufgabenerfüllung erforderlichen Informationen (Informationskompetenz).

Vor dem eigentlichen Delegationsgespräch muss die Führungskraft entscheiden, mit welchen Kompetenzen sie den Mitarbeitenden ausstatten muss.

Wählen Sie den richtigen Mitarbeiter aus. Häufig wird der Mitarbeitende gewählt, der die Fähigkeiten, die es braucht, um die Aufgabe zu erledigen, bereits mitbringt. Ist seine Sachkompetenz, sein Können und Wissen nicht ausreichend, so ist es Aufgabe der Führungskraft bereits im Vorfeld zu prüfen, inwiefern diese aufgebaut werden kann und welche Maßnahmen hierzu notwendig sind (▶ Abschn. 11.2 »Mitarbeitende entwickeln und fördern«). Ein solches Vorgehen kann durchaus als systematischer Beitrag zur Personalentwicklung gesehen werden (vgl. Rosenstiel 1992).

K: persönliche Kompetenzen

Schaffen Sie adäquate zeitliche Freiräume. Wenn Sie die Frage geklärt haben, welchem Mitarbeitenden Sie welche Aufgabe mit welchen Kompetenzen übergeben wollen, dann müssen Sie darüber hinaus klären, ob die zeitliche Auslastung des Mitarbeiters es ermöglicht, die an ihn delegierte Aufgabe auszuführen. Sicher ist dies viel leichter gesagt als für einige Leser umsetzbar. Aber machen Sie sich immer wieder bewusst, dass Mitarbeitende, die zu lange unter enormem Zeitdruck stehen, häufig die Motivation für ihre Arbeit ver-

Z: Zeitbedarf

lieren oder darüber hinaus andere Burn-out-Symptome zeigen (vgl. Hatzelmann & Held 2005). Ganz abgesehen davon, dass es dies aus ethischen Gründen sowieso zu vermeiden gilt, ist der finanzielle Aufwand, der durch die Folgen von Burn-out-Situationen für die Organisation entsteht, ganz erheblich und steigt in den meisten Branchen kontinuierlich an (▶ Abschn. 6.1 »Mit den eignene Ressourcen haushalten«). Es gehört somit sicherlich mit zu den vornehmsten Verpflichtungen einer Führungskraft, sich für ihre Mitarbeitenden diesbezüglich einzusetzen. Oder wie Sample (2002, S. 163) es formuliert: »Arbeiten Sie für die, die für Sie arbeiten!«

Setzen Sie sich mit den 2 Vs – Verantwortung und Vertrauen – auseinander! Dies ist der subtilste Bereich in der Vorbereitung und dennoch ist auch er maßgeblich mit dafür verantwortlich, ob Delegation glückt oder nicht. Einerseits geht es darum zu erahnen, ob der Mitarbeitende, den Sie für die Aufgabe ausgewählt haben, bereit sein wird, für die Aufgabe auch die Verantwortung zu übernehmen. Es nützt nichts, wenn nur das Können der Aufgabe entspricht, das Wollen muss auch hinreichend gegeben sein. Sind Sie sich im Vorfeld nicht sicher, ist es empfehlenswert, im Delegationsgespräch selbst dieses Thema anzusprechen. Das zweite »V« steht für das Wort Vertrauen. Und hier geht es um Ihr Vertrauen. In der Vorbereitung sollten Sie sich kritisch fragen, ob Sie selbst dazu bereit sind, die Aufgabe abzugeben, ob sie genügend Vertrauen besitzen oder aufbauen können. Eine Führungskraft, die sich laufend in bereits delegierte Aufgaben einmischt, weil ihr das Vertrauen in den Mitarbeitenden fehlt, geht das Risiko ein, den Mitarbeitenden zu demotivieren. Deshalb ist bereits im Vorfeld eine kritische Selbstanalyse wichtig. Versuchen Sie, an dieser Stelle ehrlich mit sich zu sein! Sollten Sie erkennen, dass es Ihnen schwer fällt zu vertrauen, dann müssen Sie sich umso intensiver mit dem Thema »Kontrolle der delegierten Aufgabe« beschäftigen.

V: Verantwortung übernehmen

V: Vertrauen schenken

Kongruenzprinzip der Delegation

Im vorherigen Abschnitt wurde beschrieben, dass sich die Führungskraft bei der Vorbereitung einer Delegation mit den folgenden Elementen auseinandersetzen muss: **A**ufgabe, **K**ompetenzen, Fach**k**ompetenzen, **Z**eit, **V**erantwortung und **V**ertrauen. Die Elemente sind in der Abbildung ◘ Abb. 13.1 visualisiert.

Darüber hinaus ist in der Abbildung auch das »Kongruenzprinzip« der Delegation angedeutet: alle sechs Elemente der Delegation stimmen von ihrer Größe her überein, sind also »deckungsgleich« oder kongruent. Inkongruente Delegationen sind Delegationen, in denen eines der Elemente oder mehrere zu groß oder zu klein sind. Beispiele für inkongruente Delegationen liegen vor, wenn

inkongruente Delegationen schaffen Probleme

— die gewählte **A**ufgabe nicht den Qualifikationen (der Fach**k**ompetenz) des Mitarbeitenden entspricht, dieser deshalb deutlich unterfordert ist,
— die **A**ufgabe nicht mit den notwendigen **K**ompetenzen ausgestattet wird, der Mitarbeitende beispielsweise notwendige Entscheidungen nicht selbst fällen kann,

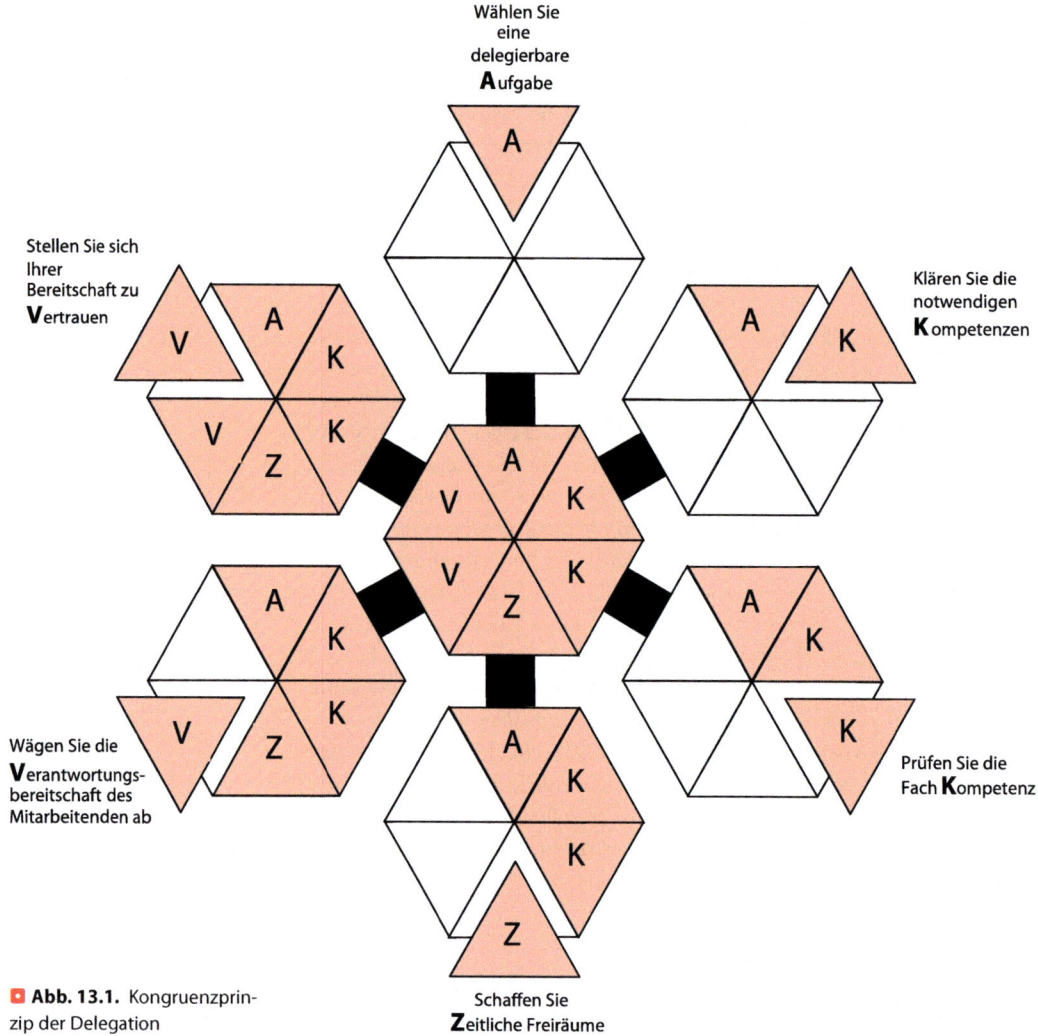

Abb. 13.1. Kongruenzprinzip der Delegation

— dem Mitarbeitenden nicht genügend **Z**eit eingeräumt wird, um die **A**ufgabe zu erfüllen,
— …

Kongruenzprinzip

Es lassen sich sicherlich mit Leichtigkeit weiter Beispiele für inkongruente Delegationen finden. Das Kongruenzprinzip der Delegation kann im Alltag in vielen Situationen von großer Nützlichkeit sein:
— als Checkliste zur Vorbereitung einer Delegation,
— als Leitfaden für das Delegationsgespräch
— als Kriterienkatalog zur Überprüfung anhaltender Delegationen
— als Referenzsystem, um zu überprüfen, ob Aufgaben, die der eigene Vorgesetzte delegiert, kongruent sind
— als Visualisierunghilfe in Gesprächen, in denen über nicht-kongruente Delegationen verhandelt wird.

Delegationsgespräch

Erstgespräch. Die eigentliche Delegation findet im Erstgespräch statt. Das Gespräch beinhaltet im Wesentlichen die oben beschriebenen Themen. Fragen, die im Erstgespräch besprochen werden, sind:
- Welche Aufgabe wird delegiert?
- Welche Kompetenzen werden zugeteilt?
- Welche Fachkompetenzen müssen noch erworben werden?
- Welcher zeitliche Rahmen wird zur Verfügung gestellt?
- Wie ist es um die Bereitschaft des Mitarbeitenden gestellt, die Verantwortung für die beschriebene Aufgabe zu übernehmen? Welche Verantwortung wird übertragen?
- Was muss erfüllt sein, damit die Führungskraft vertrauen kann?

Kongruenzprinzip beachten: A = K = K = Z = V = V

Je nach Komplexität der Aufgabe werden im Erstgespräch, spätestens aber in der Nachbesprechung zwei weitere Themen vereinbart:
- Zielvereinbarung: Welches Ergebnis wird in Bezug auf die Aufgabe vom Vorgesetzten erwartet? Welche Zielerreichung hält der Mitarbeitende für sinnvoll?
- Kontrollvereinbarung: Wie, wann und von wem wird ermittelt, ob die Aufgabe zielgerichtet durchgeführt wird?

weitere Vereinbarungen

Die Bereitschaft, sich für Ziele einzusetzen und Kontrolle als notwendigen Teil des Arbeitsprozesses zu erleben, ist in der Regel höher, wenn Mitarbeitende sich mit ihren Vorstellungen frühzeitig einbringen können. Auch hier gilt es **Betroffene zu Beteiligten** zu machen.

Nachbesprechung. Konnten Ziele und Kontrolle im Erstgespräch nicht vereinbart werden, dann stehen diese Vereinbarungen in der Nachbesprechung an. Sie dient in erster Linie dazu die Erfahrungen des Mitarbeitenden abzuholen. So könnten Sie folgende Fragen stellen (vgl. Kratz 2006, S. 66):
- Wie ist Ihrer Meinung nach die Delegation bisher gelaufen?
- Was ist Ihnen bei der neuen Aufgabe sowohl positiv als auch negativ aufgefallen?
- Hatten Sie das Gefühl, dass ich mich – ohne es zu merken – zu häufig eingemischt habe?
- Sind Unklarheiten in den Kompetenzregelungen aufgetreten?
- Traten sonstige Probleme zu Tage, die wir zu Beginn der Delegation übersahen?
- ...

Einladung zum Feedback

Follow-up

Die beiden Ks – Kontakt und Kontrolle –. Die Führungskraft hält auch über die Nachbesprechung hinaus mit dem Mitarbeiter Kontakt in Bezug auf die delegierte Aufgabe. Sie achtet beispielsweise darauf, dass sie alle Informationen weiterleitet, die der Mitarbeitende zur Aufgabenerfüllung braucht und ist Ansprechpartnerin bei unvorhersehbaren Schwierigkeiten. Es gilt auch, Selbstdisziplin zu üben: Weder sollte die Führungskraft Aufgaben wieder zu sich zurück nehmen, noch Rückdelegationen von Mitarbeitenden zulassen.

aus dem Auge – aus dem Sinn?

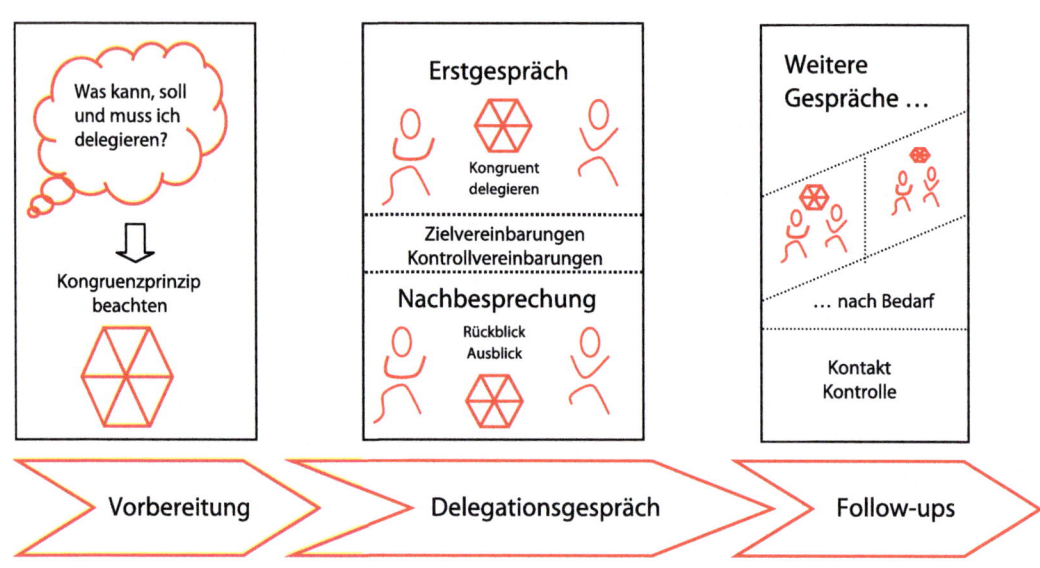

Abb. 13.2. Prozess der Delegation

Vertrauen ist gut, Kontrolle auch!

Dem Mitarbeitenden Vertrauen schenken, schließt Kontrolle nicht aus. Zur Grundregel für motivierendes Kontrollieren gehört, dass eine geeignete Kontrollart gefunden wird (vgl. Laufer, 2007). Es muss geklärt werden, **wer** kontrolliert, ob eher die **Durchführung** oder eher das **Ergebnis** kontrolliert werden soll und wie **häufig** und **genau** kontrolliert werden muss. Letztendlich gilt es, ein Klima zu schaffen, das den Mitarbeitenden ermutigt, Probleme zu benennen. Deshalb kann das Ziel der Kontrolle nicht nur die Fehlersuche sein (▶ Abschn. 13.2 »Führen durch Zielvereinbarungen«). Blanchard und Johnson (2002, S. 41) empfehlen »Lass jeden seine Höchstform erreichen und erwisch ihn, wenn er's gut macht!«.

Delegationsprozess im Überblick

In ◘ Abb. 13.2 ist der Delegationsprozess nochmals im Überblick zusammengefasst.

13.1.5 Es gibt so gute Gründe – Warum scheuen sich Führungskräfte zu delegieren?

Es gibt viele gute Gründe, die für das Delegieren sprechen! Vorgesetzte entlasten sich selbst und übergeordnete Stellen, können dadurch ihren strategischen Aufgaben gerecht werden, trainieren die Entscheidungskompetenz der Mitarbeitenden, was insbesondere für die Nachwuchsführungskräfte von großer Wichtigkeit ist. Wird Verantwortung immer nur dann weitergegeben, wenn auch die entsprechenden Kompetenzen weitergeleitet werden, dann wirkt das motivierend oder mobilisierend auf die Mitarbeitenden (vgl. Steiger 2005, S. 23; ▶ Abschn. 12.3 »Motivation«). Die Lernprozesse und Erfolgserlebnisse, die durch ein kongruentes Delegationsverhalten ermöglicht werden, steigern das Selbstvertrauen und die Arbeitszufriedenheit. Selbstbewusste

Nachwuchsförderung

Motivation

Selbstvertrauen

13.1 · Delegation

und kompetente Mitarbeitende können mit allfälligen Veränderungsprozessen oder Krisensituationen wiederum leichter umgehen. Eine branchenübergreifende Langzeitstudie des Gallup-Instituts hat gezeigt, je engagierter die Mitarbeiter sind, desto größer sind die positiven Auswirkungen auf die Ertragssituation. Mitarbeiterbindung wird an erster Stelle dadurch erreicht, dass Mitarbeitende wissen, was von ihnen erwartet wird und an zweiter Stelle darüber, dass die benötigten Materialien und Arbeitsmittel zur Verfügung gestellt werden (vgl. Buckingham & Coffman 2005). Oder mit anderen Worten: Ein »sauberes Delegationsverhalten« gewährleistet ein hohes Maß an Mitarbeiterbindung und diese wirkt sich positiv auf die Ertragssituation aus.

Arbeitszufriedenheit

Ertragssteigerung

Mitarbeiterbindung

Warum also scheuen sich viele Führungskräfte zu delegieren? Folgende Gründe spielen dabei eine Rolle (vgl. auch Vogelauer & Risak (2002) oder Kohlmann-Scheerer (2004)):
- Gewohnheit,
- Mangel an Geduld,
- Unfähigkeit, die eigene Arbeit zu organisieren,
- Mangel an Selbstdisziplin,
- innere Haltung: »Ich mach das am besten selbst«,
- Zeitnot: »Ich habe keine Zeit«,
- Angst, die Kontrolle oder die Übersicht zu verlieren,
- Berechnung, weil sie nicht wollen, dass ein Mitarbeiter irgendetwas besser macht als sie selbst,
- als Reaktion auf die Kultur im eigenen Hause: »Hier weiß der Chef schließlich über alle bis ins Detail Bescheid!«

was macht es so schwer?

An dieser Stelle möchte ich für ein paar ehrliche, klare, aber liebevolle Minuten der Selbstreflexion plädieren, in denen Sie der Frage nachgehen, wie Sie Ihr eigenes Delegationsverhalten noch optimieren könnten.

Selbstreflexion

Vielleicht hilft Ihnen in diesem Zusammenhang auch die Frage nach Ihren eigenen verinnerlichten Normen. Die meisten Menschen haben manche Normen so stark verinnerlicht, dass sie sie im Hinblick auf eine konkrete Situation gar nicht mehr recht überdenken. Wenn das so ist, bezeichnet man solche Normen auch als »Antreiber«. Die Transaktions-Analyse beschreibt fünf in unserer Kultur recht häufig vorkommende Antreiber: »Sei perfekt!«, »Streng dich an!«, »Beeil dich!«, »Mach es allen Recht!« und »Sei stark!« (vgl. Rüttinger 2005). Jeder dieser Antreiber beeinflusst das Delegationsverhalten potenziell in eine ganz bestimmte Richtung. Einige Beispiele sind hier aufgeführt:

der Wahrheit auf den Grund gehen

Antreiber

- Wenn ich **immer perfekt sein** muss, habe ich vielleicht Bedenken, andere könnten die Aufgabe nicht zu meiner Zufriedenheit erledigen.
- Wenn ich mich **immer anstrengen muss**, erwarte ich dies unter Umständen auch von meinen Mitarbeitenden und neige eher zur Durchführungskontrolle als zur Ergebniskontrolle.
- Wenn ich es **immer allen Recht machen** muss, wage ich es vielleicht nicht, meine Mitarbeitenden mit neuen Aufgaben zu belasten.
- Wenn ich mich **immer Beeilen** muss, verliere ich vielleicht im Delegationsprozess die Geduld für zaudernde, fragende Mitarbeitende.

– Und schließlich werde ich, wenn ich **immer stark sein** muss, wahrscheinlich die Tendenz haben, durchzuhalten und die Dinge eher im Alleingang durchziehen.

ZUSAMMENFASSUNG

Im Artikel wird deutlich, dass es notwendig ist, sich als Führungskraft Zeit zu nehmen, um Delegationen planen zu können. Ob es um die Auftragserteilung oder um die Delegation geht, in beiden Fällen können wir davon ausgehen, dass »unvollständiges« Führungsverhalten zur Demotivation der Mitarbeitenden führen und den Arbeitsprozess erheblich behindern kann. Der Artikel zeigt auf, was bei der »vollständigen« Auftragserteilung und Delegation zu berücksichtigen ist und lädt ein, der Frage nachzugehen, was im Alltag beim Delegieren noch zu optimieren ist.

FRAGEN ZUR VERTIEFUNG

- Dein Handeln sei von Dir bestimmt. Wie viel Zeit haben Sie in den letzten drei Monaten dafür aufgewandt, Delegationsprozesse in Ihrem Bereich zu optimieren? Wie viel Zeit wollen Sie im nächsten halben Jahr dafür einsetzen?
- Wie würden Sie eine Auftragserteilung in Ihrem Führungsalltag formulieren, in der alle sechs Elemente angesprochen werden?
- Was kann, soll und muss ich delegieren und was nicht? Sammeln Sie konkrete Beispiele aus ihrem Tätigkeitsbereich.
- Prozess der Delegation: Bereiten Sie die Delegation einer konkreten Aufgabe vor. Welchem Mitarbeitenden wollen Sie welche Kompetenzen übertragen? Welche Vorstellungen haben Sie über Ziele und Kontrolle? Sind Sie bereit, darüber in Verhandlung zu treten?
- Es gibt so gute Gründe – wieso dann eigentlich nicht? Welches sind in Ihrem Arbeitsumfeld die wichtigsten Gründe, die dafür sprechen, noch mehr zu delegieren? Was fällt Ihnen schwer beim Delegieren? Wie können Sie mit diesen Schwierigkeiten umgehen?

Literatur

Buckingham, M. & Coffman, C. (2005). *Erfolgreich führen gegen alle Regeln*. Wie Sie wertvolle Mitarbeiter gewinnen, halten und fördern. Frankfurt: Campus.
Blanchard, K. & Johnson, S. (2002). Der Minuten Manager. Hamburg: Rowohlt.
Finch, L. & Maddux, R. B. (2006). *Delegation Skills for Leaders*. An Action Plan for Success as a Manager. T(3rd edition). Boston: Thomson Course Technology.
Goldfuss, J. W. (2006). *Erfolg durch professionelles Delegieren*. So entlasten Sie sich selbst und fördern ihre Mitarbeiter. Frankfurt a. M: Campus.
Hatzelmann, E. & Held, M. (2005). *Zeitkompetenz: Die Zeit für sich gewinnen. Übungen und Anregungen für den Weg zum Zeitwohlstand*. Weinheim: Belz.
Hill, W., Fehlbaum, R. & Ulrich, P. (1989). *Organisationslehre I*. Bern: Haupt.
Hinterhuber, H. H. & Krauthammer, E. (2001). *Leadership – mehr als Management*. Was Führungskräfte nicht delegieren dürfen. 3. Aufl. Wiesbaden: Gabler.
Höhn, R. (1980). Stellvertretung. In E. Grochla (Hrsg.). *Handwörterbuch der Organisation*. Stuttgart: Poeschel.

Kohlmann-Scheerer, D. (2004). *Gestern Kollege – heute Vorgesetzter.* So schaffen Sie den Rollentausch. Offenbach: Gabal.
Kouzes, J. M. & Posner, B. Z. (2002). *The Leaderhip Challenge.* San Francisco: Jossey-Bass.
Kratz, H.J. (2006). *30 Minuten für effektives Delegieren.* Offenbach: Gabal.
Laufer, H. (2007). *Vertrauen und Führung.* Vertrauen als Schlüssel zum Führungserfolg. Offenbach: Gabal.
Rosenstiel, L. v. (1992). *Entwicklung von Werthaltungen und interpersonaler Kompetenz – Beiträge der Sozialpsychologie.* In: Sonntag, K. (Hrsg.) Personalentwicklung in Organisationen. Göttingen: Hogrefe.
Rüttinger, R. (2005). *Transaktions-Analyse.* (9.Aufl.) Frankfurt/M.: Verlag Recht und Wirtschaft.
Sample, B.S. (2002). *Führen Sie, wie Sie wollen. Intuitiv revolutionär einzigartig.* München: Moderne Industrie.
Seiwert, L. J. (2000). *Wenn du es eilig hast, gehe langsam.* Frankfurt a. M: Campus.
Steiger, E. (2005). *Sich und andere mobilisieren.* In: PROS4S & Partner GmbH (Hrsg.) Menschen mobilisieren. Hebel und Prinzipien erfolgwirksamer Führung. Gossau: edition punktuell.
Vogelauer, W.& Risak, M. (2002). *Handbuch für Führungkräfte.* Wien: Manz.

13.2 Führen mit Zielvereinbarung

Thomas Steiger

AUF EINEN BLICK

Im Rahmen der Führungstätigkeit spielt die Leistungsorientierung eine zentrale Rolle. Leistungsorientierung meint das Ausmaß, in welchem die Führung sich auf die Erfüllung von Leistungszielen durch die Mitarbeitenden konzentriert. Das Führungskonzept **Management by Objectives (MbO) – Führen mit Zielvereinbarung** – bietet einen hervorragenden Ansatz, die Leistungsorientierung in Organisationen zum expliziten Gegenstand der Führungspraxis zu machen. Im Zentrum dieses Führungskonzeptes steht der Vorgang der Zielvereinbarung. Die Bewertung der Leistung orientiert sich dann am Erreichungsgrad der vereinbarten Ziele. MbO ist damit auch eine unverzichtbare Voraussetzung für die zielbezogene Leistungsbeurteilung (Mitarbeiterqualifikation). Dieses Kapitel macht Sie mit diesem viel diskutierten und verbreiteten Führungskonzept vertraut. Indem wir von Führen mit Ziel**vereinbarung** sprechen, betonen wir unsere Grundhaltung bezüglich der Handhabung dieses Führungsinstrumentes: Wir gehen davon aus, dass eine hohe gegenseitige Abhängigkeit zwischen Fragen der Partizipation, der Motivation, der Gestaltung des Zielfindungsprozesses und der Qualität der Zielerreichung besteht. Nachhaltig hohe Leistungen kommen über eine beteiligende Einbindung der Mitarbeitenden in den Zielbildungsprozess zustande. Oder anders gesagt: Hohe Leistungsorientierung ist nur durch gleichzeitige Berücksichtigung der individuellen Entwicklungsbedürfnisse der Mitarbeitenden zu erreichen.

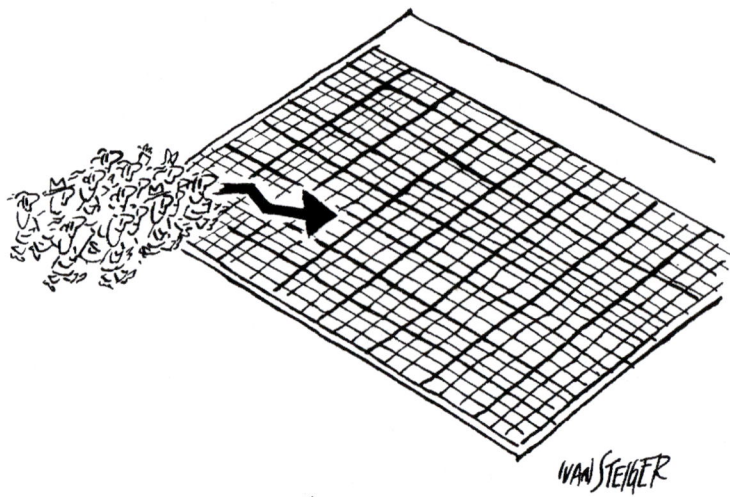

13.2.1 Ziele in Organisationen: Notwendigkeit und Illusion

menschliches Handeln ist intentional

Alles menschliche Handeln ist intentional, d. h., es verfolgt eine bestimmte Absicht oder einen Zweck. Nur Menschen können sich Ziele setzen, d. h. Wünsche und einen eigenen Willen haben, Strebungen erkennen und diese in der Form bewusster Absichten formulieren. Alle Menschen haben Wünsche, Bedürfnisse und verfolgen Ziele. Die Vorstellung, dass im Rahmen einer Organisation einzig der Unternehmer – oder in seiner Vertretung das Management – der Träger der Absichten und der Ziele sei, erweist sich deshalb als eine realitätsfremde Vereinfachung. Die Wirklichkeit in Organisationen ist geprägt von einer großen Vielfalt von verschiedenen Absichten, Interessen und Ansprüchen innerhalb (z. B. Kapitalgeber, Arbeitskräfte, Führungskräfte) und außerhalb der Organisation (z. B. Lieferanten, Kunden, Staat, Öffentlichkeit).

Organisationsziele

Analog zum Individuum entwickeln Organisationen (Systeme) ebenfalls Ziele. Das Organisationsziel auf der obersten Stufe der Zielhierarchie kann auch als eine Beschreibung des Existenzgrundes der Organisation betrachtet werden (▶ Kap. 2). Die Organisation erfüllt gegenüber ihrer Umwelt eine Aufgabe. Sie erhält von der Umwelt die notwendigen Ressourcen, um diese Aufgabe zu erfüllen. Diese Hauptaufgabe (»Primary Task«), die den Existenzgrund für die Organisation darstellt, kann oder wird sich im Laufe der Zeit verändern. Es ändern sich sowohl die Erwartungen der Umwelt (Kunden, Wettbewerb, wirtschaftliche und politische Situation), als auch die Interessen der Organisationsmitglieder bezüglich der Erfüllung der Primary Task. Für das erfolgreiche Überleben einer Unternehmung besteht deshalb die zwingende Notwendigkeit, Veränderungen im Bereich der Primary Task wahrzunehmen und über Rückkoppelungsmechanismen zu verfügen, die eine Anpassung der komplexen untergeordneten Zielsysteme ermöglichen.

Individual- vs. Organisationsziele

Im Unterschied zum Individuum, das sich durch Autonomie und Willen auszeichnet, weisen die Organisationsziele einen anderen Charakter auf. Individualziele werden von den Individuen angestrebt, Organisationsziele werden in der Organisation durch das Zusammenwirken vieler Individualziele verfolgt. Persönliche Ziele, gruppendynamische Kräfte innerhalb der Organisation sowie technische und kulturelle Faktoren, Verfügbarkeit von Ressourcen, Marktchancen sowie politische Einflüsse außerhalb der Organisation spielen dabei eine Rolle. Organisationsziele sind Beschreibungen von zukünftigen Zuständen, die **in** und nicht **von** der Gesamtorganisation angestrebt werden (vgl. Müller 1977 S. 4)! Das Entstehen von Organisationszielen ist ein äußerst komplexer Vorgang. Jede Organisationen hat das quasi natürliche Bestreben, durch Ausgleich der verschiedensten Interessenlagen und unter den gegebenen Machtkonstellationen und den Bedingungen ihrer Umwelt zu überleben. In diesem Streben entsteht ein Aufgabenverständnis, Strukturen (es wird organisiert), und es entwickelt sich ein Verhalten (eine Kultur). Im erfolgreichen Fall entsteht dadurch eine zukunftsfähige Konstellation von Zielen in den verschiedenen Organisationsbereichen, die die Interessen der Individuen angemessen berücksichtigen und die Kräfte so bündeln, dass das Überleben der Gesamtorganisation (vorerst) gesichert scheint.

Die Realisierung des Interessenausgleichs erfolgt – ob geplant oder spontan – immer im Rahmen eines mehr oder weniger expliziten (bewussten) und mehr oder weniger differenzierten Prozesses der Formulierung von Organisationszielen (Zielbildungsprozess). Es geht darum, Zielvorstellungen für einzelne Organisationseinheiten zu entwickeln und diese so aufeinander abzustimmen, dass keine Widersprüche zwischen übergeordneten und untergeordneten Zielen bestehen und somit sinnvolle Aufbau- und Ablaufstrukturen entstehen können. Diese Aufbau- und Ablaufstrukturen sind schließlich das Ergebnis einer komplexen Entwicklungsgeschichte der Organisation (des Unternehmens) und zeichnen sich durch Trägheit und Resistenz gegenüber Veränderungen aus (▶ Kap. 15 »Veränderungsmanagement«). Die Änderung gewachsener Strukturen setzt einen weitreichenden Prozess des Interessensausgleichs voraus. Die Trägheit und Resistenz können bewirken, dass eine reife, d. h. über gewachsene Strukturen verfügende Organisation zunehmend nicht mehr von ihren Zielen, sondern vielmehr von ihrem Apparat (ihren Strukturen) geleitet wird. Die ursprünglichen Mittel zur Erreichung der Ziele, nämlich die Aufbau- und Ablaufstrukturen, bestimmen plötzlich de facto die Zielsetzungen.

Zielbildungsprozess in Organisationen und seine Gefährdung

Der Zielbildungsprozess ist kein rationaler Vorgang: Es sind keineswegs nur rationale, logische Überlegungen und Abläufe, die dabei eine Rolle spielen. Viele menschliche Antriebe, Absichten oder Ziele sind unbewusst, sei es aus Abwehr nicht zugelassener Strebungen (Verdrängung), oder weil unser Handeln aufgrund von Automatismen und Routine derart selbstverständlich geworden ist, dass es vom Individuum nicht mehr reflektiert und hinterfragt werden kann. Das Verständnis unbewusster Antriebe und Automatismen wäre aber notwendig für das Verständnis des Handelns einzelner Menschen und damit auch für das Verstehen des Funktionierens von Organisationen. Die Vorstellung eines rationalen, kontrollierbaren Zielbildungsprozesses birgt also ein gewisses Illusionspotenzial. Unbewusste Momente, Abhängigkeiten, Handlungs- und Machtinteressen aller Art führen dazu, dass offiziell verkündete Ziele häufig nicht den realen, aber verborgenen Absichten

Illusion der Rationalität von Organisationen

(»hidden agenda«) entsprechen. Die wirklichen Ziele manifestieren sich erst in dem effektiven Handeln der verantwortlichen Individuen, d. h. in den tatsächlichen Entscheidungen über den Einsatz und den Umgang mit Menschen, Kapital, Sachmitteln und Umwelt.

Die im Folgenden beschriebene Führungsmethode »**Management by Objectives (MbO)**«, interpretiert als »**Führen mit Zielvereinbarung**« (im Unterschied zu Zielverordnung, d. h. Zielsetzung von oben herab), stellt ein wichtiges Instrumentarium dar, um Gefahren von Fehlentwicklungen zu verringern. Gemeint sind die Gefahren mangelhafter Ausrichtung von Organisationen auf den (beweglichen) Existenzgrund, die Primary Task, sowie die Gefahren fehlerhafter und unflexibler Aufbau- und Ablaufstrukturen als Resultat nicht zweckmäßiger Zielvereinbarungsprozesse, welche organisationsfremde Individualziele begünstigen.

MbO fokussiert auf die Vereinbarung von Ergebnissen (Zielen) und delegiert die Art und Weise der Zielerreichung in den jeweiligen Verantwortungsbereich.

Wir verweisen auf die enge thematische Verbindung zu den Fragen der Delegation von Verantwortung (▶ Abschn. 13.1), der Kontrolle (s. weiter unten) und der Motivation von Mitarbeitenden (▶ Abschn. 12.3). Das Vorgehen im Sinne von MbO bewirkt für Vorgesetzte eine massive Komplexitätsreduktion.

> Führungskräfte müssen nicht selbst über sämtliche für ihren Verantwortungsbereich relevanten Kenntnisse und Fähigkeiten verfügen und erschöpfen sich nicht in aufgeblähten Kontrollaufgaben. Sie widmen sich ihren eigenen (strategischen) Zielen und – bei Bedarf – der Unterstützung der Mitarbeitenden bei deren Zielerreichung. Durch Verantwortungsdelegation fördert MbO die Lernfähigkeit und Flexibilität der Mitarbeitenden und damit der Gesamtorganisation.

Mit Bezug auf die Komplexität von Organisationen und unter Verweis auf die Komplexität des oben geschilderten Zielbildungsprozesses, ist jedoch darauf hinzuweisen, dass MbO nicht unkritisch als Erfolgsgarant der Leistungsorientierung, als Garant des Organisationserfolges betrachtet werden kann. Die geistigen Wurzeln dieser Führungsmethode entstammen einer Zeit, in der Unternehmen wie Maschinen betrachtet wurden – konstruierbar und reparierbar (Taylorismus, ▶ Kap. 2). Moderne Betrachtungen betonen im Gegensatz dazu vielmehr die Komplexität und Dynamik einer Organisation und somit ihre beschränkte Steuerbarkeit. MbO – im Sinne des Managements von Zielvereinbarungsprozessen – verliert dadurch jedoch in keiner Weise an Bedeutung. Dieser Ansatz, verbunden mit zeitgemäßen Grundhaltungen und mit dem entsprechenden Instrumentarium hat – richtig verstanden und angewendet – das Potenzial, die komplexen Führungsanforderungen unserer Zeit besser zu bewältigen.

13.2.2 Voraussetzungen und Prinzipien des Führens mit Zielvereinbarung

Was soll mit MbO erreicht werden?

In der Literatur werden mit der Einführung von MbO die verschiedensten Absichten verbunden. Die Wichtigsten fassen wir hier zusammen.

Die Aktivitäten sollen besser auf die Primary Task (▶ Kap. 2), den Hauptzweck des Unternehmens, ausgerichtet werden. Die Formulierung der Unternehmensziele und davon logisch und transparent abgeleitet die Spezifizierung konkreter Ziele für die untergeordneten Einheiten soll eine Konzentration der Kräfte auf das Wesentliche bewirken.

Anders ausgedrückt, soll die konsequente Festlegung und Überprüfung von Zielen unsystematische Aktivitäten, die Verfolgung »privater« Ziele und Neigungen sowie unreflektiertes »Routineverhalten« unterdrücken und damit den **Wirkungsgrad der Mitarbeitenden** steigern.

Die konsequente Einbindung der Ziele der einzelnen Mitarbeitenden in die übergeordneten Ziele der Gruppe, der Abteilung, des ganzen Unternehmens wirkt sinnstiftend und verbessert damit die Voraussetzung für **Identifikation und Motivation** der Mitarbeitenden.

Ebenso wichtig wie das Führen mit Zielen ist die Schaffung günstiger Voraussetzungen für das Erbringen von Leistungen resp. die **Beseitigung von Behinderungen** auf dem Weg zu den Ergebnissen.

Indem MbO die Übereinstimmung von Fähigkeiten der beauftragten Mitarbeitenden mit den Anforderungen konsequent optimiert, unterstützt sie eine **systematische Personalentwicklung**.

Der bewusste Umgang mit Zielen fördert die **Selbststeuerung der Mitarbeitenden**. Klare Vereinbarungen ermöglichen die kontinuierliche Selbstbeurteilung. Die frühzeitige Entdeckung von Abweichungen von den Vorgaben ermöglicht die rechtzeitige Planung von Korrekturmaßnahmen. MbO wird somit auch zu einem Instrument des Risikomanagements.

Das Führen mit Zielen – richtig verstanden und umgesetzt – erhöht die Entscheidungsspielräume der Mitarbeitenden. Die erlebte Autonomie im Rahmen der vereinbarten Ziele erhöht ihr Selbstbewusstsein und schließlich ihre **Fähigkeit und Bereitschaft, Verantwortung zu übernehmen** (▶ Abschn. 12.3 »Motivation«). Ziele mit viel Handlungsspielraum ermöglichen unternehmerisches Handeln der Mitarbeitenden und eigenverantwortlich operierende Teams.

MbO beschreibt im Grunde die Instrumentalisierung eines permanenten, bewusst gestalteten Rollenverhandlungsprozesses (▶ Kap. 3 »Rollenkonzept der Führung«). Mit der Einführung von MbO verbindet sich die Hoffnung, dass sich durch die **vertiefte kontinuierliche Kommunikation** über Erwartungen (Ziele) und Interessen eine zunehmend kooperative, vertrauensgestützte, konfliktfähige **Zusammenarbeitskultur** im Unternehmen entwickeln kann.

MbO ist genau betrachtet ein permanenter »organisationsweiter Problemlösungsprozess, an dem alle Mitarbeitenden beteiligt sind« (Müller 1977). Konsequentes MbO erhöht auf diese Weise die Problemlösungskompetenz ganzer Systeme und damit **Flexibilität und Anpassungsfähigkeit** an sich verändernde Umweltbedingungen.

Marginalien:
- Absichten von MbO
- Ausrichtung und Konzentration der Kräfte
- Sinnstiftung, Identifikation, Motivation
- Schaffung günstiger Rahmenbedingungen
- Personalentwicklung
- Selbststeuerung
- Autonomie, Selbstbewusstsein und Motivation
- Rollen verhandeln
- Problemlösungsprozess, Flexibilität und Anpassungsfähigkeit

MbO bricht mit der Vorstellung einer plan- und kontrollierbaren Organisation und geht aus von einer komplexen Entwicklungsdynamik von Organisationen, welche nur dadurch aufgefangen werden kann, dass die Führung auf die Intelligenz, Flexibilität und Motivation ihrer Mitarbeitenden zählt. Grundlage ist das zeitgemäße Menschenbild des »complex man« (▶ Kap. 1 »Menschenbilder«). Ziel des MbO ist das »Empowerment«, die »**Ermächtigung« der Mitarbeitenden** zum selbstverantwortlichen Handeln, d. h. zum intelligenten Wahrnehmen von Entscheidungsspielräumen im Sinne und zum Vorteil der Organisation. MbO verlangt nach einer Unternehmenskultur, in der Menschen wie Menschen behandelt werden.

Komplexität und Dynamik in der Entwicklung von Organisationen verlangen deshalb nach beweglichen Zielen. Eine feste Zielstruktur würde die Entwicklungsmöglichkeiten beengen. MbO im Sinne eines dialogischen Zielfindungsprozesses erlaubt es, Ziele situationsbezogen und spontan zu revidieren und neu zu vereinbaren. Statt einem starren, detaillierten Zielsystem und rigiden Kontrollen gibt es einen Prozess der Fokussierung auf wenige strategisch wichtige Ergebnisse und ein **flexibles Reagieren auf Veränderungen** in den Rahmenbedingungen. Aus Zielvorgaben werden so laufend relativierbare Leistungsaufträge.

In der Komplexität heutiger Unternehmen entstehen Leistungen kaum mehr individuell, sondern sind das Ergebnis einer mehr oder weniger intensiven Zusammenarbeit vieler Menschen. Individuelle Ziele sind deshalb eher irreführend und verlieren an Bedeutung zugunsten von Teamzielen. Gleichzeitig fördern die Teamziele und die Beurteilung von Gruppenleistungen die Teamfähigkeit als Kernkompetenz im Unternehmen.

Zielkonflikte

Betrachtet man den Prozess der Zielvereinbarung nicht aus der Perspektive der Organisation mit ihrem zweckrationalen Aufbau, sondern vom einzelnen Menschen her, so ergibt sich eine unter Umständen völlig andere Hierarchie von Zielen nach Bedürfnissen, Ängsten, Wünschen persönlicher und kollektiver Natur. In der Realität sind beide Perspektiven gültig und wirksam. Es ist somit zu erwarten, dass Zielkonflikte zwischen Organisationszielen und Zielen der Mitarbeitenden entstehen. Falls solche Zielkonflikte nicht wahrgenommen und im Prozess der Zielfindung und -vereinbarung nicht angegangen werden, ist die Motivation der Mitarbeitenden und die Zielerreichung gefährdet.

Partizipation und Dialog: Beteiligung der Betroffenen

MbO kann die meisten der oben beschriebenen Erwartungen nur erfüllen, wenn die Betroffenen (also die Zielempfänger) in den Zielbildungsprozess miteinbezogen werden. Beteiligung der Betroffenen meint nicht einen demokratischen Vorgang der Beteiligung an Entscheidungen. Vielmehr ist damit ein kommunikativer Vorgang, ein Dialog gemeint, der den Einbezug und die Verwendung des gesamten bei den Betroffenen lokalisierten Wissens ermöglicht (Was ist wie, wann, wo und mit welchen Mitteln zu tun?). In diesem Sinne verstehen wir MbO als **Führen durch Zielvereinbarung** und distanzieren uns deutlich vom autoritären Vorgang des Führens durch Zielsetzung

»top-down«. Wir gehen davon aus, dass unter komplexen Bedingungen ein durchgehender Prozess der Zielfindung nicht ohne Beteiligung der Betroffenen, also nur im Dialog, erfolgreich stattfinden kann.

Andererseits lassen sich übergeordnete Ziele, angefangen bei der Vision, der Formulierung eines übergeordneten Aufgabenverständnisses der Gesamtorganisation bis hin zu den davon abgeleiteten Vorgaben für größere Einheiten nicht über alle Hierarchiestufen hinweg verhandeln. Jedes System hat seine Umwelt und seine Rahmenbedingungen (z. B. Erwartungen), denen es ausgesetzt ist und die es nur beschränkt beeinflussen kann.

So gesehen gestaltet MbO den Dialog, der situationsbezogen und unter Einbezug der Betroffenen die Festlegung von Richtung und Gangart der Organisation permanent optimiert.

... über Richtung und Gangart der Organisation

Identifikation der Mitarbeitenden mit den Zielen und Anforderungen an Führungskräfte

Eine wichtige Annahme ist, dass MbO im partizipativen Sinne des Führens mit Zielvereinbarung die Identifikation, bzw. die Selbstverpflichtung, die Bindung (»Commitment«) der Mitarbeitenden an Ziele fördert. Der Dialog mit den Mitarbeitenden vermittelt das Gefühl der Autonomie, der Achtung und damit der Selbstachtung und erhöht das Selbstvertrauen. Dies wiederum ermöglicht das Übernehmen von Verantwortung und die Erfahrung der Selbstkontrolle. Grundsätzlich steckt im Führen durch Zielvereinbarung das Potenzial eines sich selbst verstärkenden Prozesses der aufbauenden Entwicklung der Mitarbeitenden. Ein solcher identifikationsfördernder, aufbauender Prozess stellt allerdings hohe Ansprüche an die Vorgesetzten als Person einerseits und andererseits an die konkrete Ausgestaltung des MbO im Detail.

Commitment

Selbstvertrauen

Verantwortung

Anforderungen an ...

... und Einfluss der Führungskräfte

Nach Latham und Locke »können Führungskräfte die Verpflichtung gegenüber einem Ziel erhöhen, wenn

- die Führungskräfte als legitimiert angesehen werden;
- die Ziele das Selbstbewußtsein fördernde Informationen enthalten;
- die Ziele normative Informationen über Leistungsstandards enthalten;
- die Ziele Leistungserlebnisse fördern;
- die Führungskräfte
  - physisch präsent,
  - unterstützend,
  - vertrauenswürdig sind,
  - einen überzeugenden Grund für das Ziel liefern,
  - angemessen Druck ausüben, das Ziel zu erreichen,
  - kompetent und sympathisch sind.« (Latham & Locke 1995, S. 2226)

Von der Fremd- zu Selbstkontrolle

»Vertrauen ist gut – Kontrolle ist besser« ist ein viel gehörter Spruch, der von viel Unverstand zeugt, aber auf ein Thema verweist, welches so quasi das Spiegelbild des Führens mit Zielen ist. Ziele sind zum Erreichen da, das Erreichen will beobachtet, kontrolliert und beurteilt werden. Mit dem Kontrol-

Kontrollieren, ein Kardinalthema des Führens

Spiegelbild des Führens mit Zielen

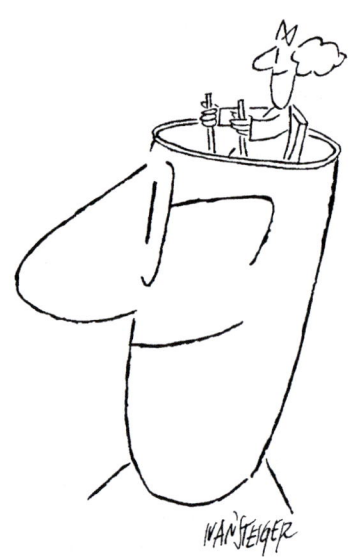

lieren ist es dasselbe wie mit dem Führen mit Zielen: Es kommt auf die Qualität an, mit welcher die Führungskräfte es praktizieren.

Wie weiter oben ausgeführt, sollen mit MbO im Dialog mit den Mitarbeitenden sinnhafte Ziele mit Handlungsspielräumen vereinbart werden. Mitarbeitende erleben darin **Ermächtigung der Mitarbeitenden**, d. h. Autonomie und Selbstbestätigung, sie machen die Erfahrung des Einflusses in ihrem Umfeld und gewinnen an Selbstvertrauen, werden selbständig und verantwortungsbewusst. Sie kontrollieren sich selbst (**Selbstkontrolle**). Sie erleben sich als stark, spüren ihre Ressourcen und bauen darauf. Diese Mitarbeitenden neigen dazu, eine gute **Gesundheit und Leistungsfähigkeit** auch in anspruchsvollen Aufgaben zu entwickeln (▶ Abschn. 6.1). Ihre intrinsische Motivation (▶ Abschn. 12.3) wird gestärkt und sie neigen damit eher dazu, sich kritisch und leistungsorientiert mit »ihrer« Organisation zu identifizieren.

Kontrolle im Widerspruch zum MbO im herkömmlichen Sinn steht mit dieser Idee in totalem Widerspruch und macht Bemühungen des MbO zunichte. Falsch verstandene Kontrolle geht von der Vorstellung aus, dass Mitarbeitende eigentlich andere Ziele verfolgen und nur mit Zuckerbrot und Peitsche bei der Stange gehalten werden können, dass sie tendenziell Vertrauen und Handlungsspielräume **(Grundannahme des Missbrauchs)** missbrauchen und deshalb eng geführt werden müssen. Deshalb werden rigide Kontroll-Korsetts errichtet, für die die Organisation ganze **Kontrollapparate** aufbaut. Monatsbudgets, Kennzahlensysteme, ein Berichtswesen mit eng getakteten Reports sollen die Mitarbeitenden auf Kurs halten. Und rauben ihnen die ganze Überzeugung, selbstverantwortlich die eigenen Handlungen kontrollieren zu können. Abweichungen werden sanktioniert, d. h. haben **negative Auswirkungen von Fremdkontrolle** auf ihre Anerkennung und Entlohnung. Die Mitarbeitenden machen zunehmend die Erfahrung, dass ihre Bemühungen außerhalb ihres engen Zielrahmens unerwünscht sind und nichts bewirken. Sie konzentrieren sich nur noch auf ihre individuellen Vorgaben, nur da ist etwas zu holen. Kooperation und unternehmerisches Denken bleiben auf der Strecke. Der Verlust des Gefühls der Selbststeuerung, das Erleben der Fremdbestimmtheit durch unbeeinflussbare Kontrollinstanzen (Kontrollverlust) macht Angst, zermürbt, führt zu Resignation, greift die Ressourcen der Mitarbeitenden an und macht krank.

Diesem rigiden und entwicklungshemmenden Kontrollverständnis muss MbO bewusst gegensteuern: durch Vertrauen, das besser ist als Kontrolle! Durch das Formulieren von Zielen für das Wesentliche, von umfassenden Zielen mit Handlungs- und Entscheidungsspielräumen. Durch regelmäßigen Dialog über Sinn und Zweck der Ausrichtung der Tätigkeit und Offenheit für flexible Anpassung an neue Gegebenheiten. Durch Empowerment also – Ermächtigung der Mitarbeitenden, die dadurch befähigt und in die Lage versetzt werden, über sich selbst hinauszuwachsen. Das allerdings bedeutet Verzicht auf zentrale Macht (Kontrolle) und konsequente Dezentralisierung von Entscheidungen an die Peripherie – dorthin, wo die Organisation sich bei den Kunden bewährt und wo das Know-how über das Geschäft mit den Kunden geschärft wird. Ziele und Wege dorthin sollten sich deshalb vermehrt an den Märkten, den Kunden und am Wettbewerb orientieren – und weniger an zentral vorgegebenen Kennzahlen.

Vertrauen ist besser als Kontrolle

Lernprozesse in Organisationen

Wir haben es schon erwähnt: MbO ist ein Schlüssel zur Entwicklung der Organisation. Lernen in Organisationen findet auf mehrere Arten statt. Organisationen lernen, indem ihre Mitarbeitenden individuell lernen und mit dem angeeigneten Wissen einzeln und in der Zusammenarbeit mehr zu leisten in der Lage sind. Organisationen lernen aber auch, indem sie ihre Abläufe verbessern – indem der Betrieb effektiver organisiert wird. Und drittens lernen die Unternehmen besser zu lernen, indem ihre Mitglieder lernen, gemeinsam über ihre Fortschritte nachzudenken und daraus Schlussfolgerungen zu ziehen (▶ Abschn. 12.2).

Entwicklung der Organisation durch …

… individuelles Lernen

… Abläufe verbessern

… lernen zu lernen

Auf allen diesen Ebenen wird Lernen durch MbO unterstützt. Mit MbO fließt das Wissen von der Peripherie zur Zentrale und umgekehrt. Durch die Aushandlungsprozesse lernen alle Beteiligten für sich und über die Verbesserung der Zusammenarbeit lernt das Unternehmen als Ganzes. Durch das Empowerment der Mitarbeitenden und das damit wachsende Selbstvertrauen findet eine positive Verstärkung des Lernens statt: Lernen statt Erstarrung und Stagnation (◻ Abb. 13.3).

MbO unterstützt Lernen

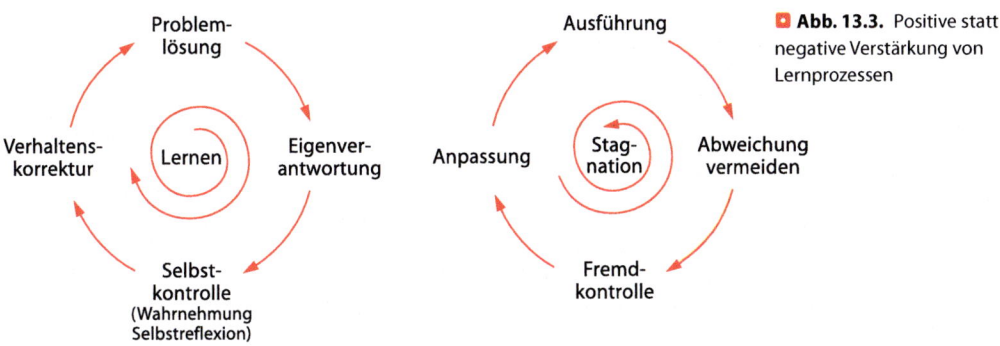

◻ **Abb. 13.3.** Positive statt negative Verstärkung von Lernprozessen

MbO als Lernprozess

Die Entwicklung von Fähigkeiten zum selbstbestimmten und selbstbewussten Lernen braucht Zeit und Geduld. In vielen Organisationen bedeutet das einen Kulturwandel, der tief greift und viel Zeit in Anspruch nimmt. Führen mit Zielen ist ein solcher nie endender, aber sich kontinuierlich verbessernder Lernprozess, der Zeit braucht, sich aber fortwährend selber verstärkt.

MbO heißt kommunizieren

Gespräche führen als Angelpunkt des MbO

Es ist deutlich geworden: MbO manifestiert sich in einem intensiven Austausch zwischen den Führungskräften und Mitarbeitenden, sowohl im Zweiergespräch, als auch in Gruppen. Es geht um das Aushandeln von Zielen, das Interpretieren von Vorkommnissen, die Diskussion von Methoden und Verfahren. Es geht darum, Differenzen auszutragen. Wichtig und heikel ist das Mitteilen von Beobachtungen und Wahrnehmungen zur Zielerfüllung der Mitarbeitenden: Feedback geben, Kritik und Anerkennung rütteln an den Grundfesten des Vertrauens.

Feedback geben, Kritik und Anerkennung

Vertiefen Sie diese Aspekte anhand folgender Kapitel:

Verweise auf Kapitel dieses Buches

- ▶ Abschn. 7.1 (Kommunizieren),
- ▶ Abschn. 7.2 (Storytelling),
- ▶ Abschn. 7.3 (Gesprächsführung),
- ▶ Abschn. 7.4 (Feedback, Anerkennung und Kritik) und
- ▶ Abschn. 13.3.2 (Kommunizieren der Beurteilung).

Grenzen des Management by Objectives

für die Erfüllung unveränderbarer Aufgaben funktioniert MbO nicht

Das Führen mit Zielvereinbarung setzt Ermessens- und Vereinbarungsspielräume voraus. Sind diese nicht gegeben, dann sind möglicherweise Ziele gar nicht sinnvoll. Wenn einfach Aufgaben auf eine bestimmte Art und Weise zu erfüllen sind, dann ist das Führen mit Zielen Augenwischerei und auch nicht adressatengerecht. In diesen Fällen ist es wohl sinnvoller, sich auf die genaue Klärung der Aufgaben und der Qualitätsansprüche zu konzentrieren, und im Beurteilungsinstrument diese Aufgabenerfüllung zu bewerten (▶ Abschn. 13.3). Auch hier ist eine sorgfältige und auf die speziellen Voraussetzungen der Mitarbeitenden Rücksicht nehmende Kommunikation notwendig. Aber im Vordergrund steht weniger das Vereinbaren als vielmehr das Richtig-Verstanden-Werden.

Klärung der Aufgaben und der Qualitätsansprüche

MbO ist sinnvoll bei …

Management by Objectives wird demzufolge nicht unbedingt alle hierarchischen und funktionalen Ebenen und Bereiche der Organisation zu erfassen versuchen. MbO wird vielmehr speziell dort greifen, wo Innovation und Optimierung der Leistungen von den Potenzialen und der Leistungsbereitschaft der Mitarbeitenden und deren Teams abhängt.

13.2.3 MbO als Führungskonzept und seine Umsetzung

MbO als Instrument

Im Folgenden wenden wir uns der Darlegung des Instrumentes MbO zu. Wie schon angedeutet wurde, beschränkt sich MbO bei Weitem nicht auf eine angemessene Zielformulierung. MbO ist ein den ganzen Führungsprozess umfassendes Konzept. Die Zielvereinbarung als Ergebnis einer sorgfältigen Kommunikation ist eingebettet in einen umfassenden Führungskreislauf.

den ganzen Führungsprozess umfassendes Konzept

13.2 · Führen mit Zielvereinbarung

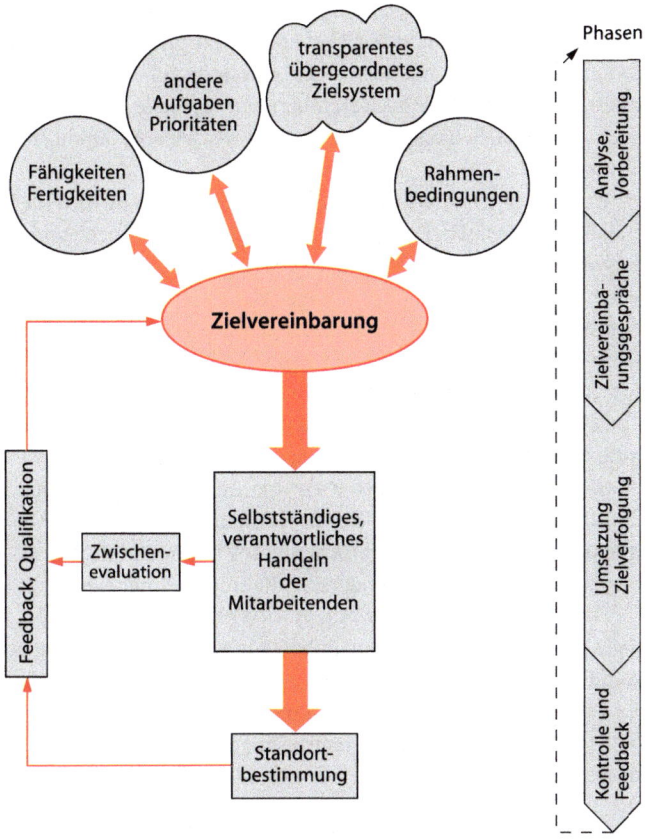

Abb. 13.4. Management by Objectives (MbO) als Führungskonzept

In unseren weiteren Ausführungen folgen wir den einzelnen Elementen in ◘ Abb. 13.4.

Obwohl MbO nun den Charakter eines Führungsinstruments bekommt, das mit entsprechenden Hilfsmitteln ausgerüstet zu einem klar strukturierten Prozess wird, ist bei der Umsetzung speziell darauf zu achten, dass dieser Prozess immer beweglich und sinnvoll bleibt. Das Instrument muss – wie die Ziele selbst – immer flexibel und im Sinne der lernenden Organisation angewendet werden. Sonst erstarrt die Organisation schließlich nur noch in der Reproduktion ihrer vordefinierten Regeln.

klar strukturierter Prozess

flexible Handhabung

Phasen von MbO

MbO folgt im Rhythmus der Geschäftsabläufe normalerweise einer jährlichen Phasenabfolge, die aber den Bedingungen und Bedürfnissen der jeweiligen Organisation angepasst werden.

Ein typischer Ablauf könnte in etwa folgendermaßen aussehen: Noch im alten Geschäftsjahr, vermutlich in der zweiten Jahreshälfte, im Rahmen der Planung der nächsten Aktivitätsperiode, wird jede Führungskraft mit ihrer vorgesetzten Stelle die Vorgaben für den eigenen Verantwortungsbereich aushandeln (vereinbaren) und aufgrund dieser Vorgaben den Zielfindungs- und -vereinbarungsprozess mit den eigenen Mitarbeitenden einleiten. Der Ablauf

jährliche Phasenabfolge

Planung

von MbO in der Organisationshierarchie erfolgt in der Regel von oben nach unten. Die Terminierung der Vorbereitungen und Zielvereinbarungen hat darauf Rücksicht zu nehmen, dass spätestens am Anfang der neuen Geschäftsperiode auch die Zielvereinbarungsgespräche auf der untersten Hierarchieebene, die vom MbO noch erfasst werden soll, durchgeführt werden können.

Analysephase

In einer ersten **Analyse- bzw. Vorbereitungsphase** wird die Führungskraft sich Klarheit über die verschiedenen Voraussetzungen und Rahmenbedingungen für die folgenden Vereinbarungsgespräche verschaffen. Sie erarbeitet sich daher eigene Vorstellungen darüber, was im Einzelnen, mit welchen Mitteln und wie, in der kommenden Geschäftsperiode anzustreben ist. Selbstverständlich wird die Führungskraft schon in dieser Analysephase auf das Know-how der Mitarbeitenden zurückgreifen.

Zielvereinbarungsgespräche

Mit diesen Vorstellungen wird sie die eigentlichen **Zielvereinbarungsgespräche** mit ihren Mitarbeitenden oder Teams aufnehmen.

Umsetzungsphase

Es folgt eine den einzelnen Zielvorgaben entsprechende **Phase des selbständigen, selbstverantwortlichen Handelns (Umsetzens)** durch die Mitarbeitenden, allenfalls unterbrochen von Zwischenevaluationen und Kurskorrekturen aufgrund sich ändernder Rahmenbedingungen.

Standortbestimmung: Würdigung der Ergebnisse und Schlussfolgerungen

Der kreislaufförmige, periodisch wiederkehrende Prozess des MbO wird abgeschlossen durch eine im Rahmen der Zielvereinbarung terminierte **Standortbestimmung**, d. h. durch eine kritische Prüfung und Bewertung der Ergebnisse unter Berücksichtigung aller Einflussfaktoren, welche zum beobachteten Resultat geführt haben. Auf dieser Grundlage werden Auswirkungen auf die nächste Zielperiode diskutiert und beschlossen.

Übergeordnetes Zielsystem

Leitbild und stufenweise Konkretisierung der Ziele

Mit MbO geführte Unternehmen (oder Organisationseinheiten) haben eine explizite Vorstellung ihres Hauptzweckes, der zum Beispiel in der Form eines Leitbildes festgehalten ist. Ausgehend von diesem Hauptziel bzw. der im Leitbild beschriebenen generellen Entwicklungsrichtung des Unternehmens und den Erfahrungen der letzten Geschäftsperiode werden jährlich Ziele für untergeordnete Unternehmenseinheiten abgeleitet: Es werden die Beiträge der einzelnen Abteilungen, Gruppen, Personen zum angestrebten Gesamtergebnis festgelegt.

Zielbezüge

Die Ziele beziehen sich dabei – abhängig von der Managementebene und je nach Aspekt der Organisation (Aufgabe, Struktur, Kultur ▶ Kap. 2) – auf verschiedene Gegenstände (◘ Abb. 13.5).

Lebens- und Entwicklungsfähigkeit

Gegenstand der Ziele auf der Ebene des **normativen Managements** sind die »generellen Ziele der Unternehmung, mit Prinzipien, Normen und Spielregeln, die darauf ausgerichtet sind, die **Lebens- und Entwicklungsfähigkeit** der Unternehmung zu ermöglichen« (Bleicher 2011, S. 88).

Erfolgspotenziale

Gegenstand der Ziele auf der Ebene des **strategischen Managements** ist der »Aufbau, die Pflege und die Ausbeutung von Erfolgspotentialen, für die Ressourcen eingesetzt werden müssen.« (Bleicher 2011, S. 89)

Das normative und das strategische Management befassen sich also mit der **Gestaltung der Rahmenbedingungen** für die Entwicklung des Gesamtsystems.

13.2 · Führen mit Zielvereinbarung

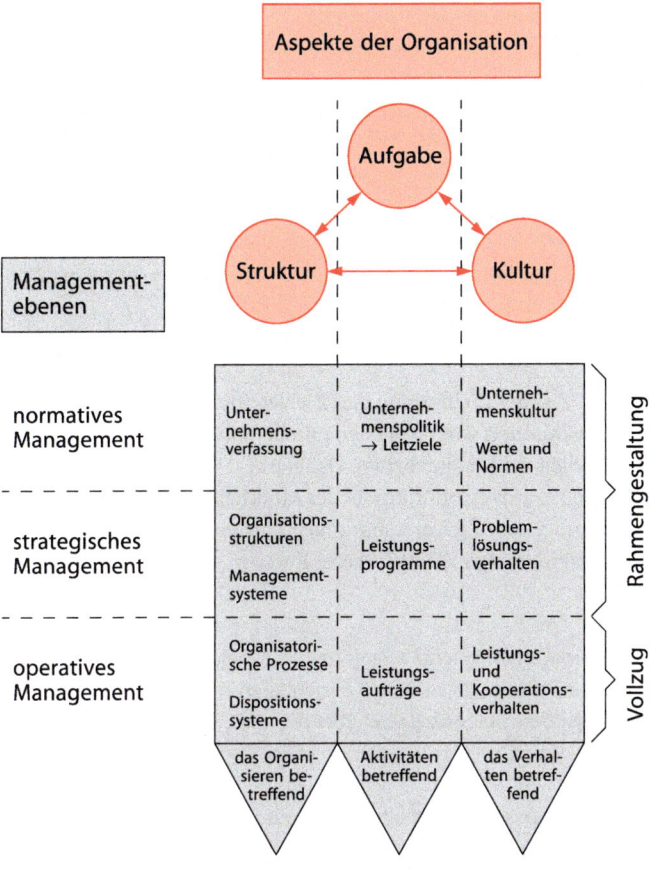

Abb. 13.5. Zielsystem der Organisation, seine Bezüge und Inhalte

Gegenstand der Ziele auf der Ebene des **operativen Managements** ist der **operative Vollzug**. Gemeint sind damit die **sachlich-ökonomischen Aspekte** der Organisation, der Leistungserstellung sowie von Umfang und Qualität der Leistung einerseits und andererseits das **soziale Verhalten** der Mitarbeitenden, v. a. Kooperation und Kommunikation (Bleicher 2011, S. 90).

Neben diesen verschiedenen Orientierungen der Ziele auf verschiedenen Managementebenen unterscheiden wir Ziele nach ihren Inhalten (Begriffe s. Bleicher 2011):

- **Leistungs- und Ergebnisziele** betreffen Umfang und Qualität der erwarteten Ergebnisse.
- **Innovationsziele** betreffen Ansprüche an Ergebnisse außerhalb des Bisherigen, der Routine, der Gewohnheiten.
- **Kooperationsziele** betreffen Ansprüche an das kooperative Verhalten auf allen Ebenen der Organisation: vom Umgang mit Wettbewerbern über die Kooperation zwischen organisatorischen Einheiten (Abteilungen, Gruppen) bis zur Zusammenarbeit in Teams und natürlich die Ansprüche an Mitarbeitende bezüglich ihres kooperativen Verhaltens.

Marginalien: operativer Vollzug · Zielinhalte · Umfang und Qualität · Neuerungen, Wandel · Zusammenarbeit *fachliche und soziale Entwicklung*

— **Persönliche Entwicklungsziele** betreffen Ansprüche an das fachlich-methodische und das aufgabenrelevante soziale Verhalten der Mitarbeitenden.

Orientierung am Kundennutzen

> Motivierende Ziele beziehen ihre Energie vor allem aus der Orientierung am Kundennutzen: Es ist viel anregender, seine Leistung an der Wirkung auf die Kunden zu verfolgen (z. B. Kundenzufriedenheit, Marktanteil, Kundentreue etc.), als an der Erfüllung quantitativer absoluter Zahlen gemessen zu werden.

Einbindung in die Ziele der übergeordneten Systemebenen

Der Prozess der Zielfindung und Zielvereinbarung verläuft in der Hierarchie der Organisation von oben nach unten – mit Verhandlungsschlaufen an den Nahtstellen der Systemebenen. Dabei ist es – als Voraussetzung für die Identifikation, für das Commitment der Mitarbeitenden – von außerordentlicher Bedeutung, dass Zielvereinbarungen eine einsichtige, sinnstiftende Verbindung haben zu den Zielen höherer Ebenen.

nachvollziehbare Einsichten

> Jedes Aushandeln bzw. Vermitteln von Zielvorstellungen auf jeder Ebene soll begleitet sein von nachvollziehbaren, d. h. verständlichen Einsichten in die Ziele übergeordneter Ebenen.

vernetzte Zielstruktur

Auf diese Weise entsteht eine von oben nach unten gesteuerte, aber gut vernetzte Zielstruktur über das ganze Unternehmen. Die Zielvereinbarungen sind »aufgehängt« an der oberen Ebene oder treffender gesagt, sie »stützen« die Ziele der oberen Ebene, d. h. sie leisten ihren sinn- und identitätsstiftenden Beitrag mit Bezug auf das Ganze.

Balance von Anforderungen und Fähigkeiten

Weder Über- noch Unterforderung

> Ihre motivationale Wirkung erlangen Ziele, wenn sie herausfordernd, aber nicht überfordernd sind.

Die Vereinbarung von Zielen ist unter diesem Aspekt eine anspruchsvolle Gratwanderung. Die Führungskraft muss ihre Mitarbeitenden entsprechend einschätzen können. Allenfalls ist die Zielvorstellung nach unten oder oben anzupassen oder aber der Mitarbeiter gezielt zu fördern und zu unterstützen durch Ausbildung und Begleitung. Die Vereinbarung herausfordernder, aber erfüllbarer Ziele ist ein Schlüssel für Motivation (▶ Abschn. 12.3) und für die Entwicklung der Leistungsfähigkeit der Mitarbeitenden (▶ Abschn. 13.1).

Andere Aufgaben: Klärung von Prioritäten

Mitarbeiter haben in den allermeisten Fällen nicht nur ein Ziel zu verfolgen, sondern sind einer Reihe von gleichzeitigen Anforderungen ausgesetzt. Sie müssen zu jedem Zeitpunkt abwägen, auf welche Ansprüche sie sich gerade konzentrieren sollen. Wie gut Mitarbeitende das können und auch im Sinne des Gesamtinteresses handeln, hängt abgesehen von ihren kognitiven und praktischen Fähigkeiten von der Komplexität und Schwierigkeit der Ziele und Aufgaben ab. Eine wichtige Rolle spielt dabei auch die Frage, ob Ziele hintereinander (sequenziell) verfolgt werden können oder ob sie nur simultan (gleichzeitig) bearbeitbar sind (Latham & Locke 1995, S. 2226). Die Klärung der Prioritäten dient dazu, Überforderungen und Burnout zu vermeiden (▶ Abschn. 6.1 »Ressourcenmanagement«).

Vielfalt von Zielen: Ressourcenmanagement

> Eine wichtige Voraussetzung für eine zweckmäßige Zielvereinbarung ist deshalb, dass die Mitarbeitenden die relative Bedeutung ihrer vielfältigen Ziele und Aufgaben kennen. Damit können sie – auch an der Grenze ihrer Leistungsfähigkeit – in anforderungsreichen Situationen ihre Prioritäten im Sinne des Ganzen richtig setzen und erkennen, wann sie sich beim Vorgesetzten Unterstützung holen müssen.

Priorisierung von Zielen

Klärung der Rahmenbedingungen

Ziele, die einen gewissen Entscheidungs- und Gestaltungsspielraum beinhalten, sind immer eingebettet in ein möglicherweise auch sehr komplexes Gefüge von Rahmenbedingungen. Dabei handelt es sich um Bedingungen, die nur indirekt etwas mit den erwarteten konkreten Ergebnissen zu tun haben, die auf dem Weg der Zielerreichung aber zu beachten sind. Diese Bedingungen betreffen also vor allem die Art und Weise der Aufgabenerfüllung. Solche Rahmenbedingungen können unter anderem betreffen:

Bedingungen schränken die Aufgabenerfüllung ein

- Ansprüche an die Zusammenarbeit mit Vorgesetzten, anderen Mitarbeitenden, Teams, anderen Organisationseinheiten, Beratern etc.,
- Ansprüche an die Behandlung bzw. den Umgang mit Wettbewerbern,
- Ansprüche an die Behandlung bzw. den Umgang mit Kunden,
- Ansprüche aus der Einhaltung von Regeln, Normen, Wertmaßstäben, also kulturellen Vorgaben der Organisation,
- Ansprüche aus der Einhaltung von Gesetzen, Normen und Regeln des Staates, der Gesellschaft, der Branche,
- technische, methodische, ökonomische, organisatorische Einschränkungen.

Rahmenbedingungen beschreiben Ansprüche an die Aufgabenerfüllung

> Um die motivationale Wirkung der Zielvereinbarung nicht grundsätzlich zu gefährden, ist es wichtig, dass möglichst wenige Bedingungen die Zielerreichung belasten. Die Einhaltung der gestellten Bedingungen muß selbstredend von den Mitarbeitenden selbst beeinflusst werden können. Im Übrigen gehört es zur Führungsaufgabe, behindernde Rahmenbedingungen für die Mitarbeitenden zu beseitigen und günstige Voraussetzungen für die Zielerreichung zu schaffen.

Bedingungen der Zielerreichung

Zielvereinbarung

Zielvereinbarung als kommunikativer Vorgang

Auf der Grundlage ihrer Vorbereitungen und Analysen (wie oben beschrieben) vereinbart die Führungskraft mit ihren Mitarbeitenden Ziele. Das Diskutieren und Festhalten von Zielen ist, wie schon mehrfach betont, weniger ein technischer, sondern vielmehr ein kommunikativer Vorgang. Die Zielvereinbarung ist die Schlüsselstelle im Prozess des MbO. Das Resultat dieses Vorgangs beeinflusst nachhaltig Motivation und Leistung der Mitarbeitenden.

Für die grundsätzlichen Aspekte der Gesprächsführung und des Verhandelns mit Mitarbeitenden verweisen wir auf die ausführlichen Erläuterungen an anderer Stelle (▶ Abschn. 7.1 bis 7.4).

Woraus besteht eine vollständige Zielvereinbarung?

Im Folgenden beantworten wir die Frage, welche formalen und motivationalen Anforderungen an eine vollständige Zielvereinbarung bzw. an deren Formulierung gestellt werden müssen.

ein Ziel ist eine Zustandsbeschreibung

Beschreibung des gewünschten Ergebnisses. Beschrieben wird ein beobachtbarer, also konkreter SOLL-Zustand. Nur wenn den Mitarbeitenden deutlich vor Augen ist, **was** erreicht werden soll, sind sie in der Lage, ihren Arbeitsfortschritt daran abzulesen.

eine Maßnahme ist kein Ziel

Die Zielformulierung ist klar von der Formulierung von Maßnahmen zu unterscheiden. Die Zielformulierung soll keine Aussagen über den Weg und die Methoden, also darüber, **wie** das Ergebnis anzustreben ist, enthalten. Solche Angaben sind – sofern überhaupt nötig – als Rahmenbedingung zu formulieren.

realistisch und herausfordernd

Ziele – also erwartete Ergebnisse – sollen realistisch, d. h. erfüllbar, aber doch herausfordernd sein.

Handlungsspielräume

Es sollen nur ganz wenige, dafür gehaltvolle Ziele mit Handlungsspielräumen formuliert werden. Ziele, die von mehreren Personen gemeinsam angepackt werden, sollen eher als Teamziel denn als Individualziel formuliert werden.

Team- statt Individualziele

relative Bedeutung des Ziels

Priorität. Die Zielvereinbarung enthält Aussagen über die relative Bedeutung, d. h. über die **Priorität** gegenüber anderen Zielen oder Aufgaben. Dies ermöglicht den Mitarbeitenden, selbststeuernd über den Einsatz ihrer eigenen Ressourcen zu entscheiden.

Rahmenbedingungen

Bedingungen. Die Zielvereinbarung beschreibt die wichtigsten nicht selbstverständlich feststehenden **Bedingungen der Zielerreichung**. Hier geht es also um Einschränkungen der Gestaltungsfreiheit der Mitarbeitenden bei der Umsetzung. Neben den weiter oben beschriebenen Rahmenbedingungen (Regeln, Vorschriften, Verhaltensanforderungen, technische und finanzielle Vorgaben etc.) sind damit auch vorgegebene Maßnahmen zur Zielerreichung gemeint.

möglichst wenig Bedingungen

> Aus motivationalen Gründen sollen solche einschränkenden Bedingungen – den Fähigkeiten und Fertigkeiten der Mitarbeitenden entsprechend – auf ein Minimum beschränkt bleiben!

Messkriterien. Die Zielvereinbarung muß **Messkriterien** enthalten: Sie muß klarstellen, wie und aufgrund von welchen Indikatoren der Erfolg, also Quantität und Qualität des Ergebnisses, beurteilt werden. Dies ist einerseits eine Frage der Objektivierung, d. h. Versachlichung und damit auch der Korrektheit der Erfolgsbeurteilung. Anderseits aber versetzen die Messkriterien die Mitarbeitenden in die Lage, sich selbst periodisch zu kontrollieren und autonom Korrekturmaßnahmen zu treffen. Unter komplexen Bedingungen und insbesondere in Dienstleistungsbereichen, wo der Erfolg – einer Beratung beispielsweise oder einer Betreuungsaufgabe Behinderter – unter Umständen nur sehr subjektiv beurteilt werden kann, wo sich das Ergebnis also nur beschränkt quantifizieren lässt, ist dieser Anspruch an **me**ssbare Kriterien zu relativieren. Es ist weniger wichtig quantitativ zu messen, als in jedem Fall sorgfältig festzuhalten, woran die Beteiligten merken können, dass die Ergebnisse im Sinne der Zielvereinbarung den Ansprüchen genügen.

Kriterien, woran der Erfolg festgestellt wird

Termine. Die Zielvereinbarung muß **Termine** beinhalten:
- Starttermin der Aktivität,
- Zwischentermine für kritische Phasen bzw. Zwischenevaluationen und Kontrollpunkte,
- Endtermin: Wann soll das Ergebnis vorliegen und wann erfolgt die Standortbestimmung und Beurteilung?

Terminvereinbarungen

Neben der betriebswirtschaftlich-organisatorischen Notwendigkeit der Terminierung von Aktivitäten gibt es dafür unter dem Aspekt der Motivation auch eine psychologisch bedeutsame Begründung. Die Terminierung macht die Kontrolle durch Dritte transparent und macht damit die Selbstkontrolle sinnvoll und wirksam (siehe auch weiter oben in diesem Kapitel). Dies wiederum erlaubt den Mitarbeitenden das Erlebnis der Souveränität und Ganzheit.

Transparenz der Kontrolle

Die Zielformulierung erweist sich neben der Kunst des Dialogs also als zweite anspruchsvolle Hürde im MbO. Sie ist quasi das Meisterstück einer gelungenen Zielvereinbarung. Sie ist von so großer Bedeutung für die Ergebnissicherung und für die Nachhaltigkeit des Führens mit Zielen, dass sie in jedem Fall der Schriftlichkeit bedarf. ▶ Arbeitsblatt 13.1 zeigt das Beispiel eines einfachen Formulars, das das schriftliche Festhalten von Zielvereinbarungen und Ergebnisbeurteilungen erleichtert.

Zielformulierung als Meisterstück einer gelungenen Zielvereinbarung

Schriftlichkeit

Selbständiges, verantwortliches Handeln der Mitarbeitenden

Etwas idealisierend formuliert, sind auf der Grundlage einer gelungenen Zielvereinbarung befähigte Mitarbeiter **ermächtigt**, sich autonom und selbständig der Zielerreichung zu widmen. Sie werden bei wichtigen Ereignissen, Störungen und Unvorhergesehenem von sich aus den Kontakt zur Führungskraft suchen und eventuell eine Wiedererwägung der Zielvereinbarung veranlassen oder sich Instruktionen holen. Im Übrigen werden sie selbst ihren Fortschritt kontrollieren und auf Abweichungen vom angestrebten Zustand reagieren. Die Führungskraft braucht den Mitarbeitenden nicht weiter über die Schulter zu gucken, sondern hat Kopf und Hände für effektivere Taten frei – und kann trotzdem gut schlafen. Im Idealfall ist das das Ergebnis einer

Empowerment: Grundsatz der Selbstverantwortung, Selbstkontrolle und Selbststeuerung

hochentwickelten MbO-Kultur. Selbstverständlich ist die Führungskraft gut beraten, wachsam die Entwicklung wichtiger und kritischer Parameter in ihrem Verantwortungsbereich im Auge zu behalten. Dies aber vielmehr im Sinne eines »Monitoring«, eines Wachsamseins für Chancen und Risiken als im Sinne von Kontrolle und Überwachung.

Zwischenbeurteilungen

Das selbständige Arbeiten der Mitarbeitenden wird da und dort durch geplante und terminierte Zwischenbeurteilungen unterbrochen. Die Mitarbeitenden sind in der Lage, sich auf diese »Kontrollpunkte« gründlich vorzubereiten und bei Problemen mit konstruktiven Maßnahmen darauf zu reagieren.

Controlling

Die Ergebnisse solcher geplanter Zwischenevaluationen finden unter Umständen Eingang in ein Controllingsystem, das diese Daten von Hierarchiestufe zu Hierarchiestufe verdichtet, um die Entscheidungsebenen schließlich mit stufengerechten aussagekräftigen Informationen versorgen zu können. An solche Controlling-Systeme sind allerdings sehr hohe Anforderungen zu stellen. Sonst neigen diese Zahlensysteme dazu, von den wirklich wichtigen Fragen im Rahmen des MbO abzulenken und das Unternehmen nach seiner eigenen inneren Logik an der Dynamik der wirklichen Welt vorbeizusteuern.

Standortbestimmung und Beurteilung der Ergebnisse

Ergebnisbeurteilung und Qualifikation

Am Ende eines MbO-Zyklus – zum vereinbarten Zeitpunkt – erfolgt die Beurteilung von Qualität und Quantität der Ergebnisse im Sinne der Zielvereinbarung unter Berücksichtigung der Entwicklung der Rahmenbedingungen. Darauf basierend wird eine Bewertung (Qualifikation) vorgenommen und es werden Korrektur- und Förderungsmaßnahmen vereinbart. Ein mit MbO geführtes Unternehmen hat mit MbO quasi simultan ein wirksames Qualifikationssystems integriert. Siehe auch die Ausführungen zum Thema Mitarbeiterbeurteilung in ▶ Abschn. 13.3.

Kritik und Anerkennung

Die Qualität von Kritik und Anerkennung als wichtiger Teil dieser Standortbestimmung ist von großer Bedeutung für die Zusammenarbeit mit den Mitarbeitenden in folgenden MbO-Zyklen. Der Führungskompetenz des Feedbackgebens sind darum zwei Abschnitte in diesem Handbuch gewidmet (▶ Abschn. 7.4 und ▶ Abschn. 13.3.2).

Erneuerung der Zielvereinbarung: System-Feedback

Qualitätsfeedback

MbO beschreibt einen rückgekoppelten Prozess: Alle Erfahrungen mit den Zielvereinbarungen der jeweiligen Periode fließen als Feedback in die Zielvereinbarung der folgenden Periode ein. Dieses Qualitätsfeedback unterstützt nicht nur die Lernprozesse der beteiligten Personen, sondern über die Vernetzung der Zielvereinbarungen auf allen Ebenen auch den Lernprozess der ganzen Organisation (▶ Kap. 2).

13.2.4 Anforderungen an die Einführung von MbO

qualifiziertes Veränderungsmanagement als Voraussetzung für die Einführung von MbO

Wie unsere Ausführungen deutlich gemacht haben, ist MbO nicht einfach ein technisches Instrument der Führung, sondern vielmehr ein umfassendes Führungskonzept, das tief in der Organisationskultur verankert sein muß. Die systematische organisationsweite Einführung von MbO setzt damit einen

13.2 · Führen mit Zielvereinbarung

tiefgehenden Wandel der Organisation voraus. Ein solcher Wandel kann nicht verordnet, sondern muß als grundlegender Lernprozess gestaltet werden. Diesbezügliche Vorgehensweisen sind Inhalte eines professionellen Veränderungsmanagements (▶ Kap. 2 und ▶ Kap. 15). Die Instrumente selbst dürfen sehr einfach sein (▶ Arbeitsblatt 13.1 Zielvereinbarung). Anspruchsvoll ist die Anwendung.

Andererseits weisen wir darauf hin, dass ein Führen mit Zielvereinbarung mit seinen motivationalen Vorteilen von der einzelnen Führungskraft in ihrem eigenen Zuständigkeitsbereich durchaus angewendet werden kann, auch wenn dies organisationsweit noch kein Thema ist.

MbO im eigenen Verantwortungsbereich

ZUSAMMENFASSUNG

Management by Objectives oder Führen mit Zielvereinbarung ist in unserem Verständnis ein Führungskonzept, das den ganzen Führungsprozess umspannt. Wir warnen vor einer vereinfachten Instrumentalisierung und beschreiben die Chancen, die mit einer differenzierten Auseinandersetzung mit Zielen in Organisationen verbunden sind. Diese Chancen betreffen – neben der klaren Fokussierung der Leistung auf das Wesentliche – vor allem die Motivation, die Selbständigkeit und die Selbstregulation (Selbstkontrolle, -führung) der Mitarbeitenden, den Interessenausgleich (die Konfliktfähigkeit) und die Kommunikationskultur im Unternehmen.

Wenn MbO als Führungskonzept diese Chancen realisieren will, sind folgende Voraussetzungen von größter Bedeutung: Ziele sollen nicht gesetzt, sondern vereinbart werden. Die Zielfindung und -vereinbarung erfolgt mit anderen Worten unter Einbezug der betroffenen Mitarbeitenden im Dialog. Die Zielerreichung wird von den Mitarbeitenden weitestgehend selbst kontrolliert und selbst verantwortet. Kontrolle durch die Vorgesetzten wird überflüssig. An deren Stelle tritt Vertrauen und Unterstützung.

Mit Bezug auf das übergeordnete Zielsystem und unter Beachtung der Fähigkeiten und Leistungspotenziale der betroffenen Mitarbeitenden werden zunächst Rahmenbedingungen und Prioritäten geklärt. Es erfolgt eine Zielvereinbarung, die konkret die erwarteten Ergebnisse umschreibt und festlegt, die beurteilt werden. Die Zielvereinbarung wird mit klaren Terminen und Prioritäten versehen.

Im Rahmen der so abgesteckten Handlungsspielräume werden die Mitarbeitenden nun weitgehend autonom und selbstverantwortlich die Zielvereinbarungen umsetzen. Die klare Zielvereinbarung ermöglicht den Mitarbeitenden, ihre Fortschritte selbst einzuschätzen. Einzelne vereinbarte Kontrollpunkte ermöglichen Zwischenentscheide. Am Schluss der Zielvereinbarungsperiode bzw. am vereinbarten Termin werden die Ergebnisse beurteilt und münden schließlich in Qualifikationsgespräche, die ihrerseits dann eine neue Zielvereinbarungsrunde einläuten.

FRAGEN ZUR VERTIEFUNG

- Kennen Sie das übergeordnete Zielsystem Ihres Verantwortungsbereiches? Versuchen Sie es möglichst konkret zu umschreiben.
- Leiten Sie konkrete Zielvorstellungen für Ihren Verantwortungsbereich daraus ab.
- Formulieren Sie – umfassend und korrekt – die zwei bis drei wichtigsten Ziele für Ihre aktuelle (Führungs-)Position: Sachziele und Führungsziele mit allen notwendigen Elementen.
- Formulieren Sie übergeordnete Ziele (das übergeordnete Zielsystem) für Ihre Mitarbeitenden.
- Formulieren Sie einen Vorschlag für eine Zielvereinbarung mit einem Mitarbeiter. Was müssen Sie vorher klären, festlegen? Welche Elemente umfasst die Zielvereinbarung? Formulieren Sie zwei bis drei der wichtigsten Ziele vollständig.
- Planen Sie konkret die wiederkehrenden Abläufe und Hilfsmittel (z. B. Formulare) eines fest institutionalisierten Management by Objectives in Ihrem Verantwortungsbereich.

Literatur

Bleicher, K. (2011). *Das Konzept Integriertes Management* (8. Aufl.). Frankfurt/M.: Campus.

Latham, G.P. & Locke, E.A. (1995). Zielsetzung als Führungsaufgabe. In A. Kieser et al. (Hrsg.), *Handwörterbuch der Führung* (2. Aufl.). Stuttgart: Schaeffer Poeschel.

Müller, W.R. (1977). Ziele von Organisationen. *Die Unternehmung, Schweiz. Zeitschrift für betriebswirtschaftliche Forschung und Praxis, 31* (1), 1–19.

Müller, R.& Brenner, D. (2006). *Mitarbeiterbeurteilungen und Zielvereinbarungen. Von der Planung über die Durchführung bis zur Auswertung.* Landsberg/Lech: mi-Fachverlag

Pfläging, N., (2006). *Führen mit flexiblen Zielen, Beyond Budgeting in der Praxis.* Frankfurt/M.: Campus.

Probst, G.J.B. (1992). *Organisation, Strukturen, Lenkungsinstrumente, Entwicklungsperspektiven.* Landsberg/Lech: Moderne Industrie.

Arbeitsblatt 13.1. Zielvereinbarung

Führung mit Zielvereinbarung (MbO)

Abteilung:

Verantwortlich:

Stelle/Funktion:

Zielvereinbarung:	Standortbestimmung:
Ausgangslage, Ziel (Ergebnis), Bedingungen, Beurteilungsindikatoren, Termine, Priorität	Stand (Resultate/Wirkungen), Umstände, Schlussfolgerungen, Termintreue
Datum und Unterschrift Vorgesetzter:	Datum und Unterschrift Vorgesetzter:
Datum und Unterschrift Mitarbeiter:	Datum und Unterschrift Mitarbeiter:

13.3 Mitarbeitende beurteilen

Birgit Werkmann-Karcher

AUF EINEN BLICK

Beurteilen ist ein intuitiver Vorgang. Täglich beurteilen wir Sachverhalte, Gegenstände und Personen in unserer Interessenssphäre – orientiert an unseren persönlichen Maßstäben, die wir nicht systematisch entwickeln und offen legen. Diese unbeschwerte Praxis ändert sich in dem Moment, in dem ein professioneller Anspruch und mit ihm Verantwortung ins Spiel kommen. So wird die Beurteilung der Leistung von Personen im Kontext von Arbeit zu einer anspruchsvollen Aufgabe. Es geht dabei um Bewertung und Honorierung, Ausrichtung und Entwicklung der Mitarbeitenden auf die Zielerreichung der Organisation.

Beurteilen ist auch ein asymmetrischer Vorgang. Wer sich von jemand anderem beurteilen lässt, gesteht ihm, notwendigerweise, Macht zu. Dafür darf im Gegenzug der Anspruch auf ein faires, gerechtes Urteil erhoben werden. Der Zweck des Beurteilens von Leistung, ebenso die Systematik und ihr Handwerkszeug, das Instrument selbst, bilden den Kontext für diesen Vorgang, der mit Subjektivität behaftet und damit grundsätzlich fehlbar ist. Die große beziehungsgestalterische Herausforderung liegt im Kommunizieren der Beurteilung im Gespräch. Dieses Gespräch zählt zu den komplexesten Mitarbeitergesprächen überhaupt.

13.3.1 Grundlagen und Systematik der Mitarbeitendenbeurteilung

Gegenstand und Form der Beurteilung

nicht die Person, sondern ihre Arbeitsleistung

Gegenstand der Mitarbeitendenbeurteilung ist die individuelle Arbeitsleistung, häufig gekoppelt mit Arbeitsverhalten. Alternativ zur »Mitarbeitendenbeurteilung« wird von »Personalbeurteilung« (Hilb 2011) oder »Leistungsbeurteilung« (Schuler 2006) gesprochen. Der letztgenannte Begriff wird in diesem Kapitel verwendet.

Leistungsbeurteilung

Auf der Instrumentenebene wird hier die umfassende Form der Leistungsbeurteilung mit den Elementen Zielbeurteilung, Beurteilung von Verhaltens- und/oder Kompetenzmerkmalen, Entwicklungsmaßnahmen und Zusammenarbeitsfeedback fokussiert. Aufsplittungen in einzelne, eigenständige Instrumente für Zielbeurteilung versus Vorgesetzenfeedback finden zunehmend Verbreitung. Sie werden im Folgenden aber nicht explizit dargestellt. Für Details zum Führen durch Zielvereinbarungen sei auf ▶ Abschn. 13.2 verwiesen.

Zweck der Beurteilung

Die Leistungsbeurteilung kann zu mehreren Zwecken eingesetzt werden (◘ Abb. 13.6).

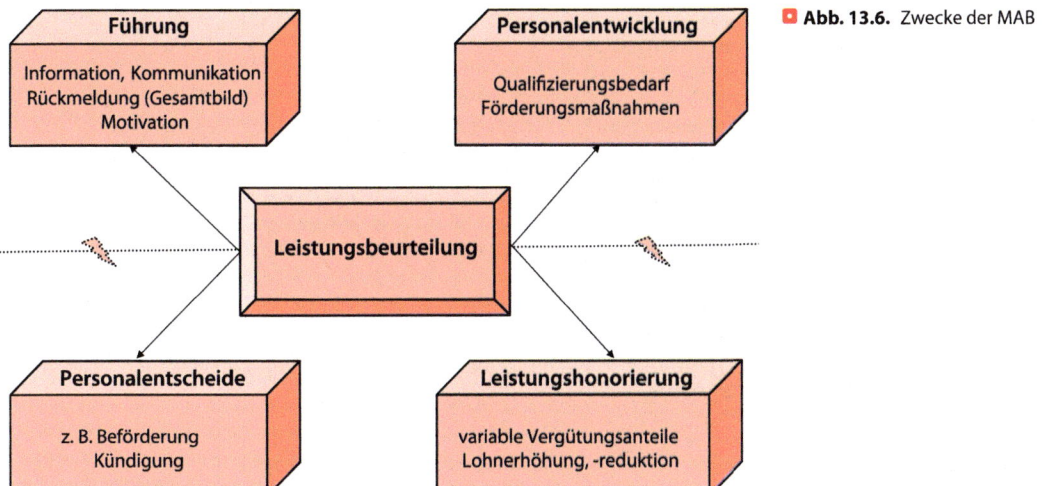

Abb. 13.6. Zwecke der MAB

Als lohnrelevantes Instrument bildet die Mitarbeiterbeurteilung eine Bezugsgröße für Leistungshonorierung

Mitarbeitende werden für ihre Leistung bezahlt. Um diesem Prinzip Rechnung zu tragen, muss diese Leistung festgestellt und bewertet werden. Wie stark das Leistungsprinzip im betrieblichen System der Leistungshonorierung Eingang gefunden hat, zeigen die mit der Leistungsbewertung gekoppelten finanziellen Konsequenzen. In Honorierungssystemen auf der Basis eines variablen Vergütungsanteils ist dies der Anteil der variablen Vergütung am maximal erreichbaren Gesamtlohn; bei Honorierungssystemen ohne variable Anteile sind die prozentuale Steigerungsmöglichkeit gegenüber dem Besitzstand und die Schwelle zur Lohnerhöhung und Rückstufung aussagekräftig. Die in der Praxis tatsächlich ausgeübte Strenge ist ein anderes Thema, das als Mildeeffekt an nachgeordneter Stelle wieder aufgegriffen wird.

Leistungshonorierung

Als Führungsinstrument entfaltet die Leistungsbeurteilung Funktionen wie Information, Rückmeldung, Motivation

Die Information und Kommunikation nehmen einen zentralen Stellenwert ein, indem man über eine längere Zeitperspektive (in der Regel 1 Jahr) hinweg die geleistete Arbeit bespricht und würdigt. Ein Austausch über zurückliegende und kommende arbeitsrelevante Kontextbedingungen und Ereignisse stellt Informationen in einen größeren Zusammenhang und lässt Veränderungstendenzen, Trends und neue Herausforderungen deutlicher und vermittelbarer werden, als das in der kurzfristigen Perspektive des Alltagsgeschäfts möglich ist.

Die Kommunikation über Geleistetes und Erreichtes wie über zukünftige Herausforderungen und Ausrichtungen stellt einen wichtigen Beitrag zur Einbindung in die Organisation dar.

Mit der Bewertung des Geleisteten wird gleichzeitig eine klare Rückmeldung vermittelt. Sie kann mit Hinweisen auf Verbesserungsmöglichkeiten für zukünftiges Handeln nutzbar gemacht werden. Der Mitarbeiter erfährt auf

Information und Kommunikation

Rückmeldung

Tab. 13.1. Rückmeldung day-to-day und Leistungsbeurteilung. (Adaptiert nach Muck & Schuler 2004)

Ebenen	Funktion	Verfahren
Rückmeldung im Tagesgeschäft (day-to-day-Feedback)	Verhaltenssteuerung Lernen	Gespräch Unterstützung
Reguläre Leistungsbeurteilung	Leistungseinschätzung Zielerreichung	Systematisches Beurteilungsgespräch

diese Weise summarischer und prägnanter durchs Jahr hindurch, wie das Gesamtbild beschaffen ist, das der Vorgesetzte von ihm zeichnet, und wo er seine Stärken und seine Lernfelder lokalisiert.

Korrektive und bestätigende Rückmeldungen an den Mitarbeitenden dürfen allerdings nicht nur und nicht erst im Beurteilungsgespräch auf den Tisch gebracht werden. Es gibt einen Unterschied in der Qualität und Wirksamkeit zwischen Rückmeldungen im Tagesgeschäft (»day-to-day«) und summarischen Zusammenfassungen dessen im Beurteilungsgespräch, wie die obige Darstellung in ◘ Tab. 13.1 verdeutlicht. Wir werden auf den Vorschlag der Rückmeldung im Tagesgeschäft zurückkommen und sehen, dass Fairness, Vermittelbarkeit und Akzeptanz vor allem kritischer Bewertungen von dieser Praxis abhängen.

Orientierend schließlich wirkt das Besprechen der Erwartungen, das sich an die Beurteilung anschließt. Leistungsmaßstäbe können so bekräftigt oder neu festgelegt werden. Ziele werden geklärt und geben eine Ausrichtung vor. Zusätzlich stellt das Gespräch selbst einen Akt der Zuwendung dar. Der Mitarbeiter erhält ungeteilte Aufmerksamkeit, er erhält Anerkennung und Unterstützung im Gespräch. All das stärkt und fördert die Motivation.

Motivation

Als Entwicklungsinstrument liefert die Leistungsbeurteilung Bedarfshinweise für die Personalentwicklung

Instrument der Personalentwicklung

Durch den Abgleich zwischen den Anforderungen in der betreffenden Funktion und deren Erfüllung werden Differenzen sichtbar. Man wird sich dann im Gespräch über Maßnahmen unterhalten, mit denen man als Beitrag zur Personalentwicklung ▶ Abschn. 11.2 auf diese Differenzen reagiert. Das vereinfachte Maßnahmenschema lautet ungefähr so: Sind die Anforderungen höher als die beurteilte Leistung, hat man es mit einem Lern- und Entwicklungsfeld zu tun, wofür Unterstützung durch Förderungsmaßnahmen vor Ort oder Schulungsmaßnahmen gefragt ist. Alternativ kann man auch Veränderungen im Aufgabenbereich vornehmen. Sind die Leistungen höher als die Anforderungen, hat man es mit ungenutzten oder nicht optimal ausgeschöpften Potenzialen zu tun, und man wird über neue herausfordernde Aufgaben nachdenken, in denen der Mitarbeitende seine Kompetenzen vollumfänglicher einsetzen kann – somit stellt sich die Frage nach Veränderungen im Aufgabenbereich mit einem anderen Vorzeichen.

Lernfelder

Potenziale

Sinnvollerweise wird man mit dem Besprechen von Potenzialen und Lernfeldern auch die Perspektiven für die zukünftige berufliche Entwicklung ausleuchten.

Perspektiven

13.3 · Mitarbeitende beurteilen

Als Leistungsdokumentationsinstrument wird die Leistungsbeurteilung für Personalentscheidungen herangezogen

Oft werden Leistungsbeurteilungen zur Begründung von Personalentscheidungen herangezogen. Sie sind in der Regel Bestandteil der Personalakte und werden häufig gemäß betrieblichem Reglement als dokumentierbare Voraussetzung gefordert, wenn Beförderungs- oder auch Kündigungsabsichten vorhanden sind.

Die verschiedenen Zwecke der Beurteilung sind nicht gleichermaßen miteinander kompatibel. Der Grund hierfür liegt im Kalkül, das den einzelnen Zwecken zugrunde liegt und verschiedene Selbstdarstellungsformen seitens der Beurteilten und verschiedene Urteilsstile seitens der beurteilenden Person erwarten lassen.

Für die finanzielle **Honorierung der Leistung** oder die **Grundlage von Personalentscheidungen** wäre ein taktisch kluges Verhalten des Mitarbeiters, sich möglichst günstig darzustellen und sich allen Versuchen des Vorgesetzten, das ein oder andere Lernfeld aufzuzeigen und Ergebnisse als suboptimal zu bewerten, zu verschließen und dagegen zu argumentieren. Ginge es nur um ein unterstützendes, **Feedback** beinhaltendes Mitarbeitergespräch, das Verbesserungs- und Entwicklungsmöglichkeiten zum Gegenstand hätte, wäre im Gespräch ein deutlich größeres Maß an Öffnung zu erwarten. Der Vorgesetzte wiederum hat ein Interesse daran, den Mitarbeitenden mit der Bewertung nicht so zu frustrieren, dass dessen Motivation nach dem Gespräch einbrechen würde. Er wird also ebenfalls zur Milde tendieren, und dies so lange, bis er den Rubikon zum Trennungsgedanken hin überschritten hat und in seinem Urteilsstil auf eine andere Gangart – die der Beweisführung zur Untermauerung seiner Trennungsabsichten – umstellt.

Aufgrund derlei Überlegungen ist die Abhandlung der Beurteilungszwecke Honorierung und Personalentscheidung versus Führung und Personalentwicklung in separaten Instrumenten zu empfehlen (Marcus & Schuler 2006).

Ebenen der Leistungsbeurteilung

Betrachten wir zunächst die Ebenen der Leistungserbringung, auf denen schließlich beurteilt werden kann (Marcus & Schuler 2006). ◘ Abb. 13.7 zeigt den Zusammenhang zwischen diesen Ebenen.

Man kann zunächst einmal das **Ergebnis** fokussieren. Beispiel hierfür ist die Beurteilung von Zielerreichung. Hilb (2011) bezeichnet dies als reine »Outputbewertung«; das Interesse der Bewertung gilt nicht dem Weg oder den Komponenten, die ein Ergebnis möglich gemacht haben. Man bewertet nur, was heraus kommt bzw. erreicht worden ist.

Eine andere Beurteilungsebene stellt das **Verhalten** in den Vordergrund. Die Beobachtung und Beurteilung gilt in diesem Falle all den Verhaltenskriterien, die nötig sind, um die gewünschte Leistung, das gewünschte Ergebnis zu erreichen. Diese Bewertungsebene repräsentiert eine Inputbewertung, indem man sich fragt: Welches Verhalten ist beteiligt und nötig (=Input), um das Ergebnis (=Output) zu erhalten?

Die dritte mögliche Ebene der Beurteilung bezieht sich auf die **Potenziale bzw. Kompetenzen** (Eigenschaften, Fähigkeiten und Kenntnisse). Hier

---

Marginalien:
- Personalentscheide
- Kompatibilität der verschiedenen Zwecke der Beurteilung
- Interessen und Strategien der Beteiligten
- Ergebnis
- Verhalten
- Potenziale bzw. Kompetenzen

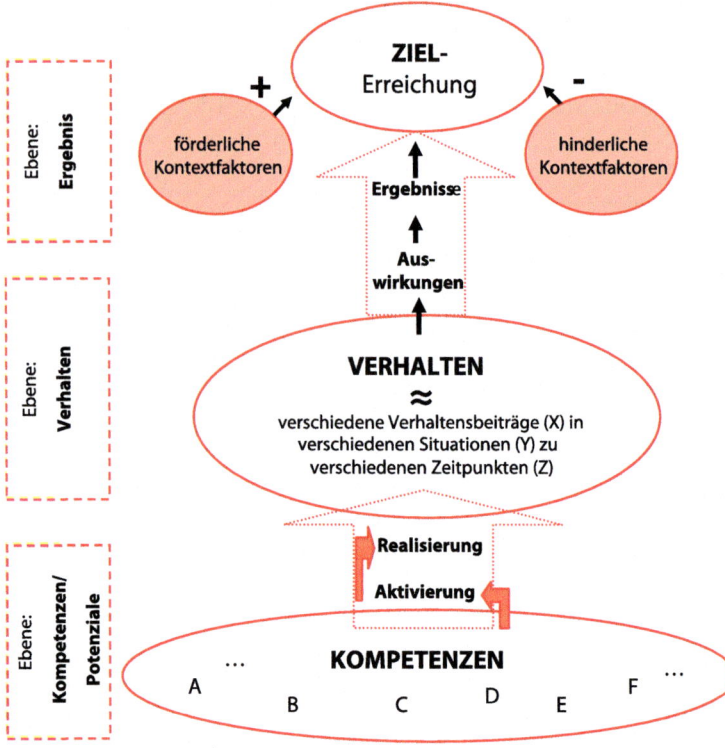

Abb. 13.7. Ebenen der Beurteilung

gilt es festzuhalten, über welche Fähigkeiten, Kenntnisse und Eigenschaften jemand verfügt, so dass er gewünschtes Verhalten zeigen und dadurch gewünschte Ergebnisse erzielen kann. Diese Form zählt ebenfalls zu den **Inputbewertungen**.

Eine für Beurteilungszwecke gebräuchliche Kategorisierung ist die Auflistung von Kompetenzen in den Bereichen Fachkompetenz, Methodenkompetenz, Sozialkompetenz und Selbstkompetenz (Persönlichkeitskompetenz).

Als problematisch wird meist die Beurteilung von den Kompetenzen empfunden, die Persönlichkeitseigenschaften repräsentieren (z. B. Kritikfähigkeit, Belastbarkeit, Initiative, Gewissenhaftigkeit). Ihre Beurteilung lädt zu wertenden Feststellungen ein, die wie in Stein gemeißelt wirken können und keine günstige Ausgangslage für gewünschte Verhaltensänderungen darstellen. Mit entsprechenden Formulierungen jedoch kann man diese Einladung auch ausschlagen (▶ Abschn. 13.3.2. »Gesprächsvorbereitung«). Empirisch lassen sich keine Nachteile von Eigenschafts- und Fähigkeitskriterien gegenüber Verhaltens- und Ergebniskriterien feststellen (Schuler et al. 1995).

Beurteilungs-Maßstab

> Es gibt drei Ebenen der Beurteilung von Leistung: Ergebnis, Verhalten, Kompetenzen. Alle drei Ebenen sind grundsätzlich beurteilbar und in Beurteilungssystemen oft als Mischformen vertreten. Alle drei Beurteilungsebenen erfordern einen Maßstab, um eine Bewertung vornehmen zu können.

Der Maßstab für die Bewertung einer Leistung, mit anderen Worten, das Soll, wird aus den Erwartungen an die Funktion, übertragen auf den Funktionsinhaber, abgeleitet.

Im Falle einer zielorientierten Führung und Beurteilung von Ergebnissen wird das Soll im Ziel selbst ausgedrückt (▶ Abschn. 13.2) als messbares Ergebnis.

Bei der Beurteilung von Verhaltens- und Kompetenzkriterien muss der Maßstab im Blick auf die Funktion zuvor geklärt werden: Welches Verhalten bzw. welche Ausprägungen von Kompetenzen, formuliert in Verhaltensaspekten, wird mit welcher Wertigkeit belegt?

Zum Beurteilen einer Leistung gehören also die in ◘ Abb. 13.8 dargestellten Elemente unverzichtbar dazu.

Beurteilungsverfahren und Instrument

Wie kann man vorgehen, um eine Leistungsbeurteilung zu erzeugen? In welchem System kommt die Beurteilung zum Tragen, welches Instrument ist dafür geeignet, in welchem Verfahren kommt das Instrument zum Einsatz?

Das System der Leistungsbeurteilung sagt etwas aus über Grundhaltung, Zweck oder Zielen des Verfahrens, die zu verwendenden Instrumente und die Prozesse mit Verantwortlichkeiten, allenfalls auch Verbindung zu anderen Systemen wie zum Beispiel Honorierung.

System

Das Instrument ist das Werkzeug, das man im Beurteilungsverfahren einsetzt und das dem Vorgehen seine Form gibt. Bei der strukturierten Leistungsbeurteilung ist das Instrument immer ein Formular bzw. Bogen mit Rubriken und Skalen, von Hand oder online ausfüllbar. Hilfsmittel wie Gesprächsleitfäden oder Checklisten werden dem Verfahren hinzugefügt, um es in die im System beschriebenen Bahnen zu lenken.

Instrument

Die Leistungsbeurteilung kann durch **verschiedene Verfahren** erzeugt werden. Die drei wichtigsten werden hier beschrieben:

Verfahren

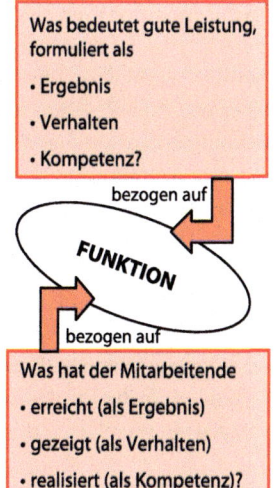

◘ **Abb. 13.8.** Elemente der Leistungsbeurteilung

Freie verbale Beschreibung

freie verbale Beschreibung

Die freie verbale Beschreibung der Arbeitsleistung, angereichert mit einer Einschätzung der Stärken, der Lernfelder und der Entwicklungspotenziale, ist die flexibelste Beurteilungsform. Das Mitarbeitergespräch in diesem Verfahren ist geprägt von der freien Mitteilung dieser Einschätzungen und einem offenen Austausch zwischen Fremd- und Selbstbild. Das weitgehende Fehlen strukturierter Elemente wie vorgegebener Berteilungskategorien ist dazu angetan, dem Beurteilungsverfahren größtmögliche Individualität zu verleihen. Das Machtungleichgewicht, das im Akt des Bewertens am deutlichsten zum Ausdruck kommt, wird kaschiert, so dass das Gespräch von großer Offenheit und einem freien Fluss von Feedback profitiert. Gleichzeitig aber ist dieses Beurteilungsverfahren nicht standardisiert. Mangels Standardisierung der Beurteilungskategorien ist es nicht vergleichbar (weder hinsichtlich der Leistungsbewertung des betreffenden Mitarbeiters über die Zeit noch zwischen Mitarbeitern). Qualitätsansprüche auf ein objektives, gerechtes und transparentes Beurteilungssystem werden kaum befriedigt. Das mag der Hauptgrund dafür sein, dass die freie verbale Beurteilung nicht weit verbreitet ist. Man wird sie in sehr kleinen Firmen finden, die kein standardisiertes Beurteilungssystem zur Verfügung haben, und man setzt sie durchaus auch in größeren Firmen für die spezifische Beurteilungszielgruppe der höheren Führungskräfte ein (Marcus & Schuler 2006).

Ergebnisorientierte Leistungsbeurteilung

ergebnisorientierte Leistungsbeurteilung

Die **ergebnisorientierte Leistungsbeurteilung** ist eine weitere, inzwischen sehr verbreitete Variante. Für die Bewertung von Leistungsergebnissen bedarf es keiner Übersetzung in Anforderungskriterien. Das Beurteilungskriterium besteht in der Regel in einer bzw. mehreren Zielsetzungen, deren Bezugsgrößen vorgeordnete Organisations-, Bereichs- oder Abteilungsziele sind. Die Zielerreichung wird wiederum auf einer Beurteilungsskala eingereiht.

Einstufungsverfahren

Einstufungsverfahren

Einstufungsverfahren sind ebenfalls sehr verbreitet. Sie sind standardisiert und erlauben damit Vergleiche zwischen Personen und für dieselbe Person über die Zeit hinweg. Ein Mal entwickelt, wird ein solches Verfahren bis zu seiner nächsten Revision immer wieder gleich eingesetzt werden. Die Entwicklung ist aufwendig, sie setzt unter anderem klare Vorstellungen über relevante Anforderungen an Funktionsinhaber und einige Überlegungen zu Beurteilungsskalen voraus. Einstufungsverfahren funktionieren nach folgendem Prinzip:

Merkmalsausprägung

Ein Kriterium (Merkmal) wird in seiner Ausprägung auf einer mehrstufigen Skala eingeschätzt. Die Beurteilungsaufgabe besteht darin, auf der Skala anzugeben, in welchem Maße die zu beurteilende Person über dieses Kriterium verfügt bzw. das kriteriumrelevante Verhalten zeigt.

Eine **einfache Einstufungsskala** für das Kriterium »Kommunikationsfähigkeit« kann folgendermaßen aussehen:

13.3 · Mitarbeitende beurteilen

	gering			hoch
»Kommunikationsfähigkeit«	1	2	3	4

Das Hinzufügen von Verhaltensbeschreibungen an den Endpunkten erleichtert die Beurteilung und verankert sie am Verhaltensbeispiel. Gleichzeitig wird die Soll-Anforderung durch Angabe des Verhaltens beim maximalen Wert geklärt.

Verhaltensbeschreibung

»Kommunikations-fähigkeit«	1	2	3	4
	zeigt sich verschlossen und antwortet nur, wenn gefragt			zeigt sich offen und zugänglich und spricht mit jedem

Eine weitere Variante ist eine Art Menüliste, die dem Beurteiler Verhaltensbeispiele für ein Kriterium vorschlägt und ihm die Beurteilung erleichtert.

Verhaltensliste

»Kommunikationsfähigkeit«	1 selten	2	3	4 immer
Verhaltensbeispiele	**Bemerkungen**			
Informiert aktiv und effizient				
Drückt sich in verschiedenen Kommunikationssituationen klar und adäquat aus				
Hört aufmerksam und aktiv zu und erfasst die Anliegen seiner Gesprächspartner				
Nimmt Positionen, Absichten und Bedürfnisse anderer wahr				
Erkennt Missverständnisse und trägt aktiv dazu bei, sie aufzuklären				

Weitere Variationen sind denkbar, zum Beispiel hinsichtlich der Beurteilungsstufen (mehr oder weniger), der verwendeten Symbole (Zahlen, Buchstaben, Zeichen oder Smileys) und der Benennung.

Variationen

Die Skalen zeigen, dass das Hinzufügen von Verhaltensbeispielen die Bedeutung eines Beurteilungskriteriums erklärt. Ohne dies bleibt es eine Etikette, unter der jeder etwas anders verstehen wird. Daher spielt diese Übersetzungsarbeit bei der Kommunikation der Beurteilung im Gespräch eine große Rolle:

Übung

> **Übung**
> 1. Wählen Sie für eine in Ihrem Team vertretene Funktion 1 wichtiges Anforderungskriterium.
> 2. Beschreiben Sie für dieses Kriterium 4 Ausprägungsstufen in klaren und eindeutigen Verhaltensbeispielen:
> 3. Beschreiben Sie zuerst, wie sich der Mitarbeiter verhält, der das Kriterium erfüllt, also genau das Verhalten zeigt, das Sie für die Erfüllung der Anforderung erwarten.
> 4. Beschreiben Sie danach, wie sich das Verhalten zeigen würde bei einem knappen Erfüllen Ihrer Anforderungen.
> 5. Folgend beschreiben Sie das Verhalten, das dieser Anforderung nicht genügen würde und das Sie auf Dauer nicht akzeptieren würden.
> 6. Danach schließlich beschreiben Sie das Verhalten, das Ihre Erwartungen (nicht die kühnsten, sondern die, die für Sie legitim und realistisch sind) übertreffen würde.
>
> Wenn Sie eine flüssige Abstufung zwischen den einzelnen Schritten beschreiben können, spricht das für eine sehr klare Vorstellung von der betreffenden Anforderung und ist eine wirklich gute Leistung.

Wie gelangt man zur Gesamtheit der relevanten Beurteilungskriterien, mit denen sich die zu beurteilenden Funktionen einer Organisation hinreichend bemessen lassen? Welches sind **Bezugsgrößen für die Festlegung der Beurteilungskriterien**?

Kompetenzmodell

Eine Möglichkeit ist die Bezugnahme auf ein Kompetenzmodell, das Aussagen über die in der Organisation notwendigen Kompetenzen macht und Platz lässt, das erforderliche Ausmaß je nach Funktion selbst zu definieren. Diese Kompetenzmodelle resultieren meist aus Leitbildern bzw. Visionen und Strategien. Die als erfolgsrelevant erachteten Kompetenzen werden meist nochmals aufgegliedert in Detailkompetenzen, die es zu beurteilen gilt. Alternativ verwenden manche Organisationen auch eine Zusammenstellung von Beurteilungskriterien, die aus Praxiserfahrung und gesundem Menschenverstand abgeleitet werden. Weitere Bezugsgrößen sind die Funktionen selbst, für die in der Regel ein Anforderungsprofil vorliegt, das wiederum auf benötigte Kompetenzen und damit auf Beurteilungskriterien verweist.

Funktion

Der Zusammenhang zwischen Bezugsgrößen und möglichen Beurteilungssystemen wird in ◘ Abb. 13.9 dargestellt.

Beurteilungsinstrument

Viele Beurteilungssysteme integrieren Ergebnisbeurteilung und Einstufungsverfahren miteinander, d. h. das Beurteilungsinstrument beinhaltet Rubriken für die Outputbewertung (also Maß der Zielerreichung) und solche für die Inputbewertung (also Erfüllung von Anforderungen, ausgedrückt als Verhaltens- bzw. Kompetenzkriterien). Diese Mischform macht insofern Sinn, als man sich bei der Bewertung der Zielerreichungen auch fragen wird: Wie ist er oder sie denn dahin gekommen? Umgekehrt wird man sich bei erfüllten Verhaltens- und Kompetenzkriterien ebenso fragen: Hat das denn

13.3 · Mitarbeitende beurteilen

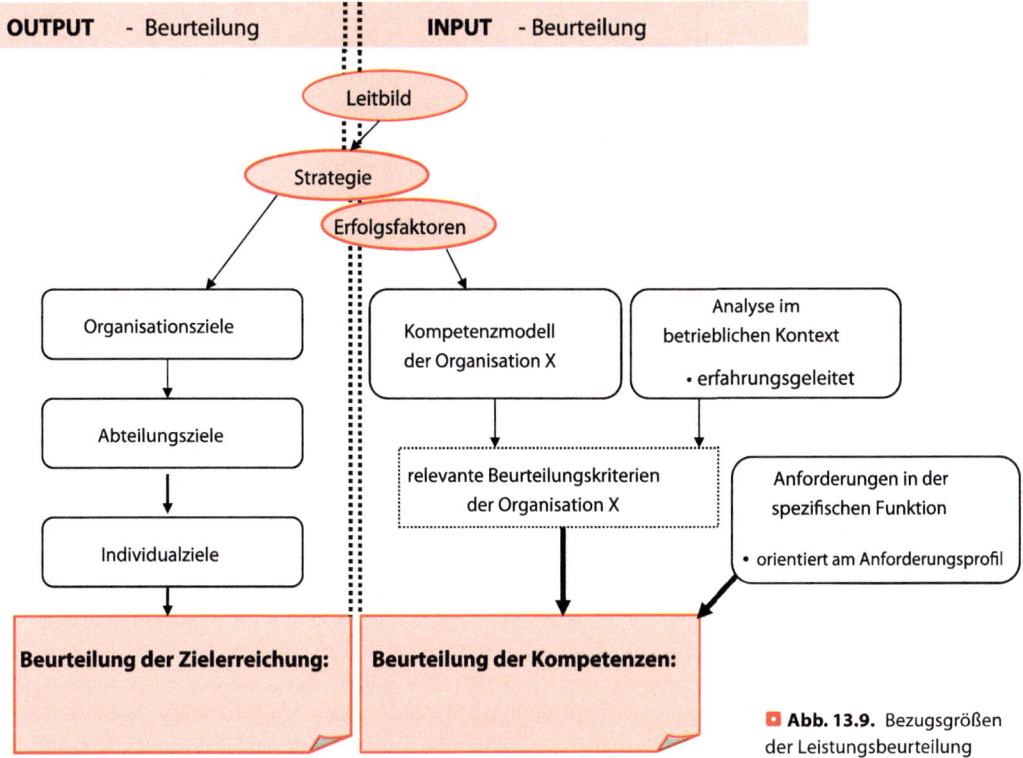

Abb. 13.9. Bezugsgrößen der Leistungsbeurteilung

jetzt auch dazu geführt, dass mit dieser Ausstattung die Ergebnisse erzielt wurden, die man sich erhofft hat?

Die meisten Beurteilungsbögen setzen sich aus folgenden Bestandteilen zusammen:

Elemente des Instrumentes

- Administratives (Personalien, Funktionsbeschreibung),
- Beurteilung von Zielerreichung,
- Beurteilung von funktions- und organisationsrelevanten Kompetenzen,
- daraus abgeleiteter Entwicklungsbedarf und den Entwicklungsmaßnahmen in der Funktion und mitunter auch Entwicklungspotenzial für andere Funktionen,
- Stellungnahme des Mitarbeiters.

Diese Stellungnahme und das Recht des Mitarbeiters, sich über die Beurteilung zu beschweren sowie sein Gerechtigkeitsempfinden können dazu führen, dass er die Beurteilung als gerecht(er) empfindet. Die Stellungnahme schwächt die Asymmetrie der Beurteilung ein wenig ab, indem der dokumentierten Vorgesetztenperspektive die dokumentierte Eigenperspektive im selben Bogen entgegengesetzt werden kann. Das Vorhandensein einer Beschwerdeinstanz reduziert die Wahrscheinlichkeit von leichtfertigen oder willkürlichen Beurteilungen, die dann ja gegenüber einer herbeigerufenen Drittpartei (der nächsthöhere Vorgesetzte oder HRM) als Prüfinstanz gut begründet werden müssten.

Beschwerderecht

Qualitätskriterien der Leistungsbeurteilung

objektiv, gerecht und transparent

Von einer Leistungsbeurteilung wird gemeinhin erwartet, dass sie objektiv, gerecht und transparent ist. Die Asymmetrie in der Machtverteilung beim Beurteilen und die Tragweite der Konsequenzen verleihen diesen Ansprüchen ihre Berechtigung. Weiter stehen Organisationen in der Pflicht, Gesetze zu Gleichstellung bzw. Gleichbehandlung auch in der Beurteilung zu beachten.

Personenunabhängigkeit

Objektivität wird über Unabhängigkeit von Personen geprüft. Eine Beurteilung aufgrund von messbaren Ergebnissen, ausgedrückt in Zahlen, verspricht Personenunabhängigkeit. Wenn aber Verhaltens- und Kompetenzmaße abgefragt werden, wie dies bei den meisten Beurteilungssystemen der Fall ist, kommt ganz zwangsläufig Subjektivität ins Spiel, wie die sozialpsychologische Forschung zu Personenwahrnehmung und -beurteilung zeigt (zum Beispiel Frey & Greif 1997).

Standardisierung

Nun ist jede Standardisierung eines Verfahrens ein Beitrag zu größerer Personenunabhängigkeit, weshalb strukturierte und standardisierte Beurteilungsverfahren den unstandardisierten unter diesem Aspekt vorzuziehen sind. Dessen ungeachtet kann eine Leistungsbeurteilung durch eine Person auf der Datenbasis von Beobachtungen, die in Urteile transformiert werden müssen, nicht wirklich objektiv sein, da sie auch von taktischem Kalkül beeinflusst wird. Subjektivität ist im menschlichen Beurteilungsprozess enthalten und darf es auch sein, solange die Verantwortung als Beurteilungsinstanz in einem professionellen Kontext durch

Sorgfalt und Genauigkeit

ein ernst gemeintes Bemühen um Sorgfalt und Genauigkeit eingelöst wird.

Das setzt, aus anderer Perspektive, die Sensibilisierung für Fehlerquellen im Beurteilungsprozess voraus. Aus dem Wissen um diese Fehlerquellen lassen sich schließlich auch Hinweise für den Beurteiler und die Gestaltung des Beurteilungsinstruments ableiten.

Urteils- und Gedächtnistendenzen als Fehlerquelle

Urteilsfehler

Hier werden nur ausgewählte prägnante oder besonders bekannte Urteils- und Gedächtnistendenzen beschrieben. Weitere Ausführungen finden sich zum Beispiel bei Kanning et al. (2004).

Tendenz zur Milde

Leistungsbeurteilungen weisen eine Tendenz zum oberen, günstigeren Skalenende auf. Das wird auch als Beschönigungseffekt bezeichnet und ist dem Bewusstsein des Beurteilers in der Regel auch zugänglich.

Beschönigung

Klischeebehaftete Urteilstendenzen

unterschiedliche Wahrnehmung von Menschengruppen

Hinweise auf systematische Urteilstendenzen fanden zum Beispiel Arni et al. (2002) in einer umfassenden Untersuchung von Personalbeurteilungen aus sieben schweizerischen Unternehmen von 2000–2001 (zitiert in Katz & Baitsch 2006, S. 54). Demnach erzielten folgende Merkmalsgruppen häufiger als statistisch erwartbar vorteilhafte Bewertungen:
- Männer im Vergleich zu Frauen,
- Deutsch- gegenüber Fremdsprachigen,

- Personen aus höchsten gegenüber niedrigsten Einkommensgruppierungen,
- jüngere gegenüber älteren Personen.

Derlei Befunde lassen nicht auf eine absichtsvolle Tendenz schließen, sondern weisen auf Beurteilungsmuster hin, die unsere soziale Realität abbilden. Wir tragen unsere inneren Bilder über die Welt in jede Beurteilung hinein. Diese Bilder, Klischees, helfen erheblich, die Komplexität der Welt auf ein handhabbares Maß zu reduzieren. Sie geben aber auch die Schablone vor, durch die wir wahrnehmen und urteilen.

Halo-Effekt
Der Heiligenschein (Halo)-Effekt beschreibt die Tendenz, einem Merkmal soviel Gewicht zu geben, dass es andere Merkmale überstrahlt oder überschattet. Um welches Merkmal es sich dabei handelt, ist nicht festgelegt. Allerdings besitzen bestimmte Kriterien wie Intelligenz und Schönheit mehr als andere das Potenzial dazu (siehe Kanning et al. 2004).

Überstrahlung

Wahrgenommene Ähnlichkeit
Wahrgenommene Attraktivität und wahrgenommene Ähnlichkeit gehen Hand in Hand. Wer jemanden als ähnlich wahrnimmt, wird ihn auch attraktiver finden. Beides zusammen begünstigt die Beurteilung insofern, als wir unseren eigenen Handlungen gegenüber doch grundsätzlich positiv eingestellt sind und diese Bewertung auf als ähnlich wahrgenommene andere Personen übertragen.

Ähnlichkeit

Gedächtniseffekte
Gerade bei längeren Beurteilungsperioden werden Beobachtungen für die Beurteilung aus dem Gedächtnis abgerufen – es sei denn, man hat über die Zeit hinweg Beobachtungen beschreibend notiert. Dann sind die folgenden Effekte nicht von großem Belang.

Erinnerungsverzerrungen

Informationsselektion
Wir erinnern nur das, was wir überhaupt langfristig abgespeichert haben. Die Gedächtnisforschung hat gezeigt, dass dies Informationen sind, die häufig dargeboten wurden oder uns intensiv beschäftigt haben.

Selektion

Primacy- und Recency-Effekt
Wir erinnern zuerst und zuletzt dargebotene Informationen besser als alles, was dazwischen lag. Für das Beurteilen bedeutet dies, dass der »erste Eindruck« dominierend ist und oft bleibt, und dass die kurz vor der Beurteilung gemachten Beobachtungen übergewichtig wirken werden.

erster Eindruck

Resultierende Empfehlungen für den Beurteilungsprozess
Aus den dargestellten Tendenzen und Effekten lassen sich folgende Empfehlungen für Genauigkeit, Gerechtigkeit und Transparenz im Urteilsprozess ableiten:

Empfehlungen

– bezüglich Instrument

Empfehlungen für die Gestaltung des Instruments
1. Verwendung unabhängiger Kriterien
   - Ein Halo-Effekt ist sicher dann zu erwarten, wenn Beurteilungskriterien ähnliche Verhaltensindikatoren besitzen und sich deshalb inhaltslogisch überschneiden. Das ist vor allem bei Persönlichkeitsmerkmalen der Fall (z. B. »Gewissenhaftigkeit« und »Sorgfalt«). In diesem Fall geht der Halo-Effekt nicht auf einen menschlichen Urteilsfehler, sondern auf einen Konstruktionsfehler zurück. Kriterien müssen deshalb so ausgewählt werden, dass sie tatsächlich Unterschiedliches meinen.
2. Beurteilungsstufen
   - Gängige Empfehlungen gehen von mindestens 5 bis 7, eventuell auch 9 Stufen in der Beurteilung von Kriterien aus, um eine optimale Ausdifferenzierung zu ermöglichen. Es gibt auch Argumentationen gegen eine zu starke Ausdifferenzierung: So schlagen Katz und Baitsch (2006) nur 3 bis 4 Stufen für qualitative Kriterien vor, um dem Anschein einer pseudo-objektiven hoch differenzierten Beurteilbarkeit solcher Kriterien keinen Vorschub zu leisten. Noch wichtiger für den Nutzen des Beurteilungsinstruments als Führungsinstrument aber ist das folgende Argument: Differenzen zwischen Führungskraft und Mitarbeitendem hinsichtlich der Bewertungspräferenz werden bei geringer Stufendifferenzierung deutlicher, und da bequeme Kompromisse nicht möglich sind, muss die inhaltliche Auseinandersetzung mit beiden Positionen auch ausgetragen werden.

– bezüglich Beurteilungspraxis

Empfehlungen für den Beurteiler
Für eine Vielzahl von Fehlerquellen gilt, dass ihre Wirksamkeit reduziert wird, wenn man durch die Beurteilungsperiode hindurch **immer wieder Notizen** macht. Das setzt Überlegungen voraus, welche Beobachtungen benötigt werden, um die Beurteilung einzelner Kriterien mit Sorgfalt vornehmen zu können, und in welchen Situationen man diese Beobachtungen machen kann. Sie sollten rein beschreibend notiert werden, um erst unter Beachtung aller relevanten Kriterien bewertet zu werden.

Über den Halo-Effekt weiß man, dass er vor allem dann auftritt, wenn sich der Beobachter wenig Zeit fürs Beurteilen nimmt (Kanning et al. 2004). Das ist durch **hinreichend Vorbereitungszeit** abwendbar.

Die Urteils- und Gedächtnistendenzen als **Fehlerquellen** und ihren Einfluss **kennen**, ist eine weitere Maßnahme. Weiter kann man Beobachten und Beurteilen in entsprechenden Seminaren auch **trainieren**.

Die Wirkung der beschriebenen Urteils- und Gedächtnistendenzen bleibt unbestritten, doch über die Bewertung des von ihnen angerichteten Schadens gibt es inzwischen relativierende Erkenntnisse (Murphy & Balzer 1989): offenbar sind die unerwünschten Verfälschungseffekte nicht so dominant wie befürchtet, auftretende Urteilstendenzen sind kein Indikator für ungenaue Beurteilungen.

13.3 · Mitarbeitende beurteilen

> Unsere Wahrnehmung und Urteilsfindung sind nicht von Grund auf objektiv und unbestechlich. Es treten Urteilsfehler auf, die Qualitätskriterien der Objektivität infrage stellen. Trotzdem stehen sie nicht im Widerspruch zum Genauigkeitsanspruch.

Was lässt sich über die Qualitätskriterien der Gerechtigkeit und Transparenz sagen? Marcus und Schuler (2006) schlagen vor, die Akzeptabilität des Beurteilungssystems als Qualitätsindikator stärker in den Mittelpunkt zu rücken und damit die soziale Natur des Beurteilens zu unterstreichen. Wie kann der Prozess der Beurteilung gestaltet werden, damit bei den Beteiligten der Eindruck entsteht, dass es dabei gerecht und transparent zugeht?

Gerechtigkeit und Transparenz

Akzeptabilität

Prozess der Beurteilung
Rhythmus

Ein Beurteilungsinstrument ist in ein betriebliches System eingebettet; jährliche Beurteilungen sind darin die Regel. Für die Beurteilung selbst bezieht man sich damit auf einen noch überschaubaren, aber hinreichend großen Zeitraum, um aufgrund einer breiten Datenbasis zu umfassenden Bewertungen zu kommen. Kürzere Intervalle sind des Aufwands wegen kaum durchsetzbar; bei viel längeren Intervallen lassen sich weit zurückliegende Beobachtungen kaum noch gleichermaßen von beiden Beteiligten (Beurteiler und Beurteilter) erinnern, so dass Beurteilungsdiskussionen über alte Ereignisse schwierig werden und unnötige Spannungen heraufbeschwören können. Veränderungen und Entwicklungen, die für die Beurteilung oder für zukünftige Weichenstellungen relevant sind, lassen sich im Jahresabstand ebenfalls feststellen. Eine Kombination des Zielvereinbarungsprozesses bzw. mit einer ergebnisorienten Beurteilung der Zielerreichung ist im Jahresrhythmus ebenfalls gut möglich.

Beurteilungsperiode

Organisatorische Vorbereitung

Mit oder nach Erstellen der Beurteilung folgt die Einladung zum Gespräch. Sich offen mitteilen zu können, ist ein hoher Wert, der sehr geschätzt wird. Deshalb sollte dafür genügend Zeit eingeplant werden. Wenn Mitarbeiter und Vorgesetzte im Alltag im Team zusammenarbeiten und das Gespräch an intensiven fachlichen Austauschs und day-to-day-Rückmeldungen übers Jahr anknüpfen kann, ist eine Stunde angemessen. In anderen Fällen wird man besser mit 1,5–2 Stunden kalkulieren.

Gesprächseinladung

Ideal ist ein ruhiger Raum, fernab der Augen und vor allem der Ohren Dritter und Vierter, und mit einem gesprächsfördernden runden oder langen Tisch, keinesfalls aber einem Schreibtisch.

Raum

Der Mitarbeiter sollte sich ebenfalls auf dieses Gespräch vorbereiten. Viele Organisationen verwenden hierfür einen Leitfaden, in dem über Ziel und Themenbereiche des Gesprächs informiert wird. Sehr hilfreich ist es, den Mitarbeiter zum Erstellen einer Selbstbeurteilung aufzufordern.

Selbstbeurteilung

Der Vorteil besteht darin, dass sich der Mitarbeitende dann mit seinen Anliegen, dem System und den Beurteilungskriterien im Bezug auf seine Situation bereits auseinandergesetzt hat, wenn es zum Gespräch kommt. Die

Befürchtung, im Gespräch auf ein übermäßig günstiges Selbstbild zu stoßen und dann viel Frustration in der Konfrontation mit dem ungünstigeren Fremdbild zu erzeugen, scheint überschätzt (Marcus & Schuler 2006). Auch kann man sich sehr viel besser auf die Punkte konzentrieren, in denen die Selbst- und Fremdbeurteilung unterschiedliche Einschätzungen erbracht hat. Hier liegt aller Wahrscheinlichkeit nach Klärungsbedarf entweder bezüglich der Beobachtungen oder bezüglich der Bewertungsmaßstäbe.

Beurteilung erstellen

Das Erstellen der Beurteilung ist ein konzentrierter Vorgang, der sich aus taktischen Überlegungen und Fleißarbeit zusammensetzt. Die taktischen Überlegungen basieren auf den Beurteilungszwecken neben der eigentlichen Beurteilung, als da wären: leistungsabhängige Vergütungsanteile festlegen, Beförderung ermöglichen, den eigenen Leistungsnachweis über gute Beurteilungen der eigenen Mitarbeiter erbringen, sich einer vorgegebenen Abteilungsergebnisquote unterwerfen, und schließlich eine Querschnittsgerechtigkeit im Team, vor allem bei vergleichbaren Funktionen, zu erreichen. Gerade in Teams mit engen Arbeitskontakten finden Ergebnisvergleiche mit einiger Wahrscheinlichkeit statt.

taktische Überlegungen

Die beste Form, damit umzugehen, ist die persönliche Selbstklärung des Beurteilers: Wie ist das Maximum an Urteilsgerechtigkeit zu realisieren, wenn man die anderen, ebenfalls berechtigten, Anliegen im Minimum bedienen möchte?

Fleißarbeit

Die Fleißarbeit beinhaltet das Erinnern – idealerweise das Sichten der Notizen – von Beobachtungen und bereits gegebenen Rückmeldungen über die Beurteilungsperiode. Die Beobachtungen müssen den Beurteilungskriterien zugeordnet werden. Diese Zuordnungsarbeit ist gleichzeitig eine Vorbereitung des Argumentariums für die Beurteilung selbst: Der Mitarbeiter wird wissen wollen, welche Beobachtungen dem Vorgesetzten so eindrücklich waren, dass er sie zur Beurteilung der Kriterien heranzieht. Welche Erwartung an idealeres Verhalten formuliert er schließlich an diesen Beispielen? Die dahinterstehende Entscheidung über Erfüllung, Unter- oder Übererfüllung der Anforderungen in dieser Funktion muss für jedes Kriterium gefällt werden. Schließlich muss der Gesamtwert der Einzelbeurteilungen festgelegt werden. Alle weiteren Schritte der inhaltlichen Vorbereitung sind in ▶ Abschn. 13.3.2 unter »Gesprächsvorbereitung« beschrieben.

Vorbereitung des Argumentariums für die Beurteilung

Der Umgang mit fehlenden direkten, relevanten Verhaltensbeobachtungen stellt eine Herausforderung dar, die sich bei zunehmender Größe der Kontrollspanne, bei dezentraler Führung oder bei geringer Vertrautheit mit der Arbeitsaufgabe (bei Spezialistenjobs, bei höheren Kaderpositionen) stellt.

Umgang mit fehlenden direkten, relevanten Verhaltensbeobachtungen

In Beurteilungssystemen, die eine Auswahl aus mehreren Kriterien zulassen und nicht zwingend die Beurteilung jedes einzelnen Kriteriums erfordern, kann die Auslassung einzelner Kategorien eine konsequente Lösung sein. Häufen sich fehlende Beobachtungen, wird man sich angesichts großer Mengen nicht beurteilbarer Kriterien auf die Beurteilung der Zielerreichung reduzieren. Die Einschätzung von Kompetenzen und die Ableitung von Entwicklungsmaßnahmen kann dann in einem frei gestalteten Gespräch mit klarem Bezug zum Aufgabenkontext als gemeinsame Erkundung angelegt werden. Das allerdings sollte nicht zur Leistungsbeurteilung im engeren Sinn gezählt werden, und entsprechend sollte man diese Zäsur im Gespräch auch kommunizieren.

Sollen Beobachtungen und Beurteilungen aus anderen Quellen (Kollegen, Kunden, Mitarbeiter) einbezogen werden, sei an dieser Stelle auf Ausführungen zum Instrument »360° Feedback« (s. Scherm & Sarges 2002) oder multimodale Beurteilungssysteme (vgl. Schuler 2004) verwiesen.

360° Feedback

13.3.2 Kommunizieren der Beurteilung

Die Leistungsbeurteilung wird in einem Gespräch zwischen Vorgesetztem und Mitarbeiter unter vier Augen besprochen. Dieses Gespräch wird klassisch als »Beurteilungsgespräch« bezeichnet, häufig aber auch »Mitarbeiter-« oder »Jahresgespräch« genannt. Der Kern des Gesprächs ist die Kommunikation der Beurteilung, die einen Vorlauf im freien Rückblick auf die Beurteilungsperiode und einen Nachgang hat, bei dem über Konsequenzen des Festgestellten gesprochen wird.

das Beurteilungsgespräch

Gesprächsziel

> Das übergeordnete Ziel im Gespräch liegt darin, dem Mitarbeiter eine Einschätzung über seine Leistung und ihren Wert aus Vorgesetztensicht zu vermitteln und Entwicklungsbedarf und -maßnahmen festzulegen.

Diese Einschätzung soll klar und eindeutig sein, denn sonst verfehlt sie ihre Wirkung und erzeugt Verwirrung. Gleichzeitig soll dieses Gespräch konstruktiv sein, so dass die Motivation des Mitarbeiters für seine Arbeit und die vertrauensvolle Zusammenarbeit zwischen Mitarbeiter und Vorgesetztem gestärkt werden.

klar und konstruktiv

Die Gesprächsauswirkung auf die Arbeitsmotivation hängt eng zusammen mit dem Ausmaß an empfundener Transparenz und Gerechtigkeit, die der Mitarbeiter der Einschätzung des Vorgesetzten entnimmt. Kritische Einschätzungen, die erstmals im Beurteilungsgespräch aufgeführt und mit Beispielen aus dem letzten Jahr untermauert werden, sind kaum verarbeitbar. Ihr Erläutern braucht einen Bezugspunkt, den man sich mit vorangegangenen day-to-day-Rückmeldungen zuvor geschaffen haben sollte. Fehlt ein solcher Bezugspunkt, wird dem Mitarbeiter zweierlei durch den Kopf gehen: Erstens sucht er sein Gedächtnis nach den Situationen ab, auf die sich der Vorgesetzte bezieht, und wird vielleicht nicht mehr fündig oder reproduziert ganz andere Erinnerungen wesentlicher Aspekte. Zweitens fragt er sich, warum ihn der Vorgesetzte nicht bereits früher mit der Kritik konfrontiert hat, und was alles er ihm darüber hinaus verschweigt. Beide Aspekte weisen daher auf die klare Empfehlung, im Beurteilungsgespräch nur mit summarischen Einschätzungen zu arbeiten und auf zuvor nicht besprochene kritische Rückmeldungen in diesem Rahmen zu verzichten.

Transparenz und Gerechtigkeit

Folgegespräche Wenn die Arbeitsbeziehung zwischen Vorgesetztem und Mitarbeiter durch ein kritisches Beurteilungsgespräch auf die Probe gestellt wird, können Folgegespräche eine Brückenbauerfunktion hin zur Normalisierung und Aufbau von Vertrauen übernehmen. Dabei geht es nicht darum, sich für eine kritische Beurteilung zu entschuldigen, sondern die fortgesetzte Verantwortung als Führungskraft dort zu zeigen, wo der Mitarbeiter sich zunächst im emotionalen Bewältigen der Kritik und dann im Bearbeiten der Entwicklungsfelder aufhält. Unmittelbares, ehrlich-wohlwollendes Feedback für erste Veränderungen in die gewünschte Richtung ist wichtig.

klare Perspektive Wesentlich für die Arbeitsmotivation in der Folge des Beurteilungsgesprächs ist auch die klare Perspektive, die im Gespräch entwickelt und bekräftigt wird. Voraussetzung ist zuerst einmal eine Verständigung darüber, was gut war und anerkannt wird, wo Stärken liegen und ausgebaut werden können. In der gleichen Logik wird dargestellt, was nicht so gut war, und woran das lag. Man weiss, dass die Ursache für Misserfolg von Außenstehenden eher in der Person selbst verortet wird, während die Person selbst aus ihrer Innensicht äußere Umstände verantwortlich macht (z. B. Kanning

Ursachenanalyse et al. 2004). Dieser Ursachenanalyse muss Platz eingeräumt werden, denn sie ist Voraussetzung für das Gelingen des nächsten Schrittes. Hier geht es darum, einen Entwicklungshorizont und ein Ziel an diesem Horizont zu finden, von dem der Mitarbeiter glaubt, dass er es erreichen kann, dass er

Förder- und Entwicklungsmaßnahmen nötige Unterstützung dafür bekommt (Förder- und Entwicklungsmaßnahmen), wenn er sie braucht, und dass das Erreichen dazu führen wird, dass der Vorgesetzte seine kritische Einschätzung in eine günstige verändert. Klare Perspektive bedeutet auch, sich über die Herausforderungen der kommenden Zeit mit dem Vorgesetzten verständigt zu haben, zu wissen, worauf

Zielvereinbarungen man sich konzentrieren wird (Zielvereinbarungen) und worin man Unterstützung erhalten wird. Ein weiterer Aspekt klarer Perspektive schließlich stellt die Planung der beruflichen Weiterentwicklung und Laufbahn über das nächste Jahr hinaus und entsprechender vorbereitender Schritte dar

Entwicklungsmöglichkeiten (Entwicklungsmöglichkeiten und -maßnahmen, ▶ Abschn. 11.2).

Gesprächsvorbereitung

Das Beurteilungsgespräch ist ein sehr informationsbeladener Gesprächsan-

auf Wesentliches fokussieren lass. Um ihn überschaubar zu halten, ist es hilfreich, sich auf Wesentliches zu fokussieren und dem Gesprächsaufbau aus ◘ Tab. 13.2 zu folgen. Die folgenden Empfehlungen beziehen sich auf die inhaltliche Vorbereitung des Gesprächs:

1. Notizen machen

Notizen machen Wenn man vor dem Gespräch Notizen entlang der Schwerpunkte erstellt, kann man sich im Gespräch mehr aufs Zuhören konzentrieren. Leitfäden mit entsprechendem Platz für Notizen oder ein selbst gefertigter Leitfaden sind empfehlenswert.

2. Strukturierte Selbstklärung vornehmen

strukturierte Selbstklärung vornehmen Eine Selbstklärung dient der Einstimmung und Vorbereitung auf das Gespräch und die darin zentralen Themen. Eine gute Vorbereitung auf das Gespräch als Ganzes bieten zum Beispiel die vier Aspekte des Kommunikationsquadrats (◨ Tab. 13.2; Schulz von Thun et al. 2000).

◨ Tab. 13.2. Gesprächsvorbereitung anhand des Kommunikationsquadrats. (Adaptiert nach Schulz von Thun et al. 2000)

Zur Sache	Wie sehe ich den Sachverhalt in den verschiedenen Schwerpunkten? Was kann ich an Informationen geben, welche Punkte möchte ich unbedingt ansprechen? Und wie wird der Mitarbeiter den Sachverhalt sehen?
Als Appell	Was ist mein Ziel in diesem Gespräch? Was möchte ich erreichen? Wofür halte ich den MA für geeignet, und worin kann ich ihn unterstützen? Welche klare(n) Botschaft(en) über meine Erwartungen an ihn möchte ich ihm vermitteln? Was wird vermutlich die Erwartung des Mitarbeiters sein, was wird er von mir benötigen?
Zur Beziehung	Wie empfinde ich die Beziehung, auf deren Grundlage wir dieses Gespräch führen werden: ist es eine stabile, günstige, oder haben wir Irritationen, die das Gespräch erschweren können?
Über mich selbst	Wie geht es mir im Hinblick auf dieses Gespräch? Was erhoffe ich mir, was befürchte ich? Welche Qualität würde diesem Gespräch gut tun, wofür will ich sorgen?

In einem zweiten Schritt kann man mit dem jeweiligen Gesprächsleitfaden arbeiten (◨ Tab. 13.2).

3. Die Informationsmenge überschaubar gliedern

Die Selbstklärung führt unweigerlich dazu, dass sich relevante Themen von weniger relevanten abheben und so zu einer Konzentration der Gesprächsinhalte beitragen. Da gerade das Beurteilungsgespräch einlädt, alle Schwerpunkte umfassend abzuarbeiten, ist eine erneute Prüfung der Informationsmenge wichtig. Ist all das, was zur Sprache kommen soll, klar und übersichtlich gegliedert? Ist die Menge an Information verarbeitbar? Kann man eine überschaubare Zahl (3–5) an Kernpunkten setzen, die man im Austausch mit dem Mitarbeiter erörtern, abstimmen, klären oder einfach besonders hervorheben möchte?

Vor allem im Schwerpunkt Bilanz der Leistung/Fremdbeurteilung kann eine Kategorisierung und Priorisierung nochmals Übersicht schaffen. Als Kategorien bieten sich folgende Unterscheidungen an (◨ Tab. 13.3):

Informationsmenge überschaubar gliedern

◨ Tab. 13.3. Kategorien für die Leistungsbeurteilung

Grunddifferenz	Gut	Schlecht
angewendet auf Kompetenzen	Stärken	Schwächen
entwicklungsorientiert formuliert	Stärken, Ressourcen	Entwicklungsfelder, -themen
handlungsorientiert formuliert	»Weiter so mit …!«	»Bitte mehr von …!«

Um die Informationen innerhalb einer Kategorie zu ordnen und zu priorisieren, helfen folgende Fragen (Tab. 13.4):

Tab. 13.4. Fragen zur Vorbereitung

Stärken/Weiter so mit …!	Entwicklungsfelder/Bitte mehr von …!
Was ist es, wofür ich diesen Mitarbeiter ganz besonders schätze? Worin ist er für mich einzigartig? Welche Leistung, welches Verhalten, welche Kompetenz möchte ich ganz besonders herausstreichen, um sie ihm bewusst zu machen? Mit welchem Beispiel kann ich das Ideal verdeutlichen? Was ist das zweitbeste Beispiel dafür? Welche weiteren Leistungen und Kompetenzen sind für mich dann an zweiter, dritter, vierter Stelle zentral?	Was ist aus meiner Sicht die dringlichste Änderung in der Leistung, im Verhalten, die ich ausführlich besprechen möchte? An welchem Beispiel kann ich das aufzeigen? Welche Entwicklung braucht es aus meiner Sicht in diesem Punkt, wohin soll diese Entwicklung führen (zu mehr …)? Welche Grundlage für die Weiterentwicklung ist bereits vorhanden, worauf kann aufgebaut werden? Welche weiteren Änderungen sind für mich an zweiter und dritter Stelle wichtig zu besprechen?

4. Entwicklungsrichtung formulieren

Entwicklungsrichtung formulieren

Im Dienste der Entwicklungsorientierung ist es wirkungsvoller, von Entwicklungsfeldern zu sprechen, die auf bereits bestehenden Ressourcen aufbauen, zu denen noch weitere, eben zu entwickelnde Ressourcen, hinzukommen dürfen. Das setzt einen Denkansatz voraus, der über die Feststellung von Kritik hinaus auch die gewünschte noch auf- oder auszubauende Kompetenz benennt.

Übersetzung von Kritik in Entwicklungsfelder …

Ein Hilfsmittel, um Entwicklungspotenziale zu formulieren, ist das Werte- und Entwicklungsquadrat (Schulz von Thun et al. 2000), in dem sich Kritik hervorragend in Entwicklungsfelder oder -aufgaben überführen lässt.

Die Grundidee lautet, dass jede Qualität eine Gegenqualität braucht, einen Gegenwert, damit sie in einer guten Balance gehalten wird. Ist ein Gegenwert sehr schwach entwickelt, führt das dazu, dass eine grundsätzlich gute Qualität entgleist und sich zu einem Unwert entwickelt. Auf dieser Ebene des Unwerts setzt die Kritik an. Damit die Kritik nicht beim Benennen des Unwerts, der Schwäche stehen bleibt, muss aufgezeigt werden, in welche Richtung die Entwicklung gehen soll. Welche Qualität fehlt derzeit noch? Was wird noch wenig gezeigt, das noch mehr entwickelt und in den Vordergrund treten darf? Das ist das Entwicklungsziel, der Weg dorthin führt über die Anerkennung der guten Qualität.

… Welche Qualitäten fehlen noch?

Die folgende Abb. 13.10 zeigt ein Werte- und Entwicklungsquadrat für einen Mitarbeiter, der im Teamkontext arbeitet und sich darin als engagierter und kritischer Kollege zeigt. Gleichzeitig geht er sehr direkt, hart, auch rücksichtslos persönlich auf Konfrontation mit den Kollegen, wenn es um Fachfragen und verschiedene Meinungen geht. Die Rücksichtslosigkeit und Härte wird kritisiert und führt zu einer schlechten Bewertung in Teamfähigkeit. Um ein Entwicklungsziel abzuleiten, fokussiert man die fehlende Qualität. In diesem Fall ist es Einfühlungsvermögen. Um den Mitarbeiter dafür zu gewinnen, die fehlende Qualität stärker zu entwickeln, bedarf es der Anerkennung des

13.3 · Mitarbeitende beurteilen

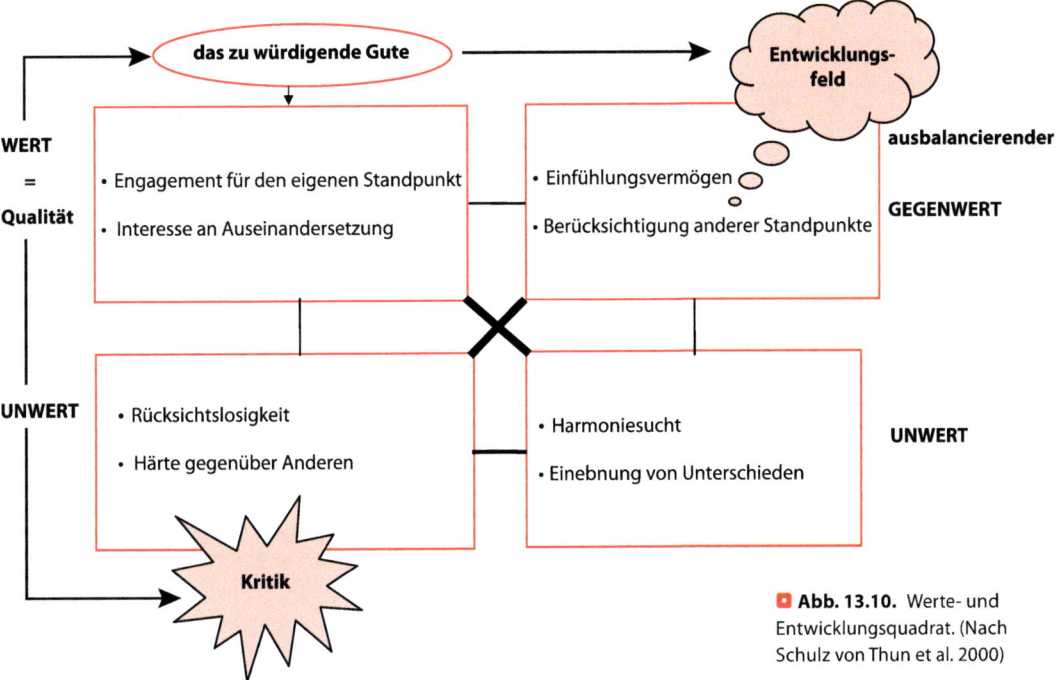

Abb. 13.10. Werte- und Entwicklungsquadrat. (Nach Schulz von Thun et al. 2000)

Guten im Unwert und die Perspektive, diese Qualität zu bewahren, ihr aber eine weitere – das Einfühlungsvermögen – zur Seite zu stellen.

Gesprächsablauf

Im Beurteilungsgespräch soll trotz des strukturierten Beurteilungsbogens keine Abarbeitung einer Pflicht, sondern ein Dialog zwischen den Beteiligten über die für den Mitarbeiter wesentlichen Aspekte seiner Arbeit in dieser Organisation entstehen. Die Gesprächsinhalte sind komplex und mitunter überschneidend. An einzelnen Stellen des Gesprächs wird man bildlich gesprochen ein loses Ende liegen lassen, um es später mit zusätzlichen Informationen und anderen losen Enden zu verknüpfen. Checklisten zum Gesprächsablauf können solche Verknüpfungskünste nicht gut abbilden. Deshalb sind sie als Orientierung in der Vorbereitung und als Gedächtnisstütze im Gespräch selbst zu verstehen.

Dialog

Der zentrale Punkt liegt in der Kommunikation der Fremdbeurteilung. Günstig für den Gesprächsverlauf ist es, die Gesamtbewertung zuerst mitzuteilen. Auch bei schlechten Bewertungen ist es eine gute Möglichkeit, das schwebende Urteil zunächst greifbar zu machen und mit einer konstruktiven Zielsetzung zu belegen, die darin besteht, die Ursachen zu analysieren und Veränderungsmöglichkeiten zum Besseren zu fokussieren.

Gesamtbewertung zuerst

Da letztlich der Vorgesetzte in der Pflicht des Beurteilens steht, sollte er seine Fremdbeurteilung an den Beginn stellen und erst danach die Selbstbeurteilung erfragen. Allenfalls kann man beide Bögen nebeneinander legen und auf diese Weise gleich die Differenzen feststellen und aufklären.

sequenzielles Besprechen

Liegt der Beurteilungsbogen auf dem Tisch, bietet sich das sequenzielle Besprechen Punkt für Punkt an. Die differenzierte Ursachenanalyse für Probleme in der Aufgabenbewältigung, die sich in nicht erreichten Zielen oder nicht erfüllten Verhaltens- oder Kompetenzanforderungen abbilden, folgt danach.

Zur Erläuterung der Kriterienbeurteilung bietet sich das Schema an:
- »So nehme ich Sie in diesem Kriterium wahr …«
- »Als Beispiel kann ich Folgendes schildern …«
- »Meine Erwartung ist damit erfüllt / mehr als erfüllt/nicht ganz erfüllt – und letzteres schauen wir uns im nächsten Schritt genauer an.«

Urteilskorrektur

Wenn sich ein Mitarbeiter in einem Kriterium günstiger beurteilt hat und so argumentiert, dass er den Vorgesetzten davon überzeugt, ist eine nachträgliche Urteilskorrektur immer eine Option. Ausschlaggebend dafür soll nicht ein Harmoniebedürfnis sein, sondern eine durch die Argumente gereifte Überzeugung, dem Mitarbeiter in diesem Urteilsaspekt zuvor nicht gerecht geworden zu sein.

Gesprächsablauf

Der Leitfaden in ◘ Tab. 13.5 stellt den Gesprächsablauf anhand von Schwerpunkten dar und gibt Vorschläge zu Themenfeldern und Fragen.

Gesprächsabschluss sachlich und emotional vollständig

Ein positiver Gesprächsabschluss ist wichtig. Deshalb sollte in der Zusammenfassung das Konstruktive, auf dem aufgebaut werden kann, und die Zuversicht, dass dies gelingen wird, bekräftigt werden. Wenn das Gespräch sachlich oder emotional nicht vollständig abgeschlossen werden konnte, weil Spannungen über die Bewertung aufgebaut wurden, weil Differenzen über Ausrichtungen oder Zeitmangel zu fehlenden Vereinbarungen führte, ist es

◘ **Tab. 13.5.** Gesprächsleitfaden für ein Beurteilungsgespräch

Gesprächsschwerpunkt	Themenfelder
Begrüßung Gesprächsziel und -aufbau, Einverständnis sichern	Small Talk (kurz!) Ziel und Zeit Vorschlag zum Ablauf des Gesprächs Besonders wichtige Anliegen des Mitarbeiters für dieses Gespräch erfragen, Zeitbedarf prüfen Einverständnis sichern
Hauptaufgaben und Ziele der Stelle Rückblick auf vergangene Urteilsperiode	Tätigkeitsbereiche, Hauptaufgaben und Ziele in der vergangenen Urteilsperiode zusammenfassen Rückblick auf Herausforderungen, Belastungen und Erfolge in der vergangenen Urteilsperiode
Bilanz von Leistung und leistungsbezogenen Kompetenzen, Verhalten	**Beurteilung der Ergebnisse = Zielerreichung** (bei Führen mit Zielvereinbarungen)
	Beurteilung des Verhaltens und der Kompetenzen
	Fremdbeurteilung relevanter Kriterien durch den Vorgesetzten Selbstbeurteilung relevanter Kriterien durch den Mitarbeiter Aufklärung der Differenzen Würdigung der Stärken und der Einsatzmöglichkeiten in den aktuellen Aufgaben Benennen der Entwicklungsfelder
	Ursachenanalyse
▼	Probleme bei der Aufgabenerfüllung analysieren

13.3 · Mitarbeitende beurteilen

Tab. 13.5 (Fortsetzung)

Gesprächsschwerpunkt	Themenfelder
Ausblick auf die kommende Zeit = nächste Beurteilungsperiode (mit Zielvereinbarung)	Entwicklungen, die sich abzeichnen Ziele für die Organisation, die Abteilung Herausforderungen, die sich stellen werden Ziele, die vereinbart werden
Förder- und Entwicklungsmaßnahmen	Kompetenzen, die zur Bewältigung jetziger oder kommender Anforderungen gestärkt, ausgebaut oder neu erworben werden sollen (s. auch Erkenntnisse aus der Ursachenanalyse) Kompetenzen, die mehr genutzt werden sollen, und Aufgabenveränderungen, die dazu nötig wären Wünsche und Angebote für Unterstützung, Förderung, Entwicklung (berufliche Entwicklungsperspektive im Sinne einer Entwicklungsplanung mit Zielsetzung möglich) Vereinbarungen über Förderungs- und Entwicklungsziele und -maßnahmen
Zusammenarbeitsfeedback	Was geschätzt wird und wodurch man mehr unterstützen könnte
Zusammenfassung, Vereinbarungen, Formales, Abschluss	Was im Wesentlichen besprochen und vereinbart wurde (die wichtigsten Erkenntnisse, das Gute, Befriedigende, Ziele) Wie es jetzt weiter geht (nächste Termine, wer macht was?) Welche Dokumente erstellt, unterzeichnet, weitergeleitet werden Wie das Gespräch empfunden wurde Dank

nötig, einen weiteren Termin zu vereinbaren. Auch wenn alle Ziele erreicht und für beide Seiten alles geklärt wurde, werden weitere Gespräche folgen, denn der nächste Beurteilungszyklus ist hiermit eröffnet.

ZUSAMMENFASSUNG

Leistungsbeurteilungen dienen der Organisation, der Führungskraft und dem Mitarbeiter – auf verschiedene Weise. Das primäre Interesse im Führungskontext muss darin liegen, Transparenz in der Bewertung der Leistung herzustellen und damit eine Bekräftigung oder Korrektur des Leistungsverhaltens zu verbinden. Der Prozess, in dem dies geschieht, muss sich daran messen lassen, ob beim Mitarbeitenden ein Empfinden von Gerechtigkeit angesichts der Beurteilung entsteht. Die Qualität des Instruments und ein transparent gemachtes Verständnis der Beurteilungslogik leisten hierzu einen Beitrag. Eine weitere, wesentliche Rolle spielen der Einsatz von »day-to-day«-Feedback, eine gute Gesprächsvorbereitung, die Fokussierung auf (gewünschte) Entwicklungen und darauf zugeschnitten ein sinnvolles, verbindliches Unterstützungsangebot.

FRAGEN ZUR VERTIEFUNG

– Reflektieren Sie die Bedingungen, unter denen Sie eine Beurteilung Ihrer Leistung als gerecht und transparent erleben. Welche Schlüsse leiten Sie daraus für Ihre Praxis als beurteilende Person ab?

▼

- Welches Beurteilungsverfahren wenden Sie an? Woraus leiten sich die Beurteilungskriterien ab?
- Reflektieren Sie Ihre eigenen Erfahrungen in den Rollen als beurteilende und als beurteilte Person. Welches sind Ihrem Erleben nach die zentralen Faktoren für ein gelungenes Beurteilungsgespräch?
- Erstellen Sie für eine Kritik ein Werte- und Entwicklungsquadrat.

Literatur

Cleveland, J.N., Murphy, K.R. & Williams, R.E. (1989). Multiple uses of performance appraisal: prevalence and correlates. *Journal of Applied Psychology, 74*, 130-135.

Frey, D. & Greif, S. (1997, 4. Aufl.) *Sozialpsychologie*. Weinheim: Beltz PVU.

Hilb, M. (2011, 20. Aufl.). *Integriertes Personal-Management: Ziele – Strategien – Instrumente*. München: Luchterhand.

Kanning, U.P., Hofer, S. & Schulze Willbrenning, B. (2004). *Professionelle Personalbeurteilung: Ein Trainingsmanual*. Göttingen: Hogrefe.

Katz, C.P. & Baitsch, C. (2006). *Arbeit bewerten – Personal beurteilen*. Zürich: vdf Hochschulverlag.

Marcus, B. & Schuler, H. (2006). Leistungsbeurteilung. In: Schuler, H. (Hrsg.). *Lehrbuch der Personalpsychologie* (2. Aufl.), S. 433 – 469. Göttingen: Hogrefe.

Muck, P.M. & Schuler, H. (2004). Beurteilungsgespräch, Zielsetzung und Feedback. In: Schuler, H. (Hrsg.). *Beurteilung und Förderung beruflicher Leistung* (2. Aufl.). Göttingen: Hogrefe.

Murphy, K.R. & Balzer, W. K. (1989). Rater errors and rating accuracy. *Journal of Applied Psychology, 74*, S. 619–624.

Scherm, M. & Sarges, W. (2002). *360° Feedback*. Göttingen: Hogrefe.

Schuler, H., Funke, U., Moser, K. & Donat, M. (1995). *Personalauswahl in F&E. Eignung und Leistung von Wissenschaftlern und Ingenieuren*. Göttingen: Hogrefe.

Schulz von Thun, F., Ruppel, J. & Stratmann, R. (2000). *Miteinander Reden: Kommunikationspsychologie für Führungskräfte*. Reinbek: Rowohlt.

Das Management komplexer Führungssituationen

14 Projektmanagement – 217

15 Veränderungsmanagement – 251

16 Konfliktmanagement – 315

17 Diversity Management – 359

18 Mikropolitik, Networking, Umgang mit Macht – 381

14 Projektmanagement

Heinz Vetter

14.1	Systemisches Verständnis von Projektmanagement	– 219
14.2	**Was ist ein Projekt** – 219	
14.2.1	Definitionen von Projekt – 219	
14.2.2	Merkmale eines Projekts – 220	
14.2.3	Projektarten – oder Projekt ist nicht gleich Projekt – 220	
14.3	**Was ist Projektmanagement?** – 223	
14.3.1	Definition von Projektmanagement – 223	
14.3.2	Was macht Projektmanagement aus? – 223	
14.3.3	Historische Entwicklung des Projektmanagements – 224	
14.4	**Systemisches Projektmanagement** – 224	
14.4.1	Zusammenhänge im Überblick – 224	
14.4.2	Projekt und Projektumfeld – 228	
14.4.3	Beziehung zum Auftraggeber ist essenziell – 229	
14.4.4	Klar vereinbarte Projektziele – 231	
14.4.5	Projektauftrag als Kernelement des Projektmanagements – 232	
14.4.6	Geeignete Strukturen sind lebenswichtig für ein Projekt – 234	
14.4.7	Projektkultur – Stiefkind des Projektmanagements – 237	
14.4.8	Rollen und ihre Dynamik in Projekten – 238	
14.4.9	Schlüsselrolle des Projektleiters – 240	
14.4.10	Rollen »Projektmitglieder« und die Projektgruppe – 241	
14.4.11	Basisprozesse verwandeln Input in Output – 242	
14.4.12	Projektplanung – mehr als eine Notwendigkeit – 243	
14.4.13	Projektsteuerung – oder wie man das Projekt auf Kurs hält – 245	
14.4.14	Projektcontrolling – Grundlage für die Projektsteuerung – 246	
14.4.15	Methoden und Instrumente – äußerst wichtige Hilfsmittel – 246	
14.4.16	Kommunikation, Information und Dokumentation – Blutkreislauf des Projektmanagements – 247	

Literatur – 249

| AUF EINEN BLICK

Projekte gibt es schon lange

Projekte spielen in Organisationen eine immer wichtigere Rolle

Projektarbeit und die Leitung von Projekten sind anforderungsreich

Projekte als komplexe, neuartige und zeitlich begrenzte Vorhaben sind etwas Uraltes. Man denke nur an den Bau der Pyramiden im alten Ägypten oder an den Turmbau zu Babel im biblischen Zeitalter. Damals hat man zwar noch nicht von Projekten gesprochen, auch wurden noch keine Projektmanagementmethoden im heutigen Sinne angewandt. Aber ihrem Wesen nach waren jene Vorhaben Projekte. Heute spielen Projekte in Organisationen (Unternehmen, Verwaltungen, Institutionen usw.) eine zentrale Rolle. Es gibt immer mehr einmalige, innovative und oft komplexe Vorhaben, die bereichs- oder abteilungsübergreifend bearbeitet werden müssen. Weil die bestehende Linienorganisation dafür nicht vorgesehen ist, werden solche Aufgaben häufig in Form von Projekten angegangen. Hinzu kommt, dass Organisationsformen wie »Prozessorganisation«, »schlanke Organisation«, »vernetzte Organisation« usw. eine große Nähe zu projektorientierten Arbeitsweisen haben. Auch dadurch hat Projektarbeit heute eine große Bedeutung. Die projektorientierte Organisation gilt mittlerweile schon fast als eine eigenständige Organisationsform.

Erfahrungsgemäß sind das Arbeiten in Projekten und die Leitung von Projekten aber nicht einfach. Projektmanagement ist eine sehr anspruchsvolle, herausfordernde Führungs- und Organisationsform, die für die Beteiligten hochbefriedigend, aber manchmal auch ziemlich frustrierend sein kann. Mittlerweile ist auf dem Gebiet des Projektmanagements ein großes Know-how vorhanden, um diese herausfordernde Form der Zusammenarbeit und der Führung zweckmäßig zu gestalten.

14.1 Systemisches Verständnis von Projektmanagement

Im Folgenden wird ein **ganzheitliches** oder **systemisches Verständnis** von Projektmanagement entwickelt. Es ist der Versuch, systemisches Denken auf das Projektmanagement anzuwenden und für dieses nutzbar zu machen. Darin liegen für die weitere Entwicklung des Projektmanagements große Chancen. Traditionell legt das Projektmanagement seinen Schwerpunkt auf Organisationsstrukturen, Phasenabläufe und formale Methoden. Es geht von einem Managementverständnis aus, das stark rational und technokratisch orientiert ist. Hier werden insbesondere die sachlich-planerischen Aspekte von Projekten berücksichtigt (z. B. Netzplantechnik, Nutzwertanalyse u.a.) und weniger die machtpolitischen und gruppendynamischen (vgl. Mees et al. 1995 S. 43: Hansel & Lomnitz 2003: Bohinc 2006). Dies ist auch verständlich, liegt doch die Herkunft des Projektmanagements im technischen Bereich.

traditionelles Projektmanagement ist durch systemische Sichtweisen zu erweitern

Ein systemisches Verständnis versucht Projektmanagement in seiner Vielschichtigkeit und Komplexität zu begreifen. Damit eine Organisation handlungsfähig sein kann, muss diese Komplexität jedoch vereinfacht werden, sie darf aber nicht zu stark reduziert werden. Wie sagte doch Einstein: »So einfach wie möglich, aber nicht zu einfach.« Das hier dargelegte systemische Verständnis von Projektmanagement versucht dieser Forderung gerecht zu werden und will ein praktisches und hilfreiches Modell für die Gestaltung, Führung und Analyse von Projekten sein. Die Begriffe »systemisch« oder »ganzheitlich« sind oft bloße Schlagworte. Diese Begriffe sollen hier eine Konkretisierung erfahren in der Form eines praktischen Projektmanagementmodells.

ein systemisches Verständnis von Projektmanagement berücksichtigt die Komplexität angemessen und stellt ein praktikables Modell für Projektführung zur Verfügung

Heute werden Projektmanagementmethoden oder die Projektmanagementphilosophie auf verschiedenartigste Projekte angewandt, wie z. B. Organisations-, Informatikprojekte, gesellschaftliche Projekte. Bei solchen Projekten spielt die soziale Dimension eine viel größere Rolle als bei technischen Projekten. Dieser Aspekt wird in Zukunft bei vielen Projekten von zunehmender Bedeutung sein. Projektmanagementdenken und -methoden sind projektadäquat anzuwenden. Ein allgemeingültiges Projektmanagement kann es nicht geben. Es gibt aber bewährte Prinzipien, Vorgehensweisen und Instrumente, die auf ein konkretes Projekt angewandt werden können. Einige wesentliche werden im Folgenden überblickartig dargestellt.

es gibt kein allgemeingültiges Projektmanagement

14.2 Was ist ein Projekt

14.2.1 Definitionen von Projekt

Es gibt keine allgemeingültige Definition des Begriffs Projekt. Die folgenden drei Definitionen geben einen Eindruck, was man unter einem Projekt versteht. Daraus lassen sich dann auch die wichtigsten Merkmale von Projekten ableiten. Über sie herrscht heute in Fachkreisen weitgehende Einigkeit.

Definiton: Projekt

> **Definition**
> 1) Ein komplexes, relativ neuartiges Vorhaben mit definiertem Anfang und Abschluss.
> 2) Ein die Tagesaufgaben übersteigendes, klar definiertes Vorhaben von besonderer Bedeutung und begrenzter Dauer und mit definierter Ressourcenausstattung und Ergebnisverantwortung.
> 3) Eine besondere, umfangreiche und zeitlich begrenzte Aufgabe von relativer Neuartigkeit mit hohem Schwierigkeitsgrad und Risiko, die in der Regel enge fachübergreifende Zusammenarbeit der Beteiligten fordert.

14.2.2 Merkmale eines Projekts

Merkmale

- Eindeutige inhaltliche und zeitliche Zielsetzung,
- gewisse Einmaligkeit der Aufgabe,
- innovativer Charakter,
- begrenzte und möglichst klar zugeordnete Ressourcen,
- klare Ergebnisverantwortung,
- gewisses Risiko.

(Vgl. auch Mees et al. 1995, S. 20–21; Zielasek 1999, S. 9; Scheuring 2008, S. 23)

14.2.3 Projektarten – oder Projekt ist nicht gleich Projekt

Projekt ist nicht gleich Projekt

Wenn wir ein Projekt als eine zeitlich begrenzte, meist innovative und auch komplexe Aufgabe definieren, so sagt diese Definition noch wenig aus über die unendliche Vielfalt von Projekten, die in der Praxis vorkommen. Ein Projekt ist nicht gleich ein Projekt. Jedes Projekt hat seine Eigenarten und speziellen Erfordernisse.

Projekttypologien

Um über Projekte spezifischer sprechen zu können, ist es sinnvoll, Projekte zu charakterisieren und in verschiedene Projektarten einzuteilen. Dies ermöglicht es dann, für die jeweilige Art Anforderungen, Vorgehensweisen und geeignete Managementstrategien abzuleiten. Eine Projekttypologie kann auch Hinweise geben, wie stark an den Beziehungen zwischen Projekt und Umwelt gearbeitet werden soll, inwiefern das soziale Netz eine Rolle spielt usw.

Es gibt viele Möglichkeiten, Projekte zu charakterisieren. Mögliche Gliederungsmerkmale sind:

Gliederungsmerkmale

- **Größe** (kleine, mittlere, große Projekte),
- **Bedeutung** (z. B. strategische Wichtigkeit),
- **zeitlicher Horizont** (kurzfristige/langfristige Projekte),
- **Anwendungsgebiet** (z. B. Bauprojekte, Informatikprojekte, Organisationsprojekte),
- **Projektaufgabe** (Ausführungsprojekte, Entwicklungsprojekte).

14.2 · Was ist ein Projekt

Abb. 14.1. Projekttypologie (Projektarten)

Eine weitere nützliche Einteilung von Projekten ergibt die Gliederung nach den zwei Dimensionen:
- **Art der Aufgabenstellung** (offen, geschlossen)
- **soziale Komplexität** (hoch, niedrig).

Daraus ergibt sich die Projekttypologie gemäß ◘ Abb. 14.1 (vgl. Kuster et al. 2011, S. 5).

Gliederung in zwei Dimensionen

Gliederungskriterien

Aufgabenstellung
- geschlossen = klare Aufgabenstellung mit begrenzten grundsätzlichen Lösungsmöglichkeiten (z. B. bauliche Erweiterung für bestimmte Nutzung).
- offen = viele inhaltliche und vorgehensmäßige Möglichkeiten (z. B. Verbesserung der Flexibilität und Reaktionsgeschwindigkeit der Organisation).

Aufgabenstellung

Soziale Komplexität
- gering = unproblematische Zusammenarbeit (z. B. wenig ausgeprägte Interessensunterschiede, Zusammenarbeit hauptsächlich in einem Fachgebiet usw.).
- hoch = interdisziplinär, politisch brisant, unterschiedliche Benutzerinteressen, großes Konfliktpotenzial.

soziale Komplexität

Aus der obigen Typologie lassen sich folgende vier Projektarten ableiten (vgl. Kuster et al. 2011, S. 5–6):

Routineprojekte. Vorhaben, denen ein hoher Grad an Erfahrung zugute kommt und die demzufolge standardisiert und einfach abgewickelt werden können, Beispiel: Ersatzinvestition.

Routineprojekte

Komplexe Standardprojekte. Vorhaben mit klar umrissenen Aufgabenstellungen, bei denen Methoden und Hilfsmittel aufgrund bisheriger Erfahrun-

komplexe Standardprojekte

gen bis zu einem gewissen Grad formalisiert und standardisiert werden können. Man kann sie deshalb auch als komplexe Wiederholungsprojekte bezeichnen. Die fachlichen und sozialen Vernetzungen sind dabei sehr vielfältig. Beispiele: Straßenbauprojekt, Bau einer großen technischen Anlage, komplexes Informatikprojekt.

Potenzialprojekte. Aufgaben mit offenen Fragestellungen, die jedoch mit dem Projektumfeld (noch) wenig vernetzt und risikoarm sind. Die Projektorganisation ist hier meistens einfach und klein. In diese Kategorie fallen Vorprojekte, Machbarkeitsstudien, oft auch Forschungsprojekte. Beispiel: Vorstudie für die Einführung einer neuen Computersoftware, Klärung des Projekts »Verbesserung der Kundenbeziehungen«.

Pionierprojekte. Oft folgenschwere Eingriffe in die Organisation, bereichsübergreifend, haben hohen Neuigkeitsgehalt und sind bedrohlich und risikoreich. Der Aufgabenumfang ist schwer abzuschätzen. Beispiel: Einführung eines neuen Lohnsystems, Reorganisation einer Firma.

Welcher Art ein Projekt zugeordnet werden kann, ist auch stark von der Lebensphase abhängig, in der sich das Projekt befindet. Im Lauf ihrer Lebensdauer verharren Projekte nicht in einem Zustand. Meistens wandeln sie sich vom Potenzialprojekt (während des Vorprojektes) zum Pionierprojekt (während des Hauptprojektes) und werden dann zum komplexen Standardprojekt (in der Realisierungsphase).

Für die Gliederung nach Projektaufgaben stehen die folgenden Beispiele:

Ausführungsprojekte. Ein Ausführungsprojekt kann je nach Größe und Komplexität ein Routineprojekt oder ein komplexes Standardprojekt sein. Bei einem Ausführungsprojekt ist das Ergebnis recht gut definiert. Zudem ist die Machbarkeit nachgewiesen. Man kennt im Grundsatz das Endprodukt (z. B. eine Überbauung, eine Fabrik) und hat häufig Erfahrung mit ähnlichen Projekten, obwohl noch vieles geplant werden muss.

Entwicklungsprojekte. Ein Entwicklungsprojekt entspricht eher dem Typ Potenzial- oder Pionierprojekt. Das Endprodukt ist hier viel unbestimmter. Es existieren erst recht grobe Vorstellungen davon. Man hat lediglich eine Idee des Ergebnisses, die Machbarkeit ist jedoch noch offen. Die Entwicklung von konkreten Vorstellungen des Ergebnisses ist ein wesentlicher Teil des Projektes. Wir befinden uns in Bezug auf das Ergebnis hier viel stärker im Bereich des Offenen, des noch Undefinierten (z. B. Organisationsentwicklung, Produktentwicklung). Ein Beispiel für eine solche Projektidee war die Anfang der 1960er-Jahre vom amerikanischen Präsidenten J.F. Kennedy verkündete Vision, am Ende des Jahrzehnts einen Menschen auf dem Mond landen zu lassen und ihn sicher wieder auf die Erde zurückzubringen. Mittlerweile sind viele Raumfahrtprojekte (z. B. Flüge mit dem Space Shuttle) schon fast Routineprojekte geworden. Sie können am ehesten der Kategorie komplexe Standardprojekte zugeordnet werden.

14.3 Was ist Projektmanagement?

14.3.1 Definition von Projektmanagement

Wie Projektmanagement verstanden werden kann, kommt in den folgenden Charakterisierungen zum Ausdruck:

> **Definition**
> 1. Projektmanagement ist: eine Managementphilosophie, wie komplexe, neuartige und zeitlich begrenzte Vorhaben zielgerecht bewältigt werden können,
> 2. eine Denkweise, die das Bewusstsein der Zusammenhänge und des Zusammenwirkens in Projekten beinhaltet,
> 3. eine auf ein Projekt bezogene umfassende Führungsaufgabe, die alle Führungstätigkeiten einschließt, die für das Gelingen eines Projektes erforderlich sind,
> 4. die Führungs- und Organisationsform zur Planung, Steuerung, Regelung und Kontrolle von Projekten,
> 5. die Funktion und Rolle in einem Projekt, die mit der Leitung des Projektes betraut ist.

Definition: Projektmanagement

14.3.2 Was macht Projektmanagement aus?

Fragt man etwas konkreter danach, was Projektmanagement ausmacht und was es von anderen Managementkonzepten unterscheidet, so können in einer ersten Antwort folgende Kernelemente genannt werden (vgl. auch Kuster et al. 2006):

- möglichst klare Abgrenzung der Problem- oder Aufgabenstellung,
- schrittweises oder phasenmäßiges Vorgehen (= zeitliche Strukturierung des Projektes in Phasen),
- Anwendung von systematischen Problemlösungsmethoden (Problemlösungszyklus),
- Befolgen der Vorgehensrichtlinie »vom Groben zum Detail«,
- Denken in Varianten,
- Gestaltung der sozialen Prozesse,
- interdisziplinäre Zusammenarbeit in Gruppen,
- Überzeugung, dass der Einbezug mehrerer Sichtweisen zu besseren Lösungen führt,
- fach- und firmenübergreifende Kooperation und Koordination,
- Einbezug des Projektumfeldes.

Was macht Projektmanagement aus?

14.3.3 Historische Entwicklung des Projektmanagements

Geschichtliches

Ursprünge

Das Führungskonzept Projektmanagement wurde in den 1950er-Jahren entwickelt. In dieser Zeit suchte man auch nach geeigneten Organisationsstrukturen und Managementmethoden für die Durchführung komplexer Vorhaben mit mehreren Spezialisten (aus verschiedenen Fachrichtungen und unterschiedlichen organisatorischen Einheiten), die effiziente und wirtschaftliche Lösungen ermöglichten. Dies war vor allem bei der Entwicklung von Waffensystemen und der Realisierung von Raumfahrtprogrammen erforderlich. Projektmanagement fand aber rasch Verbreitung in anderen Gebieten wie Bau, Großanlagenbau usw. (vgl. Zielasek 1999, S. 9–10). Die technische Orientierung dieser Projekte drückte sich in der Anwendung hochentwickelter Planungsmethoden, wie z. B. Netzplantechnik, sowie in der Heranbildung ausgewählter Projektmanagementspezialisten aus (vgl. Kuster et al. 2011).

schnelle Verbreitung

Projektmanagementdenken wurde in der Folge immer mehr auf andere Projekte übertragen. Auch bei EDV-Projekten hat es sich rasch durchgesetzt, und heute werden Projekte zur Durchführung komplexer Veränderungsprozesse in Organisationen, im Umweltschutz, im Marketing usw. eingesetzt. Damit stellen sich auch neue Probleme. Bei Organisationsveränderungen beispielsweise spielt die soziale Dynamik (z. B. Akzeptanz, Widerstände, Konflikte) eine viel größere Rolle als in technischen Projekten.

Weiterentwicklungen

Immer wieder taucht die Forderung nach einer Erweiterung und Ergänzung des traditionellen Projektmanagements auf. Dies drückt sich auch in neuen Bezeichnungen aus wie »prozessorientiertes Projektmanagement« (vgl. Doppler & Lauterburg 2008), »ganzheitliches Projektmanagement« (Pfetzing & Rohde 2011) oder »systemisches Projektmanagement«, wie es in dieser Einführung ins Projektmanagement dargelegt wird. Dahinter stehen erweiterte Auffassungen von Projektmanagement. Projektmanagement-Methoden haben auch Eingang gefunden im Change-Management und in der Organisationsentwicklung. Schon seit mehreren Jahren gibt es internationale Zertifizierungen für Projektmanager. Eine besondere Herausforderung stellt heute das Management der Vielzahl von parallel laufenden Projekten in einer Organisation dar, das sog. Multiprojektmanagement (Lomnitz 2008). Das Gebiet Projektmanagement ist in Bewegung, es entwickelt sich laufend weiter.

Fokus

Bei den folgenden Darstellungen geht es aber nicht um Multiprojektmanagement, sondern um das Management eines einzelnen Projektes.

14.4 Systemisches Projektmanagement

14.4.1 Zusammenhänge im Überblick

Vernetzung

Für ein erfolgreiches Projektmanagement gilt es, eine Vielzahl von Faktoren und Wechselbeziehungen zu beachten. Diese sind zudem noch in ihrer gegenseitigen Vernetzung zu sehen (◘ Abb. 14.2).

Das Spinnennetz ist eine Metapher für gegenseitige Vernetzung. Eine wichtige Erkenntnis daraus ist, dass kein Punkt (z. B. ein Knoten) bewegt

14.4 · Systemisches Projektmanagement

◨ **Abb. 14.2.** Vernetzung

werden kann, ohne dass sich das ganze Netz bewegt. In einem System sind alle anderen Elemente und Beziehungen mitbetroffen, wenn sich an einem Ort etwas bewegt.

Das im Folgenden vorgestellte Modell eines systemischen Projektmanagements (◨ Abb. 14.3) ist ein Versuch, die Komplexität des Projektmanagements auf die wesentlichen Faktoren und Beziehungen zu reduzieren.

Das Modell dient drei Zwecken:
- **als Orientierungshilfe** ist es für die in einem Projekt Beteiligten eine Landkarte, um sich im komplexen Gebiet Projektmanagement zurechtzufinden,
- **als Gestaltungshilfe** zeigt es die wichtigsten Elemente und Beziehungen auf, die in einem Projekt beachtet und vom Projektmanagement gestaltet werden müssen,
- **als Diagnose- oder Analysehilfe** bei Schwierigkeiten in einem Projekt veranschaulicht es, welche Elemente und Beziehungen angeschaut werden sollten. In diesem Sinn dient es als eine Art »Check-up«-Karte.

Im hier dargestellten Modell fließen systemisches Denken, eigene Erfahrungen sowie Forschungsergebnisse bezüglich der Erfolgsfaktoren im Projektmanagement (vgl. Keplinger 1992) ein.

Im Folgenden werden die wichtigsten Zusammenhänge zuerst im Überblick beschrieben. In den weiteren Abschnitten werden sie dann näher betrachtet.

Jedes Projekt ist eingebettet in ein Projektumfeld, das meistens sehr dynamisch und vielgestaltig ist (▶ Abschn. 14.4.2). Der dauernde Einbezug und

Modell eines systemischen Projektmanagements

Zweck des Modells: Orientierungshilfe

Gestaltungshilfe

Diagnose- oder Analysehilfe

Projekt und Projektumfeld

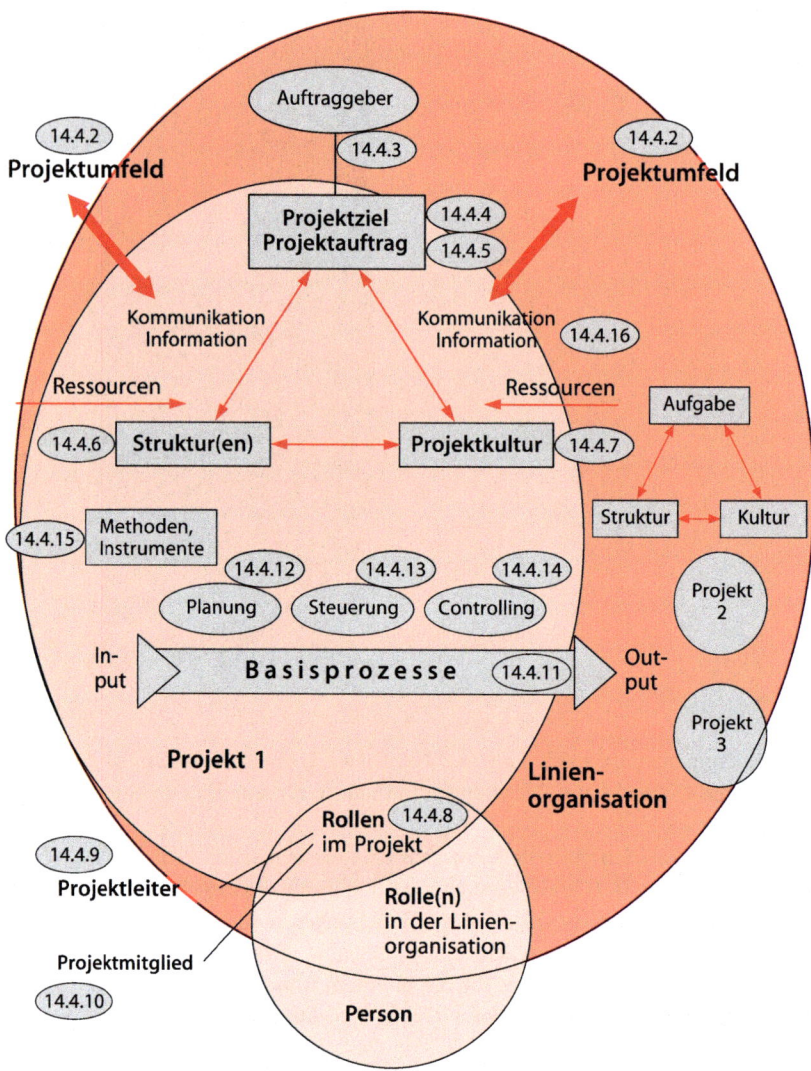

Abb. 14.3. Modell eines systemischen Projektmanagements. Die Ziffern in den Ovalen beziehen sich auf die Abschnitte, in denen zu den Begriffen Näheres ausgeführt wird.

die Gestaltung der Beziehung zum Projektumfeld ist ein Wesenselement eines systemischen Verständnisses von Projektmanagement. Diese Sichtweise hat bei konsequenter Anwendung weitreichende Folgen. Projektmanagement bedeutet nicht nur eine korrekte Abwicklung eines bestimmten Projektes im Rahmen des Projektauftrages. Vielmehr bekommt Projektmanagement durch die (dauernde) Außenorientierung eine strategische Komponente.

Verbindung zum Auftraggeber

Ein wichtiger Partner des Projektleiters ist der Projektauftraggeber. Die Gestaltung der Beziehung zu ihm ist für das Projekt von ausschlaggebender Bedeutung (▶ Abschn. 14.4.3). Die zentrale Verbindung zum Auftraggeber wird über das Projektziel und den Projektauftrag hergestellt (▶ Abschn. 14.4.4 und 14.4.5). Beides sind wichtige Elemente für die Definition eines Projekts. Sie spielen in der Anfangsphase eines Projektes eine bedeutende Rolle. Sie bilden jedoch den Leitfaden während des ganzen Projektes und sind immer wieder zu thematisieren.

Es gehört zum Wesen eines Projektes, dass es ein Vorhaben ist, das nicht von einer Person allein bewältigt werden kann. Um den Projektauftrag zu verwirklichen, müssen geeignete Strukturen geschaffen werden, damit die mit dem Auftrag verbundenen Aufgaben geschickt strukturiert und in eine vernünftige zeitliche Reihenfolge gebracht werden können (▶ Abschn. 14.4.6). Dazu gehören sowohl die Aufbau- als auch die Ablauforganisation des Projektes sowie eine Reihe weiterer Strukturen wie Kommunikations-, Informations-, Entscheidungsstrukturen usw. All dies, verknüpft mit der Führung und Zusammenarbeit in einem Projekt sowie mit einer Anzahl von Prozessen, die man als Basisprozesse bezeichnen kann, dient letzten Endes dem Zweck, einen Input (Ressourcen) in einen definierten Output (Ergebnis, Projektziel, Projektauftrag) zu transformieren (▶ Abschn. 14.4.11). Basisprozesse sind beispielsweise Problemlösungs-, Entscheidungs- und Beschaffungsprozesse, aber auch administrative Prozesse usw. Eine wichtige Rolle spielen dabei Managementprozesse wie Planungs- (▶ Abschn. 14.4.12), Steuerungs- (▶ Abschn. 14.4.13) und Controllingprozesse (▶ Abschn. 14.4.14).

Strukturen in Projekten

Durch die Zusammenarbeit in einem Projekt entsteht im Lauf der Zeit eine Projektkultur (▶ Abschn. 14.4.7). Damit ist die Art und Weise gemeint, wie in einem Projekt Probleme gelöst werden, wie zusammengearbeitet und wie geführt wird, um nur einige Aspekte zu nennen. Der Projektleiter prägt durch seine Werthaltungen und die Art seiner Führung die Projektkultur entscheidend mit. In der Gestaltung der Projektkultur liegen große Chancen für Projektleiter. Insbesondere die Motivation in Projekten hat viel damit zu tun.

Projektkultur

Um ein Projekt durchzuführen, müssen verschiedene Rollen eingenommen werden, wie z. B. die Rollen des Auftraggebers, des Projektleiters, der Projektgruppenmitglieder usw. Um das Verhalten der in einem Projekt beteiligten Personen zu verstehen, hat sich das soziologische Konzept der Rolle als sehr hilfreich erwiesen. Ein Element dabei sind die Erwartungen, die mit jeder Rolle verknüpft sind. Erwartungen spielen in Projekten eine enorm wichtige Rolle. Häufig werden sie zu wenig thematisiert. Das soziologische Rollenkonzept ermöglicht es, diese Zusammenhänge zu verdeutlichen und für das Projektmanagement nutzbar zu machen (▶ Abschn. 14.4.8).

Rollen in Projekten

Zwei spezielle Rollen, die in Abschn. 14.4.9 und 14.4.10 näher beschrieben werden, sind die Schlüsselrolle des Projektleiters und die Rollen der Projektmitglieder. Hier spielt vor allem die Projektgruppe eine zentrale Rolle (▶ Abschn. 14.4.10).

Rollen Projektleiter und -mitglieder

Einer der wichtigsten, wenn nicht der wichtigste Erfolgsfaktor im Projektmanagement überhaupt ist die Kommunikation und Information, sowohl innerhalb des Projektes als auch gegen außen (▶ Abschn. 14.4.16). Ferner müssen wichtige Informationen, der Arbeitsprozess und weitreichende Entscheidungen auch dokumentiert werden (Dokumentation).

Kommunikation und Information, Dokumentation

Um ein Projekt erfolgreich zu führen, benötigt der Projektleiter zweckmäßige Methoden und Instrumente. Aus der großen Vielfalt verschiedenster Methoden und Instrumente hat er oder sie je nach Projekt geeignete und zweckmäßige auszuwählen (▶ Abschn. 14.4.15).

Methoden und Instrumente

Im Folgenden werden die einzelnen Zusammenhänge näher betrachtet.

14.4.2 Projekt und Projektumfeld (◘ Abb. 14.4)

integrierte Betrachtung von Projekten

Projekte sind immer in ein Umfeld eingebettet und dürfen nie isoliert betrachtet werden. Sie stehen in dauernder Wechselwirkung zu dem sie umgebenden Umfeld. Projekte können als offene soziale Systeme verstanden werden, die mit ihrem Umfeld in einem dauernden Austausch stehen (▶ Kap. 2). Diese an sich banale Einsicht hat bei konsequenter Umsetzung auf die Praxis weitreichende Konsequenzen für das Management von Projekten. Sie hat beispielsweise zur Folge, dass eine isolierte Betrachtung oder eine bloße Binnensicht aufgegeben werden muss (◘ Abb. 14.4).

Projektumfeldanalyse

Ein wichtiges Instrument eines systemischen Projektmanagements ist die Projektumfeldanalyse (vgl. Rohm 2010, S. 100–107). Hier werden Beziehungen eines Projektes zum ganzen Umfeld oder zur Umwelt analysiert:

hilfreiche Fragen
- Welche anderen sozialen Systeme sind für das Projekt relevant?
- Wie sind die Beziehungen zu ihnen?
- Wie ist das Projekt in die Gesamtorganisation eingebettet?
- Welche Funktion hat es?
- Sollen mit dem Projekt echte Probleme gelöst werden? Oder hat das Projekt eine Alibifunktion? Soll damit lediglich dokumentiert werden, dass etwas getan wird, aber sich eigentlich nichts verändern soll?
- Soll mit dem Projekt nur etwas analysiert, aber nichts wirklich umgesetzt werden?
- Welchen Einfluss haben Veränderungen in der Umwelt (Linienorganisation, Gesellschaft, Wirtschaft, Markt, Politik usw.) auf ein Projekt?
- ...

Dynamik des Projektumfeldes

Einflüsse aus dem Projektumfeld können für ein Projekt eine existentielle Bedeutung haben, wie z. B. die Verknappung von Ressourcen, politische Entscheide, neue Geschäftsstrategien, veränderte Prioritäten, Konkurrenz von anderen Projekten usw. Als Folge davon können einem Projekt die Ressourcen entzogen werden. Die Beobachtung des Umfeldes und ein gutes Projektmarketing sind für das Projektmanagement von zentraler Bedeutung.

Akzeptanz und Widerstand in Projekten

Zum Wesen von Projekten gehört die Beschäftigung mit Neuartigem. Projekte bewirken oft Veränderungen. Sie lösen bei den Betroffenen Verunsicherungen und Ängste aus. Projekte haben eine psychologische Ebene und sind in einem bestimmten politischen Umfeld oft brisant. Damit ein Projekt

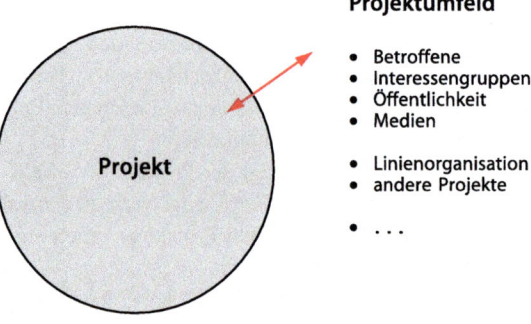

◘ **Abb. 14.4.** Projekt und Projektumfeld

erfolgreich verläuft, muss es akzeptiert werden. Die Problematik der Akzeptanz oder des Widerstandes sind wesentliche Phänomene, die beachtet werden müssen, um ein Projekt erfolgreich zu gestalten. Es gehört zur Aufgabe des Projektleiters, damit möglichst konstruktiv umzugehen. Dabei ist angemessenen Formen der Partizipation Beachtung zu schenken. *angemessene Formen der Partizipation*

Zum Projektumfeld gehört auch die Linienorganisation, in die ein Projekt eingebettet ist. Zwischen Projekten und der Linienorganisation besteht ein prinzipieller Widerspruch. Dieser besteht darin, dass die Projektorganisation als abteilungsübergreifende Organisationsform das zusammenfügt, was in der Linienorganisation getrennt wurde. Dieser Grundkonflikt kann sich beispielsweise darin äußern, dass es Projektgruppenmitgliedern schwer fällt, für das Projekt als Ganzes zu denken und das Abteilungsdenken ein Stück weit aufzugeben. Häufig wird der Grundkonflikt zwischen Projekt- und Linienorganisation bei der Verteilung der knappen Ressource Zeit deutlich sichtbar. Wie viel Zeit wird einem Projektmitglied für die Arbeit in einem Projekt zur Verfügung gestellt? Hier entscheidet sich oft, welche Bedeutung einem Projekt wirklich beigemessen wird. *Widerspruch zwischen Projekt und Linie* *Grundkonflikte*

Ein weiterer Widerspruch besteht darin, dass die Linienorganisation primär dazu da ist, Routinetätigkeiten effizient durchzuführen, während die Projektorganisation geschaffen wird, um neuartige Probleme zu lösen. Während die Linienorganisation auf Dauerhaftigkeit angelegt ist, ist die Projektorganisation auf Zeit angelegt und viel stärker durch Flexibilität gekennzeichnet. Die Linienorganisation steht für »erhalten«, die Projektorganisation für »verändern«. Es ist klar, dass mit diesen Widersprüchen Spannungsfelder zwischen Linien- und Projektorganisation verknüpft sind. *Routine vs. Neuartiges* *»erhalten« vs. »verändern«*

Die Betrachtung und die Einbeziehung der Projektumwelt tragen wesentlich zum Verständnis der Dynamik in Projekten bei und ist für den Projektleiter ein Muss, will er ein Projekt erfolgreich führen. *Einbeziehung der Projektumwelt ist ein Muss*

14.4.3 Beziehung zum Auftraggeber ist essenziell

Die Sicherung ausreichender Unterstützung durch den Auftraggeber ist eine wesentliche Voraussetzung für das Gelingen eines Projektes. Die Zusammenarbeit mit dem Auftraggeber ist sehr wichtig und bildet ein wesentliches Gestaltungsfeld für den Projektleiter. Der Auftraggeber darf in einem Projekt nicht nur zu Beginn in Erscheinung treten. Vielmehr muss er in den Verlauf des Projektes eng eingebunden werden. In welcher Form dies geschehen soll, ist frühzeitig zu vereinbaren, z. B. bei Meilensteinentscheidungen oder bei Projektreviews. Die laufende Verständigung mit dem Auftraggeber ist eine wichtige Voraussetzung für den Projekterfolg. Es ist ratsam, die Beziehung zu ihm nicht einfach auf eine formale Basis zu stellen, sondern darüber hinaus den Kontakt mit dem Auftraggeber zu pflegen, ihn zu informieren und seine Sicht zum Projekt immer wieder in Erfahrung zu bringen. Diese häufige Rückkoppelung erleichtert es sehr, die Unterstützung vom Auftraggeber zu bekommen, wenn sie im Projekt notwendig ist. Der Auftraggeber ist in der Regel ein wichtiger Machtpromotor für ein Projekt (◘ Abb. 14.5). *Bedeutung des Auftraggebers für ein Projekt* *engen Kontakt halten* *Machtpromotor*

Abb. 14.5. Zusammenarbeits- und Beziehungsgestaltung mit dem Auftraggeber

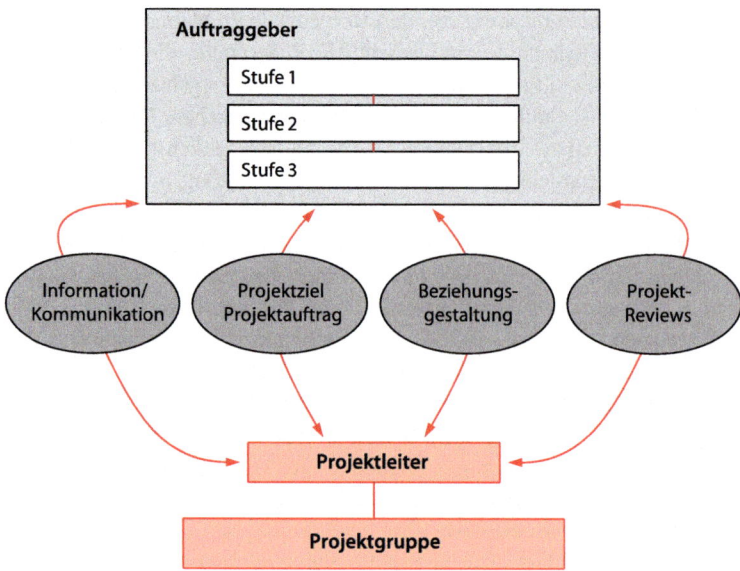

Aufträge werden oft über mehrere Stufen erteilt

In der öffentlichen Verwaltung beispielsweise ist es vielfach nicht leicht zu sagen, wer eigentlich der Auftraggeber ist. Die Auftragserteilung erfolgt oft über mehrere Stufen wie Parlament, Regierungsrat, Abteilungsleiter (Abb. 14.5). Hier sind die Klärung der Aufgaben, Verantwortungen und Kompetenzen von großer Bedeutung. Ein Beispiel, wo dies ausführlich und sorgfältig vorgenommen wurde, ist der Projektleitfaden für Informatikprojekte Hermes (vgl. Hermes 1995). Wenn die Aufträge über mehrere Stufen erteilt werden, ist es umso wichtiger, dass die Rollen der einzelnen Stufen eindeutig geklärt werden.

»innere Hierarchien« bei Projektleitern

Die Beziehung des Projektleiters zum Auftraggeber ist häufig durch ein weiteres Phänomen geprägt. In der Regel ist der Auftraggeber in der Organisation höher gestellt, und der Projektleiter hat gewisse Hemmungen, mit ihm in Kontakt zu treten. »Der Auftraggeber hat doch Wichtigeres zu tun, als sich mit meinem Projekt zu befassen«, »Er hat doch keine Zeit für mein Projekt«, sind immer wieder gehörte Aussagen. Meistens hat dies mit dem Hierarchieproblem zu tun. Hansel und Lomnitz (2003, S. 102) sprechen in diesem Zusammenhang aber nicht nur von äußeren Hierarchien, sondern auch von »inneren Hierarchien«, die bei Projektleitern anzutreffen sind. Darunter verstehen sie innere Grenzen und Blockaden gegenüber Personen, die Macht und Autorität besitzen. Diese engen Projektleiter ein und setzen ihrem Handlungsraum Schranken. Für Projekte sind solche Verhaltensweisen sehr ungünstig. Eine offene und aktive Gestaltung von Beziehung und Zusammenarbeit mit dem Auftraggeber ist in einem Projekt äußerst wichtig.

Bedeutung des Stellenwertes eines Projektes in der Gesamtorganisation

Für ein Projekt ist entscheidend, welchen Stellenwert es in der gesamten Organisation hat. Wer steht hinter dem Projekt, wie viel Einfluss oder Macht haben diese Personen? Gibt es einen Machtpromotor für das Projekt? Wie ernst es dem Auftraggeber mit einem Projektauftrag ist, zeigt sich darin, ob überhaupt und welche Ressourcen zur Verfügung gestellt werden.

14.4.4 Klar vereinbarte Projektziele

Das Projektziel stellt zusammen mit dem Projektauftrag das Bindeglied zwischen dem Auftraggeber und den Beauftragten (Projektleitung, -gruppe) dar (◘ Abb. 14.6).

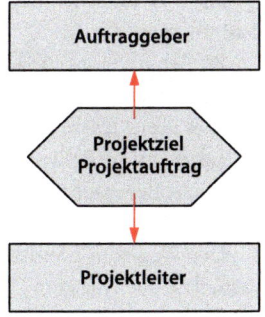

◘ **Abb. 14.6.** Projektziel und -auftrag als Bindeglied zwischen Projektleiter und Auftraggeber

Am Anfang eines Projektes steht in der Regel eine Projektidee oder eine Absicht. Diese ist meistens noch nicht sehr konkret. Die Idee muss sich im Lauf der Zeit in einem Prozess der Auseinandersetzung in verbindlichen Zielen konkretisieren. Ziele zu formulieren bedeutet eine Auseinandersetzung mit der Zukunft, und das ist erfahrungsgemäß anforderungsreich und herausfordernd (◘ Abb. 14.7).

Projektidee steht am Anfang

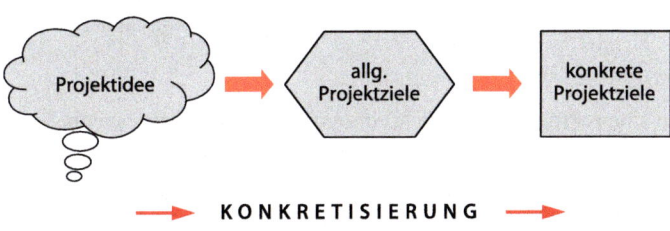

◘ **Abb. 14.7.** Von der Projektidee zu verbindlichen Zielen

> Im Projektziel wird im Wesentlichen ausgedrückt, was das Ergebnis des Projektes oder der Endzustand sein soll. Ein Ziel ist ein gedanklich vorweggenommener zukünftiger Zustand, der bewusst ausgewählt und gewünscht wird und der durch aktives Handeln erreicht werden will.

Projektziel: das Ergebnis eines Projektes

Im Rahmen von Projekten kann man folgende Ziele unterscheiden: Ergebnisziele (Sachziele)
- **Sache**: Was soll erreicht werden?
- **Kosten**: Was darf es kosten?

Ergebnisziele

- Ablaufziele (Prozessziele) (= Weg zum Ziel)
- **Termin**: Bis wann soll es erreicht werden? (End-, Zwischentermine, Meilensteine).
- **Zusammenarbeit**: Wie das Projekt verlaufen soll.

Ablaufziele

Zielformulierung — Ziele sollten möglichst operational und überprüfbar formuliert werden. Sie sollten auch möglichst klar, konkret und widerspruchsfrei sein. Zweckmäßige Ziele zu formulieren ist oft schwierig und muss gelernt werden. Es ist vielfach einfacher zu sagen, was man nicht will, als klar zu sagen, was man will. Mit Zielformulierungen legt man sich auch fest. Dieser Prozess beinhaltet anspruchsvolle Entscheidungsfindungen. Ziele haben unterschiedliche Konkretisierungsgrade.

Zielfindung als Prozess — Zu Beginn eines Projektes werden die Ziele in der Regel sehr allgemein formuliert. Oft ist es noch nicht möglich, Ziele konkret zu formulieren. Im Lauf des Projektes werden sie immer greifbarer. Es ist wichtig, die Zielfindung als Prozess zu verstehen. Sie ist häufig ein wichtiger Teil des Projektes. Dabei zeigt sich oft, gerade im politischen Umfeld, dass bei der Konkretisierung von Zielsetzungen Interessengegensätze zutage treten.

Weg zum Ziel — Der Weg zum Ziel ist ebenso wichtig wie das Ergebnisziel. Wichtig ist auch, dass der Weg zum Ziel mit dem Ergebnisziel übereinstimmt.

> **Beispiel**
> **Reorganisationsprozesse**
> In vielen Reorganisationsprojekten soll am Schluss der unternehmerisch denkende, selbständige und selbstverantwortliche Mitarbeiter »herauskommen«. Der Reorganisationsprozess verläuft aber so, dass den Mitarbeitern fertige Lösungen mit Hilfe einer Experten- und Machtstrategie übergestülpt werden und die Mitarbeiter zum Ganzen gar nichts zu sagen haben. Dieser Widerspruch dürfte dann in der Folge auch mit noch so gut gemeinten Förderungs- und Motivationsmaßnahmen kaum zu lösen sein.

Ziele setzen Energien frei — In einem Projekt haben Ziele eine eminent psychologische Funktion. Bei einer motivierenden und gemeinsamen Zielsetzung bündeln sie die Energien in einer Projektgruppe. Ziele geben eine gemeinsame Orientierung und multiplizieren sozusagen die Kräfte in einer Gruppe. Aber es kann auch das Gegenteil eintreten: Bei Uneinigkeit in der Zielsetzung richten sich die Kräfte in der Gruppe gegeneinander, es entstehen Konflikte.

Integration von konkurrierenden Zielen — Eine große Herausforderung des Projektmanagements liegt in der Integration von konkurrierenden Zielgrößen. Sie müssen aufeinander abgestimmt werden.

Die formulierten Ziele sind ein wesentlicher Bestandteil des Projektauftrags. (Zum Thema Ziele und Zielformulierung s. auch Kuster et al. 2006 und ▶ Abschn. 13.2).

14.4.5 Projektauftrag als Kernelement des Projektmanagements

Projektauftrag — Im Projektauftrag werden die Vorstellungen und Erwartungen des Auftraggebers definiert. Der Projektauftrag ist eine Konkretisierung des Projektzieles. Das große Thema heißt hier »Klarheit schaffen und Grenzen ziehen«. Was will der Auftraggeber, was will er nicht? Ein eindeutiger und klarer Pro-

14.4 · Systemisches Projektmanagement

jektauftrag ist eine der wichtigsten Voraussetzungen für ein erfolgreiches Projekt. Psychologisch gesehen hat ein klarer Auftrag eine integrative Wirkung für die Projektgruppe.

Es empfiehlt sich, einen Projektauftrag schriftlich zu formulieren, das zwingt zu Klarheit und schafft Verbindlichkeit. Der Projektauftrag sollte aufgrund eines kommunikativen Prozesses zwischen Auftraggeber und Projektgruppe, vertreten durch den Projektleiter, zustande kommen. Um den kommunikativen Charakter der Entstehung eines Projektauftrags adäquater zum Ausdruck zu bringen, würde man besser von einer Projektvereinbarung (als Ausdruck eines gemeinsamen Auftragsverständnisses) statt von einem Projektauftrag sprechen.

Der Projektauftrag sollte die nachfolgenden Punkte beinhalten. Dazu gehören auch die ganzen Rahmenbedingungen.

schriftliche Formulierung des Projektauftrags

Projektvereinbarung als kommunikativer Prozess

Checkliste Projektauftrag
- Projektbezeichnung
- Projektziel
- Aufbauorganisation des Projektes: Projektleiter, Projektmitarbeiter, Entscheidungsgremium
- In was für ein Umfeld ist das Projekt eingebettet?
- Was gehört zum Projekt, was nicht (Projektabgrenzung)?
- Wann ist das Projekt erfolgreich (Erfolgskriterien)? Was darf nicht herauskommen (Restriktionen)?
- Welche Ressourcen stehen zur Verfügung (Zeit, Geld, Energie, Wissen)?
- Wie soll das Projekt grob ablaufen (Vorgehen)?
- Bis wann muss die nächste Phase beendet sein (Termine, Zwischenziele, Meilensteine)?
- Wer ist wann und wie über den Projektfortschritt zu informieren (Projektinformation)?
- Welche Dokumente sind zu erstellen (Projektdokumentation)? usw.

Je nach Projekt sind weitergehende Fragen von Bedeutung:
- Wer betrachtet das Projekt als »seine Sache«?
- Wer ist alles am Erfolg des Projektes interessiert und bereit, sich persönlich dafür zu engagieren?
- Wer hat welchen Einfluss auf das Projekt?
- Was gibt es insgesamt für unterstützende, was für hindernde Einflüsse und Faktoren?
- Welche Konsequenzen ergeben sich daraus für die Umsetzbarkeit von Lösungsvorschlägen?
- Wer muss bei welchen Fragen aktiv einbezogen werden?
- Fragen zur Projektumfeldanalyse usw.

Checkliste: Projektauftrag

weiter reichende Fragen zum Projektauftrag

Für weitere, hilfreiche Fragestellungen in der Anfangsphase von Projekten wird auf Doppler und Lauterburg (2008) verwiesen.

Es ist die Aufgabe der Projektleitung, dafür zu sorgen, dass in Bezug auf den Projektauftrag größtmögliche Klarheit herrscht, insbesondere dann, wenn dem Auftraggeber die Zeit fehlt, einen klaren Projektauftrag zu formulieren.

Klarheit des Projektauftrages

Klärung des Projektauftrags als Prozess

Ein oft festgestellter Mangel im Projektmanagement ist die fehlende Klarheit des Projektziels und des Projektauftrags. Selbstverständlich ist eine möglichst große Klarheit anzustreben. Aber oft ist diese zu Beginn noch gar nicht möglich, sie kann sich vielmehr erst im Lauf des Projektes herausbilden. Wichtig ist daher, die Arbeit am Projektauftrag nicht einfach als eine einmalige Angelegenheit zu Beginn eines Projektes zu betrachten, sondern als einen Prozess, an dem der Auftraggeber und die Projektgruppe im Lauf des Projektes immer wieder beteiligt sind.

Auftragsverständnis

Ein Projektauftrag ist nicht etwas Statisches, sondern etwas Dynamisches und unterliegt Interpretationen. Dies ist vor allem bei offenen Aufgabenstellungen der Fall und etwas weniger bei geschlossenen. Ein sehr nützlicher Begriff in diesem Zusammenhang ist das Auftragsverständnis. Ein gemeinsames Auftragsverständnis zu Beginn eines Projektes und ein schriftlich formulierter Projektauftrag bedeuten noch nicht, dass der Auftrag von allen Beteiligten im Verlauf des Projektes immer gleich verstanden wird. Ein Auftrag wird interpretiert, die Interpretationen sind interessengeleitet. Ein gemeinsames Projektauftragsverständnis hat man nicht ein für allemal. Es kann sich im Lauf der Projektbearbeitung ändern. Oft geschieht dies schleichend und fast unbemerkt. Wird das Auftragsverständnis nicht laufend wieder zum Thema, können frustrierende Erfahrungen die Folge sein, indem das Ergebnis eines Projektes nicht mehr mit den Erwartungen des Auftraggebers übereinstimmt. Verhindert werden kann dies, indem Zwischenziele gesetzt und Zwischenergebnisse präsentiert und besprochen werden.

14.4.6 Geeignete Strukturen sind lebenswichtig für ein Projekt

Strukturierung von Aufgaben

Zum Strukturbegriff

Der Strukturbegriff wird hier sehr weit gefasst. Er beinhaltet einerseits die Strukturierung von Aufgaben oder Tätigkeiten. Man spricht hier von der Aufbauorganisation, es handelt sich um eine funktionale Gliederung.

Strukturierung von Tätigkeiten in der Zeit

Andererseits umfasst der Begriff auch die Strukturierung von Tätigkeiten in ihrem zeitlichen Ablauf. Hier spricht man von Ablauforganisation oder moderner von Prozessen (= Abläufe) (▶ Kap. 2, ▶ Kap. 10).

Projektorganisation

Projektaufbauorganisation

Bei der Projektorganisation geht es zunächst um zwei Fragen:
- Wie ist ein Projekt in die bestehende Organisation eingebettet?
- Wie ist es selbst organisiert?

Einbettung des Projektes in die bestehende Organisation

Einbettung eines Projektes in eine bestehende Organisation

Für die Einbettung eines Projektes in eine bestehende Organisation gibt es verschiedene Grundformen:
- reine Projektorganisation,
- Projektkoordination,
- Matrixprojektorganisation.

Diese Organisationstypen werden in der Literatur immer wieder beschrieben und sind fast in jedem Buch über Projektmanagement zu finden (vgl. Kuster et al. 2011; Zielasek 1999, S. 13–26; Pfetzing & Rohde 2011, S. 61–66) Auf eine Beschreibung dieser Formen wird deshalb hier verzichtet (▶ Kap. 10).

Die Matrixprojektorganisation ist die am häufigsten gewählte Form. Dabei ist der Mitarbeiter für einen Teil seiner Arbeitszeit der Projektleitung unterstellt. Den anderen Teil der Arbeitszeit ist er dem Linienvorgesetzten unterstellt. Die Arbeitsanteile, in denen er dem Projekt zur Verfügung steht, können von einem kleinen Pensum bis zu 100% variieren.

Matrixprojektorganisation

Die Wahl der Organisationsform hängt von einer Vielzahl von Faktoren wie Bedeutung, Umfang, Innovationsgrad, Komplexität, Zeitdruck, Dauer usw. des Projektes ab. In der Praxis werden oft auch Mischformen gewählt.

Wahl der Organisationsform

Organisation innerhalb des Projektes

Innerhalb des Projektes geht es um die Frage, wie die gestellte Aufgabe gelöst, wie sie sinnvoll aufgeteilt und mit welcher Struktur sie effizient angegangen werden kann. Es stellen sich die Fragen nach der
- Projektaufbauorganisation und
- Projektablauforganisation.

Organisation innerhalb eines Projektes

Beide Fragen sind sehr projektspezifisch zu lösen. Generelle Lösungen gibt es hier nicht.

Einige typische Projektorgane sind: Auftraggeber, Steuerungsgremium oder Projektausschuss, Projektleitung, Projektgruppe, eventuell Kerngruppe. Ein Beispiel einer Projektorganisation zeigt ▯ Abb. 14.8. Hier sind Vertreter verschiedener Interessen- und Betroffenengruppen in der Projektgruppe repräsentiert. Ein Teil der Projektgruppe bildet die Kerngruppe.

typische Projektorgane

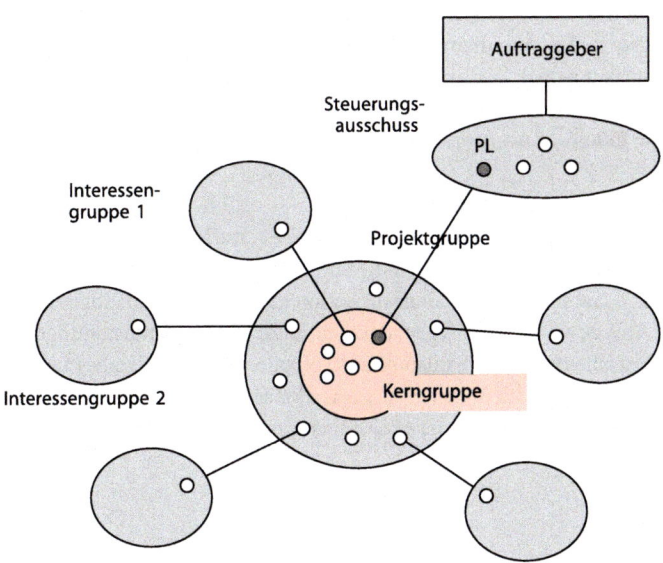

▯ **Abb. 14.8.** Beispiel einer Projektorganisation

Abb. 14.9. Gliederung eines Projektes in Phasen

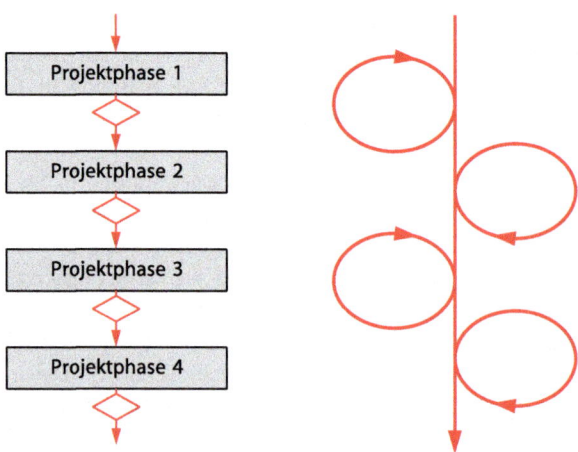

Aufgaben, Verantwortungen, Kompetenzen

Aufgaben, Verantwortungen und Kompetenzen müssen festgelegt werden:

Im Rahmen der Projektorganisation sind die Aufgaben, Verantwortungen und Kompetenzen der einzelnen Projektorgane zu definieren und zu vereinbaren. Diese werden häufig in sogenannten Pflichtenheften festgehalten. Für Projekte vom Typ Wiederholprojekte werden diese oft in einem Projekthandbuch festgehalten.

Projektablauforganisation

Phasenmodelle

Je nach Projekt gibt es für die Ablauforganisation unterschiedlichste Phasenmodelle (▶ Abschn. 14.4.12), die alle von der Gliederung eines Projektes auf der Zeitachse in verschiedene Phasen oder Vorgehensschritte ausgehen. Die Festlegung von Anfang und Ende sowie wichtiger Zwischenstationen (Meilensteine) ist eine unerlässliche Aufgabe der Projektplanung.

Die Darstellungen vieler Phasenmodelle (◘ Abb. 14.9) erwecken den Eindruck, dass in einem Projekt alles linear und geradlinig abläuft. Dies entspricht jedoch keineswegs der Realität. Ein Projekt verläuft oft in vielfältigen Schlaufen, vor allem bei offenen Aufgabenstellungen. Die Darstellung rechts in ◘ Abb. 14.9 entspricht so gesehen mehr der Realität.

Weitere Strukturen

weitere Strukturen in Projekten

Vor allem bei größeren Projekten gibt es eine Reihe weiterer Strukturen, wie z. B. Kommunikationsstrukturen, Informationsstrukturen, Entscheidungsstrukturen usw. Für Kommunikation und Information gibt es beispielsweise Anlässe wie regelmäßige Sitzungen, Informationsveranstaltungen usw. Auch Entscheidungsmechanismen sind oft geregelt. Um dies alles zu dokumentieren, werden die üblichen Organisationsmittel eingesetzt wie Sitzungspläne, Funktionendiagramme, Ablaufdiagramme usw. (▶ Abschn. 14.4.11–14.4.14).

14.4.7 Projektkultur – Stiefkind des Projektmanagements

Durch die Zusammenarbeit in einem Projekt entwickelt sich mit der Zeit eine Projektkultur. Damit ist die Art und Weise gemeint, wie die Projektmitglieder Probleme lösen, wie sie zusammenarbeiten, wie sie miteinander umgehen und kommunizieren, welche Werte im Projekt wichtig sind usw. Die Projektkultur hängt von den Organisationskulturen ab, aus denen die Projektmitglieder kommen (▶ Kap. 2). Sie bringen ihre Denk- und Verhaltensmuster aus ihrer Linienorganisation mit. In einem Projekt entwickelt sich mit der Zeit eine dem Projekt eigene Kultur, die sich bei genauem Hinschauen von den Organisationskulturen der Projektmitglieder unterscheidet.

Projektkultur

Häufig entsteht ein Spannungsfeld zur bestehenden Organisationskultur. Die Arbeit in Projekten bedeutet auch eine bestimmte Art von Kooperation und hat damit ein partizipatives Element, das im Widerspruch zur bestehenden Organisationskultur stehen kann.

Projektkultur und Linienorganisationskultur

Sehr deutlich wird die Notwendigkeit einer gemeinsamen Art der Zusammenarbeit bei länderübergreifenden Projekten. Hier spielen neben unterschiedlichen Firmenkulturen auch verschiedene Landeskulturen mit hinein. Man kann z. B. feststellen, dass die gleichen Probleme an einem anderen Ort ganz anders angegangen werden.

Der Erfolg von Projektarbeit hängt in hohem Maße von der Organisationskultur der Linienorganisation ab. Hansel und Lomnitz (2003, S. 101–102) nennen folgende organisationskulturellen Voraussetzungen vonseiten der Linienorganisation:

Rolle der Organisationskultur der Linienorganisation

- Man beharrt nicht auf »hierarchischen Rechten«, sondern die Mitglieder der Organisation verhalten sich sachbezogen und kooperativ.
- Die Bedeutung von Projektarbeit ist in diesen Organisationen transparent.
- Die Bedeutung von Projektarbeit wird in diesen Organisationen verstanden und akzeptiert. Projektarbeit wird von den Führungskräften nicht als Abbau ihrer Autorität erlebt.
- Abteilungsübergreifendes, ganzheitliches Denken und Handeln wird unterstützt und belohnt, »Tellerranddenken« ist verpönt.
- Man sucht gemeinsam nach fairen Kompromissen bei der Verteilung von Ressourcen. Die Zuteilung von Mitarbeiterinnen und Mitarbeitern aus den Fachabteilungen in das Projektteam wird nach sach- und nicht nach machtbezogenen Aspekten geregelt.
- Bestimmte Spielregeln – vor allem die Einhaltung von Zusagen – haben hohe Priorität: »Daran halten wir uns, denn wir wissen sehr genau, daß es ohne Zuverlässigkeit nicht geht.«
- Auch Führungskräfte handeln nach den vereinbarten bzw. entstandenen Regeln. Es herrscht ein eher partnerschaftliches Führungsverständnis: »Wir können und wollen nicht von »oben herab« mit den Mitarbeiterinnen und Mitarbeitern arbeiten. Dies ist einmal schon sachlich unmöglich, weil wir nicht die Expertinnen und Experten sind, zum andern widerspricht es unserer Vorstellung von Führung, denn Eigeninitiative der Mitarbeiterinnen und Mitarbeiter setzt von uns entsprechendes Verhalten voraus.

günstige Voraussetzungen der Linienorganisationskultur für Projektarbeit

In Projekten bildet sich die Projektkultur auch durch die Auseinandersetzung mit Fragen heraus wie: Wie wird mit Schwierigkeiten, wie mit Konflikten (z. B. innerhalb der Projektgruppe, mit dem Auftraggeber, mit Betroffenen) umgegangen? Wie wird mit Macht umgegangen? Wie werden Probleme gesehen und gelöst?

Organisationskultur als komplexes Phänomen

Das Phänomen der Kultur in Organisationen ist sehr komplex. Es wurde vor allem vom amerikanischen Organisationspsychologen Schein (1995) eingehend untersucht und dargestellt. In Projekten scheint das Phänomen Kultur bisher noch wenig untersucht worden zu sein (▶ Kap. 2).

Projektkultur als Gestaltungsfeld für Projektleiter

Die Projektkultur ist auf jeden Fall ein wichtiges Gestaltungsfeld für Projektleiter.

14.4.8 Rollen und ihre Dynamik in Projekten

Um die Tätigkeiten von Menschen in Organisationen zu charakterisieren und zu beschreiben, unterscheidet man verschiedene Aspekte der Tätigkeiten. In der Organisationslehre gebräuchlich sind die Aspekte Position oder Stelle und Funktion.

Position, Stelle, Funktion

Position, Stelle: ein Bündel von Aufgaben mit einem bestimmten Stellenwert (Position) innerhalb einer Organisation, verbunden mit einem bestimmten Status und Prestige.

Funktion: ein Bündel von Aufgaben ohne den Aspekt Stellenwert im Gefüge der Organisation.

das Was und Wie von Tätigkeiten

Die Begriffe Position/Stelle und Funktion definieren sehr gut das **Was** von Tätigkeiten sowie auch die damit verbundenen Rechte und Pflichten. Sie vernachlässigen aber bis zu einem gewissen Grad das **Wie**, nämlich dass Menschen in Organisationen ihre Aufgaben, Rechte und Pflichten auch interpretieren. Ferner ist mit Positionen und Funktionen immer auch eine Reihe von Erwartungen verbunden, die in einer Stellen- oder Funktionsbeschreibung nicht zum Ausdruck kommen. Um diese Aspekte einzubeziehen, eignet sich das in der Soziologie entwickelte **Rollenkonzept** (▶ Kap. 3) ausgezeichnet. Es ist sehr hilfreich, um das Verhalten von Menschen in einem sozialen Gefüge zu verstehen.

Rollenkonzept

Nutzen des Rollenkonzepts

Das Rollenkonzept ist auch geeignet, um die verschiedenen Funktionen in Projekten zu verstehen. Für das Projektmanagement liegt im Rollenkonzept folgender Nutzen:

- Es ist eine Analyse- und Aufbauhilfe für die Gestaltung der eigenen Rolle als Projektleiter.
- Es ist eine Grundlage für die Thematisierung von Erwartungen in Projekten.
- Das Denken in Rollen ist in Organisationen fruchtbarer als das Denken in Personen.
- Es ist ein übergreifendes Konzept, das eine wichtige Grundlage für ein systemisches Verständnis von Projektmanagement bildet.

14.4 · Systemisches Projektmanagement

Das Rollenkonzept ist, obwohl die darin verwendeten Begriffe sehr vertraut klingen, anspruchsvoll. Im Folgenden werden stichwortartig einige Grundgedanken dargestellt.

Wir alle kennen im täglichen Leben Rollen: die Rolle der Mutter, des Vaters usw. Mit diesen Rollen sind bestimmte Verhaltenserwartungen verbunden, z. B. dass die Eltern ihre Erziehungsaufgabe wahrnehmen, dass sie für ihren Nachwuchs sorgen usw.

Auch mit der Projektleiterrolle sind bestimmte Verhaltenserwartungen verbunden, beispielsweise durch den Auftraggeber. Zum Teil gehen sie aus der Aufgabenbeschreibung oder dem Pflichtenheft hervor, z. B. dass der Projektleiter dafür zuständig ist, das Projekt kosten- und termingerecht abzuwickeln. Darüber hinaus könnte eine Erwartung des Auftraggebers heißen: »Ich möchte mit dem Projekt möglichst wenig zu tun haben, ich bin nur am Resultat interessiert.« Andererseits hat auch ein Projektleiter Erwartungen an seine oder ihre Rolle, z. B. möglichst viel Neues dazulernen zu können, neue Erfahrungen machen zu können, einen möglichst engen Kontakt zum Auftraggeber zu haben.

Eine Rolle wird gestaltet, dabei gibt es einen Gestaltungsspielraum. Zum einen ist der Mensch mit seiner Subjektivität entscheidend, zum anderen müssen die Aufgaben, Rechte und Pflichten eines Rollenträgers interpretiert werden. Eine Rolle kann auch nicht isoliert von anderen Rollen gesehen werden: Rollengestaltung geschieht immer in Interaktion mit anderen. Die Rolle als Projektleiter z. B. kann nur im Zusammenspiel mit den anderen Projektbeteiligten gestaltet werden. Eine Rolle ist also etwas sehr Dynamisches.

Die Rollengestaltung hängt zudem stark davon ab, welche Spielräume und Begrenzungen in einer Organisation von den Aufgaben, Strukturen und der Organisationskultur her gegeben sind. Spielräume und Begrenzungen sind aber auch bedingt durch die Fähigkeiten, die Risikofreude, Experimentierfreudigkeit und Energie des Rollenträgers, jedoch ebenso durch seine inneren Hemmnisse. Das Konzept der Rolle berücksichtigt die Anteile der Organisation und der betreffenden Person in hervorragender Weise; die Rolle ist das Berührungsfeld zwischen Organisation und Person.

> **Definition**
> **Rolle kann also zusammenfassend verstanden werden als**
> 1. ein Bündel von Erwartungen an das Verhalten einer Person und ihr tatsächliches Verhalten;
> 2. Interpretation von Aufgaben, Rechten und Pflichten. Damit verbunden sind Spielräume und Begrenzungen, die von der Organisation und der eigenen Person her kommen;
> 3. dynamisches Phänomen.

Aufgrund der unterschiedlichen und oft widersprüchlichen Erwartungen an eine Rolle kann es auch zu Konflikten zwischen verschiedenen Erwartungen kommen. Man spricht dann von Intrarollenkonflikten. Ein Beispiel: Der Pro-

---

Marginalien:
- trotz vertrauter Begriffe ist das Rollenkonzept anspruchsvoll
- Rollen im täglichen Leben
- Interpretation von Aufgaben, Rechten und Pflichten
- Rollen Spielräume Begrenzungen
- Definition: Rolle
- Intrarollenkonflikte

jektleiter ist mit widersprüchlichen Erwartungen von verschiedenen Interessengruppen konfrontiert.

Interrollenkonflikte

Widersprüche zwischen verschiedenen Rollen, die eine Person einnimmt, bezeichnet man als Interrollenkonflikte (Konflikte zwischen Rollen). Ein Beispiel: Die Rolle als Mutter und berufstätige Frau beinhaltet für Frauen oft Konfliktpotenzial.

14.4.9 Schlüsselrolle des Projektleiters

Rollenverständnis des Projektleiters

Rollen werden stark von den Aufgaben her definiert, die eine Person hat. Wie diese Aufgaben allerdings definiert werden, hängt stark mit dem Verständnis zusammen, das man von einer bestimmten Rolle hat. Versteht man z. B. die Rolle eines Projektleiters wirklich als Führungsrolle oder versteht man sie lediglich als die Rolle eines Administrators?

Es gibt unzählige Möglichkeiten, Aufgaben zu definieren. Häufig sind die Aufgabendefinitionen im sogenannten Pflichtenheft festgehalten.

Aufgaben des Projektleiters

Im Folgenden werden einige grundsätzliche Aufgaben des Projektleiters aufgeführt, die zu einem systemischen Verständnis der Rolle Projektleitung gehören:

- Beobachtung des Projektumfeldes,
- Gestaltung der Beziehungen zum Projektumfeld (u. a. zum Auftraggeber),
- Gestaltung der Kommunikation innerhalb des Projektteams,
- Information der Projektmitglieder und des Projektumfeldes,
- Projekt zielgerichtet voranbringen,
- immer wieder Klarheit schaffen,
- Grenzen ziehen,
- Widersprüche aufzeigen.

Der Projektleiter ist der Schlüsselfaktor für erfolgreiches Projektmanagement. Entsprechend kommen der Auswahl des Projektleiters und seinen Fähigkeiten entscheidende Bedeutung zu.

Fähigkeiten des Projektleiters
Führungsfähigkeiten

Die Frage stellt sich, welche Fähigkeiten ein Projektleiter haben muss?
In erster Linie sind dies **Führungsfähigkeiten**:

- kommunizieren,
- koordinieren,
- organisieren,
- überzeugen,
- motivieren,
- sich durchsetzen.

methodische Fähigkeiten

Ferner muss der Projektleiter auch über ausreichende **methodische Fähigkeiten** verfügen, wie

- Probleme analysieren und strukturieren,
- Problemlösungsprozesse moderieren,
- Gespräche führen,
- Sitzungen zielgerichtet leiten.

14.4 · Systemisches Projektmanagement

Eine wichtige Rolle spielen auch die **sozialen Kompetenzen** wie
- Umgang mit gegensätzlichen Meinungen,
- Umgang mit Konflikten,
- Umgang mit Kritik,
- Feedback geben.

Sozialkompetenz

Da Projektmanagement immer auch Konfliktmanagement ist, ist der konstruktive Umgang mit Konflikten durch offene, direkte Gespräche sehr wichtig. Vor Konflikten darf sich ein Projektleiter nicht scheuen. Der Führungsstil in Projekten hat im Allgemeinen einen kooperativen Charakter im Sinne von Teamführung. Ein guter Projektleiter muss auch unbequem sein können. Wichtig dabei sind ausreichende Kompetenzen (Befugnisse, Fähigkeiten).

Umgang mit Konflikten

Wie viel **Fachkompetenz** sollte ein Projektleiter haben? Diese Frage lässt sich nicht generell beantworten. Das Ausmaß der Fachkompetenz hängt sehr vom Projekt ab und von der Zusammensetzung der Projektgruppe. Ein EDV-Projekt ohne fundierte Informatikkenntnisse zu leiten, dürfte kaum möglich sein. Jedoch ist es denkbar, dass jemand ein Messeprojekt leitet, ohne viel vom Messethema zu verstehen. Es ist sicher von Vorteil, wenn der Projektleiter etwas von der Sache versteht, schon aus Gründen der Akzeptanz durch die Projektgruppenmitglieder. Dennoch sind für die Leitung eines Projektes die führungsmäßigen, methodischen und sozialen Kompetenzen bedeutsamer als die fachlichen.

Fachkompetenz

Je nach Situation nimmt ein Projektleiter ganz unterschiedliche Rollen ein: Moderator, Experte, Psychologe, Konfliktlöser, Vermittler, Antreiber, Koordinator, Berater, Sündenbock usw.

situative Rollen

14.4.10 Rollen »Projektmitglieder« und die Projektgruppe

Projektmitglieder nehmen in Projekten je nach Aufgabe und Fähigkeiten ganz unterschiedliche Rollen ein. Meistens wird bei einem Projekt eine Projektgruppe ins Leben gerufen. Gute Projektgruppen zeichnen sich durch ein hohes Maß an Flexibilität aus. Das bedeutet in der Regel auch Rollenflexibilität, die sich darin äußert, dass Projektmitglieder in einer Gruppe verschiedene Rollen wahrnehmen. Dies zu erreichen, ist ein wichtiges Prozessziel eines Projektleiters.

Rollen der »Projektmitglieder«

Eine Projektgruppe setzt sich aus Fachkräften und Vertretern von Gruppierungen zusammen, die vom Projekt betroffen sind. Je nach Komplexität der Problemstellung wird das Projekt von einer einzigen Projektgruppe oder in mehreren Gruppen unter der Regie einer Steuerungsgruppe bearbeitet.

Projektgruppe

Wie soll eine Projektgruppe zusammengesetzt werden, damit die größten Chancen für eine optimale Zusammenarbeit bestehen? Diese Frage wird sehr häufig gestellt. Verbunden damit ist die Erwartung, dass es unter Berücksichtigung von Persönlichkeitsmerkmalen der Mitglieder und ihrer fachlichen Kompetenz eine bestmögliche Zusammensetzung gibt, die eine optimale Leistungsfähigkeit und Gruppendynamik erreicht. Man wünscht sich eine konkrete Vorhersage darüber. Die Dynamik in Projekten und von Gruppen

Zusammensetzung der Projektgruppe

ist aber zu komplex, als dass dies möglich wäre. Zudem zwingt die Praxis meistens gewisse Zusammensetzungen auf. Oft müssen bestimmte Abteilungen, Gruppierungen usw. in Projektgruppen vertreten sein, und die Verfügbarkeit von Leuten ist meistens recht eingeschränkt. Eine Forderung an Projektmitglieder ist allerdings zwingend: Sie müssen teamfähig sein. Sonst wird in einem Projekt zu viel Energie für gruppendynamische Probleme verbraucht, und es bleibt zu wenig Energie für die Bearbeitung der eigentlichen Aufgabe.

Projektmitglieder müssen teamfähig sein

Wichtig ist, dass in einer Projektgruppe genügend Fachkompetenz vorhanden ist, verschiedene Rollen wahrgenommen werden und die Mitglieder genügend motiviert sind. Mitglieder, die zu einem Projekt »verdonnert« wurden, sind in den seltensten Fällen auch motivierte Mitglieder. Hier sollte wenn immer möglich das Prinzip der Freiwilligkeit gelten.

Fachkompetenz in einer Projektgruppe

In jedem Projekt stellt sich das Problem der Arbeitsfähigkeit von Projektgruppen. Eine Projektgruppe ist ein dynamisches soziales Gebilde, in dem die Gruppendynamik jederzeit wirksam ist (▶ Kap. 8). Um effizient arbeiten zu können, muss man sich, wie in jeder Gruppe, neben der Arbeit an den Aufgaben auch der Optimierung der Zusammenarbeit (Prozessebene) widmen. Dazu steht dem Projektleiter eine Reihe von Instrumenten zur Verfügung, wie z. B. das Feedback. Es kann auch zweckmäßig sein, ein Projekt von einer externen Projektbegleitung betreuen zu lassen. Dies kann in Form von Beratung in methodischen und prozesshaften Fragen erfolgen.

Arbeitsfähigkeit von Projektgruppen

Bei Projektgruppen stellt sich oft auch die Frage nach der optimalen Größe. Als besonders effizient erweisen sich immer wieder Gruppen mit sechs bis acht Personen. Ist die Gruppe zu klein, besteht die Gefahr einer zu geringen Ideenvielfalt, ist sie zu groß, benötigt sie häufig zuviel Energie für die Steuerung der internen Gruppendynamik. Doppler und Lauterburg vertreten die Ansicht, dass Zusammensetzung und Größe von Projektgruppen einzig nach den Kriterien der benötigten Kompetenzen und der Funktionsfähigkeit der Gruppe entschieden werden dürfe und nicht, wie es oft vorkomme, nach Vertretungswünschen der Interessenparteien, die sich am Proporz orientierten. Solchen Wünschen der Mitgestaltung könne über vielfältige andere Wege der Beteiligung Rechnung getragen werden, beispielsweise durch Befragung, fest installierte Beratungsausschüsse oder regelmäßige Besprechungen, in denen der Projektstatus dargestellt und Anregungen dazu abgefragt werden (vgl. Doppler & Lauterburg 2008).

optimale Größe einer Projektgruppe

14.4.11 Basisprozesse verwandeln Input in Output

Rolle von Basisprozessen

Basisprozesse tragen wesentlich dazu bei, den Input in Projekten in Output zu verwandeln (◘ Abb. 14.10).

Input
- Input kann sein:
- menschliche Arbeitskraft,
- menschliche Energie,
- Wissen,
- Finanzen,
- Materialien,
- Betriebsmittel.

14.4 · Systemisches Projektmanagement

Abb. 14.10. Basisprozesse

Output sind Ergebnisse in Form von
- Konzepten,
- Plänen,
- Bauwerken,
- neuen Organisationen,
- Gesetzen.

Output

Was als Basisprozesse definiert wird, hängt davon ab, was in einem Projekt als wesentlich erachtet wird und ist projektspezifisch. Hier wird über einige wichtige Basisprozesse, die in vielen Projekten eine maßgebliche Rolle spielen, stichwortartig ein Überblick gegeben (Abb. 14.10):
- Informationsprozesse,
- Problemlösungsprozesse (Problemlösungszyklus),
- Entscheidungsprozesse,
- Gruppenbildungsprozess,
- Gruppenentwicklungsprozess,
- Anfangsphase eines Projektes,
- Managementprozesse (z. B. Planung, Steuerung, Controlling),
- Beschaffungsprozesse,
- Qualitätsprozesse.

Übersicht über Basisprozesse

In den folgenden drei Abschnitten werden die Grundzüge der drei klassischen Managementprozesse Planung, Steuerung und Controlling näher beschrieben.

14.4.12 Projektplanung – mehr als eine Notwendigkeit

Bei der Projektplanung geht es um die Planung von
- zeitlicher Abfolge des Projektes (Projektablauf),
- Kosten,
- personellen Ressourcen,
- technischen Hilfsmitteln.

Projektplanung

Ein einfaches Planungsprinzip besagt, dass eine Planung immer vom Groben zum Detail fortschreiten soll. Man spricht in diesem Zusammenhang auch vom Planungskegel (Abb. 14.11).

wichtiges Planungsprinzip: vom Groben zum Detail

Die Planung ist auch eine wichtige Voraussetzung für die spätere Kontrolle. Ohne Planung ist Kontrolle nicht möglich. Bei Planungen wird häufig der Fehler gemacht, dass sie zu optimistisch, ja manchmal sogar euphorisch sind, jedoch sollten sie realistisch sein. Planung hat auch eine psychologische Funktion. Sie gibt Sicherheit und Orientierung. In Projekten gibt es immer auch Unvorhergesehenes. Für mögliche Turbulenzen in der Projektgruppe und im Projektumfeld sollten ausreichende zeitliche Pufferzonen vorgesehen werden.

ohne Planung keine Kontrolle

Abb. 14.11. Planungskegel

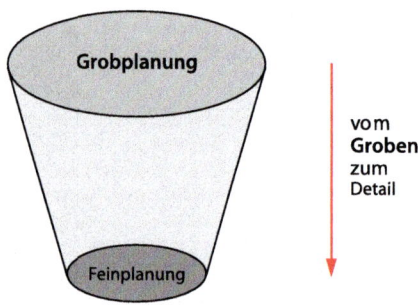

zeitliche Planung

Die zeitliche Planung beinhaltet die Strukturierung eines Projektes in verschiedene Projektphasen. Die Phasenplanung ist aber sehr projektspezifisch. Es gibt keine allgemeingültigen Phasenmodelle.

Zwischenziele, Meilensteine

> Bedeutend für den Projektverlauf ist das Setzen von Zwischenzielen (Meilensteinen). Einerseits erleichtern es Zwischenziele, den Projektfortschritt zu kontrollieren, andererseits haben sie eine motivierende Wirkung. Sie erhöhen im Allgemeinen das Engagement, weil sie kurzfristig, begrenzt und konkret sind. Die Erreichbarkeit wird als realistisch betrachtet.

Projektgliederung in Hauptphasen

Das Grundprinzip für die Gliederung ist immer das gleiche. Ein Projekt wird in verschiedene sinnvolle Phasen eingeteilt, pro Projekt vier bis sechs Hauptphasen, die dann weiter differenziert werden können (**Abb. 14.12**).

Phasengrundmodelle für gewisse Projekttypen

In der Praxis gibt es einige Grundmodelle, die für gewisse Projekttypen angewendet werden können. Hier zwei Beispiele:

Projektablauf für technisch orientierte Projekte

Phasenmodell technische Projekte

Für mehr technische Projekte wird häufig folgendes Phasenmodell angewendet (vgl. Kuster et al. 2011; **Abb. 14.12**):

Abb. 14.12. Gliederung eines Projektes in Hauptphasen

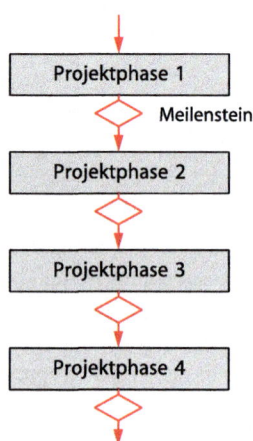

- Phase 1: Vorstudie,
- Phase 2: Hauptstudie,
- Phase 3: Detailstudie,
- Phase 4: Systembau,
- Phase 5: Realisierung.

Projektablauf für Informatikprojekte
Für die Entwicklung von Informatikprojekten gibt es mehrere standardisierte Phasenmodelle. Eines der gebräuchlichsten ist das Phasenmodell des Projektführungssystems Hermes (vgl. Hermes 1995, Teil I):

- Phase 1: Initialisierung,
- Phase 2: Voranalyse,
- Phase 3: Konzept,
- Phase 4: Realisierung,
- Phase 5: Einführung.

Phasenmodell Informatikprojekte

Für die Planung in Projekten sollte man sich genügend Zeit nehmen, die meistens gut investiert ist. Die Planung ist äußerst wichtig. Sie sollte aber auch nicht übertrieben werden, d. h. nicht zu detailliert sein. Projekte verlangen eine flexible, rollende Planung.

Neben der zeitlichen Planung müssen in Projekten auch die Kosten, die Ressourcen und die Qualität geplant werden.

Planung von Kosten, Ressourcen, Qualität

Planung gehört ganz wesentlich zum Projektmanagement. Sie findet im Sinne des Vorausschauens laufend statt, ist also kein Vorgang, der nur zu einem bestimmten Zeitpunkt im Projekt geschieht. Planung beginnt mit dem Projektauftrag und endet erst mit dem Projektabschluss.

14.4.13 Projektsteuerung – oder wie man das Projekt auf Kurs hält

Die Projektsteuerung ist ein wichtiger Teil der Projektführung. Für eine effiziente Projektsteuerung ist eine laufende Überwachung des Projektfortschrittes erforderlich (▶ Abschn. 14.4.14). »Geplantes« wird mit »Tatsächlichem« verglichen. Gegenstand der Überwachung sind Termine, Kosten, Qualität, Arbeitsleistungen, Motivation der Projektmitarbeiter usw. (vgl. Boy et al. 2001, S. 87). Die Projektsteuerung umfasst kurz gesagt alle steuernden Interventionen, die das Projekt zielgerichtet voranbringen.

Projektsteuerung bringt das Projekt zielgerichtet voran

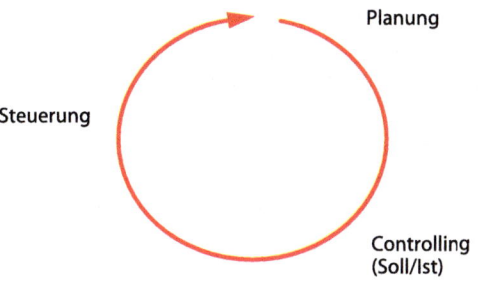

Abb. 14.13. Zusammenhang zwischen Planung, Controlling und Steuerung

In der Projektführung spielt die Mitarbeiterführung eine wichtige Rolle. Der Projektleiter ist hier in seiner Sozialkompetenz stark gefordert: Projektmanagement ist Teammanagement. Der Projektleiter ist in vielen Projekten der primus inter pares, der Erste unter Gleichen. Führung geschieht sehr stark durch Überzeugen (die in ▶ Abschn. 14.4.9 erwähnten erforderlichen Fähigkeiten für den Projektleiter). Erfolgreiche Projektleiter führen situationsbezogen und sind aufgabenorientiert. Gleichzeitig sind sie aber mitarbeiter- und prozessorientiert.

14.4.14 Projektcontrolling – Grundlage für die Projektsteuerung

Projektcontrolling

Projektcontrolling darf nicht im Sinn eines überholten Kontrollverständnisses als »Suche von Schuldigen« verstanden werden, sondern als vorausschauende Tätigkeit, mit der Verhalten in der Zukunft beeinflusst werden soll. Es geht um Soll-Ist-Vergleiche, um das Erkennen von Arbeitsfortschritten, um Zielüberprüfungen, um Kosten-, Termin- und Qualitätsüberwachungen. Aus all dem werden notwendige Maßnahmen abgeleitet und erforderliche Korrekturen vorgenommen. Das Kontrollsystem sollte möglichst einfach gehalten werden. Und, wie in ▶ Abschn. 14.4.12 erwähnt: Jede Kontrolle setzt eine entsprechende Planung voraus. Alles, was kontrolliert werden soll, muss vorher definiert werden (Termine, Kosten, Qualität usw.). Damit schließt sich der Kreis.

14.4.15 Methoden und Instrumente – äußerst wichtige Hilfsmittel

situationsgerechter Einsatz von Methoden und Instrumenten

Der Einsatz von geeigneten Methoden und Instrumenten ist wichtig, aber er sollte nicht zum Selbstzweck werden. Methoden und Instrumente sind Hilfsmittel, die situationsgerecht angewendet werden sollten, d.h. entsprechend der Problemstellung. Als Möglichkeiten bieten sich an: Gruppenarbeits-, Moderations-, Problemlösungs-, Entscheidungs- und Planungstechniken, Planungssoftware.

Einsatz von Netzplantechnik und Projektmanagementsoftware

Der Einsatz von Instrumenten wie Netzplantechnik usw. sowie derjenigen von Software (Projektmanagementsoftware wie z. B. MS-Project) sind gut zu überlegen. Je nach Problemstellung, Projektgröße und -art können sie hilfreich sein und die Planungsarbeit erleichtern. Ein sinnvolles Einsatzgebiet von Informatik in Projekten ist die Terminplanung und die Verwaltung der noch zu erledigenden Aufgaben. Wie weit man mit dem Einsatz von Projektmanagementsoftware gehen will, ist von Projekt zu Projekt neu zu entscheiden. Nicht zu unterschätzen ist allerdings die Lernzeit für die Handhabung der Programme. Leider sind sie oft kompliziert und wenig anwendungsfreundlich.

konsequente Anwendung der gewählten Instrumente ist wichtig

Aufwendige Methoden und Instrumente können aber auch eine Erschwernis sein, insbesondere bei kleineren Projekten. Hier tut es für die Terminplanung oft auch ein einfaches Balkendiagramm. Wichtig beim Einsatz von Instrumenten ist deren konsequente Anwendung. Sie müssen dauernd aktualisiert werden. Lieber wenige, einfache Instrumente einsetzen, diese dafür konsequent.

14.4.16 Kommunikation, Information und Dokumentation – Blutkreislauf des Projektmanagements

Kommunikation und Information ist das wichtigste Erfolgsmerkmal von Projektmanagement. Erfolgreiche Projektteams kommunizieren viel (Keplinger 1992, S. 102, vgl. Kessler & Winkelhofer 2004). Dabei geht es sowohl um Kommunikation und Information nach innen (Projektteam usw.) als auch nach außen (Auftraggeber, betroffene Gruppierungen, spätere Nutzer und Betreiber eines Systems). Eine vorbildliche Projektinformation hilft wesentlich mit, dass Projekte gut akzeptiert werden. Sie hilft, Widerstände abzubauen. Diese Information kann sowohl mündlich (Informationsveranstaltungen) als auch schriftlich erfolgen (z. B. Informationstafeln). Gute Beispiele hierfür liefern die Informationstafeln bei Bauprojekten in Bahnhöfen.

wichtigstes Erfolgsmerkmal in Projekten: Kommunikation und Information

Bei Projekten – insbesondere bei größeren oder sensiblen – dürfen Kommunikation und Information nicht dem Zufall überlassen, sondern müssen sorgfältig geplant werden. Es muss ein Kommunikations- und Informationskonzept ausgearbeitet werden. Was wird wann wie und von wem an wen mitgeteilt? Es lohnt sich, wichtigere Informationsanlässe in den Terminplan miteinzubeziehen. Bei größeren Projekten muss auch ein formales Kommunikations-, Informations- und Berichtssystem geschaffen werden.

Kommunikations- und Informationskonzept

Projekte müssen heute immer mehr auch »verkauft« werden, d. h. der Nutzen eines Projektes muss sehr klar kommuniziert werden. Ein angemessenes Projektmarketing spielt heutzutage eine zunehmend wichtigere Rolle. Ein Beispiel dafür, dass Projekte auch verkauft werden müssen, vor allem größere und umstrittene, ist die NEAT, das große schweizerische Bauprojekt einer **N**euen **E**isenbahn-**A**lpen-**T**ransversale mit Basistunnel durch den Gotthard.

Projektmarketing

Die Projektdokumentation hält einerseits Know-how fest, zudem dient sie als Orientierungshilfe. Oft ist sie jedoch ein Stiefkind des Projektmanagements. Die Arbeit für die Dokumentation wird von vielen als überflüssig angesehen. Interessant ist, dass in Japan der Dokumentation von Projekten eine viel größere Aufmerksamkeit gewidmet wird als im europäischen Raum. Für die Japaner ist Projekt-Know-how gesammelte Erfahrung, auf die auch später wieder zurückgegriffen wird.

Dokumentation

ZUSAMMENFASSUNG

Projekte spielen heute in den Organisationen eine immer wichtigere Rolle, weil immer mehr einmalige, innovative und oft komplexe Vorhaben zur Realisierung anstehen, die bereichs- oder abteilungsübergreifend bearbeitet werden müssen. Dafür ist die bestehende Linienorganisation nicht vorgesehen, was zur Folge hat, dass solche Aufgaben oft in Form von Projekten angegangen werden. Das Arbeiten in Projekten und die Leitung von Projekten sind nicht einfach; Projektmanagement ist eine sehr anspruchsvolle, herausfordernde Führungs- und Organisationsform. In diesem Kapitel werden die Hauptelemente eines ganzheitlichen oder systemisch verstandenen Projektmanagements dargestellt. Dabei wird eine Reihe von Faktoren besprochen, die für den Erfolg von Projekten maßgebend sind:

- Beziehungen zwischen Projekt und Projektumfeld,
- Verbindungen zum Auftraggeber,
- Aufbau geeigneter Strukturen (Aufbauorganisation, Ablauforganisation, Kommunikations-, Informations-, Entscheidungsstrukturen usw.),
- Projektkultur,
- Klärung der unterschiedlichen Rollen (vor allem der Rollen der Projektleiter und Projektmitglieder),
- Kommunikation, Information und Dokumentation,
- die Wahl zweckmäßiger Methoden und Instrumente.

Wenn es gelingt, die Zusammenhänge und Elemente des hier dargestellten Modells eines systemischen Projektmanagements zu berücksichtigen und in der Praxis gut zu gestalten, haben Projekte beste Chancen, befriedigend und erfolgreich durchgeführt zu werden.

FRAGEN ZUR VERTIEFUNG

1. Durch welche Merkmale zeichnen sich die Projekte aus, an denen Sie in Ihrer beruflichen Praxis beteiligt waren (Gemeinsamkeiten, Unterschiede)?
2. Welches waren aus Ihrer Sicht die Erfolgsfaktoren bei gelungenen Projekten?
3. Welche Faktoren waren maßgebend beim nur teilweisen Gelingen oder Scheitern von Projekten?
4. Wie stellen Sie sicher, dass den Projektmitgliedern genügend Zeit für die Bearbeitung von Aufträgen im Rahmen des Projekts zur Verfügung steht?
5. Was erweist sich aufgrund Ihrer Erfahrungen bezüglich Zusammenarbeit mit dem Auftraggeber als hilfreich, was als hinderlich?
6. Welche »Spielregeln« halten Sie bei der Gestaltung der Zusammenarbeit in Projekten für zentral?
7. Welche Rollen nehmen Sie als Projektleiter ein? Welche liegen Ihnen, welche bereiten Ihnen mehr Mühe?
8. Wie stellen Sie sicher, dass Kommunikation und Information (als die wichtigsten Erfolgsmerkmale von Projektmanagement) optimal funktionieren?

Literatur

Bohinc, T. (2006). *Projektmanagement. Soft skills für Projektleiter*. Bremen: Gabal.

Boy, J., Dudek, C. & Kuschel, S. (2001*). Projektmanagement. Grundlagen, Methoden und Techniken, Zusammenhänge* (10. Aufl.). Bremen: Gabal.

Doppler, K. & Lauterburg, C. (2008*). Change Management. Den Unternehmenswandel gestalten. Kapitel Prozessorientiertes Projektmanagement* (12. aktual. u. erw. Aufl.). Frankfurt: Campus.

Hansel, J. & Lomnitz, G. (2003). *Projektleiter-Praxis. Optimale Kommunikation und Kooperation in der Projektarbeit* (4. überarb. u. erw. Aufl.). Berlin: Springer.

Hermes (1995). *Führung und Abwicklung von Informatikprojekten*. Bern: EDMZ.

Keplinger, W. (1992). Erfolgsmerkmale im Projektmanagement. *Zeitschrift für Organisation*, zfo, 2, 99–105.

Kessler, H. & Winkelhofer, G. (2004). *Projektmanagement. Leitfaden zur Steuerung und Führung von Projekten* (4. überarb. Aufl.). Berlin: Springer.

Kuster, J., Huber, E., Lippmann, R., Schmid, A., Schneider, E., Witschi, U. & Wüst, R. (2011). *Handbuch Projektmanagement* (3. erweit. Aufl.). Berlin, Heidelberg: Springer.

Lomnitz, G. (2008). *Multiprojektmanagement. Projekte erfolgreich planen, vernetzen und steuern* (3. aktual. Aufl.). Landsberg: Verlag Moderne Industrie.

Mees, J., Oefner-Py & S. Sünnemann, K.-O. (1995). *Projektmanagement in neuen Dimensionen* (2. Aufl.). Wiesbaden: Gabler.

Pfetzing, K. & Rohde, A. (2011). Ganzheitliches Projektmanagement (4., vollst. überarb. Aufl.). Zürich: Versus.

Rohm. A. (Hrsg) (2010). Change-Tools. Erfahrende Berater präsentieren wirksame Workshop-Interventionen (4. überarb. Aufl.). Bonn: Managerseminare.

Schein, E.H. (1995). *Unternehmenskultur. Ein Handbuch für Führungskräfte*. Frankfurt/New York: Campus.

Scheuring, H. (2008). Der www-Schlüssel zum Projektmanagement (4. korrig. Aufl.). Zürich: Verlag industrielle Organisation.

Zielasek, G. (1999). Projektmanagement als Führungskonzept. Erfolgreich durch Aktivierung aller Unternehmensebenen (2. Aufl.). Berlin: Springer.

15 Veränderungsmanagement

15.1 Psychologische Konsequenzen von Veränderungen – 252
Thomas Steiger und Brigitta Hug
15.1.1 Selbstverständlichkeit des Wandels – 252
15.1.2 Veränderung und Angst – 255
15.1.3 Veränderungen in Organisationen – 259
Literatur – 267

15.2 Methoden der Gestaltung von Veränderungsprozessen – 267
Thomas Steiger
15.2.1 Management von Veränderungsprozessen – 268
15.2.2 Ziele und Aufgaben des Veränderungsmanagements – 269
15.2.3 Methoden des Veränderungsmanagements – 269
15.2.4 Vorteile und Bedingungen partizipativer Veränderungsstrategien – 277
15.2.5 Veränderungsmanagement setzt Projektmanagement voraus – 279
15.2.6 Idealtypischer Ablauf von Veränderungsprozessen – 280
Literatur – 284

15.3 Strategisches Denken und Planen – 285
Heinz Vetter und Carin Mussmann
15.3.1 Neue Strategien als Antwort auf Wandel – 286
15.3.2 Strategische Neuausrichtung – ein Fallbeispiel – 286
15.3.3 Was ist eine Strategie? – 288
15.3.4 Strategie und Vision – 292
15.3.5 Strategieentwicklung als Problemlösungsprozess – 295
15.3.6 Beispiele für analytische Vorgehensweisen – 299
15.3.7 Kritik an der traditionellen strategischen Planung – 301
15.3.8 Unterscheidung von strategischem Denken und strategischem Planen – 302
15.3.9 Strategieumsetzung als Veränderungsprozess – 303
15.3.10 Rolle des mittleren und unteren Managements im Strategieprozess – 308
15.3.11 Verschiedene Arten von Strategien – 308
15.3.12 Neuere Entwicklungen des strategischen Denkens – 309
15.3.13 Strategisches Denken in Non-Profit-Organisationen – 310
Literatur – 312

15.1 Psychologische Konsequenzen von Veränderungen

Thomas Steiger u. Brigitta Hug

AUF EINEN BLICK

Organisationen sind mit einer sich immer schneller und dynamischer verändernden Umwelt konfrontiert. Nicht nur die Aufgaben (»Primary Task«) sondern auch die übrigen Rahmenbedingungen, unter denen Organisationen existieren, verändern sich in immer kürzeren Rhythmen und abhängig von einer unüberschaubaren Vielfalt von Einflussfaktoren. Wenn Organisationen langfristig überleben wollen, so müssen sie auch ihre Strategien im Umgang mit organisatorischem Wandel und der Erhaltung ihrer Flexibilität neu überdenken und in die Praxis umsetzen. Im Wesentlichen geht es darum, Veränderungen in Organisationen so zu gestalten, dass diese unter Bedingungen von Dynamik und Komplexität zu dauerhaften Ergebnissen mit möglichst wenig unerwünschten Nebeneffekten führen. Der Erfolg von Veränderungsprojekten hängt stark ab von den Einstellungen der Menschen in der Organisation gegenüber dem Phänomen Wandel sowie von einer gelungenen Abstützung der Veränderungsprozesse auf einem Verständnis der psychischen Vorgänge bei den Betroffenen. In diesem Abschnitt werden die psychologischen Grundlagen von Veränderungen in Organisationen dargelegt. Im Zentrum stehen Phänomene wie Angst und Widerstand und die Frage nach den Wirkungen, die Veränderungen in Organisationen auf Individuen haben. Daraus ergeben sich eine Reihe von Faktoren, die bei der Gestaltung von Veränderungsprozessen zu beachten sind (▶ Abschn. 15.2).

15.1.1 Selbstverständlichkeit des Wandels

Veränderung als Lebensprinzip

Alles was lebt, entwickelt sich, bewegt sich, verändert sich. Nicht nur das Faktische, auch unsere Einstellungen und wie wir die Welt sehen, ist einem permanenten Wandel unterworfen. Wir sind in einem uns normalerweise gar nicht so bewussten Maße vom Lebensprinzip der Veränderung betroffen. Hin und her gerissen zwischen dem Wunsch nach Konstanz, Sicherheit, Stabilität, Ruhe (die es nur im toten Zustand gibt) und dem Drang zu leben, metaphorisch gesprochen »das Licht zu suchen«, kommen wir gar nicht darum herum, uns zu entwickeln, uns veränderten Rahmenbedingungen anzupassen. Die Frage ist nur, **wie** wir diese unsere Entwicklung gestalten. Sind wir Opfer und handeln reaktiv unter dem Anpassungsdruck, der auf uns von außen ausgeübt wird, oder handeln wir unter Nutzung aller unserer Ressourcen und Handlungsspielräume? Jedenfalls sind wir immer in Bewegung. Wenn wir

Leben ist ein Seiltanz

aufhören, uns zu bewegen, uns mit unserer Umwelt auseinanderzusetzen, dann entkommen wir buchstäblich dem Leben. Ganz wie der Seiltänzer auf dem Seil. Wenn er nicht permanent und wachsam, dynamisch, also beweglich sein Gleichgewicht **sucht** – denn in Tat und Wahrheit hat er es nie – dann

15.1 · Psychologische Konsequenzen von Veränderungen

stürzt er ab. Es ist paradox: Es muß etwas geschehen, damit es so bleibt wie es ist. Die vielen Anpassungsreflexe sichern die Stabilität. Und je dynamischer die Bewegungen sind, desto größer wird die Stabilität des Ganzen: Je geringer die Geschwindigkeit beim Fahrradfahren ist, umso heftiger müssen Sie um Ihr Gleichgewicht kämpfen.

Veränderungsprozesse, die wir als Evolution, Entwicklung, Wandel, Geschichte, in der Zeit beobachten und beschreiben können, laufen auf verschiedenen Ebenen menschlicher »Systeme« und ihrer Umwelten und in gegenseitiger Abhängigkeit (vernetzt) ab und wirken sich letztlich auf unsere individuelle Lebensgeschichte aus. — *Systemebenen der Veränderung*

In diesem Wandel ist die zunehmende Globalisierung, also die wachsende gegenseitige Abhängigkeit (Vernetzung) der lokalen Gesellschaften, Wirtschaftsräume und Kulturen untereinander, rund um den Globus, ein wichtiges und neues Merkmal unserer Zeit (Abb. 15.1). Die modernen Informations-, Kommunikations- und Transporttechnologien ermöglichen die Gleichzeitigkeit überall. Die Komplexität und Dynamik und damit die Unsicherheit der Existenzbedingungen von Unternehmen und Institutionen aller Art (Organisationen) nehmen massiv zu. Ebenso deutlich spüren wir alle, dass sich die Existenzbedingungen der Individuen verändern, nicht nur bezüglich ihrer Rollen in den Organisationen, sondern im Leben überhaupt. — *Globalisierung / Vernetzung / Komplexität und Dynamik / Unsicherheit*

Gesellschaften, Staaten, Institutionen, Unternehmen, Organisationen, d. h. soziotechnische Systeme aller Art und Individuen, bzw. die Rollenträger in diesen Organisationen, verändern sich aber nicht nur in Anpassung an Veränderungen ihrer jeweiligen Umwelt. Sie verändern sich auch aus sich selbst heraus. Individuen und Organisationen haben Lebenszyklen, sie entstehen, werden geboren, sie entwickeln sich, wachsen, reifen, und sie altern und sterben, lösen sich auf. Alles was lebt, stirbt auch. Veränderungsmanagement meint auch den bewussten, geplanten Umgang mit diesen naturgesetzlichen Entwicklungen. — *Anpassung an Umwelt und Entwicklung aus sich selbst heraus*

Der wachsenden Unsicherheit als Folge der oben beschriebenen Einflüsse wird – so scheint es – von Unternehmen mit immer dramatischeren und hektischeren Anpassungsbewegungen – sprich Reorganisationen zu begegnen versucht. In der Form von Experten-Rezepten, Management-Moden und -instrumenten wie Just in Time, Lean Management, Reengineering, Total Quality Management, Balanced Scorecards, Beyond Budgeting etc. und unter permanenter Veränderung der Organisationsstrukturen managen Führungskräfte – und zwar wie die Wilden. Weltweite Fusionen und Zusammenschlüsse sind an der Tagesordnung. Mit »Schnitten« wird ein »Downsizing« von Unternehmen vorgenommen. Es werden »Schlüsselkompetenzen« entdeckt und »Back-to-the-roots«-Strategien »gefahren«, wo noch vor kurzer Zeit Diversifikation angesagt war und umgekehrt. Es wird Outsourcing betrieben, um gleich darauf die ausgegliederten Organisationseinheiten wieder einzugliedern. Dezentralisierungsbestrebungen werden von Zentralisierungstendenzen abgelöst und umgekehrt. Partikuläre und kurzfristige Interessen von mächtigen Gruppen rücken in den Vordergrund: Als einziges Ziel der Unternehmensführung wird noch die Maximierung des Shareholder-Value (des Kapitalwertes der Anteilseigner) verfolgt. Vor lauter Dynamik und Hektik scheint der Blick für wirklich Wesentliches, für das zu Bewahrende und für — *reduktionistischer Umgang mit Komplexität / Hektik der Reorganisation / verstellt den Blick für das Wesentliche*

Abb. 15.1. Selbstverständlichkeit des Wandels

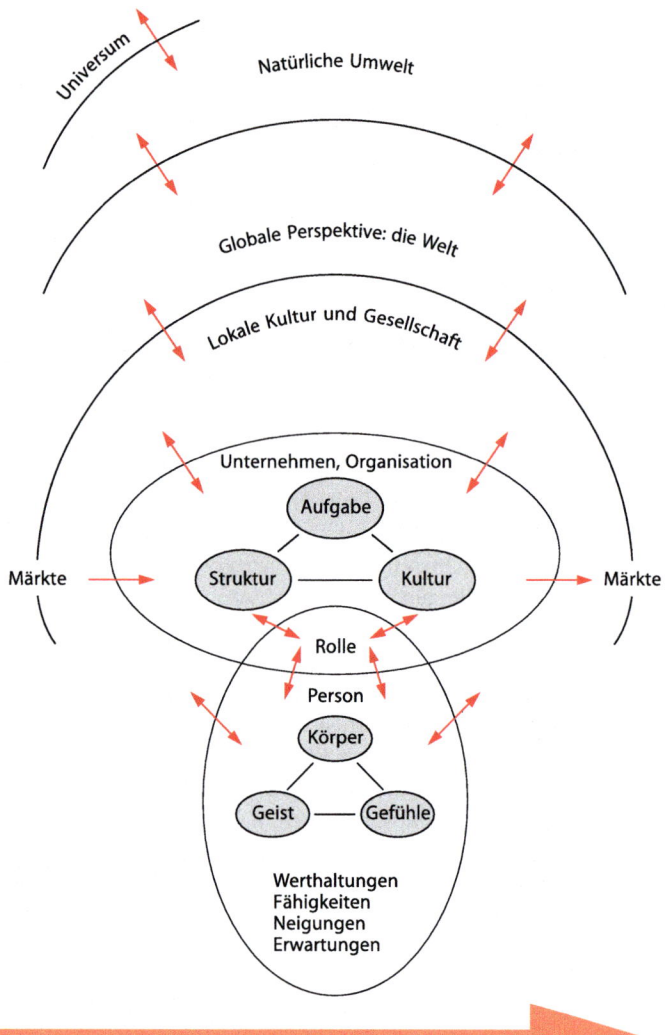

»Change-Management« als bewusste Gestaltung der Entwicklung in Unternehmen

Beachtung aller Interessengruppen

das entwickelbare Potenzial gefährdet. Komplexität wird durch gewaltige Vereinfachungen »weggedacht« oder schlicht verdrängt – verschwindet im blinden Fleck.

Veränderungsmanagement soll im Gegensatz dazu helfen, auch unter Bedingungen von Unsicherheit, die Entwicklung von Unternehmen bewusst zu gestalten. Dabei soll allen unterschiedlichen Interessengruppen (Kunden, Arbeitnehmern, Managern, Kapitaleignern, Fiskus, Gesellschaft, natürlicher Umwelt etc.) Rechnung getragen werden. Die Entwicklungsbedingungen für die Organisation (das Unternehmen) sollen nicht nur kurzfristig, sondern auch mittel- und langfristig möglichst chancenreich sein.

15.1 · Psychologische Konsequenzen von Veränderungen

> Einem systemischen Organisationsverständnis und komplexen Menschenbild folgend, hängt die langfristige Existenzfähigkeit von Organisationen von der zweckmäßigen (intelligenten und vernünftigen) Gestaltung **aller** komplexen Beziehungen zwischen diesen Interessengruppen ab.

Ohne das Handeln von Mitarbeitenden beispielsweise läuft in Organisationen gar nichts. Ohne die bewusste Berücksichtigung der Auswirkungen, die Veränderungen auf die Arbeitsbedingungen der betroffenen Mitarbeitenden haben, ist ein intelligentes Veränderungsmanagement undenkbar. Darum ist es zwingend, dass Führungskräfte beachten, wie Menschen auf Veränderungen reagieren und Möglichkeiten kennen, wie die Akzeptanz von Veränderungen vorausschauend erhöht werden kann. Der Umgang mit Angst ist ein Schlüssel dazu.

Auswirkungen von Veränderungen auf die Mitarbeitenden

15.1.2 Veränderung und Angst

Angst ist ein intensives **menschliches Gefühl**, das uns in unserem Leben stets begleitet, auch in ruhigen, sichereren Zeiten. In Zeiten der Veränderungen, wenn wir Vertrautes und Gewohntes verlieren, funktioniert Angst in erster Linie als Signal, das den menschlichen Organismus vor Gefahren warnt und psychische Reaktionen zum Schutz und zur Verteidigung von uns selbst einleitet. Je komplexer die Ursachen einer Veränderung sind und je schneller eine Veränderung vor sich geht, desto weniger lassen sich Bedrohungen erkennen und in ihrer Wirkung abschätzen. Diese **Nicht-Kontrollierbarkeit** belastet zusätzlich. Auf beides – konkrete Gefahr wie Ohnmacht – reagiert der menschliche Organismus mit Unsicherheit, Spannung und Angst. Umso wichtiger ist es, dass die Menschen in Organisationen Angstsignale erkennen und sie in den Veränderungsprozess einbeziehen.

Angst als Signal

Angst äußert sich in Individuen und in Organisationen auf verschiedene Weise. Meist zeigt sie sich indirekt im Verhalten und/oder ist im emotionalen Klima spürbar, vor allem dann, wenn man sich der Angst nicht bewusst wird, sondern das Gefühl als solches unterdrückt, verdrängt und/oder in Hand-

lungen umwandelt. Je **bewusster Angst empfunden werden kann**, desto wahrscheinlicher wird es, dass konkrete Gefahren auf der rational sachlichen Ebene wahrgenommen, kommuniziert und analysiert werden können. Dies wiederum erleichtert die Entscheidungsfindung und wirkt sich positiv auf die Entscheidungsqualität, die Produktivität, das Arbeitsklima und auf die Kommunikation in der Organisation aus. Insofern trägt der Umgang mit Angst entscheidend zur Bewältigung von möglichen Gefahren und Belastungen bei, die eine organisatorische Veränderung mit sich zieht. Dabei ist es vorerst unbedeutend, ob die Angst als Signal für eine konkrete äußere Gefahr steht, oder ob die Gefahr eher der Fantasie der Betroffenen entspringt. Fürchtet sich ein Spaziergänger vor einem Hund, nützt es in der Regel wenig, wenn ihm der Hundehalter zuruft, Angst sei unnötig, der Hund beiße nicht. Die Angst ist da, sie belastet den Spaziergänger und wirkt sich auf die Beziehung zwischen ihm, dem Hund und den Hundehalter aus, auch wenn der Hund rational keine Gefahr darstellt.

psychische Angstverarbeitung

> Angst psychisch zu **verarbeiten** meint, die körperlichen Empfindungen festzustellen, sich das Gefühl bewusst zu machen und seinen Signalcharakter zu erkennen, um in der Folge die akute Gefahr festzustellen. Diese psychische Verarbeitung ist Voraussetzung dafür, der Gefahr im Konkreten und/oder der Vorstellungswelt zu begegnen. Wird Angst versteckt, verleugnet, bagatellisiert oder tabuisiert, steht sie als Signal und Informationsquelle nicht mehr zur Verfügung, was hohe Risiken für die Organisation impliziert. Verdrängte Ängste wirken ungehindert weiter und erhöhen die Unkontrollierbarkeit im Veränderungsprozess.

Beispiel des Seiltänzers

Am Beispiel des Seiltänzers lässt sich dies gut illustrieren: Wenn er beispielsweise auf seinem Seil balancierend wegen einem Hilfeschrei im Hintergrund erschrickt, verspannt sich sein Körper unmittelbar, das Seil reagiert, der Akrobat verliert die Balance und fängt sein Ungleichgewicht durch geschicktes und rasches Reagieren auf – ohne zu wissen, woher der Schrei kommt. Der Tänzer reagiert, auch wenn er sich nicht unmittelbar in Gefahr befindet. Beim Ausbalancieren kommt ihm die eigene Erfahrung zu Gute. Er hat nicht nur seine körperlichen Fähigkeiten, sondern auch seinen Umgang mit Angst und Spannung trainiert. Weit schwieriger gestaltet sich die Situation, wenn nicht nur einer, sondern mehrere Akrobaten auf dem Seil betroffen sind. Die unterschiedlichen Reaktionen, das Schwanken und/oder Erstarren Einzelner betrifft dann zusätzlich jeden Einzelnen und muss gemeinsam aufgefangen werden.

Ängste belasten Beziehungen

Ähnlich verhält es sich bei organisatorischen Veränderungen: Mitarbeitende hören unter Umständen von strukturellen Veränderungen, bevor Entscheidungen getroffen und kommuniziert worden sind. Das kann bei den Betroffenen wie beim Seiltänzer Ängste auslösen, was sich auf die Arbeit und die Beziehungen unter den Mitarbeitenden auswirkt. Mit sachrationalen Argumenten allfällige, von den Mitarbeitenden befürchtete Gefahren herunterzuspielen hieße, die Ängste zu bagatellisieren und die Kommunikation zwi-

15.1 · Psychologische Konsequenzen von Veränderungen

schen Management und Mitarbeitenden zu belasten. Sinnvoller ist es, die Ängste anzuerkennen und Realitäten zu schaffen, was heißt, zur geeigneten Zeit über mögliche Risiken zu informieren und allfällige Gefahren anzusprechen.

Vom einzelnen Menschen her betrachtet, erklärt sich der individuell geprägte Umgang mit Angst oder das **Angstverarbeitungspotenzial** aus der Geschichte des Individuums, die immer auch eine Geschichte gelebter Beziehungen ist. Früh im Leben, vermutlich schon während der Geburt, verspüren wir Ängste und es wird uns von unseren Betreuungspersonen gezeigt und vorgelebt, wie Angst wahrgenommen, überwunden und verarbeitet werden kann. Kinder werden getröstet, gestützt und gefordert, wenn sie sich ängstigen. Sie werden aber auch überfordert, ausgelacht, frustriert und in ihren Ängsten sich selbst überlassen. Der Lernprozess formt und festigt bestimmte Reaktionsmuster, die sich später in konkreten Gefahrensituationen aktualisieren. Erwachsene greifen auf diese Muster zurück.

biografisch erworbene Verarbeitungsmuster

Menschen reagieren in den ersten Lebensjahren auf **innere und äußere Gefahren** mit Angst. Die Fähigkeit, zwischen dem, was sich in unserem Inneren abspielt und dem, was wir von Außen wahrnehmen, unterscheiden zu können, wird im Laufe der Kindheit entwickelt und ist auch später, im Erwachsenenalter, keineswegs selbstverständliche Gewissheit. Auch Erwachsene bedürfen des Feedbacks und der Kommunikation, um zu klären und zu erkennen, inwiefern ihre Vorstellungen und Gedanken über ein Objekt oder ein Geschehen mit ihrer eigenen Fantasiewelt zusammenhängen. Als Kinder erfahren wir, dass Reizüberflutungen in unserem Innern Spannung und Angst auslösen. Verspüren kleine Kinder Hunger oder sind sie zornig, weil sie ihren eigenen Willen nicht durchsetzen können, empfinden sie diese Situationen zunächst als innere Befindlichkeit und nicht als sachlich begründete, im Sozialen stattfindende Gegebenheiten. Sie erkennen nicht, dass die Flasche bald zur Verfügung stehen wird und dass sie ihren Willen aus wohlüberlegten Gründen zu ihrem Schutz nicht durchsetzen dürfen. In beiden Situationen sind die Kinder ihren **inneren Reizen** ausgeliefert, die inneren Reize des Hungers sowie der Aggression werden übermächtig, überfluten das Kind und lösen starke Ängste in ihm aus, sofern sich seine Bezugspersonen nicht in das Kind einfühlen und es im übertragenen Sinne **halten**. Vertrauen in die Welt und in sich selbst entsteht und festigt sich im Kontext Anteil nehmender Beziehungen. Kinder sind nicht in der Lage, sich selbst zu trösten und zu beruhigen. Die Reaktionen der Bezugspersonen variieren und wirken unterschiedlich. Je nachdem lernt ein Kind günstiger oder weniger günstig, seine inneren Reize und die damit verbundenen Ängste **psychisch zu verarbeiten**. Gerät es öfters in Panik und bleibt es dabei allein, vermag es diese Reizüberflutung durchaus zu **überleben**, es verliert aber unter Umständen das Vertrauen in seine Umwelt und in sich selbst und zieht sich aus den Beziehungen und dem Geschehen zurück. Je häufiger ein Kind solchen Situationen ausgeliefert ist, desto weniger lernt es, seine Ängste wahrzunehmen, auszuhalten und zu verarbeiten. Stattdessen wird es von seinen Ängsten beherrscht. Das Problem ist also nicht, wie dem Kind Ängste genommen werden können, sondern wie es lernen kann, diese starken Gefühle und die freigesetzte psychische Energie zu verarbeiten.

Unterscheidung innere und äußere Gefahren

Reizüberflutung

Vertrauen in die Beziehungen

Lernprozesse

Gefahren frustrieren

Äußere Gefahren werden in der Kindheit zunächst als Unlust oder Frustration wahrgenommen. Berührt ein Kind beispielsweise in seinem Entdeckungseifer eine brennende Kerze, wird es in seiner Neugier frustriert und es lernt schmerzlich, die Gefahr zu erkennen, die von der Flamme ausgeht. Beim nächsten Mal, wenn das Kind eine Kerze sieht, meldet sich in ihm unter Umständen die Neugier wieder, gleichzeitig signalisiert ihm die Angst, dass von der Kerze eine Gefahr ausgeht. Selbstverständlich lösen auch Menschen Ängste aus, beispielsweise dann, wenn die Bezugsperson dem Kind nicht zur Verfügung stehen will oder kann und damit das Kind frustriert.

Diese Beispiele sind nur zwei von vielen verschiedenen Szenarien kindlicher **Angstbewältigung**, die im Erwachsenenalter kaum anders, wenn auch trainierter und rascher, vor sich gehen. Kinder entwickeln viele, für uns Erwachsene – obzwar wir auch einmal Kinder waren – nicht immer leicht nachvollziehbare Ängste: Sie fürchten sich vor Wildschweinen im Park oder Hexen unter dem Bett, ängstigen sich vor Spinnen und Schlangen. Stets reagiert die Umwelt darauf, und es entwickelt sich ein Beziehungsmuster zwischen dem Kind und den vertrauten Erziehungspersonen im Umgang mit Angst. Diese individuell im Kontext einer bestimmten Bezugsgruppe erworbenen Muster auf der Basis einer bestimmten Gesellschaft und Kultur sind für die späteren Erlebens- und Verhaltensmuster entscheidend.

individuelle Muster und Unternehmenskultur

In Betrieben und Organisationen treffen diese individuellen Muster auf eine systemimmanente Kultur des Umgangs mit Angst. Manchmal sind diese Werte wenig geeignet, Ängsten intelligent zu begegnen. Wenn beispielsweise die Ansicht vertreten wird »Führungskräfte haben keine Angst – sie tragen Verantwortung« erhöht sich das Risiko, Gefahren zu verkennen. Ängste in Betrieben, Gruppen, von Einzelnen können wir zunächst als Signale aus dem Innern der in diesen Systemen partizipierenden Menschen verstehen. Sie verweisen auf Gefahren, die im Innern einzelner Menschen zu lokalisieren sind, und/oder in den äußeren Gegebenheiten, den materiellen Bedingungen und den sozialen Beziehungen. In beiden Fällen wirken sich die Ängste auf die Arbeitsbeziehungen aus, und sie lassen sich nicht mit rationalen Argumenten aus der Welt schaffen.

Fakten und Vermutungen aktiv erfragen

In einem ersten Schritt geht es darum, zu überprüfen, woher die Gefahr stammt, auf die wir oder einzelne Mitarbeitende mit Angst reagieren. Bei Veränderungsprozessen gilt dann in erster Linie aktiv zu erfragen:
- Auf welchem Stand der Informationen sind die Mitarbeitenden und wir selbst als Vorgesetzte?
- Was wissen die Betroffenen über unsere Pläne und jene des Unternehmens?
- Was wissen wir in der Führungsposition über das Unternehmen und was über die Meinungen und Interessen der Mitarbeitenden?
- Last but not least sollten Führungspersonen ihre Selbstkompetenz im Umgang mit Ängsten erwägen.

Information als Mittel zur Versachlichung

Sachbezogene, **wahre und ausgewählte Information** ermöglicht eine weitgehend versachlichte, konfliktfähige Kommunikation, in der konkrete Sachverhalte von Vermutung und Fantasie unterschieden werden können. Im Kommunikationsprozess soll herausgearbeitet werden, welche konkreten äußeren Gefahren bestehen, die je nachdem eingegrenzt oder bearbeitet werden können. Die Wahrnehmung von Fakten, von Risiken, Partikularinteressen und Konflikten soll gestärkt und die Kommunikation darüber aktiv gefördert werden. Mitwirkung an organisationalen Veränderungen schafft Vertrauen in die Entwicklung und trägt dazu bei, dass Ängste im System aufgefangen werden können und sich nicht destruktiv, weil überfordernd, auf die Beziehungen unter den Mitarbeitenden und auf die Beziehungen zwischen den verschiedenen Hierarchiestufen auswirken. Die Organisation lernt, mit Gefahren und den damit verbundenen Ängsten bewusst umzugehen.

Kommunikation und Partizipation schafft Vertrauen und erhöht Kontrollüberzeugung

Darf Angst per Norm oder Kultur nicht sein, begibt sich dieses System in die Gefahr der Erstarrung und der Überforderung. Ängste werden abgespalten und sind dann scheinbar »draußen« oder nur bei einem Teil der Belegschaft. Statt Sachverhalte zu überprüfen, wird in die Fantasie ausgewichen, was die Arbeit an der »Primary Task« behindert. Risiken werden nicht erkannt, allfällige Konflikte werden verschoben und verdrängt, was Entscheidungen und Lösungsfindungen verhindert.

verdrängte Ängste gefährden das System

Zeigt sich in der sachbezogenen und konfliktfähigen Kommunikation, dass kaum systemimmanente Gefahren vorhanden sind, einzelne Mitarbeitende aber trotzdem große Ängste haben, sind den Vorgesetzten in der Mitarbeiterführung Grenzen gesetzt. Auf Ängste, die sich beinahe ausschließlich auf das Innere der einzelnen Mitarbeitenden beziehen (höchstens durch Signale oder Szenen im Außen ausgelöst werden) lässt sich in der Rolle der Vorgesetzten nicht direkt einwirken. Vorgesetzte können »lediglich« die äußeren Rahmenbedingungen im Betrieb entwickeln und stützen.

Grenzen der Einflussnahme durch Vorgesetzte

15.1.3 Veränderungen in Organisationen

Bevor wir uns mit Methoden des Managements von Veränderungen befassen, erläutern wir, was Veränderungen bewirken – und wer auf welche Weise davon betroffen ist. Wir müssen uns bewusst machen, welche Systembereiche (Aufgaben, Strukturen, Kultur, ◘ Abb. 15.2.) und welche Systemprozessebenen (◘ Abb. 15.3) wir beobachten resp. managen müssen, um die Erfolgschancen des Veränderungsvorhabens zu optimieren. Das ganzheitliche, umfassende Vorausdenken und das Analysieren verschiedener Auswirkungen eines konkreten Veränderungsprojektes sind der Schlüssel zu seinem Erfolg. Diese Wirkungsfelder stecken das Aufgabengebiet des Veränderungsmanagers ab. Erst die Kenntnis der möglichen Auswirkungen von Veränderungsvorhaben macht es schließlich möglich, zu beurteilen, welches Vorgehen zur Realisierung des Veränderungsvorhabens die größten Chancen und die geringsten Risiken birgt. Erst dann kann entschieden werden, welche Methode des Veränderungsmanagements indiziert ist (▶ Abschn. 15.2).

Veränderungen managen heißt Modulieren von Auswirkungen von Veränderungen

Aufgabe, Struktur, Kultur

Unserem Organisationsverständnis (▶ Kap. 2) folgend stellen wir fest, dass jede Veränderung immer alle Aspekte einer Organisation erfasst. Gleichgültig, ob Veränderungen nun durch die jeweilige Umwelt (Arbeits-, Beschaffungs- und Absatzmärkte, Technologie, Gesetze etc. resp. die Rahmenbedin-

Veränderungen betreffen alle Aspekte der Organisation

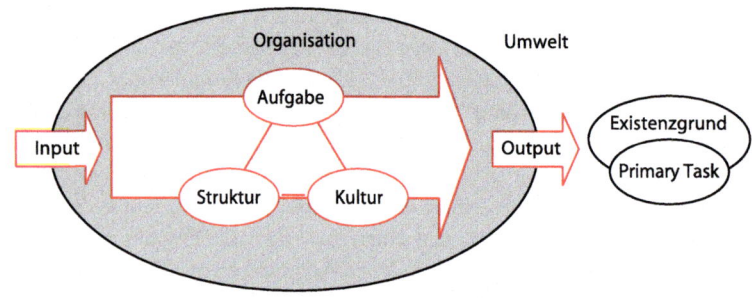

Abb. 15.2. Aspekte der Organisation

gungen des umliegenden Systems wie Unternehmen, Abteilung u. a.) oder durch innere Bewegungen (neue personelle Besetzungen, Besitzerwechsel, Reorganisationen von Arbeitsabläufen etc.) ausgelöst werden – immer verändert sich der »Dreiklang« von Aufgabe, Struktur und Kultur (Abb. 15.2).

Aufgabe

Betroffen von der Veränderung sind zunächst die **Aufgaben** der Mitarbeitenden: Was ändert sich an der Aufgabe der gesamten Organisation, was ändert sich an den Erwartungen, welche die Organisation an die einzelnen Mitglieder stellt?

Struktur

Betroffen sind die **Strukturen** der Organisation: Inwiefern sind die bestehenden Strukturen noch den neuen Anforderungen gewachsen? Was ändert sich bezüglich der Aufgabenteilung: Wer macht neu was, wie mit welchen Mitteln, Pflichten und Rechten? Wie werden die Abläufe im Einzelnen verändert? Welche administrativen, technischen und führungsbezogenen Hilfsmittel und Instrumente werden von den Veränderungen betroffen?

Kultur

Betroffen ist die **Kultur** der Organisation: die Art und Weise wie, mit welchen Einstellungen und Haltungen eine Organisation resp. deren Mitglieder ihre Aufgaben verrichten. Begrenzen oder unterstützen sie die Veränderung? Inwiefern müssen sich beispielsweise das Qualitätsverständnis, die Kundenorientierung, der Führungsstil an die neuen Bedingungen anpassen?

Bei der Planung von Veränderungen in Organisationen stehen betriebswirtschaftliche, kunden- und marktorientierte sowie öffentlichkeitsrelevante Fragen im Vordergrund. Das unmittelbare Ziel der Veränderung ist die Optimierung der Leistung für die Kunden. **Wenig Aufmerksamkeit** wird fälschlicherweise der wichtigsten Ressource geschenkt, ohne die die Leistung der Organisation gar nicht erbracht werden kann, den Mitarbeitenden. Wir stellen uns nachfolgend die Frage, inwiefern die Mitarbeitenden durch Veränderungen von Aufgaben, Strukturen und Kultur in ihrer Bereitschaft und Möglichkeit betroffen werden, die von ihnen geforderte Leistung zu erbringen (Tab. 15.1).

wenig Aufmerksamkeit für die Auswirkungen auf die Mitarbeitenden

organisationspsychologische Gesichtspunkte: Chancen und Risiken des Veränderungsmanagements

Diese Betrachtung der Organisation macht den Blick frei auf eine Vielzahl von psychologischen Gesichtspunkten, die für den Erfolg von Veränderungen wichtig sind. Der unreflektierte Umgang mit diesen Aspekten resp. die Vernachlässigung der Auswirkungen auf die Menschen in Organisationen (Abteilungen, Gruppen, Teams etc.) gefährdet in hohem Maße vor allem die mittel- und langfristige Leistungsbereitschaft und -fähigkeit oder bedroht sogar die Existenz der Organisation. Mitarbeitende – ob einzeln oder als

15.1 · Psychologische Konsequenzen von Veränderungen

Tab. 15.1. Veränderungen in Organisationen und ihre organisationspsychologische Bedeutung

Aspekte der Organisation	Organisationspsychologische Gesichtspunkte	Risiken von Veränderungen bzw. umgekehrt deren Chancen
Aufgabe Aufgabenverständnis, Ziele und Strategien, Interpretation der Primary Task resp. des Existenzgrundes des Systems	Aufgaben und Ziele — geben eine Richtung, ermöglichen Orientierung — vermitteln Sinn — ermöglichen damit die Bindung affektiver Energien, Identifikation — schaffen Verbindlichkeit — ermöglichen Gemeinsinn und damit Zusammenhalt — eröffnen Entwicklungsmöglichkeiten, Handlungsspielräume und Autonomie	— Orientierungslosigkeit — Sinnkrise — Frustration, Aggression — Verlust der gemeinsamen Idee, des Zusammenhalts — Verlust der Identifikation — weniger Engagement, Motivation
Struktur Was für die Aufgabenerfüllung geregelt (organisiert) werden muss: — Aufgabenteilung — Kompetenzen — Abläufe — Führungsinstrumente — ...	Strukturen — sind von der Organisation formal oder informell vorgegeben, sicht- und spürbare Rahmenbedingungen — regeln Einfluss, Macht, soziale Einbindung, Entwicklungsmöglichkeiten, verfestigen den mikropolitischen Rahmen — sind Orientierungshilfe, Stütze, geben Halt, reduzieren Beliebigkeit (Chaos) und geben damit Sicherheit — d. h. sie dienen der Angstabwehr bzw. reduzieren Angst — dienen der Konfliktregelung, Konflikte aller Art werden durch strukturelle Regelungen vorweggenommen (bzw. im negativen Fall angelegt)	— Verunsicherung, Ungewissheit, Orientierungslosigkeit, Verlust der Perspektive — Isolation — Angst — Interessenkonflikte — Frustration, Aggressivität — Verwendung von Energie für mikropolitische Auseinandersetzungen statt für Aufgaben
Kultur Werte, Normen, Denk- und Verhaltensmuster, Art und Weise, **wie** in der Organisation etwas getan wird	Organisationskultur — regelt bewusst oder unbewusst die Interpretation von Aufgaben und die strukturelle Ausgestaltung der Organisation — bestimmt die Fähigkeit, die Realität und das Wirklichkeitsverständnis der Organisation kritisch zu prüfen — regelt bewusst oder unbewusst die Qualität aller Handlungen und Verhaltensweisen in der Organisation — bestimmt damit die Qualität von Kommunikation und Zusammenarbeit — ist maßgebend für das in der Organisation vorhandene Vertrauen — bestimmt die Fähigkeit, Konflikte zu lösen — bestimmt das Klima der Organisation, das Zusammengehörigkeitsgefühl, die Kohäsion — vermittelt das Gefühl einer Einheit und ermöglicht das Bewusstsein der Identität der Organisation als Ganzes und ihrer Entwicklung(sgeschichte) — ermöglicht die Sinnhaftigkeit und Zweckorientierung auch der informellen impliziten Strukturen der Organisation	— Orientierungsverlust, Verwirrung: Was gilt noch? — Sinnkrise — Gefährdung von Identifikation, Motivation, Engagement — Gefährdung des Zusammenhaltes, der Kohäsion, Vereinzelung — Beeinträchtigung des Zusammenwirkens, der Kooperation — Vertrauensverlust — Verfolgung von Einzelinteressen statt Organisationszielen — Gefährdung der Konfliktfähigkeit

Angst und Widerstand

Vertrauen und Identifikation

Gruppen – reagieren auf Beeinträchtigungen ihrer (konkreten und/oder vermeintlichen) vitalen Interessen mit Angst und Widerstand. Die psychologisch sensible, ganzheitliche Wahrnehmung und Gestaltung der Veränderung bewirkt hingegen Vertrauen, Identifikation, Bindung, Engagement und Großzügigkeit. Ein aufgeklärtes, professionelles Veränderungsmanagement nutzt diese Chancen und vermeidet die organisationspsychologischen Risiken.

Prozessebenen

Die obige Betrachtung von Aufgabe, Struktur und Kultur beschreibt die Auswirkungen der Veränderung von Zuständen (Was sind die Produkte, wie ist das Unternehmen organisiert, was sind gültige Regeln und Einstellungen?) der Organisation. Wir untersuchten die psychischen Reaktionen der Mitarbeitenden auf die Veränderung dieser Zustände.

Veränderungsmanagement heißt Steuerung von Systemprozessen

Eine andere Betrachtung beschreibt die Prozesse, die auf verschiedenen Ebenen in jedem System (Unternehmen, Abteilung, Gruppe, Rolle) ablaufen. Wir können eine Vielzahl gleichzeitiger, paralleler und interdependenter Prozesse unterscheiden (◘ Abb. 15.3).

Alle diese Prozesse stützen die Organisation, sie sind für deren Funktionsfähigkeit vor, während und nach der Veränderung verantwortlich. Sie sind deshalb in ihrem Zusammenspiel entscheidend für den Erfolg des Veränderungsmanagements und müssen von den Verantwortlichen laufend reflektiert werden. Auch aus dieser Betrachtung lässt sich eine ganze Reihe von Interventionsfeldern des Veränderungsmanagements ableiten. Im Blickpunkt steht jetzt die Bewegung vielschichtiger Handlungsmuster in der Organisation im Zeitablauf. Wir verwenden für die Darstellung in ◘ Abb. 15.3 die Metapher des Eisbergs. Der Eisberg soll verdeutlichen, dass nicht alle diese Prozessebenen direkt beobachtet werden können. Die tieferen Ebenen schimmern metaphorisch gesprochen nur durch das Wasser. Je tiefer die Ebenen, umso dunkler ist das Wasser. Diese tieferen Prozessebenen müssen erspürt, erfragt, erforscht werden: Sie zeigen sich nur im konkreten, sichtbaren Verhalten der Systemmitglieder, das durch Beobachtung und Interpretation zu entschlüsseln ist. Gleichzeitig sind dies die wirklich mächtigen Prozesse: Der Eisberg stützt seine Spitze durch sein enormes Verdrängungspotenzial in den Tiefen des Wassers. Die Vernachlässigung dieser Prozesse birgt die größten Risiken für das Veränderungsmanagement.

Interventionsfelder

Eisberg

Selbstverständlich erscheinen viele der weiter oben diskutierten Wirkungen von Veränderungen auch in dieser prozessorientierten Betrachtung. Es handelt sich ja auch um den gleichen Gegenstand – nämlich die Organisation, ihre Teams und ihre Mitarbeitenden – nur eben aus einem anderen Blickwinkel.

Die Beachtung und Steuerung der Auswirkungen von Veränderungen auf das Zusammenspiel dieser verschiedenen Prozessebenen ist Gegenstand des Veränderungsmanagements.

Widerstand als Chance

Flucht oder Kampf

In Anknüpfung an die Ausführungen im ▶ Abschn. 15.1.2 rekapitulieren wir: Angst ist ein überlebenswichtiges Signal. Sie weist auf Gefahr hin und verlangt nach einer spontanen Reaktion. In Organisationen sprechen wir dann

15.1 · Psychologische Konsequenzen von Veränderungen

Abb. 15.3. Systemprozessebenen. (In Anlehnung an Rieckmann 2007, S. 276)

Widerstand als Reaktion auf Angst

von Widerstand. Verspüren wir Angst, fliehen oder kämpfen wir. Je nach Situation ist das eine oder andere die adäquatere Form, wie der Gefahr begegnet werden kann. Angstverarbeitungsmechanismen oder eben Widerstand könnte man also vereinfacht als Varianten von Flucht und Angriff bei Gefahr verstehen, als Versuche, sich aus der Gefahr zu begeben. Vor vielen Gefahren muß nicht geflüchtet werden; bei vielen ist es wichtig, manchmal lebensnotwendig, dass wir entfliehen können. Flüchten wir uns aber in die innere Fantasiewelt, in Ersatzbefriedigungen, in eine Depression oder Sucht, in die Isolation, dann ist es zwar beinahe so, als ob uns die Gefahr nichts mehr angehe – sie bleibt aber bestehen, weil wir sie nicht bekämpfen. ◘ Tab. 15.2 zeigt die Symptome, in denen sich Widerstand äußert und an denen wir Widerstand erkennen können.

Verarbeitung von Angst

In Organisationen sollte also bei Veränderungsprozessen besonders darauf geachtet werden, wie die damit ausgelösten Ängste von der Belegschaft bearbeitet werden. Zeigen sich Widerstände oder gar Protest, handelt es sich zuerst einmal um grundsätzlich positive Angstverarbeitungsmechanismen: Statt zu flüchten wird gekämpft, finden Auseinandersetzungen statt, werden Konflikte thematisiert. Widerstand ist keine psychische Störung, sondern eine normale Form der Angstverarbeitung. Widerstand ist immer ein wichtiges ernstzunehmendes Signal. Dabei gilt es zu beachten:

Widerstand als normale Reaktion auf Angst

wichtiges Signal

1. Wie zeigt sich der Widerstand? (◘ Tab. 15.2)
2. Welches sind die Inhalte/Kernpunkte der im Widerstand geäußerten Meinungen?
3. Welche Interessenkonflikte zeichnen sich auf welchen Ebenen ab?

Versachlichung der Ängste

Ernstnehmen emotionaler Reaktionen

In allen drei Punkten geht es aus der Führungsperspektive darum, mit den Mitarbeitenden über die sachlichen Argumente und Inhalte ins Gespräch zu kommen. Dies wird aber nur über das Ernstnehmen und Annehmen der sozialen und emotionalen Reaktionen der betroffenen Mitarbeitenden möglich sein. Angst vor Veränderungen kann man niemandem nehmen, weil in der Veränderung keine absolute Sicherheit existiert. Man kann aber sehr wohl

◘ Tab. 15.2. Allgemeine Symptome für Widerstand. (Adaptiert nach Doppler & Lauterburg 2008, S. 339)

	verbal (Reden)	non-verbal (Verhalten)
aktiv (Angriff)	**Widerspruch** Gegenargumentation Vorwürfe Drohungen Polemik Sturer Formalismus	**Aufregung** Unruhe Streit Intrigen Gerüchte Cliquenbildung
passiv (Flucht)	**Ausweichen** Schweigen Bagatellisieren Blödeln ins Lächerliche ziehen Unwichtiges debattieren	**Lustlosigkeit** Unaufmerksamkeit Müdigkeit Fernbleiben innere Emigration Krankheit

15.1 · Psychologische Konsequenzen von Veränderungen

Tab. 15.3. Widerstand gegen Veränderungen in Organisationen: Motive und Gegenstrategien

Motive/Auslösemomente	Gegenstrategien
Verteidigung von handfesten Interessen: – materielle Werte – Prestige – Macht	– Arbeit an einem gemeinsamen, übergeordneten Aufgabenverständnis, gemeinsame Visionen und Strategien, Sinngebung, Schaffung (intrinsischer) Identifikationsmöglichkeiten durch Teilhabe am Ganzen, – Sicherung gerechtfertigter Ansprüche
Unkenntnis der Situation (Ausgangslage, Veränderungsbedarf, Rahmenbedingungen, Ziele etc.)	– Informieren – Veränderung als Lernprozess gestalten
Angst als Folge des Gefühls der Bedrängnis – fehlendes Vertrauen – Identitätsverlust durch Wertewandel oder Veränderung der Rolle – Überforderung, Verlust des Selbstvertrauens	– Respekt und Verständnis für die ganze Person und deren Situation – Vermittlung von Sicherheit

dazu beitragen, dass die Gefahren sachbezogener und realistischer eingeschätzt werden können – ohne die Illusion einer Sicherheit aufzubauen, die nicht geglaubt würde.

Die Zusammenstellung möglicher Auslösemomente für Widerstand und geeigneter Strategien für den Umgang damit (Tab. 15.3) kann der Führungskraft als Orientierung dienen. Die Strategien wirken natürlich sowohl präventiv als auch in der Bearbeitung aufgetretenen Widerstands.

Auslösemomente für Widerstand ... und Strategien für den Umgang damit

In Organisationen entstehen, ob gewollt (formal geregelt) oder als Resultat informeller Prozesse, geschriebene und ungeschriebene Rechte und Vorteile. Mit der Übernahme von Rollen und der Einnahme von Positionen sind immer **Interessen** verbunden. Veränderungen in Organisationen gefährden solche Interessenlagen. Solche »gewachsenen« Interessen haben manchmal mit der eigentlichen Aufgabe gar nicht unmittelbar zu tun. Es sind vielmehr an die Position gebundene Status- und Prestigeinteressen (z. B. Direktionskantine, Büromöblierung). Veränderungen von Positionen implizieren Veränderungen von Macht und Einfluss. Auch materielle Interessen (Lohn und Zusatzleistungen, Vergünstigungen) können mit der Veränderung von Positionen betroffen sein.

Widerstand infolge Gefährdung materieller und immaterieller Interessen

Die Sicherung von gerechtfertigten Ansprüchen ist, soweit realisierbar, selbstverständlich. Im Übrigen fokussiert eine **Strategie** für den Umgang mit Widerstand aus solchen Interessenverletzungen auf zentrale gemeinsame Interessen von Organisation und Betroffenen: auf die gemeinsame Vorstellung von Sinn, Zweck und Inhalt der Aufgaben im Betrieb. Im Zentrum steht zunächst natürlich die Vermittlung der Sinnhaftigkeit der Veränderung (und ihrer unangenehmen Konsequenzen) vor dem Hintergrund des größeren Ganzen, durch Information, Transparenz, Einbezug der Betroffenen.

Konzentration auf die gemeinsame Sache

Widerstand wird häufig dadurch ausgelöst, dass die Informationen fehlen, um die Situation einschätzen zu können. Eine nicht explizit begründete Anordnung beispielsweise, den Arbeitsplatz in einem anderen Büro, mit anderen Kollegen zu beziehen, löst verständlicherweise spontan Widerstände bzw. eine Abwehrhaltung aus.

Widerstand aus Unkenntnis

Information

Sowohl einschneidende wie auch kleinere Veränderungen müssen transparent begründet werden. Viel und frühzeitige Information über Sinn, Zweck und Inhalt der Veränderungen ist notwendig. Noch viel wirksamer ist der frühzeitige Einbezug der Betroffenen schon in die Entwicklung von Ideen über den Veränderungsbedarf. Damit wird der Veränderungsprozess von Beginn an als gemeinsamer Lernprozess gestaltet, mit dem Widerstand wird so im wahrsten Sinne des Wortes vorbeugend umgegangen.

Widerstand aus Verunsicherung

Werden Mitarbeiter mit Veränderungen konfrontiert, ohne dass sie Sinnzusammenhänge erkennen und sie die Auswirkungen abschätzen können, dann sind Verunsicherungen und damit Ängste die Folge. Die Betroffenen fühlen sich in ihrem Arbeitsumfeld bedroht. Sie verlieren das Vertrauen, darin aufgehoben zu sein und sich darin entwickeln zu können. Solche Vorgänge rühren an den psychischen Grundfesten der Arbeitskraft und führen oft direkt in die Krankheit.

Sicherheit durch tragende Beziehungen und Transparenz

Die Strategie im Umgang mit diesen Ängsten ist primär eine Frage der Haltung (des Menschenbildes): Erkennen und Akzeptieren von Menschen im Betrieb als ganze Menschen mit Anspruch auf ganzheitliche Wahrnehmung. Eine solche Haltung erfordert die Schaffung tragender (und damit belastbarer!), vertrauensvoller Arbeitsbeziehungen durch Information, Unterstützung, Betreuung, Beratung, Weiterbildung ebenso wie die transparente Einforderung von Leistung durch klare Zielvereinbarung.

Widerstand als Chance

So verstanden ist Angst und damit verbundener Widerstand ein Signal und eine Chance für die Entdeckung von Schwächen des Veränderungsmanagements. Der sorgfältige Umgang mit Ängsten und Widerstand wird zum Erfolgsfaktor.

ZUSAMMENFASSUNG

Die immer schneller sich ändernden Rahmenbedingungen für Organisationen aller Art rücken eine besondere Managementfunktion ins Zentrum der Diskussion: die Gestaltung von Veränderungsprozessen. Veränderungen in der Organisation betreffen primär Menschen. Ein professionelles Veränderungsmanagement muss sich mit grundlegenden Fragen der psychologischen Bedeutung von Veränderungen in Organisationen und der psychischen Wirkungen auf Menschen befassen. Führungskräfte müssen ihr Handeln unter Beachtung dieser Erkenntnisse optimieren. Durch differenzierte Wahrnehmung der facettenreichen Auswirkungen geplanter Veränderungen und die (präventive) Steuerung auf den verschiedenen Handlungsebenen gilt es, möglichst günstige Voraussetzungen für den erfolgreichen (Ressourcen schonenden) Verlauf von Veränderungsprojekten zu schaffen. Es geht um einen vorbeugenden, strategischen, produktiven Umgang mit Ängsten und Widerstand in Situationen von Instabilität und Unsicherheit.

FRAGEN ZUR VERTIEFUNG

- Wenn Sie sich, vor dem Hintergrund von ◘ Abb. 15.1 »Selbstverständlichkeit des Wandels«, die wesentlichen Veränderungen in Ihrer Biografie, in Ihrem beruflichen Werdegang, an Ihrem Arbeitsplatz vor Augen halten: Wo sind Sie mit eigenen Ängsten und Widerständen konfrontiert worden? Welche Muster im Umgang damit haben Sie entwickelt?
- Betrachten Sie eine betriebliche Veränderung von größerer Tragweite, die Sie als Betroffener oder Macher erlebt haben, oder die Ihnen noch bevorsteht: Was sind wesentliche Wirkungen und Merkmale dieser Veränderung vor dem Hintergrund von ◘ Tab. 15.1 »Veränderungen in Organisationen und ihre organisationspsychologische Bedeutung« und ◘ Abb. 15.3 »Systemprozessebenen«?
- Wo in Ihrem betrieblichen Alltag spüren Sie Widerstand von Mitarbeitenden und wie äußert sich dieser? Welchen Ursprung könnten solche Widerstände haben? Welche Strategien sind geeignet, damit umzugehen?

Literatur

Battegay, R. (1996). *Angst und Sein*. Frankfurt a. M.: Edition Wötzel.
Bröckermann, R. (1989). *Führung und Angst*. Frankfurt a. M.: Peter Lang.
Doppler, K., Fuhrmann, H., Lebbe-Waschke, B. & Voigt, B. (2002). *Unternehmenswandel gegen Widerstände. Change Management mit den Menschen*. Frankfurt/M.: Campus.
Doppler, K. & Lauterburg, C. (2008). *Change Management. Den Unternehmenswandel gestalten* (12. Aufl.). Frankfurt/New York: Campus.
Kraus, G., Becker-Kolle, C. & Fischer, T. (2010), *Change-Management*. Berlin: Cornelsen.
Linder, W. & Zijderveldt, Ch. (Hrsg.) (1990). *Umgang mit Angst im betrieblichen Alltag*. Zürich: Industrielle Organisation.
Rieckmann, H. (2007). *Managen und Führen am Rande des 3. Jahrtausends. Praktisches, Theoretisches, Bedenkliches*. Frankfurt a. M.: Peter Lang.

15.2 Methoden der Gestaltung von Veränderungsprozessen

Thomas Steiger

▶ Abschn. 15.1 setzte sich mit den psychologischen Grundlagen eines professionellen Veränderungsmanagements auseinander. Der vorliegende ▶ Abschn. 15.2 befasst sich darauf aufbauend mit verschiedenen Methoden der Gestaltung von Veränderungsprozessen sowie mit deren Wirkungen und Indikationen. Diskutiert werden die Vorteile, Chancen und Risiken direktiver und partizipativer Methoden des Veränderungsmanagements. Spezielle Beachtung finden Ansätze der systemischen Organisationsentwicklung und es wird der idealtypische Ablauf eines Veränderungsprozesses dargestellt.

15.2.1 Management von Veränderungsprozessen

Führen unter Unsicherheit

»Managen« von Veränderungen heißt Führen unter Unsicherheit. In komplexen Systemen ist weder die Ausgangslage noch die anvisierte Zielsituation eindeutig. Vielfältige, teilweise unbekannte Einflüsse, widersprüchliche Informationen und uneinheitliche Vorstellungen der Beteiligten stellen sich als eine Art Nebel in den Weg der planenden und entscheidenden Instanzen. Ein logisches Grundgesetz im Umgang mit Komplexität lautet: Der Komplexität kann nur mit einer entsprechend großen Vielfalt von Handlungsoptionen wirksam begegnet werden. Handeln unter Unsicherheit setzt die Verfügbarkeit vielfältiger »Rezepturen« und »Werkzeuge« sowie Kenntnisse über Wirkungen und Voraussetzungen (Indikationen) dieser Methoden voraus. Unter komplexen Bedingungen neigen Akteure mit eingeschränkter, einseitiger Sichtweise dazu, das zu verändernde System unnötigen Belastungen und eventuell gravierenden Fehlentwicklungen auszusetzen. Oder sie versuchen, mit immer mehr Anstrengung, mit immer den gleichen zunehmend unwirksamen Strategien, mit immer weniger Erfolg, die sich verstärkenden Symptome zu bekämpfen.

Vielfalt von Handlungsoptionen …

… statt mehr desselben

psychologische Auswirkungen von Veränderungen als Grundlage für die Gestaltung von Veränderungsprozessen

▶ Abschn. 15.1 hat sich mit den psychologischen Auswirkungen von Veränderungen in Organisationen auf die betroffenen Individuen befasst. Auf dieser Grundlage setzen wir uns nun mit der Gestaltung von Veränderungsprozessen auseinander. Wir befassen uns nachfolgend mit den Zielen sowie mit den zu beachtenden Auswirkungen und Rahmenbedingungen verschiedener Vorgehen. Dann präsentieren wir eine Übersicht über das ganze Spektrum der in der betrieblichen Realität praktizierten Methoden und sehen uns zwei repräsentative Vorgehensweisen etwas genauer an.

15.2 · Methoden der Gestaltung von Veränderungsprozessen

Dabei können wir keine Rezepte und Anleitungen abgeben – zu unterschiedlich und situationsbezogen sind die Methoden des Veränderungsmanagement. Vielmehr bieten wir eine Ausgeordnung von wichtigen Fragestellungen, die im Zusammenhang mit Veränderungsprojekten beachtet werden sollten.

statt Rezepte ...

... wichtige Fragestellungen

15.2.2 Ziele und Aufgaben des Veränderungsmanagements

Individuen und Gruppen reagieren – wie wir gesehen haben – sehr sensibel auf Veränderungen (▶ Abschn. 15.1). Insbesondere die Art und Weise, wie diese Veränderungen realisiert werden, hat großen Einfluss auf Nachhaltigkeit und Wirksamkeit der Ergebnisse.

Professionelles Veränderungsmanagement bezieht sich deshalb nicht nur auf die Aufgabenebene, also die Ebene der materiellen Veränderungen, sondern explizit auch auf die übrigen Systemprozesse in der Organisation (◘ Abb. 15.3).

Gestaltung aller Prozessebenen

Zu den inhaltlichen Zielen eines geplanten Veränderungsprozesses, (wie z. B. Einführung eines Qualifikationssystems, Zusammenlegung zweier Abteilungen, Fusion von Unternehmen, Formulierung einer Vision, Erarbeitung von Unternehmensleitsätzen, Einführung selbststeuernder Teams, Bildung von Profitcenters, Festlegung neuer Arbeitsabläufe etc.) kommen deshalb noch weitere, immer mit zu bedenkende Ziele, die vor allem die Erhaltung oder besser noch Steigerung der Leistungsfähigkeit und -bereitschaft der betroffenen Mitarbeitenden oder Gruppen von Mitarbeitenden berücksichtigen. Im Vordergrund steht dabei die Schaffung von Identifikationsmöglichkeiten durch Beteiligung (teilhaben lassen, Ermächtigung, Nutzen des Know-hows) der Betroffenen und durch Vermittlung von Sinn, Schaffung von Vertrauen und Umgang mit Ängsten.

inhaltliche Ziele

Ziele betreffend Leistungsfähigkeit und -bereitschaft

15.2.3 Methoden des Veränderungsmanagements

Methoden, ihre Indikation und Auswirkungen

◘ Abb. 15.4 gibt einen Überblick über das Spektrum möglicher Interventionsformen bzw. Veränderungsmethoden, ihre Anwendungsgebiete und Wirkungen.

Überblick

◘ Abb. 15.4 ordnet eine Reihe von methodischen Ansätzen zur Gestaltung von Veränderungsprozessen unter dem Merkmal »direktiv« bzw. »partizipativ« ein. Links außen figuriert demnach eine mit »Befehl« charakterisierte ausschließlich **direktive** Methode, rechts außen die mit »totale Partizipation« beschriebene ausschließlich **partizipative** Methode. Dazwischen finden sich von links nach rechts Veränderungsmethoden, die zunehmend partizipativen bzw. abnehmend direktiven Charakter haben. Man könnte auch sagen, dass in der Reihenfolge von links nach rechts die Beteiligung der Betroffenen an der Planung und Realisierung des Veränderungsvorhabens

Erläuterungen zur Grafik

»direktiv« vs. »partizipativ«

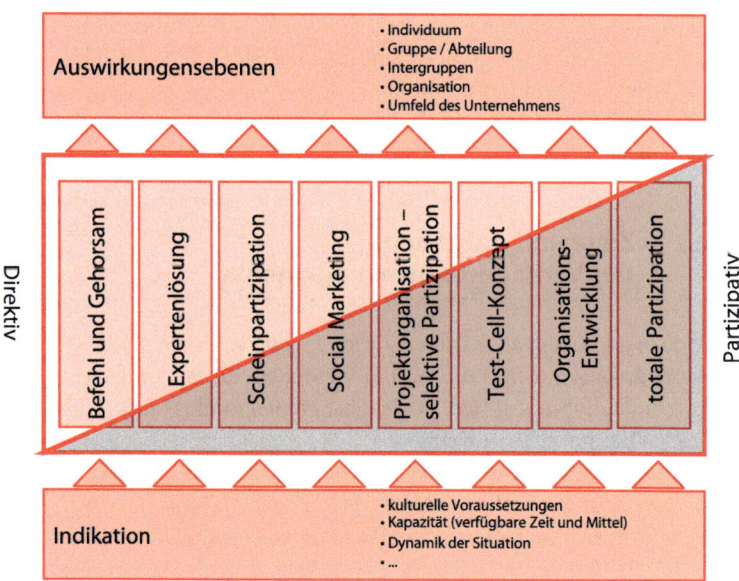

Abb. 15.4. Methoden des Veränderungsmanagements im Überblick. (Nach Rieckmann 1991, unveröffentlichte Seminarunterlagen, Universität Klagenfurt)

Partizipation als Schlüsselkriterium im Umgang mit Widerstand

kontinuierlich zunimmt. Das Ordnungskriterium »Beteiligung« bzw. »Partizipation« ist ein Schlüsselkriterium im Umgang mit Widerstand und Komplexität und deshalb zentral für die Beschreibung der unterschiedlichen Auswirkungen (Risiken und Chancen) verschiedener Gestaltungsformen von Veränderungsprozessen.

Angemessenheit – Indikation

Um die Angemessenheit einer Veränderungsmethode zu beurteilen, sind verschiedene von einander abhängige Faktoren zu prüfen. Es stellt sich – ähnlich wie vor der Verabreichung eines Medikamentes – zunächst die Frage nach der Indikation.

Indikation

Situation

Wie stellen sich die Rahmenbedingungen des Veränderungsprozesses dar: Inwiefern lassen diese Bedingungen Raum für die Beteiligung der Betroffenen?

Kultur

Dazu gehört beispielsweise die Frage nach der Führungskultur: Inwiefern sind Führungskräfte **und** Betroffene in der Lage, partizipative Prozesse zu gestalten?

Kapazitäten, Ressourcen

Gemeint ist auch die Frage nach den zur Verfügung stehenden Kapazitäten: Beteiligungsprozesse brauchen Zeit und damit Mittel. Beteiligungsprozesse erfordern häufig externe beraterische Unterstützung (Prozessbegleitung, Expertenwissen) und verursachen Kosten. Dieser Aufwand ist mit dem damit verbundenen Nutzen (auch in der Form verminderter Risiken) in Relation zu setzen.

verfügbare Zeit

Veränderungsprozesse benötigen mit wachsender Beteiligung der Betroffenen auch zunehmend Realisierungszeit. Es stellt sich die Frage nach der Dynamik der Umwelt (der Märkte). Steht die Zeit zur partizipativen Ausgestaltung der Veränderungsprozesse überhaupt zur Verfügung? Wie kritisch ist der Faktor Zeit für die Realisierung der Veränderung?

Aus- und Nebenwirkungen der Veränderungsmethoden

Auf der **Ebene des Individuums** werden beispielsweise Fragen nach der Beeinflussung der Identifikation und der Leistungsmotivation von Mitarbeitern aufgeworfen. Existenzielle Interessen werden durch Veränderungen berührt und lösen Ängste aus: Verunsicherung durch Veränderung der Aufgaben beispielsweise oder der Verlust von Entscheidungs- und Gestaltungsspielräumen in der Arbeit, aber auch Überforderungssituationen (▶ Abschn. 15.1).

Auf der **Ebene der Zusammenarbeit in Gruppen** stellt sich z. B. die Frage nach den Auswirkungen auf Leistungsorientierung und Zusammenhalt. Veränderungen von Gruppenzusammensetzungen, Führungsstrukturen oder Aufgabenstellungen beeinflussen die Leistungsfähigkeit von Gruppen zumindest vorübergehend und erfordern möglicherweise Interventionen zur Teamentwicklung (▶ Kap. 8).

Die **Zusammenarbeit zwischen ganzen Gruppen** kann tangiert sein. Veränderungen betreffen Interessenlagen und erzeugen Konflikte. So können beispielsweise bisher ausgewogene Beziehungen zwischen Abteilungen aus dem Gleichgewicht geraten (▶ Kap. 16).

Auf der **Ebene der Organisation** müssen Auswirkungen auf das Zusammenspiel von Aufgabe, Struktur und Kultur beachtet werden. Veränderungen im Aufgabenverständnis (z. B. Leistungsaufträge in der öffentlichen Verwaltung) verlangen nach Anpassungen im Bereich der Organisation (der Strukturen, z. B. Globalbudgets und entsprechende Entscheidungsspielräume). Auf der Verhaltensebene müssen gleichzeitig entsprechende Einstellungen und Kompetenzen vorhanden sein bzw. erzeugt werden (Führungskultur, Kundenorientierung etc.; ▶ Kap. 2 und ▶ Kap. 10).

Unternehmen und Institutionen aller Art werden zunehmend als öffentliche Gebilde wahrgenommen und kommen mit ihrer Umwelt in eine direkte öffentliche Auseinandersetzung um Interessen. Die Existenz von Organisationen wird verstärkt abhängig nicht nur von der Beurteilung ihrer Produkte auf dem Markt, sondern auch von der Beurteilung der Art und Weise, wie diese Produkte erzeugt werden.

Vor dem Hintergrund dieser Dimensionen (◘ Abb. 15.4) der direktiven resp. partizipativen Ausrichtung, der Indikation und der Auswirkungen beschreiben wir jetzt – exemplarisch, kurzgefasst und nicht immer ganz deutlich voneinander abgrenzbar – einige typische methodische Ansätze.

Methoden der Gestaltung von Veränderungsprozessen

Die Anwendung dieser Methoden ist weder Glaubenssache noch sollte sie unreflektiert erfolgen, sondern soll das Ergebnis einer bewussten Indikationsstellung (Diagnose) und der Klärung der Auswirkungen auf allen relevanten Wirkungsebenen sein. Es sind auch Mischformen der nachfolgend beschriebenen Verfahren denkbar.

Methode	**Befehl, Gehorsam.** Die Verantwortlichen erteilen nur direkt auszuführende Befehle, die von den Betroffenen nicht in Frage gestellt werden können.
Indikation	Indiziert sein könnte ein solcher Stil in Situationen höchster Gefahr und Bedrängnis (Krieg, Polizeieinsatz, Umweltkatastrophen), wenn es um die Sicherung von Leib, Leben und anderen wichtigen Werten geht, ohne dass Spielräume vorhanden sind.
Auswirkungen	Ein solches Verfahren wird, wenn durch die Betroffenen nachvollziehbar, möglicherweise auf Akzeptanz stoßen und die zukünftige Zusammenarbeit (z. B. auf dem Hochseedampfer nach gelungener Rettungsaktion) nicht gefährden.
Methode	**Reine Expertenlösung.** Es ist dies die wohl am meisten verbreitete Praxis der (Nicht)-Gestaltung von Veränderungsprozessen. Eine hinter verschlossenen Türen vom Management und/oder von Experten erarbeitete Veränderung wird entschieden und die Realisierung verordnet. Im positiven Fall wird so auf unkomplizierte Weise eine tragfähige Lösung gefunden und implementiert. Im negativen Fall wirkt das wie ein Bombenwurf und die betroffenen Führungsebenen und ihre Mitarbeiter haben »den Krater aufzuräumen«. Sie sind dabei mit von den Experten nicht vorhergesehenen Schwierigkeiten konfrontiert. Die Betroffenen haben das Gefühl, »auszubaden, was die da oben eingebrockt haben«. Gegen den Widerstand der Betroffenen muss hart durchgegriffen werden. Häufig sind Nachbearbeitungsprojekte notwendig, um nicht vorhergesehene Schwächen der »gebombten« Lösung zu beseitigen.
Indikation	Die Methode ist eigentlich nur dort gerechtfertigt, wo unbestreitbar Geheimhaltung unumgänglich ist: z. B. bei Fusionen von börsendotierten Firmen oder bei der Realisierung von Kooperationen, die den Wettbewerb maßgeblich verändern. Manchmal ist eine Expertenlösung unumgänglich, wo infolge großen Zeitdrucks und für die Sicherung des Überlebens der Organisation schnell gehandelt werden muss.
Auswirkungen	Expertenlösungen ohne Einbezug der Betroffenen belasten jedenfalls dann die Beziehungen und die Zusammenarbeit im Unternehmen enorm, wenn das Vorgehen unverständlich bleibt. Normalerweise geht mit diesen Aktionen viel Identifikation und »Goodwill« gegenüber dem Management und der Organisation verloren, mit allen Konsequenzen für Leistungsbereitschaft, Qualität der Aufgabenerfüllung etc. Es entstehen im Nachhinein möglicherweise Folgekosten (Personalabgänge, Know-how-Verlust, Fehlzeiten, Beratung), mit denen niemand gerechnet hat. Wegen seiner typischen Bedeutung und der großen, zumeist wenig reflektierten Beliebtheit bei Veränderungs-»Machern« stellen wir dieses direktive Vorgehen weiter unten einer idealtypischen partizipativen Methode gegenüber.
Methode	**Scheinpartizipation.** Veränderungen werden im Vorfeld der Realisierung »zur Diskussion gestellt«, obwohl nur sehr wenig bis keine Spielräume für Modifikationen des Veränderungsvorhabens bestehen. »Beteiligend« daran ist lediglich der Umstand, dass die Mitarbeiter vorab informiert werden.

15.2 · Methoden der Gestaltung von Veränderungsprozessen

Dieses Vorgehen ist nie passend, es soll nur über das »schlechte Gewissen« des Managements hinwegtäuschen. *(Indikation)*

Bei Mitarbeitenden hinterlässt dieses Vorgehen das schale Gefühl, dass sie nicht ernst genommen werden und schwächt das Vertrauen in die Führung. *(Auswirkungen)*

»Social Marketing«. Eine fest beschlossene Veränderungsmaßnahme von unter Umständen sehr großer Tragweite wird den Betroffenen unter Anwendung von professionellem Marketing-Know-how »verkauft«. Mitarbeiter sind »Kunden«. Ziel der Marketingmaßnahmen ist die Schaffung einer optimalen Akzeptanz (»Kaufbereitschaft«) bzw. Kooperationsbereitschaft im Vorfeld der prinzipiell feststehenden Problemlösung. Die Belegschaft als Kunde wird allerdings in dem Sinne »beteiligt«, als »Marktforschung« betrieben wird und daraus modifizierende Einflüsse auf die Problemlösung erwünscht und denkbar sind. Die Maßnahmen werden flankiert durch unterstützende »Anpassungshilfen« (in der Form von Beratern und Workshops). *(Methode)*

Die Methode ist indiziert bei großen, internationalen Unternehmen und Veränderungen von großer Bedeutung und Reichweite, die sich einem breiten Einbezug der Belegschaft schon in der Phase der Planung und Vorentscheidung entziehen. *(Indikation)*

Die Marketingmaßnahmen und die »Anpassungshilfen« versuchen bewusst und kontrolliert, eventuelle negative Auswirkungen der an sich »direktiven« Methode aufzufangen. Transparenz durch extensive Information und aktive Unterstützung in der Umsetzung ist in diesem Fall der Schlüssel zur Bewältigung von Unsicherheit und Widerstand. *(Auswirkungen)*

Projektmanagement und selektive Partizipation. Die Beteiligung der Mitarbeiter erfolgt selektiv, indem eine Projektgruppe, deren Mitglieder aus verschiedenen Betroffenengruppen rekrutiert werden, eingesetzt wird. Die Selektion erfolgt allerdings primär unter Gesichtspunkten der Arbeitsfähigkeit der Projektgruppe und weniger unter dem Aspekt der Vereinigung aller, auch kontroverser Sichtweisen. Schon in der Phase der Situationsklärung und Evaluation von Lösungsvorschlägen fließt bei dieser Methode Know-how aus möglichst vielen Kreisen der Betroffenen ein. *(Methode)*

Das Verfahren ist dann indiziert, wenn unter großem Zeitdruck mit einem professionellen Projektmanagement schnell Lösungen mit einer großen Anschlussfähigkeit erarbeitet werden müssen. *(Indikation)*

Der mögliche Widerstand der am Projekt nicht partizipierenden Kreise ist damit aber nicht behandelt. Insbesondere die »politisch« zusammengesetzte Projektgruppe erzeugt eventuell Fantasien, die durch eine offene Informationspolitik aufgefangen werden müssen. Sonst verkommt dieses Verfahren leicht zu einer abgeschwächten Variante der Expertenlösung. *(Auswirkungen)*

Test-Cell-Konzept. Dahinter steht die Idee der »Abkoppelung« eines kompletten, aber überschaubaren und typischen Unternehmensbereichs (einer Testzelle). Das Veränderungsprojekt erhält allein durch den verminderten Umfang eine Komplexitätsreduktion. In dieser »Testzelle« erfolgt nun eine umfassende, supervidierte (evtl. extern begleitete) Problemlösung und Imple- *(Methode)* mentation der Veränderung unter größtmöglicher Nutzung des Know-hows aller Betroffenen in einem terminlich exakt abgesteckten Projektrahmen. Die umfassende Evaluation der Erfahrungen in diesem Pilotbereich stellt dann die Grundlage für die Übertragung der Lösung auf die Gesamtorganisation dar.

Indikation
In großen Organisationen, mit vielen Einheiten mit vergleichbaren Strukturen, ist dieses Verfahren eine hervorragende Möglichkeit, Lösungsvarianten zu erforschen und dabei Veränderungsrisiken in Grenzen zu halten. Es werden im überschaubaren Rahmen auf partizipativem Wege Erkenntnisse gewonnen, sowohl über die Qualität einer realisierten Lösung als auch über die Anforderungen an die Implementierung der Lösung.

Auswirkungen
Die Übertragung der Lösung auf die Gesamtorganisation erfolgt allerdings direktiv und birgt alle Risiken einer Expertenlösung. Dieser Prozess muss deshalb stark durch Kommunikationsmaßnahmen flankiert werden, um die nötige Akzeptanz zu schaffen. Eine Möglichkeit dazu ist das oben beschriebene »Social Marketing«.

Methode
Systemische Organisationsentwicklung (OE). Organisationsentwicklung ist ein gesteuerter (moderierter) Entwicklungs- und Veränderungsprozess einer Organisation und der darin tätigen Menschen, der sich an einer Reihe von Prinzipien orientiert. OE ist also eine Veränderungsmethode mit expliziten und reflektierten Grundhaltungen:

Grundhaltungen
- Die betroffenen Menschen gestalten den Veränderungsprozess aktiv mit.
- OE respektiert die Erfordernisse der Organisation und ihrer Umwelt genauso wie die legitimen Interessen aller Betroffenen (Individuen und Interessengruppen).
- OE strebt einen angemessenen Umgang mit Komplexität an: Es liegt ihr ein ganzheitliches, systemisches Organisationsverständnis zugrunde.
- OE geht vom Bestehenden aus und will es weiterentwickeln: Das Bisherige wird wertschätzend behandelt und tragende Fundamente werden bewahrt.
- Die Vorstellung der Zukunft wird auf dem Weg dahin immer wieder den neuen Erkenntnissen und Erfahrungen angepasst. Entwicklung ist deshalb ein permanenter Lernvorgang.

Das Verständnis der OE hat sich in den letzten Jahren gewandelt von einer auf psychologischen und gruppendynamischen Erkenntnissen beruhenden Bewegung der Humanisierung von Organisationen hin zu einem systemischen Verständnis der Entwicklung von Organisationen.

systemisches Verständnis

Einbezug der Betroffenen
Systemische Organisationsentwicklung ist im Grunde genommen ein professionell gesteuerter Veränderungsprozess mit angemessenem Einbezug der Betroffenen, d. h. hoher Partizipation, aber unter den Bedingungen der bestehenden Machtordnung (Hierarchie) im Unternehmen. Partizipation meint also keinesfalls – wie häufig falsch verstanden – einen basisdemokratischen Vorgang. OE kann nur dann funktionieren, wenn sowohl der Wille zur Veränderung als auch die Prinzipien und Werthaltungen der Gestaltung von Veränderungsprozessen unter Komplexität und Unsicherheit im Management gut verankert sind.

15.2 · Methoden der Gestaltung von Veränderungsprozessen

Organisationen, die über sich selbst hinauswachsen wollen, sind auf neues, externes Wissen angewiesen. Auch im Rahmen von OE-Prozessen müssen zwingend externe Perspektiven einfließen, um zu verhindern, dass die Organisation nur »ihre eigene Melodie spielt«. Im Unterschied zur reinen Expertenlösung arbeiten aber die Betroffenen dieses neue Wissen von Beginn an in ihre eigenen Lösungen ein.

externes Wissen

OE ist überall dort indiziert, wo für die partizipativen Entwicklungs- bzw. Lernprozesse genügend Zeit und Ressourcen zur Verfügung stehen, und wo die Akzeptanz und die Verankerung der Veränderung für die Zukunftsfähigkeit des Unternehmens essenziell sind.

Indikation

OE will eine funktionierende Organisation dabei unterstützen, mittels wohldosierter Irritation ausgetretene Pfade zu verlassen. Unter Stärkung der eigenen Ressourcen werden trittfeste Wege in eine noch unbekannte Zukunft gesucht und beschritten. OE weist damit weit über die Realisierung eines unmittelbaren Veränderungsvorhabens hinaus. OE versteht Organisationen als lebendige Organismen, die ununterbrochen Veränderungen unterworfen sind, und stellt Methoden und Instrumente zur Verfügung, um diese permanenten Entwicklungsprozesse zu stützen und zu optimieren.

Der umsichtige und ganzheitliche Ansatz von OE ist darauf angelegt, unerwünschte Neben-, Fern- und Rückwirkungen vorweg zu denken und damit zu vermeiden. Der anspruchsvolle Weg der OE verspricht dafür Nachhaltigkeit der Lösungen. In der OE ist die Bearbeitung von in der Organisation innewohnenden Konflikten zentral. Die divergierenden Interessen, aber auch die Chancen der Befruchtung durch externe unabhängige Sichtweisen machen es häufig sinnvoll, die Veränderungsprozesse extern begleiten zu lassen. Das Thema externe Beratung wird in ▶ Kap. 9 behandelt.

Auswirkungen

externe Beratung

Der großen Leistungsfähigkeit und Bedeutung der OE wegen stellen wir diesen Ansatz weiter unten dem typischen Vertreter der autoritären Methoden, der reinen Expertenlösung, gegenüber.

Totale Partizipation. Sie ist nur von Bedeutung für Organisationen ohne hierarchische Strukturierung, also z. B. in kleinen Selbsthilfeorganisationen oder Teams, die sich völlig autonom und ohne explizite Machtdelegation an Führungskräfte organisieren. Entwicklung in solchen Organisationen ist häufig auf Supervision, also externe Begleitung angewiesen und stellen hohe Ansprüche an die Konfliktfähigkeit der beteiligten Menschen.

autonome Teams

Reine Expertenlösung und systemische Organisationsentwicklung im Vergleich

◘ Abb. 15.5 stellt die beiden Veränderungsstrategien, ihre Chancen und Risiken in einen Zusammenhang.

Die reine **Expertenlösung** ist demnach charakterisiert durch eine vergleichsweise geringe Realisierungszeit. Allerdings handelt es sich zumeist um sehr partielle, die Komplexität der Situation nur sehr beschränkt aufnehmende, technisch-organisatorische Maßnahmen. Die Lösung ist autoritär, häufig schlecht kommuniziert und für die Betroffenen aufgrund der eingeschränkten Berücksichtigung ihrer Interessen schlecht akzeptierbar. Das Ergebnis ist Widerstand, gegen den das Management mit Macht ankämpfen

Expertenlösung

Abb. 15.5. Expertenlösung und Organisationsentwicklung im Vergleich. (Nach Rieckmann 1991, unveröffentlichte Seminarunterlagen, Universität Klagenfurt)

muss. Die geringe Akzeptanz und die wahrscheinlichen Schwächen der bezüglich Komplexität reduktionistischen Expertenlösung in der betrieblichen Umsetzung erzeugen häufig anhaltende Langzeitprobleme. Es entsteht ein Nachbearbeitungs-Bedarf, d. h. es wird ein qualifiziertes Verbesserungsmanagement nötig, das dann in der Lage ist, die negativen Folgen der mangelbehafteten Expertenlösung abzuschwächen.

Es spricht also einiges dafür, dass der angenommene zeit- und ressourcensparende Effekt der Expertenlösung in der Phase der Umsetzung wieder verlorengeht.

Organisationsentwicklung

Die **Organisationsentwicklung** hingegen rechnet von Beginn an mit einem angemessenen Zeitbedarf bis zur Realisierung einer Lösung. Es ist vor allem das Prinzip der durchgängigen Beteiligung der Betroffenen (Partizipation), das im Prozess viel Zeit beansprucht. Gleichzeitig ist Partizipation Voraussetzung und Mittel zur Bewältigung der ganzen Komplexität von Organisation, involvierten Personen und Umwelt. Eine hohe Identifikation der Betroffenen, wenig Widerstand sowie ein hohes Maß an Treffgenauigkeit und Nachhaltigkeit der Lösung ist der Vorteil dieses Verfahrens. Das langsame Fortschreiten der Lösungsfindung und die in dieser Zeit sich fortwährend ändernden Bedingungen beinhalten eine gewisse Gefahr der Ermüdung der Betroffenen und des Versandens des Veränderungsvorhabens. Für schnelle, kurzfristige Erfolgserlebnisse muss gesorgt werden, um die Veränderungsenergie zu bewahren.

Merkmale der Expertenlösung vs. systemische OE

Eine systematische Gegenüberstellung von Merkmalen der Expertenlösung und der systemischen Organisationsentwicklung ist Thema der Tab. 15.4.

15.2 · Methoden der Gestaltung von Veränderungsprozessen

Tab. 15.4. Vergleich von Expertenlösungs- und Organisationsentwicklungs(OE)-Strategien zur Bewältigung von Veränderungsvorhaben. (Adaptiert nach Wohlgemuth, 1989, der im Zusammenhang mit Reorganisationen die »Bombenwurf«-Strategie mit der »Organisationsentwicklungs«- Strategie vergleicht)

Merkmal	Expertenlösungs-Strategie	OE-Strategie
Wahrnehmung von Komplexität	Häufig Konzentration auf Strukturfragen und technische Lösungen.	Ganzheitliche Betrachtungsweise (Organisation wird als sozio-technisches System aufgefasst).
Know-how	Expertenwissen (logisch-rational »beste« Struktur-/Technik-Varianten).	Nutzung von Know-how und Erfahrung der Betroffenen.
Entscheidungsfindung Konflikthandhabung	Geschäftsführung entscheidet autoritär über Struktur (diktierte Konflikt»lösung«).	Betroffene partizipieren am Lösungsfindungsprozess (sind involviert). Konflikte werden ausgehandelt.
Zeitbedarf	Lösung steht relativ schnell fest.	Lösungsfindung dauert im Vergleich länger und ist aufwendiger.
Information	Häufig Geheimhaltung der Lösung bis zum Tag X. Dann Verkündung der Vorhaben durch die Vorstandsetage.	Erhöhte Informationsdiffusion sowie Transparenz von Anfang an, aber auch insgesamt längere Dauer der Verunsicherung. Durch breit abgestützte Vorbereitung keine »Überraschungseffekte«.
Widerstand	Meistens große Widerstände, es muß hart durchgegriffen werden.	Keine oder relativ geringe Widerstände, deshalb schnellere Umsetzung.
Treffgenauigkeit und Nachhaltigkeit	Nachträgliche Anpassungen meist unumgänglich (Detailprojekte zur Nachbesserung). Dauert lange, bis neue Struktur überall richtig eingespielt ist, meist hohe Reibungsverluste. Auch Know-how-Verlust durch Abgänge qualifizierter Mitarbeitender.	In der Regel wenig und unkompliziert umsetzbares »Feintuning«. Neue Strukturen und Abläufe »sitzen« von Anfang an, weil die Betroffenen die Veränderungen verstehen und stärker mittragen.
Lernchancen	Lernprozess für Unternehmensspitze groß, für die übrige Belegschaft gering. Abhängigkeit von Experten tendenziell groß.	Lernprozess für alle Führungskräfte und betroffenen Mitarbeitenden groß. Veränderungs-Know-how wird auf allen Hierarchieebenen akkumuliert.

15.2.4 Vorteile und Bedingungen partizipativer Veränderungsstrategien

In **Abb. 15.6** sind die Vorteile von Veränderungsstrategien, die »Betroffene zu Beteiligten machen« zusammengefasst. Die Darstellung folgt unserem systemischen Organisationsverständnis mit seinen Aspekten der Aufgabe, der Struktur und der Kultur. Die Vorteile für die Organisation im Sinne der Entwicklung der Fähigkeit zur flexiblen Anpassung an die sich ändernden Bedingungen des Umfeldes (des Marktes) und damit der langfristigen Existenzsicherung sind unübersehbar.

Chancen der Strategie »Betroffene zu Beteiligten machen«

Allerdings müssen eine Reihe von Bedingungen gewährleistet sein, damit solch partizipative Strategien, insbesondere die Organisationsentwicklung, greifen können.

notwendige Bedingungen

Transparenz als Stichwort beschreibt ein erstes Bündel von Bedingungen für den Erfolg partizipativer Veränderungsstrategien. Transparente Motive

Transparenz der Motive und Ziele

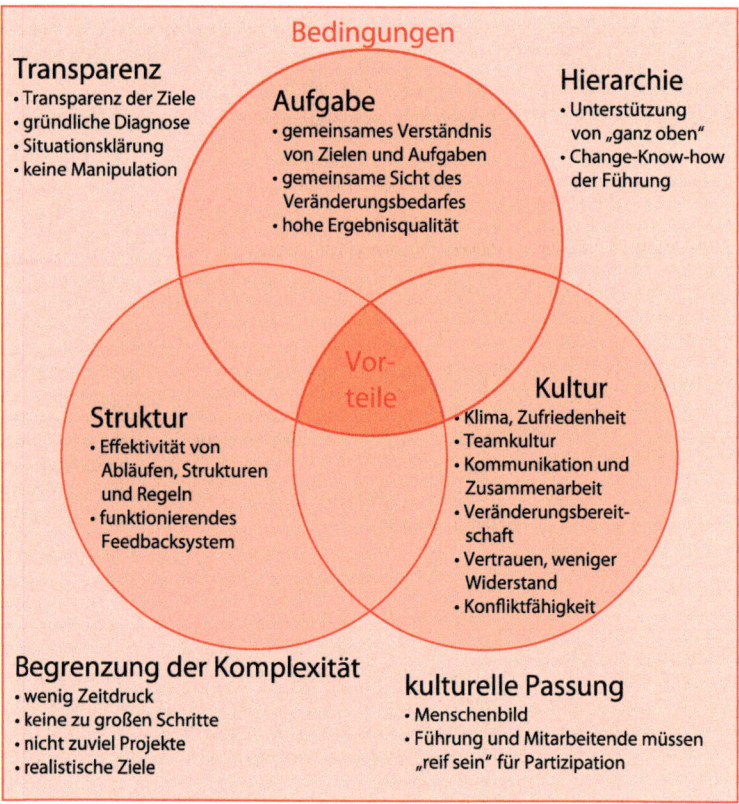

Abb. 15.6. Vorteile und Bedingungen partizipativer Veränderungsstrategien

keine »hidden agenda«

Offenheit im Umgang mit Problemen

Begrenzung der Komplexität

und Ziele bedeutet das Fehlen einer »hidden agenda«: Das geheimnisvolle, unergründliche Wirken auch nur fantasierter manipulativer »verborgener Absichten« vereitelt Vertrauen und provoziert nachhaltigen Widerstand. Die Transparenz der Ziele und Absichten ist Voraussetzung für eine für alle Beteiligten verständliche und akzeptable Vision. Interessengegensätze müssen enttabuisiert und für Verhandlungen zugänglich gemacht werden. Schaffung von Transparenz bedeutet Entwicklung eines differenzierten Problembewusstseins bei allen Betroffenen. Die Schaffung von Transparenz setzt die sorgfältige Analyse der Ausgangslage – also eine möglichst differenzierte Situationsklärung unter möglichst vielen Gesichtspunkten – voraus. Häufig ist es nützlich oder sogar unumgänglich, eine externe Begleitung hinzuzuziehen. Das unterstützt die notwendige Offenheit im Umgang mit den Problemen und sorgt für die nötige externe Irritation und erleichtert dank unabhängigem Konfliktmanagement schließlich die nötige Akzeptanz der Situationsbeurteilung und Lösungsansätze.

Die gezielte **Reduktion von Komplexität** ist eine weitere Voraussetzung für das Gelingen partizipativer Veränderungsprozesse. Zunächst heißt das, den Beteiligten Zeit einzuräumen, um Zeitdruck zu vermeiden. Die Vermeidung zu großer Entwicklungsschritte erhöht darüber hinaus die Überschaubarkeit des Geschehens für die Betroffenen. Kleinere Entwicklungsschritte verhindern zudem, dass die Veränderungsvorhaben »zu visionär« werden,

d. h. nicht mehr beim Konkreten, Machbaren, Vorstellbaren ansetzen, sondern die Beteiligten mit zu hohen Anforderungen konfrontieren. Mit der gleichen Begründung soll auch darauf verzichtet werden, die Beteiligten mit zu vielen parallelen Veränderungsvorhaben zu belasten.

Eine dritte Gruppe von Bedingungen bezieht sich auf die **hierarchischen und kulturellen Rahmenbedingungen** von Veränderungen in Organisationen. Ohne die vollumfängliche Unterstützung des Vorgehens durch die relevanten Machtzentren der Organisation sind solche Entwicklungsprozesse ohne Fundament und laufen Gefahr, kontraproduktive Wirkungen zu haben. Die Desavouierung oder »Entmächtigung« von engagierten, vermeintlich Beteiligten durch eigenwillige Entscheide auf höheren Ebenen löst Frustration und Wut aus und zerstört das Vertrauen in die Organisation. Eine echte Unterstützung partizipativer Veränderungsvorhaben in Organisationen ist nur möglich, wenn das Management seinerseits ein grundsätzliches tiefes Vertrauen in die Loyalität, Leistungsfähigkeit und in den Leistungswillen der Mitarbeiter hat. Mit anderen Worten haben Organisationen, die nicht bewusst ein modernes Menschenbild (vgl. »complex man« in ▶ Kap. 1) pflegen, keinen fruchtbaren Boden für partizipative Prozesse. Dasselbe gilt auch auf der Seite der Belegschaft. Mitarbeiter, die nicht darauf vorbereitet sind, mitzubestimmen und noch keine positiven Erfahrungen damit machen konnten, werden sich möglicherweise zunächst gegen eine solche Beteiligung im Veränderungsprozess wehren, d. h. paradoxerweise Widerstand leisten.

Insgesamt kommen wir also zum Schluss, dass eine ganze Reihe anspruchsvoller Bedingungen erfüllt sein muss. Eine Organisation muss gut vorbereitet sein, damit partizipative Veränderungsstrategien greifen können. Nur dann kann die Organisation daraus den ganzen Nutzen ziehen: eine wachsende Fähigkeit auch wichtige und einschneidende Veränderungen nachhaltig und mit großer Treffsicherheit zu realisieren, d. h. mit hoher Akzeptanz der Belegschaft und mit einem Gewinn an Identifikation sowie Leistungs- und Innovationsbereitschaft der Mitarbeitenden.

15.2.5 Veränderungsmanagement setzt Projektmanagement voraus

Das Überführen eines heute unbefriedigenden Zustandes in einen gewünschten – unter komplexen Bedingungen sich aber nur unscharf am Horizont abzeichnenden – zukünftigen Zustand hat alle Merkmale eines Projektes und setzt in jedem Fall eine **professionelles Projektmanagement** voraus (▶ Kap. 14).

Die folgende Checkliste enthält eine Reihe von Fragen, die aufzeigen, wo – speziell in der Anfangsphase eines Veränderungsprojektes – Klärung noch nötig sein kann. Veränderungsprozesse unter komplexen Bedingungen müssen rekursiv, oder rollend, in sich wiederholenden Schlaufen verlaufen. Die Bedingungen verändern sich laufend, was zur wiederholten Revision der Projektzielsetzung (des Veränderungsbedarfes), der Projektstrukturen und der Form der Zusammenarbeit im Projekt Anlass gibt.

	Fragen als Orientierungshilfe
Klärung der Aufgabe	— Was legt eine Veränderung der gegenwärtigen Situation nahe? Was sind die Chancen einer Veränderung, was sind die Risiken, wenn nichts geschieht?
— Wer wäre da anderer Meinung?
— Wer müsste an der Situationsklärung beteiligt sein, um eine ganzheitliche Sicht der Situation zu erzeugen?
— Wer ist von der Veränderung betroffen und sollte an der Gestaltung der zukünftigen Situation beteiligt werden?
Projektauftrag	→ Formulierung und Absicherung eines Projektauftrages und der notwendigen Ressourcen
→ Definition Auftraggeber, Projektleitung, Projektteam, Berater, Projektorganisation
→ Aufgaben, Verantwortlichkeiten, Entscheidungsbefugnisse, Berichtswesen
Planung	— Wie soll der Veränderungsprozess ablaufen (soweit abschätzbar)? Wer wird wo und wann involviert? Was soll wann und von wem entschieden werden?
→ Projektplanung
Steuerung, Kontrolle	— Wie behalte ich Übersicht über den Projektverlauf und den Projektfortschritt? Wie bemerke ich Abweichungen, die den günstigen Verlauf des Veränderungsprozesses gefährden? Was sind die Projektrisiken und wie verfolge ich deren Entwicklung?
→ Projektsteuerung, Projektcontrolling
Methoden	— Was sind geeignete Verfahren und Techniken zur Situationsklärung, Lösungsfindung unter Beteiligung der Betroffenen? Wie erreiche und erhalte ich die Arbeitsfähigkeit der Gruppe und der einzelnen Beteiligten?
→ Methoden und Instrumente, Arbeitstechnik
Entscheidung	— Wie kommen Entscheidungen zustande? Wie sichern wir eine größtmögliche Akzeptanz der Entscheidungen? Was sind die Risiken unausgewogener Entscheidungen?
Information	— Wie erzeugen wir organisationsweite Transparenz bei allen Betroffenen?
→ Information, Kommunikationskonzept
→ Entscheidungsverfahren, Entscheidungstechniken

15.2.6 Idealtypischer Ablauf von Veränderungsprozessen

Phasen von Veränderungsprozessen

Veränderungsprozesse durchlaufen – mehr oder weniger wahrgenommen und gestaltet – eine Reihe von Phasen. Im Folgenden stellen wir in idealtypischer Weise Phasen des organisationalen Wandels dar, die sich in der konkreten Situation natürlich nicht so klar abgrenzen lassen und die nicht in dieser Form chronologisch geordnet vorkommen. Die Realität ist komplexer

15.2 · Methoden der Gestaltung von Veränderungsprozessen

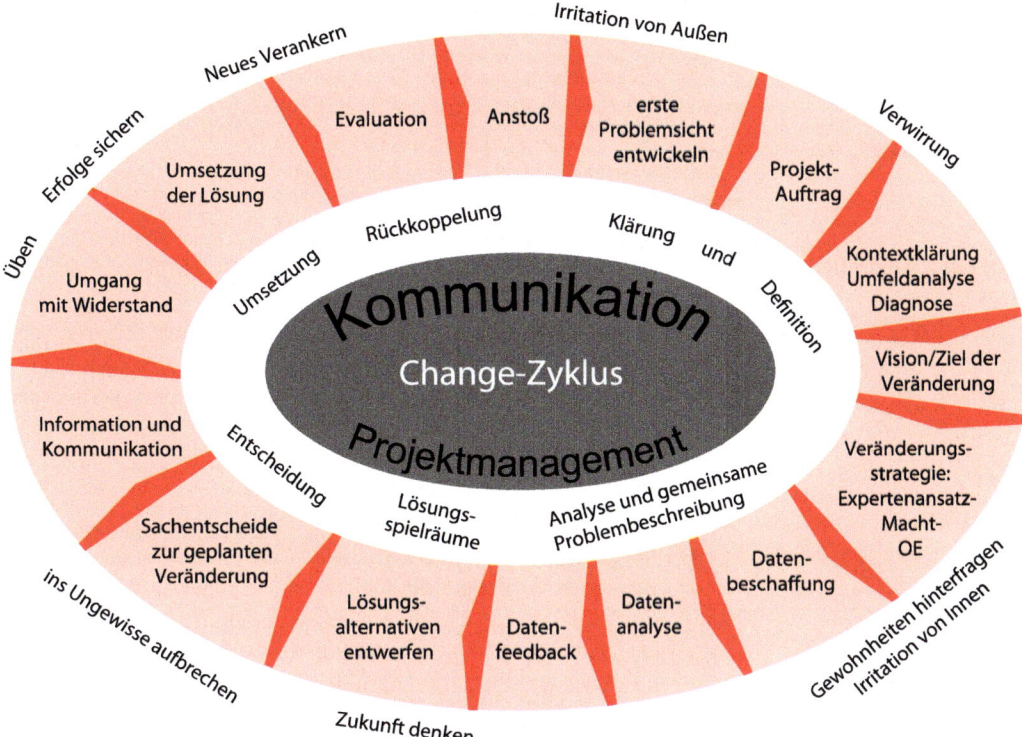

Abb. 15.7. Typische Struktur eines Veränderungsprozesses: Phasen und Inhalte

und doch enthält sie diese Elemente, die bewusst reflektiert und gestaltet werden sollen. Darin liegen entscheidende Erfolgsfaktoren für das Gelingen von Veränderungen. In der Praxis wird den Phasen je nach Situation und Gegenstand der Veränderung unterschiedliches Gewicht beigemessen werden. Vor allem werden Phasen kaum je abgeschlossen werden, ohne immer wieder auf die Ergebnisse früherer Phasen zurückzugreifen, frühere Zwischenergebnisse zu revidieren, auf spätere Phasen vorzugreifen und neue Entscheidungen zu fällen (Abb. 15.7).

rekursiver Verlauf

Jede Veränderung beginnt mit einem Anstoß, einer Irritation – meist aus der Umwelt – von Außen. Dies löst mehr oder weniger Verwirrung aus, lässt eingeübte Gewohnheiten hinterfragen, sorgt für Auseinandersetzung innerhalb der Organisation und damit für Irritation von Innen. Zunehmend gelingt das Wagnis, Neues – die Zukunft – gedanklich aufzunehmen und mit Lösungsideen ins Ungewisse aufzubrechen. Das Neue umzusetzen heißt ausprobieren, üben, aus Fehlern lernen. Erfolge machen Mut, das Erreichte wird nun zunehmend zum Gewohnten und – so schließt sich der Kreis – wird zur Ausgangssituation für sich anbahnende neue Veränderungen.

Irritation als Auslöser

Zukunft neu denken …

… ausprobieren …
… und verankern

Veränderungszyklen beginnen zumeist mit der Aufnahme von Störungen oder Ideen durch das Management, das daraus ein Vorhaben ableitet und einen Auftrag formuliert. Bei größeren Veränderungen tragen solche Vorhaben alle Merkmale eines Projektes (▶ Kap. 14) und sollten auch als solches strukturiert und behandelt werden. Erste Analysen führen zu einer Vorstellung über das gewünschte Ergebnis des Changeprojektes:

Initialzündung

Auftrag

Projektmanagement als Erfolgsfaktor

Vision	Was sind die wichtigsten Merkmale der Situation nach der Veränderung?
	— Wer alles ist davon betroffen?
	— Wie viel Zeit und Ressourcen stehen zur Verfügung?
Ziele	Auf dieser Grundlage fallen Vorentscheidungen über das weitere Vorgehen:
	— Was sind zwingende Ergebnisse?
	— Wie wird der Erfolg festgestellt?
Einbezug der Betroffenen	— Wer alles wird in die Gestaltung des Veränderungsprozesses wann mit einbezogen?
methodischer Ansatz	— Welcher der oben beschriebenen methodischen Ansätze kommt zum Einsatz? (Expertenansatz, Organisationsentwicklung oder andere?)
Planung	— Erstellung eines Masterplans der Veränderung mit Terminierung der Meilensteine und Bestimmung gegenseitiger Abhängigkeiten der Maßnahmen.
Analyse	In der Folge gilt es, das Vorhaben genauer zu analysieren. Je nach Komplexität des Changeprojektes sind diese Analyseschritte mehr oder weniger aufwendig. Es werden Fragen gestellt, Dokumente gesichtet, Daten beschafft, Interviews mit Kunden, Mitarbeitenden, Experten geführt. Es werden Hypothesen gebildet und geprüft. Die Beschaffung von Daten, insbesondere in der Form von Interviews, löst Erwartungen und Fantasien bei den Betroffenen aus. Wichtig ist darum die umgehende Rückspiegelung der Erkenntnisse (Datenfeedback) an die Betroffenen.
Datenbeschaffung	
Datenfeedback	
Kommunikation und Information als Erfolgsfaktor	Ganz generell kann die Bedeutung der Kommunikation und Information (► Abschn. 12.1) als begleitende Maßnahme zum Veränderungsprozess nicht genug betont werden. Regelmäßige umfassende Information über Fortschritte, neu auftretende Gesichtspunkte, erreichte Ergebnisse, Gründe für Änderung der Vorgehensweise, wirken Gerüchten und falschen Vorstellungen entgegen. Verunsicherung und Widerstand kann so frühzeitig begegnet werden. Der Boden für die Bereitschaft zur Veränderung wird so laufend gepflegt. Fehlentwicklungen werden schnell sichtbar.
Lösungsalternativen	Aus den Erkenntnissen der Analyse entstehen Lösungsalternativen und unterschiedliche Lösungswege, die idealerweise das ganze verfügbare Lösungsspektrum abdecken. Zeitbedarf, Kosten, Nutzen, Risiken und Chancen werden einander gegenübergestellt. Jetzt fallen die Entscheidungen über den einzuschlagenden Weg und das weitere Vorgehen. Wieder ist jetzt die gelungene Kommunikation ein entscheidender Erfolgsfaktor. Die Ungewissheit im Umgang mit dem Neuen muss durch Vertrauen in die Führung kompensiert werden. Einfühlsame, nachvollziehbare und »wahre« Kommunikation und Information schafft den Boden für dieses Vertrauen.
Entscheidungen	
wieder Kommunikation als Grundlage für das Vertrauen	
Umsetzung	Jetzt folgen die nötigen Schritte der Umsetzung der Veränderung in die Praxis. Maßnahme für Maßnahme wird realisiert und erprobt. Widerstände müssen erforscht, analysiert und bearbeitet werden. Fehler, Unerwartetes und neue Erkenntnisse führen zu Modifikationen im Vorgehen und verlangen schnelle Entscheidungen und eine flexible Projektführung.
Widerstand	
Modifikationen	
Evaluation	Jeder Veränderungsprozess ist ein Lernprozess. Es gilt, die gemachten Erfahrungen zu analysieren und daraus für folgende Veränderungen zu ler-

nen. Was hat sich bewährt, was hat nicht funktioniert und warum, was machen wir in Zukunft anders?

Aus einer Vielzahl von Theorien und empirischen Studien haben Gerkhardt & Frey (2006, S. 50) folgende zwölf Erfolgsfaktoren für Veränderungsprozesse herausgefiltert, die sich in unsere Überlegungen einfügen:

1. umfassende Symptombeschreibung und Diagnose
2. Vision/Ziele definieren
3. gemeinsames Problembewusstsein schaffen
4. klare Haltung der Führung
5. Kommunikation
6. Zeitmanagement
7. Projektorganisation und Verantwortlichkeit
8. Hilfe zur Selbsthilfe, Qualifikation der Beteiligten
9. schnelle erste Erfolge
10. Flexibilität im Veränderungsprozess
11. Controlling des Prozesses
12. sorgfältige Verankerung der Ergebnisse der Veränderung

Erfolgsfaktoren für Veränderungsprozesse

ZUSAMMENFASSUNG

Veränderungen in Organisationen sind in jedem Fall hochkomplexe Vorgänge. Veränderungen greifen in ein Netzwerk voneinander abhängiger, wenig durchschaubarer und eigendynamischer Variablen ein. Sie betreffen immer das Zusammenspiel von gewachsenen organisationalen Bedingungen und damit verbundenen Menschen. Es wäre eine Selbstüberschätzung, zu meinen, solche Veränderungen ähnlich wie Maschinen zu beherrschen und zu steuern. Komplexität und damit Unsicherheit ist eine feste Rahmenbedingung des Veränderungsmanagements. Diese Komplexität kann nur durch eine Vielfalt von Handlungsoptionen, das heißt unterschiedliche Methoden bewältigt werden. Der zentrale Unterschied der in diesem Abschnitt dargestellten Verfahren besteht im Grad der Beteiligung, des Einbezugs der Betroffenen. Der Entscheid für ein bestimmtes Vorgehen im Veränderungsprozess ist keine Glaubensfrage, sondern vielmehr das Ergebnis einer sorgfältigen Evaluation: Was ist die Diagnose, was sind die Voraussetzungen für ein bestimmtes methodisches Vorgehen? Was sind die Auswirkungen, Kosten und Nutzen der Wahl einer bestimmten Methode? Vor- und Nachteile eher direktiver Methoden mit schnellerem aber weniger mitarbeiterorientiertem Vorgehen sind abzuwägen gegen Chancen und Risiken partizipativer Methoden. Unter geeigneten Rahmenbedingungen, vor allem der verfügbaren Zeit, aber auch günstigen kulturellen Voraussetzungen weisen partizipative Verfahren – wie zum Beispiel die Organisationsentwicklung – klare Vorteile auf: Akzeptanz, Qualität und Nachhaltigkeit der Veränderungen sind deutlich ausgeprägter. Mitarbeitende sind beteiligt und fühlen sich für die Ergebnisse mitverantwortlich. Sie haben Vertrauen in die Führung, sind auch in Zeiten der Verunsicherung und des Umbruchs involviert und identifizieren sich mit dem Unternehmen. Mitarbeitende gestalten die Entwicklung

Komplexität

Vielfalt von Handlungsoptionen, Methoden

Einbezug der Betroffenen

Vor- und Nachteile der Methoden

Vorteile partizipativer Methoden

Phasenverlauf Projektmanagement

Kommunikation und Information

der Organisationen mit, Veränderung und Entwicklung ist kollektives und individuelles Lernen. In der mittel- bis langfristigen Perspektive gewinnen Organisationen auf diese Weise an Flexibilität und sie sind schneller und besser in der Lage, sich verändernden Bedingungen anzupassen.

Veränderungsprozesse gestalten, heißt komplexe Projekte führen. Für den Erfolg ist professionelles Projektmanagement eine wichtige Voraussetzung. Veränderungsprozesse folgen einem den unterschiedlichen Situationen angemessenen Phasenverlauf. Wir haben diesen Verlauf in seiner idealtypischen Erscheinungsform dargestellt. Ein entscheidender Erfolgsfaktor ist dabei die sorgfältige und vertrauensbildende Kommunikation und Information.

FRAGEN ZUR VERTIEFUNG

Betrachten Sie einen von Ihnen – als Veränderungsmacher oder als Betroffener – erlebten Veränderungsprozess im Detail.
- Was gab den Anstoß zur Veränderung? Wer war betroffen, wer beteiligt? Wie ist der Veränderungsprozess gestaltet worden bzw. abgelaufen? Wie war das Ergebnis? Gab es unerwünschte Nebeneffekte? Was denken andere Beteiligte über diese Fragen?
- Was würden Sie aus heutiger Sicht und vor dem Hintergrund der Ausführungen zum Thema Veränderungsmanagement anders machen und warum?

Literatur

Doppler, K., Fuhrmann, H., Lebbe-Waschke, B. & Voigt, B. (2002). *Unternehmenswandel gegen Widerstände. Change Management mit den Menschen.* Frankfurt a. M.: Campus.

Doppler, K. & Lauterburg, C. (2008). *Change Management. Den Unternehmenswandel gestalten* (15. Aufl.). Frankfurt/New York: Campus.

Gerkhardt, M. & Frey, D. (2006). Erfolgsfaktoren und psychologische Hintergründe in Veränderungsprozessen. Entwicklung eines integrativen psychologischen Modells. *Zeitschrift für OrganisationsEntwicklung 2006/4,* 48-59.

Häfele, W. (Hrsg.) (2009). *OE-Prozesse initiieren und gestalten. Ein Handbuch für Führungskräfte, Berater/innen und Projektleiter/innen* (2. Aufl.). Bern: Haupt.

Kobi, J.M. (1994). *Management des Wandels. Die weichen und die harten Bausteine erfolgreicher Veränderung.* Bern: Haupt.

Kotter, J. P. (1995). Acht Kardinalfehler bei der Transformation. In: *Harvard Business Manager 17,* 1995/3, 21-28.

Kraus, G., Becker-Kolle & C., Fischer, T. (2010). *Handbuch Change-Management.* Berlin: Cornelsen.

Rieckmann, H. (2007). *Managen und Führen am Rande des 3. Jahrtausends. Praktisches, Theoretisches, Bedenkliches.* Frankfurt am Main/Berlin/Bern/Bruxelles/New York/Oxford/Wien: Peter Lang.

Wimmer, R. (2000). Wie lernfähig sind Organisationen? Zur Problematik einer vorausschauenden Selbsterneuerung sozialer Systeme. In: Hejl, P.M. & Stahl, H.K. (Hrsg.). *Management und Wirklichkeit.* Heidelberg: Carl Auer Systeme.

Wohlgemuth, A. C. (1989). Erfolgreich eine neue Struktur einführen. *IO Management Zeitschrift, 58,* 7/8, S. 39-44.

15.3 Strategisches Denken und Planen

Heinz Vetter u. Carin Mussmann

AUF EINEN BLICK

Strategisches Denken und Planen sind zwei der wichtigsten Ausgangspunkte für Veränderungen in Organisationen. Besonders bei der Umsetzung von Strategien sollte strategisches Denken mit einem wirksamen Veränderungsmanagement verbunden werden. Im folgenden Abschnitt werden die wichtigsten Grundlagen des strategischen Denkens und Planens dargestellt. Es werden Begriffe geklärt und der Zusammenhang von Strategie und Veränderungsmanagement aufgezeigt. Der Abschnitt macht die Bedeutung des strategischen Denkens und Planens in Organisationen deutlich und weckt ein Grundverständnis für strategische Fragestellungen. Dieses Grundverständnis ist für alle Führungskräfte äußerst wichtig, auch dann, wenn sie nicht unmittelbar am Prozess der Strategieentwicklung mitwirken. In der Regel findet dieser noch immer auf oberster Führungsebene statt. Besonders beim Prozess der Strategieumsetzung spielen das mittlere und untere Management jedoch eine Schlüsselrolle. Das Problem der Strategiefindung und -umsetzung ist komplex und verlangt immer wieder nach neuen Lösungen. Neben dem traditionellen Weg der strategischen Planung, der zunehmend im Kreuzfeuer der Kritik steht, werden auch neue Ansätze diskutiert. In den letzten Jahren wurden hier wirkungsvolle Instrumente entwickelt, wie z. B. die Balanced Scorecard, die in vielen Unternehmen erfolgreich eingesetzt wird. Es wird dargestellt, dass strategisches Denken und Planen nach neuerer Auffassung ganz unterschiedliche, jedoch sich ergänzende, Denkweisen sind.

15.3.1 Neue Strategien als Antwort auf Wandel

strategische Neuausrichtung als Anfang von Veränderungsprozessen

Am Anfang von Veränderungsprozessen in Organisationen steht häufig eine strategische Neuausrichtung der ganzen Organisation oder eines Teilbereichs. Eine neue Strategie hat oft weitreichende Konsequenzen für alle Organisationsmitglieder. Entwickelt werden neue Strategien in der Regel vom Topmanagement. Das untere und das mittlere Management spielen eine wichtige Rolle bei der Strategieumsetzung und bei der Informationsbeschaffung für neue Strategien. Die Auseinandersetzung mit Strategien und mit strategischem Denken und Planen darf jedoch nicht dem Topmanagement allein vorbehalten sein, sondern sie betrifft alle Managementstufen. Strategien können zudem nur dann erfolgreich umgesetzt werden, wenn alle Organisationsmitglieder im Geiste der Strategie handeln.

Strategische Neuausrichtungen sind meistens eine Antwort auf Wandel im Umfeld (Märkte, globaler Wettbewerb, Preisdruck usw.). Die Unternehmen müssen sich in dem globalen Wettbewerb unter stark veränderten Rahmenbedingungen (Konkurrenz mit Billiglohnländern, Liberalisierung, Deregulierung) anpassen und neue Wege finden, um Erfolg zu haben und zu überleben. Hinzu kommt, dass die Veränderungsgeschwindigkeiten im Umfeld heute so groß sind, dass strategische Neuausrichtungen in immer rascherer Abfolge geschehen. Auch Organisationen, die den Marktkräften nicht oder nur in geringem Maße ausgesetzt sind, wie z. B. die öffentliche Verwaltung, erleben einen Veränderungsdruck, der mit neuen Strategien wie z. B. der wirkungsorientierten Verwaltungsführung zusammenhängt.

Häufig sind Führungskräfte der mittleren Managementebenen gefordert, für ihren Bereich im Rahmen der Unternehmensstrategie eigene Strategien zu entwickeln und umzusetzen.

Um das Geschehen in Organisationen zu verstehen, spielen strategisches Denken und Handeln eine äußerst wichtige Rolle. Dabei haben wir es mit komplexen Fragestellungen zu tun. Es geht häufig um Entscheidungen von großer Tragweite in einem meistens hochdynamischen Umfeld, während die Informationen unvollständig sind.

15.3.2 Strategische Neuausrichtung – ein Fallbeispiel

Um einen Zugang zu finden, um was es beim strategischen Denken und Planen geht, gehen wir von einem Fallbeispiel aus.

Fallbeispiel

> **Beispiel**
>
> **Erco GmbH**
> Vor einiger Zeit hat die Erco GmbH, eine bekannte deutsche Lampen- und Leuchtenfirma mit ca. 600 Mitarbeitern, eine neue Unternehmensstrategie eingeführt. Auf die Frage, worin die Strategie bestehe und wie es dazu gekommen sei, antwortet der Firmeninhaber, Herr Mack: »Dazu muss ich etwas ausholen. Die Geschichte ist folgende: Vor ein paar Jahren habe ich
> ▼

15.3 · Strategisches Denken und Planen

an einem Vortrag über die Zukunft der deutschen Industrie teilgenommen. Dabei hat mich eine Aussage besonders beeindruckt: Wenn die deutschen Ofenbauer begriffen hätten, statt Öfen Wärme zu verkaufen, wären sie heute noch im Geschäft. Dieser Gedanke hat mich nicht mehr losgelassen. Übertragen auf unser Geschäft heißt das, wenn wir statt Leuchten Licht verkaufen, eröffnen sich uns ganz neue Möglichkeiten für die Zukunft.

Damit war die Kernidee unserer neuen Unternehmensstrategie geboren. Statt in Lampen und in Leuchten zu denken, ging es jetzt darum, in Licht zu denken. Das klingt recht einfach, ist es aber überhaupt nicht. Für unsere Firma hatte diese Neuausrichtung weit reichende Konsequenzen. Es hat viel Überzeugungsarbeit gebraucht, sowohl nach innen und als auch nach außen, um die Strategie umzusetzen. Es waren auch viele strukturelle Maßnahmen notwendig, um die neue Strategie zu unterstützen. Das vielleicht Schwierigste für die Mitarbeiter aller Stufen war, ein neues Denken zu lernen. Es ging jetzt darum, in Licht- und Wahrnehmungsqualitäten zu denken, und nicht mehr in Lampen. In Gebäuden ist Licht ja nicht eine Frage der künstlichen Beleuchtung allein, sondern eine Frage der gesamten Raumgestaltung. Die Beratung von Architekten und die Zusammenarbeit mit ihnen wurden so wichtig. Wir haben vieles neu lernen und aufbauen müssen. Heute besitzen wir ein großes Know-how, wie Gebäude lichtmäßig gestaltet werden können. Wir veröffentlichen auch regelmäßig den in Fachkreisen viel beachteten Lichtbericht. Darin werden neuartige Problemstellungen aufgegriffen und diskutiert. Er gibt der Fachwelt für die lichtmäßige Gestaltung von Räumen wichtige Informationen. Auch unsere Produktpalette hat sich stark verändert. Sie können sich vorstellen, dass diese strategische Neuausrichtung, deren Umsetzung einige Jahre gedauert hat, viel Energie und Engagement auf allen Stufen gefordert hat. Besonders die Führungskräfte waren stark gefordert.«
Soweit Herr Mack.
(Quelle: Video »Unternehmenskultur I«, Gabler-Verlag).

> Kernidee der neuen Strategie: »Licht statt Lampen verkaufen«

Was lernen wir aus dem Fallbeispiel?

Hier einige Erkenntnisse, die wir aus dem Fallbeispiel gewinnen und die für das Verständnis von strategischem Denken und Planen wichtig sind:

— Die Idee für die neue Unternehmensstrategie »Licht statt Lampen zu verkaufen«, kam Herrn Mack spontan, angeregt durch einen Vortrag. Die Idee war nicht das Resultat einer systematischen Analyse. Man spricht in einem solchen Fall von »intuitiver Strategieentwicklung« (Wimmer & Nagel 2004). Dies ist nicht ungewöhnlich. Es gibt unterschiedlichste Wege, um zu Strategien oder Visionen zu kommen. Letzten Endes ist die Strategiebildung aber immer ein schöpferischer Prozess.

> Strategiebildung ist immer ein kreativer und schöpferischer Prozess

— Die Umsetzung der Strategie war ein jahrelanger, anforderungsreicher Prozess, der viel Überzeugungsarbeit erforderte.

> Strategieumsetzung braucht Zeit

— Herr Mack spricht von einer neuen Strategie. Der Kerngedanke der Strategie, statt Lampen Licht zu verkaufen, entspricht eher einer Vision. In der

Praxis wird zwischen Strategien und Visionen oft nicht unterschieden. Bei beiden geht es um die generelle zukünftige Ausrichtung oder Orientierung einer Unternehmung.

- Eine neue Vision bzw. Strategie kann große Energien freisetzen und die Existenz eines Unternehmens für die nächsten paar Jahre sichern.

motivierende Strategien bündeln menschliche Energien

Im Folgenden stellen wir uns einige grundlegende Fragen zum Thema Strategien und strategisches Management und kommen dabei auf das Fallbeispiel zurück, wenn es angezeigt ist.

15.3.3 Was ist eine Strategie?

Herkunft des strategischen Denkens

Strategiebegriff stammt aus dem militärischen Bereich

Die Begriffe »Strategie« und »strategisch« stammen ursprünglich aus dem Militärbereich. Der Begriff »Strategie« leitet sich aus dem griechischen »strategia« ab; ein Wort, das sich aus den Wortteilen »stratos« (Heer) und »agein« (führen) zusammensetzt. Ursprünglich bedeutete Strategie die Kunst der Heerführung. Erst in den 1960er-Jahren hat der Begriff Strategie im Management Eingang gefunden. Heute sind die Begriffe sowohl im Management als auch in unserer Alltagssprache gebräuchlich. Im Management wird der Begriff keineswegs einheitlich verwendet. Auch hat sich das Denken über Strategien im Laufe der Zeit im Management stark gewandelt.

Begriff der Strategie in der Alltagssprache

Begriff Strategie

In der Alltagssprache wird der Begriff Strategie meist mit Vorgehen gleichgesetzt, und zwar als Vorgehen im Sinne der nächsten Schritte. Mit »Welche Strategie schlägst du ein?« ist gemeint »Welches Vorgehen wählst du?«, »strategisch« als Adjektiv wird auch oft im Sinne von bedeutungsvoll oder sehr wichtig verwendet.

Strategiebegriff im Management und in der Betriebswirtschaftslehre

Im Folgenden geht es um eine erste Charakterisierung des Begriffs und damit um eine erste Annäherung.

Strategiebegriff in der Betriebswirtschaftslehre

Im Management und in der Betriebswirtschaftslehre versteht man unter Strategie Aussagen über die längerfristige zukünftige Ausrichtung des Unternehmens, die es ihm ermöglichen sollen, sich gegenüber den kommenden Herausforderungen aus der Um- und Innenwelt zu behaupten (vgl. Thommen 2008).

Strategisches Denken bedeutet demnach, das Unternehmen in seinen dynamischen Wechselwirkungen zu seinem Umfeld zu verstehen und daraus überlebenssichernde Handlungsweisen abzuleiten.

Ziel des strategischen Denkens und Planens ist es, die zukünftige Ausrichtung des Unternehmens auf den Existenzgrund zu optimieren und mögliche Änderungen des Existenzgrundes in einem dynamischen Umfeld vorwegzunehmen.

15.3 · Strategisches Denken und Planen

Strategisches Denken ist längerfristig ausgerichtet. Früher betrug der Zeithorizont 5–10 Jahre, heute spricht man – bedingt durch die rascheren und dynamischeren Veränderungen im Umfeld – schon bei einem Zeithorizont von 2–5 Jahren von strategischem Denken. Der Zeithorizont von Strategien ist in den letzten Jahren kürzer geworden.

Senge (2008 S. 18) charakterisiert strategisches Denken folgendermaßen:

> Strategisches Denken beginnt damit, dass man über das wirklich Wesentliche einer Unternehmung nachdenkt und über die zentralen Herausforderungen, die damit verbunden sind. Es entwickelt sich aus einem gewissen Verständnis für Fokus und Timing. Fokus bedeutet, dass man weiß, wohin man seine Aufmerksamkeit richten muss. Was ist wirklich wesentlich? Was ist sekundär? Was kann man nicht ignorieren, ohne den Erfolg der Unternehmung zu gefährden? Timing bedeutet, dass man ein Gespür für eine entfaltende Dynamik entwickelt.

Zeithorizont

In dieser Charakterisierung kommt vor allem zum Ausdruck, dass es bei strategischen Fragen um Wesentliches geht und dass ein Gespür für dynamische Veränderungen wichtig ist.

In einer ersten Annäherung lassen sich die Merkmale des strategischen Denkens im Management und in der Betriebswirtschaftslehre wie folgt zusammenfassen:

Merkmale strategischen Denkens

Strategisches Denken ist
- zielgerichtet
- zukunftsbezogen (längerfristig)
- umweltbezogen
- auf das Wesentliche gerichtet
- ganzheitlich und vernetzt
- antizipativ (vorausschauend).

Bildlich kann man Strategien auch als eine Art Leitplanke verstehen, die das tägliche Handeln leitet (Abb. 15.8). In der Organisation sind diese Leitplanken Leitsätze, Programme, Pläne usw.

Strategiebegriff und Ebenen unternehmerischen Denkens und Handelns

Im Management und in der Betriebswirtschaftslehre ist die Gliederung des unternehmerischen Denkens und Handelns in die drei Ebenen bzw. drei Orientierungsdimensionen gebräuchlich (vgl. Bleicher 1992 S. 16–19; Rüegg-Stürm 2003, S. 71):
- normativ,
- strategisch,
- operativ.

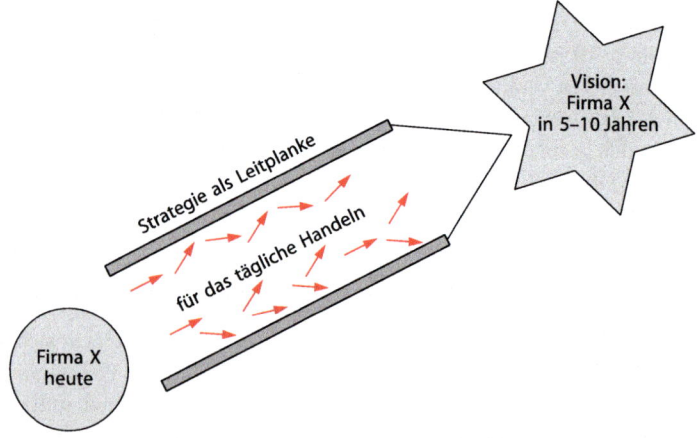

Abb. 15.8. Strategien als Leitplanken für das tägliche Handeln

| drei Ebenen: normativ, strategisch, operativ | Zum besseren Verständnis des Strategiebegriffs ist seine Einordnung in die Ebenen unternehmerischen Denkens und Handelns hilfreich. |

Normative Ebene

Prinzipien und Werte

Dazu gehören die generellen Zielsetzungen, Prinzipien, Werte, Normen, Unternehmensphilosophie, unternehmenspolitisches Handeln und Verhalten.

Sie gibt eine Begründung für Aktivitäten, gibt Antworten auf die Frage, warum und wozu eine Organisation etwas tut (Legitimität).

Strategische Ebene

Erfolgspotenziale

Das sind Aufbau, Pflege und Nutzung von Erfolgspotenzialen. Ziel jeder strategischen Entwicklung ist die Etablierung von Strategischen Erfolgs-Positionen (SEP) (= Verbesserung der Überlebenschancen). Es geht darum, etwas zu schaffen, das die Unternehmung auszeichnet, ihr Erfolge verschafft, und das nicht leicht nachgeahmt werden kann.

Systeme und Strukturen

Im Mittelpunkt steht die Gestaltung von Strukturen und Systemen sowie von Problemlösungsverhalten der Organisation. Bei strategischen Fragen und Überlegungen geht es um die Wettbewerbsfähigkeit.

Operative Ebene

Alltagsgeschäft

Sie besteht im Vollzug des normativen und strategischen Managements im unmittelbaren Alltagsgeschäft. Hier geht es um die wirtschaftliche Effizienz (vgl. Bleicher 1992, S. 16–17).

Die ◘ Abb. 15.9 zeigt eine Gegenüberstellung dieser Ebenen in der Darstellung von verschiedenen Autoren.

Die linke Seite zeigt fünf Ebenen (Philosophie, Politik, Strategie, Taktik, Ausführung) in Abhängigkeit vom Konkretisierungsgrad und Zeithorizont.

Auf der obersten Ebene (normative Ebene) haben wir es mit grundsätzlichen, oft allgemein formulierten Aussagen zur Begründung der Existenz eines Unternehmens sowie Aussagen zu seiner Philosophie und seiner Werte zu tun. Hier geht es um die Frage der Legitimität eines Unternehmens in der Gesellschaft. Die Aussagen auf dieser Ebene haben den längsten Zeithorizont. Entscheidungen auf der normativen Ebene können nicht alle paar Jahre ge-

15.3 · Strategisches Denken und Planen

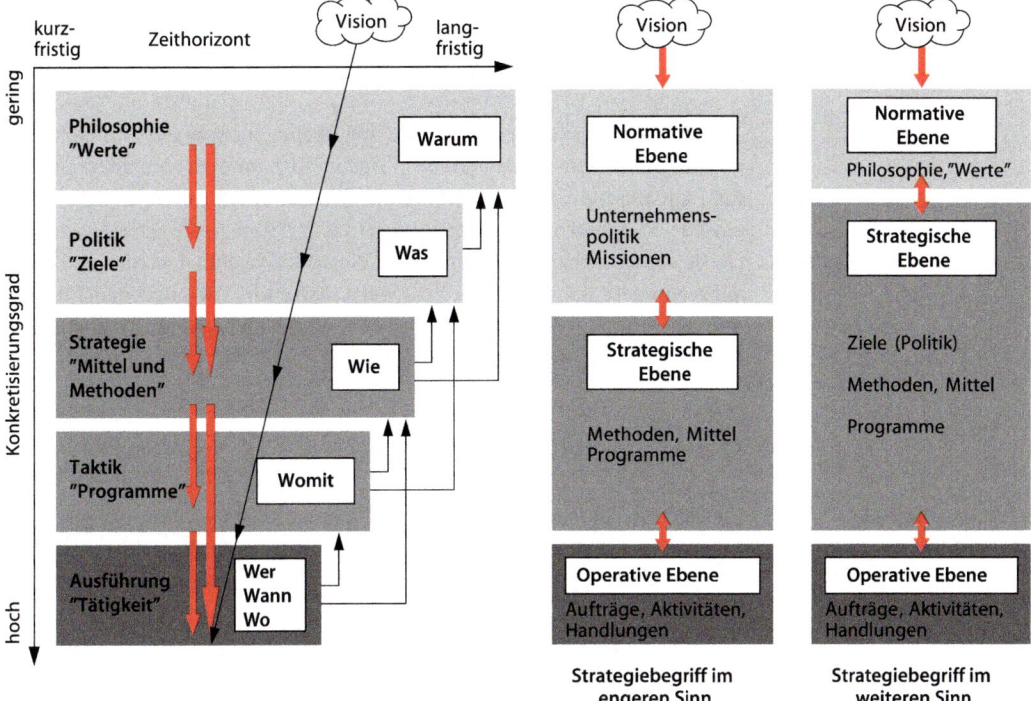

Abb. 15.9. Ebenen unternehmerischen Denkens und Handelns

ändert werden, sondern haben einen gewissen Bestand. Wenn beispielsweise eine Unternehmung Umwelt- und Ressourcenschonung als einen wichtigen Wert formuliert, kann dieser Wert nicht kurzfristigen Nachteilen (z. B. Mehrkosten) geopfert werden.

Auf der untersten Ebene (operative Ebene) geht es um konkrete Handlungen. Hier ist der Konkretisierungsgrad am größten und der Zeithorizont ist am kürzesten. Es können Tätigkeiten sein, die auf die nächste Stunde oder den nächsten Tag ausgerichtet sind (z. B. eine Besprechung, das Erstellen eines Planes usw.).

Die Darstellung in der Mitte zeigt den Zusammenhang der drei Ebenen normativ, strategisch und operativ mit den fünf Ebenen auf der linken Seite. Der Strategiebegriff umfasst hier das Wie und das Womit. Es geht um den Weg, wie die in der Politik formulierten Ziele erreicht werden können. Man kann in diesem Zusammenhang auch vom Strategiebegriff im engeren Sinn sprechen. Er bezieht sich einzig auf das Wie und Womit.

Die Darstellung rechts schließt die Ebene der Politik in der strategischen Ebene mit ein. Wir können hier vom Strategiebegriff im weiteren Sinn sprechen. Er beinhaltet neben dem Wie und dem Womit auch das Was, d. h. die Ziele.

In der Managementpraxis wird der Strategiebegriff nicht einheitlich gebraucht. Er wird jedoch häufiger im weiteren Sinne verwendet. Wie Politik und Strategien in Unternehmungen formuliert werden, ist sehr firmenspezifisch. Es gibt Firmen, die den Begriff Politik kaum verwenden und einfach von Strategien sprechen, die verfolgt werden. Damit ist gemeint: »Wir verfolgen die Ziele mit bestimmten Methoden und Mitteln.«

Strategiebegriff im engeren Sinn

Strategiebegriff im weiteren Sinn

> Der Strategiebegriff wird in der Praxis unterschiedlich verwendet.

Aus ◘ Abb. 15.9 geht hervor, dass die drei Ebenen nicht isoliert voneinander betrachtet werden dürfen, sondern hochgradig miteinander interagieren. Eine Organisation arbeitet dann optimal, wenn operative Tätigkeiten (z. B. ein Telefongespräch mit einem Kunden) auf die Strategie ausgerichtet und im Geiste der herrschenden Normen und Werte durchgeführt werden (z. B. wie ich telefoniere, kundenfreundlich, wertschätzend). Die einzelnen Ebenen müssen verknüpft werden, sonst arbeitet eine Unternehmung suboptimal, d. h. zu wenig effizient.

15.3.4 Strategie und Vision

Strategie und Vision

Ein weiterer, häufig verwendeter Begriff, der mit Strategien und strategischem Denken in einem engen Zusammenhang steht, ist der Begriff der Vision. Begriffe wie visionäres Management, visionäre Führung, Visionsworkshop usw. werden oft und gerne benutzt.

Das Denken in Strategien und das Denken in Visionen reichen sich sozusagen die Hand (◘ Abb. 15.10). In der Praxis wird zwischen Visionen und Strategien häufig nicht einmal unterschieden. So spricht Herr Mack von einer neuen Unternehmensstrategie, obwohl der Kerngedanke, Licht statt Lampen zu verkaufen, eigentlich eine Vision ist.

Visionen sind konkrete Bilder der Zukunft

Eine Vision ist ein möglichst konkretes, motivierendes Bild der Zukunft, das eine Ausstrahlung hat und das zu begeistern vermag (◘ Abb. 15.10). Es setzt in Menschen Engagement und Energien frei im Sinne von: »Das wollen wir erreichen«. Menschen fühlen sich motiviert, den durch das Bild vermittelten zukünftigen Zustand anzustreben (z. B. eine humane und friedliche Welt). Strategien werden oft als Konkretisierungen dieser Zukunftsbilder verstanden. Sie beschreiben den Weg, die Methoden und die Mittel, wie das Ziel zu erreichen ist.

Visionen entfalten eindrucksvolle Kräfte

Die Wirkung von Visionen lässt sich mit der Psychologie des Menschen, von Gruppen und von Organisationen erklären. Geteilte gemeinsame Visionen vermögen die Energien von Menschen zu bündeln, zu motivieren und entfalten so eine eindrucksvolle Kraft. Sie erzeugen ein Gefühl der Gemeinschaft und schaffen eine gemeinsame Identität. Visionen werden als Bilder oder in einer bildhaften Sprache kommuniziert. Sie haben daher oft auch etwas Unbestimmtes. Sie lassen Interpretationen zu. Doch gerade dieses Unbestimmte lässt dem einzelnen Menschen Freiraum. Gemeinsame Visionen sind dann am stärksten, wenn sie mit möglichst vielen persönlichen Visionen oder tiefen Interessen oder Werten der Organisationsmitglieder übereinstimmen (vgl. Senge 2006, S. 251–283).

Wer schon die Erarbeitung einer gemeinsamen Vision beispielsweise in einem Team erlebt hat, weiß um die großen verbindenden Kräfte, die von einer gemeinsamen Vision und dem erlebten Prozess bei der Entwicklung ausgehen. Das Entwickeln einer gemeinsamen Vision muss auch als zentrales

15.3 · Strategisches Denken und Planen

Denken in Strategien	Denken in Visionen
- analytische Ziele	- Bilder mit Ausstrahlung, mit Kraft
- logische Grundlagen	- Logik ergänzt durch Intuition
- Inhalt entscheidend	- Form und Inhalt entscheidend
- Vollständigkeit, Konsistenz	- Nützlichkeit
- wirkt vor allem im Top-Management	- ist einsichtig und wirksam für größeren Mitarbeiterkreis
- intellektuelle Einsicht	- einfach nachvollziehbar
- spricht den Kopf an (Verstand)	- spricht das Herz an (Gefühlsebene), erzeugt Engagement und Begeisterung
- persönliche Werturteile werden nicht explizit berücksichtigt	- bewusstes Arbeiten mit Neigungen und Werthaltungen

Strategien und Visionen ergänzen sich
Die Strategie ist die Konkretisierung einer Vision, und die Vision ist im Ergebnis immer zugleich ein verdichteter Ausdruck einer Strategie.

Abb. 15.10. Denken in Strategien und Denken in Visionen

Element der alltäglichen Führungsarbeit betrachtet werden. Es ist ein fortlaufender, nie endender Prozess.

Eine gemeinsame Vision schafft Identifikation und damit Motivation der Organisationsmitglieder. Sie erzeugt Engagement und Begeisterung.

Um auszudrücken, was mit Visionen gemeint ist, wird oft das Bild des Leitsterns oder des Leuchtturms verwendet (Abb. 15.11).

Entwickeln einer gemeinsamen Vision ist zentrale Führungsaufgabe

Abb. 15.11. Vision als Leitstern

Beispiel einer Vision

Ein eindrückliches und häufig zitiertes Beispiel einer Vision ist eine Aussage St. Exupérys:

> Wenn Du ein Schiff bauen willst, so trommle nicht Männer zusammen, um Holz zu beschaffen, Werkzeuge vorzubereiten und Aufgaben zu vergeben, sondern lehre die Männer die Sehnsucht nach dem weiten endlosen Meer.

Zusammenhang Vision – Strategien – Pläne – Budgets

Das Visionäre ist hier die Sehnsucht nach dem weiten endlosen Meer. Visionen verwenden eine Bildersprache, die die Emotionen anspricht, motiviert und gleichzeitig Richtung gibt. Das Schiff ist bereits eine Strategie, ein bestimmter Lösungsweg. Man kann eine Strategie auch verstehen als Problemlösungsweg in komplexen Situationen. Hier wird deutlich, dass sich Visionen und Strategien ergänzen.

> **Zusammenhang zwischen Vision, Strategie, Pläne und Budgets**
> Vision: ein erstrebenswertes und motivierendes Bild der Zukunft
> Strategien: eine Logik, ein Weg, wie die Vision erreicht werden kann
> Pläne: spezifische Schritte und Zeitpläne, wie Strategien umgesetzt werden können
> Budgets: in finanzielle Vorstellungen und Ziele übersetzte Pläne

Abb. 15.10 fasst einige Merkmale des strategischen und visionären Denkens zusammen.

Beispiele für Visionen

Damit das Ganze noch konkreter wird, hier noch zwei Beispiele für Visionen:

> **Beispiel**
>
> **Vision: Landung auf dem Mond**
> Ein Beispiel für eine starke Vision ist die von Präsident Kennedy Anfang der 1960er-Jahre verkündete Vision, bis zum Ende der Dekade einen Menschen auf dem Mond landen zu lassen und ihn wieder sicher auf die Erde zurückzubringen. Bekanntlich ist mit Neil Armstrong im Juli 1968 der erste Mensch auf dem Mond gelandet. Die von Kennedy verkündete Vision hat eine ungeheure Begeisterung ausgelöst. Es war eine starke Vision, die war sehr konkret und klar. Man konnte sich etwas darunter vorstellen. Gleichzeitig war sie herausfordernd und ließ viele Möglichkeiten, sprich Strategien offen, wie dies zu erreichen ist.
>
> **Vision: Marktführung**
> Es gibt Firmen, die als Vision formuliert haben, sie wollen die Nr. 1 in einem bestimmten Markt werden. Diese Vision wirkt schwach, da sie inhaltsleer und nicht motivierend ist. Ihr fehlt das Bildhafte. Die Vision sagt nichts darüber aus, was die Firma Besonderes will.

15.3.5 Strategieentwicklung als Problemlösungsprozess

Worin besteht das strategische Problem?

Bei der Strategieentwicklung und der späteren Umsetzung von Strategien geht es darum, das offene soziale, dynamische System Organisation im komplexen und dynamischen Umfeld so auszurichten und seine Energien so zu vereinen, dass es längerfristig erfolgreich ist.

Dies ist ein äußerst komplexes Problem. Das Augenmerk richtet sich dabei sowohl auf die Außenwelt der Organisation als auch auf ihre Innenwelt. Beides sind soziale Systeme mit den Hauptmerkmalen Komplexität und Dynamik. Hinzu kommt, dass das Problem in die Zukunft mit ihrer nicht berechenbaren Unbestimmtheit gerichtet ist.

Meistens geht der Impuls für die Entwicklung neuer Strategien von Veränderungen vom Umfeld aus. Systemisch gesprochen sind neue Strategien meist Anpassungen des Systems Organisation oder Unternehmen an Veränderungen im Umfeld. Strategisches Denken und Planen richtet sich auf Veränderungen in einer dynamischen und komplexen Umwelt. Wegen der großen Dynamik dieses Umfeldes ist die Beschäftigung mit Strategiefragen eine Daueraufgabe für Führungskräfte. Zumindest muss das Umfeld dauernd beobachtet und analysiert werden.

Dass dabei – sowohl innen wie außen – eine Vielzahl von Elementen, die miteinander in vielfältigen dynamischen Wechselbeziehungen stehen, berücksichtigt werden müssen, liegt auf der Hand.

Folgende Abb. 15.12 der Organisation als offenes soziotechnisches System mit ihrem Umfeld veranschaulicht einige der zu berücksichtigenden Einflussfaktoren (▶ Kap. 2).

Das prinzipielle Problem kann ebenso gut auch für eine Organisationseinheit (Bereich, Abteilung, Gruppe) formuliert werden. Es lautet dann wie folgt: »Wie richten wir uns in einer Organisationseinheit aus, um im Rahmen der übergeordneten Strategie längerfristig einen möglichst großen Beitrag zum Gesamterfolg der Organisation zu leisten?« Strategisches Denken ist also nicht nur eine Aufgabe des obersten Managements, sondern betrifft alle

Strategieentwicklung und -umsetzung als äußerst komplexes Problem

neue Strategien als Anpassung auf Veränderungen im Umfeld

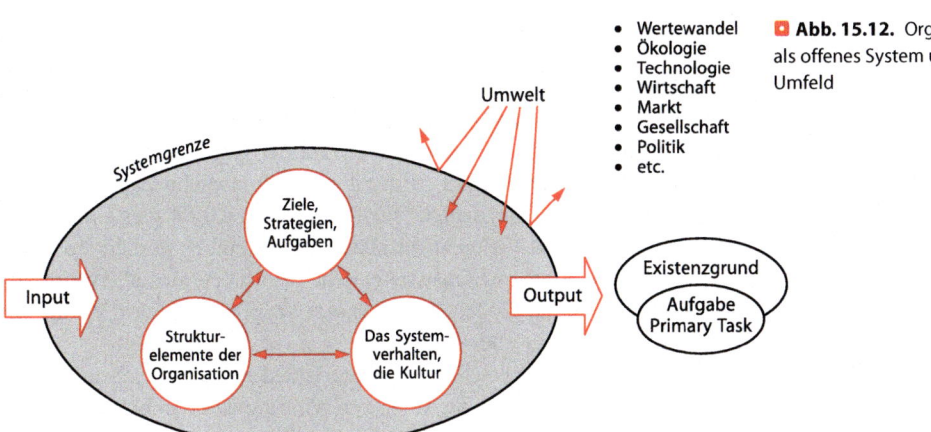

Abb. 15.12. Organisation als offenes System und ihr Umfeld

Managementstufen. In der Praxis ist es leider jedoch häufig so, dass sich Führungskräfte wegen der Fülle der »Alltagsgeschäfte« kaum Zeit für strategische Überlegungen nehmen. Strategisches Denken und Planen ist in der Unternehmensführung noch nicht so alt. Erst in den 1960er-Jahren wurde eine Vielzahl von Strategiekonzepten entwickelt, deren Ziel es war, die Wettbewerbsstrukturen, innerhalb derer ein Unternehmen agierte, zu systematisieren und verständlich zu machen. Dabei konzentrierte man sich primär auf die Strategieplanung. Anfang der 1970er-Jahre begannen breit angelegt Strategieforschungen. Deren Grundidee bestand darin, auf der Basis großer Datenbestände Grundmuster erfolgreicher Unternehmensstrategien zu identifizieren (vgl. Malik 2009, S. 229). Ein weiteres bekanntes Strategiemodell ist der Aufbau Strategischer Erfolgspositionen (SEP) (vgl. Pümpin & Geilinger 1988, ▶ Abschn. 15.3.6).

Grundsätzliche Wege der Strategieentwicklung

Wege für das strategische Problem

Wie kann das Problem angepackt werden? Dazu gibt es viele Wege. In der Praxis wird mehr oder weniger systematisch vorgegangen, wobei jede Organisation ihre spezifischen Wege hat. Aus dem ganzen Spektrum möglicher Lösungswege werden zwei kurz beschrieben, die sich als Pole eines ganzen Kontinuums von Lösungsansätzen verstehen lassen:
- analytische Strategieentwicklung,
- visionsgeleitete Strategieentwicklung.

analytische Strategieentwicklung

Analytische Strategieentwicklung

Bei diesem Vorgehen wird zuerst eine genaue Analyse des Umfeldes und der Organisation selbst vorgenommen (Ist-Analyse). Dann wird der Soll-Zustand formuliert (Zielformulierung). Für die Überbrückung des Ist zum Soll werden geeignete Strategien entwickelt. Bei diesem Vorgehen wird die Analyse stark betont. Ausgangspunkt ist eine möglichst exakte Erfassung der Daten und Fakten der beteiligten Systeme. Sie sollen die Grundlage für eine erfolgreiche Strategie bilden. Die Situationsanalyse und die Strategieentwicklung bleiben dabei in der Regel einem kleinen Kreis von Planern und Topmanagern vorbehalten. Dieses Vorgehen entspricht stark der traditionellen strategischen Planung (▶ Abschn. 15.3.6). Es gleicht stark der Problemlösungsmethodik, wie sie in ▶ Abschn. 6.3 dargestellt ist.

visionsgeleitete Strategieentwicklung

Visionsgeleitete Strategieentwicklung

Bei diesem Vorgehen steht am Anfang die Entwicklung einer gemeinsamen Vision. Ideal ist, wenn eine größere Anzahl der Organisationsmitglieder daran mitwirken kann. Der Ist-Zustand wird erst in einem zweiten Schritt näher betrachtet. In einem dritten Schritt werden dann Strategien entwickelt, wie in der Realität die Vision angestrebt werden kann. Es werden die kritischen Lücken ermittelt, woraus strategische Prioritäten formuliert werden (◘ Tab. 15.5; vgl. Senge 2008, S. 399). Dieses Vorgehen hat viele Parallelen zum Lösungszyklus in ▶ Abschn. 6.3.5.

Unterschied zwischen Vorgehensweisen

Auf den ersten Blick erscheint der Unterschied zwischen den beiden Vorgehensweisen vielleicht gering. In seiner Wirkung ist er jedoch groß. Das visionsgeleitete Vorgehen bewirkt bei den Beteiligten – bei guter Gestaltung –

Tab. 15.5. Analytische und visionsgeleitete Strategieentwicklung

Analytische Strategieentwicklung	Visionsgeleitete Strategieentwicklung
1. Situationsanalyse (Ist-Zustand)	1. Veränderungsbedarf (Suchen)
2. Ziele/Handlungsalternativen (Soll-Zustand)	2. Visionen entwickeln
3. Strategien entwickeln, Lücken schließen, Lösungen suchen (Ist-Soll-Abgleich)	3. Bereitschaft für Veränderung des Ist-Zustands, (Abklären)
4. Bewertung und Auswahl der geeigneten Strategie (Strategieplanung)	4. Strategieplanung
5. Realisierung und Kontrolle der Strategie	5. Realisierung und Reflexion der Umsetzung

ein enormes Engagement und eine große Begeisterung. Es setzt große Energien frei, die bewirken, dass die anschließenden Schritte sehr viel leichter durchlaufen werden. Hier kann der Einsatz von Großgruppenmethoden hilfreich sein. Statt von einem visionsgeleiteten Vorgehen könnte man auch von einer lösungsfokussierten Haltung in der Strategieentwicklung sprechen. Es gilt, den jeweils nächsten Systemschritt zu tun. Dabei geht es nicht um »richtig« oder »falsch«, sondern um »passend« oder »nicht passend« bezogen auf das jeweilige System, auf die Situation, auf die Kultur, auf die Forderungen, die gestellt werden. Das Entwickeln eines Lösungsbildes ist das Herzstück der lösungsfokussierten Arbeit. Die Maxime lautet dabei: Lösungen konstruieren statt Probleme analysieren (Bamberger 2010, S. 29). — *lösungsfokussierende Haltung*

Der Prozess des Entwickelns einer gemeinsamen Vision schafft einen Boden, der alles Weitere trägt. Er hat auch zur Folge, dass für die Umsetzung der Vision weniger Programme und Pläne erstellt werden müssen, weil Vieles selbstverständlich ist und geleitet wird von der gemeinsam entwickelten Vision. Das visionsgeleitete Vorgehen löst in der Organisation einen tief greifenden Lernprozess aus. Weil Werte und Bestrebungen der Beteiligten offengelegt werden, muss später nicht lange über detaillierte Umsetzungspläne gestritten werden. Die Menschen sind engagierter und entwickeln ein gemeinsames Verantwortungsgefühl für die Umsetzung der Strategie. — *tief greifender Lernprozess*

In Bezug auf das Instrumentarium, wie gemeinsame Visionen entwickelt werden können, und zwar sowohl für ganze Organisationen als auch für Gruppen oder Teams gibt es eine große Auswahl an Literatur (vgl. Senge 2008; Königswieser & Exner 2008; Lombriser & Abplanalp 2010; Rohm 2010; zur Bonsen et al. 2003). Für visionsgeleitetes Arbeiten empfiehlt sich auf jeden Fall eine Prozessmoderation durch einen kompetenten Moderator, der mit entsprechenden Methoden vertraut ist (▶ Kap. 9 »Beratung und Coaching«). — *Prozessmoderation*

Die visionsgeleitete Vorgehensweise ist motivierend und hat gegenüber der analytischen eindeutige Vorteile in Bezug auf die Erzeugung von Engagement und Begeisterung.

Eine Strategie lässt sich im Grunde genommen nicht logisch ableiten und planen. Strategieentwicklung ist kein linearer, sondern vielmehr ein zyklischer

Strategieentwicklung ist ein zyklischer, kreativer Prozess

Prozess, der auch chaotisch wirken kann. Dabei geht es darum, all das zu erfassen, was Manager aus vielen Quellen lernen und dann zu einer Vision zu synthetisieren, in welche Richtung sich das Unternehmen bewegen soll. Strategieentwicklung ist ein enorm komplizierter Vorgang, der die raffiniertesten, subtilsten und zugleich völlig unbewussten Anteile menschlichen Denkens einschließt (vgl. Mintzberg 1994). Dabei können selbstverständlich Methoden der Kreativitätstechnik (▶ Abschn. 8.4) angewandt werden und auch Methoden, die Menschen nicht nur auf der Verstandesebene, sondern auch auf der Gefühlsebene ansprechen, wenn es darum geht, Engagement zu erzeugen. Es geht darum, den »ganzen Menschen« zu beteiligen. Dabei sind auch Ausdrucksmittel wie Musik, Kunst, Symbole, Theater usw. zu nutzen, um tiefere Wissens- und Intuitionsquellen zu erschließen (vgl. Senge 2008, S. 611).

> **Beispiel**
>
> **Polaroid-Schnellbildkamera**
>
> **Fallbeispiel für das Zustandekommen einer Vision: Polaroid-Kamera**
> Ein schönes Beispiel, wie unanalytisch und unsystematisch Visionen zustande kommen können, ist die Entwicklung der Polaroid-Schnellbildkamera. Der Erfinder Edwin Lands kam aufgrund einer Bemerkung seiner 3-jährigen Tochter auf die Idee. Als er seine Tochter einmal fotografierte, sagte sie zu ihm, dass sie das Bild sofort haben wolle. Dieser Wunsch zusammen mit seinem technischen Wissen ermöglichte es ihm, die Idee der Schnellbildkamera innerhalb einer Stunde zu entwickeln (vgl. Mintzberg 1994).

Partizipation in Strategieprozessen

Der strategische Prozess hat einen engen Bezug zum Veränderungsmanagement. Ein wichtiges Unterscheidungsmerkmal angewendeter Veränderungsmethoden ist der Grad der Partizipation oder Beteiligung von Betroffenen (▶ Abschn. 15.2). Diese Frage stellt sich auch beim strategischen Prozess. In der Regel werden heute in größeren Firmen die Strategien durch das oberste Management entwickelt, oft unterstützt durch externe Berater. Viele Strategien werden dann mit der »Bombenwurfmethode« eingeführt. Das mittlere und das untere Management haben sie dann umzusetzen. Die Bombenwurfstrategie hat schwerwiegende Nachteile und lässt sich nur in Fällen rechtfertigen, wo Geheimhaltung unumgänglich ist, wie z. B. bei Fusionen von Firmen, deren Aktien an der Börse gehandelt werden.

Einführung von Strategien mit der »Bombenwurfmethode«

Obwohl die Bombenwurfmethode ein häufig gewähltes Vorgehen ist, stellt sich die Frage, ob nicht auch bei der Strategieentwicklung mehr Partizipation sinnvoll wäre, und zwar nicht aufgrund von idealistischen oder sozialromantischen Vorstellungen, sondern aus Nutzenüberlegungen für das Unternehmen. Eine breitere Abstützung von Visionen bei den Mitarbeitern würde die bekannte Umsetzungsproblematik von Strategien um einiges entschärfen. Gerade die häufig gewählte Bombenwurfstrategie ist ein wichtiger Grund dafür, dass viele Strategien Papiertiger bleiben.

15.3.6 Beispiele für analytische Vorgehensweisen

Traditionelle strategische Planung

Die traditionelle strategische Planung entspricht der analytischen oder problemorientierten Vorgehensweise. Da sie eine große Tradition hat und vom Denken her auch heute noch in vielen Organisationen praktiziert wird, gehört deren Kenntnis zum Managementallgemeinwissen.

Wenn man in den 1970er- und 1980er-Jahren von Strategien sprach, dann sprach man von strategischer Planung. Mit strategischer Planung ist eine besondere Art von Planung gemeint, die durch eine stark analytische und systematische Vorgehensweise gekennzeichnet ist. Durch eine Umweltanalyse, in der die Risiken und Chancen der künftigen Unternehmenswelt festzustellen sind und durch eine Unternehmensanalyse, in der die gegenwärtigen und potenziellen Stärken und Schwächen der Unternehmung analysiert werden, soll ein Vergleich dieser Größen die Ermittlung einer eventuell vorhandenen strategischen Lücke ermöglichen. Durch strategische Pläne soll diese Lücke gefüllt werden. Für die strategische Analyse lassen sich Planungstechniken wie z. B. Stärken-/Schwächenanalysen, Wertprofile, Portfoliotechnik als auch Erkenntnisse von empirischen Untersuchungen (Erfahrungskurve, Produktlebenszykluskonzept usw.) einsetzen (vgl. Schneck 2011, S. 645).

In größeren Unternehmungen befassten sich Stäbe mit der strategischen Planung, die formalisierte Planungssysteme entwickelten. In bestimmten Lösungsschritten wurden die Gesamtunternehmensstrategien und die Strategien der einzelnen Geschäftseinheiten entworfen. Die ganze Planung musste stufengerecht umgesetzt und in einem gewissen Planungszyklus durchgeführt werden. Sie kam in detaillierten Programmen, Plänen und Budgets zum Ausdruck. Dahinter stand der Gedanke der Führung und Steuerung einer Unternehmung durch möglichst genaue Pläne. Letzten Endes war dieses Vorgehen geleitet von einem mechanistischen Verständnis des komplexen sozialen Gebildes Organisation. Es herrschte die Vorstellung, dass durch das Erstellen von genauen Plänen die Organisation quasi von oben nach unten geführt und gesteuert und auf ein einheitliches Ziel ausgerichtet werden konnte (▶ Abschn. 13.2 »Führen mit Zielen«). Es gab eine ganze Anzahl von Strategieplanungsmodellen. Das Modell von Pümpin wird hier als ein Beispiel näher beschrieben.

Strategieprozess nach Pümpin

Pümpin hat den Strategieprozess in einer systematischen Weise beschrieben (Pümpin & Geilinger 1988; Pümpin 1992). Systematische, analytische Strategieprozesse haben den Vorteil, dass sie eine klare Struktur aufweisen. Wir können aus ihnen lernen, welche Elemente zu einem Strategiebildungsprozess gehören. Diese Elemente kommen mehr oder weniger in jedem Strategiebildungsprozess vor, wenn auch nicht immer systematisiert. Unter Strategieprozess verstehen wir den Prozess von der Informationssammlung bis zur Strategieumsetzung und -überprüfung.

Im Zentrum des Prozesses steht bei Pümpin der Aufbau von strategischen Erfolgspositionen, kurz SEP, ein Begriff, der sich im strategischen Vokabular eingebürgert hat.

Marginalien:

- traditionelle strategische Planung entspricht der analytischen, systematischen Vorgehensweise
- Instrumente und Methoden der strategischen Planung
- Führung und Steuerung einer Unternehmung durch möglichst genaue Pläne
- Vorteil einer klaren Vorgehensweise

Definition: Strategische Erfolgsposition (SEP)

Definition

Strategische Erfolgspositionen (SEP) sind Fähigkeiten, die es dem Unternehmen erlauben,
- im Vergleich zur Konkurrenz,
- auch längerfristig
- überdurchschnittliche Leistungen zu erzielen.

Diese Leistungen sichern das längerfristige Überleben des Unternehmens.

Der Begriff SEP ist sehr gebräuchlich und definiert, um was es bei Strategien geht, nämlich um Fähigkeiten eines Unternehmens, die ihm gegenüber der Konkurrenz Vorteile verschaffen und die nicht leicht nachgeahmt werden können. Und das Ganze dient schließlich dem erfolgreichen, längerfristigen Überleben des Unternehmens.

4 Phasen des Strategieprozesses nach Pümpin

Für den Aufbau von strategischen Erfolgspositionen sind vier Phasen oder Schritte zu durchlaufen (◘ Tab. 15.6; ausführliche Beschreibung vgl. Pümpin & Geilinger 1988).

Bildlich dargestellt sieht der Strategieprozess nach Pümpin gemäß ◘ Abb. 15.13 aus.

◘ **Tab. 15.6.** Vier Phasen des Strategieprozesses. (Adaptiert nach Pümpin & Geilinger 1988)

Phase	Beschreibung
1. Informationsanalyse	Analyse der für die Strategie relevanten Bereiche: Unternehmen selbst (→ Unternehmensanalyse) und Außenwelt des Unternehmens (→ Umfeldanalyse). Resultat: einige strategisch wichtige Schlüsselerkenntnisse und knappe Analyseberichte. Die Phase entspricht der Situationsanalyse im Problemlösungszyklus (► Abschn. 6.3).
2. Strategieentwicklung	Die eigentliche Lösungssuche, Entwickeln von Strategien als kreativ und schöpferisch erzeugte Ideen über die Marschrichtung des Unternehmens, und nicht nur als logische, aus der Informationsanalyse abgeleitete Überlegungen. Ergebnis: ein übersichtliches, leicht verständliches Dokument, das die Grundmarschrichtung des Unternehmens auf wenigen Seiten definiert. Diese Phase ist der kreative Teil des Strategieprozesses.
3. Strategieumsetzung	Die formulierte Strategie in konkrete Aktionen und Verhalten überführen. Die Umsetzung ist der anspruchsvollste Teil des strategischen Managements (► Kap. 15.3.9).
4. Strategieüberprüfung	Die Strategie ist im Rahmen der strategischen Unternehmensführung periodisch zu überprüfen und allenfalls anzupassen.

Abb. 15.13. Strategieprozess nach Pümpin. (Aus Pümpin & Geilinger 1988)

15.3.7 Kritik an der traditionellen strategischen Planung

Die traditionelle strategische Planung wurde schon früh immer wieder kritisiert (vgl. Bernet 1985; Mintzberg 1994; Hayes 1997). Dies hängt damit zusammen, dass sie nicht so erfolgreich war, wie sich viele ihrer Anhänger versprochen haben. Hinzu kommt, dass sich seit ihren Anfängen die Organisationsumwelt stark gewandelt hat. Sie ist dynamischer geworden, und zudem sind wir uns ihrer Vernetztheit stärker bewusst. Wir müssen uns daher fragen, ob die traditionelle strategische Planung unter den veränderten Bedingungen noch ein geeignetes Vorgehen ist.

Hayes (1997) weist u. a. darauf hin, dass die Grundannahmen, von denen die strategische Planung ausgeht, mittlerweile fraglich sind.
Diese Grundannahmen sind:
- eine gewisse Stabilität der Umwelt;
- die Ressourcen zur Umsetzung sind bereits verfügbar oder können kurzfristig beschafft werden;
- die Verantwortung für den Fortschritt lastet hauptsächlich auf den Schultern des obersten Managements;
- wie in der klassischen Kriegsführung setzen die Generäle die Ziele, entwerfen die Offensive, stellen die Ressourcen zusammen und üben eine straffe Kontrolle über die Bewegungen der Truppen aus.

Diese Prämissen treffen heute nicht mehr zu oder passen nicht mehr zum Verständnis eines modernen Managements, das die Eigenverantwortlichkeit der Mitarbeitenden und das Mitunternehmertum stark betont.

Hayes (1997) ortet als wesentliche Schwächen der traditionellen strategischen Planung, sie sei zu kurzfristig ausgerichtet (3–5 Jahre) und orientiere sich zu stark an finanziellen Zielen. Durch die Ausrichtung auf quantitative und damit leicht messbare Ziele werde bei der Zielerreichung mehr auf strukturelle als auf verhaltensorientierte Mittel geachtet. Strategische Planung betone eher große Sprünge als eine Serie von kleineren Verbesserungen. Damit sei es auch eine Strategie von oben nach unten.

Auch nach Mintzberg (1994, S. 9–15) hat das Instrument der strategischen Planung allzu oft versagt. Er sieht den Hauptgrund in der Gleichsetzung von strategischem Planen und strategischem Denken, dies seien jedoch zwei völlig verschiedene Dinge.

15.3.8 Unterscheidung von strategischem Denken und strategischem Planen

strategisches Denken ist nicht gleich strategisches Planen

Mintzberg (1994) unterscheidet klar zwischen strategischem Denken und strategischem Planen. Das strategische Denken ist mehr einer intuitiven Denkweise zuzuordnen. Es ist auf Synthesebildung ausgerichtet. Es ist ein intuitives, schöpferisches Synthetisieren von Wahrnehmungen und Beobachtungen zu einem zusammenhängenden Bild der Zukunft eines Unternehmens. Das strategische Planen hingegen ist einer rationalen Denkweise zuzuordnen. Strategisches Planen ist im Kern Analyse (analysieren, formalisieren). Es ist ein tayloristischer Ansatz, der von der Trennung von Denken und Handeln ausgeht. Dabei wird davon ausgegangen, dass es strategische Planer gibt – das sind die Vordenker, oft Stäbe – und die Umsetzer dieser Pläne, die Handelnden, das Management. Nach Mintzberg können jedoch auf diese Weise keine guten Strategien entwickelt werden. Die Entwicklung von Strategien ist kein analytischer, sondern ein oft ungeordneter, kreativer, schöpferischer Prozess. Systematiken und formale Techniken sind dabei eher hinderlich. Die meisten erfolgreichen Strategien sind nach Mintzberg Visionen, nicht Pläne. Auch das geschilderte Beispiel Erco GmbH zeigt, wie wenig systematisch und analytisch ihre Strategie entstanden ist. Angeregt durch eine Aussage in einem Vortrag war dem Firmeninhaber der Einfall für die neue Geschäftsstrategie gekommen.

rationale vs. intuitive Denkweise

Die Merkmale der beiden Denkweisen gehen aus der Gegenüberstellung in ◘ Abb. 15.14 hervor.

beide Denkweisen sind wichtig

Es geht hier nicht darum, sich zwischen den beiden Denkweisen zu entscheiden. Beide spielen in der Praxis eine wichtige Rolle und ergänzen sich. Strategien entstehen meist durch eine Kombination von beiden. Ohne strategisches Denken gibt es keine Strategiebildung. Und ohne strategisches Planen gibt es keine Strategieumsetzung, denn strategisches Planen geschieht bei jeder Strategieumsetzung, auch wenn diese Planung nicht in ein formalisiertes Planungssystem eingebunden ist.

Rollen strategischer Planer

Strategische Planer sind also keineswegs überflüssig. Sie helfen bei den Prozessen der Strategiefindung durch harte Fakten und ihre formalen Analysen. Vor allem aber planen sie Maßnahmen zur Realisierung der Vision. Sie können entwicklungsfähige Visionen in Programme umsetzen, sie operationalisieren. Eine zündende Geschäftsidee im Sinne einer Vision ist eine wichtige Voraussetzung für das langfristige Überleben eines Unternehmens. Aber sie genügt allein nicht. Ideen müssen mit Hilfe von Strategien konkretisiert und umgesetzt werden.

15.3 · Strategisches Denken und Planen

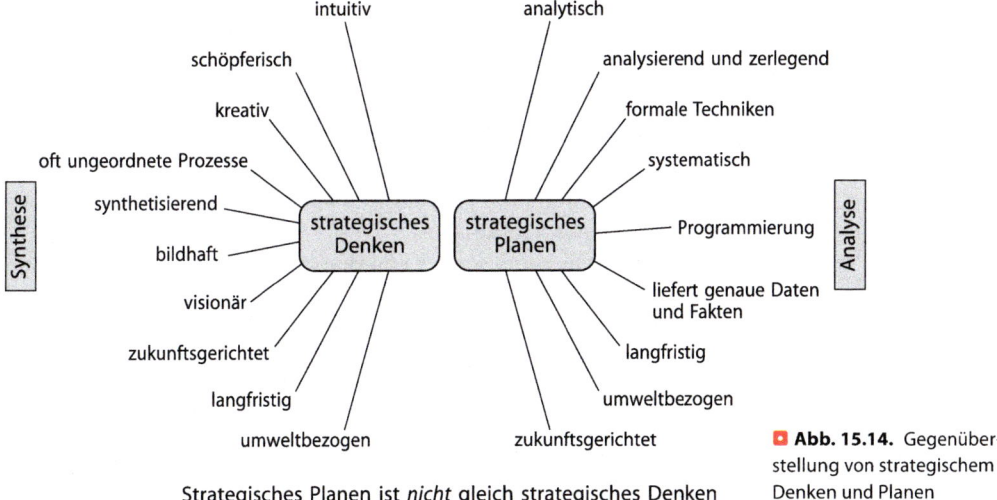

Strategisches Planen ist *nicht* gleich strategisches Denken

Abb. 15.14. Gegenüberstellung von strategischem Denken und Planen

Aus all dem geht hervor, dass das Auffinden von starken Visionen und Strategien ein komplexes und bis heute keineswegs zufriedenstellend gelöstes Problem ist. In der Tat müssen auf diese Frage immer wieder neue Antworten gefunden werden, sowohl auf der Ebene der Theorie als auch auf der Ebene der Anwendung. Diese Aufgabe ist eine Daueraufgabe.

15.3.9 Strategieumsetzung als Veränderungsprozess

Die Strategieumsetzung ist das Hauptproblem des Strategiemanagements. Sie ist der schwierigste und zugleich am längsten dauernde Teil (oft mehrere Jahre). Die Umsetzung einer Strategie bedeutet in der Regel immer einen tief greifenden Wandel des Unternehmens mit allen damit verbundenen Chancen und Schwierigkeiten (Widerstände, Hemmnisse, Akzeptanzprobleme, ▶ Abschn. 15.1). Eine neue Strategie oder auch nur Strategieanpassungen bedeuten fundamentale Veränderungen in einer Organisation: neue Aufgaben, Strukturen, Systeme, Fähigkeiten, Einstellungen, Verhalten usw. Nicht nur Aufgaben und Strukturen haben sich zu verändern, sondern auch die Organisationskultur. Dies erweist sich meist als das eigentliche Problem bei strategischen Neuausrichtungen. Bloße strukturelle oder das System betreffende Änderungen genügen in der Regel nicht. Veränderungen auf der Ebene Organisationskultur sind erfahrungsgemäß viel schwieriger zu erreichen und benötigen viel Zeit.

Strategieumsetzung bedeutet also immer Veränderungsmanagement. Dabei haben wir es im Allgemeinen mit komplexen Vorhaben zu tun. Ein wichtiger Grundsatz im Umgang mit Komplexität lautet, dass ihr nur mit einer Vielfalt von Handlungsoptionen wirksam begegnet werden kann (▶ Abschn. 15.2). Um wirkliche Veränderungen herbeizuführen, können daher nicht einseitige Veränderungsmethoden (z. B. Veränderung der Organisationsstruktur) angewandt werden. Da wir es mit komplexen sozialen Syste-

Strategieumsetzung als Knackpunkt im Prozess

Strategieumsetzung bedeutet tief greifenden Wandel

Strategieumsetzung = Veränderungsmanagement

men zu tun haben, ist auf die verschiedenen Ebenen gleichzeitig einzuwirken (Aufgaben und Aufgabenverständnis, Strukturen, Kultur). Dabei gibt es keine Rezepte, weil jedes Veränderungsvorhaben spezifisch ist.

Frage der Partizipation

Wie sollen Veränderungsprozesse gestaltet werden? Ein wichtiges Unterscheidungsmerkmal von Veränderungsmethoden ist der Grad der Beteiligung der Betroffenen. Wie weit Partizipation möglich ist, hängt von den Rahmenbedingungen, der Führungskultur, den Kapazitäten, der Realisierungszeit ab (▶ Abschn. 15.2).

Rückhalt im Topmanagement

Die Umsetzung von Strategien erfordert viel Überzeugungskraft und Engagement, aber auch den Einsatz von finanziellen Mitteln. Ganz entscheidend ist die Topmanagementunterstützung. Es sind viele gute Strategien versandet, weil von oben nicht genügend Rückhalt vorhanden war. Bei der Strategieumsetzung spielen das mittlere und das untere Management eine entscheidende Rolle. Durch veränderte Geschäftsstrategien werden meistens eine ganze Reihe von strategieunterstützenden Veränderungsprojekten ausgelöst (z. B. neue Systeme bzgl. Technologien, Informatik, Entlohnung, Qualifikation, Verhaltens- und Einstellungsänderungen wie Kundenorientierung, Qualitätsdenken). Diese müssen von den Linienvorgesetzten in ihren Führungsbereichen tatkräftig unterstützt werden. Dabei haben Vorgesetzte hier eine wichtige Vorbildfunktion.

Fallbeispiel Erco GmbH

> **Beispiel**
>
> **Firma Erco GmbH**
> In unserem Beispiel der Firma Erco GmbH ergaben sich neue Aufgaben wie die Lichtgestaltung in Gebäuden, die Beratung von Architekten. Entsprechend war eine Reorganisation der technischen Abteilungen und des Verkaufs sowie Marketings nötig. Es galt jetzt, umfassende Problemlösungen für Fragen der Lichtgestaltung in Zusammenarbeit mit Architekten und Planern anzubieten. Das bedingte völlig neue Verhaltensweisen des technischen Personals und der Verkäufer. Aber auch in der Produktion änderte sich einiges durch neue Produkte. Der wichtigste und zugleich schwierigste Prozess war das Finden einer neuen Identität für die Mitarbeiter der Firma. Sich nicht mehr mit Lampen, sondern mit Licht zu identifizieren, bedeutete einen herausfordernden Lernprozess. Strategische Neuausrichtungen schließen Veränderungen in Produkten, Dienstleistungen, Märkten, Organisationsstrukturen, Organisationskultur und bei den Menschen (Fähigkeiten, Fertigkeiten) mit ein (»new ways of doing business«).

An diesem Beispiel wird deutlich, dass strategische Änderungen sowohl einen Einfluss auf Aufgaben, Strukturen und Kultur haben. Der Dreiklang von Aufgabe – Struktur – Kultur muss simultan in das Veränderungsmanagement einbezogen werden, was eine große Herausforderung darstellt. Häufig werden Veränderungen noch nach dem alten, aber überholten Organisationsprinzip »structure follows strategy« and »culture follows structure« durchgeführt.

In Bezug auf das Vorgehen bei Strategieumsetzung gilt der Grundsatz, schrittweise vorzugehen und klar definierte und realistische Etappenziele zu setzen: »Nicht zuviel auf einmal machen wollen.«

Balanced Scorecard als wirksame Methode der Strategieumsetzung

Die »Balanced Scorecard« (BSC) geht auf Arbeiten von Kaplan und Norton (1997) zurück. Sie ist ein Führungs- und Controllinginstrument, mit dem die Ausrichtung der Organisation auf ihre Vision und die strategischen Ziele gesteuert werden kann. Strategien werden in konkrete Ziele und dazugehörige Messgrößen übersetzt. Interessen externer Anspruchsgruppen werden dabei gleichermaßen berücksichtigt wie interne Erfordernisse für Geschäftsprozesse, Innovationen, Lernen und Wachstum der Mitarbeitenden. Initiiert wird die Arbeit mit der BSC vom Management als Top-down-Prozess.

Die klassische BSC enthält vier Perspektiven: Finanzen, Kunden, Prozesse und Potenziale der Mitarbeitenden (Lernen und Wachstum; ◘ Abb. 15.15).

Finanzen: Die finanzielle Dimension eines Unternehmens wird traditionell in Jahres- oder Quartalsabschlüssen dargestellt. Sie beinhaltet Informationen über die Vermögens-, Finanz- und Ertragslage eines Unternehmens.

Kunden: Eine kundenorientierte Sichtweise liefert Informationen über die Positionierung des Unternehmens in bestimmten Marktsegmenten, über die Kundenzufriedenheit oder die Kundenbindung.

Prozesse: Auf Ebene der Geschäftsprozesse erfolgt die Beschreibung des Unternehmens anhand der einzelnen im Unternehmen implementierten Arbeitsabläufe.

Potenziale: Die Potenziale umfassen sogenannte weiche Erfolgsfaktoren. Dies sind Motivation, der Wissens- und der Ausbildungstand der Mitarbeitenden, der Zugang zu relevanten externen Potenzialen.

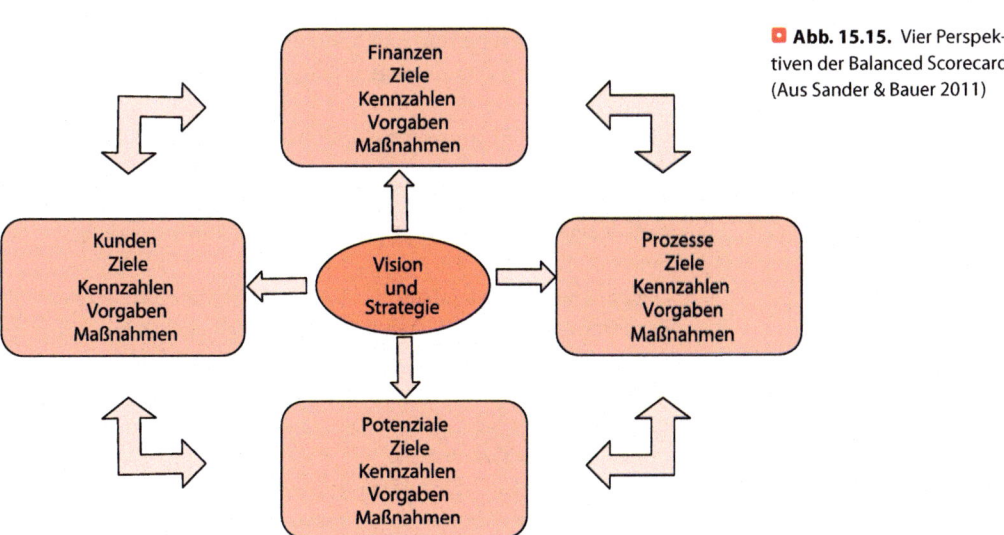

◘ **Abb. 15.15.** Vier Perspektiven der Balanced Scorecard. (Aus Sander & Bauer 2011)

Arbeiten mit der BSC

praktisches Arbeiten mit der BSC

In einem ersten Schritt werden für jede Perspektive aus der Vision und der Gesamtstrategie die Ziele abgeleitet.

In einem zweiten Schritt werden die Ziele zueinander in Beziehung gesetzt und überprüft, in wieweit sie sich gegenseitig beeinflussen.

In einem dritten Schritt werden die Kennzahlen bestimmt, die für die Zielerreichung ausschlaggebend sind. Diese werden in Messgrößen beziehungsweise als Vorgaben formuliert.

In einem vierten Schritt werden die Maßnahmen erarbeitet, die zur Umsetzung der Ziele führen.

BSC führt zu einer ausgewogenen Sicht

Mit den Methoden der BSC soll das Blickfeld des Managements von einer traditionellen, durch finanzielle Aspekte gekennzeichneten Unternehmenssicht auf alle relevanten Teile gelenkt werden und so zu einem ausgewogenen, «balanced» Bild führen. Die Herausforderung liegt in der Auswahl weniger und zugleich relevanter Kennzahlen, die sich idealerweise in den verschiedenen Sichtweisen auch direkt beeinflussen. In der BSC werden ständig die Auswirkungen der Maßnahmen auf alle Ziele bewertet. Aus psychologischer Sicht eignen sich ein bis zwei Kennzahlen pro Perspektive. Kaplan und Norton empfehlen, dass eine BSC nicht mehr als 20 Kennzahlen haben sollte. Die konsequente Auswahl und Reduzierung auf wenige Kennzahlen ist ein Erfolgskriterium für das Gelingen der Arbeit mit der BSC.

wenige relevante Kennzahlen

Kaplan und Norton (1997) illustrieren die Perspektiven mit jeweils zwei beispielhaften Kennzahlen:

Finanzperspektive

Finanzperspektive (»financial focus«): Kennzahlen zum Erreichen der finanziellen Ziele.
- Umsatz pro Vertriebsbeauftragter: unterstützt das Wachstum des Unternehmens, nicht notwendigerweise die Profitabilität.
- Kosten pro Stück: unterstützt das Kostenbewusstsein, hohe Volumina – steht aber der Qualität entgegen.

Kundenperspektive

Kundenperspektive (»customer focus«): Kennzahlen zum Erreichen der Kundenziele.
- Kundenzufriedenheit: unterstützt kundenorientiertes Verhalten, nicht notwendigerweise kurzfristigen Gewinn, ist dabei aber schwierig zu messen.
- Zeit zwischen Kundenanfrage und Antwort: Unterstützt zeitgerechtes Reagieren auf Kundenanfragen, wird oft in Verbindung mit Prioritäten verwendet.

Prozessperspektive

Prozessperspektive (»process focus«): Kennzahlen zum Erreichen der internen Prozess- und Produktionsziele.
- Prozessqualität: unterstützt die ausgelieferte Qualität, nicht notwendigerweise einen effektiven und effizienten Produktionsprozess.

▼

15.3 · Strategisches Denken und Planen

- Prozessdurchlaufzeit: unterstützt schnelle Durchlaufzeiten, geringe Kapitalbindung und wenig Zwischenlager. Kann mittels »Process Performance Management« detailliert und kontinuierlich ausgewertet werden.

Mitarbeiter-, Potenzial- und Wachstumsperspektive (»learning focus«): Kennzahlen zum Erreichen der (langfristigen) Überlebensziele der Organisation.
- Umsatzverhältnis neuer Produkte zu alten Produkten: unterstützt schnelle Neu- und Weiterentwicklung von Produkten.
- Fluktuation von Leistungsträgern nach außerhalb der Organisation: unterstützt die langfristige Beschäftigung von Leistungsträgern in der Organisation, fördert Leistungsdifferenzierung, kann Querdenker blockieren.

Um das BSC-Diagramm sinnvoll zu entwickeln, sollten Interessenvertreter aus allen Unternehmensbereichen einbezogen werden. Dadurch kann die BSC eine wichtige Rolle in einem Veränderungsprozess (Change Management) spielen. Sind viele Betroffene in die Entwicklung der BSC eingebunden, wird die Strategie besser akzeptiert, die Kennzahlen beruhen auf umfassenden Beobachtungen und die vorgesehenen Maßnahmen lassen sich besser umsetzen.

Auch in Non-Profit-Organisationen findet die BSC sinnvollen Einsatz. Sander und Bauer (2011, S. 169 f.) verweisen auf ein Fallbeispiel einer Drogentherapiestation (Tab. 15.7).

Tab. 15.7. Einsatz der Balanced Scorecard im Non-Profit-Bereich. (Adaptiert nach Sander & Bauer 2011)

Perspektive	Kennzeichen	Messgrößen	Ziele
Finanzen	Betreuungsverhältnis Größe der Einrichtung Erschließung von Finanzquellen	Verhältnis Betreute:-Mitarbeitende Umsatz Finanzmittelfluss	Maximal 1:1 Plus 10%/Jahr Plus 200.000/Jahr
Klienten	Neuaufnahmen total Interesse für Angebote Zufriedenheit	Anzahl/Monat Anzahl Fallführung Skala 1–6	Plus 20% 25 Fälle/Jahr Durchschnitt 5
Potenzial/Mitarbeitende	Erweiterte Kompetenzen Opt. Stellenbesetzung	Anzahl WB-Tage Grad d. Erfüllung Kompetenzprofil	10 Tage/Jahr 80% Übereinstimmung
Prozess	Bearbeitungsdauer Anträge Zusammenarbeit mit einweisenden Stellen	Anzahl Tage Zufriedenheitsskala 1–6	Max. 7 Tage Durchschnittswert 5

> **Beispiel**
>
> **Drogentherapiestation**
> Strategie: Ausweitung der Therapiestation in ein Zentrum für ganzheitliche Suchtarbeit.
> Langfristiges Ziel: Leistungsverträge mit den regionalen Behörden anpassen.
> Kurzfristige Ziele: Konzept für den Aufbau der neuen Angebote und für deren Finanzierung.

15.3.10 Rolle des mittleren und unteren Managements im Strategieprozess

Wir sind bereits an verschiedenen Stellen dieses Kapitels auf die Rolle des mittleren und unteren Managements zu sprechen gekommen. Einige wichtige Aspekte werden hier zusammenfassend und zum Teil erweitert dargestellt.

Rolle des mittleren und unteren Managements und die Frage der Partizipation

Welche Rolle das mittlere und untere Management im Strategieprozess spielt, hängt in hohem Maße davon ab, inwieweit sie im ganzen Prozess einbezogen werden bzw. wie die Partizipation bezüglich dieser Thematik in einer Organisation gestaltet wird.

Rolle bei der Umsetzung von Strategien

Eine sehr zentrale Rolle spielen das mittlere und das untere Management bei der Umsetzung von Strategien, und zwar als Unterstützende, Motivierende, Motoren der Umsetzung. Oft sind die Führungskräfte des mittleren und unteren Managements in der Leitung von Veränderungsprojekten wichtig bei der Informationsbeschaffung. Sie haben oft einen unmittelbaren Kontakt zum Markt, weshalb sie Entwicklungen frühzeitig wahrnehmen (z. B. Verkäufer nehmen veränderte Kundenwünsche wahr). Umfeldbeobachtungen sollten verstärkt in strategische Überlegungen einfließen. Das Zusammenspiel zwischen dem strategischen und dem operativen Management entscheidet über den Umsetzungserfolg (Abb. 15.16).

Informationsbeschaffung

Beklagen sich Führungskräfte aus dem mittleren und unteren Management, dass sie gar nicht strategisch denken und handeln könnten, weil es keine übergeordnete Strategie gäbe, gilt es zu bedenken, dass strategisches Denken und Planen auch ohne übergeordnete Strategien möglich sind. Die Führung jeder Organisationseinheit beinhaltet strategisches Denken und Planen. Die strategische Frage könnte lauten: Welche Marschrichtung will ich mit meiner Organisationseinheit einschlagen, um einen optimalen Beitrag für die Gesamtorganisation zu leisten?

strategisches Denken und Planen im eigenen Führungsbereich

15.3.11 Verschiedene Arten von Strategien

Strategien lassen sich hinsichtlich ihres organisatorischen Geltungsbereiches, der Funktionen, die von der Strategie betroffen sind, des Mitteleinsatzes und des Marktverhaltens, hinsichtlich der Produkt/Marktkombination oder der Wettbewerbsvorteile unterscheiden.

Unterscheidungsmerkmale

15.3 · Strategisches Denken und Planen

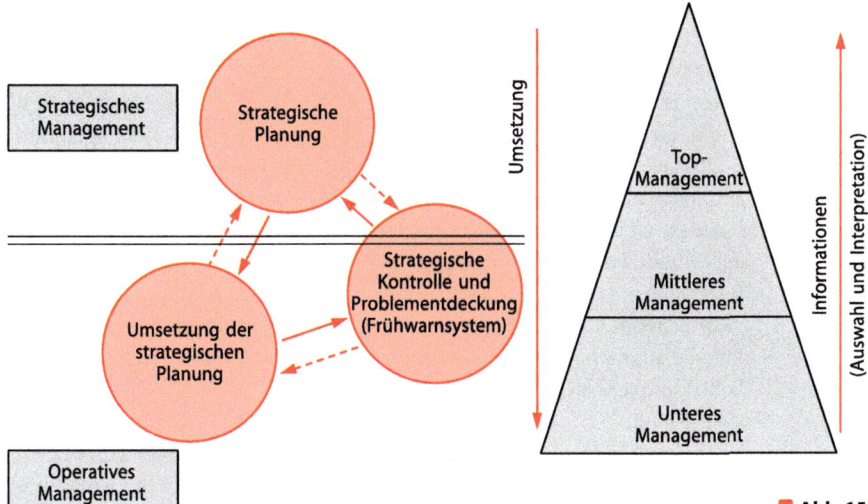

Abb. 15.16. Strategieprozess und die Managementebenen

In Bezug auf das, was in einem Unternehmen zu einer strategischen Erfolgsposition (SEP) gemacht wird, sind fast keine Grenzen gesetzt. Das Bestreben eines Unternehmens muss es sein, etwas zu einer strategischen Erfolgsposition zu machen, was die Konkurrenz nicht leicht nachmachen kann.

Hier einige Beispiele für strategische Erfolgspositionen:
- Erco GmbH: Licht, Qualität
- Zweifel: Frische, Vertriebssystem
- McDonalds: preislich günstige Produkte, beste Standorte
- Fielmann: Preisführerschaft bei gleicher Leistung wie andere Fachgeschäfte.

strategische Erfolgspositionen

15.3.12 Neuere Entwicklungen des strategischen Denkens

Wie so viele Managementthemen ist auch die Entwicklung von Strategien Modewellen unterworfen. Nach der Diversifizierungswelle in den 1970er- und 1980er-Jahren folgte seit den 1990er-Jahren die Konzentration auf die Kernkompetenzen. Man konzentriert sich auf das, was man wirklich gut kann (eigene Stärken, eigene Ressourcen). In diesen Geschäftsfeldern (Kerngeschäfte) will man eine außergewöhnliche Position anstreben. Was nicht zum Kerngeschäft passt, wird verkauft, oder was dazu passt, wird zugekauft. Damit verspricht man sich den größtmöglichen Geschäftserfolg. Hinter der Strategie der Diversifikation stand ganz stark der Gedanke der Risikoverteilung. Diese Strategie hatte jedoch häufig zur Folge, dass Unternehmen zu nur noch schwer überblickbaren und schwer führbaren »Gemischtwarenläden« wurden.

In der Grundtendenz bedeutet der Kernkompetenzansatz eine vermehrte Ressourcenorientierung und damit auch eine stärkere Orientierung auf die

Kernkompetenzansatz

Ressourcen- und Marktorientierung von Strategien

Fähigkeiten des Unternehmens (Innenorientierung). Von dieser Ausrichtung verspricht man sich den strategischen Erfolg. Bis vor kurzem war man der Ansicht, dass nur eine konsequente Marktorientierung (Außenorientierung) den strategischen Erfolg gewährleistet. In der Praxis wird das Unternehmen Erfolg haben, dem es gelingt, beide Orientierungen zu berücksichtigen und in Einklang zu bringen. Neue Marktchancen sind nur dann wirkliche Chancen, wenn ein Unternehmen in der Lage ist, die entsprechenden Marktbedürfnisse zu befriedigen. Das heißt, es muss die dazu erforderlichen Fähigkeiten besitzen oder kurzfristig entwickeln können. Auf der anderen Seite nützen noch so gute Fähigkeiten und Ressourcen wenig, wenn sie nicht in entsprechende Produkte oder Dienstleistungen transformiert werden können, die auf dem Markt einen Absatz finden. Daraus resultiert, dass sowohl die Ressourcen- als auch die Marktorientierung bei der Strategieentwicklung wichtig sind.

In den 1990er-Jahren wurde der bis dahin oft ungenügenden Umsetzung von Strategien immer mehr Beachtung geschenkt. Beispielsweise wurde mit dem Instrument Balanced Scorecard die Umsetzung verbessert. Auch systemische Ansätze spielen eine zunehmend größere Rolle bei der Strategieentwicklung und -umsetzung.

Grundstrategie heute: Wer schneller lernt als andere, wird erfolgreicher sein

Wenn wir etwas in die Zukunft blicken, fragen wir uns, mit welchen Grundstrategien die Unternehmen den zukünftigen Herausforderungen des immer schnelleren Wandels begegnen können. Hier zeichnen sich heute klare Tendenzen ab. Längerfristig werden nur diejenigen Unternehmen erfolgreich sein, die sich schnell an veränderte Umfeldbedingungen anpassen können, oder mit anderen Worten, die als Organisation eine hohe Lernfähigkeit haben. Organisationen, die rasch lernen können, werden entscheidende Wettbewerbsvorteile haben. Diese Tendenz möglicher zukünftiger Grundstrategien äußert sich auch in Aktualität von Themen wie »die lernende Organisation« (vgl. Probst & Büchel 1998; Senge 2011; Büchel & Raub 1996) oder »Wissensmanagement« als strategische Erfolgspositionen (North 2010; ▶ Abschn. 12.2 »Wissensmanagement und Lernen in Organisationen«).

15.3.13 Strategisches Denken in Non-Profit-Organisationen

strategisches Denken spielt auch in NPO eine wichtige Rolle

Auch Non-Profit-Organisationen (NPO) sind den Marktkräften und den Veränderungen im Umfeld ausgesetzt, wenn oft auch nicht im gleichen Ausmaß wie Profit-Organisationen. Sie müssen sich mit strategischen Überlegungen genauso beschäftigen wie Profit-Organisationen.

öffentliche Verwaltung

Ebenso spielt strategisches Denken eine zunehmend größere Rolle in der öffentlichen Verwaltung. Ein Beispiel ist die vermehrt betriebswirtschaftlich ausgerichtete Verwaltungsführung. In der öffentlichen Verwaltung werden die Strategien meist weniger aufgrund von Marktüberlegungen, sondern vor allem in der politischen Diskussion zwischen den Parteien entwickelt. Die Strategien werden als politische Programme formuliert. Dieser Prozess ist oft langwierig und oder scheitert, wenn die Interessengegensätze unter den Parteien zu groß sind. Es ist wohl eher Wunschvorstellung, dass sich die Parteien

15.3 · Strategisches Denken und Planen

auf eine einheitliche Strategie oder ein gemeinsames Programm einigen würden. In unserem politischen System setzt sich die Strategie der Partei oder der Parteien durch, die politisch das Sagen haben. Wenn sich die Kräfteverhältnisse ändern, ergeben sich entsprechende strategische Neuausrichtungen. Strategisches Denken ist in der öffentlichen Verwaltung primär den Parteien und der Regierung vorbehalten. Die Mitarbeiter der Verwaltung haben es in ihrer täglichen Arbeit vor allem mit der Umsetzung von Strategien zu tun.

ZUSAMMENFASSUNG

Strategisches Denken stammt ursprünglich aus dem Militärbereich. Es bedeutet die Kunst der Heerführung, um siegreich zu sein und den Gegner zu schlagen. In den 1960er-Jahren hat das strategische Denken und Planen im Management Eingang gefunden. Dabei geht es um die Frage, was für eine Marschrichtung ein Unternehmen in einem dynamischen Umfeld (Markt, Wettbewerb usw.) einschlagen soll, um langfristig erfolgreich zu sein (Wettbewerbsfähigkeit). Der Strategiebegriff wird im Management keineswegs einheitlich verwendet. Seine Abgrenzung gegenüber den Begriffen Politik und Vision ist unscharf. Um sich über strategische Fragen verständigen zu können, ist die Klärung des begrifflichen Verständnisses wichtig. Hier bietet die Einordnung des Begriffs in die drei Ebenen normativ, strategisch und operativ eine Hilfe. Das Strategieproblem ist äußerst komplex. Es kann auf unterschiedliche Weise angegangen werden, z. B. mehr analytisch oder mehr visionsgeleitet. Strategieentwicklung ist letzten Endes ein schöpferischer Prozess, der keinen strengen Regeln unterliegt. Lange Zeit fand die Strategiebildung und -umsetzung analytisch statt (traditionelle strategische Planung). Heute wird diese Vorgehensweise zunehmend variiert. So wird klar zwischen strategischem Denken und strategischem Planen differenziert. Ersteres entspricht mehr einer synthetisierenden, intuitiven Denkweise, zweiteres einer analytischen. In einem erfolgreichen Strategieprozess ergänzen sich beide Denkweisen. Eine neue Strategie bedeutet für eine Organisation immer einen größeren Veränderungsprozess. Strategien werden heute in der Regel in einem Topdown-Ansatz entwickelt und umgesetzt. Die Praxis zeigt jedoch, dass mit diesem Vorgehen meistens schwerwiegende Umsetzungsprobleme verbunden sind. Bei der Strategieentwicklung und -umsetzung sollte eine Organisation immer auch die Frage nach der Partizipation der Betroffenen und der Rolle des mittleren und unteren Managements beantworten. Diese Antwort kann je nach Organisation sehr unterschiedlich ausfallen. Strategisches Denken und Planen darf jedoch nicht ein Privileg des höheren Managements sein. Vielmehr ist es die Aufgabe aller Führungskräfte, im eigenen Führungsbereich strategisch zu denken und zu planen. Auch Grundstrategien sind Veränderungen unterworfen. Während in den 1970er-Jahren und frühen 1980er-Jahren Diversifikationsstrategien (zwecks Risikoverteilung) in der Gunst der Strategen standen, sind es heute Kernkompetenzansätze und Ansätze, die ein schnelleres Lernen ganzer Organisationen (lernende Organisation) zum Gegenstand haben.

▼

Auch in Zukunft wird es entscheidend sein, inwieweit es einem Unternehmen gelingt, ressourcenorientierte Ansätze (Innenorientierung) und marktorientierte Ansätze (Außenorientierung) geschickt zu kombinieren und wie gut es gelingt, Strategien umzusetzen. Hier sind seit den 1990er-Jahren wesentliche Fortschritte erzielt worden, vor allem mit Hilfe der Balanced Scorecard.

FRAGEN ZUR VERTIEFUNG

- Welche Rolle spielt strategisches Denken und Planen in Ihrer Organisation?
- Kennen Sie die strategische Marschrichtung Ihrer Organisation? Wie würden Sie diese formulieren?
- Welchen Bezug zu strategischem Denken und Planen haben Sie in Ihrer Vorgesetztenfunktion in Ihrer Firma?
- Was haben Sie aufgrund dieses Kapitels über strategisches Denken und Planen gelernt?
- Welche Konsequenzen hat dies für Ihre Vorgesetztentätigkeit?
- Wo sehen Sie Umsetzungsmöglichkeiten in Bezug auf strategisches Denken und Planen in Ihrem Führungsbereich?
- Wie können Sie strategisches Denken und Planen auf die eigene Lebenssituation anwenden? (Blick in die Zukunft, Vision, und was leite ich daraus ab? Welche Wege schlage ich ein?)

Literatur

Ansoff, H.I. (1965). *Corporate strategy.* New York, NY: McGraw-Hill.
Bamberger, G. (2010). *Lösungsorientierte Beratung* (4., vollst. überarb. Aufl.). Weinheim: Beltz.
Bernet, B. (1985). Auf der Suche nach neuen strategischen Denkmodellen. *Io Management-Zeitschrift,* 5–9.
Bleicher, K. (1992). *Leitbilder. Orientierungsrahmen für eine integrative Management-Philosophie.* Stuttgart: Schäffer-Poeschel.
zur Bronsen, M., Bauer, P., Bredemeyer, S. & Herzog, J.I. (2003). *Real Time Strategic Change. Schneller Wandel in großen Gruppen.* Stuttgart: Klett-Cotta.
Büchel, B. & Raub, S. (1996). Organisationales Lernen und Unternehmensstrategie – »core capabilities« als Ziel und Resultat organisationalen Lernens. *Zeitschrift für Organisation,* zfo, 1, 26–31.
Hayes, R. (1997). Strategische Planung in einer instabilen Welt. Ketzerische Gedanken zu einem populären Instrument. *Neue Zürcher Zeitung,* 171, 27.
Kaplan, R.S. & Norton, D.P (1997). *Balanced Scorecard, Strategien erfolgreich umsetzen.* Schäfer-Pöschel: Stuttgart.
Königswieser, R. & Exner, A. (2009). *Systemische Intervention. Architekturen und Designs für Berater und Veränderungsmanager* (9. Aufl.). Stuttgart: Klett-Cotta.
Lombriser, R. & Abplanalp, P.A. (2010). *Strategisches Management. Visionen entwickeln, Strategien umsetzen, Erfolgspositionen aufbauen* (5., vollst. überarb. u. erweit. Aufl.). Zürich: Versus.
Malik, F. (2010). *Systemisches Management, Evolution, Selbstorganisation* (5. Aufl.). Stuttgart: Klett-Cotta.
Mintzberg, H. (1994). Das wahre Geschäft der strategischen Planer. *Harvard Business Manager,* 2, 9–15.

Nagel, R. & Wimmer, R. (2009). *Systemische Strategieentwicklung* (5., aktual. u. erweit. Aufl.). Stuttgart: Klett-Cotta.
North, K. (2010). *Wissensorientierte Unternehmensführung* (5., aktual. u. erweit. Aufl.). Wiesbaden: Gabler.
Probst, G. & Büchel, B. (1998). *Organisationales Lernen* (2. Aufl.). Wiesbaden: Gabler.
Pümpin, C. & Geilinger, U.W. (1988). Strategische Führung. Aufbau strategischer Erfolgsposition in der Unternehmenspraxis. *Die Orientierung Nr. 76*. Bern: Schweizerische Volksbank.
Pümpin, C. (1992). *Strategische Erfolgspositionen*. Bern: Haupt.
Rohm, A. (Hrsg.) (2010). *Change Tools. Erfahrene Berater präsentieren wirksame Workshop-Interventionen* (4. überarb. Aufl). Bonn: managerSeminare.
Rüegg-Stürm, J. (2003). *Das neue St.Galler Management-Modell* (2. durchges. Aufl.). Bern: Haupt.
Sander, G. & Bauer, E. (2011). *Strategieentwicklung kurz und klar. Das Handbuch für Non-Profit-Unternehmen* (2. Aufl.). Bern: Haupt.
Schneck, O. (2011). *Lexikon der Betriebswirtschaft* (8. Aufl.). München: Deutscher Taschenbuch Verlag.
Senge, P., Roberts, C., Ross, R., Roth, G. & Smith, B. (2000). The Dance of Change. *Die 10 Herausforderungen tiefgründiger Veränderungen in Organisationen*. Wien, Hamburg: Signum.
Senge, P., Kleiner, A., Smith, B. & Roberts, C. (2008). *Fieldbook zur Fünften Disziplin* (5. Aufl.). Stuttgart: Klett-Cotta.
Senge, P. (2006). *Die fünfte Disziplin. Kunst und Praxis der lernenden Organisation* (10. Aufl.). Stuttgart: Klett-Cotta.
Thommen J.-P. (2008). *Lexikon der Betriebswirtschaft. Managementkompetenz von A-Z* (4., überarb. u. erweit. Aufl.). Zürich: Versus.

16 Konfliktmanagement

Eric Lippmann

16.1 Konflikte in Organisationen – 316

16.2 Konfliktdefinitionen – 317

16.3 Funktionalität von Konflikten – 318

16.4 Konfliktarten – 319
16.4.1 Klassifikation nach Ebenen – 320
16.4.2 Klassifikation nach Konfliktgegenständen: »Issues« – 325
16.4.3 Klassifikation nach der Äußerungsform – 327

16.5 Konflikteskalation – 330
16.5.1 Konflikteskalationsmechanismen – 330
16.5.2 Eskalationsstufen – 331

16.6 Konfliktmanagement als Führungsaufgabe – 334
16.6.1 Grundstrategien zur Lösung von Konflikten – 334
16.6.2 Verhaltensmuster in Konfliktsituationen – 339
16.6.3 Harvard-Konzept – 342
16.6.4 Mediation als spezifisches Verfahren des sachgerechten Verhandelns – 353
       Literatur – 357

AUF EINEN BLICK

Konfliktmanagement wird hier verstanden als Konflikte erkennen, sie in ihrer Komplexität verstehen und sich mit den Konflikten in einer konstruktiven Art und Weise auseinanderzusetzen. Entsprechend gliedert sich auch der Aufbau des Kapitels: Nach den Konfliktdefinitionen und der Frage nach der Funktionalität von Konflikten werden Konfliktarten beschrieben (bezüglich Ebenen, Inhalten und Äußerungsformen). Auch das Verständnis von Konfliktverläufen (v. a. die Eskalationsstufen) gehört noch zur »Konfliktdiagnose«, die ein wichtiger Bestandteil des Konfliktmanagements ist. Für den Umgang mit Konflikten werden Grundstrategien und die wichtigsten Verhaltensmuster beschrieben. Abschließend wird ein Konfliktbearbeitungsmodell ausführlicher behandelt, das besonders nachhaltige Lösungen fördern sollte: das Harvard-Konzept, das auch als Grundlage für die Mediation dienen kann, deren Grundlagen kurz aufgeführt werden.

16.1 Konflikte in Organisationen

Konflikte als Bestandteile des sozialen Lebens

Konflikte sind Bestandteil des sozialen Lebens. Die Konzepte der Organisation als soziotechnisches System und das Rollenmodell können auch als Konfliktmodelle betrachtet werden. Denn Verhaltensweisen von Personen im Rahmen eines Organisationskontextes dienen einem doppelten Zweck: Es geht darum, die für die Organisation notwendigen Aufgaben zu erfüllen und gleichzeitig die persönlichen Ziele zumindest indirekt dadurch zu erreichen. Nur sind die Ziele der Organisation in Form von Rollenanforderungen und die Ziele der Person (auch diejenigen innerhalb der Organisation) nicht selbstverständlich kompatibel. Probleme und Konflikte entstehen, wenn Erwartungen bestehen und daraus Handlungen erfolgen, die für das Erreichen der jeweils anderen Ziele im Widerspruch stehen. »Menschen, die miteinander zu **schaffen** haben, **machen** einander zu schaffen« stellt Schulz von Thun entsprechend fest (1998, S. 117).

Konflikte als Bestandteil des Lebens lassen sich somit nicht vermeiden, hingegen kann der Umgang mit Konflikten bezogen auf die zu erreichenden Ziele »funktionaler« oder weniger »funktional« gestaltet werden. Was das genau heißt, darüber gibt es eine Vielfalt an Konzepten und Modellen. Dieses Kapitel filtert wichtige Erkenntnisse und Konzepte heraus, die für Führungskräfte besonders relevant sind, um Konflikte zu bearbeiten und zu lösen.

Konfliktmanagement

Konfliktmanagement wird hier verstanden als Konflikte erkennen, sie in ihrer Komplexität verstehen und sich mit den Konflikten in einer konstruktiven Art und Weise auseinanderzusetzen. Entsprechend gliedert sich auch der Aufbau des Kapitels: Um Konflikte zu erkennen ist es als erstes notwendig, sich ein klares Bild darüber zu machen, was Konflikte eigentlich sind und welche Funktionen sie haben können. Die Beschreibung von Konfliktarten dient ebenso dem besseren Verständnis von Konflikten, wie die Kenntnisse bezüglich ihrer Verläufe und Prozesse. All diese Aspekte sind Teile einer »Konfliktdiagnose«, die sowohl als Vorbereitung wie auch als Bestandteil des eigentlichen Konfliktmanagements verstanden werden, mit dem sich die zweite Hälfte des Kapitels beschäftigt. Dabei geht es zuerst um Grundstrategien und Verhaltensmuster im Umgang mit Konflikten, wobei das Harvard Konzept als ein Modell ausführlicher behandelt wird, das besonders nachhaltige Lösungen fördern sollte. Die Mediation als bestimmtes Verfahren im sachgerechten Verhandeln bildet den Abschluss.

16.2 Konfliktdefinitionen

Nicht jede Situation, bei der beispielsweise die Erwartungen zwischen zwei oder mehreren Personen widersprüchlich sind, kann als Konflikt bezeichnet werden. Der Begriff wird jedoch teilweise inflationär verwendet, wenn beispielsweise bei einem Problem (▶ Abschn. 6.3.) oder Streit schon von Konflikt die Rede ist. Unterschiede in der Wahrnehmung von Ereignissen, bei Meinungen, Ansichten, Interessen oder im Fühlen und Erleben sind jedoch noch keine Konflikte. Erst das Empfinden einer Unvereinbarkeit und das Umsetzen in entsprechendes Handeln sind Voraussetzungen für das Auftreten eines Konfliktes. Folgende Konfliktdefinition trägt dieser Gegebenheit am besten Rechnung (Glasl 1994, S. 14 f.):

Konfliktdefinition soll Konflikte von Nichtkonflikten unterscheiden

> **Definition**
> »Sozialer Konflikt ist eine Interaktion
> - zwischen Aktoren (Individuen, Gruppen, Organisationen usw.),
> - wobei wenigstens ein Aktor
> - Unvereinbarkeiten
> - im Denken/Vorstellen/Wahrnehmen
> - und/oder Fühlen und/oder Wollen
> - mit dem anderen Aktor (anderen Aktoren) in der Art erlebt,
> - dass im Realisieren eine Beeinträchtigung
> - durch einen anderen Aktor (die anderen Aktoren) erfolge.«

Definition: sozialer Konflikt

Dabei kann es genügen, wenn nur einer der Aktoren die Unvereinbarkeit als solche erlebt und dementsprechend sich verhält. Hingegen spricht Glasl zu Recht erst dann von einem sozialen Konflikt, wenn ein Realisierungshandeln (z. B. der Versuch, eigene Interessen in Handlungen durchzusetzen) stattfindet. Ohne die Realisierung und das Erleben der Abhängigkeit vom Gegenüber (durch Behinderung, Widerstand usw.) von mindestens einer Partei kann nicht von einem sozialen Konflikt gesprochen werden. Es reicht zudem auch, wenn wenigstens eine Partei die Interaktion so erlebt, dass sie die Gründe für das Nicht-Verwirklichen der eigenen Interessen der anderen Partei zuschreibt; dabei spielt es keine Rolle, ob die andere Seite diese Einschränkung tatsächlich beabsichtigt. Eine Intervention in der Konfliktberatung besteht deshalb beispielsweise darin, dass beide Seiten für eine gewisse Zeit sich so verhalten sollen, wie wenn der Konflikt schon gelöst sei und eine Beeinträchtigung der anderen Seite gar nicht vorliege. Diese Intervention kann besonders bei Konflikten wirksam sein, bei denen es viel

Ein Konflikt besteht, auch wenn nur eine Seite Unvereinbarkeit erlebt

mehr um Beziehungs- denn um Sachaspekte geht (▶ Abschn. 7.1 »Kommunikation«).

16.3 Funktionalität von Konflikten

Komplexität statt gefährliche Vereinfachung

Die Definitionen verdeutlichen die Komplexität von Konflikten. Das Bewusstsein um diese Komplexität soll verhindern, in gefährliche Vereinfachungen im Umgang mit Konflikten zu verfallen. Historisch gesehen gibt es verschiedene Betrachtungsweisen von Konflikten, die sich entsprechend v. a. in der Gruppen- und Organisationspsychologie niedergeschlagen haben: Eine »klassische« Vorstellung ging davon aus, dass Konflikte als Störungen in der Zielerreichung zu betrachten sind und entsprechend vermieden oder bei Auftreten behoben werden müssen. Als Gegensatz dazu gab es seit den frühen 1970er-Jahren eine Konflikteuphorie, die besonders die positiven, nützlichen Seiten betonte. Einige Stichworte sollen diese beiden Polaritäten verdeutlichen:

Positive und negative Konnotationen zum Thema Konflikt

+	−
verweist auf Probleme	erzeugt »Prozess-Verlust«
verhindert Stagnation, ist Wurzel für Veränderungen	fördert Widerstand
regt Interesse und Neugierde an	weckt Angst, Ärger, Frust, Schmerz, Verletzungen, Stress, Unzufriedenheit
verhilft zu Lösungen	führt zu »dicker Luft«,
führt zur Selbsterkenntnis der Persönlichkeit	begünstigt Schuldzuweisungen
festigt Gruppen in ihrer Identität	hinterlässt Gewinner und Verlierer
wirkt als »reinigendes Gewitter«,	...
fördert gemeinsame Diskussion	
...	

Funktionalität

Um von den einfachen »Gut-Schlecht-Wertungen« wegzukommen, bietet sich auch die Betrachtung von Konflikten in ihrer **Funktionalität** an, das heißt:

Konflikte haben einen Sinn

Konflikte haben einen Sinn, jeder Konflikt ist eine Mitteilung über Situationen, die unsere Aufmerksamkeit erfordern und uns zum Handeln bringen.

Teil eines Konfliktmanagements ist daher die Auseinandersetzung mit der Funktionalität des Konflikts, also etwa mit Fragen wie:
- Was will der Konflikt mir bzw. uns sagen?
- Welchen Sinn kann ich bzw. können wir darin finden?
- Welchen Aufforderungscharakter hat diese Situation (womit muss ich mich auseinandersetzen)?

In Organisationen kann die Funktionalität unter verschiedenen Perspektiven betrachtet werden (▶ Abschn. 16.4.1 »Klassifikation nach Ebenen«):

Auf der Ebene der **Aufgabe**: Welche Konflikte ergeben sich hinsichtlich der »Primary Task« (z. B. Zielkonflikte) und was müsste diesbezüglich geklärt werden?

Auf der Ebene der **Struktur**: Was sagt der Konflikt aus bezüglich Strukturen in der Organisation? Welche Widersprüche in den Strukturen zeigen sich, welche anderen Strukturen wären denkbar und müssten angepasst werden bzw. inwieweit sind bestehende Strukturen Ausdruck früherer Konflikte? Fragen nach den Grenzen um die Konfliktparteien usw.

Auf der Ebene der **Kultur**: Was sagt der Konflikt aus über die Art und Weise, wie in der Organisation kommuniziert, informiert wird, über Normen, Werte und Menschenbilder, über den Umgang mit Widersprüchen, Ungereimtheiten und »Schatten«, über die Gestaltung von Beziehungen usw.?

Konflikte **zwischen** verschiedenen Personen bzw. **Rollenträgern**: Inwiefern ist der Konflikt beispielsweise Ausdruck unterschiedlicher Erwartungen, Werthaltungen usw.?

Auf der Ebene des **Individuums bzw. der Rollenträger**: Welche unvereinbaren Bedürfnisse, Ziele, Werte etc. prallen aufeinander oder werden an diesem Konflikt deutlich?

Ausgehend von diesen vier Ebenen lässt sich der Umgang mit Konflikten auf folgenden Feldern betrachten (◨ Abb. 16.1).

> Betrachtung von Konflikten in ihrer Funktionalität unter verschiedenen Perspektiven
>
> Aufgabe
>
> Struktur
>
> Kultur
>
> interpersonale Ebene
>
> individuelle Ebene

16.4 Konfliktarten

Es gibt verschiedene Möglichkeiten, Konfliktarten zu unterscheiden. Konflikte zu klassifizieren kann als Teil der Konfliktanalyse betrachtet werden. Hauptziel dieses Abschnittes ist es, Führungskräfte auf zu kurz gegriffene Diagnosen aufmerksam zu machen und ihnen als Alternative eine möglichst breite Palette zur Analyse von Konflikten anzubieten. Dies soll nicht zuletzt dazu dienen, die für die einzelne Situation optimale Form der Handhabung zu wählen. Die Klassifikation erfolgt in drei Hauptabschnitten, nämlich die Betrachtung von Konflikten nach Ebenen, Ursachen bzw. Themen und nach Äußerungsformen.

> Klassifikation von Konflikten als Teil der Konfliktanalyse

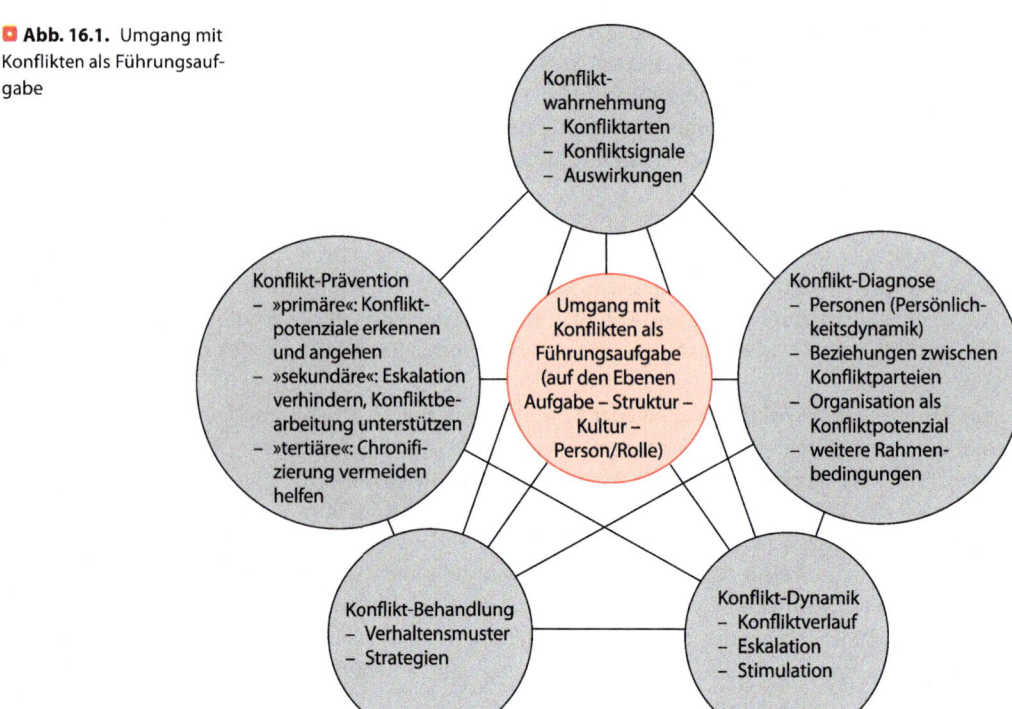

Abb. 16.1. Umgang mit Konflikten als Führungsaufgabe

16.4.1 Klassifikation nach Ebenen

Klassifikation nach Ebenen:

Eine erste Möglichkeit, Konflikte zu analysieren, besteht in der Unterscheidung nach den involvierten Ebenen. Bei Konflikten in Organisationen kann davon ausgegangen werden, dass in der Regel mehrere Ebenen betroffen sind. Dies ist gerade für Führungskräfte zentral, denn wir neigen dazu, Konflikte zu personifizieren, die Ursachen primär auf der persönlichen oder allenfalls interaktionellen Ebene zu lokalisieren und damit der Komplexität nicht gerecht zu werden.

Ebene der Einzelpersonen

Ebene der Einzelperson

Konflikte auf der persönlichen Ebene bezeichnet Schwarz (2001) als **das** »Lebenselixier« der Persönlichkeitsentwicklung. Damit meint er, dass wir gerade durch das Erleben und Verarbeiten von Konflikten zu einer »Persönlichkeit« werden. Dabei gibt es verschiedene Möglichkeiten, Konflikte innerhalb einer Person zu betrachten, einige davon seien hier kurz aufgeführt:

Appetenz- und Aversionskonflikt

Appetenz- und Aversionskonflikte

In einem Appetenz/Appetenz-Konflikt befinden wir uns in einer Situation, wo wir uns zwischen zwei oder mehreren verlockenden Alternativen entscheiden müssen (z. B. neue Arbeitsstelle annehmen mit viel höherem Lohn oder aktuellen Job behalten in einem Umfeld, das einem sehr gut gefällt).

Beim Aversions/Aversionskonflikt müssen wir uns zwischen zwei »Übeln« entscheiden (z. B. dringende, aber unangenehme Aufgabe am frühen Morgen, abends oder am Wochenende erledigen). Beim Appetenz/Aversions-Konflikt liegt die Problematik darin, dass für die Person ein und dieselbe Alternative zugleich als anziehend und als abstoßend erscheint (z. B. gleichzeitig Lust auf eine verantwortungsvolle Position und Angst davor bzw. Befürchtung, dann zu wenig Zeit für anderes zu haben).

Vier Grundkonflikte aufgrund von Konfliktneigungen

In Anlehnung an Riemanns Grundformen der Angst beschreibt Schwarz vier Persönlichkeitstypen mit unterschiedlichen Prägungen und Grundwidersprüchen, die wir alle in uns haben und mit denen wir alle konfrontiert sind (2001, S. 94 ff.:). Die vier Typen mit den entsprechenden Konfliktneigungen und den Grundwidersprüchen (jeweils in Klammern aufgeführt) sind:

- Ich-Typ (Leben vs. Tod) mit der Tendenz zur Individualisierung, Abgrenzung von anderen und der Angst vor Gefühlen und davor, Bindungen einzugehen; im Konfliktfall nüchtern, gefühlskalt, distanziert.
- Du-Typ (Individuum vs. Gruppe) mit der Tendenz zur Bindung, Nähe, Kontaktfreude und der Angst, von andern abgelehnt zu werden; im Konfliktfall harmonisierend, um dem andern Recht zu geben.
- Ordnungs-Typ (Junge vs. Alte) mit der Tendenz, die Wichtigkeit von Ordnung, Kontrolle und Gehorsam zu betonen; im Konfliktfall kämpft er für Gerechtigkeit und denkt stark in Gut-Böse-Kategorien.
- Freiheits-Typ (männliches vs. weibliches Prinzip) mit der Tendenz, flexibel und oberflächlich zu sein; im Konfliktfall eher sprunghaft, chaotisch und konkurrierend.

individuelle Konfliktneigungen

Konflikte im »inneren Team«

In sozialen Konflikten kommt beim Individuum besonders ein Phänomen zum Tragen, das mit Begriffen wie »inneres Team«, »multiple Persönlichkeit« oder »innere Pluralität« umschrieben wird. In Form von inneren Stimmen melden sich die »Seelen« in der Brust, die verschiedene Ansichten zu bestimmten Sachverhalten haben und die alles daransetzen, auf unsere Kommunikation und unser Handeln Einfluss zu nehmen. Dabei handelt es sich nicht um eine seelische Störung, sondern um eine ganz normale menschliche »innere Pluralität«. Wie wir uns in (Konflikt-)Situationen äußern und verhalten, ist das Ergebnis eines inneren Vorgangs, den wir uns selbst mehr oder weniger bewusst machen können und von dem wir unserem Gegenüber einen uns angemessen erscheinenden Teil mitteilen. Schulz von Thun (1998) nennt den Vorgang »innere Teamkonferenz« oder »innere Ratsversammlung«: So, wie wir in Arbeitsteams bei wichtigen Fragen, zu denen die Teammitglieder etwas zu sagen haben, eine Konferenz einberufen, so geschieht das auch im »inneren Team«: Wir gehen mit uns zu Rate, um mit uns selbst in Einklang zu kommen und zu einer klaren Stellungnahme zu gelangen als Ergebnis einer internen Teamkonferenz.

Konflikte im »inneren Team«

innere Teamkonferenz

Ebene der Interaktion

Ebene der Interaktion

Für soziale Konflikte braucht es ja mindestens zwei Personen, die miteinander interagieren. Auf der interaktiven Ebene sind folgende Konzepte hilfreich, um Konflikte zu erkennen:

Psychoanalytische Konzepte

Auf der interaktiven Ebene können Übertragungen von Beziehungsmustern aus früheren Erfahrungen auf die aktuelle Begegnung eine wichtige Rolle spielen. Wenn beispielsweise ein Mitarbeiter sich zu wenig anerkannt fühlt von seiner vorgesetzten Person und er dieses Muster schon früher erlebt hat (z. B. bei einem Elternteil), so neigt er möglicherweise dazu, die Anerkennung in übertriebenem Maße zu erlangen. Damit evoziert er vielleicht Reaktionen bei der vorgesetzten Person, die gerade das Gegenteil bewirken könnten (z. B. Kontaktvermeidung als Gegenübertragung seitens der Führungskraft). Zu einem Konflikt können sich Übertragungen und Gegenübertragungen dann entwickeln, wenn die Führungskraft ebenfalls unverarbeitete Beziehungsmuster in die Interaktion mit dem Mitarbeiter einbringt.

Übertragungen und Gegenübertragungen

Ein anderes Phänomen ist die »narzisstische Projektion«, bei der eine Person eigene Persönlichkeitsanteile in einen anderen Menschen hineinfantasiert. So können sowohl »negative« Anteile, die man bei sich selbst bekämpft wie auch »positive«, idealisierte Anteile in das Gegenüber projiziert werden. Zu Konflikten entwickeln sich solche Verlagerungen von Selbstanteilen positiver wie negativer Art, wenn die andere Partei auf dem Hintergrund eigener, unverarbeiteter biografischer Anteile entsprechend mitagiert. Wenn eine Führungskraft beispielsweise ihre eigene, eher chaotische Seite aufgrund einer strengen Erziehung in Ordnungsliebe umgewandelt hat, so kann es sein, dass sie nun bei einem eher ungezwungenen Verhalten des Gegenübers besonders ungehalten reagiert. Denn der Interaktionspartner führt ihr dann Persönlichkeitsanteile vor Augen, die die Führungskraft bei sich bekämpfen musste.

narzisstische Projektion

Kommunikationstheoretische Konzepte

Konflikte zwischen Personen sind in der Regel begleitet von Kommunikationsstörungen. Die vorwiegend in ▶ Abschn. 7.1. beschriebenen kommunikationstheoretischen Konzepte lassen sich bei Konfliktgesprächen häufig beobachten, z. B.:

- Kommunikationsstörungen aufgrund unterschiedlicher Ebenen seitens Sender und Empfänger (vgl. 4 Seiten einer Nachricht);
- Widersprüche zwischen expliziten und impliziten Botschaften bzw. zwischen verbalen und nonverbalen Aspekten;
- Interpunktionsprobleme, etwa mit dem Aspekt »Wer hat angefangen?«. Das eigene Verhalten wird als Reaktion des Verhaltens des Gegenübers interpunktiert;
- symmetrische Eskalation: Dabei schaukeln sich die Interaktionspartner letztlich um die Frage hoch, wer denn bezüglich des Streitgegenstandes recht hat (vgl. Eskalationsstufen);
- Kommunikation aus verschiedenen Ich-Zuständen (Eltern-, Erwachsenen- und Kindheits-Ich) heraus: In der Transaktionsanalyse werden konflikthafte Interaktionen beschrieben als »gekreuzte« oder unstimmige Botschaften: Wenn beispielsweise ein Sender aus einem Ich-Zustand etwas sagt (z. B. »Gleich anschließend werde ich die Präsentation machen«) und das Gegenüber aus einem andern Ich-Zustand antwortet (z. B. »Immer geht es nach Ihrem Fahrplan!«), dann ist die Wahrscheinlichkeit groß, dass sich daraus eine Konflikteskalation ergeben kann. Eine andere Form der Transaktion sind sogenannte »unterschwellige« Botschaften, indem jemand beispielsweise vordergründig auf der Erwachsenenebene kommuniziert (»Dieser PC ist hervorragend, aber wohl zu teuer für Sie«), unterschwellig aber das Kind-Ich beim Gegenüber anspricht und vielleicht sogar hofft, dass dieses gerade wiederum aus dem Kind-Ich reagiert (z. B. mit Trotz: »Was meinen Sie, natürlich kann ich mir den leisten!«).
- Die Transaktionsanalyse beschreibt auch eine Vielfalt von »Spielen«, die in Konfliktsituationen ablaufen (z. B. »Ja – aber«, »Jetzt hab ich dich erwischt, Du Schuft« oder »Opfer-Täter-Retter«).

Interaktionsebene: Dreieckskonflikte

Gerade das letzte Beispiel der Spiele verweist auf eine spezielle Konstellation von Interaktionskonflikten, nämlich denjenigen zwischen drei Personen. Mit einer dritten Person kommt zusätzliches Konfliktpotenzial in eine Zweierbeziehung, das Dreieck von Mutter–Vater–Kind ist das klassische Urmuster dieser Konstellation. Schwarz (2001 S. 134 ff.) beschreibt mögliche Arten von Konflikten, die mit der Dreierkonstellation verbunden sind:

- Koalitionskonflikte: Ein Hauptkonfliktpotenzial bei Dreieckskonstellationen besteht darin, dass sich zwei gegen die dritte Person zusammenschließen. Die dritte Person fühlt sich somit ausgeschlossen. Handelt es sich um »verleugnete Koalitionen« (Selvini et al. 1984, S. 262) oder um Koalitionen über Hierarchiestufen hinweg, so vergrößert sich das Konfliktpotenzial gewaltig.
- Eifersuchtskonflikte: Koalitionen können neben dem Gefühl des Ausschlusses auch das Gefühl von Eifersucht hervorrufen. Schwarz (2001,

Marginalia: Kommunikationsstörungen · Sender/Empfänger · Inkongruenz · Interpunktion · Eskalation · Transaktionsanalyse · Spiele · Dreieckskonflikte · Koalitionskonflikte · Eifersuchtskonflikte

S. 140) geht von der Annahme aus, dass Konflikte dann auftreten, wenn Veränderungen in einem System anstehen. Der Entwicklungsschritt, der mit der »Eifersucht« angezeigt wird, ist der Übergang von der symbiotischen Zweierbeziehung zur Dreierbeziehung bzw. zur Gruppe. Denn ohne Überwindung der Symbiose gibt es keine Selbstständigkeit. Der Sinn der Eifersucht kann also darin bestehen, die Menschen auf Gruppenverhalten vorzubereiten.

Rivalitätskonflikte
— Rivalitätskonflikte können als Sonderfall eines Koalitionskonfliktes angesehen werden: Zwei Personen wetteifern jeweils um die Gunst einer dritten Person: Das können beispielsweise zwei Mitarbeitende sein, die um die Gunst der Führungskraft ringen; jeder versucht dabei, näher bei der Führungskraft zu sein als der andere, allenfalls sogar, indem die andere Person schlechtgemacht wird.

Delegationskonflikte
— Delegationskonflikte entstehen immer dann, wenn die direkte Kommunikation zwischen zwei Personen unterbrochen ist und über eine dritte Person läuft. So können beispielsweise Rivalitätskonflikte von der Führungskraft ausgenutzt werden, indem die beiden Kontrahenten gegeneinander ausgespielt werden. Der klassische Delegationskonflikt ist bekannt unter »divide et impera«: Die Führungskraft fördert die Situation, dass die Mitarbeitenden untereinander keinen guten Kontakt haben oder gar rivalisieren und spielt sie gegeneinander aus.

Gruppenebene

Gruppenkonflikte

Konflikte in Gruppen

In ▶ Abschn. 8.1 und 8.2 wurde ausführlich dargelegt, was es zu beachten gilt, um Arbeitsgruppen so zu führen, dass ihre Leistungen optimiert werden können. Auch bei Gruppen können Konflikte darauf hinweisen, dass Veränderungen anstehen. Schwarz beschreibt folgende Konfliktformen in Gruppen (2001, S. 149 ff.):

— Untergruppenkonflikte, wenn sich innerhalb der Gruppe Subgruppen in Konflikte begeben;
— Territorialkonflikte, bei denen es um Abgrenzungen geht (z. B. räumlich, bezüglich Kompetenzen usw.);
— Rangkonflikte, bei denen es um die Ordnung im Sozialgefüge der Gruppe geht;
— Normierungs- und Bestrafungskonflikte treten in der Regel dann auf, wenn ein Mitglied der Gruppe gegen die Spielregeln verstößt und damit die Normen der Gruppe gefährdet;
— Zugehörigkeitskonflikte, bei denen es um Fragen der Zugehörigkeit, des An- und Ausschlusses bezüglich der Gruppe geht;
— Führungskonflikte drehen sich um die Frage, wer in der Gruppe eigentlich Führungsfunktion innehat;
— Reifungs- und Ablösungskonflikte drehen sich um den anspruchsvollen Prozess der Identitätsfindung einzelner Mitglieder in der Gruppe, die oft vom Kampf um die größere Unabhängigkeit begleitet sind;
— Substitutionskonflikte drehen sich nicht um den eigentlichen Gegenstand, sondern der Streit wird auf eine leichter zu diskutierende Thematik verschoben (z. B. Parkplatzstreit statt Rangkonflikt);

16.4 · Konfliktarten

- Loyalitäts- oder Verteidigungskonflikte treten beispielsweise dann auf, wenn ein Gruppenmitglied von außen angegriffen wird und die übrigen Mitglieder vor der Wahl stehen, das Mitglied zu verteidigen oder nicht.

Konflikte auf der Ebene der Organisation und der Institution

Schwarz (2001, S. 180 ff.) stellt die These auf, dass Gruppen ihren Mitgliedern alles bieten, was sie zu einer sozialen Existenz brauchen. Von daher gebe es kein Grundbedürfnis, Mitglied einer Organisation zu sein. Zur Kooperation in einer Organisation können Gruppen von daher nur durch eine übergeordnete Instanz gebracht werden. Daraus ergeben sich die Hauptkonflikte auf der Ebene der Organisation, nämlich Konflikte

- zwischen Subgruppen (z. B. Produktion und Verkauf),
- zwischen Peripherie und Zentrum (z. B. Zentrale gegen Außenstellen).

Ebene der Organisation

Konflikte
– zwischen Subgruppen
– zwischen Peripherie und Zentrum

Konflikte auf der Ebene der Gesellschaft und der Politik

Auf dieser Ebene spielen alle gesellschaftlichen Entwicklungen eine Rolle, die einen Einfluss auf jede einzelne Organisation haben. Stichworte dazu sind etwa die Entwicklung zu einer multikulturellen Gesellschaft, die in den letzten Jahren zunehmende Globalisierung und damit einhergehende weltweite Ausbeutung der natürlichen Ressourcen. Entsprechend spiegeln sich auf der politischen Ebene die Konfliktpotenziale, wenn es um die Frage geht, wie wir die damit zusammenhängenden Probleme lösen sollen. Nicht zuletzt sind damit immer auch Werte und Werthaltungen verbunden, die beispielsweise bei interkulturellen Konflikten besonders zum Tragen kommen können (vgl. dazu Schwarz 2001, S. 218 ff.).

Für die Analyse der Konflikte auf den jeweiligen Ebenen können entsprechende Fragen hilfreich sein (vgl. Enderli 2006, S. 173 f.).

Ebene der Gesellschaft und Politik

16.4.2 Klassifikation nach Konfliktgegenständen: »Issues«

In der Regel haben Konflikte irgendwelche Themen, Fragen oder Anliegen zum Gegenstand. Zur Benennung der Konfliktpunkte wird in der Fachliteratur der englische Ausdruck »Issue« verwendet. Er verweist auf die Subjektivität der Streitpunkte: Diese können für die Parteien von sehr unterschiedlicher Art sein. Je weiter der Konflikt eskaliert ist (▶ Abschn. 16.5.2), desto mehr klaffen die Issues der Parteien auseinander. Folgende Konfliktgegenstände sind im Führungskontext von besonderer Bedeutung:

Klassifikation nach »Issues«

Zielkonflikte

Bei Zielkonflikten sind sich die Parteien über die Ziele uneinig. Wenn dies etwa die strategische Ausrichtung der Organisation beinhaltet, kann das für das Überleben des Unternehmens von existenzieller Bedeutung werden. Manchmal widersprechen sich die Ziele nur vordergründig und werden möglicherweise als Positionen eingebracht. Durch Klären der Interessen können sie durch einen Konsens gelöst werden (▶ Abschn. 16.6.3).

Uneinigkeit bezüglich Zielen

Wertekonflikte erfordern Toleranz

Aporie, Wertequadrat

Wertekonflikte

Wertekonflikte gehören wohl zu den anspruchsvollsten Konflikten überhaupt. Ethische Überzeugungen, Glaubensfragen, Werte sind ein tragender Bestandteil der menschlichen Identität. Sie haben einen überdauernden Charakter und sind häufig schlecht objektivierbar, wenn es um die Bewertung von Lösungen geht. Deshalb werden hier die Fähigkeiten, den anderen zu verstehen und das Aufbringen von Toleranz besonders stark gefordert. Als hilfreich für Führungskräfte erweist sich bei Wertekonflikten das (Um)denken in Richtung Aporie oder »Wertequadrat« (Schulz von Thun 2000, S. 52 ff.; ◘ Abb. 16.2): Im zwischenmenschlichen Zusammenleben entwickeln sich unterschiedliche Werte zu einer konstruktiven Auseinandersetzung, wenn sie in ausgehaltener Spannung zu einem Gegenwert gelebt und verwirklicht werden. Ein Gegenwert ist eine komplementäre »Schwestertugend«, die geeignet ist, einer übertreibenden Entwertung des in Rede stehenden Wertes entgegenzusteuern. Zum Beispiel: Wertschätzung ist gut, aber zu viel des Guten (allzu unkritische Idealisierung oder gar Anbiederung) lässt diesen Wert zum Unwert verkommen, zu einer übertreibenden Entwertung. Also braucht Wertschätzung einen Wertgegenspieler, eine Schwestertugend, um nicht in Anbiederung umzukippen. Diese Schwestertugend müsste der konträre Gegensatz dazu sein, etwa die Fähigkeit zur kritischen Konfrontation. Aber auch von dieser Schwestertugend kann man des Guten zu viel tun, wenn man die Wertschätzung vermissen lässt: Dann wäre die Geringschätzung, Verächtlichkeit das Ergebnis einer übertriebenen Konfrontation.

Die Abbildung in einem Quadrat macht deutlich, das es nicht darum gehen kann, die andere Partei vom »Schlechten« zum »Guten« zu leiten, sondern von dem Guten, wovon sie (je individuell) zu viel hat, hin zu dem Guten, das ergänzend dazukommen müsste und vielleicht noch unterentwickelt ist. Denn Entwicklungsrichtungen von Menschen, die miteinander in einem

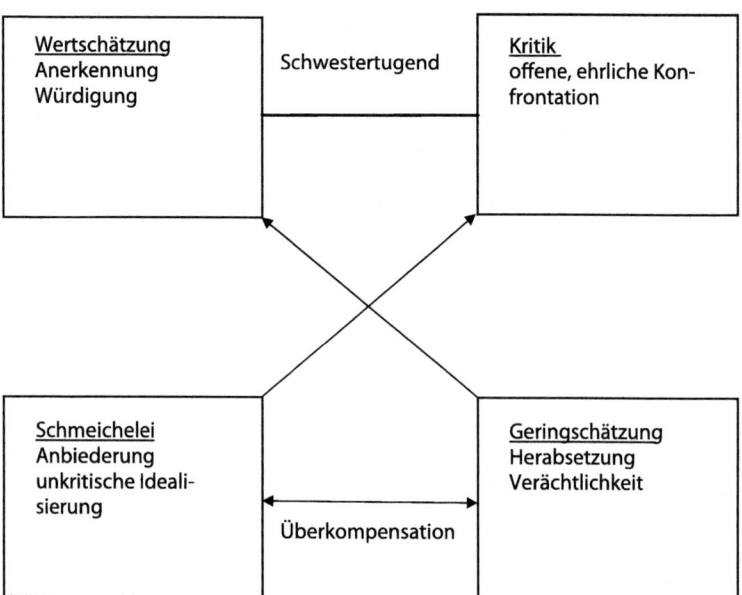

◘ **Abb. 16.2.** Werte- und Entwicklungsquadrat am Beispiel Wertschätzung. (Aus Schulz von Thun, Ruppel & Stratmann 2000)

(Werte-)Konflikt stehen, überkreuzen sich häufig: Was der eine dringend (zur Ergänzung seiner Persönlichkeit) braucht, hat der andere viel zu viel. Das anzustrebende Optimum besteht dabei in der Regel in einer wesensgemäßen und dynamischen Balance in der Mitte des Quadrates.

Verteilungskonflikte

Verteilungskonflikte treten häufig in Organisationen auf, wenn es um die Verteilung von Ressourcen geht. Wir sprechen von einem Verteilungskonflikt, wenn die Parteien den Wert eines Ereignisses oder einer Ressource gleich hoch einschätzen, beide aber nicht gleichzeitig dieses Ereignis realisieren können. Häufige Beispiele: Stellenbesetzung (Beförderung) bei mehreren internen Bewerbungen; Budgetprozesse; Büroverteilung; Parkplatzvergabe usw.

Beziehungskonflikte

Bei diesen Konflikten sind in der Regel keine Sachfragen im Zentrum des Konfliktgegenstandes. Hier steht die Beziehung zwischen den Parteien im Zentrum. Als Konfliktursache wird dabei häufig erklärt, dass die »Chemie« einfach nicht stimme. Bei Beziehungskonflikten geht es im Kern um das Grundbedürfnis des Menschen, von anderen akzeptiert und anerkannt zu werden. Wird dieses Bedürfnis verletzt, so erleben die Parteien die Beziehung als belastet, jemand fühlt sich etwa unterlegen, inkompetent oder machtlos. Häufig kann es dabei zu »Sachstreitereien« kommen, bei denen aber der Streitgegenstand nur Vehikel ist, um den Beziehungskonflikt anzugehen.

> **Um herauszufinden, um welche Issues es in einem Konflikt geht, erweisen sich folgende Fragen als hilfreich (vgl. Glasl 1994, S. 96 ff.):**
> - Welche Issues bringen die unterschiedlichen Parteien vor?
> - Welche Issues sind mit welchen Parteien verknüpft, gibt es Übereinstimmungen?
> - Wie weit kennen die Parteien die Issues der Gegenseite?
> - Wie sind die Issues – im Erleben der Parteien – miteinander verknüpft?
> - Wie stark sind die Parteien inhaltlich auf die Issues fixiert?

16.4.3 Klassifikation nach der Äußerungsform

Auch wenn Konflikte gleiche oder vergleichbare Ursachen, Anlässe oder Issues haben, können sie sich unterschiedlich manifestieren bzw. in unterschiedlichen Äußerungsformen verlaufen. Für die Konflikthandhabung ist es von Vorteil, wenn man als Führungskraft einige Formen kennt:

Latenter und offener Konflikt

Von latenten Konflikten wird dann gesprochen, wenn zwischen Parteien Gegensätze vorliegen, diese aber noch nicht zu feindseligen Handlungen geführt haben. Wenn beispielsweise eine neue Person in ein Team eingestellt wird und

Latenter und offener Konflikt

sie aufgrund der aktuellen Marktsituation ein Gehalt aushandeln konnte, das über dem Teamdurchschnitt liegt, so kann man von einem latenten Konflikt sprechen. Es kann auch eine Situation sein, in der die Parteien wahrnehmen, dass sie unterschiedliche Handlungspläne haben, diese aber nicht ausführen, weil beispielsweise die aktuelle Machtstellung sie daran hindert. Bei Änderung der Situation kann der Konflikt jedoch ausbrechen. Deshalb ist es wichtig, als Führungskraft latente Konflikte zu erkennen, um sich besser vorbereiten zu können, wenn es zu einem offenen Konflikt kommt.

Formgebundener und formloser Konflikt

Formgebundener Konflikt

Beim formgebundenen Konflikt bedienen sich die Parteien Prozeduren, Institutionen und Kampfmittel, die bereits anerkannt sind. Das Einhalten von solchen Formen gewährt eine bestimmte Sicherheit im Sinne einer Konfliktregelung. Manchmal können aber Konflikte durch formstrenges Festhalten an entsprechenden Strukturen abgewürgt, abgedrängt oder verlagert werden.

Formloser Konflikt

Beim formlosen Konflikt bedienen sich die Parteien keiner der vorgegebenen Formen. Oft sind die Parteien mit den Formen nicht zufrieden oder befinden sich in einer Minderheitsposition und versprechen sich mit dem Verlassen der vorgegebenen Prozeduren Vorteile. Bei hohem Eskalationsgrad (▶ Abschn. 16.5.) kann es auch geschehen, dass die Parteien die anfängliche Formgebundenheit verlassen.

Jede Methode um Konflikte zu lösen ist darauf angewiesen, gewisse Formelemente einzuführen und somit auch formlose in formgebundene Konflikte überzuführen (vgl. Glasl 1994, S. 67 f.).

Heißer und kalter Konflikt

Die bei Glasl (1994, S. 69) ausführlich beschriebene Unterscheidung bezieht sich auf das Zusammenspiel der beiden Konfliktparteien, auf das Klima der Beziehung zwischen ihnen. Bei heißen Konflikten streiten die Parteien heftig miteinander und versuchen einander zu überzeugen. Häufig treten dabei deutlich erkennbare Führungs- und Machtzentren in den Vordergrund, die die Gruppe gegen außen vertreten.

Heißer Konflikt

Kalter Konflikt

Bei kalten Konflikten finden äußerlich keine Auseinandersetzungen statt. Hass- und Frustrationsgefühle werden hinuntergeschluckt und wirken in den Parteien destruktiv weiter. Die Stimmung, die sich verbreitet, ist gekennzeichnet durch innere Leere, Kälte und Zynismus. Ein gutes Selbstwertgefühl erlischt mit der Zeit immer mehr. Niemand ist bereit, sich in der Führung zu exponieren, es entsteht häufig eine Art Führungsvakuum. Die direkte Kommunikation zwischen den Parteien kommt langsam zum Erliegen, an ihre Stelle tritt häufig eine indirekte, formalisierte Form (z. B. in schriftlicher Form).

Fast alle Konflikte haben »warme oder heiße Beginnphasen« (Glasl 1994, S. 77). Erst nach der dritten Eskalationsstufe (▶ Abschn. 16.5.) kann der Konflikt deutlich als kalter oder heißer Konflikt erkannt werden. In beiden Formen kann er, wenn auch in unterschiedlicher Ausprägung, eskalieren.

Zur Konfliktbehandlung ist die Unterscheidung von Bedeutung: Bei heißen Konflikten ist die Konfrontation der Parteien gut möglich. Häufig brennen sie sogar darauf, den Konflikt auf einer Bühne austragen zu können, deshalb ist es wichtig, durch geeignete Rahmenbedingungen und Vorgehensweisen die Konfliktaustragung in konstruktive Bahnen zu lenken.

Bei kalten Konflikten ist zunächst Arbeit innerhalb der einzelnen Parteien nötig. Oft ist vertrauliche Arbeit mit einzelnen Personen nötig, um das Selbstwertgefühl zu stärken und die Motivation zur Konfliktbearbeitung zu erhöhen. Der Konflikt muss zunächst aufgetaut und stimuliert werden, damit eine Konflikthandhabung überhaupt ermöglicht wird.

Auftauen kalter Konflikte

Verschobener und echter Konflikt

Es gibt Situationen, bei denen die Parteien nicht die eigentliche Streitfrage austragen, sondern auf andere Bereiche ausweichen. Diese Verschiebung auf Nebenthemen oder andere Personen kann aus verschiedenen Gründen geschehen, etwa: aus Angst vor Sanktionen eines mächtigen Kontrahenten oder vor mächtigen Dritten, aus Berechnung und Taktik, aufgrund gegenseitigen Schonens auf gleicher Hierarchiestufe usw. Verschobene Konflikte zeichnen sich häufig dadurch aus, dass die Anlässe gesucht erscheinen, kein Verhältnis zwischen Anlass und Konfliktstärke besteht, nahe liegende Lösungen vermieden werden, und dass sie oft zäh und kleinlich ausgetragen werden. Manchmal sind verschobene Konflikte eine Art des vorsichtigen Herantastens an den tatsächlichen Konflikt, indem man sich zuerst an einem etwas harmloseren Thema versucht. In der Regel können aber verschobene Konflikte erst dann gelöst werden, wenn der zugrunde liegende echte Konflikt angegangen wird.

Verschobener Konflikt

Echter Konflikt

Starker und schwacher Konflikt

Mit dieser von Simon (2001, S. 25 ff.) beschriebenen Unterscheidung lassen sich die Logik des Verhaltens von Konfliktparteien wie auch der Muster ihrer Interaktionen beschreiben (Abb. 16.3).

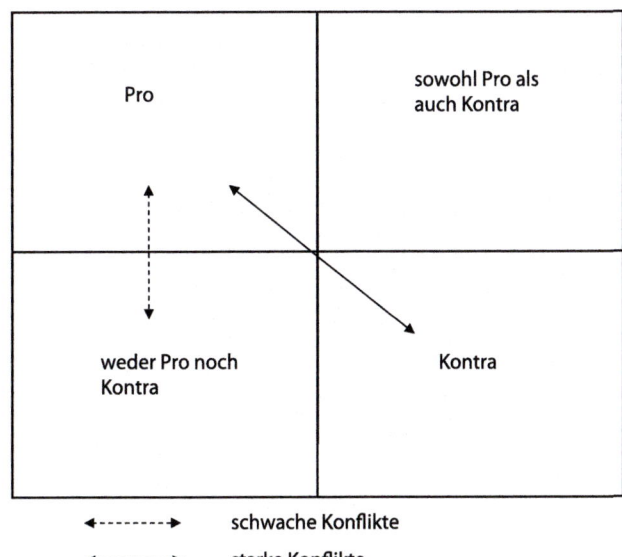

Abb. 16.3. Starker und schwacher Konflikt. (Aus Simon 2004)

Starker Konflikt Im starken Konfliktfall geht es um die Unterscheidung zwischen »Pro« und »Kontra«, also um Positionen, die einander im Sinne einer zweiwertigen Logik gegenseitig ausschließen. Wenn jemand vor einer Weggabelung steht und sich entscheiden muss, ob er rechts oder links abbiegen soll, so schließt die Entscheidung für das eine Handeln die andere Seite aus.

Schwacher Konflikt Im schwachen Konfliktfall geht es dagegen um eine Unterscheidung zwischen »Pro« und »Nichtpro« bzw. »Kontra« und »Nichtkontra«, die sich nicht gegenseitig ausschließen.

Im Konfliktfall zwischen Pro (z. B. für eine Partei A) und Kontra (für die Gegenpartei B) hat jeder Akteur prinzipiell vier Möglichkeiten, sich zu positionieren und damit einen unterschiedlich starken Konflikt zu wagen: Man kann sich aktiv als Pro-Partei A zu erkennen geben und damit in einen starken Konflikt mit der Gegenpartei geraten; dasselbe gilt für Anhänger der Gegenpartei B. Man kann aber auch eine Position einnehmen, in der man sich weder für die Pro- noch für die Gegenpartei stark macht und eine neutrale Haltung einnimmt. Und als vierte Möglichkeit steht einem offen, sich widersprüchlich und inkonsistent zu zeigen, indem man sich entweder vieldeutig, logisch widersprüchlich oder oszillierend (d. h. mal für die Pro-, mal für die Gegenpartei) verhält.

16.5 Konflikteskalation

Zum Verständnis von Konflikten gehört auch die Auseinandersetzung mit der Konfliktdynamik. Dabei lassen sich bestimmte Mechanismen beschreiben, die dazu beitragen, dass Konflikte sich von einer eher sachlichen zu einer oft hoch emotionalisierten Ebene entwickeln können. In Anlehnung an Glasl (1994) werden einige Eskalationsmechanismen beschrieben, die bei den anschließend dargestellten Eskalationsstufen eine wichtige Rolle spielen.

Basismechanismen der Eskalationsdynamik

16.5.1 Konflikteskalationsmechanismen

Die wichtigsten Basismechanismen, die zu einer Eskalationsdynamik beitragen, sind:
1. Die Konfliktparteien neigen dazu, die Ursachen für die Situation bei der Gegenpartei zu sehen. Sie projizieren alles Negative auf das Gegenüber. Besonders werden eigene Persönlichkeitsanteile, die man an sich selbst nicht akzeptiert, beim Gegenüber besonders deutlich gesehen (▶ Abschn. 16.4.1). Projektionen führen vordergründig zwar zur Entlastung. Auf die Dauer erinnern aber die Vorwürfe gegenüber den Anderen unbewusst doch wieder an die unerwünschten Selbstanteile. Das kann wiederum zu weitergehenden, nun verschärft negativen, Projektionen führen und die Dynamik verschärfen.

Projektionen

Expansion und Vereinfachung der Streitpunkte

2. Im Verlauf der Eskalation kommt es zu einer Expansion der »Konflikt-Issues«: Die Parteien lassen im Verlauf des Konflikts ihren Affekten immer haltloser freien Lauf. Mit der zunehmenden Anzahl der Streitpunkte werden die Argumente jedoch vereinfacht und simplifiziert. Dies zieht

aber auf der Meta-Ebene neue Streitpunkte nach sich, in dem jetzt über Komplexität und Simplizität der Argumentationen gestritten wird.
3. Mit der Simplifizierung neigen die Konfliktparteien auch zunehmend dazu, ihr Verhalten als Reaktion auf die Handlungen der Gegenseite zu interpunktieren; diese Mechanismen, die bei Watzlawick (1974) als Interpunktionsproblem beschrieben wurden, führen immer zu einer Pattstellung. Die Konfliktparteien sehen sich nur noch als Opfer der Handlungen der Gegenpartei und neigen damit dazu, für ihr Verhalten keine Verantwortung mehr zu übernehmen. *Abnahme der Eigenverantwortung*
4. Im Verlauf des Konflikts kommt es zudem zu einer Ausweitung des Personenkreises. Damit nimmt die Möglichkeit, den Konflikt relativ problemlos beizulegen, immer mehr ab. Zwar nehmen mit der Ausweitung die »face-to-face Kontakte« ab, gleichzeitig steigt die Tendenz zum Personifizieren des Konflikts. *Ausweitung des Personenkreises*
5. Die Eskalationsdynamik führt in der Regel zu einer zunehmend pessimistischen Beurteilung des Konfliktgeschehens. Zur Befreiung versuchen die Parteien, aus diesen Gefühlen der Beklemmung mit Gewaltandrohung auszubrechen. Was als Abschreckung oder »Bremse« beabsichtigt ist, wirkt hingegen als Provokation und erhöht die Chance, dass sich der Konflikt weiter aufschaukelt. *zunehmend pessimistische Beurteilung*

16.5.2 Eskalationsstufen

Die Eskalationsdynamik lässt sich mit Eskalationsstufen beschreiben. Die Analyse der Dynamik ist für Führungskräfte von zentraler Bedeutung. Denn je nach Grad der Eskalation lässt sich ein Konflikt mehr oder weniger gut stoppen bzw. bearbeiten oder eben auch nicht mehr. Glasl (1994) differenziert 9 Stufen, die in 3 Hauptphasen unterteilt werden (Abb. 16.4): *9 Eskalationsstufen*

Stufen 1–3: Win-win-Phase: Hier geht es den Parteien noch um das Wohlergehen aller Beteiligten. Es herrscht die Überzeugung, dass beide als Gewinner aus dem Konflikt hervorgehen können. *Win-win-Phase*

Stufe 1: Verhärtung
Verhärtung

Die erste Stufe ist gekennzeichnet durch Reibereien und das Aufeinanderprallen von Meinungen. Die unterschiedlichen Standpunkte werden deutlich und jede Seite verharrt bereits klar in ihren Sichtweisen und Vorschlägen. Dennoch sind die Kontrahenten überzeugt, dass durch rationales Argumentieren, durch Dialog eine Konfliktverhandlung noch gut möglich ist.

Stufe 2: Polarisation und Debatte
Polarisation und Debatte

In der zweiten Eskalationsstufe werden klare Pro- und Kontralager gebildet und das Klima wird konfrontativer. Die Positionen werden jetzt deutlich als konkurrierend erlebt, es bildet sich stärker ein Schwarz-Weiß-Denken heraus. Damit entstehen auch Pro- und Kontra-Lager, das Zusammengehörigkeitsgefühl auf jeder Seite wird gestärkt, indem man die andere Seite als Konkurrenz erlebt. Neben den »besseren Argumenten« geht es schon deutlich um

Konflikteskalation

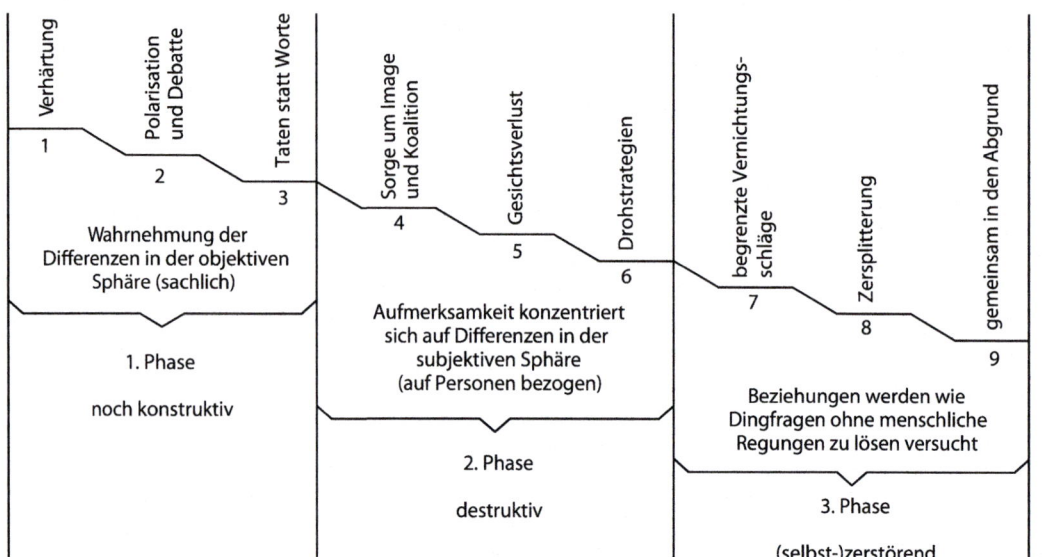

Abb. 16.4. Stufenmodell der Konflikteskalation. (Mod. nach Glasl 1994)

Taten statt Worte

die Frage, wer eigentlich recht hat. In der Debatte konzentriert man sich immer noch auf verbale Auseinandersetzungen, jeder Seite wird das Recht auf Erwiderung und Rechtfertigung noch zugesprochen.

Stufe 3: Taten statt Worte

Wird die Schwelle zur Stufe drei überschritten, gelangen die Parteien zur Überzeugung, dass der bisher geführte verbale Schlagabtausch nichts mehr nützt. Vielmehr schreiten sie jetzt zu Taten, indem sie beispielsweise die Gegenseite vor vollendete Tatsachen stellen (z. B. Geräte werden entsorgt oder neue angeschafft). Die verbale Kommunikation tritt in den Hintergrund und nonverbale Signale werden wichtiger (z. B. nicht mehr grüßen, Türen verschließen). Damit erhöht sich auch die Gefahr einer Diskrepanz zwischen verbaler und nonverbaler Kommunikation, das gegenseitige Misstrauen wächst. Wirkliches Interesse für die Anliegen der Gegenseite schwindet zunehmend, der Boden für Vorurteile und Projektionen wird stärker ausgebildet. Trotzdem hoffen beide Seiten noch, die Gegenpartei zur »Räson« zu bringen, notfalls eben mit Taten.

Win-lose-Phase

Stufen 4–6: Win-lose-Phase: Die Parteien glauben jetzt nicht mehr daran, dass beide Seiten als Gewinner aus dem Konflikt herauskommen. Vielmehr wächst die Überzeugung, dass nur eine Seite gewinnen kann und es somit auch Verlierer gibt. Die Bemühungen konzentrieren sich damit auf den eigenen Gewinn.

Image und Koalitionen

Stufe 4: Sorge um Image und Koalitionen

Von der Stufe 3 zur Stufe 4 erfolgt eine sprunghafte Ausweitung der Konfliktarena. Sachfragen treten fast ganz in den Hintergrund, es dominieren die

Beziehungen der Parteien zueinander. Durch Beeinflussung von Außenstehenden versucht man, die andere Seite zu diskreditieren und sich selber ins beste Licht zu rücken. Damit wächst auch der Konformitätsdruck in den eigenen Reihen, so dass abweichende Meinungen kaum mehr zulässig sind.

Stufe 5: Gesichtsverlust

Die Schwelle von Stufe 4 zu 5 wird dadurch überschritten, indem eine Seite mutwillig einen öffentlichen Gesichtsverlust der andern provoziert. Damit wird eine Eskalation weitervorangetrieben, indem in der Regel entsprechende Gegenreaktionen folgen. Demaskierungen verschärfen gegenseitige Stigmatisierungen (»Endlich zeigen Sie Ihr wahres Gesicht«) und können sogar in Verteufelungen der anderen Seite münden. Gleichzeitig will man sich selbst ins beste Licht rücken, die Parteien entwickeln eine regelrechte »Rehabilitationssucht« und nehmen dafür viel in Kauf. Damit kreist jede Seite noch mehr um sich selbst, ein Dialog auf der Sachebene ist überhaupt nicht mehr möglich.

Stufe 6: Drohstrategien

Die Stufe 6 weist einen erhöhten Gewaltpegel auf, indem Drohungen ausgesprochen werden, der Gegenpartei Schaden zuzufügen. Dem Drohen liegt dabei ein paradoxes Denken zugrunde. Die ausgesprochene Drohung soll den Gegner von einer Gewalttat abhalten. Dabei wird aber Gewalt in Aussicht gestellt. Um die Glaubwürdigkeit zu bewahren, setzen sich die Parteien damit unter Zugzwang: Wenn sich die Gegenseite durch Drohungen nicht einschüchtern lässt, müssen die eigenen Drohungen ja umgesetzt werden.

Stufen 7–9: Lose-Lose-Phase: In der 3. Phase ist beiden Parteien klar, dass keine Seite mehr gewinnen kann. Die Handlungen folgen nun der Logik, dass wenn schon beide verlieren, jede Seite bemüht ist, selber weniger Schaden davonzutragen als die andere Seite.

Stufe 7: Begrenzte Vernichtungsschläge

Stufe 6 hat diese Stufe schon vorweggenommen: die Drohungen, die ausgesprochen wurden, werden jetzt in die Tat umgesetzt. Damit ist ein Stadium begrenzter gegenseitiger Vernichtungsschläge erreicht. Die Gegner werden schon nicht mehr als Menschen wahrgenommen, sondern als bedrohliche Objekte, die man am besten skrupellos manipuliert oder in Schach hält.

Stufe 8: Zersplitterung

Im Gegensatz zur Stufe 7 geht es hier um Angriffe »auf das zentrale Nervensystem« des Feindes. Es werden Kampftaktiken eingesetzt, auch wenn man selber dafür etwas riskiert oder einen hohen Preis dafür zahlt. Die vorherrschende Logik dahinter besteht darin, dem anderen mehr Schaden zuzufügen als der eigenen Seite. Noch hält sich die Gewaltanwendung in gewissen Grenzen, denn jede Seite will am Schluss überleben.

Stufe 9: Gemeinsam in den Abgrund

Gemeinsam in den Abgrund

Die Wende zur letzten Stufe besteht in der Entscheidung, den Gegner sogar um den Preis der Selbstzerstörung zugrunde zu richten. In der Wahrnehmung der Gegner gibt es keinen Weg zurück. Deshalb wird in dem Stadium der Krieg aller gegen alle geführt, ohne Rücksicht auf Verluste. Selbst der eigene Tod ist es Wert, wenn der Gegner nur auch vernichtet wird.

16.6 Konfliktmanagement als Führungsaufgabe

Konfliktmanagement als

Wie in ◘ Abb. 16.1 aufgezeigt, umfasst Konfliktmanagement als Führungsaufgabe Wahrnehmung, Diagnose, Erkennen der Dynamik und schließlich die Behandlung bzw. Bewältigung von Konflikten. Dazu kommt ganz zentral die Konfliktprophylaxe. Unter Prophylaxe können viele Interventionen verstanden werden, die auch Grundlage des vorliegenden Bandes bilden. Gemäß Schreyögg (2002) gehören folgende Aspekte zur **Konfliktprophylaxe**:

Konfliktprophylaxe

— qualifizierte Planung auf strategischer und operativer Ebene (▶ Abschn. 15.3)
— qualifiziertes Organisieren (▶ Kap. 10)
— qualifizierter Personaleinsatz (▶ Kap. 11)
— qualifizierte Führung (z. B. ▶ Kap. 3)
— qualifizierte Kontrolle (▶ Kap. 13).

Konfliktstimulation

Daneben erwähnt Schreyögg explizit auch die **Konfliktstimulation** als Führungsaufgabe (2002, S. 126 ff.), v. a. in Situationen und Organisationen, die schon ein gewisses Maß an Erstarrung aufweisen und durch Konfliktstimulation wieder etwas »belebt« werden sollen. Die Kunst dabei besteht darin, dass der Konflikt im Rahmen der ersten drei Eskalationsstufen bleibt; deshalb sind Kenntnisse bezüglich der Konfliktdynamik zentrale Aspekte einer Führungskompetenz. Schließlich ist die **Konfliktbehandlung** eine wichtige Aufgabe der Führungskraft. Diese bildet den Schwerpunkt des vorliegenden Kapitels, in dem es darum geht, die wichtigsten Strategien im Umgang mit Konflikten aufzuzeigen. Für alle Strategien bedienen wir uns bestimmter Verhaltensmuster, die beschrieben werden. Basierend auf den konstruktiven Bearbeitungsmustern wird ein Modell im Detail dargestellt, das sich besonders gut für eine nachhaltige Konfliktbearbeitung eignet: Das Harvard-Konzept dient auch als Basis für die Mediation, deren wichtigsten Schritte zum Schluss aufgeführt werden.

Konfliktbehandlung

16.6.1 Grundstrategien zur Lösung von Konflikten

Strategie

Strategie heißt ursprünglich »Kunst der Heerführung, Feldherrenkunst; (geschickte) Kampfplanung« und kann hier verstanden werden als langfristig geplante Vorgehensweisen, die eine Person oder Partei in der Konfliktbewältigung anstrebt.

In der Literatur werden verschiedene Strategien beschrieben. Hier werden einige davon in einem Überblick aufgezeigt.

16.6 · Konfliktmanagement als Führungsaufgabe

Für Führungskräfte stellt sich als erstes die zentrale Frage nach der **Rolle** im Konfliktgeschehen und damit auch nach

— dem Grad der Betroffenheit hinsichtlich der Sach- und Interessenlage (Sachebene) und
— den Beziehungen und emotionaler Nähe und Distanz (Beziehungsebene).

Rolle der Führungskraft im Konfliktgeschehen

Je nachdem, ob Führungskräfte selbst Teil des Konflikts sind oder nicht, stellt sich die Ausgangslage und damit die Frage nach der jeweiligen Lösungsstrategie ganz unterschiedlich.

Führungskräfte **als Teil des Konflikts** kann es in verschiedenen Variationen geben, etwa:

— im Konflikt mit einer vorgesetzten Person oder Stelle,
— im Konflikt mit einem bzw. einer Gleichgestellten,
— als Teil einer Partei in einem Konflikt unter Kollegen,
— im Konflikt gegen einzelne im Team bzw. gegen das ganze unterstellte Team
— als Teil einer Partei im Konflikt des Teams, das sie leiten.

Führungskraft als Teil des Konflikts

Als »Faustregel« kann davon ausgegangen werden: Je stärker Führungskräfte selbst in einen Konflikt involviert sind und je fortgeschrittener das Eskalationsstadium ist, desto eher sollte eine Intervention durch eine dritte Partei in Betracht gezogen werden (vgl. weiter unten).

Sind Führungskräfte **nicht Teil des Konflikts**, so kann etwa die Rolle eines Konfliktmoderators in Erwägung gezogen werden. Dabei sollten verschiedene Faktoren bei der Entscheidung mitberücksichtigt werden, z. B. die konkrete Situation, der Eskalationsgrad und die Vorgeschichte, die Nähe bzw. Distanz zu einzelnen Konfliktparteien, Vorerfahrungen, Beratungskompetenzen usw.

Führungskraft nicht Teil des Konflikts

Unabhängig von den jeweiligen Rollen der Beteiligten lassen sich verschiedene Arten der Konfliktregulation und entsprechende **Strategietypen** unterscheiden.

Strategietypen

Schmidt und Berg (1995) teilen die Konfliktregulationen grob in drei Typen ein, mit folgenden Orientierungsschwerpunkten:

Macht
Der mächtigere Konfliktpartner oder eine Drittpartei erzwingt eine Lösung, indem er bzw. sie entsprechende Machtmittel einsetzen kann (Gewalt, Geld, Sanktionen, Beziehungen usw.).

Machtregulation

Recht
Es wird entschieden, wer im Recht ist, wobei diese Verfahrensweisen Rechtssatzung, -mittel und -instanzen voraussetzen.

Rechtsentscheid

Interessen
Die Konfliktpartner eruieren ihre Wünsche, Bedürfnisse und Interessen und handeln einen entsprechenden Ausgleich aus (vgl. Harvard-Konzept).

Verhandlung

Gemäß Schmidt und Berg entspricht die oben aufgeführte Reihenfolge auch der Häufigkeit, wie die Konfliktregelungen angewendet werden, obwohl ein umgekehrtes Verhältnis im Sinne einer Dauerhaftigkeit der erreichten Lösung erstrebenswert wäre.

Eine andere Einteilung ist die Unterscheidung in Strategien, die die Konfliktparteien autonom anwenden vs. sogenannte Dritt-Partei-Interventionen:

Selbstregulierung

Selbstregulierung

Im ersten Fall kann man von **Selbstregulierung** sprechen: Die Konfliktparteien übernehmen selbst die Verantwortung für die Lösung. Dies gelingt umso besser, wenn ein Vertrauen in die eigenen kreativen Lösungsmöglichkeiten besteht, die weiter unten erwähnten Fähigkeiten zur Kommunikation wie auch zur Introspektion entwickelt und die Umweltbedingungen günstig sind. Die im ▶ Abschn. 16.6.3 beschriebene sachorientiert Methode eignet sich sehr gut zur autonomen Konfliktverarbeitung, sie kann aber ebenso gut von außenstehenden Dritten angewandt werden.

Dritt-Partei-Interventionen

Dritt-Partei-Interventionen

Sie können wie bei der sachorientierten Methode als freiwillige Konfliktregelungsstrategie eingesetzt werden. Wichtig dabei ist, dass die dritte Partei selbst weder spezifisches Interesse an bestimmten Lösungen hat, noch Loyalität für eine Seite. Es besteht auch die Möglichkeit, dass nur in bestimmten Phasen der Konfliktverhandlung eine außenstehende Instanz einbezogen wird (z. B. für die Bewertung von verschiedenen Lösungen).

Je nach Eskalationsgrad kann eine Dritt-Partei-Intervention unumgänglich sein, um eine Lösung herbeizuführen oder zumindest die Chancen dafür zu erhöhen.

Interventionen entlang der Eskalationsstufen

◨ Abb. 16.5 zeigt die wichtigsten Strategie- und Rollenmodelle. Sie werden im Folgenden so ausgeführt, wie sie entlang den Eskalationsstufen sinnvollerweise zum Einsatz kommen (▶ Abschn. 16.5).

Moderation

Auf den **Stufen 1–3** befinden sich Drittparteien in erster Linie in der Rolle der **Moderation**. Sie unterstützen die Konfliktparteien darin, ihre Selbstheilungskräfte zu mobilisieren (▶ Abschn. 8.3 und 16.6.3.).

Prozessbegleitung oder Pendeldiplomatie

Die **Stufen 4–6** benötigen als Dritt-Partei-Intervention die Rolle einer **Prozessbegleitung** oder einer »**Pendeldiplomatie**«. Da direkte Verhandlungen unter den Konfliktparteien kaum mehr möglich sind, muss zuerst Vertrauen aufgebaut werden. Dazu ist eine Unterstützung und Stärkung der einzelnen Seiten hilfreich, wobei die Kontakte in gleichem Ausmaß erfolgen, damit keine Partei den Eindruck erhält, die andere werde bevorzugt. Eine zu früh stattfindende Konfrontation der Konfliktparteien kann sich als schädlich erweisen, anstehende Treffen müssen sehr sorgfältig vorbereitet und klar strukturiert werden. Manchmal erweist es sich als sinnvoll, dass Hauptakteure separat von den Konfliktgruppen zusätzlich ein Coaching beanspruchen (vgl. Schreyögg 2002; Enderli 2006).

Schon gelegentlich ab Stufen 5 oder 6, sicher aber auf den **Stufen 7–9** zeigt sich, dass Beratung keine brauchbare Intervention mehr sein kann, da es keine Bereitschaft zu einer kooperativen Konfliktbewältigung mehr gibt. Eine Gemeinsamkeit mag noch darin bestehen, den schon entstandenen und noch befürchteten Schaden zu begrenzen. Auf den Stufen 5-7 hat die Drittpartei

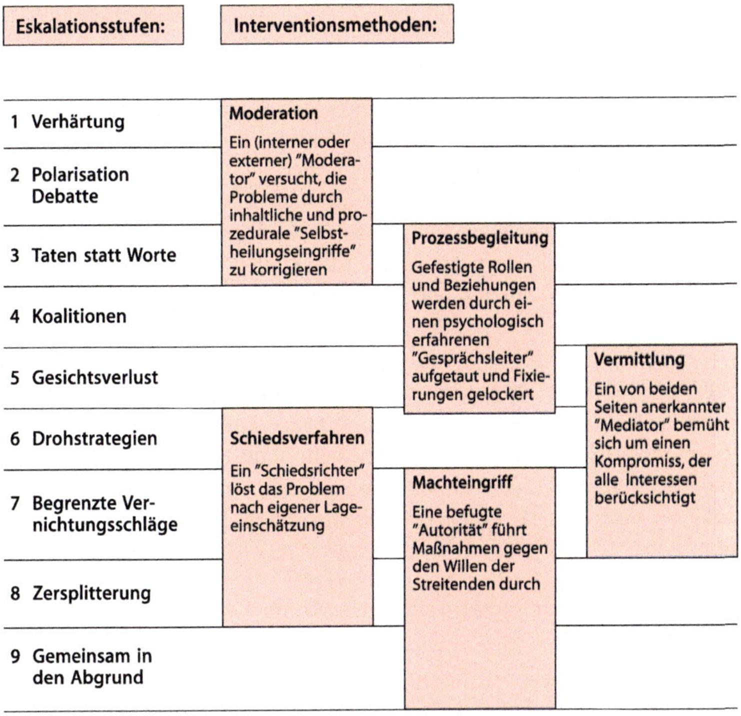

16.6 · Konfliktmanagement als Führungsaufgabe

Abb. 16.5. Interventionen entlang den Eskalationsstufen

Eskalationsstufen:	Interventionsmethoden:			
1 Verhärtung	**Moderation** Ein (interner oder externer) "Moderator" versucht, die Probleme durch inhaltliche und prozedurale "Selbstheilungseingriffe" zu korrigieren			
2 Polarisation Debatte				
3 Taten statt Worte		**Prozessbegleitung** Gefestigte Rollen und Beziehungen werden durch einen psychologisch erfahrenen "Gesprächsleiter" aufgetaut und Fixierungen gelockert		
4 Koalitionen				
5 Gesichtsverlust			**Vermittlung** Ein von beiden Seiten anerkannter "Mediator" bemüht sich um einen Kompromiss, der alle Interessen berücksichtigt	
6 Drohstrategien		**Schiedsverfahren** Ein "Schiedsrichter" löst das Problem nach eigener Lageeinschätzung		
7 Begrenzte Vernichtungsschläge			**Machteingriff** Eine befugte "Autorität" führt Maßnahmen gegen den Willen der Streitenden durch	
8 Zersplitterung				
9 Gemeinsam in den Abgrund				

die Möglichkeit der **Vermittlung** bzw. der **Mediation** (vgl. ▶ Abschn. 16.6.4., wobei bei der Mediation in Unternehmen durchaus schon in den Stufen 3–7 zum Tragen kommen kann). Dabei werden die gegnerischen Standpunkte nach ihrer Regelbarkeit gewichtet und mit dem Ziel eines Kompromisses ausgehandelt (Lösungsbeispiele wären etwa Begrenzung der Einflussgebiete, Einigung auf wechselseitige Duldung und Koexistenz, Trennung »in gegenseitigem Einvernehmen«).

In gravierenden Fällen werden Interventionen wie **Schiedsverfahren** oder **richterlicher Entscheid** nötig sein, wobei die Rollenträger sozial anerkannte und durch das Recht legitimierte Macht zur Durchsetzung ihrer Entscheidungen benötigen. Die Feindschaft zwischen den Konfliktparteien bleibt aber in der Regel weiter bestehen.

Im Extremfall braucht es einen **Machteingriff** durch eine befugte »Autorität«, die Maßnahmen gegen den Willen der Streitenden durchsetzt mit dem Hauptziel, die totale Vernichtung abzuwenden und die Konfliktparteien von entsprechenden Handlungen abzuhalten.

Wie in ▶ Abschn. 16.5.2 erwähnt, fasst Glasl die neun Eskalationsstufen in drei Phasen zusammen. Daraus lassen sich entsprechend drei Konfliktstrategien ableiten, die als Grundstrategien kurz charakterisiert werden sollen.

Gewinner-Gewinner-Modell. Es geht davon aus, dass durch kooperative Lösungssuche alle Parteien gleichermaßen zufriedengestellt werden. Die Konfliktparteien können sich im besten Fall auf die Lösung(en) einigen, die für alle Beteiligten annehmbar sind. Das heißt in der Regel, dass es sich um optimale, aber nicht für die eine oder andere Partei maximale Lösung(en) handelt.

Voraussetzungen für das Zustandekommen von echter Einigung sind u. a. ungezwungene Meinungsäußerung, gegenseitiges Vertrauen und Ernstnehmen der jeweiligen Interessen, freier Zugang zu den erforderlichen Informationen und mögliche Partizipation an der Entscheidungsfindung. Gewinn-Gewinn-Methoden sind in den meisten Fällen zeitaufwendig und anspruchsvoll. Hauptziele sind die gemeinsame Lösungsfindung und zufriedene Partner. Damit bietet diese Methode am ehesten Gewähr, dass eine erzielte Lösung tatsächlich umgesetzt und von einer gewissen Dauer sein wird.

Gewinner-Verlierer-Strategie | **Gewinner-Verlierer-Strategie.** Sie geht davon aus, dass jede Partei nur soviel gewinnen kann, wie die andere verliert. Mit anderen Worten: Jeder Gewinn der einen Partei führt unweigerlich zu einem Verlust für die andere Partei. Diese Strategie wird oft auch »Nullsummenspiel« genannt, weil davon ausgegangen wird, dass die Summe aus Gewinn und Verlust immer gleich Null sei.

Mobbing als spezielle Form

Mobbing als spezielle Form einer Gewinner-Verlierer-Strategie

Das in den letzten Jahren stark zunehmende Phänomen des Mobbings kann man als eine besonders destruktive Form einer Gewinner-Verlierer-Strategie betrachten. Mobbing unterscheidet sich von anderen Formen der Konfliktaustragung durch eine ausgeprägte Asymmetrie in der Größe der beteiligten Parteien: Es geht immer eine mehr oder minder große Gruppe von Personen gegen einen Einzelnen vor. Mobbing kann folgende Verhaltensweisen umfassen: die Person wird beispielsweise sozial isoliert, schikaniert, belästigt, drangsaliert, beleidigt, mit niedrigen Aufgaben betraut, gedemütigt.

> **Damit Mobbing vorliegt, müssen folgende Merkmale zutreffen:**
> - Auftretenshäufigkeit wenigstens einmal pro Woche;
> - Auftretensdauer wenigstens ein halbes Jahr;
> - Mobbingaktivitäten erfolgen systematisch und nicht zufällig;
> - Machtstrukturen sind sehr ungünstig für das Opfer, das deswegen nur wenige Möglichkeiten zur Gegenwehr hat;
> - Aktivitäten sind gezielt auf eine Person gerichtet im Gegensatz zu einer Konfliktkultur, welche alle betrifft.

Als Aufgabe der Konfliktprophylaxe sind Führungskräfte zum einen gefordert zu verhindern, dass Mobbing auftritt. Darüber hinaus sollten sie Mobbing erkennen und diesem Phänomen durch entsprechende Konfliktlösungsstrategien entgegentreten (vgl. Neuberger 1995).

Verlierer-Verlierer-Strategie | **Verlierer-Verlierer-Strategie.** Sie bringt allen Beteiligten einen mehr oder weniger großen Verlust ein und geht in der Regel mit einer Verschlechterung der Beziehungsqualität einher. Dies trifft etwa bei der Anwendung von destruktiven Methoden zu, bei denen die Gegenseite persönlich angegriffen wird. Auch manipulative Methoden mit böswilligen Täuschungen der anderen Partei können hier eingeordnet werden, die dabei erreichten »Lösungen« sind selten von Bestand.

Im übernächsten Abschnitt wird eine Gewinner-Gewinner-Methode ausführlicher behandelt werden, die in den vergangenen Jahren in verschiedenen Gebieten zur Anwendung gekommen ist und sich auch gut für Führungskräfte eignet. Allen Konfliktstrategien liegen entsprechende Verhaltensmuster zugrunde, die im folgenden Abschnitt dargelegt werden.

16.6.2 Verhaltensmuster in Konfliktsituationen

Ähnlich wie die Konfliktarten lassen sich auch die Verhaltensweisen von Menschen in Konfliktsituationen auf einige wenige Grundmuster zurückführen, von denen es dann aber mindestens so viele Variationen geben dürfte, wie es Menschen gibt. Im Prinzip verfügt jede Person über das ganze Repertoire der Grundmuster; je nach Situation wird das eine oder andere Verhalten bevorzugt. Im Folgenden sind diese Muster in Form einer Typologie dargestellt, wobei die Grundvarianten als Stadien eines geschichtlichen Entwicklungsprozesses wie eines Reifeprozesses von Individuen, Gruppen und Organisationen im Verlauf einer Konfliktregulierung aufgefasst werden können (◘ Tab. 16.1). Aus ◘ Tab. 16.1 wird deutlich, dass die Muster Flucht, Totstellreflex, Kampf und Unterwerfung zwar bestenfalls einen akuten Konflikt beseitigen, ihn jedoch niemals zu lösen vermögen. Im Gegenteil – sie provozieren häufig eine weitere Eskalation, so dass dann zu einem späteren Zeitpunkt Drittparteien einbezogen werden müssen, wie dies anhand der Eskalationsstufen im vorhergehenden Abschnitt aufgezeigt wurde.

Verhaltensmuster als Typologie und als Stadien eines Entwicklungsprozesses

Die anderen drei Konflikthandhabungsmuster – besonders natürlich die Konsensfindung – werden stets in Hinsicht auf gegenseitiges Einverständnis hin geführt. Dies setzt eine gewisse »Diskursethik« voraus, die sich stark an Gedanken der Aufklärung orientiert und beispielsweise folgende Grundsätze beinhaltet:

Diskursethik

Die andere Konfliktpartei wird als gleichwertig akzeptiert. Ihr werden bis zum sicheren Beweis des Gegenteils all jene Eigenschaften, Dispositionen und Geltungsansprüche zugestanden, die man für sich selbst in Anspruch nimmt. Das ist wohl eine anspruchsvolle Bedingung für Vernunft unter Menschen überhaupt. Dazu kommt das Akzeptieren des Gegenübers, wie man selbst akzeptiert werden will. Jede Unterstellung, etwa dass die andere Seite absichtlich unverständlich oder »dummes Zeug« redet, fällt gewissermaßen auf den zurück, der diese Gedanken anstellt. Beide Seiten sollten demnach so verständlich und angemessen kommunizieren, dass das Gegenüber wiederum »verständlich« antworten kann. Verständlichkeit wie auch »Wahrhaftigkeit« sind ein beidseitiger Geltungsanspruch und können nur in einem dialektischen Prozess konstituiert werden.

Eine Konsensfindung basiert auf »günstigen« Gesprächs- bzw. Konfliktbearbeitungsmustern, wie sie in ▶ Abschn. 7.1, 7.3 und in 16.6.3 beschrieben sind.

Konstruktiver Umgang mit Konflikten

◻ **Tab. 16.1.** Verhaltensmuster in Konfliktsituationen. (Adaptiert nach Eck 1996; Schmidt & Berg 1995; Schwarz 2001)

Verhaltensmuster	Entwicklungsgeschichte	Psychodynamische Prozesse	Prozesse in Gruppen/Organisationen	Gefahren (!) bzw. Vorteile (+)
Flucht	Rückzug bzw. »Aus-dem-Felde-Gehen«, effektive Verhaltensweise dann, wenn genügend Ressourcen, z. B. Jagd- und Weideland, zur Verfügung stehen.	Verleugnung/Verdrängung eigener Wünsche, Bedürfnisse; zwanghafte Ersatzhandlungen.	Konflikte werden ignoriert, ausgeklammert, auf die lange Bank geschoben, personalisiert, aufgespalten.	! Es findet kein Lernen statt; Konflikt kann sich verschlimmern; Belastung, evtl. Auflösung der Beziehung; Vermeidung wird als Schwäche ausgelegt; Suchtverhalten; Auf- bzw. Abspaltungen. + Akute Spannungen lockern sich; Energieaufwand sinkt (kurzfristig); Raum- und Zeitgewinn fürs weitere Vorgehen.
Totstellreflex	Inaktivität; Erstarrung, Rigidität, extreme Trägheit; »Aussitzen«.	Ängstlichkeit, Verkrampfung, Ideenlosigkeit; Passivität: »Warten auf ein Wunder«.	Aussitzen und Opportunismus begünstigen die jeweils aktivere Seite; Konflikthandhabung erfolgt von außen; Opferrollen werden gefördert.	! Es findet wenig Lernen statt; Risiko der Vereinnahmung und des voreiligen Abschlusses einer Konfliktsituation; weckt den Eindruck von Unbestimmtheit, Profillosigkeit und Unabgegrenztsein gegenüber anderen. + Gefühle von Zusammengehörigkeit können wachsen; evtl. Raum- und Zeitgewinn für weiteres Vorgehen.
Kampf	Drohen, Verjagen, Schwächen, Vernichten.	Projektion: eigene Bilder und Zustände auf das Gegenüber; Selbstvorwürfe und Schuldgefühle.	Konflikte werden »reguliert« durch Kündigung des Schwächeren, Zwangspensionierung, Zerstörung des Rufs, Abschieben aufs Abstellgleis, Erklärung zum Verräter.	! Eskalationsgefahr, wenn Gegenüber ebenfalls kämpft; »Lösung« des Stärkeren ist nicht unbedingt optimal für alle Beteiligten; Konflikt brodelt in der Regel weiter; Verlierer bleibt mit schlechten Gefühlen zurück, weitere Entwicklungen sind vorbelastet; in der Vernichtungsstrategie sind Fehler nicht korrigierbar. + Oft rasche Konflikterledigung (wenn auch nicht unbedingt von Dauer); Befriedigung für den Sieger; Gegner und evtl. ist damit auch Konflikt beseitigt.

Tab. 16.1 (Fortsetzung)

Verhaltensmuster	Entwicklungsgeschichte	Psychodynamische Prozesse	Prozesse in Gruppen/ Organisationen	Gefahren (!) bzw. Vorteile (+)
Unterwerfung	Nachgiebigkeit: Anpassen, Aufgeben (partieller Verzicht), symbolisch (z. B. Demutsgebärde) und/oder materiell.	Hilflosigkeit im Wahrnehmen und Durchsetzen eigener Anliegen; Angst vor »Liebesverlust«, d. h. Beziehung wird als gefährdet angesehen; Selbstverleugnung; Resignation.	Konflikte werden »reguliert« durch Einordnung in das hierarchische Gefüge, Verschärfung der Dienstanweisungen, Degradierung, Tausch der »Freiheit und Selbstbestimmung« gegen »Sicherheit und Unterordnung«	! Siegen ist gleich recht haben; Dialektik von »Herr und Knecht«; starre Rollenverteilung ist oft unflexibel; Unterworfene können in Depression, Apathie verfallen. + Ohne Vernichtung besteht die Möglichkeit der Umkehrbarkeit und Auseinandersetzung zwischen »Herrn und Sklaven«.
Delegation	»Wenn zwei sich streiten, freut sich der Dritte«. Die Gesellschaft differenziert sich. Es entstehen spezielle Funktionen, Amtsträger. Neue Funktionen lösen Konflikte aufgrund zugeschriebener Macht in der Exekutive oder Legislative.	Triebverzicht: Unmittelbare Kommunikation und unter Umständen auch unmittelbare Bedürfnisbefriedigung müssen zugunsten allgemeiner, höherer zurückgestellt werden. Vertrauen auf außenstehende Instanz.	Konflikte werden »geregelt« durch Einschalten von höheren Autoritäten, juristische Gutachten und Entscheidungen, Delegation an Zufallsinstanz bzw. an »Unbefangene«.	! Individuelle Identifikation mit der Lösung ist geringer als bei eigener Erarbeitung. Emotionale Anteile und »Kompetenz« lassen sich schlecht delegieren. + Es entsteht eine gemeinsame Verbindlichkeit mit einer Art »Objektivität«, Sachlichkeit und Neutralität. Schema von Sieg und Niederlage wird durch höhere Instanz abgeschwächt.
Kompromiss	Teilweiser Verzicht auf ursprüngliche Lösungselemente. Setzt Bereitschaft zur Problemlösung und Auseinandersetzung voraus. Macht und Gewaltpotenzial sind etwa gleichmäßig verteilt.	Ich-Stärke als intakte Ich-Funktion, Selbstvertrauen; Bezogenheit auf Partner, Kontext.	Konflikte werden geregelt durch Feilschen: jeder gibt etwas ab und erhält etwas.	! Kann zu mittelprächtigen oder gar »faulen« Lösungen führen, v. a. wenn die wichtigsten kontroversen Themen ausgeklammert wurden. Räumt evtl. die tieferen Konfliktgründe nicht aus der Welt, so dass Konflikt wieder auftritt. Teileinigung ist auch Teilverlust, lädt manchmal zu manipulativen Spielen ein. + Relativ rasche Lösungsfindung bei eher geringem Kräfteverschleiß, Förderung von Initiative, Partizipation und Kreativität. Verhindert Gesichtsverlust.

Tab. 16.1 (Fortsetzung)

Verhaltens-muster	Entwicklungsgeschichte	Psychodynamische Prozesse	Prozesse in Gruppen/Organisationen	Gefahren (!) bzw. Vorteile (+)
Konsens	Lösung ist Resultat eines dialektischen Verhandlungsprozesses mit Lösungen, die allen Gegensätzen optimal (und nicht maximal) Rechnung trägt. Die Kontrahenten nehmen sich gleichermaßen ernst und sind an einer tragfähigen Basis für längerfristige Zusammenarbeit interessiert.	Ich-Stärke als intakte Ich-Funktionen, Selbstvertrauen; Bezogenheit auf Partner, Kontext; Containment: Vertrauen in Tragfähigkeit der Beziehung (sich einlassen und sich abgrenzen können).	Konflikte werden gelöst durch Verhandeln im Sinne des Harvard-Konzepts. Voraussetzung sind wechselseitiges Verständnis, offener Austausch und Sorge für die Anliegen der anderen ohne Preisgabe zentraler eigener Überzeugungen.	! Verlangt hohes Engagement der Beteiligten und braucht entsprechend viel Zeit und Energie. Abweichen von der eigenen Position kann je nach Kontext als Schwäche ausgelegt werden. + Förderung von Initiative, Partizipation, Kreativität und Lernen. Stärkung von Beziehungen; geteilte Verantwortung fürs Gelingen; motiviert und belohnt alle gleich. Schafft Vertrauen, neuen Konflikten gewachsen zu sein.

Merkmale einer konstruktiven Haltung

Abschließend werden einige zentrale Merkmale und Kennzeichen genannt, die auf der Ebene des Individuums bzw. der Gruppe/Organisation als konstruktiv für den Umgang mit Konflikten betrachtet werden können und auch als Grundlage gelten für das Harvard-Konzept:

- Konflikte werden als zum Leben gehörend akzeptiert, wahrgenommen, thematisiert, »gehegt«.
- Konfliktparteien werden als gleichberechtigt anerkannt mit gegenseitigem Respekt und Eingeständnis gegenseitiger Fehlbarkeit.
- Es wird angestrebt, eine Beziehung herzustellen bzw. zu erhalten, die trag- und funktionsfähig ist, und in der Verschiedenheiten (in Meinungen, Interessen usw.) akzeptiert werden.
- Es besteht ein Wille zu einer gemeinsamen Lösungsfindung mit Interessenausgleich, wobei Sach- und Beziehungsaspekte voneinander getrennt und Lösungsmethoden aktiv genutzt werden.
- Wenn Lösungen von Problemen oder Konflikten nicht oder nur sehr beschränkt möglich sind, ist es wichtig, dass die damit verbundenen Spannungen ausgehalten und soweit wie möglich verarbeitet werden können, ohne dass »utopische Lösungsversuche« (Watzlawick et al. 1974) angestrebt werden.

16.6.3 Harvard-Konzept

Theorie und Praxis des Verhandelns

Das »Harvard Negotiation Project« an der Harvard-Universität beschäftigt sich mit der Verbesserung von Theorie und Praxis des Verhandelns, Vermittelns und der Konfliktbewältigung. Mitglieder des Projekts sind beratend und vermittelnd tätig in Konflikten im Umfeld von Familie, Arbeit/Organisa-

16.6 · Konfliktmanagement als Führungsaufgabe

tionen bis hin zur Politik (berühmtes Beispiel: Nahost-Friedensverhandlungen in Camp David 1978). Aus dem Projekt sind zahlreiche Publikationen hervorgegangen; die folgenden Ausführungen stützen sich weitgehend auf das grundlegende Buch von Fisher und Ury, das 1981 in den USA und auf deutsch erstmals 1984 erschienen ist. Der Untertitel »Sachgerecht verhandeln – erfolgreich verhandeln« enthält aber streng genommen nur einen Teil der Verhandlungsstrategie: Denn nicht nur auf die Sach-, sondern auch auf die Beziehungsebene wird beim Harvard-Konzept sehr viel Wert gelegt. Zudem schlägt das Modell einen »dritten« Weg vor zwischen der »weichen« Art der Verhandlung (eher konfliktvermeidend mit schnellen Zugeständnissen) und der »harten« (gewinnorientiert, auf Positionen beharrend): Die Alternative lässt sich treffend in folgendem Leitspruch umschreiben:

Sachgerecht verhandeln

> **»Hart in der Sache, weich gegenüber den Menschen.«**
> Das Ergebnis einer Konfliktverhandlung sollte entsprechend daran gemessen werden, ob es eine vernünftige Übereinkunft beinhaltet (d. h. die legitimen Interessen jeder Seite werden in höchstmöglichem Maße berücksichtigt); effizient ist (d. h. wirkungsvoll, umsetzbar, dauerhaft usw.); die Beziehungen der Partner zueinander verbessert oder zumindest nicht verschlechtert.

»Hart in der Sache, weich gegenüber den Menschen«

Das Harvard-Konzept beruht im Wesentlichen auf vier Grundaspekten (Abb. 16.6).

4 Grundaspekte

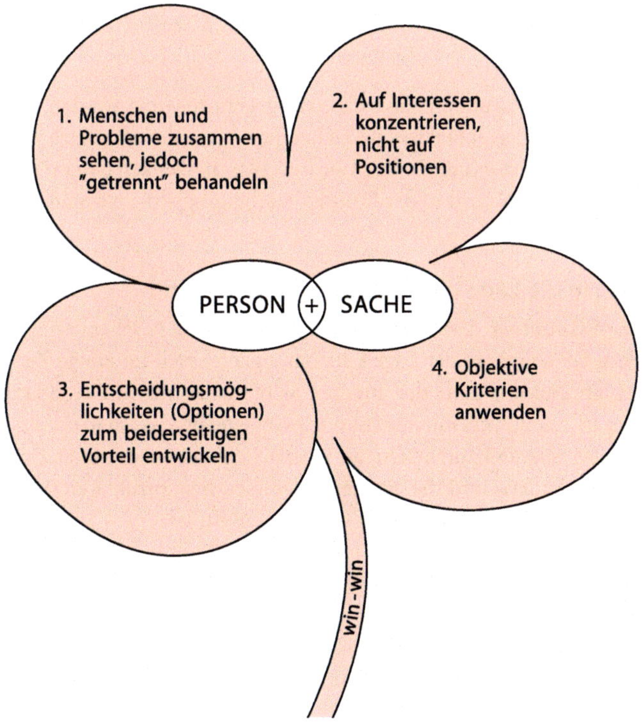

Abb. 16.6. Vier Grundaspekte des Harvard-Konzeptes

1. Menschen und Probleme zusammen sehen, jedoch "getrennt" behandeln
2. Auf Interessen konzentrieren, nicht auf Positionen
3. Entscheidungsmöglichkeiten (Optionen) zum beiderseitigen Vorteil entwickeln
4. Objektive Kriterien anwenden

PERSON (+) SACHE

win-win

1. Menschen: Menschen und Probleme getrennt voneinander behandeln.
2. Interessen: Nicht Positionen, sondern Interessen in den Mittelpunkt stellen.
3. Möglichkeiten: Vor der Entscheidung verschiedene Wahlmöglichkeiten entwickeln.
4. Kriterien: Das Ergebnis auf objektiven Entscheidungsprinzipien aufbauen.

Menschen und Probleme getrennt voneinander behandeln

Konfliktpartner sind Menschen

Verhandlungs- bzw. Konfliktpartner sind keine abstrakten Vertreter einer Position, einer Sache oder einer Organisation, sondern sind zuallererst Menschen mit Gefühlen, Vorstellungen, Werten, Weltanschauungen usw. Dieser menschliche Aspekt kann beim Verhandeln nützen oder auch stören. Da die meisten Konflikte im Rahmen einer dauernden Beziehung stattfinden, ist es wichtig, jede Bearbeitung so zu führen, dass die künftigen Beziehungen und Verhandlungen gefördert und nicht beeinträchtigt werden. Dies ist auch deshalb von Bedeutung, weil persönliche Beziehungen leicht mit den sachlichen Auseinandersetzungen vermischt werden. Ob etwa das Konto überzogen oder im Wohnzimmer Unordnung ist: Der Ärger über eine missliche Situation verleitet einen leicht, seinen Unmut gegenüber denjenigen auszudrücken, die damit in Verbindung stehen. Der erste Grundsatz heißt:

Menschen und Probleme trennen

Trennen Sie persönliche Beziehungen von der Sachfrage. Kümmern Sie sich unmittelbar um das »Problem Mensch«.

Er kann unter drei Gesichtspunkten näher betrachtet werden: Vorstellung, Emotion, Kommunikation.

Vorstellungen

Vorstellungen

Jede Konfliktsituation kann dadurch gekennzeichnet werden, dass es zu einem scheinbar »objektiven« Sachverhalt verschiedene Betrachtungsweisen gibt. Das Verständnis für das Wie und Was im Denken der anderen Partei ist ein wichtiger Schritt in der Konfliktbearbeitung; im einzelnen kann das etwa bedeuten:

Sich ins Gegenüber versetzen

Sich in die Lage des Gegenübers versetzen

Die Erkenntnis, dass die anderen die Sache anders sehen, reicht nicht, sondern wir sollten in der Lage sein, das eigene Urteil für einige Zeit zurückzustellen und uns ganz der anderen Sicht zuzuwenden. Den Standpunkt der Gegenseite zu verstehen heißt noch lange nicht, dass man damit einverstanden ist. Aber es kann helfen, die eigene Sicht der Dinge zu relativieren, allenfalls zu ändern und die eigenen Interessen neu abzuklären. Vielleicht wird bereits dadurch der Konflikt etwas entschärft.

Absichten der anderen niemals aus den eigenen Befürchtungen ableiten

Vorsicht vor Projektionen

Damit ist die Vorsicht vor Projektionen angesprochen und soll davor warnen, die Gegenseite zum Träger und Urheber eigener Befürchtungen und Wünsche zu machen.

Schuldzuweisungen vermeiden

Wir geraten alle schnell ins Schimpfen, besonders wenn wir merken, dass die Gegenseite tatsächlich an unserem Problem mitverantwortlich ist. Aber selbst gerechtfertigte Tadel sind unproduktiv. Durch Schuldzuweisungen werden die sachliche und menschliche Seite der Angelegenheit vermischt. Die Gefahr ist groß, dass das Gegenüber sich angegriffen fühlt und sich verteidigt.

Keine Schuldzuweisungen

Über die Vorstellungen beider Seiten sprechen und die Vorstellungen der Gegenseite auf unerwartete Weise nutzen

Das Sprechen über die unterschiedlichen Vorstellungen fördert das Verständnis für einander, sofern dies ohne gegenseitige Vorwürfe geschieht. Eine gute Möglichkeit, die Vorstellungen der Gegenseite zu verändern, besteht darin, dass man sich anders als erwartet verhält. Als etwa Präsident Sadat im November 1977 unerwartet Jerusalem besuchte, setzte er ein Zeichen, dass auch er Frieden wünschte und nicht als Feind, sondern als Partner handelte.

Über beiseitige Vorstellungen sprechen

Gegenseite am Ergebnis beteiligen und dafür sorgen, dass sie sich am Verhandlungsprozess beteiligt

Damit ist das gegenseitige frühe Einbinden in den Lösungsprozess gemeint. Erteilen beide Seiten nach und nach der Entwicklung einer Lösung ihre Zustimmung, so können sich beide besser im Ergebnis wiedererkennen und sind eher bereit, Vereinbarungen mitzutragen.

frühes Einbinden der Gegenseite

Vorschläge auf das Wertsystem der anderen abstimmen und ihr »Gesicht wahren«

Oft beharren die Verhandlungspartner auf ihren Positionen, weil sie das Gefühl des Kleinbeigebens vermeiden wollen, und nicht unbedingt als Ausdruck der Uneinigkeit mit der Gegenseite. Gelingt es, die Sachlage so umzuformulieren, dass die Grundsätze der Verhandlungspartner und das Image, das sie von sich haben, berücksichtigt sind, dann wird eine Übereinkunft eher zustande kommen. Dies kann zum Beispiel bedeuten, dass man der Gegenseite eine Lösung als ihre Idee zugesteht, falls dies für ihr Ansehen von Bedeutung ist.

»Gesicht wahren«

Emotionen

Der positive oder negative Verlauf von Konfliktverhandlungen hängt stark von den entstehenden Emotionen ab. Oft lösen Emotionen auf der einen Seite Emotionen auf der anderen aus. Nicht kontrollierte Emotionen können zum Verhandlungsabbruch führen. Als erstes ist es deshalb wichtig, Emotionen zu erkennen und zu verstehen, die eigenen und die der anderen. Wie kann man Emotionen erkennen? Indem man sich selbst beobachtet und sich beispielsweise aufschreibt, welche Gefühle man hat und welche man gerne haben möchte. Auch beim Gegenüber kann man durch aufmerksames Zuhören herausfinden, welche Gefühle dort im Vordergrund stehen und vielleicht auch, was die Ursachen dafür sind.

Emotionen erkennen und verstehen

Gefühle
– anerkennen
und
– artikulieren

Neben dem Erkennen ist auch das Anerkennen der Berechtigung von Gefühlen für den weiteren Verhandlungsverlauf wichtig. Dazu ist es hilfreich, die eigenen bzw. die Gefühle der Gegenseite zu artikulieren. Das kann auch so weit gehen, dass man die anderen darin unterstützt, den Ärger und andere negative Emotionen dadurch abzubauen, dass man den Gefühlen Luft verschafft.

Kommunikation

Kommunikation

Ohne Kommunikation kann man nicht verhandeln. Fisher und Ury (1984) bezeichnen Verhandeln als einen »nach beiden Seiten fließenden Prozess mit dem Ziel, eine gemeinsame Entscheidung herbeizuführen«. In diesem Kommunikationsprozess gibt es drei große Probleme:
- Die Verhandlungspartner sprechen nicht miteinander, oder jedenfalls nicht so, dass sie einander verstehen.
- Die Gesprächspartner hören möglicherweise nicht aufmerksam genug zu.
- Es kommt zu Missverständnissen.

Günstige Gesprächsmuster

Die von den Autoren vorgeschlagenen Lösungen entsprechen vielen Aspekten, die in der Kommunikationslehre als »günstige« Gesprächsmuster bezeichnet werden:
- Aufmerksam zuhören und Rückmeldung geben über das, was man gehört hat.
- Sich der Gegenseite zuwenden und so sprechen, dass man verstanden wird.
- Über sich reden, nicht über die Gegenseite: »Ich fühle mich im Stich gelassen« ist besser als »Sie haben Ihr Wort gebrochen«, denn über den eigenen Gefühlszustand zu reden provoziert weniger Verteidigung bei der Gegenseite als über sie Behauptungen anzustellen.
- Manchmal ist weniger auch mehr: Gibt es beispielsweise viel Ärger und Unbehagen, lässt man manche Gedanken besser unausgesprochen. Bevor man einen verbindlichen Satz ausspricht, sollte man sich im Klaren darüber sein, was man eigentlich mitteilen will und welchem Zweck die Information dient.
- Der erste Grundaspekt, die Beziehungsebene, ist weder in einem ersten Schritt ein für allemal von den Sachfragen getrennt und »gelöst«, noch tritt er erst bei Verhandlungsbeginn in Kraft. Optimalerweise ist ein Grundstock an Vertrauen da, auf dem man aufbauen kann. Informelle Kontakte sind hierbei nicht zu unterschätzen.

Auf Interessen konzentrieren, nicht auf Positionen

Interessen statt Positionen

Um in Konfliktverhandlungen vernünftige, für beide Seiten akzeptable Ergebnisse zu erzielen, muss man die Interessen, nicht die Positionen in Einklang bringen.

16.6 · Konfliktmanagement als Führungsaufgabe

> **Beispiel**
>
> **Beispiel für alternative Lösungsmöglichkeiten**
> Zwei Mitarbeiter im Büro streiten sich um ein offenes Fenster. Der eine möchte es offen haben, der andere geschlossen. Beide nehmen ihre Position ein, eine Lösung ist so nicht möglich. Erst nachdem die dahinterstehenden Interessen offengelegt werden – Wunsch nach frischer Luft einerseits und Befürchtung wegen Zugluft andererseits – bieten sich alternative Lösungsmöglichkeiten an, etwa die Öffnung des Fensters im Korridor oder in einem Nebenraum.

Interessen sind innere Motive, Wünsche, Bedürfnisse, Sorgen usw. etwa bezüglich Sicherheit, wirtschaftlichem Auskommen, Zugehörigkeit, Anerkennung und Selbstbestimmung.

Interessen

Positionen sind bewusste Entscheidungen aufgrund von Interessen.

Positionen

Werden Interessen statt Positionen zur Übereinstimmung gebracht, so hilft das in zweierlei Hinsicht. Erstens kann meistens jedes Interesse durch mehrere mögliche Positionen befriedigt werden. Zweitens ist der Ausgleich von Interessen nützlicher als jeder Positionenkompromiss, weil es trotz gegensätzlicher Positionen in aller Regel mehr gemeinsame als gegensätzliche Interessen gibt.

Wie findet man Interessen heraus?

Interessen herausfinden

- Fragen Sie: Warum sollte dies oder das so sein oder warum nicht?
- Versetzen Sie sich an die Stelle des Gegenübers und versuchen Sie, die Interessen aufzuspüren und anzuerkennen.
- Erstellen Sie bereits in der Vorbereitung eine Liste der verschiedenen Interessen aller Beteiligten. Dies ermöglicht eine bessere Einschätzung der Verhandlungssituation.
- Artikulieren Sie Ihre Interessen so deutlich wie möglich. Rechnen Sie aber nicht damit, dass die anderen ihre Interessen ohne Weiteres bekanntgeben (vielleicht sind sie ihnen selbst nicht einmal ganz klar). Deshalb ist es wichtig, die Positionen nach den dahinter stehenden Interessen zu hinterfragen.

Wenn Sie über Interessen sprechen, ist der erste Grundsatz von Bedeutung, dass Sie die menschliche Seite von der sachlichen unterscheiden. Dabei gilt wieder:

- Seien Sie bestimmt, aber flexibel.
- Seien Sie hart in der Sache, aber sanft zu den beteiligten Menschen.

hart in der Sache
sanft zu den Menschen

Die Grundbedürfnisse und damit verbundenen Interessen motivieren die Personen und beeinflussen ihr Verhalten. Bevor die Parteien zum nächsten Punkt schreiten, ist es unabdingbar, die Interessen aller Beteiligten (die gleichen wie die unterschiedlichen) klar zu eruieren.

Entscheidungsvarianten

Entwickeln Sie Entscheidungsmöglichkeiten (Optionen) zum beiderseitigen Vorteil

Oft geht es Verhandlungspartnern wie den beiden Schwestern, die über eine Orange stritten. Nachdem sie sich auf die Lösung »Frucht halbieren« geeinigt hatten, nahm die erste ihre Hälfte, aß das Fleisch und warf die Schale weg; die andere warf stattdessen das Innere weg und benutzte die Schale, weil sie lediglich einen Kuchen backen wollte.

Allzu oft wird die Chance vergeben, Entscheidungsmöglichkeiten zum beiderseitigen Vorteil zu entwickeln. Viele Verhandlungen enden mit der halben Orange für jede Seite anstatt der ganzen Frucht für die eine und der ganzen Schale für die andere. Warum?

Verschiedene Wahlmöglichkeiten entwickeln

Obwohl es hilfreich ist, wenn verschiedene Wahlmöglichkeiten bestehen, sehen nur wenige Menschen in Verhandlungen die Notwendigkeit dafür ein. Meist glauben die Leute, dass sie die richtige Antwort schon kennen, und dass nur ihr Lösungsangebot vernünftig sei. Alle brauchbaren Lösungen scheinen dabei gewissermaßen auf einer geraden Linie zwischen der Position der Gegenseite und der eigenen zu liegen. Die einzige Kreativität beschränkt sich dann darauf, die Differenz zwischen den Positionen zu halbieren.

Bei den meisten Verhandlungen stehen vier Haupthindernisse im Wege, eine Vielfalt von Entscheidungsmöglichkeiten zu entwickeln:
- vorschnelles Urteil, das den Einfallsreichtum einschränkt,
- Suche nach »der« richtigen Lösung mit entsprechenden Einengungen,
- Annahme, dass der »Kuchen« begrenzt sei (Spiel um »feste Summen«),
- Vorstellung, dass die anderen ihre Probleme selbst lösen sollen.

Rezepte für die Entwicklung kreativer Wahlmöglichkeiten

Rezepte für die Entwicklung kreativer Wahlmöglichkeiten

1. Es ist sinnvoll, den Prozess des Findens von Lösungsvarianten von der Beurteilung derselben zu trennen. Für die Phase der Lösungsfindung eignen sich Kreativitätstechniken sehr gut. Dort wird diese Regel (zuerst sammeln, dann bewerten) betont (vgl. z. B. beim Brainstorming).

sammeln, dann bewerten

Optionen vermehren

2. Es ist anzustreben, die Zahl der Optionen eher zu vermehren als nach der »einen« Lösung zu suchen. Hilfen dazu können neben Kreativitätsmethoden auch verschiedene Betrachtungsweisen sein, etwa das Pendeln zwischen allgemeinen und konkreten Überlegungen, die Sache vom Standpunkt verschiedener Experten her betrachten, oder Teillösungen (kleine Schritte) entwickeln.

gemeinsame Interessen

3. Suchen Sie nach Vorteilen für beide Seiten. Finden Sie die gemeinsamen Interessen heraus und denken Sie dabei an drei Punkte:
    a. Gemeinsame Interessen gibt es, vielleicht auch verborgen, bei jeder Verhandlung. Fragen Sie sich beispielsweise: Haben wir ein gemeinsames Interesse am Erhalt unserer Beziehung?
    b. Gemeinsame Interessen sind Möglichkeiten, nicht Gottgegebenheiten. Konkretisieren Sie die gemeinsamen Interessen und stellen Sie diese als gemeinsame Ziele dar.
    c. Wenn Sie die gemeinsamen Ziele unterstreichen, werden möglicherweise die Verhandlungen flüssiger. So können etwa die Differenzen hinsichtlich Essensverteilung in einem Rettungsboot auf

dem offenen Meer hinter das gemeinsame Ziel zurückgestellt werden, sobald wie möglich gerettet zu werden oder an Land zu kommen.
4. Entwickeln Sie Vorschläge, die der Gegenseite die Entscheidung erleichtern. Dazu ist es wiederum wichtig, die Interessen der anderen zu kennen und sich etwa zu fragen: Worauf würde ich hoffen bzw. welche Ergebnisse am meisten fürchten, wenn ich die andere Seite wäre? Solche Überlegungen sind viel hilfreicher, als der Gegenseite zu drohen. *Interessen der Gegenseite beachten*
5. Wenn möglichst viele Interessen offengelegt und daraus verschiedene Lösungsmöglichkeiten entwickelt worden sind, braucht es als nächstes vernünftige Bewertungskriterien, damit schließlich Übereinkünfte zustande kommen. *Lösungsvarianten systematisch bewerten*

Bestehen Sie auf der Anwendung objektiver Kriterien
Bewertungskriterien

Wie gut auch immer Sie die ersten drei Schritte befolgt haben – in den meisten Fällen werden Sie mit der harten Wirklichkeit einander widerstreitender Interessen konfrontiert sein: Sie wünschen eine Lohnerhöhung, Ihr Gegenüber eine Nullrunde. Sie möchten das große Büro mit der schönen Sicht, Ihr Partner ebenfalls. Sie möchten die Ware morgen geliefert haben, Ihr Gegenüber will das erst nächste Woche tun. All dies darf nicht verleugnet werden.

Die Übereinkunft, die Sie anstreben und optimalerweise erzielen, muss möglichst auf der Basis von **objektiven Kriterien** beruhen. Vielfach liegen solche Maßstäbe in Richtlinien, Handbüchern, Gesetzestexten, Preislisten usw. vor. Diese müssen verwendet, kommuniziert und plausibel gemacht werden. Fehlen solche Vorgaben, müssen die Verhandlungspartner entsprechend objektive Kriterien entwickeln. *Objektive Kriterien entwickeln bzw. anwenden*

Faire Kriterien sind an der Vernunft orientiert, gesetzlich legitimiert und praktisch durchführbar. Sie sollten beiden Seiten ansprechen. Dies können Sie testen, indem Sie es von beiden Seiten her anwenden (Verwendet beispielsweise die andere Partei denselben Mietvertrag, wenn sie ihrerseits in meiner Situation ist?). Bei der Entwicklung fairer Kriterien sind folgende Punkte hilfreich: *Faire Kriterien*
- frühere Vergleichsfälle,
- wissenschaftliche Gutachten,
- Kriterien von Sachverständigen,
- Kosten,
- moralische Kriterien,
- Gleichbehandlung,
- Tradition,
- Gegenseitigkeit
- …

Faire Verfahrensweisen sind zur Abstimmung der sich widersprechenden Interessen ebenso wichtig wie die fairen Kriterien selbst. Nehmen Sie das einfache Beispiel, ein Stück Kuchen zwischen zwei Kindern fair zu teilen: Das eine zerschneidet den Kuchen, das andere darf sich ein Stück auswählen. Keines der beiden kann sich über eine ungerechte Teilung beklagen. *Faire Verfahrensweisen*

Eine Variante dieses Verfahrens besteht darin, dass die Parteien zuerst darüber verhandeln, was sie jeweils für ein faires Arrangement halten, bevor sie sich entscheiden. In der Auseinandersetzung über das Sorgerecht bei Kindern sollten sich die Eltern z. B. zuerst über die Besuchsmodalitäten und -häufigkeiten des anderen Partners einigen. Das gibt beiden den Anreiz zu einer fairen Besuchsregelung.

Ein häufig angewendetes Verfahren mit vielen Variationsmöglichkeiten besteht darin, einer Drittperson die Schlüsselrolle bei der Entscheidung zuzuweisen, sei dies als Berater oder als Entscheidungsinstanz.

Verhandeln mithilfe objektiver Kriterien

Verhandeln mithilfe objektiver Kriterien. Die Frage lautet, wie objektive Kriterien und Verfahren in die Diskussion um die Lösungsfindung eingebracht werden können. Sachbezogenes Verhandeln hat folgende Grundelemente:
- Funktionieren Sie jeden Streitfall zur gemeinsamen Suche nach objektiven Kriterien um. Laden Sie die Gegenseite ein, nach Lösungen zu suchen, die auf objektiven Kriterien beruhen.
- Einigen Sie sich zuerst über die Prinzipien und über die Kriterien, die Sie anwenden wollen. Versuchen Sie, auf Kriterien aufzubauen, die die Gegenseite eingebracht hat (z. B. wenn das Nachbarhaus als Referenz in einer Preisverhandlung dienen soll, dann können Sie auch andere vergleichbare Objekte in der Gegend als Preisvergleich einbringen).
- Argumentieren Sie vernünftig – und seien Sie solcher Argumentation gegenüber selbst offen. Falls Sie sich trotz Bemühen bei der Entscheidung für objektive Kriterien schwer tun, so schlagen Sie beispielsweise einen Test vor: Einigen Sie sich auf eine Person, die Sie beide als fair einschätzen, und geben Sie ihr eine Liste der vorgeschlagenen Kriterien mit der Bitte um Rat, welche zur Konfliktbehandlung verwendet werden sollten.
- Geben Sie niemals irgendeinem Druck nach. Druck kann verschiedene Formen haben: Bestechung, Drohung, Manipulation oder Weigerung der Gegenseite, von ihren Prinzipien abzuweichen. In all diesen Fällen lautet die Antwort gleich: Fordern sie die anderen zum vernünftigen Argumentieren auf. Sie können sich leichter der Willkür verweigern, als die Gegenseite sich der Entwicklung objektiver Kriterien entziehen kann.

Soweit die vier Grundsätze des Harvard-Konzepts, die sich gegenseitig bedingen. Ihre konsequente Verfolgung fördert bessere Verhandlungsergebnisse. Einfacher ist ihre Anwendung, wenn die Gegenseite sie ebenfalls kennt und anwendet. Die Methode funktioniert aber auch, wenn die andere Seite sie nicht kennt, aber durch Ihre konsequente Verwendung dahin geleitet wird. Allerdings stößt auch diese Methode an Grenzen, beispielsweise bei großer Machtasymmetrie zwischen den Konfliktparteien. Auf einige kritische Punkte wird im abschließenden Abschnitt kurz eingegangen.

Grenze der Methode bei großer Machtasymmetrie

Und wenn die Gegenseite stärker ist, nicht »mitspielt« – oder Tricks anwendet?

Bei jeder Verhandlung gibt es Realitäten, die einfach nicht zu ändern sind. Als Antwort auf schlichte **Übermacht der Gegenseite** kann eine geschickte Verhandlungsart zwei Ziele erreichen: Sie können sich erstens vor einer Überein-

Übermacht der Gegenseite

kunft schützen, die Sie besser nicht eingehen sollten und zweitens noch das Beste aus der schlechten Ausgangslage machen:

Schützen Sie sich, indem Sie sich eine Art von »Limit« eines Mindestergebnisses festsetzen. Dies kann Sie zwar vor dem Abschluss eines schlechten Übereinkommens bewahren, aber es kann Sie gleichzeitig auch von der Entwicklung und Annahme eines Abkommens abhalten, das auf Fakten beruht, die Sie bei Festsetzung des Limits vielleicht nicht berücksichtigt haben. Es gibt deshalb eine bessere Variante als ein Limit:

Verschaffen Sie sich Klarheit über Ihre **»beste Alternative«**: Überlegen Sie sich in der Vorbereitung genau, was Sie tun, wenn die Verhandlung scheitert oder an welcher Messlatte Sie jedes vorgeschlagene Übereinkommen bewertet werden. Entwickeln Sie Ihre »beste Alternative«, denn je attraktiver sie ist, umso größer ist Ihre Macht:

- Erstellen Sie eine Liste von Aktionen, die Sie möglicherweise durchführen, wenn es zu keiner Übereinkunft kommt.
- Entwickeln Sie ein paar besonders vielversprechende Ideen weiter und konkretisieren Sie diese, so dass Sie bereit zur Umsetzung wären.
- Wählen Sie versuchsweise die beste dieser Möglichkeiten aus. Je stärker Ihre Bereitschaft ist, Verhandlungen auch scheitern zu lassen, umso machtvoller können Sie Ihre Interessen und die für Sie akzeptable Grundlage für ein Übereinkommen präsentieren.
- Untersuchen Sie auch die »beste Alternative« der Gegenseite. Wenn beide Seiten eine attraktivere beste Alternative haben, ist das beste Verhandlungsergebnis – für beide Seiten – eben, kein Übereinkommen zu treffen.

Sich schützen

»Beste Alternative« entwickeln

Wenn die andere Seite **nicht mitspielt** beim sachorientierten Verhandeln, dann können folgende drei Ansätze eine Konzentration auf die Inhalte bewirken:

Der erste bezieht sich auf das, was Sie dazu beitragen können, nämlich sich Ihrerseits **auf die Sachverhalte konzentrieren** statt auf die eingenommenen Positionen. Die Annahme dahinter ist, dass die hier beschriebene

Gegenseite spielt nicht mit

Konzentration auf die Sachgehalte

sachorientierte Methode allgemein »ansteckend« ist, da sie mehrere Interessen und daraus abgeleitete Lösungsmöglichkeiten offen legt.

Hilft das nichts und die Gegenseite feilscht weiter um Positionen, können Sie eine zweite Strategie anwenden, das **Verhandlungs-Judo**: Schlagen Sie nicht zurück, wenn die andere Seite Ihre Vorstellungen oder Sie als Person angreift und die eigene Position bekräftigt. Suchen Sie vielmehr nach den hinter den Positionen verborgenen Interessen und sprechen Sie diese an.

Verteidigen Sie nicht Ihre Vorstellungen, laden Sie die Gegenseite zu Kritik und Ratschlag ein: »Was stört Sie an dem Vorschlag derart, dass Sie ihn nicht in Betracht ziehen?« oder »Was würden Sie tun, wenn Sie in meiner Situation wären?« Auf diese Weise bringen Sie die Gegenseite dazu, sich auch Ihrer Sicht der Dinge anzunehmen.

Stellen Sie Fragen und nutzen Sie auch die Macht des Schweigens: Wenn Sie eine Frage gestellt haben, die Gegenseite nur unzureichend geantwortet, einen unvernünftigen Vorschlag gemacht oder Sie persönlich angegriffen hat, dann bleiben Sie am besten sitzen und sagen Sie kein Wort. Schweigen kann bei den anderen den Eindruck vermitteln, es sei jetzt alles festgefahren, und sie fühlen sich irgendwie gedrängt, diese Situation zu überwinden (Ihr Schweigen zu brechen), indem sie doch noch auf Ihre Frage oder Ihren Vorschlag eingehen.

Der dritte Ansatz im Versuch, die Gegenseite vom Feilschen um Positionen zum sachbezogenen Verhandeln zu bringen, ist das **Ein-Text-Verfahren** unter Mithilfe einer Drittpartei. Ein Vermittler kann leichter als die direkt Beteiligten die Menschen von den Problemen trennen und die Diskussion auf Interessen und Optionen lenken. Der Dritte kann darüber hinaus unparteiische Grundlagen für die Lösung von unterschiedlichen Interessen vorschlagen und den Prozess der Lösungssuche von der Entscheidung trennen helfen. Der vielleicht berühmteste Gebrauch dieses Verfahrens wurde von den USA in Camp David 1978 bei der Vermittlung zwischen Ägypten und Israel gemacht. Die USA hörten sich beide Seiten an, entwickelten wiederholt Entwürfe für beide Konfliktparteien zur Stellungnahme bis es klar wurde, dass eine weitere Verbesserung nicht mehr möglich war. Nach dreizehn Tagen und dreiundzwanzig Entwürfen war der Text zur Empfehlung reif.

Was passiert, wenn schließlich die Gegenseite **schmutzige Tricks** anwendet, etwa Lügen, Manipulationen, destruktive Methoden mit Angriffen auf Sie als Person bis zu den verschiedenen Formen der Druckausübung? Statt dies zu erdulden (und damit evtl. stillschweigend gutzuheißen) oder mit gleichen Mitteln zurückzuzahlen, empfiehlt es sich vielmehr, **sachbezogen über den Verhandlungsprozess zu verhandeln**. Dies geschieht in drei Schritten:

1. Die Taktik erkennen: Zur Ausschaltung eines Tricks genügt es oft schon, ihn zu durchschauen.
2. Die Taktik ansprechen, ohne dabei die Gegenseite anzugreifen. Also nicht in der Formulierung wie »Sie haben absichtlich …«, sondern eher »Mich stört ….«
3. Die Legitimität und Annehmbarkeit der Taktik hinterfragen, etwa: »Sind wir uns einig, auf diese Weise wollen wir nicht verhandeln?« Eine andere

Möglichkeit ist der Gegenseitigkeitstest, bei dem Sie fragen, ob am nächsten Tag die Spielregel umgekehrt werde: »Ich nehme an, dass Sie morgen in dem tieferen Stuhl direkt vor der offenen Türe sitzen werden?«

Wenn alles nichts hilft, greifen Sie zu Ihrer besten Alternative und ziehen Sie sich zurück. »Ich habe den Eindruck, dass Sie hier nicht an Verhandlungen interessiert sind, von denen wir beide ein Ergebnis erwarten können. Wenn ich mich geirrt habe: Ich bin jederzeit wieder zu Gesprächen bereit, wenn Sie das wollen.« Falls die andere Seite aufrichtig an einer Übereinkunft interessiert ist, werden Sie wohl an den Verhandlungstisch zurückgeholt.

beste Alternative und Rückzug

16.6.4 Mediation als spezifisches Verfahren des sachgerechten Verhandelns

Wie in ▶ Abschn. 16.6.1 erwähnt, kommt die Mediation besonders bei hoch eskalierten Konflikten (Stufen 5–7) als spezifische Methode zum Einsatz. Damit nehmen Mediationsverfahren eine Zwischenstellung zwischen den rechtlich orientierten Verfahren (z. B. Schiedsverfahren, richterliche Entscheide, ab Stufe 6) und den eher persönlichkeitsorientierten Prozessbegleitungen (Stufen 3–5) ein.

Einsatz bei hoch eskalierten Konflikten

Mediation bedeutet Konfliktbearbeitung unter Mitwirkung neutraler Dritter als Vermittler. Diese dritte Partei hat keine Entscheidungsbefugnis. Sie ist für das Setting, das Verfahren und die Fairness zuständig, während die Konfliktparteien die Inhalte bestimmen. Die Betroffenen wirken freiwillig und eigenverantwortlich am Mediationsverfahren mit und erarbeiten zusammen die Lösungen, wie dies im Harvard-Konzept auch der Fall ist.

Mediator

Mediation in der Organisation ist eine Form der Wirtschaftsmediation und wird in diesem Kontext durchaus auch in den Eskalationsstufen 3–7 eingesetzt; daneben gibt es auch entsprechende Verfahren im außerbetrieblichen Kontext (Ehe, Familie, Nachbarschaft, Politik usw.).

Einsatzfelder

> **Das Mediationsverfahren zeichnet sich durch folgende Aspekte aus:**
> - Anwesenheit und Allparteilichkeit der vermittelnden Mediatoren;
> - Einbeziehung aller Konfliktparteien, die in der Regel anwesend sind;
> - freiwillige Teilnahme am Verfahren;
> - Eigenverantwortlichkeit für die Konfliktbewältigung und die Entscheidungsfindung, indem ein Konsens erzielt wird, dem alle Beteiligten zustimmen;
> - Informiertheit: Es besteht eine Offenheit unter den Konfliktparteien über alle wichtigen Daten und Fakten innerhalb des Mediationsverfahrens;
> - Vertraulichkeit: Im Mediationsprozess ist Vertraulichkeit ein zentraler Aspekt für alle Beteiligten.

Aspekte des Mediationsverfahrens

Mediationsphasen	Mediation ist durch verschiedene **Phasen** gekennzeichnet. Sie sind nicht als abgeschlossene Einheiten zu betrachten, denn sie können in der Abfolge je nach Bedarf auch wiederholt werden. Die folgende Darstellung dient als Orientierung darüber, wie eine Mediation ablaufen kann:
Kontakt und Kontrakt	1. Kontakt und Kontrakt – Kontakt herstellen und aufbauen – Verfahren/Prozessablauf erläutern, Rollen der Verfahrensbeteiligten klären – Wille und Fähigkeit zur Mediation abklären – Grundregeln vereinbaren – Arbeitsauftrag abschließen (Mediationskontrakt)
Konfliktthemen herausarbeiten	2. Konfliktthemen herausarbeiten – Informationen sammeln, Sachverhalt klären – Bereiche der Übereinstimmung und des Dissens herausarbeiten – Reihenfolge für die Bearbeitung der Konfliktpunkte bestimmen – Klären von offenen Punkten
Konfliktbearbeitung	3. Konfliktbearbeitung von Positionen zu Interessen – Sichtweisen verstehen – Positionen lokalisieren – aus den Positionen die Interessen und Bedürfnisse herausarbeiten – Unterscheiden: Was ist vergangenheits- was ist zukunftsbezogen?
Lösungsoptionen entwickeln	4. Optionen der Konfliktregelungen entwickeln und bewerten – Möglichkeiten von Regelungen entwickeln – Möglichkeiten bewerten und prüfen bezüglich der dahinterstehenden Interessen – Optionen auswählen, entscheiden
Vereinbarungen treffen	5. Übereinkunft treffen und schriftlich festhalten – Vereinbarung entwerfen – Überprüfen durch Medianden, Rechtsanwälte und evtl. weiteren Experten – Unterzeichnung und Umsetzung
Umsetzungsphase	6. Umsetzungsphase und Nachfolgetreffen – Umsetzen der Vereinbarungen und damit Realitätsüberprüfung – Nachfolgetreffen: Einhalten der Vereinbarungen und Auswirkungen überprüfen – bei Schwierigkeiten: weitere Mediationsschritte, wenn gewünscht
Methoden	Während des Verfahrens werden vom Mediator verschiedene Methoden und Techniken angewandt, die auch in anderen Beratungsformen zum Einsatz kommen. Diese Methoden helfen, die blockierte Kommunikation zwischen den Konfliktparteien aufzulösen und den Beteiligten für eine aktive Mitarbeit zu gewinnen. Das können beispielsweise Techniken der Gesprächsführung und Moderation sein, Visualisierungen, Frage- und Kreativitätstechniken. Wie das Harvard-Konzept ist Mediation zukunftsorientiert und berücksichtigt sowohl die Interessen mit den entsprechenden Bedürfnissen wie auch die Ziele der Parteien. Durch Konsensfindung sollen Lösungen gefunden werden, die sich sowohl auf der Inhalts- wie auch Beziehungsebene als nachhaltiger erweisen sollten als beispielsweise Gerichtsverfahren.

16.6 · Konfliktmanagement als Führungsaufgabe

ZUSAMMENFASSUNG

Im Umgang mit Konflikten ist es wichtig, sich der Komplexität der Thematik bewusst zu sein, um nicht in gefährliche Vereinfachungen zu verfallen. Konfliktmanagement wird hier verstanden als Konflikte erkennen, sie in ihrer Komplexität verstehen und sich mit den Konflikten in einer konstruktiven Art und Weise auseinandersetzen. Statt einfacher Gut-Schlecht-Wertungen wird die Betrachtung von Konflikten in ihrer Funktionalität beschrieben, auf den Ebenen Aufgabe – Struktur – Kultur – Individuum bzw. Rollenträger. Die Beschreibung von Konfliktarten dient ebenso dem besseren Verständnis, wie die Kenntnisse bezüglich Konfliktverläufen und -prozessen. All diese Aspekte sind Teile einer »Konfliktdiagnose«, die verstanden werden sowohl als Vorbereitung als auch als Bestandteil des eigentlichen Konfliktmanagements. Bei den Grundstrategien zur Lösung von Konflikten wird u. a. unterschieden, ob die Führungskraft Teil oder nicht Teil des Konflikts ist, ob die Parteien autonom Lösungen erarbeiten oder durch Dritt-Partei-Interventionen, und ob es sich um Win-win-, Win-lose- oder Lose-lose-Strategien handelt. Bei der Darstellung von Verhaltensmustern in Konfliktsituationen wird deutlich, dass Flucht, Totstellreflex, Kampf und Unterwerfung zwar bestenfalls einen akuten Konflikt beseitigen, ihn jedoch niemals zu lösen vermögen. Die anderen drei Formen, Delegation, Kompromiss und besonders Konsensfindung basieren auf »günstigen« Gesprächs- bzw. Konfliktbearbeitungsmustern, die dargelegt werden. Auf das Harvard-Konzept als eine wichtige Win-win-Methode wird ausführlich eingegangen. »Hart in der Sache, weich gegenüber Menschen« ist der Leitsatz dieser Methode, die auf vier Grundaspekten beruht: Menschen und Probleme getrennt behandeln; statt Positionen Interessen in den Mittelpunkt stellen; vor Entscheidungen verschiedene Wahlmöglichkeiten entwickeln; objektive Entscheidungskriterien anwenden. Auf Schwierigkeiten, wenn die Gegenseite stärker ist, nicht »mitspielt« oder Tricks verwendet, wird kurz hingewiesen, bevor am Schluss die Grundzüge der Mediation dargelegt werden.

FRAGEN ZUR VERTIEFUNG

- Welche »ungünstigen« bzw. konstruktiven Konfliktbearbeitungsmuster kennen Sie von sich?
- Welche Lösungsstrategien haben Sie ohne Erfolg eingesetzt (d. h. wie verhalten Sie sich in Konflikten, dass Sie sich nachher nicht gut fühlen oder den Eindruck haben, der Konflikt sei nicht gelöst)?
- Gab es Konflikte, die Sie zu Ihrer Zufriedenheit lösen konnten, und welche Strategien haben Sie da eingesetzt?
- Wo können Sie Hilfe holen (Ressourcen)? Welche Personen (am Arbeitsplatz, im Privatleben) und Aktionen helfen Ihnen in Konfliktsituationen?
- Welche Konfliktlösungen sind Ihnen aus Literatur/Film/der Geschichte in Erinnerung, auch wenn Sie diese noch nicht angewendet haben bzw. nie anwenden würden (z. B. Robin Hood, Rumpelstilzchen usw.)?
- Im Umgang mit Konflikten: Versuchen Sie, eine Art »Konfliktlandschaft« darzustellen mit einer Zeichnung, Skizze o. ä.: Welches sind wichtige Systeme, Personen und »Nahtstellen«, wo treten häufig Konflikte auf, wo gibt es wichtige Verbindungen, Koalitionen usw.?

Arbeitsblatt 16.1. Vorbereitung einer Konfliktbearbeitung

1.1 Konfliktpartner
- Wer ist mein Gegenüber? Was für eine Person ist er/sie?
- Herrscht wechselseitiges Vertrauen/Akzeptanz?
- Gibt es Kommunikationsprobleme? Welche?
- Gibt es bereits Erfahrungen mit dem Partner? Welche?

1.2 Konfliktgegenstand
- Wie sehe ich den Konflikt?
- Wie sieht mein Gegenüber die Situation?
- Gibt es Gemeinsamkeiten in den Sichtweisen?
- Habe ich bereits Position bezogen? Sehe ich die Lösung bereits? Welche?
- Welche Argumente/Fakten habe ich für meine Position/Lösung?
- Hat die Gegenpartei bereits Position bezogen? Welche?
- Welche Argumente/Fakten hat die Gegenpartei?

1.3 Interessen
- Welche Interessen habe ich/stehen hinter meiner Position?
- Welche Interessen hat die Gegenpartei/stehen hinter ihrer Position?
- Welche gemeinsame Interessen haben wir?
- Sehe ich Ausgleichsmöglichkeiten, wenn keine gemeinsamen Interessen vorhanden sind? Welche?

1.4 Lösungsmöglichkeiten
- Was ist mein Wunschziel?
- Habe ich einen Verhandlungsspielraum? Welchen?
- Welche Alternativen habe ich, falls keine Einigung zustande kommt? Was mache ich, wenn die Verhandlung scheitert?
- Hat auch die Gegenpartei Alternativen? Welche?
- Welche Lösungen können am ehesten die Interessen beider Parteien befriedigen?
- Welche Randbedingungen beeinflussen die Lösung (Zwänge/Vorgaben)?
- Mit welchen Kompetenzen steige ich in die Verhandlung? Welche Kompetenzen hat der Partner?

1.5 Kriterien
- Welche Normen/Merkmale/Werte können bei der Wahl der Konfliktlösung als Entscheidungsgrundlage dienen? Woran soll die Güte der Lösung gemessen werden?
- Welche dieser Kriterien werden vermutlich von beiden Seiten akzeptiert?

1.6 Wahl der Konfliktbearbeitungsmethode
- Ist eine Partei in einer Position der Stärke/Schwäche?
- Bin ich an einer längerfristigen Zusammenarbeit interessiert?
- Das dürfte die Verhandlungstaktik der Gegenpartei sein?
- Welche Aspekte muss ich noch klären, vorbereiten, um die Verhandlung gut vorbereitet zu führen?

Literatur

Bitzer, B., Liebsch, K. & Behnert, A. (2002). *Betriebliche Konfliktlösung durch Mediation*. Heidelberg: Sauer

Eck, C.D. (1996). *Konflikte und Lösungsinterventionen in Organisationen*. Vorlesung am Seminar für Angewandte Psychologie Zürich

Enderli, L. (2006). Konfliktcoaching. In: Lippmann, E. (Hrsg.) (2006). *Coaching. Angewandte Psychologie für die Beratungspraxis*. Heidelberg: Springer, 168-177

Falk, G., Heintel, P. & Krainz, E.E. (Hrsg.) (2005). *Handbuch Mediation und Konfliktmanagement*. Wiesbaden: Verlag für Sozialwissenschaften

Fisher, R. & Ertel, D. (1997). *Arbeitsbuch Verhandeln. So bereiten Sie sich schrittweise vor*. Frankfurt a. M.: Campus

Fisher, R. & Ury, W. (1984). *Das Harvard-Konzept*. Frankfurt a. M.: Campus. (Neuausgabe: Fisher, R., Ury, W. & Patton, B., 2009)

Glasl, F. (1994). *Konfliktmanagement. Ein Handbuch für Führungskräfte und Berater*. Bern: Haupt. (10. überarb. Auflage 2011)

Glasl, F. (2011). *Selbsthilfe in Konflikten*. Bern: Haupt

Hugo-Becker, A. & Becker, H. (2004). *Psychologisches Konfliktmanagement*. München: dtv. (4. Aufl.)

Kirschner, J. (1976). *Manipulieren – aber richtig*. München: Drömer Knaur

Lippmann, E. (2000). Konfliktmanagement als Führungsaufgabe. *io management* Nr. 3/2000

Lippmann, E. (Hrsg.) (2006). *Coaching. Angewandte Psychologie für die Beratungspraxis*. Heidelberg: Springer

Neuberger, O. (1995). *Mobbing. Übel mitspielen in Organisationen*. München: Hampp (3. überarb. Auflage 1999)

Proksch, S. (2010). *Konfliktmanagement in Unternehmen*. Berlin: Springer

Rosenberg, M.B. (2010). *Gewaltfreie Kommunikation. Eine Sprache des Lebens*. Paderborn: Junfermann (9. Auflage)

Rüttinger, B..Sauer & J. (2000). *Konflikt und Konfliktlösen. Kritische Situationen erkennen und bewältigen*. Leonberg: Rosenberger

Schmidt, E.R. & Berg, H.G. (1995). *Beraten mit Kontakt*. Offenbach: Burckhardthaus-Leatare. (Neuauflage 2004, Frankfurt: Gabal)

Schreyögg, A. (2002). *Konfliktcoaching. Anleitung für den Coach*. Frankfurt a. M.: Campus (2. akt. und erw. Auflage 2011)

Schulz von Thun, F. (1981). *Miteinander reden: Störungen und Klärungen*. Bd. 1. Reinbek: Rowohlt (48. Auflage 2010)

Schulz von Thun, F. (1998). *Miteinander reden: Das »Innere Team« und situationsgerechte Kommunikation*. Bd. 3. Reinbek: Rowohlt (19. Auflage 2010)

Schulz von Thun, F., Ruppel, J. & Stratmann, R. (2000). *Miteinander reden: Kommunikationspsychologie für Führungskräft*. Reinbek: Rowohlt (8. Auflage 2008)

Schwarz, G. (2001). *Konfliktmanagement*. Wiesbaden: Gabler (8. Auflage 2009)

Selvini Palazzoli, M., Anolli, L., Di Blasio, P., Giossi, L., Pisano, J., Ricci, C., Sacchi, M. & Ugazio, V. (1984). *Hinter den Kulissen der Organisation*. Stuttgart: Klett

Simon, F.B. (2004). *Tödliche Konflikte. Zur Selbstorganisation privater und öffentlicher Kriege*. 2., erw. und korr. Aufl. Heidelberg: Carl-Auer.

Simon, F.B. (2012). *Einführung in die Systemtheorie des Konflikts*. 2. Aufl. Heidelberg: Carl Auer

Watzlawick, P., Weakland, J.H. & Fisch, R. (1974). *Lösungen*. Bern: Huber (7. Auflage 2009)

17 Diversity Management

Nathalie Amstutz und Catherine Müller

17.1 Diversität der Gesellschaft – Diversität der Organisation – 360
17.1.1 Gesellschaftlich-demografische Entwicklung – 360
17.1.2 Diversity Management – 361

17.2 Diversity-Politik: Recht, Leitbild und Strategie – 362
17.2.1 Rechtlicher Rahmen – 362
17.2.2 Diversity-Policies der Organisationen – 364
17.2.3 Wirtschaftliche Argumente für Diversity Management – 365

17.3 Diversity Management: Methoden und Instrumente – 368
17.3.1 Diversity Mainstreaming – 368
17.3.2 Praxisinstrument Diversity-Controlling – 369
17.3.3 Einzelne Schritte bei der Umsetzung des Diversity-Controlling – 371

17.4 Diversity-Kompetenz: Führungskraft als Schlüsselperson – 374
17.4.1 Führungs- und Diversitykompetenz: Wie stehen sie zueinander? – 374
17.4.2 Diversity-Kompetenz: Wissen, Wollen, Können – und Dürfen – 375
17.4.3 Psychologische Schlüsselkompetenzen im Diversity Management – 377

Literatur – 380

> Diversity Management ist die Antwort der Organisationen auf gesellschaftliche, rechtliche und wirtschaftliche Veränderungen. Die Globalisierung, neue Lebens- und Erwerbsrollen, die zunehmende Beteiligung der Frauen an der Erwerbsarbeit, das Älterwerden der Gesellschaft, die sich ausweitende Migration aus wirtschaftlichen Gründen und der Bedarf der Wirtschaft an Arbeitskräften verändern auch die demografische Zusammensetzung der Organisationen. Für sie bedeutet es, dass Menschen unterschiedlicher Herkunft, Alters, Geschlechts, Gesundheit, Qualifikation etc. gemeinsam an denselben Projekten und Aufgaben arbeiten. Mit Diversity Management wird eine Organisationspolitik gelebt, die personelle Vielfalt als Chance begreift. In diesem Kapitel wird Diversity Management auf verschiedenen Ebenen beleuchtet: Diversity als Strategie der Unternehmensführung, Diversity Management im Rahmen der Führungs- und Personalarbeit und, auf der individuellen Ebene, Diversitykompetenz als eine zunehmend wichtiger werdende Führungskompetenz.

17.1 Diversität der Gesellschaft – Diversität der Organisation

17.1.1 Gesellschaftlich-demografische Entwicklung

Führungsaufgabe

Die Auseinandersetzung mit Vielfalt ist Teil der Führungsaufgaben einer Organisation. Sie leitet sich aus unterschiedlichen Perspektiven her: Diversity oder »soziale Diversität« bezeichnet ganz grundsätzlich die Vielfalt der sozialen Zusammensetzung einer Gesellschaft. Um diese Vielfalt zu beschreiben und zu differenzieren, werden Kategorien wie Geschlecht, Alter, Klasse, Sprache, Ethnie, Behinderung, sexuelle Orientierung, religiöse Zugehörigkeit usw. gebildet. Die kulturelle Vielfalt ist größer geworden, nicht nur durch globalere Migrationsbewegungen, sondern auch durch Beschäftigungspolitiken wie beispielsweise das Anwerben von ausländischen Arbeitskräften in Zeiten von Personalmangel. Die demografische Veränderung mit der zuneh-

kulturelle Vielfalt

menden Alterung zeigt bereits heute Folgen in den Beschäftigtenstrukturen, ebenso der wachsende Anteil von Frauen am Erwerbsleben.

Diese Veränderungen bedeuten gesellschaftspolitische und wirtschaftliche Herausforderungen sowie die kontinuierliche Weiterentwicklung rechtlicher Rahmenbedingungen. Diese werden in diesem Kapitel dargelegt.

Gesellschaftspolitische Herausforderungen

Die gesellschaftspolitischen Aufgaben wie die Sicherung der Sozialwerke, der Altersvorsorge, der Entwicklung einer integrativen Bildungspolitik, eines nachhaltigen Gesundheitswesens, der Aufbau der Kinderbetreuung, der Betagtenpflege u. a. dominieren die innenpolitischen Agenden in Europa. Die Veränderungen der gesellschaftlichen Vielfalt stehen in enger Wechselwirkung mit der Arbeitswelt. Firmen und Organisationen sind gefordert, diese Themen aufzunehmen und mitzugestalten.

Gesellschaftspolitik

Wirtschaftliche Herausforderungen

Die Herausforderungen für Firmen und Organisationen zeigen sich in der veränderten Zusammensetzung der Arbeitsmärkte und den damit verbundenen Rekrutierungsvoraussetzungen, in neuen Absatzmärkten für ein Diversity-Marketing und in der globaleren Geschäftstätigkeit, die internationale Beziehungen, Kundschaften und Mitarbeitende mit sich bringen. Aber auch die Kenntnis von rechtlichen Vorgaben und kulturellen Gepflogenheiten sind für eine internationale Geschäftstätigkeit zentral. Innerhalb der Organisation geht es um eine Kultur, die der Vielfalt der Mitarbeitenden gerecht wird und ihre Ressourcen unter Respektierung der Persönlichkeitsrechte zu nutzen weiß. Professionelles Diversity Management betrachtet die Wahrnehmung und das aktive Einbeziehen der Vielfalt und vielfältiger Kompetenzen als Chance.

Herausforderungen für Firmen und Organisationen

17.1.2 Diversity Management

Der Ursprung von Diversity ist in den USA zu verorten und ist als Folge der Antidiskriminierungsregelungen und dem Bedarf an entsprechenden Fördermaßnahmen, sogenannter »positive actions« der Gleichstellungspolitik, zu verstehen. In den 1980er-Jahren versuchte Diversity Management eine wirtschaftliche Antwort auf die Antidiskriminierungsvorgaben zu geben: Diversity Management geht davon aus, dass die Integrationsziele hinsichtlich Geschlecht, ethnisch-kultureller Herkunft, Alter etc. für die Firmen ein Entwicklungspotenzial birgt. Im Rahmen eines umfassenden Ressourcenmanagements werden mit Diversity Management die Potenziale der Mitarbeitenden besser erkannt und – jenseits von diskriminierenden Stereotypien – gefördert und weiterentwickelt. Für die Firmen erwachsen daraus wirtschaftliche Vorteile dank Ressourcenoptimierung, die Mitarbeitenden haben ihrerseits bessere Entwicklungschancen.

Ursprung USA

Ressourcenmanagement

17.2 Diversity-Politik: Recht, Leitbild und Strategie

Die volks- und betriebswirtschaftliche Beschäftigung mit Diversity Management und seinen Handlungsfeldern ist nur ein Ausschnitt aus der inzwischen umfassenden gesellschaftlichen Diversity-Debatte, die in einem breiten Feld von Studien unter der Perspektive von »inclusion« und »exclusion« stattfindet. So entstanden in den USA und in Europa zahlreiche sozialwissenschaftliche Arbeiten zu Diversity und Bildung, Gewalt, Gesundheit, etc. Diese Forschungen bilden einen wesentlichen Referenzrahmen bei der Definition der Kategorien wie Geschlecht oder Ethnie.

17.2.1 Rechtlicher Rahmen

gesetzliche Rahmenbedingungen

Der Begriff der Diversität steht im Kontext verbindlicher gesetzlicher Rahmenbedingungen. Für die Schweiz sind einerseits die Bestimmungen der internationalen Menschenrechtsverträge und andererseits das Rechtsgleichheitsgebot und das Diskriminierungsverbot in Art. 8 der Bundesverfassung maßgebend. Die Bundesverfassung nennt im Absatz 2 folgende Kategorien:

Bundesverfassung

> Niemand darf diskriminiert werden, namentlich nicht wegen der Herkunft, der Rasse, des Geschlechts, des Alters, der Sprache, der sozialen Stellung, der Lebensform, der religiösen, weltanschaulichen oder politischen Überzeugung oder wegen einer körperlichen, geistigen oder psychischen Behinderung.

Die gesetzlichen Vorgaben hinsichtlich der in der Bundesverfassung genannten Kategorien wie »Herkunft, Rasse, Geschlecht« etc. sind unterschiedlich ausdifferenziert. Die Geschlechtergleichstellung wurde in der Schweiz 1996 mit dem Gleichstellungsgesetz (GlG) hinsichtlich Erwerbsarbeit wesentlich präziser definiert als beispielsweise der Auftrag zur Gleichstellung von Menschen mit Behinderung (BehiG), der nur für Arbeitsverhältnisse in Betrieben des Bundes gilt.

Bundesgesetz über die Gleichstellung von Frau und Mann (GlG)

Auszug aus dem Schweizerischen Bundesgesetz für die Gleichstellung von Frau und Mann (GlG):

Art. 3: Diskriminierungsverbot
1. Arbeitnehmerinnen und Arbeitnehmer dürfen aufgrund ihres Geschlechts weder direkt noch indirekt benachteiligt werden, namentlich nicht unter Berufung auf den Zivilstand, auf die familiäre Situation oder, bei Arbeitnehmerinnen, auf eine Schwangerschaft.
2. Das Verbot gilt insbesondere für die Anstellung, Aufgabenzuteilung, Gestaltung der Arbeitsbedingungen, Entlöhnung, Aus- und Weiterbildung, Beförderung und Entlassung.
3. Angemessene Massnahmen zur Verwirklichung der tatsächlichen Gleichstellung stellen keine Diskriminierung dar.

Hervorzuheben sind zwei für Führungskräfte besonders relevante Aspekte: **Aspekte für Führung**
1. **Spezielle Fördermaßnahmen** – z. B. eine vorübergehende Bevorzugung des untervertretenen Geschlechts in einem bestimmten Bereich – verstoßen nicht gegen das Gleichstellungsgesetz, sondern sind als »angemessene Maßnahmen« ein Mittel, die tatsächliche Gleichstellung von Frau und Mann umzusetzen.
2. Das Diskriminierungsverbot bezieht sich auf die konkreten **Aufgaben der Personalarbeit**, die sich von der Anstellung bis zum Austritt eines Mitarbeiters oder einer Mitarbeiterin ergeben (»betrieblicher Lebenszyklus«).

Für die anderen in der Bundesverfassung erwähnten Kategorien bestehen in der Schweiz keine gesetzlichen Diskriminierungsverbote für privatrechtliche Arbeitsverhältnisse. Ihren Schutz erfahren Arbeitnehmende durch die arbeitsrechtlichen Normen zum Schutz der Persönlichkeit.

Normen zum Schutz der Persönlichkeit

Die europäischen Richtlinien zur Gleichbehandlung aufgrund des Geschlechts, der Rasse, der sexuellen Orientierung, des Alters und einer Behinderung erfordern von den EU-Mitgliedstaaten differenzierte Antidiskriminierungsgesetze. Diese sind für die Schweiz nicht bindend, hingegen ist sie zur Gleichbehandlung europäischer Arbeitnehmenden verpflichtet. In diesem Bereich hat die Schweiz durch das Personenfreizügigkeitsabkommen das europäische Recht übernommen.

Europäische Richtlinien

Antidiskriminierungsgesetze

> **Dilemma der Kategorienbildung**
> Die Antidiskriminierungsgesetze wählen unterschiedliche Kategorien und Bezeichnungen. Jede dieser Kategorien ist das (vorläufige) Resultat von gesellschaftlichen und rechtlichen Debatten. Die Definition der Gruppen, die geschützt werden sollen, ist komplex. Es geht nicht um »natürliche«, selbstverständliche Identitäten, da sowohl das, was als natürlich empfunden wird, wie auch das, was als identitätsbildend bezeichnet wird, kulturell und historisch geprägt ist und sich verändert. Deutlich wird das an dem Begriff »Rasse«, der, obwohl wissenschaftlich nicht haltbar, nach wie vor als Kategorie in der Gesetzgebung figuriert. Auch der Geschlechterbegriff hat unterschiedliche Definitionen erfahren, in denen Frauen und Männern – meist unter Berufung auf »die Natur« – spezifische Eigenschaften zugeschrieben wurden. Diese legitimierten eine hierarchisch festgeschriebene geschlechterspezifische Arbeitsteilung. Daraus stellt sich für die Diversity-Konzepte wie für die rechtliche Verfassung der Kategorien ein Dilemma: Schutz vor Diskriminierung wie Förderung der Vielfalt muss Gruppen und Kategorien bilden, um sie zu berücksichtigen. Die Herausforderung besteht darin, zur Berücksichtigung der Vielfalt wohl Kategorien zu bilden, aber in der Folge nicht darin verhaftet zu bleiben und ihre historische Verfasstheit zu reflektieren (zum Thema »Stereotypisierung« ▶ Abschn. 17.4.3).

Definition der betreffenden Gruppen

17.2.2 Diversity-Policies der Organisationen

Aufgabe der Organisationen

Für Organisationen besteht die Aufgabe darin, die rechtlich verbindlichen Grundlagen zu kennen und darauf abgestützt eine Diversity-Policy zu formulieren. Zur Umsetzung der in den Leitbildern kommunizierten Botschaft werden konkrete Führungsaufgaben abgeleitet. Dass Organisationen diese gesellschaftspolitischen Implikationen zur Kenntnis nehmen und sich als aktive Mitgestalter dieser Themen verstehen, zeigt die jüngst von deutschen Firmen, nach französischem Vorbild, unterzeichnete Charta der Vielfalt.

Charta der Vielfalt

> **Charta der Vielfalt**
> »Im Rahmen dieser Charta werden wir
> 1. eine Unternehmenskultur pflegen, die von gegenseitigem Respekt und Wertschätzung jedes Einzelnen geprägt ist. Wir schaffen die Voraussetzungen dafür, dass Vorgesetzte wie Mitarbeiterinnen und Mitarbeiter diese Werte erkennen, teilen und leben. Dabei kommt den Führungskräften bzw. Vorgesetzten eine besondere Verpflichtung zu.
> 2. unsere Personalprozesse überprüfen und sicherstellen, dass diese den vielfältigen Fähigkeiten und Talenten aller Mitarbeiterinnen und Mitarbeiter sowie unserem Leistungsanspruch gerecht werden.
> 3. die Vielfalt der Gesellschaft innerhalb und außerhalb des Unternehmens anerkennen, die darin liegenden Potenziale wertschätzen und für das Unternehmen gewinnbringend einsetzen.
> 4. die Umsetzung der Charta zum Thema des internen und externen Dialogs machen.
> 5. über unsere Aktivitäten und den Fortschritt bei der Förderung der Vielfalt und Wertschätzung jährlich öffentlich Auskunft geben.
> 6. unsere Mitarbeiterinnen und Mitarbeiter über Diversity informieren und sie bei der Umsetzung der Charta einbeziehen.«
>
> (www.charta-der-vielfalt.de)

Unternehmensstrategie

Verantwortung von Führungskräften

Erst durch die bewusste Steuerung und Gestaltung der Vielfalt in der Organisation wird Diversity zur Unternehmensstrategie. Auch die »Charta der Vielfalt« betont die spezielle Verantwortung von Führungskräften in der Umsetzung von Diversity Management. Diese Verantwortung bezieht sich sowohl auf die strategischen wie auf die operativen Aufgaben. Dabei wird Diversity Mangagement in bestehende Führungssysteme integriert und nicht als gesondertes Managementkonzept betrachtet (▶ Abschn. 17.3).

Grundprinzipien

Diversity Management baut darauf auf, dass
- die Verantwortung für die Umsetzung bei den Führungskräften liegt,
- der Ansatz in bestehende Führungsinstrumente integriert wird,
- in der Organisation spezifische Diversitykompetenzen vorhanden sind,
- die Entwicklung der Organisationskultur hinsichtlich Diversity regelmäßig evaluiert wird.

17.2.3 Wirtschaftliche Argumente für Diversity Management

Organisationen entschließen sich aus verschiedenen Gründen für Diversity Management, es sind ethische, rechtliche und wirtschaftliche.
Der wirtschaftliche Nutzen wird beschrieben als Verbesserung

- der Unternehmenskultur, die durch Zielsetzungen und klare Werte und Positionen hinsichtlich Antidiskriminierung und Diversity verankert wird;
- der Kompetenz, auf globalisierte und internationale Anspruchsgruppen eingehen zu können;
- der Produktivität dank der in der Produktentwicklung geförderten Innovation und Kreativität;
- von Marketing und Kundschaftsorientierung durch Einbezug von Diversity in die Marketingplanung und dadurch einer Erweiterung der Absatzmärkte;
- der Personalentwicklung, indem gezielt Ressourcen und Potenziale der Mitarbeitenden erkannt und gefördert werden. Dies erhöht die Motivation und senkt sowohl Fluktuation wie Absenzen;
- der Personalgewinnung in einem erweiterten Arbeitsmarkt, in dem stereotype Personalgewinnung vermieden wird. Außerdem ist die diversity-orientierte Organisation eine motivierende, interessante Arbeitgeberin und vermag damit im (internationalen) Wettbewerb um qualifizierte Arbeitskräfte zu bestehen;
- der Teamentwicklung und Gremienarbeit, die eine kreativere und produktivere Zusammenarbeit ermöglicht;
- des guten Rufs der Organisation, die dadurch ein hohes Interesse aller Anspruchsgruppen, wie auch eine hohe Kreditwürdigkeit und ein am Unternehmensgeschehen interessiertes Aktionariat generiert. Der gute Ruf hinsichtlich Innovationsfähigkeit, gesellschaftlicher Verantwortung und Respektierung der rechtlichen Vorgaben erweist sich in Befragungen unter Großfirmen als zentraler Grund für Diversity Management.

Diversity Management als »Business Case«

Diese Faktoren sind kostenrelevant und die Organisationen rechnen dank dieser Verbesserungen mit einer ausweisbaren Kostenreduktion (vgl. dazu CSES).
Wie ist der Grad der Diversity-Orientierung einer Organisation zu bestimmen?
Für die Erfassung präziser kultureller Eigenheiten einer Organisation in ihrem Umgang mit Diversity ist der individuelle oder subjektbezogene Analyseansatz wichtig. Dieser erfasst das Potenzial der einzelnen Mitarbeitenden und die Erfordernisse, damit bestimmte Funktionen übernommen werden können. Für die Bestimmung des »Organisationskapitals« hingegen ist eine strukturelle Perspektive einzunehmen, die die Gestaltungsdeterminanten bezüglich Diversity analysiert, die die Organisation für Diversity auszeichnen. Zur Konkretisierung des Grades der Umsetzung von Diversity werden Indikatoren definiert, die für strategische Entscheide transparent sein sollen. Vorschläge für eine Messung von Diversity sind etwa die Diversity Scorecard, die in Ergänzung zur Balanced Scorecard Diversity-relevante Kriterien auf-

Messbarkeit

nimmt. (Das Modell wird im Beitrag des CSES vorgestellt wie im Beitrag von Rieger in Becker 2006).

Der Weg vom Leitbild zur Umsetzung in den Führungsalltag birgt einige Herausforderungen. Diversity Management kann durchaus Konflikte in der Organisation auslösen, vor allem, wenn das explizite oder implizite Machtgefüge der Organisation betroffen ist. Insofern ist Diversity Management Teil eines permanenten Organisationsentwicklungsprozesses.

Umsetzungsindikatoren

Folgende **12 Indikatoren** geben Hinweise auf den Grad der Umsetzung von Diversity-Management in einer Organisation:

1. Diversity als expliziter Teil des Leitbildes
2. bestehende Politiken und Konzepte zur Umsetzung des Leitbildes
3. Spiegelung der Unternehmenspolitik in der Personalpolitik
4. Engagement der Unternehmensleitung
5. Diversity integriert im Zielvereinbarungsprozess/MbO, Anreize für Führungskräfte
6. Diversity Management als Teil des Controllings (Überprüfen der Zielsetzungen, Soll-Ist-Vergleich, Prüfung der Effektivität und des Ressourceneinsatzes)
7. Nutzen für die Beschäftigen, konkrete Anreize für eine vielfältige Belegschaft (z. B. flexible Arbeitszeiten, Kinderbetreuung, Sprachkurse, individuell angepasste Arbeitsplätze für Menschen mit Behinderung, Diversity-orientierter Nachwuchspool)
8. organisatorische Strukturen für Diversity Management (z. B. Kompetenzzentrum mit entsprechenden Ressourcen)
9. Diversity-orientierte mündliche und schriftliche Kommunikation, intern und extern
10. Netzwerke (z. B. für Migrantinnen, Homosexuelle, Väter etc.)
11. Aus- und Weiterbildungsmaßnahmen (zur Förderung der Diversitykompetenz der Mitarbeitenden)
12. Wirtschaftlichkeitsrechnungen (Erfassen von Kosten und Nutzen von Diversity Management)

(in Anlehnung an CSES 2006, S. 5258).

Gerade der Ansatz des »Human Capitals«, der die Ressourcen der Mitarbeitenden einer Organisation bestimmen will, geht von messbaren, quantifizierbaren Kriterien aus wie der Sprachkompetenz, Bildungsabschlüssen, Weiterbildungen etc. Dieses Verständnis des Human Capitals leistet einen Beitrag zur Diversity-Debatte, wenn mit diesen Kriterien gleichzeitig die Analyse der demografischen Zusammensetzung der Organisation hinsichtlich Hierarchie und Aufgabenfelder unternommen wird.

subjekt- und strukturbezogene Analyse

Als Beispiel: Frauen sind heute gleich gut für Management-Funktionen ausgebildet wie Männer. Trotzdem sind sie in Führungspositionen untervertreten. Diese Untervertretung ist – angesichts derselben Qualifikationen – auf unterschiedliche Wahrnehmungen und Einschätzungen zurückzuführen. Die Politik der »besten Kräfte« wird durch die Überprüfung der Diversity-Struktur, also die demografische Repräsentanz der Kategorien in der vertikalen (in der Hierarchie) und der horizontalen (in den Funktionen) Achse der Organisation kritisch reflektiert und allenfalls revidiert.

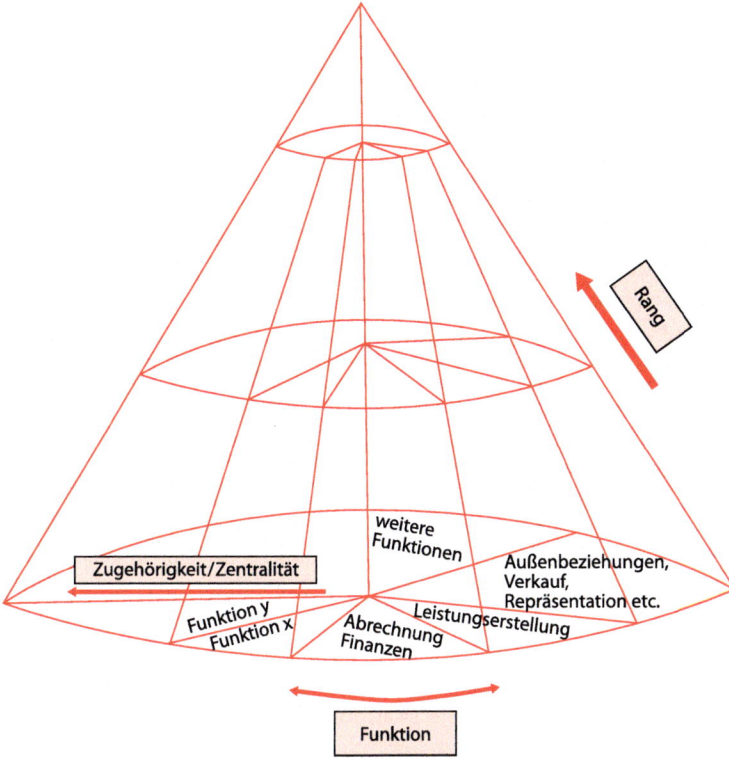

Abb. 17.1. Kategorien innerhalb einer Organisation. (Nach Schein 1971; 2007, © 1971 by SAGE Publications. Reprinted by Permission of SAGE Publications.)

Das Modell in Abb. 17.1 erlaubt, die Positionierung der Kategorien in der Organisation aufzuzeigen.

Die Organisationspyramide zeigt die Kriterien für die Analyse der demografischen Zusammensetzung der Belegschaft.

— In der **Vertikalen** werden die Positionen in der Hierarchie analysiert. Hier besteht eine als »glass cieling« bekannte Hürde, die das oben genannte Beispiel beschreibt: Frauen erreichen zwar bestimmte Kaderstufen, der Zugang zu Top-Positionen ist ihnen aber erschwert. Als gläsern wird diese Decke bezeichnet, weil sie unsichtbar und meist auch nicht thematisiert wird. Die »gläserne Decke« kann für Mitarbeitende anderer Kategorien mit Minoritätenstatus gleichermaßen wirksam sein.

— In der **Horizontalen** werden die Positionen in den Funktionen und Aufgabenfeldern analysiert: Gibt es Unterschiede in den Bereichen zwischen Administration und Entwicklung oder zwischen Produktion und Marketing hinsichtlich Geschlecht, Alter, Behinderung etc? Die bestehenden Hürden in den Organisationen werden hier als »glass walls« bezeichnet, die eine Entwicklung von einem Bereich in den anderen erschweren oder hemmen.

— In der **zentripetalen** Perspektive geht es um die Analyse der Nähe der verschiedenen Gruppierungen an das Zentrum der Organisation, bzw. an die Orte der wichtigen Entscheidungen. Diese Nähe drückt sich nicht nur durch Funktion und Hierarchie aus, sondern z. B. durch Vertretung in

Organisationspyramide

wichtigen Gremien, Einbezug in Entscheidungsfindungen etc. Diese Hürde kann als »glass hedge« bezeichnet werden, als Glaszaun, – die Undurchlässigkeit ist nicht so offensichtlich wie bei der Glaswand –, die auch kategorienspezifisch wirksam ist.

Indikatoren demografischer Struktur

Um sich ein Bild über die strukturelle Diversity-Realität der Organisation zu machen, ist die Analyse der demografischen Zusammensetzung der Belegschaft wiederum mithilfe von Indikatoren zu leisten. Siehe dazu den Vorschlag eines »Diversity-Barometers« (▶ Abschn. 17.3.3).

Prozesse der Stereotypisierung

Was hält solche Hürden und Hindernisse aufrecht? Im Folgenden werden beispielhaft zwei Prozesse beschrieben, die zur Tradierung von kategorienspezifischer Stereotypisierung beitragen und insbesondere in Selektionsprozessen und bei Personalentscheiden wirksam werden:

Statistische Diskriminierung

Verallgemeinernde Verhaltensannahmen

Individuen können Opfer von Stereotypien werden, d. h. von nicht reflektierten Verhaltenserwartungen der Arbeitgebenden, die sich an Annahmen über eine Gruppe orientieren. Fachliche Qualifikationen sind mittels Ausbildungs- und Arbeitszeugnissen vergleichsweise gut nachzuweisen. Über persönliche Merkmale sind Arbeitgebende jedoch oft im Ungewissen, weshalb sie sich aus Mangel an Informationen auf verallgemeinernden Annahmen stützen. Wenn einzelne Personen einer bestimmten Gruppe von Arbeitskräften aufgrund von Durchschnittserwartungen über das Verhalten der ganzen Gruppe beurteilt und daraufhin benachteiligt werden, spricht man von statistischer Diskriminierung.

Homosoziale Reproduktion

Personalauswahl nach Kriterien der Gleichheit

Führungskräfte bilden in vielen Organisationen eine relativ homogene Gruppe. Ihre Gleichheit in Normen, Werten, Interessen und Fähigkeiten vereinfacht die Kommunikation. Häufig wird eine Personalauswahl nach bewussten oder unbewussten Kriterien der Gleichheit getroffen, wie hinsichtlich Geschlecht oder kultureller Herkunft. Führungspositionen werden somit eher von Männern an Männer mit ähnlicher oder gleicher Herkunft weitergegeben.

17.3 Diversity Management: Methoden und Instrumente

17.3.1 Diversity Mainstreaming

Umsetzungsstrategie

Diversity Mainstreaming ist eine Strategie zur Umsetzung von Diversity Management. Sie integriert den Fokus der Heterogenität der Mitarbeitenden als Querschnittsthema in alle Bereiche der Unternehmensführung. Diversity soll von »Nebengleisen« in den »Mainstream«, in den »Hauptstrom« gelangen, Diversity wird damit integraler Bestandteil der Unternehmenspolitik.

Diversity Mainstreaming hat seinen Ursprung im weitverbreiteten Ansatz des »Gender Mainstreaming«.

17.3 · Diversity Management: Methoden und Instrumente

> **Gender Mainstreaming seit 1995 politisch verankert**
> Gender Mainstreaming ist heutzutage eine zentrale Strategie, um Chancengleichheit in Organisationen gezielt umzusetzen. Das Prinzip des Gender Mainstreaming wurde 1995 an der 4. Weltfrauenkonferenz in Peking verabschiedet und geht davon aus, dass eine tatsächliche Gleichstellung von Frauen und Männern nur dann erreicht werden kann, wenn die Geschlechterperspektive bei allen Entscheidungen – in Politik, Wirtschaft und Gesellschaft – berücksichtigt wird. Mit Gender Mainstreaming wird die Gleichstellung zur Querschnittaufgabe, die Hauptverantwortung wird den Entscheidungsträgerinnen und Entscheidungsträgern übertragen und der Fokus liegt nunmehr auf der Chancengleichheit für beide Geschlechter.
>
> Die Mitgliedstaaten der Europäischen Union haben sich im Amsterdamer Vertrag von 1999 dem Prinzip des Gender Mainstreaming verpflichtet. In der Schweiz ist Gender Mainstreaming nicht explizit gesetzlich verankert. Der »Aktionsplan der Schweiz«, in dem die Forderungen der 4. Weltfrauenkonferenz für die Schweiz konkretisiert werden, hält aber Gender Mainstreaming als Priorität Nummer 1 fest.

Gender Mainstreaming

Risiken

Der anspruchsvolle Mainstreaming-Ansatz birgt auch Risiken. So besteht die Gefahr, dass es bei einer rhetorischen Wende bleibt und gegebene Strukturen und Hierarchien anerkannt und möglicherweise verstärkt werden. Oder spezielle Fachstellen (und damit Kompetenzen) werden abgeschafft mit dem Argument, man setze Diversity jetzt flächendeckend als Querschnittsthema um und behandle das Thema nicht mehr als Sonderaufgabe. Ein weiteres Risiko stellt die drohende Überforderung aller Beteiligten dar, Diversity überall, jederzeit, umfassend und kompetent zu beachten.

Um trotz der Komplexität von Diversity handlungsfähig zu sein, bietet der Controllingansatz einen hilfreichen und pragmatischen Zugang, indem Prioritäten gesetzt werden.

Rhetorik statt struktureller Wandel

Überforderung

17.3.2 Praxisinstrument Diversity-Controlling

Setzen von Prioritäten durch Controlling

Gleichstellungs-Controlling

Diversity-Controlling wurde über mehrere Jahre mit verschiedenen Organisationen in der Schweiz als »Gleichstellungs-Controlling« im Rahmen der Umsetzung der Gender-Mainstreaming-Strategie entwickelt und erprobt. Das entsprechende Handbuch (Müller & Sander 2005) beschreibt das Instrument detailliert und mit vielen Beispielen aus der Praxis. Diversity-Controlling ist eine Erweiterung, nicht des Instruments, sondern seiner möglichen Ziele und Inhalte auf zusätzliche Kategorien.

Definition: Diversity-Controlling

> **Definition**
> Diversity-Controlling ist die Integration der Ziele von Diversity in die routinemäßigen Planungs- und Steuerungsprozesse einer Organisation. Damit wird Diversity Management als Querschnittaufgabe verankert und die Umsetzungsverantwortung den Führungskräften übertragen.

Ziele konsequent verfolgen

Mit Diversity-Controlling wird bewusst fokussiert, um im komplexen Aufgabengebiet des Diversity Managements handlungsfähig zu werden. Eine beschränkte Anzahl Ziele werden ausgewählt, diese aber über mehrere Jahre verbindlich und transparent verfolgt.

Beim Diversity-Controlling geht es darum,
- Diversity als permanente Querschnittaufgabe in der Organisation zu verankern;
- Diversity-Ziele in die Strategien, Strukturen und laufenden Planungs- und Steuerungsprozesse in der Organisation zu integrieren;
- die Führungskräfte als Hauptverantwortliche für die Umsetzung von Diversity Management einzubinden (Top-down-Prozess);
- die Mitarbeitenden und ihre Netzwerke einzubeziehen, vor allem bei der Bedarfseruierung und der Maßnahmengestaltung (Bottom-up) und
- Diversity Kompetenzzentren mit beratender und unterstützender Funktion einzurichten.

Controllingverständnis

Diversity-Controlling stützt sich auf das klassische Controllingverständnis: Controlling verstanden als Planung, Zielbestimmung und Steuerung, die sich aus der Führungsverantwortung ableitet, Resultate zu erreichen. Folgende Voraussetzungen müssen erfüllt sein:
- politischer Wille der obersten Führung, sich für Diversity zu engagieren (z. B. festgehalten im Leitbild).
- Managementkonzepte bzw. Planungs- und Steuerungsinstrumente, an die das Diversity-Controlling angebunden werden kann; insbesondere Management by Objectives (MbO) als Führungskonzept, oder andere zielorientierte Managementsysteme wie beispielsweise New Public Management, ein Qualitätsmanagementsystem oder die Balanced Scorecard.
- nötige Ressourcen für den Umsetzungsprozess müssen bereit gestellt werden (Zeit, Kompetenzaufbau, Geld).

Ziele: organisationsübergreifend – personalpolitisch – produktespezifisch

Zielarten

Es werden drei Arten von Diversity-Zielen unterschieden: Produktspezifische Ziele, d. h. die Verbesserung von Diversityaspekten im Rahmen des Kerngeschäfts (Produkte, Dienstleistungen); personalpolitische Ziele mit Fokus auf Verbesserungspotenzial im Rahmen der Human Resources Politik und schließlich organisationsübergreifende Ziele mit struktureller oder kultureller Optimierung der Organisation hinsichtlich Diversity.

17.3.3 Einzelne Schritte bei der Umsetzung des Diversity-Controlling

Diversity-Controlling-Prozess (◨ Abb. 17.2)

Diversity-Controlling wird in verschiedenen Teilschritten umgesetzt, die in einen fortlaufenden Optimierungsprozess münden:

- **Diagnose oder Analyse** zum Stand der Vielfalt in der Organisation: Sie ist mehr oder weniger umfassend, kann sich auf ausgewählte Themen oder Unternehmensbereiche beschränken, integriert bestehende Daten und Analysen und initiiert spezielle Erhebungen. Wichtig ist es besonders in der Phase der Bedarfsanalyse, Erfahrungswissen von Mitarbeitenden(gruppen) und ihren Netzwerke einzubeziehen. (Zur Anwendung verschiedener Analyseinstrumente vgl. auch Bendl 2004, S. 73–101).
- Definition von **strategischen Zielen** durch die oberste Führung (Top-Management, Geschäftsleitung): Auf Grund der Resultate aus der Analyse Definition von inhaltlichen Schwerpunkten für die nächsten Jahre. »Smarte« Ziele sind strategiekonform, messbar, attraktiv, realistisch und terminiert. Zur Überprüfung der Ziele werden die entsprechenden Messgrößen (Kennzahlen, Indikatoren) festgelegt und ein permanentes Monitoring installiert.
- Vereinbarung der **Diversity-Jahresziele** mit den Führungskräften der 2. und 3. Führungsebene im normalen Zielvereinbarungs-/MbO-Prozess: Die Führungskräfte legen gemeinsam mit der vorgesetzten Person fest, welchen Beitrag sie in ihrem Verantwortungsbereich zur Erreichung der strategischen Ziele im festgelegten Zeitraum beitragen können. Auch die Jahresziele werden »smart« formuliert. Die Selbststeuerung der Zielerreichung erfolgt periodisch mit einem sogenannten »Führungs-Cockpit

Teilschritte im Controlling-Prozess

Diagnose

Strategie

Jahresziele

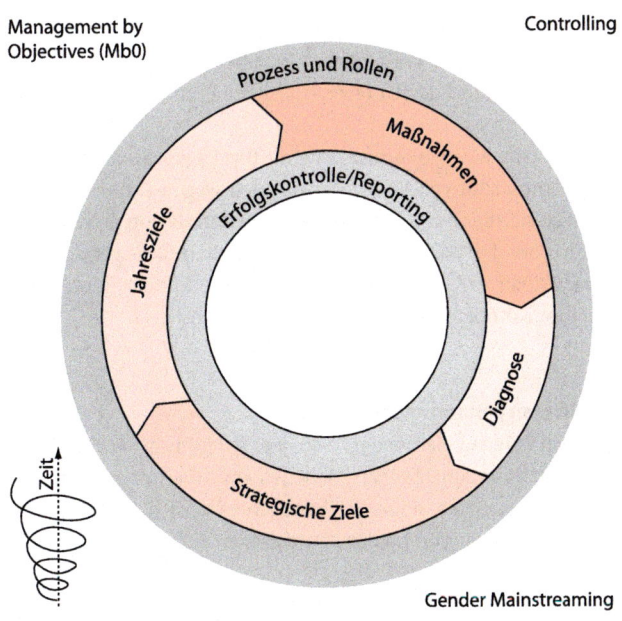

◨ **Abb. 17.2.** Diversity-Controlling-Prozess. (Aus Müller & Sander 2005)

Diversity«, ein Kennzahlen-Set, das auf die jeweiligen Jahresziele der Führungskraft abgestimmt ist.

Maßnahmen
— Umsetzung der **Maßnahmen** durch die Führungskräfte: Die Führungskräfte wählen die Maßnahmen und sind verantwortlich für ihre Umsetzung und die Evaluation. Besonders in dieser Phase sind sie auf die Unterstützung der Fachpersonen für Diversity Management angewiesen, da sie selber selten über vertieftes Wissen darüber verfügen sowie auf den Einbezug von betroffenen Mitarbeitenden und ihren Netzwerken. Als Fachleute mit Erfahrungswissen sind sie wichtige Partnerinnen und Partner.

Reporting
— **Berichterstattung, Reporting**: Mit dem begleitenden Reporting und der datenmäßigen Unterstützung wird die Zielerreichung sowohl auf Jahreszielebene (»Führungs-Cockpit Diversity« für die einzelne Führungskraft) wie auch auf strategischer Ebene (»permanentes Monitoring« für die Geschäftsleitung) mindestens einmal jährlich gemessen. Die Nicht-Erreichung der Ziele sollte Konsequenzen haben, beispielsweise in Form zusätzlicher Schulungsmaßnahmen, aber auch über eine Bonusregelung. Das Reporting bildet die Grundlage dafür, die Maßnahmen anzupassen und neue Ziele zu überprüfen und zu definieren. Neben den zielspezifischen Messgrößen erhebt die Organisation ein so genanntes Diversity-Barometer, ein Set mit Basiskennzahlen zum Diversity Management im Personalbereich (vgl. Kasten).

Verantwortung bei den Führungskräften

Die wesentlichste Veränderung, die mit der Diversity-Mainstreaming-Strategie und mit dem Diversity-Controlling erfolgt, ist der Rollenwechsel: Die

Umsetzungsverantwortung der Führungskraft
Verantwortung für die Zielerreichung und die Resultate liegt – wie bei den übrigen Leistungszielen auch – direkt bei den einzelnen Führungskräften. Sie setzen die Diversity-Ziele im Alltag der Organisation um. Die Fachperson für Diversityfragen oder die Gleichstellungsbeauftragten haben beratende Funktion, entwickeln die Vorgehensweise, übernehmen Aufgaben des Coachings, der Schulung und der Unterstützung der Führungskräfte im gesamten Umsetzungsprozess.

Diversity Mainstreaming ist eine Top-down-Strategie. Aufgrund der hohen Komplexität von Diversity wie auch wegen Datenschutzbestimmungen (s. u.) ist sie aber nur dann erfolgreich, wenn sie von den Mitarbeitenden und entsprechenden Netzwerken auf einer breiten Basis getragen wird. So bedarf es partizipativer Gefäße und Kanäle, die die Mitarbeitenden, ihr Engagement und ihre Kompetenzen aktiv miteinbeziehen.

Diversity-Barometer

> **Diversity-Barometer**
> Beim Diversity-Barometer handelt es sich um ein Set von wichtigen Basiskennzahlen zum Diversity Management – meistens aus dem Personalbereich –, die kontinuierlich beobachtet werden. Das Diversity-Barometer steht unabhängig von den strategischen Zielen und Jahreszielen der Füh-
>

17.3 · Diversity Management: Methoden und Instrumente

rungskräfte und ist oft Teil eines Human Resources Management HRM-Cockpits. Dieses ist ein typisches und häufig eingesetztes Kennzahlenset des Personalbereichs, das in komprimierter Form auch der Geschäftsleitung zur Verfügung steht.

In der Praxis werden mit Kreuztabellen Daten in mehreren Dimensionen zusammengefasst. So können beispielsweise Fragen beantwortet werden wie: »Wie viele Frauen und Männer (Geschlecht) ab 50 (Alter) arbeiten Teilzeit (Anstellungsprozent)?« Oder: »Wie viele ausländische (Nationalität) Väter (Geschlecht, Elternschaft) beziehen den Minimallohn (Lohn)?«

Die folgende (nicht abschließende) Aufzählung personalpolitischer Basiskennzahlen wird typischerweise in ein Diversity-Barometer integriert.

- Geschlecht
- Alter
- Zivilstand, Familienstand
- Kinder (Anzahl, Geburtsjahr)
- Nationalität (inkl. Aufenthaltskategorie)
- (Mutter)Sprache
- Ausbildung, Abschlüsse
- Dienstalter
- Arbeitszeit (Anstellungsgrad, Stunden- oder Monatslohn etc.)
- Lohn (mit unterschiedlichem Lohnbestandteilen)
- Merkmale des Arbeitsplatzes (Anforderungsniveau, funktionale Zugehörigkeit etc.)
- berufliche Stellung, Kaderzugehörigkeit
- Weiterbildung und Qualifizierungsmaßnahmen
- Beförderung
- Behinderung (Bezug einer Rente bzw. Taggeld oder andere Kriterien)
- Fluktuationsrate
- Absenzenrate (nach Betriebs-, Nichtbetriebsunfall)
- ...

personalpolitische Basiskennzahlen

Datenschutz

Die Erhebung der Mitarbeitendenstruktur nach ausgewählten Kriterien ist nicht ohne Weiteres zu realisieren. Sie bewegt sich zwischen der gesetzlichen Verpflichtung der Arbeitgebenden zur Förderung von Vielfalt bzw. zur Vermeidung von Diskriminierung einerseits und dem Schutz der Privatsphäre und der arbeitsrechtlichen Datenschutzbestimmungen hinsichtlich »sensibler Daten« andererseits.

Grundsätzlich kann festgehalten werden, dass die Erhebung von Daten zu Geschlecht, Alter, Behinderung in der EU nicht eingeschränkt wird. Kriterien hingegen wie sexuelle Orientierung, ethnische Herkunft, Religion sind in den meisten EU-Ländern aus Gründen des Datenschutzes nicht erhebbar. Die EU-Antidiskriminierungsrichtlinien sehen für die Mitgliedstaaten Ausnahmen in der Erhebung von »sensiblen Daten« für eine Förderung der

Schutz der Privatsphäre: Datenschutz

Gleichstellung vor. Für die Schweiz gelten das Bundesgesetz über den Datenschutz (DSG), das religiöse, weltanschauliche, politische und gewerkschaftliche Tätigkeiten und Gesundheit, Intimsphäre und Rassenzugehörigkeit schützt, sowie die Vorgaben kantonaler Arbeitsgesetze.

Der Weg zur Förderung bestimmter »sensibler« Kategorien führt deshalb Unternehmen oft über die Mitarbeitendennetzwerke, die sich aktiv an Bedarfsanalysen und Maßnahmenvorschlägen beteiligen, wie Beispiele wie Gaynetzwerke zeigen.

17.4 Diversity-Kompetenz: Führungskraft als Schlüsselperson

17.4.1 Führungs- und Diversitykompetenz: Wie stehen sie zueinander?

Führungskompetenzen

Mit der Frage nach erfolgreichem Diversity Management stellt sich unumgänglich die Frage nach den dazu erforderlichen Führungskompetenzen. Diversity Management ist eine Führungsaufgabe. So erbringen beispielsweise heterogen zusammengesetzte Teams nur dann eine bessere Leistung als homogene Teams, wenn die Teamleitung dieses Potenzial auch zu nutzen weiß. Oder das Erfahrungswissen und die Netzwerke langjähriger Mitarbeitenden können nur mit entsprechenden Mitteln, wie beispielsweise einem Mentoringprogramm, sichtbar gemacht und transferiert werden.

Diversitykompetenzen
– Management

Diversitykompetenz kommt auf drei Ebenen zum Tragen:
1. auf der Management-Ebene im Rahmen der Steuerung der Vielfalt innerhalb der gesamten Organisation oder eines definierten Teilbereiches; d. h. als diversitätsspezifische Unternehmensführung;

– Führung

2. auf der Ebene der Personalführung und des Leadership, als Führung der Mitarbeitenden mit vielfältigen individuellen Voraussetzungen und Identitätsbezügen und als Gestaltung von Führungsbeziehungen;

– Selbstmanagement

3. auf der Ebene des Selbstmanagements als Führung der eigenen Person hinsichtlich der Aufgaben des Diversity Managements.

In den folgenden Ausführungen werden die 2. und die 3. Ebene angesprochen. Diversitykompetenz als Teil der Führungskompetenz – Was ist damit gemeint?

Führungskräfte gestalten ihre Aufgaben hinsichtlich der Ziele der Organisation: Sie planen die Arbeitstätigkeiten, delegieren, bestimmen zeitliche und finanzielle Ressourcen, schätzen Potenziale und Leistungen der Mitarbeitenden ein und wirken beim Entscheid über den Lohn mit. Sie unterstützen und entwickeln neue Organisations- und Arbeitsformen sowie neue Produkte. Sie spielen eine wichtige Rolle bei der Definition der Leistungsziele und Entwicklungsmaßnahmen der Mitarbeitenden. Diese vielgestaltigen Aufgaben setzen vielfältige Kompetenzen voraus, nämlich:
- kognitive Kompetenzen (Wissen, »knowledge«)
- Kompetenzen in Bezug auf die eigene Haltung (Wollen, »awareness«)
- Handlungskompetenzen (Können, »skills«).

Zusätzlich gilt die organisationale Kompetenz im Sinne von Dürfen als wichtige Rahmenbedingung.

17.4.2 Diversity-Kompetenz: Wissen, Wollen, Können – und Dürfen

Führungskräfte, die Diversity als Führungsaufgabe wahrnehmen, sollten beim Erwerb von spezifischen Kompetenzen unterstützt werden (Abb. 17.3):
Zum Bereich des **Wissens** gehören folgende Kenntnisse dazu:

— theoretische Grundlagen von Diversity und Diversity Management, Konzepte, Definitionen, geschichtliche Hintergründe, rechtliche und gesellschaftliche Rahmenbedingungen, Ergebnisse der Diversity-Forschung, wirtschaftliche Bedeutung von Diversity;
— Fakten und aktuelle Daten zu Diversity-Verhältnissen und zu arbeitsmarktspezifischen Entwicklungen;
— Daten zur betrieblichen Demografie, Arbeitsteilung und zu Ungleichheitsstrukturen;
— Diversity-Fachwissen im eigenen Sachgebiet und Verantwortungsbereich.

Wissen

Mit dem Bereich des **Wollens** ist die Haltung der Führungskraft den Diversity-Zielen gegenüber angesprochen.
Die diversity-sensible Führungskraft verfügt über

— Sensibilität für Unterschiede, Vielfalt und Heterogenität der Mitarbeitenden und (potenzieller) Diskriminierungsstrukturen;
— Fähigkeit zur Selbstreflexion, Wahrnehmung der eigenen Betroffenheit als Mensch mit einer individuellen Identität und einer spezifischen Sozialisation;
— Bewusstsein für vorhandene Stereotypien hinsichtlich verschiedener Lebensweisen, Einsicht in Denk- und Verhaltensweisen, die zu Diskriminierungen führen können;
— Reflexion des eigenen Führungsverständnisses und der eigenen Führungsrolle;
— Motivation, einen persönlichen Beitrag zum konstruktiven Umgang mit Diversität und zur Gleichstellung zu leisten.

Wollen

Im Bereich des **Könnens** als Umsetzungskompetenz sollten diversitätskompetente Führungskräfte

— Vielfalt im eigenen Verantwortungsbereich erkennen, Zusammenhänge erfassen und Heterogenität bewusst gestalten;
— Instrumente und Methoden des Diversity Managements kompetent anwenden und diese – wo angezeigt – in bestehende Führungsinstrumente integrieren (Management by Objectives, Mitarbeitergespräche);
— Beziehungsgestaltung zu den Mitarbeitenden, der »psychologische Arbeitsvertrag« zwischen Führungskraft und Mitarbeiter, u. a. bestehend aus gegenseitigen Erwartungen, – gerade auch mit der Frage nach Stereotypisierungen – immer wieder neu überprüfen;

Können

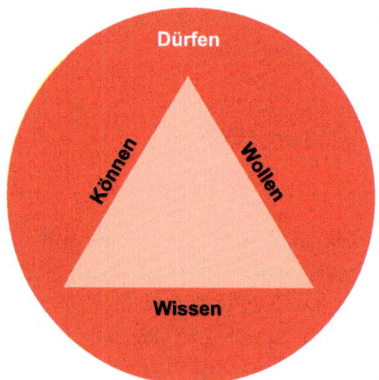

Abb. 17.3. Diversity-Kompetenz: Wissen, Wollen, Können und Dürfen

- im Führungsalltag Diversität als Organisationsentwicklungsprozess steuern.

Dürfen

Dürfen bezieht sich auf die betrieblichen Rahmenbedingungen und meint Kompetenz nicht im Sinne von Befähigung, sondern im Sinne der Mandatierung oder des konkreten Auftrags. Dürfen bezeichnet
- eine Unternehmenskultur, die Vielfalt und Heterogenität der Mitarbeitenden als positiven Wert erkennt und fördert,
- strukturelle Voraussetzungen, die Diversity Management in der Organisation als Aufgabe verankern,
- Strategien, Politiken, Konzepte, die Diversity auf einer Ebene der konkreten Unternehmensführung in den betrieblichen Alltag transferieren.

Individuelle Diversity-Kompetenz einer Führungskraft kann nur zur vollen Entfaltung gelangen, wenn der organisationale Rahmen diese Kompetenzen als solche erkennt, zulässt und als Potenzial unterstützt.

Führungsinstrumente

Einige Führungsinstrumente unter dem Diversity-Fokus:

Mitarbeitendenbefragungen: Im Rahmen der Erfassung der Zufriedenheit ist zu überprüfen, inwiefern die Mitarbeitenden integriert und gefördert werden und ob die verschiedenen Zielgruppen tatsächlich angesprochen werden (u. a. sprachliche Voraussetzungen). Die Ergebnisse werden zielgruppenspezifisch ausgewertet.

Personaleinstellungen: Diese bergen relativ hohes Diskriminierungspotenzial und sind gleichzeitig Schlüsselstellen hinsichtlich einer divers zusammengesetzten Belegschaft und heterogener Teams.

Mitarbeitendengespräche: Die gegenseitigen Erwartungen der Mitarbeitenden und der Führungskräfte werden überprüft, mögliche Stereotypien reflektiert.

Qualifizierungsmaßnahmen: Schulung in Diversity Management für Führungskräfte. Spezifische, auf die Übernahme bestimmter Funktionen ausgerichtete Weiterbildungen sind für alle Mitarbeitenden zu prüfen.

Work-Life-Balance und Vereinbarkeit von Beruf und Familie: Spezifische Angebote lancieren, die auf verschiedene Zielgruppen abgestimmt sind, ihre Nutzung überprüfen.

Zielgruppenspezifische Kommunikation: Informationen und Kommunikationsmaßnahmen auf die unterschiedlichen Zielgruppen abstimmen (Sprache, Kommunikationsmittel, Zeitpunkt).

17.4.3 Psychologische Schlüsselkompetenzen im Diversity Management

Selbstreflexion und professionelle Rollengestaltung

Als eine psychologische Schlüsselkompetenz gilt die Fähigkeit zur Selbstreflexion mit der gleichzeitigen Fähigkeit, innerlich Distanz zu nehmen und professionell zu handeln. Die Führungsperson ist sich einerseits der persönlichen Betroffenheit in Bezug auf das Diversitätsthema bewusst, erkennt und anerkennt sie. Denn auch sie hat ihre individuelle Biografie und wurde in einem spezifischen Umfeld sozialisiert, vertritt eine bestimmte Altersgruppe, ein bestimmtes Geschlecht, ist in gewissen (Macht-)Fragen möglicherweise in der Organisation ausgegrenzt usw. Gleichzeitig muss sie fähig sein, von der eigenen Betroffenheit wiederum Distanz zu nehmen und ihre Führungsrolle und -aufgabe professionell zu gestalten. Es ist anspruchsvoll, diese Balance von Nähe und Distanz in Bezug auf die Aufgaben des Diversity Managements zu finden bzw. permanent herzustellen.

Fähigkeit zur Selbstreflexion

Kategorienbildung, Stereotype, Konstruktion und Dekonstruktion

Am Beispiel »Gender« lässt sich gut darstellen, wie Stereotype entstehen und wie sie aufgelöst werden können. Der englische Begriff »gender« macht deutlich, was im Deutschen nur umschrieben werden kann, nämlich, dass Geschlecht viel mehr beinhaltet, als biologisch definierte Merkmale von Mann und Frau (»sex«). Geschlecht hat vor allem eine soziokulturelle Dimension, oder anschaulicher: Es ist bio-logisch, dass nur Frauen Kinder gebären. Dass Frauen aber den größten Teil der (unbezahlten) Haus- und Familienarbeit verrichten, ist kulturell gemacht; ebenso wie die Tatsache, dass Frauen für ihre Erwerbsarbeit für die gleiche Arbeit rund 20% weniger verdienen als ihre männlichen Kollegen, oder dass Frauen im Management stark untervertreten sind.

soziale Konstruktion und Wahrnehmung

Stereotypisierungen sind sozial gefestigte und verallgemeinernde Wahrnehmungsmuster, die historisch-kulturell geprägt sind, aber als »natürlich« gelten. Oft stehen solche pauschalen Eigenschaften und Verhaltensweisen komplementär zueinander und definieren, was »typisch« für diese Gruppe ist. Was zum Beispiel »typisch weiblich« ist, erscheint »untypisch« für Männer. Diese Zuschreibungen werden von den einzelnen Individuen mehr oder weniger ausgeprägt übernommen, und eine Frau und ein Mann verhalten sich so, wie es von ihr oder von ihm erwartet wird (Übersicht).

Stereotype

Die erwähnte Komplementarität beinhaltet oft Machtstrukturen, die meist eine Benachteiligung für eine Gruppe enthalten. Dabei wird offensichtlich, dass die Definition eines Prototyps »Mann« bzw. »Frau« (»Einheimische«, »Ausländer«, »Junge«, »Alte«, »Behinderte«, »Gesunde« etc.) eine vereinfachende, alle Unterschiede und weiteren Identitätsmöglichkeiten nivellierende oder negierende Vereinfachung darstellt.

> **»Doing gender«, »doing age« etc.**
> »Doing gender« bezeichnet den Prozess, in dem die Geschlechtsidentitäten und die Geschlechterrollen in den alltäglichen Interaktionen hergestellt und bestätigt werden. Wie sich eine Frau oder ein Mann in der Gesellschaft und in einer bestimmten (Arbeits-)Situation verhält – welche Kleidung jemand wählt, welche persönlichen Interessen verfolgt werden, wie die Berufswahl erfolgt, wie die Familienaufgaben verteilt werden – all dies gründet auf Vorstellungen und Erwartungen darüber, wie Frauen und Männer sind bzw. sein sollen.
>
> Nicht nur hinsichtlich des Geschlechts bestehen gesellschaftliche Erwartungen. Auch in Bezug auf das Verhalten von alten und jungen Menschen, von Migrantinnen und Migranten, von homosexuellen Personen, von Menschen mit Behinderungen usw. bestehen Zuschreibungen und Vorstellungen über Verhaltensweisen, die einerseits identitätsbildend wirken und andererseits vorhandene Gesellschaftsstrukturen aufrecht erhalten. Insofern sind neben »doing gender« ebenso »doing age«, »doing disability«, »doing nationality« – wenn man etwa an die Umgangssprache junger städtischer Migranten denkt usw. Prozesse alltäglicher Interaktionen. Solche Identitätsbezüge gehen weit über die herkömmlichen Kategorien hinaus und beziehen sich ebenfalls auf andere Zugehörigkeiten, so z. B. innerhalb des betrieblichen Alltags aufs Führungskader (»doing manager«), auf die Zugehörigkeit zu einer bestimmten Berufsgruppe (»doing secretary«).

Herstellung und Verfestigung von Rollenerwartungen

Dekonstruktion – (Wie) funktioniert das?

Dekonstruktion heißt, die soziale Realität nicht als gegeben zu betrachten, sondern auch immer »das Andere« zu denken. Dekonstruktion ist ein bewusster Akt, Konstruktionspläne offenzulegen, Entwicklungsgeschichten nachzuzeichnen, Abweichungen und Widersprüche nicht zu negieren, sondern als mögliche oder reale Alternativen zu erkennen. So könnte Diversity-Reife als Fähigkeit bezeichnet werden, der Tendenz, Einheiten zu sehen und Kategorien zu bilden, sich an Vertrautem und Bekanntem zu orientieren, Ähnlichkeiten zu suchen und den Zustand der Homogenität aufrechtzuerhalten, kritisch zu begegnen. Offenheit für Neues, Toleranz gegenüber Unbekanntem, aber auch die Bereitschaft, bestehende Machtverhältnisse zu hinterfragen und schließlich auch Macht zu teilen, sind Möglichkeiten, die vermeintliche »Realität« neu zu definieren.

Auflösung festgefahrener »Wirklichkeiten«

Offenheit und Toleranz

Die bestehenden Konstrukte sind aber nicht aufzulösen, sondern zu Re-Konstruieren. Die neuen Konstrukte sind im Idealfall individualistischer, fairer, egalitärer und gleichstellungsfreundlicher. Auf jeden Fall aber sind es wiederum Konstrukte, denn die strukturlose Alternative wäre gleichbedeutend mit Beliebigkeit, Willkür, Improvisation, Experiment, Regellosigkeit, Unberechenbarkeit, die zwar im Übergang notwendig, nicht aber als sozialer Dauerzustand denkbar sind.

ZUSAMMENFASSUNG

Diversity bedeutet Vielfalt. Jede Gesellschaft setzt sich aus Frauen und Männern verschiedenen Alters, verschiedener sozialer Herkunft, verschiedener sexueller Orientierungen usw. zusammen und definiert damit Unterschiede. Die globalen Geschäftstätigkeiten der Wirtschaft und die Mobilität der Menschen sorgen gegenwärtig für eine Intensivierung des wirtschaftlichen, kulturellen, religiösen, politischen Austauschs, der für die internen und externen Anspruchsgruppen von Organisationen – und damit für die Organisationen selbst – zunehmend relevant wird. Diversity Management sucht nach Wegen, diese Vielfalt als neue Herausforderung in die Unternehmensführung zu integrieren. Vielfalt wird im Diversity Management als Potenzial betrachtet, das dank professioneller Handlungskompetenzen wahrgenommen und entwickelt werden kann.

Der Beitrag zeigt die Relevanz des komplexen Anspruchs von Diversity auf, stellt handlungsorientierte Implementierungsinstrumente vor und beschreibt Elemente der Diversity-Kompetenz für den Führungsalltag.

FRAGEN ZUR VERTIEFUNG

1. Wie spiegeln sich demografische Entwicklungen hinsichtlich Alter, Geschlecht, Migrationsbewegungen etc. in Ihrer Organisation wieder und welcher Handlungsbedarf leitet sich daraus für das Management ab?
2. Sind die rechtlichen, ethischen und wirtschaftlichen Rahmenbedingungen und Ziele für Diversity Management bekannt und finden sich unternehmensspezifische Positionen dazu im Leitbild Ihrer Organisation?
3. Werden Ziele zum Diversity Management auf einer operativen Ebene, bspw. in Ihrer Zielvereinbarung, in die Planungs- und Steuerungsprozesse Ihrer Organisation integriert?
4. Bei welchen Aufgaben in Ihrem Führungsalltag sind Diversity-Aspekte relevant – wie gehen Sie diese Herausforderungen an?
5. Wie können Sie Ihre persönliche Diversity-Kompetenz konkret aufbauen?
6. Welche möglichen Stereotype kommen zum Tragen, wenn es darum geht, eine (höhere) Führungsfunktion mit einer Frau zu besetzen?
7. Wie vermeiden Sie persönlich »Fallen« in Bezug auf Stereotypisierungen?

Literatur

Amstutz, N. & Mücke, A. (2004). Diversity Management am Beispiel der Kategorien Geschlecht und Alter. In Ochsenbein G., Pekruhl U. (Hrsg.), *WEKA Handbuch Erfolgsfaktor Human Resource Management*. Zürich: WEKA.

Becker, M. & Seidel, A. (2006). *Diversity Management, Unternehmens- und Personalpolitik der Vielfalt*. Stuttgart: Schäffer-Poeschel.

Bendl, R., Hanappi-Egger, E., Hofmann, R. (2004). *Interdisziplinäres Gender- und Diversitätsmanagement*. Wien: Linde.

Center für Strategy & Evaluation Services CSES (2003). *Methoden und Indikatoren für die Messung der Wirtschaftlichkeit von Massnahmen im Zusammenhang mit der personellen Vielfalt im Unternehmen.* (Abschlussbericht: http://ec.europa.eu/employment-social/fundamental_rights/pdf/arc/stud/cbfullrep_de.pdf).

Europäische Kommission (2005). *Geschäftsnutzen von Vielfalt, bewährte Verfahren am Arbeitsplatz.*
(http://ec.europa.eu/employment_social/fundamental_rights/pdf/events/busicase_de.pdf).

Ilmarinen, J. (2006). *Towards a Longer Worklife*. Jyväskylä: Gummerus.

Mücke, A. & Zölch, M. (2006). Älterwerden im Unternehmen. In *Personalwirtschaft* 06. www.personalwirtschaft.de

Klinger, C. (2003). Ungleichheit in den Verhältnissen von Klasse, Rasse und Geschlecht. In Knapp, G. A. & Wetterer, A. *Achsen der Differenz*, S. 14–48.

Müller, C. & Sander, G. (2005). *Gleichstellungs-Controlling. Das Handbuch für die Arbeitswelt.* Zürich: vdf. (www.gleichstellungs-controlling.org)

Müller, C. & Sander, G. (2011). *Innovativ führen mit Diversity-Kompetenz. Vielfalt als Chance.* (2. Aufl.) Bern: Haupt.

Neuberger, O. (2002). *Führen und führen lassen*. Stuttgart: Lucius&Lucius.

Pärli, K. (2007). Arbeitsrechtliches Diskriminierungsverbot europäischer Wanderarbeitnehmer nach Gemeinschaftsrecht und nach dem Personenfreizügigkeitsrecht mit der Schweiz. *Zeitschrift für europäisches Sozial- und Arbeitsrecht* (ZESAR), 21-30.

Pasero, U. (2003). *Gender – From costs to benefits*. Wiesbaden: Westdeutscher Verlag.

Schär Moser, M., Baillod, J. & Amiet, B. (2000). *Chancen für die Chancengleichheit. Kursbuch für Frau und Mann im Erwerbsleben*. Zürich: vdf.

Schein, E. H. (1971). The Individual, the Organization and the Career: A Conceptual Scheme. *Journal of Applied Behavioral Science, 7*, S. 404.

Schein, E. H. (2007). *Karriere Anker. Die verborgenen Muster in Ihrer beruflichen Entwicklung.* (11. Aufl.) Darmstadt: Verlag Lanzenberger Dr. Looss Stadelmann.

Stuber, M. (2004). *Diversity. Das Potenzial von Vielfalt nutzen – den Erfolg durch Offenheit steigern*. München: Luchterhand.

Wilz, S. M. (2002). *Organisation und Geschlecht*. Opladen: Leske & Budrich.

18 Macht und Mikropolitik

Michael Zirkler

18.1 Konzepte der Macht – 383
18.1.1 Einführung – 383
18.1.2 Machtkonzepte nach Weber – 384
18.1.3 Machtkonzepte nach Foucault – 386
18.1.4 Machtkonzepte nach Crozier und Friedberg – 388
18.1.5 Bedeutung der Konzepte für die Praxis – 391

18.2 Mikropolitik – 392
18.2.1 Organisation und Politik – 392
18.2.2 Ansatz von Neuberger – 393
18.2.3 Strategie und Taktik – 394

18.3 Umgang mit Macht – 396
18.3.1 Phänomene der Macht – 396
18.3.2 Produktivität von Machthandeln: Macht als Ressource – 397

Literatur – 398

Kapitel 18 · Macht und Mikropolitik

AUF EINEN BLICK

In diesem Beitrag geht es um verschiedene Konzeptionen der Macht im Zusammenhang mit der Arbeitswelt. Die Auswahl an Konzepten, die hier vorgestellt und diskutiert werden, sollen nicht als Selbstzweck dienen, sondern helfen, ein angemessenes und differenziertes Verständnis dessen zu entwickeln, was in der Praxis geschieht. Darüber hinaus sollen sie Hinweise für den Umgang mit Macht liefern.

Im Abschnitt über Mikropolitik kommen konkrete Strategien und Prozesse zur Anwendung, die mit der Aushandlung oder Durchsetzung von Interessen in Organisationen verbunden sind. Defensive und produktive Strategien des Umgangs mit Macht werden diskutiert. Weil Organisationen immer auch Bühne für Interessenkonflikte sind, ist ein sinnvoller Umgang mit Konflikten von großer Bedeutung.

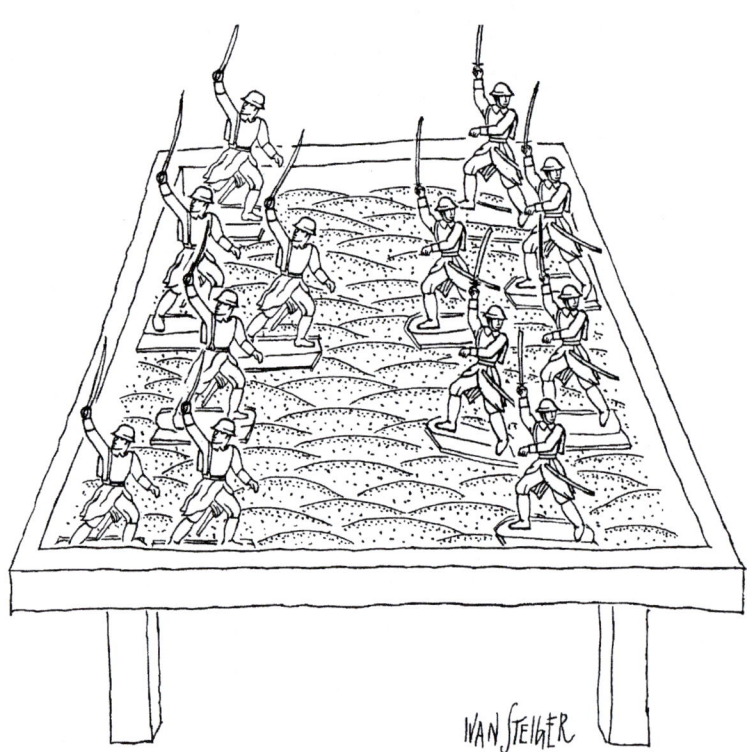

18.1 Konzepte der Macht

18.1.1 Einführung

Zum Hintergrund des Begriffs Macht

Macht ist ein allgegenwärtiges und gleichzeitig seltsames Phänomen. Einerseits kennen wir alle den Begriff und verbinden bestimmte Vorstellungen mit ihm. Andererseits wird er diffus und unpräzis, wenn man beginnt, genauer über ihn nachzudenken. Es herrschen in der Wissenschaft wie im Alltag sehr unterschiedliche Theorien und Ansichten darüber, worauf sich Macht gründet, wie sie ausgeübt wird, wer sie besitzt, wie sie verteilt werden kann usw.

> Im Bedeutungskern bezeichnet Macht eine noch näher zu erklärende **Möglichkeit** (Potenzialität), die es erlaubt, **Einfluss** auf Gegenstände (Subjekte und Objekte) oder Prozesse zu haben. Im Weiteren wird auf den Einfluss fokussiert, der mittelbar oder unmittelbar auf **Menschen** (Individuen oder Kollektive wie etwa Gruppen) ausgeübt wird, alle anderen Formen (z. B. Einfluss auf Tiere) werden ausgeblendet.

Einfluss auf Menschen und Prozesse

Von Macht ist auch immer dann die Rede, wenn der Einfluss auf Personen oder Gruppen ihrer »natürlichen« Entwicklung bzw. ihrer »Freiwilligkeit« widerspricht. Ein Beispiel verdeutlicht dies: Zur Erklärung des Wachstums eines Baumes vom Schössling bis zur grossen Buche brauchen wir den Begriff der Macht nicht, diese Entwicklung wird als »natürlich« verstanden. Wenn Menschen jedoch gegen ihre eigentliche, »natürliche«, d. h. freie Neigung oder Absicht handeln – oder wir zumindest glauben, dass sie das tun –, ist eine mögliche und plausible Erklärung dafür, dass Macht ausgeübt wurde. Macht wird dann als direkt steuernde Einflussgröße für ein bestimmtes Verhalten verstanden, das ohne sie nicht zustande gekommen wäre. Dieser Umstand wird immer wieder auch instrumentell genutzt, indem bestimmte Verhaltensweisen damit erklärt werden, sie seien nicht freiwillig, sondern unter Anwendung von Macht (Zwang) produziert worden.

Macht ist aus sozialkonstruktivistischer Perspektive eine Attribuierung. Sie wird benutzt, um Phänomene des sozialen Lebens zu erklären und Kausalitäten herzustellen, die plausibel sind. Auf diese Weise entsteht eine Ordnung, die – sobald installiert – faktisch wird und die Individuen tatsächlich »unterwirft«. Wir sprechen dann von Macht- oder Herrschaftssystemen, die sich etabliert haben. Dabei ist es vielfach außerordentlich schwierig, eindeutige Kausalitäten zu bestimmen, also Ursachen und Wirkungen im Bereich der Macht klar zu identifizieren und auseinanderzuhalten.

Macht in der Arbeitswelt

Sobald Menschen in sozialen Verbänden miteinander zu tun haben, tritt das Phänomen der Macht unvermeidlich auf. Deshalb wird Macht in verschiedenen Sphären des sozialen und zwischenmenschlichen Lebens thematisiert, etwa in der Politik, in der Schule oder der Ehe. Im Folgenden geht es um

Allgegenwärtigkeit von Macht

Macht in einem zwar sehr wichtigen, aber gleichwohl engeren Ausschnitt sozialen Lebens, nämlich der Arbeitswelt bzw. der Organisation.

Inszenierung von Macht

Organisationen stellen den Rahmen, quasi die Bühne dar, auf der Macht »inszeniert« wird. Einerseits ermöglichen und legitimieren Organisationen die Ausübung von Macht. Dies geschieht dadurch, dass Macht der Organisation (Institution) auf Personen übertragen wird, die jetzt – in der Regel zeitlich begrenzt – als Funktionäre mit der Macht umgehen dürfen (Mandat). Andererseits begrenzen sie die Möglichkeiten der Machtausübung insofern, als sie bestimmte Rahmenbedingungen vorgeben, innerhalb derer Machtausübung legitim und legal ist.

kein Selbstzweck

Machtausübung wird in modernen Organisationen nicht als Selbstzweck verstanden, wenngleich auch das gelegentlich vorkommt. Vielmehr sollen mit Hilfe von Organisationen übergeordnete Ziele erreicht werden. Deshalb lautet die **Grundfrage jeder Organisation**:

Kardinalfrage

> Wie gelingt es möglichst optimal, die einzelnen Individuen (Human Resources) für die Ziele und Zwecke der Organisation zu mobilisieren? Hierfür sind in der einschlägigen Literatur unter den Überschriften Motivation, Führung, Lernen usw. sehr viele Antworten entwickelt worden (▶ u. a. Kap. 5, 8, 12 und 13).

Die Einschränkungen, die das Individuum dabei sich selbst gegenüber zulässt, indem es sich an die Regeln der Organisation hält und sich den Zielen der Organisation dienstbar macht, sind eine Form von Machtausübung, die gegen Belohnung (Geld, Anerkennung, Titel usw.) erfolgt. Dabei besteht eine mehr oder weniger ausgeprägte Ambivalenz zwischen den Zielen der Organisation und den Eigeninteressen ihrer Akteure.

Ambivalenz

18.1.2 Machtkonzepte nach Weber

Die Definition, die Max Weber (1864–1920), ein deutscher Nationalökonom und Soziologe, in den 1920er-Jahren gegeben hat, ist ein Klassiker und heute noch vielfach gebräuchlich:

Definition: Macht

> **Definition**
> Macht bedeutet jede Chance, innerhalb einer sozialen Beziehung den eigenen Willen auch gegen Widerstreben durchzusetzen, gleichviel, worauf diese Chance beruht.
> (Weber 1980, S. 28)

Legitimität von Machtausübung

Weber interessierte sich dann vor allem für die Frage nach der Legitimität von Machtausübung und formulierte den Zusammenhang von Macht und Herrschaft wie folgt:

18.1 · Konzepte der Macht

> **Definition**
> Unter »Herrschaft« soll hier also der Tatbestand verstanden werden: dass ein bekundeter Wille (»Befehl«) des oder der »Herrschenden« das Handeln anderer (des oder der »Beherrschten«) beeinflussen will und tatsächlich in der Art beeinflusst, dass dies Handeln, in einem sozial relevanten Grade, so abläuft, als ob die Beherrschten den Inhalt des Befehls, um seiner selbst willen, zur Maxime ihres Handelns gemacht hätten (»Gehorsam«). (Weber 1980, S. 544)

Definition: Herrschaft

Er unterscheidet drei Typen legitimer Herrschaft:
1. legale Herrschaft,
2. traditionale Herrschaft,
3. charismatische Herrschaft.

Typen von Herrschaft

Die legale Herrschaft hat rationalen Charakter und basiert auf dem Glauben an die Legalität gesetzter Ordnungen. Die traditionale Herrschaft leitet ihrer Legitimität aus der Alltagsüberzeugung an die Heiligkeit und Unveränderbarkeit überlieferter Traditionen ab sowie an die Personen, die durch diese Traditionen Autorität erlangen. Die charismatische Herrschaft schließlich fußt auf der Hingabe an die heldenhafte Ausstrahlung einer Person und die von ihr installierte Ordnung.

Alle drei Formen der Herrschaftslegitimation finden wir auch in heutigen Organisationen. Sie haben für die Gestaltung von Organisationen gleichermaßen Bedeutung, insbesondere dann, wenn Machtfragen explizit gestellt werden und beantwortet werden müssen. In einer Organisationswelt, die den Anspruch auf Rationalität betont, wird in aller Regel die legale Herrschaft als Leitmodell in den Vordergrund gestellt werden. Traditionale Herrschaftsformen finden sich insbesondere in den informellen Beziehungen (»Vitamin B«), die einer systematischen Analyse jedoch nur schwer zugänglich sind. Charismatische Herrschaftsformen existieren besonders im Bereich der Führung sowie in existentiellen Organisationsphasen, die mit gravierenden Veränderungen im Zusammenhang stehen.

Aus der legalen Herrschaftsform entwickelte sich das heute noch in fast allen Administrationen der Welt vorfindliche Muster einer Bürokratie oder Administration (»business administration«). Im Kern basiert diese Herrschaftsform auf einer Akzeptanz und Unterwerfung aller beteiligten Personen unter eine gesetzte Ordnung. Machtausübung wird auf diese Weise zum unpersönlichen Verwaltungsakt, ohne Bevorzugung oder Benachteiligung von Individuen aus welchen Gründen auch immer.

legale Herrschaft

Grundkategorien der legalen Herrschaft

> **Zu den Grundkategorien der legalen (rationalen) Herrschaft zählt Weber:**
> 1. persönliche Freiheit der Beamten, die nur ihren Amtspflichten zu gehorchen haben
> 2. eine klare Hierarchie mit Weisungsbefugnissen
> 3. eindeutig geregelte Amtskompetenzen
> 4. Rekrutierung ausschließlich durch Fachqualifikation
> 5. angestelltes Personal (nicht gewähltes)
> 6. Entgeltung nach festen Gehältern in Form von Geld
> 7. hauptberufliche Tätigkeit zum Ausschluss von Interessenkonflikten
> 8. strenge Amtsdisziplin und Kontrolle

Auch wenn diese Grundkategorien von Weber zunächst für (zu seiner Zeit) »moderne« bürokratische Systeme gedacht waren, finden wir die von Weber formulierten Ansprüche an die Transparenz von Verfahren einerseits und die Begrenzung der Machtausübung andererseits in allen heutigen Organisationen (vgl. hierzu auch die neueren Diskussionen um »Corporate Governance«). Eine Ausnahme stellen vielleicht die inhabergeführten Familienunternehmen dar, die sich zwar durchaus auch an Webers Modell orientieren können, jedoch mitunter stärker feudale Züge aufweisen: Die potenzielle Sphäre der Willkür ist dort größer als bei anderen Organisationsformen; der Patron findet in der Regel leichter geeignete Mittel und Wege, um seinen Willen durchzusetzen.

18.1.3 Machtkonzepte nach Foucault

Eine weitgehend andere Konzeption von Macht schlägt der französische Philosoph Michel Foucault (1926–1984) vor. Foucault lehnt – ganz im Unterschied zu Weber – die Frage nach der Struktur der Macht ab. Vielmehr versteht Foucault Macht als ein **Netzwerk von Kräften**. Institutionen (wie etwa das Rechtssystem oder das bürokratische System) dienen als Instrumente dazu, bestimmte Macht- und Herrschaftsverhältnisse zu verwirklichen. Macht wird, mit anderen Worten, als **strategisches Verhältnis** von Kräften bestimmt:

strategisches Verhältnis von Kräften

Definition: Macht und Machtstrategie

> **Definition**
> Macht ist der Name, den man einer komplexen strategischen Situation in einer Gesellschaft gibt.
> (Foucault, zit. nach Neuenhaus-Luciano 1993, S. 50–51).
>
> In diesem Sinne ist eine »Machtstrategie« die Gesamtheit aller Mittel, die aufgewendet werden, um ein Machtdispositiv funktionieren zu lassen oder aufrechtzuerhalten.
> (Foucault 1986b, S. 199)

18.1 · Konzepte der Macht

Focault macht darauf aufmerksam, dass es nicht eine Macht, sondern verschiedene Formen der Macht gibt und bezeichnet dies mit dem Begriff der »Machtregionen«: »die Gesellschaft ist ein Archipel von verschiedenen Mächten« (Foucault 1986a, S. 177).

Das Besondere in der Konzeption von Macht nach Foucault ist die Auffassung, Macht wirke auf Handlungen – nicht auf Personen. Es handelt sich hier also um ein Machtverständnis, das auf die Verhältnisse von Personen oder Gruppen fokussiert (Neuenhaus-Luciano 1993), also die **Machtverhältnisse** ins Spiel bringt.

Macht wirkt auf Handlungen

Foucault möchte Macht als »Technologie« verstanden wissen und konzentriert sich auf die Frage, wozu Macht notwendig ist. Das überraschende Ergebnis seines Perspektivenwechsels weg von den negativen und eingrenzenden Aspekten der Macht liegt in der Erkenntnis, dass Macht zur Realisierung von (koordinierter) Leistung notwendig ist. Foucault zeigt das am Beispiel der Armee, aber auch an den Transformationen von kleinen Manufakturen zu großen Fabriken:

Macht als »Technologie«

> Die Arbeitsteilung war der Grund, warum man diese neue Werkstattdisziplin erfinden musste; aber umgekehrt können wir sagen, dass die Werkstattdisziplin die Voraussetzung dafür war, dass die Arbeitsteilung erreicht wurde.
> (Foucault 1986a, S. 179)

In diesem Sinne formuliert Foucault Machtausübung als »Führen der Führungen« (Foucault 1986b, S. 193).

Über **Disziplin** wird Macht auf vordergründig gewaltfreie Art und Weise durchgesetzt. Disziplin ist, Foucault folgend, eine »Individualisierungstechnik« der Macht (1986a, S. 182), die auf die Individuen gleichsam aus dem Hintergrund heraus wirkt. Es sind zwar von Menschenhand eingerichtete, jedoch »unpersönlich« wirkende Systeme, Apparate und Prozeduren, die durch Überwachung und Kontrolle erwünschte Verhaltensweisen erzeugen respektive unerwünschte neutralisieren.

Disziplin

Foucault sieht in der 2. Hälfte des 18. Jahrhunderts daneben eine weitere Technologie aufkommen, die sich aber nicht auf Individuen bezieht, sondern auf die Bevölkerung als gesamtes. Hier stehen dann Fragen der Siedlungspolitik, Verhältnisse von Geburts- und Sterberaten, Hygienebedingungen usw. thematisch im Vorderund.

Damit mit Foucault über Macht gesprochen werden kann, ist der Begriff der Freiheit unverzichtbar. Subjekte müssen sich (auch anders) entscheiden können. Dort, wo die »Determinierung gesättigt ist« (Foucault 1986b, S. 194), existiert kein Machtverhältnis, sondern ein (physisches) Zwangsverhältnis.

Freiheit

Macht vs. Zwang

Analyse von Machtverhältnissen

> **Zur Analyse von Machtverhältnissen formuliert Focault fünf Bereiche (Foucault 1986b, S. 196 ff.)**
> 1. System der Differenzierung (Grad der Differenzierung der Machtverhältnisse)
> 2. Typen von Zielen (Autorität, Profit, Funktionsausübung)
> 3. instrumentelle Modalitäten (Worte, Waffen, Kontrolle, Überwachung)
> 4. Formen der Institutionalisierung (juristische Strukturen, Gewohnheit, Mode)
> 5. Grade der Rationalisierung (Risiko- und Ertragsanalysen beim Einsatz von Machtmitteln)

Diese fünf Bereiche beziehen sich auf den Grad der »Elaboration« in Bezug auf die Zielsetzungen, die erreicht werden sollen bzw. die Mittel, die dazu eingesetzt werden. Foucault betrachtet dabei auch überlieferte und tradierte bzw. institutionalisierte Weisen der Machtausübung.

18.1.4 Machtkonzepte nach Crozier und Friedberg

Der Ansatz nach Michel Crozier (geb. 1922) und Erhard Friedberg betont – wie Foucault – den relationalen Aspekt der Macht, allerdings in etwas anderer Weise: »Macht ist also eine Beziehung, und nicht ein Attribut der Akteure« (Crozier & Friedberg 1979, S. 39). Jedoch ist sie an Verhandlungen gebunden, d.h. »es ist eine Tausch- und eine Verhandlungsbeziehung« (Crozier & Friedberg 1979, S. 40). Damit rückt die interindividuelle Beziehung zwischen den Akteuren in den Vordergrund.

Macht als Verhandlungsbeziehung

Definition: Organisation

> **Definition**
> Organisation wird hier verstanden als ein Gebilde von Konflikten, die sich aus dem Zusammentreffen vielfältiger und divergierender Rationalitäten ergibt. Die im Prinzip freien Akteure nutzen die ihnen zur Verfügung stehenden Machtquellen auf eine Weise, so dass sich die Teilnahme an der Organisation auszahlt: »Kollektives Handeln ist im Grunde nichts anderes als tagtägliche Politik. Macht ist ihr »Rohstoff«.« (Crozier & Friedberg 1979, S. 14).

In Organisationen spielen sich permanent zahlreiche Handlungen ab, von denen häufig nicht klar ist, welche Konsequenzen sie für den einzelnen Akteur haben können. Crozier und Friedberg entwickelten für diesen Umstand den bedeutsamen Begriff der »**Ungewissheitszone**«. Ungewissheit ist eine grundlegende Ressource in Verhandlungsbeziehungen: »Vorhandene Ungewissheit wird von den zu ihrer Kontrolle fähigen Akteuren in ihren Verhandlungen mit den davon abhängigen Akteuren benützt« (Crozier & Friedberg 1979, S. 13). Das heißt, wer durch seine Handlungen die Ungewissheit von Akteuren oder Akteursgruppen vergrößern oder verkleinern kann, hat Macht

Ungewissheit als Ressource

über sie. Dabei darf es sich jedoch nicht um irgendeine Ungewissheitszone handeln, sondern vielmehr muss diese der Interessenlage der Akteure entsprechen und relevant für sie sein.

Macht ist Crozier und Friedberg folgend, eine **instrumentelle Beziehung** in dem Sinne, dass sich Macht nur mit Blick auf ein Ziel verstehen lässt. Macht ist außerdem eine **nicht-transitive Beziehung**. D. h. wenn A auf B und B auf C einen Einfluss ausüben kann, bedeutet es nicht, dass A auch C beeinflussen könnte. Insofern ist Macht zwar eine gegenseitige, aber **unausgewogene Beziehung**.

Macht als instrumentelle Beziehung

Crozier und Friedberg sehen, wie Foucault, Macht nur dann als sinnvolles Konzept an, wenn die Akteure gleichzeitig ein gewisses Maß an Freiheit besitzen. Sie sprechen von einem Kräfteverhältnis, bei dem der eine mehr herausholen kann als der andere, bei dem aber der eine dem anderen niemals völlig ausgeliefert ist (Crozier & Friedberg 1979, S. 41).

Freiheit als Voraussetzung

Die beiden Autoren bringen erstmals in der Organisationsliteratur den häufig missverstandenen Begriff der **Spiele** auf:

Spiel als Metapher für Macht

> Das Spiel ist für uns viel mehr als ein Bild, es ist ein konkreter Mechanismus, mit dessen Hilfe die Menschen ihre Machtbeziehungen strukturieren und regulieren und sich doch dabei Freiheiten lassen (…) Der Spieler bleibt frei, muss aber, wenn er gewinnen will, eine rationale Strategie verfolgen, die der Beschaffenheit des Spiels entspricht und muss dessen Regeln beachten. Das heisst, dass er zur Durchsetzung seiner Interessen die ihm auferlegten Zwänge zumindest zeitweilig akzeptieren muss.
> (Crozier & Friedberg 1979, S. 68).

Dabei ist nichts darüber ausgesagt, ob die Spieler gleiche Voraussetzungen mitbringen oder Konsens über Spielregeln besteht. Das Spiel stellt also einen (sozialen) Integrationsmechanismus dar, der es verhindert, dass Organisationen in Anarchie und Chaos versinken, indem die Akteure wechselseitig aufeinander bezogen sind.

Akteure in Organisationen besitzen immer mehr oder weniger Spielraum, der eine Machtsphäre für weitere Akteure darstellt. Die Macht des Akteurs ist dabei umso größer, je mehr er damit die Möglichkeiten der Spiele und Strategien anderer Akteure beeinflussen kann.

Eine Systematik über verschiedene Spielformen, die auf einer Arbeit von Caillois (1960, S. 46) beruht, findet sich bei Neuberger (1992, S 68 ff.). Dort werden vier Spielformen (Agon, Alea, Mimicry, Ilinx) und zwei Spielweisen (Paidia, Ludus) unterschieden (◘ Tab. 18.1).

Systematik von Spielformen

Agon ist eine Gruppe von Wettkampfspielen, bei denen die Rahmenbedingungen möglichst so gehalten werden, dass ein optimaler Vergleich der Wettkämpfer möglich wird. Diese vergleichen sich in Bezug auf ein bestimmtes Leistungsmerkmal (Schnelligkeit, Gedächtnisleistung, Geschicklichkeit), so dass der Sieger als unbestreitbar Bester einer bestimmten Leistungsklasse bestimmt werden kann. Die persönliche Leistung steht hier also im Vordergrund und Spiele vom Typ Agon sollen diese zum Ausdruck bringen.

Agon

Alea   **Alea** leitet sich vom lateinischen Wort »Würfel« ab. Hier geht es um einen Typ von Spielen, die nicht vom Spieler selbst abhängen und auf die er keinen bis wenig Einfluss hat. Vielmehr geht es darum, das Schicksal zu besiegen. Beim Alea verlässt sich der Spieler auf alles Mögliche, nur nicht auf sich selbst.

Mimicry   **Mimicry** bezeichnet eine Variante von Spielen bei der es darum geht, sich selbst oder anderen vorzumachen, man sei etwas anderes als man selbst oder könne etwas anderes als man tatsächlich kann.

Ilinx   **Ilinx** fasst jene Gruppe von Spielen zusammen, die dem Verlangen nach Rausch Ausdruck verleihen. Es geht um einen vorübergehenden Betäubungs- oder Trancezustand, der für gewisse Zeit die Wirklichkeit verleugnet oder verändert.

Dimensionen   Innerhalb dieser Spielformen sind zwei Dimensionen möglich, die Caillois »Paidia« und »Ludus« genannt hat. »Paidia« meint dabei Ausgelassenheit, glücklicher Überschwang, Unbekümmertheit, Ungeregeltheit, während »Ludus« für Disziplin, Regeln, Meisterung von Schwierigkeiten steht.

Bedeutung für Organisationen   Der Wert dieser Typologie für die Analyse von Organisationen liegt in der Zuordenbarkeit protoypischer Situationen (z. B. Verhandlungen, Bewerbungen, Entscheidungen) zu den Spielformen und -dimensionen. Damit wird beobachtbares Verhalten systematisiert verstehbar. Gleichzeitig liefert die Systematik wertvolle Hinweise auf das eigenen Verhalten, wenn die Zuordung korrekt durchgeführt wurde. So hat es beispielsweise wenig Sinn, sich bei einem Spiel des Typs »Alea« über Training und intensive Vorbereitung einen Vorteil verschaffen zu wollen. Hingegen hilft es beim Typ »Agon« sehr, sich mit den Rahmenbedingungen des Wettbewerbs genau auseinanderzusetzen. Auch beobachtbare Irrationalitäten in Organisationen (wie spontane Gefühlsausbrüche oder ritualisierte Emotionen) werden durch die Arbeit von Caillois und Neuberger verständlicher.

Analyse von Machtbeziehungen   Die Analyse von Machtbeziehungen nach Crozier und Friedberg benötigt Antworten auf folgende beiden Fragen:
1. Über welche Mittel verfügt jeder Spieler, welche Trümpfe erlauben es ihm, in einer bestimmten Situation seinen Freiraum auszudehnen?
2. Welche Kriterien definieren die Relevanz und ihre Mobilisierbarkeit? Um welchen Einsatz geht es in der Beziehung und in welche strukturellen Zwänge ist sie eingebettet? (Crozier & Friedberg 1979, S. 44).

Tab. 18.1. Spielformen und -dimensionen. (Nach Caillois 1960)

	Agon (Wettkampf)	Alea (Chance)	Mimicry (Verkleidung)	Ilinx (Rausch)
Paidia Lärm Bewegung Unbändiges Gelächter Patiencen Kreuzworträtsel Ludus	Nicht geregelter Wettlauf, Kampf Athletik Boxen, Billard, Fechten, Damespiel, Fussball, Schach	Auszählspiele (Zahl oder Adler) Wette, Roulette einfache Lotterie, zusammengesetzte Lotterie	kindliche Nachahmung, Illusionsspiele, Maske, Travestie Theater, Schaukünste im Allgemeinen	kindliche Drehspiele, Zirkus, Schaukel Jahrmarktattraktionen Ski Alpinismus, Kunstsprünge

Unter den **Zwängen** verstehen Crozier und Friedberg die strukturellen Merkmale von Organisationen, welche die Bedingungen dafür liefern, wie die Akteure miteinander verhandeln bzw. ihre Spiele spielen können.

Ein weiterer wichtiger Aspekt ist der Zeitfaktor: Wer mehr Zeit zur Verfügung hat bzw. warten kann, ist in der Regel im Vorteil. Wer unter Zeitdruck steht, ist häufig im Nachteil.

Zwänge

Zeitfaktor

18.1.5 Bedeutung der Konzepte für die Praxis

Zur Illustration des Umstandes, dass unter Macht zum Teil Ähnliches, zum Teil sehr Verschiedenes verstanden wird, wurden hier nur drei von mehreren Ansätze vorgestellt, die in der Literatur prominent vertreten sind. Es schließt sich die Frage an, welche konkrete Bedeutung diese mehr theoretischen Ausführungen für die Gestaltung einer organisationalen Praxis haben.

Bedeutung für die organisationale Praxis

Wenn es zutrifft, dass Macht ein in sozialen Zusammenhängen notwendig und unvermeidlich auftretendes Phänomen ist, folgt daraus, dass neben allen deklarierten Rationalitätsbemühungen in Organisationen mit Prozessen gerechnet werden muss, die sich aus verschiedenen Interessen ergeben. Phänomene der Macht müssten also in sämtlichen Führungs-, Veränderungs- und Entwicklungsprozessen berücksichtigt werden. Dies ist heute alles andere als selbstverständlich, denn Machtfragen werden – im offiziellen Diskurs der Organisation – noch sehr oft ausgeblendet.

verschiedene Interessen

Konzepte der Macht dienen dazu, das Phänomen der Macht überhaupt begreifen, beschreiben, analysieren und diskutieren zu können. Sie liefern andererseits erste Hinweise darauf, wie Machtmechanismen typischerweise funktionieren, auf welche Weise Macht- und Herrschaftsverhältnisse entstehen und wie mit Macht umgegangen werden kann.

Bislang wurde so getan, als seien die Theorien der Macht universell. Macht ist aber sehr stark kulturell bedingt. Die Arbeiten von Hofstede (Hofstede 2006) haben eindrücklich gezeigt, dass Fragen der Macht in den verschiedenen Länderkulturen auf kollektiver Ebene unterschiedlich behandelt werden. So hat beispielsweise die Schweiz im Vergleich zu China eine relativ geringe »Machtdistanz«, hier spielt die Kette von Anweisungen und gehorsamer Ausführung eine weniger ausgeprägte Rolle als etwa in Asien. Die kulturelle Verankerung von Macht ist insbesondere in Organisationen von Bedeutung, die selbst in verschiedenen Kulturen tätig sind bzw. Mitarbeiter aus verschiedenen Kulturen beschäftigen. Ein Aspekt des »Diversity Management« muss sich entsprechend auf das unterschiedliche Verständnis sowie den unterschiedlichen Umgang mit Macht beziehen (► Kap. 17).

kulturelle Grundlagen der Macht

Diversity

Die Pluralität der Machtkonzepte macht gleichzeitig deutlich, dass es sich um eine komplexe Thematik handelt, die sich nicht in einfachen Begriffen verstehen lässt, sondern Differenzierung erfordert, wenn man sie halbwegs umfassend verstehen möchte. Daraus leitet sich für die Praxis allerdings ein Problem ab: Alle noch so elaborierten theoretischen Konzepte versetzen uns nicht in die Lage, im Alltag mit Macht auf **einfache Weise** anders oder besser umgehen zu können.

keine einfachen Rezepte

Konflikte

Jedoch ist die Berücksichtigung von Machtfragen im Management von Organisationen zentral. Die meisten Veränderungsprojekte scheitern nicht an Sachfragen oder Geld, sondern am »power play«, das sich zwischen zentralen Akteuren oder Akteursgruppen manifestiert. Die sich daraus ergebenden Konflikte bleiben in der Regel zu lange unbearbeitet und wirken zurück (▶ Kap. 16). Die Rat- und Hilflosigkeit im Umgang mit Macht- und Konfliktthematiken ist nicht nur im Management, sondern auch bei Dritten (z. B. Beratern) häufig groß (vgl. Zirkler 2005).

18.2 Mikropolitik

18.2.1 Organisation und Politik

In Organisationen tobt das Leben. Weit von jenen anämischen Gebilden entfernt, die in der althergebrachten Forschung unter dem Namen »Organisationsstruktur« ihr schattenhaftes Dasein fristen und von oben bis unten vermessen werden, sind sie in Wirklichkeit Arenen heftiger Kämpfe, heimlicher Mauscheleien und gefährlicher Spiele mit wechselnden Spielern, Strategien, Regeln und Fronten. Der Leim, der sie zusammenhält, besteht aus partiellen Interessenkonvergenzen, Bündnissen und Koalitionen, aus side payments und Beiseitegeschafftem, aus Kollaborationen und auch aus Résistance, vor allem aber: aus machtvoll ausgeübtem Druck und struktureller Gewalt; denn wer wollte glauben, dass dieses unordentliche Gemenge anders zusammen- und im Tritt gehalten werden könnte?
(Küpper & Ortmann 1988: Einführung)

»Polity«, »Policy« und »Politics«

In der Politikwissenschaft hat sich die Unterscheidung der Begriffe »Polity«, »Policy« und »Politics« eingebürgert. Unter »Polity« werden grundsätzliche institutionelle Aspekte verstanden, wie etwa Fragen der Verfassung. »Policy« bezieht sich auf inhaltliche Aspekte, also auf Normen und Richtlinien, wie sie auch in der Unternehmenspolitik oder der Personalpolitik zum Ausdruck kommen. »Politics« ist die Bezeichnung für Verfahren und Prozesse, die Einfluss auf die inhaltlichen wie institutionellen Aspekte nehmen. Im Weiteren interessieren wir uns also insbesondere für den Bereich der »Politics«. Ortmann versteht entsprechend Mikropolitik als »organisationale Innenpolitik« (1988, S. 18).

Folgen wir Morgan (2000), ist ein wesentlicher Aspekt von Organisation immer das Politische. In Organisationen kommen Strukturen zur Anwendung, die Ordnung schaffen sollen. Morgan (2000, S. 206) identifiziert sechs Formen der Herrschaft (krateía = Herrschaft), wie sie in Organisationen zu finden sind:

sechs Formen der Herrschaft

1. Autokratie
2. Bürokratie
3. Technokratie
4. Allianzbildung
5. Repräsentative Demokratie
6. Direkte Demokratie

Die **Autokratie** ist eine absolute Form der Herrschaft einzelner Personen oder kleiner Gruppen, welche durch strenge Kontrolle (Eigentum, Vermögen, Medien usw.) aufrechterhalten wird. Unter **Bürokratie** wird die »Herrschaft des Gesetzes« verstanden (▶ Abschn. 18.1.2). Bei der **Technokratie** stützt sich der Herrschaftsanspruch auf Fachwissen und Lösungskompetenzen. Die **Allianzbildung** entspricht dem Prozess von **Koalitionsbildungen**, bei denen Verfügungsbereiche unter ansonsten konkurrierenden Parteien aufgeteilt werden. Wahlen und die Zuteilung von Mandaten auf Zeit sind zentrale Charakteristika **repräsentativer Demokratien**, wie sie in Wirtschaftsunternehmen etwa im Bereich der Mitsprache (Gewerkschaften) oder Verwaltungsräten zum Ausdruck kommt. Eine **direkte Demokratie** gesteht allen ein gleiches Mitsprache- und Entscheidungsrecht zu. Sie findet sich in vielen gemeinschaftlichen Organisationen wie etwa Kooperativen oder Kollektiven. Das Prinzip der Selbstorganisation (Herrschaftsfreiheit) ist hier von zentraler Bedeutung.

Wenn es um die Frage geht, wie sich das Politische in Organisationen konkret äußert, ist im deutschsprachigen Raum vor allem Neuberger mit einer umfassenden Arbeit dazu bekannt geworden.

18.2.2 Ansatz von Neuberger

Der Begriff der Mikropolitik bezieht sich im Unterschied zur großen Politik eines Unternehmens oder eines Staates auf das »Arsenal jener alltäglichen »kleinen« (Mikro-)Techniken, mit denen Macht aufgebaut und eingesetzt wird, um den eigenen Handlungsspielraum zu erweitern und sich fremder Kontrolle zu entziehen.
(Neuberger 1995, S. 14)

Begriff Mikropolitik

Neuberger (1995, S. 22 ff.) liefert acht Merkmale, die den Begriff der Mikropolitik differenziert charakterisieren sollen. Gleichzeitig stellen diese Merkmale ein Raster zur Diagnose des »politischen« Zustandes in einer Organisation (Gruppe) dar:
1. Akteursperspektive, Handlungsorientierung
2. Interessen
3. Intersubjektivität
4. Macht
5. Dialektik der Interdependenz
6. Legitimation
7. Zeitlichkeit
8. Ambiguität

Merkmale der Mikropolitik

Unter einer **Akteursperspektive** interessiert man sich vor allem für die Frage: Wer tut was bzw. wer tut was nicht? Diese Perspektive betont die Rolle des handelnden Subjekts. Die Leitfrage einer Perspektive von **Interessen** lautet: Warum oder wozu wird gehandelt? Politisch werden Prozesse in Organisationen immer dann, wenn verschiedene, widerstreitende Interessen aufeinander stoßen. Unter dem Thema der **Intersubjektivität** wird nach den

Beziehungen gefragt. Es geht hierbei um die konkrete Handlungskonstellation, die entsteht, wenn verschiedene Subjekte miteinander in Beziehung treten. Die Perspektive der **Macht** fokussiert die Frage, in welchem Ausmaß die Chance besteht, eigene Interessen durchzusetzen. Bei der **Dialektik der Interdependenz** geht es um die wechselseitigen Abhängigkeiten, denen die Akteure unterworfen sind. Die Handlungen von Akteuren sind abhängig voneinander und bilden gleichzeitig ihre Voraussetzungen. **Legitimation** fragt einerseits nach dem Bezugssystem und andererseits nach der Weise, mit der Handlungen gerechtfertigt werden können. Bei der **Zeitlichkeit** lautet die Leitfrage: Wie wird mit Instabilitäten und Diskontinuitäten umgegangen? Politisches Handeln wird mit Erwartungsbrüchen, Dynamiken, günstigen Gelegenheiten usw. konfrontiert und braucht entsprechende Strategien im Umgang mit diesen Themen. Der Perspektive **Ambiguität** liegt die Annahme zu Grunde, dass Intransparenz und Widersprüchlichkeit genutzt werden, um Interessen durchzusetzen.

In dem Moment, wo Organisationen nicht mehr als technische Systeme bzw. als absolute Herrschaftsmaschinen mit vollständiger Unterwerfung realisiert werden können, entstehen automatisch Spielräume für die Akteure, die diese nutzen. In diesem Sinne geht Neuberger davon aus, dass man »nicht nicht-politisch handeln« kann (Neuberger 1995, S. 3), sehr wohl aber: »sich unpolitisch verhalten« (Neuberger 1995, S. 3).

18.2.3 Strategie und Taktik

Wenn Mikropolitik in Organisationen betrieben wird, kommen zwei weitere Aspekte ins Spiel, die einerseits zur Analyse andererseits zum Handlungsvollzug bedeutsam sind: **Strategie** und **Taktik**. Die Strategie entspricht einer Handlungsarchitektur, die Taktik ihrem Design.

Handlungsarchitektur und Design

Zwischenmenschliches Handeln ist insofern einzigartig, als Menschen in der Lage sind, bewusst Strategien und Taktiken zur Erreichung von Zielen einzusetzen. Sie können dabei komplexe Handlungsoperationen ausführen. Im Zusammenhang mit der ökonomischen Grundfrage der Rationalität bzw. der Maximierung des Nutzens unterscheidet Elster die »lokal maximierende Maschine« und »global maximierende Maschine« (Elster 1987, S. 36 ff.).

Elster argumentiert, dass Menschen die einzigen Systeme seien, die globale Maximierungsstrategien entwickeln und verfolgen können, indem sie (1) warten können und (2) indirekte Strategien anwenden.

Die global maximierende Maschine kennzeichnet sich dadurch, dass sie zu einer »unvorteilhaften Mutation« (man könnte sagen Option) Nein sagen kann, um zu einem späteren Zeitpunkt zu einer vorteilhafteren Ja zu sagen (Elster 1987, S. 41). Das beste Beispiel für indirekte Strategien sieht Elster in der Investition. Sie erfordert die Strategie des »einen Schritts zurück, zwei Schritte nach vorne«. Es muss jetzt auf einen direkten (konsumptiven) Vorteil verzichtet werden, um in der Zukunft noch mehr desselben zur Verfügung zu haben.

Mit dem bekannten Zitat, dass der Krieg nur die Fortsetzung der Politik mit anderen Mitteln sei, hat sich von Clausewitz als Militär- und Kriegstheoretiker bis heute einen Namen gemacht. Seine Erkenntnisse haben nicht nur verschiedene Kriegsherren und Guerillaführer beeinflusst, sondern sich auch im Bereich der Unternehmensführung etabliert. Es ist deshalb kein Zufall, dass im Bereich des Managements häufig Begriffe aus dem Militär bzw. Kriegsführung gebräuchlich sind (»Wirtschaftskrieg«, »feindliche Übernahme«, »Verkaufsfront«). In Paris existiert sogar eine Schule, die sich explizit mit der Kriegsführung im Wirtschaftsleben auseinandersetzt, die »Ecole de guerre économique«. Die Betreiber betonen freilich, dass die Kenntnisse der Kriegsführung dazu dienen sollen, entsprechende Aktionen der Gegner (Spionage, Desinformation) zu kennen und entsprechend (abwehrend) darauf reagieren zu können.

Für die nähere Betrachtung der Konzepte »Strategie« und »Taktik« bedienen wir uns einer Ikone des »modernen« Guerillakrieges, Che Guevara, der ein brillanter Theoretiker der Kriegsführung war, ohne damit seine Taten in irgendeiner Weise bewerten zu wollen:

Eine **Strategie** ist ein Plan für Handeln, um bestimmte Ziele zu erreichen. Dabei müssen die Faktoren, die das eigene Handeln beeinflussen können, nach Möglichkeit mitbedacht werden:

Strategie
Berücksichtigung der Einflussfaktoren

> In der militärischen Terminologie versteht man unter Strategie vor allem die Analyse der Ziele des Krieges und, ausgehend von der allgemeinen militärischen Situation, die Erarbeitung allgemeiner Formen und Methoden zur Erreichen des Endziels. Für eine richtige Strategie des Guerillakrieges ist es unerlässlich, die Tätigkeit des Feindes umfassend zu analysieren.
> (Guevara zit. nach Stahel 2006, S. 113–114)

Taktik bedeutet eigentlich »die Kunst der Anordnung und Aufstellung« (Duden). Es wird ein Vorgehen festgelegt, das die Zweckmäßigkeit und Verfügbarkeit der Mittel im Hinblick auf den Erfolg berücksichtigt. Guevara versteht die Taktik als

Taktik

> die praktische Art der Verwirklichung strategischer Ziele. Die Taktik ist der Strategie untergeordnet, handelt in ihrem Interesse und verwirklicht die Ziele, die von der Strategie gestellt werden. Damit muss man in jeder Etappe des Kampfes stets beweglichere und variablere Mittel anwenden als die, die anfänglich zur Erreichung des Endziels für möglich gehalten werden.
> (Guevara zit. nach Stahel 2006, S. 119)

Strategie und Taktik werden nicht nur zur Planung und Durchsetzung von eigenen Interessen (Zielen) eingesetzt, sondern auch im Sinne von Gegenmaßnahmen, um Aktionen zu verhindern, die als gefährlich oder schädlich aufgefasst werden. Dies äußert sich häufig in der merkwürdigen Logik der **Eskalationsspirale** (vgl. Glasl 1999, S. 218 f.), bei der sich die Akteure im Glauben, sie handelten bloß defensiv immer massiver in Aggressionshandlungen verstricken (▶ Abschn. 16.5).

18.3 Umgang mit Macht

18.3.1 Phänomene der Macht

Manifestation von Macht

Macht manifestiert sich auf sehr unterschiedliche Weise im Alltag – häufig zunächst gar nicht unmittelbar: Sie kann laut, aggressiv, fordernd daherkommen, aber auch subtil, leise, schmeichelnd. Sie kann sich an Personen zeigen oder unpersönlich, im Sinne Foucaults »Mikrophysik der Macht«, in der Wirkung von Systemen (Organigramme, Hierarchie, Zeiterfassung, Leistungsbeurteilung, Beförderungssysteme) oder Sachzwängen.

In dem Moment, wo Interessen kollidieren, sei es zwischen Organisation und Individuum, sei es zwischen Individuen, wird die Machtfrage akut und es kommt zu Konflikten. Umgekehrt werden im Konfliktfall vor allem Machtfragen virulent. Die Konfliktsituation hat kontrastierende Wirkung, so dass Unterschiede deutlicher werden als sie zuvor waren (vgl. Zirkler & Freivogel 2007). Mit zunehmender Differenz ist nicht nur eine horizontale Entfernung der Parteien verbunden (man bringt Raum zwischen sich), sondern auch ein vertikale (zunehmende Asymmetrie bzw. das Gefühl »oben« oder »unten« zu sein).

Konflikt

horizontale und vertikale Asymmetrien

Zur Durchsetzung von Interessen bzw. zur Ausübung von Macht – sei es um sich in eine »gute« Position zu bringen, sei es, um Asymmetrien zu vermeiden oder ihre Auswirkungen so gering wie möglich zu halten, existiert eine Reihe von Techniken. Zu den prominentesten gehören die **Drohung** und das **Versprechen** (vgl. Popitz 1992).

Durchsetzungstechniken

Drohen und Versprechen

Drohung und Versprechen treten als Zwillingspaar auf. Sie steuern das Verhalten anderer Menschen, indem Drohungen Furcht und Versprechungen Hoffnung erzeugen. Popitz bezeichnet sie in seiner scharfsinnigen Analyse als »instrumentelle Macht« (Popitz 1992, S. 79), man könnte aber auch sagen, sie sind Machtinstrumente. Das prototypische Muster der Drohung sieht wie folgt aus:

Furcht und Hoffnung

> Wenn du, was ich will (gefordertes Verhalten), nicht tust (abweichendes Verhalten), werde ich dir Schaden zufügen bzw. dafür sorgen, dass dir Schaden zugefügt wird (angedrohte Sanktion); wenn du tust, was ich will (konformes Verhaltens), wirst du dem Schaden entgehen (Sanktionsverzicht).
> (Popitz 1992, S. 80)

In jedem Fall entsteht eine Beziehung zwischen der drohenden oder versprechenden Partei und einer anderen, von der etwas gewollt wird. Drohungen ergeben nur dort Sinn, wo es etwas zu holen (oder zu vermeiden) gibt. Allerdings bringt die Drohung den Drohenden in eine Situation der Selbstbindung, aus der er nicht mehr ohne Weiteres wieder herauskommt. Beide Parteien geraten in eine strategische Entscheidungssituation: Welche Sanktionsmittel »passen«, auf welche Weise müssen sie platziert werden (offen oder verdeckt)? Auf der anderen Seite steht die Frage nach der faktischen Durch-

Sanktionsmittel

Durchsetzbarkeit

setzbarkeit von Drohungen bzw. nach dem Preis für Fügung oder Widerstand. Für den Drohenden ist es wichtig, dass er nach Möglichkeit seine Drohung nicht wahr machen muss, denn die Wirkung basiert auf **potenziellem Handeln**. Die tatsächliche Ausführung der Sanktion bedeutet deshalb immer einen Machtverlust.

Popitz betont die »Ökonomie der Drohung« (Popitz 1992, S. 92 ff.). Drohungen sind dann »günstiger«, wenn mit Konformität gerechnet werden kann, Versprechungen für den Fall, dass mit Widerstand zu rechnen ist. Fügt sich der Bedrohte, kostet es den Drohenden nichts. Müssen für konformes Verhalten Versprechungen eingelöst werden, sind Geld, Pfründe, Beförderungen oder andere Leistungen fällig. Dies gilt auch für das Prinzip »divide et impera« (teile und herrsche).

Ökonomie der Drohung

Beim Typ der **offenen Drohung** werden die Sanktionspotenziale deutlich gezeigt; man denke nur an das sprichwörtliche Säbelrasseln oder Militärparaden der ehemaligen Ostblock-Staaten. Hierzu gehören auch alle Formen von Einschüchterung. Bei der **verdeckten Drohung** lässt sich »das Ungewöhnliche im Alltag« verstecken (Popitz 1992, S. 89). Der Drohende tritt gar nicht offen als solcher auf. Es können Freunde, Kollegen, Berater usw. sein, die indirekt deutlich machen: »Wenn du meinen Empfehlungen nicht folgst, wirst du scheitern«. (Popitz 1992, S. 89). Das geschieht durchaus in ruhigem, sachlichen und freundlichen Ton; niemand setzt dem anderen die Pistole auf die Brust. Indem der Drohende keinen offenen Machtanspruch definiert, wird auch dem Bedrohten die Fügsamkeit erleichtert. Er kann sich fügen, ohne sein Gesicht zu verlieren. Die verdeckte Form der Drohung bietet ihm die Möglichkeit zur »**verdeckten Fügsamkeit**« (Popitz 1992, S. 90).

offene Drohung

verdeckte Drohung

Gesichtsverlust

Verbunden mit Frage der »Rentablilität« von Drohungen ist auch jene der Ausdehnbarkeit. Die Wirkungsmöglichkeit von Drohungen ist ausdehnbar, wenn bisher erfolgte Drohungen erfolgreich, also rentabel waren. Die Machtmittel, die nicht eingesetzt wurden, bleiben weiter disponibel.

18.3.2 Produktivität von Machthandeln: Macht als Ressource

Wenn die These zutrifft, dass Macht ein ubiquitäres Phänomen ist und zudem noch in vielen verschieden Varianten und Facetten auftritt, können wir ihr auch in der Arbeitswelt und in unseren Organisationen nicht entrinnen. Alle Akteure gestalten und produzieren Machträume, Herrschaftssysteme sowie zughörige Beziehungen mit. Auf diese Weise entstehen Institutionen der Macht, die faktisch werden und mit denen dann zu leben ist.

Wir können der Macht nicht entrinnen

Die zentrale Frage ist also weniger, ob Machthandel gut oder schlecht ist, sondern vielmehr, ob und auf welche Weise es **produktiv** wird. Dabei kann Produktivität als Nullsummenspiel unter Ausnutzung von Machtgefällen verstanden werden: Dort, wo Macht verfügbar ist, werden Erträge erzielt, die bei den weniger Mächtigen abgezogen werden. Produktivität kann aber auch als Nicht-Nullsummenspiel aufgefasst werden, bei dem geteilte Macht einen Zuwachs von Handlungsmöglichkeiten auf allen Seiten bedeutet (vgl. das Konzept »Empowerment«; Hardy & Leiba-O'Sullivan 1998). Insbesondere in den

geteilte Macht als Ressource

Organisationen von morgen mit erhöhten Anforderungen an Intelligenz, Flexibilität, Lernfähigkeit usw. lässt sich Produktivität wohl kaum mit einseitigen Machtkonzentrierungen realisieren.

Gefragt sind also kreative und produktive Umgangsmöglichkeiten mit Macht. Dazu muss der Gestaltungsraum genutzt werden, der jeweils zur Verfügung steht. Bislang ist das Thema Macht in Organisationen weitgehend tabu. Wird sie als Ressource verstanden, die es schonend und sinnvoll einzusetzen gilt, wäre ein **Perspektivenwechsel** herbeigeführt. Sowohl die Selbstverständnisse der Akteure blieben dann zu prüfen und zu entwickeln, als auch die Strukturen und Prozesse der Organisationen.

ZUSAMMENFASSUNG

Eine wichtige Perspektive zum Verständnis von Prozessen in Organisationen ist die politische. In Organisationen werden partikulare Interessen der Akteure sowie übergeordnete der Organisation »verhandelt«. Macht ist das Medium, in dem sich diese Aushandlungen vollziehen. Dort, wo Interessen kollidieren, rücken Machtfragen in den Vordergrund; die Art und Weise, wie sie gestellt bzw. beantwortet werden, entscheidet, ob Unterschiede produktiv genutzt werden können oder unproduktiv wirken.

FRAGEN ZUR VERTIEFUNG

1. Für das Verständnis von und den Umgang mit Macht ist der eigene Standpunkt entscheidend. Welche Konzeption von Macht liegt Ihnen persönlich am nächsten?
2. Der Begriff der Macht benötigt den der Freiheit: keine Macht ohne Freiheit. Wie lässt sich das Verhältnis von Freiheit und Macht (Zwang) in Organisationen aus Sicht der Führung bzw. der Beratung thematisieren und bearbeiten?
3. Das Erleben von Macht wird im Alltag oft besonders problematisch empfunden. Welche Merkmale erfahrener Macht bewerten Sie als positiv, welche als negativ? Warum?
4. Welche Funktionalität hat Macht in Organisationen und wie lassen sich Machtverhältnisse verändern?
5. Organisationen sind insbesondere im Bereich der Innovationen auf möglichst herrschaftsfreie Diskurse angewiesen. Wie lassen sich entsprechende Lernräume einrichten?

Literatur

Caillois, R. (1960). *Die Spiele und die Menschen*. Stuttgart: Schwabe.
Clegg, S. (1979). *The theory of power and organization*. London: Routledge.
Crozier, M. & Friedberg, E. (1979). *Die Zwänge kollektiven Handelns: über Macht und Organisation*. Taunusstein: Athenäum.
Elster, J. (1987). *Subversion der Rationalität*. Frankfurt a. Main: Campus.
Foucault, M. (1986a). Die Maschen der Macht. In: Engelmann, Jan (Hrsg.) (1999): *Michel Foucault. Botschaften der Macht*. Stuttgart: Deutsche Verlags-Anstalt. 172–186.

Literatur

Foucault, M. (1986b): Wie wird Macht ausgeübt? In: Engelmann, Jan (Hrsg.) (1999): *Michel Foucault. Botschaften der Macht*. Stuttgart: Deutsche Verlags-Anstalt 187–201.
Glasl, F. (1999). *Konfliktmanagement*. 6. Auflage. Bern: Haupt.
Hardy, C. & Leiba-O'Sullivan, S. (1998). The Power Behind Empowerment: Implications for Research and Practice. In: *Human Relations, 51* (4): 451–483.
Hofstede, G. (2006). *Lokales Denken, globales Handeln*. 3. Auflage. München: DTV.
Jullien, F. (1999). *Über die Wirksamkeit*. Berlin: Merve.
Küng, Zita (2005). Was wird hier eigentlich gespielt? Strategien im professionellen Umfeld verstehen und entwickeln. Heidelberg: Springer.
Küpper, W. & Ortmann, G. (Hrsg.) (1988). *Mikropolitik: Rationalität, Macht und Spiele in Organisationen*. Opladen: Westdeutscher Verlag.
Lincoln, N. D.; Travers, C., Ackers, P. & Wilkinson, A. (2002). The meaning of empowerment: the interdisciplinary etymology of a new management concept. In: *International Journal of Management Review, 4* (3): 271–290.
Luhmann, N. (1983). *Legitimation durch Verfahren*. Frankfurt a. M.: Klett-Cotta.
Morgan, Garreth (2000). *Bilder der Organisation*. 2. Auflage. Stuttgart: Klett-Cotta.
Müller, W. R., Nagel, E. & Zirkler, M. (2006). *Organisationsberatung. Heimliche Bilder und ihre praktischen Konsequenzen*. Wiesbaden: Gabler.
Neuberger, O. (1992). Spiele in Organisationen, Organisationen als Spiele. In: Küpper, W. & Ortmann, G. (Hrsg.) (1988): *Mikropolitik: Rationalität, Macht und Spiele in Organisationen*. Opladen: Westdeutscher Verlag. 53–86.
Neuberger, O. (1995). *Mikropolitik: der alltägliche Aufbau und Einsatz von Macht in Organisationen*. Stuttgart: Enke.
Neuenhaus-Luciano, P. (1993). Max Weber und Michel Foucault: Über Macht und Herrschaft in der Moderne. Pfaffenweiler: Centaurus.
Ortmann, G. (1988). Macht, Spiel, Konsens. In: Küpper, W. & Ortmann, G. (Hrsg.) (1988): *Mikropolitik: Rationalität, Macht und Spiele in Organisationen*. Opladen: Westdeutscher Verlag. 13–26.
Ortmann, G. (1998). Mikropolitik. In: Heinrich, P. & Schulz zur Wiesch, J. (Hrsg.) (1998): *Wörterbuch der Mikropolitik*. Opladen: Leske & Budrich. 1–5.
Popitz, H. (1992). *Phänomene der Macht*. 2. Auflage. Tübingen: JCB Mohr (Paul Siebeck).
Stahel, A. (2006). *Widerstand der Besiegten – Guerillakrieg oder Knechtschaft*. Zürich: vdf.
Weber, M. (1980). Die Typen der Herrschaft. In: Ders. (1980*): Wirtschaft und Gesellschaft*. Studienausgabe. 5. Auflage. Tübingen: Mohr. 122–155.
Zirkler, M. (2005). Warum sich betriebswirtschaftliche Rationalität nicht (immer) durchsetzt. Oder: wenn weiche Faktoren hart werden. Fallstudie Conföderatio. Universität Basel: Wirtschaftswissenschaftliches Zentrum (WWZ).
Zirkler, M. & Freivogel, M. (2007). Zwischenmenschliche Konflikte – Ticket in die Krise oder produktives Potential? In: Setzwein, C. & Setzwein, M. (Hrsg.) (2007): *Turnaround Management von IT-Projekten*. Heidelberg: dpunkt. 67-83.

Anhang

Quellenverzeichnis – 402

Kurzinformationen – 404
Über die Herausgeber – 404
Über die Autorinnen und Autoren – 404
Über den Cartoonisten – 411
Über das IAP Institut für Angewandte Psychologie – 411

Sachverzeichnis – 413

Quellenverzeichnis (Band II)

Abbildungen:

Seite	Abb.	Quelle
42	10.5	Porter, M. E. (2000). *Wettbewerbsvorteile. Spitzenleistungen erreichen und behaupten* (6. Aufl.), Frankfurt/New York: Campus.
86	11.7	Graf, A. (2005). Personalentwicklung als Kompetenzerweiterung – Mitarbeitende fordern und fördern. In Ochsenbein, G. & Pekruhl, U. (Hrsg.), *Erfolgsfaktor Human Resource Management.* Zürich: WEKA. Aus Aus HRMPraxis online, auf www.weka-personal.ch, WEKA Verlag AG, Zürich, April 2007.
89	11.8	Wunderer, R. (2006). *Führung und Zusammenarbeit. Eine unternehmerische Führungslehre* (7. Aufl.) München: Wolters Kluwer.
98	11.10	Reinl, K. (1993). *Das Trennungsgespräch als konstruktives Element der Personalarbeit und die Bedeutung der Outplacement-Beratung.* Frankfurt a. M.: Int. Publikation DBM v. Rundstedt & Partner.
147	12.7	Heckhausen, J. & Heckhausen, H. (2006). Motivation und Handeln: Einführung und Überblick. In: J. Heckhausen & H. Heckhausen (Hrsg*.*), *Motivation und Handeln*, 3. Auflage, 1-9. Berlin: Springer
150	12.8	Herzberg, F. (1966). *Work and the Nature of man.* New York, Cleveland: World
153	12.9	Achtziger, A. & Gollwitzer, P. M. (2006). Motivation und Volition im Handlungsverlauf. In: J. Heckhausen & H. Heckhausen (Hrsg*.*), *Motivation und Handeln*, 3. Auflage, 1-9. Berlin: Springer
270	15.4	Nach Rieckmann, H. (1991). unveröffentlichte Seminarunterlagen, Universität Klagenfurt
276	15.5	Nach Rieckmann (1991), unveröffentlichte Seminarunterlagen, Universität Klagenfurt
301	15.13	Pümpin, C. & Geilinger, U.W. (1988). Strategische Führung. Aufbau strategischer Erfolgsposition in der Unternehmenspraxis. *Die Orientierung*, Nr. 76. Bern: Schweizerische Volksbank.
305	15.15	Sander, G. & Bauer, E. (2011). *Strategieentwicklung kurz und klar. Das Handbuch für Non-Profit-Unternehmen.* (2. Aufl.) Bern: Haupt.
326	16.2	Friedemann Schulz von Thun, Johannes Ruppel & Roswitha Stratmann, »Miteinander reden: Kommunikationspsychologie für Führungskräfte« Copyright © 2000/2003 by Rowohlt Taschenbuch Verlag GmbH, Reinbek bei Hamburg
329	16.3	Simon, F.B. (2004). *Tödliche Konflikte. Zur Selbstorganisation privater und öffentlicher Kriege.* 2., erw. und korr. Aufl. Heidelberg: Carl-Auer.
332	16.4	Glasl, F. (1994). *Konfliktmanagement. Ein Handbuch für Führungskräfte und Berater.* Bern: Haupt. 10. überarb. Auflage 2011)
367	17.1	Schein, E. H. (1971). The Individual, the Organization and the Career: A Conceptual Scheme. *Journal of Applied Behavioral Science, 7*, S. 404. Copyright 1971 JAI Press Inc. Schein, E. H. (2007). *Karriere Anker. Die verborgenen Muster in Ihrer beruflichen Entwicklung.* (11., völlig neu bearbeitete Auflage von E. Schein's »Third Edition«, Wiley, 2006). Darmstadt: Verlag Lanzenberger Dr. Looss Stadelmann.
371	17.2	Müller, C. & Sander, G. (2005). *Gleichstellungs-Controlling. Das Handbuch für die Arbeitswelt*. Zürich: vdf. (www.gleichstellungs-controlling.org)

Tabellen:

Seite	Tab.	Quelle
40	10.2	Ulich, E. (2005). *Arbeitspsychologie* (6. Aufl.). vdf Hochschulverlag AG an der ETH Zürich.
87	11.1	Mentzel, W. (2005). *Personalentwicklung. Erfolgreich motivieren, fördern und weiterbilden.* München: C.H. Beck
103	11.3	Mayrhofer, W. (1989). *Trennung von der Organisation. Vom Outplacement zur Trennungsberatung.* Wiesbaden: Deutscher Universitäts Verlag.
151	12.4	Hackman, J. Richard & Oldham, Greg R., Work Redesign, © 1980, p.77. Reprinted by permission of Pearson Education, Inc. Upper Saddle River, NJ 07458
194	13.1	Muck, P. M. & Schuler, H. (2004). Beurteilungsgespräch, Zielsetzung und Feedback. In: Schuler, H. (Hrsg.). Beurteilung und Förderung beruflicher Leistung (2. Aufl.). Göttingen: Hogrefe.
264	15.2	Doppler, K. & Lauterburg, C. (2008). *Change Management. Den Unternehmenswandel gestalten* (12. Aufl.). Frankfurt/New York: Campus.
277	15.4	Wohlgemuth, A. C. (1989). Erfolgreich eine neue Struktur einführen. *IO Management Zeitschrift*, 58, 7/8, S. 39-44.
300	15.6	Pümpin, C. & Geilinger, U.W. (1988). Strategische Führung. Aufbau strategischer Erfolgsposition in der Unternehmenspraxis. *Die Orientierung, Nr. 76.* Bern: Schweizerische Volksbank.
307	15.7	Sander, G. & Bauer, E. (2011). *Strategieentwicklung kurz und klar. Das Handbuch für Non-Profit-Unternehmen.* (2. Aufl.) Bern: Haupt.
390	18.1	Caillois, R. (1960). Die Spiele und die Menschen. Stuttgart: Schwabe.

Cartoons:

Ivan Steiger, München; www.ivan-steiger.de

Kurzinformationen

Über die Herausgeber

Steiger, Thomas, Dr.

Dr. Thomas Steiger

Dr. phil. I, Studium Wirtschafts- und Sozialgeschichte und Wirtschaftswissenschaften an der Universität Zürich. Stv. Gesamtleiter und Leiter Aus- und Weiterbildung der zentralen Koordinationsstelle der Migros Klubschulen, einer renommierten Institution der Erwachsenenbildung in der Schweiz. Mehrjährige Tätigkeit als Unternehmensberater. Während 10 Jahren am Institut für Angewandte Psychologie (IAP) Zürich als Dozent und Berater und als Leiter des Fachbereichs Managementbildung tätig. Ausbildungen in Organisationsentwicklung und systemischer Beratung. Nach 9 Jahren als Verantwortlicher für Management-Entwicklung im zentralen Personaldienst der Stadtverwaltung Zürich, heute im Ruhestand.

Lippmann, Eric, Prof. Dr.

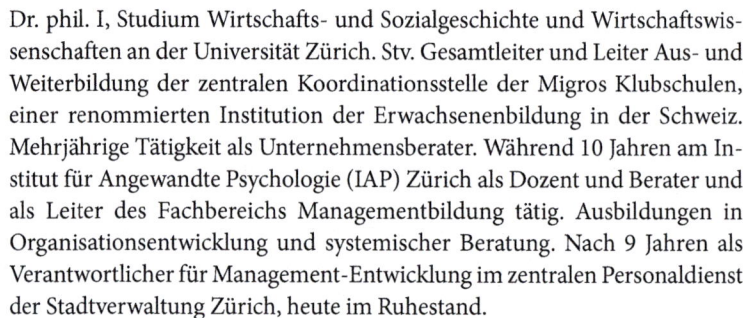

Prof. Dr. Eric Lippmann

Prof. Dr. phil. I, Studium der Psychologie und Soziologie an der Universität Zürich. Ausbildung in Paar-/Familientherapie, Organisationsentwicklung, Supervision und Coaching. Mehrjährige Tätigkeit in Jugend-/ Familienberatung und Suchtprävention. Seit 1991 am Institut für Angewandte Psychologie (IAP) Zürich als Trainer, Supervisor und Coach tätig. Leiter des Zentrums Leadership, Coaching & Change Management am IAP und Studienleiter im »Master of Advanced Studies (MAS) Supervision und Coaching in Organisationen« und »MAS Coaching & Organisationsberatung«. Dozent an der Zürcher Hochschule für Angewandte Wissenschaften (ZHAW).

Im Springer-Verlag sind von ihm bereits erschienen:
- Coaching. Angewandte Psychologie für die Beratungspraxis. (3. Auflage 2013)
- Intervision: Kollegiales Coaching professionell gestalten. (3. Auflage 2013)
- Drogenabhängigkeit: Familientherapie und Prävention. (1990)

Über die Autorinnen und Autoren

Alter, Urs, Dr.

Dr. Urs Alter

Dr. phil. I, Studium der Psychologie und Soziologie. Lehrer, Redaktor an Tageszeitungen und beim Fernsehen. Mehrere Jahre tätig als Ausbilder von Journalisten und als Ausbildungsleiter für das Schweizer Radio und Fernsehen. Schwerpunkte der heutigen Tätigkeit: Dozent an Universitäten und Fachhochschulen, Organisationsberatung, Management- und Teamentwicklung, Coaching.

Amstutz, Nathalie, Prof. Dr.

Prof. Dr.phil I, Institut für Personalmanagement und Organisation (PMO) der Hochschule für Wirtschaft, Fachhochschule Nordwestschweiz. Studium der Germanistik. Dozentin für Kommunikation und Gender und Diversity Management in Aus- und Weiterbildung, Betreuung von Weiterbildungen und Forschungsprojekten zu Gleichstellung im HR und in Organisationskulturen, Diversity Management, Gleichstellungs-Controlling. Beratungstätigkeit im Rahmen des Instituts.

Prof. Dr. Nathalie Amstutz

Angstmann, André

Dipl.Psychologe, Studium der Psychologie am Institut für Angewandte Psychologie (IAP) Zürich (Fachrichtung Diagnostik und Beratung). Freiberuflicher Management- und Organisationsberater mit den Schwerpunkten Kreativität, Bionik, Lernen und Konflikt. Als freier Mitarbeiter am IAP tätig.

André Angstmann

Aschenbrenner, Hannelore

Dipl.-Psychologin IAP. Leiterin HR und Mitglied der Geschäftsleitung in einem Schweizer Elektronik-Konzern. Seit 1994 am Institut für Angewandte Psychologie (IAP) Zürich als Beraterin mit Schwerpunkt Personalmanangement, Development-Center, Coaching für Führungskräfte und Karrierecoaching tätig.

Hannelore Aschenbrenner

Boneberg, Iris

Dipl.-Psychologin, Studium der Psychologie und Statistik. Weiterbildung in klientenzentrierter Beratung, Psychodrama, Klinischer Hypnose und Konfliktberatung. Seit 1994 Tätigkeit als Beraterin, Trainerin und Moderatorin. Aktuell Konzeption und Leitung prozessorientierter Führungsausbildungen, Begleitung von Teamentwicklungsmassnahmen und Moderation von Grossgruppenveranstaltungen. Iris Boneberg bildet Trainer und Supervisoren aus und unterstützt Organisationen in Reorganisationsprozessen. Sie ist selbstständige Beraterin und hat eine Lehrbeauftragung an der Universität Konstanz in den Bereichen Personalmanagement und Personalentwicklung.

Iris Boneberg

Dr. Stephan Burla

Burla, Stephan, Dr.

Dr. rer. pol., Studium der Wirtschaftswissenschaften in St. Gallen und Basel. Managementberater bei burla management in Basel. Lehrbeauftragter am Wirtschaftswissenschaftlichen Zentrum (WWZ) der Universität Basel und Leiter der Forschungsgruppe Spitalmanagement am Universitätsspital Basel.

Sieglind Chies

Chies, Sieglind

Lic. phil. I, Studium der Sozialpsychologie, Psychopathologie des Erwachsenenalters und der Publizistikwissenschaften an der Universität Zürich. Ausbildung als Erwachsenenbildnerin, Weiterbildung in Personenzentrierter Psychotherapie und als Prozessbegleiterin. Journalistische Tätigkeit, mehrjährige Tätigkeit auf einer Suchtpräventionsstelle sowie als Diagnostikerin. Langjährige Mitarbeiterin als Trainerin und Beraterin am Institut für Angewandte Psychologie (IAP) Zürich, mit Schwerpunkt im Fachbereich Managementbildung. Senior Specialist Learning & Development Rieter Machine Works Ltd., Winterthur.

Erich Fischer

Fischer, Erich

M.A. Organization Development, Studium der Organisationspsychologie (Master of Psychology) an der Sonoma State University, Kalifornien. Selbständiger Managementberater mit Schwerpunkt Organisations- und Führungsentwicklung, Change-Management und Coaching von Führungskräften. Interkulturelle Erfahrung durch Arbeitsaufenthalte in Asien und USA. Zuvor Leiter von Integrationsprojekten, Journalist und Redakteur Radio DRS. Dozent an der Hochschule für Wirtschaft Zürich (HWZ) und am Institut für Angewandte Psychologie (IAP) Zürich.

Astrid Frielingsdorf

Frielingsdorf, Astrid

Ausbildung und langjährige Tätigkeit als Regisseurin an Theater und Fernsehen. Executive Master in Kulturmanagement und HRM sowie Ausbildung in systemischer Prozessbegleitung. Heute selbstständige Beraterin für Kommunikations- und Kulturentwicklung in Profit- wie Non-Profit-Organisationen sowie Dozentin an der Hochschule für Wirtschaft in Bern für den Bereich Personalmanagement, Selbst- und Sozialkompetenzentwicklung.

Hausherr Fischer, Astrid

Lic. phil. I, Studium der Soziologie und Ethnologie an der Universität Zürich. Langjährige Erfahrung als Profitcenter-Leiterin in der Personal- und Organisationsentwicklung eines internationalen Großkonzerns. Selbstständige Trainerin, Beraterin und Coach in der Privatwirtschaft im Bereich Change Management und Führungskräfteentwicklung. Ehemalige Leiterin des »Master of Advanced Studies (MAS) Human Resources Management« am Institut für Angewandte Psychologie (IAP) in Zürich. Leiterin Learning Campus in der Siemens Schweiz AG.

Astrid Hausherr Fischer

Hug, Brigitta, Dr.

Dr. phil.I, Studium der Ethnologie und Psychologie. Langjährige Erfahrung als Psychoanalytikerin und Psychotherapeutin SPV/ASP, als Organisationsberaterin und in der Managementausbildung (IAP Zürich). Schwerpunkte der heutigen Tätigkeit: Psychoanalyse, Weiterbildung im Managementbereich, betriebsinterne Ausbildungen, Fach- und Organisationsberatungen, Coaching, Forschungstätigkeit auf den Gebieten Wirtschaftsysteme und Kindheit/en.

Dr. Brigitta Hug

Kernen, Hans, Dr.

Dr. phil.I, Studium der Psychologie, Pädagogik und Präventivmedizin an der Universität Zürich. Seine Dissertation zum Thema Burnout-Prophylaxe im Management erschien 1999 in dritter Auflage, das zweite Buch »Arbeit als Ressource« im Jahr 2005, das dritte Buch »Achtung Burn-out!« im Jahr 2012. Seit 17 Jahren in eigener Firma selbständig beratend tätig und Gestalter von Organisations- und Unternehmensentwicklungsprozessen, wobei das Ressourcen-Management eine zentrale Rolle spielt.

Dr. Hans Kernen

Künzli, Hansjörg

Lic. phil., nach einer kaufmännischen Ausbildung Studium der Psychologie und Betriebswirtschaft. Langjährig in der betriebswirtschaftlichen Erwachsenenbildung tätig. Ausbildung in systemischer Organisationsentwicklung. Projekte an der Schnittstelle Qualitätssicherung und Forschung in den Bereichen Laufbahnberatung, Coaching, Training und Organisationsentwicklung. An der Zürcher Hochschule für Angewandte Wissenschaften (ZHAW) im Departement Psychologie in der Forschung tätig.

Hansjörg Künzli

Gerda Meier

Meier, Gerda

Lic. phil., nach einer kaufmännischen Berufslehre Studium der Psychologie, Betriebswirtschaftslehre und Präventivmedizin an der Universität Zürich. Ihre Forschungsarbeit verfasste sie zum Thema »Organisationsklima und Kohärenzgefühl«. Mitautorin des Buches »Arbeit als Ressource« (2005) und von »Achtung Burn-out!« (2012).. Seit 2002 Tätigkeit als selbständige Unternehmensberaterin und Mitinhaberin der Kernen Resource Management AG in Küsnacht/Zürich.

Catherine Müller

Müller, Catherine

Dipl. Arbeits- und Organisationspsychologin IAP, dipl. Ergotherapeutin und Pädagogin. Langjährige Tätigkeit in eigener Beratungsfirma und als Dozentin mit den Arbeitsschwerpunkten Diversity Management, Gleichstellungs-Controlling, Mentoring, Leadership, Führung und Organisation. Co-Autorin der Bücher »Gleichstellungs-Controlling« (2005) und »Innovativ führen mit Diversity-Kompetenz« (2009). Aktuell im Eingliederungsmanagement einer Sozialversicherung tätig.

Dr. Carin Mussmann

Mussmann, Carin, Dr.

Dr. rer. soc. Arbeits- und Organisationspsychologin an der Universität Bremen. Leitung eines Jugendzentrums als Sozialpädagogin, wissenschaftliche Mitarbeiterin an der ETH Zürich. Master in lösungsorientiertem Coaching und Management (Privatuniversität Wien), Integrative Therapie am FPI, Weiterbildung in systemischer und lösungsorientierter Beratung. Am Institut für Angewandte Psychologie (IAP) Zürich als Dozentin im Bereich Führung, Beratung und Supervision tätig.

Dr. Hans-Peter Näf

Näf, Hans-Peter, Dr.

Dr. phil. I, nach einer Ausbildung zum Kaufmann Studium der Psychologie und Pädagogik an der Universität Zürich. Anschliessend Tätigkeit im Bereich Personalentwicklung und als Assistent an der Universität St. Gallen. Mehrjährige Tätigkeit als Berater in den Bereichen Personalmanagement und Organisationsentwicklung. Nach Personalleitung in verschiedenen Branchen zurzeit Leiter Human Resources bei der Firma Wincasa AG.

Negri, Christoph

Dipl.- Psychologe IAP, Erfahrung als Leiter in der Aus- und Weiterbildung in Schweizer Detailhandelsunternehmen. Leiter des Zentrums Human Resources, Development & Assessment und des »Master of Advanced Studies (MAS) Ausbildungsmanagement« am Institut für Angewandte Psychologie (IAP) Zürich. Dozent an der Zürcher Hochschule für Angewandte Wissenschaften im Departement Psychologie.

Christoph Negri

della Picca, Moreno

Lic. phil. I, Arbeits- und Organisationspsychologe FSP SGAOP sowie Theaterwissenschaftler. Mehrere Jahre als Personal- und Organisationsentwickler in einem Universitätsspital und in einem Versicherungsunternehmen tätig. Ausbildung zum Coach von Führungspersonen (Coach BDP) sowie zum Neuroimaginationscoach. Mehrjährige Tätigkeit in der Konzipierung und Umsetzung von Führungsentwicklungsprogrammen in Unternehmen sowie in der Beratung von Führungspersonen und Führungsteams. Ehemaliger Leiter der Führungsausbildung am IAP und des Bereichs Organisationsberatung. Dozent an der Hochschule für Technik Zürich. Heute selbständiger Organisationsberater und Coach für Führungspersonen.

Moreno della Picca

Sacher, Philipp, Prof.

Prof., lic.phil. I und Lehrer. Studium der Psychologie und Pädagogik. Langjähriger Mitarbeiter am IAP, Abteilung Organisation und Management sowie Dozent für Erziehungswissenschaft an der Pädagogischen Hochschule, Fachhochschule Nordwestschweiz. Diverse Bildungs- und Beratungs-Mandate in Profit- und Non-Profit-Organisationen. Kooperationen mit verschiedenen Netzwerken und Organisationen, unter anderem Studienleiter verschiedener Lehrgänge am Institut für Personalmanagement und Organisation der Hochschule für Wirtschaft, Fachhochschule Nordwestschweiz.

Prof. Philipp Sacher

Spisak, Mona

Lic. phil., nach einem Studium der Theaterwissenschaften an der Universität München folgte ein Studium der Psychologie und Betriebswirtschaft an der Universität Zürich. Berufsbegleitende Ausbildung in Integrativer Therapie und Supervision am Fritz Perls Institut FPI in Düsseldorf, MAS in Intercultural Communication an der Universita Svizzera, Lugano. Langjährige Mitarbeit als Dozentin und Beraterin am Institut für Angewandte Psychologie IAP in Zürich. Seit 15 Jahren Managing Partner der Interdisziplinären Beratergruppe Zürich IDBZ, Organisationsentwicklung, People Development und Management-Beratung.

Mona Spisak

Dr. Heinz Vetter

Vetter, Heinz, Dr.
Dr. phil., Dipl.-Ing. ETH, Organisationspsychologe und Ingenieur. Mehrjährige Tätigkeit als Manager von internationalen Projekten in der Industrie. Seit 1990 Management- und Organisationsberater, Berater und Begleiter von komplexen Veränderungsprojekten, Coaching von Projektleitern und Führungskräften. Mitinhaber der Beratungsfirma CORES, Winterthur, Schweiz. Referent für Projektmanagement an der ETH Zürich.

Birgit Werkmann-Karcher

Werkmann-Karcher, Birgit
Dipl.-Psychologin, Studium der Psychologie und Verwaltungswissenschaften an der Universität Konstanz. Weiterbildungen in Organisationsentwicklung, Supervision, Coaching und in Konfliktmanagement. Langjährige Tätigkeit in der innerbetrieblichen Personal- und Organisationsentwicklung und als freiberufliche Supervisorin. Am IAP als Dozentin und Beraterin tätig, Schwerpunkte: Personalmanagement, Führungskräfteentwicklung, Teamentwicklung und Coaching.

Prof. Dr. Michael Zirkler

Zirkler, Michael, Prof. Dr.
Prof. Dr. phil I., Dipl.-Psychologe. Studium der Psychologie an der Universität Hamburg. Weiterbildungen in Gruppenmoderationsverfahren und systemischer Beratung. Bis 2008 Assistenzprofessor für Organisation, Führung und Personal an der Universität Basel. Am Departement Angewandte Psychologie derzeit als Fachverantwortlicher für Arbeits- und Organisationspsychologie tätig,
    Arbeits- und Forschungsschwerpunkte: Organisations- und Managementforschung, insbesondere zu (systemischer) Beratung, Konfliktthematiken und Change-Management.

Über den Cartoonisten

Steiger, Ivan

MgA., Geboren 1939 in Prag, Besuch der Filmfachoberschule, danach Studium an der Filmakademie FAMU in Prag. Während des Literaturstudiums unter Milan Kundera schrieb er Erzählungen, Novellen und Drehbücher, später auch Bücher für das kleine und große Publikum. Seit 1966 vorwiegend als Karikaturist tätig; dabei hat er in vielen Städten Europas und Nordamerikas ausgestellt, Bücher publiziert und mit seinen Zeichnungen illustriert. Seine Cartoons erscheinen regelmäßig in der »Frankfurter Allgemeinen Zeitung«, sowie in anderen europäischen und amerikanischen Blättern. Seit 1971 hat er zudem als Autor, Regisseur und Produzent eine Reihe von 27 Dokumentar- und Kurzspielfilmen für das Kino und das Fernsehen gedreht. Für seine literarischen, karikaturistischen und filmischen Arbeiten erhielt Ivan Steiger verschiedene nationale und internationale Preise.

Ivan Steiger

Über das IAP Institut für Angewandte Psychologie

Zürcher Hochschule
für Angewandte Wissenschaften

Das IAP ist das führende Beratungs- und Weiterbildungsinstitut für Angewandte Psychologie in der Schweiz. Seit 1923 entwickelt das IAP auf der Basis wissenschaftlich fundierter Psychologie konkrete Lösungen für die Herausforderungen in der Praxis. Das IAP bietet Weiterbildungskurse für Fach- und Führungskräfte aus Privatwirtschaft, Organisationen der öffentlichen Hand und sozialen Institutionen sowie für Psychologinnen und Psychologen. Das Beratungsangebot umfasst Berufs-/Studienberatung, Laufbahnberatung, Organisations- und Managementberatung, verkehrs- und sicherheitspsychologische Beratung, psychologische Beratung für Schule und Familien sowie Krisenberatung. Das IAP ist das Hochschulinstitut des Departements Angewandte Psychologie der ZHAW Zürcher Hochschule für Angewandte Wissenschaften

Sachverzeichnis

A

ABC-Analyse   I/155, I/158
Ablauforganisation   I/116, II/33–36
– Ereignisgesteuerte Prozesskette (EPK)   II/34–35
– Informatiksysteme   II/36
– Produktionsplanungs- und Steuerungssysteme   II/36
– Prozessmodelle   II/34–35
– Sollprozesse und Standards   II/33–35
– standardisierte Arbeitsanweisungen   II/34
»Aging«   I/92
Alter   I/93
– Intelligenz   I/93
– Produktivität   I/93
– Ressourcen   I/93
Analogietechnik   I/392
Anerkennung, Vorgehen bei   I/292
Anerkennung und Kritik   I/288
– als Führungsinstrumente   I/288, I/291–294
Anforderungsprofil   II/56–59
Angst in Organisationen   II/255–266
Arbeit, Bedeutung für persönliche Entwicklung   I/124–126
Arbeitsgespräche   I/282
Arbeitsgestaltung, arbeitspsychologische Aspekte   I/139, II/39–40
Arbeitsgruppe ▶ Gruppe
Arbeitstechnik   I/149–162
Arbeitsteilung   II/28
Arbeits- und Zeitanalyse   I/154–155, I/161
Arbeitsvertrag   II/77–79
– Einzelarbeitsvertrag   II/78–80
– Gesamtarbeitsvertrag   II/78–80
– Inhaltsraster   II/78–80
– Normalarbeitsvertrag   II/78–80
Arbeitszeugnis   II/63–65
Argumentation   I/276–278
– kooperative   I/277
– strategische   I/277–278

Assessment-Center (AC)   I/97, II/73–74
Aufbauorganisation   I/116, II/28–33
– Funktionendiagramm   II/32–33
– Matrix-Struktur   II/30
– Organigramm   II/28–31
– Projektorganisation   II/36–37
– Stab-Linien-Organisationen   II/29
– Stellenbeschreibung   II/31–32
Aufgabe, delegierbare und nichtdelegierbare   II/162–164
Aufgabengestaltung, soziotechnische   II/39–40
– Merkmale   II/40
Aufgabenorientierung   I/42
Auftragserteilung   II/161
– Definition   II/161
– Elemente der   II/161
Autonomie   I/102

B

Balanced Scorecard (BSC)   II/305–308
– in Non-Profit-Organisationen   II/307
– vier Perspektiven   II/305
– – Finanzen   II/305–306
– – Kunden   II/305–306
– – Potenziale   II/305–307
– – Prozesse   II/305–306
Belastung, Regulation von   I/130–133
– primär eingeschätzte   I/132
– sekundär eingeschätzte   I/133
Berater   II/19
– Suche und Auswahl   II/19–21
Berater-Klienten-System (BKS)   II/4–5
Beratung   II/4–23
– Ablauf und Design   II/8–13
– Anlässe für   II/6
– Begriff   II/4–5
– Definition   II/5–6

– Expertenberatung   II/7
– Formen   II/13–19
– Integration von Fach- und Prozessberatung   II/8
– professionelle   II/5–6
– Prozessberatung   II/7–8
– typische Phasen   II/9–13
– Ziele   II/6
– – explizite   II/6
– – implizite   II/6
Beratungsgespräch   I/284
Beratungsprojekte, Ablauf und Design   II/8
Beurteilung
der Mitarbeitenden   I/118
im Selektionsprozess   II/60–77
Beurteilungsgespräch (▶ auch Mitarbeitendenbeurteilung)   II/207–213
Bewerbergespräch   II/65–71
– Elemente des Selektionsinterviews   II/66–71
– Fragetechnik   II/68–71
– Informationen erhalten   II/67
– Informationen geben   II/67
– Interviewformen   II/65–66
– Verhaltensdreieck   II/68–69
– Ziele   II/66
Bewerberprofil   II/56–59
Bewerbungsgespräch   I/282
Bewerbungsschreiben   II/61
Bewerbungsunterlagen   II/60–65
Beziehung, Interventionen zu Gestaltung von   I/119
Big Five   I/97
Bisoziation   I/393
Bombenwurfmethode   II/272, II/298
Brainstorming   I/390
Burn-out   I/135
– Charakteristiken   I/136
– Definition   I/135
– Prävention   I/136
– Symptome   I/135
– Ursachen   I/135
Bürokratie   I/8

Sachverzeichnis

C

Change Management (▶ auch Veränderungsmanagement) II/14, II/252
Coaching II/18
– durch die Führungskraft II/21–22
– präventive Funktion II/19
– Themenfelder II/18
Commitment II/177
Coping I/133
– emotionsregulierendes I/133
– problembezogenes I/133
CSCW-Software (Computer Supported Cooperative Work) II/140

D

Delegation I/117, II/160–171, II/341
– Definition II/161
– Hemmnisse II/168–169
– Kongruenzprinzip II/165–168
– Rollenverständnis der Führungskraft II/160
– Verantwortung und Vertrauen II/165–166
– Vorgehen II/164–168
Delegationsgespräch I/283, II/167–168
Denken, strategisches II/289–293, II/302–303
Denkhüte I/388–389
Denkstile I/381
Denkstühle I/388
Dialog II/135, II/176–177
DISG Persönlichkeits-Profil I/96
Dissonanz, kognitive I/106–108
Diversity Management II/360–380, II/391
– Datenschutz II/373–374
– Diversitykompetenzen II/374–379

– Diversity Mainstreaming II/368–369
– – Diversity-Barometer II/372–373
– – Diversity-Controlling II/369–374
– – Diversity-Controlling-Prozess II/371–372
– – Ziele II/370
– Führungsaufgabe II/360–361, II/363–364, II/374–379
– Führungsinstrumente II/376–377
– Macht II/391
– Messbarkeit II/365–366
– Methoden und Instrumente II/368–374
– psychologische Schlüsselkompetenzen II/377–379
– Stereotype II/377–378
– Umsetzungsindikatoren II/366
– Umsetzungsstrategie II/368
– Ursprung II/361
– wirtschaftliche Argumente für II/365–368
Diversity-Politik II/362–368
– Charta der Vielfalt II/364
– Grundprinzipien II/364
– Leitbild II/364
– der Organisationen II/364
– rechtlicher Rahmen II/362–363
Drohen und Macht II/396–397

E

Eigenschaftstheorie der Führung I/40
Einführung neuer Mitarbeiter II/79–81
Einführungsgespräch I/282
Einladung zum Meeting I/360
Einstellungen I/5, I/379
Eisberg, Metapher II/262
Eisenhower-Prinzip I/158
E-Mails, Umgang mit I/160

emotionale Intelligenz I/85–86, I/199
Emotionen I/82–86
– Definition I/83
– Emotionsmanagement I/85
– Emotionstypen I/84
– in der Führung I/82
– in organisationaler Umgebung I/84
Empathie I/86
Empowerment II/178, II/187
Entlassung ▶ Trennung von Mitarbeitenden
Entscheidung I/193–212
– Definition I/94
– einzeln oder als Gruppe I/197–198
– als Führungsaufgabe I/195
– und Führungsstil I/196
– intuitive I/199–201
– und Kommunikation I/195–196
– operative I/196
– rationale I/201
– strategische I/196
Entscheidungsmethoden I/201–211
– Abwägen von Vor- und Nachteilen I/202
– Nutzwertanalyse I/203–209
– Tetralemma I/210–211
Erfolgsposition, strategische II/309
Ergebnisinformationen (vs. Prozessinformation) II/111–112
Expertenberatung II/7
Expertenlösung II/272, II/275
– im Vergleich zur Organisationsentwicklung II/275–277

F

Fallintervision II/136
FAQ (frequently asked questions) II/138

Feedback I/286–297, II/156–157, II/193–194
– Auswirkungen auf Selbstbild I/291
– Begriff I/287
– als Führungsinstrument I/287
– an Führungspersonen I/288
– Informationsaspekt I/289
– Lernaspekt I/289–290
– Motivationsaspekt I/290, II/156–157
– Regeln I/292–297
Flucht II/340
Fragen I/278–279
Fremdkontrolle II/177–179
Freud, Sigmund I/98
Führen I/336
– methodische Hilfestellungen für Gruppen I/336–342
– durch Zielvereinbarung (Management by Objectives – MbO) I/117
– mit Zielvereinbarung ▶ Zielvereinbarung
Führung I/36, I/68, I/114, I/309, II/149
– Beziehungsebenen der Führung I/68
– Definition(en) I/38, I/114–115
– dyadische Ebene I/69–70
– Ebene der Gruppe I/70–71
– Ebene der Organisation I/71–72
– Grundphänomen menschlicher Gemeinschaften I/36
– (in) der Gruppe I/309–310, I/329–331, I/333–342
– individuelle Ebene I/68–69
– und Motivation II/149–157
Führungseigenschaft II/56
Führungserfolg I/37–45
Führungsforschung I/39
– Definition I/40
– Eigenschaftsansatz I/40–41
– neuere Ansätze I/44–45
– Persönlichkeitsmerkmale I/40
– Situationsansatz I/43–44
– Systemansatz I/45

– transformationale Führung I/45
– Umgang mit Komplexität I/45
– Verhaltensansatz I/41–43
Führungsgespräch I/264–286
– Ablauf I/268–274
– Abschluss des Gesprächs I/272–273
– Beziehungsebene I/265
– Darstellung des Gesprächsanlasses I/271
– Einflussfaktoren I/266–268
– Eröffnung I/271
– Fragearten I/278–279
– Gesprächsarten und Charakteristika I/282–284
– Gesprächsauswertung I/273–274
– Gesprächsdurchführung I/271–273
– – Abschluss des Gesprächs I/272–273
– – Darstellung des Gesprächsanlasses I/271
– – Eröffnung I/271
– – Kerngespräch I/271
– Gesprächsführung, Eröffnung I/271
– gesprächspsychologische Grundsätze I/274–280
– Gesprächsvorbereitung I/269–270
– Gesprächsziele I/268–269
– Kerngespräch I/271
– Leitsätze I/266
– Sachebene I/265
– Unterscheidungsmerkmale von I/280–284
Führungsinstrumente I/117
Führungskreislauf II/111
Führungsqualifikation II/56
Führungsregelkreis I/46
Führungsrollen I/56–59
– nach Margerison & McCann I/58–59
– nach Mintzberg I/57
– nach Stogdill I/58

Führungssituation I/43
Führungsstil I/41, I/305, I/329
– in Kleingruppen I/305–306
Führungstheorie I/37–45
Führungsverantwortung II/162
Führungsverhalten I/41
Führungsverständnis I/37
Funktionendiagramm II/32–33
Funktionsbeschreibung II/31–32, II/54–55

G

Gehaltsgespräch I/283
Gender (▶ auch Diversity Management) II/377
– doing gender II/378
Gender Mainstreaming II/369
Gesprächsführung ▶ Führungsgespräch
Gesundheit I/126–136
– Definition I/127
Gleichstellung ▶ Diversity Management
Gleichstellungs-Controlling II/369
Grafologie II/73
Großgruppe I/318
Großgruppenmethode II/136–138
Gruppe I/301–349, II/397–403
– Arbeitsfähigkeit I/307–309
– formelle I/301, I/306, I/321–322
– Gruppendynamik I/306
– informelle I/301, I/321–322
– Kleingruppenforschung I/318
– Kleingruppenmodell I/305, I/306
– Komplexität I/306
– leistungsfähige und leistungsschwache I/308–309
– Leistungsvorteile I/307
– Lernbereich I/307–308
– Primärgruppe(n) I/303–304, I/319–320
– Routinebereich I/307–308

Sachverzeichnis

- Sekundärgruppen I/303–304, I/319–320
- als soziales System I/316–318
- unbewusste Grundannahmen I/331–332

Gruppendynamik ▶ Gruppe
Gruppenentwicklung I/311
- Führung I/311–313
- Phasen I/311–313
- - Integrationsphase: performing I/312–313
- - Konfliktphase: storming I/311–312
- - Kooperationsphase: norming I/312
- - Orientierungsphase: forming I/311

Gruppenprozess I/328–332, I/402–403
- Analyse I/402–403

Gruppenstruktur I/322–327
- Gruppenbildung I/322–325
- Rangdifferenzierung I/325–327
- Rollenbildung I/325–327

H

Hackordnung I/325–328
Halo-Effekt II/75
Handlungsfeldmodell I/127–130
- institutionelles Feld I/129
- privates Feld I/128
- professionelles Feld I/128

Handlungskompetenz
- Definition I/151
- Modell I/151

Handlungsverantwortung II/162
Harvard-Konzept II/342–354
Herausforderung, positive I/139
Herrschaft II/385–386, II/392
- charismatische II/385
- Formen der II/392–393
- legale II/385
- traditionale II/385

»hidden agenda« II/6, II/174, II/278

Human-Relations-Bewegung I/9
Human Resources Management (HRM) II/87–88

I

Ich-Botschaften I/278–279, I/295
Identifikation I/395
Identität I/92
Information I/159, I/255, II/108–122, II/193
- Anschaulichkeit I/275
- Einfachheit I/275
- E-Mails II/116–118
- als Führungsaufgabe II/108–122
- Gerüchte II/114, II/116
- Gliederung und Ordnung I/275
- Grundbedürfnis nach II/108–110
- - betriebswirtschaftlicher II/110
- - individueller, persönlicher II/108–109
- Grundregeln II/120–121
- implizite I/255
- Informationsbedarfsanalyse I/159
- Informationskultur II/114
- in Krisensituationen, Leitsätze II/120
- Kürze und Prägnanz I/275
- Qualität II/114
- und Vertrauen II/114, II/116, II/120

Informationsmittel II/116–120
- Anschlagbrett II/118
- Firmenzeitschriften II/119
- Ideenmanagement II/119
- Intranet II/119
- Mitarbeiterbefragung II/119
- persönliche Gespräche II/117
- PR-Abteilung II/119

Informationswege II/115–116
- formelle II/115–116

- horizontale II/115–116
- informelle, Networking II/116
- vertikale II/115

inneres Team II/321
Input, Definition I/25
Instruktions- oder Lehrgespräche I/282
Intelligenz, emotionale I/85–86, I/199
Intervision II/17
Intuition I/199
»Issues« (▶ auch Konfliktarten) II/325

J

Job Characteristics-Modell nach Hackman und Oldham II/150–152
Jung, Carl Gustav I/98

K

Kampf II/340
Kleingruppe ▶ Gruppe
kognitive Dissonanz I/106–108, II/75
Kohärenzgefühl, Definition I/140
Kohäsion I/305, I/309
Kommunikation I/238–253, II/112–113
- aktives Zuhören I/250
- Axiome I/244–245
- Bringpflicht und Holschuld II/113
- Ein-Weg-/Zwei-Weg-Kommunikation II/112–113
- Empathie I/250
- Ich-Botschaften I/251
- kommunikative Kompetenz I/249–251
- nonverbale I/246–249, II/71
- psychologisches Modell I/239–244

Kommunikationsfähigkeit I/265
Kompetenz(en) II/57, II/164–167, II/195–197
– soziale I/86
Kompetenzmodell II/200–201
Komplexität I/20, I/22, I/105–110, I/165–168, II/318
– Definition I/105
– Reduktion von I/105–107
Kompromiss II/341
Konflikt I/339–342, II/316–357, II/392
– Behandlung (▶ auch Konfliktmanagement) II/316, II/320
– Definitionen II/317–318
– Diagnose II/316–317, II/320
– Dynamik II/320, II/330–334
– Funktionalität II/318–319
– und Macht II/392
– objektive und subjektive Aspekte I/339–340
– in Organisationen II/316–317
– Prävention (▶ auch Prophylaxe) II/320
– Rolle der Führungskraft II/335
– rollenbezogener Konflikt I/52
– Umgang mit (▶ auch Konfliktmanagement) II/316
– Wahrnehmung II/320
Konfliktarten II/319–330
– Diagnose II/319
– Ebene der Einzelpersonen II/320–321
– Ebene der Gesellschaft und der Politik II/325
– Ebene der Gruppe II/324–325
– Ebene der Interaktion II/322–324
– Ebene der Organisation II/325
– formgebundener und formloser Konflikt II/328
– heißer und kalter Konflikt II/328–329
– »Issues« (Konfliktgegenstände) II/325–327
– – Beziehungskonflikte II/327
– – Verteilungskonflikte II/327
– – Wertekonflikte II/326–327

– – Zielkonflikte II/325
– latenter und offener Konflikt II/327–328
– starker und schwacher Konflikt II/329–330
– verschobener und echter Konflikt II/329
Konfliktbearbeitung in Gruppen, Regeln II/340–341
Konflikteskalation II/330–334
– Basismechanismen II/330–331
– Eskalationsstufen II/331–334
– Interventionen entlang der Eskalationsstufen II/336–339
– Lose-lose-Phase II/333–334, II/338–339
– Win-lose-Phase II/332–333, II/338
– Win-win-Phase II/331–332, II/337–338
Konfliktgespräch I/284
Konfliktintervention I/120
Konfliktmanagement II/316–320, II/334–356
– als Führungsaufgabe II/320–322, II/334
– – Konfliktbehandlung II/334
– – Konfliktprophylaxe II/334
– – Konfliktstimulation II/334
– Harvard-Konzept (▶ auch Verhandeln) II/342–354
– Strategien II/334–339
Konfliktverhaltensmuster II/339–342
– konstruktive Haltung II/342
Kongruenzprinzip der Delegation II/165–168
Konsens II/342
Konstruktivismus I/10
Kontrolle II/177–179
– Fremd- vs. Selbstkontrolle II/177–178
Kontrollüberzeugung I/101
– externale I/101
– internale I/101
Kopfstandtechnik I/394
Koplementärberatung II/8
Kreativität I/376–397

– Begriff I/376–377
– Bestimmungsfaktoren, Parameter I/377–385
Kreativitätstechnik I/385–397
– Spielregeln für die Anwendung I/385–386
Kritik I/293
– Vorgehen bei I/293–294
Kündigung ▶ Trennung von Mitarbeitenden
Kybernetik I/12

L

Lampenfieber I/233
Laufbahnentwicklung II/94
Laufbahngespräche I/283
Learning Communities II/139
Lebenslaufanalyse II/61–63
Lebensphasen I/91
Lebenssinn I/152–153
Leistungsbeurteilung
 ▶ Mitarbeitendenbeurteilung
Leistungshonorierung II/193
Leistungskurve, persönliche I/155
Leistungstests II/72
Leistungs- und Verhaltensbeeinflussung I/114–120
– Ebenen der I/116–120
– instrumentelle Maßnahmen I/117–118
– prozessuale, interaktionelle Maßnahmen I/118–120
– strukturelle Maßnahmen I/116–117
Lernen (▶ auch Wissen) I/87–90, II/123
– und Arbeit II/125–127
– assoziatives I/88
– instrumentelles I/89
– klassisches Konditionieren I/88
– lebenslanges II/124–125
– – Education permanente II/125

Sachverzeichnis

- – Lifelong learning   II/125
- – Recurrent education   II/125
- lernpsychologische Grundlagen   I/87
- Lern- und Lehrprozess   I/89–90
- methodische Impulse   II/135–141
- operantes Konditionieren   I/89
- in Organisationen   II/123–144, II/179–180
- – Lernende Organisation   II/129–134
- – Rolle der Führung   II/124, II/126–127
- Wahrnehmungslernen   I/88
- und Wissen   II/127–135
Lernende Organisation   II/132
- Konzepte   II/132–135
Life-Balance   I/126–136
logischer Irrtum   II/76
Lokomotion   I/305, I/308
Lösungsorientierung   I/184
Lösungszyklus   I/184–191
- 1. Phase: Situationsklärung   I/186
- 2. Phase: Ressourcen und Visionen erkunden   I/187–188
- 3. Phase: Ziele und Lösungen entwickeln   I/188–189
- 4. Phase: Umsetzung und Reflexion   I/189–190

M

Macht   II/47, II/335–337, II/350, II/382–399
- in der Arbeitswelt/Organisation   II/383–384
- Begriff   II/383
- dysfunktionale   II/47
- und Freiheit   II/387, II/389
- funktionale   II/47
- Konzepte nach Crozier und Friedberg   II/388–391
- – Definition   II/388

- Konzepte nach Foucault   II/386–388
- – Definition   II/386
- Konzepte nach Weber   II/384–386
- – Definition   II/384
- – Herrschaft   II/385–386
- kulturelle Prägung von   II/391
- Phänomene   II/396–397
- als Ressource   II/397–398
- Spiel als Metapher für   II/389–391
- Umgang mit   II/396–397
- vs. Zwang und Freiheit   II/387, II/389
Machtpromotor (für Projekt)   II/230
Machtverhältnisse   II/387–388
Management   II/289–293
- normatives   II/289–291
- operatives   II/289–291
- strategisches   II/289–291
Management by Objectives (MbO)   ▶ Zielvereinbarung
Managementebenen   II/182
- normative   II/182
- operative   II/183
- strategische   II/182
Marker, somatischer   I/200
Maßnahmengespräch   I/284
Matrixstruktur   II/30–31
MBTI nach Briggs Meyers   I/99
Mediation   II/353–354
- Ablauf   II/354
- Methoden   II/354
Meeting(s)   I/350–375
- Abschluss   I/371–372
- Arten von   I/358–359
- Definition   I/350
- Einladung   I/360
- Evaluation   I/371–372
- Start des   I/360–362
- Vorbereiten von   I/356–360
- Zusammenarbeitsregeln   I/360–362
Menschenbild   I/4–15, I/18, II/176
- »complex man«   I/6, I/13, II/176
- Definition   I/5, I/13

- »economic man«   I/9
- »homo oeconomicus«   I/9
- Mensch als Maschine   I/7
- »social man«   I/10
Methode 6-3-5   I/390–392
Mikropolitik   II/392–395
- Ansatz von Neuberger   II/393–394
- Begriffe   II/392–393
- Merkmale   II/393–394
- Strategie und Taktik   II/394–395
Mindmapping   I/389
Mitarbeitende gewinnen   II/52–84
- Anforderungsprofil   II/57–58
- Arbeitsanalysen   II/56
- Arbeitsvertrag   II/77–79
- Beurteilung im Selektionsprozess   II/60–77
- Beurteilungsfehler   II/75–76
- Bewerberprofil   II/57–58
- diagnostische Verfahren, psychologische   II/72–75
- Einführung neuer Mitarbeiter   II/79–81
- Evaluation des Selektionsprozesses   II/81–82
- Personalsuche und -werbung   II/59–60
- Phasen eines Selektionsprozesses   II/55
- Referenzen   II/71–72
- Selektionsentscheidung   II/76–77
- Vorselektion   II/60–65
Mitarbeitendenbeurteilung   II/60–77, II/192–214
- Beurteilungsgespräch   II/207–213
- – Gesprächsablauf   II/211–213
- – Gesprächsvorbereitung   II/208–211
- – Gesprächsziel und Inhalte   II/207–209
- Beurteilungs-Maßstab   II/196
- Beurteilungsverfahren und Instrument   II/197
- 360° Feedback   II/207
- Beschwerderecht   II/201

Mitarbeitendenbeurteilung
- Beurteilung erstellen   II/206
- Beurteilungsbögen   II/201
- Einstufungsverfahren   II/198
- ergebnisorientierte Leistungsbeurteilung   II/198
- - freie verbale Beschreibung   II/198
- - Kompetenzmodell   II/200–201
- - Prozess der Beurteilung   II/205–207
- - Verhaltensbeobachtungen   II/206
- - Vorbereitung   II/205
- Ebenen der   II/195–197
- - Ergebnis   II/195–196
- - Kompetenzen   II/195–196
- - Verhalten   II/195–196
- Qualitätskriterien der   II/202
- Urteilstendenzen   II/202–204
- Zweck   II/192–195

Mitarbeitergespräch ▶ Beurteilungsgespräch
Mitarbeiterorientierung   I/42
Mobbing   II/338
Moderation   I/337–339, I/351–375
- Aufgaben des Moderators   I/353, I/365
- Fähigkeiten des Moderators   I/352–353
- Führungskraft als Moderator   I/354
- Grundhaltungen   I/352–353
- Instrumente   I/365–370
- Mitarbeiter als Moderator   I/355
- Moderationsethode(n)   I/355, I/365–370
- Problembearbeitung   I/362–365
- Protokollführung und Visualisierung   I/356
- Rolle des Moderators   I/351–356

Motivation   I/9, I/118, I/379, I/110, II/145–158, II/194
- Begriff   II/145–146
- extrinsische   II/147, II/148–149
- und Führung   II/149–157

- Inhaltstheorien   II/149–152
- intrinsische   II/147, II/148–149
- Prozesstheorien   II/152–157
- Rahmenmodell   II/146–148

Myers Briggs Typen Indikator (MBTI)   I/99

N

Nutzwertanalyse (▶ auch Entscheidungsmethoden)   I/181, I/368

O

Open Space Technology   II/137
Organigramm   II/28–31
- divisionales   II/30
- funktionales   II/30

Organisation   I/24, II/26–50, II/392
- Aufbau   II/28–33
- Aufgabe   I/24
- Aufgabenverständnis   I/27
- Begriff   II/26–27
- Definition   I/24
- Existenzgrund   I/24
- als Führungsaufgabe   II/27, II/48
- Input   I/24
- Kultur   I/28
- Mikropolitik   II/392–395
- Output   I/24
- »Primary Task«   I/24
- Rückkoppelung und Feedbacksystem   I/29
- soziotechnisches System   I/22–30
- zwischen Stabilität und Flexibilität   II/45–47
- Struktur   I/28
- Transformationsprozess   I/24
- Umwelt   I/24

Organisationsberatung   II/13–14
Organisationsentwicklung (OE)   II/14, II/43–45, II/274–277
- systemische   II/274–277

- im Vergleich zur Expertenlösung   II/275–277

Organisationsgestaltung   II/37–45
- formale Gestaltungsprinzipien   II/37–39
- Organisationsentwicklung   II/43–45
- - Phasen der Veränderung   II/44–45
- organisationspsychologische Gestaltungsprinzipien   II/39–40
- prozessorientierte Methoden   II/41–42
- strukturorientierte Methoden   II/42–43

Organisationsinstrumente   II/28–37
Organisationskultur   II/27
Organisationsstruktur   II/28
Organisationsverständnis   I/17–33
- historische Entwicklung   II/18
- ökonomisch-rationale Perspektive   II/18
- Organisation als komplexes System   II/22–23
- systemtheoretische Perspektive   II/20
- traditionelles   II/21
- verhaltenswissenschaftliche Perspektive   II/18

Organisationsziele   II/172
Osborn-Checkliste   I/393–394
Outplacement-Beratung   II/104
Output, Definition   I/25

P

Pareto-Prinzip   I/157
Partizipation   II/176, II/272, II/277–279, II/308
- Scheinpartizipation   II/272
- selektive   II/273
- Strategieprozesse   II/298
- in der Zielvereinbarung   II/176–177

Personalabbau ▶ Trennung von Mitarbeitenden
Personalbeschaffung, -gewinnung ▶ Mitarbeitende gewinnen
Personalbeurteilung ▶ Beurteilung im Selektionsprozess, ▶ Mitarbeitende gewinnen, ▶ Mitarbeitendenbeurteilung
Personalentwicklung I/118, II/85–96, II/194
- Definition II/85
- Einbindung in den Zielvereinbarungsprozess II/90–92
- Fördergespräch II/91–92
- als Führungsaufgabe II/85–88, II/90
- Instrumente II/88–90
- als Kompetenzerweiterung II/93–94
- laufbahnbezogene II/94–95
- Leistungsbeurteilung II/194–195
- Träger und Aufgaben in der II/87
- Ziele II/85–86
Personalpolitik II/52–53
persönliche Leistungskurve I/155
Persönlichkeit I/94–100
- in behavioristischen Ansätzen I/99–101
- in eigenschaftstheoretischen Ansätzen I/97
- in typologischen Ansätzen I/96–97
- psychodynamische Persönlichkeitstheorien I/98–99
Persönlichkeitsentwicklung I/125
Persönlichkeitsmerkmale I/382
Persönlichkeitstests II/72
Persönlichkeitstheorien I/95–100
Planung
- Instrumente und Methoden II/299–301
- strategische II/299–303

Podcasts II/138
Präsentation I/213–231
- Adressatenanalyse I/215–216
- Aufbau und Inhalte I/217
- Auswertung I/226
- Blickkontakt I/224
- Definition I/214
- Denkpausen I/224
- Diskussionsrunden I/225
- Dramaturgie I/217
- Einstieg I/222–223
- Fragen stellen I/224
- Gestaltungshinweise I/227–231
- Haftnotiz-Methode I/217
- Hauptteil I/223
- kritische Einwände I/225
- Manuskript gestalten I/219
- Medieneinsatz und Visualisierung I/219, I/226–231
- roter Faden I/223
- Thema und Ziel I/214–216
- Visualisierung I/227–231
- Vorbereitung
-- inhaltliche I/214–222
-- organisatorische I/221
Primary Task II/163, II/172, II/174
Probezeitgespräch II/82
Problem, Definition I/164
Problemlösen, systematisches I/162–193
Problemlösung I/382
- Kreativität im Prozess der I/382–383
Problemlösungsgespräch I/284
Problemlösungsmethodik I/168
- für soziale Systeme I/168
- für technische Systeme I/168
Problemlösungsprozess I/119
Problemlösungsprozesse in Gruppen I/163
Problemlösungszyklus I/168–183
- 1. Phase: Analyse I/170–178
- 2. Phase: Lösungsentwicklung I/178–180
- 3. Phase: Entscheidungsprozess I/180–182
- 4. Phase: Umsetzung und Reflexion I/182–183

- Schritt 1: Situationsanalyse I/171–173
- Schritt 2: Zielformulierung I/173–176
- Schritt 3: Problembenennung I/177–178
- Schritt 4: Klärung des Lösungsspielraumes I/178–179
- Schritt 5: Entwicklung von alternativen Lösungen I/179–180
- Schritt 6: Bewertung der Lösungsalternativen I/180–181
- Schritt 7: Entscheidung I/181–182
- Schritt 8: Planung von Maßnahmen und Realisierung I/182–183
- Schritt 9: Kontrolle und Evaluation I/183
Problemsituationen I/165–168
- einfache I/165
- komplexe I/166–167
- komplizierte I/166
- Merkmale I/167
Produkt, kreatives I/383–384
Projekt II/219–222
- Arten II/220–223
-- Ausführungsprojekte II/222
-- Entwicklungsprojekte II/222
-- komplexe Standardprojekte II/221
-- Pionierprojekte II/222
-- Potenzialprojekte II/222
-- Routineprojekte II/221
- Definitionen II/219–220
- Dokumentation II/247
- Führung II/245–246
- Merkmale II/220
- Rollen II/227, II/238–240
Projektauftrag II/226, II/229–234, II/280
- Auftragsverständnis II/233–234
- Checkliste II/233
Projektauftraggeber II/226, II/229–230

Projektcontrolling II/246, II/280
Projektgruppe II/241–242
- Arbeitsfähigkeit II/242
- Größe II/242
- Kompetenzen II/242
- Zusammensetzung II/241
Projektkultur II/227, II/237–238
Projektleiter II/226, II/227, II/240–241
- Aufgaben II/240
- Fähigkeiten II/240
- - Fachkompetenz II/241
- - Führungsfähigkeiten II/240
- - methodische II/240
- - soziale Kompetenzen II/241
Projektmanagement II/218–249, II/223, II/279–283
- Basisprozesse II/242–243
- Definition II/223
- Kommunikation und Information II/227, II/247
- Methoden und Instrumente II/227, II/246–247
- systemisches II/224–249
- systemisches Verständnis II/219
- Veränderungsmanagement II/279–283
Projektmitglied II/227
Projektorganisation II/36–37, II/218–249
Projektplanung II/243–245, II/280
- Meilensteine II/244
- Phasenmodelle II/244–245
Projektsteuerung II/245–246, II/280
Projektstruktur II/227
Projektstrukturen II/234–236
- Projektablauforganisation II/236
- Projektaufbauorganisation II/234
- Projektorgane II/235
Projektumfeld II/225–226, II/228–229

Projektumfeldanalyse II/228
Projektziele II/231–232
- Ablaufziele II/231
- Ergebnisziele II/231
Prophylaxe II/320
Prozessberatung II/7
Prozessinformationen (vs. Ergebnisinformation) II/111–112
Psychologie I/67
- Definition I/67
- psychischer Prozess I/67

Q

Qualifikation ▶ Mitarbeitendenbeurteilung
Qualifikationsgespräch (▶ auch Mitarbeitendenbeurteilung, ▶ auch Beurteilungsgespräch) I/283
Qualitätsmanagement II/33

R

Real Time Strategic Change (RTSC) II/137
Reengineering, Business Process Reengineering II/41
Ressourcen
- Begriff I/132
- im betrieblichen Alltag I/136
- externe (Umfeld-) I/136
- institutionelle I/139
- interne (personale) I/136
- persönliche I/140
- professionelle I/138
- Ressourcen-Orientierung I/136
Ressourcen-Belastungs-Regulationsmodell I/132
Ressourcen-Management I/123–149

- Regulation von Ressourcen und Belastungen I/128, I/130–136
- Unternehmensentwicklung I/146
- wirksame Ansatzpunkte I/143–146
Ressourcen-Modell I/136–143
- diagnostisches Instrument I/141–142
Rhetorik I/231–234
- Elemente der rhetorischen Gestaltung I/233
- häufige Fehler I/233
- Lampenfieber I/233
Rolle I/46, I/55, II/239
- Begriff I/46–48
- Definition II/239
- Erwartung I/47
- Rollenempfänger I/48
- Rollensender I/47
- soziologische Rollentheorie I/46
- als (soziotechnisches) System I/53–54
Rollendynamik in Gruppen I/325–328
Rollenkonzept I/46–61, II/238
- Autorität I/51–52
- rollenbezogener Konflikt I/52
- Rollendefinition I/49–50
- Rollendurchsetzung I/51–52
- Rollengestaltung I/50–51
- Rollenübernahme I/48–52
Rubikonmodell von Heckhausen II/152–155
Rückkehrgespräch I/282
Rückmeldung (▶ auch Feedback) II/193

S

Schlechte-Nachricht-Gespräch I/284, II/101–102
Schlüsselqualifikation II/56

Selbstbeherrschung I/85
Selbstkontrolle II/177–179, II/187
Selbstkonzept I/92
Selbstmanagement I/149–162
- Definition I/151
Selbstmotivation I/86
Selbstorganisation I/26, II/27
Selbststeuerung II/187
Selbstverantwortung II/187
Selbstwahrnehmung I/85
Selbstwirksamkeit, locus of control I/101
Selektionsinterview ▶ Bewerbergespräch
Selektionsprozess ▶ Mitarbeitende gewinnen
Situationsklärung I/186
Social Marketing II/273
somatischer Marker I/200
soziale Kompetenz I/86
soziales Netz, soziale Unterstützung I/141
Sozialplan II/99–100
soziotechnisches System I/24
Stab-Linien-Organisationen II/29
Stellenbeschreibung (▶ auch Funktionsbeschreibung) II/31–32
Stelleninserat II/59
Störungsanalyse I/155
Storytelling I/253–264, II/136
- Begriff I/254
- dramatische Form I/259–260
- Einsatzbereich I/255–257
- schwierige Botschaften I/261–262
Strategie II/285–313, II/394
- Arten II/308–309
- Begriff II/288–292
- - im engeren Sinn II/291
- - im weiteren Sinn II/291
- und Mikropolitik II/394–395
Strategiebildung II/287
Strategieentwicklung II/295–298
- analytische II/296–300
- visionsgeleitete II/296–298

Strategieumsetzung II/287, II/303–308
- Balanced Scorecard II/305–308
- als Veränderungsmanagement II/303–308
strategische Erfolgsposition (SEP) II/300–302, II/309
- Definition II/300
strategische Planung II/299–303
- im eigenen Führungsbereich II/308
- Kritik an der traditionellen II/301–302
strategisches Denken II/302–303
- im eigenen Führungsbereich II/308
- Kernkompetenzansatz II/309
- in Non-Profit-Organisationen II/310–311
- Ressourcen- und Marktorientierung II/310
- Unterschied zum strategischen Planen II/302–303
Stress I/130–136
Stressoren im Arbeitsfeld I/131
Struktur II/27–33
- formale II/27
- informelle II/47
Subjektivität der Wahrnehmung II/75
Supervision II/14–17
- Einzel II/15
- Gruppen II/15
- Team II/16
»survivors« II/105–106
SWOT-Analyse I/366–367
Sympathie/Antipathie II/75
System I/20
- Definition I/20
- komplexes I/23
- soziales I/23
- soziotechnisches I/24
- technisches I/23
Systemidentität I/26
systemtheoretischer Ansatz der Führung I/45

T

Taktik II/394
- und Mikropolitik II/394–395
Tätigkeitsanalyse I/155
Teamentwicklung II/16
Team (▶ auch Gruppe) I/307, I/334–335
- virtuelles ▶ virtuelles Team
Teamsupervision II/16
Test-Cell-Konzept II/273–274
Tetralemma I/210–211
Themenzentrierte Interaktion (TZI) I/397–403
- Arbeitssituation in der Gruppe I/398–399
- Aufgabe des Gruppenleiters I/399
- Axiome I/400
- Kommunikationsregeln I/401–402
- »living learning« I/398
- Postulate I/400
Totstellreflex II/340
Transaktions-Analyse II/169
Trennung von Mitarbeitenden II/96–106
- Auswahlkriterien II/100
- Begleitung bis zum Austritt II/104–105
- Gerechtigkeit II/100
- Kommunikation/Information II/99
- Phasen im Trennungsprozess II/98–106
- professionelle Vorbereitung II/99–100
- Reaktionen der Betroffenen II/102–104
- Sozialplan II/99–100
- Trennungsgründe II/97
- Trennungspaket II/99–100
- verbleibende Mitarbeiter II/105–106
- 4-Phasen-Modell der Trennung II/103
Trennungsgespräch II/101–102

Sachverzeichnis

Trennungskultur II/97–98
- Definition II/98
TZI Themenzentrierte Interaktion

U

Übertragungen und
    Gegenübertragungen II/322
Umwelt I/24, I/384–385
- Definition I/24
Unternehmensberatung
    II/13–14
Unterwerfung II/341
Urteilsfehler II/75–76, II/202–204
Urteilstendenzen I/81
- Halo-Effekt I/81
- passende Informationen
    I/81
- Sympathie I/81

V

Veränderung II/252–267
- Angst, Umgang mit II/255–266
- Interventionsfelder II/262–263
- als Lebensprinzip II/252
- in Organisationen II/259–267
- organisationspsychologische
    Gesichtspunkte II/260–263
- Prozessebenen II/262–263
- – sichtbare II/262–263
- – verborgene II/262–263
- psychologische Konsequenzen
    II/252–267
- Systemebenen II/253–254
Veränderungsmanagement
    II/252–313
- Erfolgsfaktoren II/283
- Interessengruppen II/254
- Methoden, Indikation und
    Auswirkungen II/269–283
- – Befehl, Gehorsam II/272
- – Projektmanagement und
    selektive Partizipation II/273

- – reine Expertenlösung II/272
- – Scheinpartizipation II/272–
    273
- – Social Marketing II/273
- – systemische Organisations-
    entwicklung (OE) II/274–277
- – Test-Cell-Konzept II/273–274
- – totale Partizipation II/275
- Partizipation II/270–280
- – Vorteile und Bedingungen
    II/277–279
- Projektmanagement
    II/279–283
- Widerstand, Umgang mit
    II/262–266
- Ziele und Aufgaben II/269
Veränderungsprozess I/119
- Phasen II/280–282
Verantwortung I/100–102,
    II/162–163, II/165–166
- delegierbare und nicht-delegier-
    bare II/162–163
- Führungsverantwortung II/162
- Handlungsverantwortung
    II/162
Verhaltensdreieck II/68–69
verhaltensorientierte diagnostische
    Verfahren II/73
Verhandeln II/342–354
- beste Alternative II/351–353
- Emotionen II/345–346
- Entscheidungsmöglichkeiten
    (Optionen) II/348–349
- faire Kriterien II/349
- faire Verfahrensweisen
    II/349–350
- Gesicht wahren II/345
- günstige Gesprächsmuster
    II/346
- Harvard-Konzept II/342–354
- Interessen statt Positionen
    II/346–347
- Limit/Mindestergebnisse II/351
- Machtasymmetrie II/350
- Menschen und Probleme II/344
- objektive Kriterien II/349–350
- Vorstellungen der anderen Partei
    II/344–345

Verhandlung II/352
- Ein-Text-Verfahren II/352
- Judo II/352
- schmutzige Tricks II/352
- den Verhandlungsprozess ver-
    handeln II/352–353
Versprechen II/396–397
Vertrag, psychologischer
    II/105–106
Vertrauen I/100, I/102–104, II/114,
    II/116, II/165–166, II/179
- als Kompetenz I/103
- und Kontrolle I/103–104
virtuelles Team I/342–348
- Auswahl der Medien I/346–347
- Definition I/343
- Kommunikation I/346
- kulturelle Unterschiede
    I/347–348
- Teamregeln I/345
- Vorteile I/343
Vision II/292–295

W

Wahrnehmung I/73–82
- bewusste I/73
- Reiz I/75–76
- selektive I/74
- selektive Aufmerksamkeit
    I/74
- soziale I/76
- unbewusste I/73
Wahrnehmungsverzerrung
    I/76–80
- Antipathie I/80
- Attributionsfehler I/79
- Halo-Effekt I/77
- Kontrast-Effekt I/78
- Primacy-Effekt I/77
- Recency-Effekt I/77
- Rekonstruktion von Wirklichkeit
    I/79
- sich selbst erfüllenden
    Prophezeiung I/78
- Sympathie I/80

Sachverzeichnis

Wandel (▶ auch Veränderung) II/252
Weblogs II/139
Weekly-Speech II/140
Wellnessmodell I/127–130
Werte I/5
Wertequadrat II/210–211
Wertkettenmodell II/41
- Wertkettenanalyse II/41–42
Widerstand II/262–266
- Auslösemomente II/265
- als Chance II/266
- Symptome II/264
- Umgang mit II/265–266
Wikis II/139
Wissen (▶ auch Lernen) I/254
- explizites I/254
- handlungsrelevantes II/132
- implizites I/254
- und Kompetenz II/128–130
- und Können II/127–130
- und Lernen II/127–135
- Nutzen von II/129
- Qualitäten von II/128
- träges II/129
- Umgang mit II/130–131
- Wirksamkeit von II/128–129
Wissensmanagement II/123–144, II/132
- Konzept II/132–135
- methodischer Impulse II/135–141
- als Schlüsselkompetenz II/132–135
World Café II/140

Z

Zeitmanagement I/155–157
- flexibles I/156
- klassisches I/156
Zielbildungsprozess in Organisationen II/173
Ziele I/152–154, II/155–157, II/172–191
- Arbeitsplatzziele I/153
- Arbeitsziele I/153
- Berufsziele I/153
- Bindungskraft von II/177
- individuelle Ziele II/172–173
- und Motivation II/155–157
- in Organisationen (Organisationsziele) II/172–174
- SMART-Kriterien I/153, I/175–176
- Zielarten I/174–175
- Zielformulierungen I/175
 Zielfindung I/153–154
- Disney-Strategie I/153
Zielformulierung, Elemente der II/186–187
Zielinhalte II/183
- Innovationsziele II/183
- Kooperationsziele II/183
- Leistungs- und Ergebnisziele II/183
- persönliche Entwicklungsziele II/184
Zielkonflikt II/176
Zielsetzungsgespräch I/283
Zielsystem der Organisation II/182–183
Zielvereinbarung II/90, II/171–191, II/175, II/176
- Einführung von MbO II/188–189
- Fremd- vs. Selbstkontrolle II/177–178
- als Führungskonzept II/180–188
- Grenzen von Management by Objectives II/180
- Identifikation mit Zielen II/177
- und Lernen II/179–180
- MbO und Personalentwicklung II/90–91
- Partizipation und Dialog II/176–177
- Phasen II/181
- Standortbestimmung und Ergebnisbeurteilung II/188
- Voraussetzungen und Prinzipien II/175–180

Zuhören I/280
- aktives I/280
- analytisches I/280
Zukunftskonferenz II/137
»Zwei-Faktoren-Theorie« von Herzberg II/150

springer.com 🔵 **Springer** Medizin

3. A. 2014. Etwa 400 S.
40 Abb. Geb.
€ (D) **49,99**
€ (A) 51,39 | *sFr 62,50
978-3-642-35920-0

Behalten sie den Überblick.

- Umfassendes Übersichtswerk mit Praxisbezug durch zahlreiche Fallbeispiele
- Anwendungsfelder nach einheitlichem Raster beschrieben
- Serviceteil für Coaches und Coachees
- Neue Themen wie E-Coaching, Diversity-Aspekte oder psychodynamische Ansätze

Jetzt bestellen!

springer.com

3. A. 2014. Etwa 240 S.
58 Abb. 11 Tab. Geb.
€ (D) 39,99
€ (A) 41,11 | *sFr 50,00
978-3-642-30059-2

Lippmann

Intervision

3. Auflage

Kollegiales Coaching professionell gestalten

Springer

Kollegiales Coaching – für mehr Professionalität und Qualität.

- Einfach nachvollziehbares Modell des kollegialen Coachings in 6 Stufen
- Methoden-Baukasten zur Gestaltung von Intervisionsgruppen
- Inklusive Moderations- und Kommunikationsgrundlagen für Anfänger

Jetzt bestellen!

Printed by Printforce, the Netherlands